CB135283

DIREITO CIVIL E TECNOLOGIA

MARCOS EHRHARDT JÚNIOR
MARCOS CATALAN
PABLO MALHEIROS
Coordenadores

DIREITO CIVIL E TECNOLOGIA

Belo Horizonte
FÓRUM
CONHECIMENTO JURÍDICO
2020

FÓRUM
CONHECIMENTO JURÍDICO

Luís Cláudio Rodrigues Ferreira
Presidente e Editor

Coordenação editorial: Leonardo Eustáquio Siqueira Araújo
Aline Sobreira de Oliveira

Av. Afonso Pena, 2770 – 15º andar – Savassi – CEP 30130-012
Belo Horizonte – Minas Gerais – Tel.: (31) 2121.4900 / 2121.4949
www.editoraforum.com.br – editoraforum@editoraforum.com.br

Técnica. Empenho. Zelo. Esses foram alguns dos cuidados aplicados na edição desta obra. No entanto, podem ocorrer erros de impressão, digitação ou mesmo restar alguma dúvida conceitual. Caso se constate algo assim, solicitamos a gentileza de nos comunicar através do *e-mail* editorial@editoraforum.com.br para que possamos esclarecer, no que couber. A sua contribuição é muito importante para mantermos a excelência editorial. A Editora Fórum agradece a sua contribuição.

Dados Internacionais de Catalogação na Publicação (CIP) de acordo com AACR2

D598

Direito Civil e tecnologia / Marcos Ehrhardt Júnior, Marcos Catalan, Pablo Malheiros (Coord.).– Belo Horizonte : Fórum, 2020

754p.; Ebook.

ISBN: 978-65-5518-036-7
1. Direito Civil. 2. Direito Digital. 3. Direito Eletrônico. 4. Tecnologia. I. Ehrhardt Júnior, Marcos. II. Catalan, Marcos. III. Malheiros, Pablo. IV. Título.

CDD: 342.1
CDU: 347

Elaborado por Daniela Lopes Duarte - CRB-6/3500

Informação bibliográfica deste livro, conforme a NBR 6023:2018 da Associação Brasileira de Normas Técnicas (ABNT):

EHRHARDT JÚNIOR, Marcos; CATALAN, Marcos; MALHEIROS, Pablo (Coord.). Direito Civil e tecnologia. Belo Horizonte: Fórum, 2020. 754p. Ebook. ISBN 978-65-5518-036-7.

EXPERIÊNCIA ESTRANGEIRA

Estamos vivenciando um intenso período de mudanças provocadas pela utilização de novas tecnologias. O impacto das alterações no modo de interagir com as pessoas, comprar produtos e serviços, aliado ao surgimento de novos bens e formas de compartilhamento, necessita de atenção da literatura jurídica, especialmente, pela velocidade com que tais mudanças chegam para a apreciação do Poder Judiciário.

Em vários aspectos, as soluções analógicas oferecidas pela legislação vigente necessitam ser repensadas e funcionalizadas, sobretudo em um contexto de ausência de regulação estatal insuficiente sobre temas relativos à inteligência artificial, engenharia genética, novas moedas, privacidade e proteção de dados, ferramentas digitais de interação social e negócios, dentre tantos outros assuntos que constituem parcela crescente de nosso cotidiano.

Este livro tem por objetivo registrar as mudanças nos institutos do direito privado (e as perspectivas para os próximos anos) a partir do impacto das transformações tecnológicas que vivenciamos. Trata-se de uma iniciativa que busca congregar pesquisadores e profissionais do direito de todo o país, além de convidados estrangeiros, para que se possa apresentar um grande retrato do impacto da tecnologia no cotidiano das pessoas, tanto em suas relações existenciais quanto patrimoniais.

Apresentar a obra que temos a ventura de coordenar é fruto de triplo regozijo, uma vez que: (i) reforça a admiração e amizade, pessoal e acadêmica, que os coordenadores nutrem uns pelos outros e por quem participa deste livro, haja vista a pronta aceitação aos convites para contribuir com este projeto; (ii) é incontestável a qualidade dos 42 artigos escritos por 64 juristas abarcando as influências dos avanços tecnológicos nas várias áreas do direito civil; (iii) a obra traz contribuições teórico-práticas de juristas que representam 13 estados brasileiros e o Distrito Federal e de outros países, 14 grupos de investigação científica, 4 institutos e importante rede de pesquisa em direito civil que reúne pesquisadores(as) do Brasil e do exterior, como se verá em cada artigo desta obra.

Nessa linha, faz-se uma brevíssima enunciação do que a obra oferece ao direito civil, tendo sido dividida em cinco áreas subtemáticas no âmbito do tema geral *direito civil e tecnologia,* quais sejam:

PRIVACIDADE E PROTEÇÃO DE DADOS PESSOAIS conta com nove artigos. Inaugura-se a área subtemática com texto de *Eduardo Busatta*, que trata do dever de prevenção e como tal dever se aplica à proteção dos dados pessoais, para saber se os agentes de tratamento de tais dados são responsáveis (ou não) por "todas as medidas que se mostrarem necessárias e eficazes para evitar a ocorrência de danos aos titulares dos dados pessoais". Em seguida, *Adriano Godinho* e *Daniel Sampaio de Azevedo* estudam se é possível haver a proteção dos dados do nascituro, já que, no direito civil brasileiro, para relevante parcela da doutrina ele somente se torna pessoa com o nascimento com vida, bem como a Lei Geral de Proteção de Dados (LGPD) protege somente a pessoa humana. *Juliana de Oliveira Jota Dantas* e *Eduardo Henrique Costa* cuidam da natureza jurídica do consentimento posto na Lei Geral de Proteção de Dados (LGPD), a partir do referencial da teoria do fato jurídico. *Antônio Jorge Pereira Júnior* e *Caio Morau* se ocuparam do uso de *drones* pela imprensa e como tal uso pode ampliar a capacidade de produzir conteúdo jornalístico sem que haja uma violação ao direito à informação e à privacidade com os direitos inerentes à privacidade. *Bruno de Lima Acioli* e *Erick Lucena Campos Peixoto* também tratam da privacidade inserida na temática das redes sociais virtuais, a fim de saber se as ferramentas jurídicas existentes são (ou não) "efetivas para mitigar ou fazer cessar os danos à personalidade da pessoa 'cancelada'". *Jéssica Andrade Modesto* e *Marcos Ehrhardt Júnior*, ainda na temática da privacidade, refletem sobre como a LGPD a protege quando há o uso das câmeras de vigilância. *Marcos Catalan* se preocupa em estudar a seguinte hipótese: "os sistemas de videovigilância utilizados, inicialmente, no controle do tráfego de veículos, hodiernamente, carregam consigo promessas de segurança, desprezando a violação de direitos delineados a partir das ideias de liberdade positiva e de igualdade substancial". *Ricardo Schneider Rodrigues* e *Regina Linden Ruaro* se preocupam com a proteção dos dados pessoais e como eles devem ser tutelados quando estão envoltos nos serviços remunerados de conferência de dados por biometria. *Gabriela Buarque Pereira Silva, Jessica Andrade Modesto* e *Marcos Ehrhardt Júnior* encerram o primeiro subtema do livro e enfocam as soluções e os danos colaterais advindos do tratamento dos dados pessoais no combate à Covid-19.

RELAÇÕES OBRIGACIONAIS PATRIMONIAIS, com sete artigos. *Guilherme Magalhães Martins* e *José Luiz de Moura Faleiros Júnior* iniciam o subtema com uma reflexão acerca dos principais reflexos jurídicos nascidos dos contratos inteligentes, mais conhecidos como *smart contracts*. *Maurício Requião* e *Fernanda Rêgo Oliveira Dias* revelam como o monitoramento digital ensejou novas formas contratuais e investigam se elas podem ser enquadradas (ou não) na categoria dos contratos de adesão às condições gerais. *André Luiz Arnt Ramos* e *Paulo Mayerle Queiroz* trazem à baila reflexão sobre o diálogo entre a liberdade econômica e a recente regulação pelo Banco Central do Brasil acerca das *fintechs* de crédito no bojo de uma sociedade brasileira ávida por créditos. *Flaviana Rampazzo Soares* cuida da categorização jurídica da assinatura por meio de dispositivos eletrônicos, com o emprego da tecnologia, para "viabilizar o trânsito jurídico no âmbito do direito imobiliário, mais especificamente nos contratos de compromisso de compra e venda de imóveis urbanos". *Angélica Carlini* contribui com relevante texto sobre a categorização técnico-jurídica dos contratos de seguro privados e como eles formam fundos mutuais que suportam reparações dos danos decorrentes de riscos cobertos, a propiciar um diálogo entre "o novo e o conservador" nas coberturas contratuais para riscos cibernéticos. *Eduardo Nunes de Souza* e *Cássio Monteiro Rodrigues* ocupam-se de como se pode realizar a tutela das vulnerabilidades dos(as) usuários(as) de aplicativos de economia compartilhada diante do texto expresso nos termos e nas condições de uso. Finalizando o segundo subtema, *Cristiano Heineck Schmitt* e *Camila Possan de Oliveira* refletem como o(a) consumidor(a) pode se proteger juridicamente das práticas discriminatórias ante a localização geográfica: *geopricing* e *geoblocking*.

RELAÇÕES FAMILIARES E DIREITO DAS SUCESSÕES, com sete artigos. *Caroline Pomjé* e *Simone Tassinari Cardoso Fleischmann* tratam, a partir da metodologia civil constitucional e lastreadas em julgados de Tribunais brasileiros, das "consequências da utilização de meios tecnológicos ou digitais, mediante permissão judicial, para a efetivação da convivência familiar, fundamentada na preservação de saúde pública no momento atual em virtude da propagação do vírus Covid-19". *Ana Carolina Pires de Souza Senna* cuida dos impactos da tecnologia nos institutos da guarda e da convivência filial e como a regulamentação jurídica de tais elementos tecnológicos pode atender "ao melhor interesse da criança, ao tempo que promove a igualdade entre a mulher e o homem no desempenho de sua função social". *Ana Carolina Brochado Teixeira* e *Livia Teixeira Leal* se ocupam em refletir sobre a categorização jurídica dos bens digitais e como estes "irão repercutir sobre a comunhão estabelecida entre os cônjuges ou companheiros por força dos regimes de bens". O estudo das autoras "propõe-se, por meio de uma análise funcional, a verificação concreta da função desempenhada pelo bem no estatuto patrimonial dos cônjuges, para que se determine a possibilidade ou não de partilha de bens digitais com a dissolução da sociedade conjugal ou da união estável". *Maria Rita de Holanda* traz interessante análise sobre como a tecnologia pode ser utilizada para combater a má-fé do(a) devedor(a) de alimentos, com base na presunção judicial da *riqueza aparente*. *Lucas Abreu Barroso* e *Lorenzo Caser Mill* abordam a categorização jurídica da petição de herança (*petitio hereditatis*) com o intuito de, em seguida, adentrarem à problemática do termo *a quo* do prazo prescricional, sem olvidar da análise do entendimento do "Superior Tribunal de Justiça em virtude da aplicação da teoria da *actio nata subjetiva* quando a condição de herdeiro depender de prévio reconhecimento judicial, com força bastante para perenizar conflitos patrimoniais, sobretudo se consideradas as novas tecnologias de determinação da paternidade". *Rodrigo Mazzei* e *Bernardo Azevedo Freire* cuidam da possível e legítima relativização da formalidade testamentária restrita ao testamento particular, "à luz da jurisprudência do Superior Tribunal de Justiça e dos atuais tempos pandêmicos". *Gabriel Honorato* e *Livia Teixeira Leal* findam a temática com a verificação das proposições relacionadas à regulação da herança digital no direito sucessório pátrio, "pois, se volta para a oferta de parâmetros para uma solução legislativa, sem, entretanto, objetivar entregar uma redação pronta para promulgação, mas sim, como dito, bases necessárias para a tão esperada regulação".

DIREITO DE DANOS ANTE AS NOVAS TECNOLOGIAS, com cinco artigos. *Carlos Edison do Rêgo Monteiro Filho* e *Gustavo Souza de Azevedo* refletem sobre como "os influxos cronológicos nos efeitos da lesão à honra praticada presencial e oralmente não serão os mesmos daqueles nos efeitos da mesma lesão perpetrada por meio de publicação em rede social", a partir da categorização jurídica que difere as duas formas de lesão à honra da pessoa humana. *Carlos Nelson Konder* e *Marco Antônio de Almeida Lima* analisam como a proteção conferida pela LGPD pode impactar a responsabilidade civil dos(as) advogados(as), já que a relação com os(as) clientes deve obedecer aos parâmetros postos na citada Lei Geral de Proteção de Dados. *Geraldo Frazão de Aquino Júnior* se preocupa em verificar como as categorias jurídicas da responsabilidade civil são preenchidas na ambiência dos contratos eletrônicos formados nos sistemas de inteligência artificial. *Dante Ponte de Brito* analisa a responsabilização civil dos denominados "influenciadores digitais" que veiculam publicidade ilícita nas redes sociais. *João Quinelato* finaliza o subtema e se imiscui na configuração jurídica das chamadas *fake news*, se elas estão no âmbito da liberdade e se podem gerar danos reparáveis.

DISRUPÇÃO E DESAFIOS DE NOVAS TECNOLOGIAS, com oito artigos. *Alexandre Barbosa da Silva* e *Phillip Gil França* inauguram a subtemática refletindo de forma aprofundada sobre como os algoritmos são capazes "de interpretar dados para alcançar objetivos claros e, assim, propiciar escolhas de caminhos para o alcance de resultados mais eficientes frente ao desafio proposto", mormente nas relações obrigacionais privadas nas quais as pessoas humanas e coletivas não podem ser afastadas. *Marcelo de Oliveira Milagres* reflete sobre a possibilidade (ou não) de se conferir personalidade jurídica aos robôs dotados de inteligência artificial, bem como a "natureza da responsabilidade civil por eventuais danos fundados em altos riscos dessa tecnologia emergente". *Marcelo L. F. de Macedo Bürger* e *Rafael Corrêa* estudam quem são os(as) titulares das expressões artísticas e criativas advindas da aplicação da inteligência artificial, o que enseja "um conjunto de soluções que parte tanto do diálogo com proposições oriundas do direito comparado quanto da interpretação prospectiva da estrutura normativa em vigor no país sobre propriedade intelectual". *José Luiz de Moura Faleiros Júnior* cuida dos principais desdobramentos jurídicos para, construtivamente, avançar rumo a uma teorização sobre o que seria o "chamado 'direito das *startups*' e como este, sendo ou não uma categoria autônoma da dogmática jurídica, permitiria o fomento ao empreendedorismo de base tecnológica no Brasil com as estruturas jurídicas previstas no Código Civil de 2002, mormente no direito societário". *Clara Cardoso Machado Jaborandy* e *Tatiane Gonçalves Miranda Goldhar* também enveredam para o estudo dos marcos jurídicos das *startups* no direito civil brasileiro, mormente porque elas trazem consigo importantes aspectos relacionados à inovação. *José Barros Correia Junior* e *Paula Falcão Albuquerque* retratam o denominado *Direito 5.0*: "novas capacidades e ideias que ainda não se podem descrever com exatidão estão por vir, especialmente diante das inovadoras pesquisas atreladas à engenharia computacional por meio da mencionada computação quântica". Como o direito atual pode plasmar as questões daí advindas? O artigo nos faz refletir sobre possíveis respostas sobre o tema. *Gabriela Buarque Pereira Silva* trata do enquadramento jurídico relacionado ao compartilhamento de senha de plataformas de *streaming* e se tal conduta poderia ser classificada como ato de pirataria ou como "um ilícito relativo, a depender das disposições contratuais pactuadas entre o usuário e a plataforma". *Ingrid Zanella Andrade Campos* finda a subtemática com estudo acerca da "identificação de formas de garantir a eficiência da responsabilidade civil no direito marítimo, visando a uma maior segurança jurídica". Ainda, analisa "a possibilidade de atribuição de personalidade judiciária ao navio, como forma de garantir a eficiência da responsabilidade civil, considerando que, por força do frequente contato do navio com as mais diferentes ordens jurídicas, diversas relações jurídicas são desenvolvidas em face da atividade de navegação".

BIODIREITO E TECNOLOGIA, com três artigos. *Mikaela Minaré Braúna* e *Leonardo Minaré Braúna* iniciam o subtema com uma investigação sobre a constitucionalidade da proibição posta no art. 6º, III e VII, da Lei de Biossegurança, qual seja, não se pode utilizar a engenharia genética "em célula germinal humana, zigoto humano e embrião humano, a utilização, a comercialização, o registro, o patenteamento e o licenciamento de tecnologias genéticas de restrição do uso". Tais pesquisas, contudo, podem viabilizar o tratamento de doenças genéticas. Esse debate é trazido no artigo de forma criteriosa. *Manuel Camelo Ferreira da Silva Netto* e *Carlos Henrique Félix Dantas* refletem sobre os avanços tecnológicos na seara das técnicas de reprodução assistida, como o caso do denominado "útero artificial", "o qual tem como objetivo viabilizar a ectogênese, ou seja, oportunizar o desenvolvimento de gestações extracorpóreas". Desse modo, o artigo estuda "os possíveis impactos que o desenvolvimento efetivo de tal ferramenta possa vir a causar no âmbito do direito privado brasileiro, notadamente considerando as diretrizes propostas pelo campo do biodireito e da bioética". *Paulo Nalin* e *Rafaella Nogaroli* finalizam o subtema com a análise de como "avanços tecnológicos na área da saúde, no que diz respeito ao emprego da robótica nas cirurgias ou da inteligência artificial (IA) na análise diagnóstica, impulsionam a constante ponderação acerca da principiologia contratual contemporânea, bem como da forma de atribuição da responsabilidade civil por eventos adversos durante o diagnóstico, intervenção e tratamento médicos apoiados por robótica e inteligência artificial".

EXPERIÊNCIA ESTRANGEIRA, com três artigos. María Natalia Mato Pacín inaugura o subtema em análise de como a União Europeia tratou da privacidade e do consentimento acerca dos dados pessoais e como garantir maior segurança. *Erika Isler Soto* reflete sobre a denominada obsolescência programada e a proteção dos consumidores na Lei nº 19.496 do Chile. *Natalia Wilson Aponte* termina o subtema ao refletir sobre a implementação da sequenciação massiva e como ela influência no direito privado.

Espera-se que o público leitor possa desfrutar desta obra como nós coordenadores o fizemos, com a absoluta certeza de que ela merece lugar de destaque nas bibliotecas físicas e virtuais, aqui e alhures.

Porto Alegre, Maceió e Brasília, 29 de junho de 2020.

Marcos Catalan
Marcos Ehrhardt Júnior
Pablo Malheiros

PRIVACIDADE E PROTEÇÃO DE DADOS PESSOAIS

DO DEVER DE PREVENÇÃO EM MATÉRIA DE PROTEÇÃO DE DADOS PESSOAIS

EDUARDO LUIZ BUSATTA

1 Introdução

> *Ao contrário do que se costuma dizer-se, o futuro já está escrito, o que nós não sabemos é ler-lhe a página.*
>
> (José Saramago)[1]

Na atualidade, praticamente nenhuma atividade humana é alheia ao uso de dados pessoais.[2] Desde a implementação e avaliação de políticas públicas, passando por práticas empresariais diversas, como a publicidade, o uso dos dados pessoais tem se amplificado, o que se justifica especialmente em razão de que eles agregam informação estratégica, absolutamente necessária à tomada de decisões.

Os dados pessoais são utilizados há bastante tempo e, pode-se mencionar que, com o advento/desenvolvimento da informática e, especialmente, com a evolução da internet, ocorreu um aumento exponencial do uso/acesso a estes dados, uma vez que, via estes meios, foi possibilitado um aumento significativo da eficiência na extração e processamento dos dados.[3] Diariamente, ocorre a extração de uma ampla extensão de

---

1 SARAMAGO, José. *Caim*. São Paulo: Caminho, 2009. p. 135.

2 Na presente pesquisa, foi utilizado o conceito legal de "dado pessoal", previsto no art. 5º, I, da LGPD – Lei Geral de Proteção de Dados Pessoais –, como sendo toda "informação relacionada a pessoa natural identificada ou identificável" (BRASIL. Secretaria-Geral. Subchefia para Assuntos Jurídicos. *Lei n. 13.709, de 14 de agosto de 2018*. Dispõe sobre a proteção de dados pessoais e altera a Lei nº 12.965, de 23 de abril de 2014 (Marco Civil da Internet). Lei Geral de Proteção de Dados Pessoais (LGPD). Brasília, DF: Presidência da República, 2018. Disponível em: http://www.planalto.gov.br/ccivil_03/_ato2015-2018/2018/lei/L13709.htm. Acesso em: 15 abr. 2020).

3 É importante ressaltar que a LGPD regulamenta também o tratamento de dados pessoais de maneira não informatizada, ou seja, independentemente do meio empregado (art. 3º) (BRASIL. Secretaria-Geral. Subchefia

dados pessoais, inclusive indo muito além do necessário para o uso, o que alimenta a denominada economia de dados, em que o fluxo das informações é tido como o novo – e mais valioso – ativo financeiro.[4] Afinal, o acesso a esses dados serve não só para se ter conhecimento acerca de acontecimentos passados, no caso, sobre os indivíduos, mas também para determinação de hábitos de consumo, análises preditivas e, até mesmo, induzimento e manipulação.[5]

O titular dos dados pessoais normalmente os cede tendo como contrapartida serviços de seu interesse. Exemplo disso são as chamadas redes sociais, que extraem dados de seus usuários para serem usados especialmente em estratégias de *marketing* segmentado, concedendo, em troca, serviços de conexão social.

O tratamento de dados pessoais traz inúmeros benefícios para os titulares e para a sociedade, contudo, geram também grandes riscos que lhes são inerentes. E, não raro, tais riscos se transformam em efetivos danos aos titulares dos dados pessoais, com ocorrência, por vezes, de lesão à liberdade, à privacidade, ao patrimônio, geração de discriminação etc.

Nessa perspectiva, em 14.8.2018, foi publicada a Lei nº 13.709, intitulada "Lei Geral de Proteção de Dados" (doravante simplesmente LGPD).[6] Com entrada em vigor prevista para agosto de 2020,[7] tal diploma supre o vácuo legal existente, passando a disciplinar a atividade referente ao tratamento de dados pessoais. Trata-se de lei com forte caráter preventivo, caráter este cujo exame detalhado é objeto do presente estudo.

Para tanto, primeiramente será analisado o material concernente à evolução e ao conteúdo relativo ao direito à privacidade e como a proteção de dados pessoais se relaciona com tal conteúdo. Na sequência, tratar-se-á dos riscos, especialmente daqueles ligados à atividade de proteção de dados, para, finalmente, investigar o conteúdo preventivo que vem sendo cada vez mais utilizado pelo direito nesse âmbito. Por fim, visando a uma análise comparativa com a LGPD, foi analisado o aspecto preventivo proveniente do novo Regulamento Geral de Proteção de Dados – RGPD (UE) 2016/679 (doravante simplesmente RGPD), que regulamenta a matéria de proteção de dados na União Europeia.[8]

---

para Assuntos Jurídicos. *Lei n. 13.709, de 14 de agosto de 2018.* Dispõe sobre a proteção de dados pessoais e altera a Lei nº 12.965, de 23 de abril de 2014 (Marco Civil da Internet). Lei Geral de Proteção de Dados Pessoais (LGPD). Brasília, DF: Presidência da República, 2018. Disponível em: http://www.planalto.gov.br/ccivil_03/_ato2015-2018/2018/lei/L13709.htm. Acesso em: 15 abr. 2020). Contudo, dada a eficiência dos meios informáticos, atualmente, é incipiente o tratamento por intermédio de outros meios, de forma que a previsão legislativa somente serve para inibir que se criem bancos de dados via outros recursos para fugir da regulamentação legal.

4 A revista *The Economist*, em sua matéria de capa de 6.5.2017, aponta que os dados pessoais constituem o principal recurso econômico dos tempos atuais (tradução nossa) (THE WORLD'S most valuable resource is no longer oil, but data. *The Economist*, Reino Unido, 6 maio 2017. Disponível em: https://www.economist.com/leaders/2017/05/06/the-worlds-most-valuable-resource-is-no-longer-oil-but-data. Acesso em: 30 abr. 2020).

5 Afirma-se que, com apenas 250 "curtidas", é possível que o algoritmo (re)conheça o titular dos dados melhor que ele próprio (LISSARDY, Gerardo. 'Despreparada para a era digital, a democracia está sendo destruída', afirma guru do 'big data'. *BBC News Brasil*, Nova York, 9 abr. 2017. Disponível em: https://www.bbc.com/portuguese/geral-39535650. Acesso em: 30 abr. 2020).

6 BRASIL. Secretaria-Geral. Subchefia para Assuntos Jurídicos. *Lei n. 13.709, de 14 de agosto de 2018.* Dispõe sobre a proteção de dados pessoais e altera a Lei nº 12.965, de 23 de abril de 2014 (Marco Civil da Internet). Lei Geral de Proteção de Dados Pessoais (LGPD). Brasília, DF: Presidência da República, 2018. Disponível em: http://www.planalto.gov.br/ccivil_03/_ato2015-2018/2018/lei/L13709.htm. Acesso em: 15 abr. 2020.

7 Importante ressaltar que há projetos de lei em trâmite no Congresso Nacional visando postergar a entrada em vigor dessa lei, o que é de todo criticável.

8 REINO UNIDO. EUR-Lex. Parlamento Europeu. Atos Legislativos. Regulamento (UE) 2016/679 do Parlamento Europeu e do Conselho de 27 de abril de 2016. Relativo à proteção das pessoas singulares no que diz respeito ao

O trabalho foi desenvolvido via o método fenomenológico-hermenêutico – por meio da análise do fenômeno e da interpretação crítica do direito a ele correspondente, sem olvidar que sujeito e objeto encontram-se conectados –, e, em menor medida, também pelo método comparativo.

2 Da privacidade à proteção de dados pessoais (ou do homem-castelo[9] à autodeterminação informativa no mundo em rede)

O direito à privacidade foi inicialmente desenvolvido no âmbito do direito norte-americano. O conhecido artigo *The right to privacy* (1890), de Warren e Brandeis,[10] fincou a base relativa à abordagem da privacidade tendo como fundamento os direitos da personalidade, direitos estes nomeados pelos referidos autores como *inviolate personality*[11] (tradução nossa).

Esse importante estudo foi motivado pelo fato de que a imprensa, à época, havia obtido e publicado fotos do casamento da filha de um dos autores,[12] o que os levou a defender a ilegalidade do ato. Nota-se que, mesmo naquele tempo, eram as tecnologias da informação (e seus usos e abusos) que tensionavam os institutos jurídicos.

Com isso, advoga-se o direito a estar só ou o direito a ser deixado em paz. Ou seja, o respeito a uma esfera privada da pessoa (vida privada) em contraposição a uma esfera pública (vida pública ou social). Dessa maneira e "[e]ncarada desse ponto de vista, a moderna descoberta da intimidade parece constituir uma fuga do mundo exterior como um todo para a subjetividade interior do indivíduo, subjetividade esta que antes fora abrigada e protegida pelo domínio privado".[13]

---

tratamento de dados pessoais e à livre circulação desses dados e que revoga a Diretiva 95/46/CE (Regulamento Geral sobre a Proteção de Dados). *Jornal Oficial da União Europeia*, Bruxelas, 2016. 88 p. Disponível em: https://eur-lex.europa.eu/legal-content/PT/TXT/?uri=celex%3A32016R0679. Acesso em: 30 abr. 2020; REINO UNIDO. Privazyplan. *UE Regulamento Geral sobre a Proteção de Dados*. Conteúdo. Regulamento (UE) 2016/679 do Parlamento Europeu e do Conselho de 27 de abril de 2016. Relativo à proteção das pessoas singulares no que diz respeito ao tratamento de dados pessoais e à livre circulação desses dados e que revoga a Diretiva 95/46/CE (Regulamento Geral sobre a Proteção de Dados) [...]. Alemanha, 5 set. 2018. Disponível em: https://www.privacy-regulation.eu/pt/. Acesso em: 30 abr. 2020.

9 Infere-se, a partir dessa denominação – denominação esta criada para o contexto desta pesquisa –, que o "homem-castelo" é aquele que se encontra no âmbito privado, envolto exatamente pelo seu campo de privacidade, ali, sentindo-se protegido – no interior do seu "castelo", sob suas "muralhas" –, lugar este que se refere à manutenção/preservação de sua privacidade. Cabe ressaltar: é o que se infere.

10 BRANDEIS, Louis D.; WARREN, Samuel D. The right to privacy. *Havard Law Review*, v. 4, n. 5, p. 193-220, Dec. 15, 1890.

11 DONEDA, Danilo Cesar Maganhoto. *Da privacidade à proteção de dados pessoais*: elementos da formação da Lei Geral de Proteção de Dados. 2. ed. São Paulo: Thomson Reuters, 2019. p. 124.

12 "Em 1890, a Sra. Warren, uma jovem dona de casa de Boston, Massachusetts, realizava em sua casa uma série de eventos sociais. Filha de um senador de Delaware e mulher de um jovem e bem-sucedido fabricante de papel que tinha desistido da prática jurídica para tomar conta do negócio que havia herdado, Samuel Dennis Warren. A Sra. Warren circulava entre a elite da sociedade e os jornais da época, mais precisamente o *Saturday Evening Gazette*, especializado em temas de 'sangue azul', cobria suas festas em detalhes altamente pessoais e embaraçosos. Era a era do *yellow journalism* (imprensa marrom é o equivalente em português), quando a imprensa, na busca de (*sic*) ampliar suas vendas, começaram os excessos que são tão comuns hoje. A cidade de Boston, diz Prosser, talvez fosse, de todas as cidades americanas, aquela em que uma dama e um cavalheiro mantinham seus nomes e seus assuntos pessoais longe dos jornais. O assunto veio à tona quando os jornais tiveram um furo na ocasião do casamento de uma filha, aborrecendo profundamente o Sr. Warren" (PEIXOTO, Erick Lucena Campos; EHRHARDT JÚNIOR, Marcos. Breves notas sobre a ressignificação da privacidade. *Revista Brasileira de Direito Civil – RBDCivil*, Belo Horizonte, v. 16, p. 35-56, abr./jun. 2018. p. 38-39) (grifos no original).

13 ARENDT, Hannah. *A condição humana*. 12. ed. Rio de Janeiro: Forense Universitária, 2016. p. 85.

O que se percebe é que a intimidade é vista como uma "descoberta", uma forma de se apropriar de todos e de um todo. Conhecer o subjetivo de cada indivíduo leva ao mais profundo, o que envolve adentrar a privacidade pertencente ao (seu) domínio privado, e esse domínio privado, que serve de refúgio à pessoa, é essencial para seu desenvolvimento, já que:

> [u]ma existência vivida inteiramente em público, na presença de outros, torna-se, como se diz, superficial. Retém a sua visibilidade, mas perde a qualidade resultante de vir à luz a partir de um terreno mais sombrio, que deve permanecer oculto a fim de não perder sua profundidade em um sentido muito real, não subjetivo. O único modo eficaz de garantir a escuridão do que deve ser escondido da luz da publicidade é a propriedade privada, um lugar possuído privadamente para se esconder.[14]

Essa pode ser considerada a noção clássica do instituto, ligada, portanto, justamente ao direito da pessoa de ser deixada só ou em paz, o que significa enunciar o que se quer: manter sua esfera privada preservada de olhares, intromissões, invasões públicas ou de terceiros. Um direito à "restrição ou ocultação de informações",[15] de índole manifestamente negativa, no sentido de exigir ou impor abstenções a terceiros.

Em 1967, ainda nos Estados Unidos, Alan Westin, citado por Maria Celina Bodin de Moraes, faz grande contribuição, definindo "privacidade" em termos de autodeterminação (*self determination*)[16] (tradução nossa), conceito este que vai ser determinante à evolução da matéria. Sustenta que "o melhor meio de tutelar a privacidade é considerar a informação como propriedade da pessoa de modo que possa, se desejar, negociá-la no mercado".[17]

A questão, contudo, começa a ganhar maior complexidade nas décadas de 1960 e 1970, na Europa. Isso em razão de que começa a generalizar-se o uso de sofisticados – para a época – "cérebros eletrônicos"[18] (tradução nossa) que passam a permitir o tratamento massivo de dados, não só pelos governos, mas também pela iniciativa privada, o que passou a causar indagações a respeito dos riscos dessas ações para os direitos das pessoas. É importante ressaltar que, passados poucos anos da Segunda Grande Guerra, ainda era muito presente na memória as experiências de vigilância comunistas e nazistas, "e se pretendia evitar a todo custo a sua repetição"[19] (tradução nossa). Advém, nessa perspectiva, uma atenção: "A preocupação aqui é com o novo paradigma tecnológico que potencializou o processamento de dados mediante o uso do computador".[20] Stefano Rodotà, sobre isso, acrescenta:

---

[14] ARENDT, Hannah. *A condição humana*. 12. ed. Rio de Janeiro: Forense Universitária, 2016. p. 87-88.

[15] POSNER, Richard A. *A economia da justiça*. São Paulo: WMF Martins Fontes, 2010. p. 273.

[16] Ver mais detalhes em: PIÑAR MAÑAS, José Luis. El derecho de la proteción de datos personales en la perspectiva europea. *In*: BAUZÁ REILY, Marcelo (Dir.). *El derecho de las TIC en Iberoamérica*. Montevideo: La Ley Uruguay, 2019. 1.327 p. cap. XII, p. 348.

[17] MORAES, Maria Celina Bodin de. Ampliando os direitos da personalidade. *In*: MORAES, Maria Celina Bodin de. *Na medida da pessoa humana*. Estudos de direito civil-constitucional. Rio de Janeiro: Renovar, 2010. p. 136.

[18] PIÑAR MAÑAS, José Luis. El derecho de la proteción de datos personales en la perspectiva europea. *In*: BAUZÁ REILY, Marcelo (Dir.). *El derecho de las TIC en Iberoamérica*. Montevideo: La Ley Uruguay, 2019. 1.327 p. p. 347.

[19] PIÑAR MAÑAS, José Luis. El derecho de la proteción de datos personales en la perspectiva europea. *In*: BAUZÁ REILY, Marcelo (Dir.). *El derecho de las TIC en Iberoamérica*. Montevideo: La Ley Uruguay, 2019. 1.327 p. p. 347.

[20] PEIXOTO, Erick Lucena Campos; EHRHARDT JÚNIOR, Marcos. Breves notas sobre a ressignificação da privacidade. *Revista Brasileira de Direito Civil – RBDCivil*, Belo Horizonte, v. 16, p. 35-56, abr./jun. 2018. p. 41.

> O mesmo fenômeno que parece vaticinar a sua morte, o fichamento de grandes contingentes populacionais [*schedature di massa*], está na origem de uma transformação qualitativa que pode permitir que a privacidade recupere sua carga vital e assuma funções antes desconhecidas. De fato, da atenção pela sua dimensão coletiva decorrem de imediato consequências que parecem ainda inaceitáveis a quem enfrenta os problemas na perspectiva individualista tradicional.[21] (Grifos no original)

Assim, surgem as primeiras leis em países da Europa a respeito do tema. Cabe citar a Lei de Hesse (1970) como a primeira na matéria.[22] Contudo, a contribuição relevante foi dada pelo Conselho da Europa, em 1981, que, mediante o Convênio nº 108/81,[23] estabeleceu os princípios e direitos que qualquer legislação europeia deveria acolher para proteger os dados de caráter pessoal[24] (tradução nossa).

Dois anos mais tarde, o Tribunal Constitucional alemão proferiu a célebre decisão a respeito do senso e que pode ser considerada, até então, a mais paradigmática a respeito da matéria. Nela, destacou-se o controle sobre a própria informação na configuração do direito à privacidade e à proteção de dados, bem como a necessária observância da dignidade da pessoa humana e o livre desenvolvimento da personalidade. Com isso, o referido Tribunal completou os direitos constitucionais com a formulação de um novo direito: o direito à autodeterminação informativa, que protege quanto ao recolhimento, armazenamento, utilização e transmissão ilimitada de dados pessoais[25] (tradução nossa).

E, sob essa perspectiva, foi criada a Diretiva 95/46 (1995) da União Europeia que, além de regular a proteção de dados pessoais, tratou dos elementos, das noções a respeito da livre circulação dos dados pessoais.[26]

Já no ano 2000, foi positivado, na Carta de Direitos da União Europeia, como direito autônomo e independente do direito à privacidade, o direito à proteção dos dados pessoais. De fato, o art. 7º da referida carta estabelece que "[t]odas as pessoas têm direito ao respeito pela sua vida privada e familiar, pelo seu domicílio e pelas suas comunicações", enquanto o art. 8º dispõe que " [t]odas as pessoas têm direito à proteção dos dados de caráter pessoal que lhes digam respeito". Não se trata de mera divisão perfunctória.[27] Fica evidente, na forma estabelecida, que o direito à privacidade

---

21 RODOTÀ, Stefano. *A vida na sociedade da vigilância*: a privacidade hoje. Organização, Seleção e Apresentação de Maria Celina Bodin de Moraes. Tradução de Danilo Doneda e Luciana Cabral Doneda. São Paulo: Renovar, 2008. p. 32.

22 Ver dados referentes em: OLIVEIRA, Marco Aurélio Bellizze; LOPES, Isabela Maria Pereira. Os princípios norteadores da proteção de dados pessoais no Brasil e sua otimização pela Lei 13.709/2018. *In*: FRAZÃO, Ana; TEPEDINO, Gustavo; OLIVA, Milena Donato (Coord.). *Lei Geral de Proteção de Dados Pessoais e suas repercussões no direito brasileiro*. São Paulo: Thomson Reuters Brasil, 2019. p. 53-83.

23 A respeito da importância do Convênio nº 108/81, ver: LIMBERGER, Têmis. *O direito à intimidade na era da informática*: a necessidade de proteção de dados pessoais. Porto Alegre: Livraria do Advogado, 2007. p. 67-68.

24 PIÑAR MAÑAS, José Luis. El derecho de la proteción de datos personales en la perspectiva europea. *In*: BAUZÁ REILY, Marcelo (Dir.). *El derecho de las TIC en Iberoamérica*. Montevideo: La Ley Uruguay, 2019. 1.327 p. cap. XII, p. 347-348.

25 PIÑAR MAÑAS, José Luis. El derecho de la proteción de datos personales en la perspectiva europea. *In*: BAUZÁ REILY, Marcelo (Dir.). *El derecho de las TIC en Iberoamérica*. Montevideo: La Ley Uruguay, 2019. 1.327 p. p. 349.

26 REINO UNIDO. EUR-Lex. Parlamento Europeu. Directiva 95/46/CE do Parlamento Europeu e do Conselho de 24 de outubro de 1995. Relativa à protecção das pessoas singulares no que diz respeito ao tratamento de dados pessoais e à livre circulação desses dados. *Jornal Oficial das Comunidades Europeias*, Luxemburgo, p. 31-50, 1995. Disponível em: https://eur-lex.europa.eu/legal-content/PT/ALL/?uri=CELEX%3A31995L0046. Acesso em: 30 abr. 2020.

27 USP – UNIVERSIDADE DE SÃO PAULO. Biblioteca Virtual de Direitos Humanos. *Carta dos Direitos Fundamentais da União Europeia – 2000*. Comissão de Direitos Humanos da USP. [Brasil, 20??]. Disponível em: http://www.

tem natureza de prestação negativa (de exigir abstenções) e é de cunho eminentemente individualista. Já o direito à proteção de dados tem natureza positiva (de exigir ações) e é de cunho claramente coletivo ou social.

Ocorre, portanto, verdadeira virada na concepção de privacidade, virada esta decorrente, como demonstrado, do incremento dos meios tecnológicos, mais especificamente, do aumento da capacidade de recolhimento, processamento e guarda de dados pessoais por meio do uso massivo de computadores e, de forma concomitante, da internet.

> O principal efeito do fenômeno da ubiquidade da tecnologia da informação é o desequilíbrio de poderes entre o indivíduo e os organismos que processam os dados pessoais e a consequente perda de controle individual do fluxo de seus dados. Percebe-se, assim, que essas novas condições tecnológicas alteram o pressuposto central no qual se baseia o conceito clássico de dados pessoais: a possibilidade do indivíduo de efetivamente controlar o fluxo dos dados pessoais na sociedade.[28]

É importante ressaltar que, no início dos anos 2000, dada a onipresença dos meios informáticos, surge a chamada sociedade da informação, que, segundo Erick Lucena Campos e Marcos Ehrhardt Júnior, "traz em si um novo paradigma, que é o da tecnologia da informação, representando a atual transformação da tecnologia em relação à economia e à sociedade".[29]

Fala-se, inclusive, na ocorrência da Quarta Revolução Industrial, ligada a inovações tecnológicas como a inteligência artificial, robótica, internet das coisas e computação quântica, somente para citar alguns. Nela ocorre a "fusão de tecnologias e a interação entre os domínios físicos, digitais e biológicos".[30]

Anota, concernente a isso, Maria Celina Bodin de Morais:

> De fato, nas sociedades de informação, como são as sociedades em que vivemos, pode-se dizer que "nós somos as nossas informações", pois elas nos definem, nos classificam, nos etiquetam; portanto, a privacidade hoje se manifesta essencialmente em ter como controlar a circulação das informações e saber quem as usa significa adquirir, concretamente, um poder sobre si mesmo. Trata-se da concepção, qualitativamente diferente, da privacidade como "direito à autodeterminação informativa", o qual concede a cada um de nós um real poder sobre nossas próprias informações, nossos próprios dados.[31] (Grifos no original)

---

direitoshumanos.usp.br/index.php/Documentos-n%C3%A3o-Inseridos-nas-Delibera%C3%A7%C3%B5es-da-ONU/carta-dos-direitos-fundamentais.html. Acesso em: 30 abr. 2020.

[28] MENDES, Laura Schertel. *Privacidade, proteção de dados e defesa do consumidor*: linhas gerais de um novo direito fundamental. São Paulo: Saraiva, 2014. p. 79.

[29] PEIXOTO, Erick Lucena Campos; EHRHARDT JÚNIOR, Marcos. O direito à privacidade na sociedade da informação. *In*: ENCONTRO DE PESQUISAS JUDICIÁRIAS DA ESCOLA SUPERIOR DA MAGISTRATURA DO ESTADO DE ALAGOAS – ENPEJUD, 1., [20??], Alagoas. *Poder Judiciário*: estrutura, desafios e concretização dos direitos. Alagoas: Esmal, 2016. p. 355. Disponível em: http://enpejud.tjal.jus.br/index.php/exmpteste01/article/view/63/44. Acesso em: 26 mar. 2020.

[30] VON HOHENDORFF, Raquel. As categorias de risco e perigo na teoria de Niklas Luhmann: caracterizando risco e perigo de modo a posicionar o direito em um cenário de complexa distinção frente aos desafios das novas tecnologias. *In*: STRECK, Lenio Luiz; ROCHA, Leonel Severo; ENGELMAN, Wilson (Org.). *Constituição, sistemas sociais e hermenêutica*: Anuário do Programa de Pós-Graduação em Direito da Unisinos: Mestrado e Doutorado. São Leopoldo: Karywa: Editora Unisinos, 2019. n. 15. p. 290. Disponível em: https://editorakarywa.files.wordpress.com/2019/08/anuc3a1rio-ppg-direito-2019.pdf. Acesso em: 30 abr. 2020.

[31] MORAES, Maria Celina Bodin de. Ampliando os direitos da personalidade. *In*: MORAES, Maria Celina Bodin de. *Na medida da pessoa humana*. Estudos de direito civil-constitucional. Rio de Janeiro: Renovar, 2010. p. 140.

E, nesse contexto, vem a lume, em 2016 (com entrada em vigor em 2018), o novo Regulamento Geral de Proteção de Dados – RGPD (UE) 2016/679.[32] Ao contrário da Diretiva 95/46 –[33] que foi revogada pelo Regulamento –, tal diploma é de observância obrigatória pelos Estados-Membros da União Europeia, independentemente de qualquer lei interna de adaptação. E a RGPD, segundo José Luis Piñar Mañas, introduziu um novo modelo de proteção de dados para a Europa, passando da mera gestão destes para o uso responsável da informação[34] (tradução nossa), especialmente em razão da chamada responsabilidade proativa (arts. 5.2 e 24, adiante tratados), do dever de privacidade por desenho e por defeito, do instrumento de análise de riscos etc.

No Brasil, em 14.8.2018, foi publicada a Lei nº 13.709, intitulada "Lei Geral de Proteção de Dados" (LGPD), estabelecendo que a disciplina da proteção de dados tem como fundamentos, conforme art. 2º (adaptado): o respeito à privacidade, a autodeterminação informativa, a liberdade de expressão, de informação, de comunicação e de opinião, o livre desenvolvimento da personalidade, a dignidade e o exercício da cidadania pelas pessoas, entre outros.[35]

Gustavo Tepedino e Chiara Spadaccini de Teffé, a respeito da LGPD, apontam:

> A Lei Geral de Proteção de Dados brasileira e o Regulamento Geral Europeu sobre a Proteção de Dados 2016/679 (*General Data Protection Regulation – GDPR*) representam no contexto atual instrumentos para a proteção e garantia da pessoa humana, uma vez que facilitam o controle dos dados tratados, impõem deveres e responsabilidades aos agentes de tratamento e proporcionam segurança para que as informações circulem. Os dois sistemas encontram-se fortemente alinhados, como desejou o legislador brasileiro, para que a norma nacional, nos próximos anos, seja reconhecida como adequada ao sistema europeu, uma vez que isso facilitará a realizações de transações e cooperações com países do bloco.[36]

---

[32] REINO UNIDO. EUR-Lex. Parlamento Europeu. Atos Legislativos. Regulamento (UE) 2016/679 do Parlamento Europeu e do Conselho de 27 de abril de 2016. Relativo à proteção das pessoas singulares no que diz respeito ao tratamento de dados pessoais e à livre circulação desses dados e que revoga a Diretiva 95/46/CE (Regulamento Geral sobre a Proteção de Dados). *Jornal Oficial da União Europeia*, Bruxelas, 2016. 88 p. Disponível em: https://eur-lex.europa.eu/legal-content/PT/TXT/?uri=celex%3A32016R0679. Acesso em: 30 abr. 2020; REINO UNIDO. Privazyplan. *UE Regulamento Geral sobre a Proteção de Dados*. Conteúdo. Regulamento (UE) 2016/679 do Parlamento Europeu e do Conselho de 27 de abril de 2016. Relativo à proteção das pessoas singulares no que diz respeito ao tratamento de dados pessoais e à livre circulação desses dados e que revoga a Diretiva 95/46/CE (Regulamento Geral sobre a Proteção de Dados) [...]. Alemanha, 5 set. 2018. Disponível em: https://www.privacy-regulation.eu/pt/. Acesso em: 30 abr. 2020.

[33] REINO UNIDO. EUR-Lex. Parlamento Europeu. Directiva 95/46/CE do Parlamento Europeu e do Conselho de 24 de outubro de 1995. Relativa à protecção das pessoas singulares no que diz respeito ao tratamento de dados pessoais e à livre circulação desses dados. *Jornal Oficial das Comunidades Europeias*, Luxemburgo, p. 31-50, 1995. Disponível em: https://eur-lex.europa.eu/legal-content/PT/ALL/?uri=CELEX%3A31995L0046. Acesso em: 30 abr. 2020.

[34] PIÑAR MAÑAS, José Luis. El derecho de la proteción de datos personales en la perspectiva europea. *In*: BAUZÁ REILY, Marcelo (Dir.). *El derecho de las TIC en Iberoamérica*. Montevideo: La Ley Uruguay, 2019. 1.327 p. 1.327 p. cap. XII. p. 353.

[35] BRASIL. Secretaria-Geral. Subchefia para Assuntos Jurídicos. *Lei n. 13.709, de 14 de agosto de 2018*. Dispõe sobre a proteção de dados pessoais e altera a Lei nº 12.965, de 23 de abril de 2014 (Marco Civil da Internet). Lei Geral de Proteção de Dados Pessoais (LGPD). Brasília, DF: Presidência da República, 2018. Disponível em: http://www.planalto.gov.br/ccivil_03/_ato2015-2018/2018/lei/L13709.htm. Acesso em: 15 abr. 2020. Importante asseverar que tramita proposta de emenda à Constituição (nº 17/2019), que visa incluir a proteção de dados entre os direitos fundamentais (BRASIL. Senado Federal. Comissão de Constituição, Justiça e Cidadania. *Proposta de Emenda à Constituição n. 17, de 2019*. Acrescenta o inciso XII-A, ao art. 5º, e o inciso XXX, ao art. 22, da Constituição Federal para incluir a proteção de dados pessoais entre os direitos fundamentais do cidadão e fixar a competência privativa da União para legislar sobre a matéria. Apresentação: 03 de julho de 2019. Brasília, DF: Senado Federal, 2019. Disponível em: https://www25.senado.leg.br/web/atividade/materias/-/materia/135594. Acesso em: 15 abr. 2020).

[36] TEPEDINO, Gustavo; TEFFÉ, Chiara Spadaccini de. Consentimento e proteção de dados pessoais na LGPD. *In*: FRAZÃO, Ana; TEPEDINO, Gustavo; OLIVA, Milena Donato (Coord.). *Lei Geral de Proteção de Dados Pessoais e suas repercussões no direito brasileiro*. São Paulo: Thomson Reuters Brasil, 2019. p. 293.

Assim, suprimindo o vácuo legal existente, passa-se a ter, no Brasil, modelo legislativo que apresenta forte caráter preventivo no que se refere à proteção de dados pessoais, cuja análise, como ressaltado, é objeto do presente estudo.

É importante ressaltar que, vistas as coisas dessa forma, ou seja, tendo em conta as especificidades dos dados na sociedade de informação, bem como a legislação europeia e brasileira citadas, não há dúvida de que a proteção de dados vai muito além da privacidade, pois confere proteção a diversos direitos fundamentais. De fato, os dados pessoais traduzem para o mundo digital a pessoa; constituem a sua representação; correspondem ao seu corpo digital. Cada dia mais, as ações humanas no "mundo físico" repercutem no "mundo digital" e vice-versa. E, nessa medida, a proteção dedicada aos dados pessoais deve abranger todos os outros direitos e liberdades individuais da pessoa humana, como liberdade, igualdade, segurança etc., que não cabem no conceito estrito de privacidade, decorrente do antagonismo privado-público. Sobre a proteção de dados pessoais, Bruno Ricardo Bioni indica:

> O direito à proteção de dados deve ser alocado como uma nova espécie do rol aberto dos direitos da personalidade, dando elasticidade à cláusula geral de tutela da pessoa humana. Caso contrário, corre-se o risco de ele não se desprender das amarras conceituais e da dinâmica do direito à privacidade e, em última análise, inviabilizar uma normatização própria para regular o fluxo informacional como fator promocional da pessoa humana.[37]

De fato, pouca ou nenhuma relevância, em muitos aspectos, possui a discussão do que é público ou privado para fins de proteção de dados pessoais.[38] Basta verificar, por exemplo, o direito de acesso (arts. 6º, IV, e 9 º da LGPD) ou o direito de correção (art. 18, III da LGPD) que fogem da lógica do sigilo.[39] Nesse sentido, é necessário pensar a proteção de dados, inclusive, no espaço público.

Assim, é certo que a proteção de dados pessoais tem origem na privacidade, contudo dela se autonomiza, passando a abranger uma série de outros direitos e liberdades públicas, de forma que pode ser fundamentada na cláusula geral de proteção à pessoa. No quadro atual, a questão da proteção de dados encontra-se mais ligada à dignidade da pessoa humana, à liberdade e à igualdade, do que propriamente à privacidade. De tal modo, aponta Stefano Rodotà: "A proteção de dados pode ser vista como a soma de um conjunto de direitos que configuram a cidadania do novo milênio".[40]

Essa "natureza" da proteção de dados pessoais é relevante não só para que se possa adequadamente entender o instituto e seu campo de proteção, como também investigar de forma mais precisa os riscos incidentes sobre o tratamento de dados pessoais, o que passa a ser feito.

---

[37] BIONI, Bruno Ricardo. *Proteção de dados pessoais*: a função e os limites do consentimento. Rio de Janeiro: Forense, 2019. p. 100.

[38] BIONI, Bruno Ricardo. *Proteção de dados pessoais*: a função e os limites do consentimento. Rio de Janeiro: Forense, 2019. p. 67.

[39] BRASIL. Secretaria-Geral. Subchefia para Assuntos Jurídicos. *Lei n. 13.709, de 14 de agosto de 2018*. Dispõe sobre a proteção de dados pessoais e altera a Lei nº 12.965, de 23 de abril de 2014 (Marco Civil da Internet). Lei Geral de Proteção de Dados Pessoais (LGPD). Brasília, DF: Presidência da República, 2018. Disponível em: http://www.planalto.gov.br/ccivil_03/_ato2015-2018/2018/lei/L13709.htm. Acesso em: 15 abr. 2020.

[40] RODOTÀ, Stefano. *A vida na sociedade da vigilância*: a privacidade hoje. Organização, Seleção e Apresentação de Maria Celina Bodin de Moraes. Tradução de Danilo Doneda e Luciana Cabral Doneda. São Paulo: Renovar, 2008. p. 17.

3 Da sociedade de risco e dos riscos em relação aos dados pessoais

A vida humana nunca foi isenta de adversidades. Pelo contrário: a vida dos povos primitivos era extremamente perigosa. Contudo, desde o domínio do fogo, cada vez menos, as adversidades podem ser atribuídas à natureza, ao acaso, aos deuses, e, cada vez mais, aos próprios homens, ou seja, ao desenvolvimento e uso da técnica nos diversos campos de ação (e conhecimento) humanos. Enfim, boa parte das adversidades possíveis é atribuível a decisões humanas.

Niklas Luhmann distingue "risco" de "perigo" justamente tendo em conta as decisões humanas. Assim, os "riscos" correspondem às possibilidades de danos decorrentes de decisões humanas, enquanto os "perigos" correspondem às possibilidades de dano onde não há decisões humanas[41] (tradução nossa).

Com a industrialização, ocorrida especialmente na segunda metade do século XX, a sociedade passou a, cada vez mais, produzir risco. De fato, a vida em sociedade, com a urbanização e os novos produtos e serviços, importou em segurança, confortos e facilidades, mas, paradoxalmente, também no aumento considerável dos riscos. "Na modernidade tardia, a produção social de *riqueza* é acompanhada sistematicamente pela produção social de *riscos*" (grifos no original),[42] de acordo com posicionamento de Ulrich Beck.

> Há um paradoxo que insere o conceito de risco no centro do funcionamento da sociedade industrializada. O acidente, como emerge da sociedade industrial, tem características que impedem de interpretá-lo nos significados anteriores de acaso ou providência. O conceito obedece a um tipo de objetividade específica e decorre do curso natural das atividades coletivas, e não de acontecimentos excepcionais ou extraordinários. O evento danoso deixa, pois, de ser considerado uma fatalidade e passa a ser tido como fenômeno "normal", estatisticamente calculável. De fato, é na organização coletiva – e devido mesmo a esta organização – que, com regularidade, como demonstram as estatísticas, danos ocorrem para os indivíduos: nenhuma causa, nem transcendente nem pessoal, pode disso dar conta. Trata-se, simplesmente, de danos que "devem acontecer".[43] (Grifos no original)

Dá-se, dessa maneira, o que Ulrich Beck denomina de "modernização reflexiva", ou seja, o processo de modernização converte-se "a si mesmo em tema e problema".[44] A vida tornou-se uma contínua vivência sujeita a riscos, como efeitos colaterais latentes do processo de modernização. E tais riscos vão desde um acontecimento individual, como um acidente de trânsito decorrente de uma falha de segurança de um pneu, por exemplo, até riscos globais, como mudanças climáticas, catástrofes com energia nuclear, pandemias etc.

Obviamente essa realidade também é percebida em se tratando do campo do tratamento de dados pessoais. Tal atividade trouxe consigo uma série de vantagens, especialmente nas áreas de políticas públicas, comunicação e serviços. E, a reboque, inúmeros novos riscos, bem como potencialização dos riscos já conhecidos. Por certo,

---

41 LUHMANN, Niklas. *Sociología del riesgo*. México: Ed. Universidad Iberoamericana, 2006. *Passim*.

42 BECK, Ulrich. *Sociedade de risco*: rumo a uma outra modernidade. São Paulo: Editora 34, 2011. p. 23.

43 MORAES, Maria Celina Bodin de. Risco, solidariedade e responsabilidade objetiva. *Revista dos Tribunais*, São Paulo, v. 854, ano 95, p. 11-37, dez. 2006. p. 17.

44 BECK, Ulrich. *Sociedade de risco*: rumo a uma outra modernidade. São Paulo: Editora 34, 2011. p. 24.

> [é] comum às atividades associadas à tecnologia da informação e sua multifacetada e crescente utilização para uma série de finalidades, a identificação de novos riscos. Estes novos riscos tanto se apresentam em razão de situações novas criadas pela tecnologia – ou seja, que pressupõe sua existência – quanto a potencialização de riscos de dano já existentes, mas que o incremento tecnológico aumenta a possibilidade de ocorrência ou sua extensão. Fraude bancária, por exemplo, já existia antes de qualquer desenvolvimento significativo relativo ao processamento de dados pessoais; potencializa-se, contudo, as possibilidades (e, portanto, riscos) de fraude frente a situações de vazamento ou uso indevido de dados dos consumidores destes serviços.[45]

Cabe tentar individualizá-los – os riscos, os novos riscos –, a fim de que seja possível um maior conhecimento a respeito de sua natureza, o que pode levar a uma melhor análise jurídica.

Para tanto, é importante observar que a maioria dos demais riscos relaciona-se à física e à química, operando-se diretamente de forma real e efetiva, especialmente em face do corpo físico da pessoa, podendo lesar bens jurídicos como vida, saúde, integridade física, entre outros. Basta pensar em questões ligadas a acidentes nucleares, alimentos geneticamente modificados, agrotóxicos, novos materiais etc. Já os riscos ligados aos dados pessoais, em um primeiro momento, não guardam relação com a física e química, bem como não têm o condão de lesar, direta e imediatamente, bens jurídicos como a vida, a saúde, bens estes ligados ao corpo físico da pessoa humana. Trata-se de riscos imateriais, em um primeiro momento. Sua *conversão* em riscos materiais pode dar-se em um momento posterior.

Essa diferenciação traz algumas questões interessantes. A primeira delas refere-se ao leque de possíveis riscos, muito menor – e, portanto, mais facilmente identificável, mesmo *a priori* – quando se trata de questões ligadas à proteção de dados pessoais, já que, em se tratando dos aspectos físicos, químicos e corporais a ciência está longe de descobrir todas as implicações existentes. Isso gera uma segunda distinção ligada à percepção dos riscos. As pessoas, em geral, se atentam muito mais aos demais riscos, negligenciando os riscos concernentes aos dados pessoais. Nas palavras de Ulrich Beck – tratando da liberdade e do risco digital, mas que pode ser aplicada à generalidade da matéria – há uma "disparidade entre a realidade percebida e a realidade efetiva".[46] Acrescenta ainda:

> Nesse sentido, nossa consciência do risco digital global é extremamente frágil, porque, ao contrário de outros riscos globais, esse risco não se concentra numa catástrofe que seja física e real no espaço e no tempo, nem resulta dela ou se refere a ela. Em vez disso – e de maneira inesperada – ele interfere com algo que damos como certo – isto é, nossa capacidade de controlar as informações pessoais. Mas, se é assim, a mera visibilidade da questão provoca resistência.[47]

---

[45] MIRAGEM, Bruno. A Lei Geral de Proteção de Dados (Lei 13.709/2018) e o direito do consumidor. *Revista dos Tribunais*, São Paulo, v. 1009, p. 1-41, nov. 2019. p. 15. Disponível em: http://www.rtonline.com.br/. Acesso em: 15 abr. 2020.

[46] BECK, Ulrich. *A metamorfose do mundo*: novos conceitos para uma nova realidade. Rio de Janeiro: Zahar, 2018. p. 185.

[47] BECK, Ulrich. *A metamorfose do mundo*: novos conceitos para uma nova realidade. Rio de Janeiro: Zahar, 2018. p. 185.

Isso faz com que ocorra uma vulnerabilidade agravada do titular de dados, pois, além da vulnerabilidade técnica, fática, econômica e jurídica, este titular, este indivíduo, sequer percebe os riscos a que está sujeito no campo pessoal.[48]

Com base nisso e considerando que os dados são tidos como o "novo petróleo",[49] ou seja, o combustível que impulsiona o motor da economia, não há dúvida de que os riscos que pesam sobre os dados pessoais são bastante consideráveis.

Tendo em conta os objetivos e limites da presente pesquisa, faz-se necessário inventariar, ainda que de forma precária e sem pretensão de completude, os principais riscos ligados à proteção de dados pessoais. E, nessa tarefa, é importante ter em mente que

> [a] elasticidade da Internet a torna particularmente suscetível a intensificar as tendências contraditórias presentes em nosso mundo. Nem utopia nem distopia, a Internet é a expressão de nós mesmos através de um código de comunicação específico, que devemos compreender se quisermos mudar nossa realidade.[50]

Do ponto de vista dos direitos possíveis de serem desrespeitados, talvez o mais grave de todos seja o risco de lesão à liberdade individual.[51] De fato, pela primeira vez na história da humanidade, é possível vigiar todas as pessoas o tempo todo. Evitar atos terroristas, reduzir a criminalidade, controlar epidemias,[52] verificar o efetivo cumprimento de penas ou de medidas restritivas de direitos – muitas são as justificativas para vigiar os cidadãos. E essa vigilância é feita não somente pelos Estados, mas também por entes privados, mormente por interesses econômicos, o que pode redundar não somente na restrição do direito de ir e vir, na liberdade de reunião, como também nas próprias escolhas existenciais. Manuel Castells trata da questão da vigilância dos indivíduos dessa forma:

> Nas condições vigentes nos Estados autoritários, essa vigilância pode afetar diretamente nossas vidas (e essa é de fato a situação da maioria esmagadora da humanidade). Mas mesmo em sociedades democráticas, em que os direitos civis são respeitados, a transparência de nossas vidas moldará decisivamente as nossas atitudes. Ninguém jamais foi

---

48 Ainda que sob outra perspectiva, Bruno Ricardo Bioni refere-se à hipervulnerabilidade do titular (BIONI, Bruno Ricardo. *Proteção de dados pessoais*: a função e os limites do consentimento. Rio de Janeiro: Forense, 2019. p. 160-169).

49 Cf. matéria veiculada pela revista *The Economist*, de 6.5.2017, já mencionada (tradução nossa) (THE WORLD'S most valuable resource is no longer oil, but data. *The Economist*, Reino Unido, 6 maio 2017. Disponível em: https://www.economist.com/leaders/2017/05/06/the-worlds-most-valuable-resource-is-no-longer-oil-but-data. Acesso em: 30 abr. 2020).

50 CASTELLS, Manuel. *A galáxia da internet*: reflexões sobre a internet, os negócios e a sociedade. Rio de Janeiro: Zahar, 2003. p. 11.

51 A respeito dos riscos à liberdade, ver: CATALAN, Marcos. A difusão de sistemas de videovigilância na urbe contemporânea: um estudo inspirado em Argos Panoptes, cérebros eletrônicos e suas conexões com a liberdade e igualdade. *Revista Faculdade de Direito UFMG*, Belo Horizonte, n. 75, p. 303-321, jul./dez. 2019. DOI: 10.12818/P.0304-2340.2019v75p303. Disponível em: https://www.direito.ufmg.br/revista/index.php/revista/article/download/2040/1905. Acesso em: 30 abr. 2020.

52 A respeito do uso de dados pessoais na pandemia do Covid-19, ver: MODESTO, Jéssica Andrade; EHRHARDT JUNIOR, Marcos. Danos colaterais em tempos de pandemia: preocupações quanto ao uso dos dados pessoais no combate a COVID-19. *Redes: Revista Eletrônica Direito e Sociedade*, Canoas, v. 8, n. 2, ago. 2020. DOI: http://dx.doi.org/10.18316/REDES.v8i2.6770. Disponível em: https://revistas.unilasalle.edu.br/index.php/redes/article/download/6770/pdf. Acesso em: 15 abr. 2020.

> capaz de viver numa sociedade transparente. Se esse sistema de vigilância e controle da Internet se desenvolver plenamente, não poderemos fazer o que nos agrada. Talvez não tenhamos nenhuma liberdade, e nenhum lugar onde nos esconder.[53]

Além disso, a *dataveillance*[54] (vigilância de dados) pode ser usada para interferir na própria autonomia das pessoas, entendida aqui como liberdade de autodeterminação individual, mediante a criação de perfis e utilização de técnicas de filtragem,[55] de artimanhas de induzimento ou sugestionamento que se valem até mesmo de desinformação, o que pode influenciar e modificar o comportamento e levar as pessoas a fazerem escolhas que não fariam normalmente, pondo em risco até a própria democracia.[56] [57] Com efeito:

> [o] conhecimento profundo das características do usuário, inclusive no que diz respeito às suas fragilidades, pode ser utilizado para toda sorte de discriminações e abusos, além da manipulação de suas emoções, crenças e opiniões para os fins mais diversos, inclusive políticos.[58]

Ao lado do direito de liberdade, é bastante factível a ocorrência de riscos sobre o direito à igualdade. Efetivamente, a utilização de dados pessoais, privados ou públicos, descontextualizados ou combinados de forma específica, pode levar a situações de discriminação, como a não admissão de um funcionário, a negativa de contratação de plano de saúde em razão do perfil do consumidor etc. Veja-se que a própria LGPD traz, entre seus princípios, o princípio da "não discriminação", consistente na "[...] impossibilidade de realização do tratamento para fins discriminatórios ilícitos ou abusivos" (art. 6º, IX).[59] Nesse aspecto, são bastante relevantes os chamados dados sensíveis

---

[53] CASTELLS, Manuel. *A galáxia da internet*: reflexões sobre a internet, os negócios e a sociedade. Rio de Janeiro: Zahar, 2003. p. 149.

[54] Ver: GUARDIA, Andrés Felipe Thiago Selingardi. De surveillance a dataveillance: enfoque a partir da noção jurídica de tratamento de dados. *Revista dos Tribunais*, São Paulo, v. 1012, p. 135-151, fev. 2020.

[55] Ver a respeito em: PARISER, Eli. *O filtro invisível*: o que a internet está escondendo de você. Rio de Janeiro: Zahar, 2012.

[56] Ver dados referentes na revista *on-line Valor Econômico*, a partir de reportagem sob o título: "Por que a verdade vem perdendo relevância" e com o seguinte *lead*: "Mentiras e boatos abastecem o motor da economia digital, influenciam eleições e abalam a democracia, em um cenário onde fatos perdem relevância" (GREENHALGH, Laura. Por que a verdade vem perdendo relevância. *Valor Econômico*, São Paulo, 28 fev. 2020. Disponível em: https://valor.globo.com/eu-e/noticia/2020/02/28/por-que-a-verdade-vem-perdendo-relevancia.ghtml. Acesso em: 28 fev. 2020).

[57] Ver: SILVEIRA, Sérgio Amadeu da. *Democracia e os códigos invisíveis*: como os algoritmos estão modulando comportamentos e escolhas políticas. São Paulo: Edições Sesc, 2019.

[58] FRAZÃO, Ana. Fundamentos da proteção dos dados pessoais – Noções introdutórias para a compreensão da Lei geral de proteção de dados. *In*: FRAZÃO, Ana; TEPEDINO, Gustavo; OLIVA, Milena Donato (Coord.). *Lei Geral de Proteção de Dados Pessoais e suas repercussões no direito brasileiro*. São Paulo: Thomson Reuters Brasil, 2019. p. 37.

[59] BRASIL. Secretaria-Geral. Subchefia para Assuntos Jurídicos. *Lei n. 13.709, de 14 de agosto de 2018*. Dispõe sobre a proteção de dados pessoais e altera a Lei nº 12.965, de 23 de abril de 2014 (Marco Civil da Internet). Lei Geral de Proteção de Dados Pessoais (LGPD). Brasília, DF: Presidência da República, 2018. Disponível em: http://www.planalto.gov.br/ccivil_03/_ato2015-2018/2018/lei/L13709.htm. Acesso em: 15 abr. 2020. "A proibição da discriminação injusta tem protagonismo no tratamento de dados pessoais. Afinal, a utilidade essencial do tratamento de dados é justamente segmentar, personalizar, especializar dados pessoais; portanto discriminar, assim entendida a noção como separação, diferenciação. É preciso atentar aos exatos termos da proibição presente na lei, que compreende a proibição à discriminação ilícita ou abusiva. Ilícita será a discriminação baseada em critérios que a lei proíbe a utilização para fins de diferenciação. Neste caso, é a Constituição da República quem

ligados à "[...] origem racial ou étnica, convicção religiosa, opinião política, filiação a sindicato ou a organização de caráter religioso, filosófico ou político, dado referente à saúde ou à vida sexual, dado genético ou biométrico, quando vinculado a uma pessoa natural" (art. 5º, II da LGPD).[60]

Também é certo o risco ao direito à identidade pessoal, em que se protegem os dados que qualificam a pessoa na sua individualidade, como o nome, a imagem, a voz, mas especialmente a sua verdade biográfica. Têmis Limberger, acerca da relação entre risco digital e identidade pessoal, apresenta a seguinte informação:

> O denominado *tsunami digital* pode ser considerado desde outros pontos de vista, começando pela identidade. Nesta perspectiva, o direito de acesso aos dados representa um aliado forte, em termos de proteção jurídica, que permite manter o controle sobre as próprias informações, seja qual for o sujeito que as gestiona, o local em que se encontrem e as modalidades de sua utilização. Direito fundamental à construção da identidade, já que confere poder para cancelamento nos seguintes casos: dados falsos, ilegitimamente recolhidos, conservados muito além do tempo previsto, os inexatos ou para completação.[61] (Grifos no original)

A lesão à identidade pessoal ocorre, conforme Ricardo Luis Lorenzetti, pela desfiguração, o que pode ser entendido como uma falsa luz no olhar público. Pode se dar mediante: a) atribuição de características à pessoa que não lhe são próprias, ou sua distorção; b) omissão de características que, pela sua importância, são essenciais para a definição da personalidade; c) atribuição da paternidade de ações ou fatos de forma equivocada ou inverídica; d) desconhecimento de ações próprias.[62]

Obviamente, a privacidade propriamente dita também pode ser posta em risco em razão do tratamento de dados pessoais, mediante a divulgação de informações sigilosas, como comunicações pessoais, movimentações bancárias, vida privada etc.

Por fim, também é certo que o tratamento de dados pessoais apresenta risco de lesão ao patrimônio, no sentido econômico, do titular. Afinal, os dados podem ser usados para um sem número de golpes e fraudes, como amiúde é divulgado.[63]

---

proíbe preconceitos de origem, raça, sexo, cor, idade e quaisquer outras formas de discriminação (art. 3º, IV). Da mesma forma, estabelece que "ninguém será privado de direitos por motivo de crença religiosa ou de convicção filosófica ou política" (art. 5º, VIII). Além destes critérios, pode haver discriminação ilícita ou abusiva em razão de critérios que não estejam em acordo com a finalidade para a qual se realize determinada diferenciação. Assim, por exemplo, a recusa de fornecimento de produto ou serviço a quaisquer pessoas em razão de sua orientação sexual" (MIRAGEM, Bruno. A Lei Geral de Proteção de Dados (Lei 13.709/2018) e o direito do consumidor. *Revista dos Tribunais*, São Paulo, v. 1009, p. 1-41, nov. 2019. p. 16. Disponível em: http://www.rtonline.com.br/. Acesso em: 15 abr. 2020).

60 BRASIL. Secretaria-Geral. Subchefia para Assuntos Jurídicos. *Lei n. 13.709, de 14 de agosto de 2018*. Dispõe sobre a proteção de dados pessoais e altera a Lei nº 12.965, de 23 de abril de 2014 (Marco Civil da Internet). Lei Geral de Proteção de Dados Pessoais (LGPD). Brasília, DF: Presidência da República, 2018. Disponível em: http://www.planalto.gov.br/ccivil_03/_ato2015-2018/2018/lei/L13709.htm. Acesso em: 15 abr. 2020.

61 LIMBERGER, Têmis. Mutações da privacidade e a proteção de dados pessoais. *In*: RUARO, Regina Linden; PIÑAR MAÑAS, José Luís; MOLINARO, Carlos Alberto (Org.). *Privacidade e proteção de dados pessoais na sociedade digital*. Porto Alegre: Fi, 2017. p. 155.

62 LORENZETTI, Ricardo Luis. *Fundamentos do direito privado*. São Paulo: Revista dos Tribunais, 1998. p. 484. Adaptado.

63 A título de exemplo: MATSUURA, Sérgio. Mercado ilegal de crédito é alimentado pela venda on-line de cartões. *O Globo*, 8 jun. 2015. Disponível em: https://oglobo.globo.com/economia/mercado-ilegal-de-credito-alimentado-pela-venda-on-line-de-cartoes-16376307. Acesso em: 15 abr. 2020.

Quadra asseverar que um mesmo fato pode gerar riscos ante os diversos direitos referidos, o que não retira a utilidade da esquematização proposta, especialmente para fins de melhor investigação dos riscos envolvidos e sua necessária prevenção, o que é objeto do ponto a seguir.

Do ponto de vista das práticas propriamente ditas, tem-se que o tratamento dos dados pessoais pode ser lícito ou ilícito. O tratamento é lícito quando ocorre de acordo com as autorizações legais existentes, disciplinadas nos arts. 7º a 10 da LGPD,[64] bem como com o cumprimento de todas as demais regulamentações pertinentes. Ilícito será o tratamento nas demais situações, o que remete a um amplo leque de possibilidades, desde a extração ilícita, como no caso de *hackers* e *crackers*, até mesmo desvio de finalidade, exercício inadmissível das posições jurídicas etc.

4 Prevenção em matéria de proteção de dados pessoais

4.1 A travessia do direito: da atuação repressiva à atuação preventiva

Com a constatação de que a inovação tecnológica traz a reboque a criação de riscos, riscos estes que o próprio desenvolvimento científico não pode dar conta de controlar e que, em última análise, podem levar, inclusive, à extinção da vida no planeta, inicialmente, a filosofia[65] e, posteriormente, o direito, passaram a se preocupar com as futuras gerações ou simplesmente com o futuro, antecipando-se aos danos que pudessem vir a ocorrer.

O direito, que se ocupava essencialmente em punir o ilícito, ou seja, possuía uma racionalidade *ex post*, uma função repressiva, de desencorajamento, valendo-se quase que exclusivamente de comandos negativos (proibições) complementados por sanções, passa a se ater mais diretamente à proteção efetiva dos bens jurídicos tutelados, especialmente por meio de técnicas de encorajamento, que buscam provocar o exercício de atos conformes, ou seja, passa a contar com uma racionalidade *ex ante*, preventiva, anterior à ocorrência do ilícito. Cria-se, assim, ao lado do modelo repressivo, um modelo jurídico protetivo.[66]

Dentro desse contexto, surge, inicialmente na Alemanha, na década de 1970, o princípio da prevenção/precaução[67] (*Vorsorgeprinzip*)[68] em matéria de direito ambiental. Keila Pacheco Ferreira assim explicita o termo *Vorsorgen*:

---

[64] BRASIL. Secretaria-Geral. Subchefia para Assuntos Jurídicos. *Lei n. 13.709, de 14 de agosto de 2018*. Dispõe sobre a proteção de dados pessoais e altera a Lei nº 12.965, de 23 de abril de 2014 (Marco Civil da Internet). Lei Geral de Proteção de Dados Pessoais (LGPD). Brasília, DF: Presidência da República, 2018. Disponível em: http://www.planalto.gov.br/ccivil_03/_ato2015-2018/2018/lei/L13709.htm. Acesso em: 15 abr. 2020. Obs.: foge do âmbito da presente pesquisa a análise de todas as bases legais para o tratamento de dados pessoais previstas na LGPD.

[65] Ver, especialmente: JONAS, Hans. *O princípio responsabilidade*: ensaio de uma ética para a civilização tecnológica. Rio de Janeiro: PUC-Rio, 2006.

[66] Assim transcreve: BOBBIO, Norberto. *Da estrutura à função*: novos estudos de teoria do direito. Barueri: Manole, 2007. *Passim*.

[67] Há considerável divergência doutrinária a respeito do assunto. Para muitos doutrinadores, prevenção e precaução são sinônimos. Para outros, a prevenção refere-se a riscos conhecidos, enquanto a precaução tem em conta riscos desconhecidos. Outros ainda entendem que a prevenção se relaciona ao perigo, enquanto a precaução, ao risco em si.

[68] MACHADO, Paulo Affonso Leme. *Direito ambiental brasileiro*. 21. ed. São Paulo: Malheiros, 2013. p. 98.

Do exame da palavra em sua língua originária, depreende-se que o termo *Vorsorge* expressa preocupação com cuidar do futuro (prefixo *vor* – indica antecedência, conjugado a *Sorge* – significa preocupação, apreensão, cuidado, solicitude). O verbo *Vorsorgen* significa, portanto, preocupar e cuidar de algo com antecedência. Isso denota um avanço em relação a uma noção simplificada de atuação preventiva, pois inclui um aspecto temporal prospectivo, além da percepção de uma gestão responsável.[69]

O princípio da precaução é amplamente difundido no direito ambiental brasileiro, especialmente diante do art. 225 da Constituição Federal (CF),[70] da legislação infraconstitucional e de tratados internacionais dos quais o Brasil é signatário. Esclarece, nessa perspectiva, Celso Antonio Pacheco Fiorillo que "a prevenção é preceito fundamental, uma vez que os danos ambientais são irreversíveis e irreparáveis".[71] Logo,

> [d]iante da impotência do sistema jurídico, incapaz de restabelecer, em igualdade de condições, uma situação idêntica à anterior, adota-se o princípio da prevenção do dano ao meio ambiente como sustentáculo do direito ambiental, consubstanciando como seu *objetivo fundamental*.[72] (Grifos no original)

Na Europa atual, o princípio da precaução é aplicável no direito ambiental e no direito da saúde. Pietro Perlingieri, nesse sentido, assevera:

> Tal critério, introduzido pelo art. 174, n. 2, Trat. CE, orienta a escolha de cautelas aptas a garantir a segurança no caso em que os conhecimentos científicos não excluam, mas tampouco provem, a periculosidade para o meio ambiente ou para a saúde de uma atividade, vantajosa sob outros aspectos, cujos hipotéticos danos não possam ser eliminados mediante intervenções sucessivas.[73]

Essa racionalidade de atuação prévia, inicialmente desenvolvida no direito ambiental em razão da irreparabilidade e irreversibilidade do dano, passa então a ser aplicada nas mais diversas áreas do direito em que o dano pode ser qualificado como irreparável ou irreversível.

Assim, o Código de Defesa do Consumidor (Lei nº 8.078, de 11.11.1990) estabelece como direito básico do consumidor "a efetiva *prevenção* e reparação de danos patrimoniais e morais, individuais, coletivos e difusos" (art. 6º, VI)[74] (grifos nossos). Essa expansão é de todo justificável, já que os riscos decorrentes das relações de consumo podem lesar a vida e a saúde do consumidor e, normalmente, se dão de forma difusa,

---

[69] FERREIRA, Keila Pacheco. *Responsabilidade civil preventiva*: função, pressupostos e aplicabilidade. Orientadora: Teresa Ancona Lopez. 2014. 263 f. Tese (Doutorado em Direito) – Faculdade de Direito, Universidade de São Paulo, São Paulo, 2014. Disponível em: https://www.teses.usp.br/teses/disponiveis/2/2131/tde-27102016-092601/pt-br.php. Acesso em: 30 abr. 2020.

[70] BRASIL. [Constituição (1988)]. Casa Civil. Subchefia para Assuntos Jurídicos. *Constituição da República Federativa do Brasil de 1988*. Brasília, DF: Presidência da República, 1988. Disponível em: http://www.planalto.gov.br/ccivil_03/constituicao/Constituicao.htm. Acesso em: 4 out. 2019.

[71] FIORILLO, Celso Antonio Pacheco. *Curso de direito ambiental brasileiro*. 10. ed. São Paulo: Saraiva, 2009. p. 54.

[72] FIORILLO, Celso Antonio Pacheco. *Curso de direito ambiental brasileiro*. 10. ed. São Paulo: Saraiva, 2009. p. 54.

[73] PERLINGIERI, Pietro. *O direito civil na legalidade constitucional*. Rio de Janeiro: Renovar, 2008. p. 802.

[74] BRASIL. Casa Civil. Subchefia para Assuntos Jurídicos. *Lei n. 8.078, de 11 de setembro de 1990*. Dispõe sobre a proteção do consumidor e dá outras providências. Brasília, DF: Presidência da República, 1990. Disponível em: http://www.planalto.gov.br/ccivil_03/leis/l8078.htm. Acesso em: 30 abr. 2020.

atingindo um número considerável de indivíduos, de forma que, na maioria das vezes, são irreversíveis e irreparáveis (ou ao menos de difícil reparação).

Indo além, é correto afirmar que a atuação preventiva, a atuação que visa à mitigação ou mesmo à supressão dos danos, deve ser exigida em todas as atividades humanas que gerem risco. Teresa Ancona Lopez assevera:

> [a] precaução e a prevenção como manifestações das condutas prudentes sempre existiram no mundo. A sua aplicação era intuitiva e empírica e fruto do medo e da insegurança que sempre estiveram presentes no meio social. Porém, os tipos de perigos eram muito diferentes daqueles que presenciamos na atualidade. A precaução de hoje é racional, científica, tecnológica e jurídica.[75]

Se inicialmente o princípio em questão era somente aplicável ao direito ambiental, indica Ana Mafalda Castanheira Neves de Miranda Barbosa que "[h]oje, pelo contrário, deve-se entender que o princípio se dirige a todos aqueles que tenham o poder de desencadear uma actividade suscetível de constituir um risco para outrem".[76]

Cria-se, assim, verdadeiro dever jurídico de evitar danos decorrentes das atividades que gerem riscos aos direitos de outrem. A racionalidade deixa de ser a da reparação do dano – uma injustiça que deve ser corrigida – e passa a ser a da antecipação – lesão que deve ser evitada. Não se trata de mero aspecto psicológico em relação ao ofensor, como ocorre na função reparatória da responsabilidade civil tradicional, mas sim de verdadeiro dever jurídico de impedir ou evitar a ocorrência de danos futuros. Sobre isso discorre Thaís Goveia Pascoaloto Venturi:

> A superação do paradigma da responsabilidade exclusiva pelo passado e a preocupação com a responsabilidade pelo futuro está na base da construção da responsabilidade civil preventiva, fundamentando-a na medida em que cria renovadas perspectivas de atuação do sistema jurídico, não mais apenas para indenizar danos produzidos por comportamentos pretéritos, mas sobretudo medidas para evitar ou conter práticas passíveis de produzir danos ou fundado risco de danos sociais ou individuais graves e irreversíveis.[77]

Afinal, o dever de reparar, ainda que reflexamente, funciona como um mecanismo de "preservação da propriedade privada e não como uma forma de promoção da pessoa".[78]

Considerando a centralidade da pessoa humana na Constituição da República de 1988,[79] o que redunda na necessidade de sua proteção em todos os sentidos, não há

---

[75] LOPEZ, Teresa Ancona. *Princípio da precaução e evolução da responsabilidade civil*. São Paulo: Quartier Latin, 2010. p. 96-97.

[76] BARBOSA, Ana Mafalda Castanheira Neves de Miranda. *Liberdade vs. responsabilidade*: a precaução como fundamento da imputação delitual? Coimbra: Almedina, 2006. p. 337.

[77] VENTURI, Thaís Goveia Pascoaloto. *A construção da responsabilidade civil preventiva no direito civil contemporâneo*. Orientador: Eroulths Cortiano Júnior. 2012. 338 f. Tese (Doutorado em Direito das Relações Sociais) – Faculdade de Direito, Setor de Ciências Jurídicas, Universidade Federal do Paraná, Curitiba, 2012. Disponível em: https://acervodigital.ufpr.br/bitstream/handle/1884/28243/R%20-%20T%20-%20THAIS%20GOVEIA%20PASCOALOTO%20VENTURI.pdf?sequence=1&isAllowed=y. Acesso em: 30 abr. 2020.

[78] CATALAN, Marcos. *A morte da culpa na responsabilidade contratual*. São Paulo: Revista dos Tribunais, 2013. p. 26.

[79] BRASIL. [Constituição (1988)]. Casa Civil. Subchefia para Assuntos Jurídicos. *Constituição da República Federativa do Brasil de 1988*. Brasília, DF: Presidência da República, 1988. Disponível em: http://www.planalto.gov.br/ccivil_03/constituicao/Constituicao.htm. Acesso em: 4 out. 2019.

dúvida de que a prevenção aos danos deve ser estendida a toda e qualquer atividade geradora de risco à pessoa humana. Pensar de forma contrária é o mesmo que entender que é admissível causar dano a outrem desde que se assumam as consequências.

Assim, a atuação daquele que causa risco para outrem deve ser pautada por ações técnicas adequadas à mitigação dos riscos, indo mesmo além da mera prudência, já que "é necessário dar mais ouvidos à profecia da desgraça do que à profecia da salvação".[80] Deve ser priorizada "a necessária evitabilidade, o controle, a legitimação e a distribuição dos fatores abstratos ou concretos criados por atividades, no mínimo, potencialmente causadoras de danos".[81]

Em se tratando da atividade de tratamento de dados pessoais, os danos à liberdade, igualdade, identidade pessoal, privacidade geralmente são irreparáveis e irreversíveis, bem como atingem uma infinidade de pessoas, de forma que é absolutamente imprescindível a atuação preventiva. Ademais, dadas

> as características inerentes 'ao meio digital' – entre elas a velocidade das transformações tecnológicas, a capacidade de propagação de informações e a dificuldade na contenção do fluxo de dados –, associadas à expansão da coleta e do tratamento, implicam desafios à lógica repressiva.[82] (Grifos no original)

Diante do exposto, conclui-se que a atuação baseada na prevenção deve ser exigida de todas as atividades que, por sua natureza, gerem risco aos direitos de outrem, como é o caso das atividades de tratamento de dados pessoais, o que passa a ser analisado.

4.2 A abordagem baseada no risco do Regulamento Geral de Proteção de Dados – RGPD (UE) 2016/679

Em 2018, entrou em vigor o novo Regulamento Geral de Proteção de Dados – RGPD (UE) 2016/679,[83] que traz uma abordagem baseada nos riscos, o que vai muito além de uma mera abordagem baseada em danos, já que impõe, justamente, a necessidade de prevenção.

---

[80] JONAS, Hans. *O princípio responsabilidade*: ensaio de uma ética para a civilização tecnológica. Rio de Janeiro: PUC-Rio, 2006. p. 77.

[81] FROTA, Pablo Malheiros da Cunha. *Imputação sem nexo causal e a responsabilidade por danos*. Orientador: Luiz Edson Fachin. 2013. 274 f. Tese (Doutorado em Direito) – Faculdade de Direito, Setor de Ciências Jurídicas, Universidade Federal do Paraná, Curitiba, 2013. Disponível em: https://www.acervodigital.ufpr.br/bitstream/handle/1884/31777/R%20-%20T%20-%20PABLO%20MALHEIROS%20DA%20CUNHA%20FROTA.pdf?sequence=1&isAllowed=y. Acesso em: 30 abr. 2020.

[82] FRAZÃO, Ana *et al*. Compliance de dados pessoais. *In*: FRAZÃO, Ana; TEPEDINO, Gustavo; OLIVA, Milena Donato (Coord.). *Lei Geral de Proteção de Dados Pessoais e suas repercussões no direito brasileiro*. São Paulo: Thomson Reuters Brasil, 2019. p. 681. A assimetria de velocidade entre a tecnologia e a legislação já foi anotada por Stefano Rodotà, para quem: "Tem-se a sensação que cresce a distância entre o mundo velocíssimo da inovação tecnológica e o mundo lentíssimo da proteção sócio-institucional [*sic*]. Quase a todo momento percebe-se a rápida obsolescência das soluções jurídicas reguladoras de um determinado fenômeno técnico, destinadas a [*sic*] solução de um problema apenas" (RODOTÁ *apud* DONEDA, Danilo Cesar Maganhoto. Considerações iniciais sobre bancos de dados informatizados e o direito à privacidade. *In*: TEPEDINO, Gustavo (Org.). *Problemas de direito civil-constitucional*. Rio de Janeiro: Renovar, 2000. p. 120-121.).

[83] REINO UNIDO. Privazyplan. *UE Regulamento Geral sobre a Proteção de Dados*. Conteúdo. Regulamento (UE) 2016/679 do Parlamento Europeu e do Conselho de 27 de abril de 2016. Relativo à proteção das pessoas singulares no que diz respeito ao tratamento de dados pessoais e à livre circulação desses dados e que revoga a Diretiva 95/46/CE (Regulamento Geral sobre a Proteção de Dados) [...]. Alemanha, 5 set. 2018. Disponível em: https://www.privacy-regulation.eu/pt/. Acesso em: 30 abr. 2020.

Isso fica evidente, em especial, em razão do estabelecimento da chamada *responsabilidade proativa* (art. 5.2), que, em conjugação com o art. 24, estabelece a responsabilidade do encarregado do tratamento de dados de comprovar que a atividade está em conformidade com o RGPD.[84] De fato, o art. 5.2 positiva o chamado princípio da responsabilidade, pelo qual o agente de tratamento de dados é responsável pelo cumprimento do disposto no contido no art. 5.1 (princípios relacionados ao tratamento de dados) e deve ter meios para comprovar tal cumprimento. Já o art. 24.1 estabelece que, tendo em conta os riscos que a atividade de tratamento de dados gera, é dever do agente aplicar as medidas técnicas e organizativas que forem adequadas para assegurar e poder comprovar que o tratamento realizado está de acordo com as disposições do RGPD.[85] O conteúdo deste princípio é justamente voltado a impor ao agente de tratamento de dados a adoção de medidas concretas e aptas ao cumprimento dos demais princípios.

> O RGPD apresenta como uma das suas principais características a consagração do princípio da responsabilidade, estabelecendo expressamente que, "tendo em conta a natureza, o âmbito, o contexto e as finalidades do tratamento dos dados, bem como os riscos para os direitos e liberdades das pessoas singulares, cuja probabilidade e gravidade podem ser variáveis", cabe ao responsável pelo tratamento aplicar "as medidas técnicas e organizativas que forem adequadas para assegurar e poder comprovar que o tratamento é realizado em conformidade com o Regulamento" (art. 24.º do RGPD).[86] (Grifos no original)

Fica clara, a partir da disposição legal, a necessidade de tomada de medidas concretas, adequadas e proporcionais aos riscos gerados, com vistas à evitabilidade do dano, bem como à adoção de técnicas para comprovar efetivamente que assim agiu. É importante ressaltar que a parte final não é de menor importância. Sobre isso, explana Teresa Vale Lopes:

> Nesta sede, cumpre salientar que a obrigação de demonstrar o cumprimento das regras de proteção de dados é suscetível de influenciar um comportamento mais pró-ativo por parte dos responsáveis pelo tratamento, não só no que respeita à implementação de medidas eficazes de proteção de dados nos seus processos de negócio, como também no que concerne à adotação de mecanismos que permitem [*sic*] a avaliação das referidas medidas antes da necessidade de ocorrência de incidentes.[87]

---

[84] LIMBERGER, Têmis. Transparência e acesso aos dados e informações: o caso do 'Facebook' – Um estudo comparado entre o RGPD Europeu e o marco civil da internet no Brasil. *In*: STRECK, Lenio Luiz; ROCHA, Leonel Severo; ENGELMAN, Wilson (Org.). *Constituição, sistemas sociais e hermenêutica*: Anuário do Programa de Pós-Graduação em Direito da Unisinos: Mestrado e Doutorado. São Leopoldo: Karywa; Editora Unisinos, 2018. n. 14. p. 218. Disponível em: https://editorakarywa.files.wordpress.com/2018/08/anuc3a1rio-ppg-direito.pdf. Acesso em: 30 abr. 2020.

[85] REINO UNIDO. Privazyplan. *UE Regulamento Geral sobre a Proteção de Dados*. Conteúdo. Regulamento (UE) 2016/679 do Parlamento Europeu e do Conselho de 27 de abril de 2016. Relativo à proteção das pessoas singulares no que diz respeito ao tratamento de dados pessoais e à livre circulação desses dados e que revoga a Diretiva 95/46/CE (Regulamento Geral sobre a Proteção de Dados) [...]. Alemanha, 5 set. 2018. Disponível em: https://www.privacy-regulation.eu/pt/. Acesso em: 30 abr. 2020.

[86] LOPES, Teresa Vale. Responsabilidade e governação das empresas no âmbito do novo Regulamento sobre a Proteção de Dados. *In*: COUTINHO, Francisco Pereira; MONIZ, Graça Canto (Coord.). *Anuário da Proteção de Dados 2018*. Lisboa: Cedis, 2018. p. 51-52.

[87] LOPES, Teresa Vale. Responsabilidade e governação das empresas no âmbito do novo Regulamento sobre a Proteção de Dados. *In*: COUTINHO, Francisco Pereira; MONIZ, Graça Canto (Coord.). *Anuário da Proteção de Dados 2018*. Lisboa: Cedis, 2018. p. 54.

Soma-se a isso o disposto no art. 31 do RGPD que estabelece o dever de cooperação dos agentes de tratamento com a autoridade de controle de tratamento de dados pessoais, fazendo com que seja possível a rápida e pronta fiscalização e correção dos ilícitos, visando evitar a ocorrência de danos.[88]

Por outro lado, o disposto no art. 25 estabelece a necessidade de que o tratamento de dados seja baseado na proteção de dados desde a sua concepção, bem como por defeito (*data protection by design* e *data protection by default*).[89] Ou seja, desde o momento da definição do tratamento, passando pela própria execução deste, e mesmo após o fim do tratamento, cabe ao responsável a adoção das medidas técnicas necessárias destinadas a proteger os direitos dos titulares dos dados pessoais. O *Considerando 78* do RGPD estabelece:

> Tais medidas podem incluir a minimização do tratamento de dados pessoais, a pseudonimização de dados pessoais o mais cedo possível, a transparência no que toca às funções e ao tratamento de dados pessoais, a possibilidade de o titular dos dados controlar o tratamento de dados e a possibilidade de o responsável pelo tratamento criar e melhorar medidas de segurança.[90]

É importante ainda ressaltar que o RGPD exige a adoção das técnicas mais avançadas na proteção dos dados pessoais desde a concepção do tratamento destes, fazendo com que os danos sejam minimizados e o direito dos titulares protegido. O que para Teresa Vale Lopes significa:

> [a]ssim sendo, ao optar por incluir os conceitos de *data protection by design* e *by default* como princípios-chave do RGPD, o legislador europeu visou assegurar que a proteção de dados representa uma (*sic*) componente fundamental na conceção[91] e manutenção dos sistemas de informação e no *modus operandi* de cada organização. Tal pode levar a que potenciais questões de privacidade sejam identificadas numa fase inicial e menos dispendiosa dos projetos e a uma crescente conscientização de temas de privacidade e proteção de dados nas próprias organizações.[92]

---

88 REINO UNIDO. Privazyplan. *UE Regulamento Geral sobre a Proteção de Dados*. Conteúdo. Regulamento (UE) 2016/679 do Parlamento Europeu e do Conselho de 27 de abril de 2016. Relativo à proteção das pessoas singulares no que diz respeito ao tratamento de dados pessoais e à livre circulação desses dados e que revoga a Diretiva 95/46/CE (Regulamento Geral sobre a Proteção de Dados) [...]. Alemanha, 5 set. 2018. Disponível em: https://www.privacy-regulation.eu/pt/. Acesso em: 30 abr. 2020.

89 REINO UNIDO. Privazyplan. *UE Regulamento Geral sobre a Proteção de Dados*. Conteúdo. Regulamento (UE) 2016/679 do Parlamento Europeu e do Conselho de 27 de abril de 2016. Relativo à proteção das pessoas singulares no que diz respeito ao tratamento de dados pessoais e à livre circulação desses dados e que revoga a Diretiva 95/46/CE (Regulamento Geral sobre a Proteção de Dados) [...]. Alemanha, 5 set. 2018. Disponível em: https://www.privacy-regulation.eu/pt/. Acesso em: 30 abr. 2020.

90 REINO UNIDO. EUR-Lex. Parlamento Europeu. Atos Legislativos. Regulamento (UE) 2016/679 do Parlamento Europeu e do Conselho de 27 de abril de 2016. Relativo à proteção das pessoas singulares no que diz respeito ao tratamento de dados pessoais e à livre circulação desses dados e que revoga a Diretiva 95/46/CE (Regulamento Geral sobre a Proteção de Dados). *Jornal Oficial da União Europeia*, Bruxelas, 2016. 88 p. Disponível em: https://eur-lex.europa.eu/legal-content/PT/TXT/?uri=celex%3A32016R0679. Acesso em: 30 abr. 2020.

91 Acordo ortográfico – norma atual da língua portuguesa – vocábulos válidos: "conceção, concepção". Obs.: "Conceção" não é usado no Brasil; "concepção" não é usado em Portugal (CONCEPÇÃO ou conceção. *Português à letra*. Disponível em: https://portuguesaletra.com/acordo-ortografico/concepcao-ou-concecao-ao/. Acesso em: 30 abr. 2020. Adaptado).

92 LOPES, Teresa Vale. Responsabilidade e governação das empresas no âmbito do novo Regulamento sobre a Proteção de Dados. *In*: COUTINHO, Francisco Pereira; MONIZ, Graça Canto (Coord.). *Anuário da Proteção de Dados 2018*. Lisboa: Cedis, 2018. p. 57.

Outro instrumento importante de prevenção de danos constante da RGPD é a avaliação de impacto sobre a proteção de dados, estabelecido pelo art. 35. Assim, quando um tratamento que se vale de novas tecnologias e por conta da sua natureza, âmbito, contexto, finalidade possa causar elevado risco aos direitos dos titulares dos dados pessoais, é dever do agente proceder à avaliação prévia dos possíveis impactos a serem causados, a fim de que seja possível a tomada de medidas adequadas para fazer face aos riscos e assegurar a proteção dos dados pessoais (art. 35.7, "d"). Caso tal avaliação demonstre a existência de um elevado risco aos direitos dos titulares de dados, será necessária a consulta prévia à autoridade de controle (art. 36.1).[93]

Outros instrumentos relevantes à atuação *ex ant* no RGPD são: (i) a criação da figura do encarregado da proteção de dados (art. 37), cuja principal função é o controle de conformidade da atividade de tratamento de dados com o RGPD (art. 39.1, "b"); (ii) a previsão de criação de códigos de conduta (art. 40); (iii) o estabelecimento de procedimentos de certificação de conformidade (art. 42).[94]

Traçado esse rápido panorama, resta evidente o caráter preventivo adotado pelo legislador comunitário no RGPD. De fato, vários são os instrumentos legais criados a fim de impor aos agentes de tratamento de dados a adoção de medidas técnicas e organizacionais concretas e adequadas com vistas a evitar a ocorrência de danos ligados ao tratamento de dados pessoais.

4.3 Princípios da boa-fé, segurança, prevenção, responsabilização e prestação de contas: a racionalidade ex ante da LGPD

No Brasil, em 14.8.2018, foi publicada a Lei nº 13.709, denominada "Lei Geral de Proteção de Dados" (LGPD), que estabelece regulamentação ampla e detalhada a respeito da proteção de dados pessoais, inclusive com criação da "Autoridade Nacional de Proteção de Dados – ANPD" (art. 55-A, incluído pela Medida Provisória nº 869/2018, convertida na Lei nº 13.853, de 8.7.2019),[95] a quem compete zelar pela proteção dos dados pessoais, editar normas e procedimentos concernentes à proteção destes, deliberar administrativamente sobre a interpretação da própria lei, requisitar informações a respeito de tratamento de dados pessoais, fiscalizar e aplicar sanções, entre outros (art. 55-J).[96]

---

[93] REINO UNIDO. Privazyplan. *UE Regulamento Geral sobre a Proteção de Dados*. Conteúdo. Regulamento (UE) 2016/679 do Parlamento Europeu e do Conselho de 27 de abril de 2016. Relativo à proteção das pessoas singulares no que diz respeito ao tratamento de dados pessoais e à livre circulação desses dados e que revoga a Diretiva 95/46/CE (Regulamento Geral sobre a Proteção de Dados) [...]. Alemanha, 5 set. 2018. Disponível em: https://www.privacy-regulation.eu/pt/. Acesso em: 30 abr. 2020.

[94] REINO UNIDO. Privazyplan. *UE Regulamento Geral sobre a Proteção de Dados*. Conteúdo. Regulamento (UE) 2016/679 do Parlamento Europeu e do Conselho de 27 de abril de 2016. Relativo à proteção das pessoas singulares no que diz respeito ao tratamento de dados pessoais e à livre circulação desses dados e que revoga a Diretiva 95/46/CE (Regulamento Geral sobre a Proteção de Dados) [...]. Alemanha, 5 set. 2018. Disponível em: https://www.privacy-regulation.eu/pt/. Acesso em: 30 abr. 2020.

[95] BRASIL. Secretaria-Geral. Subchefia para Assuntos Jurídicos. *Lei n. 13.853, de 8 de julho de 2019*. Altera a Lei nº 13.709, de 14 de agosto de 2018, para dispor sobre a proteção de dados pessoais e para criar a Autoridade Nacional de Proteção de Dados; e dá outras providências. Brasília, DF: Presidência da República, 2019. Disponível em: http://www.planalto.gov.br/ccivil_03/_Ato2019-2022/2019/Lei/L13853.htm. Acesso em: 15 abr. 2020.

[96] BRASIL. Secretaria-Geral. Subchefia para Assuntos Jurídicos. *Lei n. 13.709, de 14 de agosto de 2018*. Dispõe sobre a proteção de dados pessoais e altera a Lei nº 12.965, de 23 de abril de 2014 (Marco Civil da Internet). Lei Geral de Proteção de Dados Pessoais (LGPD). Brasília, DF: Presidência da República, 2018. Disponível em: http://www.planalto.gov.br/ccivil_03/_ato2015-2018/2018/lei/L13709.htm. Acesso em: 15 abr. 2020.

Da mesma forma que o RGPD, tratado no item anterior, a LGPD tem forte caráter preventivo, conforme se denota em praticamente todo o seu texto, mas especialmente em razão de quatro princípios elencados em seu art. 6º, quais sejam: a) boa-fé (*caput*); b) segurança (inc. VII); c) prevenção (inc. VIII); e d) responsabilização e prestação de contas (inc. X).[97]

O princípio da boa-fé, na sua vertente objetiva, cria/gera deveres de conduta aos integrantes da relação jurídica, não previstos em lei ou em contrato, de forma que devem – os integrantes – agir de acordo com padrões de conduta baseados na lealdade, probidade, honestidade, cooperação e legítima expectativa.[98] Assim, os envolvidos devem agir conforme bitolas éticas, o que cria um dever de cuidado para com o outro integrante da relação jurídica, bem como estimula a necessidade de proteção da legítima expectativa do titular dos dados. Bruno Miragem traz a seguinte explicação acerca do tratamento de dados, no âmbito da LGPD, no que se refere ao princípio da boa-fé:

> No caso do tratamento de dados pessoais, a boa-fé fundamenta a tutela das legítimas expectativas do titular dos dados frente ao controlador (art. 10, II, da LGPD), o que se delineia, sempre a partir das circunstâncias concretas em que se deu o consentimento, a finalidade de uso e tratamento dos dados que foi indicada na ocasião e o modo como foram compreendidas as informações prévias oferecidas. A tutela da confiança do consumidor, neste caso, abrange tanto a crença nas informações prestadas quanto de que aquele que tenha acesso aos seus dados, por força do consentimento dado, não se comporte de modo contraditório a elas e respeite a vinculação à finalidade de utilização informada originalmente.[99]

É importante ressaltar que o legislador da LGPD inseriu a boa-fé objetiva já no *caput* do art. 6º – conforme anteriormente citado –, estabelecendo os demais princípios aplicáveis ao tratamento de dados pessoais nos incisos, o que já demonstra certa preponderância, provavelmente decorrente de toda a tradição germânica a seu respeito e que vem sendo estudada e aplicada no Brasil de forma bastante substancial nos últimos 30 anos, especialmente em razão de sua positivação no Código de Defesa do Consumidor (art. 4º)[100] e no Código Civil (arts. 113, 187 e 422).[101]

---

97 BRASIL. Secretaria-Geral. Subchefia para Assuntos Jurídicos. *Lei n. 13.709, de 14 de agosto de 2018*. Dispõe sobre a proteção de dados pessoais e altera a Lei nº 12.965, de 23 de abril de 2014 (Marco Civil da Internet). Lei Geral de Proteção de Dados Pessoais (LGPD). Brasília, DF: Presidência da República, 2018. Disponível em: http://www.planalto.gov.br/ccivil_03/_ato2015-2018/2018/lei/L13709.htm. Acesso em: 15 abr. 2020.

98 BUSSATTA, Eduardo Luiz. *Resolução dos contratos e teoria do adimplemento substancial*. 2. ed. São Paulo: Saraiva, 2017. p. 72.

99 MIRAGEM, Bruno. A Lei Geral de Proteção de Dados (Lei 13.709/2018) e o direito do consumidor. *Revista dos Tribunais*, São Paulo, v. 1009, p. 1-41, nov. 2019. p. 5-6. Disponível em: http://www.rtonline.com.br/. Acesso em: 15 abr. 2020.

100 BRASIL. Casa Civil. Subchefia para Assuntos Jurídicos. *Lei n. 8.078, de 11 de setembro de 1990*. Dispõe sobre a proteção do consumidor e dá outras providências. Brasília, DF: Presidência da República, 1990. Disponível em: http://www.planalto.gov.br/ccivil_03/leis/l8078.htm. Acesso em: 30 abr. 2020.

101 BRASIL. Casa Civil. Subchefia para Assuntos Jurídicos. *Lei n. 10.406, de 10 de janeiro de 2002*. Institui o Código Civil. Brasília, DF: Presidência da República, 2002. Disponível em: http://www.planalto.gov.br/ccivil_03/leis/2002/l10406.htm. Acesso em: 15 abr. 2020. "Atente-se, ainda, para o fato de que além dos princípios literalmente enunciados no art. 6º (em número de dez) e de outros que possam ser deduzidos do texto, o *caput* do referido artigo faz referência expressa, como a um *primus inter pares*, ao princípio da boa-fé. Em tema de proteção de dados pessoais, o radicamento da boa-fé como dever de conduta é de fundamental importância, principalmente ao se levar em conta o caráter massificado de diversos mecanismos de tratamento de dados e da

Trata-se de importante disposição, especialmente por conferir flexibilidade à LGPD, permitindo sua adequação mesmo diante da evolução tecnológica. De fato, assevera Clóvis Veríssimo do Couto e Silva:

> Com a edição de conceitos abertos como o da boa-fé, a ordem jurídica atribui ao juiz [e também à autoridade administrativa] a tarefa de adequar a aplicação judicial [e administrativa] às modificações sociais, uma vez que os limites dos fatos previstos pelas aludidas cláusulas gerais são fugidios, móveis; de nenhum modo fixos.[102]

Assim, impõe-se aos agentes de tratamento de dados a observância da ética em todas as etapas do tratamento (de dados). Não basta, portanto, o cumprimento formal das disposições legais previstas na LGPD. A atividade de tratamento de dados pessoais deve ser pautada na lealdade, honestidade e probidade, de acordo com o caso concreto e tendo em conta os riscos envolvidos, respeitando sempre a legítima expectativa do titular dos dados.

Apesar de tal princípio ter aplicação em toda atividade voltada a tratamento de dados pessoais, suas principais aplicações estão ligadas ao uso adequado e ético dos dados pelos agentes de tratamento, especialmente no que toca à utilização de inteligência artificial, criação de perfis, estratégias publicitárias etc., bem como ao fornecimento do consentimento para o tratamento dos dados pessoais.

Por sua vez, o princípio da *segurança* consiste, de acordo com a LGPD, na "utilização de medidas técnicas e administrativas aptas a proteger os dados pessoais de acessos não autorizados e de situações acidentais ou ilícitas de destruição, perda, alteração, comunicação ou difusão" (art. 6º, VII).[103] Rita Peixoto Ferreira Blum aponta: "Os dados organizados eletronicamente devem, portanto, estar em ambiente informacional que disponha de ferramentas adequadas e atualizadas de segurança da informação".[104]

O foco deste princípio é a adoção de medidas que sejam aptas a impedir os ataques cibernéticos, realizados por *hackers* e *crackers*, e que têm causado inúmeros prejuízos em todo o mundo.[105] Trata-se, nesse caso, do risco mais visível em matéria de proteção de dados pessoais, até mesmo em razão das reiteradas falhas de segurança.

Já o princípio da *prevenção* propriamente dito evoca, nos termos positivados, a "adoção de medidas para prevenir a ocorrência de danos em virtude do tratamento

---

própria opacidade intrínseca a estas operações" (MENDES, Laura Schertel; DONEDA, Danilo. Reflexões iniciais sobre a nova Lei Geral de Proteção de Dados. *Revista de Direito Consumidor*, São Paulo, v. 120, p. 469-483, nov./dez. 2018. p. 5. Disponível em: http://www.rtonline.com.br/. Acesso em: 15 abr. 2020) (grifos no original).

[102] SILVA, Clóvis Veríssimo do Couto e. O princípio da boa-fé no direito brasileiro e português. *In*: FRADERA, Vera Maria Jacob (Org.). *O direito privado brasileiro na visão de Clóvis do Couto e Silva*. Porto Alegre: Livraria do Advogado, 1997. p. 39.

[103] BRASIL. Secretaria-Geral. Subchefia para Assuntos Jurídicos. *Lei n. 13.709, de 14 de agosto de 2018*. Dispõe sobre a proteção de dados pessoais e altera a Lei nº 12.965, de 23 de abril de 2014 (Marco Civil da Internet). Lei Geral de Proteção de Dados Pessoais (LGPD). Brasília, DF: Presidência da República, 2018. Disponível em: http://www.planalto.gov.br/ccivil_03/_ato2015-2018/2018/lei/L13709.htm. Acesso em: 15 abr. 2020.

[104] BLUM, Rita Peixoto Ferreira. *O direito à privacidade e a proteção de dados do consumidor*. São Paulo: Almedina, 2018. p. 161.

[105] Estima-se que somente um dos ataques realizados no ano de 2017, chamado de *WannaCry*, tenha gerado prejuízos superiores a US$8 bilhões (PARENTY, Thomas J.; DOMET, Jack J. Como avaliar riscos cibernéticos. *Harvard Business Review Brasil*, 3 abr. 2020. p. 54).

de dados pessoais" (art. 6º, VIII).[106] Ou seja, traz para o bojo da atividade relativa ao tratamento de dados pessoais a necessidade de atuação proativa, técnica, científica e economicamente voltada à evitabilidade do dano.

Cumpre aos agentes de tratamento de dados, nessa perspectiva, a efetiva averiguação dos riscos que recaem sobre sua atividade, o mapeamento dos pontos críticos e a realização das ações necessárias à mitigação dos riscos. Exige-se do agente de tratamento de dados uma efetiva política de gestão de riscos, em sentido amplo, que vai muito além da segurança de *hardware* e *software*.

Por fim, o princípio da *responsabilização e prestação de contas* estabelece, conforme os estritos termos da LGPD, a necessária "demonstração, pelo agente, da adoção de medidas eficazes e capazes de comprovar a observância e o cumprimento das normas de proteção de dados pessoais e, inclusive, da eficácia dessas medidas" (art. 6º, X).[107]

Há aqui grande aproximação com a chamada reponsabilidade proativa estabelecida pela RGPD – já referida.[108] Assim, o agente de tratamento de dados é o responsável por agir de forma a proteger os interesses do titular dos dados pessoais, tomando as medidas aptas e eficazes contra os riscos envolvidos, podendo ser instado a prestar contas de todos os atos praticados.

Importante enfatizar que este princípio se desdobra em duas facetas complementares. A *responsabilização* importa na imposição do dever de efetiva realização das medidas aptas ao cumprimento das normas de proteção de dados, o que importa dizer, em um reforço à concretização factual do respeito devido aos direitos dos titulares dos dados pessoais. Por ele, busca-se a materialização dos direitos, a adoção de medidas de aproximação do *ser* com o *dever* ser. Já a *prestação de contas* conduz à efetiva demonstração das medidas tomadas. Assim, não basta agir de forma oportuna e adequada. É necessário prestar contas, demonstrar – ao titular dos dados, às autoridades judiciária e administrativa – que medidas foram tomadas e qual é sua eficiência.

A conjugação desses quatro princípios não deixa dúvidas no que concerne à necessidade de agir de forma preventiva a fim de se evitar a ocorrência de danos em matéria de proteção de dados pessoais. Pode-se até mesmo admitir certa sobreposição da incidência (ou mesmo redundância) dos citados princípios.[109] Contudo, isso gera

---

106 BRASIL. Secretaria-Geral. Subchefia para Assuntos Jurídicos. *Lei n. 13.709, de 14 de agosto de 2018*. Dispõe sobre a proteção de dados pessoais e altera a Lei nº 12.965, de 23 de abril de 2014 (Marco Civil da Internet). Lei Geral de Proteção de Dados Pessoais (LGPD). Brasília, DF: Presidência da República, 2018. Disponível em: http://www.planalto.gov.br/ccivil_03/_ato2015-2018/2018/lei/L13709.htm. Acesso em: 15 abr. 2020.

107 BRASIL. Secretaria-Geral. Subchefia para Assuntos Jurídicos. *Lei n. 13.709, de 14 de agosto de 2018*. Dispõe sobre a proteção de dados pessoais e altera a Lei nº 12.965, de 23 de abril de 2014 (Marco Civil da Internet). Lei Geral de Proteção de Dados Pessoais (LGPD). Brasília, DF: Presidência da República, 2018. Disponível em: http://www.planalto.gov.br/ccivil_03/_ato2015-2018/2018/lei/L13709.htm. Acesso em: 15 abr. 2020.

108 REINO UNIDO. Privazyplan. *UE Regulamento Geral sobre a Proteção de Dados*. Conteúdo. Regulamento (UE) 2016/679 do Parlamento Europeu e do Conselho de 27 de abril de 2016. Relativo à proteção das pessoas singulares no que diz respeito ao tratamento de dados pessoais e à livre circulação desses dados e que revoga a Diretiva 95/46/CE (Regulamento Geral sobre a Proteção de Dados) [...]. Alemanha, 5 set. 2018. Disponível em: https://www.privacy-regulation.eu/pt/. Acesso em: 30 abr. 2020.

109 "Os princípios da segurança, da prevenção e da responsabilidade, ou da prestação de contas, também são bastante próximos. Isso porque o primeiro visa a evitar situações ilícitas, ao passo que o segundo pretende evitar dano à pessoa por causa do tratamento inadequado dos dados pessoais. Não obstante, o ilícito e o dano são conceitos clássicos da responsabilidade civil. Com efeito, não é espantoso que a concretização desses princípios na lei ocorra, muitas vezes, por um mesmo dispositivo" (OLIVEIRA, Marco Aurélio Bellizze; LOPES, Isabela Maria Pereira. Os princípios norteadores da proteção de dados pessoais no Brasil e sua otimização pela

um reforço no dever jurídico no sentido de evitar a ocorrência de danos, mediante a prática dos atos necessários para tanto. Tais princípios não geram uma mera *obrigação de meio* para o agente de tratamento de dados, mas sim *obrigação de resultado*. Os comandos normativos são expressos no sentido de que devem ser adotadas medidas aptas, eficazes, capazes de evitar a ocorrência de danos aos titulares de dados pessoais. Não basta o esforço. É necessária a obtenção do resultado pretendido, qual seja, a efetiva prevenção do dano.

Portanto, exige-se a tomada de medidas de antecipação, visando à correção prioritariamente na origem. A utilização de técnicas, novas ou não, no tratamento de dados deve valer-se, como característica precípua, de pesquisas, técnicas e investimentos necessários para que não ocorram danos aos titulares. Aos agentes de tratamento é imposto um especial dever de diligência, o que indica a necessidade de pensar nos interesses dos titulares dos dados e da sociedade e não meramente nos interesses individuais[110] dos agentes econômicos envolvidos.

É possível defender, inclusive, pela conjugação dos já referidos princípios, que o agir preventivo deve ser exigido não somente com relação aos riscos conhecidos, como também com relação aos riscos não conhecidos, abrangendo, assim, um conteúdo de precaução, já que este pode ser compreendido como uma extensão dos métodos de prevenção aplicados a riscos incertos. Por certo, não há como pensar verdadeiramente na aplicação dos princípios da boa-fé, segurança, prevenção, responsabilização e prestação de contas afastando de seu âmbito os riscos incertos. Assim, é adequado pensar em prevenção em sentido amplo, abrangendo também a precaução, nos moldes originais germânicos decorrentes do *vorsorgeprinzip*.[111] Afinal, ambos visam, justamente, afastar o dano.[112] Ademais, pensar de forma contrária importaria em incentivar estratégias empresariais voltadas a não identificar os riscos tecnológicos de maneira antecipada.

A LGPD traz algumas concreções dos referidos princípios. Pode-se até mesmo enunciar que, boa parte desta legislação, é reduzível a esses quatro princípios.

De qualquer forma, é importante ressaltar que a lei dedica um capítulo inteiro (Capítulo VII) à segurança e às boas práticas.[113] Especificamente em relação à segurança,

---

Lei 13.709/2018. *In*: FRAZÃO, Ana; TEPEDINO, Gustavo; OLIVA, Milena Donato (Coord.). *Lei Geral de Proteção de Dados Pessoais e suas repercussões no direito brasileiro*. São Paulo: Thomson Reuters Brasil, 2019. p. 77).

110 Relativamente aos interesses individuais, leia-se: ENGELMANN, Wilson. Os desafios jurídicos da aplicação do princípio da precaução. *Revista dos Tribunais*, v. 981, ano 106, p. 387-491, jul. 2017.

111 MACHADO, Paulo Affonso Leme. *Direito ambiental brasileiro*. 21. ed. São Paulo: Malheiros, 2013. p. 98.

112 WEDY, Gabriel de Jesus Tedesco. Os elementos constitutivos do princípio da precaução e a sua diferenciação com o princípio da prevenção. *Revista de Doutrina da 4ª Região*, Porto Alegre, n. 68, out. 2015. *Passim*. Disponível em: https://revistadoutrina.trf4.jus.br/artigos/edicao068/Gabriel_Wedy.html. Acesso em: 1º fev. 2020.

113 BRASIL. Secretaria-Geral. Subchefia para Assuntos Jurídicos. *Lei n. 13.709, de 14 de agosto de 2018*. Dispõe sobre a proteção de dados pessoais e altera a Lei nº 12.965, de 23 de abril de 2014 (Marco Civil da Internet). Lei Geral de Proteção de Dados Pessoais (LGPD). Brasília, DF: Presidência da República, 2018. Disponível em: http://www.planalto.gov.br/ccivil_03/_ato2015-2018/2018/lei/L13709.htm. Acesso em: 15 abr. 2020. "O capítulo de segurança da informação é um pilar fundamental da Lei e traz pelo menos três inovações importantes para o ordenamento jurídico brasileiro quanto às obrigações dos agentes de tratamento. Primeiramente, ela exige a adoção por todos que tratam dados de medidas que garantam a integridade, a confidencialidade e a disponibilidade dos dados sob tratamento. Em segundo lugar, em caso de incidente de segurança, como o vazamento de dados, surge a obrigação para o controlador de comunicar a autoridade de proteção de dados, que pode determinar, conforme o caso, a adoção de medidas para mitigar os efeitos do incidente ou a ampla divulgação para a sociedade (art. 48). Em terceiro lugar, há no referido capítulo uma obrigação que se enquadra no conceito de *Privacy by Design*, conforme se extrai do art. 46, §2º [...]" (MENDES, Laura Schertel; DONEDA, Danilo. Reflexões iniciais sobre a nova Lei Geral de Proteção de Dados. *Revista de Direito Consumidor*, São Paulo, v. 120, p. 469-483, nov./dez. 2018. p. 6. Disponível em: http://www.rtonline.com.br/. Acesso em: 15 abr. 2020) (grifos no original).

estabelece o art. 46 que devem ser adotadas "medidas [...] aptas a proteger os dados pessoais de acessos não autorizados e de situações acidentais ou ilícitas de destruição, perda, alteração, comunicação ou qualquer forma de tratamento inadequado ou ilícito".[114]

Já o art. 47 estabelece que os agentes de tratamento se obrigam a garantir a segurança da informação relativa a dados pessoais mesmo após o término do tratamento dos dados.[115]

No que toca ao princípio da prevenção, o art. 32 trata da publicação de relatórios de impacto voltados à proteção de dados pessoais que poderão ser exigidos, a critério da autoridade nacional, do Poder Público. Por sua vez, o art. 38 prevê também a possibilidade de a autoridade de proteção de dados determinar ao controlador a elaboração do relatório de impacto direcionado à proteção de dados pessoais. O mesmo está previsto na hipótese de tratamento de dados fundamentado no interesse do agente (art. 10, §3º).[116] Trata-se de importante medida, já que a elaboração do relatório de impacto permite que sejam inventariados, de forma prévia e sistemática, os pontos críticos da atividade a ser desenvolvida. Contudo, as duas disposições são passíveis de críticas, já que deixam a critério da autoridade nacional de proteção de dados decidir sobre as hipóteses em que será exigível a apresentação do dito relatório. A RGPD, nessa perspectiva, é mais adequada no ponto, estabelecendo critérios e hipóteses em que a avaliação pode ser exigida.

O art. 49, por sua vez, estabelece a necessidade de que os sistemas de tratamento de dados pessoais sejam estruturados para atender aos requisitos de segurança, boas práticas e demais obrigações decorrentes da lei. Também o art. 50 estabelece que as boas práticas terão por finalidade a "[...] mitigação de riscos e outros aspectos ligados ao tratamento de dados pessoais".[117] Entretanto, o legislador não tornou obrigatória a adoção de regras/códigos de boas práticas e governança, mas somente autorizou sua criação.

Merece especial atenção o disposto no §2º do art. 50, que estabelece que o controlador, ao aplicar os princípios da segurança e da prevenção, tendo em conta a estrutura, a escala, o volume e a sensibilidade dos dados tratados, bem como a probabilidade e a gravidade dos danos aos titulares, poderá "implementar programa de governança em privacidade", com requisitos mínimos de adequação, bem como "demonstrar[, quando

---

114 BRASIL. Secretaria-Geral. Subchefia para Assuntos Jurídicos. *Lei n. 13.709, de 14 de agosto de 2018*. Dispõe sobre a proteção de dados pessoais e altera a Lei nº 12.965, de 23 de abril de 2014 (Marco Civil da Internet). Lei Geral de Proteção de Dados Pessoais (LGPD). Brasília, DF: Presidência da República, 2018. Disponível em: http://www.planalto.gov.br/ccivil_03/_ato2015-2018/2018/lei/L13709.htm. Acesso em: 15 abr. 2020.

115 BRASIL. Secretaria-Geral. Subchefia para Assuntos Jurídicos. *Lei n. 13.709, de 14 de agosto de 2018*. Dispõe sobre a proteção de dados pessoais e altera a Lei nº 12.965, de 23 de abril de 2014 (Marco Civil da Internet). Lei Geral de Proteção de Dados Pessoais (LGPD). Brasília, DF: Presidência da República, 2018. Disponível em: http://www.planalto.gov.br/ccivil_03/_ato2015-2018/2018/lei/L13709.htm. Acesso em: 15 abr. 2020. Ver: SILVA, Joseane Suzart Lopes da. A proteção de dados pessoais dos consumidores e a Lei 13.709/2018: em busca da efetividade dos direitos à privacidade, intimidade e autodeterminação. *Revista de Direito do Consumidor*, v. 121, p. 367-418, jan./fev. 2019.

116 BRASIL. Secretaria-Geral. Subchefia para Assuntos Jurídicos. *Lei n. 13.709, de 14 de agosto de 2018*. Dispõe sobre a proteção de dados pessoais e altera a Lei nº 12.965, de 23 de abril de 2014 (Marco Civil da Internet). Lei Geral de Proteção de Dados Pessoais (LGPD). Brasília, DF: Presidência da República, 2018. Disponível em: http://www.planalto.gov.br/ccivil_03/_ato2015-2018/2018/lei/L13709.htm. Acesso em: 15 abr. 2020.

117 BRASIL. Secretaria-Geral. Subchefia para Assuntos Jurídicos. *Lei n. 13.709, de 14 de agosto de 2018*. Dispõe sobre a proteção de dados pessoais e altera a Lei nº 12.965, de 23 de abril de 2014 (Marco Civil da Internet). Lei Geral de Proteção de Dados Pessoais (LGPD). Brasília, DF: Presidência da República, 2018. Disponível em: http://www.planalto.gov.br/ccivil_03/_ato2015-2018/2018/lei/L13709.htm. Acesso em: 15 abr. 2020.

pertinente e especialmente mediante pedido da autoridade nacional,] a efetividade de seu programa de governança em privacidade".[118] Apesar de a interpretação textual levar ao entendimento de que se trata de faculdade do controlador a criação de programa de governança, a interpretação sistemática do dispositivo relacionado com os princípios referidos não deixa dúvida acerca da necessidade de sua criação quando as circunstâncias de fato (grau de risco, número de pessoas atingidas etc.) assim o exigirem.

Também de grande relevância, especialmente em razão do entrelaçamento com os princípios da segurança e da prevenção, é a exigência de proteção de dados desde a concepção (*data protection by design ou privacy by design*), prevista no art. 46, §2º.[119] Tal exigência é especialmente relevante, uma vez que prevê que a privacidade deve ser tomada em consideração em todas as fases do tratamento de dados, desde a concepção dos sistemas e também durante seu desenvolvimento, aplicação e avaliação.

> Conforme proposto por Ann Cavoukian, os objetivos da metodologia são atingidos a partir de sete princípios fundamentais: (i) proatividade e prevenção; (ii) privacidade por padrão; (iii) privacidade incorporada ao design; (iv) funcionalidade integral; (v) segurança em todo o ciclo de vida da informação; (vi) transparência e (vii) respeito à privacidade do usuário.[120]

Numa primeira leitura, pode-se imaginar que a LGPD não foi tão exigente quanto o RGPD, que traz exigência detalhada da proteção de dados desde a concepção, o que pode ser observado no Considerando nº 78[121] e no art. 25,[122] como já analisado *supra*. Contudo, a interpretação do art. 46, §2º da LGPD[123] deve ser efetuada à luz dos princípios da segurança e prevenção, de forma que, e disso não há dúvida, tem-se verdadeiro dever jurídico nesse sentido, sem o qual o serviço passa a ser considerado defeituoso.

Com relação ao princípio da responsabilização e prestação de contas, tem-se especialmente o relatório de impacto, já analisado, além da responsabilidade civil

---

[118] BRASIL. Secretaria-Geral. Subchefia para Assuntos Jurídicos. *Lei n. 13.709, de 14 de agosto de 2018*. Dispõe sobre a proteção de dados pessoais e altera a Lei nº 12.965, de 23 de abril de 2014 (Marco Civil da Internet). Lei Geral de Proteção de Dados Pessoais (LGPD). Brasília, DF: Presidência da República, 2018. Disponível em: http://www.planalto.gov.br/ccivil_03/_ato2015-2018/2018/lei/L13709.htm. Acesso em: 15 abr. 2020.

[119] BRASIL. Secretaria-Geral. Subchefia para Assuntos Jurídicos. *Lei n. 13.709, de 14 de agosto de 2018*. Dispõe sobre a proteção de dados pessoais e altera a Lei nº 12.965, de 23 de abril de 2014 (Marco Civil da Internet). Lei Geral de Proteção de Dados Pessoais (LGPD). Brasília, DF: Presidência da República, 2018. Disponível em: http://www.planalto.gov.br/ccivil_03/_ato2015-2018/2018/lei/L13709.htm. Acesso em: 15 abr. 2020.

[120] SOUZA, Carlos Affonso Pereira de. Segurança e Sigilo dos dados pessoais: primeiras impressões à luz da Lei 13.709/2018. *In*: FRAZÃO, Ana; TEPEDINO, Gustavo; OLIVA, Milena Donato (Coord.). *Lei Geral de Proteção de Dados Pessoais e suas repercussões no direito brasileiro*. São Paulo: Thomson Reuters Brasil, 2019. p. 428.

[121] REINO UNIDO. EUR-Lex. Parlamento Europeu. Atos Legislativos. Regulamento (UE) 2016/679 do Parlamento Europeu e do Conselho de 27 de abril de 2016. Relativo à proteção das pessoas singulares no que diz respeito ao tratamento de dados pessoais e à livre circulação desses dados e que revoga a Diretiva 95/46/CE (Regulamento Geral sobre a Proteção de Dados). *Jornal Oficial da União Europeia*, Bruxelas, 2016. 88 p. Disponível em: https://eur-lex.europa.eu/legal-content/PT/TXT/?uri=celex%3A32016R0679. Acesso em: 30 abr. 2020.

[122] REINO UNIDO. Privazyplan. *UE Regulamento Geral sobre a Proteção de Dados*. Conteúdo. Regulamento (UE) 2016/679 do Parlamento Europeu e do Conselho de 27 de abril de 2016. Relativo à proteção das pessoas singulares no que diz respeito ao tratamento de dados pessoais e à livre circulação desses dados e que revoga a Diretiva 95/46/CE (Regulamento Geral sobre a Proteção de Dados) [...]. Alemanha, 5 set. 2018. Disponível em: https://www.privacy-regulation.eu/pt/. Acesso em: 30 abr. 2020.

[123] BRASIL. Secretaria-Geral. Subchefia para Assuntos Jurídicos. *Lei n. 13.709, de 14 de agosto de 2018*. Dispõe sobre a proteção de dados pessoais e altera a Lei nº 12.965, de 23 de abril de 2014 (Marco Civil da Internet). Lei Geral de Proteção de Dados Pessoais (LGPD). Brasília, DF: Presidência da República, 2018. Disponível em: http://www.planalto.gov.br/ccivil_03/_ato2015-2018/2018/lei/L13709.htm. Acesso em: 15 abr. 2020.

(arts. 42 a 45) e administrativa (arts. 52 a 54) dos agentes de tratamento de dados. Ademais, é patente a obrigação de prestação de contas (*accountability*), o que significa dizer, a necessidade de o operador demonstrar as medidas tomadas para minimizar os riscos, bem como sua eficácia,[124] o que redunda em um grande reforço à prevenção.

Nesse cenário legal, avulta a importância dos programas de conformidade (*compliance*), que se "consubstancia[m como] valioso instrumento desse viés operacional e preventivo, auxiliando na promoção de condutas compatíveis com o regulamento legal".[125]

É certo que, na efetivação dos princípios da boa-fé, segurança, prevenção, responsabilização e prestação de contas, a atuação da Autoridade Nacional de Proteção de Dados, instituída pelo art. 55-A da LGPD, é de importância ímpar, já que a ela compete zelar pela proteção dos dados pessoais, editar normas e procedimentos sobre a proteção de dados pessoais, deliberar administrativamente sobre a interpretação da própria lei, requisitar informações a respeito de tratamento de dados pessoais, fiscalizar e aplicar sanções, entre outras aplicações (art. 55-J).[126]

Contudo, obviamente, entende-se que a extensão dos princípios em questão não se resume aos instrumentos deles dedutíveis, expressamente previstos na LGPD, tampouco aquilo que a autoridade administrativa estabelecer em complementação. Caberá à doutrina e à jurisprudência densificar e concretizar tais princípios, a fim de que sejam aprimoradas boas práticas e tecnologias de tratamento de dados pessoais seguras e éticas, de acordo com a legítima expectativa, evitando, com isso, que ocorram lesões aos direitos personalíssimos e não personalíssimos dos titulares.

Os dados pessoais, como extensão da personalidade, merecem proteção adequada, compatível com sua superioridade hierárquica substancial, com relação aos interesses meramente econômicos dos agentes de tratamento. Essa é a única leitura possível da Constituição da República e da LGPD.

E a técnica legislativa adotada pela LGPD é adequada para tanto, especialmente por valer-se de princípios, que permitem, diante de sua amplitude semântica e vagueza conceitual, o estabelecimento de procedimentos flexíveis de regulação, o que é imprescindível em matéria de dados pessoais. Afinal, trata-se de campo em que a tecnologia avança a passos larguíssimos, "atropelando" o direito e tornando rapidamente obsoletas regulações mais minudentes. A análise comparativa entre a RGPD e a LGPD (*supra*) demonstra que a LGPD possui algumas deficiências relativas às regras ligadas aos princípios estudados. Contudo, a correta intepretação, à luz dos princípios em questão (*supra*), a ser efetuada pela doutrina, autoridades administrativa e judicial, certamente levará à correção das deficiências e a um nível equivalente de proteção.

---

124 BRASIL. Secretaria-Geral. Subchefia para Assuntos Jurídicos. *Lei n. 13.709, de 14 de agosto de 2018.* Dispõe sobre a proteção de dados pessoais e altera a Lei nº 12.965, de 23 de abril de 2014 (Marco Civil da Internet). Lei Geral de Proteção de Dados Pessoais (LGPD). Brasília, DF: Presidência da República, 2018. Disponível em: http://www.planalto.gov.br/ccivil_03/_ato2015-2018/2018/lei/L13709.htm. Acesso em: 15 abr. 2020.

125 FRAZÃO, Ana *et al.* Compliance de dados pessoais. *In*: FRAZÃO, Ana; TEPEDINO, Gustavo; OLIVA, Milena Donato (Coord.). *Lei Geral de Proteção de Dados Pessoais e suas repercussões no direito brasileiro.* São Paulo: Thomson Reuters Brasil, 2019. p. 682.

126 BRASIL. Secretaria-Geral. Subchefia para Assuntos Jurídicos. *Lei n. 13.709, de 14 de agosto de 2018.* Dispõe sobre a proteção de dados pessoais e altera a Lei nº 12.965, de 23 de abril de 2014 (Marco Civil da Internet). Lei Geral de Proteção de Dados Pessoais (LGPD). Brasília, DF: Presidência da República, 2018. Disponível em: http://www.planalto.gov.br/ccivil_03/_ato2015-2018/2018/lei/L13709.htm. Acesso em: 15 abr. 2020.

5 Conclusão

Conforme demonstrado, a proteção de dados pessoais tem origem no direito à privacidade, mas dele se autonomiza, para ser considerada integrante da cláusula geral de proteção à pessoa humana. Considerar a proteção dos dados pessoais unicamente por intermédio da privacidade é característico de uma visão reducionista, pois deixa escapar uma série de situações que não se submetem à dicotomia privado/público.

A atividade de tratamento de dados pessoais se expandiu grandemente nas últimas décadas em razão da difusão dos computadores e de sua capacidade de processamento, bem como pelo uso disseminado da internet – o que é perceptível, a partir da análise/estudo efetuado –, de forma que poucas atividades humanas são alheias a isso. E sabe-se que tudo isso gerou avanços notáveis, mas trouxe consigo inúmeros riscos aos direitos dos titulares.

O direito, que, por muito tempo, agiu quase que exclusivamente de forma repressiva, ou seja, após a ocorrência do fato ilícito, passou a valer-se de técnicas de prevenção do ilícito, inicialmente no direito ambiental, dada a irreparabilidade e irrecuperabilidade do dano ambiental. Isso – essa questão do uso de técnicas de prevenção do ilícito – deve/passou a ser observado em matéria de proteção de dados e foi adotado pela LGPD, especialmente em razão da expressa positivação dos princípios da boa-fé, segurança, prevenção e responsabilização/prestação de contas.

Assim, cria-se efetivo dever jurídico aos agentes de tratamento de dados pessoais, dever este voltado à questão de tomar todas as medidas que se mostrarem necessárias e eficazes para evitar a ocorrência de danos aos titulares dos dados pessoais. Afinal, estes dados, como extensão da personalidade humana, merecem proteção adequada proveniente dos agentes de tratamento de dados pessoais, compatível com sua substancial superioridade hierárquica – como mencionado – se comparados aos interesses meramente econômicos. Reitere-se: essa é a única leitura possível da Constituição da República e da LGPD.

Referências

ARENDT, Hannah. *A condição humana*. 12. ed. Rio de Janeiro: Forense Universitária, 2016.

BARBOSA, Ana Mafalda Castanheira Neves de Miranda. *Liberdade vs. responsabilidade*: a precaução como fundamento da imputação delitual? Coimbra: Almedina, 2006.

BECK, Ulrich. *A metamorfose do mundo*: novos conceitos para uma nova realidade. Rio de Janeiro: Zahar, 2018.

BECK, Ulrich. *Sociedade de risco*: rumo a uma outra modernidade. São Paulo: Editora 34, 2011.

BIONI, Bruno Ricardo. *Proteção de dados pessoais*: a função e os limites do consentimento. Rio de Janeiro: Forense, 2019.

BLUM, Rita Peixoto Ferreira *O direito à privacidade e a proteção de dados do consumidor*. São Paulo: Almedina, 2018.

BOBBIO, Norberto. *Da estrutura à função*: novos estudos de teoria do direito. Barueri: Manole, 2007.

BRANDEIS, Louis D.; WARREN, Samuel D. The right to privacy. *Havard Law Review*, v. 4, n. 5, p. 193-220, Dec. 15, 1890.

BRASIL. Casa Civil. Subchefia para Assuntos Jurídicos. *Lei n. 10.406, de 10 de janeiro de 2002*. Institui o Código Civil. Brasília, DF: Presidência da República, 2002. Disponível em: http://www.planalto.gov.br/ccivil_03/leis/2002/l10406.htm. Acesso em: 15 abr. 2020.

BRASIL. Casa Civil. Subchefia para Assuntos Jurídicos. *Lei n. 8.078, de 11 de setembro de 1990*. Dispõe sobre a proteção do consumidor e dá outras providências. Brasília, DF: Presidência da República, 1990. Disponível em: http://www.planalto.gov.br/ccivil_03/leis/l8078.htm. Acesso em: 30 abr. 2020.

BRASIL. Secretaria-Geral. Subchefia para Assuntos Jurídicos. *Lei n. 13.709, de 14 de agosto de 2018*. Dispõe sobre a proteção de dados pessoais e altera a Lei nº 12.965, de 23 de abril de 2014 (Marco Civil da Internet). Lei Geral de Proteção de Dados Pessoais (LGPD). Brasília, DF: Presidência da República, 2018. Disponível em: http://www.planalto.gov.br/ccivil_03/_ato2015-2018/2018/lei/L13709.htm. Acesso em: 15 abr. 2020.

BRASIL. Secretaria-Geral. Subchefia para Assuntos Jurídicos. *Lei n. 13.853, de 8 de julho de 2019*. Altera a Lei nº 13.709, de 14 de agosto de 2018, para dispor sobre a proteção de dados pessoais e para criar a Autoridade Nacional de Proteção de Dados; e dá outras providências. Brasília, DF: Presidência da República, 2019. Disponível em: http://www.planalto.gov.br/ccivil_03/_Ato2019-2022/2019/Lei/L13853.htm. Acesso em: 15 abr. 2020.

BRASIL. Senado Federal. Comissão de Constituição, Justiça e Cidadania. *Proposta de Emenda à Constituição n. 17, de 2019*. Acrescenta o inciso XII-A, ao art. 5º, e o inciso XXX, ao art. 22, da Constituição Federal para incluir a proteção de dados pessoais entre os direitos fundamentais do cidadão e fixar a competência privativa da União para legislar sobre a matéria. Apresentação: 03 de julho de 2019. Brasília, DF: Senado Federal, 2019. Disponível em: https://www25.senado.leg.br/web/atividade/materias/-/materia/135594. Acesso em: 15 abr. 2020.

BUSSATTA, Eduardo Luiz. *Resolução dos contratos e teoria do adimplemento substancial*. 2. ed. São Paulo: Saraiva, 2017.

CASTELLS, Manuel. *A galáxia da internet*: reflexões sobre a internet, os negócios e a sociedade. Rio de Janeiro: Zahar, 2003.

CATALAN, Marcos. A difusão de sistemas de videovigilância na urbe contemporânea: um estudo inspirado em Argos Panoptes, cérebros eletrônicos e suas conexões com a liberdade e igualdade. *Revista Faculdade de Direito UFMG*, Belo Horizonte, n. 75, p. 303-321, jul./dez. 2019. DOI: 10.12818/P.0304-2340.2019v75p303. Disponível em: https://www.direito.ufmg.br/revista/index.php/revista/article/download/2040/1905. Acesso em: 30 abr. 2020.

CATALAN, Marcos. *A morte da culpa na responsabilidade contratual*. São Paulo: Revista dos Tribunais, 2013.

CONCEPÇÃO ou conceção. *Português à letra*. Disponível em: https://portuguesaletra.com/acordo-ortografico/concepcao-ou-concecao-ao/. Acesso em: 30 abr. 2020.

DONEDA, Danilo Cesar Maganhoto. Considerações iniciais sobre bancos de dados informatizados e o direito à privacidade. *In*: TEPEDINO, Gustavo (Org.). *Problemas de direito civil-constitucional*. Rio de Janeiro: Renovar, 2000.

DONEDA, Danilo Cesar Maganhoto. *Da privacidade à proteção de dados pessoais*: elementos da formação da Lei Geral de Proteção de Dados. 2. ed. São Paulo: Thomson Reuters, 2019.

ENGELMANN, Wilson. Os desafios jurídicos da aplicação do princípio da precaução. *Revista dos Tribunais*, v. 981, ano 106, p. 387-491, jul. 2017.

FERREIRA, Keila Pacheco. *Responsabilidade civil preventiva*: função, pressupostos e aplicabilidade. Orientadora: Teresa Ancona Lopez. 2014. 263 f. Tese (Doutorado em Direito) – Faculdade de Direito, Universidade de São Paulo, São Paulo, 2014. Disponível em: https://www.teses.usp.br/teses/disponiveis/2/2131/tde-27102016-092601/pt-br.php. Acesso em: 30 abr. 2020.

FIORILLO, Celso Antonio Pacheco. *Curso de direito ambiental brasileiro*. 10. ed. São Paulo: Saraiva, 2009.

FRAZÃO, Ana *et al*. Compliance de dados pessoais. *In*: FRAZÃO, Ana; TEPEDINO, Gustavo; OLIVA, Milena Donato (Coord.). *Lei Geral de Proteção de Dados Pessoais e suas repercussões no direito brasileiro*. São Paulo: Thomson Reuters Brasil, 2019.

FRAZÃO, Ana. Fundamentos da proteção dos dados pessoais – Noções introdutórias para a compreensão da Lei geral de proteção de dados. *In*: FRAZÃO, Ana; TEPEDINO, Gustavo; OLIVA, Milena Donato (Coord.). *Lei Geral de Proteção de Dados Pessoais e suas repercussões no direito brasileiro*. São Paulo: Thomson Reuters Brasil, 2019.

FROTA, Pablo Malheiros da Cunha. *Imputação sem nexo causal e a responsabilidade por danos*. Orientador: Luiz Edson Fachin. 2013. 274 f. Tese (Doutorado em Direito) – Faculdade de Direito, Setor de Ciências Jurídicas, Universidade Federal do Paraná, Curitiba, 2013. Disponível em: https://www.acervodigital.ufpr.br/bitstream/handle/1884/31777/R%20-%20T%20-%20PABLO%20MALHEIROS%20DA%20CUNHA%20FROTA.pdf?sequence=1&isAllowed=y. Acesso em: 30 abr. 2020.

GREENHALGH, Laura. Por que a verdade vem perdendo relevância. *Valor Econômico*, São Paulo, 28 fev. 2020. Disponível em: https://valor.globo.com/eu-e/noticia/2020/02/28/por-que-a-verdade-vem-perdendo-relevancia.ghtml. Acesso em: 28 fev. 2020.

GUARDIA, Andrés Felipe Thiago Selingardi. De surveillance a dataveillance: enfoque a partir da noção jurídica de tratamento de dados. *Revista dos Tribunais*, São Paulo, v. 1012, p. 135-151, fev. 2020.

JONAS, Hans. *O princípio responsabilidade*: ensaio de uma ética para a civilização tecnológica. Rio de Janeiro: PUC-Rio, 2006.

LIMBERGER, Têmis. Mutações da privacidade e a proteção de dados pessoais. *In*: RUARO, Regina Linden; PIÑAR MAÑAS, José Luís; MOLINARO, Carlos Alberto (Org.). *Privacidade e proteção de dados pessoais na sociedade digital*. Porto Alegre: Fi, 2017.

LIMBERGER, Têmis. *O direito à intimidade na era da informática*: a necessidade de proteção de dados pessoais. Porto Alegre: Livraria do Advogado, 2007.

LIMBERGER, Têmis. Transparência e acesso aos dados e informações: o caso do 'Facebook' – Um estudo comparado entre o RGPD Europeu e o marco civil da internet no Brasil. *In*: STRECK, Lenio Luiz; ROCHA, Leonel Severo; ENGELMAN, Wilson (Org.). *Constituição, sistemas sociais e hermenêutica*: Anuário do Programa de Pós-Graduação em Direito da Unisinos: Mestrado e Doutorado. São Leopoldo: Karywa; Editora Unisinos, 2018. n. 14. Disponível em: https://editorakarywa.files.wordpress.com/2018/08/anuc3a1rio-ppg-direito.pdf. Acesso em: 30 abr. 2020.

LISSARDY, Gerardo. 'Despreparada para a era digital, a democracia está sendo destruída', afirma guru do 'big data'. *BBC News Brasil*, Nova York, 9 abr. 2017. Disponível em: https://www.bbc.com/portuguese/geral-39535650. Acesso em: 30 abr. 2020.

LOPES, Teresa Vale. Responsabilidade e governação das empresas no âmbito do novo Regulamento sobre a Proteção de Dados. *In*: COUTINHO, Francisco Pereira; MONIZ, Graça Canto (Coord.). *Anuário da Proteção de Dados 2018*. Lisboa: Cedis, 2018.

LOPEZ, Teresa Ancona. *Princípio da precaução e evolução da responsabilidade civil*. São Paulo: Quartier Latin, 2010.

LORENZETTI, Ricardo Luis. *Fundamentos do direito privado*. São Paulo: Revista dos Tribunais, 1998.

LUHMANN, Niklas. *Sociología del riesgo*. México: Ed. Universidad Iberoamericana, 2006.

MACHADO, Paulo Affonso Leme. *Direito ambiental brasileiro*. 21. ed. São Paulo: Malheiros, 2013.

MATSUURA, Sérgio. Mercado ilegal de crédito é alimentado pela venda on-line de cartões. *O Globo*, 8 jun. 2015. Disponível em: https://oglobo.globo.com/economia/mercado-ilegal-de-credito-alimentado-pela-venda-on-line-de-cartoes-16376307. Acesso em: 15 abr. 2020.

MENDES, Laura Schertel. *Privacidade, proteção de dados e defesa do consumidor*: linhas gerais de um novo direito fundamental. São Paulo: Saraiva, 2014.

MENDES, Laura Schertel; DONEDA, Danilo. Reflexões iniciais sobre a nova Lei Geral de Proteção de Dados. *Revista de Direito Consumidor*, São Paulo, v. 120, p. 469-483, nov./dez. 2018. Disponível em: http://www.rtonline.com.br/. Acesso em: 15 abr. 2020.

MIRAGEM, Bruno. A Lei Geral de Proteção de Dados (Lei 13.709/2018) e o direito do consumidor. *Revista dos Tribunais*, São Paulo, v. 1009, p. 1-41, nov. 2019. Disponível em: http://www.rtonline.com.br/. Acesso em: 15 abr. 2020.

MODESTO, Jéssica Andrade; EHRHARDT JUNIOR, Marcos. Danos colaterais em tempos de pandemia: preocupações quanto ao uso dos dados pessoais no combate a COVID-19. *Redes: Revista Eletrônica Direito e Sociedade*, Canoas, v. 8, n. 2, ago. 2020. DOI: http://dx.doi.org/10.18316/REDES.v8i2.6770. Disponível em: https://revistas.unilasalle.edu.br/index.php/redes/article/download/6770/pdf. Acesso em: 15 abr. 2020.

MORAES, Maria Celina Bodin de. Ampliando os direitos da personalidade. *In*: MORAES, Maria Celina Bodin de. *Na medida da pessoa humana*. Estudos de direito civil-constitucional. Rio de Janeiro: Renovar, 2010.

MORAES, Maria Celina Bodin de. Risco, solidariedade e responsabilidade objetiva. *Revista dos Tribunais*, São Paulo, v. 854, ano 95, p. 11-37, dez. 2006.

OLIVEIRA, Marco Aurélio Bellizze; LOPES, Isabela Maria Pereira. Os princípios norteadores da proteção de dados pessoais no Brasil e sua otimização pela Lei 13.709/2018. *In*: FRAZÃO, Ana; TEPEDINO, Gustavo; OLIVA, Milena Donato (Coord.). *Lei Geral de Proteção de Dados Pessoais e suas repercussões no direito brasileiro*. São Paulo: Thomson Reuters Brasil, 2019.

PARENTY, Thomas J.; DOMET, Jack J. Como avaliar riscos cibernéticos. *Harvard Business Review Brasil*, 3 abr. 2020.

PARISER, Eli. *O filtro invisível*: o que a internet está escondendo de você. Rio de Janeiro: Zahar, 2012.

PEIXOTO, Erick Lucena Campos; EHRHARDT JÚNIOR, Marcos. Breves notas sobre a ressignificação da privacidade. *Revista Brasileira de Direito Civil – RBDCivil*, Belo Horizonte, v. 16, p. 35-56, abr./jun. 2018.

PEIXOTO, Erick Lucena Campos; EHRHARDT JÚNIOR, Marcos. O direito à privacidade na sociedade da informação. *In*: ENCONTRO DE PESQUISAS JUDICIÁRIAS DA ESCOLA SUPERIOR DA MAGISTRATURA DO ESTADO DE ALAGOAS – ENPEJUD, 1., [20??], Alagoas. *Poder Judiciário*: estrutura, desafios e concretização dos direitos. Alagoas: Esmal, 2016. Disponível em: http://enpejud.tjal.jus.br/index.php/exmpteste01/article/view/63/44. Acesso em: 26 mar. 2020.

PERLINGIERI, Pietro. *O direito civil na legalidade constitucional*. Rio de Janeiro: Renovar, 2008.

PIÑAR MAÑAS, José Luis. El derecho de la proteción de datos personales en la perspectiva europea. *In*: BAUZÁ REILY, Marcelo (Dir.). *El derecho de las TIC en Iberoamérica*. Montevideo: La Ley Uruguay, 2019. 1.327 p.

POSNER, Richard A. *A economia da justiça*. São Paulo: WMF Martins Fontes, 2010.

REINO UNIDO. EUR-Lex. Parlamento Europeu. Atos Legislativos. Regulamento (UE) 2016/679 do Parlamento Europeu e do Conselho de 27 de abril de 2016. Relativo à proteção das pessoas singulares no que diz respeito ao tratamento de dados pessoais e à livre circulação desses dados e que revoga a Diretiva 95/46/CE (Regulamento Geral sobre a Proteção de Dados). *Jornal Oficial da União Europeia*, Bruxelas, 2016. 88 p. Disponível em: https://eur-lex.europa.eu/legal-content/PT/TXT/?uri=celex%3A32016R0679. Acesso em: 30 abr. 2020.

REINO UNIDO. EUR-Lex. Parlamento Europeu. Directiva 95/46/CE do Parlamento Europeu e do Conselho de 24 de outubro de 1995. Relativa à protecção das pessoas singulares no que diz respeito ao tratamento de dados pessoais e à livre circulação desses dados. *Jornal Oficial das Comunidades Europeias*, Luxemburgo, p. 31-50, 1995. Disponível em: https://eur-lex.europa.eu/legal-content/PT/ALL/?uri=CELEX%3A31995L0046. Acesso em: 30 abr. 2020.

REINO UNIDO. Privazyplan. *UE Regulamento Geral sobre a Proteção de Dados*. Conteúdo. Regulamento (UE) 2016/679 do Parlamento Europeu e do Conselho de 27 de abril de 2016. Relativo à proteção das pessoas singulares no que diz respeito ao tratamento de dados pessoais e à livre circulação desses dados e que revoga a Diretiva 95/46/CE (Regulamento Geral sobre a Proteção de Dados) [...]. Alemanha, 5 set. 2018. Disponível em: https://www.privacy-regulation.eu/pt/. Acesso em: 30 abr. 2020.

RODOTÀ, Stefano. *A vida na sociedade da vigilância*: a privacidade hoje. Organização, Seleção e Apresentação de Maria Celina Bodin de Moraes. Tradução de Danilo Doneda e Luciana Cabral Doneda. São Paulo: Renovar, 2008.

SARAMAGO, José. *Caim*. São Paulo: Caminho, 2009.

SILVA, Clóvis Veríssimo do Couto e. O princípio da boa-fé no direito brasileiro e português. *In*: FRADERA, Vera Maria Jacob (Org.). *O direito privado brasileiro na visão de Clóvis do Couto e Silva*. Porto Alegre: Livraria do Advogado, 1997.

SILVA, Joseane Suzart Lopes da. A proteção de dados pessoais dos consumidores e a Lei 13.709/2018: em busca da efetividade dos direitos à privacidade, intimidade e autodeterminação. *Revista de Direito do Consumidor*, v. 121, p. 367-418, jan./fev. 2019.

SILVEIRA, Sérgio Amadeu da. *Democracia e os códigos invisíveis*: como os algoritmos estão modulando comportamentos e escolhas políticas. São Paulo: Edições Sesc, 2019.

SOUZA, Carlos Affonso Pereira de. Segurança e Sigilo dos dados pessoais: primeiras impressões à luz da Lei 13.709/2018. *In*: FRAZÃO, Ana; TEPEDINO, Gustavo; OLIVA, Milena Donato (Coord.). *Lei Geral de Proteção de Dados Pessoais e suas repercussões no direito brasileiro*. São Paulo: Thomson Reuters Brasil, 2019.

TEPEDINO, Gustavo; TEFFÉ, Chiara Spadaccini de. Consentimento e proteção de dados pessoais na LGPD. *In*: FRAZÃO, Ana; TEPEDINO, Gustavo; OLIVA, Milena Donato (Coord.). *Lei Geral de Proteção de Dados Pessoais e suas repercussões no direito brasileiro*. São Paulo: Thomson Reuters Brasil, 2019.

THE WORLD'S most valuable resource is no longer oil, but data. *The Economist*, Reino Unido, 6 maio 2017. Disponível em: https://www.economist.com/leaders/2017/05/06/the-worlds-most-valuable-resource-is-no-longer-oil-but-data. Acesso em: 30 abr. 2020.

USP – UNIVERSIDADE DE SÃO PAULO. Biblioteca Virtual de Direitos Humanos. *Carta dos Direitos Fundamentais da União Europeia – 2000*. Comissão de Direitos Humanos da USP. [Brasil, 20??]. Disponível em: http://www.direitoshumanos.usp.br/index.php/Documentos-n%C3%A3o-Inseridos-nas-Delibera%C3%A7%C3%B5es-da-ONU/carta-dos-direitos-fundamentais.html. Acesso em: 30 abr. 2020.

VENTURI, Thaís Goveia Pascoaloto. *A construção da responsabilidade civil preventiva no direito civil contemporâneo*. Orientador: Eroulths Cortiano Júnior. 2012. 338 f. Tese (Doutorado em Direito das Relações Sociais) – Faculdade de Direito, Setor de Ciências Jurídicas, Universidade Federal do Paraná, Curitiba, 2012. Disponível em: https://acervodigital.ufpr.br/bitstream/handle/1884/28243/R%20-%20T%20-%20THAIS%20GOVEIA%20PASCOALOTO%20VENTURI.pdf?sequence=1&isAllowed=y. Acesso em: 30 abr. 2020.

VON HOHENDORFF, Raquel. As categorias de risco e perigo na teoria de Niklas Luhmann: caracterizando risco e perigo de modo a posicionar o direito em um cenário de complexa distinção frente aos desafios das novas tecnologias. *In*: STRECK, Lenio Luiz; ROCHA, Leonel Severo; ENGELMAN, Wilson (Org.). *Constituição, sistemas sociais e hermenêutica*: Anuário do Programa de Pós-Graduação em Direito da Unisinos: Mestrado e Doutorado. São Leopoldo: Karywa: Editora Unisinos, 2019. n. 15. Disponível em: https://editorakarywa.files.wordpress.com/2019/08/anuc3a1rio-ppg-direito-2019.pdf. Acesso em: 30 abr. 2020.

WEDY, Gabriel de Jesus Tedesco. Os elementos constitutivos do princípio da precaução e a sua diferenciação com o princípio da prevenção. *Revista de Doutrina da 4ª Região*, Porto Alegre, n. 68, out. 2015. Disponível em: https://revistadoutrina.trf4.jus.br/artigos/edicao068/Gabriel_Wedy.html. Acesso em: 1º fev. 2020.

Informação bibliográfica deste texto, conforme a NBR 6023:2018 da Associação Brasileira de Normas Técnicas (ABNT):

BUSATTA, Eduardo Luiz. Do dever de prevenção em matéria de proteção de dados pessoais. *In*: EHRHARDT JÚNIOR, Marcos; CATALAN, Marcos; MALHEIROS, Pablo (Coord.). *Direito Civil e tecnologia*. Belo Horizonte: Fórum, 2020. p. 25-56. ISBN 978-65-5518-036-7.

A PROTEÇÃO DE DADOS PESSOAIS DO NASCITURO

ADRIANO MARTELETO GODINHO

DANIEL SAMPAIO DE AZEVEDO

1 Introdução

A Lei nº 13.709, de 14.8.2018, instituiu a Lei Geral de Proteção de Dados (LGPD), cujo objetivo é preservar os direitos fundamentais de liberdade, privacidade e livre desenvolvimento da personalidade, nos termos de seu art. 1º. O destinatário da proteção estabelecida na referida lei é a pessoa natural, que, nos termos do art. 2º, primeira parte, do Código Civil brasileiro (CC/2002), corresponde ao *ser humano nascido com vida*, pois o nascimento é, à partida, o núcleo do suporte fático necessário à incidência da personalidade jurídica, ao menos consoante a redação do aludido preceito.

Esta delimitação estabelecida em relação à pessoa natural, constante no art. 1º da LGPD, insere todo o sistema da proteção de dados na controvérsia contida na segunda parte do art. 2º do CC/2002. Para este dispositivo, quando lido literalmente, se o ser humano adquire personalidade ao nascer com vida, tornando-se pessoa, o *nascituro*, conquanto tenha seus direitos postos a salvo desde a concepção, não poderia ser considerado pessoa natural. Mesmo concebido, ainda não *nasceu com vida*, pelo que lhe faltaria o núcleo do suporte fático necessário à incidência da personalidade jurídica, o que em tese impediria o nascituro de ser titular do direito à proteção de dados pessoais.

Esta conclusão, se adotada, refletirá a *teoria natalista* do início da personalidade. Conforme explicam Pamplona Filho e Meireles Araújo (2007, p. 256), para esta teoria "só existe personalidade jurídica a partir do nascimento com vida. Assim, o não nascido não tem personalidade, mas tão-somente expectativa de direito". De modo que, sob esta perspectiva, o nascituro não poderia ser o destinatário da proteção de dados pessoais, uma vez que lhe faltaria, enquanto permanecer nesta condição de *não nascido*, a personificação jurídica conferida pelo direito ao ser humano. Seria o nascituro, nesta dimensão, não sujeito de direitos já adquiridos desde a concepção, mas mero expectador, pretenso titular de direitos apenas se e quando nascer vivo.

Ao longo da história do direito civil brasileiro, no entanto, a compreensão em torno do *nascituro* não foi tão simples e unívoca. Desde a *Consolidação das leis civis* de

Augusto Teixeira de Freitas (2003, p. 1) – que considerava as pessoas "como nascidas, apenas formadas no ventre materno", conservando-se "direitos de sucessão para o tempo do nascimento" – até a codificação vigente, cujo projeto original propunha o nascituro como gênero,[1] o nascituro ora é pessoa natural, ora não o é; ora dotado de personalidade jurídica, ora não.

A isto se deve o embate entre três diferentes teorias sobre o início da personalidade. Além da já mencionada teoria *natalista*, outras duas se destacaram, a da personalidade condicional e a concepcionista (RIZKALLAH, 2017). A teoria da personalidade condicional propugna que o nascituro é pessoa natural, mas está sob a condição suspensiva de *nascer com vida*, isto é, enquanto isto não se verificar, não terá surgido a personalidade jurídica plena.

Já a derradeira teoria – a *concepcionista* – defende que, desde a concepção, o nascituro já é pessoa natural, dotado de personalidade jurídica. Assim, o nascituro é considerado um ser humano desde o momento em que é concebido, sendo uma nova e autêntica pessoa, dotada dos direitos inerentes à sua condição humana. Com isso, a sua personalidade não seria condicionada a qualquer evento; apenas os efeitos de alguns direitos – os de ordem patrimonial – ficariam vinculados à ocorrência do nascimento com vida.

O modo como se aborda o assunto tem repercussões importantes para compreender se o nascituro pode ou não ser titular do direto de proteção de dados pessoais, conforme previsto na LGPD. A considerar o nascituro sob o viés da teoria *natalista*, a proteção legal não o alcançaria. Se, por sua vez, compreender-se o tema segundo a teoria da *personalidade condicional*, o nascituro, embora seja pessoa natural desde a concepção, enquanto não nascer com vida sofreria limitação em razão de estar sob condição suspensiva. Mas, a ser adotada a teoria *concepcionista*, o nascituro seria titular incondicional dos direitos relativos à proteção de dados, pois já dotado de personalidade jurídica.

A relevância do tema é palpitante. Com o avanço tecnológico, em especial no campo da medicina genética,[2] a decisão de incluir ou não o nascituro na categoria de

---

[1] O Projeto de Lei nº 634, de 1975, publicado no *Diário do Congresso Nacional* (Seção I) – Suplemento (B), em junho de 1975, continha a redação original do art. 2º, a seguinte: "A personalidade civil do homem começa do nascimento com vida; mas a lei põe a salvo os direitos do nascituro". Pierangelo Catalano (1988), ao tempo da tramitação do projeto do então novo Código Civil, teceu duras críticas, porque o projeto arriscava colocar o nascituro como gênero do qual o concebido, embora não nascido, igualava-se à pessoa futura ou prole eventual. Escreveu o jurista italiano em torno do problema: "Parece que se tende a introduzir um conceito de *nascituro* mais amplo do que aquele de 'concebido', uma vez que viria a compreender também a 'prole eventual'. Tal conceito seria essencialmente diverso daquele até o momento em uso, já que não seria individuado com base na natureza da concepção, mas sim na normativa positiva estatal. Tratar-se-ia de mero instrumento normativo que anularia a distância entre pessoa 'não-existente' ou 'futura' (na exata terminologia de Teixeira de Freitas: cf. 'Aditamentos à Consolidação das Leis Civis', Revista Annual, 1, Rio de Janeiro 1877, pp. 1 e ss.) e *nascituro* (ou concebido), isto é, 'pessoa por nascer', que realmente existe no ventre da mãe. Tal desvio conceitual, que assemelha o *nascituro* à 'pessoa futura', vem acentuado pelos arts. 1.986 e 1.987 do Projeto em discussão, que, distinguindo as pessoas 'existentes' daquelas 'já concebidas', refutam implicitamente a conceituação do *Code Napoléon* (art. 725) relativa à 'existência' do nascituro e também aquela do Código Civil vigente (art. 1.718) concernente à 'prole eventual'. O conceito de *nascituro* abandonaria, assim, a existência, tendendo a esvair-se no... nada".

[2] Conforme noticiado em 14.8.2019 pelo sítio eletrônico da *Revista Galileu*, a medicina genética é uma área que poderá revolucionar os serviços de saúde, em especial na prevenção de doenças a partir do mapeamento genético de cada paciente. *Na reportagem, por sinal, destaca-se a prevenção desde a concepção, mediante o exame do teste pré-natal não invasivo.* O médico geneticista entrevistado, João Bosco Oliveira, aponta que a medicina genética permitirá sequenciar o genoma dos nascituros, de *modo a prevenir eventuais doenças genéticas graves e adotar tratamentos* mais assertivos com drogas e *doses personalizadas* (BRITO, 2019).

titular da proteção de dados pessoais terá forte repercussão para o desenvolvimento de sua personalidade. Basta imaginar que o sequenciamento do genoma realizado antes do nascimento, durante o período gestacional e pré-natal, propiciará o conhecimento íntimo do feto, o que poderá condicionar a prestação de serviços de saúde (a exemplo das operadoras de assistência médica) contra seus interesses.

E, neste cenário, se levado em conta que a LGPD veda, em casos tais, *o tratamento de dados de saúde para a prática de seleção de riscos na contratação de qualquer modalidade, assim como na contratação e exclusão de beneficiários* (§5º do art. 11), a possibilidade de coleta de dados genéticos do nascituro exibe a urgência em compreendê-lo como titular da proteção de dados pessoais.

Por isto, buscar-se-á descrever a situação jurídica do nascituro no direito civil brasileiro, apontando a posição da doutrina e da jurisprudência nacional, em especial do Superior Tribunal de Justiça (STJ), para compreender se a LGPD pode ou não proteger este *ser humano*, haja vista a qualificação da proteção de dados como mais novo direito de personalidade (BIONI, 2019).

2 A situação jurídica do nascituro no direito brasileiro

O art. 2º do CC/2002, que repete textualmente o disposto no art. 4º do CC/1916, dispõe que a pessoa (*rectius*: ser humano) só adquire personalidade jurídica, tornando-se capaz de direitos e deveres na ordem civil, com o nascimento com vida. É a partir deste evento que o ser humano se tornaria pessoa no preciso sentido jurídico.

Pontes de Miranda (2012, p. 244), ao analisar o dispositivo do art. 4º do CC/1916, estabeleceu exatamente esta leitura. O nascimento com vida seria o suporte fático que introduziria o ser humano no mundo jurídico; seria a partir deste momento que a pessoa se tornaria capaz de participar de relações jurídicas, das quais se originariam direitos e obrigações.

Mas o art. 2º, segunda parte, do CC/2002 (assim como fez o art. 4º, segunda parte, do CC/1916), destaca a figura do nascituro como potencial sujeito de direito, no sentido de se lhe pôr a salvo direitos desde a concepção. Concebido, o nascituro já está protegido pelo direito – o direito à vida,[3] em particular, e ao patrimônio.[4]

A este respeito, Pontes de Miranda (2012, p. 255; 278) expressamente destaca que, embora no útero, a criança não seja pessoa, seria sujeito de direito, pois "o fato de já estar em formação, de já ter de 'esperar', obriga a técnica legislativa a incluir o nascituro em suportes fáticos de fatos jurídicos de que irradiam direitos, pretensões, ações e exceções". Ou seja, o nascituro, que é reconhecido pelo legislador como sujeito de direito, deve ter seus interesses resguardados desde a concepção.

A seguir o pensamento de Pontes de Miranda (2012), a dinâmica de proteção jurídica do nascituro, pela lógica compreendida do art. 2º do CC/2002, seria a de que a *concepção*, embora só complete o sentido jurídico de *pessoa* se houver o *nascimento com vida*, já irradiaria eficácia de direitos de salvaguarda do *concepti*. A dizer, a concepção seria o suporte fático de que irradia a eficácia de proteção do nascituro, mas por si é

---

[3] Considere, por exemplo, a disposição do art. 7º da Lei nº 8.069, de 13.7.1990, que dispõe sobre o Estatuto da Criança e do Adolescente.

[4] Considere, por exemplo, a disposição do art. 542 do Código Civil.

insuficiente para que surja a pessoa natural, uma vez que o "parto sem vida pré-exclui qualquer efeito por diante; o parto com vida completa o suporte fáctico para surgir a pessoa, no preciso sentido jurídico" (MIRANDA, 2012, p. 268).

A concepção e o nascimento com vida, portanto, compõem o suporte fático de que exsurge a pessoa natural. O nascimento com vida seria, então, o fato jurídico que torna o nascituro pessoa. Isto quer dizer que a qualidade de pessoa jurídica só será atribuída à criança quando vir a nascer com vida (MIRANDA, 2012, p. 249):

> O suporte fático da pessoa natural é biológico (natural); cada homem, cada suporte fático para incidência do art. 2º [CC/1916]. O conceito de pessoa natural é também jurídico, porque o homem, para ser pessoa, tem de entrar no mundo jurídico, e sua personalidade é tão jurídica quanto as chamadas pessoas jurídicas.

Conclui-se, a partir desta perspectiva, que o nascituro, enquanto pessoa apenas no sentido biológico (de ser humano), será sujeito de direito, com toda a eficácia que o direito atribui à defesa de seus interesses. Não obstante, não é pessoa natural. Só o será quando o fato jurídico da concepção encontrar o fato jurídico do nascimento com vida, quando então se concretiza a figura da pessoa dotada de personalidade jurídica.

Enquanto sujeito de direito, na condição de pessoa biológica, o nascituro terá direito, por exemplo, à vida,[5] à curatela,[6] aos alimentos gravídicos,[7] a toda uma rede de proteção que garanta o seu nascimento com vida. Por isto, mesmo que não seja ainda pessoa natural, o nascituro já tem seus interesses resguardados de modo a viabilizar seu nascimento, como também preservar as situações jurídicas constituídas desde a concepção.

Esta leitura do art. 2º do CC/2002, acerca da situação jurídica do nascituro, atende a uma perspectiva de proteção que se aproxima da teoria concepcionista, embora dela se distinga, por não reconhecer o atributo da personalidade jurídica desde a concepção. Talvez seja por esta aproximação que se inclua Pontes de Miranda no rol de defensores da teoria concepcionista (ALMEIDA, 1988, p. 184).

Boa parte da doutrina, todavia, adere à teoria natalista, que lê no art. 2º do CC/2002 a disposição de que o nascituro não é pessoa nem sujeito de direito; ao contrário, teria apenas expectativa de direito. Entre os autores que defendem a tese natalista, cite-se Caio Mário da Silva Pereira (2009), para quem o nascituro seria sujeito de existência meramente potencial, não havendo razão para falar de pessoa ou de sujeito de direito:

> O nascituro não é ainda pessoa, não é um ser dotado de personalidade jurídica. Os direitos que se lhe reconhecem permanecem em estado potencial. Se nasce e adquire personalidade, integram-se na usa trilogia essencial, sujeito, objeto e relação jurídica; mas, se se frustra, o direito *não chega a constituir-se*, e não há falar, portanto, em reconhecimento de personalidade ao nascituro, nem se admitir que antes do nascimento já ele é sujeito de direito. (PEREIRA, 2009, p. 184) (Grifos no original)

---

5 A tutela penal contra o aborto, conforme previsão do art. 124 do Código Penal brasileiro; ou a tutela civil, a exemplo do já citado art. 7º do Estatuto da Criança e do Adolescente.

6 Conforme o art. 1.779 do CC/2002.

7 Apesar de a Lei nº 11.804, de 5.11.2008, apontar que é a gestante a titular desse direito, quem na verdade o titulariza é o nascituro, pois "não parece haver dúvidas de que não somente [a gestante] tira proveito desta concessão, uma vez que o próprio nascituro é titular do direito aos alimentos, voltados ao resguardo da sua vida e saúde" (GODINHO, 2014, p. 34).

Além da tese natalista, há também a *teoria da personalidade condicional*, segundo a qual o nascituro é pessoa natural desde a concepção, momento em que adquiriria a personalidade jurídica, mas estaria sob a condição de nascer com vida. Isto é, a personalidade do nascituro, embora fosse adquirida com a concepção, não irradiaria efeitos em razão de condição suspensiva – *enquanto esta não se verificar* (nascimento com vida), *não se terá adquirido o direito (personalidade), a que ele visa*, nos termos do art. 125 do CC/2002.

Mas como se pode reconhecer a personalidade jurídica do nascituro e condicioná-la, mesmo assim, ao nascimento com vida? É como se o nascituro fosse *um ser humano "potencial"; a sua autonomia, por isso, não seria humana, mas embrionária* (LEITE, 1997, p. 268). A tese da personalidade condicional de certo modo repete a mesma ideia da *natalista*, porque a expectativa de direito em nada difere do direito "suspenso" por condição suspensiva.

Contudo, se a personalidade jurídica irradia direitos incondicionais e absolutos (que são características dos direitos da personalidade), não dependentes da observância de qualquer evento futuro e incerto, não se pode imputar condição suspensiva à sua proteção (GODINHO, 2014, p. 30). A dizer de outra maneira, não é coerente reconhecer ao nascituro a personalidade jurídica, mas negar-lhe a eficácia de todos os direitos decorrentes desta condição, cujo atributo é serem incondicionais e absolutos.[8]

As mesmas críticas podem ser dirigidas à teoria *natalista*, porque defendê-la tão pouco faz sentido. Sua adoção contrariaria a própria orientação em que se assenta o ordenamento jurídico brasileiro. A partir da previsão do art. 1º, III, da Constituição da República, reconheceu-se, finalmente, como fundamento constitucional a *dignidade da pessoa humana*, de modo que o nascituro, como ser humano que é, não pode estar limitado a expectativas enquanto não nascer. Também, não pode ser visto apenas como sujeito de direito, pois é incoerente admitir que esta condição anteceda a própria noção de pessoa humana, que deve ser protegida absolutamente. Cumpre fazer remissão, inclusive, aos termos do Pacto de São José da Costa Rica, cujo art. 4º, 1 assim prevê: "toda pessoa tem o direito de que se respeite sua vida. Esse direito deve ser protegido pela lei e, em geral, desde o momento da concepção". Sendo o Brasil signatário do referido Pacto, descabe à legislação ordinária trair seus preceitos e estabelecer regra diversa da que se preceitua na carta internacional.

---

8 Vale acentuar, a propósito da condição sobreposta aos direitos do nascituro, o que defende Pontes de Miranda (2012, p. 278): "É de repelir-se qualquer noção de condição. Não há condição nas situações jurídicas do nascituro (art. 4 e 1.718 [CC/1916]), nem da prole eventual de determinada pessoa (art. 1.718, in fine [CC/1916])". Em verdade, entende o citado autor que qualquer condição há de ser afastada, seja ela suspensiva, como defende a teoria condicional, seja ela resolutiva: "Quando o filho de A nasce morto, o herdeiro é outra pessoa, porque o filho de A não foi herdeiro. Não houve herdeiro nem herança sob condição resolutiva; nem retroatividade, nem qualquer efeito de suspensividade aposta ao negócio jurídico do testamento, nem criada pela lei sobre sucessão legítima. Os bens passaram ao herdeiro legítimo, ou aos herdeiros legítimos, no dia da morte do testador (le mort saisit le vif): a falta de criança que nascesse viva apenas demonstrou não ter tido eficácia a disposição do testador a favor do conceptus sed nondum natus". Para Silmara Chinelato e Almeida (1988, p. 185-186), que adota a teoria *conceptista*, contudo, ao criticar a teoria da personalidade condicional, defende que esta não se condiciona: "Apenas certos efeitos de certos direitos, isto é, os direitos patrimoniais materiais, como a herança e a doação, dependem do nascimento com vida. A plenitude da eficácia desses direitos fica *resolutivamente* condicionada ao nascimento sem vida. O nascimento com vida, enunciado positivo de condição suspensiva, deve entender-se, ao reverso, como enunciado negativo de uma condição resolutiva, isto é, o nascimento *sem vida*, porque a segunda parte do art. 4.º do CC, bem como outros de seus dispositivos reconhecem direitos (não expectativas de direitos) e estados ao nascituro, não do nascimento com vida, mas desde a concepção" (grifos no original).

Afirma-se, assim, que "a personalidade humana não é um atributo qualquer que o legislador, ao seu alvedrio concede ou deixa de conceder: trata-se de uma qualidade imanente a todos os seres humanos" (GODINHO, 2014, p. 24). O nascituro como ser humano, como pessoa biológica, não pode ter sua personalidade limitada ou condicionada por mera opção do legislador, sob pena de contrariar o epicentro normativo que é a dignidade da pessoa humana, conforme a previsão contida no art. 1º, III, da Constituição da República.

A pessoa humana, segundo defende Miguel Reale (2010, p. 100), é o valor-fonte de todo o ordenamento jurídico, "do qual emergem todos os valores, os quais somente não perdem sua força imperativa enquanto não se desligam da raiz de que promanam". O direito existe para protegê-la, e sua força normativa só faz sentido se for destinado a isto, de forma que negar ao nascituro a qualidade de pessoa natural (e, portanto, negar-lhe a personalidade jurídica) contrariaria este princípio supremo da pessoa humana como valor-fonte, haja vista o nascituro, desde a nidação, já se tratar de ser humano inteiramente individualizado da mãe.

Neste sentido, como destaca Silmara Chinelato e Almeida (1988, p. 183), "a vida viável começa com a nidação", que é o momento em que "o embrião ou feto representa um ser individualizado, com uma carga genética própria, que não se confunde nem com o do pai, nem com o da mãe". Em sentido semelhante, entende Diogo Leite de Campos (1999, p. 225) que o nascituro é um ser humano individualizado, até porque as formas de acompanhamento do pré-natal e a possibilidade de ter acesso a características físico-biológicas do nascituro apontam em direção de uma pessoa humana dotada de personalidade.

O fato é que os "nascituros são seres humanos – e não simples coisas ou vísceras da mãe – que se encontram numa fase particular da sua vida; o nascimento, sob esse prisma, nada mais é que um fato relevante na vida da pessoa" (GODINHO, 2014, p. 31). Aliás, como esclarece mais uma vez Diogo Leite de Campos (1999, p. 226), "o recém-nascido nada mais é que um nascituro que mudou de lugar e se adaptou a este, passando a respirar ar". Já é dotado, portanto, de personalidade desde a concepção, quando se individualiza e se torna pessoa *identificada* e *identificável* perante a vida social.

Esta individualização (diga-se, propiciada cada vez mais pelas tecnologias empregadas nos serviços de saúde, como a medicina genética, por exemplo) permite ao nascituro se inserir, desde a concepção, na vida social. Faz dele célula do *singular* e *universal*, como magnificamente defendeu Miguel Reale (2010, p. 104-105), ao dizer que entre esses dois elementos há uma complementariedade que garante "a unidade concreta e o significado integral do homem", porque "é mister admitir-se que algo de universal há no eu capaz de tornar possível e significante a coexistência das distintas experiências existenciais".

As experiências do nascituro não se esgotam em sua própria existência biológica, mas são envolvidas e correspondidas pelas experiências da mãe e do mundo exterior. Por exemplo, a Lei nº 11.804/2008 – que estatui o direito aos denominados alimentos gestacionais ou gravídicos – e o art. 7º do Estatuto da Criança e do Adolescente – que, ao dispor sobre o direito à vida e à saúde, estabelece que tais direitos serão garantidos "mediante a efetivação de políticas sociais públicas que permitam o nascimento e o desenvolvimento sadio e harmonioso, em condições dignas de existência" –, lidos em conjunto, formam um quadro de proteção do nascituro, para que este chegue com dignidade existencial à vida extrauterina;[9] trata-se de um reconhecimento legal de que o nascituro está inserido em relações intersubjetivas, de que já está inserido na vida social.

É neste sentido que a jurisprudência brasileira, em posição majoritária, tem reconhecido ao nascituro a condição de pessoa natural, não obstante a decisão do STF na ADI nº 3.510.[10] Reconhece-se ao nascituro a condição de pessoa natural e titular de direitos e que, como tal, o nascituro é titular de direitos da personalidade, os quais são voltados à *proteção jurídica canalizada para o desenvolvimento da pessoa humana* (BIONI, 2019, p. 61).

Exemplar é o precedente do Superior Tribunal de Justiça no Recurso Especial nº 1.415.727/SC,[11] que Otávio Luiz Rodrigues Jr. (2018) destacou como sendo uma tomada de posição do Tribunal no embate entre *natalistas* e *concepcionistas*, colocando-se o STJ em favor dos últimos.

Asseverou-se na oportunidade que o ordenamento jurídico brasileiro prevê uma série de direitos que enfatizam a condição de pessoa natural do nascituro. Da doação aos alimentos gravídicos (que o acórdão enfatiza serem de titularidade *do nascituro, e não da mãe*), na seara civil, passando pela proteção do direito à vida (a tipificação como crime do aborto, conforme os arts. 124 a 127) na seara penal, o resguardo do nascituro é um indicativo de seu atributo de pessoa dotada de personalidade jurídica.[12]

A decisão do STJ, diga-se, baseou-se no novo paradigma de *humanização* do direito civil, proporcionado pela previsão do fundamento da dignidade da pessoa humana. A propósito, na visão de Bruno Ricardo Bioni (2019, p. 57), esse fundamento constitucional

---

[9] Os alimentos gravídicos são instituídos *para cobrir as despesas adicionais do período de gravidez e que sejam dela decorrentes, da concepção ao parto, inclusive as referentes à alimentação especial, assistência médica e psicológica, a exames complementares*, como se refere o art. 2º. Por sua vez, o art. 7º dedica *proteção à vida e à saúde, mediante a efetivação de políticas sociais públicas que permitam o nascimento e o desenvolvimento sadio e harmonioso, em condições dignas de existência*.

[10] Neste julgamento, o Supremo Tribunal Federal distinguiu a figura do nascituro da figura do já nascido, que se qualificaria como pessoa humana. Segue trecho da ementa do julgado na parte relevante: "[...] III - A PROTEÇÃO CONSTITUCIONAL DO DIREITO À VIDA E OS DIREITOS INFRACONSTITUCIONAIS DO EMBRIÃO PRÉ-IMPLANTO. O Magno Texto Federal não dispõe sobre o início da vida humana ou o preciso instante em que ela começa. Não faz de todo e qualquer estádio da vida humana um autonomizado bem jurídico, mas da vida que já é própria de uma concreta pessoa, porque nativiva (teoria 'natalista', em contraposição às teorias 'concepcionista' ou da 'personalidade condicional'). E quando se reporta a 'direitos da pessoa humana' e até dos 'direitos e garantias individuais' como cláusula pétrea está falando de direitos e garantias do indivíduo-pessoa, que se faz destinatário dos direitos fundamentais 'à vida, à liberdade, à igualdade, à segurança e à propriedade', entre outros direitos e garantias igualmente distinguidos com o timbre da fundamentalidade (como direito à saúde e ao planejamento familiar). Mutismo constitucional hermeneuticamente significante de transpasse de poder normativo para a legislação ordinária. A potencialidade de algo para se tornar pessoa humana já é meritória o bastante para acobertá-la, infraconstitucionalmente, contra tentativas levianas ou frívolas de obstar sua natural continuidade fisiológica. Mas as três realidades não se confundem: o embrião é o embrião, o feto é o feto e a pessoa humana é a pessoa humana. Donde não existir pessoa humana embrionária, mas embrião de pessoa humana. O embrião referido na Lei de Biossegurança ('in vitro' apenas) não é uma vida a caminho de outra vida virginalmente nova, porquanto lhe faltam possibilidades de ganhar as primeiras terminações nervosas, sem as quais o ser humano não tem factibilidade como projeto de vida autônoma e irrepetível. O Direito infraconstitucional protege por modo variado cada etapa do desenvolvimento biológico do ser humano. Os momentos da vida humana anteriores ao nascimento devem ser objeto de proteção pelo direito comum. O embrião pré-implanto é um bem a ser protegido, mas não uma pessoa no sentido biográfico a que se refere a Constituição. [...]" (ADI nº 3.510. Rel. Min. Ayres Britto, Tribunal Pleno, j. 29.5.2008. *DJe*, n. 096, divulg. 27.5.2010, public. 28.5.2010, ement vol. 02403-01 pp-00134 RTJ vol-00214-01 pp-00043).

[11] Em referido julgamento, a controvérsia envolvia o pleito indenizatório decorrente do seguro DPVAT, conforme previsão do art. 3º, *caput* e inc. I, da Lei nº 6.194, de 19.12.1974, em favor de uma mulher que, devido a acidente automobilístico, perdera o marido e o filho, que ainda estava em gestação há pelo menos quatro meses.

[12] Conclui o acórdão: "Com efeito, ao que parece, o ordenamento jurídico como um todo – e não apenas o Código Civil de 2002 – alinhou-se mais à teoria concepcionista para a construção da situação jurídica do nascituro, conclusão enfaticamente sufragada pela majoritária doutrina contemporânea" (BRASIL, 2014).

"é uma chave de leitura que confirma a (re)construção do direito privado com foco na proteção da pessoa humana (despatrimonialização), sendo este o ponto de atenção de um direito civil repersonalizado".[13]

À vista disto, tem-se que o nascituro assume, para a tutela da pessoa natural no direito brasileiro, a mesma posição da pessoa nascida com vida, o que reflete o realinhamento do direito brasileiro com a tradição ibérica, como delineado por Pierangelo Catalano (1988).[14]

Estas ponderações, portanto, levam a perquirir em que condições o nascituro deve figurar como titular do direito à proteção de dados pessoais, nos termos da LGPD.

3 O nascituro como titular do direito à proteção dos dados pessoais

O nascituro, como visto, é protegido pelo ordenamento jurídico na condição de pessoa natural. Como se destacou no tópico anterior, a tutela que o direito dedica ao feto é ampla o suficiente para se afirmar que a tese concepcionista vem prevalecendo no Brasil.

O nascituro se encontra em fase de capital importância no desenvolvimento da personalidade. O período gestacional requer cuidados especiais, pois a maneira como o pré-natal é realizado terá impactos na vida da pessoa humana (BIBLIOTECA VIRTUAL EM SAÚDE DO MINISTÉRIO DA SAÚDE, 2005). Por estar o nascituro em fase delicada, o ordenamento jurídico brasileiro reconhece a importância de garantir um desenvolvimento saudável, que permita ao feto alcançar dignamente a etapa do nascimento.

A preservação dos interesses do nascituro, de modo a permitir o nascimento e o desenvolvimento sadio e harmonioso, leva à conclusão de que a LGPD, se tem por objetivo proteger o direito de livre desenvolvimento da personalidade da pessoa natural, além da liberdade e da privacidade, deve inclui-lo entre os destinatários da proteção, porque a dignidade deste, que é a dignidade humana, "é intrinsecamente decorrente da própria característica de ser pessoa, que é dialecticamente unitária desde a concepção até a morte" (ASCENSÃO, 2008, p. 292).

Embora o nascituro não pratique, por óbvio, os atos que possam ser captados para fins de composição de perfil comportamental, isto não implica que esteja fora do âmbito de proteção da LGPD. Como o citado acórdão do STJ pôs a questão, não é a impossibilidade de exercer certos direitos (e inclua-se, de assumir certas obrigações)

---

[13] Isto foi inclusive destacado no acórdão, que pontuou: "Por outro ângulo, cumpre frisar que as teorias mais restritivas dos direitos do nascituro – natalista e da personalidade condicional – fincam raízes na ordem jurídica superada pela Constituição Federal de 1988 e pelo Código Civil de 2002. O paradigma no qual foram edificadas observava o cariz nitidamente patrimonialista dos direitos, razão pela qual se mostrava até mais confortável a defesa da tese de que o nascituro só detinha expectativa de direitos ou direitos condicionados a evento futuro, haja vista que se raciocinava, essencialmente, dentro da órbita dos direitos patrimoniais. Porém, atualmente isso não mais se sustenta, uma vez que se reconhecem, corriqueiramente, amplos catálogos de direitos não patrimoniais ou de bens imateriais da pessoa – como a honra, o nome, imagem, integridade moral e psíquica, entre outros. Hoje, mesmo que se adote qualquer das outras duas teorias restritivas, há de se reconhecer a titularidade de direitos da personalidade ao nascituro, dos quais o direito à vida é o mais importante. Garantir ao nascituro expectativas de direitos, ou mesmo direitos condicionados ao nascimento, só faz sentido se lhe for garantido também o direito de nascer, o direito à vida, que é direito pressuposto a todos os demais" (BRASIL, 2014).

[14] Para o autor italiano, a linha de tradição ibérica tem *forte inspiração justinianeia*, que adotava a paridade entre o concebido e o nascido como regra geral.

que retira a condição de pessoa natural (humana) ao nascituro. Afinal, assim como os recém-nascidos, os não nascidos também estão em posição de vulnerabilidade que os impossibilita exercer com plenitude suas capacidades, mas nada impede que os responsáveis legais o façam (GODINHO, 2014, p. 35). E é nesta paridade que se encontra o caminho de proteger os dados pessoais do nascituro.

Toda a Seção III do Capítulo II da LGPD dedica específica atenção aos dados pessoais de crianças e adolescentes. Segundo dispõe o art. 14, o tratamento dos dados pessoais, nestes casos, deverá ser realizado no melhor interesse, com o consentimento específico e em destaque dado por pelo menos um dos pais ou pelo responsável legal.

Note-se que a exigência que estabelece a lei para o tratamento de dados pessoais de crianças e de adolescentes, tratando-se de consentimento, é semelhante à exigência que se faz para os dados sensíveis, que são aqueles dados que envolvem saúde e genética, convicção religiosa e política, raça e etnia, além da vida sexual (art. 5º, II). Para se obter, portanto, dados de crianças e adolescentes, é preciso ter dos pais ou responsáveis legais (curadores, por exemplo, na hipótese do art. 1.779 do CC/2002) o consentimento qualificado, semelhante ao consentimento para o tratamento de dados sensíveis, o qual demanda dos agentes de tratamento a obtenção de "uma aquiescência para o tratamento delimitada pelo propósito para o qual os dados foram coletados" (MULHOLLAND, 2019, p. 50).

No caso específico dos nascituros, esta relação com os dados sensíveis é ainda mais proeminente, sendo os dados relativos à saúde e genéticos de primordial interesse para o feto. Os procedimentos médicos do período pré-natal, por exemplo, evidenciam a quantidade de dados que se pode obter dos nascituros. De igual forma, como indicado na introdução deste artigo, os avanços da medicina genética apontam como o nascituro é cada vez mais alvo de tratamento de dados, com a possibilidade de realização de procedimentos e a confecção de medicamentos especificamente desenhados para atender às suas particularidades.

Inserir, portanto, o nascituro na categoria de pessoa natural, sob a proteção da LGPD, em especial na categoria de proteção dedicada a crianças e adolescentes, é medida que se impõe, que dispensaria até mesmo emendas legislativas para especificar tal proteção. O nascituro é pessoa natural e, como tal, deve ser amparado pelo direito, notadamente quanto aos direitos da personalidade e à proteção de dados pessoais.

4 Considerações finais

O presente texto partiu da problemática em torno do art. 2º do CC/2002, relativamente à condição do nascituro, para questionar se a LGPD, que se destina à proteção de dados pessoais da pessoa natural, abrangeria o nascituro em sua rede de proteção. Foram analisadas, assim, as teorias do início da personalidade, tendo como ponto de partida a compreensão adotada por Pontes de Miranda, que considera o nascituro sujeito de direito, embora não seja pessoa no preciso sentido jurídico, porque a personalidade jurídica só seria alcançada pelo nascimento com vida.

Assim, foram abordadas as teorias natalista, da personalidade condicional e, finalmente, a concepcionista.

Defendeu-se, ainda, que a teoria que melhor reflete os ditames do ordenamento jurídico brasileiro é a concepcionista. Isto porque, desde o reconhecimento da dignidade da pessoa humana como fundamento constitucional, não seria coerente situar o nascituro como mero sujeito detentor de expectativas de direito (teoria natalista), nem como pessoa condicionada a nascer com vida, como se fosse um ser humano em potencial. Se o nascituro é ser humano, ele é valor-fonte, em torno do qual gira todo o ordenamento jurídico. O nascituro, portanto, é pessoa natural dotada de personalidade jurídica como outra qualquer, a quem o direito deve dedicar a mesma proteção.

Esta conclusão foi ratificada pela orientação do Superior Tribunal de Justiça, que tomou posição no REsp nº 1.415.727/SC em favor da teoria concepcionista. Conforme assinalado, o Tribunal reconheceu a condição de pessoa do nascituro, e assim o fez diante da previsão constitucional da dignidade humana como fundamento e de variegada previsão legislativa, a conferir uma série de direitos ao nascituro, notadamente os direitos da personalidade.

Este ponto de chegada facilitou compreender que o nascituro, como pessoa natural (isto é, pessoa no preciso sentido jurídico), é também titular da proteção de dados. Assim, a proteção do feto deve ser a mesma conferida à criança e ao adolescente, conforme previsão dos arts. 14 e seguintes da LGPD.

Conclui-se, portanto, que o nascituro deve ser considerado pessoa natural para fins de direito, em especial para fins da proteção de dados pessoais. Ainda que o nascituro não pratique atos que possibilitem a formação de um perfil comportamental, ele se coloca sob o manto protetor da LGPD, sobretudo porque os dados pessoais diretamente afetados são os dados sensíveis, a que a LGPD confere especial proteção.

Em síntese, é preciso proteger o ser humano, do início ao fim de sua existência. Tal proteção há de abarcar, com imperioso vigor, a tutela de dados pessoais e sensíveis, a evitar que o ser humano, ainda antes de nascer, se veja vítima de nefastas condutas que impliquem violação à sua intimidade, inclusive para fins potencialmente ilícitos e discriminatórios.

Referências

ALMEIDA, Silmara Juny de Abreu Chinelado e. Direito do nascituro a alimentos: uma contribuição do direito romano. *Revista Brasileira de Direito Comparado*, Rio de Janeiro, n. 13, p. 107-121, 1992.

ALMEIDA, Silmara Juny de Abreu Chinelado e. O nascituro no Código Civil e no direito constituendo do Brasil. *Revista de Informação Legislativa*, Brasília, v. 25, n. 97, p. 181-190, jan./mar. 1988.

ARAÚJO, Ana Thereza Meirelles; PAMPLONA FILHO, Rodolfo. Tutela jurídica do Nascituro à luz da Constituição Federal. *Revista de Direito Privado*, São Paulo, v. 30, p. 251-264, abr./jun. 2007.

ASCENSÃO, José de Oliveira. A dignidade da pessoa e o fundamento dos direitos humanos. *Revista da Faculdade de Direito da Universidade de São Paulo*, v. 103, p. 277-299, jan./dez. 2008.

BIBLIOTECA VIRTUAL EM SAÚDE DO MINISTÉRIO DA SAÚDE. *Importância do pré-natal*. 2005. Disponível em: http://bvsms.saude.gov.br/bvs/dicas/90prenatal.html. Acesso em: 20 fev. 2020.

BIONI, Bruno Ricardo. *Proteção de dados pessoais*: a função e os limites do consentimento. 1. ed. 2. reimpr. Rio de Janeiro: Forense, 2019.

BRASIL. *Constituição da República Federativa do Brasil*. Brasília, DF, 1988. Disponível em: http://www.planalto.gov.br/ccivil_03/constituicao/constituicaocompilado.htm. Acesso em: 20 fev. 2020.

BRASIL. *Decreto-Lei nº 2.848, de 07 de dezembro de 1940*. Código Penal. Rio de Janeiro, DF, 1940. Disponível em: http://www.planalto.gov.br/ccivil_03/decreto-lei/del2848compilado.htm. Acesso: 20 fev. 2020.

BRASIL. *Lei nº 10.402, de 10 de janeiro de 2002*. Código Civil Brasileiro. Brasília, DF, 2002. Disponível em: http://www.planalto.gov.br/ccivil_03/leis/2002/l10406.htm Acesso: 20 fev. 2020.

BRASIL. *Lei nº 11.804, de 05 de novembro de 2008*. Disciplina o direito a alimentos gravídicos e a forma como ele será exercido e dá outras providências. Brasília, DF, 2008. Disponível em: http://www.planalto.gov.br/ccivil_03/_ato2007-2010/2008/lei/l11804.htm. Acesso em: 20 fev. 2020.

BRASIL. *Lei nº 13.709, de 14 de agosto 2018*. Lei Geral de Proteção de Dados Pessoais (LGPD). Brasília, DF, 2018. Disponivel em: http://www.planalto.gov.br/ccivil_03/_ato2015-2018/2018/lei/L13709.htm. Acesso: 20 fev. 2020.

BRASIL. *Lei nº 3.071, 1º de janeiro de 1916*. Código Civil dos Estados Unidos do Brasil. Rio de Janeiro, DF, 1916. Disponível em: http://www.planalto.gov.br/ccivil_03/leis/L3071impressao.htm. Acesso: 20 fev. 2020.

BRASIL. *Lei nº 6.194, de 19 de dezembro de 1974*. Dispõe sobre Seguro Obrigatório de Danos Pessoais causados por veículos automotores de via terrestre, ou por sua carga, a pessoas transportadas ou não. Brasília, DF, 1974. Disponível em: http://www.planalto.gov.br/ccivil_03/leis/L6194.htm. Acesso: 20 fev. 2020.

BRASIL. *Lei nº 8.068, de 13 de julho de 1990*. Dispõe sobre o Estatuto da Criança e do Adolescente e dá outras providências. Brasília, DF, 1990. Disponível em: http://www.planalto.gov.br/ccivil_03/leis/l8069.htm. Acesso em: 20 fev. 2020.

BRASIL. *Projeto de Lei 634, de 11 de junho de 1975*. Brasília, DF, 1975. Disponível em: https://www.camara.leg.br/proposicoesWeb/fichadetramitacao?idProposicao=15675. Acesso: 20 fev. 2020.

BRITO, Carina. Como a medicina genética promete revolucionar a saúde. *Revista Galileu*, 14 ago. 2019. Disponível em: https://revistagalileu.globo.com/Ciencia/Saude/noticia/2019/08/como-medicina-genetica-promete-revolucionar-saude.html. Acesso em: 13 fev. 2020.

CAMPOS, Diogo Leite de. O estatuto jurídico do nascituro. *Revista do Instituto dos Advogados de Minas Gerais*, Belo Horizonte, n. 5, p. 219-226, 1999.

CATALANO, Pierangelo. Os nascituros entre o direito romano e o direito latino-americano. *RDC*, São Paulo, ano 12, v. 45, p. 7-15, jun./set. 1988.

FREITAS, Augusto Teixeira de. *Consolidação das leis civis*. Brasília: Senado Federal, Conselho Editorial, 2003. Ed. fac-sim.

GODINHO, Adriano Marteleto. *Direito ao próprio corpo*: direitos da personalidade e os atos de limitação voluntária. Curitiba: Juruá, 2014.

LEITE, Eduardo de Oliveira. O direito do embrião humano: mito ou realidade? *Revista de Direito Comparado*, Belo Horizonte, v. 1, n. 1, jul. 1997.

LÔBO, Paulo. *Direito civil*. 7. ed. São Paulo: Saraiva, 2018. v. I.

MIRANDA, Francisco Cavalcanti Pontes de. *Tratado de direito privado*. São Paulo: Revista dos Tribunais, 2012. t. I.

MULHOLLAND, Catlin. Dados pessoais sensíveis e consentimento na Lei Geral de Proteção de Dados Pessoais. *Revista do Advogado*, n. 144, p. 47-53, nov. 2019.

PEREIRA, Caio Mário da Silva. *Instituições de direito civil*. v. I. 23. ed. Rio de Janeiro: Forense, 2009.

REALE, Miguel. *O estado democrático de direito e o conflito das ideologias*. 3. ed. 2. tir. São Paulo: Saraiva, 2010.

RIZKALLAH, Ricardo José. Os direitos de personalidade e as situações jurídicas dos embriões e nascituro. *Revista de Direito Privado*, São Paulo, v. 74, p. 61-91, fev. 2017.

Informação bibliográfica deste texto, conforme a NBR 6023:2018 da Associação Brasileira de Normas Técnicas (ABNT):

GODINHO, Adriano Marteleto; AZEVEDO, Daniel Sampaio de. A proteção de dados pessoais do nascituro. *In*: EHRHARDT JÚNIOR, Marcos; CATALAN, Marcos; MALHEIROS, Pablo (Coord.). *Direito Civil e tecnologia*. Belo Horizonte: Fórum, 2020. p. 57-67. ISBN 978-65-5518-036-7.

A NATUREZA JURÍDICA DO CONSENTIMENTO PREVISTO NA LEI GERAL DE PROTEÇÃO DE DADOS: ENSAIO À LUZ DA TEORIA DO FATO JURÍDICO

JULIANA DE OLIVEIRA JOTA DANTAS

EDUARDO HENRIQUE COSTA

Introdução

A privacidade é um direito que tem perpassado gerações e cujo conteúdo adapta-se à dinâmica social. Inicialmente foi concebido singelamente como o direito de estar só, na esteira das ideias de Samuel Warren e Louis Brandeis, deduzidas no artigo *Right to privacy*.[1] Ao longo do século XX, a privacidade foi formatada como o direito ao resguardo das informações pessoais que compõem a vida do indivíduo. Foi erigida ao *status* de direito humano, segundo a Declaração Universal dos Direitos do Homem de 1948, e passou a encartar o rol de direitos fundamentais de diversos países.

O processo de globalização e o aprimoramento dos meios de comunicação com a internet modificaram substancialmente as relações sociais. As barreiras geográficas foram suprimidas, surgiram novos meios de comunicação, de circulação e armazenamento de dados; outro código de conduta consolidou-se com o nascimento de redes sociais. Evidentemente esse contexto também refletiu no direito à privacidade, na forma com que a regulação estatal deve proteger os dados pessoais dos indivíduos.

A tutela da privacidade na perspectiva dos dados pessoais é uma exigência dos novos tempos, em que se tornaram o ativo mais importante da sociedade de informação. Afinal são os dados pessoais que orientam as tendências, a percepção do mercado consumidor, as orientações de cunho pessoal, político, religioso dos indivíduos. E a tecnologia propiciou a colheita de dados de forma escamoteada, vulnerando o núcleo de proteção a direitos subjetivos.

---

1 WARREN, Samuel D.; BRANDEIS, Louis D. The right to privacy. *Harvard Law Review*, v. 4, n. 5, p. 193-220, Dec. 15, 1890. Disponível em: http://www.jstor.org/stable/1321160. Acesso em: fev. 2018.

No Brasil, a privacidade sempre foi tratada de forma fragmentária. Prevista como um direito fundamental na Constituição Federal, recebeu tratamento pontual em diplomas normativos temáticos como o Código de Defesa do Consumidor, a Lei do Marco Civil da Internet e a Lei do Cadastro Positivo. Apenas com a edição da Lei Geral de Proteção de dados (LGPD) de 2018, cuja vigência se dará em agosto de 2020, é que o direito brasileiro passa a tutelar os dados pessoais em caráter especial.

A LGPD é calcada no elemento central do consentimento para a transferência e utilização de dados pessoais, possibilitando ao sujeito exercer, ao menos em tese, o controle pleno sobre seus dados, sua valoração no ambiente social e assim exercer o controle propriamente sobre os seus direitos da personalidade.

Todavia, a natureza jurídica do consentimento nessa seara é tema controvertido, mesmo em países pioneiros, como a Alemanha, em que se encontram inúmeras divergências, destacando-se três como correntes predominantes a defenderem: 1) natureza de declaração de vontade negocial; 2) ato jurídico unilateral sem natureza negocial e 3) ato que se assemelha ao negócio jurídico sem ser.[2]

Também no sistema jurídico brasileiro é importante compreender a natureza jurídica do consentimento e sua ressignificação à luz da LGPD, especialmente diante da onipresença das comunicações digitais no mundo contemporâneo e do acesso, veiculação e tratamento de dados pessoais exigidos, tratando-se não mais de âmbito de escolha livre e irrestrita, mas de ferramenta de uso imperativo para vida em sociedade atual.

1 A Lei Geral de Proteção de Dados e estrutura para o fluxo de dados

A tutela jurídica da privacidade é um valor muito caro à sociedade ocidental, mormente após o movimento humanista ocorrido após a Segunda Guerra Mundial. Assegurou-se a cada indivíduo o direito de não sofrer interferências arbitrárias em sua esfera pessoal, seja na perspectiva de seus atributos pessoais como a honra e a imagem, seja em suas relações sociais ou mesmo na proteção de seu sigilo telemático.

A privacidade é objeto de instrumentos normativos como a Declaração Universal dos Direitos do Homem (art. 12) de 1948 ou a Convenção Americana de Direitos Humanos de 1969 (art. 11), recebeu assento no rol dos direitos fundamentais (art. 5º, V e X) na Constituição Federal de 1988 e foi tratada no plano infraconstitucional como cláusula geral dos direitos da personalidade (arts. 20 e 21 do CC/02).

As novas dinâmicas sociais impostas pela expansão dos meios tecnológicos ressignificaram as relações humanas e geraram a necessidade de novas formas de proteção à privacidade. Anotam Ehrhardt Jr. e Peixoto que "o conceito de privacidade evolui de direito de estar só para direito a ter controle sobre as próprias informações e de determinar a maneira de construir a própria esfera particular".[3] Para Mulholland, hodiernamente seriam três as concepções sobre o direito à privacidade, quais sejam, (I) o direito de ser deixado só; (II) o direito de ter controle sobre a circulação dos dados pessoais; e (III) o direito à liberdade das escolhas pessoais de caráter existencial.[4]

---

[2] MENDES, Laura Schertel. *Privacidade, proteção de dados e defesa do consumidor* – Linhas gerais de um novo direito fundamental. São Paulo: Saraiva, 2014. Edição Kindle, posição 1046.

[3] EHRHARDT JUNIOR, Marcos; PEIXOTO, Erick Lucena Campos. O direito à privacidade na sociedade de informação. *Revista ENPEJUD*, Alagoas. p. 358. Disponível em: http://enpejud.tjal.jus.br/index.php/exmpteste01/article/view/63/44. Acesso em: 20 fev. 2020.

[4] MULHOLLAND, Caitlin Sampaio. O direito de não saber como decorrência do direito à intimidade. Comentário ao REsp 1.195.995. *Civilistica.com*, Rio de Janeiro, v. 1, 2012. p. 3.

É necessário consignar que a tentativa de regulamentação da proteção de dados data da década de 70 (século XX), quando o Estado era o maior responsável pelos dados armazenados. Atualmente, as entidades privadas são o alvo principal das modalidades de regulamentação para a concretização da plena democracia digital.[5] Como observa Doneda, "a facilidade com que podem cada vez mais ser obtidas informações pessoais lança, porém, uma sombra sobre a privacidade, capaz de gerar, como potencial consequência, a diminuição da esfera de liberdade do ser humano".[6]

O tratamento autônomo da proteção de dados pessoais é uma tendência em diversos ordenamentos jurídicos e, se no início parecia apenas destinada a mudar determinado patamar tecnológico e a solicitar previsões pontuais no ordenamento, em razão de seus desdobramentos, veio a formar as bases para o que vem sendo tratado, hoje, como um direito fundamental à proteção de dados,[7] embasado a partir da proteção à pessoa humana, "especialmente por meio do reconhecimento da preponderância do consentimento informado de seus partícipes".[8]

O tema da proteção de dados, partindo do conteúdo da privacidade, passa a receber tratamento jurídico próprio por cuidar de direitos da personalidade e, em última instância, da própria dignidade da pessoa humana. Nesse sentido, Català observa:[9]

> Mesmo que a pessoa em questão não seja a "autora" da informação, no sentido de sua concepção, ela é a titular legítima de seus elementos. Seu vínculo com o indivíduo é por demais estreito para que pudesse ser de outra forma. Quando o objeto dos dados é um sujeito de direito, a informação é um atributo da personalidade.

Para Rodotà vivemos a reinvenção da proteção de dados, que se tornou uma "ferramenta essencial para o livre desenvolvimento da personalidade. A proteção de dados pode ser vista como a soma de um conjunto de direitos que configuram a cidadania do novo milênio".[10]

Naturalmente, os estatutos que consagram os direitos fundamentais do cidadão digital também resguardam limites ao exercício das liberdades individuais quando presentes interesses de ordem coletiva que extraordinariamente possam justificar restrições, como ilustra previsão da regulação europeia no sentido de que direitos fundamentais à proteção de dados podem sofrer contenções quando restrições forem medidas necessárias e proporcionais para proteção da sociedade democrática no sentido

---

5 SARLET, Gabrielle Bezerra Sales; CALDEIRA, Cristina. O consentimento informado e a proteção de dados pessoais de saúde na internet: uma análise das experiências legislativas de Portugal e do Brasil para a proteção integral da pessoa humana. *Civilistica.com*, Rio de Janeiro, ano 8, n. 1, 2019. Disponível em: http://civilistica.com/o-consentimento-informado-e-a-protecao/. Acesso em: 6 ago. 2019.

6 DONEDA, Danilo. *Da privacidade à proteção de dados pessoais*. Rio de Janeiro: Renovar, 2006. p. 87.

7 DONEDA, Danilo. A proteção dos dados pessoais como um direito fundamental. *Espaço Jurídico Joaçaba*, v. 12, n. 2, p. 91-108, jul./dez. 2011. p. 96.

8 SARLET, Gabrielle Bezerra Sales; CALDEIRA, Cristina. O consentimento informado e a proteção de dados pessoais de saúde na internet: uma análise das experiências legislativas de Portugal e do Brasil para a proteção integral da pessoa humana. *Civilistica.com*, Rio de Janeiro, ano 8, n. 1, 2019. p. 6.Disponível em: http://civilistica.com/o-consentimento-informado-e-a-protecao/. Acesso em: 6 ago. 2019.

9 CATALÀ, Pierre. Ebauche d'une théorie juridique de l'information. *Informatica e Diritto*, ano IX, jan./abr. 1983. p. 20. Disponível em: http://www.ittig.cnr.it/EditoriaServizi/AttivitaEditoriale/InformaticaEDiritto/1983_01_0. Acesso em: 7 jan. 2020.

10 RODOTÀ, Stefano. *A vida na sociedade da vigilância*: a privacidade hoje. Rio de Janeiro: Renovar, 2008. p. 14.

de salvaguardar, entre outros bens, segurança nacional, defesa, combate ao crime e aplicação da justiça, respeitada a essência dos direitos fundamentais e das liberdades.[11]

A Lei Geral de Proteção de Dados (LGPD), instituída pela Lei nº 13.709/18, surge como o diploma jurídico que promove os "direitos fundamentais de liberdade e de privacidade e o livre desenvolvimento da personalidade da pessoa natural" (art. 1º, LGPD) no cenário da proteção de dados pessoais. Embora o fim imediato seja a proteção de dados, o objetivo normativo mediato é a proteção da pessoa e de seus direitos da personalidade.

Segundo Peck, o início da era de regulamentação da proteção de dados pessoais na década de 90 é uma decorrência do modelo de negócios da economia digital, que "passou a ter uma dependência muito maior dos fluxos internacionais de bases de dados, especialmente os relacionados às pessoas, viabilizados pelos avanços tecnológicos e pela globalização".[12]

A disciplina do tratamento de dados pessoais confere nova roupagem, modelada nos paradigmas do novo milênio, à discussão entre os limites da proteção da pessoa e o livre mercado. A LGPD regula de que forma pode se dar o fluxo das informações pessoais para viabilizar fins econômicos na sociedade digital. A missão é complexa, pois a lei geral busca compatibilizar o respeito à privacidade com a liberdade de expressão e de informação; o objetivo de desenvolvimento econômico, tecnológico, de inovação e de livre iniciativa com o respeito aos direitos humanos e ao livre desenvolvimento da personalidade.

Nos países que já desenvolveram sua legislação, de acordo com Mendes, geralmente a tutela dos dados pessoais situa-se no nível de um direito fundamental, conferindo-se à legislação infraconstitucional a tarefa de disciplinar o tema através de uma lei geral, cuja finalidade é a de regular o tratamento de dados pessoais na sociedade, buscando preservar a coletividade e os direitos fundamentais dos cidadãos.[13] Nesse sentido, a autora destaca que, embora o início das legislações de proteção de dados pessoais tenha ocorrido em razão do temor do poder de processamento de dados pelo Estado, logo se viu que o perigo também residia no setor privado.[14]

A Diretiva Europeia 95/46/CE foi o primeiro diploma mais abrangente sobre a proteção de dados, tanto para o âmbito público quanto para o privado, conformando os países integrantes da Comunidade Europeia de Nações (mais tarde convertida em União Europeia) a promulgarem leis abrangentes sobre o tema. Contudo, verificou-se uma fragmentação no tratamento conferido pelos 27 países-membros. Os desafios contemporâneos mostraram a urgência na homogeneidade no tratamento de dados pessoais.

O problema foi superado com o Regime Geral de Proteção de Dados (RGPD) nº 679, aprovado em 27.4.2016, que entrou em vigor em 2018 e é o modelo de inspiração da legislação de proteção de dados pátria. No Brasil, a LGPD é a resposta do ordenamento

---

[11] VOSS, W. Gregory. European Union Data Privacy Law Reform: general data protection regulation, privacy shield, and the right to delisting. *The Business Lawyer*, v. 72, Winter 2016-2017. p. 226. Disponível em: https://www.researchgate.net/publication/312093729_European_Union_Data_Privacy_Law_Reform_General_Data_Protection_Regulation_Privacy_Shield_and_the_Right_to_Delisting. Acesso em: jan. 2020.

[12] PINHEIRO, Patrícia Peck. *Proteção de dados pessoais*: comentários à Lei n. 13.709/2018 (LGPD). São Paulo: Saraiva, 2018. p. 17.

[13] MENDES, Laura Schertel. *Privacidade, proteção de dados e defesa do consumidor* – Linhas gerais de um novo direito fundamental. São Paulo: Saraiva, 2014. Edição Kindle, posição 787.

[14] MENDES, Laura Schertel. *Privacidade, proteção de dados e defesa do consumidor* – Linhas gerais de um novo direito fundamental. São Paulo: Saraiva, 2014. Edição Kindle, posição 793.

jurídico a tema tão relevante que se encontrava carente de normatividade específica e, assim como a norma europeia, busca "trazer mecanismos de controle para equilibrar as relações em um cenário de negócios digitais sem fronteiras".[15]

A influência do Regime Geral de Proteção de Dados europeu (RGPD) não significou a importação simétrica e acrítica de institutos de legislação estrangeira, malgrado a maioria dos países terem internalizado em seus ordenamentos jurídicos os princípios de proteção de dados pessoais consagrados em instrumentos internacionais, consequência natural no processo de globalização (*Fair Information Principles*). Serviu para atribuir direitos subjetivos aos titulares dos dados pessoais, bem como para impor limitações e obrigações aos responsáveis pelo tratamento de dados.

1.1 Classificação dos dados pessoais segundo a LGPD

A LGPD considera que dado pessoal é "informação relacionada a pessoa natural identificada ou identificável". Assim, os dados pessoais podem ser classificados em três categoriais distintas: (I) dados gerais, que são aqueles que identificam o seu titular, porém não possuem nenhuma característica especial; (II) dados sensíveis, que são os relativos à origem racial ou étnica, convicção religiosa, opinião política, filiação a sindicato ou a organização de caráter religioso, filosófico ou político, saúde ou à vida sexual, genético ou biométrico de uma pessoa natural; e (III) dados anônimos, cuja coleta, em razão dos meios técnicos razoáveis e disponíveis na ocasião de seu tratamento, não permita a identificação do seu titular e uma valoração particularizada de tais informações.

A classificação encetada pela LGPD tem conotação objetiva, uma vez que o tratamento de dados sofrerá maior ou menor regulação de acordo com a sua natureza. Se não é comum às leis em geral precisar os conceitos de seus institutos, a preocupação sistemática da LGPD com cada um dos níveis de defesa dos dados pessoais revela que os princípios balizadores do diploma legal precisam ser delimitados e aplicados de forma vinculativa para o êxito do modelo regulatório.

1.2 Princípios inerentes ao tratamento de dados pessoais: contextualização evolutiva da boa-fé objetiva

A LGPD preconiza que o tratamento de dados pessoais deve decorrer da conjugação da cláusula geral da boa-fé objetiva com os princípios setoriais elencados em seu bojo. A diretriz reafirma o compromisso da autonomia da vontade e do exercício das liberdades com ditames de conteúdo ético e jurídico, respaldadas pelo padrão de comportamento esperado de qualquer partícipe na relação jurídica.

Como bem resume Ehrhardt Jr., "É fácil perceber que a boa-fé está relacionada aos fatores sócios-culturais de um determinado lugar e momento, refletindo a realidade que informa a ordem jurídica em que está inserida"[16] e deve ser compreendida entre os deveres gerais de conduta que se impõem para legitimidade do ato e de seus

---

[15] PINHEIRO, Patrícia Peck. *Proteção de dados pessoais*: comentários à Lei n. 13.709/2018 (LGPD). São Paulo: Saraiva, 2018. p. 8.

[16] EHRHARDT JUNIOR, Marcos. *Responsabilidade civil pelo inadimplemento da boa-fé*. 2. ed. Belo Horizonte: Fórum, 2017. p. 101.

efeitos pelo direito, pautados na cooperação, na solidariedade, na confiança,[17] também nas relações que extrapolam o meio físico e que são desenvolvidas por intermédio de comunicação digital.

Nessa perspectiva, o art. 6º do diploma legal desenvolve a sua base principiológica a partir da finalidade do tratamento, de sua adequação e necessidade, construindo assim a gama de princípios subjacentes ao tráfego de dados pessoais.

Pretere-se o fato psicológico ou mesmo ético do agente para associar à conduta consequências jurídicas, valendo-se da boa-fé como um produto final para a atuação dos sujeitos virtuais, como norma condicionante do exercício de posições jurídicas.[18] A finalidade do tratamento pressupõe a "realização do tratamento para propósitos legítimos, específicos, explícitos e informados ao titular, sem possibilidade de tratamento posterior de forma incompatível com essas finalidades" (art. 6º, I, LGPD).

Adere-se aos deveres acessórios de lealdade, ditados pela boa-fé, no sentido de que as partes, na vigência da relação jurídica, abstenham-se de práticas que possam falsear o objetivo das prestações.[19] A obtenção e o tráfego das informações pessoais dependem da anuência do seu titular, de modo que o consentimento é o fator-chave entre a proteção e a disponibilização de dados pessoais.

Diante do direito de acessar as informações pessoais, o operador do banco de dados não pode utilizar as informações colhidas de forma distinta da finalidade informada. Aliás, compete a quem coletar e explorar tais dados se ater à necessidade de colheita das informações, que deve se restringir à realização da finalidade pretendida. Nesse giro, surge o princípio da não discriminação, que além de reafirmar que o uso das informações não deve destoar da finalidade de sua prospecção, aponta a ilicitude de sua utilização para fins discriminatórios ou abusivos.

Os princípios da finalidade, da adequação e da necessidade desenvolvem-se de forma encadeada também com princípio da necessidade que estabelece a "limitação do tratamento ao mínimo necessário para a realização de suas finalidades, com abrangência dos dados pertinentes, proporcionais e não excessivos em relação às finalidades do tratamento de dados".

Repele-se o exercício inadmissível da posição jurídica[20] assumida pelo ente que trata dados pelo abuso, desvio de finalidade ou mesmo pela malícia na omissão de informações necessárias à convicção do usuário ao consentir e abre-se azo ao questionamento da conduta pra fins de afastamento e/ou responsabilidade, pois

> A boa fé objetiva não é princípio dedutivo, não é argumentação dialética; é medida e diretiva para a pesquisa da norma de decisão, da regra a aplicar no caso concreto, sem hipótese normativa pré-constituída, mas que será preenchia com a mediação concretizadora do intérprete-julgador.[21]

---

17 LÔBO, Paulo. *Teoria geral das obrigações*. São Paulo: Saraiva, 2005. p. 76; 81.

18 CORDEIRO, Antônio Manuel da Rocha e Menezes. *Da boa-fé no direito civil*. Coimbra: Almedina, 1997. p. 314; 319.

19 CORDEIRO, Antônio Manuel da Rocha e Menezes. *Da boa-fé no direito civil*. Coimbra: Almedina, 1997. p. 606.

20 CORDEIRO, Antônio Manuel da Rocha e Menezes. *Da boa-fé no direito civil*. Coimbra: Almedina, 1997. p. 740.

21 LÔBO, Paulo. *Teoria geral das obrigações*. São Paulo: Saraiva, 2005. p. 81.

Seguindo o raciocínio de Lôbo, é possível aduzir que a relação obrigacional que se instaura no tratamento de dados pessoais exigirá um juízo de valor extraído do cenário social contemporâneo, considerados o momento, o tempo, o espaço em que se realiza, sem, contudo, depender de convicções morais de cada intérprete, pois deve basear-se, fundamentalmente, nos valores de lealdade e confiança e, mediatamente, da equidade e justiça.[22]

Vincula-se o responsável pelo acesso, gestão e tratamento de dados ao atendimento de uma verdadeira função social,[23] transcendendo a proteção do exercício das liberdades a âmbito transindividual, pois exige adequar-se a comandos de justiça, a limitar o poder de quem centraliza e encaminha informações, a humanizar o conteúdo das informações para que seu uso atenda a um fim compatível com o ideal derradeiro do bem comum. Em relação aos princípios estruturantes, a LGPD brasileira se assemelha ao Regime Geral de Proteção de Dados da União Europeia (RGPD), cujo desenho foi analisado por Araújo:[24]

> O artigo 8º da Carta consagra o direito à proteção de dados pessoais e específica no número 1 que estes dados devem ser objeto de um tratamento leal, para fins específicos e com o consentimento da pessoa interessada ou com outro fundamento legítimo previsto por lei. O artigo 8º número 2 garante o direito de todas as pessoas a aceder aos dados coligidos que lhes digam respeito e, se necessário, de obter a sua respectiva retificação. O número 3 do artigo estabelece que o cumprimento destas regras fica sujeito à fiscalização por parte de uma autoridade independente.

Desse modo, o tratamento de dados pessoais depende então do consentimento do seu titular para uma finalidade específica ou, independe de sua vontade, no caso de cumprimento de obrigação legal ou regulatória pelo controlador (art. 7º, LGPD).

2 Consentimento e autodeterminação informativa

A LGPD define o consentimento para o tratamento de dados pessoais como a "manifestação livre, informada e inequívoca pela qual o titular concorda com o tratamento de seus dados pessoais para uma finalidade determinada" (art. 5º, XII).

O objetivo da lei geral é possibilitar à pessoa natural o controle sobre sua vida, na medida em que os seus dados definem a forma como será tratado em sociedade, evitando abusos emanados tanto do Estado quanto de entidades particulares, como ilustra o recente e polêmico caso do Sistema Nacional de Crédito Social desenvolvido pelo governo da China, que coletará dados pessoais dos cidadãos chineses, independentemente de seu consentimento, para estabelecer que tipo de tratamento cada indivíduo

---

22 LÔBO, Paulo. *Teoria geral das obrigações*. São Paulo: Saraiva, 2005. p. 82.

23 LOBO, Fabiola Albuquerque. Os institutos do direito privado patrimoniais, sob o viés da funcionalização. *In*: EHRHARDT, JUNIOR (Org.). *Impactos do novo CPC e do EPD no direito civil brasileiro*. Belo Horizonte: Fórum, 2016. p. 28.

24 ARAÚJO, Alexandra Maria Rodrigues. As transferências transatlânticas de dados pessoais: o nível de proteção adequado depois de Schrems. *Revista de Direitos Humanos e Democracia*, ano 5, n. 9, jan./jun. 2017. p. 208. Disponível em: https://www.revistas.unijui.edu.br/index.php/direitoshumanosedemocracia. Acesso em: 6 ago. 2019.

merece por parte do Estado e da iniciativa privada.[25] Nessa linha de intelecção, preciso é o magistério de Moraes:[26]

> De fato, nas sociedades de informação, como as nossas, podemos dizer que nós somos nossas informações, pois elas nos definem, nos classificam, nos etiquetam. A privacidade, hoje, manifesta-se sobretudo na capacidade de se controlar a circulação das informações. Saber quem as utiliza significa adquirir, concretamente, um poder sobre si mesmo. Trata-se de uma concepção qualitativamente diferente da privacidade como direito à autodeterminação informativa, o qual concede a cada um de nós um real poder sobre as nossas próprias informações, os nossos próprios dados.

O controle que o indivíduo exerce sobre os seus dados pessoais, autorizando o seu fluxo consoante finalidades específicas, corresponde à autodeterminação informativa, que, segundo Rocha e Filpo, "representa uma viragem qualitativa na dinâmica da proteção da vida privada".[27]

Com efeito, é necessário significar adequadamente a figura do consentimento na Lei Geral de Proteção de Dados, na medida em que ele constitui o pilar da legislação, e verificar de que forma esse empoderamento é classificado em nosso ordenamento jurídico dada a busca incessante do mercado pelos dados dos indivíduos, notadamente dos consumidores.

Sobre a função orgânica do consentimento na estrutura da LGPD, Bioni[28] observa que na primeira versão do anteprojeto de lei da LGPD colocada sob consulta pública o consentimento era, em termos topográficos, a única base legal para o tratamento. Na prática, a LGPD acabou por consagrar que, com exceção das informações necessárias, cumprimento de obrigação legal ou regulatória, o tratamento de dados pessoais somente poderá acontecer mediante o fornecimento de consentimento pelo seu titular, consagrando assim o respeito à privacidade e a autodeterminação informativa.

O consentimento é a própria manifestação de vontade, a consciência do indivíduo em relação aos dados pessoais disponibilizados em contraponto a uma busca enorme pela informação – dados esses por vezes colhidos sem o esclarecimento devido ou sem o elemento volitivo do seu titular.

---

[25] O Sistema Nacional de Crédito Social chinês vai começar a funcionar oficialmente em 2020. Com o uso de inteligência artificial os dados pessoais dos cidadãos serão coletados e cruzados. O sistema analisará uma série de dados pessoais dos cidadãos chineses, entre eles histórico de pagamentos, publicações em redes sociais, comportamento no trânsito e em jogos *on-line*, e até se a pessoa cumpriu os limites do planejamento familiar. A partir dessa valoração, por exemplo, quem tiver pontuação alta poderá ganhar descontos e passar direto pela segurança no aeroporto. Os menos afortunados, porém, terão restrições para pegar trens ou aviões (LIMA, Mariana. Como em episódio da série 'Black Mirror', China vai dar notas a cidadãos. *Estadão*, 15 abr. 2018. Disponível em: https://link.estadao.com.br/noticias/cultura-digital,como-em-episodio-da-serie-blackmirror-china-vai-dar-notas-a-cidadaos,70002268857. Acesso em: 4 ago. 2019).

[26] MORAES, Maria Celina Bodin de. *Na medida da pessoa humana* – Estudos de direito civil constitucional. Rio de Janeiro: Renovar, 2010.

[27] ROCHA, Luiz Augusto Castello Branco de Lacerda Marca da; FILPO, Klever Paulo Leal. Proteção do direito à vida privada na sociedade da hiperexposição: paradoxos e limitações empíricas. *Civilistica.com*, Rio de Janeiro, ano 7, n. 1, 2018. Disponível em: http://civilistica.com/protecao-dodireito-a-vida-privada/. Acesso em: 6 ago. 2019.

[28] BIONI, Bruno Ricardo. *Proteção de dados pessoais* – A função e os limites do consentimento. São Paulo: Gen, 2018. Edição Kindle, posição 3726.

Como observam Colombo e Facchini, as questões relacionadas à privacidade, que classicamente cuidavam de um indivíduo isolado, cambiaram para envolver simultaneamente milhões de pessoas, considerando a coleta de dados pessoais de consumidores, contribuintes, pacientes, usuários de todos os tipos de serviços. Informações que por vezes são geradas inconscientemente através de vários dispositivos eletrônicos, como celulares e redes sociais, permitem um mapeamento fidedigno de quem somos, por onde circulamos o que consumimos e o que pensamos.[29]

Por isso, a doutrina vem alinhavando críticas à figura do consentimento como o pilar dessa estratégia regulatória, pela preocupação com a efetividade da manifestação de vontade do titular de dados que, na prática, mais tem servido "como um meio para legitimar os modelos de negócios da economia digital, do que como um meio eficiente para desempenhar a proteção dos dados pessoais".[30] Como bem argumentam Longhi e Faleiros Junior:[31]

> apenas garantir ao titular dos dados pessoais o direito de escolher o tratamento a ser empregado em seus dados, através de seu consentimento, mas não desenvolver meios para que tal consentimento não seja velado ou até mesmo fadigado, não significará a garantia do seu livre desenvolvimento da personalidade.

A preocupação da doutrina com a figura do consentimento, como se vê, não reside na delimitação de seu conceito, mas de sua efetividade, sua concreção material, uma vez que o sistema da LGPD estabelece seu arranjo regulatório pressupondo que a parte mais vulnerável dessa relação, entre sujeito e mercado, "fosse um sujeito racional, livre e capaz para fazer valer a proteção de seus dados pessoais".[32] Ou seja, se a partir desse elemento, o diploma legal é capaz de propiciar uma adequada proteção da pessoa humana ante as modificações impostas pelas novas tecnologias.

Diante desse cenário complexo, indaga-se quais seriam o conteúdo e a natureza jurídica do consentimento previsto na LGPD; ademais, se o conceito de privacidade se modificou, dando origem à autodeterminação informativa, convém apurar se a noção de consentimento previsto na LGPD representa uma mutação em relação ao consentimento, preconizado no Código Civil. Assim, cumpre-nos verificar, como recorte metodológico, a classificação do consentimento na perspectiva da teoria do fato jurídico.

---

[29] COLOMBO, Cristiano; FACCHINI NETO, Eugênio. Mineração de dados e análise preditiva: reflexões sobre possíveis violações ao direito de privacidade na sociedade de informação e critérios para a sua adequada implementação à luz do ordenamento brasileiro. *Revista de Direito, Governança e Novas Tecnologias*, Maranhão, v. 3, n. 2, p. 59-80, jul./dez. 2017. p. 66.

[30] BIONI, Bruno Ricardo. *Proteção de dados pessoais* – A função e os limites do consentimento. São Paulo: Gen, 2018. Edição Kindle, posição 4558.

[31] LONGHI, João Victor Rozatti; FALEIROS JUNIOR, José Luiz de Moura. *Estudos essenciais de direito digital*. Uberlândia: LAECC, 2019. Edição Kindle, posição 2760.

[32] BIONI, Bruno Ricardo. *Proteção de dados pessoais* – A função e os limites do consentimento. São Paulo: Gen, 2018. Edição Kindle, posição 4554.

3 Breves considerações sobre a teoria do fato jurídico para recorte epistemológico no estudo do consentimento

3.1 A constituição do fato jurídico

Mello ensina que a vida é uma sucessão permanente de fatos. Do nascimento à morte, a vida e todos os atos que a integram são considerados fatos.[33] Os atos humanos e fatos vão sendo significados de acordo com suas características e relevância para as relações intersubjetivas. Nascer, cair, cumprimentar uma pessoa, tossir, acarinhar um animal, exprimir ideias, um desastre natural ou provocado por intervenção humana são fatos existentes na vida em sociedade, integrando o chamado mundo dos fatos.

Pontes de Miranda anota que o ato humano que só tenha importância para as relações de cortesia ou de bom tom, que só é objeto da apreciação moral ou que só interessa à vida política, religiosa ou econômica não é ato jurídico,[34] razão pela qual Mello observa que quando um fato interfere de alguma forma nas relações interpessoais, alterando o seu equilíbrio ou a posição entre os sujeitos, a comunidade passa a regulá-lo através de normas jurídicas que imputam efeitos que repercutem no plano da convivência social.[35]

A previsibilidade jurídica de um fato social, em razão de sua relevância, o transporta para um plano específico, que é o mundo do direito. Pontes de Miranda vaticinava que "à lei é essencial colorir fatos tornando-os fatos do mundo jurídico e determinando-lhes os efeitos (eficácia deles)".[36] Assim, o direito só se preocupa e realiza a disciplina daquilo que é indispensável intermediar em relação à convivência humana.

A norma jurídica incide a partir do preenchimento de seu suporte fático suficiente, decorrendo daí sua juridicização. A incidência é assim o efeito da norma jurídica em transformar em fato jurídico a parte de suporte fático considerado relevante para ingressar no mundo jurídico. Mello[37] justifica: "Podemos, então, assim descrever, em sua essência e em suma o fenômeno da juridicidade: a norma jurídica, incidindo sobre o seu suporte fático concretizado, gera o fato jurídico, o qual poderá produzir os efeitos jurídicos que lhe são imputados".

Na acepção de Pontes de Miranda, o suporte fático é a previsão de certas condutas humanas que, se preenchidas (o autor usa a expressão *coloridas*), ensejam a incidência da regra, perfazendo-se o fato jurídico. Para ele "no terreno jurídico, regra e suporte fático devem concorrer como causas do fato jurídico ou das relações jurídicas".[38] A incidência das regras jurídicas sobre os seus suportes fáticos é infalível, tornando-se irrelevante o fato de se tratar de ato lícito ou de ato ilícito.

Com efeito, a classificação a seguir trabalhada a respeito do fato jurídico se destina então à compreensão das consequências de cada tipo de fato jurídico, uma vez que

---

[33] MELLO, Marcos Bernardes de. *Teoria do fato jurídico*: plano da existência. 22. ed. São Paulo: Saraiva, 2019. p. 44.

[34] PONTES DE MIRANDA, Francisco Cavalcanti. *Tratado de direito privado*. 3. ed. Rio de Janeiro: Borsoi, 1970. t. I. p. 79.

[35] MELLO, Marcos Bernardes de. *Teoria do fato jurídico*: plano da existência. 22. ed. São Paulo: Saraiva, 2019. p. 45.

[36] PONTES DE MIRANDA, Francisco Cavalcanti. *Tratado de direito privado*. 3. ed. Rio de Janeiro: Borsoi, 1970. t. I. p. 6.

[37] MELLO, Marcos Bernardes de. *Teoria do fato jurídico*: plano da existência. 22. ed. São Paulo: Saraiva, 2019. p. 120.

[38] PONTES DE MIRANDA, Francisco Cavalcanti. *Tratado de direito privado*. 3. ed. Rio de Janeiro: Borsoi, 1970. t. I. p. 77.

a incidência da norma é infalível e inesgotável. Pontes de Miranda aduz que a regra jurídica incide e faz decorrerem efeitos para atos humanos negociais e paranegociais (atos jurídicos *stricto sensu*), atos lícitos ou ilícitos, bem como fatos não humanos e dos atos ilícitos. A diferença, segundo o autor, é qualitativa e mais se opera na irradiação dos efeitos.[39]

Como o foco do presente estudo é a análise da natureza jurídica do consentimento do titular de dados para o livre fluxo de suas informações – uma manifestação volitiva de vontade –, é necessário observar a delimitação do seu suporte fático, de tratar-se de ato humano, admitindo-se, em tese, classificação em quase todas as formas de fato jurídico. Pontes de Miranda conclui:[40]

> o suporte fático, em que há o elemento humano, pode entrar no mundo jurídico como negócio jurídico se esse ato humano é *negotium* (= escolha de uma categoria jurídica : vender, trocar, casar-se, alugar), ou como ato jurídico não negocial (ato jurídico *stricto sensu*), ou como ato-fato jurídico, ou como fato jurídico *stricto sensu*, ou como ato ilícito.

De acordo com Mendes,[41] na Alemanha, região que sempre possuiu legislação de vanguarda sobre proteção de dados, forte dissenso sobre a natureza jurídica do consentimento tem se dado em torno de caracterizá-la como: 1) declaração de vontade negocial (*rechtsgeschäftliche Erklärung*);[42] 2) ato jurídico unilateral sem natureza negocial (*Realhandlung*)[43] e 3) ato que se assemelha ao negócio jurídico sem ser (*geschäftsähnliche Handlung*).[44]

Adverte Mello que "há a necessidade, para fim de classificação, de considerar o fato jurídico com referência ao sistema respectivo, porque o tratamento dado aos fatos nem sempre é o mesmo".[45] Nessa perspectiva, um fato jurídico pode receber no Brasil tratamento diverso do conferido pelo ordenamento de outro país em virtude da inclusão de um elemento estranho ao suporte fático da norma em exame.

Desse modo, elegendo o marco teórico descrito acima, perfila-se uma breve classificação dos fatos jurídicos na acepção ponteana, seguida por Marcos Bernardes de

---

39 PONTES DE MIRANDA, Francisco Cavalcanti. *Tratado de direito privado*. 3. ed. Rio de Janeiro: Borsoi, 1970. t. I. p. 76.

40 PONTES DE MIRANDA, Francisco Cavalcanti. *Tratado de direito privado*. 3. ed. Rio de Janeiro: Borsoi, 1970. t. I. p. 76.

41 MENDES, Laura Schertel. *Privacidade, proteção de dados e defesa do consumidor* – Linhas gerais de um novo direito fundamental. São Paulo: Saraiva, 2014. Edição Kindle, posição 1046.

42 SIMITIS, Spiros. *Bundesdatenschutzgesetz*. 7. ed. Baden-Baden: Nomos, 2011, §4a, Nr. 20; TAEGER, Jürgen; GABEL, Detlev. *Kommentar zum BDSG und zu den Datenschutzvorschriften des TKG und TMG*. Frankfurt am Main: Recht und Wirtschaft, 2010, §4a, Nr. 17 *apud* MENDES, Laura Schertel. *Privacidade, proteção de dados e defesa do consumidor* – Linhas gerais de um novo direito fundamental. São Paulo: Saraiva, 2014. Edição Kindle, posição 1046.

43 GOLA, Peter *et al*. *Bundesdatenschutzgesetz Kommentar*. 11. ed. München: Beck, 2012, §4a, Nr. 10; SPINDLER, Gerald; SCHUSTER, Fabian. *Recht der elektronischen Medien*: Kommentar, 2. ed. München: Beck, 2011, §4a, Nr. 2 *apud* MENDES, Laura Schertel. *Privacidade, proteção de dados e defesa do consumidor* – Linhas gerais de um novo direito fundamental. São Paulo: Saraiva, 2014. Edição Kindle, posição 1046.

44 HOLZNAGEL, Bernd; SONNTAG, Mathias. Kap. 4.8. Einwilligung des Betroffenen. *In*: ROßNAGEL, Alexander. *Handbuch Datenschutzrecht*: die neuen Grundlagen für Wirtschaft und Verwaltung. München: Beck, 2003, Nr. 21, p. 686 *apud* MENDES, Laura Schertel. *Privacidade, proteção de dados e defesa do consumidor* – Linhas gerais de um novo direito fundamental. São Paulo: Saraiva, 2014. Edição Kindle, posição 1046.

45 MELLO, Marcos Bernardes de. *Teoria do fato jurídico*: plano da existência. 22. ed. São Paulo: Saraiva, 2019. p. 192-193.

Mello para discutir-se a respeito da definição de sua natureza jurídica do consentimento objeto da análise em tela.

3.2 Espécies de fato jurídico

Por fatos jurídicos há de se pressupor a relevância do evento fático para o mundo jurídico. É possível considerar relevantes fatos da natureza que independem de qualquer ação humana.

O fato jurídico *stricto sensu* é todo fato jurídico no qual a composição de seu suporte fático se dá apenas com fatos da natureza independentes do ato humano, como elemento essencial, como o nascimento, a morte, a idade, a passagem do tempo. Para Mello,[46] é possível que em algumas situações "o evento suporte fático do fato jurídico *stricto sensu* esteja ligado a um ato humano [...] como o nascimento do ser humano que tem origem na concepção. Outras vezes pode resultar de ato humano intencional como o suicídio".

Todavia, isso não tem o condão de alterar o fato jurídico, dado que a circunstância de uma intervenção humana não altera o caráter do evento que cria o suporte fático.

Para o estudo do consentimento, contudo, convém considerar o evento em que a presença do elemento volitivo está presente. Parte-se da classificação dos fatos jurídicos entre as espécies de fatos jurídicos lícitos e ilícitos, e, nesse prisma, o consentimento é espécie de fato jurídico lícito, conquanto prevista expressamente na legislação brasileira. Logo, interessam as diversas modalidades de fatos lícitos, a saber: (I) ato-fato jurídico e (II) ato jurídico *lato sensu* e suas subespécies: ato jurídico *stricto sensu* e negócio jurídico.

O ato-fato jurídico deriva de uma situação de fato, a qual é resultante de uma conduta humana, ou seja, da ação (voluntária ou involuntária) ou da omissão, como exemplo, a caça, a pesca, a descoberta de um tesouro, o abandono de posse, a prescrição e a decadência, entre outras hipóteses; como a conduta que está à base da ocorrência do fato é da substância do fato jurídico, a norma jurídica que a recebe é avolitiva, abstraindo dele qualquer elemento volitivo que, porventura, possa existir em sua origem.[47] Como bem explica Lôbo: "são atos ou comportamentos humanos em que não houve vontade, ou, se houve, o direito a abstraiu".[48]

O ato jurídico *lato sensu* é o fato jurídico em cujo suporte fático haja manifestação humana consciente para obtenção de finalidade lícita. O ato jurídico *lato sensu* apresenta duas subespécies: ato jurídico *stricto sensu* e o negócio jurídico. Caracterizam, de forma convergente, os atos *lato sensu* a existência de uma conduta humana, isto é, de um ato volitivo para expressar uma vontade dirigida a um fim específico; a forma de manifestação de vontade, que deve ser consciente e coincidente com o fim perseguido; e a licitude do fim pretendido, na medida em que ordenamento jurídico o autorize ou não sancione a sua prática.

Sobre a exteriorização da vontade, "é preciso que o elemento volitivo da conduta seja conhecido das pessoas".[49] Em relação à consciência de vontade, "a exteriorização

[46] MELLO, Marcos Bernardes de. *Teoria do fato jurídico*: plano da existência. 22. ed. São Paulo: Saraiva, 2019. p. 195.

[47] MELLO, Marcos Bernardes de. *Teoria do fato jurídico*: plano da existência. 22. ed. São Paulo: Saraiva, 2019. p. 198.

[48] LÔBO, Paulo. *Direito civil* – Parte geral. 6. ed. São Paulo: Saraiva, 2017. p. 247.

[49] MELLO, Marcos Bernardes de. *Teoria do fato jurídico*: plano da existência. 22. ed. São Paulo: Saraiva, 2019. p. 209.

da vontade há de ser consciente, de todo aquele que a declara ou manifesta deve saber a que está declarando ou manifestando aquele sentido próprio".[50]

Ehrhardt Jr. aponta a previsão do art. 112 do Código Civil brasileiro ao se destacar que a intenção consubstanciada se sobrepõe ao sentido literal da linguagem e que quem manifesta uma vontade deve compreender que o faz com um sentido próprio e ciente das circunstâncias na exteriorização daquela vontade, sob pena de a conduta não ser reconhecida pelo direito.[51]

O que distingue o ato jurídico *stricto sensu* do negócio jurídico é que, no primeiro, o poder de escolha da categoria jurídica é quase que inexistente, enquanto no negócio jurídico há maior fluidez no exercício da autonomia privada, variando a eficácia conforme os tipos de negócio jurídico.[52]

No ato jurídico *stricto sensu*, a manifestação de vontade apenas produz os efeitos necessários, preestabelecidos pelas normas jurídicas respectivas, que são inalteráveis pela vontade e invariáveis. Nesse sentido, discorre Mello sobre o ato *stricto sensu*:[53]

> é fato jurídico que tem por elemento nuclear do suporte fático manifestação ou declaração unilateral de vontade cujos efeitos jurídicos são prefixados pelas normas jurídicas e invariáveis, não cabendo às pessoas qualquer poder de escolha da categoria jurídica ou estruturação do conteúdo das relações jurídicas respectivas.

Por seu turno, o negócio jurídico consiste em manifestação ou declaração de vontade em que o ordenamento jurídico, respeitados certos limites predeterminados, faculta às pessoas "o poder de escolha de categoria jurídica e de estruturação de conteúdo eficacial das relações jurídicas respectivas, quanto ao seu surgimento, permanência e intensidade no mundo jurídico".[54]

4 Em busca da natureza jurídica do consentimento

A definição da natureza do fato jurídico, como visto, depende da verificação do conteúdo do seu suporte fático, sendo irrelevante o nome dado a esse suporte fático pelos interessados e a configuração que se pretenda dar aos fatos concretizados.[55] Com efeito, é preciso divisar com clareza quais são os elementos que compõe o suporte fático do consentimento para discutir o seu enquadramento na classificação engendrada por Pontes de Miranda.

Da estrutura do art. 5º da LGPD se infere que dado pessoal é qualquer informação relativa à pessoa natural identificada ou identificável. Nesse passo, a sua cessão está condicionada ao consentimento, que é a "manifestação livre, informada e inequívoca pela qual o titular concorda com o tratamento de seus dados pessoais para uma finalidade

---

[50] MELLO, Marcos Bernardes de. *Teoria do fato jurídico*: plano da existência. 22. ed. São Paulo: Saraiva, 2019. p. 211.

[51] EHRHARDT JUNIOR, Marcos. *Direito civil* – LICC e parte geral. Salvador: JusPodivm, 2009. p. 396.

[52] MELLO, Marcos Bernardes de. *Teoria do fato jurídico*: plano da existência. 22. ed. São Paulo: Saraiva, 2019. p. 220.

[53] MELLO, Marcos Bernardes de. *Teoria do fato jurídico*: plano da existência. 22. ed. São Paulo: Saraiva, 2019. p. 230

[54] MELLO, Marcos Bernardes de. *Teoria do fato jurídico*: plano da existência. 22. ed. São Paulo: Saraiva, 2019. p. 256.

[55] MELLO, Marcos Bernardes de. *Teoria do fato jurídico*: plano da existência. 22. ed. São Paulo: Saraiva, 2019. p. 188.

determinada". Tais dados serão arquivados em um banco de dados, cujo manuseio se dá por um operador, que é pessoa natural ou jurídica, de direito público ou privado, que realiza o tratamento de dados pessoais, em nome do controlador.

O cerne da LGPD sem dúvida é sobre o controle de gestão de consentimentos. Ao longo dos anos, a necessidade do consentimento na coleta dos dados, principalmente no ambiente virtual, foi ganhando importância em razão da sensibilidade e vulnerabilidade que as informações pessoais foram adquirindo com o desenvolvimento da tecnologia.

Nesse sentido, garantir que as pessoas/usuários tenham ciência de que devem consentir o uso dos dados, assim como tenham direito de saber a finalidade da coleta e acesso ao seu conteúdo em qualquer momento, é primordial para assegurar a liberdade e a privacidade.[56]

Nessa perspectiva o consentimento se enquadra na categoria dos atos jurídicos *lato sensu*, uma vez que "a consciência da vontade exige, também, o conhecimento das circunstâncias que envolvem a manifestação ou declaração".[57]

No contexto em que as relações são travadas pelo meio virtual em sua predominância – como bem ilustram as medidas de contingência ante a pandemia do Covid-19, desde janeiro de 2020, e a política global de distanciamento social presente nos países afetados –, não basta a presunção da ciência ou mesmo a confirmação, pelo usuário, de concordância dos termos e condições expostas.

A boa-fé objetiva, enquanto "princípio com força normativa, mandamento de conduta que impõe comportamento leal e honesto",[58] impõe ao operador de bancos de dados pessoais a observância de um conjunto de deveres indissociáveis à validade do consentimento oferecido, sob pena de configurar-se conduta abusiva, ilícita e passível de responsabilização.

Entre eles, destacam-se os clássicos deveres de proteção, informação e cooperação, a congregar a exigência de fidelidade e lealdade.[59] Na aplicação do primado da boa-fé no cenário digital, é possível traduzir o dever de proteção, exigindo-se oferecimento e manutenção de ambiente virtual dotado de segurança para usuários, bem como diligências de cuidado e previdência, dever de informação, oferecimento de esclarecimentos e advertências, canais para atendimento e saneamento de dúvidas, além da prestação de contas quando do uso e tratamento de dados. Já pela cooperação, denotação máxima da boa-fé, conjugação de transparência, disponibilização de ferramentas para auxílio e solução de problemas, retificação de dados ou revogação imediata e incondicionada do consentimento.

É seguro afirmar que a obtenção de dados pessoais sem anuência expressa do titular ou aplicados de forma distinta à finalidade de sua colheita não perfaz o suporte fático, ensejando um ato nulo, em virtude da ausência de manifestação qualificada do titular de dados, uma vez que o consentimento deverá sempre se referir a finalidades

---

[56] PINHEIRO, Patrícia Peck. *Proteção de dados pessoais*: comentários à Lei n. 13.709/2018 (LGPD). São Paulo: Saraiva, 2018. p. 30.

[57] MELLO, Marcos Bernardes de. *Teoria do fato jurídico*: plano da existência. 22. ed. São Paulo: Saraiva, 2019. p. 211.

[58] KONDER, Carlos Nelson. O impacto do novo CPC no direito contratual: a exigência de fundamentação das decisões e a aplicação do princípio da boa-fé. *In*: EHRHARDT, JUNIOR (Org.). *Impactos do novo CPC e do EPD no direito civil brasileiro*. Belo Horizonte: Fórum, 2016. p. 47.

[59] EHRHARDT JUNIOR, Marcos. *Responsabilidade civil pelo inadimplemento da boa-fé*. 2. ed. Belo Horizonte: Fórum, 2017. p. 110.

determinadas, e mesmo as autorizações genéricas para o tratamento de dados pessoais serão consideradas nulas (art. 8º, §4º, LGPD).

Indaga-se qual é a natureza do consentimento tratado pela LGPD, especialmente para avaliar o alcance da vontade expressa e suas possíveis modulações: seria um ato jurídico *stricto sensu* ou um negócio jurídico?

Trata-se, antes de tudo, de um direito protestativo. Como leciona Gomes, o direito potestativo é uma faculdade de agir do titular que não se relaciona a uma prestação de outrem. É um direito subjetivo que pressupõe a submissão de alguém à opção do seu titular.[60]

Na LGPD, o consentimento para divulgação de dados pessoais é um exercício de direito autônomo, malgrado, no geral, desencadeie uma série de situações não previstas pelo seu suporte fático, mas que encontram disciplina em outras normas jurídicas do ordenamento, a lhes estabelecer limites objetivos.

Se o uso de dados pessoais pode se operar, com alguma liberdade, nos limites da finalidade para a qual o seu fluxo foi autorizado, a categoria do ato jurídico *stricto sensu* não parece ser a que melhor se amolde ao suporte fático do consentimento, uma vez que os seus efeitos jurídicos são prefixados pela norma e invariáveis, impossibilitando a composição de seu conteúdo de acordo com os interesses tutelados.

Pontes de Miranda explica que "os atos semelhantes a negócios jurídicos, os atos jurídicos *stricto sensu*, tem de satisfazer exigências de capacidade negocial, por serem declarações e manifestações de vontade",[61] mas em sua concepção essa convergência ocorre apenas pontualmente para determinar-se as regras jurídicas sobre hipóteses como capacidade, erro e fraude.

Diferentemente do que ocorre com os atos jurídicos *stricto sensu*, o consentimento previsto na Lei Geral de Proteção de Dados pode ser modulado de acordo com a finalidade para o uso dos dados pessoais de seu titular, ensejando outras situações ou negócios jurídicos derivados, de caráter patrimonial ou não, como exemplo, o acesso a crédito em melhores condições em razão de o sujeito figurar no cadastro positivo, em programas de relacionamento com empresas para obtenção de descontos, ou mesmo o fornecimento de dados sensíveis que denotem uma necessidade especial e, portanto, um tratamento diferenciado. Mendes menciona corrente tedesca, para a qual o consentimento para o tratamento de dados pessoais possui natureza de ato que se assemelha ao negócio jurídico sem sê-lo.[62] Na realidade brasileira, contudo, entender-se-ia que o consentimento, em razão de seu suporte fático, figura na categoria dos negócios jurídicos, dado que Pontes de Miranda define negócio jurídico como "o tipo de fato jurídico que o princípio da autonomia de vontade deixou à escolha das pessoas. A pessoa manifesta ou declara a vontade; a lei incide sobre a manifestação ou declaração [...] o negócio jurídico está criado".[63]

---

[60] GOMES, Orlando. *Introdução ao direito civil*. 20. ed. Rio de janeiro: Forense, 2010. p. 91.

[61] PONTES DE MIRANDA, Francisco Cavalcanti. *Tratado de direito privado*. 3. ed. Rio de Janeiro: Borsoi, 1970. t. I. p. 88.

[62] HOLZNAGEL, Bernd; SONNTAG, Mathias *apud* MENDES, Laura Schertel. *Privacidade, proteção de dados e defesa do consumidor* – Linhas gerais de um novo direito fundamental. São Paulo: Saraiva, 2014. Edição Kindle, posição 1046.

[63] PONTES DE MIRANDA, Francisco Cavalcanti. *Tratado de direito privado*. 3. ed. Rio de Janeiro: Borsoi, 1970. t. I. p. 91.

Assim, os sujeitos dispõem de liberdade na escolha da categoria jurídica e na estruturação do conteúdo eficacial da relação jurídica, podendo ir de um mínimo de escolha – quando há *numerus clausus* e apenas um tipo a escolher – a um máximo, quando se permite, até, a criação de espécies novas (*numerus apertus*).[64]

Também há de se considerar que uma das características do negócio jurídico é a revogabilidade da manifestação, tal qual prevê a Lei Geral de Proteção de dados a respeito do consentimento.[65] Nessa linha de intelecção, através do consentimento o titular de dados se obriga a concedê-los a um fim previamente informado, com o qual está de acordo, sendo-lhe ainda lícito revogar o consentimento, acompanhar a veracidade, a forma de aplicação de seus dados e mesmo exigir a sua inutilização.

As declarações unilaterais de vontade – que não são feitas para que outra parte aceite (bilateralidade das declarações de vontade) – também vinculam.[66] Portanto, o assentimento na manifestação de vontade é o suficiente para legitimar o fluxo de dados pessoais de alguém, independentemente de seu uso e eventual valoração ocorrerem em situação de cunho econômico (como exemplo, para obtenção de um financiamento) ou de cunho não lucrativo (como para receber um correio eletrônico – *newsletter* –, de determinado grupo cultural, político ou religioso).

No campo dos negócios jurídicos, estes se subdividem de acordo com a estrutura para aperfeiçoamento da formação de vontade, entre negócio unilateral, bilateral e plurilateral.

Expõe Mello que os negócios jurídicos unilaterais têm existência e eficácia autônomas, por isso, não supõem nem provocam reciprocidade ou correspondência de efeitos jurídicos; para existirem, basta a manifestação de vontade suficiente à composição de seu suporte fático.[67] Dessa forma, o consentimento pode inaugurar ou viabilizar outras relações jurídicas decorrentes.

O consentimento depende apenas de um ato volitivo de seu titular. Assim, ao contrário dos negócios jurídicos bilaterais ou plurilaterais, que demandam o concurso de vontades distintas e coincidentes sobre um mesmo objeto, o consentimento manifestado de forma consciente e adequada sobre o objeto informado é suficiente para irradiar efeitos jurídicos na dinâmica da proteção dos dados.

Nessa perspectiva, podemos considerar que o consentimento, previsto na LGPD, é um negócio jurídico extrapatrimonial, uma vez "que não implicam atribuição patrimonial específica, mas, ao contrário, dizem respeito a direitos, em geral, personalíssimos, que não tem [*sic*] conteúdo econômico".[68] A *ratio* da Lei Geral de Proteção de Dados é justamente proteger o direito à privacidade do indivíduo e como a sua imagem, a partir de seus dados pessoais, é projetada e valorada na sociedade, ensejando assim

---

[64] MELLO, Marcos Bernardes de. *Teoria do fato jurídico*: plano da existência. 22. ed. São Paulo: Saraiva, 2019. p. 262.

[65] "Art. 8º O consentimento previsto no inciso I do art. 7º desta Lei deverá ser fornecido por escrito ou por outro meio que demonstre a manifestação de vontade do titular: [...] §5º O consentimento pode ser revogado a qualquer momento mediante manifestação expressa do titular, por procedimento gratuito e facilitado, ratificados os tratamentos realizados sob amparo do consentimento anteriormente manifestado enquanto não houver requerimento de eliminação, nos termos do inciso VI do caput do art. 18 desta Lei".

[66] PONTES DE MIRANDA, Francisco Cavalcanti. *Tratado de direito privado*. 3. ed. Rio de Janeiro: Borsoi, 1970. t. I. p. 108.

[67] MELLO, Marcos Bernardes de. *Teoria do fato jurídico*: plano da existência. 22. ed. São Paulo: Saraiva, 2019. p. 269.

[68] MELLO, Marcos Bernardes de. *Teoria do fato jurídico*: plano da existência. 22. ed. São Paulo: Saraiva, 2019. p. 283.

uma dimensão própria de proteção aos direitos da personalidade, que é a autodeterminação informativa.

O dissenso na doutrina sobre a natureza de negócio jurídico surge lastreada na crítica sobre a efetiva liberdade de manifestação e controle das consequências jurídicas do titular de um direito.

No caso da proteção de dados, sua colheita comumente decorre de uma relação de consumo, cujo traço principal é o reconhecimento da vulnerabilidade do polo consumidor da relação, que se submete em muitos casos a uma reduzida margem de autonomia de vontade, principalmente quando a relação jurídica é regida por contrato tipo ou de adesão. O cenário é maximizado ao envolver a proteção de dados pelas razões destacadas por Bioni:[69]

> Nota-se que essa nova camada de vulnerabilidade não é alicerçada sobre o estado subjetivo ou mesmo a condição pessoal do consumidor, tal como ocorre com os consumidores crianças e adolescentes, idosos e pessoas portadoras de deficiência. Ela é, repita-se, fruto de um aspecto objetivo: a emergência de uma nova economia que vulnera o consumidor, especialmente os seus dados pessoais, com o desenrolar de uma dinâmica própria. [...] A sobreposição de vulnerabilidades tem reclamado a sobreposição de regimes legais. É o que, exatamente, sucede com o consumidor no tocante à proteção de seus dados pessoais, notando-se uma multiplicidade de fontes do direito que dialogarão para tutelar esse sujeito hipervulnerável na exata medida de suas fraquezas acumuladas.

Lôbo aponta que um contrato sem autonomia de vontade – seja ele regido pelo Código Civil ou pelo Código de Defesa do Consumidor –, na concepção substancial, não traduz negócio jurídico.[70] Por isso, os contratos estabelecidos unilateralmente como os contratos de adesão não gerariam eficácia jurídica.

Mello entende de forma diversa ao aduzir que a liberdade de escolha e o poder de autorregramento são figuras jurídicas distintas. Apesar de poderem integrar o mesmo suporte fático, não se confundem, na medida em que o poder de autorregramento pressupõe apenas uma escolha, mas não uma liberdade de escolha.[71]

Essas deformidades e assimetrias nas relações, que presumem uma igualdade inexistente, mormente porque envolvem situações ligadas ao direito do consumidor, não descaracterizam o seu suporte fático dadas as suas características de infalibilidade, pois "a conduta humana conforme ou contrária ao sentido da norma somente tem importância para a incidência se constituir elemento do suporte fático".[72]

Com efeito, o ato que contrarie a norma jurídica não a evita, nem a afeta em sua veracidade; simplesmente a infringe, sendo, portanto, ilícito, exceto se houver outra norma jurídica que pré-exclua a sua ilicitude. Logo, havendo manifestação de vontade, por estreita que seja, gera-se o negócio jurídico, o que nos faz concluir que se o dado pessoal foi colhido à revelia ou aplicado de forma distinta, há então a prática de ato ilícito que deve ser reparado civilmente na forma prevista pelo LGPD e eventualmente segundo legislação ordinária, em aplicação ao diálogo de fontes.

---

[69] BIONI, Bruno Ricardo. *Proteção de dados pessoais* – A função e os limites do consentimento. São Paulo: Gen, 2018. Edição Kindle, posição 4544.

[70] LÔBO, Paulo. *Direito civil* – Parte geral. 8. ed. São Paulo: Saraiva, 2019. v. 1. p. 242.

[71] MELLO, Marcos Bernardes de. *Teoria do fato jurídico*: plano da existência. 22. ed. São Paulo: Saraiva, 2019. p. 263.

[72] MELLO, Marcos Bernardes de. *Teoria do fato jurídico*: plano da existência. 22. ed. São Paulo: Saraiva, 2019. p. 123.

Por tal razão, é imprescindível a efetivação de meios de transparência, controle, apuração de infrações e responsabilidades diante de condutas abusivas no acesso, gestão e uso de dados obtidos em meio virtual, efetivando-se, na seara do tratamento de dados, o ideal de *accountability* que já visita outros domínios do direito brasileiro.[73]

Considerações finais

O tratamento autônomo da proteção de dados pessoais é uma tendência em diversos ordenamentos jurídicos embasados a partir da proteção à pessoa humana, especialmente por meio do reconhecimento da preponderância do consentimento informado de seus partícipes.

A LGPD define o consentimento para o tratamento de dados pessoais como a "manifestação livre, informada e inequívoca pela qual o titular concorda com o tratamento de seus dados pessoais para uma finalidade determinada" (art. 5º, XII). Assim, o objetivo da lei geral é possibilitar à pessoa natural o controle sobre sua vida, na medida em que os seus dados definem a forma como será tratado em sociedade, evitando abusos emanados tanto do estado quanto de entidades particulares. O consentimento é, portanto, a própria manifestação de vontade, a consciência do indivíduo em relação aos dados pessoais disponibilizados.

A definição da natureza jurídica do consentimento do titular de dados depende da verificação do seu suporte fático, nos moldes estabelecidos pelo legislador. Por depender de uma manifestação de vontade qualificada, dirigida a um fim prévio e suficientemente esclarecido, o consentimento integra a categoria de ato jurídico *lato sensu*. Como ela abrange duas subespécies, a saber, ato jurídico *stricto sensu* e o negócio jurídico, entende-se amoldar-se ao conceito de negócio jurídico, tendo em vista que no ato jurídico *stricto sensu* os seus efeitos jurídicos são prefixados pela norma e invariáveis, impossibilitando a composição de seu conteúdo de acordo com os interesses tutelados. A flexibilidade que a multiplicidade de finalidades de tratamento de dados confere ao seu titular para o exercício de sua autonomia de vontade vai de encontro àquela premissa, voltando-se, portanto, à caracterização de evento distinto.

Embora o consentimento seja um direito potestativo, sua manifestação legitima a conduta de todos aqueles que veicularem e valorarem os dados pessoais da parte que consente. O titular de dados obriga-se a concedê-los a um fim previamente informado, com o qual está de acordo, sendo-lhe ainda lícito revogar o consentimento, acompanhar a veracidade no seu uso/fim, a forma de aplicação de seus dados e mesmo exigir a sua inutilização.

O consentimento formata-se como negócio jurídico unilateral, porquanto tenha existência e eficácia autônomas, por isso, não supõe nem provoca reciprocidade ou correspondência de efeitos jurídicos. Depende apenas de um ato volitivo de seu titular

---

[73] RAAB, Charles. *The meaning of "accountability" in the information privacy context*. Disponível em: https://fpf.org/wp-content/uploads/The-Meaning-of-%E2%80%98Accountability%E2%80%99-in-the-Information-Privacy-Context-Charles-Raab.pdf. Acesso em: fev. 2020. Apesar da abertura de seu conceito, sintetiza aqui a possibilidade de controle, prestação e/ou tomada de contas e possível responsabilização de controladores de dados quanto ao uso de dados sob seus cuidados, exigindo-se medidas ativas e eficientes para garantir sua proteção e uso adequado.

e, manifestado de forma consciente e adequada sobre o objeto informado, é suficiente para irradiar efeitos jurídicos na dinâmica da proteção dos dados.

Nessa perspectiva, também é possível considerar que o consentimento é negócio jurídico extrapatrimonial, vez "que não implicam atribuição patrimonial específica, mas, ao contrário, dizem respeito a direitos, em geral, personalíssimos, que não tem [*sic*] conteúdo econômico",[74] na medida em que, teleologicamente, a Lei Geral de Proteção de Dados se destina à proteção da privacidade do indivíduo e de como a sua imagem, a partir de seus dados pessoais, é projetada e valorada na sociedade, ensejando assim uma dimensão própria de proteção aos direitos da personalidade, a autodeterminação informativa.

Referências

ARAÚJO, Alexandra Maria Rodrigues. As transferências transatlânticas de dados pessoais: o nível de proteção adequado depois de Schrems. *Revista de Direitos Humanos e Democracia*, ano 5, n. 9, jan./jun. 2017. Disponível em: https://www.revistas.unijui.edu.br/index.php/direitoshumanosedemocracia. Acesso em: 6 ago. 2019.

BIONI, Bruno Ricardo. *Proteção de dados pessoais* – A função e os limites do consentimento. São Paulo: Gen, 2018. Edição Kindle.

CATALÀ, Pierre. Ebauche d'une théorie juridique de l'information. *Informatica e Diritto*, ano IX, jan./abr. 1983. Disponível em: http://www.ittig.cnr.it/EditoriaServizi/AttivitaEditoriale/InformaticaEDiritto/1983_01_0. Acesso em: 7 jan. 2020.

COLOMBO, Cristiano; FACCHINI NETO, Eugênio. Mineração de dados e análise preditiva: reflexões sobre possíveis violações ao direito de privacidade na sociedade de informação e critérios para a sua adequada implementação à luz do ordenamento brasileiro. *Revista de Direito, Governança e Novas Tecnologias*, Maranhão, v. 3, n. 2, p. 59-80, jul./dez. 2017.

CORDEIRO, Antônio Manuel da Rocha e Menezes. *Da boa-fé no direito civil*. Coimbra: Almedina, 1997.

DONEDA, Danilo. A proteção dos dados pessoais como um direito fundamental. *Espaço Jurídico Joaçaba*, v. 12, n. 2, p. 91-108, jul./dez. 2011.

DONEDA, Danilo. *Da privacidade à proteção de dados pessoais*. Rio de Janeiro: Renovar, 2006.

EHRHARDT JUNIOR, Marcos. *Direito civil* – LICC e parte geral. Salvador: JusPodivm, 2009.

EHRHARDT JUNIOR, Marcos. *Responsabilidade civil pelo inadimplemento da boa-fé*. 2. ed. Belo Horizonte: Fórum, 2017.

EHRHARDT JUNIOR, Marcos; PEIXOTO, Erick Lucena Campos. O direito à privacidade na sociedade de informação. *Revista ENPEJUD*, Alagoas. Disponível em: http://enpejud.tjal.jus.br/index.php/exmpteste01/article/view/63/44. Acesso em: 20 fev. 2020.

GOMES, Orlando. *Introdução ao direito civil*. 20. ed. Rio de janeiro: Forense, 2010.

KONDER, Carlos Nelson. O impacto do novo CPC no direito contratual: a exigência de fundamentação das decisões e a aplicação do princípio da boa-fé. *In*: EHRHARDT, JUNIOR (Org.). *Impactos do novo CPC e do EPD no direito civil brasileiro*. Belo Horizonte: Fórum, 2016.

LIMA, Mariana. Como em episódio da série 'Black Mirror', China vai dar notas a cidadãos. *Estadão*, 15 abr. 2018. Disponível em: https://link.estadao.com.br/noticias/cultura-digital,como-em-episodio-da-serie-blackmirror-china-vai-dar-notas-a-cidadaos,70002268857. Acesso em: 4 ago. 2019.

LOBO, Fabiola Albuquerque. Os institutos do direito privado patrimoniais, sob o viés da funcionalização. *In*: EHRHARDT, JUNIOR (Org.). *Impactos do novo CPC e do EPD no direito civil brasileiro*. Belo Horizonte: Fórum, 2016.

[74] MELLO, Marcos Bernardes de. *Teoria do fato jurídico*: plano da existência. 22. ed. São Paulo: Saraiva, 2019. p. 283.

LÔBO, Paulo. *Direito civil* – Parte geral. 6. ed. São Paulo: Saraiva, 2017.

LÔBO, Paulo. *Direito civil* – Parte geral. 8. ed. São Paulo: Saraiva, 2019. v. 1.

LÔBO, Paulo. *Teoria geral das obrigações*. São Paulo: Saraiva, 2005.

LONGHI, João Victor Rozatti; FALEIROS JUNIOR, José Luiz de Moura. *Estudos essenciais de direito digital*. Uberlândia: LAECC, 2019. Edição Kindle.

MELLO, Marcos Bernardes de. *Teoria do fato jurídico*: plano da existência. 22. ed. São Paulo: Saraiva, 2019.

MENDES, Laura Schertel. *Privacidade, proteção de dados e defesa do consumidor* – Linhas gerais de um novo direito fundamental. São Paulo: Saraiva, 2014.

MORAES, Maria Celina Bodin de. *Na medida da pessoa humana* – Estudos de direito civil constitucional. Rio de Janeiro: Renovar, 2010.

MULHOLLAND, Caitlin Sampaio. Dados pessoais sensíveis e a tutela de direitos fundamentais: uma análise à luz da lei geral de proteção de dados (Lei 13.709/18). *Revista Direitos e Garantias Fundamentais*, Vitória, v. 19, n. 3, p. 159-180, set./dez. 2018.

MULHOLLAND, Caitlin Sampaio. O direito de não saber como decorrência do direito à intimidade. Comentário ao REsp 1.195.995. *Civilistica.com*, Rio de Janeiro, v. 1, 2012.

PINHEIRO, Patrícia Peck. *Proteção de dados pessoais*: comentários à Lei n. 13.709/2018 (LGPD). São Paulo: Saraiva, 2018.

PONTES DE MIRANDA, Francisco Cavalcanti. *Tratado de direito privado*. 3. ed. Rio de Janeiro: Borsoi, 1970. t. I.

RAAB, Charles. *The meaning of "accountability" in the information privacy context*. Disponível em: https://fpf.org/wp-content/uploads/The-Meaning-of-%E2%80%98Accountability%E2%80%99-in-the-Information-Privacy-Context-Charles-Raab.pdf. Acesso em: fev. 2020.

ROCHA, Luiz Augusto Castello Branco de Lacerda Marca da; FILPO, Klever Paulo Leal. Proteção do direito à vida privada na sociedade da hiperexposição: paradoxos e limitações empíricas. *Civilistica.com*, Rio de Janeiro, ano 7, n. 1, 2018. Disponível em: http://civilistica.com/protecao-dodireito-a-vida-privada/. Acesso em: 6 ago. 2019.

RODOTÀ, Stefano. *A vida na sociedade da vigilância*: a privacidade hoje. Rio de Janeiro: Renovar, 2008.

SARLET, Gabrielle Bezerra Sales; CALDEIRA, Cristina. O consentimento informado e a proteção de dados pessoais de saúde na internet: uma análise das experiências legislativas de Portugal e do Brasil para a proteção integral da pessoa humana. *Civilistica.com*, Rio de Janeiro, ano 8, n. 1, 2019. Disponível em: http://civilistica.com/o-consentimento-informado-e-a-protecao/. Acesso em: 6 ago. 2019.

VOSS, W. Gregory. European Union Data Privacy Law Reform: general data protection regulation, privacy shield, and the right to delisting. *The Business Lawyer*, v. 72, Winter 2016-2017. Disponível em: https://www.researchgate.net/publication/312093729_European_Union_Data_Privacy_Law_Reform_General_Data_Protection_Regulation_Privacy_Shield_and_the_Right_to_Delisting. Acesso em: jan. 2020.

WARREN, Samuel D.; BRANDEIS, Louis D. The right to privacy. *Harvard Law Review*, v. 4, n. 5, p. 193-220, Dec. 15, 1890. Disponível em: http://www.jstor.org/stable/1321160. Acesso em: fev. 2018.

Informação bibliográfica deste texto, conforme a NBR 6023:2018 da Associação Brasileira de Normas Técnicas (ABNT):

DANTAS, Juliana de Oliveira Jota; COSTA, Eduardo Henrique. A natureza jurídica do consentimento previsto na Lei Geral de Proteção de Dados: ensaio à luz da teoria do fato jurídico. *In*: EHRHARDT JÚNIOR, Marcos; CATALAN, Marcos; MALHEIROS, Pablo (Coord.). *Direito Civil e tecnologia*. Belo Horizonte: Fórum, 2020. p. 69-89. ISBN 978-65-5518-036-7.

O USO DE *DRONES* NO JORNALISMO E A TUTELA DA PRIVACIDADE

ANTONIO JORGE PEREIRA JÚNIOR

CAIO MORAU

Introdução

O crescente uso dos chamados *drones*, aeronaves não tripuladas dirigidas por controle remoto ou mesmo celular, tem se espraiado para diversos campos da vida cotidiana, sem prejuízo de seu uso para fins militares, figurando como um dos instrumentos tecnológicos com maior alcance nos dias que correm.

No âmbito do jornalismo, cunhou-se a expressão *dronalism* ou "*drone* jornalismo", em versão aportuguesada, para fazer referência ao uso desse equipamento para a produção e veiculação de notícias, sendo utilizado, entre outros objetivos, para gravar imagens, fornecer informações meteorológicas e auxiliar em investigações.

A priori, o uso de *drones* para ampliar e facilitar a atuação da imprensa, diante de seu baixo custo, quando comparado com helicópteros, soa extremamente positivo. Contudo, uma análise mais detida, como a que se propõe fazer no presente artigo, aponta para a necessidade de especial cautela com relação aos direitos individuais daqueles que são captados pelas suas lentes.

Procurando-se investigar como esses direitos são atingidos e de que forma devem ser tutelados, principia-se por um panorama acerca dos principais pontos da atual regulamentação dos *drones* no direito brasileiro, a cargo da Agência Nacional de Aviação Civil (Anac).

Em seguida, avaliam-se os dilemas enfrentados pelo jornalismo por meio de *drones* ante a inequívoca necessidade de proteger direitos de privacidade titularizados pelos que direta ou indiretamente são afetados por essa nova modalidade de exercício da liberdade de imprensa.

No tópico seguinte, traz-se o repertório de normas nacionais que tutelam os bens ou direitos que podem ser afetados pelo uso abusivo dos *drones*. Não são diversos dos que já careciam de proteção em face de tecnologias anteriores. A abordagem perpassa a Constituição Federal, o Código Civil, o Código Penal e arremata a importância da privacidade, intimidade, imagem e honra pelo tratamento diferenciado dado a tais direitos mesmo durante o *iter* processual civil ou penal.[1]

Em conclusão, entende-se oportuno, em face do maior potencial ofensivo à privacidade propiciado pelo uso de tecnologia de *drone*, a confecção de dispositivos legais que possam carrear a responsabilidade proporcional ao manejo desses aparatos para fins jornalísticos. Ao mesmo tempo caberia estabelecer quais seriam as respostas possíveis do ofendido, desde o desforço imediato em face de invasão de sua privacidade, passando pela aplicação de multa, suspensão da autorização de manuseio de tais equipamentos, sem prejuízo dos danos morais e criminalização efetiva do ofensor segundo normas já existentes.

1 Conceituação e regulamentação do uso de *drones*

Usa-se o termo *drone* como uma das diversas possibilidades – certamente a mais difundida – para definir as aeronaves não tripuladas, tendo sido escolhido por fazer referência ao ruído por elas produzido, que seria bastante semelhante ao de um zangão.

Remete-se o provável início de seu uso à metade da década de 1930, por um comandante da Marinha americana responsável pelo projeto envolvendo uma aeronave nessas condições, fazendo com que o imaginário popular se habituasse a associar o termo a questões militares, muito embora se observe um recente crescimento no seu uso por civis.[2]

Há ainda quem prefira utilizar a nomenclatura UAV (*Unmanned Aerial Vehicle*), cujo correspondente em português seria VANT (Veículo Aéreo Não Tripulado). Seu uso, contudo, é considerado obsoleto pela Organização de Aviação Civil Internacional (OACI), razão pela qual se recomenda o uso de RPAS (*Remotely Piloted Aircraft System*),[3] termo técnico internacionalmente padronizado para fins não recreativos.[4]

Desde maio de 2017, os *drones* passaram a se submeter ao Regulamento Brasileiro da Aviação Especial (RBAC-E nº 94), aprovado pela Resolução nº 419, da Agência Nacional de Aviação Civil (Anac).

As normas infralegais se dirigem a aeronaves não tripuladas de uso civil, entendidas como aquelas capazes de se sustentar ou circular no espaço aéreo mediante reações aerodinâmicas, desde que possuam certidão de cadastro, certificado de matrí-

[1] Naturalmente, a matéria relativa à tutela de dados privados sofrerá incidência da Lei Geral de Proteção de Dados, Lei nº 13.709, de 14.8.2018. A LGPD se constitui como o novo marco legal para a proteção de informações pessoais e pretende garantir transparência na coleta, processamento e compartilhamento de dados sensíveis acerca do nome, endereço, idade, estado civil, correspondências eletrônicas e patrimônio de cada pessoa. Espera-se que o cidadão tenha maior controle sobre o uso de suas informações pessoais. No entanto, a data para a lei entrar em vigor, ainda em fase de *vacatio legis*, tem sido objeto de frequentes alterações. De rigor, incerto é inclusive seu próprio texto, em razão desses acertos. Desse modo, optou-se aqui por trabalhar basicamente com a legislação sedimentada e decantada no ordenamento pátrio. Assim, não será a LGPD aqui mencionada ou referida, sem prejuízo da devida atualização deste trabalho quando estiver plenamente incorporada ao ordenamento.

[2] Cf. HODGKINSON, David; JOHNSTON, Rebecca. *Aviation law and drones*: unmanned aircraft and the future of aviation. New York: Routledge, 2018. p. 1.

[3] No presente trabalho, como se verá, utiliza-se o termo RPA (*Remotely Piloted Aircraft*), sem o vocábulo *system* ao final, por fidelidade ao regulamento da Agência Nacional de Aviação Civil (Anac) em vigor.

[4] A esse respeito, cf. informações oficiais do sítio eletrônico do Departamento de Controle do Espaço Aéreo (Decea): QUAL a diferença entre drone, VANT e RPAS? *DECEA*, 3 abr. 2019. Disponível em: https://ajuda.decea.gov.br/base-de-conhecimento/qual-a-diferenca-entre-drone-vant-e-rpas/. Acesso em: 20 abr. 2020.

cula brasileiro ou certificado de marca experimental, emitidos pela Anac, ou operem no território brasileiro.

O regulamento em questão se ocupa em alguns pontos de aeromodelos, assim consideradas as aeronaves não tripuladas utilizadas para fins recreativos. Os *drones* são referidos como RPAs (*Remotely-Piloted Aircrafts*), aeronaves igualmente não tripuladas pilotadas a partir de uma estação de pilotagem remota, com a ressalva de que não se destinam à recreação.[5]

Os RPAs são classificados de acordo com o peso máximo de decolagem (PMD), a saber:

a) Classe 1: PMD maior do que 150 kg;

b) Classe 2: PMD maior do que 25 e menor ou igual a 150 kg;

c) Classe 3: PMD menor ou igual a 25kg.

A depender da classe a que pertencem, as exigências para as RPAs são mais ou menos rígidas, respeitando-se, em todos os casos, a idade mínima de 18 anos para o piloto remoto.

As aeronaves das classes 1 e 2 se submetem a muitas regras em comum, a exemplo de: a) avaliação de risco operacional; b) licença e habilitação emitidos pela Anac; c) Certificado Médico Aeronáutico (CMA) de 1ª, 2ª ou 5ª classe expedido pela Anac ou de 3ª classe a cargo do Comando da Aeronáutica; d) Certificado de Aeronavegabilidade;[6] e) registro do voo.

As pertencentes à Classe 3 devem ser cadastradas *on-line* junto ao Sistema de Aeronaves não Tripuladas (Sisant), fixando-se a identificação obtida no sítio eletrônico em local visível da aeronave. Os requisitos acima mencionados para as classes 1 e 2 não precisam ser observados, com exceção da avaliação de risco operacional.

Como regra, as RPAs estão proibidas de transportar pessoas, animais, artigos perigosos ou carga proibida por autoridade competente. Admitem-se, contudo, não poucas exceções, entre as quais lançamentos que se relacionem a atividades de agricultura e horticultura, uso de câmeras fotográficas, filmadoras e computadores ou então a RPAs pertencentes a entidades controladas pelo Estado.

Exige-se que as RPAs com PMD maior do que 250 gramas possuam seguro com cobertura de danos a terceiros, com exceção daquelas de propriedade estatal.

Sem prejuízo das normas regulamentares a cargo da Anac, os pilotos remotos deverão seguir ainda regras da Agência Nacional de Telecomunicações (Anatel) e do Departamento de Controle do Espaço Aéreo (Decea).

A Anatel exige a homologação dos *drones* com o objetivo de evitar interferência em outros serviços, como as comunicações via satélite, estendendo-se a obrigação para as pessoas físicas e jurídicas.

Já o Decea, enquanto responsável pelo controle do espaço aéreo brasileiro, edita manuais do comando da Aeronáutica (MCAs), que regulamentam os procedimentos

---

5 Note-se que na Subparte B do Regulamento ("Regras de Voo"), item E94.103, "c", veda-se expressamente a operação autônoma de aeronaves não tripuladas. Em outras palavras, não se permite que uma aeronave tenha o seu voo previamente programado, de modo a excluir a possibilidade de interferência durante seu percurso.

6 Para a Classe 1, exige-se Certificado de Aeronavegabilidade padrão ou restrito, de acordo com os procedimentos previstos no Regulamento Brasileiro da Aviação Civil nº 21. Já as aeronaves da Classe 2 devem obter um Certificado de Aeronavegabilidade Especial RPA (CAER), cabendo ao proprietário solicitar ao fabricante uma declaração de que aquele sistema de RPA específico é compatível com projeto autorizado pela Anac.

para o acesso a referido espaço, provendo os serviços de navegação aérea que permitem a ordenação de tráfego aéreo em território nacional.

2 Os dilemas do jornalismo por meio de *drones* e a proteção à privacidade

Na metade da década de 1990, a mídia impressa começava a promover mudanças substanciais no conteúdo das notícias e na forma de levá-las ao público. Nascia o *fast journalism*, transformando-as como que em *commodities*, de modo que a atividade foi deixando de se pautar por uma ética de convicção, balizando-se por uma ética de finalidade ou de conveniência.[7]

O elemento da conveniência foi ainda sendo reforçado pelo pensamento liberal clássico, que procura relacionar diretamente a liberdade de mercado e a privacidade, com a defesa de que o acesso a informações seria um elemento fundamental para o bom funcionamento do livre mercado.[8]

Fato é que, especialmente a partir de referida década, a atividade da imprensa foi recebendo um impulso cada vez maior da tecnologia. Aos sítios eletrônicos, somaram-se recentemente os aplicativos de comunicação instantânea, catalisando o acesso à informação.

O início do uso de *drones* por civis, nesse contexto, amplia a atuação jornalística, estendendo sua cobertura a campos antes não explorados, sobretudo considerando-se que muitos deles apresentam tamanho semelhante ao de insetos, podendo acomodar, ainda assim, câmeras normais e infravermelho, inclusive com sensor de temperatura, facilitando verdadeiramente o acesso a espaços privados.[9]

Diante desse novo cenário, inevitável o questionamento sobre os limites a que estariam sujeitas as aeronaves não tripuladas na condição de instrumentos para o exercício da atividade da imprensa.

Nessa linha, um dos pontos mais sensíveis diz respeito à necessidade de observância de distância mínima entre a aeronave e o indivíduo captado por suas imagens e a adequação ou não de sua autorização, a depender do conteúdo a ser divulgado.

No Regulamento Brasileiro da Aviação Especial (RBAC-E nº 94), de que se tratou acima, há uma previsão acerca do que seria uma *área distante de terceiros*:

---

7 Desse modo, o já antigo debate no campo do direito constitucional entre o direito à informação conjugado com a liberdade de imprensa *versus* o direito à privacidade foi se transportando para o campo do direito comercial: o que importa é se a notícia é lucrativa ou não para a empresa jornalística. É o que defendeu o jornalista José Nêumanne Pinto, ao comentar que, entre julho e agosto de 1994, a tiragem da *Folha de S. Paulo* praticamente dobrou (de 650 mil para 1,1 mi), ao passo que seu concorrente, o *Estadão*, havia aumentado o número de exemplares de 450 para 500 mil. O novo paradigma seria a primeira página da *Folha* de domingo: uma mistura de produtos de *marketing*, serviços para o leitor e notícias, com especial destaque para revelações escabrosas, escândalos e denúncias, aptas a satisfazer a curiosidade do público da sociedade de consumo. Cf. FERRAZ JR., Tercio Sampaio. Liberdade de opinião, liberdade de informação: mídia e privacidade. *Revista de Direito Constitucional e Internacional*, v. 23, p. 24-29, abr./jun. 1998. p. 25.

8 Cf. MACEDO JÚNIOR, Ronaldo Porto. Privacidade, mercado e informação. *Revista de Direito do Consumidor*, v. 31, p. 13-24, jul./set. 1999. p. 14.

9 Cf. HODGKINSON, David; JOHNSTON, Rebecca. *Aviation law and drones*: unmanned aircraft and the future of aviation. New York: Routledge, 2018. p. 15.

> [...] área, determinada pelo operador, considerada a partir de certa distância horizontal da aeronave não tripulada em operação, na qual pessoas não envolvidas e não anuentes no solo não estão submetidas a risco inaceitável à segurança. Em nenhuma hipótese a distância da aeronave não tripulada poderá ser inferior a 30 metros horizontais de pessoas não envolvidas e não anuentes com a operação. O limite de 30 metros não precisa ser observado caso haja uma barreira mecânica suficientemente forte para isolar e proteger as pessoas não envolvidas e não anuentes na eventualidade de um acidente. (E 94.3, (a), 3)

Como se apreende do dispositivo transcrito, para o voo de uma aeronave não tripulada, é necessário respeitar a distância mínima de 30 metros, contados na horizontal, do objeto com relação a pessoas não envolvidas e não anuentes, a não ser que se disponha de uma barreira mecânica capaz de mantê-las em segurança.

O trecho sob exame revela a possibilidade de existência de *pessoas anuentes*, cuja presença não é necessária para a realização do voo, mas que podem, livremente, permitir que um RPA sobrevoe em distância menor do que a prevista pelo regulamento, estendendo-se a anuência aos seus tutelados legais.[10]

Relevante notar que, ao tratar dessa categoria de pessoas, a Agência Nacional de Aviação Civil dispõe que, se considerando "o princípio da autonomia e que o cidadão tem o direito de assumir e administrar o próprio risco", permite-se a inobservância da distância regulamentar sob a condição de que a anuência seja expressamente manifestada.

Embora não haja menção específica ao uso de *drones* para o exercício da atividade jornalística, é evidente que está igualmente submetida aos parâmetros de distância e anuência referidos, até que sobrevenha legislação especial ou mudança no próprio regulamento.

O atendimento às regras em questão, contudo, não implica necessariamente a preservação de direitos de personalidade, que não podem ser solenemente ignorados, como se tratará no tópico seguinte.

Importante, nesse contexto, identificar a qual ramo do jornalismo servirão as imagens ou filmagens e quais características ostentam as pessoas ou os bens captados por esse meio.

De um lado, está o exercício do jornalismo por meio de *drones* para prestar informações e colher dados a respeito das condições meteorológicas, para fins investigativos ou mesmo para transmitir notícias do cotidiano, revelando, por exemplo, imagens aéreas que demonstrem o tamanho de aglomerações em determinada manifestação.

De outro, está o jornalismo travestido de voyeurismo, para satisfazer a curiosidade – com grande retorno comercial, diga-se – de parte da população. Perseguem-se fotos e filmagens de artistas e pessoas conhecidas em seus respectivos meios.

Bem se pode lembrar, com relação ao segundo eixo de atuação da mídia, os grandes e graves incômodos pelos quais passava a falecida Princesa Diana, constantemente perseguida pelos *paparazzi*. Nos tempos que correm, certamente que se valeriam dos RPAs para captar melhores imagens desde cima.

Quanto ao limite de 30 metros horizontais de pessoas não envolvidas e não anuentes com o sobrevoo de determinado *drone*, independentemente do juízo acerca

---

[10] E 94.3, 11 do RBAC-E nº 94.

da licitude de captação de imagens em cada um dos eixos, não há dúvidas quanto à necessidade de sua observância. Trata-se de distância cujo objetivo principal é a preservação da segurança dos indivíduos na região de operação do RPA, com efeitos secundários quanto à privacidade.

Esta última pode sofrer ameaças de diferentes matizes: a) privacidade física, relacionada à integridade do corpo de cada indivíduo; b) privacidade de informação, com relação aos conteúdos de comunicação, como dados, imagens e voz; c) privacidade das comunicações por *e-mail*, WhatsApp, celular em geral; d) privacidade de localização, cujo objetivo é evitar que os indivíduos sejam detectados, identificados ou rastreados.[11]

Relacionado, por fim, à privacidade, está ainda o dever ético dos jornalistas na preocupação com o contexto das notícias veiculadas com o auxílio dos *drones*, sem o qual não há autêntico jornalismo. Corre-se o perigo, tal como sucede com o uso militar dos RPAs, criticado por subtrair dos soldados o verdadeiro impacto de decisões letais, de se usar imagens captadas do alto retiradas de seu contexto crítico.[12]

Realçado breve contexto sobre como a utilização dos *drones* para fins jornalísticos pode interferir, com maior ou menor intensidade, na privacidade dos indivíduos, cumpre agora aprofundar a natureza dos direitos sob potencial violação, para que se busque solução adequada e proporcional.

3 Direitos sob risco

De rigor, o *dronalism* não inova quanto aos direitos que podem ser lesados pela atividade de imprensa, senão que potencializa os mecanismos de violação. Em especial, facilita o acesso a informações ou dados em contexto de maior vulnerabilidade da pessoa observada, pelo inusitado da observação, quando não percebida, bem como pela difícil defesa da privacidade, mesmo quando já notada a ação de captura de dados.

O *drone*, para efeitos de jornalismo, em concreto, é um facilitador de obtenção de informações. Portanto, a disciplina jurídica relativa ao uso da tecnologia para tal finalidade deve ostentar balizas próprias da ação de captura de informações sensíveis, sobretudo quando no âmbito garantido juridicamente como de reserva da pessoa humana, restando sua exposição condicionada à liberalidade do sujeito titular dos direitos respectivos. Isso envolve direitos de natureza existencial e patrimonial.

O efeito *zoom* das câmeras acopladas aos *drones* permite alcance de detalhes – pessoas, eventos e bens privados – para além das distâncias formais já estabelecidas em regramento, cujo fim imediato é a tutela física, e não moral, dos circunstantes ou perscrutados. Nesse sentido, torna-se oportuno que lei positiva traga a descrição, não exaustiva, de ações abusivas, por fins moral e juridicamente reprováveis, de quem manuseia o equipamento, para além das exigências relativas à condução física do veículo.

Nesse sentido, é oportuno trazer à colação alguns dos bens que podem ser afetados pela atividade abusiva do jornalista, e devem ser especialmente cuidados ante a

---

[11] CHULVI, Cristina Pauner; KAMARA, Irene; VIGURI, Jorge. Drones. Current challenges and standardisation solutions in the field of privacy and data protection. *ITU Kaleidoscope: Trust in The Information Society*, 2015. p. 3.

[12] "For instance, photos taken aloft to determine the size of a crowd protesting about passage of a new law provide no context about what measure of protestors demonstrated in favor of the law versus in opposition to it" (CULVER, Kathleen Bartzen. From Battlefield to Newsroom: ethical implications of drone technology in journalism. *Journal of Mass Media Ethics*, v. 29, p. 52-64, 2014. p. 59).

tentação de usar recursos tecnológicos que facilitam a captação de dados sem a devida atenção ou autorização do implicado.

O valor dado ou reconhecido aos direitos individuais pode ser aferido pela categoria de proteção e respectivas sanções aplicadas quando de seu ferimento ou simples ameaça de tal. A tutela contra a ação invasiva e abusiva sobre dados reservados da vida pessoal tem como marcos legais a Constituição Federal, o Código Civil, o Código Penal e pode ainda ser notada a tutela delicada do âmbito mais recôndito de expressão da dignidade humana no Código de Processo Penal e no Código de Processo Civil, além de tratados e convenções internacionais de direitos humanos assumidos ou ratificados pelo Estado, que integram o ordenamento pátrio. Esse conjunto normativo sinaliza o panorama amplo do zelo da privacidade, que deve ser preservada mesmo com a maior facilidade de seu rompimento pelo manuseio de novas tecnologias.

Quais seriam, em termos jurídicos, os bens mais vulneráveis ao *dronalism*? A intimidade, a imagem, a vida privada e a honra de uma pessoa. Tais bens foram elevados à categoria de direitos individuais e feitos credores de máxima proteção. A intimidade e vida privada são lesadas pelo mero acesso indevido ao âmbito de reserva da pessoa. O prejuízo à imagem e à honra demanda a verificação de um elemento que se vincula à identidade da pessoa, afetada ou instrumentalizada indevidamente por outra. Esse repertório de direitos, como se dizia, são classificados como individuais fundamentais e/ou personalíssimos. Ou seja, terminam por ser duplamente protegidos, gozando de tutela jurídica reforçada.

Na perspectiva constitucional, o art. 5º, X, da Norma Fundamental afirma que "são invioláveis a intimidade, a vida privada, a honra e a imagem das pessoas, assegurado o direito a indenização pelo dano material ou moral decorrente de sua violação". Essa disposição encontra primeiro desdobramento infraconstitucional nos arts. 20 e 21 do Código Civil, que reforçam a tutela cível desses direitos. Ali se afirma que "a divulgação de escritos, a transmissão da palavra, ou a publicação, a exposição ou a utilização da imagem", salvo nos casos de serem autorizadas ou necessárias à administração da justiça ou à manutenção da ordem pública, poderão ser proibidas pelo seu titular, "a seu requerimento e sem prejuízo da indenização que couber, se lhe atingirem a honra, a boa fama ou a respeitabilidade, ou se se destinarem a fins comerciais" (art. 20). O dispositivo seguinte afirma ainda que "a vida privada da pessoa natural é inviolável, e o juiz, a requerimento do interessado, adotará as providências necessárias para impedir ou fazer cessar ato contrário a esta norma" (art. 21). O termo "inviolável", como se verá, aparece três vezes no art. 5º da Constituição Federal e também três vezes será consignado no Código Penal, sendo expressão taxativa da pretensão legal nesta matéria.

A liberdade de imprensa é igualmente tutelada pela Constituição Federal, desde que respeite tais direitos. Prescreve a Constituição em seu art. 220 que "a manifestação do pensamento, a criação, a expressão e a informação, sob qualquer forma, processo ou veículo não sofrerão qualquer restrição, *observado o disposto nesta Constituição*". O que dispõe a Carta de 1988 como dever a ser observado no exercício da liberdade de "informação jornalística"? O prescrito no art. 5º, IV, V, X, XIII e XIV. Há, logo, um *reforço positivo* do dever de respeito a tais dispositivos pelos jornalistas, sem que se anulem as demais exigências cabíveis a todos os cidadãos.

De modo peculiar, por três vezes aparece no art. 5º da Constituição Federal a palavra "inviolável", em situações que estão espelhadas no Código Penal, voltado à máxima tutela dos direitos, mediante fixação de punição.

> X - são invioláveis a intimidade, a vida privada, a honra e a imagem das pessoas, assegurado o direito a indenização pelo dano material ou moral decorrente de sua violação;
> XI - a casa é asilo inviolável do indivíduo, ninguém nela podendo penetrar sem consentimento do morador, salvo em caso de flagrante delito ou desastre, ou para prestar socorro, ou, durante o dia, por determinação judicial;
> XII - é inviolável o sigilo da correspondência e das comunicações telegráficas, de dados e das comunicações telefônicas, salvo, no último caso, por ordem judicial, nas hipóteses e na forma que a lei estabelecer para fins de investigação criminal ou instrução processual penal.

Naturalmente, a tecnologia de *drone* permite a violação dos três âmbitos de privacidade acima referidos, como muitas vezes já era factível a invasão das esferas de privacidade descritas por uso de câmeras fotográficas, mais ou menos profissionais, uso de helicópteros e demais aparelhos de aproximação. Pode-se recordar que no Brasil já se fotografou mensagem de WhatsApp em *smartphone* de deputado federal, com *zoom* de equipamento de repórter, bem como a assistência a vídeos indecorosos por parte de um deles e a tela de diálogo de um ministro do Supremo Tribunal Federal que "chateava" (usava *chat* interno dos ministros) com outro sobre a posição que adotaria em certo pleito.

Vale notar que o Código Penal, ao tipificar condutas e estabelecer penas restritivas de direitos fundamentais a ofensores de direitos fundamentais, por abuso em meio social, elencou os crimes contra a privacidade dentro do capítulo dedicado aos crimes contra a liberdade. Portanto, a tutela máxima do sistema jurídico considera a privacidade como garantia e efeito do direito fundamental de liberdade. Assim, os arts. 150 a 154 do Código Penal estão sob o Capítulo VI, "dos crimes contra a liberdade individual", sob o título de "crimes contra a pessoa". Nesse sentido, a atividade jornalística também está cingida pela imposição do direito criminal.

Sob o Capítulo IV do título dedicado aos "crimes contra a pessoa", sequencialmente há três seções nas quais se fixam crimes "contra a inviolabilidade do domicílio" (Seção II), os "contra a inviolabilidade de correspondência" (Seção III) e os "contra a inviolabilidade dos segredos" (Seção IV do capítulo). Como se dizia, um espelho da Constituição Federal quando usa o termo "inviolável", ainda que o Código seja anterior a ela (1940).

A última seção referida está atualizada e traz notícia de crimes associados à invasão de aparatos de tecnologia mediante internet. É importante notar, nas três seções, que basta o acesso ilícito aos âmbitos de reserva para configurar crime. Não é necessária sequer a divulgação dos dados. A difusão acarreta outros crimes. De acordo com a natureza da exposição dos conteúdos devassados, o ofensor pode incorrer em outros tipos penais, como os elencados no Capítulo V, que trata "dos crimes contra a honra".

O Código de Processo Penal, por sua vez, vem em reforço do dever de preservar toda pessoa de devassa que ultrapasse o que seja exigível por questões de segurança e legítima investigação. O art. 184, por exemplo, estabelece limites às autoridades judiciária e policial: "salvo o caso de exame de corpo de delito, o juiz ou a autoridade policial negará a perícia requerida pelas partes, quando não for necessária ao esclarecimento da verdade". Se assim se demanda de quem teria poder de investigar, maior é o dever de quem não cumpre função pública e por isso com menor poder de interferência na vida alheia.

Além disso, a Lei nº 13.964, de 24.12.2019, alterou o mesmo diploma para atalhar o efeito de espetacularização das investigações, com exposição midiática que leva a população a configurar socialmente como criminoso aquele que não foi ainda declarado como tal, em definitivo, pelo Poder Judiciário. São normas que instituem o "juiz das garantias" e imputam maior responsabilidade às autoridades que abusam de suas prerrogativas durante a perquirição, expondo o investigado a situações vexatórias desproporcionais. Se por um lado as restrições aos agentes públicos podem representar excesso, a ponto de inibir o ímpeto de alguns em conduzir persecução penal em certos casos, por outro, a novidade legal reforça o dever de zelar pela honra e imagem de réus e investigados, impondo maior cuidado antes de expor publicamente o que possa prejudicar o direito à boa fama e à honra, depreciando a reputação de alguém.[13] Novamente: se às autoridades civis se amplia o dever de cuidado, quando agem em cumprimento de atividade voltada ao bem comum, maior deve ser o dever de quem trabalha com exposição de informações com fins privados.

No Código de Processo Civil também se nota a tutela da reserva de privacidade em atos processuais. Assim, prescreve-se o segredo de justiça para alguns processos (art. 189); isenta-se de depoimento aquele a quem tenha sido comunicado algo sob condição de sigilo de estado ou profissional (art. 388, II); libera-se do dever de exibir documentos a quem não deva fazê-lo por "dever de honra" ou cuja publicidade possa afetar gravemente sua própria honra pessoal, de terceiro ou de parente consanguíneo – ou afim – até o terceiro grau, ou ainda representar perigo de ação penal em face de tais, assim como nos casos em que tenham compromisso de sigilo ou segredo profissional (art. 404, I a IV). No mesmo sentido, estipula-se que uma testemunha não será obrigada a depor sobre fatos "que lhe acarretem grave dano, bem como ao seu cônjuge ou companheiro e aos seus parentes consanguíneos ou afins, em linha reta ou colateral, até o terceiro grau" ou, ainda, "a cujo respeito, por estado ou profissão, deva guardar sigilo" (art. 448). Note-se a delicadeza na tutela da privacidade e intimidade.

Vale, antes de concluir o tópico, recordar que a privacidade é o âmbito das manifestações de atos ou expressões humanos mais reservados da pessoa. Pode ser imaginada como uma esfera da vida pessoal que, em regra, o indivíduo somente expõe a quem deseja. "A intimidade é o âmbito interior da pessoa no mais profundo, secreto ou mais recôndito dentro dela".[14] A privacidade é o âmbito imediatamente sucessivo à intimidade, já no meio exterior à pessoa. Por se situar para além da interioridade, adquire a forma de bem tutelável pelo direito.

Por isso dizia Barrington Moore Jr. que a privacidade é o "desejo humano de proteção contra intrusões de outros seres humanos, ambos materiais e por imposição de pressões sociais".[15] E se desenvolve a ideia de que a palavra *privacy* não é uma daquelas à que a lei atribui significado preciso. Não é o que juristas chamam de "termo de arte". No sentido mais amplo, *privacy* admite conceitos como: a) ver-se livre de fiscalização,

---

13 Sobretudo, anota-se aqui parte do art. 3º-B para ilustrar a situação: "O juiz das garantias é responsável pelo controle da legalidade da investigação criminal e pela salvaguarda dos direitos individuais cuja franquia tenha sido reservada à autorização prévia do Poder Judiciário, competindo-lhe especialmente: [...] XI - decidir sobre os requerimentos de: a) interceptação telefônica, do fluxo de comunicações em sistemas de informática e telemática ou de outras formas de comunicação; b) afastamento dos sigilos fiscal, bancário, de dados e telefônico; c) busca e apreensão domiciliar; d) acesso a informações sigilosas; e) outros meios de obtenção da prova que restrinjam direitos fundamentais do investigado; [...]".

14 ALONSO, Felix Ruiz. Privacidade e antropologia. *In*: MARTINS, Ives Gandra; PEREIRA JÚNIOR, Antonio Jorge. *Direito à privacidade*. Aparecida: Ideias e Letras, 2005. p. 17.

15 Cf. MOORE JR., Barrington. *Privacy*: studies in social and cultural history. New York: Routledge, 1984. p. 72.

ainda que decorrente de determinação da lei ou de agentes nacionais de segurança, espreitadores, *paparazzi* ou *voyeurs*; b) ver-se livre da intrusão física no próprio corpo, por meio de variados tipos de pesquisas ou procedimentos para testes de drogas; c) controle da própria identidade; e d) proteção das informações pessoais. Os direitos vinculados à privacidade tendencialmente são reputados como personalíssimos, irrenunciáveis e inestimáveis[16] e, uma vez lesados, resta aos ofendidos ações concretas para compensar as perdas geradas e inibir a permanência de atitudes violadoras.

Por tudo dito, fica claro ser oportuna a confecção de normas que elucidem de modo mais efetivo os deveres reforçados de quem pretende usar *drones* para atividade jornalística, exatamente em razão de seu maior potencial lesivo, sem prejuízo das exigências de pilotagem. Para além desses deveres, seria oportuno, ainda, a fixação dos modos de defesa em face da aproximação ou perturbação da esfera de privacidade, incluindo-se, entre tais, a possibilidade de abatimento dos *drones*.[17]

Conclusão

A tecnologia amplia o alcance da atividade humana e permite fazer mais coisas em menor tempo e com melhor qualidade. No âmbito do jornalismo, entre os diversos recursos tecnológicos que auxiliam tal tarefa, essencial para a democracia e a evolução da sociedade, destacam-se os *drones* neste breve estudo, veículos aéreos de controle remoto que permitem o acesso a imagens e sons com menor risco ao profissional do jornalismo e a menor custo operacional, em comparação a outras tecnologias.

Foram previamente elencadas algumas vantagens do uso do equipamento na produção e veiculação de notícias, facilitando a gravação de imagens e obtenção de informações, bem como o estado da arte de seu regramento no Brasil.

Mostrou-se que à maior virtualidade da tecnologia está associado maior potencial ofensivo aos direitos de privacidade. Fez-se breve recordação da natureza e posição dos direitos relacionados à tutela da privacidade, todos eles tidos por "invioláveis" segundo a ordem constitucional, civil e penal.

Apesar disso, apontou-se que o tratamento da regulamentação dos *drones* no direito brasileiro, a cargo da Agência Nacional de Aviação Civil (Anac), está aquém da necessidade de atribuir responsabilidade aos que praticam o dronalismo, bem como é silente quanto aos modos de proteção do cidadão que se vê assediado por *drones* nos espaços que a lei lhe garante como reservados.

De tal modo, considerando-se os direitos sob risco, a ausência de devido tratamento legal capaz de estabelecer deveres para os *drone*-jornalistas e o crescimento de tal atividade, conclui-se como oportuna a elaboração de dispositivos que preencham

---

[16] Cf. JABUR, Gilberto Haddad. A dignidade e o rompimento da privacidade. *In*: MARTINS, Ives Gandra; PEREIRA JÚNIOR, Antonio Jorge. *Direito à privacidade*. Aparecida: Ideias e Letras, 2005. p. 85-106.

[17] Em 2015, no estado americano de Kentucky, William Merideth foi demandado por ter atirado em *drone* que sobrevoava sua propriedade, depois de ter sido alertado por sua filha, que tomava banho de sol. David Boggs, o proprietário da aeronave não tripulada, demandou-lhe indenização de um mil e quinhentos dólares. A Justiça americana, com sucessivos recursos negados a Boggs, decidiu pela licitude do abatimento do *drone* diante da ofensa à privacidade de Merideth e sua família (FIELDSTADT, Elisha. Case dismissed against William H. Merideth, Kentucky man arrested for shooting down drone. *NBC News*, 27 out. 2015. Disponível em: https://www.nbcnews.com/news/us-news/case-dismissed-against-william-h-merideth-kentucky-man-arrested-shooting-n452281. Acesso em: 26 abr. 2020).

as lacunas da atual legislação, na qual seria prudente estabelecer, ainda, os modos de o cidadão se proteger de aparelhos que possam invadir abusivamente sua privacidade.

Referências

ALONSO, Felix Ruiz. Privacidade e antropologia. *In*: MARTINS, Ives Gandra; PEREIRA JÚNIOR, Antonio Jorge. *Direito à privacidade*. Aparecida: Ideias e Letras, 2005.

ARCHAMBAULT, Laurent; MÂZOUZ, Alicia. L'envol des drones civils: appréhension par le droit français d'une pratique émergente. *Centre de recherche en droit aérien et spatial, Occasional paper series*, n. 2, p. 1-41, 2016.

CHULVI, Cristina Pauner. El uso emergente de drones civiles en España. Estatuto jurídico e impacto en el derecho a la protección de datos. *Revista de Derecho Político*, n. 95, p. 83-116, jan./abr. 2016.

CHULVI, Cristina Pauner; KAMARA, Irene; VIGURI, Jorge. Drones. Current challenges and standardisation solutions in the field of privacy and data protection. *ITU Kaleidoscope: Trust in The Information Society*, 2015.

CRESPO, Marcelo; SANTOS, Coriolano Aurélio de Almeida Camargo. Sobre os "drones" e o ordenamento jurídico brasileiro. *Migalhas*, 10 jul. 2015. Disponível em: https://www.migalhas.com.br/coluna/direito-digital/223287/sobre-os-drones-e-o-ordenamento-juridico-brasileiro. Acesso em: 9 abr. 2020.

CULVER, Kathleen Bartzen. From Battlefield to Newsroom: ethical implications of drone technology in journalism. *Journal of Mass Media Ethics*, v. 29, p. 52-64, 2014.

FERRAZ JR., Tercio Sampaio. Liberdade de opinião, liberdade de informação: mídia e privacidade. *Revista de Direito Constitucional e Internacional*, v. 23, p. 24-29, abr./jun. 1998.

FIELDSTADT, Elisha. Case dismissed against William H. Merideth, Kentucky man arrested for shooting down drone. *NBC News*, 27 out. 2015. Disponível em: https://www.nbcnews.com/news/us-news/case-dismissed-against-william-h-merideth-kentucky-man-arrested-shooting-n452281. Acesso em: 26 abr. 2020.

FREITAS, Vladimir Passos de. A regulamentação do uso de drones, o passado e o futuro. *Conjur*, 10 dez. 2017. Disponível em: https://www.conjur.com.br/2017-dez-10/regulamentacao-uso-drones-passado-futuro. Acesso em: 10 abr. 2020.

GOLDBERG, David. Dronalism: journalism, remotely piloted aircraft, law and regulation. *FIU Law Review*, v. 10, n. 2, p. 405-434, 2015.

HODGKINSON, David; JOHNSTON, Rebecca. *Aviation law and drones*: unmanned aircraft and the future of aviation. New York: Routledge, 2018.

JABUR, Gilberto Haddad. A dignidade e o rompimento da privacidade. *In*: MARTINS, Ives Gandra; PEREIRA JÚNIOR, Antonio Jorge. *Direito à privacidade*. Aparecida: Ideias e Letras, 2005.

MACEDO JÚNIOR, Ronaldo Porto. Privacidade, mercado e informação. *Revista de Direito do Consumidor*, v. 31, p. 13-24, jul./set. 1999.

MIGUEL MOLINA, María de; SANTAMARINA CAMPOS, Virginia (Org.). *Ethics and civil drones*: European policies and proposals for the industry. Cham: Springer, 2018.

MOORE JR., Barrington. *Privacy*: studies in social and cultural history. New York: Routledge, 1984.

QUAL a diferença entre drone, VANT e RPAS? *DECEA*, 3 abr. 2019. Disponível em: https://ajuda.decea.gov.br/base-de-conhecimento/qual-a-diferenca-entre-drone-vant-e-rpas/. Acesso em: 20 abr. 2020.

SPADOTTO, Anselmo José. Análise jurídica e ambiental do uso de drones em área urbana no Brasil. *Revista de Direito da Cidade*, v. 8, n. 2, p. 611-630, 2016.

Informação bibliográfica deste texto, conforme a NBR 6023:2018 da Associação Brasileira de Normas Técnicas (ABNT):

PEREIRA JÚNIOR, Antonio Jorge; MORAU, Caio. O uso de drones no jornalismo e a tutela da privacidade. *In*: EHRHARDT JÚNIOR, Marcos; CATALAN, Marcos; MALHEIROS, Pablo (Coord.). *Direito Civil e tecnologia*. Belo Horizonte: Fórum, 2020. p. 89-99. ISBN 978-65-5518-036-7.

A PRIVACIDADE NAS REDES SOCIAIS VIRTUAIS E A CULTURA DO CANCELAMENTO

BRUNO DE LIMA ACIOLI

ERICK LUCENA CAMPOS PEIXOTO

1 Notas introdutórias

Tirar o *smartphone* do bolso. Desbloquear a tela. Abrir o aplicativo do Twitter. Uma celebridade falou algo. Alguns usuários revoltados de um lado, outros revoltados com a revolta dos primeiros. *Hashtags*. *Memes*. Alguma matéria sensacionalista na mídia. Essa história se repete a cada dia com uma ou outra variante, mas mantendo sempre a constante de que alguém é posto em evidência, logo, é um alvo.

A exposição da pessoa ao olhar público pode acarretar efeitos diversos, desde a fama e reconhecimento até mesmo o vexame e a humilhação. Com riscos de se alcançar o céu ou o inferno, muitos preferem manter a reserva, principalmente de assuntos mais delicados do âmbito privado.

A preocupação em resguardar determinados aspectos pessoais das interferências alheias vem crescendo à medida que algumas tecnologias permitem graus elevados de acesso aos detalhes da vida de um indivíduo, bastando olhar para a produção acadêmica nos últimos anos. A temática da privacidade e das novas tecnologias vem sendo explorada por autores nacionais e estrangeiros, somando-se o estímulo das legislações que versam sobre o assunto, como o Marco Civil da Internet e a Lei Geral de Proteção de Dados Pessoais.

O modo de interação social foi bastante alterado pelo paradigma tecnológico, de forma que a utilização de muitos recursos que nem existiam dez ou quinze anos atrás já está arraigada na cultura. Assim como na crítica de Pierre Lévy, não houve um impacto propriamente dito das novas tecnologias na sociedade, e usar tal metáfora seria inadequado.[1] Muitos dos assuntos que ainda são reportados como inovadores em matérias jornalísticas ou mesmo artigos científicos já são realidade, e as novas

---

[1] LÉVY, Pierre. *Cibercultura*. São Paulo: 34, 1999. p. 21.

tecnologias estão presentes no cotidiano há algum tempo. As mudanças na sociedade costumam ter um ritmo mais forte do que os especialistas conseguem acompanhar e, talvez por isso, o descompasso.

Nos bancos da academia há sempre uma curiosidade por parte dos alunos acerca das respostas jurídicas para os problemas da contemporaneidade. A curiosidade não é apenas jurídica (se é jurídica!) e envolve, em muitos casos, o desconhecimento do funcionamento de tecnologias já utilizadas.

Essas dúvidas se estendem a outros cursos além do Direito e afligem outras pessoas que têm ou tiveram algum problema na utilização destes novos recursos. Voltando à academia: hoje, boa parte dos universitários (e da população como um todo)[2] tem um *smartphone* e tal aparelho geralmente tem instalados em si aplicativos para comunicação instantânea (WhatsApp, Telegram) e redes sociais (Instagram, Facebook, Twitter), entre outros. A utilização é massiva e muitos desses aplicativos são desenhados para serem de fácil uso em suas funções básicas, o que implica dizer que não é necessário um grande conhecimento para mexer nestas aplicações. Manter uma vida digital ativa é algo trivial e não causa admiração a ninguém. Pelo contrário, estranha-se quando alguém não tem um perfil numa rede social. "Como assim você não está no Instagram?".

Ter acesso a uma tecnologia não significa ter o domínio. Todos sabem o que é o fogo, utilizam diariamente, mas isso não quer dizer que saibam explicar o fogo. Da mesma forma como todo ser humano toma água diariamente, mas nem todos entendem que é composta por dois átomos de hidrogênio e um de oxigênio. Ter um *smartphone*, acesso à internet e uma conta em determinada rede social virtual não apresenta qualquer impacto em si. Alguns efeitos decorrentes da utilização destas tecnologias são percebidos de forma diferida, principalmente quando são negativos, mas não necessariamente demandam soluções acrobáticas. Por vezes, tem-se problemas velhos com roupagem nova.

Os problemas trazidos pelas novas tecnologias e, em particular, pela utilização de redes sociais na internet quase sempre são de quantidade e não de qualidade. É que o ambiente virtual tem a capacidade de potencializar aquilo que já acontecia no ambiente físico. Duas amigas conversam no sofá da casa de uma delas e falam livremente sobre vários temas. Se estas duas amigas mantivessem esta mesma interação não mais fisicamente, mas sim utilizando um aplicativo de mensagens ou por meio de postagens numa rede social, a conversa poderia ter o mesmo teor, mas o alcance poderia ser incrivelmente longo e ainda haveria a possibilidade de o controle sobre aquela situação sair das mãos das duas. Como isso aconteceria? Dentro das possibilidades, poderia haver a hipótese de uma delas publicar um *print* da conversa, que, de forma descontextualizada, pode ser mal interpretado. Outra possibilidade seria que a interação das duas na *timeline* de uma rede social como o Twitter pudesse atrair a atenção de curiosos, gerando todo tipo de reação, desde as bem-humoradas até manifestações de ódio.

Imaginar certos atributos pessoais sendo comentados por estranhos causa algum temor nas pessoas, mas não o bastante para impedir que mergulhem na utilização das redes sociais na internet. Os riscos de danos à personalidade existem, mas, mesmo para aqueles mais esclarecidos quanto às consequências, os benefícios da utilização parecem

[2] DEMARTINI, Felipe. Brasil já tem mais de um smartphone ativo por habitante. *Canaltech*, 20 abr. 2018. Disponível em: https://canaltech.com.br/produtos/brasil-ja-tem-mais-de-um-smartphone-ativo-por-habitante-112294/. Acesso em: 10 maio 2020.

superar o medo. Ao utilizar as redes sociais na internet, o indivíduo coloca uma parte de si aos olhos curiosos, que, em condições normais, revela apenas aquilo que se quer mostrar. A percepção dos outros quanto àquela imagem é sempre parcial, limitada ao que está disponível no perfil. É nesse tipo de ambiente que as distorções da realidade são favorecidas e narrativas totalmente desconexas com os fatos são construídas.

Não somente famosos, mas também anônimos estão sujeitos a tais efeitos. As redes sociais têm este poder de colocar em evidência qualquer um, ainda que por alguns instantes. E na mesma velocidade que elevam alguém a uma posição de atenção, também o colocam na mira dos justiceiros virtuais.

É comum a busca por novos heróis, novas histórias de superação, novos exemplos. Mas qualquer um que caia nestes papéis e consiga projeção acaba no escrutínio de um público feroz e sem qualquer piedade. O julgamento é feito sobre uma fala, uma foto, uma postagem de muitos anos atrás... não importa! Os ídolos são erguidos unicamente para tombar nesta sociedade do cancelamento.

As consequências para quem é alvo podem ser graves. O ódio direcionado contra uma pessoa, sob a justificativa de ser algum tipo de ativismo, abre feridas difíceis de sarar, já que, mesmo quando aplicados os remédios, dificilmente isso acontecerá na mesma proporção do dano. A exposição da pessoa a deixa vulnerável, obrigando-a a tomar decisões que normalmente não tomaria.

2 Privacidade nas redes sociais

Privacidade é uma palavra que abriga várias acepções. Pode ser territorial, envolvendo determinado espaço físico; pode ser uma questão de confidencialidade; também pode significar soberania quanto a decisões pessoais.[3]

Quando se adjetiva algo como "privado", alguma restrição passa a existir a partir daquele momento. Alguém terá um nível maior de acesso que outras pessoas àquilo tido por privado. É neste termo, *acesso*, que está o ponto central para entender a privacidade.

O "acesso" pode se revelar físico, concreto, mas também pode ter uma conotação metafórica. Nesta, tanto o controle que alguém tem sobre quem acessa informações sobre si quanto o controle sobre quem pode ou não interferir ou intervir nas suas decisões vitais são hipóteses da acepção metafórica do acesso.[4]

> Quando o controle de acesso se refere a algo físico, como um quarto de uma residência em que a pessoa que o habita pode determinar quem pode lá entrar, está a se falar em uma dimensão espacial da privacidade.
>
> O controle de acesso, quando faz referência a coisas intangíveis, pode ser dividido em dois tipos: i) um é relativo à proteção contra a interferência indesejada ou à heteronomia nas nossas decisões e ações, a dimensão decisional da privacidade; ii) o outro é relativo à proteção da informação, a dimensão informacional da privacidade.[5]

---

[3] DWORKIN, Ronald. *Domínio da vida*: aborto, eutanásia e liberdades individuais. São Paulo: Martins Fontes, 2003. p. 74.

[4] RÖSSLER, Beate. *The value of privacy*. Cambridge: Polity, 2015. Posição 304.

[5] EHRHARDT JÚNIOR, Marcos; PEIXOTO, Erick Lucena Campos. Os desafios da compreensão do direito à privacidade no sistema jurídico brasileiro em face das novas tecnologias. *Revista Jurídica Luso-Brasileira*, Lisboa, ano 6, n. 2, p. 389-418, 2020. p. 400.

Dentro da proposta deste artigo, a privacidade em sua dimensão decisional é a que mostra maior pertinência ao assunto. Esta dimensão da privacidade protege as pessoas de serem mal interpretadas ou julgadas fora de contexto. O mundo das redes sociais na internet conhece apenas superficialmente perfis de pessoas, mas não a integralidade de sua personalidade. O verdadeiro conhecimento sobre uma pessoa é produto de um processo lento de mútua relação.[6]

Ao contrário, o que se nota nas redes sociais da internet é a mais completa devassa da privacidade decisional, quando o indivíduo é colocado como um alvo de apedrejamento virtual por qualquer deslize, por mínimo que seja, ou nem isso: simplesmente por ódio gratuito.

Seja um político ou um participante de um *reality show*, alguns usuários empenham-se no descrédito do seu alvo, vasculhando a rede atrás de notícias, postagens antigas, fotos ou qualquer vestígio que possa colocar o indivíduo na categoria do indigno. Pessoas se juntam em um movimento, às vezes muito bem orquestrado, para assassinar reputações. Colocam-se na posição de juízes da perfeição, detentores de toda autoridade sobre vida e morte e alheios aos erros, mas que, quando postos à luz, mostram-se tão monstros (talvez piores) que aqueles que julgam.

A exposição feita da pessoa que é alvo: a) interfere diretamente em decisões existenciais daquela pessoa, que se vê obrigada a moldar seu comportamento bem como tomar algumas escolhas à contragosto; b) inibe o comportamento de terceiros pelo temor de que o mesmo aconteça.

Esse tipo de conduta danosa à personalidade, nos últimos tempos, acabou ganhando corpo sob o nome de "cancelamento", que será mais bem abordado mais adiante neste trabalho. A esta conduta orbitam outras que são indicativos de sua ocorrência e que, à sua maneira, visam desqualificar o discurso de quem levanta alguma questão nos ambientes virtuais não em relação ao conteúdo em si, mas sim quanto a questões periféricas.

3 "Descansa, militante!"

O verbo transitivo indireto "militar", de etimologia latina *militare*, indica, em um de seus significados, uma participação ativa na defesa de uma causa ou ideia. O adjetivo *militante*, amplamente conhecido no contexto político, caracteriza aquela pessoa que adota para si certo posicionamento que entende correto e o defende de forma ativa.

Militar por uma causa está dentro das escolhas de vida de uma pessoa, que tem ampla liberdade para tanto. Toda pessoa tem sua história e suas razões que a levam às suas escolhas, estejam estas razões no âmago de sua personalidade ou mesmo em fatos históricos.

O contexto em que tais palavras são utilizadas tradicionalmente consagrou o seu uso, porém, certos fenômenos que ocorrem nos ambientes virtuais parecem trazer uma tendência forte à ressignificação de termos.

As chamadas redes sociais virtuais são ambientes instigantes, com uma rara combinação de ingredientes impossíveis, ou ao menos de difícil realização, no mundo

[6] ROSEN, Jeffrey. *The unwanted gaze*: the destruction of privacy in America. New York: Vintage Books, 2001. p. 8.

de carne e osso. Em que outro lugar do universo alguém pode, ao mesmo tempo, mostrar seu apoio a uma instituição que cuida de animais, lançar elogios para o seu artista favorito e ainda dirigir ofensas contra algum ditador de terras estrangeiras? As redes sociais na internet são uma grande sopa de tudo.

Através das lentes da internet (aqui a palavra adquire uma acepção que indica os seus usuários) tudo toma proporções destoantes, pela própria dinâmica da rede. Não seria diferente com a figura do militante. Aquele que, em condições normais fora do espaço virtual, era considerado engajado, firme em determinada posição, cá no universo cibernético pode não transparecer a mesma imagem ante os demais usuários.

A defesa de determinada causa ou ideia, assim como várias outras atividades, sofreu um impacto com a possibilidade de interação entre os usuários da grande rede mundial. A comunicação agora é instantânea e de baixo custo. Um texto, um vídeo ou um áudio pode dar um alcance àquele conteúdo sem precedentes. Isso naturalmente estimulou a migração de um ativismo *in loco* para a atuação atrás da tela de um dispositivo. Além disso: a assunção de riscos por quem se dedica a ser militante protegido por uma tela de computador é, *a priori*, extremamente minúscula quando comparada à daqueles que saem num bote inflável protestando contra uma embarcação baleeira.

É natural que, dentro de um ambiente de liberdade, o indivíduo possa se expressar sem tantas dificuldades. As redes sociais na internet dão voz a toda sorte de gente, inclusive àqueles que fazem de uma causa sua missão de vida. Como o poder de transmissão da mensagem é alto, a chegada dos novos adeptos de determinado movimento é algo tormentoso, o que é natural, já que nem todos possuem o mesmo conhecimento de causa das mentes que a propagaram inicialmente.

A rede social na internet não é um local de passividade apenas, mas sim um espaço de interação. Os mecanismos utilizados são desenhados para satisfação de seus usuários. Quanto mais engajamento, maior o prazer na utilização. Funções como "gostar" e "compartilhar" lançam o indivíduo aos seus quinze minutos de fama. Aqui é a aprovação alheia que alimenta a personalidade, que faz com que os seus critérios de proteção do seu íntimo sejam cada vez mais elásticos.

Neste movimento de busca por aceitação (em algum grupo ou comunidade), é que a pessoa se lança desesperadamente na busca de um assunto para se engajar e, quando encontra algum que minimamente lhe pareça viável, joga-se de cabeça num compartilhamento frenético de conteúdos, *hashtags* e começa a metralhar os *likes*.

O conforto trazido por fazer parte de algo maior ou a sensação de leveza que surge ao ajudar alguma causa pode dar lugar a um fanatismo tal qual o dos adeptos mais fervorosos de algum time de futebol ou o de fãs incondicionais de astros da música *pop*. Isto fica patente quando a pessoa é colocada diante das ideias opostas. Ter conteúdo para argumentar e debater racionalmente é o ideal em um mundo civilizado, mas nem todas as pessoas agem dessa forma.

Assim, aquele que orientou seu caminho para a defesa de alguma causa, mas que o fez de forma descuidada, pode cair nas armadilhas deixadas nos quatro cantos da internet. Essas armadilhas funcionam como uma espécie de prova para separar aqueles que tratam com seriedade uma causa daqueles que a utilizam como instrumento de autopromoção. É neste ponto que a palavra "militante" adquire um tom pejorativo nas redes sociais, servindo para apontar aquelas pessoas tidas por antipáticas por fazer questão por coisas de baixa relevância enquanto grandes problemas permanecem sem solução. O militante de rede social passa a ser uma figura presente a cada polêmica criada nas bolhas destas redes.

O movimento de reação não tardou. Assim como o fenômeno da militância errática de rede social brotou do vento, um grito de ordem surgiu para interromper as ações levianas de engajamento: o "descansa, militante!". Utilizando a ferramenta Google Trends, é possível ver que o fenômeno é recente, tendo seu primeiro pico de popularidade no Brasil em meados de dezembro de 2019, alcançando a maior procura entre os dias 9 e 15.2.2020.[7]

No Twitter, talvez a rede social de maior manifestação deste termo, ao utilizar como parâmetro de busca "descansa militante until:2020-02-15 since:2020-02-09", correspondente ao intervalo de maior pico de popularidade no Google, é possível identificar inúmeras postagens utilizando o "descansa militante". As postagens ora trazem a expressão em tom de censura a um comentário, ora como uma crítica à própria expressão. Inclua-se nestas postagens os *memes*, cujo papel na comunicação é inegável. Há reação contra o movimento que foi de reação: a expressão que surge com um viés de crítica acaba sendo criticada também.

Certos movimentos nas redes sociais são modismos com prazo de validade próximo. Assim como surgem, desaparecem, caem em desuso. Os novos *memes* são compartilhados exaustivamente, são adaptados a vários contextos, mas logo perdem a graça. Além disso, as reações dos usuários costumam ser pendulares: o riso que é despertado em uns provoca certa indignação em outros, que por sua vez são condenados por se preocuparem com algo trivial e assim por diante neste ritmo de vai e vem.

Assim, pode-se identificar o movimento em torno da expressão ora discutida da seguinte forma: a) militância errática em redes sociais virtuais; b) reação de usuários críticos à abordagem dos temas problematizados, que se unifica em torno de algumas expressões, entre elas a "descansa, militante!"; c) crítica da crítica: usuários que reafirmam a validade de suas observações ou de terceiros, entendendo que elas sejam necessárias e condenando quem as estigmatiza como "militância de rede social".

4 "Passando o pano"

A expressão "passar o pano" vem sendo utilizada nas redes sociais para indicar que determinadas atitudes de pessoas ou grupos possivelmente condenáveis são toleradas e justificadas de forma seletiva. Passar o pano é a limpeza feita no piso depois de varrido, mas neste contexto seria metaforicamente a limpeza no rastro de sujeiras morais deixadas por alguém. O "passar o pano" segue de perto a cultura do cancelamento. É um de seus efeitos colaterais.

Enquanto a execração pública de alguém ocorre de um lado, outras pessoas manifestam sua opinião em defesa daquela ou apenas uma reprovação do modo como o tribunal da internet já condenou alguém sem ao menos ouvir o outro lado. Basta isso para que a censura se opere com comentários acusando estes últimos de "passar o pano" para outrem.

Muitas páginas da internet e perfis especializados em fofoca e vida de famosos espalham constantemente boatos e notícias descontextualizadas, tudo para gerar o

[7] Dados de DESCANSA militante. *Google Trends*. Disponível em: https://trends.google.com.br/trends/explore?q=descansa%20militante&geo=BR.

maior número de acessos e aumentar suas receitas. Com a dinâmica das redes sociais, uma manchete basta para que um famoso caia em desgraça e comece a ser achincalhado por todos os lados.

Um terceiro que comente em uma postagem deste tipo manifestando a não concordância com aquela abordagem corre o risco de ter direcionada para si a raiva que era destinada originariamente para aquele famoso vítima de fofoca. É claro aqui o efeito da expressão "passar o pano" – atinge não a vítima original, mas terceiros que se engajam em sua defesa.

Em que pese as expressões "descansa, militante" e "passando o pano" estarem associadas a condutas restritivas, já que em ambos os casos ocorre certa censura a opiniões manifestadas, há de se ressaltar o ambiente de liberdade que deve prevalecer nas redes sociais. A percepção pelo usuário da utilização destes termos tende a gerar certa desconfiança e uma precaução maior na hora de postar alguma coisa.

O receio de ter dirigido a si uma expressão ou outra é limitante das escolhas do usuário no ambiente virtual. Atinge, de certo modo, a sua liberdade, bem como as escolhas existenciais, que serão moldadas conforme o julgamento alheio.

5 A cultura do cancelamento e o politicamente correto

A *cancel culture* ou *call-out culture*, escolhida como a expressão do ano de 2019 pelo tradicional dicionário de inglês-australiano *Macquarie Dictionary*,[8] é a ação, dentro de uma comunidade, de segregar ou boicotar alguém em razão de palavras ou de atos dessa pessoa. No âmbito das redes sociais, pessoas são "canceladas", muitas vezes, após terem revelados seus *tweets* antigos com frases ou opiniões consideradas ofensivas, ainda que proferidas em ânimo jocoso.

O fenômeno cultural do "cancelamento" tem ligação íntima com outro fenômeno cultural (e político) surgido muitas décadas antes, no âmbito das universidades americanas, entre professores e estudantes de humanidades, e posteriormente difundido entre parte significativa da opinião pública ao longo do Ocidente: o "politicamente correto".

Em 1987, o filósofo conservador americano Allan Bloom foi um dos pioneiros no desenvolvimento de uma tese sobre as razões do politicamente correto, em seu polêmico livro *The closing of the American mind*, embora não faça nele menção expressa ao termo.

Em grande síntese, o argumento de Bloom passa pela percepção de um processo contemporâneo de relativização de temas morais na cultura popular e política dos Estados Unidos, sobretudo na educação de nível superior, movimento o qual ele apelida de "niilismo americano",[9] em referência à alegada influência de Nietzsche na construção do pensamento da nova esquerda universitária americana.

Segundo Allan Bloom, a perda de referências sobre valores morais bem definidos, como o "bem" e o "mal", como colocado por Nietzsche em sua obra de filosofia moral, empurra as pessoas ao relativismo e à formação de uma nova linguagem de significados, na qual a escolha própria do "estilo de vida" e a abertura à construção

[8] COWIE, Tom. Cancel culture is the Macquarie Dictionary's word of the year for 2019. *The Sydney Morning Herald*, 2 dez. 2019. Disponível em: https://www.smh.com.au/culture/books/cancel-culture-is-the-macquarie-dictionary-s-word-of-the-year-for-2019-20191202-p53fzy.html. Acesso em: 8 fev. 2020.

[9] BLOOM, Allan. *The closing of the American mind*. Nova York: Simon and Schuster, 1987.

pessoal de várias "identidades", do homem "criador do próprio valor" em desfavor da categoria do "homem de bem", representam a desarticulação das novas gerações com uma tradição americana longinquamente construída, em favor do relativismo moral.[10]

Certamente o livro de Bloom não foi bem recebido pelas esquerdas americanas à sua época, e sua "obsessão" com o pensamento nietzschiano, assim como a ácida crítica à cultura *pop* americana e ao apelo "sexual e bárbaro" do *rock* e de seus astros,[11] os quais ele considera responsáveis pela baixa formação intelectual dos jovens universitários americanos, podem ser apontados como elementos reacionários de suas elucubrações.

Por outro lado, Bloom é um denunciante da mitigação da liberdade de cátedra nas universidades americanas em favor de determinados estudos que privilegiem uma maior "autossatisfação igualitária" por parte dos corpos discentes e docentes em oposição a quaisquer saberes que se identifiquem com valores da "sociedade burguesa" ocidental.[12]

Tal movimento, identificado nas universidades americanas e que se espalhou pela intelectualidade progressista do todo o Ocidente, é hoje comumente tratado pelo signo do "politicamente correto", expressão que entrou totalmente no debate público geral contemporâneo, sendo até foco de campanhas políticas de candidatos presidenciáveis em países como os próprios Estados Unidos e o Brasil, em 2016 e em 2018.[13]

No que diz respeito ao conceito do termo, o cientista político Francis Fukuyama explica que, em sentido amplo, o politicamente correto "[...] se refere a coisas que você não pode dizer em público sem o temor de sofrer um vexame ou desaprovação moral".[14]

Embora explique Fukuyama que países de tradição liberal-democrática tal como os EUA permitam, legalmente, por meio do direito constitucional de liberdade de expressão, que se negue o holocausto judeu ou que se defenda a escravidão, a pessoa que expor tais ideias certamente não estará livre de sofrer grande repúdio moral, posto que, inclusive, os atos de expressão aqui descritos são considerados crime em alguns países, não recebendo proteção constitucional.[15]

É necessário, contudo, dizer que o fenômeno sociocultural do politicamente correto é bem mais complexo, e não recai apenas sobre aqueles que são interlocutores de ideais mais extremos e que encontrariam pouca simpatia na população em geral.

Tal como comentado anteriormente em relação à obra do conservador Allan Bloom, o politicamente correto tem sido na história recente especialmente associado à nova esquerda política,[16] tendo, inclusive, o seu oposto – o "politicamente incorreto" – sido

---

10 BLOOM, Allan. *The closing of the American mind*. Nova York: Simon and Schuster, 1987. p. 142-147.

11 BLOOM, Allan. *The closing of the American mind*. Nova York: Simon and Schuster, 1987. p. 62-68; 73; 78.

12 BLOOM, Allan. *The closing of the American mind*. Nova York: Simon and Schuster, 1987. p. 336 e ss.

13 No discurso de posse do atual Presidente da República Jair Bolsonaro, este declarou que "o Brasil começa a se libertar do socialismo e do politicamente correto", assumidos por Bolsonaro como seus dois principais "inimigos ideológicos" em seus atos de campanha (BENITES, Afonso; GORTÁZAR, Naiara Galarraga; COLETTA, Ricardo Della. Posse presidencial: Bolsonaro: "O Brasil começa a se libertar do socialismo, e do politicamente correto". *El País*, Brasília, 2 jan. 2019. Disponível em: https://brasil.elpais.com/brasil/2019/01/01/politica/1546380630_050685.html. Acesso em: 1º maio 2020).

14 No original: "Political correctness refers to things you can't say in public without fearing withering moral opprobrium" (FUKUYAMA, Francis. *Identity*: the demand of dignity and the politics of resentment. Nova York: Farrar, Straus and Giroux, 2018. Edição *e-book*).

15 No Brasil, ver o *Caso Ellwenger* (Habeas Corpus nº 82.424) julgado pelo STF, sobre antissemitismo e o crime de racismo.

16 Neste sentido, tal como Allan Bloom, os historiadores da Hoover Institution, Peter Duignan e L. H. Gann, tratam o politicamente correto como um fenômeno da nova esquerda americana, remetendo o início do movimento

usado como arma política pela nova direita, tal como foi comentado em relação às últimas eleições nos EUA e no Brasil.

O identitarismo presente nos movimentos contemporâneos da esquerda política torna difícil de acompanhar as mudanças nos padrões morais de discurso, sobretudo entre grupos minoritários, os quais são os alvos de proteção do discurso politicamente correto, posto que, para eles, há uma visão de que a civilização ocidental é "[...] inerentemente injusta com as minorias, mulheres e homossexuais".[17]

A criação de linguagem e identidades próprias de grupo são fenômenos antropológicos comuns da cultura das minorias urbanas, mas suas interações com grupos diferentes, em razão das diferenças no uso da linguagem, podem apresentar dificuldades de uma boa interlocução, conforme exemplo que será dado a seguir.

Acerca da linguagem, como explica Fukuyama, o "[...] uso do pronome *Ele* ou *Ela* no contexto errado denota insensibilidade com o intersexual ou pessoas transgênero",[18] ainda que, muitas vezes, o uso de terminologias consideradas "politicamente incorretas" ocorra não pelo desejo do interlocutor de causar dano à sensibilidade daquela pessoa ou da minoria a qual ela pertence, mas por falta de familiaridade do interlocutor com questões identitárias que fogem à sua própria realidade.

Na intenção de adotar uma linguagem neutra que parecesse mais inclusiva aos grupos LGBTTQ+[19] e não reforçasse posições ou papéis de gênero ou de sexualidade, muitos universitários, professores e defensores do identitarismo passaram a utilizar expressões como "tod*e*s", "el*x*" e "amig@s", ao invés de usar letras que designem alguém ou um grupo como (predominantemente) masculino ou feminino. O problema é que, a despeito da justificativa igualitária da linguagem neutra, estas expressões elencadas acima, por exemplo, não são reconhecidas por *softwares* de leitura desenvolvidos para que pessoas com deficiência visual possam navegar na internet.[20] Ironicamente, a linguagem criada para ser inclusiva para determinadas minorias acaba por ser excludente para outra minoria.

Bem, exposto o breve histórico e as características essenciais do discurso politicamente correto, incluindo suas contradições, volte-se à questão central deste tópico: "a cultura do cancelamento". O tema ainda é consideravelmente novo para que se tenha uma significativa produção textual acadêmica sobre o assunto, mas é possível apontar uma série de exemplos reais.

---

aos anos 1960 e sua influência sofrida pelo romantismo alemão do século XIX e sua crítica ao estilo de vida e à cultura burguesa (DUIGNAN, Peter; GANN, L. H. *Political correctness*: a critique. Palo Alto: Hoover Institution, 1995. *Passim*).

17 Em coluna do tradicional jornal *The New York Times*, assim consta o relato: "The view that Western civilization is inherently unfair to minorities, women and homosexuals has been at the center of politically correct thinking on campuses ever since the recent debate over university curriculums began" (BERNSTEIN, Richard. The rising hegemony of the politically correct. *The New York Times*, Nova York, seção 4, p. 1, 28 out. 1990).

18 No original: "[...] the use of *he* or *she* in the wrong context denotes insensitivity to intersex or transgender people" (FUKUYAMA, Francis. *Identity*: the demand of dignity and the politics of resentment. Nova York: Farrar, Straus and Giroux, 2018).

19 A sigla significa, em inglês: *lesbian, gay, bisexual, transgender, two-souls and queer or queer* (lésbicas, gays, bissexuais, transgêneros, duas-almas, em referência a certas tribos indígenas norte-americanas que se identificam duplamente pelo gênero feminino e masculino), e *Queer*, sem tradução para o português, termo que engloba pessoas que não se consideram heterossexuais ou cisgêneros, além do + (*plus*) que visa contemplar outras identidades sexuais que não se incluem nas demais letras.

20 TENENTE, Luiza. Escrever 'todxs' ou 'amig@s' atrapalha softwares de leitura, dizem cegos. *G1*, Rio de Janeiro, 8 jul. 2016. Disponível em: https://g1.globo.com/educacao/noticia/escrever-todxs-ou-amigs-prejudica-softwares-de-leitura-dizem-cegos.ghtml. Acesso em: 1º maio 2020.

No Brasil, uma lista variada de personalidades famosas que sofreram linchamento virtual e foram "canceladas" por fãs ou seguidores nas redes sociais inclui nomes como da cantora Anitta,[21] do humorista e ator Paulo Gustavo,[22] assim como dos apresentadores de televisão Britto Júnior e Silvio Santos,[23] a maioria deles por algum ato classificado como machista, homofóbico, ou por pura insensibilidade com certas minorias. Até onde se tem conhecimento, nenhuma das personalidades apontadas acima sofreu grande prejuízo social ou financeiro em razão das reações de "cancelamento", apesar de terem se tornado *persona non grata* para alguns, por certo tempo.

Em razão da banalidade com a qual o termo "cancelamento" tem sido usado nas redes sociais, há quem ignore os efeitos que a cultura do cancelamento possa provocar na carreira de certas pessoas.

Fato recente, contudo, pode ilustrar o prejuízo moral e financeiro que o ato de "cancelamento" pode provocar a uma pessoa: durante o período de quarentena em razão da pandemia mundial do Covid-19, a *digital influencer* Gabriela Pugliesi, com outrora milhões de seguidores no Instagram, deu uma festa – ou seja, aglomerou pessoas – postando ainda vários *stories* mostrando sua diversão e de seus convidados e, em virtude disso, foi durante criticada por seus seguidores, perdeu contratos de publicidade e acabou por excluir suas contas nas redes sociais, tendo prejuízo em dinheiro estimado em três milhões.[24]

Claro, não adentrando ao mérito dos erros cometidos ou não pelas personalidades referidas acima, a cultura do cancelamento pode se mostrar danosa aos famosos e reverter em substantivas perdas de suas receitas. No entanto, muito pior, o cancelamento pode ser devastador na vida de pessoas menos famosas e, especialmente, pessoas mais "comuns" da sociedade, como provavelmente é o caso de quem lê o presente artigo.

A cultura do cancelamento, embora tenha se estabelecido no âmbito virtual das redes sociais e seja exercitada dentro de *nichos* de interesse, tem gerado efeitos concretos na vida pessoal e profissional de pessoas no mundo *real*, como relata artigo do jornalista do *The New York Times*, John McDermoth:[25] pessoas "canceladas" perderam não só seus empregos, como também amizades.

Nos Estados Unidos, onde tanto o politicamente correto quanto a cultura do cancelamento floriram com maior vigor, é possível apontar dezenas de pessoas afetadas, não só famosos ou astros de Hollywood, mas também pessoas com trabalhos mais "modestos", como jornalistas e acadêmicos, que foram alvos de cancelamento.

---

21 NOMURA, Leandro. Anitta 'cancelada' evidencia o risco de abraçar causas. *Revista Veja*, 24 jan. 2019. Disponível em: https://veja.abril.com.br/entretenimento/anitta-cancelada-evidencia-o-risco-de-abracar-causas/. Acesso em: 4 maio 2020.

22 WEB detona Paulo Gustavo por censurar beijo gay em Minha Mãe é uma Peça. *Redação UOL*, 12 set. 2019. Disponível em: https://entretenimento.uol.com.br/noticias/redacao/2019/09/12/web-detona-paulo-gustavo-por-vetar-beijo-gay-em-minha-mae-e-uma-peca.htm. Acesso em: 5 maio 2020.

23 BERNARDO, Kaluan. De Nego do Borel a Silvio Santos, veja quem foi 'cancelado' em 2019. *Uol Tab*, 26 dez. 2019. Disponível em: https://tab.uol.com.br/noticias/redacao/2019/12/26/de-drake-a-silvio-santos-veja-quem-foi-cancelado-em-2019.htm. Acesso em: 4 maio 2020.

24 FESTA na quarentena pode gerar prejuízo de R$3 milhões para Gabriela Pugliesi. *IstoéGente*, 2 maio 2020. Disponível em: https://istoe.com.br/festa-na-quarenta-pode-gerar-prejuizo-de-r-3-milhoes-para-gabriela-pugliesi/. Acesso em: 4 maio 2020.

25 MCDERMOTT, John. Those people we tried to cancel? They're all hanging out together. *The New York Times*, 2 nov. 2019. Disponível em: https://www.nytimes.com/2019/11/02/style/what-is-cancel-culture.html. Acesso em: 8 fev. 2020.

McDermoth cita pessoas como a acadêmica Christina Hoff Summers e, especialmente, a jornalista Meghan Murphy, ambas identificadas como feministas, porém críticas dos movimentos feministas contemporâneos, e que foram "canceladas" pelas demais feministas, não apenas nas redes sociais, mas também sofrendo boicotes e protestos em espaços e eventos públicos.[26]

Para tais pessoas, como conta o articulista McDermoth, o "cancelamento" pode ser uma experiência significativamente dolorosa à mente; ciente disto, Alice Dreger, acadêmica que publicou em 2015 o livro *Galileo's middle finger*,[27] no qual faz uma forte defesa da liberdade de pesquisa acadêmica mesmo quando a pesquisa desagrada ou afronta o credo dos defensores da justiça social e do politicamente correto, tem se apresentado como uma pessoa de suporte para dezenas de "cancelados".

O ex-presidente dos EUA e ícone da nova esquerda Barack Obama fez recentemente um pronunciamento crítico à cultura do cancelamento, destacando que não se tratava de uma forma de ativismo, e que este tipo de comportamento não estava trazendo mudanças ao mundo, mas servindo apenas como uma forma de autossatisfação daquele que se coloca na posição de julgador. Em suas palavras: "[...] se eu *tweeto* ou faço uma *hashtag* sobre como você não agiu da forma correta, ou que você usou o vocábulo errado, então eu posso me sentar, relaxar e me sentir muito bem comigo mesmo pois: 'cara, você viu o quão *consciente*[28] eu fui? Eu te cancelei'".[29]

O próprio articulista John McDermoth, o qual foi citado mais acima, percebeu que as pessoas que foram canceladas pela nova esquerda e, em razão disso, perderam seus públicos originais ou antigas amizades, agora, adentraram novos círculos de amizades, normalmente formados por pessoas da direita, que em geral estão menos preocupadas com o policiamento de linguagem e questões de politicamente correto.[30]

Não obstante, embora o politicamente correto seja identificado como um fenômeno da nova esquerda, importante salientar que alguns analistas políticos perceberam que há, igualmente, um fenômeno nascente de politicamente correto na nova direita, o qual o analista de políticas migratórias Alex Nowrasteh[31] nomeou de "patrioticamente correto", e que assim define:

---

[26] HOARD, KC. Hundreds protest controversial Toronto Public Library event featuring Meghan Murphy. *The Globe and Mail*, Toronto, 29 out. 2019. Disponível em: https://www.theglobeandmail.com/canada/toronto/article-hundreds-protest-controversial-toronto-public-library-event-featuring/. Acesso em: 4 maio 2020.

[27] O ponto central do livro trata de pesquisas médicas e do uso da bioética em pesquisas que tragam conclusões ou resultados que confrontem visões de mundo das comunidades LGBTTQ+ (DREGER, Alice. *Galileo's middle finger*. Londres: Penguin Press, 2015. *Passim*).

[28] Na gíria jovem americana original, *woke* (literalmente, "desperto") ou *politically woke* ("politicamente desperto") indicam uma pessoa que se sente na posição de politicamente *consciente*, achando-se em plena compreensão das dinâmicas políticas do mundo e das percepções políticas de bem e de mal, certo e errado.

[29] Na declaração original do ex-presidente: "Like if I tweet or hashtag about how you didn't do something right, or used the wrong verb, then I can sit back and feel pretty good about myself because: 'Man, did you see how woke I was? I called you out" (BOSTOCK, Bill. Obama laid into young people being 'politically woke' and 'as judgmental as possible' in a speech about call-out culture. *Business Insider*, Nova York, 30 out. 2019. Disponível em: https://www.businessinsider.com/barack-obama-slams-call-out-culture-young-not-activism-2019-10. Acesso em: 10 maio 2020).

[30] MCDERMOTT, John. Those people we tried to cancel? They're all hanging out together. *The New York Times*, 2 nov. 2019. Disponível em: https://www.nytimes.com/2019/11/02/style/what-is-cancel-culture.html. Acesso em: 8 fev. 2020.

[31] NOWRASTEH, Alex. The right has its own version of political correctness. It's just as stifling. *The Washington Post*, 7 dez. 2016. Disponível em: https://www.washingtonpost.com/posteverything/wp/2016/12/07/the-right-has-its-own-version-of-political-correctness-its-just-as-stifling/. Acesso em: 1º maio 2020.

Trata-se de uma defesa completa, sem nuances e intransigente do nacionalismo americano, da história e dos ideais escolhidos a dedo. O ponto central de sua tese é a crença de que nada na América não pode ser consertado por mais patriotismo imposto por humilhação pública, boicotes e políticas para eliminar influências estrangeiras e não americanas.

O *modus operandi* descrito por Alex Nowrasteh tem sido adotado pela nova direita no Brasil, que igualmente promove o escárnio, a perseguição e o boicote dos opositores do atual governo federal, usando igualmente das redes sociais para seus fins, inclusive contra antigos aliados do presidente,[32] mostrando que os radicais de lados opostos acabam se encontrando em suas práticas de expurgo.

6 Redes sociais, memória, esquecimento e cancelamento

Em sua obra intitulada *Delete: the virtue of forgetting in the digital age*,[33] de 2009, o jurista Viktor Mayer-Schönberger se debruça sobre a questão da memória digital permanente e de seus efeitos na vida privada das pessoas para além do mundo virtual.

Um caso em especial tratado em seu livro é bastante ilustrativo: Stacy Snyder é uma aspirante à professora de escola para crianças que teve sua contratação negada em 2006, ainda que tenha sido aprovada em todos os exames de admissão, devido à foto publicada na rede social MySpace,[34] em que ela, em uma festa à fantasia, vestida de pirata, segurava um copo de cerveja na mão, com a seguinte legenda escrita logo abaixo: *the drunk pirate* (a pirata bêbada).[35]

O caso da professora foi um dos catalisadores para que Mayer-Schönberger estabelecesse um forte debate em torno do (ainda) polêmico "direito ao esquecimento",[36] o qual foi reconhecido no Brasil como tema de repercussão geral pelo Supremo Tribunal Federal em 2014.[37]

Em conceito bem simples, o direito ao esquecimento pode ser definido como "o direito de uma determinada pessoa não ser obrigada a recordar, ou ter recordado certos acontecimentos de sua vida",[38] tratando-se, pois, segundo a doutrina, de um novo aspecto jurídico do direito à privacidade.[39]

---

[32] Sobre o tema, ver: CAMILLO, Mateus. Guerra de hashtags e de narrativas opõe as várias direitas do Brasil. *Folha de S. Paulo*, 30 abr. 2020. Disponível em: https://hashtag.blogfolha.uol.com.br/2020/04/30/guerra-de-hashtags-e-de-narrativas-opoe-as-varias-direitas-no-twitter/. Acesso em: 1º maio 2020.

[33] MAYER-SCHÖNBERGER, Viktor. *Delete*: the virtue of forgetting in the digital age. New Jersey: Princeton, 2009.

[34] MySpace é uma rede social ainda ativa que foi a mais popular entre aos americanos desde sua fundação, em 2003, até meados de 2009, quando foi superada em termos de acesso pelo Facebook.

[35] A foto em questão foi encontrada na internet pelos diretores da instituição educacional para a qual ela se candidatava, os quais alegaram que, em razão do comportamento apresentado na foto, a mulher não teria aptidão moral para ser professora de crianças e adolescentes (MAYER-SCHÖNBERGER, Viktor. *Delete*: the virtue of forgetting in the digital age. New Jersey: Princeton, 2009. p. 1-2).

[36] As polêmicas que recaem sobre o "direito ao esquecimento" vão desde a terminologia adotada até a necessidade de se reforçar a subsidiariedade de sua aplicação. Para um panorama mais geral a respeito destas questões, ver: ACIOLI, Bruno de Lima; EHRHARDT JÚNIOR, Marcos. Notas sobre o direito à privacidade e o direito ao esquecimento no ordenamento jurídico brasileiro. *In*: EHRHARDT JÚNIOR, Marcos; LOBO, Fabíola Albuquerque (Coord.). *Privacidade e sua compreensão no direito brasileiro*. Belo Horizonte: Fórum, 2019.

[37] Para mais detalhes, ver os autos do processo eletrônico do RE nº 1.010.606.

[38] CORREIA JR., José Barros; GALVÃO, Luís Holanda. Direito civil: da memória ao esquecimento. *In*: CORREIA JR., José Barros; GALVÃO, Vivianny (Org.). *Direito à memória e direito ao esquecimento*. Maceió: Edufal, 2015. p. 22.

[39] Neste sentido: SCHREIBER, Anderson. *Direitos da personalidade*. São Paulo: Atlas, 2014. p. 170.

Como se pode perceber, a discussão sobre direito ao esquecimento e memória digital, inclusive acerca da possibilidade de aquilo que você publica em suas redes sociais hoje ser posteriormente usado contra você no futuro – *vide* o caso da foto da professora no MySpace –, é bem anterior ao recente fenômeno da agressiva cultura do cancelamento e da militância de internet.

Não se trata aqui de exaltar o caráter visionário da obra de Mayer-Schönberger e de vários de outros, mas de se compreender a real extensão e, acima de tudo, efetividade de um "direito ao esquecimento". Primeiramente que, como argumentam Ingo Sarlet e Arthur Ferreira Neto, dentro de um Estado Democrático de Direito,

> [...] não pode ser qualquer manifestação que exponha aspectos da vida privada que justifique a invocação e proteção do direito ao "esquecimento", de modo que, por ocasião do necessário balanceamento entre os direitos de personalidade e a liberdade de expressão e informação, o ônus argumentativo para se fazer prevalecer os direitos de personalidade deve ser particularmente elevado.[40]

Segundo, que a tentativa de se controlar o fluxo de informações na internet, por mais que baseado em balizas jurídicas sólidas, tem gerado repetidamente efeitos sociais reversos: ao invés de fazer com que a informação indesejada seja "esquecida", há um efeito oposto, de incentivar a curiosidade e a busca por aquela informação: o efeito *Straisand*.[41]

Não à toa, o primeiro cidadão europeu a fazer jus ao direito ao esquecimento no notável caso Google Spain, julgado pela Corte da União Europeia, hoje não pode escapar da fama gerada pela divulgação na imprensa e nos meios jurídicos de seu caso, que se tornou de inevitável interesse público e acadêmico.[42]

Obviamente a questão é complicada, de modo que as ferramentas jurídicas disponíveis nem sempre serão capazes de dar conta de, ao menos, mitigar os efeitos sociais sofridos por uma pessoa "cancelada", tratando aqui do tema central deste artigo.

Talvez seja o caso, dentro da perspectiva de tríplice controle de dados sugerida pelo professor Daniel Bucar,[43] de rejeitar-se o controle temporal de dados (o direito ao esquecimento) em favor de formas de controle contextual, tal como o direito de resposta.[44]

---

40 SARLET, Ingo Wolfgang; FERREIRA NETO, Arthur M. *O direito ao "esquecimento" na sociedade da informação.* Porto Alegre: Livraria do Advogado, 2019. p. 79.

41 Tal fenômeno foi nomeado de "efeito Streisand" pelo jornalista Mike Masnick, em referência à Barbara Streisand, que venceu uma disputa judicial com um *site* de internet que publicou fotos de sua mansão em uma tomada aérea da praia de Malibu, mas não "venceu" os usuários da internet, que passaram a replicar ativamente pela rede as fotos alvo da polêmica. Para saber mais: MASNICK, Mike. Since when is it illegal to just mention a trademark online? *Techdirt*, Redwood City, 5 jan. 2005. Disponível em: https://www.techdirt.com/articles/20050105/0132239.shtml. Acesso em: 18 maio 2019.

42 PEGUERA, Miquel. No more right to be forgotten for Mr. Corteja, says Spanish Data Protection Authority. *The Center for Internet and Society, Stanford Law School*, Stanford, 3 out. 2015. Disponível em: https://cyberlaw.stanford.edu/blog/2015/10/no-more-right-be-forgotten-mr-costeja-says-spanish-data-protection-authority. Acesso em: 6 maio 2020.

43 Segundo o autor, o tríplice controle se divide em controle espacial, controle contextual e controle temporal de dados (BUCAR, Daniel. Controle temporal de dados: o direito ao esquecimento. *Civilística.com*, Rio de Janeiro, ano 2, n. 3, jul./set. 2013. Disponível em: https://civilistica.emnuvens.com.br/redc/article/view/113/83. Acesso em: 6 maio 2020).

44 Art. 5º, inc. V, da Constituição Federal: "[...] é assegurado o direito de resposta, proporcional ao agravo, além da indenização por dano material, moral ou à imagem".

Além disso, é importante ressaltar que todos estão passíveis de cometer erros ou desagradar terceiros e, em razão disso, se retratar, caso seja do desejo ou da necessidade da pessoa que sofrera o cancelamento, é sempre um ato nobre e possível, sendo a retratação uma das formas mais antigas de redenção social.

7 Considerações finais

A privacidade mudou significativamente no século XXI. Há quem decrete, inclusive, a morte da privacidade nesta era digital, o que é um exagero.

Por mais que as redes sociais tenham incentivado as pessoas, públicas ou comuns, a se exporem muito mais do que fariam na era das tecnologias analógicas, toda pessoa ainda guarda para si algo que ela não deseja compartilhar com todo mundo.

O próprio ato de se expor e, acima de tudo, a forma como alguém se expõe publicamente é, também, uma das dimensões da privacidade, afinal, hoje mesmo os juristas entendem que a privacidade deve ser entendida em sentido mais amplo, não mais se limitando ao *direito de ser deixado em paz.*

A questão delicada acerca da privacidade atualmente é que, mais e mais, em função de aspectos da cultura das redes sociais que impõem uma repressão à linguagem e ao comportamento, as pessoas estão mais sujeitas a sofrerem danos aos seus direitos de personalidade.

Aliás, a consequência parece até lógica: quanto mais alguém se expõe, mais sujeita estará de ser alvo de críticas e perseguições. O ponto central é que ninguém deveria ter tanto receio de expor crenças ou opiniões como se tem hoje.

A sensibilidade das pessoas em termos de política e de cultura parece estar mais aguçada do que em qualquer outro momento recente da história, e isso inevitavelmente leva a um grau considerável de desagregação social, por vezes até em nível familiar.

Necessário, portanto, se reforçar a tolerância entre as pessoas, inclusive a tolerância ao intolerante, enquanto o intolerante puder ser refutado pela razão colocada em argumentos, e evitar as reações emocionais aos desacordos sociais, que só geram, elas mesmas, reações emocionais em polo diverso.

Até porque, por fim, o radicalismo da cultura do cancelamento e do politicamente correto e de seus militantes ainda vai levar, algum dia, a todos serem cancelados por todos,[45] pois ninguém é detentor da virtude soberana. Talvez a cultura do cancelamento esteja fadada a fracassar em breve, visto sua insustentabilidade.

De outro modo, enquanto as pessoas estiverem dispostas a cancelarem umas às outras, segue-se a parábola, como diria a cantora baiana Pitty, por vezes estandarte do politicamente correto, "quem não tem teto de vidro que atire a primeira pedra".

---

[45] Cumpre fazer um pequeno destaque, de passagem, ao recente manifesto intitulado *Uma carta sobre justiça e debate aberto*, assinado no dia 7.7.2020 por intelectuais, jornalistas e escritores notáveis como Noam Chomsky, Francis Fukuyama, Steven Pinker e J. K. Rowling, pelo qual fazem um apelo à cessação das animosidades no debate público atual e ao fim da cultura do cancelamento; não tardou a surgir um manifesto contrário intitulado *Uma carta mais específica sobre justiça e debate aberto*, datado de 10.7.2020, assinado por um grupo de intelectuais, acadêmicos e jornalistas não brancos, em resposta e com duras críticas à postura alegadamente "antiminorias" dos signatários do primeiro manifesto. Os dois manifestos foram traduzidos e publicados na íntegra pelo jornal *Folha de S.Paulo* (LEIA manifestos sobre cultura do cancelamento e liberdade de expressão. *Folha de S.Paulo*, 17 jul. 2020. Disponível em: https://www1.folha.uol.com.br/ilustrissima/2020/07/leia-manifestos-sobre-cultura-do-cancelamento-e-liberdade-de-expressao.shtml. Acesso em: 24 jul. 2020).

Referências

ACIOLI, Bruno de Lima; EHRHARDT JÚNIOR, Marcos. Notas sobre o direito à privacidade e o direito ao esquecimento no ordenamento jurídico brasileiro. *In*: EHRHARDT JÚNIOR, Marcos; LOBO, Fabíola Albuquerque (Coord.). *Privacidade e sua compreensão no direito brasileiro*. Belo Horizonte: Fórum, 2019.

BENITES, Afonso; GORTÁZAR, Naiara Galarraga; COLETTA, Ricardo Della. Posse presidencial: Bolsonaro: "O Brasil começa a se libertar do socialismo, e do politicamente correto". *El País*, Brasília, 2 jan. 2019. Disponível em: https://brasil.elpais.com/brasil/2019/01/01/politica/1546380630_050685.html. Acesso em: 1º maio 2020.

BERNARDO, Kaluan. De Nego do Borel a Silvio Santos, veja quem foi 'cancelado' em 2019. *Uol Tab*, 26 dez. 2019. Disponível em: https://tab.uol.com.br/noticias/redacao/2019/12/26/de-drake-a-silvio-santos-veja-quem-foi-cancelado-em-2019.htm. Acesso em: 4 maio 2020.

BERNSTEIN, Richard. The rising hegemony of the politically correct. *The New York Times*, Nova York, seção 4, p. 1, 28 out. 1990.

BLOOM, Allan. *The closing of the American mind*. Nova York: Simon and Schuster, 1987.

BOSTOCK, Bill. Obama laid into young people being 'politically woke' and 'as judgmental as possible' in a speech about call-out culture. *Business Insider*, Nova York, 30 out. 2019. Disponível em: https://www.businessinsider.com/barack-obama-slams-call-out-culture-young-not-activism-2019-10. Acesso em: 10 maio 2020.

BUCAR, Daniel. Controle temporal de dados: o direito ao esquecimento. *Civilística.com*, Rio de Janeiro, ano 2, n. 3, jul./set. 2013. Disponível em: https://civilistica.emnuvens.com.br/redc/article/view/113/83. Acesso em: 6 maio 2020.

CAMILLO, Mateus. Guerra de hashtags e de narrativas opõe as várias direitas do Brasil. *Folha de S. Paulo*, 30 abr. 2020. Disponível em: https://hashtag.blogfolha.uol.com.br/2020/04/30/guerra-de-hashtags-e-de-narrativas-opoe-as-varias-direitas-no-twitter/. Acesso em: 1º maio 2020.

CORREIA JR., José Barros; GALVÃO, Luís Holanda. Direito civil: da memória ao esquecimento. *In*: CORREIA JR., José Barros; GALVÃO, Vivianny (Org.). *Direito à memória e direito ao esquecimento*. Maceió: Edufal, 2015.

COWIE, Tom. Cancel culture is the Macquarie Dictionary's word of the year for 2019. *The Sydney Morning Herald*, 2 dez. 2019. Disponível em: https://www.smh.com.au/culture/books/cancel-culture-is-the-macquarie-dictionary-s-word-of-the-year-for-2019-20191202-p53fzy.html. Acesso em: 8 fev. 2020.

DEMARTINI, Felipe. Brasil já tem mais de um smartphone ativo por habitante. *Canaltech*, 20 abr. 2018. Disponível em: https://canaltech.com.br/produtos/brasil-ja-tem-mais-de-um-smartphone-ativo-por-habitante-112294/. Acesso em: 10 maio 2020.

DREGER, Alice. *Galileo's middle finger*. Londres: Penguin Press, 2015.

DUIGNAN, Peter; GANN, L. H. *Political correctness*: a critique. Palo Alto: Hoover Institution, 1995.

DWORKIN, Ronald. *Domínio da vida*: aborto, eutanásia e liberdades individuais. São Paulo: Martins Fontes, 2003.

EHRHARDT JÚNIOR, Marcos; PEIXOTO, Erick Lucena Campos. Os desafios da compreensão do direito à privacidade no sistema jurídico brasileiro em face das novas tecnologias. *Revista Jurídica Luso-Brasileira*, Lisboa, ano 6, n. 2, p. 389-418, 2020.

FESTA na quarentena pode gerar prejuízo de R$3 milhões para Gabriela Pugliesi. *Istoé Gente*, 2 maio 2020. Disponível em: https://istoe.com.br/festa-na-quarenta-pode-gerar-prejuizo-de-r-3-milhoes-para-gabriela-pugliesi/. Acesso em: 4 maio 2020.

FUKUYAMA, Francis. *Identity*: the demand of dignity and the politics of resentment. Nova York: Farrar, Straus and Giroux, 2018.

HOARD, KC. Hundreds protest controversial Toronto Public Library event featuring Meghan Murphy. *The Globe and Mail*, Toronto, 29 out. 2019. Disponível em: https://www.theglobeandmail.com/canada/toronto/article-hundreds-protest-controversial-toronto-public-library-event-featuring/. Acesso em: 4 maio 2020.

LEIA manifestos sobre cultura do cancelamento e liberdade de expressão. *Folha de S.Paulo*, 17 jul. 2020. Disponível em: https://www1.folha.uol.com.br/ilustrissima/2020/07/leia-manifestos-sobre-cultura-do-cancelamento-e-liberdade-de-expressao.shtml. Acesso em: 24 jul. 2020.

LÉVY, Pierre. *Cibercultura*. São Paulo: 34, 1999.

MASNICK, Mike. Since when is it illegal to just mention a trademark online? *Techdirt*, Redwood City, 5 jan. 2005. Disponível em: https://www.techdirt.com/articles/20050105/0132239.shtml. Acesso em: 18 maio 2019.

MAYER-SCHÖNBERGER, Viktor. *Delete*: the virtue of forgetting in the digital age. New Jersey: Princeton, 2009.

MCDERMOTT, John. Those people we tried to cancel? They're all hanging out together. *The New York Times*, 2 nov. 2019. Disponível em: https://www.nytimes.com/2019/11/02/style/what-is-cancel-culture.html. Acesso em: 8 fev. 2020.

NOMURA, Leandro. Anitta 'cancelada' evidencia o risco de abraçar causas. *Revista Veja*, 24 jan. 2019. Disponível em: https://veja.abril.com.br/entretenimento/anitta-cancelada-evidencia-o-risco-de-abracar-causas/. Acesso em: 4 maio 2020.

NOWRASTEH, Alex. The right has its own version of political correctness. It's just as stifling. *The Washington Post*, 7 dez. 2016. Disponível em: https://www.washingtonpost.com/posteverything/wp/2016/12/07/the-right-has-its-own-version-of-political-correctness-its-just-as-stifling/. Acesso em: 1º maio 2020.

PEGUERA, Miquel. No more right to be forgotten for Mr. Corteja, says Spanish Data Protection Authority. *The Center for Internet and Society, Stanford Law School*, Stanford, 3 out. 2015. Disponível em: https://cyberlaw.stanford.edu/blog/2015/10/no-more-right-be-forgotten-mr-costeja-says-spanish-data-protection-authority. Acesso em: 6 maio 2020.

ROSEN, Jeffrey. *The unwanted gaze*: the destruction of privacy in America. New York: Vintage Books, 2001.

RÖSSLER, Beate. *The value of privacy*. Cambridge: Polity, 2015.

SARLET, Ingo Wolfgang; FERREIRA NETO, Arthur M. *O direito ao "esquecimento" na sociedade da informação*. Porto Alegre: Livraria do Advogado, 2019.

SCHREIBER, Anderson. *Direitos da personalidade*. São Paulo: Atlas, 2014.

TENENTE, Luiza. Escrever 'todxs' ou 'amig@s' atrapalha softwares de leitura, dizem cegos. *G1*, Rio de Janeiro, 8 jul. 2016. Disponível em: https://g1.globo.com/educacao/noticia/escrever-todxs-ou-amigs-prejudica-softwares-de-leitura-dizem-cegos.ghtml. Acesso em: 1º maio 2020.

WEB detona Paulo Gustavo por censurar beijo gay em Minha Mãe é uma Peça. *Redação UOL*, 12 set. 2019. Disponível em: https://entretenimento.uol.com.br/noticias/redacao/2019/09/12/web-detona-paulo-gustavo-por-vetar-beijo-gay-em-minha-mae-e-uma-peca.htm. Acesso em: 5 maio 2020.

Informação bibliográfica deste texto, conforme a NBR 6023:2018 da Associação Brasileira de Normas Técnicas (ABNT):

ACIOLI, Bruno de Lima; PEIXOTO, Erick Lucena Campos. A privacidade nas redes sociais virtuais e a cultura do cancelamento. *In*: EHRHARDT JÚNIOR, Marcos; CATALAN, Marcos; MALHEIROS, Pablo (Coord.). *Direito Civil e tecnologia*. Belo Horizonte: Fórum, 2020. p. 101-116. ISBN 978-65-5518-036-7.

CÂMERAS PRIVADAS DE VIGILÂNCIA ANTE O DIREITO À PRIVACIDADE E OS LIMITES IMPOSTOS PELA LEI GERAL DE PROTEÇÃO DE DADOS PESSOAIS

JÉSSICA ANDRADE MODESTO

MARCOS EHRHARDT JÚNIOR

1 Introdução

O uso de câmeras privadas de vigilância se popularizou. A redução dos custos de implantação desses equipamentos e o aumento da sensação de insegurança faz crescer essa demanda, cujo mercado global vê um crescimento médio anual de 13,1%.[1] Além disso, hoje, as câmeras de segurança podem ser conectadas à internet, permitindo que as pessoas possam acompanhar, em tempo real, as imagens capturadas por meio de seus *smartphones* e demais aparelhos eletrônicos, o que potencializa a vigilância desses equipamentos.

Nos Estados Unidos, por exemplo, uma linha de campainhas inteligentes envia alertas por meio de um aplicativo móvel para os usuários sempre que a campainha é tocada ou mesmo quando ela apenas detecta movimentos. Os usuários ainda possuem a opção de compartilhar as imagens na rede social pública da marca, de modo que as pessoas podem denunciar crimes locais e discutir eventos suspeitos.

A rede social, ainda, combina relatórios policiais oficiais com as postagens dos proprietários de casas próximas relatando pacotes roubados, ruídos misteriosos, visitantes questionáveis e animais desaparecidos. Os usuários da rede social são anônimos no aplicativo, contudo, os vídeos divulgados não ocultam rostos ou vozes capturados pela câmera. Ainda, é possível conversar diretamente com policiais que firmaram parceria com o aplicativo das campainhas inteligentes, os quais recebem alertas sempre que um usuário posta uma mensagem dentro da sua área de atuação.[2]

---

1 DINO. Divulgador de Notícias. Câmeras de Segurança: quando, aonde e como quiser. *Exame,* 22 ago. 2018. Disponível em: https://exame.abril.com.br/negocios/dino/cameras-de-seguranca-quando-aonde-e-como-quiser/. Acesso em: 20 nov. 2019.

2 HARWELL, Drew. Doorbell-camera firm Ring has partnered with 400 police forces, extending surveillance concerns. *The Washington Post,* 28 ago. 2019. Disponível em: https://www.washingtonpost.com/technology/

A instalação de câmeras de vigilância é, *a priori*, lícita, e decorre do exercício do direito de propriedade do indivíduo, do direito à incolumidade física, havendo um interesse legítimo que justifica, juridicamente, a instalação dos sistemas de monitoramento. No entanto, isso não significa dizer que tudo é permitido àquele que deseja instalá-las.

Esse cenário traz uma série de questões éticas e jurídicas que demandam reflexão. As câmeras de vigilância podem violar a privacidade dos indivíduos cuja imagem é capturada? Quais limites poderiam ser aplicados ao uso de tais equipamentos de segurança? É ilícita a divulgação não autorizada das imagens capturadas por esses equipamentos, ainda que o indivíduo filmado esteja em via pública? A Lei Geral de Proteção de Dados Pessoais, ainda em *vacatio legis*, traz disposições a serem observadas no uso de câmeras de vigilância?

Nesse sentido, o presente trabalho se propõe a analisar os questionamentos apontados. Para tanto, será realizada uma pesquisa bibliográfica/documental acerca do tema, partindo-se do estudo do direito à privacidade na sociedade da informação, buscando-se analisar o conteúdo desse direito na atualidade. Em seguida, passar-se-á à investigação dos possíveis limites que esse direito e a Lei nº 13.709/2018 – Lei Geral de Proteção de Dados Pessoais impõem à utilização das câmeras privadas de vigilância.

2 Direito à privacidade na sociedade da informação

A construção do conceito de privacidade, enquanto direito autônomo, tem seus primeiros contornos bem delineados no artigo *The rigth to privacy*, escrito por Warren e Brandeis. Entretanto, o conceito original da palavra "privado" surgiu na Antiguidade Clássica, cujo significado correspondia àquilo que era "não público".[3]

Assim, o adjetivo *publicus*[4] dizia respeito àquilo que pertencia ao povo romano, enquanto que *privatus* se referia a tudo que não se relacionasse ao Estado, bem como ao cidadão que não era magistrado, isto é, que não exercia um múnus público.[5] Nessa época, não se envolver com assuntos de interesse público, ausentando-se da *res publica*, era algo socialmente reprovável, haja vista que tal distanciamento era algo destinado aos destituídos. Além disso, também era algo perigoso e extremamente dispendioso.[6]

Também na Idade Média não há um anseio geral pela privacidade, entretanto, já havia a possibilidade de alguns senhores feudais isolarem-se dos demais, se assim o desejassem, o que não era a regra naquele momento histórico,[7] uma vez que, no feudalismo, todos os indivíduos eram ligados por uma série de relações que se refletiam na própria organização da vida cotidiana.[8]

2019/08/28/doorbell-camera-firm-ring-has-partnered-with-police-forces-extending-surveillance-reach/. Acesso em: 20 nov. 2019.

3 POSNER, Richard A. *A economia da justiça*. São Paulo: WMF Martins Fontes, 2010. p. 317.

4 Danilo Doneda esclarece que, embora a difusão do vocábulo tenha se dado na língua inglesa (*privacy*), a palavra "privacidade" tem raiz latina, do adjetivo *privatus* (DONEDA, Danilo. *Da privacidade à proteção de dados pessoais*: elementos da formação da Lei Geral de Proteção de Dados. 2. ed. São Paulo: Thomson Reuters Brasil, 2019. p. 102).

5 PEIXOTO, Erick L. C.; EHRHARDT JÚNIOR, Marcos. Breves notas sobre a ressignificação da privacidade. *Revista Brasileira de Direito Civil*, Belo Horizonte, v. 16, jan./jun. 2018. p. 37. Disponível em: https://rbdcivil.ibdcivil.org.br/rbdc/article/view/230. Acesso em: 12 jun. 2019.

6 POSNER, Richard A. *A economia da justiça*. São Paulo: WMF Martins Fontes, 2010. p. 318.

7 DONEDA, Danilo. *Da privacidade à proteção de dados pessoais*: elementos da formação da Lei Geral de Proteção de Dados. 2. ed. São Paulo: Thomson Reuters Brasil, 2019. p. 116.

8 RODOTÀ, Stefano. *A vida na sociedade da vigilância* – A privacidade hoje. Rio de Janeiro: Renovar, 2008. p. 26.

Com a desagregação da sociedade feudal, a possibilidade de isolamento se estende a todos que dispunham de meios materiais para reproduzir condições que satisfizessem esta nova necessidade de intimidade. Essa nova realidade recebe bastante influência das transformações socioeconômicas relacionadas à Revolução Industrial, como as novas técnicas de construção das habitações e a separação entre a casa e o local de trabalho.[9]

Nesse cenário, a privacidade surge não como a realização de uma exigência natural de cada indivíduo, mas como a aquisição de um privilégio por parte de um grupo, qual seja, a burguesia, já que a classe operária ficou excluída da privacidade em virtude de suas condições materiais. Por esta razão, os instrumentos jurídicos utilizados para tutelar a privacidade nesse momento foram modelados com base no direito à propriedade,[10] o que muitas vezes ainda faz sentir sua influência.[11]

Como se percebe, até esse momento a privacidade ainda não era tida como um direito autônomo. Em 1890, Samuel Dennis Warren, incomodado com os excessos da imprensa ao noticiar fatos da sua família, e seu sócio Louis Dembitz Brandeis reuniram decisões judiciais antigas, as quais, concluíram, basearam-se em um princípio mais amplo a que chamaram de *right to privacy*, o qual merecia autonomia. Escreveram, então, o artigo *The rigth to privacy*, lançando as bases do conceito tradicional de privacidade como "direito a ser deixado só" ou "direito de ser deixado em paz".[12]

Nesse contexto, o direito à privacidade tinha um caráter fortemente individualista, identificando-se com a proteção à vida íntima, familiar e pessoal de cada indivíduo. Além disso, a sua tutela assumia uma conotação puramente negativa, uma vez que "impunha aos outros somente um dever geral de abstenção (não fazer)".[13]

A partir de 1960, contudo, esse cenário começa a se alterar. O aumento da capacidade técnica de recolher, processar e utilizar a informação permitiu que os Estados realizassem, em nome da eficiência administrativa, coletas de diversos dados dos cidadãos, muitos de cunho pessoal.[14] Instituições privadas também começam a coletar informações pessoais. Esse fato começa a provocar preocupações acerca de como o tratamento de dados poderia se apresentar como um instrumento para o autoritarismo e para a execução de uma política de discriminação baseada em opiniões políticas, religiosas, sindicais e até mesmo sobre a raça.[15] Ademais, o tratamento de dados passa a permitir a produção de perfis individuais, familiares ou de grupos, os quais, inclusive, podem ser cedidos a terceiros.[16]

Na sociedade da informação, os dados pessoais adquirem bastante relevância diante dos muitos benefícios para o desenvolvimento da sociedade que o seu tratamento

---

9 RODOTÀ, Stefano. *A vida na sociedade da vigilância* – A privacidade hoje. Rio de Janeiro: Renovar, 2008. p. 26.

10 RODOTÀ, Stefano. *A vida na sociedade da vigilância* – A privacidade hoje. Rio de Janeiro: Renovar, 2008. p. 27.

11 DONEDA, Danilo. *Da privacidade à proteção de dados pessoais*: elementos da formação da Lei Geral de Proteção de Dados. 2. ed. São Paulo: Thomson Reuters Brasil, 2019. p. 119.

12 BRANDEIS, Louis D.; WARREN, Samuel D. The right to privacy. *Havard Law Review*, v. 4, n. 5, Dec. 15, 1890.

13 SCHREIBER, Anderson. *Direitos da personalidade*. 3. ed. São Paulo: Atlas, 2014. p. 137.

14 BOLESINA, Iuri. *O "direito à extimidade" e a sua tutela por uma autoridade local de proteção de dados pessoais*: as inter-relações entre identidade, ciberesapaço, privacidade e proteção de dados pessoais em face das intersecções jurídicas entre o público e o privado. 2016. Tese (Doutorado – Área de concentração Demandas Sociais e Políticas Públicas – Eixo temático Diversidade e Políticas Públicas) – Programa de Pós-Graduação em Direito, Universidade de Santa Cruz do Sul – UNISC, Santa Cruz do Sul, 2016. p. 208. Disponível em: https://unisc.br/images/curso-24/teses/2016/rosane_porto.pdf. Acesso em: 2 dez. 2019.

15 RODOTÀ, Stefano. *A vida na sociedade da vigilância* – A privacidade hoje. Rio de Janeiro: Renovar, 2008. p. 28-30.

16 RODOTÀ, Stefano. *A vida na sociedade da vigilância* – A privacidade hoje. Rio de Janeiro: Renovar, 2008. p. 46.

adequado pode trazer. Nesse cenário, os dados se tornaram bastante valiosos, verdadeiros ativos de mercado, a ponto de serem considerados o "novo petróleo".[17]

O conceito de dado pessoal pode ser entendido como fatos, comunicações e ações que se referem a um indivíduo identificado ou identificável.[18] Em outras palavras, dado pessoal é todo dado relacionado a uma pessoa singular que possa ser identificada, direta ou indiretamente, em especial por referência a um identificador, como exemplo, um nome, um número de identificação, dados de localização, identificadores por via eletrônica ou a um ou mais elementos específicos da identidade física, fisiológica, genética, mental, econômica, cultural ou social dessa pessoa singular.[19]

Contudo, não é difícil imaginar como essas inovações tecnológicas e toda essa disseminação de informações são capazes de provocar sérios danos aos indivíduos. Diante disso, o direito deve buscar acompanhar as transformações verificadas na sociedade para que fatos relevantes não fiquem de fora do mundo jurídico, de modo que o conceito tradicional de privacidade, ligado à propriedade, à possibilidade de estar sozinho, não é mais suficiente para tutelar, de maneira ampla, a pessoa, num contexto em que a divulgação das imagens e de outros dados pessoais do indivíduo é cada vez mais frequente e pode revelar os detalhes mais íntimos de sua vida, podendo provocar diversos danos à personalidade.

Isso posto, o direito à privacidade tem seu conceito ampliado em razão de a evolução das formas de divulgação e apreensão de dados pessoais ter expandido as formas potenciais de violação da esfera privada, máxime pelo acesso não autorizado de terceiros a esses dados. Dessa feita, "a tutela da privacidade passa a ser vista não só como o direito de não ser molestado, mas também como o direito de controlar a circulação dos dados pessoais".[20]

Nessa mesma esteira, Anderson Schreiber afirma que, em uma "sociedade caracterizada pelo constante intercâmbio de informações, o direito à privacidade deve se propor a algo mais que àquela finalidade inicial, restrita à proteção da vida íntima", devendo abarcar também o direito do indivíduo de manter o controle sobre seus dados pessoais.[21]

Ademais, torna-se evidente que o direito à privacidade não tutela a pessoa somente numa dimensão espacial, em espaços privados, mas resguarda o indivíduo até mesmo em espaços públicos, como se verá.

---

[17] MULHOLLAND, Caitlin; TERRA, Aline de Miranda Valverde. A utilização econômica de rastreadores e identificadores on-line de dados pessoais. *In*: TEPEDINO, Gustavo; FRAZÃO, Ana; OLIVA, Milena Donato (Coord.). *Lei Geral de Proteção de Dados Pessoais e suas repercussões no direito brasileiro*. São Paulo: Thomson Reuters Brasil, 2019. p. 615.

[18] MENDES, Laura Schertel. *Privacidade, proteção de dados e defesa do consumidor* – Linhas gerais de um novo direito fundamental. São Paulo: Saraiva, 2014. p. 55-56.

[19] Art. 4º (UNIÃO EUROPEIA. *Regulamento (EU) 2016/679 do Parlamento Europeu e do Conselho, de 27 de abril de 2016, relativo a proteção das pessoas singulares no que diz respeito ao tratamento de dados pessoais e a livre circulação desses dados e que revoga a Diretiva 95/46/CE (Regulamento Geral de Proteção de Dados*. Disponível em: https://protecao-dados.pt/wp-content/uploads/2017/07/Regulamento-Geral-Prote%C3%A7%C3%A3o-Dados.pdf. Acesso em: 20 nov. 2019).

[20] MULHOLLAND, Caitlin. Dados pessoais sensíveis e a tutela de direitos fundamentais: uma análise à luz da Lei Geral de Proteção de Dados (Lei 13.709/18). *Revista Direitos e Garantias Fundamentais*, Vitória, v. 19, n. 3, p. 171-172, set./dez. 2018. Disponível em: http://sisbib.emnuvens.com.br/direitosegarantias/article/view/1603. Acesso em: 20 nov. 2019.

[21] SCHREIBER, Anderson. *Direitos da personalidade*. 3. ed. São Paulo: Atlas, 2014. p. 137.

Nesse diapasão, a privacidade é um *umbrela term*,[22] isto é, um termo guarda-chuva que abrange uma série de direitos, como o direito ao sigilo, o direito à inviolabilidade de domicílio, o direito à imagem, o direito à intimidade e o direito à proteção de dados pessoais. Isso significa que o direito à privacidade é gênero do qual todos esses, além de vários outros direitos, são espécie.

3 Os limites à utilização das câmeras privadas de vigilância: o direito à privacidade e a Lei Geral de Proteção de Dados Pessoais

Quando se trata da relação entre câmeras de vigilância e direito à privacidade, existem situações em que os limites à utilização desses equipamentos são perceptíveis mais claramente. Dificilmente, por exemplo, alguém defenderá que é lícita a instalação de câmeras de vigilância em posição que seja capaz de captar o interior do imóvel do vizinho. Entretanto, existem situações em que esses limites não são tão claros.

Um empregador pode instalar equipamentos de monitoramento para vigiar o estabelecimento? Negar-lhe esse direito ofenderia seu direito à propriedade, haja vista que o uso de câmeras de vigilância se presta a zelar pelo patrimônio da organização e pela segurança física dos funcionários. Contudo, esse direito deve encontrar limites nos direitos fundamentais dos empregados. Assim, não pode o empregador instalar câmeras em banheiros, por exemplo. O Tribunal Superior do Trabalho brasileiro tem entendido que até mesmo a instalação de câmeras em refeitórios viola a privacidade dos empregados e, portanto, não é permitida.[23]

Um pai pode instalar câmeras de vigilância no quarto do seu filho adolescente? Ainda que a propriedade de todo o imóvel pertença ao genitor, isso não o autoriza a fazer tal instalação, uma vez que o adolescente tem direito a exercer sua privacidade naquele determinado espaço, não podendo o direito de propriedade do pai suprimir as liberdades fundamentais de seu filho.

Recentemente, viralizou na internet um vídeo conhecido como "mulher engolida por portão de garagem", o qual mostra uma advogada que, ao voltar da hidroginástica, passou pela frente de uma garagem que estava com o portão automático aberto e, nesse momento, o proprietário do imóvel, sem perceber a passante, fechou o portão, empurrando a mulher para dentro da casa, a qual ficou presa por uma hora no imóvel.[24]

A situação foi captada por uma câmera de vigilância e compartilhada na internet sem a autorização da mulher cuja imagem aparece no vídeo. Em poucas horas, o vídeo teve inúmeros acessos e compartilhamentos, ficando conhecido em todo o país. A câmera filmou um acontecimento que se passou em via pública, não filmou dentro da casa de nenhum dos envolvidos. Apesar disso, a advogada teria direito à privacidade?

---

[22] SOLOVE, Daniel J. A taxonomy of privacy. *University of Pennsylvania Law Review*, v. 154, n. 3, jan. 2006. p. 485. Disponível em: https://www.law.upenn.edu/journals/lawreview/articles/volume154/issue3/Solove154U.Pa.L.Rev.477(2006).pdf. Acesso em: 2 dez. 2019.

[23] BRASIL. TST. *RO 361500-46.2009.5.04.0000*. Rel. Min. Dora Maria da Costa, j. 16.11.2015, Seção Especializada em Dissídios Coletivos, 27.11.2015. Disponível em: https://jurisprudencia.tst.jus.br/#153dc6c3fe1b644febbba8e0c5fbe08c. Acesso em: 12 abr. 2020.

[24] MULHER "engolida" por portão em GO diz como saiu da garagem: "subi na pia". *Universa*, 29 out. 2019. Disponível em: https://www.uol.com.br/universa/noticias/redacao/2019/10/29/mulher-engolida-por-portao-fala-pela-1a-vez.htm. Acesso em: 20 nov. 2019.

O proprietário da câmera de vigilância poderia compartilhar a imagem da mulher na internet, sem a sua autorização, somente pelo fato de a cena ter acontecido na rua?

Como visto, o direito à privacidade tutela também a pessoa em espaços públicos. Nas palavras de Anderson Schreiber, o direito à privacidade não é restrito ao ambiente doméstico, "o simples fato de um local ter acesso aberto ao público não significa que tudo que seja dito ou praticado por uma pessoa em tal espaço possa ser legitimamente divulgado em cadeia nacional".[25]

Aqui, importa ressaltar que, ao divulgar o vídeo na internet, uma situação que estaria restrita aos olhos daqueles que passavam pela rua no momento e do proprietário da câmera agora se torna conhecida nacionalmente, atingindo um alcance bem maior, expondo a imagem da envolvida e, até mesmo, podendo causar-lhe sérios constrangimentos.

Assim, um vídeo que, a princípio, foi capturado com o objetivo legítimo de dar maior segurança à propriedade, torna-se agora, com essa superexposição, uma filmagem em que o foco é a mulher atingida pelo portão da garagem, o que demonstra a ilicitude do fato, haja vista que o direito à imagem é inviolável.

Com tantos equipamentos eletrônicos a nossa volta, desde as câmeras de celular, passando pelas de segurança até os satélites controlados por grandes conglomerados de mídia, a liberdade do indivíduo encontra-se cada vez mais ameaçada. Não se pode mais nem mesmo tropeçar e cair sem correr o risco de virar o próximo *meme* viral.

Importante dizer, ainda, que o fato de a divulgação de um vídeo não ferir a honra do indivíduo não exclui a lesão à imagem.[26] Esse é também o entendimento adotado pelo Supremo Tribunal Federal, o qual decidiu no RE nº 215.984-RJ[27] que "para a reparação do dano moral não se exige a ocorrência da ofensa à reputação do indivíduo". Assim, verificada a divulgação não autorizada da imagem de alguém, configurado está o dano moral, cabendo reparação.

Diante disso, Schreiber traz importantes questionamentos:

> Vivemos uma era decisiva, em que cada sociedade precisa decidir como lidar com essa nova realidade. Podemos continuar assistindo passivamente, com mero constrangimento, à invasão desautorizada da esfera alheia ou podemos estabelecer novos padrões de comportamento, éticos e jurídicos. A sociedade precisa definir qual será a sua reação da próxima vez que alguém sacar do bolso um celular para filmar um show, uma aula, um acidente de trânsito ou uma simples conversa de botequim. Quais são os limites dessa atitude? Quais são os parâmetros que a tornam aceitável ou inaceitável?[28]

Faz-se necessário um amplo debate acerca de até onde vai o direito à propriedade e à incolumidade física de um e onde começa o direito à privacidade do outro, em que momento o comportamento daquele que captura imagens deixa de ser legítimo e passa a violar os direitos fundamentais de outrem.

---

[25] SCHREIBER, Anderson. *Direitos da personalidade*. 3. ed. São Paulo: Atlas, 2014. p. 147.

[26] LÔBO, Paulo. Direito à privacidade e sua autolimitação. *In*: EHRHARDT JÚNIOR, Marcos; LOBO, Fabiola Albuquerque (Coord.). *Privacidade e sua compreensão no direito brasileiro*. Belo Horizonte: Fórum, 2019. p. 23.

[27] BRASIL. STF. RE 215984 RJ. Rel. Min. Carlos Velloso, j. 04.06.2002, Segunda Turma. *DJ*, 28 jun. 2002. Disponível em: https://stf.jusbrasil.com.br/jurisprudencia/14747971/recurso-extraordinario-re-215984-rj. Acesso em: 20 nov. 2019.

[28] SCHREIBER, Anderson. *Direitos da personalidade*. 3. ed. São Paulo: Atlas, 2014. p. 126-127.

Em uma sociedade marcada pela exposição pública e pela transmissão de informações em tempo real, a tutela da privacidade encontra dificuldades marcantes, tornando-se sistematicamente violada, enquanto a ordem jurídica ainda não é capaz de oferecer instrumentos eficientes para a sua proteção,[29] isso porque o que frequentemente ocorre é o indivíduo somente tomar conhecimento da lesão que sofreu em seus direitos fundamentais quando os danos provocados já são irreversíveis em virtude da superexposição. A responsabilização civil, quando possível – uma vez que nem sempre é fácil encontrar os causadores do dano –, é muitas vezes inócua, insuficiente a reparar toda a extensão da lesão sofrida.

Entretanto, em 2018, o Brasil aprovou a Lei nº 13.709/2018, a sua primeira Lei Geral de Proteção de Dados Pessoais – LGPD, que, quando entrar em vigor, trará uma série de impactos não só para as pessoas jurídicas, mas também para as pessoas físicas que necessitem coletar e tratar dados pessoais. Por conseguinte, ajudará a traçar limites ao uso das câmeras de vigilância, prevendo, além da responsabilização civil, sanções administrativas para quem descumprir as normas referentes à proteção aos dados pessoais, as quais poderão ser bastante úteis a evitar determinados abusos na utilização das câmeras de segurança.

Inicialmente, cumpre dizer que a referida lei expressamente retira de seu âmbito de aplicação o tratamento[30] de dados pessoais realizado por pessoa natural para fins exclusivamente particulares e não econômicos.[31] Dessa forma, se o indivíduo, com sistema de segurança próprio e sem intermediação de uma pessoa jurídica, realizar a coleta de imagens com o objetivo único de garantir a segurança de sua propriedade, a LGPD não se aplicará a tal situação. Saliente-se, contudo, que os limites impostos pelos direitos fundamentais daqueles que são filmados continuarão aplicáveis.

Além disso, a Lei nº 13.709/2018, no que diz respeito à sua aplicação aos condomínios edilícios, tem gerado muitos dissensos interpretativos. Isso porque, pela literalidade da lei, a LGPD não se aplicaria ao condomínio que não seja comercial. Contudo, o futuro nos dirá se para a adequada salvaguarda do direito fundamental à proteção de dados pessoais será necessária uma interpretação extensiva da legislação, de modo a equiparar os condomínios aos conceitos de agentes de tratamento de dados, aplicando-se, por conseguinte, a Lei nº 13.709/2018 aos condomínios edilícios.[32]

Não percamos de vista que boa parte daqueles que utilizam câmeras de vigilância contrata entidades privadas especializadas em fornecer esse tipo de serviço. Nesta

---

[29] SCHREIBER, Anderson. *Direitos da personalidade*. 3. ed. São Paulo: Atlas, 2014. p. 132.

[30] A LGPD define tratamento como toda operação realizada com dados pessoais, como as que se referem a coleta, produção, recepção, classificação, utilização, acesso, reprodução, transmissão, distribuição, processamento, arquivamento, armazenamento, eliminação, avaliação ou controle da informação, modificação, comunicação, transferência, difusão ou extração.

[31] Art. 4º, I (BRASIL. *Lei nº 13.709, de 14 de agosto de 2018*. Lei Geral de Proteção de Dados Pessoais (LGPD). Disponível em: http://www.planalto.gov.br/ccivil_03/_Ato2015-2018/2018/Lei/L13709.htm. Acesso em: 6 abr. 2020).

[32] O Regulamento Geral de Proteção de Dados da União Europeia, por sua vez, aplica-se aos condomínios, uma vez que estabelece que é responsável pelo tratamento de dados pessoais a pessoa singular ou coletiva, a autoridade pública, a agência ou outro organismo que, individualmente ou em conjunto com outras, determina as finalidades e os meios de tratamento de dados pessoais. Tento em vista que a LGPD sofreu forte influência do referido regulamento, essa previsão no RGPD pode influenciar, também, a adoção da interpretação extensiva no Brasil, o que determinará a observância da LGPD pelos condomínios edilícios, inclusive no que se refere ao uso das câmeras de vigilância. A atuação da Agência Nacional de Proteção de Dados será fundamental a essa questão.

situação, as imagens são capturadas, tratadas e armazenadas por uma pessoa jurídica, num contexto de relação de consumo, razão pela qual a LGPD também é aplicável nessas hipóteses.

Outrossim, existem hipóteses em que o dado pessoal coletado para um fim, inicialmente exclusivamente particular, deixa de sê-lo. Nesse sentido, imagens capturadas por uma pessoal natural por meio de equipamento próprio de monitoramento podem se transformar em vídeos monetizados em diferentes plataformas digitais, por exemplo. Quando isso acontece, o tratamento de dados que era particular se converte em conteúdo com finalidade econômica, por conseguinte, a Lei Geral de Proteção de Dados Pessoais também começará a ser aplicada a tais situações.

Diante disso, são várias as situações em que a utilização das câmeras de segurança deve observar as disposições da Lei nº 13.709/2018, em especial os princípios aplicáveis a esse tratamento, os direitos dos titulares dos dados e as práticas de segurança no armazenamento das informações.

Vale ressaltar que a LGPD não impede a utilização de câmeras de vigilância, haja vista que o tratamento de dados pessoais nesses casos se justifica tanto por ser instrumento de proteção à incolumidade física daqueles que se localizam no espaço monitorado como também por ser interesse legítimo à segurança patrimonial dos ambientes vigiados pelas câmeras de vigilância.

Contudo, a captação e a divulgação de qualquer manifestação pessoal de um indivíduo sem o consentimento deste somente excepcionalmente devem ser admitidas, isto é, quando outros interesses também tutelados juridicamente as justificarem. Dessa feita, deve-se realizar uma análise criteriosa, admitindo-se o sacrifício da privacidade apenas e na exata medida do que for necessário para a realização de outro interesse que, diante das circunstâncias fáticas, seja ainda mais relevante.[33]

Dito isso, é lícita a coleta de imagens por câmeras de vigilância sem o consentimento do indivíduo desde que para fins de segurança. Não será possível a utilização desses equipamentos para a satisfação da curiosidade sobre a vida alheia ou para o constrangimento ou intimidação de outrem, como é o caso, por exemplo, de câmeras instaladas em banheiros. Além disso, se a pessoa natural que gravou a imagem de alguém desejar monetizar tal vídeo, vale dizer, buscar a exploração comercial deste, deverá obter o consentimento da pessoa gravada nos termos da Lei nº 13.709/2018, que também serve para indicação de princípios a serem observados em qualquer operação de coleta e tratamento de dados pessoais.

Entre os princípios descritos na LGPD, para os fins do presente trabalho, destacam-se quatro: finalidade, necessidade, segurança e não discriminação.

Pelo princípio da finalidade, os dados pessoais só podem ser tratados para o propósito pelo qual foram coletados. As câmeras de segurança, como o próprio nome sugere, capturam imagens com o objetivo legítimo de garantir a segurança patrimonial e pessoal daqueles que se encontram em determinado local. Dessa forma, as imagens capturadas não podem ser utilizadas para fins diversos, sem consentimento dos envolvidos.

Nesse sentido, um supermercado não pode divulgar na internet um vídeo em que determinado cliente passa por uma situação vexatória, um condomínio não pode divulgar em redes sociais uma briga de casal capturada pelo sistema de vigilância, bem

[33] SCHREIBER, Anderson. *Direitos da personalidade*. 3. ed. São Paulo: Atlas, 2014. p. 148.

como não é lícito que um estabelecimento comercial utilize tais imagens para montar um perfil de comportamento do indivíduo e lhe direcionar publicidade, por exemplo.

Também os vídeos do espaço público gravados pelos sistemas de vigilância desses agentes de tratamento não podem ser divulgados sem autorização das pessoas envolvidas, haja vista que isso representaria um desvirtuamento da finalidade para a qual as imagens foram gravadas, qual seja, a segurança. Mesmo que, frise-se, as imagens tenham sido coletadas no espaço público.

De igual forma, as imagens de empregados captadas pelo sistema de monitoramento de uma organização empresária não podem ser amplamente divulgadas. Podem ser utilizadas num processo trabalhista ou para instruir inquérito policial, mas não se pode permitir que o empregador coloque na internet vídeos de algum de seus funcionários cometendo um ato ilícito ou que as imagens de determinado empregado sejam exibidas internamente com o intuito de constrangê-lo perante os colegas.

Por sua vez, o princípio da necessidade estabelece que o tratamento de dados pessoais deve se limitar ao mínimo necessário para a realização de suas finalidades, com abrangência dos dados pertinentes, proporcionais e não excessivos em relação às finalidades do tratamento de dados.

Nessa esteira, a LGPD prevê que o agente de tratamento de dados pessoais deve analisar se foi atingida a finalidade para a qual a informação foi coletada e, não sendo mais necessário o seu tratamento, o dado deve ser excluído. Dessa feita, os vídeos captados pelas câmeras de segurança devem ser descartados tão logo se verifique que as imagens não precisarão ser utilizadas para a averiguação de qualquer incidente ou ato ilícito.

O responsável pelo funcionamento do sistema de monitoramento deverá, ainda, adotar medidas técnicas aptas a proteger os dados pessoais de acessos não autorizados e de situações acidentais ou ilícitas de destruição, perda, alteração, comunicação ou difusão. A esse respeito, o art. 44, da LGPD, em seu parágrafo único, dispõe que o agente de tratamento responderá pelos danos decorrentes da violação da segurança dos dados a que der causa por deixar de adotar tais medidas de segurança.

Por último, pelo princípio da não discriminação, o agente de tratamento não pode tratar os dados visando a fins discriminatórios ou abusivos. Desse modo, não é permitida a divulgação de imagens captadas pelas câmeras de segurança que possam gerar discriminação. Assim, a título de exemplo, se o equipamento de segurança de um *shopping* filma dois funcionários do mesmo sexo se beijando, essas imagens não podem ser compartilhadas com o objetivo de discriminá-los em seu ambiente de trabalho.

Como se vê, a Lei Geral de Proteção de Dados Pessoais traz uma série de disposições que deverão ser observadas quando da instalação e utilização das câmeras privadas de vigilância, bem como quanto ao período e às técnicas de armazenamento das imagens. Não custa destacar que o entendimento que será consagrado na LGPD já faz parte de diversos outros diplomas legais, havendo disposições no texto da Constituição Federal, Código Civil, Código de Defesa do Consumidor, entre outros, que permitem, numa interpretação sistemática, chegar a idênticas conclusões.

4 Considerações finais

Vivenciamos a sociedade da informação, notadamente marcada por inovações tecnológicas e pela disseminação, dos mais diversos tipos de informações, por meio de variadas plataformas de distribuição. Nesse contexto, o uso de câmeras privadas de vigilância se popularizou, inclusive possibilitando que as pessoas acompanhem em tempo real, por meio da internet, as imagens capturadas, o que potencializa a vigilância desses equipamentos.

Como visto, a instalação de câmeras de vigilância é, *a priori*, lícita, decorrendo do exercício do direito de propriedade do indivíduo e do direito à incolumidade física daquele que instala o sistema de monitoramento. Entretanto, a utilização desses equipamentos encontra limites nos direitos fundamentais de outrem e, mais recentemente, nas disposições da Lei Geral de Proteção de Dados Pessoais, atualmente, ainda em período de dormência.

Atualmente, o direito à privacidade tem seu conceito ampliado em razão de a evolução das formas de divulgação e apreensão de dados pessoais ter expandido as formas potenciais de violação da esfera privada, máxime pelo acesso não autorizado de terceiros a esses dados, de modo que a tutela da privacidade ultrapassa a sua definição tradicional para ser vista não mais somente como "o direito a ser deixado só", mas também como o direito de controlar a circulação dos dados pessoais.

Nesse contexto, a utilização das câmeras de vigilância oferece sérios riscos à privacidade daqueles cuja imagem é capturada por esses equipamentos. Por essa razão, o proprietário das câmeras de vigilância deve agir com cautela e respeito aos direitos fundamentais daqueles que, sem escolha, são filmados ao passarem pelo alcance de captura desses equipamentos.

Assim, se a câmera de vigilância for instalada ou posicionada de modo a invadir a privacidade de outrem, a exemplo de equipamentos instalados em banheiros ou posicionados de modo a filmar o interior da casa do vizinho, o indivíduo afetado poderá exigir que cesse tal violação, além da indenização pelos danos sofridos.

Ademais, questão que ganha relevância, atualmente, é a exposição das imagens capturadas pelas câmeras de vigilância. Isso porque, com o advento da internet, a divulgação de um vídeo na rede mundial de computadores pode atingir escala internacional e provocar efeitos bastantes nefastos ao indivíduo cuja imagem figura na filmagem.

Nessa senda, a divulgação das imagens da câmera de segurança sem autorização só deve acontecer em casos excepcionais, quando, numa análise ponderada, a tutela de outro interesse constitucionalmente relevante assim o exigir. Fora dessas hipóteses, aquele que expôs as imagens viola a privacidade daqueles que foram filmados e, portanto, comete ato ilícito, devendo ser responsabilizado civilmente.

A vigência da Lei nº 13.709/2018 trará outros deveres a serem observados pelos responsáveis pelo tratamento das imagens captadas pelas câmeras de segurança. Dessa forma, os agentes de tratamento das imagens coletadas por tal tecnologia deverão pautar sua atuação nos princípios previstos na LGPD, máxime os princípios da finalidade, da minimização, da segurança e da não discriminação.

Outrossim, as imagens deverão ser excluídas tão logo se verifique que o seu tratamento não é mais necessário. Além disso, os agentes de tratamento deverão adotar, sob pena de responsabilização, as medidas necessárias a garantir a segurança das imagens capturadas, evitando o acesso de terceiros não autorizados, bem como situações acidentais ou ilícitas de destruição, perda, alteração, comunicação ou difusão.

Isso posto, a utilização legítima das câmeras privadas de vigilância encontra seus limites éticos e jurídicos nos direitos fundamentais dos demais particulares, máxime o direito à privacidade. Resta o desafio do desenvolvimento de instrumentos eficazes que sejam capazes de assegurar a efetividade do direito à privacidade.

Referências

BOLESINA, Iuri. *O "direito à extimidade" e a sua tutela por uma autoridade local de proteção de dados pessoais*: as inter-relaçoes entre identidade, ciberesapaço, privacidade e proteção de dados pessoais em face das intersecções jurídicas entre o público e o privado. 2016. Tese (Doutorado – Área de concentração Demandas Sociais e Políticas Públicas – Eixo temático Diversidade e Políticas Públicas) – Programa de Pós-Graduação em Direito, Universidade de Santa Cruz do Sul – UNISC, Santa Cruz do Sul, 2016. Disponível em: https://unisc.br/images/curso-24/teses/2016/rosane_porto.pdf. Acesso em: 2 dez. 2019.

BRANDEIS, Louis D.; WARREN, Samuel D. The right to privacy. *Havard Law Review*, v. 4, n. 5, Dec. 15, 1890.

BRASIL. *Lei nº 13.709, de 14 de agosto de 2018*. Lei Geral de Proteção de Dados Pessoais (LGPD). Disponível em: http://www.planalto.gov.br/ccivil_03/_Ato2015-2018/2018/Lei/L13709.htm. Acesso em: 6 abr. 2020.

BRASIL. STF. RE 215984 RJ. Rel. Min. Carlos Velloso, j. 04.06.2002, Segunda Turma. *DJ*, 28 jun. 2002. Disponível em: https://stf.jusbrasil.com.br/jurisprudencia/14747971/recurso-extraordinario-re-215984-rj. Acesso em: 20 nov. 2019.

BRASIL. TST. *RO 361500-46.2009.5.04.0000*. Rel. Min. Dora Maria da Costa, j. 16.11.2015, Seção Especializada em Dissídios Coletivos, 27.11.2015. Disponível em: https://jurisprudencia.tst.jus.br/#153dc6c3fe1b644febbba8e0c5fbe08c. Acesso em: 12 abr. 2020.

DINO. Divulgador de Notícias. Câmeras de Segurança: quando, aonde e como quiser. *Exame*, 22 ago. 2018. Disponível em: https://exame.abril.com.br/negocios/dino/cameras-de-seguranca-quando-aonde-e-como-quiser/. Acesso em: 20 nov. 2019.

DONEDA, Danilo. *Da privacidade à proteção de dados pessoais*: elementos da formação da Lei Geral de Proteção de Dados. 2. ed. São Paulo: Thomson Reuters Brasil, 2019.

HARWELL, Drew. Doorbell-camera firm Ring has partnered with 400 police forces, extending surveillance concerns. *The Washington Post*, 28 ago. 2019. Disponível em: https://www.washingtonpost.com/technology/2019/08/28/doorbell-camera-firm-ring-has-partnered-with-police-forces-extending-surveillance-reach/. Acesso em: 20 nov. 2019.

LÔBO, Paulo. Direito à privacidade e sua autolimitação. *In*: EHRHARDT JÚNIOR, Marcos; LOBO, Fabiola Albuquerque (Coord.). *Privacidade e sua compreensão no direito brasileiro*. Belo Horizonte: Fórum, 2019.

MENDES, Laura Schertel. *Privacidade, proteção de dados e defesa do consumidor* – Linhas gerais de um novo direito fundamental. São Paulo: Saraiva, 2014.

MULHER "engolida" por portão em GO diz como saiu da garagem: "subi na pia". *Universa*, 29 out. 2019. Disponível em: https://www.uol.com.br/universa/noticias/redacao/2019/10/29/mulher-engolida-por-portao-fala-pela-1a-vez.htm. Acesso em: 20 nov. 2019.

MULHOLLAND, Caitlin. Dados pessoais sensíveis e a tutela de direitos fundamentais: uma análise à luz da Lei Geral de Proteção de Dados (Lei 13.709/18). *Revista Direitos e Garantias Fundamentais*, Vitória, v. 19, n. 3, p. 171-172, set./dez. 2018. Disponível em: http://sisbib.emnuvens.com.br/direitosegarantias/article/view/1603. Acesso em: 20 nov. 2019.

MULHOLLAND, Caitlin; TERRA, Aline de Miranda Valverde. A utilização econômica de rastreadores e identificadores on-line de dados pessoais. *In*: TEPEDINO, Gustavo; FRAZÃO, Ana; OLIVA, Milena Donato (Coord.). *Lei Geral de Proteção de Dados Pessoais e suas repercussões no direito brasileiro*. São Paulo: Thomson Reuters Brasil, 2019.

PEIXOTO, Erick L. C.; EHRHARDT JÚNIOR, Marcos. Breves notas sobre a ressignificação da privacidade. *Revista Brasileira de Direito Civil*, Belo Horizonte, v. 16, jan./jun. 2018. Disponível em: https://rbdcivil.ibdcivil.org.br/rbdc/article/view/230. Acesso em: 12 jun. 2019.

POSNER, Richard A. *A economia da justiça*. São Paulo: WMF Martins Fontes, 2010.

RODOTÀ, Stefano. *A vida na sociedade da vigilância* – A privacidade hoje. Rio de Janeiro: Renovar, 2008.

SCHREIBER, Anderson. *Direitos da personalidade*. 3. ed. São Paulo: Atlas, 2014.

SOLOVE, Daniel J. A taxonomy of privacy. *University of Pennsylvania Law Review*, v. 154, n. 3, jan. 2006. Disponível em: https://www.law.upenn.edu/journals/lawreview/articles/volume154/issue3/Solove154U.Pa.L.Rev.477(2006).pdf. Acesso em: 2 dez. 2019.

UNIÃO EUROPEIA. *Regulamento (EU) 2016/679 do Parlamento Europeu e do Conselho, de 27 de abril de 2016, relativo a proteção das pessoas singulares no que diz respeito ao tratamento de dados pessoais e a livre circulação desses dados e que revoga a Diretiva 95/46/CE (Regulamento Geral de Proteção de Dados*. Disponível em: https://protecao-dados.pt/wp-content/uploads/2017/07/Regulamento-Geral-Prote%C3%A7%C3%A3o-Dados.pdf. Acesso em: 20 nov. 2019.

Informação bibliográfica deste texto, conforme a NBR 6023:2018 da Associação Brasileira de Normas Técnicas (ABNT):

MODESTO, Jéssica Andrade; EHRHARDT JÚNIOR, Marcos. Câmeras privadas de vigilância ante o direito à privacidade e os limites impostos pela Lei Geral de Proteção de Dados Pessoais. *In*: EHRHARDT JÚNIOR, Marcos; CATALAN, Marcos; MALHEIROS, Pablo (Coord.). *Direito Civil e tecnologia*. Belo Horizonte: Fórum, 2020. p. 117-128. ISBN 978-65-5518-036-7.

A DIFUSÃO DE SISTEMAS DE VIDEOVIGILÂNCIA NA URBE CONTEMPORÂNEA: UM ESTUDO INSPIRADO EM ARGOS PANOPTES, CÉREBROS ELETRÔNICOS E SUAS CONEXÕES COM A LIBERDADE E A IGUALDADE[1]

MARCOS CATALAN

L'evoluzione tecnologica, mentre ci offre straordinarie possibilità, mette anche a forte rischio la nostra sfera personale, la nostra libertà.[2]

1 A cidade em movimento: uma sucinta reflexão a título de introito[3]

A urbe é moldada pela mão humana.

Nela, embora o espaço [que ocupa] seja produto e produtor de dinâmicas que regem o seu tempo, a experiência da vida urbana [e] a relação de pertencimento [aos seus espaços] persistem [ou não] em meio a um conjunto de transformações que incidem nas dimensões

---

1 Este artigo foi construído no desvelar dos projetos de pesquisa *Reducing boundaries: understanding exclusion through security defensive systems in wealthy urban* (http://www.reducing-boundaries.net/), financiado com recursos do *Marie Curie European Project* (FP7-PEOPLE-2013-IRSES), e *A difusão de sistemas de videovigilância e a tutela de direitos densificadores da liberdade e da igualdade no Brasil*, que conta com recursos da Universidade La Salle – Canoas, Rio Grande do Sul.

2 PAISSAN, Mauro. *La privacy è morta, viva la privacy*. Milano: Ponte alle Grazie, 2009. p. 7.

3 O estilo literário, conscientemente incorporado aos raciocínios alinhavados no desvelar deste artigo, em alguma medida, busca inspiração na imaginação [jus]sociológica. Tal escolha visa a capacitar homens e mulheres a navegarem nos significados de sua época de modo a nos compreenderem, permitindo a multiplicação das narrativas que chegam até eles, quiçá, como mensagens em garrafas. Seus critérios de validade, portanto, são "narrativos e experimentais" e, também por isso, em inúmeras ocasiões, hão de desbordar os moldes geométricos que ainda parecem informar o senso comum imaginário dos juristas (JACOBSEN, Michael Hviid; TESTER, Keith. Introdução. *In*: BAUMAN, Zygmunt. *Para que serve a sociologia?* Tradução de Carlos Alberto Medeiros. Rio de Janeiro: Zahar, 2015. p. 13-14).

técnicas e tecnológicas, nos aspectos sociais e ambientais, na desvalorização do espectro de atuação do Estado, na desconfiança nos sistemas institucionais, na concentração de renda e disfunções de atividades, no empobrecimento dos sistemas simbólicos, na polarização social e retração das formas de vida coletiva, [na] instrumentalização dos espaços de ação e [na] redução do valor do público.[4]

Em movimento, portanto, e expostas a forças deveras complexas, as cidades são modeladas, modificadas, reformadas, alteradas, adulteradas e corrompidas sem que os seus artífices tenham como controlar uma parcela significativa dos efeitos gestados em ações que, entremeio aos fluxos e refluxos dos quais emergem ruas e avenidas, becos e vielas, praças, parques e escolas, ginásios e estádios e fábricas, barracos, casas, apartamentos, palacetes ou arranha-céus, nada têm de neutras ou inertes, embora seus habitantes, aparentemente, não o percebam, vendo-as, senão como transformações naturais.[5]

Imersos nesse turbilhão e entremeio à agitação e à transformação em curso em tais espaços marcados pela complexidade, parece impossível desprezar um dos apêndices mais salientes neste incessante processo atado ao avanço da técnica:[6] a propagação de sistemas (ou) redes de videovigilância. Públicos e (ou) privados – pouco importa aqui –, suas câmeras e mecanismos de transmissão de dados são elementos cada vez mais presentes nas cidades contemporâneas.

Sistemas que, ao prometerem proteção, transformam as cidades em prisões.[7]

Na urbe contemporânea, troca-se liberdade por segurança[8] e, ainda assim, seus habitantes – tomados pelo medo –[9] parecem não se preocupar com o fato de que (a) liberdades existenciais estão sendo barganhadas, cotidianamente, permutadas por promessas, tão abstratas, quanto vazias, de combate à criminalidade e (ou) ao terrorismo e, muito menos, com (b) a constatação de que "seguem a correnteza, obedecendo [...]

---

4 ALVES, Manoel Rodrigues; RIZEK, Cibele Saliba. Cidade contemporânea, cidade do empresariamento: aspectos da produção socioespacial do urbano. *In*: RODRIGUEZ, José Exequiel Basini *et al.* (Org.). *Cidades, fronteiras e mobilidade humana*. Manaus: EDUA, 2014. p. 81.

5 PIAZZINI SUÁREZ, Carlo Emilio. Los estudios socioespaciales: campo de tensiones y caminos recorridos. *In*: RODRIGUEZ, José Exequiel Basini *et al.* (Org.). *Cidades, fronteiras e mobilidade humana*. Manaus: EDUA, 2014. p. 22-23. "Las percepciones del espacio físico y las concepciones del espacio, aun cuando no permiten dar cuenta integral de las espacialidades, hacen parte de la producción social del espacio, lo cual se hace visible en ese tercer momento de los espacios vividos. Con ello, se reconocen dos asuntos fundamentales: primero, que las percepciones y concepciones del espacio como una entidad "natural", son en realidad producciones sociales, y segundo, que las elaboraciones discursivas del espacio tienen un límite y que por lo tanto no pueden pretender reemplazar las espacialidades por su representación en el mundo del lenguaje".

6 MASI, Domenico de. *A sociedade pós-industrial*. 4. ed. Tradução de Anna Maria Capovilla *et al.* São Paulo: Senac, 2003.

7 PÉREZ HUMANES, Mariano. Fronteras urbanas: el espacio público como espacio de recusión. *In*: RODRIGUEZ, José Exequiel Basini *et al.* (Org.). *Cidades, fronteiras e mobilidade humana*. Manaus: EDUA, 2014. p. 179. "[...] bajo el pretexto de la seguridad ciudadana, la tendencia general de las administraciones urbanas ha consistido en normalizar y homologar los espacios públicos en un proceso de privatización y control que ha transformado la ciudad contemporánea en una nueva prisión".

8 BAUMAN, Zygmunt. *Para que serve a sociologia?* Tradução de Carlos Alberto Medeiros. Rio de Janeiro: Zahar, 2015. p. 101; CATALAN, Marcos. Avanço da técnica e afetação da vida privada no espaço público. *Revista Direitos Humanos e Democracia*, v. 6, p. 455-464, 2018, DE'CARLI, Natália. La frontera del miedo global: proteger para ser. *In*: RODRIGUEZ, José Exequiel Basini *et al.* (Org.). *Cidades, fronteiras e mobilidade humana*. Manaus: EDUA, 2014. p. 158.

9 COSTA, Renata Almeida da. Cultura do medo e espaço urbano: um olhar reflexivo sobra a sensação social de insegurança. *In*: SCHWARTZ, Germano; FERNÁNDEZ, Albert Noguera (Org.). *Cultura e identidade em tempo de transformações*. Curitiba: Juruá, 2011. p. 219-238.

suas rotinas diárias [...] resignados diante da impossibilidade de mudá-la[s]",[10] aliás, se é que o percebem.

Em tais cenários,

> CCTV systems appeared in the 1970s in the European context, initially to assist traffic regulation in congested cities. Later on, it began to be used in private spaces menaced by the supposedly growing criminality, such as banks, shops, and malls. It is to achieve the same goal of improving security of persons and their property that the use of CCTV spread to public spaces, and began to be used by public authorities. The flourishing security market and the incentivizing state policies in the UK at the beginning of the 1990s turned this type of use of CCTV into an unavoidable tool to ensure security in other European cities.[11]

Hodiernamente, como antecipado, indispensável recurso às lentes epistêmicas lapidadas ao largo dos últimos anos permite enxergar, com incomum clareza, a existência de redes de controle formadas na conjunção de (a) câmeras que possuem a função *zoom* melhorada a cada pequenino giro anunciado pela indústria tecnológica ou, ainda, com potencial cada vez maior para capturar e gravar, com acentuada nitidez,[12] cenas havidas também na calada da noite; (b) ondas e cabos pelos quais mais e mais informações podem transitar sem se perder, ainda que, também, possam vir a alimentar os bancos de dados de *hackers* e *crakers*; (c) monitores e telas cada vez maiores, mais numerosos e capazes de reproduzir cenas mais nítidas, mesmo que isso não ocorra, necessariamente, quando do seu uso; (d) melhor capacidade de armazenamento e tratamento dos dados capturados ao atravessarem as quase incomensuráveis pupilas vítreas fundidas a um dos muitos olhos dos anjos incrustrados nos postes e (ou) nas paredes incorporadas à urbe; (e) profissionais, não necessariamente, bem treinados e (ou) descansados;[13] e, por que não, (f) sistemas de reconhecimento facial e (ou) *softwares* aptos à leitura das placas dos automóveis que vão e vêm pelas veias que rasgam as cidades, quase sempre, sem feri-las e, ainda, a filtrar comportamentos que podem ser previamente programados como suspeitos[14] e, portanto, dignos de atenção.

---

10 BAUMAN, Zygmunt. *Para que serve a sociologia?* Tradução de Carlos Alberto Medeiros. Rio de Janeiro: Zahar, 2015. p. 20.

11 BOURDOUX, Gil. Vidéosurveillance et police. Quel(s) coût(s) pour la police? Quel(s) coût(s) pour la société?. *In*: DEVRESSE, Marie-Sophie; PIERET, Julien (Dir.). *La vidéosurveillance*: entre usages politiques et pratiques policières. Brussels: Politeia, 2009. p. 14-15 *apud* DEBAILLEUL Corentin; KEERSMAECKER Pauline De. *Towards the panoptic city*: the proliferation of video surveillance in Brussels and Copenhagen. Thesis (Master) – Université Libre de Bruxelles, Bruxelles, 2014. p. 12.

12 Na cidade de Canoas, uma das bases geográficas em que essa fase da pesquisa empírica foi realizada, o *zoom* pode chegar a 250 metros e, consoante informações colhidas, isso implica a possibilidade de ler a placa de um automóvel estacionado a essa distância das câmeras.

13 MELGAÇO, Lucas; VERFAILLIE, Kristof; HILDEBRANDT, Mireille. *CCTV and Smart CCTV effectiveness*: a meta-level analysis. SIAM – Security Impact Assessment Measures. Brussel: Vrije Universiteit Brussel, 2013. p. 20. O professor brasileiro, que leciona em Bruxelas, aponta, com lastro em sólida e farta literatura especializada, que a exposição a horas e horas de vídeos, no mais das vezes, desinteressantes, pode tornar a atividade de observá-los deveras entediante.

14 MELGAÇO, Lucas; VERFAILLIE, Kristof; HILDEBRANDT, Mireille. *CCTV and Smart CCTV effectiveness*: a meta-level analysis. SIAM – Security Impact Assessment Measures. Brussel: Vrije Universiteit Brussel, 2013. p. 20. "Detection, tracking and classification of targets are the main tasks expected from video analytics engines. Detection refers to the identification of what physical objects exist in the surveillance area, tracking is the understanding of how they move and classification is related to the labelling of objects as human, vehicle, animal and to the interpretation as normal or abnormal objects or behaviours".

O incessante labor de *Chronos* permite inferir, como se pode identificar, que o recurso aos sistemas de videovigilância transcendeu as preocupações havidas quando de sua gênese na década de setenta do século XX – atadas, naquela ocasião, à ordenação do trânsito –, passando a controlar, com imperceptível suavidade e custos não tão palatáveis, o exercício de incomensuráveis liberdades positivas[15] em muitos dos espaços públicos e privados entranhados à urbe, sem razões que o legitimem, ética e (ou) juridicamente.

O inconstante fluxo do tempo revela, ainda, como, em pouco mais de quarenta anos, "large CCTV networks get connected to one another, shaping surveillance webs that remain invisible for the citizens",[16] criando uma rede de controle social armada no interior de densa névoa que dificulta a compreensão de que os sistemas de videovigilância difundidos pelas cidades, cotidianamente, promovem a estigmatização das diferenças existentes entre as pessoas, deixando de valorar, consequentemente, a alteridade e diversos pluralismos, obnubilando a decodificação da incomensurável violência – havida nas esferas real e simbólica – imantada a cada aresta sua e às chagas que por elas são abertas nas telas sobre as quais o princípio constitucional da isonomia[17] deveria ser colorido, dia após dia, no universo das relações sociais.

Há de registrar-se, ademais, que a expansão das redes de videovigilância parece ter sido legitimada pelo silêncio – mas, também, outras vezes, pelo clamor –[18] de pessoas nocauteadas pelo zunir midiático de promessas de combate à criminalidade[19] ou, paralelamente, pelas muitas cenas de manifesto desprezo à vida que transitam pelos televisores brasileiros como se fossem filmes publicitários de gosto duvidoso, mesmo quando "os dados que [trafegam] na sociedade da informação têm um conjunto de caracteres capazes de identificar aspectos imanentes [...] as suas relações afetivas, familiares, patrimoniais, registros telefônicos, convicções políticas e sexuais", aspectos, como se observa, não apenas atados às suas existências cotidianas, como, igualmente, afetos à privacidade[20] e [ou] à intimidade, portanto, afetos à seara dos direitos de personalidade.

E, ainda que muitos não o notem, o direito também atua nesse processo de construção e reconfiguração caótica de espaços públicos e privados, cada vez mais fragmentados, nas cidades contemporâneas. Age, ademais, ao tutelar – ainda que, muitas vezes, sem efetividade perceptível – o exercício de liberdades positivas, a promoção da igualdade substancial e a experimentação cotidiana dos diretos de personalidade,

---

15 Constituição Federal brasileira: "Art. 5º Todos são iguais perante a lei [...] garantindo-se aos brasileiros e aos estrangeiros residentes no País a inviolabilidade do direito à vida, à liberdade, à igualdade, à segurança e à propriedade [...] XXXII - o Estado promoverá, na forma da lei, a defesa do consumidor".

16 HEMPEL, Leon; TÖPFER, Eric. *CCTV in Europe*. Final Report. UrbanEye project: on the threshold to urban Panopticon? Analysing the employment of CCTV in European cities and assessing its social and political impacts. Berlin: Centre for Technology and Society of the Technical University Berlin, 2004. p. 3-68. Disponível em: www.urbaneye.net/results/results.htm. Acesso em 19 jan. 2016.

17 GUEDES, Jefferson Carús. Dimensões linguísticas da desigualdade no Brasil: os diversos nomes legais de um mesmo fenômeno. *Revista Brasileira de Políticas Públicas*, v. 5, p. 59-76, 2015.

18 A pesquisa empírica realizada em Canoas revelou que os cidadãos postulam a instalação de câmeras perante o município.

19 DEBAILLEUL Corentin; KEERSMAECKER Pauline De. *Towards the panoptic city*: the proliferation of video surveillance in Brussels and Copenhagen. Thesis (Master) – Université Libre de Bruxelles, Bruxelles, 2014. p. 66-67.

20 MARTINS, Fernando Rodrigues. Informação, sociedade em rede e situação jurídica subjetiva existencial. *In*: SALOMÃO, José Fernando; BELTRÃO, Silvio Romero (Coord.). *Direito civil*: estudos em homenagem a José de Oliveira Ascensão. São Paulo: Atlas, 2015. v. 1. p. 311.

eis que cabe a ele imputar – para restringir a reflexão à esfera do direito civil – sanções inibitórias e demolitórias ou impor a reparação dos danos havidos na seara fenomênica. Enfim, não se pode olvidar, também, que a ele cabe, enquanto práxis imantada às vidas vividas na urbe, autorizar e proibir projetos arquitetônicos e (ou) de engenharia, liberar construções, emitir licenças e permissões, ordenar demolições, modular, regrar e disciplinar condutas.

O direito,[21] aliás, ao legitimar essa manifesta mutação,[22] também parece não notar, não perceber ou não entender a disseminação de parte das ofensas que ele acaba por sofrer, ao mesmo tempo em que, talvez, igualmente, não parece capaz de identificar que, ao manter-se inerte, se nega a cumprir sua principal razão de ser: servir a pessoa humana, toda pessoa humana.

2 Abrindo fissuras na fenomenologia das relações sociais: método, metodologia e dados relevantes acerca de Porto Alegre e Canoas

Descrito o cenário no qual se encontra ambientada a investigação científica em curso, é chegado o momento de salientar que o objetivo mais relevante que a informa foi pinçado na necessidade de averiguar os problemas provocados com a difusão dos sistemas de videovigilância, em especial, quando se tem em mente que a liberdade e a igualdade, constitucionalmente prometidas no Brasil, são princípios com normatividade tão pulsante, quanto cogente.

A pesquisa foi pensada e executada em duas etapas.

Inicialmente, foram realizadas entrevistas buscando entender as razões que justificam e informam o investimento exigido na fase de implantação das redes de vigilância e controle.[23] A abordagem empírica revelou-se – ao menos, aparentemente – como o único meio que permitiria mapear, por exemplo, (a) como pensam os gestores, (b) o que orienta suas ações, (c) que preconceitos obnubilam sua percepção de mundo ou, ainda, (d) se há alguma preocupação com a proteção dos dados capturados pelas câmeras que se espalham pelas cidades de Porto Alegre e de Canoas, cidades eleitas não apenas porque são precursoras, no Rio Grande do Sul, na utilização das ferramentas tecnológicas referidas ao longo deste texto, mas, também, por figurarem entre as maiores cidades do estado. Ademais, os objetivos delineados nesta investigação científica apontam para a desnecessidade de estender o mapeamento empírico a outras plagas. Relevante salientar, também, que ambas as cidades eleitas possuem (a) orçamentos volumosos, (b) população bastante grande e (c) níveis de violência não apenas elevados, mas em crescimento.[24]

---

21 TAPIA MARTÍN, Carlos. Espacios negativos: contra e anti como partículas reveladoras en el espacio. *In*: RODRIGUEZ, José Exequiel Basini *et al.* (Org.). *Cidades, fronteiras e mobilidade humana*. Manaus: EDUA, 2014. p. 125. "[El] pensamiento arquitectónico y condiciones de frontera pueden ser reunidos desde muy distintos posicionamientos, desde los tecnológicos [...], infraestructurales [...], hasta los disciplinares". É factível defender que dimensões jurídicas e sociais também devam ser aportadas à reflexão.

22 PÉREZ HUMANES, Mariano. Fronteras urbanas: el espacio público como espacio de recusión. *In*: RODRIGUEZ, José Exequiel Basini *et al.* (Org.). *Cidades, fronteiras e mobilidade humana*. Manaus: EDUA, 2014. p. 174. "Legisladores y arquitectos van de la mano de estas acciones donde la separación y la diferenciación de la población se lleva a cabo cerrando espacios, trazando lindes y fronteras".

23 Saliente-se que, em ambos os casos, fomos bastante bem-recebidos.

24 SECRETARIA DE SEGURANÇA PÚBLICA. *Indicadores criminais*. 2017. Disponível em: http://www.ssp.rs.gov.br/indicadores-criminais. Acesso em: 11 dez. 2017.

Foto 1

Créditos: Sara Dotto.

Uma vez obtidos os dados empíricos – por ocasião da segunda etapa deste trabalho –, foram encontrados, na literatura jurídica e não jurídica, os subsídios e elementos necessários para a reflexão e crítica alinhavados ao longo de todo o texto.

Rasgando alguns véus – entre eles, os que obnubilam a ignorância que move esta pena –, o levantamento empírico realizado levou a identificar que, em ambas as cidades, (a) a principal justificativa para o investimento substancial realizado encontra-se intimamente fundida às promessas de ampliação dos níveis de segurança pública, embora (b) não tenha sido revelado, durante as entrevistas, que qualquer caso impactante – ideia aqui significada como a prática de crime de elevado potencial ofensivo – tenha sido desvendado com o apoio dos sistemas tecnológicos.

Em ambos os casos, foi narrado, ainda, por ocasião do contato empírico, que (c) os sistemas funcionam vinte e quatro horas por dia, sete dias por semana e que (d) os seus operadores, muitos dos quais, policiais aposentados, na reserva e (ou) vigilantes municipais, têm seus olhos treinados, em muitas situações, adestrados ao largo de toda uma vida dedicada ao trabalho no policiamento ostensivo, para identificar quaisquer situações de risco, e (e) atuam entre oito e doze horas por dia, às vezes, diante de uma tela de computador com 16 quadros distintos na qual imagens transitam de forma incessantemente repetitiva.

Foto 2

Créditos: Sara Dotto

Em ambas as entrevistas, também e com incomum naturalidade, (f) foram relatados o clamor da população e o interesse da municipalidade na ampliação dos sistemas por meio da instalação de mais câmeras e (ou) mais integração entre os agentes e (ou) secretarias municiadas pelas informações que fluem através dos olhos dos anjos, portanto, através das lentes das câmeras espalhadas pela urbe.

Outras coincidências foram identificadas a partir do material colhido durante as entrevistas realizadas. Coincidências que emergem no silêncio lançado por palavras não pronunciadas, pois, em ambas as entrevistas, não foram revelados (g) a quantidade de pessoas filmadas diariamente ou (h) o seu perfil, (i) qual seria o custo total dos investimentos realizados nos sistemas de videovigilância, tampouco (j) o custo mensal, para os cofres públicos, da manutenção dos centros de controle.

Além disso, enquanto, na visita realizada ao CCTV existente em Porto Alegre, (k) não foi autorizado acesso aos mapas contendo informações acerca da alocação das câmeras – sob a justificativa de que "os bandidos" não poderiam saber onde elas estão –, na cidade de Canoas (l) foi relatado, durante a entrevista, o desejo de estender a rede de videovigilância até os *portões de acesso* à cidade e, paralelamente, o de recorrer à tecnologia apta a promover a identificação das placas dos veículos que, através deles, ingressam e afastam-se da cidade. A entrevista havida em Canoas permitiu, ainda, (m) aferir a existência de câmeras capturando imagens no interior de casas espalhadas pela cidade, prática que encontraria a sua justificativa na imperiosidade de combate à dengue e na desídia de um número incerto de proprietários.

Em momento algum, emergiram preocupações como as contidas neste estudo. Nenhuma palavra acerca de liberdades violadas ou tangenciando preocupações com a construção ou com o alargamento de estereótipos e a consequente negação da igualdade substancial. E, ainda que (n) o processo que permite acesso às imagens gravadas a eventuais interessados possua algumas travas de segurança – como a necessidade de requerimentos formais –, não foram relatadas quaisquer práticas que promovam, por exemplo, a desidentificação das pessoas capturadas nas cenas registradas ou com a ação potencial de *hackers* ou *crakers*, que poderiam ter acesso às ondas e (ou) cabos pelos quais as imagens transitam dos pontos de captura até os centros de controle.

A tabela a seguir talvez apresente outros dados úteis à reflexão ao concentrar informações referentes à população, ao orçamento anual, à importância estratégica de Porto Alegre e de Canoas no estado, o custo por câmera e o custo inicial do sistema, a quantidade de câmeras geridas em cada município, a relação existente entre o número de habitantes por câmera instalada, o número de ocorrências registradas, o sistema de transmissão de dados utilizado e a existência (ou não) de tecnologia de reconhecimento facial, o nível de zoom e, enfim, uma descrição sintética de como são armazenadas as imagens e como podem ser acessadas.

TABELA 1 – VIDEOVIGILÂNCIA EM CANOAS E PORTO ALEGRE EM NÚMEROS

Cidade	Porto Alegre	Canoas
População	1.409.000 (2010)	323.827 (2010)
Orçamento anual do município	R$6.949.142.987,00 (2017)	R$1.700.417.940,00 (2017)
Importância no Rio Grande do Sul	1º	4º
Custo por câmera[25]	R$20.000.00	R$20.000.00
Custo inicial do sistema	-	R$8.000.000,00[26]
Câmeras geridas pelo Poder Público	1800	186
Relação habitantes por câmera	782	1.795
Número de ocorrências registradas	-	1400 (2015)[27]
Sistema de transmissão de dados	-	Rádio e cabo ótico.
Tecnologia de reconhecimento facial	Existe, mas não foi ativada.[28]	Sob estudo.
Zoom	-	250 metros
Pessoas filmadas diariamente	-	-
Perfil das pessoas filmadas[29]	-	-
Armazenamento das imagens	Há gravação e o registro é mantido por 30 dias.	Há gravação e o registro é mantido por 30 dias.
Acesso às imagens	Qualquer interessado pode fazê-lo. Exige-se autorização judicial.	Qualquer interessado pode fazê-lo dirigindo-se ao respectivo Centro de Atendimento.

Fonte: Autoria própria.

25 Câmeras mais antigas podem ter sido adquiridas, por menor valor, em reais.

26 Dados referentes ao último aporte substancial. Não foram informados o valor de investimentos anteriores ou o custo mensal de manutenção do sistema de videovigilância.

27 Inexistem relatos de quantas podem ser consideradas crimes ou crimes com elevado potencial ofensivo.

28 Por conta dos custos elevados de acesso ao *software*.

29 Perguntou-se que espécie de imagem chama mais a atenção dos operadores e quem chama mais a atenção do observador. As perguntas não foram respondidas.

Ela traz também – especialmente, naquilo que silencia, que parece não querer revelar ao mundo – questionamentos deveras relevantes que, ao lado dos dados obtidos, dão vida a muitas das reflexões propostas ao largo desta investigação cientifica.

3 A vingança de Argos Panoptes

O mito de Argos Panoptes chegou à contemporaneidade modelado na forma de um gigante com cem olhos e que, exatamente por conta dessa característica, mesmo ao dormir, era capaz de manter a metade deles abertos. Morto por Hermes – antes que a mitologia deixasse de balizar boa parte das condutas humanas –, ele ressurge agora entremeio ao caos que impulsiona as cidades contemporâneas, não mais como mito e, sem dúvida, com muitos mais olhos que outrora.[30]

Olhos que são capazes de registrar o passado e, consoante muitos creem, domesticar o presente e corrigir o futuro[31] e que, espalhados – de modo nem sempre perceptível – pela urbe, legitimam a difusão da violência[32] (a) potencializando a criação de estereótipos, (b) estimulando o voyeurismo, (c) facilitando a captura e registro de importantes momentos da vida íntima e, ainda, (d) auxiliando o processo de difusão da cultura do medo. Olhos que, portanto, uma vez fundidos à arquitetura jurídica da falsa legalidade,[33] amplificam o desrespeito a múltiplas dimensões da vida privada,[34] desnudando-a.[35]

Ademais, embora o silêncio propagado de forma eloquente pelos dados capturados no mapeamento empírico realizado não permita dizê-lo com tamanha precisão,

---

30 LIPOVETSKY, Gilles. *Los tiempos hipermodernos*. Tradução de Antonio Prometeo Moya. Barcelona: Anagrama, 2014. p. 57-58.

31 MELGAÇO, Lucas; VERFAILLIE, Kristof; HILDEBRANDT, Mireille. *CCTV and Smart CCTV effectiveness*: a meta-level analysis. SIAM – Security Impact Assessment Measures. Brussel: Vrije Universiteit Brussel, 2013. p. 12.

32 CARR, Robert. *Political economy & the abbott government's CCTV programme in Australia, University of New South Wales*. Unpublished manuscript. *Not available anymore apud* DEBAILLEUL Corentin; KEERSMAECKER Pauline De. *Towards the panoptic city*: the proliferation of video surveillance in Brussels and Copenhagen. Thesis (Master) – Université Libre de Bruxelles, Bruxelles, 2014. p. 12. "I have rationalised CCTV as: a component in the cultivation of patron-client ties between the Federal Government, its agents (MPs) and local councils/ communities; a mechanism for government to facilitate the flow of public funds to private companies through arrangements that are virtually unchecked and non-evidence based; a mechanism for government to facilitate profitable opportunities for the security technologies industry, technical consultants and news media; and, a mechanism for reproducing political and social hegemony by working to normalise these relations at the level of discourse".

33 RODRIGUEZ, José Rodrigo. As figuras da perversão do direito: para um modelo crítico de pesquisa jurídica empírica. *Revista Prolegómenos Derechos y Valores*, v. 19, n. 37, p. 99-124, jan./jun. 2016. p. 104-105. "O conceito de falsa legalidade é especialmente útil para evidenciar espaços de arbítrio no interior do estado de direito, espaços que passariam despercebidos se nos ativéssemos apenas ao texto das leis sem prestar atenção em sua aplicação e em seus efeitos sobre a sociedade. Sustento que uma das tarefas centrais da pesquisa empírica em direito hoje é, justamente, identificar casos de falsa legalidade para manter a legitimidade das promessas da democracia encarnadas na racionalidade do estado de direito".

34 LA RONCIÈRE, Charles de. A vida privada dos notáveis toscanos no limiar da Renascença. *In*: DUBY, Georges (Org.). *História da vida privada*: da Europa feudal à Renascença. Tradução de Maria Lúcia Machado. São Paulo: Companhia das Letras, 2009. p. 173. "Vizinhos: a palavra completa sempre a trilogia padrão (parentes, amigos, vizinhos) dos memorialistas. De fato, os vizinhos desempenham na vida cotidiana privada um papel que não é muito diferente daquele dos amigos e parentes, papel ao qual sua proximidade os predispõe. Não se esconde grande coisa de seus vizinhos. Eles têm mil ocasiões de intervir na vida cotidiana [...]".

35 AGAMBEN, Giorgio. *Homo sacer*: o poder soberano e a vida nua. Tradução de Henrique Burigo. Belo Horizonte: UFMG, 2010.

assusta imaginar que, em alguma medida, as situações vividas no Brasil possam assemelhar-se ao delineado a seguir.

> Eric Heilmann reviewed a 1999 study detailing the practices of CCTV operators in three different cities for 600 hours. It shows that prime targets of the operators are the teenagers, representing 47% of the targeted persons but only 15% of the local population. Men are more often targeted than women (89% vs. 11%), and in a prosperous provincial town where "black" people compose 6% of the population, although 15% of CCTV targeting is aimed at them. Among all the people specifically monitored by the operators, 30% were suspected (rightly or wrongly) to be involved in some kind of crime or offence, and 22% suspected to disrupt public order. For all the others, "no obvious reason" could justify their monitoring. Voyeurism represented 1% of the cases generally and 10% when it came to monitoring women.[36]

E, mesmo que a tais redes se possa atribuir papel relevante, ao se identificar que

> as presented, video surveillance, whether traditional or "smart", functions through a series of mechanisms that can be classified into three main effects: "past", "present" and "future". The "past" effect, that is to say, the capacity of video surveillance to serve investigation purposes appeared as the one in which both CCTV and Smart CCTV are more effective in reducing crime.[37]

É preciso notar, no vazio no qual se encontram alocados dados desconhecidos – e (ou) não relevados –, que, como comprovado em outras pesquisas tangenciando o tema aqui explorado, "the main result of the study is that no serious decrease in crime can be attributed to CCTV" –,[38] o que pode ocorrer, também, porque "watching video surveillance can be tedious and boring [and] often there can be hours or days of video from multiple sources where very little of interest actually happens".[39]

Tais constatações impõem, no mínimo, ponderar se a ação política e os investimentos públicos correlatos e necessários a sua implementação e execução – em especial, diante de seu potencial deletério no que toca à liberdade e à igualdade constitucionalmente garantidas no Brasil – não necessitam ser repensados, mormente, por conta (a) da pouca utilidade do processo de captura, registro e tratamento das imagens que

---

36 DEBAILLEUL Corentin; KEERSMAECKER Pauline De. *Towards the panoptic city*: the proliferation of video surveillance in Brussels and Copenhagen. Thesis (Master) – Université Libre de Bruxelles, Bruxelles, 2014. p. 28.

37 MELGAÇO, Lucas; VERFAILLIE, Kristof; HILDEBRANDT, Mireille. *CCTV and Smart CCTV effectiveness*: a meta-level analysis. SIAM – Security Impact Assessment Measures. Brussel: Vrije Universiteit Brussel, 2013. p. 28. Segue o autor afirmando que "[in] regards to the "present" function, that of detecting crimes in real time and acting upon it, CCTV seems to be very ineffective, whilst Smart CCTV showed better results. Concerning the 'future' aspect, that is, deterrence, video surveillance appeared more effective in the first year after the installation of cameras. However, such effectiveness tends to decrease over time".

38 DEBAILLEUL Corentin; KEERSMAECKER Pauline De. *Towards the panoptic city*: the proliferation of video surveillance in Brussels and Copenhagen. Thesis (Master) – Université Libre de Bruxelles, Bruxelles, 2014. p. 22.

39 FERENBOK, J.; CLEMENT, A. Hidden changes: from CCTV to "smart" video surveillance. *In*: DOYLE, A.; LIPPERT, R; LYON, D. (Ed.). *Eyes everywhere*: the global growth of camera surveillance. New York: Routledgem 2012 *apud* MELGAÇO, Lucas; VERFAILLIE, Kristof; HILDEBRANDT, Mireille. *CCTV and Smart CCTV effectiveness*: a meta-level analysis. SIAM – Security Impact Assessment Measures. Brussel: Vrije Universiteit Brussel, 2013.

atravessam as muitas íris vítreas das câmeras espalhadas pelas cidades[40] e da correlata (b) ausência de níveis minimamente razoáveis de materialização das promessas que informam e tentam justificar a utilização das redes de videovigilância, (c) o seu custo econômico – são vinte mil reais por câmera e a esse valor devem ser acrescidos os custos mensais de energia elétrica, de manutenção de todo o equipamento, de ocupação de espaços, os custos caso os sistemas de vigilância sejam alocados, os salários de inúmeros servidores etc. –, bem como, diante do aparente (d) desrespeito a direitos fundamentais[41] envoltos, encobertos e obnubilados pela nevoa retórica que busca legitimar socialmente a troca, não negociada, de liberdades pela dominação *high tech*.

Aliás, no que toca, pontualmente, às questões concernentes à fundamentalidade de direitos atravessados pelas práticas catalogadas nessa investigação há de salientar-se que entremeio ao início da pesquisa e a sua publicação[42] veio ao mundo, em agosto de 2018, a Lei nº 13.709. A referida lei, cuja *vacatio legis* foi inicialmente projetada para 18 meses e, ulteriormente alterada[43] para viger em parte, a partir do último 28 de dezembro e, em parte, vinte e quatro meses após a sua publicação, tem por objeto a proteção de dados pessoais, buscando aclarar, desde seus primeiros momentos, que foca a tutela dos direitos fundamentais de liberdade e de privacidade e, ainda, o livre desenvolvimento da personalidade humana.

Anote-se, desde cedo, que a exclusão prevista no inc. III, alínea "a" do art. 4º da lei em questão[44] não tem o condão de afastar a incidência das regras e princípios que informam ou informarão, em breve – nos termos dos arts. 7º a 16 e 23 a 32 –, o tratamento de dados pessoais nos cenários tocados por essa pesquisa, o que ocorre, especialmente, por conta da multiplicidade da pluralidade de objetos alcançada pelos sistemas de videovigilância que buscam tratar, em algum nível, (a) as informações sobre tráfego e trânsito, (b) passeatas, (c) espetáculos e *shows* a céu aberto, (d) comércio ambulante, além de (e) cuidar da saúde e do bem-estar das pessoas que caminham por ruas e praças e (f) combater a dengue, além, obviamente, (g) da promessa de cidades mais seguras.

É relevante trazer, uma vez mais, à tona a seguinte constatação:

> [when] utilized for security purposes, surveillance cameras can be broadly classified according to three principal mechanisms, which can be explained in terms of the "past", "present" and "future" functions of the criminal activity. In relation to "past", cameras have the intention to record events and serve as a data bank for investigation and later

---

40 AGOSTINI, Aldo. *Videosorveglianza e privacy*. Bologna: Edis, 2006. p. 17-20.

41 Na impossibilidade de comprová-lo empiricamente, recorre-se a dados produzidos na Europa. *Vide*: PAISSAN, Mauro. *La privacy è morta, viva la privacy*. Milano: Ponte alle Grazie, 2009. p. 10. "Altro fronte delicato, la videosorveglianza. Le nostre città sono piene di telecamere, poste in luoghi a rischio di reati, ma anche davanti a palazzi, su pianerottoli condominiali, in giardini pubblici non così pericolosi. Le telecamere possono talvolta essere effetivamente utili a dissuadere i male intenzionati o a individuare responsibili di reati. Ma la loro proliferazione a dismisura rischia di essere controproducente. Una clamorosa conferma viene dalla Gran Bretagna, che detiene il record di videocamere, più di quattro milioni. [...] Abbiamo speso miliardi di sterline, ma solo nel ter per cento dei casi di furti e rapine in strada i responsabili sono stati catturati grazzie ale telecamere".

42 Fica aqui o registro de que a minudente revisão realizada no sistema *double blind review* foi a responsável por nos chamar a atenção para a lacuna ora preenchida com essas singelíssimas notas acerca da Lei Geral de Proteção de Dados Pessoais.

43 Nos termos da redação que lhe foi dada pela Medida Provisória nº 869/2018.

44 "Art. 4º Esta Lei não se aplica ao tratamento de dados pessoais: [...] III - realizado para fins exclusivos de: a) segurança pública".

> identification of the criminal. The images can also be used in court as evidence. In the relation to the "present" function, the camera has the aim to serve as an extension of the eyes of the police or private security guards. The agent behind the cameras identifies a suspected activity or a crime already in the process of being committed and acts in real time, preventing it from being accomplished. The third goal, which turns to "future" time, refers to the capacity of the camera to prevent a crime from occurring by inducing a sensation into the criminal that he is being continuously monitored. Thus, a running camera, when connected to a system of data storage, responds to "past", "present" and "future" purposes as described. In other words, it permits investigation, detection and deterrence. However, a connected camera, that does not store images, only meets "present" and "future" functions. And finally, a false camera in which images are neither produced nor stored, has only a function in the "future", since its sole purpose is to induce the feeling of being monitored.[45]

Inúteis ou quase, aos fins aos quais se destinam, paradoxalmente, sistemas de videovigilância cada vez mais inteligentes[46] – e, talvez, cada vez mais caros, não foi possível identificar – espalham-se pelas cidades ampliando, em vez de evitá-los, riscos das mais distintas ordens.

Riscos como (a) os esboçados na possibilidade, narrada na entrevista realizada na cidade de Canoas, de uma pessoa vir a ser filmada dentro de um espaço que deveria ser o último bastião na salvaguarda do *ser humano*[47] contra os desmandos de um *Príncipe* que se acreditava ter sido deposto com o surgimento das constituições da Modernidade ou – entre tantos outros ignorados aqui – que se encontram (b) atados ao "abuso de la información, bien sea por compartir los datos sin autorización, por integración de bases de datos por compañías para desarrollar un perfil extremadamente detallado de una persona o por su divulgación y utilización no autorizada".[48]

Enquanto isso, o Mercado reina soberano,[49] alimentando-se de modo pantagruélico.[50]

---

45 MELGAÇO, Lucas; VERFAILLIE, Kristof; HILDEBRANDT, Mireille. *CCTV and Smart CCTV effectiveness*: a meta-level analysis. SIAM – Security Impact Assessment Measures. Brussel: Vrije Universiteit Brussel, 2013. p. 12.

46 MELGAÇO, Lucas; VERFAILLIE, Kristof; HILDEBRANDT, Mireille. *CCTV and Smart CCTV effectiveness*: a meta-level analysis. SIAM – Security Impact Assessment Measures. Brussel: Vrije Universiteit Brussel, 2013. p. 20. "Detection, tracking and classification of targets are the main tasks expected from video analytics engines. Detection refers to the identification of what physical objects exist in the surveillance area, tracking is the understanding of how they move and classification is related to the labelling of objects as human, vehicle, animal and to the interpretation as normal or abnormal objects or behaviours".

47 CF/88: "Art. 5º Todos são iguais perante a lei, sem distinção de qualquer natureza, garantindo-se aos brasileiros e aos estrangeiros residentes no País a inviolabilidade do direito à vida, à liberdade, à igualdade, à segurança e à propriedade, nos termos seguintes: [...] X - são invioláveis a intimidade, a vida privada, a honra e a imagem das pessoas, assegurado o direito a indenização pelo dano material ou moral decorrente de sua violação. XI - a casa é asilo inviolável do indivíduo, ninguém nela podendo penetrar sem consentimento do morador, salvo em caso de flagrante delito ou desastre, ou para prestar socorro, ou, durante o dia, por determinação judicial".

48 RIVERA SANCLEMENTE, María del Rosario. *La evolución de las estrategias de marketing en el entorno digital*: implicaciones jurídicas. Tesis (Doctorado) – Universidad Carlos III, Madrid, 2016. p. 127.

49 AGAMBEN, Giorgio. *Homo sacer*: o poder soberano e a vida nua. Tradução de Henrique Burigo. Belo Horizonte: UFMG, 2010. p. 38. "O soberano é o ponto de indiferença entre violência e direito".

50 BÉTIN, Christophe; MARTINAIS, Emmanuel; RENARD, Marie-Christine. Sécurité, vidéosurveillance et construction de la déviance: l'exemple du centre ville de Lyon. *Déviance et Société*, v. 27, n. 1, p. 3-24, 2003 *apud* DEBAILLEUL Corentin; KEERSMAECKER Pauline De. *Towards the panoptic city*: the proliferation of video surveillance in Brussels and Copenhagen. Thesis (Master) – Université Libre de Bruxelles, Bruxelles, 2014. p. 16. "We can indeed assess that when it comes to justifying the installation of an urban CCTV system, there is a phenomenon of designation of some fringes of the population as being inherently harmful. Economic interests

4 Conclusões inconclusivas: sobre sombras e vaga-lumes

As regras que versam sobre proteção de dados – mesmo nos países nos quais existem –[51] parecem não resolver problemas não percebidos por olhos cansados, domesticados ou que teimam em não enxergar que a tutela da intimidade emerge da rebelião do indivíduo contra a opressão moralizadora que, por longa data, balizou o comportamento da humanidade[52] ou que "el proceso de inmunización de la vida ciudadana ha sido un proceso de domesticación, normalización y artificialización progresivo, que ha ido acompañado de un proceso de privatización y de homologación no solo de los espacios, sino de los modos de vida".[53]

A ágora está sendo, lentamente, cercada. Entremeio a esse movimento, seus habitantes, lentamente, dia após dia, são privados de seus direitos. Talvez, sem perceber – embora, com esperada docilidade –,[54] eles têm suas liberdades, contínua e suavemente, desbastadas, corroídas ou carcomidas nos mais distintos espaços de convivência urbana.

Eis, talvez, o momento de resgatar a aposta de Pascal:[55] se liberdade e igualdade vencerem, excelente. Ganha a democracia, vence a fundamentalidade dos direitos civis. Se forem vencidas, nada será sacrificado, pois parece pouco factível acreditar – não sem refutação –[56] que um mundo mais absurdo[57] do que aquele no qual a humanidade se encontra imersa possa estar contido no porvir.

E, se é certo que não há um algoritmo conhecido que possa resolver o problema denunciado neste texto, parece igualmente defensável que o silêncio ecoa como a pior das escolhas. Mesmo que lançadas a esmo, cada mensagem "na garrafa é um testemunho da

---

play an important role in the setting of CCTV systems, and they are often at stake in the definition of who is a legitimate citizen and who is a deviant one".

51 BERNABÈ, Franco. *Libertà vigilata*: privacy, sicurezza e mercato nella rete. Bari: Laterza, 2012. p. 46. "Rizervatezza e protezione dei datti personali sono spesso descritte in termini di gemelli, ma non identici. Contrariamente alle regole in materia di diritto alla riservatezza, le norme sulla protezione dei datti non sono inibitorie, non marcano cioè un divieto di utilizzo o di divulgazione di determinate informazioni, ma si limitano semplicemente a definere le regole (condizioni, modalità e autorizzazioni) che devono essere rispettate affinché l'utilizzo possa essere considerato legittimo".

52 ROBL FILHO, Ilton Norberto. *Direito, intimidade e vida privada*: paradoxos jurídicos e sociais na sociedade pós-moralista e hipermoderna. Curitiba: Juruá, 2010. p. 58.

53 PÉREZ HUMANES, Mariano. Fronteras urbanas: el espacio público como espacio de recusión. *In*: RODRIGUEZ, José Exequiel Basini *et al.* (Org.). *Cidades, fronteiras e mobilidade humana*. Manaus: EDUA, 2014. p. 168.

54 AGAMBEN, Giorgio. *Homo sacer*: o poder soberano e a vida nua. Tradução de Henrique Burigo. Belo Horizonte: UFMG, 2010. p. 11. "O desenvolvimento e o triunfo do capitalismo não teria sido possível [...] sem o controle disciplinar efetuado pelo novo biopoder, que criou para si, através de uma série de tecnologias apropriadas, os corpos dóceis de que necessitava".

55 PASCAL, Blaise. *Pensamentos*. Mem Martins: Europa-América, 1988.

56 HARARI, Yuval Noah. *Homo Deus*: uma breve história do amanhã. Tradução de Paul Geiger. São Paulo: Companhia das Letras, 2016. p. 106. "Em anos recentes, quando se começou a repensar as relações entre humanos e animais, essas práticas [gaiolas, chiqueiros etc.] passaram a ser alvo de críticas crescentes. Demonstramos um interesse inédito no destino das chamadas formas inferiores de vida, talvez porque estejamos a ponto de nos tornar uma. Se e quando programas de computador atingirem uma inteligência sobre-humana e um poder jamais visto, deveremos valorizar esses programas mais do que valorizamos os humanos? Seria aceitável, por exemplo, que uma inteligência artificial explorasse os humanos e até os matasse para contemplar as necessidades de seus próprios desejos? Se a resposta [for] negativa, a despeito da inteligência e do poder superiores, porque é ético que os humanos explorem e matem porcos? Com efeito, o que há nos humanos que nos faz tão inteligentes e poderosos e qual é a probabilidade de que entidades não humanas venham a rivalizar conosco e nos ultrapassar?".

57 CAMUS, Albert. *O mito de Sísifo*. São Paulo: Record, 2004.

transitoriedade da frustração e da permanência da esperança, da indestrutibilidade das possibilidades e da fragilidade das adversidades que impedem sua implementação".[58]

Quiçá, vaga-lumes voltem, em breve, a flanar pelos céus do Brasil.[59]

Referências

AGAMBEN, Giorgio. *Homo sacer*: o poder soberano e a vida nua. Tradução de Henrique Burigo. Belo Horizonte: UFMG, 2010.

AGOSTINI, Aldo. *Videosorveglianza e privacy*. Bologna: Edis, 2006.

ALVES, Manoel Rodrigues; RIZEK, Cibele Saliba. Cidade contemporânea, cidade do empresariamento: aspectos da produção socioespacial do urbano. *In*: RODRIGUEZ, José Exequiel Basini *et al.* (Org.). *Cidades, fronteiras e mobilidade humana*. Manaus: EDUA, 2014.

BAUMAN, Zygmunt. *Para que serve a sociologia?* Tradução de Carlos Alberto Medeiros. Rio de Janeiro: Zahar, 2015.

BERNABÈ, Franco. *Libertà vigilata*: privacy, sicurezza e mercato nella rete. Bari: Laterza, 2012.

BÉTIN, Christophe; MARTINAIS, Emmanuel; RENARD, Marie-Christine. Sécurité, vidéosurveillance et construction de la déviance: l'exemple du centre ville de Lyon. *Déviance et Société*, v. 27, n. 1, p. 3-24, 2003.

BOURDOUX, Gil. Vidéosurveillance et police. Quel(s) coût(s) pour la police? Quel(s) coût(s) pour la société?. *In*: DEVRESSE, Marie-Sophie; PIERET, Julien (Dir.). *La vidéosurveillance*: entre usages politiques et pratiques policières. Brussels: Politeia, 2009.

CAMUS, Albert. *O mito de Sísifo*. São Paulo: Record, 2004.

CARDARELLI, Francesco. Amministrazione digitale, trasparenza e principio di legalità. *Il Diritto Dell'informazione e Dell'informatica*, v. 31, n. 2, p. 227-273. mar./abr. 2015.

CARR, Robert. *Political economy & the abbott government's CCTV programme in Australia, University of New South Wales*. Unpublished manuscript.

CATALAN, Marcos. Avanço da técnica e afetação da vida privada no espaço público. *Revista Direitos Humanos e Democracia*, v. 6, p. 455-464, 2018.

COSTA, Renata Almeida da. Cultura do medo e espaço urbano: um olhar reflexivo sobra a sensação social de insegurança. *In*: SCHWARTZ, Germano; FERNÁNDEZ, Albert Noguera (Org.). *Cultura e identidade em tempo de transformações*. Curitiba: Juruá, 2011.

DE'CARLI, Natália. La frontera del miedo global: proteger para ser. *In*: RODRIGUEZ, José Exequiel Basini *et al.* (Org.). *Cidades, fronteiras e mobilidade humana*. Manaus: EDUA, 2014.

DEBAILLEUL Corentin; KEERSMAECKER Pauline De. *Towards the panoptic city*: the proliferation of video surveillance in Brussels and Copenhagen. Thesis (Master) – Université Libre de Bruxelles, Bruxelles, 2014.

DIDI-HUBERMAN, Georges. *Sobrevivência dos vaga-lumes*. Tradução de Vera Casa Nova e Márcia Arbex. Belo Horizonte: UFMG, 2011.

DUBY, Georges. A emergência do indivíduo: a solidão nos séculos XI-XIII. *In*: DUBY, Georges (Org.). *História da vida privada*: da Europa feudal à Renascença. Tradução de Maria Lúcia Machado. São Paulo: Companhia das Letras, 2009.

FAROCKI, Harun. *Desconfiar en las imagenes*. Buenos Aires: Caja Negra Editoria, 2013.

[58] BAUMAN, Zygmunt. *Para que serve a sociologia?* Tradução de Carlos Alberto Medeiros. Rio de Janeiro: Zahar, 2015. p. 54.

[59] DIDI-HUBERMAN, Georges. *Sobrevivência dos vaga-lumes*. Tradução de Vera Casa Nova e Márcia Arbex. Belo Horizonte: UFMG, 2011.

GOMEZ, Rakel Bozza. Em busca do habitar e do espaço do lugar. *In*: RODRIGUEZ, José Exequiel Basini *et al.* (Org.). *Cidades, fronteiras e mobilidade humana*. Manaus: EDUA, 2014.

GUEDES, Jefferson Carús. Dimensões linguísticas da desigualdade no Brasil: os diversos nomes legais de um mesmo fenômeno. *Revista Brasileira de Políticas Públicas*, v. 5, p. 59-76, 2015.

HARARI, Yuval Noah. *Homo Deus*: uma breve história do amanhã. Tradução de Paul Geiger. São Paulo: Companhia das Letras, 2016.

HEMPEL, Leon; TÖPFER, Eric. *CCTV in Europe*. Final Report. UrbanEye project: on the threshold to urban Panopticon? Analysing the employment of CCTV in European cities and assessing its social and political impacts. Berlin: Centre for Technology and Society of the Technical University Berlin, 2004. Disponível em: www.urbaneye.net/results/results.htm. Acesso em 19 jan. 2016.

JACOBSEN, Michael Hviid; TESTER, Keith. Introdução. *In*: BAUMAN, Zygmunt. *Para que serve a sociologia?* Tradução de Carlos Alberto Medeiros. Rio de Janeiro: Zahar, 2015.

LA RONCIÈRE, Charles de. A vida privada dos notáveis toscanos no limiar da Renascença. *In*: DUBY, Georges (Org.). *História da vida privada*: da Europa feudal à Renascença. Tradução de Maria Lúcia Machado. São Paulo: Companhia das Letras, 2009.

LYON, David. *L'occhio elettronico*. Milano: Feltrinelli, 1997.

LYON, David. *La società sorvegliata*. Milano: Feltrinelli, 2002.

MARTINS, Fernando Rodrigues. Informação, sociedade em rede e situação jurídica subjetiva existencial. *In*: SALOMÃO, José Fernando; BELTRÃO, Silvio Romero (Coord.). *Direito civil*: estudos em homenagem a José de Oliveira Ascensão. São Paulo: Atlas, 2015. v. 1.

MASI, Domenico de. *A sociedade pós-industrial*. 4. ed. Tradução de Anna Maria Capovilla *et al*. São Paulo: Senac, 2003.

MELGAÇO, Lucas; VERFAILLIE, Kristof; HILDEBRANDT, Mireille. *CCTV and Smart CCTV effectiveness*: a meta-level analysis. SIAM – Security Impact Assessment Measures. Brussel: Vrije Universiteit Brussel, 2013.

MIRANDA, Victor Vasconcelos. O direito à privacidade na era digital e as tutelas assecuratórias. *Revista Fórum de Direito Civil*, Belo Horizonte, v. 5, n. 12, p. 97-121, maio/ago. 2016.

PAISSAN, Mauro. *La privacy è morta, viva la privacy*. Milano: Ponte alle Grazie, 2009.

PASCAL, Blaise. *Pensamentos*. Mem Martins: Europa-América, 1988.

PÉREZ HUMANES, Mariano. Fronteras urbanas: el espacio público como espacio de recusión. *In*: RODRIGUEZ, José Exequiel Basini *et al.* (Org.). *Cidades, fronteiras e mobilidade humana*. Manaus: EDUA, 2014.

PIAZZINI SUÁREZ, Carlo Emilio. Los estudios socioespaciales: campo de tensiones y caminos recorridos. *In*: RODRIGUEZ, José Exequiel Basini *et al.* (Org.). *Cidades, fronteiras e mobilidade humana*. Manaus: EDUA, 2014.

RIVERA SANCLEMENTE, María del Rosario. *La evolución de las estrategias de marketing en el entorno digital*: implicaciones jurídicas. Tesis (Doctorado) – Universidad Carlos III, Madrid, 2016.

ROBL FILHO, Ilton Norberto. *Direito, intimidade e vida privada*: paradoxos jurídicos e sociais na sociedade pós-moralista e hipermoderna. Curitiba: Juruá, 2010.

RODRIGUEZ, José Rodrigo. As figuras da perversão do direito: para um modelo crítico de pesquisa jurídica empírica. *Revista Prolegómenos Derechos y Valores*, v. 19, n. 37, p. 99-124, jan./jun. 2016.

SECRETARIA DE SEGURANÇA PÚBLICA. *Indicadores criminais*. 2017. Disponível em: http://www.ssp.rs.gov.br/indicadores-criminais. Acesso em: 11 dez. 2017.

TAPIA MARTÍN, Carlos. Espacios negativos: contra e anti como partículas reveladoras en el espacio. *In*: RODRIGUEZ, José Exequiel Basini *et al.* (Org.). *Cidades, fronteiras e mobilidade humana*. Manaus: EDUA, 2014.

XAVIER, Marilia Pedroso; XAVIER, Luciana Pedroso. A crescente violação do direito de imagem do cidadão diante do monitoramento das câmeras de vigilância. *In*: AFORNALLI, Maria Cecília Naréssi Munhoz; GABARDO, Emerson (Coord.). *Direito, informação e cultura*: o desenvolvimento a partir de uma linguagem democrática. Belo Horizonte: Fórum, 2012.

ZICCARDI, Giovanni. *Il computer e il giurista*. Milano: Giuffrè, 2015.

Informação bibliográfica deste texto, conforme a NBR 6023:2018 da Associação Brasileira de Normas Técnicas (ABNT):

CATALAN, Marcos. A difusão de sistemas de videovigilância na urbe contemporânea: um estudo inspirado em Argos Panoptes, cérebros eletrônicos e suas conexões com a liberdade e a igualdade. *In*: EHRHARDT JÚNIOR, Marcos; CATALAN, Marcos; MALHEIROS, Pablo (Coord.). *Direito Civil e tecnologia*. Belo Horizonte: Fórum, 2020. p. 128-144. ISBN 978-65-5518-036-7.

O DIREITO FUNDAMENTAL À PROTEÇÃO DE DADOS PESSOAIS E OS LIMITES AO SERVIÇO REMUNERADO DE CONFERÊNCIA DE DADOS POR BIOMETRIA

RICARDO SCHNEIDER RODRIGUES

REGINA LINDEN RUARO

Introdução

A temática relacionada à proteção de dados ganha força no momento em que a tecnologia passa a permitir o processamento e a análise de uma grande quantidade de dados (*big data*), resultando na obtenção de informações pessoais que, de outra forma, dificilmente seriam alcançáveis caso fossem tratadas individualmente e por métodos tradicionais. Com o aumento da capacidade de armazenamento e de comunicação de informações, ocorre também a ampliação das formas de apropriação e de utilização de tais dados (DONEDA, 2011, p. 92).

A partir do uso de algoritmos desenhados especialmente para essa finalidade e com o avanço da inteligência artificial, é possível traçar o perfil de um indivíduo com base nas informações deixadas – muitas vezes, de forma inconsciente – ao interagir com aplicativos ou *sites* na internet.[1] A tecnologia permite identificar gênero, preferências políticas, situação econômica e até mesmo o estado de saúde do titular dos dados, de forma tão precisa quanto um exame médico (GOODMAN; FLAMAN, 2016). Por tal razão, o Tribunal Constitucional Federal alemão (TCFA) reconheceu, há quase 35 anos, por ocasião do caso *Volkszählung* (BVerfGE 65, 1, de 15.12.1983), que "um dado em si insignificante pode adquirir um novo valor: desse modo, não existem mais dados 'insignificantes' no contexto do processamento eletrônico de dados" (SCHWABE, 2005, p. 239).

---

1 Uma simples informação relacionada à origem do indivíduo (ex.: domicílio eleitoral) pode repercutir em sua esfera jurídica. Não há como antever todas as possibilidades que as sofisticadas ferramentas de processamento de dados poderão alcançar a partir da combinação de dados do *big data* com aqueles constantes, por exemplo, em base de dados estatais. O Ministério Público do Estado do Rio de Janeiro já chegou a ajuizar uma ação civil pública contra uma empresa pela suposta prática de *geo-blocking* (bloqueio de oferta ao consumidor com base em sua origem geográfica) e de *geo-pricing* (cobrança de preços diferenciados do consumidor com base em sua origem geográfica) na venda de passagens aéreas e hospedagem (PAMPLONA, 2018).

A vida na sociedade da informação[2] requer, portanto, uma reinterpretação dos arranjos jurídicos para adaptá-los a essa realidade, que tem cada vez mais invadido espaços anteriormente preservados. Com efeito, assinala Stefano Rodotà (2004, p. 108), a respeito dessa relação entre o direito e a ciência, que a dimensão jurídica não fora suprimida pelo avanço tecnológico, mas, devido à sua capacidade expansiva, foram identificados, progressivamente, novos princípios e valores.

Para além das situações em que o indivíduo cede voluntariamente seus dados a fim de poder usufruir de determinado serviço, há os casos em que essas informações não são espontaneamente fornecidas, mas exigidas por lei, armazenadas em bancos de dados, processadas e, eventualmente, difundidas para terceiros pelo Poder Público. Diversos problemas podem decorrer do manuseio inadequado de dados pessoais pelo Poder Público. Um exemplo é a venda de banco de dados com informações pessoais e sigilosas armazenadas por órgãos públicos como Receita Federal, Denatran e INSS, ocorrida há alguns anos (RODRIGUES; GOMES, 2010; RODRIGUES, 2010; CORAZZA, 2010; OLTRAMARI, 2000). Outro caso verificado posteriormente envolveu o Tribunal Superior Eleitoral (TSE), que celebrou um acordo de cooperação técnica com a empresa Serasa – que gerencia banco de dados sobre a situação de crédito de consumidores –, para repassar as informações cadastrais de 141 milhões de eleitores, em troca do fornecimento de certificação digital aos servidores do Tribunal.[3] Há poucos anos, descobriu-se que um sítio na internet (www.nomesbrasil.com) disponibilizava abertamente o acesso a dados pessoais como nome completo, endereço, data de nascimento e nome dos pais de inúmeros cidadãos, a partir do número do CPF (RIBEIRO, 2018).

O receio por vazamentos de dados ou pela transmissão indevida de informações a terceiros também se evidencia diante da disseminação de programas fiscais voltados ao aumento da arrecadação tributária, por meio dos quais diversos estados da Federação armazenam dados de consumo detalhados de seus contribuintes, sem muita transparência quanto à proteção das informações, seja em termos de segurança do próprio sistema, seja em relação ao seu uso ou à eventual transmissão para terceiros e descarte (MACHADO; BIONI, 2016, p. 361-362).

Neste contexto, o governo federal lançou o Documento Nacional de Identificação (DNI), que reúne em um único documento digital, com validade nacional, diferentes registros civis, dispensando a apresentação de papéis como o comprovante do Cadastro de Pessoa Física (CPF), a certidão de nascimento, a certidão de casamento e o título de eleitor, interligando as bases do Governo Federal e do Poder Judiciário, bem como utilizando a biometria do TSE (BRASIL, 2018). A referida iniciativa é fruto da Lei

---

[2] É possível afirmar que com a evolução tecnológica nasce a "Sociedade da Informação, cujas principais características são a ausência de fronteiras e as distintas formas de comunicação relacionando-se constantemente com a produção e disseminação de conteúdo digital" (MARQUES; CRESPO, 2015, p. 123). Webster (2006, p. 263), contudo, observa que a ideia de sociedade da informação não é recente. Com Schiller, Habermas e Giddens, defende a concepção de que a informatização (*informatisation*) da vida corresponde a um processo contínuo, ao longo de vários séculos, acelerado pela evolução industrial capitalista e pela consolidação do Estado-Nação no século XIX, alcançando seu ápice no último século XX com a globalização e a propagação das organizações transnacionais. Para esses autores, o desenvolvimento da informação deve ser representado em termos de antecedentes históricos e contínuos.

[3] Embora o TSE justificasse, à época, não haver ilegalidade no fornecimento de tais dados, ao argumento de que apenas parte das informações do cadastro eleitoral seria cedida (nome do eleitor, número e situação da inscrição eleitoral, além da informação sobre eventuais óbitos), enquanto outra parte seria apenas validada (nome da mãe ou data de nascimento), ao final o convênio foi anulado e se determinou a revisão de todos os acordos da Corte para o compartilhamento de dados (BRAMATTI, 2013; RECONDO; GALLUCCI, 2013).

nº 13.444, de 11.5.2017, que dispôs sobre a identificação civil nacional (ICN) e atribuiu ao TSE a tarefa de armazenar e gerir a base de dados da ICN, assegurando a integridade, a disponibilidade, a autenticidade e a confidencialidade de seu conteúdo (art. 2º, §1º).

Uma novidade trazida pela referida norma consiste na previsão do serviço de conferência de dados por biometria a particulares, a ser prestado pelo TSE mediante remuneração (art. 4º, §2º). Esta possibilidade suscita preocupação quanto ao acesso de dados pessoais por terceiros, mormente diante do problemático histórico do poder público na preservação do sigilo de tais dados.

A discussão proposta neste trabalho busca avaliar se o serviço de conferência de dados, prestado pela Justiça Eleitoral a particulares, mediante contraprestação, previsto no art. 4º, §2º, da Lei nº 13.444/2017, representa uma restrição válida do âmbito de proteção do direito fundamental à proteção de dados.

A abordagem constitucional se justifica porque a Lei Geral de Proteção de Dados (LGPD, Lei nº 13.709, de 14.8.2018), em princípio, não vedou de forma expressa tal relação. Ao contrário, previu exceção à vedação do compartilhamento, pelo Poder Público, de dados pessoais constantes de bases de dados a que tenham acesso entidades privadas, nos casos em que haja previsão legal ou em que a transferência for respaldada em contratos, convênios ou instrumentos congêneres (art. 26, §1º, IV, Lei nº 13.709/2018).

Para responder ao questionamento proposto, é utilizado o método dedutivo de abordagem. Num primeiro momento, é examinada a fundamentalidade do direito à proteção de dados no ordenamento jurídico brasileiro e, em seguida, o seu âmbito de proteção, seus limites e os limites aos limites desse direito, valendo-se de pesquisa bibliográfica e documental. Uma vez estabelecidas as balizas para a análise objetiva do problema proposto, avalia-se se a Lei nº 13.444/2017 viola o direito fundamental à proteção de dados, ao permitir a prestação onerosa do serviço de conferência de dados que envolvam a biometria. Ao enfrentar tal questão, espera-se contribuir com a busca por parâmetros de atuação para o Poder Público, aplicáveis aos casos em que este age como responsável pela coleta, armazenamento, processamento e difusão de dados pessoais.

1 O direito fundamental à proteção de dados pessoais no Brasil

A proteção de dados ora é associada ao direito à intimidade, como na abordagem americana relacionada à *privacy*, ora como um direito fundamental autônomo, no sistema da União Europeia (RUARO; MOLINARO, 2017, p. 13). Sarlet (SARLET; MARINONI; MITIDIERO, 2017, p. 472-473), reconhecendo a relação do direito à proteção de dados com o direito à privacidade (intimidade informática) e com o livre desenvolvimento da personalidade, esclarece, com acerto, não se tratar de uma proteção destinada apenas ao conhecimento e uso por terceiros, abarcando, também, o direito à livre disposição sobre os dados pessoais, sendo esta a razão do reconhecimento de um direito à autodeterminação informativa no direito alemão e espanhol.

A Constituição da República brasileira (CR) não resguarda, de forma expressa, a proteção de dados ou a autodeterminação sobre a informação como um direito fundamental, como se pode observar em outros ordenamentos jurídicos.[4] Em sua literalidade,

[4] Na Constituição de Portugal, o art. 35º dispõe sobre a utilização da informática, dispondo de forma bastante ampla acerca da proteção dos dados pessoais. Está inserido no rol dos direitos, liberdades e garantias pessoais

são protegidas a dignidade da pessoa humana (art. 1º, inc. III, CR), a liberdade (art. 5º, *caput*, e inc. II, CR), a inviolabilidade da intimidade, da vida privada, da honra e da imagem (art. 5º, inc. X, CR), e a inviolabilidade do sigilo das comunicações telegráficas, de dados e das comunicações telefônicas (art. 5º, inc. XII, CR). Além disso, prevê o *habeas data* como meio hábil para a obtenção de acesso às informações pessoais constantes de registros ou bancos de dados de entidades governamentais ou de caráter público e a sua retificação (art. 5º, inc. LXXII, CR).

Doneda (2011, p. 103-106) que a forma como a Constituição disciplinou o tema, apartando a proteção da privacidade (intimidade e vida privada) da proteção à inviolabilidade do sigilo das comunicações, permitiu à parcela da doutrina e até ao Supremo Tribunal Federal concluir que as informações pessoais seriam protegidas apenas em relação à sua comunicação e que os dados em si não estariam a merecer proteção específica. Tal interpretação poderia permitir excessos, porquanto a violação à privacidade poderia nem sempre ocorrer de forma direta, mas pelo uso excessivo de informações pessoais armazenadas em bancos de dados.

No contexto das relações internacionais, o Brasil reconheceu publicamente a proteção de dados como um direito fundamental. Por ocasião da *XIII Cumbre Iberoamericana de Jefes de Estado y de Gobierno*, emitiu-se a Declaração de Santa Cruz de La Sierra, documento firmado em 15.11.2003, no qual diversos países declararam que "estamos também conscientes de que a proteção de dados pessoais é um direito fundamental

do Capítulo I do Título II da Parte I da Constituição, que estabelece os direitos e deveres fundamentais ("Artigo 35º Utilização da informática. 1. Todos os cidadãos têm o direito de acesso aos dados informatizados que lhes digam respeito, podendo exigir a sua rectificação e actualização, e o direito de conhecer a finalidade a que se destinam, nos termos da lei. 2. A lei define o conceito de dados pessoais, bem como as condições aplicáveis ao seu tratamento automatizado, conexão, transmissão e utilização, e garante a sua protecção, designadamente através de entidade administrativa independente. 3. A informática não pode ser utilizada para tratamento de dados referentes a convicções filosóficas ou políticas, filiação partidária ou sindical, fé religiosa, vida privada e origem étnica, salvo mediante consentimento expresso do titular, autorização prevista por lei com garantias de não discriminação ou para processamento de dados estatísticos não individualmente identificáveis. 4. É proibido o acesso a dados pessoais de terceiros, salvo em casos excepcionais previstos na lei. 5. É proibida a atribuição de um número nacional único aos cidadãos"). Na Constituição da Espanha, o art. 18, 4, também traz disposição expressa sobre o uso da informática, ao lado da proteção à honra, à intimidade, à inviolabilidade do domicílio, ao sigilo das comunicações, no rol dos direitos e liberdades do Capítulo Segundo do Título I, que versa sobre os direitos e deveres fundamentais, mas não de forma tão abrangente como observado em Portugal, remetendo sua regulamentação à norma infraconstitucional ("La ley limitará el uso de la informática para garantizar el honor y la intimidad personal y familiar de los ciudadanos y el pleno ejercicio de sus derecho"). Na Argentina, o art. 43 da Constituição prevê o acesso e a correção de dados pessoais de forma semelhante ao nosso *habeas data*. Há duas diferenças importantes que conferem uma proteção ainda maior: o direito de conhecer a finalidade do uso dos dados pessoais e a clara referência de que seu uso não poderá gerar qualquer discriminação ("Toda persona podrá interponer esta acción para tomar conocimiento de los datos a ella referidos y de su finalidad, que consten en registros o bancos de datos públicos, o los privados destinados a proveer informes, y en caso de falsedad o discriminación, para exigir la supresión, rectificación, confidencialidad o actualización de aquellos. No podrá afectarse el secreto de las fuentes de información periodística"). Na União Europeia, a Convenção para a Proteção das Pessoas Relativamente ao Tratamento Automatizado de Dados de Caráter Pessoal, de 28.1.1981 (Convenção de Estrasburgo), associa esse direito à proteção dos direitos e das liberdades fundamentais, especialmente o direito ao respeito à vida privada diante do fluxo crescente de dados pessoais suscetíveis de tratamento automatizado. A Carta de Direitos Fundamentais da União Europeia já prevê expressamente, em seu art. 8º, o direito fundamental à proteção de dados pessoais ("Artigo 8º Protecção de dados pessoais. 1. Todas as pessoas têm direito à protecção dos dados de carácter pessoal que lhes digam respeito. 2. Esses dados devem ser objecto de um tratamento leal, para fins específicos e com o consentimento da pessoa interessada ou com outro fundamento legítimo previsto por lei. Todas as pessoas têm o direito de aceder aos dados coligidos que lhes digam respeito e de obter a respectiva rectificação. 3. O cumprimento destas regras fica sujeito a fiscalização por parte de uma autoridade independente").

das pessoas" (DONEDA, 2011, p. 103, item 45). Tal declaração, contudo, não supre as lacunas do ordenamento jurídico nacional a respeito do tema.

Em certo sentido, a Constituição brasileira assemelha-se à Constituição alemã, ao não dispor expressamente sobre um direito fundamental à proteção de dados numa perspectiva mais moderna, uma vez que o processamento eletrônico é considerado um fator relevante e merecedor de especial proteção. Daí a importância da experiência alemã no trato da matéria.[5]

O Tribunal Constitucional Federal alemão (TCFA) enfrentou o tema da proteção de dados há bastante tempo, ocasião em que demonstrou sua preocupação com "os perigos do processamento eletrônico de dados" (SCHWABE, 2005, p. 240). No caso *Volkszählung* (BVerfGE 65, 1, de 15.12.1983), foi analisada a constitucionalidade da Lei do Censo de 1983, de 25.3.1982, a partir da qual se pretendia realizar um recenseamento geral da população pela coleta de diversos dados pessoais para fins estatísticos (SCHWABE, 2005, p. 233-245). Esta decisão é considerada um marco na disciplina da proteção de dados, e suas diretrizes influenciaram a legislação, a doutrina e a jurisprudência de diversos países (MENKE, 2015, p. 208). Para a análise aqui desenvolvida, o julgado é especialmente relevante porque tratou da questão da proteção na perspectiva do Poder Público, enquanto responsável pela coleta, armazenamento, processamento e transmissão de dados pessoais.[6]

Na ocasião, o Tribunal reconheceu a existência de um "direito à autodeterminação sobre a informação" (*informationelle Selbstbestimmung*), decorrente do direito geral da personalidade, previsto nos arts. 2º, I (dignidade da pessoa humana) e 1º, I (livre desenvolvimento da personalidade) da Lei Fundamental,[7] consubstanciado numa "proteção do indivíduo contra levantamento, armazenagem, uso e transmissão irrestritos de seus dados pessoais" (SCHWABE, 2005, p. 234). Tal direito asseguraria um poder de autodeterminação ao indivíduo para decidir por si próprio quanto à exibição e ao uso de seus dados pessoais ou "quando e dentro de que limites fatos pessoais serão revelados" (SCHWABE, 2005, p. 237).

---

5 A Alemanha editou a primeira lei no mundo sobre a proteção de dados, no Estado de Hessen. Em seguida, aprovou a Lei Federal de Proteção de Dados (*Bundesdatenschutzgesetz*). O ápice dessa proteção ocorreu em 1983, com o julgamento do caso *Volkszählungsurteil*, que estabeleceu o direito fundamental à autodeterminação informativa (*informationelle Selbstbestimmung*). Posteriormente, em 2008, houve um desdobramento, reconhecendo-se um novo direito fundamental, denominado de direito fundamental à garantia da confidencialidade e da integridade dos sistemas técnico-informacionais (*Grundrecht auf Gewährleistung der Vertraulichkeit und Integrität informationstechnischer Systeme*) (MENKE, 2015, p. 205-206).

6 Neste trabalho, o foco recairá apenas sobre o caso *Volkszählungsurteil*, por trazer as balizas fundamentais sobre o direito fundamental à autodeterminação informativa. A existência do novo direito fundamental à garantia da confidencialidade e da integridade dos sistemas técnico-informacionais é controvertida na doutrina alemã, sendo defendido por muitos autores que se trata do conhecido direito à autodeterminação informativa, concebido no caso *Volkszählungsurteil*, com uma nova roupagem (MENKE, 2015, p. 225-227). De qualquer sorte, os desdobramentos havidos posteriormente, em 2008, decorreram da análise pelo TCFA da constitucionalidade de buscas ou investigações secretas e remotas de computadores de suspeitos pela prática de ilícitos, abrangendo o monitoramento de suas atividades na internet, num contexto de preservação da personalidade do cidadão no embate do Estado contra o terrorismo (MENKE, 2015, p. 215-218), abarcando, portanto, questões que vão além do escopo deste trabalho.

7 "Artigo 1 [Dignidade da pessoa humana – Direitos humanos – Vinculação jurídica dos direitos fundamentais] (1) A dignidade da pessoa humana é intangível. Respeitá-la e protegê-la é obrigação de todo o poder público [...]. Artigo 2 [Direitos de liberdade] (1) Todos têm o direito ao livre desenvolvimento da sua personalidade, desde que não violem os direitos de outros e não atentem contra a ordem constitucional ou a lei moral" (ALEMANHA, 2011, p. 18).

A necessidade de se conferir uma especial proteção à autodeterminação do indivíduo resultou de um contexto em que o processamento eletrônico de dados e a possibilidade quase ilimitada de armazenamento já permitiam consultá-los e combiná-los sem limitações temporais significativas.[8] Neste cenário, se o indivíduo não tem condições de saber com segurança quais informações suas são conhecidas em certas áreas do meio social, ele poderá ser inibido substancialmente no exercício de sua liberdade de planejamento ou de decisão, por temer as consequências negativas do armazenamento quase ilimitado de seus dados pessoais, afinal, praticamente tudo o que fizer ficará devidamente registrado (SCHWABE, 2005, p. 237).

Tem-se, a partir do julgado do Tribunal Constitucional alemão, que "a autodeterminação é uma condição funcional elementar para uma comunidade democrática e livre, fundada na capacidade de ação e participação de seus cidadãos", disso resultando que o livre desenvolvimento da personalidade impõe, num cenário de modernas técnicas de processamento de dados, "a proteção do indivíduo contra levantamento, armazenagem, uso e transmissão irrestritos de seus dados pessoais" (SCHWABE, 2005, p. 238). Este seria, portanto, o fundamento do direito fundamental à proteção de dados, decorrente da proteção que a Lei Fundamental alemã conferiu à personalidade e à própria dignidade humana. Em outros termos, o ilimitado manuseio de dados pessoais teria o condão de podar o livre desenvolvimento da personalidade individual.

À luz da Constituição brasileira, igualmente, não se pode negar a existência de um direito fundamental à proteção de dados, nele compreendido o direito à autodeterminação sobre a informação. A proteção contra a divulgação de dados pessoais em si seria uma decorrência natural da própria inviolabilidade da intimidade, da vida privada e até da imagem, previstos em seu art. 5º, inc. X, além do fato de se ter a dignidade humana como fundamento da República Federativa do Brasil (art. 1º, inc. III, CR). A depender do contexto, os dados pessoais também encontram proteção na cláusula geral de inviolabilidade das comunicações de dados, do art. 5º, inc. XII, da CR.

Embora não haja, expressamente, na Constituição brasileira, a previsão do livre desenvolvimento da personalidade, tal como literalmente consigna o art. 2º da Lei Fundamental alemã, dois aspectos devem ser reconhecidos. O primeiro, de que se trata de um dos direitos de liberdade da Lei Fundamental, protegido ao lado do direito à vida, à integridade física e à própria liberdade, direitos esses igualmente protegidos no texto constitucional brasileiro (art. 5º, *caput* e inc. I, CR). O segundo corresponde ao fato de que a noção de dignidade humana – valor consagrado em nossa Constituição – está associada à liberdade para o indivíduo desenvolver livremente sua personalidade em conformidade com seu projeto de vida, liberdade esta que restaria substancialmente cerceada no momento em que seus dados pessoais passassem a ser armazenados e utilizados para finalidades completamente alheias a seu conhecimento. Não conhecer o que se sabe sobre si, nem como tais informações são usadas, teria o condão de limitar o desenvolvimento da personalidade porque tornaria o indivíduo receoso quanto às consequências futuras que poderiam advir do manejo de tais dados.

---

[8] Menke (2015, p. 206-209) relata que o contexto histórico da decisão no caso *Volkszählungsurteil*, marcado por diversos protestos contra o censo que seria realizado em 1983, pode ter sido influenciado pelo temor dos alemães com as previsões feitas por George Orwell no livro *1984*, em que chama atenção para os riscos de um Estado espião. Na época, a opinião pública debatia sobre os problemas decorrentes da centralização das informações na figura do Estado, num ambiente marcado pela espionagem estatal promovida pela antiga Alemanha Oriental em face do indivíduo. O foco era, segundo o autor, a proteção do indivíduo contra os avanços do Estado.

O reconhecimento da proteção de dados como um direito autônomo e fundamental deriva do reconhecimento dos riscos do processamento de dados para a proteção da personalidade, considerada a partir das garantias constitucionais de igualdade substancial, liberdade e dignidade da pessoa humana, além da proteção da intimidade e da vida privada, e enquanto direito de personalidade (DONEDA, 2011, p. 103). A despeito da ausência de previsão expressa do direito à autodeterminação informativa, é possível extrair do sistema constitucional brasileiro ou da interpretação harmonizadora de normas constitucionais princípios não expressos no texto, devendo-se, assim, conferir tutela jurídica ao referido direito (RUARO; MOLINARO, 2017, p. 28-35).[9]

É razoável concluir, portanto, que nosso ordenamento jurídico estatui o direito fundamental à proteção de dados pessoais, seja por estar compreendido no âmbito de proteção do direito à inviolabilidade da intimidade, da vida privada e do sigilo da comunicação de dados, além da própria proteção inerente ao direito à liberdade e à dignidade da pessoa humana, seja como um direito fundamental autônomo, decorrente do regime e dos princípios fundamentais adotados pela Constituição, considerando-se aqui a abertura material do catálogo dos direitos fundamentais previstos no texto constitucional (art. 5º, §2º, CR).

2 O âmbito de proteção do direito fundamental à proteção de dados pessoais

O âmbito de proteção dos direitos fundamentais é uma construção dogmático-constitucional de matriz germânica que permite a compreensão de seu campo de incidência, de seu suporte fático ou, ainda, de seu conteúdo e alcance (SARLET, 2015, p. 403-405).[10] É fundamental para uma interpretação responsável dos direitos fundamentais delimitar, da forma mais clara possível, em que consiste a proteção correspondente a determinado direito fundamental. Daí a importância de se buscar a experiência de outros países que já têm um desenvolvimento maior nesta seara, no plano normativo e jurisprudencial, por não se ter no texto constitucional brasileiro uma previsão expressa dos contornos, ainda que elementares, desse direito.

No âmbito da União Europeia, o Regulamento (UE) 2016/679 do Parlamento Europeu e do Conselho (*General Data Protection Regulation – GDPR*), que entrou em vigor em 25.5.2018, estabelece a proteção dos dados pessoais e de sua livre circulação, passando a ser um importante parâmetro de análise (UNIÃO EUROPEIA, 2016, p. L119/1-L119/88).[11] Ademais, a jurisprudência da Alemanha, a exemplo do caso *Volkszählung*,

---

[9] Para Limberger (2017, p. 150), ainda que não seja possível assegurá-lo como um direito autônomo, deve-se considerá-lo como uma consequência do direito à intimidade e da cláusula geral de respeito à vida privada, art. 21 do Código Civil.

[10] Dimoulis e Martins (2014, p. 132-137) esclarecem que a área de regulamentação de um direito fundamental corresponde ao tema tratado pelo constituinte, enquanto a área de proteção é o recorte realizado pelo constituinte dos comportamentos e situações tematizados que pretende proteger. Em alguns casos há equivalência entre as duas áreas; noutros, a área de proteção será o resultado de uma subtração da área de regulamentação dos casos e situações não protegidos pela Constituição.

[11] O referido regulamento revogou a Diretiva 95/46/CE (Regulamento Geral sobre a Proteção de Dados – *Data Protection Directive – DPD*). A sua importância, entre vários aspectos, consiste no fato de que a regulamentação da UE deixou de ser mera recomendação para se tornar norma aplicável pelos Estados-Membros. Além disso

estabeleceu importantes diretrizes para a compreensão do direito à proteção de dados em países que se ressentem de regra constitucional expressa a disciplinar o tema.

Antes de avançar no sentido da identificação das posições jurídicas acobertadas pelo referido direito fundamental, é necessário delimitar o bem jurídico protegido ou o objeto tutelado. A seguir, aborda-se o alcance da expressão "dados pessoais" e da espécie "dados sensíveis".

2.1 O bem jurídico protegido: a delimitação de dados pessoais e de dados sensíveis

Para os efeitos da referida proteção, Doneda (2011, p. 93) afirma, com razão, que devem ser considerados aqueles dados pessoais que tenham um vínculo objetivo com uma pessoa, aptos a revelar algum aspecto seu, sejam informações relacionadas a características suas, como nome ou domicílio, sejam dados decorrentes de ações da pessoa, como consumo, opiniões e outras manifestações, e que têm o potencial de identificar a pessoa ou demonstrar características suas.

No âmbito da União Europeia, o Regulamento (UE) 2016/679 do Parlamento Europeu e do Conselho estabelece, em seu art. 4º, a definição de dados pessoais como sendo a "informação relativa a uma pessoa singular identificada ou identificável ('titular dos dados')".[12] Em seu art. 9º, estabelece o tratamento a categorias especiais de dados pessoais, também denominados dados sensíveis (GOODMAN; FLAMAN, 2016). Este dispositivo proíbe

> [...] o tratamento de dados pessoais que revelem a origem racial ou étnica, as opiniões políticas, as convicções religiosas ou filosóficas, ou a filiação sindical, bem como o tratamento de dados genéticos, dados biométricos para identificar uma pessoa de forma inequívoca, dados relativos à saúde ou dados relativos à vida sexual ou orientação sexual de uma pessoa. (UNIÃO EUROPEIA, 2016, p. L119/38)

Há, portanto, na categoria dos dados pessoais uma subcategoria especial denominada dados sensíveis, correspondente àqueles dados mais próximos da privacidade do indivíduo, como a origem racial ou étnica, a posição política, religiosa ou filosófica, a filiação sindical, a orientação sexual, a vida familiar, os dados genéticos e biométricos para fins de identificação inequívoca, além dos dados relacionados à saúde. Para Sarlet (SARLET; MARINONI; MITIDIERO, 2017, p. 475), dados mais distantes desse núcleo, como o nome, o endereço, a filiação e o CPF, não seriam dados sensíveis, embora sejam, por certo, dados pessoais.

---

a DPD não apresentava sanções, enquanto a GDPR prevê a aplicação de multas de 20 milhões de euros até 4% do faturamento da empresa, o que for maior. Outra mudança relevante corresponde à sua aplicação global, mesmo para as empresas que não tenham sede na EU, mas que processem dados de pessoas residentes na EU (GOODMAN; FLAMAN, 2016).

[12] "[...]; é considerada identificável uma pessoa singular que possa ser identificada, direta ou indiretamente, em especial por referência a um identificador, como por exemplo um nome, um número de identificação, dados de localização, identificadores por via eletrónica ou a um ou mais elementos específicos da identidade física, fisiológica, genética, mental, económica, cultural ou social dessa pessoa singular" (UNIÃO EUROPEIA, 2016, p. L119/33).

O problema de uma rígida separação e, por conseguinte, da adoção de um regime jurídico diferenciado a partir da qualificação de determinado dado como sendo meramente pessoal ou, mais do que isso, sensível, é justamente a dificuldade em se dimensionar *a priori* se aquele dado pessoal não sensível, após o seu processamento, poderá gerar informações sensíveis. Daí a importância do alerta de Goodman e Flaman (2016) ao ponderarem que a delimitação do que sejam dados sensíveis permite duas interpretações: uma minimalista, restrita apenas aos casos em que um algoritmo faz uso dos dados que são expressamente sensíveis, e outra maximalista, abrangendo não apenas aquelas variáveis expressamente citadas, mas também aquelas que a ela sejam correlacionadas.

A questão, pontuam os autores, é que as bases de dados estão cada vez maiores e as correlações tornam-se cada vez mais amplas e complexas, dificultando a sua identificação. Exemplificam que a relação entre a geografia e a renda pode ser óbvia, mas há outras menos óbvias, como entre o IP e a raça. Além disso, defendem que seria possível o uso de informações de terceiros (*third parties*), como o histórico de compras, para uma predição quanto ao estado de saúde de um interessado num seguro de vida, comparável a um verdadeiro exame médico (GOODMAN; FLAMAN, 2016).

Por essa razão, o Tribunal Constitucional Federal alemão confere relevância ao contexto para a definição quanto à qualidade dos dados como sensíveis (SCHWABE, 2005, p. 239). Não basta a constatação de que os fatos sejam íntimos ou não, mas, também, a finalidade para a qual são solicitados, pois um dado aparentemente insignificante poderá merecer especial proteção a depender de como será armazenado e processado eletronicamente, já que o resultado desse processo poderá gerar um dado sensível (SCHWABE, 2005, p. 239).

Uma proposta para o enfrentamento da questão seria não qualificar determinado dado pessoal como sensível ou não a partir de seu estado inicial, previamente ao processamento, mas considerando a finalidade de sua utilização e a possibilidade de que ele venha a gerar informações sensíveis relacionadas especificamente a um indivíduo determinado. Em outros termos, considerar que todo dado pessoal poderá potencialmente tornar-se um dado sensível, sendo determinante para o nível de proteção a ser adotado saber a finalidade do uso desses dados.

Assim, a compreensão de dados pessoais, para fins de proteção, deve ser abrangente e relacionar tanto aqueles que obviamente permitem a identificação do indivíduo, de características ou ações suas, como aqueles que permitam essa constatação indiretamente, mediante processamento de dados. O avanço da tecnologia torna necessário ampliar a definição de dados pessoais e, consequentemente, a sua proteção.

No Brasil, a LGPD conceitua dado pessoal como a "informação relacionada a pessoa natural identificada ou identificável" (art. 5º, inc. I), e dado pessoal sensível como o "dado pessoal sobre origem racial ou étnica, convicção religiosa, opinião política, filiação a sindicato ou a organização de caráter religioso, filosófico ou político, dado referente à saúde ou à vida sexual, dado genético ou biométrico, quando vinculado a uma pessoa natural" (art. 5º, inc. II).

2.2 O conteúdo do direito fundamental à proteção de dados: as posições jurídicas situadas em seu âmbito de proteção

Prosseguindo no exame do âmbito de proteção, Sarlet especifica as posições jurídicas que, em sua perspectiva, integram o direito fundamental à proteção dos dados:

> (a) o direito ao acesso e ao conhecimento dos dados pessoais existentes em registros (bancos de dados) públicos ou provados; (b) o direito ao não conhecimento, tratamento e utilização e difusão de determinados dados pessoais pelo Estado ou por terceiros, aqui incluído um direito de sigilo quanto aos dados pessoais; (c) o direito ao conhecimento da identidade dos responsáveis pela coleta, armazenamento, tratamento e utilização dos dados; (d) o direito ao conhecimento da finalidade da coleta e da eventual utilização dos dados; (e) o direito à retificação e, a depender do caso, à exclusão de dados pessoais armazenados em bancos de dados. (SARLET; MARINONI; MITIDIERO, 2017, p. 473-474)

É possível, dessa forma, identificar alguns contornos do direito à proteção de dados, consubstanciado, em linhas gerais, nas ideias de acesso, sigilo, identificação dos responsáveis, finalidade da coleta e do uso, retificação e exclusão. Tal perspectiva coincide, em grande parte, com uma série de princípios reconhecidos pela doutrina como constitutivos do núcleo comum da proteção de dados, denominados *Fair Information Principles* (RUARO; MOLINARO, 2017, p. 31; DONEDA, 2011, p. 100; MENDES, 2014, p. 68). Eles podem ser considerados "a espinha dorsal das diversas leis, tratados, convenções ou acordos entre privados em matéria de proteção de dados pessoais, formando o núcleo das questões com as quais o ordenamento deve se deparar [...]" (DONEDA, 2011, p. 101).

Esses princípios refletem a tendência de se conferir à autonomia da proteção de dados pessoais o caráter de direito fundamental em diversos ordenamentos jurídicos, a exemplo das constituições da Espanha e de Portugal, da Convenção da União Europeia para a Proteção das Pessoas Relativamente ao Tratamento Automatizado de Dados de Caráter Pessoal, de 28.1.1981 (Convenção de Estrasburgo), da Diretiva 95/46 da União Europeia,[13] e da própria Carta de Direitos Fundamentais da União Europeia, de 7.12.2000, que, em seu art. 8º, dispõe expressamente sobre a proteção de dados pessoais.[14]

De caráter procedimental, os referidos princípios passaram a ser aplicados, segundo Doneda (2011), a partir da sistematização propiciada pela Convenção de Estrasburgo e após o trabalho desenvolvido pela *Organisation for Economic Cooperation and Development* (*OECD*),[15] possuindo o seguinte conteúdo:

---

[13] Essa diretiva será revogada pelo GDPR com efeitos a partir de 25.5.2018, passando a regulamentar a matéria no âmbito da União Europeia (art. 94º, 1).

[14] "Artigo 8. Protecção de dados pessoais. 1. Todas as pessoas têm direito à protecção dos dados de carácter pessoal que lhes digam respeito. 2. Esses dados devem ser objecto de um tratamento leal, para fins específicos e com o consentimento da pessoa interessada ou com outro fundamento legítimo previsto por lei. Todas as pessoas têm o direito de aceder aos dados coligidos que lhes digam respeito e de obter a respectiva rectificação. 3. O cumprimento destas regras fica sujeito a fiscalização por parte de uma autoridade independente" (UNIÃO EUROPEIA, 2000, p. C 364/10).

[15] O *Guidelines on the Protection of Privacy and Transborder Flows of Personal Data* foi um trabalho desenvolvido no âmbito da OECD e que assumiu o caráter de recomendação exarada por seu Conselho em 23.9.1980. Em 2013 essas diretrizes foram revistas (ORGANIZATION FOR ECONOMIC COOPERATION AND DEVELOPMENT, 2013).

> a) Princípio da publicidade (ou da transparência), pelo qual a existência de um banco de dados com dados pessoais deve ser de conhecimento público, seja por meio da exigência de autorização prévia para funcionar, da notificação a uma autoridade sobre sua existência, ou do envio de relatórios periódicos;
> b) Princípio da exatidão: os dados armazenados devem ser fiéis à realidade, o que compreende a necessidade de que sua coleta e seu tratamento sejam feitos com cuidado e correção, e de que sejam realizadas atualizações periódicas conforme a necessidade;
> c) Princípio da finalidade, pelo qual qualquer utilização dos dados pessoais deve obedecer à finalidade comunicada ao interessado antes da coleta de seus dados. Este princípio possui grande relevância prática: com base nele fundamenta-se a restrição da transferência de dados pessoais a terceiros, além do que se pode, a partir dele, estruturar-se um critério para valorar a razoabilidade da utilização de determinados dados para certa finalidade (fora da qual haveria abusividade);
> d) Princípio do livre acesso, pelo qual o indivíduo tem acesso ao banco de dados no qual suas informações estão armazenadas, podendo obter cópias desses registros, com a consequente possibilidade de controle desses dados; após este acesso e de acordo com o princípio da exatidão, as informações incorretas poderão ser corrigidas e aquelas obsoletas ou impertinentes poderão ser suprimidas, ou mesmo pode-se proceder a eventuais acréscimos;
> e) Princípio da segurança física e lógica, pelo qual os dados devem ser protegidos contra os riscos de seu extravio, destruição, modificação, transmissão ou acesso não autorizado. (DONEDA, 2011, p. 100-101)

Em grande medida, vislumbra-se certa uniformidade quanto aos aspectos básicos do âmbito de proteção do referido direito fundamental. Dos princípios conformadores, talvez apenas o da segurança física e lógica não tenha sido expressamente identificado por Sarlet no âmbito de proteção. Mas isso porque o autor identifica na dimensão negativa desse direito a existência de um dever de proteção estatal a ser concretizado mediante prestações normativas e fáticas, como a regulamentação infraconstitucional das referidas posições jusfundamentais, além da criação e estruturação de uma agência (órgão) independente para a vigilância do sistema de proteção de dados, que teria grande importância para a efetivação desse direito (SARLET; MARINONI; MITIDIERO, 2017, p. 473-474).

Com o advento da Lei Geral de Proteção de Dados, o Brasil passou a ter uma normatização mais clara que, em linhas gerais, abarcou a experiência internacional e os apontamentos da doutrina. Exemplo disso é a previsão expressa dos princípios da finalidade, adequação, necessidade, livre acesso, qualidade dos dados, transparência, segurança, prevenção, não discriminação, responsabilização e prestação de contas (art. 6º), de observância obrigatória para as atividades de tratamento de dados pessoais, além dos diversos direitos atribuídos aos titulares dos dados e da instituição de um órgão específico para a efetivação desse direito fundamental (v. arts. 7º, 9º, 18, 20, 21, 55-A e outros).

A título de arremate, pode-se definir, em linhas gerais, que o conteúdo do direito fundamental à proteção de dados pessoais abarca diversas posições jurídicas, como o direito a não ter os dados pessoais conhecidos, tratados, utilizados ou transmitidos pelo Estado ou por terceiros (direito de sigilo); a necessidade do consentimento prévio e informado como condição para coleta, armazenamento, processamento e difusão de dados pessoais, salvo previsão legal que assim o permita e desde que presente um interesse público relevante; a publicidade quanto à existência de bancos de dados pessoais, públicos ou privados, e da identidade dos responsáveis por todas as etapas de manuseio dos dados; o acesso aos dados pessoais armazenados, a atualização periódica desses dados para fins de exatidão e a possibilidade de retificação, justificação e até de exclusão desses dados, após o esgotamento da finalidade; o conhecimento da finalidade da coleta e a utilização dos dados pessoais em estrita conformidade com essa finalidade; e o direito ao armazenamento e ao uso seguro dos dados, contra vazamentos indevidos.

Tal direito vincula e tem como destinatários o Estado e os particulares, pela possibilidade de a coleta e o processamento dos dados ocorrerem tanto pela atuação de agentes estatais como privados (SARLET; MARINONI; MITIDIERO, 2017, p. 474).

3 Os limites e os limites aos limites do direito fundamental à proteção de dados pessoais

Além do âmbito de proteção, anteriormente abordado, outras duas categorias estudadas na dogmática constitucional de matriz alemã, ao tratar da realização dos direitos fundamentais, são pertinentes para o presente estudo. Trata-se dos *limites* impostos ao âmbito de proteção, que são as limitações a que estão sujeitos os direitos fundamentais, e os *limites aos limites* dos direitos fundamentais, ou seja, até onde se pode limitar os direitos fundamentais e seu âmbito de proteção (SARLET, 2015, p. 403-405).

No Brasil, embora se tenha certa convergência no uso das referidas categorias, Sarlet (2015, p. 403-405) destaca que o nosso constituinte optou por silenciar quanto a um regime jurídico expresso relativo aos limites e aos limites aos limites, diferentemente do que ocorre na Alemanha, em Portugal e na Espanha, salvo quanto à previsão de reservas de lei em relação a alguns direitos fundamentais e à proibição de abolição efetiva e tendencial dos conteúdos protegidos contra a reforma constitucional, prevista no art. 60, §4º, da CR.

A começar pelo primeiro aspecto, tem-se que "os limites aos direitos fundamentais apresentam possibilidades de cerceamento de condutas e situações que fazem parte da área de proteção do direito fundamental" (DIMOULIS; MARTINS, 2014, p. 136). Os direitos fundamentais não são absolutos, admitindo restrições ao seu conteúdo.[16] Com o direito fundamental à proteção de dados pessoais não é diferente. Sarlet aponta que a coleta, o armazenamento, o uso e a difusão de dados pessoais correspondem a uma intervenção no âmbito de proteção desse direito, que deve ser justificada, admitindo eventual restrição, seja por lei, seja pela via judicial, para a proteção de outros direitos fundamentais ou interesses da coletividade, como exemplo, no caso da preservação da segurança pública (SARLET; MARINONI; MITIDIERO, 2017, p. 474-475). O Tribunal Constitucional Federal alemão, de igual forma, não reconhece a existência de um direito absoluto à autodeterminação sobre a informação, mas a possibilidade de esse direito vir a sofrer restrições "somente em caso de interesse predominante da coletividade" (SCHWABE, 2005, p. 235, 238).

Exemplo dessa restrição ocorreu no embate entre a proteção dos dados pessoais e o acesso a informações de caráter público em poder de órgãos públicos, disciplinado pela Lei nº 12.527/2011 (LAI), que resguarda o sigilo das informações pessoais relativas

---

[16] A respeito das restrições a direitos fundamentais e das teorias interna e externa, conferir: Sarlet (2015, p. 405 e ss.) e Novais (2003, p. 289-360).

à intimidade, à vida privada, à honra e à imagem (art. 31, LAI). O STF considerou que o âmbito de proteção desse direito fundamental é menor em relação aos servidores públicos, permitindo a divulgação individualizada de seus vencimentos, pela prevalência do direito de acesso à informação e dos princípios da publicidade e da transparência em relação à proteção da intimidade dessa categoria (SARLET; MARINONI; MITIDIERO, 2017, p. 476).

É possível afirmar, neste sentido, que o serviço remunerado de conferência de dados que envolvam a biometria prestado pela Justiça Eleitoral a particulares, nos termos do art. 4º, §2º, da Lei nº 13.444/2017, corresponde a uma restrição[17] do direito fundamental à proteção de dados pessoais, na medida em que reduz o âmbito de proteção desse direito no aspecto do direito ao não conhecimento, tratamento, utilização e difusão de dados pessoais pelo Estado ou por terceiros, aqui incluído o direito ao sigilo dos dados pessoais.[18] Com efeito, "para configurar a intervenção é necessário demonstrar tão somente que o impedimento parcial de exercício do direito à privacidade possa ser atribuído a uma *atitude do poder público*" (DIMOULIS; MARTINS, 2014, p. 145, grifos no original). A gravidade dessa intervenção dependerá de quanto mais os dados pessoais do titular do direito serão expostos aos particulares, delimitação essa que não se pode mensurar *a priori* e dependerá de como a norma será regulamentada e executada na prática (art. 12 da Lei nº 13.444/2017).

Sem embargo, embora os direitos fundamentais possam ser limitados, essa possibilidade não é ilimitada, sob pena de os direitos fundamentais perderem seu significado prático (DIMOULIS; MARTINS, 2014, p. 167). Aqui se passa a tratar dos denominados limites aos limites dos direitos fundamentais.

Sarlet (2015, p. 412-413) entende como justificadas as limitações a direitos fundamentais que atendam aos requisitos de compatibilidade formal e material com a Constituição. Para o autor, o controle no plano formal corresponde à análise da competência, do procedimento e da autoridade responsável pela limitação. No plano material, avalia-se a proteção do núcleo (ou conteúdo) essencial dos direitos fundamentais, das exigências de proporcionalidade e de razoabilidade, além da proibição de retrocesso. Os limites aos limites dos direitos fundamentais são, portanto, barreiras à limitação e garantia da sua eficácia.

Em relação ao direito fundamental à proteção de dados pessoais especificamente, o Tribunal Constitucional alemão entendeu que as restrições devem estar amparadas numa base legal constitucional,[19] atender ao mandamento da clareza normativa e ao

---

17 No sentido abrangente adotado por Jorge Reis Novais (2003, p. 247), de "acção ou omissão estatal que, eliminando, reduzindo, comprimindo ou dificultando as possibilidades de acesso ao bem jusfundamentalmente protegido e a sua fruição por parte dos titulares reais ou potenciais do direito fundamental ou enfraquecendo os deveres e obrigações, em sentido lato, que dele resultam para o Estado, afecta desvantajosamente o conteúdo de um direito fundamental".

18 "Basta que a ação ou a omissão do Estado impeça parcialmente a prática de um comportamento correspondente à área de proteção de um direito fundamental para que se configure uma intervenção. Intervenções no direito à privacidade (ou direito à liberdade do art. 5º, *caput*, da CF), mediante o armazenamento e a comunicação de dados pessoais entre autoridades do Estado, não ocorrem por meio de imposição pela força, pois os dados são levantados e processados muitas vezes sem o conhecimento dos atingidos" (DIMOULIS; MARTINS, 2014, p. 145).

19 A Lei Fundamental alemã possui um artigo específico a respeito da restrição dos direitos fundamentais, exigindo, entre outros aspectos, a previsão de lei para tal fim. "Artigo 19 [Restrição dos direitos fundamentais – Via judicial] (1) Na medida em que, segundo esta Lei Fundamental, um direito fundamental possa ser restringido

princípio da proporcionalidade, além das precauções organizacionais e processuais necessárias a se evitar uma violação do direito da personalidade (SCHWABE, 2005, p. 235, 238-239). O indivíduo deve aceitar as limitações de seu direito à autodeterminação, quando em jogo um interesse geral predominante, mas tem direito a conhecer os pressupostos e a extensão dessa limitação (SCHWABE, 2005, p. 238-239).

Neste sentido, o GDPR permite o tratamento de dados sensíveis diante de motivos de interesse público importante, proporcional ao objetivo visado, com base no direito da União ou do Estado-Membro, e que respeite a essência do direito à proteção de dados, além de prever medidas adequadas e específicas de salvaguarda dos direitos fundamentais e dos interesses do titular dos dados (art. 9º, 2, "g", GDPR).

Aspecto fundamental nesta temática corresponde à imprescindível atenção para os critérios da proporcionalidade e da salvaguarda do núcleo essencial do direito à proteção de dados, por ocasião do exame de sua eventual restrição (SARLET; MARINONI; MITIDIERO, 2017, p. 475). Aqui ganha relevo o já mencionado princípio da finalidade, a partir do qual deve ser avaliado se a utilização dos dados pessoais realmente corresponde à finalidade que fora comunicada ao titular dos dados antes da coleta ou ao fim legalmente estabelecido (DONEDA, 2011, p. 100).

Ainda no contexto da restrição do direito à proteção de dados pessoais, Sarlet (SARLET; MARINONI; MITIDIERO, 2017, p. 475) postula um tratamento diferenciado aos dados considerados sensíveis (*v.g.*: orientação sexual, religiosa, política, familiar etc.) em relação àqueles mais distantes desse núcleo (*v.g.*: nome, endereço, filiação, CPF etc.). Sem embargo, conforme anteriormente destacado, defende-se que a proteção dos dados pessoais deve resguardar igualmente todos os dados – sensíveis ou não – que possam vir a fornecer informações pessoais sobre o indivíduo. Isto porque, no atual estágio de desenvolvimento tecnológico, dados aparentemente irrelevantes poderão, ao ser combinados com outros dados, resultar em informações sensíveis. Tal entendimento, contudo, não impede a constatação de que a proteção dos dados pessoais deverá ser diferenciada a depender da finalidade e da forma como será o seu tratamento – e não apenas de sua natureza sensível ou não no momento da coleta –, repercutindo, portanto, sobre as possíveis restrições a esse direito.

O Tribunal Constitucional Federal alemão considera o contexto da utilização das informações para definir a sua relevância em termos de direito da personalidade, estabelecendo limites para a restrição desse direito. É muito importante, nesse aspecto, ter clareza quanto à finalidade para a qual os dados foram exigidos e as possibilidades de uso e de ligação com outros dados. Daí a diferenciação entre os dados pessoais levantados e manipulados de forma individual e não anônima, em relação àqueles destinados à finalidade estatística (SCHWABE, 2005, p. 238-239).

No caso de dados pessoais individualizados e não anônimos, o TCFA entende não ser possível que o Poder Público os exija de forma irrestrita, "especialmente quando tais dados devem ser utilizados para a função administrativa (p. ex., para tributação ou concessão de benefícios sociais)" (SCHWABE, 2005, p. 239-240). Estabelece algumas medidas de proteção, como a definição precisa, por lei, da finalidade do uso dos dados por área, bem como que os dados exigidos sejam adequados e necessários para tal fim.

---

por lei ou em virtude de lei, essa lei tem de ser genérica e não limitada a um caso particular. Além disso, a lei terá de citar o direito fundamental em questão, indicando o artigo correspondente" (ALEMANHA, 2011, p. 28).

O armazenamento para fins indeterminados ou indetermináveis não é admitido pela Corte, para quem as autoridades, ao reunirem dados para exercer suas atividades, devem se restringir ao mínimo indispensável para que o objetivo legalmente definido seja alcançado. Deve-se, portanto, estabelecer uma proteção contra o afastamento dos objetivos iniciais do levantamento de dados, vedando a sua transmissão e utilização, proteção essa que não pode ser mitigada pela *Amtshilfe* (literalmente: ajuda oficial), que corresponde "à cooperação entre mais de um órgão da administração pública, no sentido de trocarem informações, muitas delas de natureza pessoal" (SCHWABE, 2005, p. 240).

O aspecto central que legitima a coleta de dados pessoais individualizados e não anônimos pelo Poder Público junto a particulares corresponde justamente à finalidade de sua utilização, que deve ser clara, específica, fundada em interesse público relevante, e que não pode ser desvirtuada de seu fim inicial, mesmo quando se trata de compartilhamento de informações entre órgãos públicos, vedada a coleta, o armazenamento, a utilização ou a transmissão para além dos objetivos estabelecidos.

Em suma, tratando-se de dados colhidos de forma individualizada e não autônoma, há um maior rigor quanto à vinculação da atuação estatal à finalidade que permitiu exigir do particular a coleta dos dados. A coleta para fins estatísticos, justamente em razão da proteção do anonimato, permite certa flexibilização em relação à finalidade, até visando preservar a eficiência desse instrumento – estatística – para a elaboração de políticas públicas. Eventual restrição ao direito à proteção de dados pessoais deve considerar, portanto, o propósito dessa coleta, havendo uma maior ou menor possibilidade de limitação desse direito a depender do fim almejado pelo poder público.

Em relação ao serviço de conferência de dados por biometria, a base de dados utilizada é a da ICN, que não tem fins estatísticos e deve, por tal razão, submeter-se a um regime mais estrito no que se refere à observância da finalidade legalmente estabelecida.[20]

4 Análise do serviço de conferência de dados à luz do direito fundamental à proteção de dados pessoais

A Lei nº 13.444/2017 passou a autorizar a prestação, exclusivamente pelo TSE, do "serviço de conferência de dados que envolvam a biometria prestado a particulares" (art. 4º, *caput* e §2º). Trata-se de serviço remunerado, cuja receita integra o Fundo de Identificação Civil Nacional (FICN), instituído com a finalidade de desenvolver e manter a ICN e as bases de dados por ela utilizadas (art. 6º, §1º, inc. III).

A base de dados da ICN contém dados pessoais e dados sensíveis, objeto da tutela do direito fundamental à proteção de dados. Além da questão da possibilidade

[20] É possível que os dados armazenados na base de dados da ICN sejam destinados, também, para fins estatísticos. Tal previsão existe, por exemplo, em relação aos dados do cadastro eleitoral, que não têm fins estatísticos, mas, eventualmente, poderão ser utilizados para tal finalidade, nos termos do art. 30 da Resolução nº 21.538, de 14.10.2003, do Tribunal Superior Eleitoral, que permite o fornecimento de dados para fins estatísticos, levantados com base no cadastro eleitoral, relativos ao eleitorado ou ao resultado do pleito, desde que assegurem a preservação da intimidade, da vida privada, da honra e da imagem do cidadão. O ponto a ser destacado é que a base de dados da ICN não tem como finalidade principal a produção de dados estatísticos, por isso a necessidade de preservar um regime mais estrito no que se refere à observância da finalidade.

de se obter informações sensíveis (*v.g.*, origem racial, étnica, opiniões políticas, orientação sexual, dados relativos à saúde etc.) com base em dados pessoais não sensíveis, já mencionada anteriormente, há na base da ICN dados em si sensíveis, como é o caso dos dados biométricos.[21] No caso do serviço ora examinado, é possível afirmar de saída que este será realizado a partir da utilização de dados sensíveis – a biometria – submetidos, inegavelmente, ao âmbito de proteção do direito fundamental à proteção de dados.

Também é possível assinalar, conforme já destacado, que o referido serviço corresponde a uma restrição[22] do direito fundamental à proteção de dados pessoais, porquanto reduz o âmbito de proteção desse direito no aspecto do direito ao não conhecimento, tratamento, utilização e difusão de dados pessoais pelo Estado ou por terceiros, aqui incluído o direito ao sigilo dos dados pessoais.

Embora a Lei nº 13.444/2017 vede expressamente a comercialização total ou parcial da base de dados da ICN (art. 4º), aparentemente passou a permitir a sua comercialização indireta, a partir da prestação a particulares do serviço de conferência de dados que envolvam a biometria. A LGPD, por sua vez, no art. 26, §1º, inc. IV, abre margem para a transferência a entidades privadas de dados pessoais constantes de bases de dados mantidas pelo Poder Público, desde que haja previsão legal (como é o caso da Lei nº 13.444/2017) ou se a transferência for respaldada em contratos, convênios ou instrumentos congêneres.

Em que consiste especificamente essa conferência de dados que envolvam biometria, prevista na Lei nº 13.444/2017, é algo a ser clara e urgentemente delimitado, ainda mais considerando o histórico do TSE, que em certo momento foi favorável ao compartilhamento de dados pessoais com instituições de proteção ao crédito (CHAPOLA, 2013). Preocupa a formação de um banco de dados tão amplo e os riscos de que essas informações sejam acessadas por terceiros, submetendo-se a processamento e alimentando perfis ainda mais precisos, nem sempre em prol do titular dos dados (DONEDA, 2011, p. 92). A LGPD veda que dados pessoais referentes ao exercício regular de direitos pelo titular sejam utilizados em seu prejuízo (art. 21).

Para a análise da constitucionalidade da referida restrição em face do direito fundamental à proteção de dados, é preciso recorrer ao aspecto central de seu regime jurídico, a saber, o exame da finalidade legalmente prevista como justificativa para coleta, armazenamento, processamento e transmissão desses dados. Aqui não se trata de coleta para fins estatísticos, porém de dados individualizados e não anônimos, em que o regime jurídico concernente aos limites aos limites desse direito fundamental impõe uma maior consideração e vinculação desse aspecto finalístico, mormente por serem diretamente relacionados ao indivíduo (não são dados anônimos) e exigidos por lei, não havendo espaço para a recusa pelo titular dos dados.

A análise da Lei nº 13.444/2017 permite constatar que a justificativa legal – e, em princípio, legítima – para a criação da base de dados da ICN é "identificar o brasileiro em suas relações com a sociedade e com órgãos e entidades governamentais e privados" (art. 1º). Para tal fim, permite-se o acesso à base de dados biométricos da Justiça Eleitoral, do Sistema Nacional de Informações de Registro Civil (SIRC) e a outras informações, não disponíveis no SIRC, contidas em bases de dados da Justiça Eleitoral, dos institutos de

[21] Neste sentido, conferir os arts. 9º, 1, da GDPR (UNIÃO EUROPEIA, 2016, p. L119/38), e 5º, inc. II, da LGPD.

[22] Cf. nota de rodapé nº 26.

identificação dos estados e do Distrito Federal ou do Instituto Nacional de Identificação, ou disponibilizadas por outros órgãos, conforme definido pelo Comitê Gestor da ICN (art. 2º, inc. I a III). A rigor, portanto, apenas os dados necessários à identificação do indivíduo devem ser armazenados na base do ICN.

Outros dados pessoais, como antecedentes criminais, condições de saúde, residência, escolaridade, por exemplo, não são, em princípio, atrelados à finalidade que legitimou a coleta dessas informações e não podem ser armazenados ou compartilhados pelos órgãos públicos a partir da base da ICN. Identificar corresponde a comprovar a identidade de alguém, saber se o sujeito é realmente quem afirma ser. É diferente, portanto, de estabelecer o perfil da pessoa (*profiling*).[23]

A Justiça Eleitoral colhe dados que vão além da mera identificação do sujeito. O processo eleitoral exige que o eleitor informe seu nome completo, se possui irmão gêmeo, sexo, estado civil, grau de instrução, local de nascimento, data de nascimento, ocupação principal, endereço completo, tempo de residência, telefone, nome dos pais, assinatura ou digital.[24] Em relação aos candidatos, coleta ainda a declaração de bens, que é objeto de divulgação para o eleitorado.[25]

Andou bem a Lei nº 13.444/2017 ao franquear o acesso à base de dados da ICN aos poderes Executivo e Legislativo da União, dos estados, do Distrito Federal e dos municípios, vedando, entretanto, o acesso às informações eleitorais (art. 3º). Em relação aos dados biométricos armazenados pela Justiça Eleitoral e que integram a base de dados da ICN (art. 1º, inc. I), apenas as polícias federal e civil, com exclusividade, poderão integrar os registros biométricos às suas bases de dados (art. 3º, §2º). Faz sentido que as polícias tenham acesso a essa informação (registro biométrico), pois imprescindível para possibilitar a correta identificação daqueles eventualmente implicados na prática

[23] '"Definição de perfis', qualquer forma de tratamento automatizado de dados pessoais que consista em utilizar esses dados pessoais para avaliar certos aspetos pessoais de uma pessoa singular, nomeadamente para analisar ou prever aspetos relacionados com o seu desempenho profissional, a sua situação económica, saúde, preferências pessoais, interesses, fiabilidade, comportamento, localização ou deslocações" (UNIÃO EUROPEIA, 2016, p. L119/33).

[24] Essas são as informações constantes do requerimento de alistamento eleitoral (RAE), correspondente ao Anexo I da Resolução nº 21.538, de 14.10.2003, do Tribunal Superior Eleitoral. Esta resolução também regula o acesso às informações constantes do cadastro eleitoral em seus arts. 29 a 32. Embora preveja a possibilidade de acesso às informações do cadastro por instituições públicas e privadas e às pessoas físicas (art. 29), prevê que o tratamento das informações pessoais deve assegurar a preservação da intimidade, da vida privada, da honra e da imagem do cidadão (art. 29, §1º). O acesso às informações, em linhas gerais, é permitido quando se refira a pedidos relativos ao procedimento eleitoral; ao próprio eleitor, quanto aos seus dados; formulados por autoridade judicial ou ministerial e, se houver previsão legal, por outros órgãos, agentes públicos ou entidades, vinculando o uso da informação às suas atividades; e por órgãos públicos signatários de convênio com o TSE (art. 29, §2º). Ainda assim, ressalvado o uso para os fins da própria Justiça Eleitoral e a pedido do titular dos dados, nas demais situações há vedação quanto à cessão de informações relativas à intimidade, vida privada, honra e imagem dos eleitores, assim considerados os dados pertinentes à ocupação, estado civil, escolaridade, telefone, impressões digitais, fotografia, assinatura digitalizada e endereço (art. 29, §3º). A regulamentação não impede o fornecimento de dados para fins estatísticos, levantados com base no cadastro eleitoral, relativos ao eleitorado ou ao resultado do pleito, salvo se violarem as disposições acima mencionadas (art. 30). O Provimento nº 6, de 25.9.2006, da Corregedoria-Geral da Justiça Eleitoral, disciplina o procedimento a ser observado para o acesso a dados do cadastro eleitoral, estabelecendo a competência para recebimento, análise, consulta e atendimento ao pedido formulado em conformidade com a referida resolução.

[25] O art. 94, §1º, inc. VI, do Código Eleitoral (Lei nº 4.737/1965) estabelece que o requerimento de registro de candidatura deve ser instruído com a declaração de bens do candidato. No mesmo sentido, a Lei nº 9.504/1997 prevê em seu art. 11, §1º, inc. IV. A Justiça Eleitoral divulga livremente diversos dados dos candidatos, entre eles a declaração de bens apresentada com o pedido de registro da candidatura (http://divulgacandcontas.tse.jus.br/divulga/#/).

de algum delito, hipótese que, inclusive, vai ao encontro do disposto no art. 5º, inc. LVIII, da Constituição.[26]

O aspecto mais tormentoso da Lei nº 13.444/2017 consiste justamente na prestação onerosa do serviço de conferência de dados. Em princípio, não haveria problemas na realização deste serviço pelo Poder Público, desde que se restringisse a confirmar a identidade de alguém a partir do uso da biometria. É dizer, atestar – ou negar – a correspondência entre os dados biométricos e a identidade alegada por um particular em relação aos dados armazenados na base de dados da ICN. A interpretação aqui deve ser restrita e não pode o seu uso desbordar dos fins estipulados em lei. Iria além desse escopo qualquer atividade de cunho investigativo ou de transmissão de dados, devendo limitar-se, portanto, apenas à confirmação ou não da identidade questionada.

Com efeito, o acesso a dados pessoais da ICN somente poderá ocorrer se legitimado por um interesse público (no caso, a identificação civil) ou se houver o consentimento expresso do titular dos dados. Não se afigura legítimo que o Estado ceda dados sensíveis ou preste serviços baseados em tais informações a terceiros com a finalidade de atender a interesses meramente privados, ainda que por isso venha a ser remunerado. As informações que o Estado colhe coercitivamente de seus cidadãos só podem ser utilizadas para as específicas finalidades públicas que justificam a coleta e o armazenamento de tais dados. Para além disso, o armazenamento e a disponibilidade dos dados dependem do consentimento expresso do cidadão, devidamente informado a respeito da finalidade dos referidos dados.[27]

A prestação do serviço da forma ora pretendida – interpretação estrita – atenderia ao critério da proporcionalidade e suas três sub-regras. Seria uma restrição proporcional na medida em que adequada, por ser apta a fomentar o fim pretendido (o serviço efetivamente permitiria a identificação do cidadão); necessária, porque não seria possível alcançar tal objetivo (a identificação do cidadão) com a mesma intensidade ou precisão se não fosse pela prestação do serviço pelo próprio Poder Público, detentor de diversos dados necessários à identificação do cidadão, como os dados biométricos; e proporcional em sentido estrito, se e somente se o serviço for prestado nos estritos termos ora defendidos, é dizer, com a finalidade exclusiva de proporcionar a identificação do indivíduo, sem fornecimento algum de dados, cingindo-se à mera confirmação da informação (checagem). Assim, o direito fundamental à proteção de dados não sofreria uma restrição significativa e ela seria justificável diante de um interesse público relevante, consistente no aprimoramento do sistema de identificação do cidadão, fazendo uso das novas tecnologias da informação.[28]

Conclusão

A atuação do Poder Público como responsável pela coleta, armazenamento, processamento e transmissão de dados exige um cuidado especial no exame do direito

---

[26] "LVIII - o civilmente identificado não será submetido a identificação criminal, salvo nas hipóteses previstas em lei".

[27] Recentemente, uma Corte regional alemã considerou ilegal o uso de dados pessoais por uma plataforma de redes sociais, por não assegurar adequadamente o consentimento informado de seus usuários (BUSEMANN; SCHIMROSZIK, 2018).

[28] Não se pretende aqui aprofundar o exame da aplicação da regra da proporcionalidade. Para um exame mais detido, cf. Silva (2002).

fundamental à proteção de dados pessoais. Nesses casos, geralmente, o titular não disponibiliza seus dados voluntariamente, mas por determinação legal. Diante do amplo leque de possibilidades de usos que a tecnologia permite, a partir das modernas técnicas de processamento, impõe-se a compreensão do conteúdo desse direito fundamental e suas possíveis limitações em nosso ordenamento jurídico.

A definição de dados pessoais, para fins de proteção, deve ser abrangente e relacionar tanto aqueles que obviamente permitem a identificação do indivíduo, de características ou ações suas, como aqueles que permitam essa constatação indiretamente, mediante processamento de dados. O avanço da tecnologia torna necessário ampliar a definição de dados pessoais e, consequentemente, a sua proteção.

O conteúdo do direito fundamental à proteção de dados pessoais é integrado por diversas posições jurídicas, como o direito a não ter os dados pessoais conhecidos, tratados, utilizados ou transmitidos pelo Estado ou por terceiros (direito de sigilo); a necessidade do consentimento prévio e informado como condição para coleta, armazenamento, processamento e difusão de dados pessoais, salvo previsão legal que assim o permita e desde que presente um interesse público relevante; a publicidade quanto à existência de bancos de dados pessoais, públicos ou privados, e da identidade dos responsáveis por todas as etapas de manuseio dos dados; o acesso aos dados pessoais armazenados, a atualização periódica desses dados para fins de exatidão e a possibilidade de retificação, justificação e até a exclusão desses dados, após o esgotamento da finalidade; o conhecimento da finalidade da coleta e a utilização dos dados pessoais em estrita conformidade com essa finalidade; e o direito ao armazenamento e uso seguro dos dados, contra vazamentos indevidos.

O serviço remunerado de conferência de dados que envolvam a biometria prestado pela Justiça Eleitoral a particulares, nos termos do art. 4º, §2º, da Lei nº 13.444/2017, corresponde a uma restrição do direito fundamental à proteção de dados pessoais, porquanto reduz o seu âmbito de proteção no aspecto do direito ao não conhecimento, tratamento, utilização e difusão de dados pessoais pelo Estado ou por terceiros, aqui incluído o direito ao sigilo dos dados pessoais.

Especificamente em relação ao objetivo deste trabalho, foi possível constatar que o referido serviço de conferência de dados representa uma restrição válida do âmbito de proteção do direito fundamental à proteção de dados pessoais, desde que sua efetivação seja estritamente vinculada à finalidade legal que autorizou a coleta, o armazenamento, o processamento e a transmissão dos dados integrantes da base de dados da ICN. Somente para fins de identificação do cidadão (checagem), sem que haja alguma cessão ou difusão de dados, será válida a prestação do serviço pela Justiça Eleitoral.

Referências

ALEMANHA. Deutscher Bundestag. *Lei Fundamental da República Federal da Alemanha*. Tradução de Assis Mendonça. Revisão jurídica de Urbano Carvelli. Berlim: Deutscher Bundestag, 2011.

BRAMATTI, Daniel. Justiça Eleitoral repassa dados de 141 milhões de brasileiros para a Serasa. *O Estado de S. Paulo*, São Paulo, 6 ago. 2013. Disponível em: http://politica.estadao.com.br/noticias/geral,justica-eleitoral-repassa-dados-de-141-milhoes-de-brasileiros-para-a-serasa,1061255. Acesso em: 7 fev. 2018.

BRASIL. Ministério do Planejamento, Desenvolvimento e Gestão. Governo lança Documento Nacional de Identificação que dispensa apresentação de CPF e Título de Eleitor. *Notícias*, Brasília, 5 fev. 2018. Disponível em: http://www.planejamento.gov.br/noticias/governo-lanca-documento-nacional-de-identificacao-que-dispensa-apresentacao-de-cpf-e-titulo-de-eleitor. Acesso em: 13 fev. 2018.

BUSEMANN, Hans-Edzard; SCHIMROSZIK, Nadine. German court rules Facebook use of personal data illegal. *Reuters*, Berlim, 12 fev. 2018. Disponível em: https://www.reuters.com/article/us-germany-facebook/german-court-rules-facebook-use-of-personal-data-illegal-idUSKBN1FW1FI. Acesso em: 15 fev. 2018.

CHAPOLA, Ricardo. 'Não atenta contra a moralidade de ninguém', afirma juiz. *O Estado de S. Paulo*, São Paulo, 6 ago. 2013. Disponível em: http://politica.estadao.com.br/noticias/geral,nao-atenta-contra-a-moralidade-de-ninguem-afirma-juiz,1061256. Acesso em: 13 fev. 2018.

CORAZZA, Felipe. Dados da Receita passeiam em DVDs no centro de São Paulo. *CartaCapital*, 2 set. 2010. Disponível em: https://www.cartacapital.com.br/politica/dados-da-receita-passeia-em-dvds-no-centro-de-sao-paulo. Acesso em: 19 fev. 2018.

DIMOULIS, Dimitri; MARTINS, Leonardo. *Teoria geral dos direitos fundamentais*. 5. ed. São Paulo: Atlas, 2014.

DONEDA, Danilo. A proteção dos dados pessoais como um direito fundamental. *Espaço Jurídico*, Joaçaba, v. 12, n. 2, p. 91-108, jul./dez. 2011.

DONEDA, Danilo. Iguais mas separados: o habeas data no ordenamento brasileiro e a proteção de dados pessoais. *Cadernos da Escola de Direito e Relações Internacionais*, n. 9, p. 14-33, 2009.

GOODMAN, Bryce; FLAMAN, Seth. European Union regulations on algorithmic decision-making and a "right to explanation". *In*: WORKSHOP ON HUMAN INTERPRETABILITY IN MACHINE LEARNING (WHI), 2016, New York, NY. *Paper*... New York, NY, jun. 2016. Disponível em: https://arxiv.org/abs/1606.08813v3. Acesso em: 29 mar. 2017

LIMBERGER, Têmis. Mutações da privacidade e a proteção dos dados pessoais. *In*: RUARO, Regina Linden; MAÑAS, José Luis Piñar; MOLINARO, Carlos Alberto (Org.). *Privacidade e proteção de dados pessoais na sociedade digital*. Porto Alegre: Fi, 2017.

MACHADO, Jorge; BIONI, Bruno Ricardo. A proteção de dados pessoais nos programas de nota fiscal: um estudo de caso do "Nota Fiscal paulista". *Liinc em Revista*, Rio de Janeiro, v. 12, n. 2, p. 350-364, nov. 2016. Disponível em: http://dx.doi.org/10.18617/liinc.v12i2.919. Acesso em: 19 fev. 2018.

MARQUES, Gil da Costa; CRESPO, Marcelo Xavier de Freitas. Um panorama sobre a sociedade de informação: o cloud computing e alguns aspectos jurídicos no ambiente digital. *In*: MENDES, Gilmar Ferreira; SARLET, Ingo Wolfgang; COELHO, Alexandre Zavaglia P. (Coord.). *Direito, inovação e tecnologia*. São Paulo: Saraiva, 2015. v. 1.

MENDES, Laura Schertel. *Privacidade, proteção de dados e defesa do consumidor*: linhas gerais de um novo direito fundamental. Saraiva: São Paulo, 2014.

MENKE, Fabiano. A proteção de dados e o novo direito fundamental à garantia da confidencialidade e da integridade dos sistemas técnico-informacionais no direito alemão. *In*: MENDES, Gilmar Ferreira; SARLET, Ingo Wolfgang; COELHO, Alexandre Zavaglia P. (Coord.). *Direito, inovação e tecnologia*. São Paulo: Saraiva, 2015. p. 205-230.

NOVAIS, Jorge Reis. *As restrições aos direitos fundamentais não expressamente autorizadas pela Constituição*. Coimbra: Coimbra, 2003.

OLTRAMARI, Alexandre. Dados sigilosos são vendidos por R$990. *Folha de S. Paulo*, São Paulo, 18 abr. 2000. Disponível em: http://www1.folha.uol.com.br/fsp/dinheiro/fi1804200023.htm. Acesso em: 19 fev. 2018.

ORGANIZATION FOR ECONOMIC COOPERATION AND DEVELOPMENT (OECD). The OECD Privacy Framework. *Conselho da OECD*, 11 jul. 2013. Disponível em: http://oecd.org/sti/ieconomy/oecd_privacy_framework.pdf. Acesso em: 19 fev. 2018.

PAMPLONA, Nicola. Ministério Público do Rio acusa Decolar.com de manipular preços. *Folha de S. Paulo*, São Paulo, 6 fev. 2018. Disponível em: https://www1.folha.uol.com.br/mercado/2018/02/mp-do-rio-acusa-decolarcom-de-manipular-precos.shtml. Acesso em: 16 fev. 2018.

POYNTER, Gavin; MIRANDA, Alvaro de. Inequality, work and technology in the services sector. *In*: WYATT, Sally *et al.* (Org.). *Technology & In/equality*: questioning the information society. Abingdon, UK: Taylor & Francis: 2000.

RECONDO, Felipe; GALLUCCI, Mariângela. Presidente do TSE anula convênio com Serasa e quer rever acordos sobre dados. *O Estado de S. Paulo*, São Paulo, 9 ago. 2013. Disponível em: http://politica.estadao.com.br/noticias/geral,presidente-do-tse-anula-convenio-com-serasa-e-quer-rever-acordos-sobre-dados,1062407. Acesso em: 7 fev. 2018.

RIBEIRO, Gabriel Francisco. Mais uma vez: site expõe endereço completo e até nome da mãe de brasileiros. *Uol Notícias, Tecnologia*, São Paulo, 27 fev. 2018. Disponível em: https://tecnologia.uol.com.br/noticias/redacao/2018/02/27/mais-uma-vez-site-expoe-endereco-completo-e-ate-nome-da-mae-de-brasileiros.htm. Acesso em: 1º mar. 2018.

RODOTÀ, Stefano. Derecho, ciencia, tecnología. Modelos y decisiones de regulación. Tradução Leysser L. León. *Revista Derecho PUCP*, Lima, n. 57, p. 105-121, 2004. Disponível em: http://revistas.pucp.edu.pe/index.php/derechopucp/article/view/10328. Acesso em: 10 abr. 2018.

RODRIGUES, Lino. Sigilo vazado por R$200. *O Globo*, Rio de Janeiro, 23 ago. 2010. Disponível em: https://oglobo.globo.com/economia/sigilo-vazado-por-200-cds-com-dados-de-aposentados-donos-de-carros-sao-vendidos-2961335. Acesso em: 19 fev. 2018.

RODRIGUES, Lino; GOMES, Wagner. Feira de dados continua livre em SP. *O Globo*, Rio de Janeiro, 24 ago. 2010. Disponível em: https://oglobo.globo.com/economia/feira-de-dados-continua-livre-em-sp-em-nova-investida-reporter-compra-cd-com-listagens-da-2960814. Acesso em: 19 fev. 2018.

RUARO, Regina Linden; MOLINARO, Carlos Alberto. Conflito real ou aparente de interesses entre o direito fundamental à proteção de dados pessoais e o livre mercado. *In*: RUARO, Regina Linden; MAÑAS, José Luis Piñar; MOLINARO, Carlos Alberto (Org.). *Privacidade e proteção de dados pessoais na sociedade digital*. Porto Alegre: Fi, 2017.

SARLET, Ingo Wolfgang. *Eficácia dos direitos fundamentais*: uma teoria geral dos direitos fundamentais na perspectiva constitucional. 12. ed. Porto Alegre: Livraria do Advogado, 2015.

SARLET, Ingo Wolfgang; MARINONI, Luiz Guilherme; MITIDIERO, Daniel. *Curso de direito constitucional*. 6. ed. São Paulo: Saraiva, 2017.

SCHWABE, Jürgen. *Cinquenta anos de jurisprudência do Tribunal Constitucional Federal alemão*. Organização e introdução Leonardo Martins. Tradução de Beatriz Hennig *et al*. Montevidéu: Fundación Konrad Adenauer, 2005.

SILVA, Virgílio Afonso. O proporcional e o razoável. *Revista dos Tribunais*, n. 798, p. 23-50, 2002.

UNIÃO EUROPEIA. Carta dos Direitos Fundamentais da União Europeia. Nice, 7 dez. 2000. *Jornal Oficial das Comunidades Europeias (PT)*, 18 dez. 2000.

UNIÃO EUROPEIA. Regulamento (UE) 2016/679 do Parlamento Europeu e do Conselho. Bruxelas, 27 abr. 2016. *Jornal Oficial da União Europeia (PT)*, 4 maio 2016.

WEBSTER, Frank. *Theories of the information society*. 3. ed. New York: Routledge, 2006.

Informação bibliográfica deste texto, conforme a NBR 6023:2018 da Associação Brasileira de Normas Técnicas (ABNT):

RODRIGUES, Ricardo Schneider; RUARO, Regina Linden. O direito fundamental à proteção de dados pessoais e os limites ao serviço remunerado de conferência de dados por biometria. *In*: EHRHARDT JÚNIOR, Marcos; CATALAN, Marcos; MALHEIROS, Pablo (Coord.). *Direito Civil e tecnologia*. Belo Horizonte: Fórum, 2020. p. 144-165. ISBN 978-65-5518-036-7.

O TRATAMENTO DE DADOS PESSOAIS NO COMBATE À COVID-19: ENTRE SOLUÇÕES E DANOS COLATERAIS

GABRIELA BUARQUE PEREIRA SILVA

JÉSSICA ANDRADE MODESTO

MARCOS EHRHARDT JÚNIOR

1 Introdução

No final de 2019, a Organização Mundial da Saúde (OMS) recebeu um comunicado do governo chinês alertando sobre uma série de casos de pneumonia na província de Wuhan, cuja origem era, ainda, desconhecida. Em 9.1.2020, foram anunciadas as primeiras análises sequenciais do vírus, as quais indicavam que a origem desses casos de pneumonia se devia a um novo tipo de coronavírus, que recebeu o nome técnico Covid-19 (ALVES, 2020).

Desde então, a Covid-19 já matou milhares de pessoas e infectou mais de 1 milhão de indivíduos em todo o mundo (NÚMERO..., 2020), o que fez com que, em 11 de março deste ano, a OMS declarasse a pandemia do coronavírus (MOREIRA; PINHEIRO, 2020). Também no Brasil, milhares de pessoas foram contaminadas pelo vírus, o que provocou a morte de centenas destas (BRASIL..., 2020).

Toda essa situação tem feito com que os países adotem diversas medidas para a contenção da Covid-19, inclusive impondo às pessoas regimes de distanciamento social, a chamada quarentena. Nesse cenário, o tratamento de dados pessoais tem sido amplamente utilizado por diversos países no enfrentamento à pandemia.

Dados pessoais, para os fins deste trabalho, devem ser compreendidos como informações relacionadas a uma pessoa identificada ou identificável, como o nome, o CPF, o endereço, os dados genéticos, o histórico médico, o *Internet Protocol* (IP) e os dados de localização de uma pessoa. São dados vinculados direta ou indiretamente a determinado indivíduo, os quais revelam algo sobre ele.

O tratamento dessas informações pode se mostrar bastante útil na execução de políticas governamentais de combate ao coronavírus. Isso porque os dados pessoais podem indicar as pessoas com quem o infectado teve contato e, assim, o governo pode contatá-las para que realizem testes de diagnóstico da Covid-19 e para que se mantenham em isolamento. Também é possível inferir, a partir da manipulação de tais dados, se as pessoas estão desrespeitando o período de quarentena, o que possibilita a adoção de medidas que garantam a efetividade dos decretos governamentais que obrigam o distanciamento social.

Esses são só alguns exemplos de como os dados pessoais podem ser utilizados com vistas a se combater a Covid-19. As possibilidades são várias, no entanto, o uso indiscriminado de tais informações também pode gerar diversos danos colaterais.

O presente trabalho se propõe a analisar as questões jurídicas que envolvem o tratamento de informações pessoais pelo Poder Público no enfrentamento à pandemia, bem como a abordar a necessidade de implementação da Lei Geral de Proteção de Dados Pessoais e da atuação da Autoridade Nacional para tutelar o direito à privacidade em meio à pandemia.

Nesse cenário, busca-se responder aos seguintes questionamentos: o interesse coletivo pode justificar toda e qualquer limitação ao direito à privacidade ou há limites ao tratamento e divulgação desses dados em situações como a atual? O indivíduo pode sofrer danos colaterais decorrentes do tratamento de dados pessoais com vistas a combater a Covid-19? Como legislações específicas sobre a proteção de dados pessoais podem resguardar os direitos dos titulares dos dados mesmo em momentos de crise?

Parte-se da hipótese de que, inexistindo direito fundamental que seja ilimitado, o direito à privacidade pode sofrer restrições quando o interesse coletivo assim o exigir. No entanto, a utilização de dados pessoais pelos Estados com a finalidade de proteção sanitária pode ocorrer em observância aos direitos fundamentais, não sendo necessária a escolha, de caráter exclusivo, entre direito à vida e à saúde, de um lado, e direito à privacidade e à proteção de dados pessoais, do outro.

Para tanto, procedeu-se a uma pesquisa bibliográfica/documental acerca do tema em doutrina, matérias jornalísticas e legislação nacional e estrangeira, com vistas a identificar quais são as medidas de enfrentamento à pandemia que utilizam dados pessoais adotadas pelo Brasil e demais Estados, quais os potenciais danos que essas medidas podem acarretar, bem como qual a importância da Lei Geral de Proteção de Dados Pessoais para regular a referida utilização das informações pessoais.

2 Utilização de dados pessoais no combate à Covid-19: entre soluções e danos colaterais

Do intenso noticiário a respeito do combate à pandemia, é possível extrair algumas informações relevantes. Cingapura emitiu diretrizes consultivas esclarecendo que os dados pessoais podem ser coletados, usados ou divulgados, sem o consentimento, para fins de proteção de saúde dos habitantes, rastreamento de contatos e outras medidas de resposta.

Na Itália, um decreto-lei, emitido em 9.3.2020, autorizou o compartilhamento de dados entre as autoridades de saúde e a comunidade civil para gerenciar a emergência.

A inteligência artificial também vem rastreando padrões espaciais da patologia. Uma empresa canadense chamada *BlueDot* coleta dados multilíngues de bases de dados oficiais da saúde pública para prever potenciais surtos (NILLER, 2020).

Pesquisadores da *Harvard Medical School* coletam dados autorizados e dados de mídias sociais para explorar tendências geográficas da doença (KNIGHT, 2020).

Na China, *drones* já estão sendo utilizados para alertar a população a usar máscaras (D'AMORE, 2020); placas e tecnologias de reconhecimento fácil vêm rastreando pessoas e pedindo que se mantenham em isolamento (YANG; ZHU, 2020), além da implantação de *scanners* infravermelhos em estações de trem e aeroportos, que detectam indivíduos com febre (COCO, 2020). A China também implementou um aplicativo que classifica as pessoas segundo riscos de contágio e determina quem deve ficar em quarentena, além de enviar dados à polícia chinesa (MOZUR; ZHONG; KROLIK, 2020). A empresa responsável pelo aplicativo e as autoridades não explicam como exatamente o sistema funciona, não sendo possível, no momento, avaliar com mais profundidade a dinâmica de utilização dos dados pessoais naquele país, que nos últimos anos vem se destacando na utilização de ferramentas de tratamento de dados biométricos para as mais diversas finalidades, em geral, estabelecidas e controladas pelo governo central.[1]

Em Taiwan e Israel, *smartphones* foram programados para notificar as autoridades públicas caso os pacientes não observem a quarentena, em um sistema de rastreamento (SMITH, 2020; ISRAEL..., 2020).

Na Coreia do Sul, foram divulgados os dados de viagens de 29 pacientes confirmados, compilados por meio de bases de celulares, cartões de crédito e câmeras de segurança (DYER, 2020).

Nessa breve digressão, é possível perceber que o tratamento dos dados pessoais está sendo utilizado para geolocalização, identificação e rastreamento de pacientes, gerenciamento do risco de contágio, entre outras atividades, com a finalidade de melhorar os instrumentos de combate à pandemia.

Não se pode ignorar que o tratamento de dados pessoais é uma importante ferramenta nessa luta. No entanto, esse tratamento deve ser feito de maneira proporcional ao fim almejado, não se admitindo que uma quantidade excessiva de informações pessoais seja coletada, e muito menos exposta, sob pena de ofensa ao direito fundamental à privacidade. Isso porque, se os dados não forem utilizados de maneira necessária, adequada e adstrita às finalidades para as quais foram coletados, esse tratamento pode gerar diversos danos colaterais.

No Brasil, por exemplo, após viajar para o casamento de um amigo, no início do mês de março, C. R. desembarcou no aeroporto da capital sergipana. Alguns dias depois, começou a sentir uma dor de cabeça, que logo evoluiu para sintomas que ela acreditou serem de uma gripe e que a deixaram indisposta. Foi quando recebeu uma

---

1 Neste ponto, interessante destacar matéria publicada no jornal *El País*, com o seguinte título "O coronavírus de hoje e o mundo de amanhã, segundo o filósofo Byung-Chul Han", que compara o modo ocidental de se comportar perante as mais diversas formas de vigilância digital com a perspectiva oriental: "[...] A consciência crítica diante da vigilância digital é praticamente inexistente na Ásia. Já quase não se fala de proteção de dados, incluindo Estados liberais como o Japão e a Coreia. Ninguém se irrita pelo frenesi das autoridades em recopilar dados. Enquanto isso a China introduziu um sistema de crédito social inimaginável aos europeus, que permite uma valorização e avaliação exaustiva das pessoas. Cada um deve ser avaliado em consequência de sua conduta social. Na China não há nenhum momento da vida cotidiana que não esteja submetido à observação. Cada clique, cada compra, cada contato, cada atividade nas redes sociais são controlados. Quem atravessa no sinal vermelho, quem tem contato com críticos do regime e quem coloca comentários críticos nas redes sociais perde pontos. A vida, então, pode chegar a se tornar muito perigosa. Pelo contrário, quem compra pela Internet alimentos saudáveis e lê jornais que apoiam o regime ganha pontos. Quem tem pontuação suficiente obtém um visto de viagem e créditos baratos. Pelo contrário, quem cai abaixo de um determinado número de pontos pode perder seu trabalho. Na China essa vigilância social é possível porque ocorre uma irrestrita troca de dados entre os fornecedores da Internet e de telefonia celular e as autoridades. Praticamente não existe a proteção de dados. No vocabulário dos chineses, não há o termo 'esfera privada'" (HAN, 2020).

ligação da Vigilância Epidemiológica de Aracaju, a informar que o órgão estava buscando as pessoas que estiveram no mesmo voo que C. R., porque um dos passageiros fora diagnosticado com coronavírus. A vigilância solicitou, então, que C. R. fosse a um hospital para realizar um exame para o diagnóstico da Covid-19 (MULHER..., 2020).

Antes mesmo de saber do resultado do teste, que deu positivo para o coronavírus, os dados pessoais de C. R. já estavam circulando nas redes sociais. Juntamente com seu nome, foto e local de trabalho, as pessoas compartilhavam em tais redes diversos ataques a ela, os quais iam desde inverdades a respeito do descumprimento do isolamento até afirmações de que ela merecia ser presa. Tudo isso fez C. R. afirmar que a exposição que sofreu a deixou mais doente do que o próprio coronavírus.

Na Coreia do Sul, "S" participa de uma aula, em seu trabalho, sobre assédio sexual. Acaba contraindo o coronavírus em decorrência do instrutor da turma. Assim que é diagnosticado com a doença, o governo começa a enviar mensagens para a população informando sobre o diagnóstico. Nas mensagens constam o sexo, a idade, o distrito de residência e o distrito de trabalho do infectado, a ocasião e de quem o infectado contraiu o vírus, os locais e horários por onde passou após a infecção e, até mesmo, a informação de que "S" e o instrutor estiveram juntos em um bar até as 23h03, o que gerou boatos de que os dois teriam um romance. Apesar de nenhum nome ou endereço ser informado, não é difícil imaginar como a divulgação dessa vasta quantidade de dados, a princípio não identificados, torna-os facilmente identificáveis (CORONAVIRUS..., 2020).

Ainda na Coreia do Sul, outro alerta no celular informa que uma mulher de 27 anos que trabalha na Samsung, em Gumi, contraiu a Covid-19 no dia 18 de fevereiro, às 23h, quando visitou sua amiga que havia participado da reunião da seita religiosa Shincheonji, a maior fonte de infecções no país. Logo depois, o prefeito de Gumi revelou o sobrenome da coreana em seu Facebook, momento em que os moradores da cidade, em pânico, começaram a pedir que o prefeito lhes dissesse o endereço da infectada. Assustada, a mulher implorou por meio da rede social que o prefeito não divulgasse suas informações pessoais, pois tal comportamento poderia trazer danos à família dela e a seus amigos, o que, para a infectada, era mais difícil que a dor física.

Toda essa riqueza de informações que o governo divulga em seus alertas é fruto de uma massiva coleta dos dados pessoais daqueles que são infectados pelo coronavírus, que vai da entrevista do paciente até a verificação das transações com cartões de crédito feitas pelo infectado, passando pela coleta de dados de localização dos *smartphones* e filmagens de câmeras de vigilância para recriar a rota do infectado um dia antes de os sintomas aparecerem.

Diante de tantos casos em que a identificação dos infectados foi possível, situações de linchamento virtual, além de casos que, mesmo não havendo a identificação, geraram diversos comentários vexatórios, os sul-coreanos passaram a ter tanto ou até mais medo do estigma social, das críticas e de outros danos do que da própria doença. Ademais, os alertas também estão afetando lojas e restaurantes, já que as mensagens associam os nomes desses estabelecimentos ao vírus. Esse fato tem sido utilizado por pessoas mal-intencionadas que contraíram o coronavírus e passaram a chantagear os proprietários de tais estabelecimentos, exigindo dinheiro em troca de não informarem às autoridades de saúde que por lá passaram (KIM, 2020).

Nesse cenário, surgem alguns questionamentos: os Estados podem coletar e tratar nossos dados pessoais para combater a pandemia, sem aviso prévio e informação sobre a natureza e a extensão dos dados coletados? O interesse coletivo pode justificar toda e qualquer limitação ao direito à privacidade? Há limites ao tratamento e à divulgação de dados pessoais realizados pelos Estados em situações como essas?

Na atualidade, o direito à privacidade tem sua compreensão ampliada em razão de a evolução das formas de divulgação e a apreensão de dados pessoais terem expandido as possibilidades de violação da esfera privada, máxime pelo acesso não autorizado de terceiros a esses dados.

Nesse sentido, Anderson Schreiber (2014, p. 137) afirma que, numa "sociedade caracterizada pelo constante intercâmbio de informações, o direito à privacidade deve se propor a algo mais que àquela finalidade inicial, restrita à proteção da vida íntima", devendo abarcar também o direito do indivíduo de manter o controle sobre seus dados pessoais.

Dessa feita, a tutela da privacidade alarga seus contornos tradicionais de "direito a ser deixado só" ou "direito de ser deixado em paz" (BRANDEIS; WARREN, 1890), para apresentar-se também como o direito de manter o controle sobre as próprias informações e de determinar as modalidades de construção da própria esfera privada (RODOTÀ, 2008, p. 109).

Nesse contexto, o direito à proteção de dados pessoais é reconhecido como uma espécie do direito fundamental à privacidade (PEIXOTO; EHRHARDT JÚNIOR, 2018) e alicerça-se na autodeterminação informativa, isto é, sinteticamente, no direito de cada indivíduo de decidir quando e como dispor de suas informações.

Como já mencionado, o conceito de dado pessoal pode ser entendido como fatos, comunicações e ações que se referem a um indivíduo identificado ou identificável (MENDES, 2014, p. 55-56). Em outras palavras, dado pessoal é todo dado relacionado a uma pessoa singular que possa ser identificada, direta ou indiretamente, em especial por referência a um identificador, como exemplo, um nome, um número de identificação, dados de localização, identificadores por via eletrônica ou a um ou mais elementos específicos da identidade física, fisiológica, genética, mental, econômica, cultural ou social dessa pessoa singular (MENDES, 2014, p. 55-56).

A proteção aos dados pessoais é um direito fundamental, devendo, portanto, ser assegurado pelo Estado. Entretanto, nas situações concretas, seja nas relações particulares, seja nas relações entre indivíduo e Estado, muitas vezes a coexistência equilibrada dos direitos fundamentais de diferentes titulares não é tarefa fácil, de modo que a realização plena e simultânea desses direitos nem sempre é possível.

Segundo a doutrina especializada, essas situações devem ser solucionadas por meio da ponderação (ALEXY, 1999), isto é, balanceando-se os bens em jogo, conforme as circunstâncias fáticas do caso concreto (LINHARES, 2001), na busca de se chegar à solução em que todos os direitos envolvidos tenham a máxima efetividade possível de acordo com tais circunstâncias.

Assim, situações como a atual pandemia podem envolver conflitos entre diferentes direitos fundamentais. Quando isso acontece, é preciso buscar soluções jurídicas que permitam que todos os direitos sejam, em algum grau, resguardados.

Desse modo, se o tratamento de dados pessoais se mostrar uma medida adequada e necessária ao combate da pandemia, de modo a resguardar o direito à vida e à saúde de toda a coletividade, o Estado poderá, sim, restringir parcialmente a privacidade, assim como o faz, com as determinações de distanciamento social, com outros direitos, a exemplo do direito de associação, que é temporariamente obstaculizado visando impedir a disseminação da Covid-19.

No que diz respeito ao tratamento de dados pessoais para esse fim, a existência ou não de legislação específica sobre a matéria no país muito influenciará a forma como isso ocorrerá, já que não há uma diretriz internacional única a ser seguida indistintamente por todos os Estados. Os diferentes ordenamentos jurídicos são mais ou menos permissivos quanto às hipóteses em que os dados pessoais podem ser legalmente tratados, bem como quanto aos princípios que tal tratamento deve seguir.

Antes de prosseguir na análise, é preciso estabelecer uma premissa fundamental: a proteção de dados e a utilização do seu tratamento para fins de proteção sanitária para a coletividade não são inteiramente incompatíveis, nem precisam ser consideradas sob uma lógica de exclusão (perde x ganha), pois podem coexistir, desde que observados certos princípios que necessitam de densificação à luz do caso concreto.

Na já citada Coreia do Sul, por exemplo, após o surto de Mers – uma epidemia asiática de outro coronavírus, em 2015, na qual esse país foi o segundo com maior número de casos da doença –, o governo foi bastante censurado por ocultar informações que, na visão dos críticos, teriam ajudado a conter a disseminação, como dados sobre a localização dos pacientes.

Diante disso, aquele país promoveu mudanças significativas em sua legislação acerca do gerenciamento e compartilhamento público de informações sobre pacientes de doenças infecciosas. O *Personal Information Protection Act*, de 2016, passou a prever que as disposições legais que se referem ao consentimento, às limitações, bem como às garantias dos direitos dos titulares dos dados pessoais que devem ser observadas quando do tratamento de tais dados, não se aplicam às informações pessoais processadas temporariamente, quando urgentemente necessárias para a segurança, o bem-estar e a saúde pública (COREIA DO SUL, 2011).

Assim, possibilitou-se, em situações como a da Covid-19, uma vasta coleta de dados pessoais e a divulgação de uma quantidade considerável de dados não identificados, mas que, pela possibilidade de agregação, acabam por se tornar potencialmente identificáveis, o que tem gerado muitos problemas e discussões, mesmo em meio a toda a preocupação com a atual pandemia do coronavírus.

Para os que estão isolados e com receio de contrair a doença, a preocupação com a forma como ocorrerá o tratamento dos dados pessoais e eventuais abusos ao direito de privacidade parece ser uma questão de menor importância. No entanto, a experiência em outros países demonstra que a perspectiva muda radicalmente quando, uma vez infectada, a mesma pessoa passa a vivenciar as restrições provocadas pela exposição, muitas vezes não consentida nem sequer comunicada, de dados pessoais, incluindo dados sensíveis. Situações de discriminação e exclusão social nesses casos não têm uma duração que corresponda ao período da doença, podendo persistir por períodos muito mais longos.

O Brasil, até o momento, ainda não possui em vigor uma legislação específica sobre a proteção de dados pessoais capaz de disciplinar o tratamento de tais dados em situações como a atual, uma vez que a Lei nº 13.709/2018, a Lei Geral de Proteção de Dados (LGPD), segue em *vacatio legis*.[2] Nesse contexto de pandemia e de intensa

---

[2] No momento da elaboração deste artigo, ainda não havia sido aprovada a provável postergação do período de dormência da norma para 2021, com novo escalonamento de sua vigência. Independentemente disso, é preciso

utilização de dados pessoais, não somente a vigência da LGPD, mas também sua efetivação são de suma relevância.

3 Medidas de enfrentamento à pandemia e a importância da Lei Geral de Proteção de Dados Pessoais

A Lei nº 13.709/2018, nossa primeira lei geral sobre proteção de dados pessoais, visa regular o tratamento das informações pessoais pelos setores públicos e privados. Ressalte-se que, em abril de 2016, o Parlamento europeu adotou o Regulamento Geral de Proteção de Dados (GDPR), que entrou em vigor em 2018 e substituiu a Diretiva de Proteção de Dados da União Europeia de 1995, regulando a temática da proteção de dados pessoais nos países envolvidos de modo vinculante.

O GDPR é um regulamento pelo qual o Parlamento Europeu, o Conselho da União Europeia e a Comissão Europeia objetivam reforçar e unificar a proteção dos dados pessoais para todos os indivíduos da União Europeia, harmonizando as leis de privacidade de dados em toda a Europa (MAGRANI, 2019, p. 102).

Os princípios do GDPR e da Lei nº 13.709/18 (Lei Geral de Proteção de Dados – LGPD) são extremamente semelhantes e partem do pressuposto de tutela da privacidade numa sociedade democrática (MAGRANI, 2019, p. 103). A LGPD importa a essência dos princípios do GDPR, tornando-se evidente a inspiração europeia na formulação do diploma legislativo brasileiro. A LGPD, no art. 6º, traz como princípios a finalidade, a adequação, a necessidade, o livre acesso, a qualidade dos dados, a transparência, a segurança, a não discriminação, a responsabilização e a prestação de contas. Além desses princípios, o GDPR menciona expressamente, em seu art. 6º, a licitude, a lealdade, a limitação da conservação, a integridade e a confidencialidade.

Em que pesem tais sutis diferenças, ambos os diplomas normativos são aplicáveis às entidades públicas e privadas que tratam os dados pessoais, prevendo direitos atribuíveis aos titulares cujos dados são processados, disciplinam obrigações aos agentes de tratamento e estabelecem sanções em face do descumprimento.

O documento assume relevância tendo em vista que os dados são o efetivo combustível da inteligência artificial, caracterizando o que se chama de *big data*. A expressão pode ser conceituada como um grande conjunto de dados, cada vez mais alimentado graças à presença de dispositivos sensores na vida cotidiana e ao crescente número de indivíduos conectados a essas tecnologias por meio de redes digitais (ITS, 2016).

No Brasil, a LGPD, em seu art. 11, determina que o tratamento de dados pessoais sensíveis, aí incluídos os dados referentes à saúde, somente poderá ocorrer quando o titular consentir, de forma expressa e destacada, para finalidades bem específicas.

Na sequência, são disciplinadas situações em que o tratamento dos dados sensíveis poderá ocorrer sem o consentimento do seu titular, tais como quando for indispensável ao cumprimento de obrigação legal ou regulatória, à execução de políticas públicas, à realização de estudos por órgão de pesquisa, à proteção da vida

refletir sobre se as preocupações econômicas com a imposição de penalidades pelo descumprimento da LGPD devem prevalecer sobre o início de vigência de uma série de direitos pessoais fundamentais que estabelecerão, pela primeira vez, de forma clara, os direitos do titular dos dados e, especialmente, os deveres de informação, cuidado e proteção exigíveis de quem se dispuser a realizar qualquer operação de tratamento de dados.

ou da incolumidade física do titular ou de terceiro e à garantia da prevenção à fraude e à segurança do titular, entre outras.

No ponto que interessa à nossa reflexão, a LGPD também eximirá a necessidade do prévio consentimento quando estiver em evidência a tutela da saúde, exclusivamente em procedimento realizado por profissionais da área, serviços de saúde ou autoridade sanitária. Isso não quer dizer que as outras previsões legais da Lei nº 13.709/2018 não são aplicáveis ao tratamento de dados realizado nas referidas hipóteses.

Ao contrário, os direitos dos titulares continuam garantidos, assim como também devem ser observados os princípios elencados no art. 6º da referida lei. Esses princípios são reconhecidos internacionalmente como essenciais às liberdades fundamentais dos titulares dos dados e, por conta disso, são observados pela legislação de proteção de dados de muitos países, e até mesmo reconhecidos doutrinária e jurisprudencialmente em países que não contam com legislação específica acerca da matéria.

Dito isso, qualquer atividade de tratamento de dados pessoais deverá observar a *boa-fé objetiva* e a *finalidade* do tratamento, vale dizer, sua realização, propósitos legítimos, específicos, explícitos e informados ao titular, sem possibilidade de tratamento posterior de forma incompatível com essas finalidades. Apenas a finalidade não é suficiente. É preciso compatibilidade do tratamento com as finalidades informadas ao titular, de acordo com o contexto do tratamento, o que impõe a exigência de *adequação*.

Mesmo com tratamento adequado e existindo propósitos legítimos, ainda resta avaliar a *necessidade* do tratamento, que deve se limitar ao mínimo necessário para a realização de suas finalidades, com abrangência dos dados pertinentes, proporcionais e não excessivos. Considerando os dados pessoais como extensão dos direitos de personalidade da pessoa natural, devem-se garantir aos titulares dos dados informações claras, precisas e facilmente acessíveis sobre a realização do tratamento e os respectivos agentes de tratamento (responsáveis pela coleta e utilização dos dados), como expressão da *transparência* que deve ser mantida em operações desse tipo.

Não se pode transigir quanto à impossibilidade de realização do tratamento para fins discriminatórios ilícitos ou abusivos. A lógica da *não discriminação* é inegociável e deve vir acompanhada da necessária *responsabilização* e *prestação de contas*, que ocorre com a demonstração, por parte do agente responsável pelo tratamento, da adoção de medidas eficazes e capazes de comprovar a observância e o cumprimento das normas de proteção de dados pessoais, e a eficácia dessas medidas, a fim de prevenir a ocorrência de danos, em especial aqueles decorrentes de acessos não autorizados e de situações acidentais ou ilícitas de destruição, perda, alteração, comunicação ou difusão de informações pessoais.

Assim, mesmo em meio a uma pandemia como a da Covid-19, deve-se tutelar a privacidade, ainda que esta seja submetida a algumas restrições que o momento exige. Desse modo, ao tomar determinada medida que se utilize do tratamento de dados pessoais no enfrentamento à transmissão do coronavírus, o Estado deve fazer um juízo de ponderação, bem como avaliar se a medida atende aos princípios de proteção de dados pessoais.

Nesse contexto, questiona-se se a coleta e a divulgação de tantos dados pessoais como tem ocorrido na Coreia do Sul é medida realmente necessária para o combate à pandemia. Sobre isso, pode-se argumentar que o país se tornou exemplo no enfrentamento à Covid-19, conseguindo, em poucas semanas, fazer com que o número de casos confirmados por dia caísse dos três dígitos para algumas dezenas (MOREIRA, 2020). No entanto, até que ponto se pode atribuir tal feito à utilização das informações pessoais?

Além dos alertas sobre novos infectados, a Coreia do Sul tornou-se o país que mais seleciona pessoas *per capita* a fim de realizar o teste para diagnóstico do coronavírus no mundo, disponibilizando milhares de exames gratuitos ou a preços bastante acessíveis, no intento de alcançar a participação de grande parte da população. Os testes podem ser feitos por meio de *drive thru*. Ainda, pequenas e grandes organizações empresariais passaram, de forma voluntária, a cancelar reuniões e a incentivar o *home office*.

Apesar de não ser possível analisar, pelo menos no momento, o grau de eficácia de cada uma das medidas adotadas, é certo que nenhuma delas, sozinha, foi a responsável pela acentuada queda no número de novas infecções.

Com tantas outras medidas sendo adotadas, a divulgação de tantos dados dos infectados não se mostrou excessiva e desproporcional à finalidade de alertar outros sul-coreanos que estes poderiam ter sido contaminados? Tal divulgação, caso ocorresse de modo semelhante em nosso país, seria tratada como "mero aborrecimento" e não ensejaria a possibilidade de reparação? Ou seria possível vislumbrar os contornos do disposto no art. 187 do Código Civil, que veda o abuso do direito?

A divulgação pública de informações como a situação em que a pessoa contraiu o Covid-19, bem como de qual infectado contraiu o vírus, é realmente necessária para o combate da pandemia? Não bastaria que as autoridades de saúde tivessem o conhecimento da situação?

Não se pode ignorar que o tratamento de dados pessoais pode ser uma importante ferramenta no combate à pandemia. Localizar pessoas que estiveram em contato com indivíduos diagnosticados com a Covid-19 é medida importante, principalmente tendo em vista que muitos dos portadores do vírus são assintomáticos ou desenvolvem sintomas leves, facilmente confundidos com os de outras doenças, o que pode obstaculizar o diagnóstico e, por conseguinte, inviabilizar que o infectado tome as medidas adequadas para não transmitir o vírus a outras pessoas.

Entretanto, esse tratamento deve ser feito de maneira proporcional ao fim almejado, não se admitindo que uma quantidade excessiva de informações pessoais seja coletada, e muito menos exposta, sob pena de ofensa ao direito fundamental à privacidade, cuja eficácia não depende da vigência da LGPD, nem está condicionada a ela.

Por trazer uma série de princípios e diretrizes que devem ser observados quando do tratamento de dados, inclusive pelo Poder Público, a Lei Geral de Proteção de Dados Pessoais consolida, em nosso ordenamento jurídico, os padrões de proteção aos dados pessoais reconhecidos internacionalmente, densificando a realização desse direito fundamental, o que possibilita uma maior uniformização na aplicação do direito à proteção de dados pessoais pelos setores público e privado, bem como pelo Judiciário e demais intérpretes do direito.

Já a efetividade da LGPD demanda a atuação da Autoridade Nacional de Proteção de Dados. Não sem razão, dos mais de 120 países que aprovaram leis sobre a matéria, somente 12 não criaram uma autoridade independente (VASCONCELOS; PAULA, 2019, p. 722). Isso porque as leis não são autoimplementáveis, ao contrário, sua efetividade tem sido fortemente atrelada à existência e ao modo de atuação das autoridades de proteção de dados pessoais.

Diante disso, os países que não criam essas autoridades são criticados por aprovarem leis sem fornecer o mecanismo institucional por meio do qual a conformidade com a lei e as boas práticas serão incentivadas e fiscalizadas (RAAB; SKEZELY, 2017, p. 421).

As autoridades de proteção de dados exercem várias funções, sendo as principais as de ouvidoria, auditoria, consultoria, educação, consultoria e políticas públicas, negociação e execução da legislação. Ressalte-se, contudo, que esse rol de atividades não é universalmente encontrado entre as competências de todas as autoridades, de modo que algumas delas podem enfatizar a aplicação da lei, outras podem se concentrar em educar o público, e as organizações podem estar mais envolvidas na orientação de políticas públicas e na elaboração de códigos de conduta (RAAB; SKEZELY, 2017, p. 422).

O Brasil seguiu a experiência internacional. Assim, competirá à Autoridade Nacional de Proteção de Dados não só garantir a aplicação da LGPD pelos agentes de tratamento, fiscalizando e aplicando sanções em caso de tratamento de dados realizado em descumprimento à legislação, mas também promover o conhecimento da população acerca de seus direitos e da forma de exercê-los, além de efetivar mecanismos simplificados e virtuais para o registro de reclamações sobre o tratamento de dados pessoais em desconformidade com a lei.

Ademais, à ANPD caberá dispor sobre padrões técnicos mínimos de segurança dos dados, estimular a adoção de padrões técnicos que facilitem o controle pelos titulares dos seus dados pessoais, bem como reconhecer e divulgar regras de boas práticas e de governança adotadas pelos agentes de tratamento.

Ainda, compete-lhe realizar auditorias, deliberar em caráter terminativo, na esfera administrativa, sobre a interpretação da LGPD, além de editar regulamentos e procedimentos sobre proteção de dados pessoais e privacidade, bem como sobre relatórios de impacto à proteção de dados pessoais para os casos em que o tratamento representar alto risco à garantia dos princípios gerais de proteção de dados pessoais. Caberá à ANPD, também, regulamentar diversas disposições da lei.

Isso posto, é evidente a importância da Autoridade Nacional para a implementação da legislação sobre a proteção de dados. Sem esse órgão, mais que ficar incompleto, o sistema de proteção poderá se tornar ineficiente, causar insegurança jurídica e deixar nas mãos do Judiciário, já tão assoberbado e sem especialistas na matéria, a tarefa de dar concretude a muitas das previsões da Lei Geral de Proteção de Dados Pessoais, o que dificultará a manutenção de padrões no que concerne à aplicação da lei.

Não sem motivo, o veto da Lei nº 13.709/2018, que impediu a criação da Autoridade Nacional por questões técnicas, bem como o ínterim entre a aprovação da Medida Provisória nº 869/2018 que a criou e a sua conversão na referida lei, gerou grande preocupação entre os especialistas da área, que temiam a entrada em vigor da lei sem que a autoridade estivesse pronta para funcionar.

Como exemplo, no Peru, a Autoridade Nacional de Proteção de Dados Pessoais tem atuado bastante nessa pandemia. Ela elaborou um guia para estabelecimentos de saúde recomendando medidas para garantir a confidencialidade dos dados dos pacientes com Covid-19, as quais, se não adotadas, podem caracterizar uma infração grave sancionável com multa de até 215.000 soles, além de advertir que revelar dados de saúde sem o consentimento pode violar a esfera mais íntima da pessoa e gerar discriminação (MINISTERIO DE JUSTICIA Y DERECHOS HUMANOS DE PERU, 2020).

A autoridade nacional peruana também tem orientado a mídia a só divulgar informações sobre o número de pacientes atendidos, idade, sexo, local de infecção, além de informações que não identifiquem ou tornem identificáveis os pacientes com Covid-19, ressaltando que a publicação de dados de saúde que identificam pessoas será considerada uma violação grave à Lei de Proteção de Dados Pessoais do país. Ainda, tem divulgado seu *e-mail* e contato telefônico para que os peruanos possam buscar informações acerca da proteção de seus dados (LA AUTORIDAD..., 2020).

Por fim, bastante relevante é o acompanhamento e a supervisão, pela Autoridade Nacional, da utilização dos dados obtidos em razão do Decreto peruano nº 070-2020-PCM, o qual estabelece que as entidades que administram as centrais telefônicas de emergência 113 (Ministério da Saúde) e 107 (Essalud) acessem os dados pessoais daqueles que fazem chamadas relatando sintomas do novo coronavírus. Essas informações deverão ser anonimizadas e enviadas às várias entidades para o cumprimento das funções e competências sob sua responsabilidade (AUTORIDAD..., 2020).

Assim, a referida autoridade assegura que os dados sejam utilizados apenas para os fins estabelecidos no decreto e que o tratamento seja realizado de acordo com a lei peruana de proteção de dados e os regulamentos da autoridade, atuando para que as entidades que acessem esses dados estabeleçam medidas técnicas, organizacionais e legais correspondentes para salvaguardar a confidencialidade, a integridade e a disponibilidade dos dados até sua exclusão, após o término do Estado Nacional de Emergência.

A pandemia deixou bem evidente a necessidade da legislação específica sobre proteção de dados pessoais no Brasil. Nós já contamos com esse marco regulatório, que foi a aprovação da Lei nº 13.709/2018, a LGPD, contudo, faz-se imprescindível não só que entre em vigor, mas também que seja implementada, máxime com a atuação da Autoridade Nacional.

Entretanto, o que se viu durante essa crise foram várias tentativas de postergar a *vacatio legis* da Lei Geral de Proteção de Dados Pessoais. Embora a Autoridade Nacional tenha sido criada há mais de um ano, ainda não foi montada a estrutura para que venha a funcionar.

A Autoridade Nacional foi criada como órgão da Administração Pública Federal direta, integrante da Presidência da República, prejudicando a existência de um mecanismo institucional verdadeiramente eficaz de fiscalização e aplicação da LGPD. Isso porque, para que a Autoridade Nacional possa exercer suas funções de maneira eficiente, faz-se necessário que ela seja independente, com real autonomia, na prática, para o desempenho de suas atividades, inclusive no que diz respeito ao setor público, que também é regulado pela LGPD.

Nesse diapasão, tem-se a previsão do art. 55-A, da §1º, da LGPD, que dispõe que a natureza jurídica da ANPD poderá ser transformada em entidade da Administração Pública Federal indireta, submetida a regime autárquico especial, o que poderá ocorrer em até dois anos após a entrada em vigor da estrutura regimental da Autoridade Nacional. Aguarda-se que tal transformação aconteça, tendo em vista a essencialidade de sua independência.

Demonstrada a necessidade da Lei Geral de Proteção de Dados Pessoais e da atuação da Autoridade Nacional, cumpre investigar como tem se dado a utilização de dados pessoais no enfrentamento à Covid-19 enquanto pendente a vigência da LGPD.

4 O tratamento de dados pessoais para fins de proteção sanitária no Brasil durante a *vacatio legis* da Lei Geral de Proteção de Dados Pessoais

Em Recife, a prefeitura municipal começou a utilizar sistemas de localização de celulares dos recifenses para coordenar ações de incentivo ao isolamento social. Segundo a prefeitura, o tratamento de dados pessoais ocorre de maneira coletiva, para se verificar, bairro a bairro, se a orientação de isolamento domiciliar está sendo cumprida, o que permitirá a execução de uma série de ações para incentivar o isolamento social, como o envio de carros de som para a área, o envio de notificações por celular, além de outras ações de comunicação (RECIFE..., 2020).

Segundo informações divulgadas na imprensa, na iniciativa pernambucana observa-se a preocupação em não individualizar os dados tratados, já que isso não é necessário nem proporcional à finalidade buscada, que é a de se fazer uma análise, por área, a respeito de as pessoas estarem ou não saindo às ruas, e não a de se observar quem está fora de casa.

Ainda assim, mais transparência, com informações claras e em linguagem acessível sobre o modo de realização do tratamento de dados e o período de sua duração, seria bem-vinda, especialmente ante a impossibilidade de se poder contar com a fiscalização de uma Autoridade Nacional de Proteção de Dados.

No Amazonas, por exemplo, o governo estadual decretou regime de quarentena para os passageiros que desembarcarem no Aeroporto Internacional Eduardo Gomes. Além disso, o governo do Estado desenvolveu um aplicativo para *smartphones* que deverá ser instalado por todos esses passageiros e que monitorará a localização, em tempo real, por 14 dias, das pessoas submetidas à quarentena (AMAZONAS, 2020).

Além de poder coletar e tratar dados pessoais sem o consentimento do indivíduo, o Estado pode, no combate à pandemia, obrigar o indivíduo a, de maneira ativa, fornecer tais dados, seja por meio de entrevista, seja por outro meio tecnológico?

No que diz respeito às medidas adotadas pelo Governo Federal, em fevereiro de 2020 foi publicada a Lei nº 13.979/20, que dispõe acerca de medidas para o enfrentamento da emergência de saúde pública de importância internacional, decorrente do coronavírus. Em seu art. 6º, o referido diploma legal dispõe que é obrigatório o compartilhamento entre órgãos e entidades da Administração Pública federal, estadual, distrital e municipal de dados essenciais à identificação de pessoas infectadas ou com suspeita de infecção pelo coronavírus, com a finalidade exclusiva de evitar a sua propagação, estendendo tal obrigação às pessoas jurídicas de direito privado quando os dados forem solicitados por autoridade sanitária.

Também dispõe que o Ministério da Saúde manterá dados públicos e atualizados sobre os casos confirmados, suspeitos e em investigação, relativos à emergência pública sanitária, resguardando o direito ao sigilo das informações pessoais. O art. 1º, nos §§2º e 3º, determina, ainda, que ato do ministro de Estado da Saúde disporá sobre a duração da emergência de saúde pública de que trata a lei, não podendo tal prazo ser superior ao declarado pela Organização Mundial de Saúde.

Nesse contexto, a Portaria nº 356/10 do Ministério da Saúde estipulou, em seu art. 12, que o encerramento da aplicação das medidas fica condicionado à avaliação de risco realizada pela Secretaria de Vigilância em Saúde do Ministério da Saúde sobre a situação de Emergência de Saúde Pública de Importância Nacional. Naturalmente, ainda não se sabe quanto tempo essa crise vai perdurar e, por conseguinte, por quanto tempo as medidas serão tomadas.

No que tange ao compartilhamento de dados, verifica-se que não há muita divergência em relação ao que prevê a LGPD, porquanto esta excepciona o acesso aos dados sensíveis, mesmo sem o consentimento, nos casos em que houver necessidade de tutela da saúde do titular ou de terceiros. Ademais, a nova legislação também dispõe que a utilização será restrita à finalidade de evitar a propagação do vírus e que, na hipótese de divulgação dos dados sobre casos confirmados, suspeitos e em investigação, será resguardado o direito ao sigilo das informações pessoais.

Da leitura dos dispositivos legais acima apontados, fica evidente que é indispensável compatibilizar a necessária proteção dos dados pessoais sensíveis, tais como informações relativas ao estado de saúde das pessoas, com o premente interesse público de adotar todas as medidas disponíveis para o combate da pandemia. Há de se prestigiar uma perspectiva de coexistência dos interesses em jogo e não de exclusão de qualquer dos polos da equação. Proteger o interesse coletivo não implica excluir a necessária proteção da pessoa natural, especialmente num estado de grave vulnerabilidade por esta acometida de uma nova doença ou pela mera suspeita de contágio, que já provoca abalos em seu bem-estar psíquico.

Diante de novos textos legislativos e de um contexto fático de crise que se altera muito rapidamente, ainda restam algumas preocupações a consignar. A Lei nº 13.979/20 determina que será obrigatório o compartilhamento de dados essenciais à identificação de pessoas infectadas ou com suspeita de infecção, sem elencar ou exemplificar que dados seriam esses, o que ocasiona insegurança jurídica em relação ao titular, que pode ter uma universalidade de dados pessoais compartilhados sem que sequer tenha ciência disso.

Se a Lei Geral de Proteção de Dados Pessoais já estivesse em vigor, as normas que têm emergido durante a pandemia teriam padrões mais objetivos no que diz respeito à proteção aos dados pessoais. É preciso ressaltar, ainda, que o Brasil tem uma cultura de tutela de dados bem mais incipiente que diversos outros países, inclusive alguns de seus vizinhos, de modo que os princípios de proteção de dados pessoais internacionalmente reconhecidos são novidade para muitos integrantes dos três poderes.

Assim, em que pese a aplicação desses princípios não depender da LGPD, em um país no qual o direito à proteção de dados pessoais ainda tem um longo caminho a percorrer, uma legislação específica sobre o tema é essencial para que os intérpretes e aplicadores do direito, a Administração Pública e os legisladores compreendam os interesses protegidos e as formas de realização desse direito, viabilizando, por conseguinte, que as normas voltadas ao enfrentamento da pandemia surjam em conformidade com a proteção da privacidade, ou seja, permitindo o tratamento de dados, mas respeitando os direitos dos titulares.

Se a ANPD estivesse em funcionamento, além de assegurar que somente sejam coletados os dados efetivamente necessários à finalidade pretendida, bem como que tais dados não sejam utilizados para fins outros, a Autoridade Nacional emitiria importantes regulamentos acerca do respeito aos direitos dos titulares e das medidas de segurança adequadas para o armazenamento dessas informações.

Ausente a LGPD, resta ao Judiciário fazer a ponderação entre tais normas e o direito à proteção de dados pessoais. Recentemente, o Supremo Tribunal Federal suspendeu a eficácia da Medida Provisória nº 954/2020, que prevê o compartilhamento de dados de usuários de telecomunicações com o Instituto Brasileiro de Geografia e Estatística (IBGE) para a produção de estatística oficial durante a pandemia da Covid-19 (BRASIL, 2020).

Para a Ministra Rosa Weber, relatora das ações diretas de inconstitucionalidade[3] que questionam a referida MP, os dados pessoais previstos na medida provisória integram o âmbito de proteção das cláusulas constitucionais que asseguram a liberdade individual, a privacidade e o livre desenvolvimento da personalidade, de modo que sua manipulação e seu tratamento devem observar os limites delineados pela proteção constitucional.

Diante disso, "ao não definir apropriadamente como e para que serão utilizados os dados coletados, a norma não oferece condições para a avaliação da sua adequação e necessidade". Ademais, entendeu a ministra que a medida provisória não apresenta mecanismo técnico ou administrativo para proteger os dados pessoais de acessos não autorizados, vazamentos acidentais ou utilização indevida, razão pela qual não satisfaz as exigências da Constituição em relação à efetiva proteção de direitos fundamentais.

Por fim, cumpre ressaltar que, além de esse controle judicial poder causar insegurança jurídica, verifica-se no contexto brasileiro a ausência de critérios de produção legislativa e uma crise política de gestão, o que torna ainda mais problemático o percurso da LGPD até a sua efetiva vigência.

5 Conclusão

No Brasil, a discussão sobre a privacidade ainda não chegou ao mesmo nível de profundidade dos outros países, tendo em vista que atualmente o aparato estatal não tem o mesmo grau de sofisticação para lograr objetivos massivos de vigilância.

Não se ignora que se trata de um processo desafiador. A admissão de tais medidas como ferramenta para o salvamento de vidas não pode ser afastada, máxime no panorama de extrema incerteza em que a pandemia se situa e do elevado número de mortes já ocasionadas em razão do vírus. Deixar as tecnologias que temos inutilizadas em face de uma situação de calamidade pública parece não fazer muito sentido.

O mais importante é que não nos esqueçamos de impor balizas a essas medidas, seja em termos de duração, seja em termos de supervisão legal e utilização de modo uniforme das informações coletadas, para que posteriormente tais dados não sejam utilizados com outros fins e a situação de emergência não nos faça recair em posterior excesso.

Torna-se crucial, então, definir parâmetros de transparência, principalmente quando da ocasião do envolvimento de empresas privadas do ramo tecnológico, que podem ver a oportunidade de, com espeque no argumento de eventuais avanços no combate ao vírus por meio do tratamento de dados, beneficiar-se dessa atividade num futuro próximo, sem possibilidade de se sindicar precisamente quais informações foram fornecidas durante o combate à pandemia.

A incógnita que se impõe é se as salvaguardas previstas na legislação atualmente em vigor, especialmente as leis e portarias criadas no momento da crise, serão suficientes

[3] ADI nº 6.387, ADI nº 6.388, ADI nº 6.389, ADI nº 6.390 e ADI nº 6.393.

para conter eventuais abusos que podem acontecer com o uso dos dados sensíveis num contexto de pós-pandemia.

Dados de localização, reconhecimento facial e rastreamento estão sendo utilizados como possíveis soluções para conter a difusão do vírus. O problema surge quando constatamos que, no meio de um cenário de tanto caos, é necessário parar para traçar fronteiras na utilização e no controle dessas ferramentas. O que será feito com esses dados após a contenção do surto? Medidas de vigilância realmente são eficazes para limitar a propagação da patologia? Os titulares terão ciência desse tratamento? Como será feita a custódia?

São questionamentos que inquietam e que ainda não têm uma resposta formulada, sobretudo em razão da priorização estatal na resolução da crise pandêmica e da ausência de uma efetiva governança de dados no país, a despeito de mais de um ano de existência da Autoridade Nacional de Proteção de Dados.

Ocorre que não é incomum que situações extremadas de crise deem abertura à paulatina restrição de interesses jurídicos, sob o fundamento da necessidade de contenção de algum problema específico. Nesse ponto, eventos terroristas têm contribuído, por exemplo, para a consolidação de aparatos de vigilância estatal.

O fundamento central da proteção dos dados pessoais, isto é, a autodeterminação informativa e o consentimento, cede espaço à necessidade de contenção da pandemia, tendo em vista que a solicitação de autorização esbarraria em dificuldades operacionais e temporais que inviabilizariam a eficácia das medidas pretendidas.

É necessário pensar em métodos razoáveis de segurança que impeçam acessos não autorizados, coleta, uso, divulgação, cópia, modificação, descarte ou riscos análogos, bem como a necessidade de interrupção do tratamento assim que seja razoável supor que o objetivo para o qual foram coletados não mais subsiste.

A situação se agrava ainda mais quando se constata que a pandemia é contemporânea ao que se chama de infodemia, isto é, uma superabundância de informações que dificulta a localização de fontes e de orientações confiáveis àqueles que necessitam, mormente num contexto digital repleto de *fake news*.

As aplicações tecnológicas atualmente disponíveis têm o potencial de rastrear localizações em tempo real ou metadados que demonstram padrões de comportamento e informações íntimas e que, uma vez admitidas na vida cotidiana, torna-se cada vez mais difícil afastá-las. Dessa forma, ainda que seja admissível a utilização dos dados pessoais, de modo excepcional, temporário e urgente, para a tutela da saúde pública, é fundamental que sejam priorizadas ações de pesquisa, diagnóstico e tratamento efetivos que forneçam ao sistema de saúde infraestrutura para zelar pelos pacientes e minimizar a ocorrência do vírus, sob pena de nos acomodarmos numa posição de vigilância, obsessão e assédio social que ameaça devassar a privacidade e segregar indivíduos.

As políticas públicas sempre devem buscar um equilíbrio entre as liberdades civis e o interesse coletivo, intentando primar pela proporcionalidade. Se a situação de calamidade traz ameaças que tornam legítima a restrição temporária e excepcional da privacidade, esta deve ser cientificamente justificada e proporcional às necessidades. Nossa saúde e nossa democracia dependem disso.

Neste ponto, é preciso dividir uma inquietação: é possível utilizar dados pessoais temporariamente para gerenciamento de crise sem acarretar, em longo prazo, uma erosão sistemática das garantais fundamentais dos indivíduos? A resposta será construída nos próximos anos, depois que tivermos ultrapassado as graves consequências do período mais intenso da pandemia da Covid-19.

Diante disso, a vigência e a implementação da Lei Geral de Proteção de Dados Pessoais se mostra imprescindível, haja vista que, densificando o conteúdo do direito fundamental à proteção de dados, consolida e facilita a aplicação pelos setores públicos e privados dos princípios e diretrizes internacionais atinentes a esse direito, os quais são essenciais para permitir que o tratamento de dados pessoais no enfrentamento à pandemia ocorra em equilíbrio com as liberdades fundamentais dos indivíduos.

Nessa senda, quando se analisa o art. 4º da LGPD, que afasta sua aplicação ao tratamento de dados pessoais realizados para fins exclusivos de segurança pública, defesa nacional ou atividades de investigação e repressão de infrações penais (ver inc. III), hipóteses que podem, por analogia, ser interpretadas para o contexto da pandemia, há de se destacar que as medidas adotadas nessas situações devem ser proporcionais e estritamente necessárias ao atendimento do interesse público, observados o devido processo legal, os princípios gerais de proteção e os direitos do titular, consoante preconiza o §1º do referido artigo. Não fosse o suficiente, o §2º do art. 4º da LGPD veda o tratamento de tais dados por pessoa de direito privado, salvo se ocorrer sob a tutela de pessoa jurídica de direito público, assegurado o acompanhamento da Autoridade Nacional de Proteção de Dados.

Por falar em ANPD, ficou demonstrada a importância que a atuação dessa autoridade teria nessa crise, assegurando que a utilização das informações pessoais no combate à pandemia ocorra em observância aos princípios de proteção aos dados pessoais e em respeito aos direitos dos titulares, bem como orientando os agentes de tratamento e editando regulamentos sobre medidas de segurança que devem ser adotadas pelos entes que tiverem acesso aos dados coletados.

Dessa forma, a pandemia deixou evidente a necessidade de um marco regulatório para o direito à proteção de dados pessoais. O Brasil já conta com esse marco, entretanto, a Lei Geral de Proteção de Dados Pessoais ainda não está em vigor e a ANPD, apesar de criada, ainda não conta com qualquer estrutura para que possa funcionar e desempenhar suas funções, as quais são essenciais para a efetividade da referida lei.

No entanto, o que se tem visto são diversas tentativas de postergar a *vacatio legis* da LGPD, muitas das quais utilizam a pandemia como argumento para tal prorrogação. Necessário, pois, que essas tentativas sejam rejeitadas e que a Autoridade Nacional passe a funcionar exercendo suas competências com independência e garantindo efetividade à Lei nº .709/2018.

Referências

ALEXY, Robert. Colisão de direitos fundamentais e realização de direitos fundamentais no Estado de Direito Democrático. *Revista de Direito Administrativo*, Rio de Janeiro, v. 217, 1999. Disponível em: http://bibliotecadigital.fgv.br/ojs/index.php/rda/article/view/47414. Acesso em: 11 jun. 2019.

ALVES, Rafael. Tudo sobre o coronavírus – Covid-19: da origem à chegada ao Brasil. – Perguntas e respostas sobre o vírus descoberto em dezembro na China e que se tornou emergência de saúde pública de interesse internacional. *Estado de Minas*, 27 fev. 2020. Disponível em: https://www.em.com.br/app/noticia/nacional/2020/02/27/interna_nacional,1124795/tudo-sobre-o-coronavirus-covid-19-da-origem-a-chegada-ao-brasil.shtml. Acesso em: 6 abr. 2020.

AMAZONAS. Governo do Estado. *Wilson Lima anuncia monitoramento remoto de pessoas que chegam pelo aeroporto e aquisição de testes rápidos*. 25 mar. 2020. Disponível em: http://www.amazonas.am.gov.br/2020/03/wilson-lima-anuncia-monitoramento-remoto-de-pessoas-que-chegam-pelo-aeroporto-e-aquisicao-de-testes-rapidos/. Acesso em: 6 abr. 2020.

AUTORIDAD Nacional de Protección de Datos Personales supervisará la utilización de los datos de geolocalización em casos infectados y sospechosos de contagio de coronavirus. *Gob.pe*, 18 abr. 2020. Disponível em: https://www.gob.pe/institucion/autoridad-nacional-de-proteccion-de-datos-personales/noticias/127366-autoridad-nacional-de-proteccion-de-datos-personales-supervisara-la-utilizacion-de-los-datos-de-geolocalizacion-en-casos-de-infectados-y-sospechosos-de-contagio-de-coronavirus-covid-19. Acesso em: 2 jun. 2020.

BRANDEIS, Louis D.; WARREN, Samuel D. The right to privacy. *Harvard Law Review*, v. 4, n. 5, Dec. 15, 1890.

BRASIL tem 486 mortes e 11.130 casos confirmados de coronavírus, diz ministério. *G1 – Bem Estar*, 5 abr. 2020. Disponível em: https://g1.globo.com/bemestar/coronavirus/noticia/2020/04/05/brasil-tem-486-mortes-e-11130-casos-confirmados-de-coronavirus-diz-ministerio.ghtml. Acesso em: 6 abr. 2020.

BRASIL. Supremo Tribunal Federal. *Supremo começa a julgar compartilhamento de dados de usuários de telefonia com o IBGE*. 6 maio 2020. Disponível em: http://portal.stf.jus.br/noticias/verNoticiaDetalhe.asp?idConteudo=442823&ori=1. Acesso em: 17 maio 2020.

COCO, Feng. Coronavirus: AI firms deploy fever detection systems in Beijing to fight outbreak. *South China Morning Post*, 6 fev. 2020. Disponível em: https://www.scmp.com/tech/policy/article/3049215/ai-firms-deploy-fever-detection-systems-beijing-help-fight-coronavirus. Acesso em: 22 mar. 2020.

COREIA DO SUL. *Personal Information Protection Act*. 29 mar. 2011. Disponível em: https://www.privacy.go.kr/cmm/fms/FileDown.do?atchFileId=FILE_000000000830758&fileSn=1&nttId=8186&toolVer=&toolCntKey_1=. Acesso em: 6 abr. 2020.

CORONAVIRUS privacy: Are South Korea's alerts too revealing? *BBC News*, 5 mar. 2020. Disponível em: https://www.bbc.com/news/world-asia-51733145. Acesso em: 6 abr. 2020.

D'AMORE, Rachael. "Yes, this drone is speaking to you": How China is reportedly enforcing coronavirus rules. *Global News*, 11 fev. 2020. Disponível em: https://globalnews.ca/news/6535353/china-coronavirus-drones-quarantine/. Acesso em: 22 mar. 2020.

DYER, Chris. South Korea tracks coronavirus patients locations using phone data and CCTV footage- then publishes it online. *Daily Mail*, 17 fev. 2020. Disponível em: https://www.dailymail.co.uk/news/article-8011197/South-Korea-tracks-coronavirus-patients-locations-using-phone-data-publishes-online.html. Acesso em: 22 mar. 2020.

HAN, Byung-Chul. Coronavírus de hoje e o mundo de amanhã segundo o filósofo Byung-Chul Han. *El País*, 22 mar. 2020. Disponível em https://brasil.elpais.com/ideas/2020-03-22/o-coronavirus-de-hoje-e-o-mundo-de-amanha-segundo-o-filosofo-byung-chul-han.html. Acesso em: 24 mar 2020.

ISRAEL: Government approves mobile tracking to monitor Coronavirus quarantine enforcement. *Data Guidance*, 16 mar. 2020. Disponível em: https://platform.dataguidance.com/news/israel-government-approves-mobile-tracking-monitor-coronavirus-quarantine-enforcement. Acesso em: 22 mar. 2020.

ITS. *Big Data in the Global South Project* – Report on the Brazilian Case Studies. Rio de Janeiro: ITS, 2016. Disponível em: https://itsrio.org/wp-content/uploads/2017/01/Big-Data-in-the-Global-South-Project.pdf. Acesso em: 3 nov. 2019.

KIM, Nemo. 'More scary than coronavirus': South Korea's health alerts expose private lives. *The Guardian*, 6 mar. 2020. Disponível em: https://www.theguardian.com/world/2020/mar/06/more-scary-than-coronavirus-south-koreas-health-alerts-expose-private-lives. Acesso em: 6 abr. 2020.

KNIGHT, Nick. How AI is trackin coronavirus outbreak. *Wired*, 8 fev. 2020. Disponível em: https://www.wired.com/story/how-ai-tracking-coronavirus-outbreak/. Acesso em: 22 mar. 2020.

LA AUTORIDAD Nacional de Protección de Datos Personales exhorta a los medios de comunicación a no revelar los nombres de pacientes de Covid-19 sin su consentimiento. *Gob.pe*, 21 mar. 2020. Disponível em: https://www.gob.pe/institucion/autoridad-nacional-de-proteccion-de-datos-personales/noticias/112036-la-autoridad-nacional-de-proteccion-de-datos-personales-exhorta-a-los-medios-de-comunicacion-a-no-revelar-los-nombres-de-pacientes-de-covid-19-sin-su-consentimiento. Acesso em: 2 jun. 2020.

LINHARES, Marcel Queiroz. O método da ponderação de interesses e a resolução de conflitos entre direitos fundamentais. *Revista da Faculdade de Direito da UFPR*, v. 35, p. 232-233, 2001. Disponível em: https://revistas.ufpr.br/direito/article/view/1819. Acesso em: 11 jun. 2019.

MAGRANI, Eduardo. *Entre dados e robôs*: ética e privacidade na era da hiperconectividade. 2. ed. Porto Alegre: Arquipélago, 2019.

MENDES, Laura Schertel. *Privacidade, proteção de dados e defesa do consumidor* – Linhas gerais de um novo direito fundamental. São Paulo: Saraiva, 2014.

MINISTERIO DE JUSTICIA Y DERECHOS HUMANOS DE PERU. *Guía para establecimientos de salud*. 2020. Disponível em: https://cdn.www.gob.pe/uploads/document/file/581291/Cartilla-Coronavirus.pdf. Acesso em: 2 jun. 2020.

MOREIRA, Ardilhes; PINHEIRO, Lara. OMS declara pandemia de coronavírus. *G1 – Bem Estar*, 11 mar. 2020. Disponível em: https://g1.globo.com/bemestar/coronavirus/noticia/2020/03/11/oms-declara-pandemia-de-coronavirus.ghtml. Acesso em: 6 abr. 2020.

MOREIRA, Thiago Mattos. As lições da Coréia do Sul no combate ao Coronavírus. *Época – Mundo*, 20 mar. 2020. Disponível em: https://epoca.globo.com/mundo/as-licoes-da-coreia-do-sul-no-combate-ao-coronavirus-1-24315715. Acesso em: 6 abr. 2020.

MOZUR, Paul; ZHONG, Raymond; KROLIK, Aaron. In Coronavirus Fight, China Gives Citizens a Color Code, With Red Flags. *The New York Times*, 1º mar. 2020. Disponível em: https://www.nytimes.com/2020/03/01/business/china-coronavirus-surveillance.html. Acesso em: 22 mar. 2020.

MULHER diagnosticada com coronavírus em Sergipe fala sobre preconceito: 'Isso me deixou mais doente que a própria dor'. *G1 SE*, 19 mar. 2020. Disponível em: https://g1.globo.com/se/sergipe/noticia/2020/03/19/mulher-diagnosticada-com-coronavirus-em-sergipe-fala-sobre-preconceito-isso-me-deixou-mais-doente-do-que-a-propria-dor.ghtml. Acesso em: 6 abr. 2020.

NIILER, Erick. An AI epidemiologist sent the first warnings of the Wuhan virus. *Wired*, 25 jan. 2020. Disponível em: https://www.wired.com/story/ai-epidemiologist-wuhan-public-health-warnings/. Acesso em: 22 mar. 2020.

NÚMERO de mortos pelo coronavírus no mundo chega a 65 mil neste domingo. *O Globo*, 5 abr. 2020. Disponível em: https://oglobo.globo.com/sociedade/coronavirus-servico/numero-de-mortos-pelo-coronavirus-no-mundo-chega-65-mil-neste-domingo-24352620. Acesso em: 6 abr. 2020.

PEIXOTO, Erick L. C; EHRHARDT JÚNIOR, Marcos. Breves notas sobre a ressignificação da privacidade. *Revista Brasileira de Direito Civil*, Belo Horizonte, v. 16, jan./jun. 2018. Disponível em: https://rbdcivil.ibdcivil.org.br/rbdc/article/view/230. Acesso em: 12 jun. 2019.

RAAB, Charles; SZEKELY, Ivan. Data protection authorities and informations technology. *Computer Law & Security Review*, v. 33, n. 4, ago. 2017. Disponível em: https://www.sciencedirect.com/science/article/abs/pii/S0267364917301619. Acesso em: 20 abr. 2020.

RECIFE rastreia 700 mil celulares para monitorar isolamento social e direcionar ações contra coronavírus. *G1 PE*, 24 mar. 2020. Disponível em: https://g1.globo.com/pe/pernambuco/noticia/2020/03/24/recife-rastreia-700-mil-celulares-para-monitorar-isolamento-social-e-direcionar-acoes-contra-coronavirus.ghtml. Acesso em: 6 abr. 2020.

RODOTÀ, Stefano. *A vida na sociedade de vigilância* – A privacidade hoje. Tradução de Danilo Doneda e Luciana Cabral Doneda. Rio de Janeiro: Renovar, 2008.

SCHREIBER, Anderson. *Direitos da personalidade*. 3. ed. São Paulo: Atlas, 2014.

SMITH, Nicola. Taiwan uses smartphones monitor patients quarantined over virus scare. *The Telegraph*, 3 fev. 2020. Disponível em: https://www.telegraph.co.uk/news/2020/02/03/taiwan-uses-smartphones-monitor-patients-quarantined-virus-scare/. Acesso em: 22 mar. 2020.

VASCONCELOS, Beto; PAULA, Felipe de. A autoridade nacional de proteção de dados: origem, avanços e pontos críticos. *In*: TEPEDINO, Gustavo; FRAZÃO, Ana; OLIVA, Milena Donato. (Coord.). *Lei Geral de Proteção de Dados Pessoais e suas repercussões no direito brasileiro*. São Paulo: Thomson Reuters Brasil, 2019.

YANG, Yingzhi; ZHU, Julie. Coronavirus brings China's surveillance state out the shadows. *Reuters*, 7 fev. 2020. Disponível em: https://www.reuters.com/article/us-china-health-surveillance/coronavirus-brings-chinas-surveillance-state-out-of-the-shadows-idUSKBN2011HO. Acesso em: 22 mar. 2020.

Informação bibliográfica deste texto, conforme a NBR 6023:2018 da Associação Brasileira de Normas Técnicas (ABNT):

SILVA, Gabriela Buarque Pereira; MODESTO, Jéssica Andrade; EHRHARDT JÚNIOR, Marcos. O tratamento de dados pessoais no combate à Covid-19: entre soluções e danos colaterais. *In*: EHRHARDT JÚNIOR, Marcos; CATALAN, Marcos; MALHEIROS, Pablo (Coord.). *Direito Civil e tecnologia*. Belo Horizonte: Fórum, 2020. p. 167-185. ISBN 978-65-5518-036-7.

RELAÇÕES OBRIGACIONAIS PATRIMONIAIS

REFLEXÕES SOBRE OS CONTRATOS INTELIGENTES (*SMART CONTRACTS*) E SEUS PRINCIPAIS REFLEXOS JURÍDICOS

GUILHERME MAGALHÃES MARTINS

JOSÉ LUIZ DE MOURA FALEIROS JÚNIOR

1 Introdução

Nunca se festejou tanto a inovação. São tempos em que uma nova descoberta tecnológica tem o poder da disrupção. O entusiasmo gerado pelas potencialidades de uma nova ferramenta, por vezes instrumental à reformulação de velhas práticas da dogmática jurídica, põe em xeque as próprias bases estruturais de teorias construídas ao longo de séculos de maturação do pensamento humano.

O advento da tecnologia *blockchain*, há míseros doze anos, já alterou sobremaneira o modo com que institutos jurídicos tradicionais são desafiados à solução das novas contingências tecnológicas. A partir dessa nova tecnologia, já se questiona a possibilidade de substituição dos sistemas financeiros tradicionais por uma renovada economia digital baseada em criptomoedas como o *bitcoin*; entretanto, sequer há consenso sobre o enquadramento jurídico dessas novas figuras – seriam realmente moedas ou ativos financeiros? Tem-se, ainda, grandes perspectivas para a reformulação do sistema de checagem de patentes, ou mesmo para o implemento de sistemas de validação documental capazes de tornar obsoletas as atividades notariais. São exemplos curiosos, mas o objeto que escolhido para este breve ensaio é, talvez, o mais peculiar de todos: contratos inteligentes (*smart contracts*), delineados, firmados e cadastrados em uma plataforma capaz de, automaticamente, executá-los.

O entusiasmo é inevitável em um primeiro olhar, mas será mesmo que os impactos jurídicos desta curiosa novidade não apresentam perigos que se deve considerar? É evidente que não se pretende esgotar a discussão nessas breves linhas, mas desde logo se afirma que sim e, em abordagem hipotético-dedutiva, procurar-se-á registrar os principais desses perigos, após breve fixação de conceitos que, embora técnicos, são cruciais para o operador do direito que desejar se aventurar pelo estudo do tema.

2 O poder pela arquitetura: Lessig, Reidenberg e... Nakamoto?

Para iniciar qualquer abordagem relacionada aos *smart contracts*, imprescindível entender um elemento fundamental à compreensão do direito digital: onde residiria qualquer espécie de iniciativa voltada à sua regulação? Merecem expressa menção os casos em que regulação e tecnologia se relacionam por meio de incentivos, que "são aqueles em que a Administração impõe ou estimula o uso de uma determinada tecnologia".[1]

Como consequência disso, o direito passou a se defrontar com uma série de problemas e questões que demandam profunda adaptação, conforme explica Ruperto Olave:

> Os meios de comunicação pertencentes a novas tecnologias, algumas disponíveis para a maioria das pessoas, serviram, entre outros usos, para expressar vontades juridicamente relevantes, fato que produziu uma rápida incorporação da realidade eletrônica no campo dos negócios jurídicos, com o consequente período de adaptação que isso implica, gerando, como qualquer processo adaptativo, uma série de novos problemas e questões, tanto de natureza técnica quanto de natureza teórica jurídica, que o mundo do direito teve que enfrentar.[2]

O efeito essencial dessa mudança de paradigma vem sendo notado com maior força em um período marcado pelo festejo à inovação, que desperta, no campo dos negócios, adaptações de institutos jurídicos clássicos. Se o princípio da autonomia da vontade e suas diversas manifestações se materializaram nos chamados subprincípios da liberdade contratual e da liberdade de forma, seria esperado que alguma regulação "libertária" surgisse para tentar explicitar os critérios e princípios capazes de propiciar "um ambiente de maior estímulo à atividade econômica",[3] e não por outro motivo,

---

1 BAPTISTA, Patrícia; KELLER, Clara Iglesias. Por que, quando e como regular as novas tecnologias? Os desafios trazidos pelas inovações disruptivas. *Revista de Direito Administrativo*, Rio de Janeiro, v. 273, n. 3, p. 123-163, set./dez. 2016. p. 136. As autoras ainda complementam: "Apesar de a inovação tecnológica ser comumente protagonizada pelos particulares, muitas vezes a administração é responsável, direta ou indiretamente, por seu desenvolvimento ou promoção. [...] Nesse sentido, tecnologias que auxiliam a organização, recuperação e análise de vastas quantidades de informação colaboram significativamente para a qualidade da regulação, provendo maior velocidade e precisão do resultado final. Além disso, a construção de *websites* que permitem a contribuição em processos de consulta pública, bem como o acesso a agendas públicas, relatórios e documentos em geral, representam um avanço em termos de participação popular e transparência nesses processos".

2 PINOCHET OLAVE, Ruperto. La recepción de la realidad de las nuevas tecnologías de la información por el derecho civil: panorama actual y perspectivas futuras. *Ius et Praxis*, Talca, v. 7, n. 2, p. 469-489, 2001. p. 470, tradução livre. No original: "Los medios de comunicación pertenecientes a las nuevas tecnologías, algunos al alcance de la mayoría de las personas, han servido, entre otras utilidades, para expresar voluntades jurídicamente relevantes, hecho que ha producido una rápida incorporación de la realidad electrónica en el ámbito del negocio jurídico, con el consiguiente período de adaptación que ello supone, generando como todo proceso adaptativo, una serie de nuevos problemas e interrogantes, tanto de naturaleza técnica como de carácter teórico jurídico, que el mundo del derecho ha debido enfrentar".

3 HARTMANN, Fabiano. Digitalização e armazenamento eletrônico: a Lei da Liberdade Econômica no viés dos impactos da tecnologia e inovação na atividade econômica. *In*: MARQUES NETO, Floriano de Azevedo; RODRIGUES JÚNIOR, Otávio Luiz; LEONARDO, Rodrigo Xavier (Coord.). *Comentários à Lei da Liberdade Econômica (Lei 13.874/2019)*. São Paulo: Thomson Reuters Brasil, 2019. p. 163. O autor ainda faz um alerta: "Contudo, critérios formais de baixo risco ou de equivalência do ambiente digital para o físico podem ter um efeito justamente contrário, no sentido de aprofundar desigualdades e dificultar a liberdade e concorrência dos atores. Há, portanto, um nítido encurtamento do espaço restritivo habitualmente associado às liberdades para desenvolvimento de atividade econômica. Isso, sob a ótica dos impactos da tecnologia, pode ser analisado por um duplo viés: de um lado um ambiente liberal que permitirá uma convergência com pesquisas tecnológicas, inovação e empreendedorismo; por outro, uma ideia que beira a ingenuidade sobre as potencialidades comprovadas para o mau uso de tecnologias, que podem, inclusive, comprometer qualquer boa iniciativa ou

tem-se, no Brasil do século XXI, uma Lei de Liberdade Econômica (Lei nº 13.874/2019) contendo dispositivos com previsões relacionadas aos impactos e reflexos da tecnologia e da inovação nas atividades econômicas, tais como os arts. 3º, X, 10, 12 e 18.

O tema, contudo, não é recente. Nos primeiros anos da disrupção tecnológica sobre o direito dos contratos, por exemplo, foi tratado sob a perspectiva da contratação eletrônica, entendida como um fenômeno de massa,[4] quase sociológico, capaz de afetar a própria estruturação do livre desenvolvimento da pessoa.

Mas é preciso retroceder um pouco no tempo, pois foram nomes como Joel Reidenberg e Lawrence Lessig os primeiros a tratar de possíveis codificações para o mundo virtual. A ideia de uma *Lex Informatica*,[5] conforme sugerida pelo primeiro, ou de um *Code*,[6] como indicado pelo segundo, seriam soluções generalistas para um problema global. Em termos de atendimento à função promocional dos deveres de proteção aos direitos fundamentais, incumbe ao Estado se cercar de todas as ferramentas que possam operar em sentido positivo na acepção que se dá ao aprimoramento da técnica em sintonia com a ética:

> [...] os limites de proteção no ambiente da Internet sempre estiveram relacionados com um dilema estrutural, diagnosticado pelos primeiros autores que trabalharam com a temática: a proteção jurídica é aplicável *ex post*, ao passo em que as regras técnicas – fixadas pelos programas e pela arquitetura da rede – são aplicáveis *ex ante*.[7]

Nesse contraste entre regulação e inovação deve preponderar a cautela, como anota Nathan Cortez.[8] As dificuldades de enfrentamento de novas contingências dessa

---

desenvolvimento do empreendedorismo pela permissividade à atividade econômica de baixo risco. Não se pode deixar de lado a possibilidade de a tecnologia alterar o que tradicionalmente entende-se por risco (baixo ou alto). A tecnologia altera com relativa facilidade e frequência o ambiente, conceitos e categorias a princípio claros e delimitados".

4 MARTINS, Guilherme Magalhães. *Contratos eletrônicos de consumo*. 3. ed. São Paulo: Atlas, 2016. p. 42. Segundo o autor: "Impulsionado o Direito Civil, particularmente no âmbito da matéria contratual, pelos ventos da despatrimonialização e repersonalização, e colocado como valor fundamental da ordem centrada na Constituição, o livre desenvolvimento da pessoa, num momento em que a massificação das operações econômicas é acentuada pelo progresso tecnológico, a normativa das relações privadas recebe um enquadramento constitucional, funcionalizando-se a partir de tal diretiva. A repersonalização significa, antes de tudo, o movimento que o direito privado passa a sofrer, no sentido de serem discutidos os valores que o sistema jurídico colocou em seu centro e em sua periferia".

5 REIDENBERG, Joel R. Lex Informatica: the formulation of information policy rules through technology. *Texas Law Review*, Austin, v. 76, n. 3, p. 553-584, 1998. p. 583.

6 LESSIG, Lawrence. *Code, and other laws of cyberspace 2.0*. 2. ed. Nova York: Basic Books, 2006. p. 123.

7 VERONESE, Alexandre; SILVEIRA, Alessandra; LEMOS, Amanda Nunes Lopes Espiñeira. Inteligência artificial, mercado único digital e a postulação de um direito às inferências justas e razoáveis: uma questão jurídica entre a ética e a técnica. *In*: FRAZÃO, Ana; MULHOLLAND, Caitlin (Coord.). *Inteligência artificial e direito*: ética, regulação e responsabilidade. São Paulo: Thomson Reuters Brasil, 2019. p. 258. Registram: "[...] os conceitos de *Code* (Lawrence Lessig) e de *Lex Informatica* (Joel R. Reidenberg e outros) são suficientes para evidenciar o problema. A solução exposta pelos dois autores citados residiria na construção de mecanismos jurídicos – ou econômicos, ou sociais, ou éticos – que possam influenciar a produção de programas afinados com um paradigma progressista em relação aos direitos. O espaço de solução é, portanto, indiretamente, jurídico. Ele será, contudo, diretamente, técnico ou ético. É somente a partir dessa constatação que se percebe a importância dos fóruns [...]. Muitos aos atrás, François Ost e Michel van de Kerchove já haviam diagnosticado o aparecimento de fontes jurídicas novas que mostravam a emergência de um novo tipo de direito".

8 CORTEZ, Nathan. Regulating disruptive innovation. *Berkeley Technology Law Journal*, Berkeley, n. 29, p. 175-228, 2014. p. 227. Comenta: "Periodically, regulators are confronted by novel products, technologies, or business practices that fall within their jurisdiction but do not fit comfortably within their regulatory frameworks.

estirpe não são, contudo, sempre claras: nesse ponto, importa mencionar a figura de Satoshi Nakamoto, o "pai" da tecnologia *blockchain*.

Adiante se detalhará melhor o funcionamento da ferramenta, mas é importante ter em mente que, diferentemente de Reidenberg e Lessig, não se sabe quem é Nakamoto! Não é possível afirmar sequer se se trata de um indivíduo ou de um grupo de indivíduos que optou por se esconder por trás do nome nipônico como um pseudônimo.[9]

Certo dia, "alguém" que decide se valer do referido nome disponibiliza na internet um complexo documento que detalha em minúcias o funcionamento de uma tecnologia de verificação cíclica e dispersa de códigos *hash* para documentos que circulam em sua rede (são os denominados *distributed ledgers*).[10] De repente, essas cadeias de blocos alteram densamente o modo de operacionalização de diversos instrumentos jurídicos, e a própria dogmática jurídica passa a ter problemas com o descompasso de sua capacidade de resposta.

2.1 Da *Lex Informatica* ao *Code*

Como se disse, a proposta de uma regulamentação geral para a internet surge com Reidenberg e seu modelo ideal, batizado de *Lex Informatica*. Segundo o próprio autor:

> A busca por regras tecnológicas que incorporem flexibilidade aos fluxos de informações maximiza as opções de políticas públicas; ao mesmo tempo, a capacidade de incorporar uma regra imutável na arquitetura do sistema permite a preservação de valores de ordem pública. Essas ferramentas podem diminuir vários problemas enfrentados pelas soluções legais tradicionais na regulamentação da sociedade da informação. No entanto, uma mudança no planejamento de políticas públicas deve ocorrer para que a *Lex Informatica* se desenvolva como uma fonte eficaz de regras de políticas de informação. As novas instituições e mecanismos não serão os da regulamentação tradicional do governo. Os formuladores de políticas devem começar a procurar na *Lex Informatica* a formulação eficaz de regras de políticas de informações.[11]

Agencies face "regulatory disruption". Many scholars and policymakers intuit that the appropriate response is for regulators to be cautious, not decisive".

[9] FALEIROS JÚNIOR, José Luiz de Moura; ROTH, Gabriela. Como a utilização do blockchain pode afetar institutos jurídicos tradicionais? *Atuação: Revista Jurídica do Ministério Público Catarinense*, Florianópolis, v. 14, n. 30, p. 29-59, jun./nov. 2019. p. 45.

[10] BARBOSA, Mafalda Miranda. Blockchain e responsabilidade civil: inquietações em torno de uma realidade nova. *Revista de Direito da Responsabilidade*, Coimbra, ano 1, v. 1, p. 206-244, jan. 2019. p. 210. Destaca: "O *blockchain* é, como o nome indica, uma lista de blocos (registos) que cresce continuamente. Estes blocos são registrados e ligados entre si através do uso da criptografia, viabilizando uma rede *peer-to-peer*, baseada numa tecnologia descentralizada. Dito de outro modo, o *blockchain* é uma tecnologia descentralizada (*distributed ledger*), na qual as transações são registadas anonimamente. O *blockchain* é, então, um livro de registos (*ledger*), no qual se inscreve anonimamente informação, que é multiplicada ao longo de um ambiente digital (*network*), que liga os computadores de todos os participantes (*nodes*), e é regularmente atualizada, de tal modo que cada um que participe nesse *network* pode confiar que partilha os mesmos dados que o *ledger*, sem necessidade de um terceiro centralizado a validar".

[11] REIDENBERG, Joel R. Lex Informatica: the formulation of information policy rules through technology. *Texas Law Review*, Austin, v. 76, n. 3, p. 553-584, 1998. p. 583, tradução livre. No original: "The pursuit of technological rules that embody flexibility for information flows maximizes public policy options; at the same time, the ability to embed an immutable rule in system architecture allows for the preservation of public-order values. These tools can lessen a number of problems that traditional legal solutions face in regulating the Information Society. Yet a shift in public policy planning must occur in order for Lex Informatica to develop as an effective source of information policy rules. The new institutions and mechanisms will not be those of traditional government

A internet permite a comunicação bidirecional, tornando o usuário final não apenas um destinatário passivo de informações, mas também um editor ativo. Ademais, torna possível a distribuição barata de qualquer tipo de conteúdo, tornando possível, assim, o acesso a informações e conhecimentos anteriormente inatingíveis. Por fim, permite a comunicação em tempo real. Como resultado, a internet tem o potencial de se tornar, para muitas pessoas, uma parte intrínseca da vida cotidiana. Por esse motivo, Frank La Rue, em seu relatório de 2011, defende que se tenha o mínimo possível de restrição de conteúdo e que o acesso à internet seja amplamente disponível e acessível a toda a população.[12]

A ideia de tornar o acesso à internet um direito fundamental é oportuna devido aos recentes desenvolvimentos no controle e na censura. Mais do que no passado recente, há uma necessidade crescente de se preservar e manter a própria natureza da *web*, na medida em que o seu sucesso está intimamente conectado à "abertura" de sua arquitetura, em particular à rede distribuída e aos formatos abertos.

Esta ideia essencial tangencia os quatro modais de regulação comportamental apontados por Lawrence Lessig em seu *Code*: (i) normas e ética, (ii) mercado, (iii) direito e (iv) arquitetura de *software*,[13] refletindo a imperatividade desse tipo de procedimento como política de governança para a garantia da integridade e da segurança do próprio ordenamento.

Sobre isso, Andrew Murray assinala o seguinte:

> Uma tentativa de estender o modelo tradicional de análise regulatória para o ciberespaço foi feita por Lawrence Lessig em sua monografia *Code, and Other Laws of Cyberspace*. Neste trabalho, Lessig procura identificar quatro "modalidades de regulamentação": (1) lei, (2) mercado, (3) arquitetura e (4) normas que podem ser usadas individual ou coletivamente, direta ou indiretamente, pelos reguladores. Cada modalidade, portanto, tem um papel a desempenhar na regulação de sua decisão. Lessig sugere que o verdadeiro quadro regulatório é aquele em que as quatro modalidades são consideradas juntas. Os reguladores projetarão modelos regulatórios híbridos, escolhendo a melhor combinação dos quatro para alcançar o resultado desejado.[14]

Ora, a internet foi projetada sem qualquer contemplação de fronteiras territoriais nacionais. Paralelamente, havia um conceito romântico de que a internet teria sido

---

regulation. Policymakers must begin to look to Lex Informatica to effectively formulate information policy rules".

12 LA RUE, Frank. Report of the Special Rapporteur on the promotion and protection of the right to freedom of opinion and expression. *Conselho de Direitos Humanos da Organização das Nações Unidas*, 6 maio 2011. p. 22. Disponível em: http://www2.ohchr.org/english/bodies/hrcouncil/docs/17session/A.HRC.17.27_en.pdf. Acesso em: 22 abr. 2020.

13 LESSIG, Lawrence. *Code, and other laws of cyberspace 2.0*. 2. ed. Nova York: Basic Books, 2006. p. 123.

14 MURRAY, Andrew. Conceptualising the post-regulatory (cyber)state. *In*: BROWNSWORD, Roger; YEUNG, Karen (Ed.). *Regulating technologies*: legal futures, regulatory frames and technological fixes. Oxford: Hart Publishing, 2008. p. 291-292, tradução livre. No original: "An attempt to extend the traditional model of regulatory analysis into Cyberspace was made by Lawrence Lessig in his monograph Code and Other Laws of Cyberspace. In this Lessig seeks to identify four 'modalities of regulation': (1) law, (2) market, (3) architecture, and (4) norms which may be used individually or collectively either directly or indirectly by regulators. Each modality thus has a role to play in regulating your decision. Lessig suggests that the true regulatory picture is one in which all four modalities are considered together. Regulators will design hybrid regulatory models choosing the best mix of the four to achieve the desired outcome".

concebida como um espaço igualitário e incontrolável de troca de informações.[15] Nada mais convidativo nesse contexto do que uma tecnologia divulgada e supostamente desenvolvida por um indivíduo ou grupo sem intuito de lucrar e com o potencial de desarticular quaisquer iniciativas de controle estatal já em seu nascedouro, algo que se coaduna com visões como a de Richard Stallman e de seu movimento em prol do *software* livre.[16]

A despeito das implicações disso e da complexidade que uma discussão quanto à autonomia do ciberespaço poderia trazer, importa saber que a gênese de todas as bases estruturais da tecnologia se discutirá adiante ainda é, por si mesma, muito nebulosa e desafiadora.

2.2 A tecnologia *blockchain* vista em perspectiva

A tecnologia *blockchain* se tornou a mais empolgante modalidade de tecnologia baseada em *ledgers* distribuídos no século XXI.[17] Esse conceito, embora aparentemente complexo, tem seu funcionamento baseado em nós (*nodes*) – aqui entendidos como terminais ou computadores – que trabalham de forma coordenada pela rede (no caso, a rede *blockchain*) para o atingimento de um resultado comum. Com mais detalhes, descreve Imran Bashir:

> Os sistemas distribuídos são um paradigma de computação em que dois ou mais nós trabalham entre si de maneira coordenada para obter um resultado comum. Ele é modelado de forma que os usuários finais o vejam como uma única plataforma lógica. Por exemplo, o mecanismo de pesquisa do Google é baseado em um grande sistema distribuído, mas, para um usuário, parece uma plataforma única e coerente. Um nó pode ser definido como um *player* individual em um sistema distribuído. Todos os nós são capazes de enviar e receber mensagens entre si. Os nós podem ser honestos, defeituosos ou maliciosos, e possuem memória e um processador. Um nó que exibe comportamento irracional também é conhecido como nó bizantino [...].[18]

Com isso, a implementação de contratos inteligentes se torna propícia, uma vez que, sendo tão descentralizada, a rede *blockchain* possui grande confiabilidade.[19] Para

---

[15] Pode-se citar, nesse contexto e a título exemplificativo, a Declaração de Independência do Ciberespaço, de 1996, proposta por John Perry Barlow, e que pode ser lida integralmente em: BARLOW, John Perry. *A Declaration of the Independence of Cyberspace*. Disponível em: https://eff.org/cyberspace-independence. Acesso em: 27 abr. 2020.

[16] STALLMAN, Richard M. Why software should not have owners. *In*: GAY, Joshua (Ed.). *Free software, free society*: selected essays of Richard M. Stallman. Boston: GNU Press, 2002. p. 47 *et seq*.

[17] ZETZSCHE, Dirk A.; BUCKLEY, Ross P.; ARNER, Douglas W. The distributed liability of distributed ledgers: legal risk of blockchain. *University of New South Wales Law Research Series*, Sydney, v. 17, n. 52, p. 1-49, ago. 2017. p. 2-4.

[18] BASHIR, Imran. *Mastering blockchain*: distributed ledger technology, decentralization, and smart contracts explained. Birmingham: Packt, 2018. p. 12, tradução livre. No original: "Distributed systems are a computing paradigm whereby two or more nodes work with each other in a coordinated fashion to achieve a common outcome. It is modeled in such a way that end users see it as a single logical platform. For example, Google's search engine is based on a large distributed system, but to a user, it looks like a single, coherent platform. A node can be defined as an individual player in a distributed system. All nodes are capable of sending and receiving messages to and from each other. Nodes can be honest, faulty, or malicious, and they have memory and a processor. A node that exhibits irrational behavior is also known as a Byzantine node [...]".

[19] SWAN, Melanie. *Blockchain*: blueprint for a new economy. Sebastopol: O'Reilly Media, 2015. p. 81 *et seq*.

entender melhor como isto ocorre, porém, algumas considerações mais detalhadas se fazem necessárias.

2.3 A rede *Ethereum* e sua relevância para os contratos inteligentes (*smart contracts*)

Os contratos inteligentes (*smart contracts*) foram primeiramente vislumbrados por Nick Szabo como uma espécie de "protocolo" executável a partir de computadores e com o potencial de executar automaticamente os termos de um contrato.[20] Naturalmente, este conceito evoluiu – especialmente após a publicação de Nakamoto – e passou a ser encarado com maior crítica pela doutrina especializada.

Segundo Max Raskin:

> Um contrato inteligente é um contrato cuja execução é automatizada. Essa execução automática geralmente é realizada por meio de um computador executando um código que traduz a prosa legal em um programa executável. Este programa tem controle sobre os objetos físicos ou digitais necessários para efetuar a execução. Exemplos: um carro com um programa instalado para impedir a ignição se os termos de um contrato de dívida não forem cumpridos ou um *software* bancário que transfira dinheiro automaticamente se determinadas condições forem atendidas. Um contrato inteligente não depende do Estado para execução, mas é uma maneira de as partes contratantes garantirem o desempenho.[21]

Uma simples leitura do conceito já é capaz de revelar o potencial que esta aplicação da tecnologia *blockchain* tem de mudar completamente os mercados financeiros e o sistema bancário – a despeito dos evidentes riscos de sua baixa testagem –,[22] mas há vantagens que vão além: até mesmo nas relações civis mais básicas, como relações locatícias, pequenos mútuos ou mesmo nos contratos de consumo, aplicações dessa tecnologia poderiam ser vislumbradas e novos riscos precisariam ser contingenciados.

Nesse ponto, pode-se afirmar que não seriam novas figuras jurídicas, a demandar uma nova teoria contratual; são, basicamente, os mesmos negócios jurídicos usualmente firmados com caneta e papel – ou mesmo instrumentalizados eletronicamente, por meio das assinaturas de criptografia assimétrica –,[23] mas que são operacionalizados a partir

---

20 SZABO, Nick. The idea of smart contracts. *Nick Szabo's Papers and Concise Tutorials*, 1997. Disponível em: http://www.fon.hum.uva.nl/rob/Courses/InformationInSpeech/CDROM/Literature/LOTwinterschool2006/szabo.best.vwh.net/index.html. Acesso em: 28 abr. 2020.

21 RASKIN, Max. The law and legality of smart contracts. *Georgetown Law Technology Review*, Washington, D.C., v. 304, n. 1, p. 305-341, 2017. p. 309-310, tradução livre. No original: "A smart contract is an agreement whose execution is automated. This automatic execution is often effected through a computer running code that has translated legal prose into an executable program. This program has control over the physical or digital objects needed to effect execution. Examples are a car that has aprogram installed to prevent ignition if the terms of a debt contract are not met or banking software that automatically transfers money if certain conditions are met. A smart contract does not rely on the state for enforcement, but is a way for contracting parties to ensure performance".

22 O'SHIELDS, Reggie. Smart contracts: legal agreements for the blockchain. *North Carolina Banking Institute Review*, Chapel Hill, v. 21, p. 177-194, 2017. p. 193. Anota: "Blockchain technology and smart contracts have the potential to transform financial markets and the business of banking. At this point, however, this technology is still developing and has not been widely tested in a regulated environment, which leaves open the possibility of unknown operational flaws and vulnerabilities".

23 MENKE, Fabiano. *Assinatura eletrônica no direito brasileiro*. São Paulo: Revista dos Tribunais, 2005. p. 30.

de nova ferramenta, seguindo metodologia própria, sistemática diversa das demais e que espera-se prescindir de intervenção do Judiciário para que sejam executados.

Já se comentou, na introdução, que há dúvidas sobre o próprio enquadramento jurídico do *bitcoin* (é moeda ou ativo?).[24] Contudo, no "universo" *blockchain* existem diversas outras estruturas de rede e outras espécies de criptomoedas, como *Cardano, Litecoin, Stellar, Peercoin, Nxt* e *Ethereum*. Esta última é a mais peculiar e importante para o estudo dos *smart contracts*, pois é a preferida dos usuários que desenvolvem sistemas e os implementam com vistas à execução automática propiciada pela rede.[25]

A rede *Ethereum* oferece uma estrutura muito mais completa para a modelagem baseada no conceito de *blockchain*, pois o supera ao agir como uma completa *virtual machine* de Turing.[26] Sua adequação aos *smart contracts* parte disso: trata-se de uma plataforma de infraestrutura subjacente fundamental capaz de executar tudo o que é inerente à rede *blockchains* e protocolos adicionais, funcionando como uma plataforma de desenvolvimento universal unificada. Cada nó (*node*) completo na rede *Ethereum* executa a *Ethereum Virtual Machine* para execução uniforme de um programa distribuído (é onde entram os contratos inteligentes). Por isso, a plataforma possui seu próprio ecossistema distribuído, que inclui a veiculação de arquivos, mensagens e comprovação de reputação.[27]

A conclusão que se extrai disso é a de que, para o direito, o cerne da discussão passa a permear uma dúvida crucial: o modo de funcionamento desses contratos inteligentes efetivamente confere validade ao negócio jurídico subjacente? Parece evidente que sim, como diz Rosenvald:

> A nosso viso, "smart contracts" claramente criam obrigações exigíveis, independentemente de seu código digital, ou das partes delegarem ao computador a performance em seu nome. Ilustrativamente, se houver um "bug" em um "smart contract" pelo qual uma parte se obrigara a transferir propriedade em troca de uma soma em dinheiro, o contratante continuará responsável pela transferência da coisa mesmo diante da falha do "software" (tal como ocorre quando colocamos a moeda/ficha na máquina em troca de uma mercadoria, sem que contudo haja a entrega por uma falha no equipamento). O fato de que o "Netflix"

---

24 Sobre o tema, consulte-se: LONGHI, João Victor Rozatti; FALEIROS JÚNIOR, José Luiz de Moura. Comentário à "Sentencia" nº 326/2019 do Tribunal Supremo da Espanha: o "bitcoin" e seu enquadramento como moeda. *Revista IBERC*, Belo Horizonte, v. 2, n. 2, p. 1-20, maio/ago. 2019.

25 MUKHOPADHYAY, Mayukh. *Ethereum smart contract development*: build blockchain-based decentralized applications using solidity. Birmingham: Packt, 2018. p. 45. O autor elucida: "An Ethereum blockchain acts as a decentralized application platform, which stores each state of a code while in execution (that is, during runtime) and creates a hash chain out of it. Again, take a moment to let this concept sink in. So, when we execute a code on an Ethereum blockchain, each and every state (S1, S2) of the executed code will merge with the roots R' and R'1 respectively and will be publicly visible. Any type of code glitches will be captured and stored on the public blockchain and will remain there for eternity. In the future, we could see all the previous states of all the codes that ever got executed on the Ethereum blockchain. An obvious question arises about how such blockchains can ever scale, with the exponential growth of runtime logs when many such codes will run across the world over the Ethereum platform".

26 Os estudos de Turing sobre o *Entscheidungsproblem* (dilema da tomada de decisão) foram publicados em um artigo, intitulado "On computable numbers, with an application to the Entscheidungsproblem", de 1937, no qual se demonstrou que uma "máquina computacional universal" (a *virtual machine*) seria capaz de realizar qualquer operação matemática concebível se fosse representável como um algoritmo. Ele passou a provar que não havia solução para o problema de decisão concernente à interrupção da atuação de uma máquina. Confira-se: TURING, Alan M. On computable numbers, with an application to the Entscheidungsproblem. *Proceedings of the London Mathematical Society*, Londres, v. 42, n. 1, p. 230-265, nov. 1936.

27 SWAN, Melanie. *Blockchain*: blueprint for a new economy. Sebastopol: O'Reilly Media, 2015. p. 21-26.

permita que os seus usuários se beneficiem do serviço de "streaming" em troca de um valor mensal e o "software" automaticamente suspenda o serviço em caso de inadimplemento, – independente de uma atuação humana – não é relevante para desidratar a natureza contratual da relação jurídica, tratando-se apenas de uma particularidade no plano da sua eficácia.[28]

A problemática é outra, e transcende a discussão em torno da concretização do vínculo obrigacional. Questões pairam sobre a forma como se opera essa exequibilidade forçada, e isso se abordará no tópico seguinte.

3 Exequibilidade baseada no código (*code-based enforcement*)

Se Reidenberg já sugeria a necessidade da regulação para o meio digital e Lessig apontava para os riscos de um "poder" advindo do controle da arquitetura dos sistemas utilizados para o implemento de soluções jurídicas na internet, não há dúvida alguma de que a cogitação de uma exequibilidade contratual baseada no código (*code-based enforcement*) suscitará problemas a serem solucionados pela ciência do direito.

Essa problemática já vem sendo enfrentada pela doutrina. Tim Wu tratou do assunto já em 2003,[29] ao passo que Primavera de Filippi e Aaron Wright, por exemplo, alertam mais recentemente para os riscos desse controle exercido pelo código, fazendo trocadilho com a expressão *rule of law* (que denominam *rule of code*), tão utilizada nos sistemas de tradição anglo-saxã.[30] Por sua vez, autores como Carlos Tur Faúndez[31] e Don e Alex Tapscott[32] apontam para a necessidade de que se prime pela natureza não tangencial das estruturas criadas por códigos com aquelas definidas pelas leis.

Do ponto de vista da teoria do negócio jurídico, parece não haver dúvidas de que as clássicas formulações podem permanecer inalteradas nesse cenário peculiar:

> Assim, cremos que os estandardizados "smart contracts" dispensam a formulação de um novo regramento ou uma nova categoria legal. Mantém a essência de negócio jurídico bilateral, sendo suficiente que os princípios vigentes sejam adaptados normativamente ou atualizados pela jurisprudência para o adequado tratamento das novas tecnologias, apesar do natural "gap" existente entre a sua introdução e os ajustes jurídicos necessários. A despeito de serem digitalmente expressos, cada "smart contract" é regulado pelas normas do Código civil e CDC, sendo os contratantes livres para buscar uma compensação de danos em casos em que o mal funcionamento do sistema propicie a execução de um acordo inválido, ou um acordo válido não possa ser executado. Isto significa que mesmo sendo caracterizados como uma forma revolucionária de implementação de negócios, os "smart contracts" não suplantaram a teoria geral dos contratos, da mesma forma que a técnica da adesão não destruiu a principiologia dos contratos negociados, mas apenas a adaptou às suas vicissitudes.[33]

---

28 ROSENVALD, Nelson. *A natureza jurídica dos smart contracts*. 2019. Disponível em: https://www.nelsonrosenvald.info/single-post/2019/09/11/a-natureza-jurídica-dos-smart-contracts. Acesso em: 30 abr. 2020.

29 WU, Tim. When code isn't law. *Virginia Law Review*, Charlottesville, v. 89, n. 4, p. 679-412, 2003. *Passim*.

30 DE FILIPPI, Primavera; WRIGHT, Aaron. *Blockchain and the law*: the rule of code. Cambridge: Harvard University Press, 2018. p. 74 *et seq*.

31 TUR FAÚNDEZ, Carlos. *Smart contracts*: análisis jurídico. Madri: Reus, 2018. p. 51-71.

32 TAPSCOTT, Don; TAPSCOTT, Alex. *Blockchain revolution*. Nova York: Penguin, 2016. p. 101-103.

33 ROSENVALD, Nelson. *A natureza jurídica dos smart contracts*. 2019. Disponível em: https://www.nelsonrosenvald.info/single-post/2019/09/11/a-natureza-jurídica-dos-smart-contracts. Acesso em: 30 abr. 2020.

A mudança, então, partiria da base estrutural pela qual seriam instrumentalizados e operacionalizados esses contratos inteligentes, que revelam não apenas problemas de adequação da jurisdição aplicável –[34] [35] tema que desafiará o direito internacional privado –, mas também questões relativas à formulação de uma regulação específica para a operacionalização da tecnologia *blockchain*.[36]

Segundo Vinícius Klein:

> Pode-se observar, portanto, que o debate diz respeito ao espaço virtual como um espaço mais regulado ou menos regulado ou anárquico do que o espaço físico. As políticas públicas defendidas pelos dois autores, por exemplo, quanto a compartilhamento de arquivos P2P (*peer-to-peer*) na rede, é diametralmente oposta. Enquanto Wu entende que os programas que facilitam a troca de arquivos musicais, por exemplo, são uma violação das normas legais, só possível no espaço virtual, Lessig entende que a proibição dessa prática por meio de arquivos protegidos é implantada pelo Código. Contudo, sob o ponto de vista teórico, existe um consenso relevante: a Internet e a proeminência do ambiente virtual impactam de forma significativa a maneira pela qual as normas jurídicas são capazes de regular o comportamento dos indivíduos. Trata-se de um dado que afasta o possível argumento de que o comércio eletrônico não traz mudanças qualitativas para o direito, mas apenas um novo espaço em que as normas jurídicas existentes são aplicadas da mesma forma que nos espaços físicos.
>
> Ainda, deve-se observar que a busca de mecanismos privados de solução de controvérsias e a construção de cláusulas contratuais passíveis de serem impostas sem a necessidade de intervenção do Poder Judiciário não é uma novidade para a teoria jurídica. No ambiente empresarial, em especial, os operadores do direito buscam, de forma cada vez mais direta, a construção de contratos em que os eventuais desentendimentos possam ser resolvidos sem que se recorra ao Poder Judiciário ou mesmo à arbitragem.[37]

Além disso, há uma série de perguntas sobre como os contratos inteligentes lidam tecnicamente com questões fundamentais para o direito contratual, mas que são difíceis de "instanciar" no código. Por exemplo, questões relacionadas à temporalidade (como erro mútuo na definição dos termos do contrato, ou até mesmo as condições de rescisão) ou padrões que se aplicam a contratos e contratados em geral, como a cláusula geral de boa-fé objetiva, que carrega em si intricações que um sistema matemático e objetivo não saberia interpretar e menos ainda aplicar ao caso concreto.[38]

Essas questões representam desafios importantes para a estrutura de contratos inteligentes e existem alguns esforços existentes para abordá-las técnica e legalmente: no principado de Mônaco, por exemplo, foi recentemente aprovada uma lei que funciona

---

[34] ASENSIO, Pedro de Miguel. *Conflict of laws and the Internet*. Cheltenham/Northampton: Edward Elgar, 2020. E-book. pos. 6.63.

[35] RASKIN, Max. The law and legality of smart contracts. *Georgetown Law Technology Review*, Washington, D.C., v. 304, n. 1, p. 305-341, 2017. p. 340.

[36] GUGGENBERGER, Nikolas. The potential of blockchain technology for the conclusion of contracts. *In*: SCHULZE, Reiner; STAUDENMAYER, Dirk; LOHSSE, Sebastian (Ed.). *Contracts for the supply of digital content*: regulatory challenges and gaps. Baden-Baden: Nomos, 2017. p. 94-96.

[37] KLEIN, Vinícius. As contratações eletrônicas interempresariais e o princípio da boa-fé objetiva: o caso do EDI. *In*: MARTINS, Guilherme Magalhães; LONGHI, João Victor Rozatti (Coord.). *Direito digital*: direito privado e internet. 3. ed. Indaiatuba: Foco, 2020. p. 554-555.

[38] LEVY, Karen E. C. Book-smart, not street-smart: blockchain-based smart contracts and the social workings of law. *Engaging Science, Technology, and Society*, Boston, v. 3, p. 1-15, 2017. p. 3-4.

como um marco normativo dos *smart contracts* e os define como atos jurídicos, nos seguintes termos: "constituent des actes juridiques et produisent des effets de droit"; ademais, a normativa prevê que "l'inscription d'un acte juridique dans une blockchain (chaine de blocs) est présumée constituer une copie fidèle, opposable et durable de l'original, portant une date certaine".[39] Este último trecho – mais assertivo – trata da presunção de que o registro de um ato jurídico em uma rede *blockchain* constitui, por força da norma, uma cópia fiel, aplicável e durável do original, com uma data certa.

A França caminha em sentido parecido, tendo editado legislação específica para tratar de *blockchain* (a norma foi batizada de *Plan d'Action pour la Croissance et la Transformation des Entreprises*), embora voltada mais especificamente ao mercado (e aos respectivos contratos) financeiros.[40] Nos Estados Unidos da América, por sua vez, alguns estados editaram legislações sobre o tema. É o caso do Arizona, que aprovou uma norma que confere validade jurídica a uma assinatura eletrônica inserida em documento vertido à rede *blockchain*,[41] e da Flórida, que definiu lei parecida, prevendo até mesmo que "[...] may not be denied legal effect, validity or enforceability solely because that contract contains a smart contract term",[42] ou seja, por força de lei, não se pode negar o *enforcement* a um contrato pelo simples fato de conter a designação de *smart contract*. Há outras iniciativas em discussão em diversos outros países.[43]

Fato é que se nota um esforço regulatório global que procura se ater às particularidades regionais que podem ser melhor atendidas por um controle jurídico das aplicações técnicas pertinentes a partir da tecnologia *blockchain*. Há percalços, como se viu, pois, ainda que não seja necessário reinventar a teoria dos contratos ou definir nova espécie normativa para contemplar os *smart contracts* como modelos contratuais "modernos ou pós-modernos",[44] sua execução é problemática, ainda que cogitada a partir de uma plataforma mais completa como a *Ethereum*.[45]

4 Periclitâncias e aporias

A implementação de contratos inteligentes é um desafio único. Sem dúvidas, ao se deixar de lado o entusiasmo pelos possíveis usos dessa tecnologia, nota-se que a

---

39 MÔNACO. Conseil National. *Texte Consolidé de la Loi Relative à la Blockchain*. 14 dez. 2017. Disponível em: http://www.conseil-national.mc/index.php/textes-et-lois/propositions-de-loi/item/600-237-proposition-de-loi-relative-a-la-blockchain. Acesso em: 30 abr. 2020.

40 FRANÇA. *Loi du 22 mai 2019*. Plan d'Action pour la Croissance et la Transformation des Entreprises. Disponível em: https://www.editions-legislatives.fr/loi-pacte-principales-mesures-pour-entreprises. Acesso em: 30 abr. 2020.

41 ARIZONA. Arizona State Legislature. *Bill HB 2417/2017; Provision 44-7061-A*. Disponível em: https://legiscan.com/AZ/text/HB2417/id/1497439. Acesso em: 30 abr. 2020.

42 FLÓRIDA. Florida Legislature. *Bill H 1357/2018*. Disponível em: https://legiscan.com/FL/text/H1357/2018. Acesso em: 30 abr. 2020.

43 BLEMUS, Stéphane. Law and blockchain: a legal perspective on regulatory trends worldwide. *Revue Trimestrielle de Droit Financier*, Paris, v. 4, p. 1-15, dez. 2017. p. 11.

44 O alerta de Lorenzetti é categórico: "Actualmente han surgido nuevas modalidades de contratación, para cuya designación se utilizan las expresiones contratos 'modernos' o 'posmodernos'. Ambos términos pertenecen a la sociología y la filosofía, y son sumamente ambiguos y polisémicos, ya que existen cientos de definiciones tanto sobre lo moderno como lo posmoderno. Por la razón apuntada, prescindiremos de esa terminología para referirnos al impacto del fenómeno sobre la técnica jurídica, y, en especial, sobre la tipicidad" (LORENZETTI, Ricardo Luis. *Tratado de los contratos*. Santa Fe: Rubinzal-Culzoni, 1999. t. I. p. 17).

45 ANTONOPOULOS, Andreas M.; WOOD, Gavin. *Mastering Ethereum*: building smart contracts and D'Apps. Sebastopol: O'Reilly Media, 2019. *Passim*.

segurança jurídica esbarra em situações peculiares e que não possuem resposta singela para o equacionamento do ponto central dessas periclitâncias e aporias: a ausência do elemento humano.

Resumindo tudo o que se disse anteriormente, os *smart contracts* apresentam quatro características preponderantes: (i) são executáveis automaticamente; (ii) garantem o *enforcement*; (iii) possuem identidade semântica quanto à linguagem de programação aplicada; (iv) são considerados seguros e confiáveis.[46] Isso significa que particularidades interpretativas seriam deixadas de lado na leitura sincrética e objetivista realizada por um algoritmo – e não por um ser humano –, abrindo margem a enviesamentos.

Nos dizeres de Karen Levy, "smart contracts are not so smart", uma vez que a complexidade das relações humanas pode apresentar desafios – especialmente no momento do *enforcement* – que apenas a ponderação e a razoabilidade poderiam conceber. A autora lista, então, três comportamentos corriqueiros que seriam capazes de enviesar as relações contratuais:

> a. Redigir ou ceder a termos que não pretendemos executar (*writing or acceding to unenforceable terms*): nesta situação, são definidas expectativas quanto a comportamentos futuros, inclusive fora do âmbito estrito do contrato, como desdobramento da boa-fé objetiva;
> b. Redigir ou ceder a termos muito vagos (*writing or acceding to purposefully vague terms*): esta prática cria uma camada mais flexível para alinhamentos posteriores, especialmente nas relações de trato sucessivo e nos contratos relacionais;
> c. Opção deliberada pela não execução de termos que são executáveis (*willful nonenforcement of enforceable terms*): além da mera liberalidade que indica, permite um recurso estratégico de negociação para que se opere fora do Judiciário.[47]

De fato, é simples imaginar a viabilidade do *enforcement* automático de um contrato eletrônico de consumo ou mesmo de um contrato interempresarial (no exemplo citado por Klein), em que um serviço digital (*streaming* de vídeos ou músicas, acesso a nuvens de armazenamento ou funções adicionais de versões pagas de *software*) deixa de ser viabilizado ao usuário em razão, por exemplo, de inadimplemento contraprestacional.

Aqui não se está a tratar disso, contudo, mas de contratos de natureza civil (ou mesmo de consumo) cujas particularidades dependem do processamento de complexas fórmulas por meio de *blockchain*. Os percalços são outros, muito mais complexos e imprevisíveis, uma vez que sua adequada execução dependerá de que as partes tenham antevisto seus resultados e, deles cientes, tenham se valido de profissionais muito capacitados para traduzir a usual semântica jurídica em adequada linguagem de programação.

Nesse contexto, os *smart contracts* apresentarão uma dimensão adicional quando o controle for exercido a distância pelo fornecedor que detém a ciência do inadimplemento

---

[46] BASHIR, Imran. *Mastering blockchain*: distributed ledger technology, decentralization, and smart contracts explained. Birmingham: Packt, 2018. p. 265. O autor ainda acrescenta: "The first two properties are required as a minimum, whereas the latter two may not be required or implementable in some scenarios and can be relaxed. For example, a financial derivatives contract does not perhaps need to be semantically sound and unstoppable but should at least be automatically executable and enforceable at a fundamental level. On the other hand, a title deed needs to be semantically sound and complete, therefore, for it to be implemented as a smart contract, the language must be understood by both computers and people".

[47] LEVY, Karen E. C. Book-smart, not street-smart: blockchain-based smart contracts and the social workings of law. *Engaging Science, Technology, and Society*, Boston, v. 3, p. 1-15, 2017. p. 5-6, com adaptações.

(como no exemplo dos serviços de *streaming* ou de armazenamento em nuvem que não se valem necessariamente da *blockchain*): se estará a trabalhar com o tratamento de dados pessoais. Para Jonathan Zittrain, essas operações de controle e ativação de gatilhos a distância (*tethered operations*) seriam como maçanetas, ativáveis a partir do implemento de condições preconcebidas que dependem de dados e que são acionadas fora do dispositivo que o usuário utiliza para se valer da prestação do serviço.[48]

Frise-se: nos contratos de consumo, a dinâmica independe da rede *blockchain*, de modo que a operacionalização se torna mais simplificada e pode ser monopolizada unilateralmente pelo fornecedor, em sistemas internos. Porém, na rede *blockchain*, não se tem tal secretismo e, por envolverem o tratamento de dados, demandarão sincronia com as normas de proteção desse direito fundamental. Na Europa, onde já entrou em efeito o Regulamento Geral de Proteção de Dados (Diretiva 2016/679), já se defende a imperatividade do *compliance* para regeras vicissitudes dessas situações específicas.[49]

Como diz Karen Levy:

> Os contratos são ferramentas profundamente sociais e legais. Traçamos três práticas de contratação que revelam parte de sua complexidade social [redigir ou ceder a termos que não pretendemos executar; redigir ou ceder a termos muito vagos; opção deliberada pela não execução de termos que são executáveis] e lançam luz sobre alguns dos mecanismos pelos quais os contratos realmente "funcionam". Juntas, essas três práticas (que estão, é claro, longe de serem exaustivas) demonstram como os contratos operam como recursos sociais, por meio dos quais as pessoas gerenciam seus relacionamentos e dentro das quais obrigações legais e expectativas sociais são intricadamente entrelaçadas e mutuamente constitutivas. Quais são as implicações para contratos baseados em *blockchain*? Afirmo que contratos "inteligentes" não levam em conta as complexidades sociais da contratação; de fato, eles não foram projetados para isso. Podemos pensar em contratos inteligentes como inteligentes em termos de livros, e não em termos de rua: embora possam facilitar a implementação tecnicamente perfeita e sem percalços de contratos e reduzir os custos de transação, eles não conseguem entender ou integrar o mundo social.[50]

Essa falta do elemento humano é, certamente, o grande "ponto fraco" dos *smart contracts*, mas há outras questões a se considerar.

---

48 ZITTRAIN, Jonathan. Perfect enforcement on tomorrow's Internet. *In*: BROWNSWORD, Roger; YEUNG, Karen (Ed.). *Regulating technologies*: legal futures, regulatory frames and technological fixes. Oxford: Hart Publishing, 2008. p. 131.

49 CORRALES, Marcelo; JURČYS, Paulius; KOUSIOURIS, George. Smart contracts and smart disclosure: coding a GDPR compliance framework. *In*: CORRALES, Marcelo; FENWICK, Mark; HAAPIO, Helena (Ed.). *Legal tech, smart contracts and blockchain*. Cham: Springer, 2019. p. 189 *et seq*.

50 LEVY, Karen E. C. Book-smart, not street-smart: blockchain-based smart contracts and the social workings of law. *Engaging Science, Technology, and Society*, Boston, v. 3, p. 1-15, 2017. p. 10, tradução livre. No original: "Contracts are deeply social tools as well as legal ones. We have traced three contracting practices that reveal some of their social complexity [writing or acceding to unenforceable terms; writing or acceding to purposefully vague terms; willful nonenforcement of enforceable terms] and shed light on some of the mechanisms through which contracts actually 'work'. Together, these three practices (which are, of course, far from exhaustive) demonstrate how contracts operate as social resources, through and against which people manage their relationships, and within which legal obligations and social expectations are intricately interwoven and mutually constitutive. What are the implications for blockchain-based contracts? I assert that 'smart' contracts fail to take the social complexities of contracting into account; indeed, they are not designed to. We might think of smart contracts as book-smart, not street-smart: while they may facilitate technically perfect and seamless implementation of agreements, and lower transaction costs, they fail to understand or integrate the social world".

4.1 *Smart contracts* e contratos relacionais

Salientou-se anteriormente, na linha do que anota Karen Levy, que é comum a utilização de terminologia vaga e imprecisa nos contratos. Isso ocorre até mesmo para que as partes façam a integração futura, adaptando seus entendimentos de acordo com a evolução da situação fática. Porém, isso faz surgir um grande empecilho à sua operacionalização em *blockchain*, o que torna os contratos relacionais péssimos modelos para a utilização de estruturas autoexecutáveis.

Os contratos relacionais foram originalmente propugnados por Ian MacNeil,[51] nos Estados Unidos da América, e a teoria foi bem aceita no ordenamento brasileiro a partir dos escritos de Ronaldo Porto Macedo Júnior.[52] Basicamente, "a teoria relacional representa um avanço significativo tanto na descrição de especificidades dos contratos de longo prazo quanto na normatização específica dos mesmos",[53] e, exatamente por serem mais abertos às intercorrências do futuro, permitem a intervenção judicial para que princípios e cláusulas gerais lhe preencham a eventual vagueza semântica:

> Nos contratos relacionais, a primeira alternativa diante da superveniência é a da renegociação; frustrada, cabe a revisão das cláusulas pelo juiz ou pelo árbitro. No nosso sistema (fundado no Código Civil de 2002 e na Constituição de 1988), não há dúvida sobre a possibilidade dessa revisão, pois lisamente se reconhece a legitimidade da intervenção judicial para a aplicação dos princípios e utilização das cláusulas gerais a fim de assegurar a realização da justiça contratual, da função social do contrato e da boa-fé.[54]

Imagine-se esse cenário, agora, em contratos "matemáticos", que devem ser inseridos em uma rede irretocável e de forma prévia, que anteveja resultados prováveis, faça um mapeamento de seus efeitos e lhes confira solução autoexecutável a partir de algoritmos, sem qualquer margem ao preenchimento por princípios e cláusulas gerais...

O intuito dos contratos relacionais é a consolidação da fidúcia, lastreada na cooperação entre as partes contratantes.[55] Este propósito definitivamente não se coaduna com a finalidade de um *smart contract*, sendo modelos fatalmente suscetíveis a abusos e incongruências pela inevitável vagueza de muitas de suas disposições.

4.2 Os custos da inflexibilidade

Outro ponto a se considerar diz respeito ao que Jeremy Sklaroff chama de "custos da inflexibilidade": os valores que se teria que considerar na definição dos termos

---

[51] MACNEIL, Ian R. Relational contract theory: challenges and queries. *Northwestern University School of Law Review*, Chicago, v. 94, n. 3, p. 877-908, 2000. p. 897. Comenta: "Relational contracts, by contrast, give rise to an intensification in exchange relations of several other common contract behaviors, and hence to their norms. Primary among these are (1) role integrity, (2) contractual solidarity, and (3) harmonization with the social matrix, especially the internal social matrix".

[52] MACEDO JÚNIOR, Ronaldo Porto. *Contratos relacionais e defesa do consumidor*. São Paulo: Max Limonad, 1988. p. 152.

[53] KLEIN, Vinícius. *Os contratos empresariais de longo prazo*: uma análise a partir da argumentação judicial. Rio de Janeiro: Lumen Juris, 2015. p. 122.

[54] AGUIAR JÚNIOR, Ruy Rosado de. Contratos relacionais, existenciais e de lucro. *Revista Trimestral de Direito Civil*, Rio de Janeiro, ano 12, v. 45, p. 91-110, jan./mar. 2011. p. 99.

[55] GORDON, Robert W. Macaulay, MacNeil, and the discovery of solidarity and power in contract law. *Wisconsin Law Review*, Madison, v. 3, p. 565-579, 1985. p. 569.

de um contrato a se considerar todo o enviesamento de um contrato inteligente que não consiga oferecer a flexibilidade semântica necessária, ou para as hipóteses em que contratantes leigos em relação ao uso da linguagem de programação (código) seriam colocados em situação de vulnerabilidade e assimetria contratual:

> Não existe tecnologia contratual que se adapte a todas as transações possíveis. Em vez disso, as empresas combinam mecanismos formais de governança com modificações informais, criando relações comerciais que podem suportar as pressões únicas que os negócios e o setor enfrentam. Os contratos inteligentes oferecerão melhorias significativas na contratação sob certas condições – por exemplo, onde há pouca incerteza ou onde o monitoramento de desempenho seria especialmente caro. Talvez as empresas implementem contratos inteligentes em certas áreas de seus negócios ou gerenciem uma categoria definida de transações de rotina. Mas, sabemos hoje que as empresas consideram a flexibilidade contratual uma questão estratégica crucial. Contratos inteligentes que não oferecem flexibilidade semântica e de imposição serão úteis em um conjunto muito limitado de circunstâncias. Os impactos vão além dos custos de transação. Termos contratuais fraudulentos e injustos, tradicionalmente policiados pelos tribunais, provavelmente proliferariam à medida que "as partes que entendem de código" se aproveitam do "ingênuo em relação ao código". Os adjudicadores descentralizados de *blockchain* seriam incapazes de criar eficientemente doutrina em torno de tais perguntas intensivas em fatos. E embora alguns defensores tenham imaginado contratos inteligentes com funções especiais de intervenção para os tribunais tradicionais, eles presumem que os juízes tradicionais interpretarão contratos inteligentes usando a doutrina tradicional dos contratos. O código falha em conter a riqueza interpretativa transmitida pela linguagem semântica e, portanto, os tribunais intervenientes seriam forçados, essencialmente, a reconstruir contratos inteiros do zero. Provavelmente, isso é intolerável para as partes que entendem de código e que não usam código em um contrato inteligente.[56]

Ainda que se tenha a responsabilidade civil como opção para o controle *a posteriori* de eventuais danos,[57] a intervenção do Judiciário para corrigir as situações de assimetria contratual são trazidas pela lei, mas, efetivamente, a vantajosidade econômica que um contrato operacionalizado pela rede *blockchain* poderia trazer tende a se esvair ante todos esses outros riscos (e custos) que devem ser contabilizados, inclusive para que – não sendo factível ao Judiciário intervir em todos os contratos inteligentes – se recorra a meios alternativos para a solução de eventuais controvérsias.[58] Isto, além de todas as disparidades técnico-informacionais envolvidas, poderia levar à desordem social.[59]

---

56 SKLAROFF, Jeremy M. Smart contracts and the cost of inflexibility. *University of Pennsylvania Law Review*, Filadélfia, v. 166, p. 263-303, 2017. p. 302-303.

57 Sobre o tema, confira-se: HENDERSON, Michael Scott. Applying tort law to fabricated digital content. *Utah Law Review*, Salt Lake City, v. 5, p. 1145-1168, dez. 2018.

58 KLEIN, Vinícius. As contratações eletrônicas interempresariais e o princípio da boa-fé objetiva: o caso do EDI. *In*: MARTINS, Guilherme Magalhães; LONGHI, João Victor Rozatti (Coord.). *Direito digital*: direito privado e internet. 3. ed. Indaiatuba: Foco, 2020. p. 563. Comenta: "O ambiente virtual é caracterizado pela despersonalização, ou seja, pela dificuldade de identificação dos participantes. Ainda, como trata-se de um ambiente artificialmente criado, ganha importância a chamada regulação pela arquitetura, em especial pelo código. Essa regulação pelo código permite de forma mais efetiva e intensa do que no ambiente físico uma imposição privada de sanções e uma fuga do Poder Judiciário".

59 HERIAN, Robert. *Regulating blockchain*: critical perspectives in law and technology. Londres: Routledge, 2019. p. 165. Anota: "Machine-to-machine transactions take 'acting in the subject's stead' by technology to new levels of actualisation by facilitating, beyond standard blockchain peer-to peer networks, greater passivity on the part of the subject. The subject who believes, once and for all, they have managed to abdicate all tawdry responsibility

4.3 Os riscos da tecnocracia

Por derradeiro, não se pode desconsiderar a problemática concernente à tecnocracia[60] que seria gerada pela propagação descontrolada de contratos inteligentes dependentes da *blockchain*.

A tecnociência contemporânea, dotada de inegável capacidade de ação, juntamente com a proximidade com contextos gerenciais, a incorporação das atitudes e demandas de não especialistas e a presença ativa da comunidade de pesquisa na arena pública, prejudica a distinção tradicional entre conhecimento e poder. A mesma distinção é frequentemente enfatizada numa oposição enganosa segundo a qual o conhecimento só pode se desenvolver fora das injunções de poder, sendo colocada nos termos de uma escolha antitética e de soma zero entre conhecimento ("liberdade de pesquisa"), por um lado, e poder (restrições regulatórias), por outro.[61] Se os contratos inteligentes vierem a ser processados unicamente por algoritmos, estes deverão ser alimentados por critérios e parâmetros que sejam aptos a equacionar, minimamente, o enviesamento que uma decisão puramente matemática poderia causar por se distanciar de princípios e cláusulas gerais.

A ideia de uma regência das relações humanas por algum tipo de inteligência artificial é empolgante, mas arriscada. E, como se não bastasse, corre-se o risco de que seja criada uma nova espécie de dependência quanto aos técnicos – aqueles que deterão o saber necessário à configuração e à implementação dessas tecnologias – fazendo surgir relações de poder indesejadas.

Segundo Yuval Noah Harari:

> [...] o surgimento da inteligência artificial pode expulsar muitos humanos do mercado de trabalho – inclusive motoristas e guardas de trânsito (quando humanos arruaceiros forem substituídos por algoritmos, guardas de trânsito serão supérfluos). No entanto, poderá haver algumas novas aberturas para os filósofos; haverá subitamente grande demanda por suas qualificações – até agora destituídas de quase todo valor de mercado. Assim, se você quer estudar algo que lhe assegure um bom emprego no futuro, talvez a filosofia não seja uma aposta tão ruim.[62]

A questão, no entanto, é mais complexa do que pode parecer em uma leitura precipitada, e demanda uma compreensão racional dos impactos da inovação sobre as

---

for trusting others to the economic configuring of the machine, and have therefore 'solved' the 'problem' of having to be political and, above all, of having to do politics. This is technological fetishism and blockchain fetishism in particular covering over a fundamental lack in the social order".

[60] Nos dizeres de Raymundo Faoro: "Dos precursores da tecnocracia deriva a teoria tecnocrática, fundamentalmente calcada na crítica ao liberalismo capitalista, crítica que parte de seu pressuposto básico – a racionalização da vida – e dos apregoados defeitos e imperfeições da economia de mercado. Na verdade, a suposta anarquia do mercado decorre de sua expressão irracional, de modo que tudo se reduz, em última instância, a situar no íntimo do problema as conseqüências do controle da inteligência sobre todas as atividades. Porque a técnica realiza essa necessária racionalização, enseja transformações profundas e qualitativas nas relações de poder" (FAORO, Raymundo. Tecnocracia e política. *Revista de Ciência Política*, Rio de Janeiro, v. 7, n. 3, p. 149-163, jul./set. 1973. p. 152).

[61] BUCCHI, Massimiano. *Beyond technocracy*: science, politics and citizens. Tradução do italiano para o inglês de Adrian Belton. Nova York: Springer Science+Business Media, 2009. p. 82.

[62] HARARI, Yuval Noah. *21 lições para o século 21*. Tradução de Paulo Geiger. São Paulo: Cia. das Letras, 2018. p. 88.

rotinas cognitivas que um exercício jusfilosófico exige.[63] Isso implica considerar que a dependência da técnica não será uma constante, assim como seu descarte não pode ser o único caminho viável no afã de se conciliar técnica e ponderação ética.

Se a tecnocracia deve ser evitada para que não se abandone por completo o exercício da ponderação, novos parâmetros devem ser estruturados em torno de propostas que transfiram ao Estado a tarefa de organizar rotinas e tarefas administrativas em torno desse novo modelo de atuação, que deve ir além da mera oferta de explicações ou acesso a dados.[64] Se o afastamento do Judiciário no trato de questões de exequibilidade contratual é o melhor caminho, somente o tempo dirá, mas sendo o avanço informacional realmente inevitável, não há dúvidas de que seus bons resultados deverão ser apropriadamente analisados e catalogados para que se colham os melhores frutos de sua aplicação prática sem que o fervor em torno da inovação conduza a precipitações imprudentes.

5 Considerações finais

A par de tudo o que se considerou neste brevíssimo ensaio, é essencial reiterar que o descompasso entre inovação e regulação continuará a nortear boa parte da problemática que se enfrenta na sociedade da informação. O caso específico da tecnologia *blockchain*, sobre a qual se desenha o melhor percurso para a alocação da figura dos contratos inteligentes (*smart contracts*) antecipadamente sugeridos por Szabo, é um dos mais empolgantes exemplos de como novidades tecnológicas têm o poder de abalar institutos tradicionais do direito.

Não se pode dizer que os contratos inteligentes inauguram uma nova modalidade temática dentro da disciplina jurídica contratual, pois sua execução – e não a teoria do negócio jurídico – é que sofre os impactos diretos dessa nova figura. Porém, nem sempre será viável sua utilização, uma vez que percalços e periclitâncias orbitam sua efetivação.

Nestas breves linhas, chamou-se a atenção para os perigos da formulação de modalidades autoexecutáveis de contratos, implementáveis por algoritmos matematicamente programados para tomar decisões objetivamente, sem qualquer margem de flexibilidade para a utilização de bases principiológicas (como a justiça contratual) ou cláusulas gerais (como a boa-fé objetiva).

Mais do que o enviesamento produzido por essas situações, anotaram-se três grandes riscos desse modo de se proceder: (i) há grandes perigos para os contratos relacionais, baseados na cooperação entre os contratantes e no propósito de se desenvolver a fidúcia a partir de cláusulas mais vagas e flexíveis que preencham integração

---

[63] IHDE, Don. *Bodies in technology*. Minneapolis: University of Minnesota Press, 2002. p. 104. Explica: "The antinomy can be stated simply: if philosophers are to take any normative role concerning new technologies, they will find, from within the structure of technologies as such and compound historically by unexpected uses and unintended consequences, that technologies virtually always exceed or veer away from intended design. How, then, can any normative or prognostic role be possible? [...] Of course, the objections in turn imply the continuance of a status quo among the technocrats, who remain free to develop anything whatsoever and free from reflective considerations".

[64] Sobre o tema, confira-se: FERRARI, Isabela; BECKER, Daniel. O direito à explicação sobre decisões automatizadas: uma análise comparada entre a União Europeia e o Brasil. *Revista de Direito e as Novas Tecnologias*, São Paulo, v. 1, n. 4, out./dez. 2018.

posterior; (ii) anotou-se a preocupação com os "custos da inflexibilidade", que podem acabar se equiparando ou até se sobrepondo às vantagens econômicas que os *smart contracts* oferecem; (iii) comentou-se sobre os perigos da tecnocracia – a dependência criada quanto aos técnicos que detêm o conhecimento necessário à utilização desses sistemas – e, muito brevemente, ponderou-se a necessidade de contemplação desses perigos.

Sem dúvidas, a empolgação trazida a lume pelos contratos inteligentes gera fascínio e coloca em xeque institutos jurídicos tradicionais. Entretanto, o momento exige temperança e cautela para que esta empolgação não se traduza em precipitações e eventuais injustiças ou violações a institutos tão duramente conquistados.

Referências

AGUIAR JÚNIOR, Ruy Rosado de. Contratos relacionais, existenciais e de lucro. *Revista Trimestral de Direito Civil*, Rio de Janeiro, ano 12, v. 45, p. 91-110, jan./mar. 2011.

ANTONOPOULOS, Andreas M.; WOOD, Gavin. *Mastering Ethereum*: building smart contracts and D'Apps. Sebastopol: O'Reilly Media, 2019.

ARIZONA. Arizona State Legislature. *Bill HB 2417/2017; Provision 44-7061-A*. Disponível em: https://legiscan.com/AZ/text/HB2417/id/1497439. Acesso em: 30 abr. 2020.

ASENSIO, Pedro de Miguel. *Conflict of laws and the Internet*. Cheltenham/Northampton: Edward Elgar, 2020. E-book.

BAPTISTA, Patrícia; KELLER, Clara Iglesias. Por que, quando e como regular as novas tecnologias? Os desafios trazidos pelas inovações disruptivas. *Revista de Direito Administrativo*, Rio de Janeiro, v. 273, n. 3, p. 123-163, set./dez. 2016.

BARBOSA, Mafalda Miranda. Blockchain e responsabilidade civil: inquietações em torno de uma realidade nova. *Revista de Direito da Responsabilidade*, Coimbra, ano 1, v. 1, p. 206-244, jan. 2019.

BARLOW, John Perry. *A Declaration of the Independence of Cyberspace*. Disponível em: https://eff.org/cyberspace-independence. Acesso em: 27 abr. 2020.

BASHIR, Imran. *Mastering blockchain*: distributed ledger technology, decentralization, and smart contracts explained. Birmingham: Packt, 2018.

BLEMUS, Stéphane. Law and blockchain: a legal perspective on regulatory trends worldwide. *Revue Trimestrielle de Droit Financier*, Paris, v. 4, p. 1-15, dez. 2017.

BUCCHI, Massimiano. *Beyond technocracy*: science, politics and citizens. Tradução do italiano para o inglês de Adrian Belton. Nova York: Springer Science+Business Media, 2009.

CORRALES, Marcelo; JURČYS, Paulius; KOUSIOURIS, George. Smart contracts and smart disclosure: coding a GDPR compliance framework. *In*: CORRALES, Marcelo; FENWICK, Mark; HAAPIO, Helena (Ed.). *Legal tech, smart contracts and blockchain*. Cham: Springer, 2019.

CORTEZ, Nathan. Regulating disruptive innovation. *Berkeley Technology Law Journal*, Berkeley, n. 29, p. 175-228, 2014.

DE FILIPPI, Primavera; WRIGHT, Aaron. *Blockchain and the law*: the rule of code. Cambridge: Harvard University Press, 2018.

FALEIROS JÚNIOR, José Luiz de Moura; ROTH, Gabriela. Como a utilização do blockchain pode afetar institutos jurídicos tradicionais? *Atuação: Revista Jurídica do Ministério Público Catarinense*, Florianópolis, v. 14, n. 30, p. 29-59, jun./nov. 2019.

FAORO, Raymundo. Tecnocracia e política. *Revista de Ciência Política*, Rio de Janeiro, v. 7, n. 3, p. 149-163, jul./set. 1973.

FERRARI, Isabela; BECKER, Daniel. O direito à explicação sobre decisões automatizadas: uma análise comparada entre a União Europeia e o Brasil. *Revista de Direito e as Novas Tecnologias*, São Paulo, v. 1, n. 4, out./dez. 2018.

FLÓRIDA. Florida Legislature. *Bill H 1357/2018*. Disponível em: https://legiscan.com/FL/text/H1357/2018. Acesso em: 30 abr. 2020.

FRANÇA. *Loi du 22 mai 2019*. Plan d'Action pour la Croissance et la Transformation des Entreprises. Disponível em: https://www.editions-legislatives.fr/loi-pacte-principales-mesures-pour-entreprises. Acesso em: 30 abr. 2020.

GORDON, Robert W. Macaulay, MacNeil, and the discovery of solidarity and power in contract law. *Wisconsin Law Review*, Madison, v. 3, p. 565-579, 1985.

GUGGENBERGER, Nikolas. The potential of blockchain technology for the conclusion of contracts. *In*: SCHULZE, Reiner; STAUDENMAYER, Dirk; LOHSSE, Sebastian (Ed.). *Contracts for the supply of digital content*: regulatory challenges and gaps. Baden-Baden: Nomos, 2017.

HARARI, Yuval Noah. *21 lições para o século 21*. Tradução de Paulo Geiger. São Paulo: Cia. das Letras, 2018.

HARTMANN, Fabiano. Digitalização e armazenamento eletrônico: a Lei da Liberdade Econômica no viés dos impactos da tecnologia e inovação na atividade econômica. *In*: MARQUES NETO, Floriano de Azevedo; RODRIGUES JÚNIOR, Otávio Luiz; LEONARDO, Rodrigo Xavier (Coord.). *Comentários à Lei da Liberdade Econômica (Lei 13.874/2019)*. São Paulo: Thomson Reuters Brasil, 2019.

HENDERSON, Michael Scott. Applying tort law to fabricated digital content. *Utah Law Review*, Salt Lake City, v. 5, p. 1145-1168, dez. 2018.

HERIAN, Robert. *Regulating blockchain*: critical perspectives in law and technology. Londres: Routledge, 2019.

IHDE, Don. *Bodies in technology*. Minneapolis: University of Minnesota Press, 2002.

KLEIN, Vinícius. As contratações eletrônicas interempresariais e o princípio da boa-fé objetiva: o caso do EDI. *In*: MARTINS, Guilherme Magalhães; LONGHI, João Victor Rozatti (Coord.). *Direito digital*: direito privado e internet. 3. ed. Indaiatuba: Foco, 2020.

KLEIN, Vinícius. *Os contratos empresariais de longo prazo*: uma análise a partir da argumentação judicial. Rio de Janeiro: Lumen Juris, 2015.

LA RUE, Frank. Report of the Special Rapporteur on the promotion and protection of the right to freedom of opinion and expression. *Conselho de Direitos Humanos da Organização das Nações Unidas*, 6 maio 2011. Disponível em: http://www2.ohchr.org/english/bodies/hrcouncil/docs/17session/A.HRC.17.27_en.pdf. Acesso em: 22 abr. 2020.

LESSIG, Lawrence. *Code, and other laws of cyberspace 2.0*. 2. ed. Nova York: Basic Books, 2006.

LEVY, Karen E. C. Book-smart, not street-smart: blockchain-based smart contracts and the social workings of law. *Engaging Science, Technology, and Society*, Boston, v. 3, p. 1-15, 2017.

LONGHI, João Victor Rozatti; FALEIROS JÚNIOR, José Luiz de Moura. Comentário à "Sentencia" nº 326/2019 do Tribunal Supremo da Espanha: o "bitcoin" e seu enquadramento como moeda. *Revista IBERC*, Belo Horizonte, v. 2, n. 2, p. 1-20, maio/ago. 2019.

LORENZETTI, Ricardo Luis. *Tratado de los contratos*. Santa Fe: Rubinzal-Culzoni, 1999. t. I.

MACEDO JÚNIOR, Ronaldo Porto. *Contratos relacionais e defesa do consumidor*. São Paulo: Max Limonad, 1988.

MACNEIL, Ian R. Relational contract theory: challenges and queries. *Northwestern University School of Law Review*, Chicago, v. 94, n. 3, p. 877-908, 2000.

MARTINS, Guilherme Magalhães. *Contratos eletrônicos de consumo*. 3. ed. São Paulo: Atlas, 2016.

MENKE, Fabiano. *Assinatura eletrônica no direito brasileiro*. São Paulo: Revista dos Tribunais, 2005.

MÔNACO. Conseil National. *Texte Consolidé de la Loi Relative à la Blockchain*. 14 dez. 2017. Disponível em: http://www.conseil-national.mc/index.php/textes-et-lois/propositions-de-loi/item/600-237-proposition-de-loi-relative-a-la-blockchain. Acesso em: 30 abr. 2020.

MUKHOPADHYAY, Mayukh. *Ethereum smart contract development*: build blockchain-based decentralized applications using solidity. Birmingham: Packt, 2018.

MURRAY, Andrew. Conceptualising the post-regulatory (cyber)state. *In*: BROWNSWORD, Roger; YEUNG, Karen (Ed.). *Regulating technologies*: legal futures, regulatory frames and technological fixes. Oxford: Hart Publishing, 2008.

O'SHIELDS, Reggie. Smart contracts: legal agreements for the blockchain. *North Carolina Banking Institute Review*, Chapel Hill, v. 21, p. 177-194, 2017.

PINOCHET OLAVE, Ruperto. La recepción de la realidad de las nuevas tecnologías de la información por el derecho civil: panorama actual y perspectivas futuras. *Ius et Praxis*, Talca, v. 7, n. 2, p. 469-489, 2001.

RASKIN, Max. The law and legality of smart contracts. *Georgetown Law Technology Review*, Washington, D.C., v. 304, n. 1, p. 305-341, 2017.

REIDENBERG, Joel R. Lex Informatica: the formulation of information policy rules through technology. *Texas Law Review*, Austin, v. 76, n. 3, p. 553-584, 1998.

ROSENVALD, Nelson. *A natureza jurídica dos smart contracts*. 2019. Disponível em: https://www.nelsonrosenvald.info/single-post/2019/09/11/a-natureza-jurídica-dos-smart-contracts. Acesso em: 30 abr. 2020.

SKLAROFF, Jeremy M. Smart contracts and the cost of inflexibility. *University of Pennsylvania Law Review*, Filadélfia, v. 166, p. 263-303, 2017.

STALLMAN, Richard M. Why software should not have owners. *In*: GAY, Joshua (Ed.). *Free software, free society*: selected essays of Richard M. Stallman. Boston: GNU Press, 2002.

SWAN, Melanie. *Blockchain*: blueprint for a new economy. Sebastopol: O'Reilly Media, 2015.

SZABO, Nick. The idea of smart contracts. *Nick Szabo's Papers and Concise Tutorials*, 1997. Disponível em: http://www.fon.hum.uva.nl/rob/Courses/InformationInSpeech/CDROM/Literature/LOTwinterschool2006/szabo.best.vwh.net/index.html. Acesso em: 28 abr. 2020.

TAPSCOTT, Don; TAPSCOTT, Alex. *Blockchain revolution*. Nova York: Penguin, 2016.

TUR FAÚNDEZ, Carlos. *Smart contracts*: análisis jurídico. Madri: Reus, 2018.

TURING, Alan M. On computable numbers, with an application to the Entscheidungsproblem. *Proceedings of the London Mathematical Society*, Londres, v. 42, n. 1, p. 230-265, nov. 1936.

VERONESE, Alexandre; SILVEIRA, Alessandra; LEMOS, Amanda Nunes Lopes Espiñeira. Inteligência artificial, mercado único digital e a postulação de um direito às inferências justas e razoáveis: uma questão jurídica entre a ética e a técnica. *In*: FRAZÃO, Ana; MULHOLLAND, Caitlin (Coord.). *Inteligência artificial e direito*: ética, regulação e responsabilidade. São Paulo: Thomson Reuters Brasil, 2019.

WU, Tim. When code isn't law. *Virginia Law Review*, Charlottesville, v. 89, n. 4, p. 679-412, 2003.

ZETZSCHE, Dirk A.; BUCKLEY, Ross P.; ARNER, Douglas W. The distributed liability of distributed ledgers: legal risk of blockchain. *University of New South Wales Law Research Series*, Sydney, v. 17, n. 52, p. 1-49, ago. 2017.

ZITTRAIN, Jonathan. Perfect enforcement on tomorrow's Internet. *In*: BROWNSWORD, Roger; YEUNG, Karen (Ed.). *Regulating technologies*: legal futures, regulatory frames and technological fixes. Oxford: Hart Publishing, 2008.

Informação bibliográfica deste texto, conforme a NBR 6023:2018 da Associação Brasileira de Normas Técnicas (ABNT):

MARTINS, Guilherme Magalhães; FALEIROS JÚNIOR, José Luiz de Moura. Reflexões sobre os contratos inteligentes (smart contracts) e seus principais reflexos jurídicos. *In*: EHRHARDT JÚNIOR, Marcos; CATALAN, Marcos; MALHEIROS, Pablo (Coord.). *Direito Civil e tecnologia*. Belo Horizonte: Fórum, 2020. p. 188-208. ISBN 978-65-5518-036-7.

NOVAS FORMAS CONTRATUAIS ESTABELECIDAS A PARTIR DO MONITORAMENTO DIGITAL

MAURÍCIO REQUIÃO

FERNANDA RÊGO OLIVEIRA DIAS

1 O monitoramento comportamental através da coleta massiva de dados pessoais na era digital

Atualmente, na era da internet, o compartilhamento de dados pessoais em diversas plataformas digitais e para as mais variadas atividades é cada vez mais intenso, sendo possível dizer que tal compartilhamento e utilização dos dados são essenciais para a pessoa viver com autonomia e liberdade na atual sociedade da informação[1] ou da transparência.[2]

O entendimento do que seria esta nova sociedade passa pela necessária introdução de alguns conceitos. Isto se dá seja por conta de serem conceitos inteiramente novos, produzidos neste também novo modelo social; seja por serem conceitos já existentes, mas que sofreram significativas modificações no seu conteúdo a partir do surgimento desta nova era. Entre estes, ainda que sem pretensão de fornecer uma lista exaustiva, encontram-se dado pessoal, informação pessoal, banco de dados e *big data*.

O dado pessoal seria como uma "pré-informação" do sujeito, como a informação antes da sua análise e interpretação,[3] ou seja: a informação pessoal é aquilo que é extraído do dado pessoal coletado.

A informação pessoal, conforme explica Danilo Doneda, deve possuir vínculo objetivo com uma pessoa, revelando algo sobre ela, e ser relativa a uma pessoa identificada ou, ao menos, susceptível de identificação.[4]

---

1 DONEDA, Danilo. O direito fundamental à proteção de dados pessoais. *In*: MARTINS, Guilherme Magalhães (Coord.). *Direito privado e internet*: atualizado pela Lei 12.965. São Paulo: Atlas, 2014. p. 61-78.

2 HAN, Byung-Chul. *Sociedade da transparência*. Tradução de Enio Paulo Giachini. Petrópolis: Vozes, 2017.

3 DONEDA, Danilo. O direito fundamental à proteção de dados pessoais. *In*: MARTINS, Guilherme Magalhães (Coord.). *Direito privado e internet*: atualizado pela Lei 12.965. São Paulo: Atlas, 2014. p. 63.

4 DONEDA, Danilo. O direito fundamental à proteção de dados pessoais. *In*: MARTINS, Guilherme Magalhães (Coord.). *Direito privado e internet*: atualizado pela Lei 12.965. São Paulo: Atlas, 2014. p. 62.

Doneda[5] acrescenta:

> Esse vínculo significa que a informação refere-se às características ou ações dessa pessoa, que podem ser atribuídas a ela seja em conformidade à lei, como o nome civil ou domicílio, ou então que são informações provenientes de seus atos, como os dados referentes, por exemplo, aos seus hábitos de consumo, sobre opiniões que manifesta, à sua localização e tantas outras.

Nesse ponto, importante ressalvar que a Lei Geral de Proteção de Dados (LGPD) brasileira, responsável pela criação do novo regramento sobre o tratamento de dados pessoais, inclusive nos meios digitais, que entrará em vigor em agosto de 2020, não difere em seu art. 5º, inc. I, dados pessoais de informações pessoais, considerando como dado pessoal a "informação relacionada a pessoa natural identificada ou identificável".[6]

Contudo, por uma opção de didática do presente texto, se opta por diferenciar informação e dado pessoal, concordando com a concepção apresentada por Doneda.

Em relação aos bancos de dados, estes são conjuntos de informações estruturados de acordo com determinada lógica, tais quais os que se formam a partir de um censo populacional, por exemplo, em que estarão agrupadas diversas características das pessoas que foram alvo de tal pesquisa.

Os bancos de dados, evidentemente, assim como os dados e informações pessoais, não são criação da era digital, contudo, hoje eles se multiplicam – conforme se multiplica o compartilhamento de dados pessoais – e existe uma maior desenvoltura na manipulação da informação, ampliando-se as formas pelas quais as informações podem ser apropriadas e utilizadas a partir dos bancos de dados.[7]

Por último, o *big data* seria um grande grupamento de dados[8] integrado por mecanismos capazes de buscar informação em diversos bancos de dados e, através de sua sistemática de correlações entre informações, gerar uma nova informação.[9]

Nesse sentido, bilhões de pessoas no mundo têm uma ampla gama de atividades diárias mediadas por computador, através do uso da internet, como atividades de trabalho, lazer, pesquisa, locomoção, compras, entre outras,[10] e todas essas atividades, diante da sua mediação por computador, fornecem dados e informações ao *big data*.

Ou seja, são fontes de dados e, em última instância, alimentam o *big data*, transações econômicas mediadas por computador, fluxos de sistemas institucionais e

---

5 DONEDA, Danilo. O direito fundamental à proteção de dados pessoais. *In*: MARTINS, Guilherme Magalhães (Coord.). *Direito privado e internet*: atualizado pela Lei 12.965. São Paulo: Atlas, 2014. p. 62.

6 BRASIL. *Lei nº 13.709, de 14 de agosto de 2018*. Lei Geral de Proteção de Dados Pessoais (LGPD). Brasília, DF: Senado, 2018.

7 DONEDA, Danilo. O direito fundamental à proteção de dados pessoais. *In*: MARTINS, Guilherme Magalhães (Coord.). *Direito privado e internet*: atualizado pela Lei 12.965. São Paulo: Atlas, 2014. p. 65.

8 ZUBOFF, Shoshana. Big other: capitalismo de vigilância e perspectivas para uma civilização de informação. *In*: BRUNO, Fernanda; CARDOSO, Bruno; KANASHIRO, Marta; GUILHON, Luciana; MELGAÇO, Lucas. *Tecnopolíticas da vigilância*: perspectivas da margem. Tradução de Heloísa Cardoso Mourão. 1. ed. São Paulo: Boitempo, 2018. p. 17-68.

9 DONEDA, Danilo. O direito fundamental à proteção de dados pessoais. *In*: MARTINS, Guilherme Magalhães (Coord.). *Direito privado e internet*: atualizado pela Lei 12.965. São Paulo: Atlas, 2014. p. 66.

10 ZUBOFF, Shoshana. Big other: capitalismo de vigilância e perspectivas para uma civilização de informação. *In*: BRUNO, Fernanda; CARDOSO, Bruno; KANASHIRO, Marta; GUILHON, Luciana; MELGAÇO, Lucas. *Tecnopolíticas da vigilância*: perspectivas da margem. Tradução de Heloísa Cardoso Mourão. 1. ed. São Paulo: Boitempo, 2018. p. 23.

transinstitucionais, sensores incorporados a objetos, bancos de dados governamentais e corporativos, incluindo os associados a bancos, agências de avaliação de crédito, companhias aéreas, bem como também alimentam o *big data* câmeras de vigilância públicas e privadas,[11] incluídas, nas câmeras privadas, as câmeras de *smartphones, notebooks* e outros aparelhos tecnológicos que a maior parte das pessoas utiliza no dia a dia.

Além disso, é válido sinalizar que o fluxo das atividades mediadas por computador cresce exponencialmente diante das necessidades do indivíduo de autoexpressão, voz, influência e conexão,[12] o que provoca a multiplicação de pesquisas no Google, músicas baixadas, páginas em redes sociais como Facebook e Instagram, acessos em *blogs*, conexões virtuais em aplicativos de relacionamento etc. Tudo isso também representa fontes de dados pessoais que serão extraídos e analisados através da mediação por computador.

Ao menos parcialmente, tal exposição ocorre de forma cada vez mais intensa pela própria necessidade do indivíduo de revelar sua vida privada. Desde o artigo de Warren e Brandeis, datado de 1890, já se apresenta a preocupação com o modo como as novas tecnologias poderiam interferir na esfera da privacidade. De acordo com os autores, os diversos aparelhos que surgiam à época faziam com que se corresse o risco de que "what is whispered in the closet shall be proclaimed from the house tops".[13] Traçando paralelo, e de modo muito mais agressivo, atualmente rituais familiares íntimos, relações amorosas, entre outras informações antes tidas como privadas, estão cada vez mais expostas espontaneamente pelos usuários na internet.

Aqui, importante a observação de Byung-Chul Han, segundo o qual, hoje, se expõe, se vende e se consome cada vez mais a intimidade, numa realidade na qual os indivíduos transformam o espaço público em espaço de exposição.[14]

Ainda, para o mesmo autor, "O sujeito dessa sociedade não se desnuda por coação externa, mas a partir de uma necessidade gerada por si mesmo; onde, portanto, o medo de renunciar à sua esfera privada e íntima dá lugar à necessidade de se expor à vista sem qualquer pudor".[15]

Daí que a informação pessoal se conecta à privacidade numa relação que associa o maior grau de privacidade à menor difusão das informações pessoais e vice-versa.[16]

Portanto, conhecidas as fontes de dados e já explicando como ocorre sua captura, também chamada de coleta ou extração, nota-se que o *big data* é constituído pela captura

---

11 ZUBOFF, Shoshana. Big other: capitalismo de vigilância e perspectivas para uma civilização de informação. *In*: BRUNO, Fernanda; CARDOSO, Bruno; KANASHIRO, Marta; GUILHON, Luciana; MELGAÇO, Lucas. *Tecnopolíticas da vigilância*: perspectivas da margem. Tradução de Heloísa Cardoso Mourão. 1. ed. São Paulo: Boitempo, 2018. p. 27-28.

12 ZUBOFF, Shoshana. Big other: capitalismo de vigilância e perspectivas para uma civilização de informação. *In*: BRUNO, Fernanda; CARDOSO, Bruno; KANASHIRO, Marta; GUILHON, Luciana; MELGAÇO, Lucas. *Tecnopolíticas da vigilância*: perspectivas da margem. Tradução de Heloísa Cardoso Mourão. 1. ed. São Paulo: Boitempo, 2018. p. 31.

13 WARREN, Samuel D.; BRANDEIS, Louis D. Right to privacy. *Harvard Law Review*, Cambridge, v. 4, n. 5, 1890. p. 195.

14 HAN, Byung-Chul. *Sociedade da transparência*. Tradução de Enio Paulo Giachini. Petrópolis: Vozes, 2017. p. 80-82.

15 HAN, Byung-Chul. *Sociedade da transparência*. Tradução de Enio Paulo Giachini. Petrópolis: Vozes, 2017. p. 108-109.

16 DONEDA, Danilo. O direito fundamental à proteção de dados pessoais. *In*: MARTINS, Guilherme Magalhães (Coord.). *Direito privado e internet*: atualizado pela Lei 12.965. São Paulo: Atlas, 2014. p. 63.

de *small data* (dados individualmente considerados), mediados por computador, colhidos no desenrolar da vida dos indivíduos.[17]

Tudo é colhido: curtidas no Instagram, *likes* no Facebook, pesquisas no Google, textos de *e-mails*, fotos publicadas em redes sociais, músicas e vídeos baixados, localizações mapeadas, compras feitas *on-line*, anúncios visualizados, enfim, todos os movimentos *on-line* do indivíduo são passíveis de serem colhidos.

A partir daí, quase todos os dados pessoais do indivíduo extraídos das mediações de suas atividades por computador são traduzidos em informações e em uma nova dimensão simbólica, "à medida que eventos, objetos, processos e pessoas se tornam visíveis, cognoscíveis e compartilháveis de uma nova maneira".[18]

Assim é que os dados pessoais dos usuários da internet são extraídos, analisados e negociados, o que acaba por possibilitar o surgimento de novas formas contratuais estabelecidas através do monitoramento comportamental, como será demonstrado ao longo do texto.

Por extração de dados, com base no exposto, se entende o processo unidirecional[19] no qual se captam os dados pessoais disponíveis dos usuários da internet, sem que, necessariamente, o indivíduo tenha consentido tal captura para todos os usos que serão destinados aos dados colhidos.

Em momento em que a extração de dados ainda se dava de modo muito mais incipiente do que na atualidade, já alertava o Ministro Ruy Rosado de Aguiar sobre a problemática que a acompanha: "O cidadão objeto dessa indiscriminada colheita de informações, muitas vezes, sequer sabe da existência de tal atividade, ou não dispõe de eficazes meios para conhecer o seu resultado, retificá-lo ou cancelá-lo".[20]

Já por análise de dados se entende o processo no qual os dados colhidos dão origem às respectivas informações, de modo que se possa visualizar comportamentos e características de um indivíduo ou de um grupo, bem como seus padrões, requerendo tal análise "cientistas de dados que dominem os novos métodos associados a análises preditivas, mineração da realidade, análise de padrões de vida".[21]

Tais processos de extração e análise de dados contribuem para sustentar o atual modelo de capitalismo que Shoshana Zuboff chama de "capitalismo de vigilância".[22]

---

[17] ZUBOFF, Shoshana. Big other: capitalismo de vigilância e perspectivas para uma civilização de informação. *In*: BRUNO, Fernanda; CARDOSO, Bruno; KANASHIRO, Marta; GUILHON, Luciana; MELGAÇO, Lucas. *Tecnopolíticas da vigilância*: perspectivas da margem. Tradução de Heloísa Cardoso Mourão. 1. ed. São Paulo: Boitempo, 2018. p. 31.

[18] ZUBOFF, Shoshana. Big other: capitalismo de vigilância e perspectivas para uma civilização de informação. *In*: BRUNO, Fernanda; CARDOSO, Bruno; KANASHIRO, Marta; GUILHON, Luciana; MELGAÇO, Lucas. *Tecnopolíticas da vigilância*: perspectivas da margem. Tradução de Heloísa Cardoso Mourão. 1. ed. São Paulo: Boitempo, 2018. p. 24.

[19] ZUBOFF, Shoshana. Big other: capitalismo de vigilância e perspectivas para uma civilização de informação. *In*: BRUNO, Fernanda; CARDOSO, Bruno; KANASHIRO, Marta; GUILHON, Luciana; MELGAÇO, Lucas. *Tecnopolíticas da vigilância*: perspectivas da margem. Tradução de Heloísa Cardoso Mourão. 1. ed. São Paulo: Boitempo, 2018. p. 33-35.

[20] STJ. REsp 22.337/RS. Rel. Min. Ruy Rosado de Aguiar. *DJ*, 20 mar. 1995. p. 6119.

[21] ZUBOFF, Shoshana. Big other: capitalismo de vigilância e perspectivas para uma civilização de informação. *In*: BRUNO, Fernanda; CARDOSO, Bruno; KANASHIRO, Marta; GUILHON, Luciana; MELGAÇO, Lucas. *Tecnopolíticas da vigilância*: perspectivas da margem. Tradução de Heloísa Cardoso Mourão. 1. ed. São Paulo: Boitempo, 2018. p. 40.

[22] ZUBOFF, Shoshana. Big other: capitalismo de vigilância e perspectivas para uma civilização de informação. *In*: BRUNO, Fernanda; CARDOSO, Bruno; KANASHIRO, Marta; GUILHON, Luciana; MELGAÇO, Lucas.

Nesse sentido é que se entende, no presente texto, o capitalismo de vigilância como o atual regime econômico no qual o poder se concentra em empresas como Google e Facebook, que trabalham em *hiperescala*, capazes de extração de dados individuais (*small data*), responsáveis pela formação do grande grupamento de dados (*big data*) e, em última instância, a partir da análise de dados, capazes de prever, modular e monitorar comportamentos, pessoas e relações.

Ou seja, no capitalismo de vigilância, o principal ativo, isto é, aquilo que quanto mais acumulado traz maior poder para quem o detém, são os dados, informações e a capacidade de analisá-los e vendê-los.[23]

Assim é que, nessa realidade do capitalismo de vigilância, em que todos os dados são extraídos, monitorados e analisados, segundo Hal Varian – principal economista da Google especializado em economia da informação – se torna viável o amplo monitoramento dos indivíduos, já que é possível observar comportamentos – o que antes não era possível – e, consequentemente, redigir contratos sobre esses comportamentos, permitindo novos modelos de negócios.[24]

Essas novas formas contratuais merecem uma análise mais extensa e por isso serão objeto de investigação específica do item a seguir do presente artigo.

2 Novas formas contratuais estabelecidas a partir do monitoramento

A regulação do comportamento relacionada aos processos de coleta e análise de dados vêm passando por intensas transformações.[25] A viabilidade de monitoramento comportamental através da coleta massiva de dados na era digital possibilita o surgimento de novas formas de contratos com técnicas de fiscalização da conduta das partes, sistemas de penalidades em caso de realização de determinada conduta, entre outros recursos aplicados, o que será chamado no presente artigo, genericamente, de "novas formas contratuais".

Isto é, as novas formas contratuais são os novos pactos que surgem com a era da tecnologia e internet, pautados em mecanismos que possibilitam a fiscalização do comportamento das partes e a atribuição de consequências e penalidades de maneira automática, autoexecutável, caso se verifique que determinada conduta foi realizada.

Antes de iniciar a exposição sobre quais seriam essas novas formas contratuais, importante sinalizar que o estudo sobre a atribuição ou não de natureza contratual a estas relações será ponto de discussão do terceiro item deste artigo.

Como exemplos de novas formas contratuais, Zuboff oferece alguns levantamentos feitos por Hal Varian,[26] defensor dessas novas formas contratuais.

Tecnopolíticas da vigilância: perspectivas da margem. Tradução de Heloísa Cardoso Mourão. 1. ed. São Paulo: Boitempo, 2018. p. 17-68.

[23] ZUBOFF, Shoshana. Big other: capitalismo de vigilância e perspectivas para uma civilização de informação. *In*: BRUNO, Fernanda; CARDOSO, Bruno; KANASHIRO, Marta; GUILHON, Luciana; MELGAÇO, Lucas. *Tecnopolíticas da vigilância*: perspectivas da margem. Tradução de Heloísa Cardoso Mourão. 1. ed. São Paulo: Boitempo, 2018.

[24] VARIAN, Hal Ronald. Beyond big data. *Business Economics*, v. 49, n. 1, p. 27-31, 2014.

[25] ZANATTA, Rafael. Proteção de dados pessoais como regulação de risco: uma nova moldura teórica? *In*: ENCONTRO DA REDE DE PESQUISA EM GOVERNANÇA DA INTERNET, I, 2017. *Artigos selecionados*. Rio de Janeiro: [s.n.], 2017.

[26] ZUBOFF, Shoshana. Big other: capitalismo de vigilância e perspectivas para uma civilização de informação. *In*: BRUNO, Fernanda; CARDOSO, Bruno; KANASHIRO, Marta; GUILHON, Luciana; MELGAÇO, Lucas.

O primeiro exemplo envolve os contratos de seguro nos quais o comportamento do segurado pode ser monitorado de tal forma que, caso se verifique que ele não está dirigindo com segurança, poderia a companhia seguradora optar por não manter aquele contrato ou, até mesmo, não pagar eventual prêmio de apólice.

Outros exemplos trazidos pelos referidos autores são: contrato de compra e venda de automóvel no qual, caso o devedor fique em mora, é possível instruir o sistema de monitoramento do veículo a fim de não permitir que ele seja iniciado, bem como seria possível sinalizar o local onde o carro poderia ser retirado e, por fim; em contratos nos quais há uma contratação remota do serviço, é possível a verificação do cumprimento através de dados como geolocalização, horários, fotos, entre outros.

Ainda nesta senda, mais uma situação representativa das novas formas contratuais seria o contrato de plano de saúde, no qual o plano de saúde poderia monitorar as compras de remédios realizadas pelo indivíduo para estabelecer ou não o aumento do valor do seu plano.

Ou seja, para Varian, a defesa das novas formas contratuais estaria justamente na eliminação da incerteza[27] e do risco do contrato, diante do monitoramento digital possível, da vigilância a qual o usuário do universo *on-line* é submetido.

Contudo, nesse ponto, importante ressaltar que nem sempre o sujeito que está sendo monitorado sabe ou, ao menos, consentiu que seus dados fossem utilizados para tal monitoramento e isso é uma realidade da era digital, quando se fala em extração de dados, sendo esta, em regra, uma relação unidirecional, como visto anteriormente.

Tanto é assim que, hoje, se visualiza o fracasso do modelo do *notice-and-consent*, que é justamente o modelo que presume a ampla cognição dos termos de uso e políticas de privacidade para contratações *on-line* entre as partes.[28]

Ou seja, o modelo do *notice-and-consent* não é suficiente para qualificar o consentimento real do usuário da internet sobre o uso de seus dados, uma vez que nesse modelo, na maioria das vezes, o usuário aceita de forma ampla e imediata contratos extensos e complexos que aparecem na tela do computador, sem ao menos analisá-los, apenas para ter acesso a certo serviço ou informação que somente se tornará disponível após o preenchimento do *box* "eu concordo com todos os termos".

Indo além dos exemplos citados, os contratos inteligentes, também chamados de *smart contracts*, que vêm se popularizando graças à tecnologia do *blockchain*, também podem ser vistos como novas formas contratuais surgidas a partir do monitoramento.

Blockchain, de maneira simplificada, pode ser entendido como uma tecnologia baseada numa estrutura de dados, na qual se torna possível criar um livro razão de dados digitais, gerando registros permanentes e históricos de transações e informações, daí porque são conhecidos por fornecer a camada de confiança que falta na internet.[29]

Tecnopolíticas da vigilância: perspectivas da margem. Tradução de Heloísa Cardoso Mourão. 1. ed. São Paulo: Boitempo, 2018. p. 41.

[27] ZUBOFF, Shoshana. Big other: capitalismo de vigilância e perspectivas para uma civilização de informação. *In*: BRUNO, Fernanda; CARDOSO, Bruno; KANASHIRO, Marta; GUILHON, Luciana; MELGAÇO, Lucas. *Tecnopolíticas da vigilância*: perspectivas da margem. Tradução de Heloísa Cardoso Mourão. 1. ed. São Paulo: Boitempo, 2018. p. 42.

[28] ZANATTA, Rafael. Proteção de dados pessoais como regulação de risco: uma nova moldura teórica? *In*: ENCONTRO DA REDE DE PESQUISA EM GOVERNANÇA DA INTERNET, I, 2017. *Artigos selecionados*. Rio de Janeiro: [s.n.], 2017.

[29] LAURENCE, Tiana. *Blockchain para leigos*. Tradução de Maíra Meyer Bregalda. Rio de Janeiro: Alta Books, 2019.

O *blockchain* é composto por 3 partes, *block, chain* e rede, das quais se destacam aqui as duas primeiras:

> *Block*: uma lista de transações registradas em um livro-razão durante determinado período. O tamanho, o período e o evento gerador para blocos são diferentes para cada *blockchain*. [...]
> *Chain*: Uma *hash* que liga um *block* a outro, "encadeando-os" juntos, matematicamente. Este é um dos conceitos mais difíceis de compreender em *blockchain*, ele também é a mágica que une *blockchains* e permite-lhe criar a fiabilidade matemática.
> A *hash* no *blockchain* é criada a partir dos dados que estavam no *block* anterior. A *hash* é a impressão digital desses dados, e trava *blocks* em ordem e prazo.[30]

Ou seja, trata-se de uma tecnologia de registro de informação, de máxima segurança, insuscetível a fraudes, atualmente capaz de armazenar qualquer forma de conteúdo ou informação, permitindo que as partes contratem e interajam entre si sem se preocupar com desconfiança, incertezas e riscos.

Já contratos inteligentes são contratos autoexecutáveis regidos por códigos, isto é, permitem que as partes combinem transações de valores e bens, vinculados à *blockchain*, sendo tais transações automaticamente realizadas a partir do cumprimento dos termos contratados,[31] existindo aqui uma característica de inflexibilidade diante dessa execução automática.

Ou seja, aqui, como o contrato é autoexecutável e completamente monitorado, ao se verificar o cumprimento de uma condição, automaticamente será desencadeada uma consequência.

Alguns exemplos de aplicação de contratos inteligentes surgem nos contratos de seguros,[32] bolsas de valores ou fundos de investimento,[33] nos quais quando ocorre o implemento de uma condição ou um termo contratual, existe uma consequência – normalmente transação de valores – automaticamente realizável com uma aplicação baseada na tecnologia do *blockchain*.

Note-se que aqui não se pode confundir contratos inteligentes com meros contratos celebrados *on-line*, a exemplo de compras *on-line* realizadas a todo momento. A característica marcante do contrato inteligente repousa na autoexecução possibilitada pelo monitoramento, o que, para os defensores do instituto, eliminaria os riscos entre as partes e traria maior segurança nas contratações.

Ainda nessa perspectiva, Tiana Laurence afirma:

> Aplicações de *blockchain* são construídas em torno da ideia de que a rede é o mediador. Esse tipo de sistema é um ambiente implacável e cego. O código do computador se torna a lei, e regras são executadas como se fossem escritas e interpretadas pela rede. Computadores não têm os mesmos preconceitos sociais e comportamentos que humanos.
> A rede não é capaz de interpretar intenção (pelo menos, não ainda). Contratos de seguro arbitrados em um *blockchain* têm sido profundamente examinados como um caso de uso construído em torno dessa ideia.[34]

---

30 LAURENCE, Tiana. *Blockchain para leigos*. Tradução de Maíra Meyer Bregalda. Rio de Janeiro: Alta Books, 2019. p. 10.

31 SZABO, Nick. The idea of smart contracts. *Nick Szabo's Papers and Concise Tutorials*, 1997. p. 6.

32 DAVIS, Joshua. Peer to peer insurance on an Ethereum blockchain. *Dynamis Whitepaper*, fev. 2018.

33 JENTZSCH, Christoph. Decentralized autonomous organization to automate governance. *Whitepaper*, nov. 2016.

34 LAURENCE, Tiana. *Blockchain para leigos*. Tradução de Maíra Meyer Bregalda. Rio de Janeiro: Alta Books, 2019. p. 11.

Portanto, diante dos diversos exemplos expostos de novas formas contratuais e diante de sua característica – apontada por muitos como sua vantagem principal – de eliminação de riscos e incertezas é que se procederá à análise da natureza jurídica desses instrumentos.

3 Natureza jurídica das novas formas contratuais

Nesse momento se pretende traçar uma investigação sobre a natureza jurídica das novas formas contratuais.

Para tanto, será feita uma análise da presença da boa-fé objetiva nos referidos institutos, bem como a importância e os limites da transparência dos comportamentos das partes numa relação contratual, analisando ainda a incerteza e falibilidade humana como elementos da execução contratual e, por último, traçando um paralelo das novas formas contratuais com os contratos de adesão.

3.1 Boa-fé no ordenamento jurídico brasileiro. Um paralelo com a sociedade da transparência

Ao menos desde o Código Civil de 2002 (CC-2002), ao clássico tripé principiológico contratual, de orientação liberal, composto por autonomia, obrigatoriedade e relatividade, somaram-se a boa-fé objetiva, a função social e a revisão contratual. Destes, interessa especialmente ao tema desenvolvido neste texto o princípio da boa-fé, cuja previsão legal no campo contratual se encontra plasmada no art. 422, do CC-2002.[35]

A boa-fé é cláusula geral para aplicação do direito das obrigações, devendo o juiz, ao julgar uma demanda que discuta um contrato, pressupor a boa-fé objetiva que impõe aos contratantes um padrão de conduta de agir com lealdade, cuidado, segurança, informação, honestidade, consideração com os interesses do outro, probidade, retidão e, por último, característica mais importante para este trabalho, confiança, no padrão do homem comum.[36] Todos esses são deveres anexos da boa-fé ou de proteção. Em verdade, poder-se-ia dizer que tais deveres de adoção de determinados comportamentos são impostos pela boa-fé, dada a relação de confiança que o contrato fundamenta.[37] Sobre o dever de confiança, Judith Martins-Costa assevera sua importância ao afirmá-lo como fundamento dos negócios jurídicos.[38]

Menezes Cordeiro, por sua vez, sobre o tema da confiança, afirma que esta se coloca como pilar das relações interpessoais e negociais:

> Na sua falta, qualquer sociedade se esboroa. Em termos interpessoais, a confiança instalada coloca os protagonistas à mercê uns dos outros: o sujeito confiante abranda as suas defesas, ficando vulnerável. Seguidamente, todos os investimentos, sejam eles econômicos ou

[35] Em outros momentos do Código Civil, também foi trazido o princípio da boa-fé. Assim, por exemplo, nos art. 113 e 187, que regulamentam respectivamente a interpretação do negócio jurídico e a delimitação do abuso de direito como modalidade de ato ilícito.

[36] NEGREIROS, Teresa. *Teoria do contrato*: novos paradigmas. Rio de Janeiro: Renovar, 2002. p. 119-154.

[37] MARTINS-COSTA, Judith. *A boa-fé no direito privado*: critérios para a sua aplicação. 1. ed. 2. tir. São Paulo: Revista dos Tribunais, 2000. p. 440-449.

[38] MARTINS-COSTA, Judith. *A boa-fé no direito privado*: critérios para a sua aplicação. 1. ed. 2. tir. São Paulo: Revista dos Tribunais, 2000. p. 273-275.

> meramente pessoais, postulam a credibilidade das situações: ninguém dá hoje para receber (apenas) amanhã, se não houver confiança nos intervenientes e nas situações. Por fim, a confiança e a sua tutela correspondem a aspirações éticas elementares. A pessoa defraudada na sua confiança é, desde logo, uma pessoa violentada na sua sensibilidade moral. Paralelamente, o agente que atinja a confiança alheia age contra um código ético imediato.[39]

Sobre o mesmo tema, Claudia Lima Marques chama atenção para a necessidade de valorização do paradigma confiança, diante do aumento dos litígios e desconfiança entre as partes numa relação contratual.[40]

Já sobre o dever de lealdade, Ruy Rosado de Aguiar Junior[41] acrescenta que, inclusive durante as tratativas preliminares, o princípio da boa-fé também é fonte de deveres de esclarecimento, decorrente do dever de lealdade.

Posição semelhante traz Judith Martins-Costa, ao afirmar ser a boa-fé relevante não só nas fases das tratativas, mas também na fase da oferta entendida em sentido amplo.[42]

Ao tratar da boa-fé, entretanto, a análise desenvolvida neste artigo se afasta da mera ideia da boa-fé subjetiva, na medida em que esta denota estado de consciência ou convencimento individual da parte em agir conforme o direito. O adjetivo "subjetiva" advém justamente do fato segundo o qual na sua aplicação deve o intérprete considerar a intenção do sujeito da relação jurídica, o seu estado psicológico ou íntima convicção.[43]

O que interessa em especial é a análise da boa-fé objetiva, vez que este princípio, ao regulamentar a lógica dos contratos, implica dever de conduta do contratante, obriga a um comportamento, à colaboração, impondo um padrão de conduta no sentido de consideração recíproca, com consideração dos interesses do outro.[44]

Nesse sentido, Maurício Requião conceitua: "A boa fé objetiva está ligada a padrões ideais de conduta, ao agir probo e corretamente, em suma, a que as coisas sejam analisadas a partir de uma ótica de como deveriam ser caso todos os envolvidos da relação estejam a agir de modo correto".[45]

Inclusive todos esses deveres anexos da boa-fé – já referidos, incluindo a confiança – devem ser cumpridos pelas partes para que o objetivo da prestação principal do contrato seja alcançado de modo pleno.[46] É nessa lógica que o descumprimento da boa-fé e seus deveres anexos resulta em inadimplemento contratual.[47]

---

39 CORDEIRO, António Menezes. *Tratado de direito civil português*. 1, Parte Geral: 2. Coisas: (incluindo domínio público, energia, teoria da empresa e tutela dos animais). Coimbra: Almedina, 1995. p. 63.

40 MARQUES, Cláudia Lima. *A nova crise do contrato*: estudos sobre a nova teoria contratual. São Paulo: Revista dos Tribunais, 2007. p. 21.

41 AGUIAR JUNIOR, Ruy Rosado. *Extinção dos contratos por incumprimento do devedor*: resolução. São Paulo: Aide, 1991.

42 MARTINS-COSTA, Judith. *A boa-fé no direito privado*: critérios para a sua aplicação. 1. ed. 2. tir. São Paulo: Revista dos Tribunais, 2000. p. 513-514.

43 MARTINS-COSTA, Judith. *A boa-fé no direito privado*: critérios para a sua aplicação. 1. ed. 2. tir. São Paulo: Revista dos Tribunais, 2000. p. 411.

44 NEGREIROS, Teresa. *Teoria do contrato*: novos paradigmas. Rio de Janeiro: Renovar, 2002. p. 122-123.

45 REQUIÃO, Maurício. *Normas de textura aberta e interpretação*: uma análise no adimplemento das obrigações. 1. ed. Salvador: Editora Faculdade Baiana de Direito, 2011. p. 78.

46 MARTINS-COSTA, Judith. *A boa-fé no direito privado*: critérios para a sua aplicação. 1. ed. 2. tir. São Paulo: Revista dos Tribunais, 2000. p. 427-428.

47 NERY JUNIOR, Nelson. Contratos no Código Civil – Apontamentos gerais. *In*: MARTINS FILHO, Ives Gandra da Silva; MENDES, Gilmar Ferreira; FRANCIULLI Domingos (Coord.). *O Novo Código Civil* – Estudos em

Partindo desse entendimento sobre a boa-fé objetiva na perspectiva contratual e, especialmente, sobre os deveres de confiança, informação e lealdade, é válido um paralelo com o pensamento de Byung-Chul Han ao trazer o conceito de sociedade da transparência.[48]

A sociedade da transparência seria a atual sociedade na qual há uma exigência constante por transparência, por tornar os dados visíveis diante da *hiperinformação* e *hipercomunicação*,[49] tornando-se as coisas transparentes quando se tornam rasas e planas, já que a comunicação transparente não admite nada indefinido.[50]

É assim que a transparência digital busca maximizar os lucros de quem tem acesso aos dados, num contexto em que a transparência total permite uma exploração comercial máxima dos indivíduos, o que se aplica inclusive diante da possibilidade de monitoramento dos comportamentos das pessoas.

O ponto mais relevante da análise de Byung-Chul Han, para o tema do presente artigo, é quando ele considera que essa transparência, em verdade, não ensejaria somente aspectos positivos ao eliminar a falta de saber, a falta de conhecimento sobre as características dos sujeitos.

Para Byung-Chul Han, quando a transparência elimina todo e qualquer não saber, não há espaço para a confiança nas relações, de tal modo que "em vez do mote transparência cria confiança dever-se-ia propriamente dizer: a transparência destrói a confiança".[51]

O autor completa:

> Por isso, a sociedade da transparência é uma sociedade da desconfiança e da suspeita, que, em virtude do desaparecimento da confiança, agarra-se ao controle. A intensa exigência por transparência aponta precisamente para o fato de que o fundamento moral da sociedade se tornou frágil, que os valores morais da honestidade e sinceridade estão perdendo cada vez mais importância. Em lugar da instância moral pioneira aparece a transparência como novo imperativo social.[52]

O presente artigo adota posição similar à de Byung-Chul Han, reconhecendo que a boa-fé objetiva, entabulada no art. 422 do Código Civil brasileiro, estaria tratada de maneira mitigada diante das novas formas contratuais estabelecidas a partir do monitoramento comportamental na era da internet.

Essa mitigação ocorre especialmente quando a sociedade da transparência se torna a sociedade da desconfiança, na qual não há espaço para uma boa-fé presumida, sendo esse o motivo que leva ao interesse no monitoramento comportamental dos contratantes e a criação de novas formas contratuais diante dessas possibilidades de vigilância.

Homenagem ao Prof. Miguel Reale. São Paulo: LTr, 2003. p. 433-435.

48 HAN, Byung-Chul. *Sociedade da transparência*. Tradução de Enio Paulo Giachini. Petrópolis: Vozes, 2017.

49 HAN, Byung-Chul. *Sociedade da transparência*. Tradução de Enio Paulo Giachini. Petrópolis: Vozes, 2017. p. 25.

50 HAN, Byung-Chul. *Sociedade da transparência*. Tradução de Enio Paulo Giachini. Petrópolis: Vozes, 2017. p. 77.

51 HAN, Byung-Chul. *Sociedade da transparência*. Tradução de Enio Paulo Giachini. Petrópolis: Vozes, 2017. p. 111-112.

52 HAN, Byung-Chul. *Sociedade da transparência*. Tradução de Enio Paulo Giachini. Petrópolis: Vozes, 2017. p. 111-112.

Note-se que aqui não se está criticando a transparência, mas sim a transparência exacerbada, forçada, que se confunde com vigilância e é capaz de anular o pressuposto da confiança existente entre as partes.

Em verdade, não há espaço para o descumprimento do dever de confiança num contrato que parte do pressuposto de desconfiança entre as partes.

3.2 Incerteza e falibilidade humana como elementos da execução contratual

Críticas importantes tecidas contra as novas formas contratuais, especialmente aquelas trazidas por Hal Varian, são as críticas de Hannah Arendt e Shoshana Zuboff.

Para essas autoras, as novas formas contratuais retiram do contrato sua incerteza e sua possibilidade de se desenvolver confiança, num processo no qual a execução contratual é "descolada" do social e pensada como procedimento típico de máquinas.

Para Zuboff:

> Varian não parece perceber que o que ele está celebrando aqui não é uma nova forma de contrato, mas sim o "des-contrato". Sua versão de um mundo mediado pelo computador transcende o mundo conformado pelo contrato, eliminando a governança e o Estado de direito. [...]
>
> A visão de Varian dos usos de transações mediadas por computador retira a incerteza do contrato, assim como a necessidade e a própria possibilidade de se desenvolver confiança. Outra maneira de dizer isso é que os contratos são descolados do social e repensados como processos de máquinas.[53]

Inclusive, nesse mesmo sentido, Byung-Chul Han alerta que um mundo consistente apenas em informações e cuja comunicação fosse representada pela mera circulação de informações, sem a interferência de qualquer perturbação e outros fatores, seria um mundo de máquinas e não de pessoas.[54]

Além disso, o mesmo autor alerta que como a transparência traz mensagens rasas e planas – isto é, nem todos os comportamentos humanos são passíveis de tradução em meros dados, já que a liberdade e a espontaneidade que perfazem a vida não admitem transparência – transparência e verdade não são correlatas, já que mais informações por si sós não produz necessariamente verdade.[55]

É dizer, os números e processos são muito pobres em narratividade,[56] não exaurem todos os significados do comportamento humano.

Também sobre o mesmo tema, Arendt defende que diante da liberdade dos sujeitos, a falibilidade humana é inerente à execução dos contratos, sendo impossível aqui o controle total e perfeito da situação.[57]

---

53 ZUBOFF, Shoshana. Big other: capitalismo de vigilância e perspectivas para uma civilização de informação. *In*: BRUNO, Fernanda; CARDOSO, Bruno; KANASHIRO, Marta; GUILHON, Luciana; MELGAÇO, Lucas. *Tecnopolíticas da vigilância*: perspectivas da margem. Tradução de Heloísa Cardoso Mourão. 1. ed. São Paulo: Boitempo, 2018. p. 41.

54 HAN, Byung-Chul. *Sociedade da transparência*. Tradução de Enio Paulo Giachini. Petrópolis: Vozes, 2017. p. 12.

55 HAN, Byung-Chul. *Sociedade da transparência*. Tradução de Enio Paulo Giachini. Petrópolis: Vozes, 2017. p. 24-25.

56 HAN, Byung-Chul. *Sociedade da transparência*. Tradução de Enio Paulo Giachini. Petrópolis: Vozes, 2017. p. 71-73.

57 ARENDT, Hanna. *The human condition*. Chicago: University of Chicago Press, 1998. p. 244.

Ou seja, o contrato estaria atrelado à existência de confiança necessária entre as partes, em que não é possível ter certeza e prever todos os comportamentos do outro, estando o ser humano ao assinar o contrato agindo de boa-fé e acreditando na boa-fé do outro, bem como concordando com os riscos de suas falhas, isto é, de seus descumprimentos contratuais.

Daí porque segundo essa visão, em um universo sem confiança, sem incerteza e sem a possibilidade de falha entre as partes, estaríamos, em verdade, perante um "descontrato".

Contudo, diante da argumentação traçada no presente texto, apesar de acreditar na incerteza e falibilidade humana como elementos da execução contratual, acredita-se também que a presença dessas características pode ser mitigada caso as partes assim o pactuem, num contrato no qual o descumprimento possa ser mais bem verificado, bem como exista e possibilidade do estabelecimento de punições previamente estabelecidas.

3.3 Comparação com os contratos de adesão

Da lição de Eduardo Spínola, podem ser extraídos como elementos dos contratos: "a) a mútua e acorde declaração de vontade ou consentimento; b) o conteúdo ou objeto, como fator justificativo do acordo; c) a força obrigatória querida pelos declarantes e reconhecida pela ordem jurídica".[58] A tais elementos, encontrados desde a época original do liberalismo, as mudanças dos costumes e o avanço da tecnologia, podem trazer novos aportes e reflexões, como é o caso, por exemplo, da exigência do atendimento à boa-fé objetiva, e também, por outro lado, do próprio surgimento das ditas novas formas contratuais.

Assim é que, mesmo diante das questões até aqui levantadas, parece razoável, a partir de uma perspectiva analítica, entender as novas formas contratuais como contratos, vez que continuam atendendo aos requisitos classicamente apontados como essenciais a tal tipo de negócio jurídico. Por outro lado, é igualmente verdade que em tais contratos há por vezes a busca pela mitigação – muitas vezes próxima à total eliminação – da dependência do contrato da boa-fé objetiva, da confiança, da incerteza e falibilidade humana.

Evidentemente que, aqui, se entendem como contratos as novas formas contratuais que possuam consentimento de ambas as partes, não se incluindo aqui as práticas de extração de dados e monitoramento sem consentimento – nem mesmo conhecimento – do usuário da internet e portador dos dados.

Ocorrendo o consentimento, ainda que o consentimento amplo e irrestrito – como se dá ao se aceitar os termos de uso e políticas de privacidade para contratações *on-line* – estaria celebrado o contrato.

Isso porque a pessoa, ao celebrar o contrato, ainda tem a opção de aceitá-lo ou não, não é imposto a ela celebrar o contrato que será monitorado.

É dizer: no momento de aceitar ou não o contrato, a pessoa teria agido com autonomia, estando preservada tanto sua autonomia privada no sentido de liberdade na esfera negocial-patrimonial,[59] quanto sua autonomia existencial na medida em que

---

[58] ESPÍNOLA, Eduardo. *Dos contratos nominados no direito civil brasileiro*. 2. ed. Rio de Janeiro: Conquista, 1956. p. 8.

[59] REQUIÃO, Maurício. *Estatuto da pessoa com deficiência, incapacidades e interdição*. 2. ed. Florianópolis: Tirant lo Blanch, 2018. p. 26-32.

pode o indivíduo dispor de sua personalidade[60] e aqui o faz em certa medida quando dispõe de seus dados pessoais e permite a exploração de sua privacidade.

Porém, não podem as novas formas contratuais serem reguladas como contratos paritários e simétricos, assemelhando-se tais instrumentos aos contratos de adesão.

Contrato de adesão caracteriza-se como aquele em que uma parte determina previamente as condições gerais do contrato e a outra parte adere, sem opinar ou discutir, aceitando o conjunto do que foi redigido pela primeira.[61] Aqui, o contrato é imposto pelo estipulante e o aderente só possui duas opções: aceitar ou não. Diferente do contrato paritário no qual as partes negociam o seu conteúdo.[62]

O Código de Defesa do Consumidor também conceituou o instituto:

> Art. 54. Contrato de adesão é aquele cujas cláusulas tenham sido aprovadas pela autoridade competente ou estabelecidas unilateralmente pelo fornecedor de produtos ou serviços, sem que o consumidor possa discutir ou modificar substancialmente seu conteúdo.[63]

Tal situação, evidentemente, gera desequilíbrio entre as partes contratantes.[64] Da mesma forma ocorre nas novas formas contratuais trabalhadas.

A parte que está sendo monitorada, que tem suas ações e dados monitorados, está em evidente vulnerabilidade em relação àquela que a monitora – e se submete aos riscos da era digital como acúmulo de dados, aumento da capacidade de processamento, uso não transparente e aumentado e surgimento de novas práticas administrativas.[65]

Ou seja, a parte monitorada possui menos informações e dados da outra parte, não possui a possibilidade nem os meios para colher os dados do outro, bem como não é a responsável por elaborar os termos da contratação.

É nesse sentido que a parte vulnerável se expõe aos perigos decorrentes do uso de computadores e a manutenção dos seus registros: aumento da quantidade de dados como consequência do aumento da capacidade de processamento; uso não transparente e aumentado de acesso a dados; e o surgimento de uma nova classe de burocratas e especialistas – os técnicos –, juntamente com novas práticas preventivas e administrativas.

Além disso, as novas formas contratuais aqui trabalhadas são, em sua maior parte, contratos de consumo e, a partir de agosto de 2020, ganham uma proteção mais ampla com a entrada em vigor da Lei Geral de Proteção de Dados[66] brasileira.

Ou seja, a Lei Geral de Proteção de Dados brasileira ao versar sobre o conceito de dados pessoais, listar as bases legais que autorizam o seu uso, tratar de princípios

---

60 REQUIÃO, Maurício. *Estatuto da pessoa com deficiência, incapacidades e interdição*. 2. ed. Florianópolis: Tirant lo Blanch, 2018. p. 32-35.

61 CAMARGO SOBRINHO, Mário de. *Contrato de adesão e a necessidade de uma legislação específica*. 1. ed. Campinas: Interlex Informações Jurídicas, 2000.

62 TARTUCE, Flávio; NEVES, Daniel Amorim Assumpção. *Manual de direito do consumidor*: direito material e processual. 3. ed. Rio de Janeiro: Forense; São Paulo: Método, 2014. p. 37.

63 BRASIL. *Lei nº 8.078, de 11 de setembro de 1990*. Dispõe sobre a proteção do consumidor e dá outras providências. Brasília, DF: Senado, 1990.

64 CAMARGO SOBRINHO, Mário de. *Contrato de adesão e a necessidade de uma legislação específica*. 1. ed. Campinas: Interlex Informações Jurídicas, 2000.

65 GELLERT, Raphael. Understanding data protection as risk regulation. *Journal of Internet Law*, v. 18, n. 11, 2015.

66 BRASIL. *Lei nº 13.709, de 14 de agosto de 2018*. Lei Geral de Proteção de Dados Pessoais (LGPD). Brasília, DF: Senado, 2018.

gerais e fundamentos – entre eles a proteção do direito do consumidor –, tratar de direitos básicos do titular dos dados – como acesso, exclusão dos dados e explicação sobre uso –, entre outras providências, também se mostra como legislação aplicável às novas formas contratuais.[67]

Importante ressaltar também que muitas premissas da Lei Geral de Proteção de Dados brasileira já estavam presentes desde o Marco Civil da Internet[68] e foram melhor reguladas, uma vez que esse dispositivo já trazia como um de seus fundamentos a defesa do consumidor e, entre seus princípios, já trazia a proteção à privacidade e aos dados pessoais do usuário da internet.

Por fim, cumpre destacar que o Código Civil orienta a interpretação dos negócios jurídicos, em seu art. 113, disciplina esta plenamente aplicável às novas formas contratuais:

> Art. 113. Os negócios jurídicos devem ser interpretados conforme a boa-fé e os usos do lugar de sua celebração.
>
> §1º A interpretação do negócio jurídico deve lhe atribuir o sentido que:
>
> I - for confirmado pelo comportamento das partes posterior à celebração do negócio;
>
> II - corresponder aos usos, costumes e práticas do mercado relativas ao tipo de negócio;
>
> III - corresponder à boa-fé;
>
> IV - for mais benéfico à parte que não redigiu o dispositivo, se identificável; e
>
> V - corresponder a qual seria a razoável negociação das partes sobre a questão discutida, inferida das demais disposições do negócio e da racionalidade econômica das partes, consideradas as informações disponíveis no momento de sua celebração.
>
> §2º As partes poderão livremente pactuar regras de interpretação, de preenchimento de lacunas e de integração os negócios jurídicos diversas daquelas previstas em lei.[69]

Aqui, além da questão da boa-fé já tratada e que deve ser levada em consideração na interpretação das novas formas contratuais, destacam-se os incs. IV e V do §1º, introduzidos em 2019:[70] i) o inc. IV amplia a tutela dos aderentes contratuais, passando qualquer cláusula a ser passível de interpretação contrária àquele que redigiu o seu conteúdo, aqui alarga-se o sentido do art. 423 do Código Civil, segundo o qual a interpretação favorável ao aderente se daria apenas em havendo cláusulas ambíguas ou contraditórias. Sendo também possível a aplicação dessa interpretação para além de contratos de consumo; e ii) o inc. V considera, na interpretação dos contratos, as informações disponíveis para as partes na celebração do instrumento, aspecto esse importante diante da existência do consentimento de monitoramento dado pelo usuário de maneira ampla e sem que para ele estejam claros todos os usos daquela vigilância.

Assim é que se acredita na possibilidade de regulação das novas formas contratuais de maneira semelhante à regulação atribuída atualmente aos contratos de adesão,

---

[67] BRASIL. *Lei nº 13.709, de 14 de agosto de 2018*. Lei Geral de Proteção de Dados Pessoais (LGPD). Brasília, DF: Senado, 2018.

[68] BRASIL. *Lei nº 12.965, de 23 de abril de 2014*. Brasília, DF: Senado, 2014.

[69] BRASIL. *Lei nº 10.406, de 10 de janeiro de 2002*. Institui o Código Civil. Brasília, DF: Senado, 2002.

[70] BRASIL. *Lei nº 13.874, de 20 de setembro de 2019*. Institui a Declaração de Direitos de Liberdade Econômica. Brasília, DF: Senado, 2019.

aplicando-se a ela o Código de Defesa do Consumidor[71] (no que cabível), a Lei Geral de Proteção de Dados[72] brasileira (a partir de agosto de 2020), o Marco Civil da Internet[73] e as regras de interpretação do negócio jurídico.

4 Considerações finais

Diante do trabalho desenvolvido, algumas considerações finais serão feitas.

a) Enquanto de um lado se celebra a possibilidade de novos modelos de negócio diante da possibilidade de redigir contratos a partir de comportamentos monitorados na era digital, é evidente que essas novas formas contratuais pretendem mitigar a aplicação da boa-fé objetiva e da confiança e reduzir ao máximo a incerteza e falibilidade humana na execução dos contratos.

b) As novas formas contratuais são uma realidade da era digital e exigem o debate da comunidade jurídica. Somente negar a existência desses instrumentos ou tecer críticas não é solução suficiente para as questões postas na atualidade. Investigar a natureza jurídica dessas relações, bem como buscar o direito aplicável nessas situações é o posicionamento necessário.

c) Nas novas formas contratuais, desde que exista o consentimento prévio do aderente ao celebrar aquele contrato que se utilizará do monitoramento em sua execução, ainda se estaria diante de contratos no conceito amplo adotado neste artigo.

d) A regulação destinada às novas formas contratuais e as soluções judiciais em casos que envolvam discussão sobre o tema devem seguir caminho similar à regulação destinada aos contratos de adesão regulados no Código de Defesa do Consumidor, diante da vulnerabilidade do monitorado e do desequilíbrio entre as partes, observando ainda, naquilo que aplicável, as regras de interpretação do negócio jurídico e, a partir de agosto de 2020, a Lei Geral de Proteção de Dados.

Referências

AGUIAR JUNIOR, Ruy Rosado. *Extinção dos contratos por incumprimento do devedor*: resolução. São Paulo: Aide, 1991.

ARENDT, Hanna. *The human condition*. Chicago: University of Chicago Press, 1998.

BRASIL. *Lei nº 10.406, de 10 de janeiro de 2002*. Institui o Código Civil. Brasília, DF: Senado, 2002.

BRASIL. *Lei nº 12.965, de 23 de abril de 2014*. Brasília, DF: Senado, 2014.

BRASIL. *Lei nº 13.709, de 14 de agosto de 2018*. Lei Geral de Proteção de Dados Pessoais (LGPD). Brasília, DF: Senado, 2018.

BRASIL. *Lei nº 13.874, de 20 de setembro de 2019*. Institui a Declaração de Direitos de Liberdade Econômica. Brasília, DF: Senado, 2019.

BRASIL. *Lei nº 8.078, de 11 de setembro de 1990*. Dispõe sobre a proteção do consumidor e dá outras providências. Brasília, DF: Senado, 1990.

---

71 BRASIL. *Lei nº 8.078, de 11 de setembro de 1990*. Dispõe sobre a proteção do consumidor e dá outras providências. Brasília, DF: Senado, 1990.

72 BRASIL. *Lei nº 13.709, de 14 de agosto de 2018*. Lei Geral de Proteção de Dados Pessoais (LGPD). Brasília, DF: Senado, 2018.

73 BRASIL. *Lei nº 12.965, de 23 de abril de 2014*. Brasília, DF: Senado, 2014.

CAMARGO SOBRINHO, Mário de. *Contrato de adesão e a necessidade de uma legislação específica*. 1. ed. Campinas: Interlex Informações Jurídicas, 2000.

CORDEIRO, António Menezes. *Tratado de direito civil português*. 1, Parte Geral: 2. Coisas: (incluindo domínio público, energia, teoria da empresa e tutela dos animais). Coimbra: Almedina, 1995.

DAVIS, Joshua. Peer to peer insurance on an Ethereum blockchain. *Dynamis Whitepaper*, fev. 2018.

DONEDA, Danilo. O direito fundamental à proteção de dados pessoais. *In*: MARTINS, Guilherme Magalhães (Coord.). *Direito privado e internet*: atualizado pela Lei 12.965. São Paulo: Atlas, 2014.

ESPÍNOLA, Eduardo. *Dos contratos nominados no direito civil brasileiro*. 2. ed. Rio de Janeiro: Conquista, 1956.

GELLERT, Raphael. Understanding data protection as risk regulation. *Journal of Internet Law*, v. 18, n. 11, 2015.

GONÇALVES, Carlos Roberto. *Direito civil brasileiro*: contratos e atos unilaterais. 12. ed. São Paulo: Saraiva, 2015. v. 3.

HAN, Byung-Chul. *Sociedade da transparência*. Tradução de Enio Paulo Giachini. Petrópolis: Vozes, 2017.

JENTZSCH, Christoph. Decentralized autonomous organization to automate governance. *Whitepaper*, nov. 2016.

LAURENCE, Tiana. *Blockchain para leigos*. Tradução de Maíra Meyer Bregalda. Rio de Janeiro: Alta Books, 2019.

MARQUES, Cláudia Lima. *A nova crise do contrato*: estudos sobre a nova teoria contratual. São Paulo: Revista dos Tribunais, 2007.

MARTINS-COSTA, Judith. *A boa-fé no direito privado*: critérios para a sua aplicação. 1. ed. 2. tir. São Paulo: Revista dos Tribunais, 2000.

NEGREIROS, Teresa. *Teoria do contrato*: novos paradigmas. Rio de Janeiro: Renovar, 2002.

NERY JUNIOR, Nelson. Contratos no Código Civil – Apontamentos gerais. *In*: MARTINS FILHO, Ives Gandra da Silva; MENDES, Gilmar Ferreira; FRANCIULLI Domingos (Coord.). *O Novo Código Civil* – Estudos em Homenagem ao Prof. Miguel Reale. São Paulo: LTr, 2003.

REQUIÃO, Maurício. *Estatuto da pessoa com deficiência, incapacidades e interdição*. 2. ed. Florianópolis: Tirant lo Blanch, 2018.

REQUIÃO, Maurício. *Normas de textura aberta e interpretação*: uma análise no adimplemento das obrigações. 1. ed. Salvador: Editora Faculdade Baiana de Direito, 2011.

STJ. REsp 22.337/RS. Rel. Min. Ruy Rosado de Aguiar. *DJ*, 20 mar. 1995.

SZABO, Nick. The idea of smart contracts. *Nick Szabo's Papers and Concise Tutorials*, 1997.

TARTUCE, Flávio; NEVES, Daniel Amorim Assumpção. *Manual de direito do consumidor*: direito material e processual. 3. ed. Rio de Janeiro: Forense; São Paulo: Método, 2014.

VARIAN, Hal Ronald. Beyond big data. *Business Economics*, v. 49, n. 1, p. 27-31, 2014.

WARREN, Samuel D.; BRANDEIS, Louis D. Right to privacy. *Harvard Law Review*, Cambridge, v. 4, n. 5, 1890.

ZANATTA, Rafael. Proteção de dados pessoais como regulação de risco: uma nova moldura teórica? *In*: ENCONTRO DA REDE DE PESQUISA EM GOVERNANÇA DA INTERNET, I, 2017. *Artigos selecionados*. Rio de Janeiro: [s.n.], 2017.

ZUBOFF, Shoshana. Big other: capitalismo de vigilância e perspectivas para uma civilização de informação. *In*: BRUNO, Fernanda; CARDOSO, Bruno; KANASHIRO, Marta; GUILHON, Luciana; MELGAÇO, Lucas. *Tecnopolíticas da vigilância*: perspectivas da margem. Tradução de Heloísa Cardoso Mourão. 1. ed. São Paulo: Boitempo, 2018.

Informação bibliográfica deste texto, conforme a NBR 6023:2018 da Associação Brasileira de Normas Técnicas (ABNT):

REQUIÃO, Maurício; DIAS, Fernanda Rêgo Oliveira. Novas formas contratuais estabelecidas a partir do monitoramento digital. *In*: EHRHARDT JÚNIOR, Marcos; CATALAN, Marcos; MALHEIROS, Pablo (Coord.). *Direito Civil e tecnologia*. Belo Horizonte: Fórum, 2020. p. 209-224. ISBN 978-65-5518-036-7.

FINTECHS DE CRÉDITO: BREVE ENSAIO SOBRE A SOCIEDADE DE EMPRÉSTIMO ENTRE PESSOAS E A SOCIEDADE DE CRÉDITO DIRETO

ANDRÉ LUIZ ARNT RAMOS

PAULO MAYERLE QUEIROZ

Introdução

Os anos de 2018 e 2019 foram marcados, no cenário regulatório nacional, por um forte discurso de incremento à concorrência no setor financeiro, amparado pela iterativa afirmação de compromissos com o resguardo à liberdade econômica. Muito se disse (e ainda se diz) sobre a conveniência de quebrar o oligopólio dos grandes bancos em benefício ao consumidor de crédito, em paralelo a iniciativas inspiradas pelo combate ao superendividamento.

Assim e ilustrativamente, providências como a contida pelo Comunicado do Banco Central do Brasil nº 33.455/2019 revelam a primeira tendência. O documento divulga os requisitos fundamentais para a implementação, em solo nacional, do Sistema Financeiro Aberto (*Open Banking*). Essa medida, segundo os termos do comunicado, "tem como objetivo aumentar a eficiência no mercado de crédito e de pagamentos no Brasil, mediante a promoção de ambiente de negócio mais inclusivo e competitivo, preservando a segurança do sistema financeiro e a proteção dos consumidores". A proposta desenhada visa ao compartilhamento de dados, produtos e serviços por instituições financeiras autorizadas, subordinado à conveniência dos consumidores, por meio de "abertura e integração de plataformas e infraestruturas de sistemas de informação, de forma segura, ágil e conveniente". Para além da afirmação do objetivo de fortalecer a competitividade no setor bancário e do zelo com as normativas desenhadas pela Lei Geral de Proteção de Dados (ainda em estendida *vacatio legis*), o comunicado sinaliza para a possibilidade de o Banco Central avaliar a regulamentação de novas instituições, nos limites de suas competências.

De outro lado, a Lei de Liberdade Econômica (Lei nº 13.784/2019), produto do amadurecimento da Medida Provisória nº 881/2019, alberga *declaração de direitos de liberdade econômica*, no propósito de explicitar o alcance do princípio da livre iniciativa.

Entre a lamúria[1] e o festejo[2] de diferentes setores da comunidade jurídica especializada, referida lei trouxe consigo ares favoráveis à implantação e ao aprofundamento de um ambiente empresarial mais competitivo e menos sujeito à atuação econômica do Estado.[3] Assim, diz-se, haveria um reforço institucional ao mercado, bem como ganhos à segurança jurídica[4] e à fertilidade do ambiente de negócios.[5]

Enfim, no tocante ao cuidado relativo ao superendividamento, não só foi cultivada a expectativa de aprovação do Projeto de Lei do Senado nº 283/2012,[6] em trâmite na Câmara dos Deputados com o Projeto de Lei nº 3.515/2015, como também surgiram iniciativas importantes direcionadas ao consumo consciente de crédito, ante os alarmantes dados econômicos disponíveis.[7]

É o caso da Lei Complementar nº 166/2019, que inovou no texto da Lei nº 12.414/2011 para dispor sobre o cadastro positivo[8] de crédito em modelo *opt-out*.[9]

---

[1] Para uma crítica muito dura à Medida Provisória nº 881/2019, que viria, depois, a ser convertida na Lei nº 13.874/2019, ver: BERCOVICI, G. Parecer sobre a inconstitucionalidade da Medida Provisória da Liberdade Econômica (Medida Provisória nº 881, de 30 de abril de 2019). *Revista Fórum de Direito Financeiro e Econômico*, Belo Horizonte, ano 8, n. 15, p. 173- 202, mar./ago. 2019. *Passim*.

[2] Conferir, a propósito, entre outros materiais: COELHO, F. U. Uma lei oportuna e necessária. *In*: GOERGEN, J. (Org.). *Liberdade econômica*: o Brasil livre para crescer. Brasília: Câmara dos Deputados, 2019. Disponível em: https://aquanticacontabilidade.com.br/web-files/uploads/arquivo/site/1beb05f3260626831375b1dae21477cb.pdf#page=122. Acesso em: 11 mar. 2020.

[3] Fala-se na Lei da Liberdade Econômica como um alento aos excessos de atuação econômica do Estado ao longo da história econômica brasileira recente: "não é exagero afirmar que, se hoje se faz necessária uma lei para assegurar a liberdade econômica [...], é porque, nesses mais de 30 anos de vigência da Constituição, os que se dedicaram a interpretar as disposições do texto constitucional em termos do exercício dos poderes e atribuições estatais erraram feio. [...] A panaceia intervencionista estatal, pano de fundo da LLE, diz muito mais com a intervenção desmedida do Estado, feita sem critério e muitas vezes voltada à satisfação de valores abstratos, distantes de qualquer resultado prático eficiente. [...] não seria desarrazoado supor que muito mais do que uma limitação à intervenção estatal *per se*, a LLE é muito mais uma tentativa de defesa contra a intervenção desmedida e desordenada do Estado" (LOUREIRO, C. S. Princípios na Lei de Liberdade Econômica. *In*: MARQUES NETO, F. P.; RODRIGUES JUNIOR, O. L.; LEONARDO, R. X. (Org.). *Comentários à Lei da Liberdade Econômica*. São Paulo: RT, 2019. p. 85).

[4] Dúvidas podem ser lançadas quanto ao acerto da estratégia de combate à insegurança jurídica adotada pelos redatores da Lei de Liberdade Econômica. O tema, entretanto, escapa ao propósito deste trabalho. Seja, todavia, facultado remeter a: RAMOS, A. L. A. *Segurança jurídica e enunciados normativos deliberadamente indeterminados*: o caso da função social do contrato. Tese (Doutorado) – Universidade Federal do Paraná, Curitiba, 2019.

[5] A propósito: GOERGEN, J. Liberdade para empreender. *In*: GOERGEN, J. (Org.). *Liberdade econômica*: o Brasil livre para crescer. Brasília: Câmara dos Deputados, 2019. p. 6. Disponível em: https://aquanticacontabilidade.com.br/web-files/uploads/arquivo/site/1beb05f3260626831375b1dae21477cb.pdf#page=122. Acesso em: 11 mar. 2020.

[6] V. BORGES, J. P. R. O superendividamento no Brasil: um estudo sob a ótica da análise econômica do direito. *Revista da Procuradoria Geral do Banco Central*, Brasília, v. 12, n. 2, p. 95-109, dez. 2018. p. 97.

[7] BORGES, J. P. R. O superendividamento no Brasil: um estudo sob a ótica da análise econômica do direito. *Revista da Procuradoria Geral do Banco Central*, Brasília, v. 12, n. 2, p. 95-109, dez. 2018. p. 96

[8] Argumenta-se que o cadastro positivo, tal qual ora estruturado, mitigará o problema das assimetrias informacionais no mercado de crédito, as quais, segundo a literatura especializada, "podem provocar uma precificação imperfeita das taxas de crédito devido ao risco moral de uma das partes, ou seja, a mudança para um comportamento negativo, como o não cumprimento do contrato de empréstimo, ou a completa inviabilidade do negócio entre as partes devido à seleção adversa, em que, à medida que os bancos aumentam suas taxas de juros para se protegerem da inadimplência no contexto de assimetria informacional, eliminam os clientes de baixo risco ou bons pagadores que costumam ser adimplentes e atraem os clientes de alto riscos ou maus pagadores que não tendem a honrar o contrato de empréstimo" (SOUTO, G. A. Cadastro positivo: a solução para o combate à assimetria informacional no setor bancário brasileiro? *Revista da Procuradoria-Geral do Banco Central*, Brasília, v. 13, n. 1, p. 75-88, jun. 2019. p. 76). Com o combate à assimetria de informações, argui-se, o consumo (e o fornecimento) irresponsável de crédito tenderia a cair.

[9] A mudança do modelo *opt-in* anteriormente vigente é assim explicada na justificativa ao PLS nº 212/2017, que resultou na referida lei complementar: "O cadastro positivo teve baixa adesão em decorrência do excesso de

Da justificativa do projeto de lei do Senado pertinente, colhe-se uma preocupação com a redução do *spread* bancário mediante minoração dos índices de inadimplência em cerca de 40% por meio da referida inovação.[10] Já fora do plano legislativo, a Associação Nacional dos *Bureaus* de Crédito (ANBC), que congrega as entidades encarregadas da gestão do cadastro, aponta perspectivas ainda mais otimistas, inclusive quanto ao acesso ao crédito. Os meios de comunicação, ao repercutir a novidade, mencionam dados que embasariam estimativa de que "45% dos endividados consigam se estabilizar financeiramente por meio do programa".[11] Embora se possa questionar o otimismo dos analistas, é certo que a maior disponibilidade de informações a respeito consumidor do crédito traz impactos positivos para esse nicho econômico, pois "as relações creditícias evidenciam o axioma da informação como um bem jurídico primário a atalhar sequelas contratuais".[12] Paralelamente a isso, o Banco Central e os Procons reforçaram campanhas de estímulo à educação financeira e ao consumo consciente de crédito.[13]

No que toca a instrumentos jurídicos para a exploração de atividades de empréstimo, a Lei Complementar nº 167/2019 e a Resolução do Conselho Monetário Nacional nº 4.656/2018, publicada pelo Banco Central do Brasil, são importantes expressões desse momento normativo.

A primeira cria a figura da *empresa simples de crédito* (ESC). Nos termos da lei, a ESC tem atuação restrita ao município de sua sede e em municípios limítrofes; presta-se a realizar operações de empréstimo, financiamento e desconto de títulos de crédito, com microempreendedores individuais, microempresas e empresas de pequeno porte, sempre e exclusivamente com recursos próprios. A ESC, ainda, pode adotar a estrutura organizacional de empresário individual, empresa individual de responsabilidade limitada ou sociedade limitada constituída apenas por pessoas naturais. Suas operações não podem exceder o capital social integralizado (o que é difícil vislumbrar no caso de funcionamento sob a forma de empresário individual), tampouco o objeto delimitado pela referida lei complementar. Enfim, é vedado às ESCs o emprego, em seu nome empresarial ou em qualquer material de divulgação de suas atividades, de expressões que sirvam à identificação de instituições autorizadas a operar pelo Banco Central do Brasil. Malgrado se questione se a ESC efetivamente constitui instrumento economicamente interessante, seja páreo ao bem-estabelecido setor bancário no Brasil e caracterize, de algum modo, a legalização da agiotagem, é certo que se trata de modelo negocial analógico, não escalável e bastante restrito em suas possibilidades operacionais.

burocracia para a criação e inclusão de informações no cadastro. A solução aventada nesse Projeto é simples: os dados passam a ser incluídos de forma automática e o cadastrado que não desejar poderá cancelar sua inclusão no banco de dados" (Disponível em: https://legis.senado.leg.br/sdleg-getter/documento?dm=5373110&ts=1567530873690&disposition=inline).

10 *In verbis*: "De acordo com o relatório de Política Monetária e Operações de Crédito do Banco Central (dados até nov/16), a taxa média de empréstimos para pessoas físicas é de 42,7% ao ano e o *spread* bancário PF é de 33,1% ao ano. Conforme levantamentos do próprio BC, a inadimplência representa cerca de 30% do spread e, de acordo com estudo do Banco Mundial (2003, Majnoni, Miller, Mylenko and Powel), a implantação do Cadastro Positivo no Brasil poderia reduzir a inadimplência de cerca de 40%".

11 CONSUMIDOR já pode fazer consulta ao cadastro positivo. *IstoÉ*, 13 jan. 2020. Disponível em: https://istoe.com.br/consumidor-j-pode-fazer-consulta-ao-cadastro-positivo/. Acesso em: 19 mar. 2020.

12 FERRAZ, D. A.; OLIVEIRA, A. L. Das franquias de crédito sob a perspectiva das fintechs: limites e possibilidades. *Revista da Procuradoria-Geral do Banco Central*, Brasília, v. 13, n. 1, p. 60-74, jun. 2019. p. 64.

13 V., nesta esteira: BANCO CENTRAL DO BRASIL. *Jornada da Cidadania Financeira no Brasil*. Brasília: Banco Central do Brasil, 2018.

O segundo ato normativo mencionado, de seu turno, disciplina duas estruturas jurídicas vocacionadas à realização de operações de empréstimo e de financiamento entre pessoas *por intermédio de plataforma eletrônica*:[14] a sociedade de crédito entre pessoas (SEP) e a sociedade de crédito direto (SCD). Ambas as figuras são qualificadas como *instituições financeiras*, das quais se exige (i) a constituição sob a forma de sociedade anônima; (ii) o limite mínimo de R$1.000.000,00 (um milhão de reais) em relação ao capital social integralizado e ao patrimônio líquido; e (iii) prévia autorização do Banco Central do Brasil. São, então e a despeito dessas exigências, modelos digitais, escaláveis e irrestritos em suas possibilidades operacionais.

As diferenças entre os dois modelos, as consequências dessas barreiras de ingresso no mercado ante ao propósito de abertura do mercado e a coerência da iniciativa regulatória em questão ao discurso de estímulo à concorrência e à liberdade econômica constituem o objeto deste ensaio. Serão estes os fatores explorados nas seções subsequentes, as quais se prestam a mapear o tema e favorecer discussões posteriores.

A Resolução CMN nº 4.656/2018 e as *fintechts* de crédito (sociedade de empréstimo entre pessoas e sociedade de crédito direto)

A economia brasileira contemporânea, em correspondência a tendências observadas no contexto global, é marcada pela ascensão de novos e mais diversificados modelos de negócio. Este é o *habitat* de uma das expressões mais recorrentes no cada vez mais inovador mundo empresarial:[15] *startup*. É o que revela o otimista prognóstico de Domeneghetti, publicado pela *IstoÉ* no crepúsculo de 2019:

> Ebulição é o estado ideal para definir o mercado de startups em 2020 no Brasil. Se 2019 o momento foi dos investidores, no próximo ano o protagonismo será das startups. Se pudesse escolher uma frase para representar o futuro próximo, não titubearia em dizer que a citação ideal seria "juntar a fome com a vontade de comer".
>
> Não será raro ver o aumento de lançamentos de fundos de investimentos para startups no Brasil, tanto privados, via companhias da velha economia, como públicos, vide BNDES, BRDE e bancos regionais. O investidor brasileiro está faminto em desbravar mercados na busca por novos modelos de negócios. Os setores financeiro e varejista fiquem em alerta. Anjos olharão para e por vocês. Seja com soluções tecnológicas ou metodologias disruptivas, estes nichos poderão ser beneficiados pelo boom do empreendedorismo inovador, uma vez que lidam direta e indiretamente com os desejos do cliente final.[16]

Startup, segundo o uso corrente da expressão, consiste em empresa embrionária que desenha, inovadoramente, modelo de negócio repetível, escalável e com prospecto lucrativo. O qualificador *repetível* significa a possibilidade de entrega potencialmente ilimitada do produto aos clientes da empresa, de modo que a distribuição de um

---

[14] A teor do art. 2º, II, da resolução, considera-se "plataforma eletrônica" o "sistema eletrônico que conecta credores e devedores por meio de sítio na internet ou de aplicativo".

[15] Há pouco, em 2018, dizia-se na mídia especializada: "A palavra de ordem deste ano é inovação" (FONSECA, M. 7 tendências de negócio que estão em alta em 2018. *Revista Exame*, 26 jul. 2018. Disponível em: https://exame.abril.com.br/pme/7-tendencias-de-negocio-que-tem-tudo-para-bombar-em-2018/. Acesso em: 5 fev. 2020).

[16] DOMENEGHETTI, D. 2020: o poderoso ano das startups. *Revista IstoÉ*, 28 dez. 2019. Disponível em: https://istoe.com.br/2020-o-poderoso-ano-das-startups/. Acesso em: 5 fev. 2020.

mesmo produto ao público consumidor não interfira em sua disponibilidade ou em aumento sensível de preço. Já o adjetivo *escalável* remete à perspectiva de crescimento progressivo sem interferência no modelo de negócio adotado, com maximização das margens de lucro.

O sentido de *startup* traz consigo a marca da jovialidade. Isso se confirma por dados demográficos levantados pela imprensa. Segundo reportagem publicada pela *Gazeta do Povo* a respeito das *startups* no estado do Paraná, elas tem, em média, de dois a quatro sócios, a maioria destes são homens e ainda jovens: a pesquisa aponta que a faixa etária dos 26 aos 35 anos é a mais representativa (42,8%), somados aos que são ainda mais novos (4,5% têm menos de 25 anos), a resultar na metade aproximada dos constituintes dessas sociedades empresárias.[17] Hoje, mais que nunca e no dizer de Nelson Rodrigues, "o que se houve é o alarido dos jovens. Não há velhos, ou por outra: ninguém quer ser velho".[18]

Tais características encontram, no ambiente virtual, plenas condições de desabrochar, inclusive e especialmente quanto ao crédito e outros produtos do mercado financeiro, cuja persecução nos moldes negociais do que se tem chamado de *startup* se tornou conhecida pela expressão *financial technology* – ou, simplesmente, *fintech*.[19] Malgrado alguma variação sobre o alcance do significado desse neologismo, os seguintes traços lhe parecem ínsitos: "i) são empresas ou desempenham atividades empresariais; ii) atuam nos mercados financeiros por meio do uso da tecnologia; e iii) inovam criando novos modelos de negócios nos respectivos setores em que operam".[20]

A sociedades reguladas pela Resolução do Conselho Monetário Nacional nº 4.656/2018 se enquadram precisamente nesses moldes. São elas, como indicado acima, a Sociedade de Crédito Direto (SCD) e a Sociedade de Empréstimo entre Pessoas (SEP). Essas sociedades – diferentemente de outras *fintechs* –[21] dedicam-se exclusivamente à operação no mercado de crédito. Por se classificarem como instituições financeiras (arts. 3º e 7º da resolução), integram o Sistema Financeiro Nacional (art. 1º, V, Lei nº 4.595/64), e se submetem, portanto, à regulação e fiscalização do Banco Central (e do Conselho Monetário Nacional). A propósito da resolução, anotam Ferraz e Oliveira:

---

17 PIVA, N. Homem, jovem e curitibano. Estudo traça perfil das startups do Paraná. *Gazeta do Povo*, 24 set. 2018. Disponível em: https://www.gazetadopovo.com.br/vozes/parana-sa/estudo-traca-perfil-das-startups-do-parana/. Acesso em: 11 mar. 2020.

18 RODRIGUES, N. *Memórias*: a menina sem estrela. São Paulo: Nova Fronteira, 2015. p. 105.

19 A propósito, Veríssimo relata: "O termo *fintech* é a junção das palavras finanças e tecnologia, e seu surgimento – da forma como conhecemos hoje – é atribuído ao aparecimento de novas empresas de tecnologia no setor financeiro após a crise financeira de 2008. Com o colapso de grandes instituições financeiras e o consequente prejuízo para o governo norte-americano conter a crise, os entes regulatórios reforçaram as normas de acesso ao crédito, tornando-o mais caro. O cenário foi propício para o surgimento de alternativas aos bancos tradicionais, especialmente por meio da internet" (VERÍSSIMO, L. B. O. Regulação econômica de fintechs de crédito: perspectivas e desafios para abordagem regulatória. *Revista da Procuradoria-Geral do Banco Central*, Brasília, v. 13, n. 1, p. 44-59, jun. 2019. p. 47).

20 VERÍSSIMO, L. B. O. Regulação econômica de fintechs de crédito: perspectivas e desafios para abordagem regulatória. *Revista da Procuradoria-Geral do Banco Central*, Brasília, v. 13, n. 1, p. 44-59, jun. 2019. p. 48.

21 É o caso, por exemplo, das instituições de pagamento, cuja representante estrondosa é a Nubank. Sobre o tema: ZANETTI, D.; SAVI, M. R.; ALBERTON, T. C. Futuros possíveis no sistema financeiro brasileiro: arranjos de pagamento, fintechs e pagamentos instantâneos. *In*: ORDEM DOS ADVOGADOS DO BRASIL - SEÇÃO DO PARANÁ (Ed.). *Direito e inovação*: criptoativos, fintechs, online disput resolution (ODR), análise de dados e inteligência artificial e a Lei Geral de Proteção de Dados e Privacidade. Curitiba: OAB/PR, 2019. p. 57-72. Disponível em: https://oabpr.org.br/wp-content/uploads/2019/08/direito-e-Inovacao.pdf. Acesso em: 22 fev. 2020.

> diante de um ecossistema financeiro digital, que atinge contornos globais, é necessário maior segurança jurídica aos fomentadores de tal prática, uma salutar competição ao crédito, e perspectivas de admissão de novos executores econômicos creditícios.
>
> Assim, as financeiras tecnológicas, além dos serviços de empréstimo e intermediação realizados no espaço cibernético, também passam a compor categorias de sociedades definidas na norma, com permissão à prestação de serviços de análise de crédito, assim como emissão de moeda eletrônica e operacionalização distributiva de seguro, alusivos a procedimentos de empréstimos.
>
> De fato, a *fintech*, ao ser considerada uma solução tecnológica, com propostas financeiras, em ambiente virtual, destinada a usuários pessoas físicas ou jurídicas, expressa as inovações da atualidade, qual seja, a proeminência das *startups* que expandem meios tecnológicos, endereçados ao mercado financeiro.[22]

Há alguns traços comuns no regime jurídico a que estão submetidas as SCD e as SEP, a começar pela exigência de autorização para funcionamento, condicionada à submissão a um processo administrativo rigoroso, disciplinado na resolução.[23] As sociedades devem se organizar e constituir sob a forma de sociedades anônimas (art. 25 da Res. CMN nº 4.656/2018). Essa barreira de entrada, todavia, é compartilhada não só por estas instituições financeiras, mas por todas aquelas que pretendam operar no Sistema Financeiro Nacional, por se tratar de imposição do art. 25 da Lei nº 4.595/64. Devem, ainda, atender ao limite mínimo de R$1.000.000,00 quanto ao capital social integralizado e ao patrimônio líquido (art. 26, Res. CMN nº 4.656/2018). Poder-se-á, no entanto, exigir um capital ainda maior caso a pessoa ou grupo de pessoas que exerça o poder de controle – detentor da maioria do capital com direito a voto – seja formado por fundos de investimento (arts. 27, parágrafo único, e 2º, IV).[24] Essas sociedades, ainda, não podem participar do capital de outras instituições financeiras.

Ambas devem adotar em sua denominação os verbetes que identifiquem as operações que realizem, ou seja, as expressões "sociedade de empréstimo direto" ou "sociedade de empréstimo entre pessoas" devem aparecer por extenso na denominação. Os arts. 3º, §2º, e 7º, §2º não permitem o emprego de vocábulos, seja em Língua Portuguesa ou idiomas estrangeiros, que remetam a ou caracterizem outras instituições financeiras que integrem o Sistema Financeiro Nacional (*e.g.* banco; *bank*).

Outro traço comum é a exigência da adoção de critérios verificáveis, transparentes e consistentes – nomenclatura da própria resolução – para a seleção dos seus potenciais clientes, principalmente daqueles que ocuparão o polo devedor das operações realizadas pela *fintech*. Essa análise de risco do crédito tem um aliado contemporâneo, poderoso e controverso:[25] o cadastro positivo que opera pelo sistema de *opt out* desde as alterações

---

[22] FERRAZ, D. A.; OLIVEIRA, A. L. Das franquias de crédito sob a perspectiva das fintechs: limites e possibilidades. *Revista da Procuradoria-Geral do Banco Central*, Brasília, v. 13, n. 1, p. 60-74, jun. 2019. p. 66.

[23] Aspectos importantes das exigências para ingresso no mercado são apontados em: FERRAZ, D. A.; OLIVEIRA, A. L. Das franquias de crédito sob a perspectiva das fintechs: limites e possibilidades. *Revista da Procuradoria-Geral do Banco Central*, Brasília, v. 13, n. 1, p. 60-74, jun. 2019. p. 67.

[24] Para uma análise panorâmica, mas aprofundada, dos fundos de investimento, conferir: XAVIER, L. P.; SANTOS-PINTO, R. Art. 7º: fundos de investimento. Art. 1.368, C, D, E. *In*: MARQUES NETO, F. P.; RODRIGUES JUNIOR, O. L.; LEONARDO, R. X. (Org.). *Comentários à Lei da Liberdade Econômica*. São Paulo: RT, 2019. p. 425-464.

[25] Tamanha é a controvérsia que o Superior Tribunal de Justiça, ainda sob a égide de um cadastro positivo que exigia a autorização do consumidor para ingresso (sistema de *opt in*), julgou em 12.11.2014 o REsp nº 1.419.697/RS, sob a relatoria do Min. Paulo de Tarso Sanseverino, e fixou diversas teses organizadas sob o Tema nº 710/STJ.

promovidas pela Lei Complementar nº 166/2019, com potencial de alcançar 137 milhões de brasileiros.[26] A propósito, instituições financeiras que são as relações jurídicas havidas entre essas sociedades e quem com elas contrate a prestação dos serviços estão sujeitas à incidência das regras protetivas do consumidor, como indica a Súmula nº 297 do STJ.[27]

Apesar de realizarem operações que não se confundem, típicas de cada espécie societária (que serão descritas adiante), podem desenvolver atividades outras, como a análise e cobrança de crédito para terceiros, emissão de moeda eletrônica[28] e comercialização de seguros para as operações que realizem. As possibilidades e a dinamicidade desses modelos organizacionais são, portanto, amplíssimas.

Mas há também particularidades a cada uma delas, que decorrem das atividades desenvolvidas. A Sociedade de Crédito Direto tem por objeto a realização de empréstimos, financiamento e aquisição de direitos de crédito, tudo isso por intermédio de aplicação de recursos próprios (art. 3º, Res. CNM nº 4.656/2018). Essa é sua marca distintiva: as operações são realizadas com dinheiro da SCD, podendo captar recursos exclusivamente através da emissão de ações (art. 5º, Res. CNM nº 4.656/2018). Além disso, é lícito que a SCD aliene os direitos creditórios que titularize em razão da oferta de crédito, mas só o pode fazer a alguns agentes específicos.

A Sociedade de Empréstimo entre Pessoas, por outro lado, não opera com recursos próprios. Ela atua como plataforma intermediária entre quem quer oferecer (credores) e quem quer tomar (devedores) crédito, no que se denomina *peer to peer lending*. Muito embora o contraste com a operação bancária tradicional seja nítido, os mútuos onerosos viabilizados nas plataformas virtuais de uma SEP não se sujeitam ao teto de juros estabelecido pelo art. 591 do Código Civil. Isso se deve a três motivos.

Em primeiro lugar, pela conhecida inaplicabilidade das limitações da Lei da Usura e do Código Civil às instituições financeiras, de resto referendada pelas súmulas nºs 379,[29] 382[30] e 530[31] do Superior Tribunal de Justiça. Também pela revogação do §3º do art. 192 da Constituição Federal pela Emenda Constitucional nº 40 de 2003, e pelas numerosas normativas do Conselho Monetário Nacional a respeito dos parâmetros da concessão de crédito pelas instituições financeiras.

Em segundo lugar, pelas razões econômicas do esquadrinhar de modelos jurídicos para estruturação e exploração de *fintechs* de crédito, as quais dão corpo, como se viu, a preocupações com o custo do dinheiro e com o manejo dos altos índices de inadimplência existentes no mercado financeiro. A própria regulação em análise, aliás,

---

26 VIEIRA, R. Cadastro positivo entra em funcionamento e deve atingir a 137 milhões de brasileiros. *O Globo*, 11 jan. 2020. Disponível em: https://oglobo.globo.com/economia/cadastro-positivo-entra-em-funcionamento-deve-atingir-137-milhoes-de-brasileiros-24184099. Acesso em: 22 fev. 2020.

27 Súmula nº 297/STJ: "O Código de Defesa do Consumidor é aplicável às instituições financeiras".

28 A moeda eletrônica não se confunde com a criptomoeda. A primeira diz respeito à representação numérica, em sistema eletrônico de computação, da moeda circulante.

29 "Súmula 379. Nos contratos bancários não regidos por legislação específica, os juros moratórios poderão ser convencionados até o limite de 1% ao mês".

30 "Súmula 382. A estipulação de juros remuneratórios não indica abusividade".

31 "Súmula 530. Nos contratos bancários, na impossibilidade de comprovar a taxa de juros efetivamente contratada – por ausência de pactuação ou pela falta de juntada do instrumento aos autos –, aplica-se a taxa média de mercado, divulgada pelo Bacen, praticada nas operações da mesma espécie, salvo se a taxa cobrada for mais vantajosa para o devedor".

sinaliza para a não sujeição da SEP ao limite legal dos juros remuneratórios nos contratos de mútuo. É o que se depreende de seu art. 18, inc. II:

> Art. 18. A SEP deve informar aos potenciais credores os fatores dos quais depende a taxa de retorno esperada, divulgando, no mínimo:
> I - os fluxos de pagamentos previstos;
> *II - a taxa de juros pactuada com os devedores;*
> III- os tributos;
> IV - as tarifas;
> V - os seguros; e
> VI - outras despesas
> Parágrafo único. Além do disposto no caput, a SEP deve informar aos potenciais credores que a taxa de retorno esperada depende também de perdas derivadas de eventual inadimplência do devedor.

Em terceiro lugar, enfim, em função da diretriz interpretativa prescrita pelo art. 1º, §2º, da Lei da Liberdade Econômica: "Art. 1º [...] §2º Interpretam-se em favor da liberdade econômica, da boa-fé e do respeito aos contratos, aos investimentos e à propriedade todas as normas de ordenação pública sobre atividades econômicas privadas". Concorde-se ou não com a instituição *por decreto* de normas interpretativas,[32] é voz corrente que esse comando legal de "hermenêutica *pro libertatem*"[33] impõe ao aplicador do direito a obediência ao critério *in dubio pro libertatem*.[34] Nesse ânimo, rui a opção pela restrição *in abstracto* à liberdade de precificação dos juros (como outras de mesma estirpe existentes em instrumento de ordenação da atividade econômica). Em seu lugar, entretanto e como já se pôde defender alhures, vêm possibilidades de controle *in concreto*, segundo leituras funcionais[35] que prestigiem, além de garantias institucionais, as liberdades também do tomador do crédito. Assim:

> Da intersecção com a função como liberdades, extrai-se que a função social do contrato consiste em exigência de contributo ao incremento de liberdades. Não apenas entre as partes, a alcançar a responsabilidade de uns pela liberdade de outros, como também relativamente a todos os afetados pelos efeitos de contratos. Para além de tal entrecorte, a função social dos contratos direciona o exercício da liberdade contratual à proteção e à

---

[32] Usa-se a expressão "por decreto" em alusão à gênese da Lei da Liberdade Econômica: uma medida provisória. Sobre razões para desconfiar de instituição de normas interpretativas por tal via, v. BERCOVICI, G. Parecer sobre a inconstitucionalidade da Medida Provisória da Liberdade Econômica (Medida Provisória nº 881, de 30 de abril de 2019). *Revista Fórum de Direito Financeiro e Econômico*, Belo Horizonte, ano 8, n. 15, p. 173- 202, mar./ ago. 2019. p. 180.

[33] V. ACCIOLY, J. C. A. U. Hermenêutica pro libertatem. *In*: MARQUES NETO, F. P.; RODRIGUES JUNIOR, O. L.; LEONARDO, R. X. (Org.). *Comentários à Lei da Liberdade Econômica*. São Paulo: RT, 2019. p. 39-54.

[34] V. GOERGEN, J. Liberdade para empreender. *In*: GOERGEN, J. (Org.). *Liberdade econômica*: o Brasil livre para crescer. Brasília: Câmara dos Deputados, 2019. p. 12. Disponível em: https://aquanticacontabilidade.com.br/web-files/uploads/arquivo/site/1beb05f3260626831375b1dae21477cb.pdf#page=122. Acesso em: 11 mar. 2020.

[35] "Falar em função social do contrato é, pois, remeter às liberdades para além da não-coerção na cunhagem do conteúdo do contrato. E também é transcender os limites de um singelo e dificilmente controlável atrelar do contrato (e de sua função social) à solidariedade constitucional ou a referências mais ou menos frouxas ao projeto ou aos desígnios constitucionais" (RAMOS, A. L. A. *Segurança jurídica e enunciados normativos deliberadamente indeterminados*: o caso da função social do contrato. Tese (Doutorado) – Universidade Federal do Paraná, Curitiba, 2019. p. 183).

promoção das chamadas garantias institucionais, bem na linha traçada por Salomão Filho. Isto é: posições e interesses a um só tempo de todos e de cada um, dotados de especial reconhecimento jurídico e social, a exemplo do meio ambiente equilibrado, da defesa da concorrência e do resguardo às relações de consumo.[36]

A não submissão da SEP ao teto legal dos juros remuneratórios nos contratos de mútuo, via de consequências, não é uma carta em branco para imposição de juros proibitivos, mesmo que eles sejam correspondentes ao que usualmente se vê no mercado de crédito. Antes, trata-se do clareamento de espaço para o exercício de uma liberdade situada, modulável e, eventualmente, sujeita a correções. Isso pelos critérios dúcteis do art. 6º, inc. V,[37] do Código de Defesa do Consumidor, ou pelos excepcionais mecanismos de revisão contratual contemplados pelo Código Civil –[38] *ex vi* a redação atual de seu art. 421, parágrafo único[39], e art. 421-A, inc. III.[40]

Em virtude desse desenho normativo, as operações entre pares viabilizadas pela SEP são atrativas a quem deseja tomar crédito fora do sistema bancário tradicional, em vista de vantagens como: taxa de juros reduzida, prazo para pagamento dilatado, dispensa da oferta de garantias etc.[41] O acesso ao crédito é, inclusive, estendido em razão da opção pelo credor de critérios que não são estritamente técnicos, econométricos ou financeiros para orientar suas escolhas: pesquisas indicam que a narrativa de quem procura financiamento tem papel relevante na obtenção dos recursos.[42]

Há estritas regras que asseguram que o dinheiro que ingresse na sociedade em razão dos negócios por ela intermediados não se confunda com seus próprios recursos, e, mais ainda, que somente possa efetivamente transferir qualquer montante aos devedores na medida da disponibilidade dos credores (art. 14, IV a VI). Por isso, a resolução

---

36 RAMOS, A. L. A. *Segurança jurídica e enunciados normativos deliberadamente indeterminados*: o caso da função social do contrato. Tese (Doutorado) – Universidade Federal do Paraná, Curitiba, 2019. p. 197.

37 "Art. 6º São direitos básicos do consumidor: [...] V - a modificação das cláusulas contratuais que estabeleçam prestações desproporcionais ou sua revisão em razão de fatos supervenientes que as tornem excessivamente onerosas; [...]".

38 *Vide*, nesta esteira: RODRIGUES JUNIOR, O. L.; LEONARDO, R. X.; PRADO, A. C. L. A liberdade contratual e a função social do contrato – Alteração do art. 421-A do Código Civil: Art. 7º. *In*: MARQUES NETO, F. P.; RODRIGUES JUNIOR, O. L.; LEONARDO, R. X. (Org.). *Comentários à Lei da Liberdade Econômica*. São Paulo: RT, 2019. p. 324-325.

39 "Art. 421. A liberdade contratual será exercida nos limites da função social do contrato. (Redação dada pela Lei nº 13.874, de 2019). Parágrafo único. Nas relações contratuais privadas, prevalecerão o princípio da intervenção mínima e a excepcionalidade da revisão contratual. (Incluído pela Lei nº 13.874, de 2019)" e "Art. 421-A. Os contratos civis e empresariais presumem-se paritários e simétricos até a presença de elementos concretos que justifiquem o afastamento dessa presunção, ressalvados os regimes jurídicos previstos em leis especiais, garantido também que: (Incluído pela Lei nº 13.874, de 2019) I - as partes negociantes poderão estabelecer parâmetros objetivos para a interpretação das cláusulas negociais e de seus pressupostos de revisão ou de resolução; (Incluído pela Lei nº 13.874, de 2019) II - a alocação de riscos definida pelas partes deve ser respeitada e observada; e (Incluído pela Lei nº 13.874, de 2019) III - a revisão contratual somente ocorrerá de maneira excepcional e limitada. (Incluído pela Lei nº 13.874, de 2019)".

40 "Art. 421-A. Os contratos civis e empresariais presumem-se paritários e simétricos até a presença de elementos concretos que justifiquem o afastamento dessa presunção, ressalvados os regimes jurídicos previstos em leis especiais, garantido também que: (Incluído pela Lei nº 13.874, de 2019). [...] III - a revisão contratual somente ocorrerá de maneira excepcional e limitada. (Incluído pela Lei nº 13.874, de 2019)".

41 Para uma compreensão um pouco mais verticalizada sobre o sobre o tema, consultar: BACHMANN, A. *et al*. Online peer-to-peer lending. *Journal of Internet Banking and Commerce*, Nova York, v. 16, n. 2, p. 3-18, ago. 2011.

42 HERZENSTEIN, M.; SONENSHEIN, S.; DHOLAKIA, U. M. Tell Me a good story and I may lend you money: the role of narratives in peer-to-peer lending decisions. *Journal of Marketing Research*, Chicago, v. 68, p. 138-149, 2011. Número Especial.

delineia detalhadamente as operações financeiras. Credores (que podem ser pessoas naturais e jurídicas, sejam instituições financeiras ou não, exceto as companhias securitizadoras que ofereçam ativos a investidores não qualificados) e devedores (pessoas naturais ou jurídicas com domicílio e residência no Brasil cadastram-se na plataforma) manifestam expressamente a vontade de participar dos empréstimos e financiamentos. Depois da disponibilização dos recursos à SEP pelo credor, são emitidos os documentos que representam o crédito (tanto para credor como devedor, em ambos os casos tendo como parte a SEP, vinculados um a outro), e o crédito é transferido ao devedor em até cinco dias úteis. Há uma única barreira: os credores não podem contratar com um mesmo devedor, por intermédio da mesma SEP, operações que ultrapassem os R$15.000,00, exceto se forem investidores qualificados.

Diferentemente das SCD, que se beneficiam pela remuneração do capital próprio emprestado a quem com ela contrate (o que se faz por meio dos juros), as SEPs obtêm seu logro pela cobrança de tarifas pelos serviços prestados – que, evidentemente, devem contar com expressa previsão contratual (art. 23). A SEP, outrossim, não tem sua pele em jogo:[43] não pode oferecer garantia nem realizar retenção de risco de crédito – que também não é assegurado pelo Fundo Garantidor de Crédito.

Em resumo: o principal elemento de distinção entre as SEP e as SEC está na espécie de operação que realizam. No caso da segunda, ela será a mutuante, e oferecerá o crédito com recursos próprios. Já a primeira funciona como intermediária em operações de mútuo entre quem procure sua plataforma (sejam potenciais credores ou devedores). De resto, as barreiras de entrada e as regras de funcionamento são essencialmente as mesmas.

Conclusão

A Resolução nº 4.656 do Bacen é exemplo típico daquilo que se denomina regulação *hard*:[44] vale-se de normas com modais deônticos proibitivos, obrigatórios para conformar o comportamento dos agentes econômicos. Muito em função disso, é pouco flexível à volatilidade característica das *startups*, e rapidamente, "alguns dos pressupostos que sustentam determinado sistema não são mais verdadeiros, exigindo adaptação"[45] das regras de regência. Surge, é dizer, um descompasso regulatório, um difícil problema de *timing*: há uma tendência de que, ou a regulação venha cedo demais – e, assim, dificulte o desabrochar das empresas inovadoras ao mesmo tempo em que não dá conta de todos os fenômenos operados por elas – ou vem muito tarde – o que gera um desconfortável e indesejado vácuo regulatório.[46]

---

[43] É de emprego corrente, em língua inglesa, a expressão *skin on the game*, traduzida livre e literalmente para "pele em jogo" para referir-se à exposição aos riscos de crédito. A respeito, consultar: BRASIL. Assessoria de Análise e Pesquisa. Comissão de Valores Mobiliários. *Retenção de risco na securitização*: um estudo a partir da metodologia de análise de impacto regulatório. Disponível em: www.cvm.gov.br/export/sites/cvm/mehttp://www.cvm.gov.br/export/sites/cvm/menu/acesso_informacao/serieshistoricas/estudos/anexos/AIR_retencao-de-riscos.pdfnu/acesso_informacao/serieshistoricas/estudos/anexos/AIR_retencao-de-riscos.pdf. Acesso em: 22 fev. 2020.

[44] MOREIRA, E. B. Passado, presente e futuro da regulação econômica no Brasil. *Revista de Direito Público da Economia*, Belo Horizonte, n. 44, p. 87-118, out./dez. 2013. p. 96-97.

[45] VIANNA, E. A. B. *Regulação das fintechs e sandboxes regulatórias*. 2019. 169 f. Dissertação (Mestrado em Direito) – Fundação Getúlio Vargas, Rio de Janeiro, 2019. p. 61.

[46] VIANNA, E. A. B. *Regulação das fintechs e sandboxes regulatórias*. 2019. 169 f. Dissertação (Mestrado em Direito) – Fundação Getúlio Vargas, Rio de Janeiro, 2019. p. 67-68.

Na contramão disso, e para dar conta do problema, diversas experiências estrangeiras têm se demonstrado mais adequadas e compassadas com os desafios impostos pelas disruptivas *fintechs*. Bom exemplo disso é o emprego das chamadas *sandboxes* regulatórias: as empresas que desejam atuar em determinado setor são convidadas a fazê-lo como que dentro de uma caixa de areia, ou seja, estão relativamente limitadas em suas atividades e obedecem a regras predeterminadas, mas com amplo espaço de atuação, sob intensa fiscalização, acompanhamento e constante aprimoramento pelo agente regulador.[47]

Por estas razões, ainda que mereça créditos por ser fruto de um amplo diálogo com os agentes econômicos, força da consulta pública que a antecedeu, a Resolução nº 4.656 do Bacen é uma demonstração de uma cultura regulatória que, cedo ou tarde, tropeçará para dar conta da fluidez e da velocidade da inovação. Quiçá seja oportuno cogitar um câmbio de modelo e cultura regulatória, tal como a adoção das *sandboxes*, que "ao mesmo tempo em que promovem inovação e competitividade no mercado financeiro, mitigam ou solucionam o problema de desconexão regulatória".[48]

Referências

ACCIOLY, J. C. A. U. Hermenêutica pro libertatem. *In*: MARQUES NETO, F. P.; RODRIGUES JUNIOR, O. L.; LEONARDO, R. X. (Org.). *Comentários à Lei da Liberdade Econômica*. São Paulo: RT, 2019.

BACHMANN, A. *et al*. Online peer-to-peer lending. *Journal of Internet Banking and Commerce*, Nova York, v. 16, n. 2, p. 3-18, ago. 2011.

BANCO CENTRAL DO BRASIL. *Jornada da Cidadania Financeira no Brasil*. Brasília: Banco Central do Brasil, 2018.

BERCOVICI, G. Parecer sobre a inconstitucionalidade da Medida Provisória da Liberdade Econômica (Medida Provisória nº 881, de 30 de abril de 2019). *Revista Fórum de Direito Financeiro e Econômico*, Belo Horizonte, ano 8, n. 15, p. 173- 202, mar./ago. 2019.

BORGES, J. P. R. O superendividamento no Brasil: um estudo sob a ótica da análise econômica do direito. *Revista da Procuradoria Geral do Banco Central*, Brasília, v. 12, n. 2, p. 95-109, dez. 2018.

BRASIL. Assessoria de Análise e Pesquisa. Comissão de Valores Mobiliários. *Retenção de risco na securitização*: um estudo a partir da metodologia de análise de impacto regulatório. Disponível em: www.cvm.gov.br/export/sites/cvm/mehttp://www.cvm.gov.br/export/sites/cvm/menu/acesso_informacao/serieshistoricas/estudos/anexos/AIR_retencao-de-riscos.pdfnu/acesso_informacao/serieshistoricas/estudos/anexos/AIR_retencao-de-riscos.pdf. Acesso em: 22 fev. 2020.

COELHO, F. U. Uma lei oportuna e necessária. *In*: GOERGEN, J. (Org.). *Liberdade econômica*: o Brasil livre para crescer. Brasília: Câmara dos Deputados, 2019. Disponível em: https://aquanticacontabilidade.com.br/web-files/uploads/arquivo/site/1beb05f3260626831375b1dae21477cb.pdf#page=122. Acesso em: 11 mar. 2020.

COUTINHO FILHO, A. Regulação 'Sandbox' como instrumento regulatório no mercado de capitais: principais características e prática internacional. *Revista Digital de Direito Administrativo*, Ribeirão Preto, v. 5, n. 2, p. 264-282, 2018.

DOMENEGHETTI, D. 2020: o poderoso ano das startups. *Revista IstoÉ*, 28 dez. 2019. Disponível em: https://istoe.com.br/2020-o-poderoso-ano-das-startups/. Acesso em: 5 fev. 2020.

[47] "A *sandbox* regulatória, ao possibilitar que inovações financeiras sejam testadas no mercado, ainda que em ambiente controlado e com certas limitações, permite ao regulador observar se os riscos relacionados a determinado produto ou serviço financeiro apresentam repercussões sistêmicas relevantes" (COUTINHO FILHO, A. Regulação 'Sandbox' como instrumento regulatório no mercado de capitais: principais características e prática internacional. *Revista Digital de Direito Administrativo*, Ribeirão Preto, v. 5, n. 2, p. 264-282, 2018. p. 148).

[48] VIANNA, E. A. B. *Regulação das fintechs e sandboxes regulatórias*. 2019. 169 f. Dissertação (Mestrado em Direito) – Fundação Getúlio Vargas, Rio de Janeiro, 2019. p. 152.

FERRAZ, D. A.; OLIVEIRA, A. L. Das franquias de crédito sob a perspectiva das fintechs: limites e possibilidades. *Revista da Procuradoria-Geral do Banco Central*, Brasília, v. 13, n. 1, p. 60-74, jun. 2019.

FONSECA, M. 7 tendências de negócio que estão em alta em 2018. *Revista Exame*, 26 jul. 2018. Disponível em: https://exame.abril.com.br/pme/7-tendencias-de-negocio-que-tem-tudo-para-bombar-em-2018/. Acesso em: 5 fev. 2020.

GOERGEN, J. Liberdade para empreender. *In*: GOERGEN, J. (Org.). *Liberdade econômica*: o Brasil livre para crescer. Brasília: Câmara dos Deputados, 2019. Disponível em: https://aquanticacontabilidade.com.br/web-files/uploads/arquivo/site/1beb05f3260626831375b1dae21477cb.pdf#page=122. Acesso em: 11 mar. 2020.

HERZENSTEIN, M.; SONENSHEIN, S.; DHOLAKIA, U. M. Tell Me a good story and I may lend you money: the role of narratives in peer-to-peer lending decisions. *Journal of Marketing Research*, Chicago, v. 68, p. 138-149, 2011. Número Especial.

LOUREIRO, C. S. Princípios na Lei de Liberdade Econômica. *In*: MARQUES NETO, F. P.; RODRIGUES JUNIOR, O. L.; LEONARDO, R. X. (Org.). *Comentários à Lei da Liberdade Econômica*. São Paulo: RT, 2019.

MARQUES NETO, F. P.; RODRIGUES JUNIOR, O. L.; LEONARDO, R. X. (Org.). *Comentários à Lei da Liberdade Econômica*. São Paulo: RT, 2019.

MOREIRA, E. B. Passado, presente e futuro da regulação econômica no Brasil. *Revista de Direito Público da Economia*, Belo Horizonte, n. 44, p. 87-118, out./dez. 2013.

PIVA, N. Homem, jovem e curitibano. Estudo traça perfil das startups do Paraná. *Gazeta do Povo*, 24 set. 2018. Disponível em: https://www.gazetadopovo.com.br/vozes/parana-sa/estudo-traca-perfil-das-startups-do-parana/. Acesso em: 11 mar. 2020.

RAMOS, A. L. A. *Segurança jurídica e enunciados normativos deliberadamente indeterminados*: o caso da função social do contrato. Tese (Doutorado) – Universidade Federal do Paraná, Curitiba, 2019.

RODRIGUES JUNIOR, O. L.; LEONARDO, R. X.; PRADO, A. C. L. A liberdade contratual e a função social do contrato – Alteração do art. 421-A do Código Civil: Art. 7º. *In*: MARQUES NETO, F. P.; RODRIGUES JUNIOR, O. L.; LEONARDO, R. X. (Org.). *Comentários à Lei da Liberdade Econômica*. São Paulo: RT, 2019.

SOUTO, G. A. Cadastro positivo: a solução para o combate à assimetria informacional no setor bancário brasileiro? *Revista da Procuradoria-Geral do Banco Central*, Brasília, v. 13, n. 1, p. 75-88, jun. 2019.

VERÍSSIMO, L. B. O. Regulação econômica de fintechs de crédito: perspectivas e desafios para abordagem regulatória. *Revista da Procuradoria-Geral do Banco Central*, Brasília, v. 13, n. 1, p. 44-59, jun. 2019.

VIANNA, E. A. B. *Regulação das fintechs e sandboxes regulatórias*. 2019. 169 f. Dissertação (Mestrado em Direito) – Fundação Getúlio Vargas, Rio de Janeiro, 2019.

VIEIRA, R. Cadastro positivo entra em funcionamento e deve atingir a 137 milhões de brasileiros. *O Globo*, 11 jan. 2020. Disponível em: https://oglobo.globo.com/economia/cadastro-positivo-entra-em-funcionamento-deve-atingir-137-milhoes-de-brasileiros-24184099. Acesso em: 22 fev. 2020.

ZANETTI, D.; SAVI, M. R.; ALBERTON, T. C. Futuros possíveis no sistema financeiro brasileiro: arranjos de pagamento, fintechs e pagamentos instantâneos. *In*: ORDEM DOS ADVOGADOS DO BRASIL - SEÇÃO DO PARANÁ (Ed.). *Direito e inovação*: criptoativos, fintechs, online disput resolution (ODR), análise de dados e inteligência artificial e a Lei Geral de Proteção de Dados e Privacidade. Curitiba: OAB/PR, 2019. Disponível em: https://oabpr.org.br/wp-content/uploads/2019/08/direito-e-Inovacao.pdf. Acesso em: 22 fev. 2020.

Informação bibliográfica deste texto, conforme a NBR 6023:2018 da Associação Brasileira de Normas Técnicas (ABNT):

RAMOS, André Luiz Arnt; QUEIROZ, Paulo Mayerle. Fintechs de crédito: breve ensaio sobre a sociedade de empréstimo entre pessoas e a sociedade de crédito direto. *In*: EHRHARDT JÚNIOR, Marcos; CATALAN, Marcos; MALHEIROS, Pablo (Coord.). *Direito Civil e tecnologia*. Belo Horizonte: Fórum, 2020. p. 225-236. ISBN 978-65-5518-036-7.

ASSINATURA ELETRÔNICA DE CONTRATOS DE COMPROMISSO DE COMPRA E VENDA: O IMPACTO DA TECNOLOGIA NO DIREITO IMOBILIÁRIO CONTEMPORÂNEO

FLAVIANA RAMPAZZO SOARES

Introdução

A tecnologia carrega em si uma velocidade que o direito pode demorar para acompanhar. A cada descoberta, impulsionam-se atividades, diminui o tempo à realização dos atos, aumenta o fluxo de informações e dados, surgem novas formas de concretização das relações jurídicas e, assim, emergem alguns desafios a superar.

A assinatura não costuma constituir o alvo de estudos teóricos na esfera dos contratos. Geralmente trata-se de elemento a ser considerado no plano da existência dos atos jurídicos *lato sensu*, e a sua autenticidade a ser validada como requisito de validade, sem aprofundamento a respeito do seu modo de coleta ou meio de aposição. A tecnologia, e, recentemente, a inesperada pandemia da Covid-19, trouxeram impactos inexoráveis à vida e ao direito, e o direito imobiliário não está infenso às suas projeções. Contratos são estabelecidos a distância, e a tecnologia traz o uso da assinatura eletrônica como uma possível ferramenta a ser utilizada para sacramentar validamente um contrato.

Este texto tem como objetivo o de expor, ainda que de modo resumido, o significado do *gênero* designado *assinatura virtual*, e da sua *espécie*, a *assinatura eletrônica*, bem como a sua diferença da *assinatura digital*; as principais características da assinatura eletrônica e os meios de obtenção; a validade jurídica desse meio de assinatura, os seus maiores méritos e alguns dos desafios enfrentados à sua admissão e concretização. Assim, as perguntas a serem feitas, que compõem o problema da pesquisa, são as seguintes:

(a) A assinatura virtual é um meio eficiente e válido para ser empregado em contratos de compromisso de compra e venda de bens imóveis?

(b) Quais são os principais benefícios e os maiores obstáculos à sua aplicação prática?

Têm-se como hipóteses para a letra (a), que ela seja uma ferramenta inapta, que ela seja parcialmente apta ou que ela seja inapta. E, para a letra (b), que ela seja de possível aplicação prática (total ou parcial) ou que os obstáculos sejam tamanhos que impeçam ou dificultem enormemente a sua aplicação.

Para a construção da pesquisa apresentada, optou-se por utilizar como método de abordagem o dedutivo, assim como o dialético, de natureza aplicada e, na técnica de pesquisa, enfatiza-se a coleta doutrinária com abordagem qualitativa. O método de procedimento é o documental.

Especificados esses aspectos iniciais, parte-se para o primeiro ponto a ser abordado neste texto, que é o significado de assinatura e as suas espécies.

1 O traço conceitual da assinatura

Na linguagem comum, assinatura sempre foi associada ao exercício de um ato manual (assinatura manuscrita), e considerado um ato personalíssimo e personalizado, de subscrição com características de grafia próprias e peculiares quanto ao *jeito*, de cada pessoa natural, de escrever o próprio nome e prenome, como se ele constituísse, pelas particularidades dos traços gráficos externados manualmente, uma espécie de *símbolo distintivo de reconhecimento*.

Enquanto o nome e o prenome constituem palavras de designação de uma pessoa, a assinatura é um sinal distintivo dessa pessoa, executado por si, que permite identificá-la, por associar-lhe específicos caracteres vinculados ao seu modo de execução.

A assinatura, sob o enfoque jurídico, é uma representação da singularidade da autoria, a concretizar um ato juridicamente qualificado que a exija como elemento de existência e como requisito de validade, porque ela tanto pode expressar *vontade* quanto pode servir para indicar quem seja o seu *criador*.

No dicionário jurídico, menciona-se que a palavra *assinatura* designa uma ação, consubstanciada na aposição do nome por uma pessoa, com "todos os apelidos e cognomes e com todas as letras com que ele se escreve, em papel ou documento, de que resulte, ou não, obrigação, sem que não ficará obrigado nele, quando este for o seu fim".[1] O termo provém da palavra latina *signatura*, advinda do verbo *signare*, que significa marcar ou sinalizar.

Pode, ainda, ocorrer que aquele que atua como parte no contrato não possa assinar o contrato e, assim, nomeie outra pessoa como sua procuradora para este fim, sendo então representada por mandato, permitindo-se que o outorgado assine, em seu nome, representando o outorgante. Há, ainda, a assinatura a rogo, na qual duas pessoas assinam a pedido daquele que não pode ou não sabe escrever.

Essas são designações *tradicionais*, relacionadas ao mundo físico, no qual são formadas relações que se desencadeiam proximamente e que envolvem a prática de atos concretos em locais fisicamente conhecidos, como imobiliárias e tabelionatos de notas. O mundo virtual, no entanto, possibilitou a realização de uma série de atos remotamente. Bens são adquiridos mediante acesso a lojas virtuais, situadas tanto fisicamente quanto no ambiente da internet ou, por vezes, apenas no mundo virtual.

No ramo imobiliário, empreendimentos são lançados virtualmente, com plantão de vendas cibernético, e corretores de imóveis atendem remotamente, em seus

---

1 ASSINATURA. *In*: SILVA, De Plácido e. *Vocabulário jurídico*. Atualização de Nagib Slaibi Filho e Priscila Pereira V. Gomes. 31. ed. Rio de Janeiro: Forense, 2014.

computadores ou *smartphones*. Propostas são expostas por meio de recursos tecnológicos no ambiente da internet, o *tour* na futura unidade imobiliária é feito por realidade virtual, com ambientes simulados conforme o projeto. Ainda, há a possibilidade de que essa modalidade de atendimento também ocorra para bens imóveis prontos e usados, postos à venda ou à locação.

Ajustados os contornos negociais que envolvem a compra e venda de um imóvel, o passo seguinte é a sua formalização, que envolve a assinatura do compromisso de compra e venda do imóvel (a qual costuma anteceder a respectiva assinatura da escritura de compra e venda). Trata-se de contrato bilateral,[2] cuja validade do documento que o formaliza depende da aposição das assinaturas das partes.

E a definição do conceito de documento, na contemporaneidade, envolve a avaliação da sua função, ampliando-se para ser concebido como uma representação física ou eletrônica de um fato ou de um ato em sentido lato, destinado a uma finalidade probatória em sentido amplo, não sendo possível "negar a natureza de escrito do documento eletrônico" encriptado ou não.[3]

Com isso, igualmente reconhece-se que o documento físico ou eletrônico tem como funções servir como ato de *fixação de conteúdo* da declaração expressada e de *memória* quanto ao seu teor e alcance.

Tem-se, igualmente, a necessidade de verificação da função que a assinatura exerce nos documentos, que é a de vincular aquele que é indicado como parte do negócio jurídico ao conteúdo da vontade expressada, confirmando *autoria* e *conteúdo*.

Transforma-se, assim, a própria concepção da assinatura, porque ela atualmente pode ser realizada por meios físicos ou por meios digitais. Por meio físico ela é um ato pessoal do subscritor e, na modalidade virtual, ela é um processo complexo de execução de atos que servirão para imputar a autoria a alguém. Esse processo envolve caracteres informáticos específicos e irrepetíveis a cada ato de assinatura virtual, o que se faz para lhe garantir segurança.

Aqui, as tradicionais espécies de assinatura se ampliam e o seu próprio conceito se transforma e se atualiza, e, nesse espaço, ganha assento a *assinatura virtual*, que será objeto da investigação do próximo tópico.

2 A assinatura virtual e as suas espécies: digital e eletrônica

A *assinatura virtual* é um *gênero* de aposição de *símbolo distintivo de vontade* vinculada à identidade e à *autoria* de uma pessoa determinada no ambiente da internet, a qual é legalmente equiparada à assinatura manuscrita (assinatura física presencial) e comporta a divisão em *assinatura digital* e em *assinatura eletrônica*.

Ambas modalidades são consideradas típicas, porque são disciplinadas legislativamente e se concretizam no ambiente da internet, independentemente da aposição de grafia manuscrita. Elas têm a vantagem da aposição independentemente

---

2 "A bilateralidade, quando se fala de negócios jurídicos bilaterais, concerne às manifestações de vontade, que ficam, uma diante da outra, com a cola, digamos assim, da concordância" (PONTES DE MIRANDA, Francisco Cavalcanti. *Tratado de direito privado*. Rio de Janeiro: Borsoi, 1954. t. XXXVIII. p. 7, §4.184).

3 Veja-se, a respeito desse tema, EHRHARDT JR., Marcos. *Direito civil*: LINDB e parte geral. 2. ed. Salvador: JusPodivm, 2011. v. 1. p. 599-600.

de deslocamentos das partes. A validade jurídica dessas espécies foi reconhecida explicitamente por meio da Medida Provisória (MP) nº 2.200-2, datada de 24.8.2001, a qual criou a Infraestrutura de Chaves Públicas Brasileira (ICP-Brasil) e especificou, no *caput* de seu art. 10, que os documentos eletrônicos referidos na própria MP mencionada são considerados documentos particulares.[4]

Complementarmente, o art. 221 do Código Civil brasileiro (CC) aplica-se à assinatura virtual, pois menciona que o instrumento particular, elaborado e assinado ou apenas assinado por parte de quem puder livremente dispor e administrar o seu patrimônio, prova as obrigações convencionais, conquanto a sua eficácia *erga omnes* esteja condicionada ao registro em registro público. Com isso, tem-se que os documentos virtuais podem ser considerados, conforme a sua feição específica a ser aferida em cada ato concretamente considerado, documentos ou instrumentos, particulares ou públicos.

E o Código de Processo Civil brasileiro (CPC), em seu art. 411, inc. II, ao tratar da força probante dos documentos, define que estes são considerados autênticos se houver identificação da autoria "por qualquer outro meio legal de certificação, inclusive eletrônico, nos termos da lei", presumindo-se, entre os signatários, a veracidade dos documentos assinados (art. 219 do CC), ainda que essa assinatura seja virtual.[5]

A recente Medida Provisória nº 983, de 16.6.2020, que trata das "assinaturas eletrônicas em comunicações com entes públicos e em questões de saúde", refere em seu art. 2º, a possibilidade de que as assinaturas virtuais possam ser classificadas como: (a) simples, nas quais é possível identificar o seu autor, associando dados a outros em formato eletrônico do signatário; (b) avançadas, as quais associam o signatário de modo unívoco, utilizando dados para a criação de assinatura eletrônica cujo signatário pode, com elevado nível de confiança, operar sob o seu controle exclusivo e possibilitando a detecção de qualquer modificação posterior e (c) qualificadas, abrangendo o uso de certificado digital.

Assim, cada uma dessas espécies de assinatura virtual, legitimadas pelas normas acima indicadas, apresenta características particulares e possibilidades variadas de aplicação, o que será especificado nos dois próximos subitens.

2.1 A assinatura digital

A *assinatura digital* depende da prévia obtenção de um *certificado digital*, que opera como identidade virtual, como mecanismo de autenticação e como meio de identificação de atos praticados por meios eletrônicos, o qual é emitido por autoridades certificadoras específicas, vinculadas a uma ou mais autoridades registradoras, dentro do sistema implementado pela ICP-Brasil. As autoridades certificadoras vinculam-se

[4] Essa MP segue vigente em razão do texto do art. 2º da Emenda Constitucional (EC) nº 32, datada de 11.9.2001, o qual menciona que as "medidas provisórias editadas em data anterior à da publicação desta emenda continuam em vigor até que medida provisória ulterior as revogue explicitamente ou até deliberação definitiva do Congresso Nacional".

[5] Recentemente, o CNJ emitiu o Provimento nº 87, de 11.9.2019, no qual, em seu art. 1º, permitiu que os tabeliães de protesto de títulos e outros documentos de dívida de que trata a Lei nº 9.492, de 10.9.1997, aceitem documentos assinados virtualmente, seja por meio da assinatura digital efetivada com uso de certificado digital que atende aos requisitos da "Infraestrutura de Chaves Públicas Brasileira – ICP Brasil" ou "outro meio seguro, disponibilizado pelo Tabelionato, previamente autorizado pela respectiva Corregedoria-Geral de Justiça". O mesmo provimento permitiu o cancelamento do protesto pela internet, "mediante anuência do credor ou apresentante do título, assinada eletronicamente" (art. 5º).

ao ITI, autarquia federal que centraliza esse trabalho, tanto na coordenação da sua execução, quanto na sua regulamentação e fiscalização, atuando como uma "Autoridade Certificadora Raiz da ICP-Brasil". As pessoas interessadas em ter esse certificado habilitam-se (presencial ou remotamente) perante certificadoras autorizadas e obtêm os certificados digitais específicos (os quais contemplam os dados do titular, com proteção criptografada e com prazo de validade determinado, arquivados em um dispositivo físico – *pendrive, smartcard* – ou em um arquivo virtual depositado em nuvem).

Esses certificados contam com uma chave privada de assinatura mediante senha, que viabiliza o seu uso pessoal para a prática de vários atos, a qual se perfectibiliza por meio de um *software* apto a vincular os elementos criptográficos do certificado aos documentos a serem assinados digitalmente. Assim, uma autoridade certificadora (AC) gera o documento eletrônico de acordo com as especificações determinadas pelo Comitê Gestor da ICP-Brasil, associando uma entidade (pessoa, processo, servidor) a um par de chaves criptográficas. De acordo com o §1º do art. 10 da MP referida, há presunção de veracidade, entre os signatários, dos documentos produzidos mediante o uso desse certificado.

Nos termos do Provimento nº 100/2020 do CNJ, é possível que um cartório de notas crie uma identidade virtual de uma pessoa, mediante um certificado digital, o qual terá validade de três anos e ficará vinculado à plataforma virtual do e-Notariado, gerida pelo Conselho Federal do Colégio Notarial do Brasil (admitindo-se igualmente o uso de um certificado digital emitido no âmbito da ICP-Brasil). Essa plataforma possibilita a assinatura de documentos virtuais por meio da inclusão de uma senha pessoal (PIN) em campo específico criado para este fim, na mencionada plataforma, conjugada com videoconferência notarial, pela qual o tabelião conferirá a sua identidade e a vontade expressada do signatário. Nessa modalidade, permite-se a impressão do traslado, o qual contará com a assinatura digital do tabelião, por meio do seu certificado emitido no âmbito da ICP-Brasil.[6]

2.2 A assinatura eletrônica

A *assinatura eletrônica* tem a mesma finalidade da assinatura digital, mas dispensa o emprego de certificado digital, e o procedimento de assinatura não é efetivado sob o "selo" da ICP-Brasil. A autoria, a integridade e a vontade expressadas por meio de um ato jurídico *lato sensu* são confirmadas por outros meios tecnológicos oferecidos por pessoas jurídicas que disponibilizam seus serviços nas suas páginas, no ambiente da internet, e prometem nível similar de segurança na prática do ato. Essa espécie de assinatura funda-se no disposto no §2º do art. 10 da MP nº 2.200-2, o qual possibilita o uso de "outro meio de comprovação da autoria e integridade de documentos em forma eletrônica, inclusive os que utilizem certificados não emitidos pela ICP-Brasil, desde que admitido pelas partes como válido ou aceito pela pessoa a quem for oposto o documento".

Veja-se que o próprio texto do mencionado §2º do art. 10 da MP nº 2.200-2 permite que as partes de um negócio, no âmbito da sua autonomia privada[7] e fora dos casos em

---

6 As informações constam no *site* www.e-notariado.org.br.

7 Lembrando-se da lição de Prata: "Autonomia privada e negócio jurídico são hoje, como sempre, meio e instrumento de composição jurídica de interesses de natureza essencialmente privada, mas, diferentemente do

que é obrigatório o emprego da assinatura digital, utilizem de outros meios virtuais para chancelar a autoria de uma assinatura e a integridade de seu conteúdo, como é o caso da assinatura eletrônica.

3 Níveis de segurança das assinaturas virtuais

É possível verificar, a partir das características típicas de cada uma dessas duas espécies de assinatura, que, na do tipo *digital*, há presunção de veracidade tanto do conteúdo da vontade manifestada quanto da autoria, independentemente da aceitação desse meio por parte do destinatário do documento ou de convenção específica das partes quanto a esse aspecto. O uso da assinatura *digital*, dessa forma, é um direito do titular do certificado digital, desde que o ato para o qual haverá a expressão da vontade e a designação da autoria admita a sua realização virtual por meio do certificado digital.

Há elevado nível de segurança quanto à autoria da assinatura do tipo *digital*, seja pelo conjunto de medidas de seguridade adotadas na tecnologia empregada na assinatura e no arquivamento dos dados relacionados ao ato praticado, seja pelo fato de que o detentor do certificado digital previamente participou, de maneira presencial ou remota, de um procedimento de identificação, verificação e comprovação de dados perante uma autoridade certificadora validada pelo Instituto Nacional de Tecnologia da Informação – ITI, cabendo ao titular do certificado digital ter o cuidado de manter seguro esse certificado, seus dados de acesso e, principalmente, a sua senha exclusiva.[8]

O maior nível de segurança depende de que, na etapa inicial, seja ocupado um período de tempo próprio para implantação, pois depende de pagamento, agendamento, coleta de dados e análise, digitalização e arquivamento de documentos pela autoridade certificadora, habilitação e consequente obtenção do certificado, além do custo da obtenção desse certificado, que não pode ser considerado acessível à boa parte da população, em especial àqueles que não fazem uso corrente desse tipo de ferramenta.

Esse maior nível de segurança igualmente se dá pela ferramenta de aferição de conformidade de arquivo produzido, assinado mediante o uso de certificado ICP-Brasil, que é o Verificador de Conformidade do Padrão de Assinatura Digital da Infraestrutura de Chaves Públicas Brasileira – ICP-Brasil.[9]

Na *assinatura eletrônica*, há uma situação distinta. Trata-se de um meio de assinatura a ser eleito pelas partes envolvidas no ato, as quais devem deliberar quanto ao seu uso e, igualmente, sob qual plataforma ela se viabilizará (e isso é necessário até para que ela seja passível de aplicação prática, como se verá). Essa deliberação prévia

---

que antes acontecia, não são um meio e um instrumento deixados na exclusiva disponibilidade das partes. Ao Estado incumbem deveres que ele há-de prosseguir (também) através deste meio e deste instrumento" (PRATA, Ana. *A tutela constitucional da autonomia privada*. Coimbra: Almedina, 2017. p. 24-25).

[8] A recente Medida Provisória nº 951, de 15.4.2020, em seu art. 2º, permitiu a identificação presencial ou remota, desde que seja mantido nível de segurança equivalente ao presencial: "Art. 2º Às Autoridades de Registro – AR da Infraestrutura de Chaves Públicas Brasileira – ICP-Brasil, entidades operacionalmente vinculadas a determinada Autoridade Certificadora – AC, compete identificar e cadastrar usuários, encaminhar solicitações de certificados às AC e manter registros de suas operações. Parágrafo único. A identificação será feita presencialmente, mediante comparecimento pessoal do usuário, ou por outra forma que garanta nível de segurança equivalente, observada as normas técnicas da ICP-Brasil".

[9] Disponível em https://www.iti.gov.br/verificador. Acesso em: 21 abr. 2020. Para viabilizar o uso dessa ferramenta de aferição o arquivo deve estar nos padrões CAdES, XAdES e PAdES.

é um negócio jurídico específico, vinculado ao outro negócio, que é o compromisso de compra e venda.

A autoria da assinatura eletrônica será verificada de acordo com os elementos coletados no decorrer do cadastro virtual da parte e do uso da plataforma escolhida, sem verificação presencial prévia, sem o uso de certificado digital e fora do ambiente ICP-Brasil. O custo desse procedimento costuma ser mais baixo que o da assinatura digital.

Há diferentes plataformas *on-line* que oferecem o serviço, e cada uma o faz com o emprego da sua técnica própria para associar as informações recebidas e identificadas para definir uma autoria. Assim, é possível o uso, por exemplo, do desenho da assinatura manuscrita, da geolocalização, do endereço de IP, da inclusão de dados e senhas, da análise da imagem da pessoa pela câmera de seu dispositivo de uso, (computador, *smartphone* etc.), das confirmações por *e-mail* e SMS. Quanto maior o número de itens idôneos e eficientes de verificação, em associação, maior será a segurança quanto a autoria da assinatura eletrônica. Quanto mais eficiente o protocolo de segurança, maior será o nível de confiabilidade dessa modalidade de assinatura.

Há certificadoras que oferecem plataformas para depósito e compartilhamento virtual de documentos no formato PDF entre pessoas determinadas (as partes ou figurantes do contrato), para que seja tomada a assinatura eletrônica, tudo protegido por senha. Coletadas virtualmente as assinaturas eletrônicas, o sistema arquiva os documentos e emite um relatório validador das assinaturas eletrônicas, contendo dados como dia, horário e IP dos acessos das assinaturas vinculadas ao arquivo assinado.

A implementação de criptografia não é obrigatória, e, assim, caso a empresa fornecedora do serviço de assinatura eletrônica entenda que mantém meio de salvaguarda razoável e adequado na sua gestão da confidencialidade, integridade e disponibilidade de dados, poderá não adotar a criptografia como meio de segurança. Isso deve ser informado ao usuário, para que ele avalie a conveniência da transmissão de dados nessas circunstâncias.

Assim, verifica-se que, mesmo sendo espécies diferentes de assinatura virtual, elas não são necessariamente excludentes, mas complementares, pois cada uma tem suas vantagens e desvantagens, e características típicas que fazem com que o uso preferencial de uma ou outra modalidade possa ser mais apropriado, a depender, *v.g.*, do tipo de ato a ser praticado, a situação econômica e pessoal das partes, do tipo e da importância do documento a ser assinado, da dimensão financeira do negócio realizado ou das exigências legais quanto ao tipo de assinatura aceitável.

No próximo tópico deste texto, será visto qual modalidade pode ser aplicada conforme o ato imobiliário a ser praticado: o compromisso de compra e venda ou a compra e venda definitiva.

4 Aplicações das assinaturas virtuais na compra e venda de imóveis

A *assinatura eletrônica* tem espaço nos negócios jurídicos que dispensem forma específica, que não sejam firmados em tabelionato de notas ou que não exijam uma modalidade de assinatura determinada, que não a eletrônica.

No direito imobiliário, é essencial a escritura pública para o negócio jurídico de compra e venda de imóveis cujo preço seja superior a trinta vezes o maior salário mínimo vigente no país, conforme consta no texto do art. 108 do CC.[10]

Igualmente podem prescindir da escritura pública para a sua formalização os negócios de compra e venda de imóveis, efetivados no âmbito do Sistema de Financiamento Imobiliário – SFI e alienação fiduciária de imóvel (o mútuo com alienação fiduciária em garantia imobiliária e o financiamento mediante a contratação da alienação fiduciária em garantia previstos na Lei nº 9.514/1997, especialmente em seu art. 38); a compra e venda com financiamento do Sistema Financeiro de Habitação – SFH (art. 61, §5º, da Lei nº 4.380/1964); o compromisso de compra e venda de imóveis loteados (urbanos, previstos no art. 26 da Lei nº 6.766/1979 e as terras públicas referidas no art. 7º do DL nº 2.375/1987), e os contratos de compra e venda financiados sob as diretrizes do Programa Minha Casa Minha Vida – PMCMV (art. 26 da Lei nº 11.977/2009).

O art. 26 da Lei nº 6.766/1979, a qual dispõe sobre o parcelamento do solo urbano, especificamente prevê a possibilidade de que instrumento particular possa formalizar os compromissos de compra e venda, as cessões ou promessas de cessão de direitos de contratos de compra e venda imobiliárias.

É admissível, assim, que as partes interessadas em futuramente firmar uma escritura de compra e venda de imóvel ou contrato de compra e venda (este nas hipóteses em que esse contrato é eficaz para transferir a propriedade), antecipadamente ajustem compromisso prévio de assim proceder, depois de cumpridas determinadas obrigações previamente pactuadas, por meio do contrato designado "promessa de compra e venda de imóvel".[11]

Ao celebrar um compromisso de compra e venda, as partes não teriam a intenção de "modificar diretamente sua efetiva situação, mas, apenas, a criar a obrigação de um futuro *contrahere*",[12] pelo qual uma das partes assume a obrigação de comprar, e a outra a de vender, e, assim, comprometem-se a celebrar o contrato definitivo em momento posterior, por meio do instrumento apropriado ao fim almejado.[13]

No contrato-promessa de compra e venda, as partes ultrapassam a etapa de prosseguir negociações, "mas obrigam-se, sem mais, a concluir um contrato com um certo conteúdo", porque no contrato-promessa já foram estabelecidos os "termos essenciais da operação econômica que tencionam realizar", conquanto ainda não queiram concluir o contrato que produz os efeitos jurídico-econômicos próprios da operação. Mediante o vínculo formado pelo contrato-promessa, remetem a eficácia translativa da propriedade para um momento posterior, "mas, ao mesmo tempo, desejam a certeza de que estes

---

[10] A assinatura é ato essencial à escritura, na forma da Lei nº 6.015/1973: "Art. 35. A escrituração será feita seguidamente, em ordem cronológica de declarações, sem abreviaturas, nem algarismos; no fim de cada assento e antes da subscrição e das assinaturas, serão ressalvadas as emendas, entrelinhas ou outras circunstâncias que puderem ocasionar dúvidas. Entre um assento e outro, será traçada uma linha de intervalo, tendo cada um o seu número de ordem".

[11] LOBO, Paulo. *Direito civil*. Coisas. São Paulo: Saraiva, 2015. p. 267. Pereira menciona que "originalmente, a promessa de compra e venda há de ser um pré-contrato, que, como toda avença desta espécie, tem por objeto a celebração de outro, que será então o contrato definitivo" (PEREIRA, Caio Mário da Silva. *Instituições de direito civil*. Direitos reais. 18. ed. rev. Revisão de Carlos Edison do Rêgo Monteiro Filho. Rio de Janeiro: Forense, 2003. v. IV. p. 446).

[12] GOMES, Orlando. *Direitos reais*. 9. ed. Rio de Janeiro: Forense, 1985. p. 318.

[13] "A promessa, gera, pois, uma obrigação de contratar: emitir uma declaração de vontade de acordo com o contrato prometido" (MUNIZ, Francisco José Ferreira. Embargos de terceiros à penhora. A questão da posse do promitente comprador. *In*: MUNIZ, Francisco José Ferreira. *Textos de direito civil*. Curitiba: Juruá, 1998. p. 121).

efeitos se produzirão no tempo oportuno".[14]

Assim, no contrato-promessa não há ato apto à transferência de domínio (apenas compromissório), o qual depende de outro ato específico. No entanto, forma-se um vínculo jurídico que se destina, caso ultrapassadas as disposições obrigacionais dispostas nesse contrato-promessa, a futuramente alcançar essa finalidade de transferência de domínio, por meio de outro instrumento (a compra e venda efetiva).

Ainda, a opção pelo contrato de promessa de compra e venda é conveniente porque há uma "reserva natural do domínio" pelo compromitente vendedor, até que receba a integralidade do preço avençado (tendo uma função de garantia); a formalização da intenção das partes até que se ultimem os atos necessários à lavratura e assinatura da escritura pública de compra e venda ou que se contornem eventuais embaraços à prática desse ato, ou que se obtenha o financiamento imobiliário; ou a facilitação para que o comprador ceda os direitos a terceiro, sem que haja transferência formal da propriedade a si.[15]

O conteúdo obrigacional presente no compromisso de compra e venda de imóvel é distinto daquele constante na compra e venda imobiliária. Enquanto no primeiro este contempla uma *prestação de fazer*, pela qual o promitente vendedor deve declarar a vontade de vender e firmar a escritura de compra e venda, que serve como instrumento público de expressão dessa vontade e desse negócio jurídico, depois de cumpridas as obrigações exigíveis do promitente comprador, no segundo o cerne está na *obrigação de dar*, consubstanciada na transferência da propriedade do bem imóvel que constitui o objeto material do negócio.[16]

Dito isso, tem-se que a compra e venda e imóveis, por exigir (como regra) a escritura pública, a qual é realizada por serviços notariais e que estes, por sua vez, não utilizam meios de assinatura fora do ambiente da ICP-Brasil, não admite, na atualidade, a assinatura eletrônica ou o uso de plataformas que atuam fora do ambiente da ICP-Brasil, embora seja possível a assinatura digital, mediante uso de certificado digital, conforme as circunstâncias concretas, inclusive as normas de regulamentação vigentes em cada estado da Federação.

O compromisso de compra e venda, conquanto não exija forma especial, não admite prova exclusivamente testemunhal na comprovação da sua existência (o parágrafo único do art. 227 do CC menciona que, independentemente do "valor do negócio jurídico", a prova testemunhal somente pode ser empregada como meio subsidiário "ou complementar da prova por escrito"), e, por esse motivo, a celebração do contrato

---

14 ROPPO, Enzo. *O contrato*. Coimbra: Almedina, 1988. p. 102-103.

15 COSTA, Dilvanir José da. O sistema da promessa de compra e venda de imóveis. *Revista de Informação Legislativa*, Brasília, ano 35, n. 140, p. 179-188, out./dez. 1998. p. 180.

16 PENTEADO, Luciano de Camargo. *Direito das coisas*. São Paulo: Revista dos Tribunais, 2008. p. 421. Adicionalmente e na mesma página, o autor esclarece que a promessa de compra e venda "não transfere de *per si* a propriedade, exigindo-se o registro imobiliário para que o efeito aquisitivo se dê". Quanto ao tema, oportuna é a advertência de Catalan: "Há ainda de se destacar que, na medida em que o objeto do contrato preliminar consiste na manifestação de vontade necessária ao contrato definitivo, a partir do momento em que a vontade é externada, observados os elementos essenciais enquanto pressuposto de existência e os naturais enquanto requisitos de validade, tem-se que a partir do momento em que o mesmo adquira eficácia, mediante o advento do termo ou da condição pré-ajustada, haverá de ser cumprido pelas partes" (CATALAN, Marcos Jorge. Considerações sobre o contrato preliminar: em busca da superação de seus aspectos polêmicos. *In*: DELGADO, Mário Luiz; ALVES, Jones Figueirêdo (Coord.). *Novo Código Civil*: questões controvertidas no direito das obrigações e dos contratos. São Paulo: Método, 2005. v. 4. p. 326).

escrito é o caminho a ser trilhado para formalizar esse negócio.

Assim, o instrumento particular, cujo conteúdo é estabelecido negocialmente pelas partes, pode ser firmado mediante o uso da assinatura eletrônica, e as declarações contidas no contrato, assim como os compromissos assumidos pelas partes, presumem-se verdadeiros.[17] No entanto, essa espécie de assinatura depende de um negócio prévio ou concomitante entre as partes, que está contido no próximo tópico deste texto.

5 Requisitos específicos de validade da assinatura eletrônica nos compromissos de compra e venda e presunção relativa de integridade de conteúdo e de autoria

No item 2.2 deste texto, foi referido que o §2º do art. 10 da MP nº 2.200-2 permite o uso da assinatura eletrônica, considerada "outro meio de comprovação da autoria e integridade de documentos em forma eletrônica", fora do âmbito da ICP-Brasil, "desde que admitido pelas partes como válido ou aceito pela pessoa a quem for oposto o documento".

Assim, a norma exige um negócio precedente ou concomitante, que é o ajuste entre as partes do compromisso de compra e venda, especificamente para determinar o uso da assinatura eletrônica, bem como para definir qual será a pessoa jurídica que prestará esse serviço e, consequentemente, a plataforma digital que será utilizada para a coleta da assinatura digital e demais serviços correlatos. Essa deliberação pode ser formalizada como cláusula específica no compromisso de compra e venda, ou ser convencionada pelas partes, em documento separado do compromisso.

Convém igualmente que conste cláusula que confirme o compromisso das partes de cumprir o que foi pactuado, e que as partes declarem que a assinatura eletrônica representa: (a) a aceitação dos termos do contrato e de suas cláusulas; (b) a confirmação das obrigações convencionais e legais, bem como o compromisso de cumpri-las; (c) a confirmação da autoria das assinaturas realizadas pela via eletrônica, vinculando os envolvidos nos termos expostos no contrato; (d) o prévio acesso da parte ao documento a ser assinado, para exame do seu teor e (e) a integridade do conteúdo do contrato.

Adicionalmente, convém que as partes verifiquem se haverá responsabilidade (e a qual delas imputar) na hipótese de ocorrência de problemas quanto ao serviço a ser executado pela plataforma *on-line*, sendo que o mais aceitável é que a coleta, a assinatura eletrônica, o processamento e o uso dos dados e informações das partes pela plataforma ocorra de acordo com a política de privacidade e de uso da própria plataforma de validação escolhida.[18]

Há a conveniência de que seja incluída cláusula com o compromisso das partes de

---

[17] Convém lembrar que o contrato, de acordo com Martins-Costa, é o "resultado de uma atividade comunicativa voluntária e lícita entre sujeitos qualificados como suas 'partes', atividade, essa, expressada em um acordo, determinado ou determinável temporalmente, voltado, teleológica e vinculativamente, para a produção de efeitos jurídicos primordialmente entre as suas partes, e cuja função é a de fazer circular a riqueza entre patrimônios, transformando a situação jurídico-patrimonial dos envolvidos e gerando-lhes uma expectativa ao cumprimento garantida pelo Ordenamento, Segundo os seus critérios técnicos e valorativos" (MARTINS-COSTA, Judith. Contratos. Conceito e evolução. *In*: LOTUFO, Renan *et al.* (Coord.). *Teoria geral dos contratos*. São Paulo: Atlas, 2011. p. 60).

[18] O uso de uma plataforma para a realização da assinatura eletrônica acende o debate quanto a coleta, tratamento e arquivamento de documentos e de dados, que, embora seja um tema rico, excede o limite temático fixado neste texto.

realizarem os atos que lhes competem, para que o serviço da plataforma seja executado da forma adequada, em especial quanto à observância dos roteiros de procedimentos e o fornecimento de dados verídicos e completos, para que seja atingida a finalidade do contrato e da prestação dos serviços de assinatura eletrônica.

E, diante da expectativa de que o compromisso de compra e venda venha a ser substituído por escritura pública de compra e venda ou por contrato de financiamento imobiliário no âmbito do SFH ou do SFI, igualmente pode ser útil a estipulação no sentido de que a posterior assinatura da escritura ou do contrato mencionado servirá como confirmação dos ajustes contidos no compromisso de compra e venda.

Outro aspecto importante quando se trata de compromisso de compra e venda é o que diz respeito às cláusulas que devem ter assinatura específica das partes, o que ficou evidente com a recente Lei dos Distratos (Lei nº 13.786/2018).

O art. 26 da Lei nº 6.766/1979, a qual dispõe sobre o parcelamento do solo urbano, especificamente prevê a possibilidade de que instrumento particular possa formalizar os compromissos de compra e venda, as cessões ou promessas de cessão de direitos de contratos de compra e venda imobiliárias. No entanto, o art. 26-A da mencionada lei estabelece que "a efetivação das consequências" da extinção contratual mediante distrato ou resolução por inadimplemento devem constar em cláusula destacada (em negrito) quanto às penalidades aplicáveis e ao prazo para devolução das quantias que devam ser reembolsadas ao adquirente, a qual deverá ter assinatura específica do adquirente, a ser aposta junto a essa cláusula (disposição semelhante consta no art. 35-A da Lei nº 4.591/1964).

Em razão dessas determinações legais, há inúmeras cláusulas em compromisso de compra e venda cujo destaque é obrigatório, bem como devem conter espaço para a assinatura específica da parte compromitente compradora. Assim, o procedimento de assinatura eletrônica deve contemplar várias etapas de assinaturas, seja para as cláusulas específicas que dependerão de assinaturas em campos apropriados junto a estas, quanto ao final, que representa a concordância quanto ao documento integralmente considerado.

Esses cuidados não dispensam a necessidade de que o compromisso de compra e venda firmado mediante assinatura eletrônica tenha condições de verificação segura de genuinidade, assegurando-se que o seu teor não tenha sido alterado ou de qualquer forma corrompido. Igualmente, deve permitir a identificação da autoria da sua produção e das assinaturas eletrônicas apostas (para que o signatário indicado corresponda ao real subscritor). A integridade do documento está ligada à preservação do conteúdo, e à impossibilidade de alteração, inclusive em face da necessária capacidade do sistema de identificar alterações posteriores com data, autor da alteração e conteúdo alterado, possibilitando-se a visualização do teor original tal como fora originalmente firmado eletronicamente.

As características da assinatura eletrônica e suas peculiaridades fazem com que alguns cuidados devam ser tomados, sobretudo no âmbito judicial, seja para proteger as próprias pessoas indicadas como partícipes do documento assinado eletronicamente, entre si, seja para evitar usos indevidos relacionados à assinatura eletrônica, como exemplo, o uso de dados pela plataforma escolhida e, ainda, para permitir que o juiz saiba como agir na hipótese de questionamento quanto à autenticidade da assinatura aposta eletronicamente no documento.

Assim, atendendo ao ditame da boa-fé, que rege as relações contratuais, admite-se a presunção *juris tantum* da autoria da assinatura eletrônica. Assim, tem-se que, até que seja comprovada eventual invalidade dessa assinatura, ela é considerada hígida, assim como a vontade expressada no compromisso de compra e venda.

Nesse ponto, assume relevância o ônus da prova de eventual alegação de falsidade de uma assinatura eletrônica. Tratando-se de relação *fora* do âmbito de alcance do Código de Defesa do Consumidor (CDC), na qual há razoável simetria informativa e participativa nos ajustes contidos no negócio, e paridade entre as partes, o adquirente não é "destinatário final" nos termos da referida lei, e o ônus da prova incide sobre aquele que alega a falsidade.

No âmbito dos compromissos de compra e venda de imóveis submetidos ao CDC, pode-se afirmar que, se foi a parte vendedora quem escolheu a plataforma certificadora da assinatura eletrônica, é esta que assume o ônus de comprovar a autenticidade da assinatura daquele que se comprometeu a adquirir o imóvel.

Em ambos os casos, porém, admite-se que o juiz, ao especificar os pontos controvertidos do processo na decisão de saneamento, especifique qual será a prova a ser produzida e os meios de prova aptos a esse fim, bem como a qual parte competirá cada ato probatório a ser praticado, ponderando a quem é mais fácil ou quem está mais apto a aportar aos autos os elementos probatórios pertinentes (arts. 357 e 373 do CPC). Ainda, há a possibilidade de realização de negócio jurídico processual, com a delimitação consensual das partes quanto às provas, divisão dos ônus, pagamento das despesas e respectivos prazos, na forma do §2º do art. 357 do CPC, competindo ao julgador o exame dessa proposta e a sua homologação, se entender por sua adequação.

Comprovada a falsificação da assinatura eletrônica, o caminho poderá ser o da invalidade do negócio, conforme as circunstâncias do caso concretamente considerado.

Se efetivamente for comprovada a falsidade da assinatura, ou a sua tomada de forma ilícita, por conduta imputável à plataforma certificadora, caberá ao prejudicado voltar-se contra esta, quanto aos eventuais prejuízos decorrentes da invalidação do compromisso de compra e venda. A inclusão da plataforma na relação jurídica processual pode decorrer da invocação da correção da legitimidade passiva prevista no art. 338 do CPC; na assistência simples por iniciativa da própria plataforma, com a finalidade de auxiliar na comprovação da idoneidade da assinatura, de acordo com os arts. 121 a 123 do CPC ou na denunciação da lide caso a plataforma tenha que indenizar, em ação regressiva, a parte prejudicada pela invalidação do negócio decorrente de falsidade, cuja causa esteja em falha na prestação do serviço (art. 125 do CPC).

A definição pelo emprego da denunciação da lide dependerá dos contornos da responsabilidade que possa ter sido ajustada contratualmente entre a parte contratante do serviço e a plataforma da assinatura eletrônica, conquanto tenha sido constatado ser comum às plataformas que prestam esse tipo de serviço disporem de amplas cláusulas de exclusão de responsabilidade, para adesão dos usuários.

Conclusões

Expostas as principais considerações a respeito do tema, passa-se à indicação das considerações finais, com as respostas aos questionamentos expostos na introdução.

Assim, tem-se que a assinatura virtual é admissível no ordenamento jurídico brasileiro, e, especificamente, a assinatura eletrônica é um meio eficiente e válido para ser empregado em contratos de compromisso de compra e venda de bens imóveis.

Admite-se que possa ser assinado tanto na forma digital quanto na forma eletrônica, porém, sustenta-se que a assinatura eletrônica pode ser mais prática e barata. Os principais benefícios da assinatura eletrônica são a agilidade, a desburocratização, a facilidade de implementação prática a baixo custo e independente de deslocamentos das partes (e da prévia obtenção de um certificado digital, que é mais burocrático), especialmente em época na qual o mundo vivencia uma pandemia pela Covid-19.

Essa modalidade, porém, exige cautelas.

A plataforma utilizada deve utilizar recursos adequados para garantir a segurança legitimamente esperada de um serviço dessa natureza (inclusive por coletar dados e informações das partes).

As partes devem ajustar a opção pela assinatura eletrônica, bem como a escolha da plataforma que será utilizada para essa coleta e devidos registros.

Deve-se ter o cuidado de coletar a assinatura nos locais adequados, pois há contratos nos quais exige-se, por determinação legal, assinatura em mais de uma parte do contrato (não apenas na parte final, mas junto a cláusulas específicas).

Em face dessas circunstâncias, admite-se que a assinatura eletrônica é passível de presunção relativa de adequação, a qual pode ser elidida por prova em sentido contrário, cujo ônus é variável, conforme as circunstâncias a serem analisadas em eventual processo judicial.

Na assinatura eletrônica, não se exige credenciamento prévio da plataforma *online* certificadora perante a Infraestrutura de Chaves Públicas Brasileiras ICP-Brasil, porque para essa modalidade não se exige o certificado digital (por isso, caso as partes já disponham de certificado digital, devem preferencialmente fazer uso dessa ferramenta, em detrimento da assinatura eletrônica, porque aquela é aceita com maior facilidade, em razão da sua maior segurança).

Se houver a opção pela assinatura eletrônica, é essencial que essa assinatura esteja cercada por um sistema confiável para atribuição da autoria da vontade expressada, e que a plataforma que preste este serviço assegure a *confidencialidade* dos dados e informações, permitindo o acesso apenas a quem for legitimamente autorizado; a *disponibilidade* dos documentos, dados e informações que lhe foram confiados, a todo momento para acesso aos usuários autorizados sempre que estes entenderem necessário; a *autenticidade*, utilizando meios adequados e razoáveis para assegurar que a pessoa qualificada como autora da assinatura corresponda efetivamente à que tenha praticado os atos necessários à assinatura eletrônica específica; e a *integridade*, para garantir que dados e informações sejam mantidos íntegros (em sua originalidade) e protegidos contra modificações posteriores indevidas, intencionais ou acidentais.

Podem ser utilizados alguns dos princípios que regem a proteção de dados para indicar uma necessária atenção que deve ser dada ao resguardo da assinatura virtual (nas suas duas modalidades), por parte de quem oferece esse tipo de serviço, que são os seguintes:

a) *princípio da transparência*, segundo o qual deve ser de conhecimento das partes o modo de operação que diga respeito aos dados e informações coletadas, e do negócio realizado (o contrato), bem como o seu processamento e arquivamento destes;
b) *princípio da exatidão*, que traz o dever de fidedignidade dos registros realizados

pela plataforma;

c) *princípio da finalidade*, representando a diretriz de uso dos dados e das informações, bem como do serviço realizado, unicamente à finalidade para o qual foram coletados;
d) *princípio do livre acesso (disponibilidade)*, prevendo que o usuário deve ter acesso irrestrito às aos registros de seus dados e aos atos praticados na plataforma;
e) *princípio da segurança física e lógica*, o qual estabelece que os dados e informações, bem como o contrato assinado devem estar suficientemente protegidos contra riscos de extravio, alteração ou destruição;[19]
f) *princípios da precaução* e da *prevenção*,[20] originalmente aplicados no direito ambiental, sendo que o primeiro trata da necessária adoção de condutas para evitar um risco de dano, enquanto que o segundo circunscreve a indispensável aplicação de medidas destinadas a evitar o dano,[21] que podem ser elevados em razão da natureza do negócio.

Assim, entende-se que é necessário que haja maior compreensão da assinatura virtual como gênero, bem como das suas espécies, com as suas particularidades, para que elas possam servir aos seus justos propósitos.

Referências

ALVES, Wagner Antônio. *Princípios da precaução e da prevenção no direito ambiental brasileiro*. São Paulo: Juarez Oliveira, 2005.

ASSINATURA. *In*: SILVA, De Plácido e. *Vocabulário jurídico*. Atualização de Nagib Slaibi Filho e Priscila Pereira V. Gomes. 31. ed. Rio de Janeiro: Forense, 2014.

CATALAN, Marcos Jorge. Considerações sobre o contrato preliminar: em busca da superação de seus aspectos polêmicos. *In*: DELGADO, Mário Luiz; ALVES, Jones Figueirêdo (Coord.). *Novo Código Civil*: questões controvertidas no direito das obrigações e dos contratos. São Paulo: Método, 2005. v. 4.

COSTA, Dilvanir José da. O sistema da promessa de compra e venda de imóveis. *Revista de Informação Legislativa*, Brasília, ano 35, n. 140, p. 179-188, out./dez. 1998.

DONEDA, Danilo; MONTEIRO, Marília de Aguiar. Proteção de dados pessoais enquanto direito fundamental e o direito fundamental à saúde – privacidade e e-Health. *In*: KEINERT, Tânia Margarete Mezzomo *et al.* (Org.). *Proteção à privacidade e acesso às informações em saúde*: tecnologias, direitos e ética. São Paulo: Instituto da Saúde, 2015.

EHRHARDT JR., Marcos. *Direito civil*: LINDB e parte geral. 2. ed. Salvador: JusPodivm, 2011. v. 1.

GOMES, Orlando. *Direitos reais*. 9. ed. Rio de Janeiro: Forense, 1985.

LOBO, Paulo. *Direito civil*. Coisas. São Paulo: Saraiva, 2015.

---

[19] DONEDA, Danilo; MONTEIRO, Marília de Aguiar. Proteção de dados pessoais enquanto direito fundamental e o direito fundamental à saúde – privacidade e e-Health. *In*: KEINERT, Tânia Margarete Mezzomo *et al.* (Org.). *Proteção à privacidade e acesso às informações em saúde*: tecnologias, direitos e ética. São Paulo: Instituto da Saúde, 2015. p. 160-161.

[20] RUARO, Regina Linden. Direito fundamental à liberdade de pesquisa genética e à proteção de dados pessoais: os princípios da prevenção e da precaução como garantia do direito à vida privada. *Revista do Direito Público*, Londrina, v. 10, n. 2, p. 9-38, maio/ago. 2015. p. 31.

[21] Em algumas vezes, os dois princípios poderiam ser aplicados conjuntamente, não obstante a lógica indicar que o princípio da precaução estaria mais distante de uma situação de dano efetivo que o princípio da prevenção. *Vide*, a respeito, ALVES, Wagner Antônio. *Princípios da precaução e da prevenção no direito ambiental brasileiro*. São Paulo: Juarez Oliveira, 2005. p. 119.

MARTINS-COSTA, Judith. Contratos. Conceito e evolução. *In*: LOTUFO, Renan *et al.* (Coord.). *Teoria geral dos contratos*. São Paulo: Atlas, 2011.

MUNIZ, Francisco José Ferreira. Embargos de terceiros à penhora. A questão da posse do promitente comprador. *In*: MUNIZ, Francisco José Ferreira. *Textos de direito civil*. Curitiba: Juruá, 1998.

PENTEADO, Luciano de Camargo. *Direito das coisas*. São Paulo: Revista dos Tribunais, 2008.

PEREIRA, Caio Mario da Silva. *Instituições de direito civil*. Direitos reais. 18. ed. rev. Revisão de Carlos Edison do Rêgo Monteiro Filho. Rio de Janeiro: Forense, 2003. v. IV.

PONTES DE MIRANDA, Francisco Cavalcanti. *Tratado de direito privado*. Rio de Janeiro: Borsoi, 1954. t. XXXVIII.

PRATA, Ana. *A tutela constitucional da autonomia privada*. Coimbra: Almedina, 2017.

ROPPO, Enzo. *O contrato*. Coimbra: Almedina, 1988.

RUARO, Regina Linden. Direito fundamental à liberdade de pesquisa genética e à proteção de dados pessoais: os princípios da prevenção e da precaução como garantia do direito à vida privada. *Revista do Direito Público*, Londrina, v. 10, n. 2, p. 9-38, maio/ago. 2015.

Informação bibliográfica deste texto, conforme a NBR 6023:2018 da Associação Brasileira de Normas Técnicas (ABNT):

SOARES, Flaviana Rampazzo. Assinatura eletrônica de contratos de compromisso de compra e venda: o impacto da tecnologia no direito imobiliário contemporâneo. *In*: EHRHARDT JÚNIOR, Marcos; CATALAN, Marcos; MALHEIROS, Pablo (Coord.). *Direito Civil e tecnologia*. Belo Horizonte: Fórum, 2020. p. 237-251. ISBN 978-65-5518-036-7.

INOVAÇÃO EM SEGUROS – REFLEXÕES PARA OS CAMINHOS DE TRANSIÇÃO

ANGÉLICA LUCIÁ CARLINI

Introdução

O que a vinte anos atrás aparecia nos filmes de ficção científica, hoje, é realidade. Um condutor de veículo sofre um abalroamento e seu veículo usando a voz de um humano pergunta: "Esse impacto foi um acidente? Posso ajudar?". E o condutor, felizmente sem ferimentos, utilizando o sistema *hands free*, responde ao veículo: "Sim, fui atingido por um veículo que vinha atrás. Não há feridos. Entre em contato com minha seguradora e peça que tomem as providências". Em seguida, o telefone celular do condutor toca e a seguradora informa: "o acidente ocorreu na rua tal, próximo ao número tal; nosso *drone* de inspeção de sinistros já mapeou os danos e verificou que o veículo não pode ser locomover, vamos enviar um guincho para remover o veículo e um táxi para que o senhor possa se locomover". E pergunta ao final da comunicação: "Podemos ajudar em algo mais?".

Essa situação é perfeitamente possível. Toda a tecnologia necessária está disponível para que isso ocorra. Ainda são os custos que impedem a total implantação de sistemas de atendimento como esse, mas a tecnologia existe e tão logo se concretize uma cadeia de suprimentos de custos mais módicos, poderá ser implantada para todos os sinistros de seguro.

Empolgante? Ou, preocupante?

Os dois adjetivos podem ser utilizados sem problemas. Empolga pela facilidade, eficiência e bons resultados que serão produzidos para os segurados e para os seguradores, em quase todos os ramos de seguro. Mas, em contrapartida, é evidente pela narrativa acima que a possibilidade de pronta identificação do veículo, do local, do condutor e da ocorrência do acidente só foi possível porque os dados estão disponíveis, sendo tratados por vários agentes econômicos, seja o próprio segurador, o fabricante do veículo, os detentores das tecnologias utilizadas pelo *drone* e pelo celular, entre outros envolvidos na rede de empresas utilizadas para viabilizar esse tipo de atendimento.

Não há inovação que não traga incertezas e temores acerca de sua utilização, em especial quando utiliza dados pessoais, como acontece no setor de seguros privados. Mas, a realidade é que em que pesem os riscos todos desejam inovação, porque a vida contemporânea exige maior facilidade de acesso e racionalidade de tempo.

Este trabalho pretende estabelecer uma ponte de reflexão entre os princípios técnicos fundadores da atividade de seguros privados, e as possibilidades de inovação a serem implementadas para essa área. Também pretende refletir sobre os instrumentos que a indústria de seguros disponibiliza para a proteção de riscos decorrentes da utilização de dados, cada vez mais frequentes em tempos de inovação.

1 Linhas gerais dos aspectos técnicos dos contratos de seguros privados

A atividade de seguros é muito antiga na história da humanidade. Há indícios que os fenícios, 3.000 a.C., já utilizavam instrumentos com características de contratos de seguro, porque se dedicavam intensamente ao comércio marítimo e à navegação, área em que os riscos são bastante frequentes. A navegação marítima com objetivo comercial foi sempre grande incentivadora da atividade de seguro e, mais tarde, a Revolução Industrial e o adensamento urbano que ela provocou favoreceram o desenvolvimento dos seguros de incêndio e seguros de vida, e a vida contemporânea beneficiou o surgimento dos seguros empresariais, de saúde suplementar, de veículos automotores entre outros.

Essa atividade tão antiga e que se mantém até hoje deve muito a matemáticos como Blaise Pascal (francês, 1623-1662), Pierre de Fermat (francês, 1601-1665) e Pierre-Simon, Marquês de Laplace (francês, 1749-1827), que se dedicaram ao estudo das probabilidades. Probabilidade pode ser definida como "grau de segurança com que se pode esperar a realização de um evento, determinado pela frequência relativa dos eventos do mesmo tipo numa série de tentativas; número provável correspondente a (alguma coisa), calculado estatisticamente".[1]

Assim, embora seguro seja um contrato quase sempre privado, regido por normas de direito civil e direito do consumidor, a base técnica sob a qual ele se alicerça é fundamental e não pode ser ignorada em nenhuma hipótese, sob pena de ferir elementos essenciais para sua sustentação. O art. 757 do Código Civil é claro quando determina o respeito aos elementos técnicos: pagamento do prêmio, garantia como obrigação do segurador, riscos predeterminados e interesse legítimo do segurado.

Para garantir que o segurado terá direito à indenização dos danos decorrentes da materialização do risco predeterminado coberto pelo contrato de seguro, o segurador tem que conhecer o risco com profundidade, em especial sua probabilidade de ocorrência e a extensão dos danos que ele pode causar. Para isso se debruçam estatísticos e atuários que ao final de suas análises determinam dados como: quantos segurados deverão compor o fundo mutual, qual a reserva técnica que esse fundo mutual deverá manter durante o período de vigência dos contratos, como o risco deverá ser pulverizado por diferentes regiões para que não haja concentração.

---

[1] HOUAISS, Antônio. *Dicionário Houaiss da Língua Portuguesa*. Rio de Janeiro: Objetiva, 2001. p. 2.301.

Com esses dados o segurador consegue precificar o seguro individualmente, para a pessoa física ou jurídica, de modo que ela possa ingressar no fundo mutual composto por todos os segurados que desejam se prevenir das consequências dos riscos predeterminados semelhantes, cobertos pelo contrato de seguro.

Organizar o fundo mutual, administrá-lo, aplicar os recursos financeiros ali alocados, efetuar a análise dos riscos materializados e dos valores necessários para o pagamento das indenizações (regulação de sinistros), tudo isso compõe a atividade de garantir que o segurador tem como obrigação legal decorrente do disposto no art. 757 do Código Civil.

Mas isso não é tudo! O segurador também tem que garantir a solvência dos fundos mutuais e de sua própria atividade, razão pela qual o setor de seguros privados é regulado pelo Conselho Nacional de Seguros Privados – CNSP e pela Superintendência de Seguros Privados – Susep, órgãos reguladores e fiscalizadores das atividades de seguros privados no Brasil. E para garantir a solvência de suas atividades como segurador deve obedecer a um amplo e necessário conjunto normativo que define, entre outros aspectos: valores de depósito para obter autorização para a atividade; modos de aplicação dos recursos depositados nos fundos mutuais; apresentação de nota técnica para comprovação dos cálculos de viabilidade de operação nos diferentes riscos que serão subscritos pelos contratos de seguro; apresentação das apólices que serão utilizadas na subscrição dos riscos; regras que deverão ser obedecidas para seguros que possuem clausulado padronizado e regras que deverão ser obedecidas quando o segurador pretender utilizar clausulado não padronizado; sinistros pagos e sinistros avisados e ainda não pagos; entre outras tantas que demandariam obra técnica específica para serem estudadas.

A garantia a que se obriga o segurador por disposição legal consiste em: organizar e gerir o fundo mutual, mas, também, administrar sua própria atividade empresarial de forma que ela tenha sustentação econômico-financeira para o correto exercício da atividade-fim.

A obrigação do segurado, por sua vez, consiste em manter o interesse legítimo – não desejar ou praticar qualquer ato que viabilize a materialização do risco predeterminado sobre o bem ou pessoa segurados –, salvo em hipóteses em que isso não seria possível impedir; e efetuar o pagamento do valor do prêmio da forma como pactuado no contrato firmado entre as partes. Não agir de forma temerária que coloque em risco o interesse legítimo, ou agir como se não tivesse contratado nenhuma proteção securitária para aquele risco. Também é obrigação do segurado o pagamento do valor do prêmio[2] na forma e no tempo pactuados na proposta que originou o contrato de seguro.

Se possuem obrigações e direitos distintos oriundos do contrato, segurado e segurador possuem, também, interesses comuns, o que torna o contrato de seguro minimamente peculiar, porque não há interesse contraposto. Segurado e segurador não desejam que o risco se materialize, ou, no jargão de seguro, não desejam que o sinistro ocorra. Interessa a ambos que os valores pagos a título de prêmio permaneçam

2 Prêmio – importância em dinheiro paga pelo segurado ao segurador. A história aponta que a palavra tem origem latina e significa prefácio, início, aquilo que se paga antes (NEVES, Gonçalo. A história da palavra prémio na atividade seguradora. *Ciberdúvidas da Língua Portuguesa*. Disponível em: https://ciberduvidas.iscte-iul.pt/artigos/rubricas/idioma/a-historia-da-palavra-premio-na-atividade-seguradora/3137. Acesso em: 30 abr. 2020).

no fundo mutual sem utilização, porque isso garantirá administração mais tranquila para o segurador e menor precificação para a renovação do contrato para o segurado.

Desse aspecto tão peculiar – ser um contrato em que as partes devem colaborar para que os melhores resultados sejam obtidos para elas próprias –, pode-se afirmar a importância da mais estrita boa-fé objetiva das partes, da veracidade, como designa o art. 765 do Código Civil brasileiro. Boa-fé e veracidade que têm início no momento em que as partes formalizam a proposta de seguro e, para isso, o proponente deve ser meticuloso em descrever o interesse legítimo que pretende segurar e todos os riscos a que está exposto tal interesse; e o segurador, por sua vez, deve igualmente de forma minuciosa descrever os riscos que serão cobertos pelo contrato, os que não serão contratados e aqueles que embora subscritos pelo contrato poderão não ser indenizados caso ocorra agravação do risco por parte do segurado, situação em que se caracterizará a perda de direito à indenização, embora o risco estivesse coberto por cláusula contratual.

É o momento da maior importância para que as partes decidam com objetividade e transparência se desejam contratar, porque, se decidirem de forma positiva, nascerá o contrato de colaboração em que as mesmas partes deverão se comportar de forma leal e solidária, em benefício da mutualidade que custeará todos os danos decorrentes dos riscos cobertos no contrato.

Assim, os contratos de seguro são e devem ser sempre regidos por práticas de boa-fé e veracidade, no sentido de que são contratos que dependem da colaboração das partes durante todas as etapas – prévia, execução e posterior –, e porque as partes (segurado e segurador) têm responsabilidade em relação ao fundo mutual.

No fundo mutual estão todos aqueles – pessoas naturais ou jurídicas – que, embora não identificados à primeira vista, são participantes de todas as relações contratuais estabelecidas, porque é a partir do pagamento de prêmio que realizam e das condutas que adotam em relação ao interesse legítimo que se poderá contar com os recursos necessários para o pagamento de todos os danos ocorridos como consequência de riscos materializados.

Segurado, segurador e fundo mutual (outros segurados) precisam manter relações de equilíbrio, isonomia e colaboração, sem o que nenhuma das partes estará segura.

2 Inovação e seguro – Como inovar em um setor conservador

Semelhante a outros setores que administram recursos de terceiros – bancos, financeiras, empresas de crédito –, o setor de seguros é bastante conservador e pouco afeito a riscos decorrentes de inovações. Contribui para isso o fato de ser um setor regulado pelo Estado por meio de uma superintendência, autarquia federal com pouca autonomia política, porque seus dirigentes podem ser substituídos sistematicamente sem que haja período de mandato, como acontece, por exemplo, com as agências reguladoras.

O art. 36, letra "c" do Decreto nº 73/66, que regula as atividades de seguros privados no Brasil, determina que compete à Susep na qualidade de executora da política traçada pelo CNSP como órgão fiscalizador da constituição, organização, funcionamento e operações das sociedades seguradoras, "fixar condições de apólices, planos de operações e tarifas a serem utilizadas obrigatoriamente pelo mercado segurador nacional".

Por essa razão, os contratos de seguro se tornaram fortemente padronizados. Prova disso é que a Susep determina obediência a um instrumento denominado lista de verificação, organizada para cada modalidade de seguro e que determina detalhadamente as coberturas e exclusões que cada contrato pode conter.

Para criar um produto de seguro e disponibilizá-lo no mercado, o segurador tem que se adequar à lista de verificação da Susep para aquela modalidade específica de seguro e, depois disso, encaminhar o produto para a avaliação da Susep. O art. 8º, §§1º e 3º do Decreto nº 60.459, de 13.3.1967, modificado pelo Decreto nº 3.633 de 18.10.2000, determina que as seguradoras enviarão à Susep para análise e arquivamento as condições dos contratos de seguros que comercializarem, com as respectivas novas técnicas atuariais. O §1º prevê que a Susep poderá a qualquer momento solicitar informações, determinar alterações, promover a suspensão do todo ou de parte das condições e das notas técnicas atuariais a ela apresentadas; e, no §2º, está determinado que as condições de seguro deverão incluir cláusulas obrigatórias determinadas pela Susep. Em outras palavras, é necessário aprovação prévia da Susep para que o segurador tenha certeza plena que está colocando no mercado um contrato de seguro que pode, efetivamente, ser distribuído para os contratantes pessoa natural ou jurídica.

Disso resultaram as apólices de seguro padronizadas que ainda hoje são encontradas no mercado brasileiro, até porque a liberdade para proposição de novas coberturas ou novos modelos é ainda muito reduzida.

Desde 1988 o art. 174 da Constituição Federal já havia definido que o Estado, como agente normativo e regulador da atividade econômica, exercerá na forma da lei as funções de fiscalização, incentivo e planejamento, este determinante para o setor público e indicativo para o setor privado. Assim, a Constituição Federal contém mandamento para mitigar o poder da Susep na redação de clausulados de seguro e concentrar a atuação da autarquia na fiscalização da solvência e liquidez das seguradoras que operam no Brasil. Na vida real, no entanto, continuou prevalecendo o poder da autarquia para padronizar clausulados de seguro e, com isso, intervir diretamente na prática concorrencial do setor.

É preciso recordar, ainda, que no Brasil até 1992 o setor de seguros era regulado de forma ainda mais rígida, a ponto da precificação e condições de apólice serem praticamente iguais para todas as seguradoras que, aliás, só podiam ser de capital nacional.

Em 1992 foi criado um Plano Diretor do Sistema de Seguros, Capitalização e Previdência Complementar por iniciativa da Superintendência de Seguros Privados – Susep, Instituto de Resseguros do Brasil – IRB e Secretaria de Política Econômica, que tinha por objetivo "introduzir no mercado nacional de seguros, previdência complementar e capitalização as ideias de livre mercado, consideradas na sua elaboração as experiências internacionais de abertura recente, como as do Chile, da Colômbia e da Argentina".[3]

Relata Raphael de Almeida Magalhães:

> Resumidamente as diretrizes definidas para o Plano Diretor são as de abordagem do seguro sob o enfoque do consumidor, buscando um produto mais acessível, da melhor qualidade e de custo mais baixo, da desregulamentação com liberdade e solvência, do aumento da concorrência e competitividade, do esforço dos sistemas preventivos de controle e de fiscalização pelo Governo, do estímulo ao alongamento dos prazos dos contratos e dos investimentos decorrentes e da redução da participação do governo na atividade.[4]

---

[3] MAGALHÃES, Raphael de Almeida. *O mercado de seguros no Brasil*. Rio de Janeiro: Funenseg, 1997. p. 52.

[4] MAGALHÃES, Raphael de Almeida. *O mercado de seguros no Brasil*. Rio de Janeiro: Funenseg, 1997. p. 54.

Entre outros aspectos relevantes do Plano Diretor do setor de seguros de 1992 estava a livre precificação e a expansão do mercado, inclusive com a abertura ao capital estrangeiro. Em 1992, o setor de seguros no Brasil ainda praticava prêmios de seguro em valores semelhantes para cada ramo e para todas as seguradoras, o que oferece a dimensão de quanto era um setor conservador, fechado e pouco afeito à concorrência. No Plano Diretor ficou consignado que o papel da Susep seria o de autarquia basicamente para acompanhamento da solvência do sistema, sem ingerência na redação dos contratos, o que, no entanto, até hoje não se concretizou de forma eficiente, em que pesem os esforços de lideranças do setor.

Assim, para um setor econômico que até 1992 trabalhava de forma rigorosamente engessada e que tem responsabilidade por altos valores arrecadados junto a terceiros, as inovações não serão adotadas com rapidez pois não são pensadas como prioridade, porém, atendem às exigências dos consumidores por diversificação de produtos, de preços e, principalmente, pela simplificação das formas de comunicação e de atendimento.

Neste momento da história da humanidade em que a inovação é disruptiva porque exatamente rompe com todas as práticas e tecnologias que conhecíamos até então, o setor de seguros terá que conciliar o lado positivo do conservadorismo – no Brasil o setor não teve quebras durante os períodos de crise econômica de 2008, por exemplo –, com a necessidade de atualizar gestão e processos para se adequar aos novos tempos tecnológicos e de valores que estamos vivendo.

Para isso, é fundamental que a regulação em seguros continue sendo aprimorada e, principalmente, que seja focada em aspectos de solvência e liquidez das seguradoras para que exista maior liberdade de criação de coberturas de seguro no mercado.

Alguns passos já foram dados. O primeiro deles é a aprovação da Resolução nº 381, de 4.11.2020, do Conselho Nacional de Seguros Privados – CNSP,[5] que estabelece condições para autorização e funcionamento, por tempo determinado, de sociedades seguradoras participantes exclusivamente de ambiente regulatório experimental (*sandbox* regulatório), que desenvolvem projeto inovador mediante o cumprimento de critérios e limites previamente estabelecidos.

O modelo de *sandbox* regulatório pode ser um instrumento eficiente para que as empresas de inovação testem produtos e serviços destinados ao consumo, em ambiente supervisionado direta e sistematicamente pelo regulador. O regulador acompanha o desenvolvimento da atividade das *fintechs* ou *insurtechs* – nome que está sendo dado às empresas que atuam no setor de seguros ou no setor financeiro exclusivamente com utilização de tecnologia disruptiva –, com objetivo de detectar os riscos e avaliar os benefícios, e, ao final de um período de vivência em *sandbox*, o regulador define se aquela atividade pode ser colocada no mercado e a quais normas regulatórias deverá obedecer. O trabalho realizado no modelo *sandbox* tem dupla intenção: desenvolvimento de atividade inovadora para área de seguro ou financeira e análise de riscos e vantagens pelo do regulador para definir a regulação adequada àquela nova modalidade de produto ou serviço, que será disponibilizada no mercado de consumo.

São critérios de elegibilidade para a participação no ambiente regulatório experimental de seguros privados: o produto e/ou serviço se enquadrar no conceito de projeto

---

[5] BRASIL. *Superintendência de seguros privados*. Disponível em: http://www.susep.gov.br/menu/sandbox-regulatorio. Acesso em: 3 maio 2020.

inovador; utilizar meios remotos nas operações relacionadas aos planos de seguro; apresentar como a tecnologia empregada no produto e/ou no serviço é inovadora ou como está sendo utilizada de forma inovadora; apresentar produto ou serviço, plenamente apto a entrar em operação; apresentar plano de negócios; e, analisar os principais riscos associados à sua atuação, incluindo aqueles relativos à segurança cibernética, e o plano de mitigação de eventuais danos causados aos clientes.

O capital mínimo para as sociedades seguradoras participarem é de um milhão de reais, bem abaixo do valor de quinze milhões exigido, normalmente, das empresas seguradoras que pretendem ingressar no mercado nacional. A expectativa é que essa diminuição de valores para depósito em fundos garantidores atraia empresas de médio porte que tenham tecnologia em área de seguro de automóvel, residencial, vida, acidentes pessoais, ou seja, seguros massificados que possam chegar à grande parcela de consumidores.

Também foi recebida como inovação a aprovação da Circular Susep nº 592, de agosto de 2019, que autorizou a prática no mercado de seguros brasileiros dos chamados seguros intermitentes, ou também, seguros "liga-desliga" (*on-off*). É a modalidade de seguro que permite que a cobertura seja contratada por alguns dias, horas, minutos ou, pelo tempo necessário para a realização de uma viagem, por exemplo. O consumidor contrata o seguro pelo período de tempo que desejar e liga e desliga, conforme tenha necessidade de utilizar.

A expectativa é que sejam oferecidos no mercado de consumo brasileiro seguros com tempo de duração definida previamente pelo próprio usuário consumidor e, consequentemente, mais adequados à capacidade econômica do contratante.

A norma da Susep autoriza que as datas e horários de início e término da vigência do seguro sejam indicadas na apólice, nos certificados de seguro, nos endossos ou em bilhetes de seguro. Os períodos intermitentes deverão ser praticados durante o período de vigência da apólice, quase sempre de 1 ano. As regras de funcionamento do período intermitente deverão ser claramente fixadas nos contratos de seguro e na proposta.

Seguros intermitentes poderão ser utilizados por famílias que viajam nos finais de semana para deixarem suas casas protegidas contra riscos de roubo, furto, incêndio ou dano elétrico; para os profissionais que viajam a trabalho e querem proteger seus beneficiários com seguro de vida, ou a si próprios com seguros de acidentes pessoais; ou, ainda, protegerem seus veículos apenas durante o período da viagem, que pode ser realizada em qualquer trecho do território nacional.

Por meio de um aplicativo instalado no telefone celular o segurado pode ler o clausulado, aceitar a proposta, autorizar o pagamento do valor do prêmio e avisar todas as vezes que liga ou desliga o contrato de seguro. Isso facilita a utilização apenas para situações necessárias e, ao mesmo tempo, barateia o custo final ao consumidor.

3 Tendências de inovação para o setor de seguros: os seguros cibernéticos (*cyber seguros*)

Vivemos na atualidade a era dos dados. A relevância dos dados e de suas múltiplas formas de tratamento têm sido detectadas a cada dia na sociedade em rede e disruptiva em que vivemos. Mas toda a euforia decorrente dos projetos de utilização de dados em atividades econômicas fica contida quando se reflete sobre os riscos e responsabilidades decorrentes de sua utilização.

Os principais riscos conhecidos que enfrentam as empresas que atuam com tratamento de dados, na atualidade, são:

- *Ataques de negação de serviços* – ocorre quando uma fonte ilegítima lança milhões de mensagens eletrônicas e consegue bloquear o sítio eletrônico para os usuários legítimos.
- *Ataques a senhas* – ataque gerado por programas de computador criados especificamente com objetivo de tentar senhas em curtos intervalos de tempo. O ataque é repetido milhares de vezes até conseguir detectar a senha correta. Essa prática gera instabilidade no sistema e dificuldade de verificação da senha correta.
- *Captura de dados* – ocorre quando há falha em um dispositivo e os dados são capturados por pessoas não autorizadas. Pode ocorrer captura de dados de aparelhos celulares ou de computadores, *notebooks* ou *tablets*.
- *Aplicativos para acessar informações sem autorização – malware* – podem capturar informações sem autorização do usuário ou do administrador. Inclui vírus como *trojans, worms, rootkits* e outros criados exclusivamente para práticas ilícitas de invasão de dados e utilização indevida.
- *Mensagens de e-mails falsas* – são criadas utilizando quase sempre nomes de empresas famosas e, quando acessadas, levam os usuários a ambientes de risco, embora acreditem estar utilizando a página da empresa. Quase sempre ocorrem no uso de bancos eletrônicos (*internet banking*) e tornam possível o acesso a todos os dados do usuário, inclusive senhas.
- *Sequestro do sistema de dados* – ataque que impede o acesso ao sistema por parte do usuário e cobra um valor de resgate para liberar novamente o acesso ao sistema. O valor do resgate quase sempre é cobrado em moeda digital ou criptomoedas.
- *Ataque de vírus* – cada vez mais sofisticados, os vírus de computador conseguem capturar, manipular ou enviar dados de forma indevida, travar sistemas de computador, entre outros riscos.

As situações reais de utilização indevida de sistemas de tecnologia de informação se multiplicam no Brasil e em todo mundo. Em maio de 2017, praticamente todo o mundo vivenciou a experiência do *ransonware Wanna Cry*, que atingiu milhares de sistemas e interrompeu atividades essenciais, levando usuários desesperados a pagaram resgates para obter de volta o acesso a seus sistemas. Em junho do mesmo ano, outro ataque também de grandes proporções atingiu Estados Unidos, Reino Unido, Rússia, Ucrânia, Romênia, Espanha e Holanda. Atividades como hospitais, aviação civil e sistemas de segurança não podem ficar nenhum minuto sem seus sistemas operacionais em funcionamento. Os prejuízos são imensos e podem significar perda de vidas humanas, o que, sem dúvida, é inaceitável.

Os seguros contra riscos cibernéticos (*cyber seguros*) são instrumentos para minimizar os danos decorrentes dessa modalidade de riscos A contratação de seguros, por certo, é parte de um processo de segurança amplo que precisa ser planejado rigorosamente a partir das necessidades específicas de cada empresa, e terá que contemplar não apenas o uso de sistemas defensivos de porte e qualidade adequados, mas, também, a capacitação dos empregados, prestadores de serviços e parceiros de rede de negócios para que estejam todos igualmente atentos para prevenir riscos.

Vários mecanismos de proteção precisarão ser adotados no mundo em que os dados têm muito valor e, sem dúvida, a contratação de seguros contra riscos cibernéticos será um dos instrumentos mais valiosos. Margarida Lima Rego afirma:

> [...] de uma atividade social e estatal de profunda desconfiança relativamente à actividade seguradora, dada a sua a sua assimilação ao jogo e mais tarde relativamente a certas classes de seguro, mormente os de responsabilidade civil, dado o aparente distanciamento por estes provocado entre o prevaricador e as consequências de seus actos ou omissões, evoluiu-se para uma valorização da actividade seguradora de tal ordem que que alguns de seus produtos são já quase encarados como bens de primeira necessidade, havendo mesmo quem afirme estarmos actualmente a viver a "era dos seguros".[6]

É preciso ressalvar, no entanto, que serão elegíveis para contratação de seguros contra riscos cibernéticos as empresas que estiverem preparadas com estratégias de prevenção a riscos cibernéticos, em especial no tocante a vazamento de dados de seus usuários e clientes. Deverão adotar sistema preventivo eficiente, e o seguro de responsabilidade civil será sempre parte desse plano de ação para prevenção e reação a riscos cibernéticos, ou seja, contratar seguro não poderá ser o único instrumento adotado pela empresa para evitar danos com utilização indevida de dados.

Em nenhuma circunstância, seguros de responsabilidade civil podem se tornar *alvarás* ou licença para que os empresários atuem de forma negligente com os cuidados que são próprios às suas atividades-fim.

Os seguros de responsabilidade civil para a área de riscos cibernéticos incluem coberturas para *danos diretos para a empresa* e para *danos causados a terceiros*.

Em geral, no mercado brasileiro são encontradas as seguintes coberturas:

- danos à reputação corporativa e pessoal dos gestores de empresa;
- danos à reputação decorrente de vazamento de dados que resulte em perda de direitos de propriedade intelectual ou clientes;
- lucros cessantes decorrentes da interrupção de negócios em função da inatividade da rede ou do sistema operacional;
- danos decorrentes de impedimento de acesso aos dados, roubo de código ou destruição e modificação, ou danos a dados armazenados;
- furto de dinheiro, valores mobiliários ou ativos;
- despesas incorridas com a contratação de profissionais especializados para realizar gestão de crise após ataque cibernético do qual resulte vazamento de dados pessoais, impedimento de acesso, interrupção da operação comercial, entre outros;
- custo de defesa relacionada à reclamação de terceiros;
- multas contratuais pela violação de acordos ou contratos que contenham cláusula expressa que proíba a divulgação de informações sigilosas;

---

6 REGO, Margarida Lima. *O contrato de seguros e terceiros*. Estudos de direito civil. Coimbra: Almedina, 2010. p. 294.

- pagamento de "resgates" por extorsão praticada por terceiros que ameacem danificar a rede ou sistema ou divulgar ao público ou a concorrentes dados pessoais sob guarda, custódia ou controle do segurado;
- perda ou dano de ativos digitais como dados ou programas de *software*;
- custos de notificação e monitoramento de violação de dados, necessários para evitar a disseminação dos dados e maior perda pelo uso indevido dos dados vazados;
- danos decorrentes da violação de privacidade de informações pessoais ou corporativas sob responsabilidade do segurado;
- responsabilidade pela omissão na segurança dos dados que resulte na contaminação destes.

As coberturas incluem danos materiais e imateriais – estes sempre mais difíceis para mensuração, porque envolvem danos morais e reputacionais. É sempre complexo avaliar extensão dos danos decorrentes da perda de credibilidade perante os usuários e clientes, já que isso depende da especialidade de atuação da empresa, de sua participação percentual no mercado, entre outros fatores de caráter técnico e objetivo. Bancos, seguradoras, financeiras, operadoras de cartão de crédito, serviços de saúde, escolas, empresas de prestação de serviço de segurança, sofrem impacto maior quando são vítimas de danos reputacionais, porque atuam diretamente com a segurança dos dados de seus clientes e usuários.

A especificidade da atividade-fim da empresa e os riscos que efetivamente poderão causar a si própria e a terceiros deverá ser objeto de análise cuidadosa no momento da apresentação da proposta de seguro e, também, na fase de regulação do sinistro. Os seguradores precisam se preparar adequadamente no âmbito técnico e jurídico para operacionalizar a subscrição de riscos cibernéticos e para regular os sinistros, tendo como pressuposto que os danos decorrentes de vazamento de dados não se equiparam a nenhum outro que conhecemos. Os riscos e consequências do vazamento de dados são novos para a sociedade brasileira e internacional. Trata-se de aprendizagem a ser construída passo a passo, caso a caso. O setor de seguros no Brasil e no mundo precisa estudar atentamente os riscos cibernéticos ou digitais, e, em especial, precisa capacitar pessoal técnico para atuar nessa nova área de riscos.

Conclusão

O setor de seguros privados no Brasil e no mundo se alinha costumeiramente às práticas de mercado mais conservadoras, porque tem em sua essência atividade sensível de arrecadação de valores de terceiros para organização e administração e garantia de pagamento de danos decorrentes de riscos cobertos ocorridos ao longo do período de vigência do contrato. Além disso, é setor regulado e fortemente regulado, porque até as cláusulas de algumas modalidades de seguros são padronizadas por determinação dos órgãos reguladores brasileiros. Esse cenário está em transformação e deve ser bastante modificado nos próximos anos no Brasil, como já ocorre em outros países do mundo, porém, para isso é preciso que as estruturas administrativas também sejam melhor organizadas, mais alinhadas com a velocidade do mundo disruptivo em que vivemos.

Não obstante o traço conservador, o setor de seguros privados avança para atuar na área de inovação e, mesmo com estruturas regulatórias compatíveis com a década de 1960, cria mecanismos para incrementar a atividade de inovação, em especial, com a adoção da regulação em formato *sandbox*, já praticada em outros países e que reúne aspectos relevantes da cautela – ambiente inovador regulado de perto por tempo determinado –, e amplia as possibilidades de novos serviços e produtos de seguro, adequados à velocidade e às características do mundo digital em que vivemos.

Outro sinal de avanço na inovação foi a viabilidade de distribuição no mercado brasileiro de seguros intermitentes, ou mais conhecidos como "liga-desliga", aqueles em que o usuário poderá decidir utilizar ou não, a depender das circunstâncias, tendo apenas que avisar por meio de aplicativo ao segurador que está ou não utilizando o seguro naquele momento. Trata-se de uma facilidade enorme para usuários ocasionais ou que estejam adequando custos de contratação de seguro com orçamentos mais restritos, ou ainda administrados em razão da efetiva utilização. O que é fato incontestável é que essa modalidade seria impensável há 10 anos, quando os aplicativos de celular eram ainda uma possibilidade e não a realidade que temos hoje à disposição mediante poucos toques na tela dos aparelhos disponibilizados no mercado de consumo.

Mas é no campo dos seguros de riscos cibernéticos, muitas vezes chamados de *cyber seguros*, que a atividade do setor de seguros privados realmente inova e contribui para o avanço tecnológico da sociedade contemporânea. Os riscos com vazamento de dados, utilização indevida, sequestro ou travamento de sistemas que inviabilizam a utilização pelas empresas que tratam legalmente esses dados não são mais riscos de filmes de ficção científica. São realidade para indivíduos, comunidades e, mais recentemente, para o mundo inteiro, que sofreu ataques simultâneos capazes de afetar milhões de pessoas e diferentes países dos dois hemisférios. Um grande susto para a humanidade, alguns poucos toques no teclado para os malfeitores.

Os riscos cibernéticos são cobertos por contratos de seguro para indenizações por danos diretos às empresas contratantes e, também, para a responsabilidade civil que elas possuem em relação a seus clientes, usuários e terceiros que possam demonstrar os danos decorrentes do vazamento ou travamento de dados. Em todas as hipóteses, no entanto, é fundamental que as empresas contratantes atuem de forma preventiva, que a contratação do seguro não seja a única forma de administrem os riscos a que estão expostas em suas atividades-fim, porque é certo que os valores indenitários contratados nunca serão suficientes para cobrir todos os danos que dados mal utilizados poderão causar.

Por outro lado, os seguradores nacionais e internacionais precisarão trabalhar cada vez mais na capacitação de seus empregados, prestadores de serviços e toda a cadeia de suprimentos para que estejam preparados para a essa nova realidade, na qual os dados adquirem cada vez maior relevância econômica, circulam com mais velocidade e são relevantes para atividades que sequer existiam a poucos anos atrás.

Há uma soma de esforços a ser realizada na prevenção e indenização de riscos decorrentes do uso de sistemas digitais e de dados, como elemento fundamental de quase todas as operações econômicas no mundo contemporâneo. Os seguros privados, certamente, são parte relevante desses esforços.

Referências

BRASIL. *Superintendência de seguros privados*. Disponível em: http://www.susep.gov.br/menu/sandbox-regulatorio. Acesso em: 3 maio 2020.

HOUAISS, Antônio. *Dicionário Houaiss da Língua Portuguesa*. Rio de Janeiro: Objetiva, 2001.

MAGALHÃES, Raphael de Almeida. *O mercado de seguros no Brasil*. Rio de Janeiro: Funenseg, 1997.

NEVES, Gonçalo. A história da palavra prémio na atividade seguradora. *Ciberdúvidas da Língua Portuguesa*. Disponível em: https://ciberduvidas.iscte-iul.pt/artigos/rubricas/idioma/a-historia-da-palavra-premio-na-atividade-seguradora/3137. Acesso em: 30 abr. 2020.

REGO, Margarida Lima. *O contrato de seguros e terceiros*. Estudos de direito civil. Coimbra: Almedina, 2010.

Informação bibliográfica deste texto, conforme a NBR 6023:2018 da Associação Brasileira de Normas Técnicas (ABNT):

CARLINI, Angélica Luciá. Inovação em seguros – Reflexões para os caminhos de transição. *In*: EHRHARDT JÚNIOR, Marcos; CATALAN, Marcos; MALHEIROS, Pablo (Coord.). *Direito Civil e tecnologia*. Belo Horizonte: Fórum, 2020. p. 253-264. ISBN 978-65-5518-036-7.

APLICATIVOS DE ECONOMIA COMPARTILHADA: TUTELA DA VULNERABILIDADE DOS USUÁRIOS DIANTE DOS "TERMOS E CONDIÇÕES DE USO"

EDUARDO NUNES DE SOUZA

CÁSSIO MONTEIRO RODRIGUES

1 Introdução

Na sua edição de 17.3.2011, a revista *Time* incluiu a prática do compartilhamento na sua lista das *10 ideias que iriam mudar o mundo*. Quase uma década depois, ao que tudo indica, a previsão não falhou. Nos últimos anos, o modelo negocial do *consumo compartilhado*[1] tem observado um crescimento exponencial, muito impulsionado pelo desenvolvimento tecnológico, que tem permitido a difusão de aplicações para dispositivos eletrônicos oferecendo essa modalidade de contratação. Os contratos de economia de compartilhamento afirmam-se, assim, no cenário global como modelo atraente de organização da atividade produtiva e de troca de bens e serviços, transformando a

---

1 Segundo Caroline Meller-Hannich, a "economia compartilhada estabelece uma nova relação entre os atores econômicos. No início, compartilhar era conhecer novas pessoas, conectar-se, economizar recursos devido a aspectos sociais e sentimentais. O consumo colaborativo ideal está agora expandindo oportunidades pessoais, melhorando a qualidade dos bens e serviços ofertados, reduzindo custos transacionais e aumentando a autonomia" (MELLER-HANNICH, Caroline. Economia compartilhada e proteção do consumidor. Tradução de Ardyllis Soares. *Revista de Direito do Consumidor*, São Paulo, v. 105, maio/jun. 2016. p. 19). No mesmo sentido, para Juliet Schor, "enquanto muitas das plataformas de maior destaque na economia do compartilhamento começaram nos Estados Unidos, o compartilhamento se tornou um fenômeno global, tanto por conta da expansão de plataformas para outros países, quanto porque a ideia de compartilhar foi recepcionada ao redor do mundo. Plataformas estão se proliferando na Europa, onde cidades estão se tornando centros de práticas de compartilhamento. Paris, por exemplo, se tornou lar anual da festa 'OuiShare'. O mundo árabe tem uma série de novas inovações de compartilhamento. Ano passado, o governo do Equador lançou o Buen Conocer, uma iniciativa para reimaginar radicalmente o país, de acordo com princípios de compartilhamento – redes abertas, produção aberta, e uma economia dos comuns. Enquanto as políticas desses vários esforços variam ao redor do mundo, o que é comum a elas é o desejo dos participantes de criar sociedades conectadas mais justas, mais sustentáveis, e mais conectadas socialmente" (SCHOR, Juliet. Debatendo a economia do compartilhamento. *In*: ZANATTA, R.; PAULA, P.; KIRA, B. (Org.). *Economias do compartilhamento e o direito*. Curitiba: Juruá, 2017. p. 23).

estrutura do mercado, a forma de acesso e circulação de bens, de prestação de serviços e do seu compartilhamento.[2]

As plataformas de compartilhamento ganham espaço nos mais variados setores econômicos, como lazer, transporte de pessoas ou de carga, locação de bens, habitação etc. (pense-se, por exemplo, nas plataformas Airbnb, Ebay, Rappi, Dog Hero, Uber, 99, BlaBlaCar, Zopa, Bliive, entre muitas outras). Paradigmas tradicionais da teoria geral dos contratos são desafiados pela inovadora estrutura dessas relações,[3] a começar por seu modelo plurilateral (normalmente triangular), no qual deveres distintos emergem para um mesmo centro de interesses a depender da sua posição ante os demais sujeitos em relação.

Dos diversos problemas jurídicos que podem exsurgir da *sharing economy*, merecem particular destaque as dificuldades de tutela da vulnerabilidade contratual dos usuários. E não apenas o usuário-consumidor pode demandar mecanismos particulares de proteção: também o usuário-fornecedor pode se encontrar em uma situação de disparidade. Eventualmente, aliás, ambos podem ser igualmente vulneráveis (em situações que envolvem, por exemplo, o uso dos seus dados pessoais pela plataforma) – e precisam receber uma resposta segura do ordenamento para as suas necessidades concretas. Como exemplo aplicativo, este estudo abordará a tutela dos usuários em face dos termos e condições de uso das plataformas, tecendo considerações sobre a identificação de eventuais abusividades (e consequente invalidade) de suas cláusulas a partir de normas protetivas de outros contratantes tipicamente vulneráveis, como o consumidor.

2 O modelo negocial da *sharing economy*

Tão vertiginoso foi o crescimento do setor da economia compartilhada nos últimos anos que a dogmática jurídica ainda não foi capaz de aquilatar seu conceito (desconhecido, em larga medida, até mesmo pelos próprios agentes de mercado que dela se utilizam).[4] Muito menos existe consenso doutrinário com relação aos efeitos jurídicos

---

2 BUSCH, Cristoph *et al.* The rise of the platform economy: a new challenge for EU consumer law? *EuCML Journal of European Consumer and Market Law*, Issue n. 1, v. 5, Feb. 2016. p. 3; MELLER-HANNICH, Caroline. Zu einigen rechtlichen Aspekten der "Share-Economy". *WM*, 2337, 2014. No direito brasileiro, Claudia Lima Marques e Bruno Miragem afirmam que, nesse modelo negocial, "a prestação de serviços ou a oferta de bens podem ser realizadas por intermédio de uma plataforma digital, por pessoas que não atuam necessariamente como profissionais, nem se organizam sob a forma empresarial" (MARQUES, Claudia Lima; MIRAGEM, Bruno. Economia do compartilhamento deve respeitar os direitos do consumidor. *Conjur*, 23 dez. 2015). Já Carlos Affonso de Souza e Ronaldo Lemos destacam que o acesso gerado aos bens e aos serviços na *sharing economy* "cria as condições para o desenvolvimento de um fenômeno denominado 'consumo colaborativo', que privilegia justamente o acesso em detrimento da aquisição de propriedade sobre os bens que não serão explorados em todo o seu potencial" (SOUZA, Carlos Affonso Pereira de; LEMOS, Ronaldo. Aspectos jurídicos da economia do compartilhamento: função social e tutela da confiança. *Revista de Direito da Cidade*, v. 8, n. 4, 2016. p. 1760).

3 Como se sabe, a expressão "relação jurídica" pode ser usada, ora em seu sentido mais técnico (que aprecia a correlação entre uma situação jurídica subjetiva ativa e a situação passiva que lhe é contraposta), ora em sentido amplo, para fazer referência à complexa rede de direitos e deveres em que se traduz, juridicamente, uma relação socioeconômica. A respeito, permita-se a remissão a SOUZA, Eduardo Nunes de. Situações jurídicas subjetivas: aspectos controversos. *Civilistica.com*, Rio de Janeiro, ano 4, n. 1, 2015. p. 7-8.

4 Dennis Verbicaro e Nicolas Pedrosa afirmam que "entende-se a economia de compartilhamento como um fenômeno que promove o compartilhamento de bens e serviços, que se encontram subutilizados ou ociosos, por meio de canais digitais que conectam consumidores que se propõem a compartilhar seus bens com base na confiança" (VERBICARO, Dennis; PEDROSA, Nicolas. O impacto da economia de compartilhamento na

produzidos para os contratantes, o que dificulta sobremaneira a correta qualificação desse modelo negocial e sua adequação às estruturas normativas contratuais existentes. Em linhas gerais, porém, costuma-se observar que os contratos de *sharing economy* traduzem um novo momento econômico, em que a lógica proprietária é substituída por novas formas de aproveitamento dos bens jurídicos, mais racionais e eficientes, que garantem o acesso às utilidades por eles proporcionadas independentemente da aquisição da titularidade de direitos reais sobre eles.[5]

A nota característica da *sharing economy*, assim, parece estar na busca pelo compartilhamento ou pela utilização racional dos bens, para a qual a construção de um forte sistema jurídico de tutela da confiança tem sido considerada essencial.[6] O ponto de partida para a configuração dessa estrutura relacional é a criação de uma *plataforma de compartilhamento*,[7] termo que costuma designar não apenas o aplicativo eletrônico, mas também a própria entidade responsável por o operar. A plataforma costuma ser detentora da tecnologia da informação que permite conectar os demais agentes que

sociedade de consumo e seus desafios regulatórios. *Revista de Direito do Consumidor*, São Paulo, v. 113, set./out. 2017. p. 462). Nesse sentido, Rafael A. F. Zanatta aduz que, "para solucionar tal impasse, existente há quase dez anos, o ensaio defende a utilização da expressão economias do compartilhamento, aqui definida em termos amplos como sistemas socioeconômicos mediados por tecnologias de informação direcionados ao compartilhamento de recursos para fins de consumo ou de produção. O conceito de economias do compartilhamento é abrangente o suficiente para incluir sistemas de utilização de recursos ociosos para consumo" (ZANATTA, Rafael. Economias do compartilhamento: superando um problema conceitual. *In*: ZANATTA, R.; PAULA, P.; KIRA, B. (Org.). *Economias do compartilhamento e o direito*. Curitiba: Juruá, 2017. p. 79-106). Por sua vez, Juliet Schor chega a afirmar que "criar uma definição sólida de economia do compartilhamento, que reflita o uso comum, é praticamente impossível" (SCHOR, Juliet. Debatendo a economia do compartilhamento. *In*: ZANATTA, R.; PAULA, P.; KIRA, B. (Org.). *Economias do compartilhamento e o direito*. Curitiba: Juruá, 2017. p. 24). Por fim, vale mencionar o trabalho de Rachel Botsman, para quem se trataria de um sistema "construído de redes distribuídas de indivíduos conectados e comunidades, em oposição a instituições centralizadas, transformando o modo como produzimos, consumimos, financiamos e aprendemos" (BOTSMAN, R. The sharing economy lacks a shared definition. *Co-Exist Magazine*, 21 nov. 2013).

5 Nesse sentido, afirma-se mesmo que o consumo colaborativo "concebe novos modelos de negócio não mais concentrados na aquisição da propriedade de bens e na formação de patrimônio individual, mas no uso em comum — por várias pessoas interessadas — das utilidades oferecidas por um mesmo bem" (MARQUES, Claudia Lima; MIRAGEM, Bruno. Economia do compartilhamento deve respeitar os direitos do consumidor. *Conjur*, 23 dez. 2015). Cláudia Lima Marques também destaca o papel da tutela da confiança no cerne da definição do "sistema negocial de consumo" da economia de compartilhamento e afirma que esses contratos são "relações de confiança" (MARQUES, Claudia Lima. A nova noção de fornecedor no consumo compartilhado: um estudo sobre as correlações do pluralismo contratual e o acesso ao consumo. *Revista de Direito do Consumidor*, São Paulo, v. 111, maio/jun. 2017). Nas palavras de Carlos Affonso Pereira Souza e Ronaldo Lemos, a economia de compartilhamento representa "uma nova etapa no processo de desenvolvimento econômico, simbolizado pela superação da lógica de consumo em massa [...], por um momento em que o mercado, [...] passa a privilegiar novas formas de acesso a bens e a serviços" – um modelo que, devido ao fato de promover o uso e acesso eficiente aos bens, "atende às demandas relativas à sua função social [...], o uso da tecnologia da informação aperfeiçoa a prática da transparência nas relações contratuais, promovendo um fortalecimento dos ditames da boa-fé objetiva" (SOUZA, Carlos Affonso Pereira de; LEMOS, Ronaldo. Aspectos jurídicos da economia do compartilhamento: função social e tutela da confiança. *Revista de Direito da Cidade*, v. 8, n. 4, 2016. p. 1758; 1764-1765).

6 Nesse sentido, cf. SMORTO, Guido. Verso la disciplina giuridica della sharing economy. *Mercato concorrenza regole*, anno XVII, n. 2, ago. 2015. p. 259-260.

7 "Rispetto ai tradizionali fornitori di servizi che operano attraverso internet, le piattaforme online assumono la funzione di *marketplace* (mercati), ossia di intermediari estranei allo scambio, il cui compito è dar vita ad una piazza virtuale dove agenti economici indipendenti concludono affari tra loro. Dato che il successo commerciale di queste piattaforme è strettamente legato al buon funzionamento del mercato che offrono e alla riuscita degli scambi che intermediano, le stesse hanno un evidente interesse a ridurre i rischi e garantire un mercato sicuro" (SMORTO, Guido. La tutela del contraente debole nella platform economy. *Giornale di diritto del lavoro e di relazioni industriali*, n. 158, 2018. p. 426).

serão integrados à relação, sendo encarregada, na maioria das vezes, do papel de intermediária e organizadora do compartilhamento.[8]

Ao entrar em operação, a plataforma dedica-se a arregimentar *usuários-fornecedores*, que com ela contratam, anuindo com termos e condições gerais que os autorizam, então, a se utilizarem do arcabouço tecnológico por ela disponibilizado para compartilharem (*rectius*, ofertarem) bens ou serviços ao público. Assim ocorre, por exemplo, com o motorista que realiza viagens por intermédio da plataforma Uber: esta, segundo seus próprios termos e condições de uso, não presta serviços de transporte ou de logística, os quais se consideram fornecidos, não pela plataforma, mas por "parceiros independentes" – justamente, os motoristas.[9]

Paralelamente, ocorre também a contratação entre o *usuário-consumidor* e a plataforma de compartilhamento. Nesta ocasião, o primeiro aceita as condições estipuladas por esta última no tocante à intermediação do negócio (que podem abranger desde as obrigações das partes até, em certos casos, o próprio preço dos serviços). Mas a triangulação da relação apenas ocorrerá com uma nova declaração de vontade por parte do usuário-consumidor, ao solicitar um bem ou serviço específico de um dos usuários-fornecedores (que poderá ou não ter sido escolhido pela própria plataforma, a depender do caso). O vínculo formado, em seguida, entre os dois usuários pode assumir diversas aparências,[10] como se se tratasse de uma relação jurídica convencional de locação, prestação de serviços, compra e venda, permuta, entre outros, sendo possível, ainda, a depender de seu objeto, que se assemelhe a um contrato atípico.[11]

Forma-se, assim, uma estrutura negocial inovadora, plurilateral, entre a plataforma (que poderá assumir diferentes papéis, desde mera intermediária até efetiva fornecedora)[12] e os seus usuários, em uma relação triangular relativamente incomum

---

[8] Cláudia Lima Marques aponta que a plataforma de compartilhamento como criadora da estrutura e organizadora do compartilhamento configurará um fornecedor aos olhos da lei e atrairá a incidência das normas do CDC para a relação como um todo, pois o "site ou aplicativo atua não apenas como um facilitador, mas sim como aquele que torna viável e, por vezes, estrutura um determinado modelo de negócio. Em outros termos, o site ou aplicativo permite o acesso à 'highway' e atua como guardião deste acesso, um *gatekeeper* ('guardião do acesso'), que assume o dever, ao oferecer o serviço de intermediação ou aproximação, de garantir a segurança do modelo de negócio, despertando a confiança geral ao torná-lo disponível pela Internet. No direito brasileiro, estarão qualificados indistintamente como provedores de aplicações de Internet, de acordo com a definição que estabeleceu o art. 5º, VII c/c art. 15 da Lei 12.965/2014" (MARQUES, Claudia Lima. A nova noção de fornecedor no consumo compartilhado: um estudo sobre as correlações do pluralismo contratual e o acesso ao consumo. *Revista de Direito do Consumidor*, São Paulo, v. 111, maio/jun. 2017. p. 6).

[9] Termos e condições disponíveis no sítio eletrônico da Uber, com última alteração em 20.1.2020.

[10] Acerca da terminologia aplicável, Juliet Schor conclui: "Os consumidores são aqueles que estão comprando serviços, enquanto prestadores ou fornecedores os estão oferecendo. Os participantes podem estar em ambos os lados de uma transação. Usuários também é um termo frequentemente empregado desta maneira. Por exemplo, o Airbnb chama anfitriões e hóspedes de usuários, mas em outras plataformas como, por exemplo, Lyft ou Uber, os usuários seriam passageiros, e não os motoristas" (SCHOR, Juliet. Debatendo a economia do compartilhamento. *In*: ZANATTA, R.; PAULA, P.; KIRA, B. (Org.). *Economias do compartilhamento e o direito*. Curitiba: Juruá, 2017. p. 26).

[11] CARVALHO, Joana Campos. A proteção dos consumidores na sharing economy. *In*: ALMEIDA, Carlos Ferreira de *et al*. (Coord.). *Estudos de direito do consumo*: homenagem a Manuel Cabeçadas Ataíde Ferreira. Nova Lisboa: Deco, 2016. p. 304.

[12] "Most online platforms present themselves as mere facilitators, brokers or 'digital clearinghouses' rather than as sellers or suppliers. The intention to act only as an intermediary is usually expressed in the platform operator's terms of service. Such statements can be found, for example, in the terms and conditions of Uber and Airbnb. It is doubtful, however, whether such a declaration is sufficient for reducing the role of the platform to an intermediary. [...] the limitation of the platform operator's role to a mere intermediary function does not become part of the contract if it is not stated in a clear and comprehensible manner. As a result, the platform operator

no direito contratual. Do ponto de vista jurídico, como seria de se esperar, esse caráter inusitado preocupa, por gerar dúvidas quanto ao regime normativo aplicável a tais relações. Constata-se, por exemplo, não ser certa a adaptação desse modelo à normativa ordinária de tutela do consumidor,[13] pois a posição contratual assumida pela plataforma pode acabar afastando deveres e responsabilidades que lhe seriam aplicáveis caso se considerasse uma fornecedora típica.[14] Além disso, não se pode deixar de notar que nem sempre o usuário-fornecedor desenvolve atividade dotada da habitualidade[15] que seria exigida para que pudesse ser considerado um fornecedor[16] à luz do art. 3º do CDC.

Assim, poderia acontecer que, em certos contratos de economia compartilhada, ao menos em uma análise puramente estrutural, não se caracterizasse nenhuma relação de consumo propriamente dita,[17] nem entre os usuários e a plataforma (que, ao se posicionar

---

would be considered as the supplier of the goods or services" (BUSCH, Cristoph *et al.* The rise of the platform economy: a new challenge for EU consumer law? *EuCML Journal of European Consumer and Market Law*, Issue n. 1, v. 5, Feb. 2016. p. 5).

13 "Consumer contract law primarily deals with 'bipolar' contractual relationships between a trader and a consumer. If a trader and a consumer conclude their contract via an online platform such as Ebay or Airbnb, the platform is usually not party to this contract between the consumer and the supplier of the goods or services. In such a 'triangular' situation, however, there are also legal relationships between the platform and the consumer, as well as between the platform and the supplier. It is, at best, unclear whether these legal relationships with the platform, usually also contracts, fall into the scope of the current (or forthcoming) EU consumer law directives. If the supplier is not a business but a consumer, then EU consumer contract law certainly does not apply to such a consumer-to-consumer contract. As a result, many contracts, although concluded in the highly professional environment of an online platform, totally escape the scope of application of existing consumer contract law" (BUSCH, Cristoph *et al.* The rise of the platform economy: a new challenge for EU consumer law? *EuCML Journal of European Consumer and Market Law*, Issue n. 1, v. 5, Feb. 2016. p. 4).

14 A diversidade de cenários é bem ilustrada por Guido Smorto: "I rapporti tra fornitore diretto del servizio e beneficiario finale nella *platform economy* possono assumere diverse declinazioni. Quando colui che fornisce direttamente il servizio sia un lavoratore dependente della piattaforma, la piattaforma è direttamente responsabile nei confronti dei consumatori per l'inadempimento o l'inesatto adempimento della prestazione e dei conseguenti danni. In casi del genere, la piattaforma è la controparte professionale dell'utente finale e il diritto dei consumatori è applicabile alla fornitura del servizio, in aggiunta alle normative di settore. Mentre la disciplina del lavoro subordinato si applica ai rapporti tra il lavoratore e la piattaforma. Nel caso in cui, invece, la piattaforma si limiti ad intermediare lo scambio tra agenti economici indipendenti, possono prodursi due scenari distinti. È possibile che il fornitore sia un professionista. In questo caso il diritto dei consumatori si applica al rapporto intercorrente tra il consumatore ed il fornitore professionale del servizio. Una conclusione del genere è coerente con l'esigenza di proteggere il consumatore di fronte al professionista ed impedisce inoltre una disparità di trattamento tra nuovi concorrenti e operatori storici, che risulterebbe del tutto ingiustificata alla luce della qualificazione come professionista di entrambe" (SMORTO, Guido. La tutela del contraente debole nella platform economy. *Giornale di diritto del lavoro e di relazioni industriali*, n. 158, 2018. p. 436-437).

15 Por todos, cf. BENJAMIN, Antônio Herman V.; MARQUES, Claudia Lima; BESSA, Leonardo Roscoe. *Manual de direito do consumidor*. 3. ed. São Paulo: Revista dos Tribunais, 2010. p. 112-113.

16 "Quando il fornitore non è un professionista non trovano applicazione né il diritto dei consumatori né la disciplina di settore, e l'utente finale può solamente invocare gli ordinari rimedi civilistici di diritto comune. Nonostante si sia affermato da più parti che l'esclusiva applicazione di soli rimedi *ex post* ai rapporti *peer-to-peer* sia la scelta migliore poiché favorisce l'innovazione, questo spostamento da una tutela fondata sul soddisfacimento di requisiti *ex ante*, tipica dei servizi offerti da operatori professionali, ad un sistema che fa affidamento pressoché esclusivo su rimedi *a posteriori* non è sempre consigliabile" (SMORTO, Guido. La tutela del contraente debole nella platform economy. *Giornale di diritto del lavoro e di relazioni industriali*, n. 158, 2018. p. 437).

17 "Nos modelos tradicionais de negócios (B2C), de um dos lados estava sempre um profissional. Assim, a qualificação da relação como relação de consumo dependia apenas de saber se do outro lado se encontrava alguém com as restantes características de um consumidor ou, pelo contrário, outro profissional. [...] Na *sharing economy*, este paradigma sofreu alterações. A maior parte das transações são *peer-to-peer* (P2P), o que significa que, muitas vezes, o vendedor ou prestador de serviços não é profissional. Nestes casos, falha o preenchimento do elemento relacional, [...] e, consequentemente, à não aplicação da legislação de consumo. Em traços gerais, podemos, pois, afirmar que as normas que regulam os contratos da *sharing economy* são também as normas do direito do consumo se a parte for consumidora, o que inclui verificar que a contraparte é um profissional, ou apenas as normas do regime geral (constantes designadamente do Código Civil), no caso contrário"

nessa relação jurídica *sui generis*, deliberadamente refuta o papel de fornecedora de produtos ou serviços), nem entre o usuário-consumidor e o fornecedor (que, muitas vezes, desempenha a atividade oferecida pelo aplicativo de forma esporádica, sem habitualidade, além de, não raro, ostentar assimetrias em face da plataforma que remetem à figura clássica do consumidor –[18] já tendo recebido, por isso, até mesmo a alcunha de *prosumer*,[19] um profissional-consumidor). Vale dizer: em grande parte dos casos, pelo menos duas das três partes envolvidas em uma relação de economia compartilhada ostentam clara vulnerabilidade contratual, mas não existe nenhum consenso mínimo quanto a aplicar-se ou não a elas o diploma normativo mais protetivo de contratantes vulneráveis conhecido no direito brasileiro: o CDC.

Esse cenário de incerteza não deve, contudo, constituir óbice à tutela desses contratantes, sempre na medida de sua concreta vulnerabilidade.[20] Ao contrário, é justamente em contextos nos quais faltam ainda instrumentos adequados ao tratamento jurídico do fenômeno socioeconômico que a hermenêutica civil-constitucional demonstra seu potencial com maior força.[21] Partindo de uma perspectiva sistemática do ordenamento e munida dos valores que conferem a este último sua unidade formal e material,[22] a metodologia civil-constitucional pode orientar o intérprete nos setores que o trabalho legislativo ainda não logrou apreender, tais como os contratos de economia compartilhada, aos quais permite a aplicação de normas reguladoras de relações contratuais análogas. A identidade de *ratio*, neste caso, será determinada pelo tipo de tutela demandada pela concreta vulnerabilidade de cada contratante.

(CARVALHO, Joana Campos. A proteção dos consumidores na sharing economy. *In*: ALMEIDA, Carlos Ferreira de *et al.* (Coord.). *Estudos de direito do consumo*: homenagem a Manuel Cabeçadas Ataíde Ferreira. Nova Lisboa: Deco, 2016. p. 304).

[18] Por exemplo, Guido Smorto afirma que "Rispetto ai prestatori di servizi, invece, in molti casi costoro non hanno accesso a informazioni decisive relative allo scambio, non sono in grado di stabilire il prezzo della prestazione e/o valutare in anticipo la profittabilità di una determinata proposta, essendo costretti ad accettare qualsiasi richiesta indipendentemente dalla propria volontà. Una pratica, questa, che può essere particolarmente problematica quando la piattaforma mantenga prezzi bassi per ragioni competitive. [...] Un altro aspetto fondamentale per stabilire il potere contrattuale degli utenti rispetto alla piattaforma riguarda la ridotta capacità di negoziare e influenzare il contenuto delle regole dello scambio. Le piattaforme normalmente impongono le proprie condizioni di contratto senza che vi sia spazio per una negoziazione. In alcuni rari casi un professionista può anche avere la forza contrattuale per negoziare con la piattaforma le condizioni della propria partecipazione al 'mercato', ma nella stragrande maggioranza delle volte non si tratta di un'opzione realistica. Spesso il contenuto dei contratti non è neppure realmente noto a chi li sottoscrive: la parte aderente tipicamente dichiara di averli letti cliccando una semplice icona di consenso sul proprio computer, secondo un comportamento che accomuna consumatori e fornitori" (SMORTO, Guido. La tutela del contraente debole nella platform economy. *Giornale di diritto del lavoro e di relazioni industriali*, n. 158, 2018. p. 428-429).

[19] A respeito da experiência europeia, já se ponderou: "The supplier usually has to accept terms of use in which the platform operator tries to exclude its liability as far as possible. Against this background, it is an open question whether an EU legislative instrument should limit itself to the consumer protection aspects of online platforms, or take a more holistic approach by regulating also the rights and obligations of platforms towards suppliers. In particular, if suppliers are consumers, one might ask whether EU consumer law should also protect these 'prosumers' against platform operators" (BUSCH, Cristoph *et al.* The rise of the platform economy: a new challenge for EU consumer law? *EuCML Journal of European Consumer and Market Law*, Issue n. 1, v. 5, Feb. 2016. p. 7).

[20] Sobre as muitas acepções jurídicas contemporâneas do termo *vulnerabilidade*, inclusive a de vulnerabilidade patrimonial (que predomina em matéria contratual), cf. KONDER, Carlos Nelson. Vulnerabilidade patrimonial e vulnerabilidade existencial: por um sistema diferenciador. *Revista de Direito do Consumidor*, São Paulo, v. 99, maio/jun. 2015.

[21] A esse propósito, veja-se a lição de MORAES, Maria Celina Bodin de. O jovem direito civil-constitucional. *Civilistica.com*, ano 1, n. 1, 2012.

[22] Na síntese de Perlingieri, "l'unitarietà dell'ordinamento postula una metodologia unitaria" (PERLINGIERI, Pietro. Applicazione e controllo nell'interpretazione giuridica. *Rivista di Diritto Civile*, Padova, ano LVI, n. 1, jan./fev. 2010. p. 322).

Torna-se possível, assim, estender a incidência de normas protetivas do aderente, do consumidor, do locatário, do empregado, do passageiro e assim por diante aos contratos de *sharing economy*, ainda que estes não se subsumam estruturalmente às *fattispecie* descritas em lei, caso seja possível demonstrar, fundamentadamente, que aqueles instrumentos normativos se voltam, do ponto de vista funcional, à proteção de contratantes em situação de inferioridade semelhante àquela dos usuários na economia compartilhada. O desafio do hermeneuta, portanto, consiste em identificar os parâmetros e valores ponderados pelo legislador na tutela dos contratantes vulneráveis, em busca da construção de diretrizes gerais que possam orientar o juízo de merecimento de tutela também desse (ainda novo) modelo negocial.

3 Tutela de vulnerabilidades contratuais e sua extensão à economia compartilhada

A relevância jurídica das assimetrias que podem existir entre contratantes associa-se à paulatina transformação experimentada pela autonomia privada ao longo do século XX, ensejando uma evolução da própria teoria dos contratos,[23] desde as primeiras intervenções estatais sobre os atos particulares, o que inicialmente se denominou de dirigismo contratual,[24] até o progressivo reconhecimento da incidência princípios contratuais de índole solidarista[25] e a concepção de um sistema normativo de tutela de contratantes vulneráveis.[26]

---

23 "É certo que, em face de mudanças como o intervencionismo estatal na economia e a massificação do consumo por meio da proliferação dos contratos de adesão [...], o conceito de contrato já não poderá ser o mesmo. Com base no reconhecimento desta essencial historicidade do contrato e de sua regulação jurídica, a evolução do instituto é representada por um processo de oscilações pendulares, em que ora a vontade individual ora valores coletivos assumem a função de ordenar teleologicamente o conjunto das normas jurídicas que regulam toda a matéria legal referente aos contratos" (KONDER, Carlos Nelson; MULHOLLAND, Caitlin; NEGREIROS, Teresa. Contrato. *In*: ARNAUD, André-Jean; JUNQUEIRA, Eliane Botelho (Org.). *Dicionário da globalização – Direito – Ciência política*. Rio de Janeiro: Lumen Juris, 2006. p. 89-91).

24 "A dogmática do contrato sofre, então, mudança radical. O Estado intervém nas três fases da vida contratual: na formação do contrato, impondo às partes celebrá-lo ainda contra sua vontade e contra seus interesses; estabelecendo cláusulas obrigatórias em muitas avenças que interessam de perto a economia popular; e supervisionando a execução ao dotar o Poder Judiciário de instrumental suficiente para intervir no sentido de restabelecer a justiça comutativa, sempre que uma das partes se avantaje à outra [...]. E deste conglomerado avulta a intervenção estatal na economia do contrato, o dirigismo contratual como princípio informativo" (PEREIRA, Caio Mário da Silva. *Instituições de direito civil*. 23. ed. Rio de Janeiro: Forense, 2017. v. III. p. 422-423).

25 Como descrito pela doutrina nas últimas décadas, uma relevante repercussão do reconhecimento da força normativa das normas constitucionais e da adoção, pelo constituinte de 1988, do princípio da dignidade humana como fundamento da República (art. 1º, III) foi a incidência do princípio da solidariedade sobre as relações privadas. Corolário imediato da cláusula geral de tutela da pessoa humana, o princípio da solidariedade é responsável por inserir, nos diversos campos do direito civil, a imperatividade do respeito aos interesses de terceiros e da coletividade no exercício de liberdades individuais (MORAES, Maria Celina Bodin de. O princípio da solidariedade. *In*: MORAES, Maria Celina Bodin de. *Na medida da pessoa humana*: estudos de direito civil-constitucional. Rio de Janeiro: Renovar, 2010). Por tal razão, costuma-se atribuir à solidariedade a difusão de princípios como a boa-fé objetiva, a função social do contrato e o equilíbrio contratual, às vezes designados como "novos princípios contratuais", expressão consagrada por AZEVEDO, Antônio Junqueira de. Princípios do novo direito contratual e desregulamentação do mercado – Direito de exclusividade nas relações contratuais de fornecimento – Função social do contrato e responsabilidade aquiliana do terceiro que contribui para o inadimplemento contratual. *Revista dos Tribunais*, São Paulo, 1998. p. 116. A respeito, cf., ainda, NEGREIROS, Teresa. *Teoria do contrato*: novos paradigmas. Rio de Janeiro: Renovar, 2006. cap. 2; e, recentemente, KONDER, Carlos Nelson; GUEDES, Gisela Sampaio da Cruz; TERRA, Aline de Miranda Valverde. Boa-fé, função social e equilíbrio contratual: reflexões a partir de alguns dados empíricos. *In*: KONDER, Carlos Nelson; GUEDES, Gisela Sampaio da Cruz; TERRA, Aline de Miranda Valverde (Org.). *Princípios contratuais aplicados*: boa-fé, função social e equilíbrio contratual à luz da jurisprudência. São Paulo: Foco, 2019. p. 2-5.

26 Cf. KONDER, Carlos Nelson. Vulnerabilidade patrimonial e vulnerabilidade existencial: por um sistema diferenciador. *Revista de Direito do Consumidor*, São Paulo, v. 99, maio/jun. 2015. itens 2 e 3; MARQUES, Claudia

A constitucionalização do direito privado e a constatação da insuficiência das categorias tradicionalmente consagradas[27] permitiram o desenvolvimento de instrumentos de tutela de contratantes em situação de inferioridade: de fato, a implementação da solidariedade no direito contratual como meio de reduzir iniquidades e proteger partes vulneráveis passou a ser compreendida como pressuposto para a promoção de uma liberdade contratual efetiva – no que já se denominou, em feliz expressão, liberdade substancial.[28] Esse processo encontra seu expoente no conceito de vulnerabilidade,[29] termo que traduz uma tomada de consciência quanto à necessidade da intervenção reequilibradora do ordenamento sobre os atos negociais.[30]

A necessidade de proteção contratual dos vulneráveis foi acentuada com o desenvolvimento industrial e tecnológico e com a massificação das relações sociais, que revelaram a enorme disparidade nas negociações e na formação dos contratos, sobretudo no âmbito nas negociações por adesão, a saber, aquelas em que as cláusulas são elaboradas unilateralmente por um dos contratantes, cabendo ao aderente apenas a aceitação, em bloco, do programa negocial.[31] A solução encontrada pela ordem jurídica, a fim de trazer equilíbrio às relações contratuais e promover a igualdade substancial, consistiu na criação de instrumentos específicos de tutela, como as normas de proteção do aderente no Código Civil –[32] e, antes destas, na edição de leis especiais, entre as quais se destacam o Código de Defesa do Consumidor e a atual Lei de Locações,

---

Lima. Algumas observações sobre a pessoa no mercado e a proteção dos vulneráveis no direito privado brasileiro. *In*: GRUNDMANN, Stefan *et al.* (Org.). *Direito privado, Constituição e fronteiras*. São Paulo: Revista dos Tribunais, 2014. p. 287-331.

27 TEPEDINO, Gustavo. Direito civil e ordem pública na legalidade constitucional. *Boletim Científico da ESMPU*, Brasília, ano 4, n. 17, out./dez. 2005. p. 232.

28 FACHIN, Luiz Edson. *Direito civil*: sentidos, transformações e fim. Rio de Janeiro: Renovar, 2015. p. 49.

29 Sobre a noção de vulnerabilidade, Heloísa Helena Barboza destaca que "a proteção especial dos vulneráveis, à evidência, não se limita ao consumidor. A prospecção do conteúdo da vulnerabilidade, particularmente em seu aspecto socioeconômico, é indispensável para que se dê consecução à cláusula geral de proteção da pessoa humana" (BARBOZA, Heloisa Helena. Proteção dos vulneráveis na Constituição de 1988: uma questão de igualdade. *In*: NEVES, Thiago Ferreira Cardoso (Org.). *Direito & justiça social*: por uma sociedade mais justa, livre e solidária. Estudos em homenagem ao Professor Sylvio Capanema de Souza. São Paulo: Atlas, 2013. p. 103-117).

30 KONDER, Carlos Nelson. Vulnerabilidade patrimonial e vulnerabilidade existencial: por um sistema diferenciador. *Revista de Direito do Consumidor*, São Paulo, v. 99, maio/jun. 2015. item 2.

31 Conforme a definição amplamente difundida, são "contratos de adesão aqueles que não resultam do livre debate entre as partes, mas provêm do fato de uma delas aceitar tacitamente cláusulas e condições previamente estabelecidas pela outra. [...]. A sua participação no ato limita-se a dar sua adesão ao paradigma contratual já estabelecido, presumindo-se sua aceitação da conduta que adota" (PEREIRA, Caio Mário da Silva. *Instituições de direito civil*. 23. ed. Rio de Janeiro: Forense, 2017. v. III. p. 72).

32 Essas disposições de proteção do aderente são tão relevantes para o legislador que constam tanto do regime civil geral do Código Civil, nos arts. 423 e 424, como no Código de Defesa do Consumidor, nos arts. 46 e 47, respectivamente. As medidas de proteção do aderente não se limitam à interpretação mais favorável e à vedação da renúncia prévia de direitos: há disposições que regulamentam o direito de desistência e de arrependimento do consumidor (art. 49 do CDC), que determinam a nulidade e invalidade de plano de cláusulas contratuais abusivas (art. 51 do CDC), entre outras. Vale destacar, ainda, a importância do princípio contratual da boa-fé objetiva na tutela do contratante vulnerável e do consumidor. O legislador consumerista prioriza a confiança e disciplina a contratação em todas as suas fases com instrumentos específicos para cada uma delas, desde a pré-contratual, com a vinculação do fornecedor a oferta realizada (art. 30 do CDC), a imposição de deveres específicos de informação durante a execução contratual (art. 52 do CDC), bem como a imposição de garantia legal (arts. 24 e 25 do CDC) e a determinação de sua complementação (art. 50 do CDC). Nesse sentido, cf. BENJAMIN, Antônio Herman V.; BENJAMIN, Antônio Herman V.; MARQUES, Claudia Lima; BESSA, Leonardo Roscoe. *Manual de direito do consumidor*. 3. ed. São Paulo: Revista dos Tribunais, 2010. p. 360-370; MIRAGEM, Bruno. *Curso de direito do consumidor*. 6. ed. São Paulo: Revista dos Tribunais, 2016. p. 252-255.

ambos editados já sob a égide da ordem constitucional de 1988. O direito do consumidor brasileiro, em particular, observou enorme desenvolvimento nas últimas três décadas, tendo construído sofisticado sistema de tutela desses contratantes.[33] O reconhecimento da vulnerabilidade do consumidor, aliás, é previsto expressamente pelo art. 4º, I, do CDC, que o elege como princípio da Política Nacional de Relações de Consumo.[34]

Mas de que vulnerabilidades se está a tratar? Quanto ao aderente, a disparidade contratual consta de sua própria conceituação: não participando da elaboração das cláusulas e condições contratuais, sujeita-se ele a estipulações potencialmente abusivas, que beneficiam excessivamente a outra parte em detrimento de seus próprios interesses. Quanto ao consumidor, é comum que seja prejudicado por sua falta de conhecimentos técnicos sobre o produto ou o serviço, pela disparidade econômica em face dos fornecedores, pela dificuldade de acesso à assistência jurídica ou, ainda, pela carência informacional – para citar apenas as vulnerabilidades normalmente elencadas pela doutrina consumerista.[35]

Pois bem: todas essas vulnerabilidades podem (e costumam) ocorrer, em maior ou menor medida, tanto com o usuário-consumidor quanto com o usuário-fornecedor da economia compartilhada. Na maioria dos casos, ambos se enquadram como aderentes aos contratos estipulados pelas plataformas. E, ainda que ordinariamente não se qualifiquem como consumidores, ostentam vulnerabilidades típicas dessa categoria. O hospedeiro da Airbnb tem, provavelmente, menos experiência para litigar em juízo do que a plataforma; o passageiro da 99 costuma ser economicamente mais frágil do que ela; os usuários da Bliive, por sua vez, embora detenham conhecimentos técnicos sobre os serviços que prestam, podem não ter informações suficientes sobre os serviços que recebem ou sobre a própria plataforma. E outras tantas formas de vulnerabilidade seriam encontradas, caso se comparassem outros estatutos normativos, como os que tutelam locatários, empregados, mutuários e assim por diante.

Todas essas vulnerabilidades devem, evidentemente, ser aferidas em cada caso concreto (o que, em perspectiva civil-constitucional, aplica-se também às próprias relações de consumo – mas releva ainda mais no caso da economia compartilhada, que não conta com uma presunção legal de disparidade entre as partes). Não há dúvidas, porém, de que elas ocorrem frequentemente nesse tipo de relações. A dificuldade maior está, sem dúvida, em identificar, nas *fattispecie* inovadoras criadas pela *sharing economy*, vulnerabilidades semelhantes àquelas já tratadas por lei. Merecem especial destaque, nessa direção, algumas novas situações advindas da economia compartilhada, como as que envolvem o dever de informar da plataforma e de esclarecer os detalhes da contratação, o tratamento dos dados sensíveis e controle de preços e de reputação dos usuários pela plataforma etc.

---

33 Vale destacar que as limitações contratuais devidas a situações de vulnerabilidade não se restringem àquelas de conteúdo patrimonial ou de mera inferioridade contratual. Ao destacar a prevalência das situações subjetivas existenciais às patrimoniais, por exemplo, Carlos Nelson Konder pondera que a categorização de vulneráveis admitida pela doutrina não exaure o tema, pois há a necessidade de se tutelar a vulnerabilidade existencial concreta do contratante, de modo a melhor atender e promover os valores da pessoa humana (KONDER, Carlos Nelson. Vulnerabilidade patrimonial e vulnerabilidade existencial: por um sistema diferenciador. *Revista de Direito do Consumidor*, São Paulo, v. 99, maio/jun. 2015. item 5).

34 BENJAMIN, Antônio Herman V.; MARQUES, Claudia Lima; BESSA, Leonardo Roscoe. *Manual de direito do consumidor*. 3. ed. São Paulo: Revista dos Tribunais, 2010. p. 66-69.

35 Sobre as espécies de vulnerabilidade reconhecidas pela doutrina, cf. MIRAGEM, Bruno. *Curso de direito do consumidor*. 6. ed. São Paulo: Revista dos Tribunais, 2016. p. 127-141.

Esse caráter inovador, tão benfazejo do ponto de vista socioeconômico, agrava-se ainda mais, no que diz respeito à carência de instrumentos jurídicos específicos, pelo fato de a maior parte das contratações de economia compartilhada ocorrer, em alguma medida, de forma digital, no que se convencionou denominar *contratos eletrônicos*. Embora tais negócios não fujam à disciplina geral do direito contratual, oferecem ao intérprete diversas dificuldades práticas – por exemplo, na determinação do momento de sua formação, na identificação de vícios do consentimento, na prova da contratação e assim por diante.[36] As dificuldades, porém, entre os contratos celebrados em plataformas de *sharing economy*, não distam daquelas verificadas nos contratos eletrônicos celebrados, por exemplo, em portais de *e-commerce*; muitas plataformas, aliás, consideram-se, à semelhança de diversos sítios de vendas na internet, como espécies de *marketplace*. Mais uma vez, o raciocínio aproximativo, pautado por uma análise sistemática e prioritariamente funcional, mostra-se benéfico para a delimitação da normativa aplicável a partir da experiência já existente em situações análogas.

Nesse cenário de inúmeras incertezas acerca do regime jurídico aplicável às plataformas e seus usuários, os mecanismos legais de tutela específica de contratantes vulneráveis já existentes podem e devem ser estendidos às partes que integram relações de *sharing economy* – para controlar, por exemplo, eventual abusividade de cláusulas dos respectivos contratos, ou, ainda, fornecer regras de responsabilidade civil que podem nortear o regime jurídico de eventuais danos causados aos usuários das plataformas.[37] Não se trata, aqui, de *mera* analogia jurídica, a qual seria justificável, conforme o pensamento tradicional, apenas pela ausência de regramento específico. Em perspectiva civil-constitucional, a interpretação sempre implica, em certo sentido, um raciocínio analógico, existam ou não normas específicas concebidas para regular a *fattispecie*, porque a pesquisa da *ratio* da norma implica sempre uma comparação do princípio por ela informado aos demais princípios do ordenamento e às peculiaridades do caso concreto.[38]

Não apenas em prol da economia de compartilhamento, mas do direito contratual em geral, o primeiro passo na direção da tutela de contratantes vulneráveis consistiu na criação de categorias abstratas, para as quais se conceberam instrumentos normativos de

---

[36] Cf. SCHREIBER, Anderson. Contratos eletrônicos no direito brasileiro. Formação dos contratos eletrônicos e direito de arrependimento. *In*: MELGARÉ, Plínio (Org.). *O direito das obrigações na contemporaneidade*: estudos em homenagem ao Ministro Ruy Rosado de Aguiar Jr. Porto Alegre: Livraria do Advogado, 2014.

[37] "I contratti della *platform economy* riguardano tre diversi soggetti: la piattaforma *online* ed i suoi utilizzatori – fornitori e utenti – che concludono affari attraverso la piattaforma. Generalmente esiste un solo contratto che governa tutte le relazioni nascenti dallo scambio. Rispetto ai contratti *standard* tradizionali, tipicamente predisposti dal professionista e sottoposti all'adesione del consumatore, le condizioni di contratto sono redatte dalla piattaforma e sottoscritte dai suoi utilizzatori e, se non altrimenti specificato, le stesse clausole sono applicabili a fornitori e utenti, essendo entrambi qualificati indistintamente come utilizzatori dei servizi forniti dalla piattaforma" (SMORTO, Guido. La tutela del contraente debole nella platform economy. *Giornale di diritto del lavoro e di relazioni industriali*, n. 158, 2018. p. 432).

[38] Leciona Perlingieri: "Se toda norma exprime sempre um princípio, este não pode deixar de ser confrontado com os princípios fundamentais. O recurso à *ratio iuris* é um problema de cotejo do princípio, que a *ratio* representa, com os outros princípios. [...] Quanto à *analogia legis*, na perspectiva hermenêutica de individualização da normativa mais adequada à hipótese concreta, se reconhece que jamais duas *fattispecie* serão totalmente iguais, se não for por outro motivo, em razão das diversidades temporais, espaciais e subjetivas que concorrem a individuá-las: dois fatos temporalmente iguais são impossíveis. A disciplina é construída por uma série de hipóteses similares. Nesse sentido, a interpretação é sempre analógica" (PERLINGIERI, Pietro. *O direito civil na legalidade constitucional*. Rio de Janeiro: Renovar, 2008. p. 623).

intervenção sobre a autonomia privada, com vistas à proteção de partes em situação de disparidade. Mas, agora, impende sofisticar esse sistema, para tentar aproximar (tanto quanto possível) os instrumentos previstos pelo legislador da realidade concreta de cada contratante.[39] Como hoje se reconhece, nem todo consumidor é igual, nem todo locatário é igual, nem todo aderente é igual – e não será diferente com os usuários de plataformas de compartilhamento. Impõe-se, nesse sentido, aprimorar a aplicação dos instrumentos de tutela da vulnerabilidade dos contratantes da economia compartilhada, etapa que deve se valer da submissão desse modelo negocial à análise funcional dos contratos e dos institutos jurídicos voltados à sua disciplina.[40]

4 Desafios postos pelos termos e condições de uso das plataformas de compartilhamento

Como se sustentou até este ponto, a análise funcional do modelo negocial de *sharing economy* é um caminho que permite apurar quais são os instrumentos de tutela do contratante vulnerável. A investigação dos interesses de cada uma das partes envolvidas nessas relações permite que o intérprete realize um adequado controle de validade das cláusulas estipuladas, sempre pautado pela verificação de certas vulnerabilidades em concreto que justifiquem a incidência das normas e remédios já conhecidos pela ordem jurídica. Não são raros, por exemplo, os casos de compartilhamento levados ao Judiciário em que se discute a escolha entre a aplicação dos regimes jurídicos das relações paritárias ou do direito do consumidor – por exemplo, para demarcar os limites da responsabilidade da plataforma.[41]

Uma outra aplicação relevante dessa proposta consiste em viabilizar o controle de abusividade de disposições entabuladas pela plataforma de compartilhamento no corpo de seus "termos e condições de uso" – que podem, em muitos casos, prever disposições leoninas, como a exclusão de responsabilidade da plataforma ou a supressão de direitos dos usuários (por exemplo, mediante a cessão compulsória de dados pessoais ou a renúncia ao exercício do direito de arrependimento). Nesse contexto, caberia indagar: qual conjunto de normas pode ser levado em consideração para fins de determinação da abusividade (e consequente invalidade) de uma cláusula estipulada em um contrato

---

39 Sobre este ponto, permita-se a remissão a SOUZA, Eduardo Nunes de. De volta à causa contratual: aplicações da função negocial nas invalidades e nas vicissitudes supervenientes do contrato. *Civilistica.com*, Rio de Janeiro, ano 8, n. 2, 2019. *Passim* e, particularmente, p. 50.

40 A necessidade de uma análise funcional é enfatizada por Pietro Perlingieri: "Para evitar os perigos de um estruturalismo árido, de maneira a subtrair-se ao fascínio de doutos questionamentos sobre o consentimento, sobre a troca sem diálogo e sem acordo, é necessário deslocar a atenção para os aspectos teleológicos e axiológicos dos atos de autonomia negocial, para o seu merecimento de tutela segundo o ordenamento jurídico. Isto representa o sinal de uma forte mutação no enfoque hermenêutico e qualificador do ato e, sobretudo, de um modo mais moderno de considerar a relação entre lei e a autonomia negocial, configurada unitariamente" (PERLINGIERI, Pietro. *O direito civil na legalidade constitucional*. Rio de Janeiro: Renovar, 2008. p. 358-359).

41 Nesse sentido, entre os inúmeros casos existentes, destaca-se, a título de exemplo, o seguinte julgado do TJSP: "Transporte. Uber. Ação de indenização por danos morais e materiais. Legitimidade passiva. Transporte particular de passageiros. Empresa que inseriu o aplicativo no mercado que integra a cadeia de fornecimento do serviço prestado pelo motorista, mediante remuneração. Relação de consumo caracterizada. Integrantes da cadeia de fornecimento que respondem solidariamente por prejuízos causados ao consumidor. Inteligência dos artigos 2º, 3º, 7º e 14, todos, do Código de Defesa do Consumidor. Pertinência subjetiva passiva. Ilegitimidade afastada. Sentença anulada. Recurso provido" (TJSP, Ap. Civ. nº 1023935-25.2017.8.26.0562, 38ª C.D.Priv. Rel. Des. Fernando Redondo, j. 17.10.2018).

de *sharing economy*? Quem poderia suscitar judicialmente a invalidade da cláusula: apenas o usuário-consumidor, ou também o usuário-fornecedor? *A contrario sensu*, que tipo de cláusulas, consideradas abusivas em relações de outras naturezas, não devem ser reputadas inválidas em matéria de economia compartilhada?

Tais questões mostram-se particularmente tormentosas porque, em linha de princípio, a consequência imediata do que se convencionou denominar, no jargão consumerista, de "cláusula abusiva" (a rigor, uma hipótese de ilicitude, e não propriamente de abusividade)[42] é a sua nulidade. Trata-se, com efeito, de uma consequência lógica do que dispõe o art. 166, VII do Código Civil: são nulas as estipulações contratuais que disponham vedações previstas por lei sem cominação de outra sanção mais específica (o que se costuma denominar *nulidade virtual*, por oposição às nulidades *textuais*, que são expressamente previstas por lei). A invalidade contratual, portanto, vincula-se intimamente à existência de previsões normativas que a estipulem, seguindo, na tradição do direito civil, um princípio de legalidade estrita.[43] Como, então, sustentar a abusividade (e consequente nulidade) de cláusulas em contratos de economia compartilhada, que não contam com normativa específica?

A solução do impasse parece exigir uma reconsideração acerca do próprio sentido jurídico de legalidade. A noção original de legalidade determinava que os atos particulares deveriam submeter-se a um controle negativo de legitimidade, de índole estrutural: aqueles atos cuja realização não fosse vedada pela ordem jurídica poderiam produzir efeitos juridicamente tuteláveis.[44] A evolução da hermenêutica jurídica exigiria a criação de novas instâncias de controle, que envolvessem também uma verificação de compatibilidade funcional e valorativa desses atos com o ordenamento e, mais contemporaneamente, também um controle funcional positivo, que privilegiasse, em caso de atos particulares conflitantes, aquele que melhor promovesse os valores do sistema (o que se pode designar como merecimento de tutela em sentido estrito, verdadeiro estágio atual do princípio da legalidade no direito civil).[45]

A aferição da validade de estipulações previstas nos termos e condições de plataformas de compartilhamento, portanto, dependerá de se perquirirem as concretas vulnerabilidades das partes envolvidas na relação e, em seguida, de se avaliar a compatibilidade das cláusulas contratuais com normas que, embora previstas para regerem relações de outra natureza (como as de direito do consumidor), visam a tutelar vulnerabilidades semelhantes às observadas em concreto. Subjazem a esse entendimento

---

[42] A respeito dessa distinção, permita-se a remissão a SOUZA, Eduardo Nunes de. *Teoria geral das invalidades do negócio jurídico*: nulidade e anulabilidade no direito civil contemporâneo. São Paulo: Almedina, 2017. item 1.2.

[43] A exigência de previsão legal estrita da nulidade predominou por muito tempo e apenas foi mitigada com a admissão das chamadas *nulidades virtuais*, que superam o princípio da nulidade textual, segundo a máxima da antiga jurisprudência francesa: *pas de nullité sans texte*. Assim, não se exige, para que um contrato seja nulo, que a nulidade seja prevista pela lei como consequência da violação de uma norma imperativa; basta que uma norma imperativa tenha sido violada" (GALGANO, Francesco. Il negozio giuridico. *In*: CICÙ, Antonio; MESSINEO, Francesco; MENGONI, Luigi; SCHLESINGER, Piero (Coord.). *Trattato di diritto civile e commerciale*. Milano: Giuffrè, 2002. p. 267).

[44] A respeito da diferença de conteúdo do princípio da legalidade no direito público e no direito privado, cf., entre muitos outros, BARROSO, Luís Roberto. Apontamentos sobre o princípio da legalidade. *In*: BARROSO, Luís Roberto. *Temas de direito constitucional*. Rio de Janeiro: Renovar, 2006. t. 1. p. 165-170.

[45] Sobre a evolução do princípio da legalidade em direção ao controle da abusividade e do merecimento de tutela, cf. SOUZA, Eduardo Nunes de. Merecimento de tutela: a nova fronteira da legalidade no direito civil. *Revista de Direito Privado*, São Paulo, v. 58, abr./jun. 2014.

a perspectiva metodológica de constitucionalização do direito civil, em geral, e a conceituação ampla do princípio da legalidade, em particular,[46] a imprimir novos contornos à causa virtual de nulidade prevista no art. 166, VII do Código Civil: onde tradicionalmente se leu "lei em sentido estrito e formal", deve-se passar a ler "lei em sentido amplo e material", vez que traduziria nefasto contrassenso afirmar a validade de atos que, embora adequados à legalidade formal (diante da omissão legislativa a respeito da *sharing economy*), não se revelassem compatíveis com o sistema jurídico brasileiro.

Em termos pragmáticos: se uma das hipóteses de invalidade de cláusulas contratuais previstas pelo art. 51 do CDC estiver voltada à proteção de um tipo de vulnerabilidade contratual que também se possa verificar em uma relação de economia compartilhada (seja por parte do usuário-consumidor, seja por parte do usuário-fornecedor), não parece haver óbice para que se reconheça, em perspectiva sistemática, a nulidade de cláusula que fira aquela norma, ainda que se conclua que a relação, em si considerada, não preenche os requisitos previstos pelos arts. 2º e 3º do CDC (com os acréscimos feitos pela doutrina e pela jurisprudência pátrias) para que seja considerada uma relação de consumo. Evidentemente, esse procedimento cria para o intérprete um ônus argumentativo muito mais severo, pois precisará demonstrar, pormenorizadamente, a identidade de *ratio* entre a norma (aparentemente inaplicável à relação de economia compartilhada) e a vulnerabilidade das partes concretamente consideradas. Essa responsabilidade agravada do intérprete, porém, não é uma exclusividade da matéria: na perspectiva civil-constitucional, sempre caberá ao hermeneuta completar, diante do caso concreto, as ponderações valorativas empreendidas abstratamente pelo legislador.[47]

Nesse sentido, tem-se entendido na jurisprudência brasileira, por exemplo, que cláusulas estipuladas por plataformas de transporte compartilhado voltadas a afastar qualquer responsabilidade da plataforma por danos causados pelos motoristas aos passageiros são abusivas e, portanto, nulas.[48] Embora, em geral, tal conclusão se extraia

---

[46] Cf. a lição de Pietro Perlingieri, de todo extensível ao direito brasileiro: "A noção de legalidade é essencial ao sistema. No nosso ordenamento, o juiz é vinculado à norma, não à letra da lei. A dificuldade está em individuar a normativa do caso concreto. O juiz deve considerar todas as possíveis circunstâncias de fato que caracterizam o caso – a situação, também econômica, dos sujeitos, a formação cultural deles, o ambiente no qual atuam – e procurar julgar, dando-lhe a resposta que o ordenamento, visto em uma perspectiva unitária, oferece" (PERLINGIERI, Pietro. *O direito civil na legalidade constitucional*. Rio de Janeiro: Renovar, 2008. p. 254).

[47] Como leciona Ana Paula de Barcellos, o legislador prevê em abstrato ou preventivamente "[...] apenas situações-tipo de conflito (imaginadas e/ou colhidas da experiência) tanto no que diz respeito aos enunciados envolvidos, como no que toca aos aspectos de fato. Tudo isso sem que se esteja diante de um caso real. A partir das conclusões dessa ponderação preventiva, é possível formular parâmetros específicos para orientação do aplicador quando ele esteja diante dos casos concretos. Evidentemente, o aplicador estará livre para refazer a ponderação, considerando agora os elementos da hipótese real, toda vez que esses parâmetros não se mostrarem perfeitamente adequados. De toda sorte, caberá ao intérprete o ônus argumentativo de demonstrar por que o caso por ele examinado é substancialmente distinto das situações-tipo empregadas na ponderação preventiva" (BARCELLOS, Ana Paula de. *Ponderação, racionalidade e atividade jurisdicional*. Rio de Janeiro: Renovar, 2005. p. 154-155).

[48] Ilustrativamente: "Apelação cível. Responsabilidade civil. Uber. Legitimidade passiva. Relação de consumo. Danos materiais e morais ocasionados ao usuário do serviço. Ocorrência. 1. O caso em tela versa sobre relação de consumo, pois o demandante, destinatário dos serviços ofertados pela ré, através de aplicativo, enquadra-se no conceito de consumidor descrito no artigo 2º do Código de Proteção e Defesa do Consumidor, e a ré no de fornecedor, nos termos do artigo 3º do mesmo diploma legal. 2. A empresa ré é gestora de aplicativo, credenciando motoristas para prestação de serviços de transporte a terceiros, por meio de plataforma que disponibiliza aos usuários, detendo, por disposição contratual firmada, a possiblidade de rescisão imediata do contrato nos casos de descumprimento de obrigações assumidas por seus condutores parceiros, entre as quais o atendimento escorreito aos usuários dos serviços. 3. Dessa maneira, responderá por qualquer dano que o motorista, parceiro da ré, possa ocasionar aos passageiros, daí a legitimidade passiva. Precedente. 4. Não se

de uma suposta natureza consumerista da relação (ensejando a incidência da previsão do art. 51, I do CDC), a atuação da plataforma nesses casos, a rigor, não parece ser propriamente a de fornecedora de serviços de transporte, pois os motoristas não são seus prepostos. No entanto, a conclusão que vem sendo alcançada pela jurisprudência revela-se adequada, pois a lógica do sistema normativo é justamente a de evitar que o estipulante, aproveitando-se da contratação por adesão e de sua superioridade técnica, econômica e jurídica em relação aos demais contratantes, logre afastar, *a priori*, qualquer responsabilidade por possíveis danos. Por outro lado, se haverá ou não responsabilidade efetiva da plataforma (uma vez afastada a cláusula de não indenizar), trata-se de questão ulterior, que deve ser decidida à luz do caso concreto: não caracterizada relação de consumo, nem atividade de risco por parte da plataforma, é possível que esta responda subjetivamente (por exemplo, pela culpa *in eligendo* em relação ao motorista, na hipótese de essa culpa restar demonstrada em concreto).

Caso se conclua pela invalidade de uma cláusula estipulada nos termos e condições de uma plataforma de compartilhamento, o vício da nulidade segue, em princípio, seu regime jurídico geral concebido pela lei. A legitimidade para alegação da invalidade, portanto, é ampla, nos termos do art. 168 do Código Civil, admitida, ainda, a cognição *ex officio* pelo julgador. No entanto, é preciso interpretar a regra *cum grano salis*, pois outros valores podem prevalecer à luz do caso concreto, demandando uma modulação das consequências normalmente associadas à nulidade. Assim, como a plataforma é, em geral, a estipulante dos termos e condições, pode ser razoável rejeitar sua ilegitimidade para alegar eventual nulidade em seu favor, por incidência do princípio que veda o benefício da própria torpeza – sobretudo nos casos em que a norma que fundamenta a invalidade se volte claramente a tutelar a vulnerabilidade específica de outra parte (a quem caberá, então, preferencialmente, a alegação do vício).[49]

A pesquisa da vulnerabilidade concreta das partes servirá, ainda, para determinar em quais casos *não* se autoriza a aplicação analógica de normas invalidantes das disposições contratuais às relações de economia compartilhada. Assim, por exemplo, parece razoável considerar que, em tese, será abusiva e, portanto, inválida uma cláusula contratual que isente as plataformas de qualquer responsabilidade por danos causados pelo usuário-fornecedor ao usuário-consumidor. No entanto, no caso de plataformas de locação de imóveis que disponham de políticas claras de cancelamento e que alertem as partes sobre o risco, bilateral, de inadimplemento entre os usuários, não parece razoável reputar inválida a cláusula limitativa do dever de indenizar nos casos de cancelamento pelo anfitrião, como já tem decidido a jurisprudência pátria.[50] De fato, nesse tipo de

olvide que eventual cláusula que exclui a responsabilidade por eventuais danos ocasionados aos passageiros não produz efeito em relação a estes, dada a patente abusividade, cabendo a ré buscar eventual ressarcimento diretamente com o 'motorista parceiro'. [...]" (TJRJ. Ap. Civ. nº 0007726-60.2018.8.19.0205, 14ª C.C. Rel. Des. José Carlos Paes, j. 24.7.2019).

[49] Sobre a influência desses aspectos valorativos na modulação do regime geral das invalidades negociais, cf. SOUZA, Eduardo Nunes de. *Teoria geral das invalidades do negócio jurídico*: nulidade e anulabilidade no direito civil contemporâneo. São Paulo: Almedina, 2017. Capítulo 3.

[50] Nesse sentido: "Apelação. Consumidor. Ação indenizatória por danos materiais e morais. Autora que alega ter contratado no site da ré locação de imóvel para viagem aos estados unidos, com rompimento do ajuste, por parte do anfitrião (proprietário), apenas 4 dias antes da ida para o destino. Sentença de improcedência. Inconformismo da demandante, que apela para ver integralmente reformado o *decisum*. Razão que não lhe assiste. Cerne da presente questão que se refere acerca da responsabilidade da empresa recorrida quanto ao cancelamento da locação do imóvel contratado pela apelante, bem como se existe o dever de indenizar

relação, o usuário-consumidor pode escolher o hospedeiro e tem, pelo próprio objeto da contratação, maior tempo de reflexão para fazer essa escolha do que, por exemplo, o passageiro em plataformas de transporte colaborativo.

Não parece assistir razão, assim, a certas decisões que consideram inválida a limitação de responsabilidade, muito menos ao argumento, por vezes adotado, de que a plataforma desenvolveria atividade de risco (art. 927, parágrafo único, do Código Civil) ou, ainda pior, de que teria havido descumprimento de promessa de fato de terceiro (art. 439 do Código Civil).[51] Esse tipo de argumentação, de todo modo, ilustra bem a enorme insegurança jurídica que ainda cerca as relações de economia de compartilhamento, assim como o longo caminho a ser trilhado na construção de um sistema de tutela adequado a esses contratantes. Nessa tarefa, impõe-se, acima de tudo, adotar a indispensável cautela quanto aos extremos, evitando-se, tanto quanto possível, seja uma tutela deficitária da concreta vulnerabilidade das partes, seja uma tutela desmesurada e desproporcional a essa vulnerabilidade, como tantas vezes ocorreu e ocorre no âmbito de outras relações jurídicas, como as relações de consumo.

---

pelos danos materiais e morais que alega esta última terem ocorrido. Falha do serviço não verificada. Há de se ter em mente que o sítio eletrônico da suplicada funciona como uma plataforma colaborativa, onde os locadores oferecem seus imóveis, e os locatários buscam imóveis dentro de sua preferência e orçamento. Quem utiliza os serviços dos sites de intermediação para locação por temporada, sabe de antemão que há risco de inadimplemento, seja na hipótese de o hóspede não comparecer, seja no caso do locador desistir de locar seu imóvel. Adesão aos serviços de locação disponibilizados pelo sítio eletrônico que envolve também a assunção dos riscos correspondentes. Termos de uso e políticas do Airbnb que expressamente preveem a possibilidade da ocorrência de cancelamentos de reservas e a política adotada para tais casos, com ampla transparência aos locatários. Recorrida que não se esquivou de ressarcir os valores gastos com a locação cancelada. Ausência de ato ilícito por parte da demandada, não havendo dano material a ser ressarcido nem moral a ser compensado" (TJRJ. Ap. Civ. nº 0240946-32.2017.8.19.0001, 19ª C.C. Rel. Des. Guaraci de Campos Vianna, j. 2.7.2019).

51 Ilustrativamente: "Apelação – Prestação de serviços – Airbnb – Hospedagem em Nova Iorque contratada com seis meses de antecedência – Cancelamento noticiado poucos dias antes da data programada para a viagem, por desistência do anfitrião – Ação indenizatória [...] Relação de consumo – Independentemente da polêmica doutrinária e jurisprudencial em torno da natureza jurídica da relação travada entre o contratante dos serviços (hóspede) e o designado anfitrião, se de hospedagem ou de locação por temporada, é indubitável que o vínculo disso oriundo para com a plataforma de serviços, seja frente ao hóspede, seja em face do anfitrião, caracteriza típica relação de consumo, à luz do que dispõem os arts. 2º e 3º do CDC. Responsabilidade civil da plataforma de serviços – Mercado de compartilhamento. Atividade empresarial em exame para cujo êxito é indispensável que plataformas de serviço como a ré construam e preservem a respectiva reputação nesse mercado, já que a confiança no serviço é algo de fundamental importância para que o indivíduo se disponha a compartilhar o que é seu com estranhos ou a compartilhar o uso de bem ou serviço pertencente a desconhecido. Ré que, nessas condições, não atua como mera intermediadora entre o interessado na hospedagem e o anfitrião, tanto porque não se limita a aproximar os interessados, mas, muito além disso, estabelece as regras contratuais que disciplinarão a relação entre aqueles personagens, recebe os pagamentos e os retém até que tenha efetivo início a hospedagem, anuncia previamente e impõe penalidades aos contratantes faltosos etc. Por onde se conclui que a plataforma de serviços ré se apresenta e é vista pela massa consumidora como garante das relações travadas em função da correspondente intermediação. Atividade empresarial essa que, ao mesmo tempo que lhe gera polpuda remuneração, também impõe riscos ao fornecedor, [...], oriundo do cancelamento unilateral da hospedagem por parte do anfitrião. Donde a plena incidência da chamada teoria da responsabilidade pelo risco da atividade, expressa no art. 927, parágrafo único, do CC. Plataforma de serviços ré que, de toda sorte, responderia por promessa de fato de terceiro não realizado, nos exatos termos do art. 439 do CC, sem que se pudesse cogitar da escusa prevista no art. 440 do mesmo estatuto, quer por não demonstrada a ratificação da obrigação pelo terceiro, quer porque a eventual desistência do negócio, pelo terceiro, se inseriria no risco da atividade empresarial da demandada. Consequente responsabilidade civil da ré pelo ocorrido, pouco importando os motivos invocados pelos participantes da relação para o respectivo inadimplemento. Conforme ainda o microssistema consumerista, é inválida e de nenhum efeito a cláusula que intente atenuar a responsabilidade do fornecedor de serviços em situações tais (CDC, art. 51, I). [...]" (TJSP. Ap. Civ. 1101154-11.2018.8.26.0100, 19ª C.D.Priv. Rel. Des. Ricardo Pessoa de Mello Belli, j. 9.9.2019).

5 Considerações finais

A rigor, a imprescindibilidade de se construir um sistema de tutela adequado às necessidades concretas dos contratantes não corresponde a uma exclusividade das relações de economia compartilhada. Ao contrário, a pauta mais premente do direito contratual contemporâneo parece ser, justamente, o imperativo desenvolvimento de remédios capazes de se adequarem ao tipo e ao grau da concreta vulnerabilidade das partes, amparando-se o mínimo possível em categorias abstratas e estruturais, que, por mais específicas que se pretendam (como o "contrato empresarial", a "parte hipervulnerável" e outras tantas expressões que se têm popularizado em doutrina), continuam sendo ineficazes no propósito de apreenderem as necessidades concretas de contratantes reais, simplesmente multiplicando o número de categorias teóricas com as quais o intérprete já lida diariamente – e que jamais serão suficientes.

As relações de *sharing economy*, assim, inovadoras que são no meio social e econômico (e até mesmo no plano jurídico, tendo em vista sua ainda incomum estrutura plurilateral), refletem, na verdade, pelo menos duas tendências muito mais amplas do direito civil atual. No âmbito da teoria dos bens, a lógica proprietária perde, progressivamente, sua relevância, na medida em que é substituída por meios mais eficazes e racionais de aproveitamento dos bens jurídicos, em um cenário no qual a titularidade de direitos reais cede espaço ao compartilhamento.[52] No campo contratual, por outro lado, a evolução social e tecnológica, ao conceber novos arranjos negociais, clama pelo desenvolvimento de instrumentos jurídicos que se prendam menos à estrutura (isto é, à categorização abstrata de contratos e/ou de contratantes) e que se voltem a permitir ao intérprete que gradue o nível de tutela a ser conferida a cada parte, de acordo com as necessidades decorrentes de sua concreta vulnerabilidade.[53]

Enquanto a comunidade jurídica queda-se fascinada pela inovadora estrutura da economia do compartilhamento, o avanço tecnológico promete, novamente, subvertê-la, talvez antes mesmo de a civilística a assimilar por completo. A adoção de *smart contracts*, por meio da tecnologia de *blockchains*, tem sido defendida como uma medida necessária para o futuro desenvolvimento da economia do compartilhamento, uma vez que confere maior segurança aos pagamentos efetuados pelas partes e até mesmo aos dados pessoais fornecidos nas transações, ao dispensar a presença de um terceiro que opere a plataforma.[54] A tendência, afirma-se, é a de que os próprios usuários passem a controlar as plataformas de compartilhamento, com vistas a aumentar a confiabilidade destas últimas,[55] o que pode superar algumas das vulnerabilidades hoje vislumbradas nessas relações, bem como revelar outras tantas. O jurista estará tão preparado para tais mudanças quanto mais for capaz de extrair, da racionalidade dos instrumentos de

---

[52] A progressiva perda de importância do modelo proprietário, a rigor, consiste em uma tendência, ao menos, tão antiga quanto o debate acerca dos bens comuns. A respeito, cf., na doutrina italiana, RODOTÀ, Stefano. Mondo delle persone, mondo dei beni. *In*: RODOTÀ, Stefano. *Il diritto di avere diritti*. Roma: Laterza, 2015.

[53] A respeito, permita-se a remissão a SOUZA, Eduardo Nunes de. De volta à causa contratual: aplicações da função negocial nas invalidades e nas vicissitudes supervenientes do contrato. *Civilistica.com*, Rio de Janeiro, ano 8, n. 2, 2019. *Passim* e, particularmente, p. 50.

[54] Entre diversos outros estudos, cf. ALEXANDRE, Marco Gaspar. *Sharing economy e blockchain*: problemas e possíveis soluções. Dissertação (Mestrado em Gestão) – Faculdade de Economia, Universidade de Coimbra, Coimbra, 2018.

[55] Cf. BOGNER, Andreas; CHANSON, Mathieu. A decentralised sharing app running a smart contract on the Ethereum Blockchain. *IoT'16: Proceedings of the 6th International Conference on the Internet of Things*, nov. 2016.

tutela já conhecidos, em perspectiva sistemática e funcional, os parâmetros valorativos necessários para proteger, em concreto, a vulnerabilidade dos contratantes.

Referências

ALEXANDRE, Marco Gaspar. *Sharing economy e blockchain*: problemas e possíveis soluções. Dissertação (Mestrado em Gestão) – Faculdade de Economia, Universidade de Coimbra, Coimbra, 2018.

AZEVEDO, Antônio Junqueira de. Princípios do novo direito contratual e desregulamentação do mercado – Direito de exclusividade nas relações contratuais de fornecimento – Função social do contrato e responsabilidade aquiliana do terceiro que contribui para o inadimplemento contratual. *Revista dos Tribunais*, São Paulo, 1998.

BARBOZA, Heloisa Helena. Proteção dos vulneráveis na Constituição de 1988: uma questão de igualdade. *In*: NEVES, Thiago Ferreira Cardoso (Org.). *Direito & justiça social*: por uma sociedade mais justa, livre e solidária. Estudos em homenagem ao Professor Sylvio Capanema de Souza. São Paulo: Atlas, 2013.

BARCELLOS, Ana Paula de. *Ponderação, racionalidade e atividade jurisdicional*. Rio de Janeiro: Renovar, 2005.

BARROSO, Luís Roberto. Apontamentos sobre o princípio da legalidade. *In*: BARROSO, Luís Roberto. *Temas de direito constitucional*. Rio de Janeiro: Renovar, 2006. t. 1.

BENJAMIN, Antônio Herman V.; MARQUES, Claudia Lima; BESSA, Leonardo Roscoe. *Manual de direito do consumidor*. 3. ed. São Paulo: Revista dos Tribunais, 2010.

BOGNER, Andreas; CHANSON, Mathieu. A decentralised sharing app running a smart contract on the Ethereum Blockchain. *IoT'16: Proceedings of the 6th International Conference on the Internet of Things*, nov. 2016.

BOTSMAN, R. The sharing economy lacks a shared definition. *Co-Exist Magazine*, 21 nov. 2013.

BUSCH, Cristoph *et al*. The rise of the platform economy: a new challenge for EU consumer law? *EuCML Journal of European Consumer and Market Law*, Issue n. 1, v. 5, Feb. 2016.

CARVALHO, Joana Campos. A proteção dos consumidores na sharing economy. *In*: ALMEIDA, Carlos Ferreira de *et al*. (Coord.). *Estudos de direito do consumo*: homenagem a Manuel Cabeçadas Ataíde Ferreira. Nova Lisboa: Deco, 2016.

FACHIN, Luiz Edson. *Direito civil*: sentidos, transformações e fim. Rio de Janeiro: Renovar, 2015.

GALGANO, Francesco. Il negozio giuridico. *In*: CICÙ, Antonio; MESSINEO, Francesco; MENGONI, Luigi; SCHLESINGER, Piero (Coord.). *Trattato di diritto civile e commerciale*. Milano: Giuffrè, 2002.

KONDER, Carlos Nelson. Vulnerabilidade patrimonial e vulnerabilidade existencial: por um sistema diferenciador. *Revista de Direito do Consumidor*, São Paulo, v. 99, maio/jun. 2015.

KONDER, Carlos Nelson; GUEDES, Gisela Sampaio da Cruz; TERRA, Aline de Miranda Valverde. Boa-fé, função social e equilíbrio contratual: reflexões a partir de alguns dados empíricos. *In*: KONDER, Carlos Nelson; GUEDES, Gisela Sampaio da Cruz; TERRA, Aline de Miranda Valverde (Org.). *Princípios contratuais aplicados*: boa-fé, função social e equilíbrio contratual à luz da jurisprudência. São Paulo: Foco, 2019.

KONDER, Carlos Nelson; MULHOLLAND, Caitlin; NEGREIROS, Teresa. Contrato. *In*: ARNAUD, André-Jean; JUNQUEIRA, Eliane Botelho (Org.). *Dicionário da globalização* – Direito – Ciência política. Rio de Janeiro: Lumen Juris, 2006.

MARQUES, Claudia Lima. A nova noção de fornecedor no consumo compartilhado: um estudo sobre as correlações do pluralismo contratual e o acesso ao consumo. *Revista de Direito do Consumidor*, São Paulo, v. 111, maio/jun. 2017.

MARQUES, Claudia Lima. Algumas observações sobre a pessoa no mercado e a proteção dos vulneráveis no direito privado brasileiro. *In*: GRUNDMANN, Stefan *et al*. (Org.). *Direito privado, Constituição e fronteiras*. São Paulo: Revista dos Tribunais, 2014.

MARQUES, Claudia Lima; MIRAGEM, Bruno. Economia do compartilhamento deve respeitar os direitos do consumidor. *Conjur*, 23 dez. 2015.

MELLER-HANNICH, Caroline. Economia compartilhada e proteção do consumidor. Tradução de Ardyllis Soares. *Revista de Direito do Consumidor*, São Paulo, v. 105, maio/jun. 2016.

MELLER-HANNICH, Caroline. Zu einigen rechtlichen Aspekten der "Share-Economy". *WM*, 2337, 2014.

MIRAGEM, Bruno. *Curso de direito do consumidor*. 6. ed. São Paulo: Revista dos Tribunais, 2016.

MORAES, Maria Celina Bodin de. *Na medida da pessoa humana*: estudos de direito civil-constitucional. Rio de Janeiro: Renovar, 2010.

MORAES, Maria Celina Bodin de. O jovem direito civil-constitucional. *Civilistica.com*, ano 1, n. 1, 2012.

MORAES, Paulo Valério Dal Pai. *Código de Defesa do Consumidor*: o princípio da vulnerabilidade no contrato, na publicidade, nas demais práticas comerciais. 3. ed. Porto Alegre: Livraria do Advogado, 2009.

NEGREIROS, Teresa. *Teoria do contrato*: novos paradigmas. Rio de Janeiro: Renovar, 2006.

PEREIRA, Caio Mário da Silva. *Instituições de direito civil*. 23. ed. Rio de Janeiro: Forense, 2017. v. III.

PERLINGIERI, Pietro. Applicazione e controllo nell'interpretazione giuridica. *Rivista di Diritto Civile*, Padova, ano LVI, n. 1, jan./fev. 2010.

PERLINGIERI, Pietro. *O direito civil na legalidade constitucional*. Rio de Janeiro: Renovar, 2008.

RODOTÀ, Stefano. Mondo delle persone, mondo dei beni. *In*: RODOTÀ, Stefano. *Il diritto di avere diritti*. Roma: Laterza, 2015.

SCHOR, Juliet. Debatendo a economia do compartilhamento. *In*: ZANATTA, R.; PAULA, P.; KIRA, B. (Org.). *Economias do compartilhamento e o direito*. Curitiba: Juruá, 2017.

SCHREIBER, Anderson. Contratos eletrônicos no direito brasileiro. Formação dos contratos eletrônicos e direito de arrependimento. *In*: MELGARÉ, Plínio (Org.). *O direito das obrigações na contemporaneidade*: estudos em homenagem ao Ministro Ruy Rosado de Aguiar Jr. Porto Alegre: Livraria do Advogado, 2014.

SMORTO, Guido. La tutela del contraente debole nella platform economy. *Giornale di diritto del lavoro e di relazioni industriali*, n. 158, 2018.

SMORTO, Guido. Verso la disciplina giuridica della sharing economy. *Mercato concorrenza regole*, ano XVII, n. 2, ago. 2015.

SOUZA, Carlos Affonso Pereira de; LEMOS, Ronaldo. Aspectos jurídicos da economia do compartilhamento: função social e tutela da confiança. *Revista de Direito da Cidade*, v. 8, n. 4, 2016.

SOUZA, Eduardo Nunes de. De volta à causa contratual: aplicações da função negocial nas invalidades e nas vicissitudes supervenientes do contrato. *Civilistica.com*, Rio de Janeiro, ano 8, n. 2, 2019.

SOUZA, Eduardo Nunes de. Merecimento de tutela: a nova fronteira da legalidade no direito civil. *Revista de Direito Privado*, São Paulo, v. 58, abr./jun. 2014.

SOUZA, Eduardo Nunes de. Situações jurídicas subjetivas: aspectos controversos. *Civilistica.com*, Rio de Janeiro, ano 4, n. 1, 2015.

SOUZA, Eduardo Nunes de. *Teoria geral das invalidades do negócio jurídico*: nulidade e anulabilidade no direito civil contemporâneo. São Paulo: Almedina, 2017.

TEPEDINO, Gustavo. Direito civil e ordem pública na legalidade constitucional. *Boletim Científico da ESMPU*, Brasília, ano 4, n. 17, out./dez. 2005.

VERBICARO, Dennis; PEDROSA, Nicolas. O impacto da economia de compartilhamento na sociedade de consumo e seus desafios regulatórios. *Revista de Direito do Consumidor*, São Paulo, v. 113, set./out. 2017.

ZANATTA, Rafael. Economias do compartilhamento: superando um problema conceitual. *In*: ZANATTA, R.; PAULA, P.; KIRA, B. (Org.). *Economias do compartilhamento e o direito*. Curitiba: Juruá, 2017.

Informação bibliográfica deste texto, conforme a NBR 6023:2018 da Associação Brasileira de Normas Técnicas (ABNT):

SOUZA, Eduardo Nunes de; RODRIGUES, Cássio Monteiro. Aplicativos de economia compartilhada: tutela da vulnerabilidade dos usuários diante dos "termos e condições de uso". *In*: EHRHARDT JÚNIOR, Marcos; CATALAN, Marcos; MALHEIROS, Pablo (Coord.). *Direito Civil e tecnologia*. Belo Horizonte: Fórum, 2020. p. 265-282. ISBN 978-65-5518-036-7.

PRÁTICAS DE DISCRIMINAÇÃO DO CONSUMIDOR EM RAZÃO DA SUA LOCALIZAÇÃO GEOGRÁFICA: *GEOPRICING* E *GEOBLOCKING*

CRISTIANO HEINECK SCHMITT

CAMILA POSSAN DE OLIVEIRA

Introdução

Desde a sua criação, a internet passou por diversas fases e, no atual momento, é uma grande ferramenta para o comércio mundial. Muito do que se encontra à disposição no mercado de consumo pode ser escolhido, analisado e contratado por meio eletrônico. Não é diferente o que ocorre com a reserva de hotéis por parte de consumidores que se encontram em um lugar do planeta e desejam ou necessitam efetuar o deslocamento a outro.

A vulnerabilidade é uma característica inseparável do consumidor, como bem acentua o inciso do art. 4º do CDC, de forma que medidas protetivas e de equilíbrio devem ser praticadas visando à contenção do abuso do direito que pode derivar de determinados fornecedores.

Diante desse quadro, alguns fornecedores, em especial a Decolar, que é o caso condutor da presente pesquisa, aproveitaram-se da sua posição em detrimento dos consumidores e, até mesmo, em face de concorrentes mais fracos, para apresentar preços diferentes ou, até mesmo, omitir a disponibilidade de acomodações em razão da localização do consumidor que realizava o acesso ao sítio eletrônico da empresa.

A publicização da prática discriminatória de consumidores de nacionalidade brasileira provocou a atuação de órgãos de proteção dos consumidores e da concorrência, conforme será abordado em detalhes ao longo do escrito.

1 Tipos de vulnerabilidade

Entre vários temas, como é o caso da proteção contratual, uma das preocupações do Código de Defesa do Consumidor é a preservação da dignidade do agente mais fraco da relação negocial, ou seja, o consumidor, bem como a sua saúde e a sua segurança.

Para tanto, a Política Nacional das Relações de Consumo, esculpida pela Lei nº 8.078 de 1990, destaca o reconhecimento da vulnerabilidade do consumidor no mercado.

A vulnerabilidade é o fator que representa todo um rol de fragilidades do consumidor, permitindo-se compreender porque este se mostra enfraquecido diante do fornecedor, bem como diante dos riscos que compõem o contexto econômico e social desenhados dentro do mercado de consumo.

Essa vulnerabilidade pode ser vista sob vários enfoques, bem como, pode ser dividida em três grandes grupos: a vulnerabilidade informacional, a vulnerabilidade técnica, a vulnerabilidade jurídica e a vulnerabilidade fática, seguindo a orientação descrita por Cláudia Lima Marques.[1]

No que toca à vulnerabilidade informacional, considerando-se que, no século XXI, é na informação que se concentra o poder, cabe aos *experts* da cadeia de consumo, os fornecedores, adotar aparatos compensatórios que garantam uma simetria de dados entre eles e os consumidores. Assim, o direito do consumidor, largamente difundido ao longo do seu diploma protetivo, somente se realiza diante da concretização do dever do fornecedor em compartilhar aquilo que somente ele sabe acerca do produto ou do serviço. Nesse sentido, Pasqualotto ressalta:

> [...] o desequilíbrio nas relações entre fornecedores e consumidores, em grande parte, se deve à desigualdade de informações. Enquanto os fornecedores conhecem os produtos ou serviços que oferecem ao mercado, os consumidores ou usuários, na sua maior parte, são incapazes de avaliá-los ou compará-los. Melhor informados, os consumidores podem fazer escolhas melhores, estabelecendo a relação qualidade-preço.[2]

Outro aspecto que também evidencia a vulnerabilidade do consumidor é a sua limitação técnico-científica, ou seja, a ausência ou insuficiência de conhecimento acerca dos elementos integrantes de determinado bem ou serviço, fazendo surgir a vulnerabilidade técnica. Em realidade, somente os fornecedores possuem o conhecimento técnico e profissional específico de sua atividade, o que eleva o nível de dependência do consumidor.

Marques frisa que a vulnerabilidade técnica é presumida no sistema do CDC para os consumidores não profissionais, muito embora podendo atingir os profissionais, destinatários fáticos do bem. Para tanto, a autora ilustra a assertiva através de julgado do Superior Tribunal de Justiça, no qual restou reconhecido o *status* de consumidor a agricultores organizados em cooperativas e que adquiriram máquinas agrícolas de nova geração, mesmo que esses produtos fossem voltados à atividade produtiva do campo, justamente em face da manifesta ausência de conhecimento técnico acerca da constituição desses bens.[3]

Nesse caso, até mesmo *experts* poderiam não ter total conhecimento do funcionamento e demais detalhes do produto, pois o único detentor das reais informações é aquele que o concebeu.

---

[1] MARQUES, Claudia Lima. *Contratos no Código de Defesa do Consumidor*. 5. ed. São Paulo: Revista dos Tribunais, 2005. p. 320.

[2] PASQUALOTTO, Adalberto. Defesa do consumidor. *Revista de Direito do Consumidor*, São Paulo, n. 6, abr./jun. 1993. p. 42.

[3] MARQUES, Claudia Lima. *Contratos no Código de Defesa do Consumidor*. 5. ed. São Paulo: Revista dos Tribunais, 2005. p. 321.

Quanto à vulnerabilidade jurídica, a debilitação do consumidor é evidenciada tanto no plano extraprocessual, quanto em juízo. Quando da contratação, o consumidor está submetido a instrumentos negociais, via de regra, padronizados e pré-confeccionados pelo fornecedor, representados pelos contratos de adesão. Tal cenário denota a fragilidade no contexto negocial.

Em análise ao momento anterior à determinada disputa judicial, a fraqueza do consumidor resta bastante realçada pelos contratos de adesão e similares, instrumentos que se notabilizam por serem técnicos, complexos e elaborados com o intuito de dificultar a manifestação de vontade livre e consciente do consumidor. Essas estruturas negociais possuem o atributo de serem pré-confeccionadas pelo fornecedor, cabendo ao consumidor a elas apenas aderir, caso pretenda contratar. Sob a ótica do conflito judicial, nota-se a fragilidade do consumidor, já que esse é um litigante eventual, ao passo que o fornecedor, principalmente se representado por empresa de certa magnitude, é um litigante habitual, acostumado a disputas judiciais com outros consumidores.

Desse modo, por muitas vezes, o consumidor sequer compreende as cláusulas que está a aderir. Na melhor das hipóteses, o consumidor médio até pode as entender, todavia, nada pode fazer no caso da sua não concordância com uma ou mais cláusulas específicas, pois a sua irresignação não abre espaço para a negociação, nem para que seja redigida nova e mais justa cláusula, mas, tão somente, o impedirá de contratar o serviço ou produto almejado.

Quanto à vulnerabilidade fática, esta representa o desequilíbrio socioeconômico que se apresenta em uma relação de consumo, despontando, do lado do fornecedor, a sua posição de monopólio, fático ou jurídico, que conduz à imposição do seu grande poder econômico em razão da essencialidade do serviço, ou impondo sua superioridade diante de todos os que com ele contratam, o que significa, por exemplo, prescrever as condições através da quais será desenvolvido o contrato de consumo.[4] Nesse particular, na tentativa de contenção dessa força do fornecedor, métodos de controle do exercício abusivo da vontade desse parceiro contratual foram normatizados ao longo de todo o Código de Defesa do Consumidor.

Este ambiente de intensa fragilização do ente vulnerável da relação, ou seja, o consumidor, é o indicativo da necessidade de proteção do referido agente mais fraco e, mais ainda, da continuidade desta salvaguarda, de forma que sejam evitados retrocessos sobre as conquistas legais e jurisprudenciais, único modo de reduzir abusos e riscos decorrentes do mercado de consumo.

---

4 MARQUES, Claudia Lima. *Contratos no Código de Defesa do Consumidor*. 5. ed. São Paulo: Revista dos Tribunais, 2005. p. 325. Conforme preconiza Moraes, a vulnerabilidade econômica e social do consumidor "decorre diretamente da disparidade de forças existentes entre os consumidores e os agentes econômicos, revelando que eles possuem maiores condições de impor a sua vontade àqueles, por intermédio da utilização dos mecanismos técnicos mais avançados que o poderio monetário pode conseguir". O autor enfatiza que essa forma de vulnerabilidade ficou mais evidente com a economia liberal do século XIX, quando a livre concorrência para o estabelecimento dos oligopólios e monopólios, extremamente fortalecidos, gerou imensa fragilidade do consumidor na relação de consumo (MORAES, Paulo Valério Dal Pai. *Código de Defesa do Consumidor*: o princípio da vulnerabilidade no contrato, na publicidade, nas demais práticas comerciais. Porto Alegre: Síntese, 1999. p. 155). Sobre vulnerabilidade econômica do consumidor, Lorenzetti ressalta que ela se relaciona "a uma situação de fato prévia à decisão que toma o consumidor, definida por uma constrição econômica que limita consideravelmente as decisões que ele pode tomar, seja porque existe uma situação objetiva que afeta a concorrência, ou um elemento subjetivo, como corre no caso dos subconsumidores" (LORENZETTI, Ricardo Luis. *Teoria da decisão judicial*: fundamentos de direito. Tradução de Bruno Miragem. Notas e revisão de Claudia Lima Marques. São Paulo: Revista dos Tribunais, 2009. p. 255).

Há, também, que se mencionar os consumidores hipervulneráveis que, por sua vez, são agentes de consumo com uma vulnerabilidade agravada em razão da sua intensa fragilidade. É o caso dos idosos, das crianças, dos enfermos e dos deficientes.[5]

É importante enfatizar, também, que o enquadramento de determinado consumidor na condição de hipervulnerável não necessita, obrigatoriamente, se tratar de uma condição permanente. Podendo o consumidor sofrer a fragilização em determinada época da vida, na qual, por exemplo, gestou uma criança ou esteve enfermo.

Quanto à prática de discriminação pela geolocalização do cliente, que será abordada em maiores detalhes a seguir, essa prática pode atingir, além dos consumidores médios, os hipervulneráveis.

2 Discriminações no mercado de consumo

A discriminação, pela sua sintaxe, é um ato que não leva em consideração o princípio da igualdade, entabulado no ordenamento jurídico pátrio, de modo que faz diferenciação entre indivíduos com base em suas características físicas, psicológicas, além de preferências, classe social, entre outros. Bruno Miragem conceitua a discriminação da seguinte maneira:

> Discriminação é expressão resulta (sic) de *discrimen*, de origem latina, indicando o que separa, separação, diferença. Discriminar é diferenciar, pressupõe escolhas. E fazer escolhas é algo inerente à liberdade humana: separam-se do conjunto das pessoas um grupo de amigos, ou entre produtos, os de melhor qualidade daqueles que não tenham as mesmas características, em toda sorte de preferências. Toda escolha separa, elegem-se alguns em detrimento de outros.[6]

A Constituição Federal prevê como um dos objetivos da República Federativa do Brasil a promoção da igualdade entre todos, proibindo explicitamente qualquer forma de discriminação, por força do inc. IV[7] do seu art. 3º. O Código de Defesa do Consumidor também tem previsão expressa de "não discriminação", na medida em que elenca como direito básico do consumidor, no inc. II[8] do seu art. 6º, a igualdade nas contratações.

---

[5] SCHMITT, Cristiano Heineck. *Consumidores hipervulneráveis*: a proteção do idoso no mercado de consumo. São Paulo: Atlas, 2014. p. 217.

[6] MIRAGEM, Bruno. Discriminação no consumo vai além dos ingressos para mulheres em festas. *Conjur*, 2017. Disponível em: https://www.conjur.com.br/2017-jul-05/garantias-consumo-discriminacao-consumo-alem-ingressos-mulheres-festas. Acesso em: 15 mar. 2020.

[7] Nesse sentido: "Art. 3º Constituem objetivos fundamentais da República Federativa do Brasil: [...] IV - promover o bem de todos, sem preconceitos de origem, raça, sexo, cor, idade e quaisquer outras formas de discriminação" (BRASIL. *Constituição da República Federativa do Brasil de 1988*. Brasília, 5 out. 1988).

[8] Nesse sentido: "Art. 6º São direitos básicos do consumidor: [...] II - a educação e divulgação sobre o consumo adequado dos produtos e serviços, asseguradas a liberdade de escolha e a igualdade nas contratações" (BRASIL. Lei nº 8.078, de 11 de setembro de 1990. Dispõe sobre a proteção do consumidor e dá outras providências. Brasília, 11 de setembro de 1990. *DOU*, 12 set. 1990).

Na mesma linha segue a Lei Brasileira de Defesa da Concorrência que, no inc. X[9] do seu art. 36. prevê como infração à ordem econômica a discriminação de adquirentes ou fornecedores na fixação de preços ou nas condições de venda e prestação dos serviços.

O ordenamento jurídico pátrio, portanto, é explícito e bastante no que concerne à proibição da discriminação de pessoas, inclusive, quando na condição de consumidores. Em que pese tal vedação legal, o ato lesivo e abusivo está presente em diversos setores da sociedade, inclusive, no mercado de consumo.

Nesse âmbito, pode-se citar a título exemplificativo a diferenciação de preços entre indivíduos do sexo masculino e feminino em estabelecimentos de lazer, como em casas noturnas. Esses casos são tratados como uma forma de estratégia de gênero,[10] como ocorre com a prática *ladies first*, mediante a qual, em eventos, inicialmente, se admite a entrada de mulheres, apenas, na medida em que é oferecida a venda de bebidas alcoólicas e, só então, é permitido o ingresso dos homens no ambiente.[11]

Estas práticas demonstram a discriminação do mercado de consumo, colocando um tipo específico de consumidores que detenham certa característica (tal como gênero, cor, idade etc.) em posição de fragilidade, para que por meio destes os fornecedores possam obter ainda mais lucros.

A discriminação do consumidor parece poder atingir qualquer tipo de relação que venha a ser entabulada com os fornecedores, como concessão de crédito, contratação de seguros privados e acesso à saúde suplementar. É o que ocorre, também, com as práticas de *geopricing* e *geoblocking*, que serão abordadas no capítulo seguinte.

3 *Geopricing* e *geoblocking*

A prática chamada de *geopricing* pode ser entendida como o ato do fornecedor de produtos e serviços em cobrar valores diferentes para o mesmo objeto de contratação, em razão da geolocalização do consumidor.[12] Desse modo, consumidores que se encontrem em uma localização são prejudicados, em comparação com consumidores que se encontram em outra.

Andrade e Santiago definem o *geopricing* como uma prática que visa a incentivar cada vez mais as diferenças econômicas da sociedade de consumo. Nesse sentido, é a explicação:

---

9 Nesse sentido: "Art. 36. Constituem infração da ordem econômica, independentemente de culpa, os atos sob qualquer forma manifestados, que tenham por objeto ou possam produzir os seguintes efeitos, ainda que não sejam alcançados: [...] X - discriminar adquirentes ou fornecedores de bens ou serviços por meio da fixação diferenciada de preços, ou de condições operacionais de venda ou prestação de serviços" (BRASIL. Lei nº 12.529, de 30 de novembro de 2011. Estrutura o Sistema Brasileiro de Defesa da Concorrência; dispõe sobre a prevenção e repressão às infrações contra a ordem econômica; altera a Lei nº 8.137, de 27 de dezembro de 1990, o Decreto-Lei nº 3.689, de 3 de outubro de 1941 - Código de Processo Penal, e a Lei nº 7.347, de 24 de julho de 1985; revoga dispositivos da Lei nº 8.884, de 11 de junho de 1994, e a Lei nº 9.781, de 19 de janeiro de 1999; e dá outras providências. Brasília, 30 de novembro de 2011. *DOU*, 1º nov. 2011 (retificado em 2 dez. 2011)).

10 MIRAGEM, Bruno. Discriminação no consumo vai além dos ingressos para mulheres em festas. *Conjur*, 2017. Disponível em: https://www.conjur.com.br/2017-jul-05/garantias-consumo-discriminacao-consumo-alem-ingressos-mulheres-festas. Acesso em: 15 mar. 2020.

11 MIRAGEM, Bruno. Discriminação no consumo vai além dos ingressos para mulheres em festas. *Conjur*, 2017. Disponível em: https://www.conjur.com.br/2017-jul-05/garantias-consumo-discriminacao-consumo-alem-ingressos-mulheres-festas. Acesso em: 15 mar. 2020.

12 ANDRADE, Sinara Lacerda; SANTIAGO, Mariana Ribeiro. Geo-pricing: Uma análise jurídica das relações de consumo no e-commerce e da segregação econômico-social na era da pós-modernidade. *Revista de Direito, Globalização e Responsabilidade nas Relações de Consumo*, Salvador, v. 4, n. 1, p. 21-38, jan./jun. 2018. p. 28.

> É nesse contexto que deve ser analisada a prática do geo-pricing, enquanto agente ratificador da segregação econômico social, tendo-se em vista que somente um número delimitado de consumidores, em virtude de suas faixas econômicas e/ou geolicalização, obteriam benefícios pecuniários, fiscais e tributários nas compras celebradas pelo ecommerce, em detrimento dos demais consumidores em estado de vulnerabilidade social, que, por questões geográficas ou econômico-sociais, não dispõem de condições equitativas para tal.[13]

Essa prática de precificação de acordo com a geolocalização do comprador questiona o respeito aos direitos estabelecidos pela legislação pátria, como privacidade no uso dos dados, liberdade de concorrência e proteção do consumidor.[14] O *geopricing* é um meio de discriminação em razão do critério geográfico, e a impunidade daqueles que o praticam só vem a agravar as desigualdades sociais já existentes, além de ratificar a vulnerabilidade do consumidor diante das empresas.

Esta prática envolve o uso de dado pessoais do consumidor, cuja coleta e uso são feitos sem a sua autorização, ou sequer ciência.[15] O consumidor médio não compreende a real dimensão de dados coletados, nem as suas formas de uso.

No Brasil, a preocupação com o uso dos dados dos indivíduos é um tema que vem cada vez mais ganhando a atenção no cenário jurídico. No mês de agosto do corrente ano, a Lei Geral de Proteção de Dados – LGPD entrará em vigor.[16]

Em que pese essa lei pretenda tratar de dados processados e tratados digitalmente, que é o meio que interessa a este escrito, não se restringirá a este setor, pois abarcará, também, todos os formatos de dados pessoais.

A LGPD preceitua, em seu art. 2º, que a disciplina da proteção de dados tem em seus fundamentos "o respeito à privacidade",[17] "a inviolabilidade da intimidade, da honra e da imagem",[18] "a defesa do consumidor",[19] entre outros.

Assim, já em um primeiro momento, fica evidente que há uma preocupação com a privacidade e a intimidade do consumidor e seus dados. Outrossim, a legislação também arrola, no seu art. 7º, as hipóteses em que os dados pessoais armazenados nos bancos de dados podem ser tratados. São elas:

> I - mediante o fornecimento de consentimento pelo titular;
> II - para o cumprimento de obrigação legal ou regulatória pelo controlador;

---

[13] ANDRADE, Sinara Lacerda; SANTIAGO, Mariana Ribeiro. Geo-pricing: Uma análise jurídica das relações de consumo no e-commerce e da segregação econômico-social na era da pós-modernidade. *Revista de Direito, Globalização e Responsabilidade nas Relações de Consumo*, Salvador, v. 4, n. 1, p. 21-38, jan./jun. 2018. p. 32.

[14] ANDRADE, Sinara Lacerda; SANTIAGO, Mariana Ribeiro. Geo-pricing: Uma análise jurídica das relações de consumo no e-commerce e da segregação econômico-social na era da pós-modernidade. *Revista de Direito, Globalização e Responsabilidade nas Relações de Consumo*, Salvador, v. 4, n. 1, p. 21-38, jan./jun. 2018. p. 34.

[15] FRAZÃO, Ana. Geo pricing e geo blocking: As novas formas de discriminação de consumidores e os desafios para o seu enfrentamento. *Jota*, 15 ago. 2018. Disponível em: https://www.jota.info/opiniao-e-analise/colunas/constituicao-empresa-e-mercado/geopricing-e-geoblocking-as-novas-formas-de-discriminacao-de-consumidores-15082018. Acesso em: 19 mar. 2020.

[16] Prevista para viger em agosto de 2020, em face da pandemia de coronavírus, que atingiu o mundo no início de 2020, talvez a referida norma tenha sua vigência postergada.

[17] Inc. I (BRASIL. Lei nº 13.709, de 14 de agosto de 2018. Lei Geral de Proteção de Dados Pessoais (LGPD). (Redação dada pela Lei nº 13.853, de 2019). Brasília, 14 de agosto de 2018. *DOU*, 15 ago. 2018).

[18] Inc. IV (BRASIL. Lei nº 13.709, de 14 de agosto de 2018. Lei Geral de Proteção de Dados Pessoais (LGPD). (Redação dada pela Lei nº 13.853, de 2019). Brasília, 14 de agosto de 2018. *DOU*, 15 ago. 2018).

[19] Inc. V (BRASIL. Lei nº 13.709, de 14 de agosto de 2018. Lei Geral de Proteção de Dados Pessoais (LGPD). (Redação dada pela Lei nº 13.853, de 2019). Brasília, 14 de agosto de 2018. *DOU*, 15 ago. 2018).

III - pela administração pública, para o tratamento e uso compartilhado de dados necessários à execução de políticas públicas previstas em leis e regulamentos ou respaldadas em contratos, convênios ou instrumentos congêneres, observadas as disposições do Capítulo IV desta Lei;
IV - para a realização de estudos por órgão de pesquisa, garantida, sempre que possível, a anonimização dos dados pessoais;
V - quando necessário para a execução de contrato ou de procedimentos preliminares relacionados a contrato do qual seja parte o titular, a pedido do titular dos dados;
VI - para o exercício regular de direitos em processo judicial, administrativo ou arbitral, esse último nos termos da Lei nº 9.307, de 23 de setembro de 1996 (Lei de Arbitragem);
VII - para a proteção da vida ou da incolumidade física do titular ou de terceiro;
VIII - para a tutela da saúde, exclusivamente, em procedimento realizado por profissionais de saúde, serviços de saúde ou autoridade sanitária;
IX - quando necessário para atender aos interesses legítimos do controlador ou de terceiro, exceto no caso de prevalecerem direitos e liberdades fundamentais do titular que exijam a proteção dos dados pessoais; ou
X- para a proteção do crédito, inclusive quanto ao disposto na legislação pertinente.

Em se tratando, ainda, do uso de informações pessoais do consumidor coletadas e utilizadas sem o seu conhecimento ou concordância, Frazão ressalta:

> As discussões sobre discriminações comportamentais não são triviais, até porque, do ponto de vista econômico, há racionalidade em se cobrar mais dos consumidores que estão dispostos a pagar mais por determinado produto ou serviço. A grande questão aqui é saber se esse tipo de lógica de mercado é compatível com o ordenamento jurídico, especialmente nos casos em que as empresas só têm condições de fazer a mencionada diferenciação em razão da coleta e da utilização dos dados dos usuários, o que muitas vezes ocorre sem a autorização informada e até mesmo sem a ciência destes. Desta maneira, sendo abusiva a coleta dos dados, a utilização superveniente deles em prejuízo do consumidor passa a ter a sua licitude seriamente comprometida, caso em que a racionalidade econômica da conduta deve ser contrastada com os parâmetros jurídicos que já definem os limites para a precificação de bens e serviços e para a diferenciação de consumidores, os quais obviamente podem e devem se aplicar também ao mundo virtual, ainda que com as adaptações necessárias.[20]

Por sua vez, o *geoblocking* é igualmente uma forma de discriminação pelo critério geográfico do consumidor e, conforme conceitua Guimarães, trata-se de "um bloqueio, a determinados usuários, da oferta disponibilizada a outros consumidores, a partir do critério geográfico. É dizer, há a negativa de oferta para alguns usuários de acordo com sua posição geográfica, aqueles não podendo sequer visualizá-la".[21]

A toda evidência, os dados dos consumidores não podem ser processados para a prática do *geopricing* nem do *geoblocking*, em razão da sua abusividade e ilegalidade. E, justamente, nesse sentido de uso de dados sensíveis de forma indevida é importante mencionar o paradigmático caso da empresa Decolar.

---

20 FRAZÃO, Ana. Geopricing e geoblocking: As novas formas de discriminação de consumidores e os desafios para o seu enfrentamento. *Jota*, 15 ago. 2018. Disponível em: https://www.jota.info/opiniao-e-analise/colunas/constituicao-empresa-e-mercado/geopricing-e-geoblocking-as-novas-formas-de-discriminacao-de-consumidores-15082018. Acesso em: 19 mar. 2020.

21 GUIMARÃES, Marcelo Cesar. Geoblocking e geopricing: uma análise à luz da teoria do interesse público de Mike Feintuck. *Revista de Direito, Estado e Telecomunicações*, v. 11, n. 2, p. 87-106, out. 2019. p. 93.

Em janeiro de 2018 o Ministério Público do Rio de Janeiro propôs a Ação Civil Pública nº 0018051-27.2018.8.19.0001 em face da empresa Decolar. Na situação objeto da contenda, os dados foram utilizados para praticar a discriminação dos consumidores em razão da sua localização geográfica.

De acordo com a investigação do Ministério Público do Rio de Janeiro – MPRJ – e as informações ventiladas nos autos, a empresa utilizava tecnologias da informação e comunicação, a chamada TIC, para realizar uma verdadeira discriminação dos consumidores de acordo com a sua localização no globo.[22] Esse expediente obscuro fazia com que fosse possível manipular as ofertas de hospedagem, diferenciando preço (*geopricing*) ou, até mesmo, disponibilidade de acomodações (*geoblocking*) de acordo com o local a partir do qual o consumidor acessava o *site* da empresa processada.[23] Sobre a prática, foi a explicação técnica dada pelo Ministério Público:

> A discriminação geográfica teria ocorrido por meio de duas práticas diferentes por parte da empresa Decolar.com. A primeira prática abusiva consistiria em manipular a própria estrutura do código de algoritmo utilizado para selecionar e disponibilizar ofertas aos consumidores por meio da rede internacional de computadores ("World Wide Web"). As empresas de tecnologia da informação se valeriam desses algoritmos para processar grandes quantidades de dados, sendo que a estrutura de código dos algoritmos conteria instruções programadas para a personalização das ofertas, cuja disponibilidade seja oferecida aos consumidores conforme seu perfil. [...] a Decolar.com, estaria registrando as informações sobre a origem geográfica do consumidor e utilizando este dado como um elemento representativo ("proxy") de origem nacional para discriminar consumidores, bloquear ofertas e atribuir preços mais altos ao produto em função da nacionalidade dos consumidores. E que uma segunda modalidade de discriminação ocorreria "através" (sic) de uma ferramenta disponibilizada na plataforma das empresas do setor hoteleiro, que permitiria que os próprios hotéis discriminassem os consumidores, dando a determinadas nacionalidades melhores condições em detrimento das demais.[24]

A continuidade dessa prática abusiva de discriminação de pessoas por meio do bloqueio ou da precificação por localização geográfica fez com que diversos consumidores fossem lesados diariamente, motivo pelo qual a propositura da demanda estava revestida de urgência.

Conforme notícias veiculadas, o Ministério Público realizou setenta simulações para locação de quartos de hotéis como consumidores brasileiros, espanhóis, americanos e argentinos, sendo que quarenta dessas buscas demonstraram que os preços de uma mesma habitação na mesma data eram superiores para os brasileiros.[25]

---

[22] BRASIL. Tribunal de Justiça do Rio de Janeiro. *Agravo de Instrumento nº 0008914-24.2018.8.19.0000*. Agravante: Ministério Público do Rio de Janeiro. Agravado: Decolar.com LTDA (Decolar). Rel. João Batista Damasceno. Vigésima Sétima Câmara Cível, j. 25.5.2018.

[23] BRASIL. Tribunal de Justiça do Rio de Janeiro. *Agravo de Instrumento nº 0008914-24.2018.8.19.0000*. Agravante: Ministério Público do Rio de Janeiro. Agravado: Decolar.com LTDA (Decolar). Rel. João Batista Damasceno. Vigésima Sétima Câmara Cível, j. 25.5.2018.

[24] BRASIL. Tribunal de Justiça do Rio de Janeiro. *Agravo de Instrumento nº 0008914-24.2018.8.19.0000*. Agravante: Ministério Público do Rio de Janeiro. Agravado: Decolar.com LTDA (Decolar). Rel. João Batista Damasceno. Vigésima Sétima Câmara Cível, j. 25.5.2018.

[25] COSTA, Daiane. Decolar recebe pedido de reparação de R$ 57 milhões por cobrar mais de brasileiros. *O Globo*, 5 fev. 2018. Disponível em: https://oglobo.globo.com/economia/decolar-recebe-pedido-de-reparacao-de-57-milhoes-por-cobrar-mais-de-brasileiros-22367398. Acesso em: 22 mar. 2020.

Em um dos casos, o preço para um consumidor brasileiro era 30% superior ao preço informado aos argentinos durante as Olimpíadas do Rio de Janeiro.[26] Um ano após a ocasião, o MPRJ efetuou novas simulações e notou que a prática ainda ocorria.[27] Dessa forma, para os brasileiros o preço ofertado era até 49% mais caro do que o informado aos consumidores argentinos para a locação de um quarto de hotel situado em São Paulo.[28]

A respeito dessa ação civil pública, no seu curso já foram interpostos dois agravos de instrumento (autuados sob os números 0008914-24.2018.8.19.0000 e 0062463-12.2019.8.19.0000) e um mandado de segurança (autuado sob o número 0033948-98.2018.8.19.0000). Até o momento, a lide ainda não teve um fim, motivo pelo qual não se sabe qual será a resposta apresentada pelo Poder Judiciário ante a prática abusiva da empresa ré, todavia, acredita-se que decisão final será no sentido de punir tal prática.

Desse modo, ainda que se aguarde decisão da esfera cível, a empresa também pode ser punida em outras esferas sem que haja, contudo, o *bis in idem* na sua punição, conforme se verá na próxima parte do trabalho.

4 Outras sanções aplicáveis à discriminação do consumidor em razão da sua geolocalização

As práticas de discriminação pela localização geográfica do consumidor, portanto, suscitam a aplicação de dois microssistemas jurídicos constantes no ordenamento jurídico pátrio, o microssistema de proteção do consumidor e o de defesa da concorrência.

Nesse sentido, foi instaurado um processo administrativo no âmbito do Departamento de Proteção e Defesa do Consumidor (DPDC), da Secretaria Nacional do Consumidor, do Ministério da Justiça (MJ), por motivo de uma representação efetuada pela empresa Booking.Com Brasil Serviços de Reserva de Hotéis Ltda. (Booking) em face da empresa anteriormente referida, Decolar.com.[29]

A Booking.com, de modo similar ao MPRJ, argumentou que a empresa Decolar.com estava praticando discriminação de consumidores, prejudicando os brasileiros e favorecendo os estrangeiros.[30] Desse modo, a empresa Decolar foi notificada para prestar esclarecimentos sobre as práticas abusivas que lhe eram imputadas e, evidentemente, negou a realização desses expedientes ilegais.

Nesse descortinar de fatos, sobreveio decisão no âmbito do processo administrativo, na qual o Departamento de Proteção e Defesa do Consumidor da Secretaria Nacional das Relações de Consumo do Ministério da Justiça frisou, em decisão modelar, que a questão ultrapassava meros contornos individuais.

---

26 COSTA, Daiane. Decolar recebe pedido de reparação de R$ 57 milhões por cobrar mais de brasileiros. *O Globo*, 5 fev. 2018. Disponível em: https://oglobo.globo.com/economia/decolar-recebe-pedido-de-reparacao-de-57-milhoes-por-cobrar-mais-de-brasileiros-22367398. Acesso em: 22 mar. 2020.

27 COSTA, Daiane. Decolar recebe pedido de reparação de R$ 57 milhões por cobrar mais de brasileiros. *O Globo*, 5 fev. 2018. Disponível em: https://oglobo.globo.com/economia/decolar-recebe-pedido-de-reparacao-de-57-milhoes-por-cobrar-mais-de-brasileiros-22367398. Acesso em: 22 mar. 2020.

28 COSTA, Daiane. Decolar recebe pedido de reparação de R$ 57 milhões por cobrar mais de brasileiros. *O Globo*, 5 fev. 2018. Disponível em: https://oglobo.globo.com/economia/decolar-recebe-pedido-de-reparacao-de-57-milhoes-por-cobrar-mais-de-brasileiros-22367398. Acesso em: 22 mar. 2020.

29 Trata-se do Processo Administrativo nº 08012.002116/2016-21.

30 BRASIL. Ministério da Justiça. *DPDC/Senacon, PA nº 08012.002116/2016-21*, j. 15.6.2018. Nota Técnica nº 92/2018/CSA-SENACON/CGCTSA/GAB-DPDC/DPDC/SENACON/MJ.

É necessário mencionar também que a oferta é veiculada pela internet, meio de acesso a informação que cresce exponencialmente no país. Além disso, a exibição de preços diferentes de hospedagem ou a negativa de serviços para usuários no Brasil caracteriza prática de precificação discriminatória que fere os fundamentos do direito consumerista e a dignidade humana como um todo.[31]

Na situação objeto do processo administrativo, o destaque dado foi à vulnerabilidade técnica, referida no primeiro ponto deste artigo. No *geopricing* e *geoblocking*, a referida vulnerabilidade restou concretizada pela coleta de dados do consumidor por meio do seu IP, gerando a prática discriminatória, de modo que os usuários que se encontravam no Brasil e buscavam os serviços da Decolar desconheciam que consumidores de outros países estavam sendo beneficiados com tarifas menores.[32] Outrossim, não tinham conhecimento de todas as acomodações disponíveis, ao passo que os clientes estrangeiros conseguiam visualizar todas as acomodações ofertadas pelos estabelecimentos de hospedagem.[33]

Desse modo, entendeu-se que, em razão de a política de privacidade do *site* em comento não ser clara nem informativa, estava dissociada das normas de defesa do consumidor, ocorrendo o malferimento de diversos dispositivos da Lei nº 8.078 de 1990. A título exemplificativo, pode-se referir que a Decolar praticou a conduta prevista no inc. IV do art. 39 do CDC, ou seja, a de "prevalecer-se da fraqueza ou ignorância do consumidor, tendo em vista sua idade, saúde, conhecimento ou condição social, para impingir-lhe seus produtos ou serviços".[34]

E, também, inobservou princípios basilares das relações de consumo consubstanciados na Política Nacional das Relações de Consumo, como os princípios da vulnerabilidade, da boa-fé e do equilíbrio. Outrossim, a empresa também ignorou os direitos básicos dos consumidores, como a igualdade nas contratações, a informação e a proteção contra abusos.

Diante de todo o quadro fático e jurídico exposto, o DPDC/Senacon aplicou multa de R$7.500.000,00 e, ainda, determinou a imediata cessação da prática abusiva, com a fundamentação transcrita *in verbis*:

> considerando estar caracterizada a prática de infração à legislação consumerista, nos termos da Lei Federal nº 8.078/1990, art. 56; Decreto Federal nº 2.181/1997, art. 18; Portaria nº 7/2016 da Secretaria Nacional do Consumidor, art. 12; Lei Federal 9.784/1999, art. 68; sugere-se a aplicação de sanção administrativa de multa, no valor de R$ (*sic*) R$ 7.500.000,00 (sete milhões e quinhentos mil reais). [...] A fixação dos valores das multas às infrações ao Código de Defesa do Consumidor, dentro dos limites legais, é feita levando em consideração a gravidade da infração (aqui balizada a partir do artigo 39, II, V e X, do CDC; extensão do dano, que, in casu, enquadra-se como difuso; e a condição Econômica do Fornecedor, que é empresa de grande porte.[35]

---

[31] BRASIL. Ministério da Justiça. *DPDC/Senacon, PA nº 08012.002116/2016-21*, j. 15.6.2018. Nota Técnica nº 92/2018/CSA-SENACON/CGCTSA/GAB-DPDC/DPDC/SENACON/MJ.

[32] BRASIL. Ministério da Justiça. *DPDC/Senacon, PA nº 08012.002116/2016-21*, j. 15.6.2018. Nota Técnica nº 92/2018/CSA-SENACON/CGCTSA/GAB-DPDC/DPDC/SENACON/MJ.

[33] BRASIL. Ministério da Justiça. *DPDC/Senacon, PA nº 08012.002116/2016-21*, j. 15.6.2018. Nota Técnica nº 92/2018/CSA-SENACON/CGCTSA/GAB-DPDC/DPDC/SENACON/MJ.

[34] BRASIL. Lei nº 8.078, de 11 de setembro de 1990. Dispõe sobre a proteção do consumidor e dá outras providências. Brasília, 11 de setembro de 1990. *DOU*, 12 set. 1990.

[35] BRASIL. Lei nº 8.078, de 11 de setembro de 1990. Dispõe sobre a proteção do consumidor e dá outras providências. Brasília, 11 de setembro de 1990. *DOU*, 12 set. 1990.

Ademais, o caso também merece ser abordado sob a roupagem concorrencial, eis que diretamente ligada com a perspectiva consumerista. Desse modo, analisando-se a partir da lógica antitruste, impende salientar que Lei Brasileira de Defesa da Concorrência, a Lei nº 12.529 de 2011, prevê no §3º do seu art. 36 as condutas que constituem infração à ordem econômica. O caso sob análise se enquadra nas condutas previstas no inc. X, que é o ato de "discriminar adquirentes ou fornecedores de bens ou serviços por meio da fixação diferenciada de preços, ou de condições operacionais de venda ou prestação de serviços",[36] e a constante do inc. XI, de "recusar a venda de bens ou a prestação de serviços, dentro das condições de pagamento normais aos usos e costumes comerciais".[37]

Para a configuração de ilícito anticoncorrencial com sansão prevista pela LBDC, é necessário que o agente econômico que apresente as condutas acima elencadas esteja em uma posição dominante naquele mercado específico, bem como que a conduta praticada não seja justificada por eficiências econômicas. No caso da Decolar, em comento, está cabalmente demonstrado o preenchimento dos requisitos para a consideração da conduta anticompetitiva. Diferentemente da configuração da prática abusiva prevista pelo CDC, em que a sua mera realização já configura ilícito, não cabendo espaço para qualquer justificativa.

Desse modo, a prática do *geopricing* e *geoblocking*, ilustrada pelo caso da Decolar, é ao mesmo tempo uma prática abusiva e uma conduta anticoncorrencial, de modo que se espera que o Poder Judiciário decida pela condenação da Decolar, conforme pedido do MPRJ, além de que, no âmbito dos órgãos de proteção do consumidor (como fez o DPDC/Senacon), já houve aplicação de multa e, ainda, é passível de punição pelos órgãos de defesa da concorrência, sem que, contudo, se caracterize violação ao princípio do *ne bis in idem*.

Isso ocorre porque os elementos que configuram o ilícito na legislação concorrencial vêm para complementar a norma do Código de Defesa do Consumidor.[38] Assim, este é mais um ponto que demonstra como a Lei de Defesa da Concorrência pode e deve conviver[39] com a Lei Consumerista, protegendo uma gama ainda maior de direitos do que se fossem aplicadas de maneira isolada ou uma em exclusão da outra.

---

36 BRASIL. Lei nº 12.529, de 30 de novembro de 2011. Estrutura o Sistema Brasileiro de Defesa da Concorrência; dispõe sobre a prevenção e repressão às infrações contra a ordem econômica; altera a Lei nº 8.137, de 27 de dezembro de 1990, o Decreto-Lei nº 3.689, de 3 de outubro de 1941 - Código de Processo Penal, e a Lei nº 7.347, de 24 de julho de 1985; revoga dispositivos da Lei nº 8.884, de 11 de junho de 1994, e a Lei nº 9.781, de 19 de janeiro de 1999; e dá outras providências. Brasília, 30 de novembro de 2011. *DOU*, 1º nov. 2011 (retificado em 2 dez. 2011).

37 BRASIL. Lei nº 12.529, de 30 de novembro de 2011. Estrutura o Sistema Brasileiro de Defesa da Concorrência; dispõe sobre a prevenção e repressão às infrações contra a ordem econômica; altera a Lei nº 8.137, de 27 de dezembro de 1990, o Decreto-Lei nº 3.689, de 3 de outubro de 1941 - Código de Processo Penal, e a Lei nº 7.347, de 24 de julho de 1985; revoga dispositivos da Lei nº 8.884, de 11 de junho de 1994, e a Lei nº 9.781, de 19 de janeiro de 1999; e dá outras providências. Brasília, 30 de novembro de 2011. *DOU*, 1º nov. 2011 (retificado em 2 dez. 2011).

38 BARBOSA, Allan Fuezi de Moura. A ilicitude da venda casada nas relações de consumo: a aparente antinomia entre os microssistemas consumerista e concorrencial. *Revista do IBRAC: Direito da Concorrência, Consumo e Comércio Internacional*, São Paulo, v. 19, n. 21, jan./jun. 2012. p. 72.

39 E também dialogar, quando for o caso.

Conclusão

O que foi visto ao longo do presente artigo demonstra uma preocupação muito grande e séria no país quanto à defesa dos consumidores e, também, das empresas de menor tamanho ante os grandes conglomerados.

Grandes empresas não medem esforços para utilizar o seu poder dentro de determinado mercado de consumo para potencializar os lucros, ainda que em detrimento dos direitos garantidos aos consumidores ou de quaisquer outros direitos consagrados, na medida em que seu maior objetivo é o lucro sob qualquer custo.

O Ministério Público do Rio de Janeiro e o Departamento de Proteção e Defesa do Consumidor da Secretaria Nacional do Consumidor agiram de forma incisiva para a cessação da conduta discriminatória da Decolar efetivada por meio do *geopricing* e *geoblocking*.

Ao passo que o caso aguarda o julgamento pelo Poder Judiciário, no âmbito administrativo a multa aplicada foi de considerável monta e a expectativa é de que tenha servido como instrumento de coibição da empresa para que não pratique novamente o ilícito. Além disso, espera-se que os demais empresários do ramo se sintam compelidos a não praticar discriminação geográfica, nem de nenhuma outra forma, pela penalização financeira passível de imputação.

Até o momento, portanto, parece estar garantida mais uma vez a proteção do consumidor, devendo toda a comunidade jurídica e de proteção deste agente da relação negocial atentar para novas abusividades que possam surgir e, assim, demonstrar a agilidade de sempre no combate.

Referências

ANDRADE, Sinara Lacerda; SANTIAGO, Mariana Ribeiro. Geo-pricing: Uma análise jurídica das relações de consumo no e-commerce e da segregação econômico-social na era da pós-modernidade. *Revista de Direito, Globalização e Responsabilidade nas Relações de Consumo,* Salvador, v. 4, n. 1, p. 21-38, jan./jun. 2018.

BARBOSA, Allan Fuezi de Moura. A ilicitude da venda casada nas relações de consumo: a aparente antinomia entre os microssistemas consumerista e concorrencial. *Revista do IBRAC: Direito da Concorrência, Consumo e Comércio Internacional,* São Paulo, v. 19, n. 21, jan./jun. 2012.

BRASIL. *Constituição da República Federativa do Brasil de 1988*. Brasília, 5 out. 1988.

BRASIL. Lei nº 12.529, de 30 de novembro de 2011. Estrutura o Sistema Brasileiro de Defesa da Concorrência; dispõe sobre a prevenção e repressão às infrações contra a ordem econômica; altera a Lei nº 8.137, de 27 de dezembro de 1990, o Decreto-Lei nº 3.689, de 3 de outubro de 1941 - Código de Processo Penal, e a Lei nº 7.347, de 24 de julho de 1985; revoga dispositivos da Lei nº 8.884, de 11 de junho de 1994, e a Lei nº 9.781, de 19 de janeiro de 1999; e dá outras providências. Brasília, 30 de novembro de 2011. *DOU,* 1º nov. 2011 (retificado em 2 dez. 2011).

BRASIL. Lei nº 13.709, de 14 de agosto de 2018. Lei Geral de Proteção de Dados Pessoais (LGPD). (Redação dada pela Lei nº 13.853, de 2019). Brasília, 14 de agosto de 2018. *DOU,* 15 ago. 2018.

BRASIL. Lei nº 8.078, de 11 de setembro de 1990. Dispõe sobre a proteção do consumidor e dá outras providências. Brasília, 11 de setembro de 1990. *DOU,* 12 set. 1990.

BRASIL. Ministério da Justiça. *DPDC/Senacon, PA nº 08012.002116/2016-21,* j. 15.6.2018. Nota Técnica nº 92/2018/CSA-SENACON/CGCTSA/GAB-DPDC/DPDC/SENACON/MJ.

BRASIL. Tribunal de Justiça do Rio de Janeiro. *Agravo de Instrumento nº 0008914-24.2018.8.19.0000*. Agravante: Ministério Público do Rio de Janeiro. Agravado: Decolar.com LTDA (Decolar). Rel. João Batista Damasceno. Vigésima Sétima Câmara Cível, j. 25.5.2018.

COSTA, Daiane. Decolar recebe pedido de reparação de R$ 57 milhões por cobrar mais de brasileiros. *O Globo*, 5 fev. 2018. Disponível em: https://oglobo.globo.com/economia/decolar-recebe-pedido-de-reparacao-de-57-milhoes-por-cobrar-mais-de-brasileiros-22367398. Acesso em: 22 mar. 2020.

FRAZÃO, Ana. Geo pricing e geo blocking: As novas formas de discriminação de consumidores e os desafios para o seu enfrentamento. *Jota*, 15 ago. 2018. Disponível em: https://www.jota.info/opiniao-e-analise/colunas/constituicao-empresa-e-mercado/geopricing-e-geoblocking-as-novas-formas-de-discriminacao-de-consumidores-15082018. Acesso em: 19 mar. 2020

GUIMARÃES, Marcelo Cesar. Geoblocking e geopricing: uma análise à luz da teoria do interesse público de Mike Feintuck. *Revista de Direito, Estado e Telecomunicações*, v. 11, n. 2, p. 87-106, out. 2019.

LORENZETTI, Ricardo Luis. *Teoria da decisão judicial*: fundamentos de direito. Tradução de Bruno Miragem. Notas e revisão de Claudia Lima Marques. São Paulo: Revista dos Tribunais, 2009.

MARQUES, Claudia Lima. *Contratos no Código de Defesa do Consumidor*. 5. ed. São Paulo: Revista dos Tribunais, 2005.

MIRAGEM, Bruno. Discriminação no consumo vai além dos ingressos para mulheres em festas. *Conjur*, 2017. Disponível em: https://www.conjur.com.br/2017-jul-05/garantias-consumo-discriminacao-consumo-alem-ingressos-mulheres-festas. Acesso em: 15 mar. 2020.

MORAES, Paulo Valério Dal Pai. *Código de Defesa do Consumidor*: o princípio da vulnerabilidade no contrato, na publicidade, nas demais práticas comerciais. Porto Alegre: Síntese, 1999.

PASQUALOTTO, Adalberto. Defesa do consumidor. *Revista de Direito do Consumidor*, São Paulo, n. 6, abr./jun. 1993.

SCHMITT, Cristiano Heineck. *Consumidores hipervulneráveis*: a proteção do idoso no mercado de consumo. São Paulo: Atlas, 2014.

Informação bibliográfica deste texto, conforme a NBR 6023:2018 da Associação Brasileira de Normas Técnicas (ABNT):

SCHMITT, Cristiano Heineck; OLIVEIRA, Camila Possan de. Práticas de discriminação do consumidor em razão da sua localização geográfica: geopricing e geoblocking. *In*: EHRHARDT JÚNIOR, Marcos; CATALAN, Marcos; MALHEIROS, Pablo (Coord.). *Direito Civil e tecnologia*. Belo Horizonte: Fórum, 2020. p. 283-295. ISBN 978-65-5518-036-7.

RELAÇÕES FAMILIARES E DIREITO DAS SUCESSÕES

CONVIVÊNCIA VIRTUAL: É PRECISO PRIMEIRO TENTAR CONVIVER – NOVAS TECNOLOGIAS E OS DESAFIOS PÓS-COVID-19

CAROLINE POMJÉ

SIMONE TASSINARI CARDOSO FLEISCHMANN

1 Introdução

Um dos mais significativos impactos da tecnologia nas relações familiares foi a possibilidade da realização da convivência familiar virtual. Por imposição da pandemia Covid-19, o ano de 2020 testemunha a necessidade de distanciamento social, com redução de deslocamentos e permanência das pessoas em suas casas. Com risco significativo à população idosa, filhos e netos estão sendo – por afeto – afastados da convivência cotidiana. Beijos, abraços, carinho e calor humanos tiveram de esperar um pouco, até o vírus passar.

Conforme informações obtidas junto ao Ministério da Saúde brasileiro, trata-se de vírus que causa infecções respiratórias e que "foi descoberto em 31/12/2019 após casos registrados na China".[1] Diante da alta taxa de contágio da doença e da possível sobrecarga dos sistemas de saúde ao redor do mundo, teve início período de afastamento social – alguns determinados pelas autoridades governamentais, outros realizados voluntariamente por pessoas que conseguiram se afastar de seus respectivos trabalhos e atividades diárias, passando a realizá-las remotamente. Diante de tal afastamento social – com fechamento do comércio não essencial, suspensão das atividades escolares, suspensão das atividades forenses e instauração de regime de plantão extraordinário, por exemplo – novos problemas, até então não enfrentados pelos sujeitos e consequentemente não demandados juridicamente, surgiram.

As alterações que são vivenciadas nas estruturas sociais, econômicas e políticas, bem como seus respectivos reflexos nos institutos jurídicos representam um desafio cotidiano. As modificações ordinárias decorrentes do aumento populacional, do surgimento

---

1 MINISTÉRIO DA SAÚDE. *O que é coronavírus?* Disponível em: https://www.saude.gov.br/o-ministro/746-saude-de-a-a-z/46490-novo-coronavirus-o-que-e-causas-sintomas-tratamento-e-prevencao-3. Acesso em: 18 abr. 2020.

de diversos desafios vinculados a políticas públicas, da alteração de consciência da população quanto a variados assuntos e do constante desenvolvimento tecnológico são sentidas não apenas no dia a dia dos sujeitos, mas também no plano normativo, com a necessidade de que o direito, de alguma maneira, olhe para essas necessidades que vêm da realidade fática e forneça algum amparo jurídico para a resolução dos problemas delas decorrentes.

A vida em uma sociedade líquido-moderna, como assim destaca Zygmunt Bauman, deve ir em frente, modernizando-se, sob pena de perecer. Não pode, portanto, ficar parada.[2] Eis o desafio do tempo presente: necessidade de permanência e as exigências do "seguir em frente". Essa compreensão sobre o avanço da vida, concomitante a uma constante modernização, vincula-se diretamente à necessidade de que, ante os problemas mundanos que surgem cotidianamente, os sujeitos consigam se adequar, sob pena de perecer. Adaptar-se, adquirir resiliência, ajustar-se às diversidades, nunca tais expressões fizeram tanto sentido.

No âmbito do direito de família, considerando a necessidade de maior afastamento entre os sujeitos, um dos problemas resultantes da situação de saúde pública atualmente vivenciada diz respeito à organização da rotina familiar no que toca à convivência parental. Se costumeiramente a criança ou o adolescente residia com um dos genitores e convivia com o outro em finais de semanas alternados, com pernoite em um dos dias da semana, por exemplo, a questão envolvendo a necessidade de isolamento social trouxe consigo no mínimo um questionamento sobre a necessidade de readaptação da rotina, visando a preservar tanto a saúde da própria criança quanto das demais pessoas que com ela convivem.

Diante desse panorama inicial e das razões que aprioristicamente parecem fundamentar uma modificação do instituto da convivência parental, o presente estudo procura identificar como tem se dado a aplicação dos modelos de convivência pelos Tribunais de Justiça brasileiros neste período de pandemia. Utilizando-se, assim, do referencial tradicional do instituto da convivência,[3] procura-se investigar quais as razões que têm fundamentado eventual alteração das estruturas do direito de convivência.

Busca-se, ainda, verificar qual o peso que tem sido atribuído pelo Poder Judiciário à possibilidade de realização de convivência digital, por meio de ligações telefônicas ou mesmo videochamadas entre pais, filhos, ou demais parentes. A partir de tais dados, busca-se discutir este modelo de "convivência virtual", a partir das suas possibilidades e as possíveis e prováveis repercussões de tais medidas, no período da pandemia e ao encerrar-se dela. As hipóteses para análise situam-se nas necessidades humanas de afeto físico, e nas peculiaridades sociais que podem fazer com que tais possibilidades se apresentem como inviáveis à maioria da população brasileira.

2 A convivência parental: delimitação do instituto

Considerando que as normativas constitucionais não devem ser consideradas apenas como "regra hermenêutica, mas também como norma de comportamento, idônea

---

[2] BAUMAN, Zygmunt. *Vida líquida*. 2. ed. rev. Tradução de Carlos Alberto Medeiros. Rio de Janeiro: Zahar, 2009. p. 09.

[3] "Tal como na Física, no Direito Civil o movimento é sempre relativo. Se não tomarmos um firme referencial, seremos incapazes de dizer se algo está em movimento ou parado" (ROSENVALD, Nelson. *O direito civil em movimento*. Desafios contemporâneos. 3. ed. rev., ampl. e atual. Salvador: JusPodivm, 2019. p. 9).

a incidir sobre o conteúdo das relações entre situações subjetivas, funcionalizando-as aos novos valores",[4] tem-se que a promulgação da Constituição da República Federativa do Brasil, em 1988, trouxe consigo uma mudança de perspectiva que fez com que a centralidade tradicionalmente conferida ao direito privado cedesse espaço à Constituição.

O movimento de constitucionalização do direito civil ensejou no âmbito do direito de família a superação da tutela voltada prioritariamente para o patrimônio, destinando-se à "proteção prioritária às pessoas vulneráveis, isto é, filhos – crianças e adolescentes – e idosos".[5] A prevalência dos aspectos existenciais das relações familiares sobre os aspectos patrimoniais também se apresenta como a tônica das disposições constitucionais. Nesse sentido, Maria Celina Bodin de Moraes afirma que "[...] enquanto o Código Civil dá prevalência e precedência às relações patrimoniais, no novo sistema do Direito Civil fundado pela Constituição a prevalência é de ser atribuída às relações existenciais, ou não-patrimoniais".[6] No mesmo sentido, Luiz Edson Fachin assim sintetiza a contraposição entre as características da família codificada e daquela contemplada pelas disposições constitucionais:

> A família do Código por isso mesmo se define: matrimonializada, hierarquizada, patriarcal e de feição transpessoal. Um tempo, outra história e contexto político-econômico. Na Constituição, outra família é apreendida: pluralidade familiar (não apenas a matrimonialização define a família), igualdade substancial (e não apenas formal), direção diárquica e de tipo eudemonista.[7] [8]

Essa transformação operada quanto à compreensão do ente familiar tem como ponto de partida "a apreensão, pelo Direito, de característica marcante da família como realidade histórica, sobretudo na segunda metade do século XX".[9] Passa-se, assim, de uma compreensão institucionalista de família para "uma família em que prevalecem as aspirações coexistenciais, tendo como *leitmotiv* o afeto",[10] de forma que passam a ser

---

4 PERLINGIERI, Pietro. *Perfis do direito civil*. Introdução ao direito civil constitucional. 3. ed. Tradução de Maria Cristina De Cicco. Rio de Janeiro: Renovar, 2007. p. 12.

5 MORAES, Maria Celina Bodin de. O direito civil-constitucional. *In*: MORAES, Maria Celina Bodin de. *Na medida da pessoa humana*: estudos de direito civil. Rio de Janeiro: Renovar, 2010. p. 30-31.

6 MORAES, Maria Celina Bodin de. O direito civil-constitucional. *In*: MORAES, Maria Celina Bodin de. *Na medida da pessoa humana*: estudos de direito civil. Rio de Janeiro: Renovar, 2010. p. 31.

7 FACHIN, Luiz Edson. *Elementos críticos do direito de família*. Curso de direito civil. Rio de Janeiro: Renovar, 1999. p. 51.

8 No mesmo sentido, César Fiuza e Luciana Costa Poli afirmam: "A conformação da família contemporânea em muito difere do modelo oitocentista: patrimonial, hierarquizada, patriarcal. O conceito atual de família perpassa pela convivência pautada na solidariedade em função da afetividade representada por laços emocionais conjuntos. A família deve ser encarada como a comunidade de vida material e afetiva entre seus integrantes, união de esforços para o desenvolvimento de atividades materiais e sociais, convivência que promove mútua companhia, apoio moral e psicológico, na busca do melhor desenvolvimento da personalidade dos indivíduos que a compõem. A ideia de família baseada na procriação e assistência à prole é ultrapassada. A família que se busca fomentar é aquela comprometida em uma união estável, voluntária e cooperativa que cumpre a função de promover e proteger seus integrantes, um organismo solidário" (FIUZA, César; POLI, Luciana Costa. Famílias: para além dos ditames dos Tribunais. *Revista de Direito Civil Contemporâneo*, São Paulo, v. 6, p. 105-132, jan./mar. 2016. p. 3).

9 RUZYK, Carlos Eduardo Pianovski. *Institutos fundamentais do direito civil e liberdade(s)*. Repensando a dimensão funcional do contrato, da propriedade e da família. Rio de Janeiro: GZ, 2011. p. 325.

10 RUZYK, Carlos Eduardo Pianovski. *Institutos fundamentais do direito civil e liberdade(s)*. Repensando a dimensão funcional do contrato, da propriedade e da família. Rio de Janeiro: GZ, 2011. p. 325.

passíveis de tutela jurídica novos modelos de família, "mais igualitárias nas relações de sexos e de idades, mais flexíveis em suas temporalidades e em seus componentes, menos sujeitas às regras e mais ao desejo".[11] Nesse sentido, afirma-se que a concepção tradicional de família, então prevista no âmbito do Código Civil de 1916, cede espaço a "um modelo familiar descentralizado, democrático, igualitário e desmatrimonializado".[12] Com base nos ensinamentos de Pietro Perlingieri, é possível afirmar que "a família não é titular de um interesse separado e autônomo, superior àquele do pleno e livre desenvolvimento de cada pessoa",[13] tornando-se "por força de tal contexto axiológico, pluralista, lócus privilegiado para a comunhão de afeto e afirmação da dignidade humana, funcionalizada para a atuação dos princípios constitucionais da igualdade, solidariedade, integridade psicofísica e liberdade".[14]

Diante da mudança paradigmática operada a partir da sobreposição da "família nuclear eudemonista"[15] sobre o modelo tradicional estruturado "sobre o tríplice estandarte do matrimônio, do patrimônio e do pátrio poder",[16] tem-se a necessidade de releitura dos institutos fundamentais do direito privado[17] a partir dos aportes propiciados pelo advento da Constituição da República Federativa do Brasil de 1988. Tal leitura faz-se necessária inclusive sobre as disposições previstas no Código Civil de 2002 (Lei nº 10.406, de 10.1.2002), procedendo a uma compatibilização e a uma releitura entre o diploma civil e a Constituição, "à luz de experiências práticas e culturais".[18]

O instituto da convivência familiar encontra dois titulares na Constituição Federal, as crianças e adolescentes no art. 227, CF,[19] e os idosos,[20] justamente os mais atingidos

---

11 PERROT, Michelle. O nó e o ninho. *Veja 25 anos: reflexões para o futuro*, São Paulo, p. 75-81, 1993. p. 81.

12 FARIAS, Cristiano Chaves de. A família da pós-modernidade: em busca da dignidade perdida da pessoa humana. *Revista de Direito Privado*, São Paulo, v. 19, p. 56-68, jul./set. 2004. p. 3.

13 PERLINGIERI, Pietro. *Perfis do direito civil*. Introdução ao direito civil constitucional. 3. ed. Tradução de Maria Cristina De Cicco. Rio de Janeiro: Renovar, 2007. p. 245.

14 TEPEDINO, Gustavo. A disciplina da guarda e a autoridade parental na ordem civil-constitucional. *In*: TEPEDINO, Gustavo. *Temas de direito civil*. Rio de Janeiro: Renovar, 2006. t. II. p. 175.

15 "A família como formação social, como 'sociedade natural', é garantida pela Constituição (art. 29, §1) não como portadora de um interesse superior e superindividual, mas, sim, em função da realização das exigências humanas, como lugar onde se desenvolve a pessoa (art. 2 Const.). A família é valor constitucionalmente garantido nos limites de sua conformação e não de contraditoriedade aos valores que caracterizam as relações civis, especialmente a dignidade humana: ainda que diversas possam ser as suas modalidades de organização, ele é finalizado à educação e à promoção daqueles que a ela pertencem" (PERLINGIERI, Pietro. *Perfis do direito civil*. Introdução ao direito civil constitucional. 3. ed. Tradução de Maria Cristina De Cicco. Rio de Janeiro: Renovar, 2007. p. 243-244).

16 FACHIN, Luiz Edson. Palestra de abertura do VIII Congresso IBDFAM: Famílias – Entre o público e o privado. *In*: Congresso IBDFAM, VIII. *Anais*... São Paulo: IBDFAM, 2018. p. 160. Disponível em: http://www.ibdfam.org.br/assets/upload/anais/274.pdf. Acesso em: 19 out. 2019.

17 FACHIN, Luiz Edson. "Virada de Copérnico": um convite à reflexão sobre o direito civil brasileiro contemporâneo. *In*: FACHIN, Luiz Edson (Coord.). *Repensando fundamentos do direito civil brasileiro contemporâneo*. Rio de Janeiro: Renovar, 1998. p. 319.

18 FACHIN, Luiz Edson. Aspectos de alguns pressupostos histórico-filosóficos hermenêuticos para o contemporâneo direito civil brasileiro: elementos constitucionais para uma reflexão crítica. *Revista TST*, Brasília, v. 77, n. 4, p. 186-203, out./dez. 2011. p. 197.

19 "Art. 227. É dever da família, da sociedade e do Estado assegurar à criança, ao adolescente e ao jovem, com absoluta prioridade, o direito à vida, à saúde, à alimentação, à educação, ao lazer, à profissionalização, à cultura, à dignidade, ao respeito, à liberdade e à convivência familiar e comunitária, além de colocá-los a salvo de toda forma de negligência, discriminação, exploração, violência, crueldade e opressão".

20 "Art. 230. A família, a sociedade e o Estado têm o dever de amparar as pessoas idosas, assegurando sua participação na comunidade, defendendo sua dignidade e bem-estar e garantindo-lhes o direito à vida. §1º Os programas de amparo aos idosos serão executados preferencialmente em seus lares".

pelas questões relacionadas aos "meios virtuais". Já a convivência paterno e materno-filial situa-se entre os poderes-deveres inerentes ao poder familiar,[21] [22] considerado "conjunto de direitos e deveres tendo por finalidade o interesse da criança e do adolescente".[23] [24] Miguel Reale, tratando sobre a definição de "pátrio poder" – contemporaneamente denominado poder familiar –, destacava:

> O pátrio poder não é um direito subjetivo sobre os filhos menores. Estes sujeitam-se ao *poder* paterno nos limites e conformidade com um quadro de direitos e deveres estabelecido no Código Civil; não no interesse dos pais, mas sim em benefício da prole e da sociedade. Só se pode falar em *sujeição* dos filhos aos pais enquanto estes se subordinam ao quadro normativo, em razão do qual o pátrio poder é atribuído. Por outro lado, ao *poder* dos pais não corresponde uma *prestação* por parte dos filhos, nem aqueles possuem em relação a estes, uma pretensão exigível.[25]

À autoridade parental (poder familiar) corresponde um "complexo de direitos e deveres",[26] direcionado à finalidade de "garantir que os filhos menores tenham a proteção e a educação necessárias, o que ocorrerá não só em seu próprio e primeiro benefício, mas também em favor da sociedade como um todo".[27] Dentro de tal complexo inserem-se, entre outros, os deveres decorrentes da guarda e da convivência familiar,[28] sendo que a disputa envolvendo esses deveres – aos quais correspondem direitos da prole – normalmente se apresenta quando do rompimento do vínculo conjugal até então mantido entre os genitores.

---

21 Para além da utilização terminológica da expressão "autoridade parental", que encontra melhor sentido para os objetivos a que se coloca, *vide*: TEIXEIRA, Ana Carolina Brochado. *Família, guarda e autoridade parental*. 2. ed. Rio de Janeiro: Renovar, 2009.

22 "Para permitir aos pais o desempenho eficaz de suas funções, a lei provê os genitores do pátrio poder, com atribuições que não se justificam senão por sua finalidade; são direitos a eles atribuídos, para lhes permitir o cumprimento de suas obrigações em relação à prole; não há pátrio poder senão porque deles se exigem obrigações que assim se expressam: sustento, guarda e educação dos filhos. O pátrio poder representa nos tempos modernos uma instituição destinada a proteger o filho e, desse modo, certos poderes ou certas prerrogativas são outorgadas aos pais, para com isto facilitar-lhes o cumprimento daqueles deveres" (CAHALI, Yussef Said. *Dos alimentos*. 4. ed. rev., ampl. e atual. de acordo com o Novo Código Civil. São Paulo: Revista dos Tribunais, 2002. p. 525).

23 LÔBO, Paulo. *Direito civil*: famílias. 7. ed. São Paulo: Saraiva, 2017. p. 293.

24 "[...] o instituto do pátrio poder sofreu grande evolução ao longo da história, afastando-se de seu caráter despótico original para ganhar uma conotação protetiva e construtiva no tocante à prole. Diante da nova dimensão adquirida pelo aludido instituto, abandonou-se a denominação tradicional 'pátrio poder' ante os resquícios da *pátria potestas* romana, preferindo-se substituí-la por 'poder familiar', expressão adotada pelo Código Civil, em 2002, ou 'responsabilidade parental', 'poder parental', 'autoridade parental' ou 'pátrio dever', conforme a doutrina faz referência" (RAMOS, Patricia Pimentel de Oliveira Chambers. *Poder familiar e guarda compartilhada*. Novos paradigmas do direito de família. 2. ed. São Paulo: Saraiva, 2016). Ainda sobre o desenvolvimento histórico do instituto do poder familiar, consultar COMEL, Denise Damo. *Do poder familiar*. São Paulo: Revista dos Tribunais, 2003. p. 53-59.

25 REALE, Miguel. *Lições preliminares de direito*. 24. ed. 3. tir. São Paulo: Saraiva, 1998. p. 263-264.

26 LÔBO, Paulo. Do poder familiar. *Revista Jus Navigandi*, Teresina, ano 11, n. 1057, maio 2006. Disponível em: https://jus.com.br/artigos/8371/do-poder-familiar. Acesso em: 4 dez. 2019.

27 SCAFF, Fernando Campos. *Considerações sobre o poder familiar*. Disponível em: http://cscaff.com.br/public18.pdf. Acesso em: 4 dez. 2019. p. 4-5.

28 "Embora constantemente confundido com a guarda, o instituto da convivência familiar (anteriormente denominado como 'visitas') será fixado em qualquer tipo de guarda, seja no compartilhamento, quer na unitária. [...] embora ainda presente a confusão teórica, até mesmo em decisões judiciais, é necessário ter de forma presente que são institutos afins mas, por outro lado, possuem fundamentos legais distintos" (ROSA, Conrado Paulino da. *Curso de direito de família contemporâneo*. 3. ed. rev. e atual. Salvador: JusPodivm, 2017. p. 391-392).

Das relações parentais decorrem diversos direitos e deveres cuja aplicação vincula-se ao exercício da autoridade parental. Nesse sentido, tem-se como relevantes efeitos existenciais das relações parentais: (1) o dever de proteção integral à criança e ao adolescente (arts. 1º e 4º, ECA); (2) o poder/dever de direção da criação e educação dos filhos (art. 227, *caput*, CRFB/88; arts. 21 e 22, ECA; e art. 1.634, I, CCB/2002); (3) o poder/dever de exercer a guarda da prole (art. 22, ECA; art. 1.583, CCB/2002; e art. 1.634, II, CCB/2002); (4) o poder/dever de representar e assistir civilmente os filhos (art. 1.634, VII, CCB/2002); (5) o poder/dever de reclamar ante quem detiver os filhos ilegalmente (art. 1.634, VIII, CCB/2002); (6) o poder/dever de exigir que os filhos prestem obediência, respeito e os serviços próprios de sua idade e condição (art. 1.634, IX, CCB/2002); e (7) o poder/dever de estabelecer regime de convivência (art. 1.589, CCB/2002).

O art. 1.589, do Código Civil brasileiro, expressamente menciona que o pai ou a mãe que não esteja exercendo a guarda sobre os filhos, "poderá visitá-los e tê-los em sua companhia, segundo o que acordar com o outro cônjuge, ou for fixado pelo juiz". Tem-se, assim, na própria legislação, a previsão quanto ao direito de "visitas". Rodrigo da Cunha Pereira afirma se tratar de "expressão antiga e antiquada", que "revela a força do significante".[29] Isso porque, de acordo com referido autor, "visita veicula um significante de frieza, relação protocolar, formal, que é tudo que não deve haver entre pais e filhos".[30] E, no pensar das autoras, visitas relacionam-se a algo efêmero, com tempo rígido, sob pena de deselegância, destinado a quem se quer viver pouco em conjunto. A diferença entre "visitar" e "conviver", portanto, demonstra a distinção dos significantes e significados e a importância da alteração de sentido.

Em termos de leis especiais, tem-se que o Estatuto da Criança e do Adolescente (Lei nº 8.069, de 13.7.1990) reitera o dever de convivência em seu art. 4º[31] e, da mesma forma, o Estatuto do Idoso, em seu art. 3º, também o fez.[32] Assim, o privilégio da convivência está na titularidade destes membros da família. Entretanto, não são somente estes os destinatários da norma.

A superveniência da Lei da Guarda Compartilhada (Lei nº 11.698, de 13.6.2008), que alterou a redação dos arts. 1.583 e 1.584, do Código Civil brasileiro,[33] promoveu,

---

[29] PEREIRA, Rodrigo da Cunha. Direito de família, coronavírus e guarda compartilhada. *Conjur*, 8 abr. 2020. Disponível em: https://www.conjur.com.br/2020-abr-08/cunha-pereira-direito-familia-coronavirus-guarda-compartilhada2. Acesso em: 18 abr. 2020.

[30] PEREIRA, Rodrigo da Cunha. Direito de família, coronavírus e guarda compartilhada. *Conjur*, 8 abr. 2020. Disponível em: https://www.conjur.com.br/2020-abr-08/cunha-pereira-direito-familia-coronavirus-guarda-compartilhada2. Acesso em: 18 abr. 2020.

[31] Importante salientar que, como bem pontuam Ana Carolina Brochado Teixeira e Marcelo de Mello Vieira, a abrangência do direito à convivência familiar "vai muito além da identificação com o instituto da guarda. Trata-se de um direito complexo [...]" (TEIXEIRA, Ana Carolina Brochado; VIEIRA, Marcelo de Mello. Construindo o direito à convivência familiar de criança e adolescentes no Brasil: um diálogo entre as normas constitucionais e a Lei nº 8.069/1990. *Civilistica.com*, Rio de Janeiro, ano 4, n. 2, 2015. Disponível em: http://civilistica.com/construindo-o-direito-a-convivencia-familiar/. Acesso em: 18 abr. 2020. p. 28-29).

[32] Lei nº 10.741/2003, art. 3º: "É obrigação da família, da comunidade, da sociedade e do Poder Público assegurar ao idoso, com absoluta prioridade, a efetivação do direito à vida, à saúde, à alimentação, à educação, à cultura, ao esporte, ao lazer, ao trabalho, à cidadania, à liberdade, à dignidade, ao respeito e à convivência familiar e comunitária".

[33] Posteriormente alterada pela Lei nº 13.058, de 22.12.2014, que alterou os arts. 1.583, 1.584, 1.585 e 1.634, do Código Civil brasileiro.

de acordo com Paulo Lôbo, o "fortalecimento da concepção de direito de convivência no lugar da dicotomia guarda/visita".[34] Nesse sentido, assim sintetiza o autor:

> O direito de visita, interpretado em conformidade com a Constituição (art. 227), é direito recíproco de pais e dos filhos à convivência, de assegurar a companhia de uns com os outros, independentemente da separação. Por isso, é mais correto dizer direito à convivência, ou à companhia, ou ao contato (permanente), do que direito de visita (episódica). O direito de visita não se restringe a visitar o filho na residência do guardião ou no local que este designe. Abrange o de ter o filho "em sua companhia" e o de fiscalizar sua manutenção e educação, como prevê o art. 1.589 do Código Civil. O direito de ter o filho em sua companhia é expressão do direito à convivência familiar, que não pode ser restringido em regulamentação de visita. Uma coisa é a visita, outra a companhia ou convivência.[35]

O exercício da convivência parental, desta maneira, ocorre por meio da manutenção do contato entre os membros da família, com compartilhamento de informações e responsabilidades sobre a criança ou adolescente. Contemporaneamente, com as facilidades propiciadas pelas novas tecnologias, o exercício de tal direito/dever tem sido implementado de diferentes modos. A viabilidade de conversas instantâneas entre pais e filhos, por meio de aplicativos como WhatsApp, Facebook e Instagram, por exemplo, apresenta relevância significativa. Além disso, a possibilidade de que pessoas que estejam em cidades, estados e países diferentes comuniquem-se por videochamadas facilitadas por aplicativos como Skype, WhatsApp, FaceTime e Hangouts também produz impactos significativos sobre as relações, na medida em que auxilia o contato e a proximidade, ainda que não física, entre pais e filhos que se encontram, por razões diversas, em localidades diferentes.

Tem-se, assim, uma crescente modificação do modo pelo qual o convívio familiar é exercitado em parcela expressiva das famílias brasileiras, especialmente naquelas com capacidade socioeconômica para contratar bandas largas e em que possuir um *smartphone* e acesso à internet representam algo esperado.[36] Tal modalidade de exercício da convivência familiar, especialmente considerando os contextos de divórcio e dissolução de união estável – aplicando-se tal convívio, igualmente, a avós e família extensa –, apresenta inúmeras vantagens relacionadas à possibilidade de contato instantâneo e

---

[34] LÔBO, Paulo. *Guarda e convivência dos filhos após a Lei nº 11.698/2008*. Disponível em: https://saiddias.com.br/imagens/artigos/15.pdf. Acesso em: 18 abr. 2020.

[35] LÔBO, Paulo. *Guarda e convivência dos filhos após a Lei nº 11.698/2008*. Disponível em: https://saiddias.com.br/imagens/artigos/15.pdf. Acesso em: 18 abr. 2020.

[36] Cabe destacar aqui o grande número das famílias brasileiras que não tem acesso à tecnologia, nos termos apresentados por este artigo. Há um déficit de cidadania que impacta na alimentação adequada, vestimenta, saúde básica, transporte, moradia, água encanada, esgoto tratado, entre outros. Isso significa dizer, que, mesmo que seja proprietária de *smartphones*, o acesso à internet por ele deve depender de banda de dados, o que remete à realidade da ausência de acessos e à provável deficiência tecnológica. "A pesquisa Síntese de Indicadores Sociais 2019 – Uma Análise das Condições de Vida da População Brasileira – IBGE concluiu que no ano de 2019 o volume de 25,3% da população brasileira estava abaixo da linha da pobreza, com rendimentos abaixo de US$5,50 PPC (Paridade de Poder de Compra) diário. Isso equivale a um montante de aproximadamente R$420 mensais, ou seja, cerca de 44% do salário mínimo vigente em 2018" (IBGE. *Síntese dos Indicadores Sociais de 2019*. Disponível em: https://www.ibge.gov.br/estatisticas/sociais/populacao/9221-sintese-de-indicadores-sociais.html?=&t=resultados. Acesso em: 23 abr. 2020). Em notícia jornalística, o mesmo dado: ROSAS, Rafael; SARAIVA, Alessandra; SCHINCARIOL, Juliana. Número de brasileiros abaixo da linha da pobreza para de crescer, mas ainda soma 52 milhões. *Valor Econômico*, 6 nov. 2019. Disponível em: https://valor.globo.com/brasil/noticia/2019/11/06/numero-de-brasileiros-abaixo-da-linha-da-pobreza-para-de-crescer-mas-ainda-soma-52-milhoes.ghtml. Acesso em: 23 abr. 2020.

diário entre pais e filhos, não necessitando, para tanto, de deslocamentos geográficos, por exemplo.

Entretanto, a aplicabilidade de tal modalidade de convívio, antes dos impactos da pandemia causada pelo Covid-19, vinha se dando de maneira complementar à tradicional convivência física entre pais e filhos e até mesmo demais parentes. Desta maneira, excetuando-se as situações em que a convivência parental regular é impossibilitada em virtude de significativo distanciamento geográfico, as formas digitais de contato entre pais e filhos ainda representam uma maneira de complementar o convívio e aproximar, diariamente, os sujeitos.

3 Convivência em situações de excepcionalidade: Covid-19 e o convívio familiar

Considerando especificamente a convivência familiar vinculada às situações envolvendo a ruptura de um relacionamento conjugal e a necessidade de manutenção do convívio decorrente dos vínculos de parentalidade, tem-se que a situação global contemporânea oriunda da propagação do coronavírus e da necessidade de adoção de medidas de isolamento social trouxe consigo a indispensabilidade de se pensar o modo pelo qual o contato entre pais e filhos deve ocorrer.

Tão logo as medidas restritivas decorrentes dos impactos da pandemia começaram a se estruturar, as dúvidas envolvendo o modo pelo qual se daria a organização da convivência familiar começaram a surgir. Os pedidos judiciais de suspensão de convivência no período, então, começaram a ser formulados. De acordo com Rodrigo da Cunha Pereira, "a maioria dos pedidos de suspensão de 'visitas' tem sido feito por parte da mãe, ou então é o pai que recorre à justiça pedindo que a mãe não impeça a convivência".[37] Complementa o autor que "a maioria das decisões judiciais têm sido favoráveis à suspensão, mesmo em casos de guarda compartilhada".[38] Entretanto, este dado não pôde ser verificado, pois as decisões de primeiro grau não se encontram disponíveis à pesquisa.

Conrado Paulino da Rosa, ao tratar sobre o tema, afirma que em tempos como o presente, de suspensão de atividades escolares, a melhor alternativa residiria na "divisão de tempo igualitária como, por exemplo, o filho passar cinco dias com cada um dos genitores",[39] sendo tal solução possível a depender de outros fatores, como exemplo, os genitores residirem na mesma cidade ou que a "alternância entre os lares não importe na necessidade do filho tomar qualquer transporte, seja terrestre ou aéreo, de caráter coletivo".[40]

---

[37] PEREIRA, Rodrigo da Cunha. Direito de família, coronavírus e guarda compartilhada. *Conjur*, 8 abr. 2020. Disponível em: https://www.conjur.com.br/2020-abr-08/cunha-pereira-direito-familia-coronavirus-guarda-compartilhada2. Acesso em: 18 abr. 2020.

[38] PEREIRA, Rodrigo da Cunha. Direito de família, coronavírus e guarda compartilhada. *Conjur*, 8 abr. 2020. Disponível em: https://www.conjur.com.br/2020-abr-08/cunha-pereira-direito-familia-coronavirus-guarda-compartilhada2. Acesso em: 18 abr. 2020.

[39] ROSA, Conrado Paulino da. Coronavírus e direito de convivência. *Instituto Brasileiro de Direito de Família – IBDFAM*, 18 mar. 2020. Disponível em: http://www.ibdfam.org.br/artigos/1385/Coronav%C3%ADrus+e+direito+de+conviv%C3%AAncia. Acesso em: 19 abr. 2020.

[40] ROSA, Conrado Paulino da. Coronavírus e direito de convivência. *Instituto Brasileiro de Direito de Família – IBDFAM*, 18 mar. 2020. Disponível em: http://www.ibdfam.org.br/artigos/1385/Coronav%C3%ADrus+e+direito+de+conviv%C3%AAncia. Acesso em: 19 abr. 2020.

Complementa o autor, ainda, afirmando que, na impossibilidade de utilização do arranjo de convivência consistente na divisão igualitária do período entre mãe e pai (tal qual muitas famílias adotam nos períodos de férias escolares), "a convivência virtual por meio das tecnologias disponíveis, em caráter regular, pode auxiliar a manter aquilo que a Constituição Federal garante a toda criança e adolescente: o direito de se desenvolver em contato com ambos os núcleos familiares".[41]

A indicação da utilização dos recursos tecnológicos como forma de suplantar as dificuldades decorrentes desse momento de afastamento social em decorrência da pandemia tem se apresentado como uma constante nos discursos doutrinários. A justificativa para tanto, como parece evidente, reside na preservação da saúde de crianças, adolescentes e respectivos núcleos familiares, a fim de não submeter nenhum grupo familiar à maior possibilidade de contágio decorrente de uma maior aproximação social.

No âmbito judicial, tais razões já têm fundamentado as decisões de primeira instância,[42] visando, justamente, a reduzir os contatos físicos nesse momento de pandemia, valendo-se, para tanto, da possibilidade de utilização da tecnologia como forma de auxiliar a aproximação entre pais e filhos, mantendo-se o contato entre eles nesse período excepcional. Entretanto, a afirmação sobre como efetivamente tem sido o posicionamento do Poder Judiciário quanto à viabilidade de suspensão da convivência, com sua substituição pelo contato digital entre pais e filhos, resta inviabilizada, em um primeiro momento, na medida em que um número reduzido de processos judiciais já chegou à segunda instância, para apreciação por parte dos respectivos Tribunais de Justiça e, consequentemente, disponibilização das decisões nos repositórios virtuais de jurisprudência.

A partir de pesquisa realizada no dia 18.4.2020 nos repositórios virtuais em todos os Tribunais de Justiça brasileiros, com os termos "covid" e "convivência", foi localizado apenas um caso envolvendo o suporte fático ora discutido. O julgado, oriundo da Sétima Câmara Cível do Tribunal de Justiça do Estado do Rio Grande do Sul, refere-se a julgamento monocrático proferido no Agravo de Instrumento nº 70084139260, de relatoria do Desembargador Carlos Eduardo Zietlow Duro, em 15.4.2020. Cuida-se, na origem, de ação de dissolução de união estável, alimentos e regulamentação de visitas em que a genitora (parte demandada e agravante) requereu à primeira instância a readequação do convívio com a filha no período de quarentena. O juiz de primeiro grau, no entanto, indeferiu o pedido, "entendendo o Magistrado que a convivência deveria se dar, provisoriamente, em caráter virtual, considerado o momento excepcional vivido por toda comunidade".[43]

---

41 ROSA, Conrado Paulino da. Coronavírus e direito de convivência. *Instituto Brasileiro de Direito de Família – IBDFAM*, 18 mar. 2020. Disponível em: http://www.ibdfam.org.br/artigos/1385/Coronav%C3%ADrus+e+direito+de+conviv%C3%AAncia. Acesso em: 19 abr. 2020.

42 Veiculou-se recentemente a notícia relacionada à suspensão da convivência física entre o genitor e sua filha, pois o pai retornara de El Salvador e o pleito materno de afastamento tinha por base o dever de respeitar a quarentena exigida pelas medidas de controle de infecção e saúde pública, 15 dias (CANDIDO, Marcos. Por coronavírus, Justiça ordena que pai se afaste da filha após viagem. *Universa*, 13 mar. 2020. Disponível em: https://www.uol.com.br/universa/noticias/redacao/2020/03/13/por-coronavirus-justica-ordena-que-pai-se-afaste-da-filha-apos-viagem.htm. Acesso em: 25 de abr. 2020).

43 TRIBUNAL DE JUSTIÇA DO ESTADO DO RIO GRANDE DO SUL. *Agravo de Instrumento nº 70084139260*. Sétima Câmara Cível. Rel. Des. Carlos Eduardo Zietlow Duro, j. 15.4.2020.

Em suas razões de agravo, a genitora destacou que, apesar da gravidade do momento, não é admissível que a criança "esteja privada de conviver com sua genitora, não havendo comparação entre o convívio virtual e o pessoal".[44] Diante de tais razões, o entendimento do desembargador relator foi no sentido da reforma da decisão agravada, com a regularização da visitação materna. Isso porque, de acordo com o posicionamento do magistrado, apesar da situação envolvendo a Covid-19, "a mãe certamente empreenderá todos cuidados que a etiqueta médica recomenda para preservar a saúde da criança".[45] Consequentemente, entendeu ser "devida a adequada convivência da mãe e filha, de forma pessoal e não somente virtual para o período do Covid-19, já que a mãe permanecerá nesse período na cidade de residência da criança".[46]

Apesar de tal entendimento encampado pelo desembargador relator no âmbito do agravo de instrumento acima indicado, tem-se notícia de que o posicionamento dos juízes de primeira instância – apesar de não poder ser contabilizado e analisado em sua inteireza nesse momento – tem sido, em muitos casos, no sentido da fixação de convivência digital entre pais e filhos nesse período, razão pela qual a tecnologia tem impactado significativamente o instituto da convivência.

A título mais uma vez exemplificativo, no dia 13.4.2020 foi veiculada pelo Tribunal de Justiça do Estado do Rio Grande do Sul notícia referente à decisão proferida pelo juiz de direito atuante na 1ª Vara Judicial da Comarca de Taquari/RS. Em referida decisão, o julgador "determinou que as visitas entre pai e filha, uma bebê com menos de um ano de idade, seja por meio virtual no período em que durar a pandemia de Coronavírus",[47] fixando que "Os pais devem fazer contato por aplicativo que permita a visualização por vídeo, ao vivo, duas vezes por semana, pelo prazo mínimo de 10 minutos".[48]

Verifica-se, assim, uma tendência à utilização dos meios tecnológicos como forma de, no cenário de pandemia vivenciado, possibilitar um maior controle sobre a proteção de crianças e adolescentes que, em tempos de normalidade, provavelmente teriam de ser deslocadas semanal ou quinzenalmente com o objetivo de conviverem com o outro genitor. A tecnologia, desta maneira, apresenta-se como o mecanismo utilizado para aproximar aqueles que, por uma circunstância fática absolutamente excepcional, encontram-se afastados. O argumento predominante a fim de manter esse afastamento – mitigado pela utilização dos recursos tecnológicos – é o resguardo da saúde das crianças, dos adolescentes e dos idosos. Entretanto, alguns problemas decorrentes da aplicação indiscriminada dessa solução emergem com a mesma rapidez com que se verifica a propagação dos discursos temáticos e das solicitações judiciais de suspensão da convivência física neste período.

---

[44] TRIBUNAL DE JUSTIÇA DO ESTADO DO RIO GRANDE DO SUL. *Agravo de Instrumento nº 70084139260*. Sétima Câmara Cível. Rel. Des. Carlos Eduardo Zietlow Duro, j. 15.4.2020.

[45] TRIBUNAL DE JUSTIÇA DO ESTADO DO RIO GRANDE DO SUL. *Agravo de Instrumento nº 70084139260*. Sétima Câmara Cível. Rel. Des. Carlos Eduardo Zietlow Duro, j. 15.4.2020.

[46] TRIBUNAL DE JUSTIÇA DO ESTADO DO RIO GRANDE DO SUL. *Agravo de Instrumento nº 70084139260*. Sétima Câmara Cível. Rel. Des. Carlos Eduardo Zietlow Duro, j. 15.4.2020.

[47] CAVALHEIRO, Patrícia da Cruz. Pai deve fazer visita virtual à filha durante a pandemia de Coronavírus. *Tribunal de Justiça do Estado do Rio Grande do Sul*, 13 abr. 2020. Disponível em: https://www.tjrs.jus.br/novo/noticia/pai-deve-fazer-visita-virtual-a-filha-durante-a-pandemia-de-coronavirus/. Acesso em: 19 abr. 2020.

[48] CAVALHEIRO, Patrícia da Cruz. Pai deve fazer visita virtual à filha durante a pandemia de Coronavírus. *Tribunal de Justiça do Estado do Rio Grande do Sul*, 13 abr. 2020. Disponível em: https://www.tjrs.jus.br/novo/noticia/pai-deve-fazer-visita-virtual-a-filha-durante-a-pandemia-de-coronavirus/. Acesso em: 19 abr. 2020.

O primeiro problema que se coloca condiz com a possibilidade de que, mais do buscar assegurar a integridade da saúde das crianças, adolescentes, ou idosos, o requerimento de suspensão da convivência física no período de pandemia seja utilizado como um mecanismo voltado à redução do contato entre pais e filhos, e outros parentes, ou seja, como um mecanismo de concretização de alienação parental.

O segundo problema vincula-se à abrangência da solução proposta. Isso porque o contato digital, com o auxílio da tecnologia, demanda, à evidência, que as duas partes envolvidas tenham à disposição aparelho celular/computador/*notebook* que possibilite o contato, bem como acesso à internet. Apesar de representarem itens possuídos por milhões de brasileiros contemporaneamente, não se pode olvidar que muitas residências não possuem acesso à rede dedados. De acordo com a pesquisa TIC Domicílios 2017, divulgada em julho de 2018, à época mais de um terço dos domicílios brasileiros não possuíam nenhuma forma de acesso à internet: "[...] são cerca de 27 milhões de residências desconectadas, enquanto outras 42,1 milhões acessam a rede via banda larga ou dispositivos móveis".[49] Ainda, "o índice de residências sem acesso é ainda maior nas classes D e E: 70%. Na classe A, 99% dos domicílios têm alguma forma de acesso, na classe B, 93% e na classe C, 69%".[50] A viabilidade de estipulação de que o contato entre pais e filhos ocorra, nesse período de quarentena, unicamente por intermédio da utilização de recursos digitais acaba esbarrando na própria conformação da sociedade brasileira, trazendo consigo a necessidade de que o julgador, ao apreciar o caso, avalie se as partes envolvidas têm tais recursos à disposição, não sendo presumível tal disponibilidade.

O terceiro problema, por fim, relaciona-se com a efetividade da convivência fixada por meios digitais e as consequências emocionais que pode trazer se exclusiva e estendida por longos períodos. A humanidade de cada ser já tem pesquisa suficiente relacionada à necessidade de toque, sensibilidade a cuidados e interações corporais. A partir delas, segundo Renée Flacking e outros:

> a reciprocidade e a sensibilidade na interação requerem sintonia e articulam-se aos comportamentos dos sujeitos entre si. Trata-se de processos recíprocos de engajamento que se tornam progressivamente mais complexos, à medida que os sujeitos avançam no conhecimento um do outro e aperfeiçoam suas capacidades de ajuste e regulação mútua dos comportamentos.[51]

Em texto que estudou efeitos dos contatos pele com pele nos pacientes internados em Unidades de Tratamento Intensivo – UTI neonatal – concluiu-se que esses são essenciais para o desenvolvimento saudável dos bebês e auxiliam emocionalmente também os pais.[52] Tanto é assim que medicamente se reconhece a prática do *skin-to-skin*

49 MELLO, Daniel. Mais de um terço dos domicílios brasileiros não tem acesso à internet. *Agência Brasil*, 24 jul. 2018. Disponível em: https://agenciabrasil.ebc.com.br/geral/noticia/2018-07/mais-de-um-terco-dos-domicilios-brasileiros-nao-tem-acesso-internet. Acesso em: 19 abr. 2020.

50 MELLO, Daniel. Mais de um terço dos domicílios brasileiros não tem acesso à internet. *Agência Brasil*, 24 jul. 2018. Disponível em: https://agenciabrasil.ebc.com.br/geral/noticia/2018-07/mais-de-um-terco-dos-domicilios-brasileiros-nao-tem-acesso-internet. Acesso em: 19 abr. 2020.

51 FLACKING, Renée *et al*. Closeness and separation in neonatal intensive care. *Acta Paediatrica*, Malden, v. 101, n. 10, p. 1032-1037, 2012. Disponível em: http://dx.doi.org/10.1111/j.1651-2227.2012.02787.x. Acesso em: 25 de abr. 2020.

52 "Through consideration of the literature in this area, we outline some of the reasons why physical closeness and emotional closeness are crucial to the physical, emotional and social well-being of both the infant and the

como efetiva no desenvolvimento corporal e emocional dos bebês e dos pais. [53] Da mesma forma, estão comprovadas há muitos anos – 1985 – as diferenças existentes entre a proximidade ou distância física entre as pessoas.[54]

Segundo Adams, "os tipos de amizade são determinados pela distância física que separa os amigos e pela proximidade emocional que os une".[55] Logo, pode-se afirmar que os vínculos humanos são, efetivamente, influenciados pela proximidade ou distanciamento físicos. Há consequências emocionais significativas da proximidade emocional e física nos relacionamentos. Desta forma, ao se substituírem os contatos físicos pelos virtuais, na seara da convivência familiar, estar-se-ia atendendo ao *telos* normativo, que seria o desenvolvimento emocional, relacional afetivo capaz de sustentar os vínculos familiares e o fortalecimento de seus laços?

Atualmente, existe uma base de estudos científicos indicando que uma parte possivelmente importante de nossas experiências emocionais pode ocorrer de forma não consciente, e é possível que processos emocionais significativos ocorram totalmente à margem da nossa percepção consciente.[56] Por esta razão, os efeitos de uma convivência exclusivamente virtual ainda não podem ser previstos.

A virtualização das relações preenche o espaço da necessidade urgente, da emergência, da dificuldade, e da exceção, mas, sob pena de causar impactos emocionais e relacionais significativos em toda uma geração, deve ser mantida assim, como medida excepcional e não como regra a ser imposta em seu sentido utilitário.

Ressalte-se que a União Europeia reconheceu, mesmo diante da pandemia, o direito das crianças e adolescentes à convivência familiar.[57] A Espanha expediu normas

---

parent". Em tradução livre: "Ao considerar a literatura nessa área, descrevemos algumas das razões pelas quais a proximidade física e a proximidade emocional são cruciais para o bem-estar físico, emocional e social do bebê e dos pais. Isso inclui efeitos positivos no desenvolvimento do cérebro infantil, no bem-estar psicológico dos pais e na relação pai-bebê" (FLACKING, Renée *et al*. Closeness and separation in neonatal intensive care. *Acta Paediatrica*, Malden, v. 101, n. 10, p. 1032-1037, 2012. Disponível em: http://dx.doi.org/10.1111/j.1651-2227.2012.02787.x. Acesso em: 25 de abr. 2020).

[53] GUEROULT, Pauline. Skin-to-skin practice and bonding in neonatal intensive care. *Soins Pediatr Pueric*, v. 40, n. 308, p. 44-46, maio/jun. 2019.

[54] ADAMS, R. G. Emotional closeness and physical distance between friends: implications for elderly women living in age-segregated and age-integrated settings. *Int J Aging Hum Dev.*, v. 22, n. 1, p. 55-76, 1985-1986. Disponível em: https://pubmed.ncbi.nlm.nih.gov/3830916/?from_term=Adams+RG&from_cauthor_id=3830916&from_pos=1. Acesso em: 25 abr. 2020.

[55] "The author discusses the need for a better theoretical understanding of friendship in order for its role in the lives of elderly people to be understood. The applicability to friendship of Simmel's approach to the study of social relationships is outlined. From this perspective, types of friendship are determined by the physical distance separating friends and the emotional closeness bringing them together. The data consist of seventy in-depth interviews of senior, unmarried women in a middle-class community bordering on Chicago. Qualitative data are reported to support quantitative analyses. There were positive relationships between emotional closeness and physical distance, duration and emotional closeness, and frequency of interaction and proximity. The author describes the implications for elderly women of the tendency for their close, old friends to be physically separated from them and their neighbors to be casual friends, but constant companions. The author discusses the effects of the age-density of residential context and life history on the types of friends the women had" (ADAMS, R. G. Emotional closeness and physical distance between friends: implications for elderly women living in age-segregated and age-integrated settings. *Int J Aging Hum Dev.*, v. 22, n. 1, p. 55-76, 1985-1986. Disponível em: https://pubmed.ncbi.nlm.nih.gov/3830916/?from_term=Adams+RG&from_cauthor_id=3830916&from_pos=1. Acesso em: 25 abr. 2020).

[56] DALGALARRONDO, Paulo. *Psicopatologia e semiologia dos transtornos mentais*. 3. ed. Porto Alegre: Artmed, 2019. p. 154.

[57] "Ahora bien, todos los países de la UE reconocen el derecho de los niños a una relación personal y un contacto directo con ambos progenitores [...]" (RESPONSABILIDAD parental. *Tu Europa*, 7 abr. 2020. Disponível em:

para a efetivação da convivência em período de pandemia.[58] Recomendaram o cumprimento primordial das regras sanitárias, aplicando em suas decisões, prioritariamente, o bem-estar das crianças e adolescentes. Permitiram excepcionar os pactos já acordados e estimularam a realização de acordos entre os pais para realização da convivência. Somente na hipótese de inexistência de acordo, recomendaram a permanência dos filhos na residência, com convivência virtual com o outro. E, neste caso, foi facultada a possibilidade de compensação do tempo da convivência no cessar da pandemia.

Ao final, a normativa espanhola conclama os pais a utilizarem a generosidade para compreenderem a situação e não realizar exigências indevidas, ou aproveitar a situação para algum benefício. Trata-se, sem dúvidas, de virtude humana significativa a ser lembrada sempre que se estiver diante da necessidade de convivência familiar.

4 Conclusão

Os avanços tecnológicos são inevitáveis e as relações sociais sofrem impactos destes. Alguns impactos são positivos, desejados e úteis à humanidade; outros, não se sabe ao certo o montante das consequências que trarão.

A situação inesperada vinculada à pandemia Covid-19 trouxe reflexos significativos no modo de vida do Planeta Terra. Situações antes corriqueiras como liberdade de ir e vir, trabalho, reuniões sociais foram restritas de modo a contemplar o isolamento social. Além disso, um direito consolidado como o de convivência familiar impôs-se como desafio diante das medidas restritivas de distanciamento social. Saídas criativas para cultivar os vínculos e demandas judiciais pleiteando direitos dos mais vulneráveis estiveram no topo da lista – juntamente com as demandas relacionadas aos reflexos econômicos.

Muito se ouviu falar sobre as hipóteses de "convivência virtual" e esta chegou a ser imposta judicialmente em algumas circunstâncias. Entretanto, sabe-se que algumas medidas que podem parecer saídas significativas para a "crise" e a "emergência" nem sempre poderão ser impostas ou mantidas no período pós-pandemia. Os pesquisadores dividiram-se. Alguns sustentavam que os meios de comunicação virtuais seriam uma saída inteligente e eficaz neste momento; outros preferiram a manutenção da convivência física, com maiores cuidados sanitários e reduzindo-se o trânsito.

Sabe-se que a alteração paradigmática da família eudemonista, trazida pelas necessidades da viragem metodológica da Carta Constitucional, acaba por exigir dos membros familiares maior comprometimento com os que mais necessitam e maior esforço a fim de atingir o *telos* familiar da solidariedade, comprometimento mútuos, além da manutenção e preservação dos vínculos de afetividade – laços que sustentam a humanidade e são capazes de propiciar desenvolvimento sustentável e um envelhecimento pertencente.

---

https://europa.eu/youreurope/citizens/family/children/parental-responsibility/index_es.htm. Acesso em: 20 de abr. 2020).

58 RECOMENDACIONES para los padres separados sobre el régimen de custodia, visitas y estancias de los menores. *Noticias Juridicas*, 18 mar. 2020. Disponível em: http://noticias.juridicas.com/actualidad/noticias/14960-recomendaciones-para-los-padres-separados-sobre-el-regimen-de-custodia-visitas-y-estancias-de-los-menores/. Acesso em: 25 de abr. 2020.

Com relação aos filhos, destacam-se os efeitos existenciais das relações parentais, como o dever de proteção integral à criança e ao adolescente (arts. 1º e 4º, ECA); o poder/dever de direção da criação e educação dos filhos (art. 227, *caput*, CRFB/88; arts. 21 e 22, ECA; e art. 1.634, I, CCB/2002); o poder/dever de exercer a guarda da prole (art. 22, ECA; art. 1.583, CCB/2002; e art. 1.634, II, CCB/2002); o poder/dever de representar e assistir civilmente os filhos (art. 1.634, VII, CCB/2002); o poder/dever de reclamar ante quem detiver os filhos ilegalmente (art. 1.634, VIII, CCB/2002); o poder/dever de exigir que os filhos prestem obediência, respeito e os serviços próprios de sua idade e condição (art. 1.634, IX, CCB/2002); e o poder/dever de estabelecer regime de convivência (art. 1.589, CCB/2002).

Tudo isso, em prol de um desenvolvimento saudável, e em sentido ideal, com vínculos afetivo-familiares capazes de gerar suficiência ao desenvolvimento paulatino das estruturas psíquicas e emocionais do ser humano em construção. Já com relação aos idosos, ressalta-se o dever de reciprocidade existente entre pais e filhos, a necessidade de assistência em caso de enfermidade ou vulnerabilidade, a presença física efetiva e participativa em suas vidas e o direito à convivência familiar e comunitária, com laços de afetividade e comprometimentos com o final da vida. Por certo, cada relação colherá os plantios de sua existência. Entretanto, já existem pesquisas comprovando o maior adoecimento e a menor qualidade de vida quando os vínculos familiares e de amizades minimizam-se. Ao refletirmos sobre um envelhecimento saudável, em regra, ter-se-iam vínculos afetivos de qualidade, capazes de sustentar nas adversidades.

Tem-se, portanto, na convivência virtual uma possibilidade interessante de reunião familiar para o exercício dos vínculos. A utilização de videochamadas facilitadas por aplicativos como Skype, WhatsApp, FaceTime e Hangouts, entre outros, pode ser sim um efetivo meio de efetivação da convivência familiar. Entretanto, cabe apontar algumas questões relevantes sobre o tema. Idosos e crianças são população que geralmente têm mais dificuldade de acesso aos meios virtuais, logo, o tempo e a qualidade destes períodos não costumam ser assemelhados a uma presença física. A depender do tamanho da criança e até mesmo do adolescente (que geralmente maneja a tecnologia, mas não deseja estar naquela chamada) são parcos minutos dedicados a conversar por meios virtuais. Com relação aos idosos, soma-se o fato de que há necessidade de construção de novas estruturas emocionais internas, a fim de adaptar esta vinculação tecnológica ao recebimento do afeto que – em tese – seria concedido em convivência presencial. Antes mesmo do período pandêmico, em situações de viagens, era comum receber *feedbacks* como: "Mas, não é a mesma coisa". E com razão, não é.

Alguns pesquisadores têm defendido esta modalidade convivencial como "o meio adequado de convivência neste período". Entretanto, outros reforçam a importância da presença física, mas reafirmam a necessidade de preservação dos interesses dos vulneráveis e atenção aos cuidados de saúde.

De outro lado, tem-se a questão da inclusão digital e do acesso. Considerando os dados do IBGE referidos no texto, há uma parcela imensa da população que não conta com os meios necessários para realizar tal modalidade de convivência. Assim, ao propor-se esta modalidade de virtualização do convívio, deve-se atentar para a realidade em que será inserido.

Sustenta-se que eventuais determinações de "convivência virtual" sejam entendidas e consideradas somente em circunstâncias de subsidiariedade à convivência familiar tradicional, uma vez que, para o desenvolvimento humano saudável, são essenciais os vínculos presenciais e os contatos físicos. Há pesquisas científicas que comprovam que presença física e os contatos corporais são essenciais para o desenvolvimento emocional saudável. Assim, somando-se a dificuldade de acesso que pode efetivamente ocorrer, a diferença geracional tecnológica e a não associação emocional da convivência virtual aos qualificativos que a convivência física traz, não se pode calcular o volume de impacto que a convivência familiar como regra poderia trazer.

Conclama-se aos operadores do direito comprometidos com os princípios constitucionais que veem na família um *locus* de proteção e promoção individual e de solidariedade, que se comprometam também com a efetividade dos laços na convivência familiar, primando-se por uma presença física de qualidade, com vinculação emocional e comprometimento. E, somente se isso não for possível, seja cogitada a convivência virtual.

Referências

ADAMS, R. G. Emotional closeness and physical distance between friends: implications for elderly women living in age-segregated and age-integrated settings. *Int J Aging Hum Dev.*, v. 22, n. 1, p. 55-76, 1985-1986. Disponível em: https://pubmed.ncbi.nlm.nih.gov/3830916/?from_term=Adams+RG&from_cauthor_id=3830916&from_pos=1. Acesso em: 25 abr. 2020.

BAUMAN, Zygmunt. *Vida líquida*. 2. ed. rev. Tradução de Carlos Alberto Medeiros. Rio de Janeiro: Zahar, 2009.

CAHALI, Yussef Said. *Dos alimentos*. 4. ed. rev., ampl. e atual. de acordo com o Novo Código Civil. São Paulo: Revista dos Tribunais, 2002.

CANDIDO, Marcos. Por coronavírus, Justiça ordena que pai se afaste da filha após viagem. *Universa*, 13 mar. 2020. Disponível em: https://www.uol.com.br/universa/noticias/redacao/2020/03/13/por-coronavirus-justica-ordena-que-pai-se-afaste-da-filha-apos-viagem.htm. Acesso em: 25 de abr. 2020.

CAVALHEIRO, Patrícia da Cruz. Pai deve fazer visita virtual à filha durante a pandemia de Coronavírus. *Tribunal de Justiça do Estado do Rio Grande do Sul*, 13 abr. 2020. Disponível em: https://www.tjrs.jus.br/novo/noticia/pai-deve-fazer-visita-virtual-a-filha-durante-a-pandemia-de-coronavirus/. Acesso em: 19 abr. 2020.

COMEL, Denise Damo. *Do poder familiar*. São Paulo: Revista dos Tribunais, 2003.

DALGALARRONDO, Paulo. *Psicopatologia e semiologia dos transtornos mentais*. 3. ed. Porto Alegre: Artmed, 2019.

FACHIN, Luiz Edson. "Virada de Copérnico": um convite à reflexão sobre o direito civil brasileiro contemporâneo. *In*: FACHIN, Luiz Edson (Coord.). *Repensando fundamentos do direito civil brasileiro contemporâneo*. Rio de Janeiro: Renovar, 1998.

FACHIN, Luiz Edson. Aspectos de alguns pressupostos histórico-filosóficos hermenêuticos para o contemporâneo direito civil brasileiro: elementos constitucionais para uma reflexão crítica. *Revista TST*, Brasília, v. 77, n. 4, p. 186-203, out./dez. 2011.

FACHIN, Luiz Edson. *Elementos críticos do direito de família*. Curso de direito civil. Rio de Janeiro: Renovar, 1999.

FACHIN, Luiz Edson. Palestra de abertura do VIII Congresso IBDFAM: Famílias – Entre o público e o privado. *In*: Congresso IBDFAM, VIII. *Anais*... São Paulo: IBDFAM, 2018. Disponível em: http://www.ibdfam.org.br/assets/upload/anais/274.pdf. Acesso em: 19 out. 2019.

FARIAS, Cristiano Chaves de. A família da pós-modernidade: em busca da dignidade perdida da pessoa humana. *Revista de Direito Privado*, São Paulo, v. 19, p. 56-68, jul./set. 2004.

FIUZA, César; POLI, Luciana Costa. Famílias: para além dos ditames dos Tribunais. *Revista de Direito Civil Contemporâneo*, São Paulo, v. 6, p. 105-132, jan./mar. 2016.

FLACKING, Renée *et al*. Closeness and separation in neonatal intensive care. *Acta Paediatrica*, Malden, v. 101, n. 10, p. 1032-1037, 2012. Disponível em: http://dx.doi.org/10.1111/j.1651-2227.2012.02787.x. Acesso em: 25 de abr. 2020.

GUEROULT, Pauline. Skin-to-skin practice and bonding in neonatal intensive care. *Soins Pediatr Pueric*, v. 40, n. 308, p. 44-46, maio/jun. 2019.

IBGE. *Síntese dos Indicadores Sociais de 2019*. Disponível em: https://www.ibge.gov.br/estatisticas/sociais/populacao/9221-sintese-de-indicadores-sociais.html?=&t=resultados. Acesso em: 23 abr. 2020.

LÔBO, Paulo. *Direito civil*: famílias. 7. ed. São Paulo: Saraiva, 2017.

LÔBO, Paulo. Do poder familiar. *Revista Jus Navigandi*, Teresina, ano 11, n. 1057, maio 2006. Disponível em: https://jus.com.br/artigos/8371/do-poder-familiar. Acesso em: 4 dez. 2019.

LÔBO, Paulo. *Guarda e convivência dos filhos após a Lei nº 11.698/2008*. Disponível em: https://saiddias.com.br/imagens/artigos/15.pdf. Acesso em: 18 abr. 2020.

MELLO, Daniel. Mais de um terço dos domicílios brasileiros não tem acesso à internet. *Agência Brasil*, 24 jul. 2018. Disponível em: https://agenciabrasil.ebc.com.br/geral/noticia/2018-07/mais-de-um-terco-dos-domicilios-brasileiros-nao-tem-acesso-internet. Acesso em: 19 abr. 2020.

MINISTÉRIO DA SAÚDE. *O que é coronavírus?* Disponível em: https://www.saude.gov.br/o-ministro/746-saude-de-a-a-z/46490-novo-coronavirus-o-que-e-causas-sintomas-tratamento-e-prevencao-3. Acesso em: 18 abr. 2020.

MORAES, Maria Celina Bodin de. O direito civil-constitucional. *In*: MORAES, Maria Celina Bodin de. *Na medida da pessoa humana*: estudos de direito civil. Rio de Janeiro: Renovar, 2010.

PEREIRA, Rodrigo da Cunha. Direito de família, coronavírus e guarda compartilhada. *Conjur*, 8 abr. 2020. Disponível em: https://www.conjur.com.br/2020-abr-08/cunha-pereira-direito-familia-coronavirus-guarda-compartilhada2. Acesso em: 18 abr. 2020.

PERLINGIERI, Pietro. *Perfis do direito civil*. Introdução ao direito civil constitucional. 3. ed. Tradução de Maria Cristina De Cicco. Rio de Janeiro: Renovar, 2007.

PERROT, Michelle. O nó e o ninho. *Veja 25 anos: reflexões para o futuro*, São Paulo, p. 75-81, 1993.

RAMOS, Patricia Pimentel de Oliveira Chambers. *Poder familiar e guarda compartilhada*. Novos paradigmas do direito de família. 2. ed. São Paulo: Saraiva, 2016.

REALE, Miguel. *Lições preliminares de direito*. 24. ed. 3. tir. São Paulo: Saraiva, 1998.

RECOMENDACIONES para los padres separados sobre el régimen de custodia, visitas y estancias de los menores. *Noticias Juridicas*, 18 mar. 2020. Disponível em: http://noticias.juridicas.com/actualidad/noticias/14960-recomendaciones-para-los-padres-separados-sobre-el-regimen-de-custodia-visitas-y-estancias-de-los-menores/. Acesso em: 25 de abr. 2020.

RESPONSABILIDAD parental. *Tu Europa*, 7 abr. 2020. Disponível em: https://europa.eu/youreurope/citizens/family/children/parental-responsibility/index_es.htm. Acesso em: 20 de abr. 2020.

ROSA, Conrado Paulino da. Coronavírus e direito de convivência. *Instituto Brasileiro de Direito de Família – IBDFAM*, 18 mar. 2020. Disponível em: http://www.ibdfam.org.br/artigos/1385/Coronav%C3%ADrus+e+direito+de+conviv%C3%AAncia. Acesso em: 19 abr. 2020.

ROSA, Conrado Paulino da. *Curso de direito de família contemporâneo*. 3. ed. rev. e atual. Salvador: JusPodivm, 2017.

ROSAS, Rafael; SARAIVA, Alessandra; SCHINCARIOL, Juliana. Número de brasileiros abaixo da linha da pobreza para de crescer, mas ainda soma 52 milhões. *Valor Econômico*, 6 nov. 2019. Disponível em: https://valor.globo.com/brasil/noticia/2019/11/06/numero-de-brasileiros-abaixo-da-linha-da-pobreza-para-de-crescer-mas-ainda-soma-52-milhoes.ghtml. Acesso em: 23 abr. 2020.

ROSENVALD, Nelson. *O direito civil em movimento*. Desafios contemporâneos. 3. ed. rev., ampl. e atual. Salvador: JusPodivm, 2019.

RUZYK, Carlos Eduardo Pianovski. *Institutos fundamentais do direito civil e liberdade(s)*. Repensando a dimensão funcional do contrato, da propriedade e da família. Rio de Janeiro: GZ, 2011.

SCAFF, Fernando Campos. *Considerações sobre o poder familiar*. Disponível em: http://cscaff.com.br/public18.pdf. Acesso em: 4 dez. 2019.

TEIXEIRA, Ana Carolina Brochado. *Família, guarda e autoridade parental*. 2. ed. Rio de Janeiro: Renovar, 2009.

TEIXEIRA, Ana Carolina Brochado; VIEIRA, Marcelo de Mello. Construindo o direito à convivência familiar de criança e adolescentes no Brasil: um diálogo entre as normas constitucionais e a Lei nº 8.069/1990. *Civilistica.com*, Rio de Janeiro, ano 4, n. 2, 2015. Disponível em: http://civilistica.com/construindo-o-direito-a-convivencia-familiar/. Acesso em: 18 abr. 2020.

TEPEDINO, Gustavo. A disciplina da guarda e a autoridade parental na ordem civil-constitucional. *In*: TEPEDINO, Gustavo. *Temas de direito civil*. Rio de Janeiro: Renovar, 2006. t. II.

TRIBUNAL DE JUSTIÇA DO ESTADO DO RIO GRANDE DO SUL. *Agravo de Instrumento nº 70081139260*. Sétima Câmara Cível. Rel. Des. Carlos Eduardo Zietlow Duro, j. 15.4.2020.

Informação bibliográfica deste texto, conforme a NBR 6023:2018 da Associação Brasileira de Normas Técnicas (ABNT):

POMJÉ, Caroline; FLEISCHMANN, Simone Tassinari Cardoso. Convivência virtual: é preciso primeiro tentar conviver – Novas tecnologias e os desafios pós-Covid-19. *In*: EHRHARDT JÚNIOR, Marcos; CATALAN, Marcos; MALHEIROS, Pablo (Coord.). *Direito Civil e tecnologia*. Belo Horizonte: Fórum, 2020. p. 298-315. ISBN 978-65-5518-036-7.

OS IMPACTOS DOS AVANÇOS TECNOLÓGICOS NOS INSTITUTOS DA GUARDA E CONVIVÊNCIA FILIAL

ANA CAROLINA PIRES DE SOUZA SENNA

Introdução

Não há dúvidas de que a tecnologia influencia intensamente o cotidiano de toda a humanidade, atualmente. Nas últimas décadas, os avanços tecnológicos modificaram a forma de se trabalhar, de se comunicar, e também de se relacionar. Grande parte da população tornou-se dependente dos seus aparelhos de celular, desde que estejam devidamente conectados à internet.

Consequentemente, essas mudanças atingiram o âmbito familiar e as relações entre pais e filhos, resultando na utilização das ferramentas tecnológicas para aproximar os que estão longe ou impossibilitados, por algum motivo ou circunstância, de estabelecer o contato físico.

A convivência familiar é um direito fundamental da criança e adolescente, que deve ser promovido, com absoluta prioridade, pelo Estado, pela família e pela sociedade como um todo.

A utilização das ferramentas tecnológicas nas relações entre pais e filhos já é uma realidade na sociedade, ainda mais evidente nesse período de isolamento social em razão da declaração de pandemia, que ocasionou a interrupção ou redução da convivência de muitos filhos com seus pais que não residem juntos.

Embora não haja previsão legal, o convívio por chamada de voz e de vídeo, que até então era algo esporádico e na maioria das vezes complementar, tornou-se parte do cotidiano na maioria das famílias brasileiras e em muitos lugares do mundo.

O presente estudo se propõe a compreender a evolução das famílias no tempo, bem como analisar o conceito e regulamentação dos principais institutos que compõem as relações filiais, tais quais autoridade parental, modalidades de guarda existentes, convivência familiar e base de moradia, para então analisar a aplicação correta e efetiva dos recursos tecnológicos na convivência familiar, bem como apresentar decisões judiciais acerca do tema.

1 Evolução da família – Da família patriarcal à família virtual

As famílias na origem da civilização apresentam características marcantes para a análise de sua evolução ao longo do tempo. Na Roma antiga, a família era uma verdadeira comunidade de produção, tipicamente patriarcal. O *pater familias* exercia um poder absoluto e irrestrito sobre todos os demais integrantes da família romana, que não possuíam personalidade jurídica nem bens próprios, pois estes pertenciam somente ao *pater*.[1] Seu domínio era também religioso e político em relação aos demais componentes da família, a tal ponto que podia decidir, por exemplo, vender um de seus filhos para saldar alguma dívida ou até mesmo abandonar um filho recém-nascido.[2]

Ainda no berço da civilização, estava a família grega designada pela palavra *eiston*, que significa "aquilo que está junto ao fogo sagrado". Cada família possuía seu próprio altar dentro de casa e, todas as manhãs e noites, os integrantes da família se reuniam para dirigir as suas preces ao fogo.[3]

As famílias greco-romanas tinham a religião como pilar, nas quais o culto era destinado aos antepassados da família, para os quais se realizavam as cerimônias de oferendas. Essas religiões domésticas estabeleceram como primeira instituição o casamento. O papel da mulher era de total submissão ao chefe da família. Até se casar, a mulher pertencia à família e participava dos cultos familiares, mas, ao se casar, deixava de fazer parte da família para pertencer à nova família,[4] agora com um novo proprietário, seu marido.

A entidade familiar mantinha-se em função da religião, que passava de pai para filho, pois quem praticava os atos religiosos era o homem, que possuía poderes ilimitados.[5]

Na opinião de Renata Nepomuceno Cysne, por muito tempo a religião desempenhou uma função importante ao estabelecer a submissão da mulher ao homem, além justificar a manutenção da mulher nos papéis domésticos e de cuidados exclusivos com os filhos. Somente a partir da Revolução Industrial, com o êxodo rural e ocupação das cidades, a mulher passou a ingressar no mercado de trabalho.[6]

No Brasil, desde o período colonial até meados do século XX, a família patriarcal era o modelo vigente inclusive na legislação brasileira, regrada pelos interesses econômicos e patrimoniais.[7] As uniões privilegiavam as alianças ao invés do amor.[8]

O Código Civil de 1916 regulava a família do início do século passado unicamente pelo matrimônio, em sua redação original. Impossibilitava sua dissolução, fazia distinções entre os membros e discriminava pessoas unidas sem o casamento e os filhos advindos dessas uniões.[9]

---

1 MADALENO, Rafael; MADALENO, Rolf. *Guarda compartilhada*: física e jurídica. 4. ed. rev., atual. e ampl. São Paulo: Thomson Reuters, 2019. p. 16.

2 MADALENO, Rafael; MADALENO, Rolf. *Guarda compartilhada*: física e jurídica. 4. ed. rev., atual. e ampl. São Paulo: Thomson Reuters, 2019. p. 16.

3 ROSA, Conrado Paulino da. *Curso de direito de família*. Salvador: JusPodivm, 2018. p. 22.

4 ROSA, Conrado Paulino da. *iFamily*: um novo conceito de família? São Paulo: Saraiva, 2013. p. 4.

5 ROSA, Conrado Paulino da. *Curso de direito de família*. Salvador: JusPodivm, 2018. p. 23.

6 CYSNE, Renata Nepomuceno e (Org.). *Intervenção estatal e comunitária nas famílias*: limites e possibilidades. Brasília: Trampolim, 2019. p. 265.

7 MADALENO, Rafael; MADALENO, Rolf. *Guarda compartilhada*: física e jurídica. 4. ed. rev., atual. e ampl. São Paulo: Thomson Reuters, 2019. p. 15.

8 ROSA, Conrado Paulino da. *iFamily*: um novo conceito de família? São Paulo: Saraiva, 2013. p. 7.

9 DIAS, Maria Berenice. *Manual de direito das famílias*. São Paulo: Revista dos Tribunais, 2013. p. 30.

A modernidade, somada ao avanço da sociedade, do aumento das grandes concentrações urbanas e o consequente ingresso da mulher no mercado de trabalho, fez com que a divisão de funções – patrimonial do homem e afetiva da mulher – fosse, aos poucos, perdendo sua força,[10] o que, progressivamente, influenciou as alterações legislativas.

Até a promulgaçao da Constituição brasileira de 1934, as únicas menções à mulher e à criança eram no sentido de proteção à esfera patrimonial por meio da distinção das espécies de filiação, que legitimava e conferia direitos apenas aos filhos advindos do casamento.[11]

A partir de então, pequenos, mas essenciais avanços foram ocorrendo. A Constituição de 1934, segunda Carta Constitucional, dedicou um capítulo exclusivo à família, mas mantendo a indissolubilidade do casamento. A Carta Constitucional de 1937 trouxe a educação como um dever dos pais, equiparou os filhos naturais aos legítimos e conferiu ao Estado a obrigação de tutelar as crianças abandonadas pelos pais. A de 1946, assegurou a assistência à maternidade, à infância e à adolescência.[12]

Com as mudanças já iniciadas pelas Constituições, a evolução da sociedade e da família brasileira provocou sucessivas alterações legais, como o Estatuto da Mulher Casada (Lei nº 4.121/62), que devolveu a capacidade à mulher casada e assegurou direito de propriedade exclusiva dos bens advindos do fruto de seu trabalho, e a Lei do Divórcio (Lei nº 6.515/77), que tornou possível a dissolução do casamento, e, ainda, o direito de renunciar ao nome do marido, uma grande conquista para as mulheres à época.

A Constituição Federal de 1988 representou um marco no conceito de família. Consagrou a igualdade entre os filhos, advindos ou não do casamento, a igualdade entre o homem e a mulher, notadamente no exercício de suas funções parentais, e ampliou o conceito de família, reconhecendo formas de família que há muito estavam presentes na sociedade, mas que antes não eram juridicamente tuteladas.

A Carta Magna definiu a família como a base da sociedade, conferindo proteção especial do Estado, e instituiu o planejamento familiar como livre decisão do casal, vedando qualquer forma coercitiva por parte de instituições oficiais ou privadas. Enfim, a família passou a ser identificada por seus laços de afetividade e instrumento para a realização de seus indivíduos.

Não obstante, o conceito de família continua preso à sua localização espacial, como opina Conrado Paulino da Rosa, ao afirmar que foi abandonado o fogo sagrado de outrora, cedendo lugar à residência como referência para se determinar o tipo de entidade familiar ao qual o grupo ou pessoa pertence.[13]

Essa definição não se sustenta mais na contemporaneidade. O avanço da tecnologia nas últimas décadas mudou a forma de se trabalhar, de se comunicar e, consequentemente, de se relacionar.

Há menos de duas décadas, pagava-se muito caro para se ouvir a voz de alguém que estivesse distante, além de ser muito trabalhoso, o que dificultava os contatos,

---

10 ROSA, Conrado Paulino da. *iFamily*: um novo conceito de família? São Paulo: Saraiva, 2013. p. 11.

11 CYSNE, Renata Nepomuceno e (Org.). *Intervenção estatal e comunitária nas famílias*: limites e possibilidades. Brasília: Trampolim, 2019. p. 272.

12 ROSA, Conrado Paulino da. *iFamily*: um novo conceito de família? São Paulo: Saraiva, 2013. p. 12.

13 ROSA, Conrado Paulino da. *Curso de direito de família*. Salvador: JusPodivm, 2018. p. 192.

tornando as ligações esporádicas e curtas. Atualmente, a tecnologia disponível no telefone móvel possibilita o contato de forma rápida e eficiente, mesmo em grandes distâncias, podendo-se interagir por imagem e som por minutos ou até mesmo por horas.

Se os recursos tecnológicos modificaram as formas de trabalho e a vida em geral das pessoas, não poderia ser diferente a respeito das relações familiares, que são construções culturais, como mencionado.

A partir da declaração da pandemia, causada pelo vírus Covid-19, em 11.3.2020, muitos governadores decretaram medidas obrigatórias de isolamento, que incluíram o fechamento das escolas e comércio.

Grande parte da população foi obrigada, repentinamente, a permanecer dentro de casa e proceder com os cuidados e até educação dos filhos, pois grande parte das escolas disponibilizou as aulas de forma *on-line*.

Assim, a utilização da tecnologia nas relações filiais, que até então era algo esporádico e na maioria das vezes complementar, tornou-se parte do cotidiano na maioria das famílias brasileiras e em muitos lugares do mundo. Muitos pais e mães que não moram com os filhos foram obrigados a suspender esse contato físico, em razão do risco de contágio do vírus, e passaram a utilizar a tecnologia para manter o convívio.

Por certo, mais do que nunca, em razão da pandemia que se vive, a tecnologia tornou-se ferramenta essencial na rotina das famílias, principalmente nas relações entre pais e filhos que não residem juntos, por unir os que estão separados nesse momento tão difícil.

A família *on-line*, ou *iFamily*, representa um novo conceito de família contemporânea, que pode se dar em qualquer uma das formas de família existentes, movida sempre pela afetividade, independentemente do espaço que ocupa. A ubiquidade representa uma nova característica dessas famílias. O termo, que deriva do latim *ubique*, significa que a família pode estar em todas as partes, independentemente da lógica espacial.[14]

2 Institutos que regem as relações filiais – Autoridade parental, guarda e convivência familiar

2.1 Autoridade parental (poder familiar)

A autoridade parental ou o poder familiar representa um *múnus público*,[15] um encargo atribuído aos pais, constituído de funções específicas a serem realizadas enquanto durar a menoridade de seus filhos.[16]

Para Maria Helena Diniz,[17] o poder familiar se traduz como o conjunto de direitos e obrigações quanto à pessoa e bens da criança ou adolescente não emancipada, exercido pelos pais, para que possam desempenhar os encargos que a norma jurídica lhes impõe, buscando sempre o interesse e a proteção dos filhos.

O Código Civil vigente, Lei nº 10.406, de 10.1.2002, não conceitua o instituto, mas apresenta um rol de atribuições que o caracterizam, e dispõe que o exercício do

---

[14] ROSA, Conrado Paulino da. *iFamily*: um novo conceito de família? São Paulo: Saraiva, 2013.

[15] Encargo ou ônus, conferido pela lei e imposto pelo Estado aos cidadãos e aos membros de certas classes profissionais, em benefício coletivo ou no interesse da pátria ou da ordem social.

[16] ROSA, Conrado Paulino da. *Curso de direito de família*. Salvador: JusPodivm, 2018. p. 384.

[17] DINIZ, Maria Helena. *Curso de direito civil brasileiro*: direito de família. 24. ed. São Paulo: Saraiva, 2009. v. 5. p. 282.

poder familiar compete a ambos os pais, independentemente de sua situação conjugal, vez que não decorre do casamento ou união estável, mas sim do estado de filiação.[18]

O exercício dessas atribuições harmoniza-se com a Carta Magna, que define no art. 227 como dever da família, da sociedade e do Estado assegurar à criança e ao adolescente, com absoluta prioridade, o direito à vida, à alimentação, à educação, ao lazer, à profissionalização, à cultura, à dignidade, ao respeito, à liberdade e à convivência familiar e comunitária, além de colocá-los a salvo de toda forma de negligência, discriminação, exploração, violência, crueldade e opressão.

Constata-se que a norma disposta no Código Civil estabelece a igualdade dos pais no exercício da autoridade parental, em total consonância com a Constituição Federal, que estabelece em seu art. 226, §5º, que os deveres referentes à sociedade conjugal são exercidos igualmente pelo homem e pela mulher, reproduzida também no Estatuto da Criança e do Adolescente.[19]

Referida norma determina ainda que os filhos estão sujeitos ao poder familiar, enquanto menores, e acrescenta que, caso os pais divirjam sobre o exercício desse poder, poderão recorrer ao Judiciário para obter a solução do desacordo.[20]

Embora o Código Civil utilize a expressão *poder familiar* para tratar as funções parentais, esta não representa a forma mais adequada, motivo pelo qual se utiliza neste estudo a expressão *autoridade parental*. Isto porque a palavra *poder* denota um direito de deliberação, podendo ser confundido com uma faculdade, quando na verdade significa uma incumbência do exercício dessas funções parentais em relação aos filhos, sendo mais apropriada a expressão *autoridade parental*.

Nesse sentido, a autoridade parental não se trata mais de um exercício de poder dos genitores sobre os filhos, mas sim uma obrigação destes, um dever assumido com o nascimento da prole de garantir todos os meios necessários para o seu pleno desenvolvimento, como salienta o professor Rolf Madaleno.[21]

Mesmo comportando críticas, há de se reconhecer que a expressão *poder familiar* do Código Civil de 2002 representa grande avanço quando comparada à disposta no Código Civil de 1916 (pátrio poder), que remetia somente à figura masculina a função parental.

---

18 "Art. 1634. Compete ao ambos os pais, qualquer que seja a sua situação conjugal, quanto à pessoa dos filhos menores: I - dirigir-lhes a criação e educação; II - exercer a guarda unilateral ou compartilhada, nos termos do art. 1.584; III - conceder-lhes ou negar-lhes consentimento para casarem; IV - conceder-lhes ou negar-lhes consentimento para viajarem ao exterior; V - conceder-lhes ou negar-lhes consentimento para mudarem sua residência permanente para outro Município; VI - nomear-lhes tutor por testamento ou documento autêntico, se o outro dos pais não lhe sobrevier ou o sobrevivo não puder exercer o poder familiar; VII - representá-los judicial e extrajudicialmente ate os 16 (dezesseis) anos, nos atos da vida civil, e assisti-los, apos essa idade nos atos em que forem partes, suprindo-lhes o consentimento; VIII - reclamá-los de quem ilegalmente os detenha; IX - exigir que lhes prestem obediência, respeito e os serviços próprio de sua idade e condição".

19 "Art. 21. O poder familiar será exercido, em igualdade de condições, pelo pai e pela mãe, na forma do que dispuser a legislação civil, assegurado a qualquer deles o direito de, em caso de discordância, recorrer à autoridade judiciária competente para a solução da divergência".

20 "Art. 1.630. Os filhos estão sujeitos ao poder familiar, enquanto menores. Art. 1.631. Durante o casamento e a união estável, compete o poder familiar aos pais; na falta ou impedimento de um deles, o outro o exercerá com exclusividade. Parágrafo único. Divergindo os pais quanto ao exercício do poder familiar, é assegurado a qualquer deles recorrer ao juiz para solução do desacordo".

21 MADALENO, Rafael; MADALENO, Rolf. *Guarda compartilhada*: física e jurídica. 4. ed. rev., atual. e ampl. São Paulo: Thomson Reuters, 2019. p. 20.

A obrigação do exercício dessas atribuições permanece, portanto, até a extinção da autoridade parental, que pode ocorrer pela morte dos pais ou filho, pela emancipação do filho, pela maioridade, pela adoção do filho por um terceiro ou por decisão judicial, nos termos do art. 1.635 do Código Civil.[22]

A autoridade parental também pode ser suspensa quando pai ou mãe abusarem de sua autoridade, faltando aos deveres a eles incumbidos, arruinando seus bens ou quando forem condenados criminalmente à pena que exceda dois anos de prisão, por sentença irrecorrível, nos termos do art. 1.637 do mesmo diploma.

Outrossim, o descumprimento dos deveres inerentes à autoridade parental por parte dos pais é caracterizado como infração administrativa, sujeita à pena de multa no valor de três a vinte salários de referência, aplicando-se em dobro no caso de reincidência.[23]

A função é, portanto, "irrenunciável, intransferível, inalienável, imprescritível e decorre da paternidade biológica, ou natural, ou da filiação legal e socioafetiva", como leciona Maria Berenice Dias.[24]

Para Conrado Paulino da Rosa,[25] o caráter de irrenunciabilidade da função parental em relação aos filhos denota que os direitos fundamentais da prole geram um dever correspondente aos pais de igual categoria, não sendo possível, então, renunciar a esse dever.

Uma das atribuições inerentes ao exercício da autoridade parental é o *exercício da guarda*, disposto no inc. II do art. 1.637 do Código Civil, pois como elucida o Professor Grisard,[26] a "guarda é da natureza do pátrio poder, não da sua essência, tanto que transferida a um terceiro não implica na transferência deste". Desse modo, a guarda é um dos encargos da autoridade parental e com ela não deve ser confundida.

2.2 Guarda

Como citado no tópico anterior, uma das funções da autoridade parental, ou poder familiar, é o *exercício da guarda dos filhos*, nos termos do já mencionado art. 1.634 do Código Civil.

---

[22] "Art. 1.638. Perderá por ato judicial o poder familiar o pai ou a mãe que: I - castigar imoderadamente o filho; II - deixar o filho em abandono; III - praticar atos contrários à moral e aos bons costumes; IV - incidir, reiteradamente, nas faltas previstas no artigo antecedente. V - entregar de forma irregular o filho a terceiros para fins de adoção. (Incluído pela Lei nº 13.509, de 2017). Parágrafo único. Perderá também por ato judicial o poder familiar aquele que: (Incluído pela Lei nº 13.715, de 2018) I - praticar contra outrem igualmente titular do mesmo poder familiar: (Incluído pela Lei nº 13.715, de 2018) a) homicídio, feminicídio ou lesão corporal de natureza grave ou seguida de morte, quando se tratar de crime doloso envolvendo violência doméstica e familiar ou menosprezo ou discriminação à condição de mulher; (Incluído pela Lei nº 13.715, de 2018) b) estupro ou outro crime contra a dignidade sexual sujeito à pena de reclusão; (Incluído pela Lei nº 13.715, de 2018) II - praticar contra filho, filha ou outro descendente: (Incluído pela Lei nº 13.715, de 2018) a) homicídio, feminicídio ou lesão corporal de natureza grave ou seguida de morte, quando se tratar de crime doloso envolvendo violência doméstica e familiar ou menosprezo ou discriminação à condição de mulher; (Incluído pela Lei nº 13.715, de 2018) b) estupro, estupro de vulnerável ou outro crime contra a dignidade sexual sujeito à pena de reclusão. (Incluído pela Lei nº 13.715, de 2018)".

[23] ECA: "Art. 249. Descumprir, dolosa ou culposamente, os deveres inerentes ao poder familiar ou decorrente de tutela ou guarda, bem assim determinação da autoridade judiciária ou Conselho Tutelar. Pena - multa de três a vinte salários de referência, aplicando-se o dobro em caso de reincidência".

[24] DIAS, Maria Berenice. *Manual de direito das famílias*. São Paulo: Revista dos Tribunais, 2013. p. 436.

[25] ROSA, Conrado Paulino da. *Curso de direito de família*. Salvador: JusPodivm, 2018. p. 386.

[26] GRISARD FILHO, Waldir. *Guarda compartilhada*: um novo modelo de responsabilidade parental. 3. ed. São Paulo: Revista dos Tribunais, 2005. p. 28.

A guarda dos filhos é, portanto, um atributo da autoridade parental e não pode ser confundida com esta, até porque quem detém o poder familiar nem sempre será guardião dos filhos, sendo plenamente possível que se transfira a guarda dos filhos para terceiro sem nenhuma implicação na autoridade parental, como ilustra o Professor Rolf Madaleno.[27]

Segundo Casabona, a origem etimológica[28] da palavra *guarda* encontra sua raiz no latim *guardare*, que significa proteger, conservar, sendo, então, o ato ou efeito de vigiar, proteger e amparar. Juridicamente, a define como "conjunto de direitos e obrigações que se estabelece entre um menor e seu guardião, visando o seu desenvolvimento pessoal e integração social".[29]

O Professor Conrado Paulino da Rosa[30] pontua que, quando se entrega algo que é valioso para alguém, utiliza-se a expressão "guarde bem isso". Assim, o que se encontra inserido no termo *guarda* é a necessidade de cuidado, atenção em relação a algo que necessita desse tratamento especial.

A guarda surge, então, como um direito-dever originário e natural dos pais, que representa a convivência com seus filhos e consiste no pressuposto que possibilita o exercício de todas as funções parentais concernentes ao poder familiar.[31]

Nos termos do art. 33 do Estatuto da Criança e do Adolescente, a guarda obriga a prestação de assistência material, moral e educacional à criança ou adolescente, conferindo ao seu detentor o direito de opor-se a terceiros, inclusive aos pais.

O Código Civil brasileiro apresenta duas modalidades de guarda de crianças e adolescentes a ser exercida pelos pais quando não existe o vínculo conjugal do par parental: guarda unilateral e compartilhada.[32]

2.2.1 Modalidades de guarda: unilateral e compartilhada

Segundo o art. 1.583, §1º do Código Civil, *guarda unilateral* é aquela atribuída a um só dos genitores ou alguém que o substitua. A normativa determina ainda que essa modalidade de guarda obriga o genitor que não a detenha a supervisionar os interesses dos filhos e estabelece, ainda, que qualquer dos genitores sempre será parte legítima para solicitar informações e/ou prestação de contas, objetivas ou subjetivas, em assuntos ou situações que direta ou indiretamente afetem a saúde física e psicológica e a educação de seus filhos (§5º do mesmo artigo do diploma legal).

No que diz respeito à guarda compartilhada, o Código Civil brasileiro a conceitua, no art. 1.583, como a responsabilização conjunta e o exercício de direitos e deveres do pai e da mãe que não vivam sob o mesmo teto, concernentes ao poder familiar dos filhos comuns.

---

27 MADALENO, Rafael; MADALENO, Rolf. *Guarda compartilhada*: física e jurídica. 4. ed. rev., atual. e ampl. São Paulo: Thomson Reuters, 2019. p. 41.

28 A etimologia é a disciplina que tem como função explicar as evoluções sucessivas das palavras remontando o mais longe possível no passado até chegar ao seu étimo – *Dicionário Michaelis*.

29 CASABONA, Marcial Barreto. *Guarda compartilhada*. São Paulo: Quartier Latin, 2006. p. 103.

30 ROSA, Conrado Paulino da. *Curso de direito de família*. Salvador: JusPodivm, 2018. p. 417.

31 GRISARD FILHO, Waldyr. *Guarda compartilhada*. 7. ed. São Paulo: Revista dos Tribunais, 2014. p. 59.

32 "Art. 1.583. A guarda será unilateral ou compartilhada".

O exercício conjunto da custódia considera a possibilidade de os pais seguirem exercendo suas funções parentais da mesma maneira como exercido quando coabitavam, repartindo as responsabilidades e decisões sobre a vida dos filhos.[33]

A aplicação dessa modalidade de guarda "é o modo de garantir, de forma efetiva a corresponsabilidade parental, a permanência da vinculação mais estrita e ampla participação destes na formação e educação do filho, a que simples visitação não dá espaço", como ensina Maria Berenice Dias.[34]

2.2.2 A imposição legal do compartilhamento da guarda

A modalidade de compartilhamento da guarda é recente no Brasil. Antes de 2008, havia apenas a modalidade de guarda unilateral no ordenamento jurídico brasileiro. Até então, o Código Civil previa que a guarda seria atribuída a quem revelasse melhores condições de exercê-la.[35]

Apenas em 2008, a guarda compartilhada surgiu pela primeira vez na legislação. Os arts. 1.583 e 1.584 do Código Civil foram alterados para constar expressamente a possibilidade de compartilhamento da guarda dos filhos. Além de trazer o conceito da guarda, ainda vigente, a alteração determinou que, quando não houvesse acordo entre pai e mãe sobre a guarda, a compartilhada seria aplicada sempre que possível.

O sempre que possível passou a gerar muitas dúvidas por parte dos operadores do direito. Sem parâmetros para a aplicação do critério, surgiam muitas dúvidas, como exemplo, se essa modalidade de guarda poderia ser aplicada em caso de conflito entre os genitores.

Com isso, surgiram também as decisões conflitantes, o que levou à alteração promovida em 2014, por meio da Lei nº 13.058, de 22.12.2014, que regulamentou a guarda compartilhada no ordenamento jurídico brasileiro, alterando os arts. 1.583 a 1.585 e 1.634, do Código Civil. A partir de então, a guarda compartilhada passou a ser regra mesmo no caso de conflito entre os genitores, desde que esses tivessem aptidão e vontade de exercê-la.[36]

A alteração promovida pela lei, vigente até os dias atuais, estabeleceu, ainda, que na modalidade de guarda compartilhada a cidade considerada base de moradia dos filhos será aquela que melhor atender aos seus interesses, porém não regulamentou a forma e tampouco as implicações dessa exigência.

A normativa determina ainda que, na guarda compartilhada, o tempo de convívio com os filhos deve ser dividido de forma equilibrada com a mãe e com o pai, sempre tendo em vista as condições fáticas e os interesses dos filhos.

Contudo, mesmo após a vigência da lei, surgiram decisões de não aplicação da guarda compartilhada, mesmo preenchidos os requisitos, motivo pelo qual o Conselho

---

[33] CARVALHO, Dimas Messias de. *Adoção e guarda*. Belo Horizonte: Del Rey, 2010. p. 71.

[34] DIAS, Maria Berenice. *Manual de direito das famílias*. São Paulo: Revista dos Tribunais, 2013. p. 454.

[35] "Art. 1.584. Decretada a separação judicial ou o divórcio, sem que haja entre as partes acordo quanto à guarda dos filhos, será ela atribuída a quem revelar melhores condições para exercê-la".

[36] "Art. 1584. [...] §2º Quando não houver acordo entre a mãe e o pai quanto à guarda do filho, encontrando-se ambos os genitores aptos a exercer o poder familiar, será aplicada a guarda compartilhada, salvo se um dos genitores declarar ao magistrado que não deseja a guarda do menor".

Nacional de Justiça – CNJ editou a Recomendação nº 25, de 24.8.2016, recomendando aos juízes das varas de família que, ao decidirem sobre a guarda dos filhos, ações de separação, de divórcio, de dissolução de união estável ou em medida cautelar, quando não houver acordo entre os ascendentes, considerem como regra a guarda compartilhada, em consonância ao estabelecido no Código Civil.

A recomendação determina ainda que os juízes justifiquem a impossibilidade de aplicação da guarda compartilhada quando decretarem a guarda unilateral, levando em consideração os critérios do §2º do art. 1.584 do Código Civil, quais sejam a aptidão e a vontade de exercer o compartilhamento da guarda.

2.3 Convivência familiar (o direito de visitas)

A convivência familiar ou o direito de visitas surge em apenas dois momentos no Código Civil. O art. 1.589 dispõe que o pai ou a mãe, em cuja guarda não estejam os filhos, poderá visitá-los e tê-los em sua companhia, segundo o que acordar com o outro cônjuge ou for fixado pelo juiz, bem como fiscalizar sua manutenção e educação.

O já mencionado §2º do art. 1.583 estabelece que, na modalidade de guarda compartilhada, o tempo de convívio com os filhos deve ser dividido de forma equilibrada, sempre tendo em vista as condições fáticas e os interesses destes.

Portanto, a convivência familiar ou o direito de visitas nada mais é do que o período em que cada genitor ou guardião passará com seus filhos, independentemente da modalidade de guarda a ser exercida. O instituto é, muitas vezes, confundido com a guarda compartilhada, que representa a gestão conjunta de seus interesses e não a quantidade de tempo de convívio, conforme já mencionado.

O direito de convivência é primordialmente um direito da criança ou do adolescente de conviver com ambos os seus pais de forma intensa, mesmo após a ruptura do vínculo conjugal, amparado pela Constituição Federal[37] e pelo Estatuto da Criança e do Adolescente.[38]

Quanto ao termo *visitas*, ainda muito utilizado, este encontra grande resistência doutrinária, pois remete a um modelo de convivência no qual um dos pais apenas "visita" o outro filho, não participando de sua vida de forma intensa e efetiva.

Para o Professor Rolf Madaleno,[39] a locução *de visitas* traduz uma relação de índole protocolar, mecânica, e se assemelha a uma tarefa a ser executada entre ascendente e filho, com as limitações de horário rígido e tenaz fiscalização.

Em complemento, o Professor Conrado Paulino da Rosa comenta que nesse modelo ultrapassado de visitas todos saem perdendo, pois criam-se pais recreativos ou de "*fast food*", que acabam desempenhando apenas a função de divertimento com os filhos,

---

[37] "Art. 227. É dever da família, da sociedade e do Estado assegurar à criança, ao adolescente e ao jovem, com absoluta prioridade, o direito à vida, à saúde, à alimentação, à educação, ao lazer, à profissionalização, à cultura, à dignidade, ao respeito, à liberdade e à convivência familiar e comunitária, além de colocá-los a salvo de toda forma de negligência, discriminação, exploração, violência, crueldade e opressão. (Redação dada Pela Emenda Constitucional nº 65, de 2010)".

[38] "Art. 19. É direito da criança e do adolescente ser criado e educado no seio de sua família e, excepcionalmente, em família substituta, assegurada a convivência familiar e comunitária, em ambiente que garanta seu desenvolvimento integral".

[39] MADALENO, Rolf. *Direito de família em pauta*. Porto Alegre: Livraria do Advogado, 2004. p. 86.

sobrando para o outro apenas a função de cobrança, prejudicando assim o filho, que acaba dividido entre os dois mundos e muitas vezes utilizado como objeto de disputa.[40]

2.3.1 A convivência familiar equilibrada na guarda compartilhada

Como já disposto, a guarda compartilhada não exclui a fixação do regime de convivência. Assim dispôs o Enunciado nº 605 da VII Jornada de Direito Civil, que apresenta como justificativa à necessidade da fixação de um regime de convivência o interesse dos filhos.[41]

O Código Civil (art. 1.583, §2º) estipula que o tempo de convivência dos filhos será "dividido de forma equilibrada entre mãe e pai". Nesta linha, a legislação determina que o juiz, para estabelecer as atribuições do pai e da mãe e os períodos de convivência na guarda compartilhada de ofício ou a requerimento do Ministério Público, poderá basear-se em orientação técnico-profissional ou de equipe interdisciplinar, que deverá visar à divisão equilibrada do tempo com o pai e com a mãe.

A divisão equilibrada a que se refere a lei não representa divisão matemática. Assim consignou o Enunciado nº 603 da VII Jornada de Direito Civil,[42] ao dispor que a distribuição do tempo de convívio na guarda compartilhada deverá atender precipuamente ao melhor interesse dos filhos, não devendo a divisão de forma equilibrada, a que alude o §2º do art. 1.583 do Código Civil, representar convivência livre ou, ao contrário, repartição de tempo matematicamente igualitária entre os pais.

Por conseguinte, temos que a regulamentação do período de convivência deve ser estabelecida até mesmo na modalidade de guarda compartilhada e, mesmo com a determinação legal de que deve ser equilibrada entre os guardiões, não significa que a divisão dessa convivência seja exata, devendo sempre atender aos interesses dos filhos.

---

40 ROSA, Conrado Paulino da. *Curso de direito de família*. Salvador: JusPodivm, 2018. p. 442.

41 Enunciado nº 605: "A Lei n. 13.058, de 22 de dezembro de 2014, modificou o §2º do art. 1.583 do Código Civil, para determinar que, na guarda compartilhada, deve ser dividido, de forma equilibrada, entre a mãe e o pai, o tempo de convívio com os filhos, sempre tendo em vista as condições fáticas e os interesses destes últimos. A nova determinação legal não diminui a importância da fixação do regime de visitas ou convivência para o atendimento do melhor interesse dos menores, principalmente os de pouca idade. Isso porque a determinação do período de convivência com cada um dos genitores permite a organização da rotina da criança, assim como a criação e o cumprimento das expectativas do menor. Respeitado o equilíbrio determinado pela lei, deve ser estabelecido, sempre que possível, um regime de convívio com dias e horários. Inclusive, tal definição poderá permitir a averiguação do cumprimento ou não do dever de visitas, tanto por parte do que partilha a residência com a menor, quanto daquele que tem outro endereço. Com essa interpretação, cumpre-se o art. 1.583 sem violação do art. 1.589, ambos do Código Civil".

42 Segundo a redação do §2º, do art. 1.583, do Código Civil, dada pela Lei nº 13.058/2014, o tempo de convívio dos pais com os filhos na guarda compartilhada deve ser equilibrado, tendo em vista o interesse dos filhos e as condições fáticas. Contudo, a interpretação do termo *equilibrado* deve ser feita tomando-se como base duas premissas: (i) a guarda compartilhada não implica, necessariamente, convivência familiar livre. A organização do cotidiano dos filhos – ou fixação das visitas, para utilizar termos mais tradicionais – é de suma relevância, a fim de se evitarem abusos no exercício da autoridade parental; (ii) no que tange a tal organização, a Lei nº 13.058/2014 deu nova redação ao §3º do art. 1.584, que facultou ao juiz basear-se em estudo técnico-profissional para se orientar quanto à convivência entre os pais, com vistas a uma divisão equilibrada do tempo dos filhos. Note-se que a lei não diz igualitária, pois, afinal, a arquitetura da rotina dos menores deverá seguir os seus interesses e não uma divisão que necessariamente deva ser equânime entre os pais. Prova de tal afirmativa é o comando que determina a fixação da moradia dos filhos, que deve ser norteada pelo interesse desses; se a divisão de tempo fosse obrigatoriamente igualitária, a moradia deveria ser fixada na casa de ambos, o que não é a orientação legal.

Tal diferenciação é de extrema importância para a elucidação do tema proposto, pois se a guarda compartilhada for tratada como convivência ou custódia física do filho, erroneamente, torna-se inviável a sua aplicação quando o convívio for exclusivamente ou majoritariamente virtual. Portanto, não há óbices para a aplicação da guarda compartilhada, que como já dito se refere ao compartilhamento de decisões, com a convivência regulamentada virtualmente.

3 A base de moradia

Reprisando-se o que já fora tratado, na aplicação da guarda compartilhada, temos que, de acordo com o Código Civil, art. 1.583 §2º, quando não houver acordo entre pai e mãe quanto à guarda do filho e ambos desejarem exercê-la, o juiz deve aplicar a guarda compartilhada.

Restou demonstrado também que nos casos de aplicação da guarda compartilhada pelo Judiciário, o juiz deverá ainda estabelecer um tempo de convívio de forma equilibrada entre o pai e a mãe, que é o regime de convivência.

Todavia, o Código Civil, ao tratar da guarda compartilhada, não traz qualquer menção à questão da designação do domicílio dos filhos, apenas determinando que deverá ser considerada como base de moradia dos menores a cidade que melhor atende aos interesses destes.

Para o Professor Conrado Paulino da Rosa, "o filho continua residindo com um dos genitores, vez que, ao contrário do que muitas pessoas imaginam, a Lei determina a fixação de uma base de residência, ou seja, um dos genitores terá o que até pouco tempo se chamava custódia física".[43]

Contudo, a questão é controversa. Outros estudiosos têm opinião diversa e consideram que na guarda compartilhada o domicílio é duplo, tendo em vista o período de convivência equilibrado entre os genitores, como exemplo, Maria Berenice Dias.[44]

Na opinião da autora, o dispositivo não impõe a fixação da residência do filho a um lar específico e não diz que a base de moradia precisa ser atribuída a somente um dos ascendentes, tão somente estabelece que a cidade-base de moradia dos filhos será aquela que melhor atende aos interesses destes.

A jurista sustenta ainda que a guarda compartilhada encerra não só a custódia legal, mas também a custódia física do filho, sendo a fixação do duplo domicílio consequência lógica. Desse modo, se for aplicado o compartilhamento da guarda, é desnecessário e até inconveniente o estabelecimento de uma base de moradia do filho, sob pena de se acabar alimentando o "desequilíbrio nas relações parentais além de reforçar o modelo hierarquizado de família, que a lei tenta evitar e que está mais do que na hora de acabar".[45]

---

43 ROSA, Conrado Paulino da. *Curso de direito de família*. Salvador: JusPodivm, 2018. p. 423.

44 DIAS, Maria Berenice. Guarda compartilhada flexibiliza convivência em benefício do filho. *Conjur*, 17 mar. 2018. Disponível em: https://www.conjur.com.br/2018-mar-17/maria-berenice-dias-guarda-compartilhada-beneficia-pais-filhos. Acesso em: 27 mar. 2020.

45 DIAS, Maria Berenice. Guarda compartilhada flexibiliza convivência em benefício do filho. *Conjur*, 17 mar. 2018. Disponível em: https://www.conjur.com.br/2018-mar-17/maria-berenice-dias-guarda-compartilhada-beneficia-pais-filhos. Acesso em: 27 mar. 2020.

Apesar de não ser pacífica a questão, certo é que a convivência familiar deve ser ajustada, e, no caso de guarda compartilhada, de forma equilibrada entre os genitores, havendo ou não a fixação de domicílio.

4 Utilização dos recursos tecnológicos como forma de efetivação da guarda e convivência filial

Após o estudo dos institutos do poder familiar, guarda e convivência, temos:

a) o exercício da guarda é uma das funções da autoridade parental;

b) a regra atual é a guarda compartilhada, desde que haja aptidão e vontade dos guardiões;

c) compartilhamento de guarda é a custódia jurídica, ou seja, a gestão conjunta da vida dos filhos, diferente do regime de convivência;

d) o regime de convivência deve ser sempre estabelecido, e, no caso da guarda compartilhada, o regime de convivência deve ser equilibrado, não necessariamente matemático.

Partindo destas premissas, passa-se à análise da utilização dos recursos tecnológicos como forma de efetivação da convivência entre pais e filhos.

A família virtual pode ser caracterizada como *provisória* ou *definitiva*. A primeira forma ocorre quando algum dos integrantes de uma entidade familiar afasta-se do convívio de forma temporária, como exemplo, para atender a algum compromisso profissional, ou, até mesmo, para o cuidado de algum parente enfermo. A segunda se daria por algum impedimento de convívio físico, como exemplo, pais e filhos que residem em cidades distantes, ou até mesmo por opção daquela família.[46]

No que tange às relações entre pais e filhos, além das formas de duração, apresenta-se a classificação da convivência virtual como *parcial ou total*. A parcial pode ser observada quando o pai ou a mãe utiliza a forma de comunicação virtual apenas como complementação da convivência física, como exemplo, nos casos em que durante a semana não é possível que o encontro seja físico. Já a *total* ocorre quando existe algum fato que impossibilite o encontro físico entre pais e filhos, como exemplo, quando residem em países diferentes ou, durante esse período de isolamento social por conta da pandemia, quando o encontro é arriscado, o que obriga a uma convivência integralmente por meio virtual.

Embora não conste expressamente na legislação pátria a possibilidade de se estabelecer a convivência familiar virtualmente, essa situação é plenamente possível, tanto nos casos de *guarda compartilhada*, quanto nos casos de *guarda unilateral*.

Com o afastamento do modelo de família patriarcal no Brasil, a participação efetiva dos homens na criação dos filhos vem progredindo e, com isso, o número de pedidos de guarda compartilhada.[47]

---

[46] ROSA, Conrado Paulino da. *iFamily*: um novo conceito de família? São Paulo: Saraiva, 2013.

[47] A realidade de ambas as famílias reflete um dado estatístico sobre o Brasil: o regime de guarda compartilhada vem aumentando desde 2014, quando foi sancionada a Lei nº 13.058, que prevê a aplicação dessa modalidade de guarda como prioritária nos casos em que ambos os genitores estejam aptos a exercer o poder familiar. No país, o número de registros de guarda compartilhada quase triplicou entre 2014 e 2017, passando de 7,5% dos casos de divórcio de casais com filhos menores para 20,9%, de acordo com as Estatísticas do Registro Civil, do IBGE (TALLMANN, Helena; ZASSO, José; MARTINS, Rita. Pais dividem responsabilidades na

Portanto, os Tribunais de todo o país vêm regulamentando, paulatinamente, a convivência virtual, seja parcial ou total, temporária ou permanente, como exemplo, o Tribunal de Justiça do Rio Grande Sul, que fixou a guarda compartilhada em um caso em que o genitor residia no exterior, e determinou a convivência com o filho via Skype ou outra forma de comunicação virtual e por imagem, às segundas-feiras, às 18h, por no mínimo 30 minutos.[48]

No julgamento do REsp nº 1.251.000/MG,[49] em decisão que fixou a guarda compartilhada em cidades distantes, a Ministra Nancy Andrighi corroborou esse entendimento ao dispor:

> a guarda compartilhada física (custódia física conjunta) é o ideal a ser buscado no estabelecimento da guarda, sujeita, contudo, às peculiaridades fáticas que envolvem pais e filhos, mas jamais sob o fundamento da distância entre as moradias dos pais, questão hoje minorada por diversos meios de comunicação, de modo instantâneo pela rede mundial de computadores (internet, e-mail, vídeo de imagem e som, Skype, Google Talk, celulares permitindo que pessoas se vejam enquanto falam, WhatsApp), disponibilizados como "visitas virtuais" ou "encontros online". Mesmo entre cidades ou países distantes pais e filhos podem manter uma adequada e frequente comunicação, assegurando presença contínua do pai na vida do filho, sem diminuição dos demais deveres que integram o rol dos atributos do poder familiar.

O Tribunal de Justiça do Rio Grande do Sul noticiou a suspensão das visitas físicas entre pai e filha, com menos de um ano de idade, enquanto houver a necessidade de isolamento social, por conta da pandemia causada pelo Coronavírus. A decisão regulamentou a convivência de forma eletrônica, por meio de aplicativo que permita a visualização por vídeo, duas vezes por semana, com duração mínima de 10 minutos.[50]

A análise também deve embasar-se nos critérios norteadores das relações que envolvem as crianças e adolescentes, quais sejam o melhor interesse destes, segundo o qual a efetivação dos seus direitos deve prevalecer sobre quaisquer outros,[51] o planejamento familiar,[52] a isonomia aplicada ao par parental.

---

guarda compartilhada dos filhos. *Agência IBGE*, 11 mar. 2019. Disponível em: https://agenciadenoticias.ibge.gov.br/agencia-noticias/2012-agencia-de-noticias/noticias/23931-pais-dividem-responsabilidades-na-guarda-compartilhada-dos-filhos).

48 TJ-RS. AC nº 70073823080. Rel. Luiz Felipe Brasil Santos, Oitava Câmara Cível, j. 2.8.2018, public. 10.8.2018.

49 STJ. REsp nº 1251000MG 2011/0084897. Rel. Min. Nancy Andrighi, Terceira Turma, j. 23.8.2011. *DJe*, 31 ago. 2011.

50 CAVALHEIRO, Patrícia da Cruz. Pai deve fazer visita virtual à filha durante a pandemia de Coronavírus. *Tribunal de Justiça do Estado do Rio Grande do Sul*, 13 abr. 2020. Disponível em: https://www.tjrs.jus.br/novo/noticia/pai-deve-fazer-visita-virtual-a-filha-durante-a-pandemia-de-coronavirus/.

51 O princípio do melhor interesse da criança encontra guarida na Constituição Federal e no Estatuto da Criança e do Adolescente. Constituição Federal: "Art. 227. É dever da família, da sociedade e do Estado assegurar à criança, ao adolescente e ao jovem, com absoluta prioridade, o direito à vida, à saúde, à alimentação, à educação, ao lazer, à profissionalização, à cultura, à dignidade, ao respeito, à liberdade e à convivência familiar e comunitária, além de colocá-los a salvo de toda forma de negligência, discriminação, exploração, violência, crueldade e opressão. [...] Art. 4º É dever da família, da comunidade, da sociedade em geral e do poder público assegurar, com absoluta prioridade, a efetivação dos direitos referentes à vida, à saúde, à alimentação, à educação, ao esporte, ao lazer, à profissionalização, à cultura, à dignidade, ao respeito, à liberdade e à convivência familiar e comunitária".

52 "Art. 226. A família, base da sociedade, tem especial proteção do Estado. [...] §7º Fundado nos princípios da dignidade da pessoa humana e da paternidade responsável, o planejamento familiar é livre decisão do casal, competindo ao Estado propiciar recursos educacionais e científicos para o exercício desse direito, vedada qualquer forma coercitiva por parte de instituições oficiais ou privadas".

A efetiva aplicação dos recursos tecnológicos como instrumento para a efetivação da guarda compartilhada e ampliação do regime de convivência vem ao encontro da igualdade parental, consagrada na Constituição Federal, no exercício de suas funções parentais, ao atendimento do melhor interesse dos filhos e a dignidade[53] dos indivíduos da entidade familiar, que constitui um fundamento do Estado Democrático de Direito.

Essa possibilidade também coaduna com o moderno conceito de família eudemonista ou instrumental, que privilegia a busca da felicidade e realização pessoal, na qual todos os indivíduos da família contribuem entre si para o seu crescimento,[54] incentivados pela sociedade e isonomia, em respeito mútuo e afeto constante.

Conclusão

As inúmeras modificações ocorridas nos últimos tempos na sociedade ocasionaram uma substancial transformação no conceito de família, que antes era revestido do aspecto patrimonial, passando a ser regido pelo afeto e pela promoção pessoal de todos os indivíduos que a compõe.

O enfraquecimento da família patriarcal e o ingresso da mulher no mercado de trabalho influenciaram diretamente a consagração da igualdade parental pela Constituição Federal de 1988 e, posteriormente, pelo Código Civil.

É notório que a equiparação dos cuidados com os filhos entre o pai e a mãe ainda não é uma realidade, tendo em vista que são as mulheres que ainda predominam no desempenho dos cuidados com a prole, mas essa realidade vem, paulatinamente, equilibrando-se, conforme demonstrado nas estatísticas apresentadas.

Como explicado, os institutos que regem as relações entre pais e filhos diferenciam-se da seguinte forma: o exercício da guarda é uma das atribuições da autoridade parental, quando os genitores não convivem, e pode se dar de forma unilateral ou compartilhada, enquanto a guarda compartilhada se refere à gestão conjunta da vida dos filhos, com a tomada de decisões em conjunto, e a convivência familiar se refere ao período de tempo que os pais conviverão com os filhos.

Desde a implementação da guarda compartilhada como regra no Brasil, vem ocorrendo o aumento gradual dessa modalidade de guarda nas ações judicias, e consequentemente um aumento de convivência dos pais com os filhos.

A utilização dos recursos tecnológicos nas relações familiares e filiais, especificamente no exercício da convivência familiar, já é uma realidade social, mais evidente ainda no período de pandemia, e cabe ao Estado, juntamente com a família e sociedade, promover a efetivação dessa convivência virtual, seja ela parcial ou total, permanente ou temporária.

A família *on-line*, ou *iFamily*, representa um novo conceito de família contemporânea, que pode se dar em qualquer uma das formas de família existentes, movida sempre pela afetividade, independentemente do espaço que ocupam.

---

[53] "Art. 1º A República Federativa do Brasil, formada pela união indissolúvel dos Estados e Municípios e do Distrito Federal, constitui-se em Estado Democrático de Direito e tem como fundamentos: I - a soberania; II - a cidadania; III - a dignidade da pessoa humana; [...]".

[54] GIORGIS, José Carlos Teixeira. *Direito de família contemporâneo*. Porto Alegre: Livraria do Advogado, 2010. p. 36 *apud* ROSA, Conrado Paulino da. *Guarda compartilhada coativa*. Salvador: JusPodivm, 2018. p. 43.

Certamente, a convivência virtual não representa a mesma participação que a física, sobretudo quando a criança possui tenra idade e ainda não possui cognição para interação, portanto o ideal a ser buscado ainda é a custódia física também conjunta, ou seja, a convivência presencial, porém se não for possível deve-se sim regulamentá-la de forma virtual, preferencialmente por meio de aplicativos de vídeo e por períodos determinados.

Em sede conclusiva, tem-se que a legislação e princípios acerca do tema amparam a regulamentação da convivência familiar por meio virtual, apesar de não abordarem especificamente. Propiciar o convívio da criança e adolescente com seus pais, independentemente de a modalidade de convívio ser física e/ou virtual, significa atender ao direito fundamental à convivência familiar, amparado pela Constituição e pelo Estatuto da Criança e do Adolescente.

Além disso, a efetiva aplicação dos recursos tecnológicos como instrumento para a ampliação do regime de convivência vem ao encontro da igualdade entre o homem e a mulher, no exercício de suas funções parentais, ao atendimento do melhor interesse dos filhos e à dignidade dos indivíduos da entidade familiar.

A utilização destes recursos encontra-se também em consonância com o livre planejamento familiar do casal, que proíbe qualquer tipo de coerção por parte das instituições públicas ou privadas, devendo o estado propiciar os recursos financeiros e educacionais para o pleno exercício desse direito, nos termos da legislação vigente.

Essa possibilidade também coaduna com o moderno conceito de família eudemonista ou instrumental, que privilegia a busca da felicidade e a realização pessoal, na qual todos os indivíduos da família contribuem entre si para o seu crescimento, incentivados pela sociedade e isonomia, em respeito mútuo e afeto constante.

Referências

AMIN, Andrea Rodrigues. Dos direitos fundamentais. *In*: MACIEL, Kátia Regina Ferreira Lobo Andrade (Org.). *Curso de direito da criança e do adolescente*: aspectos teóricos e práticos. Rio de Janeiro: Lumen Juris, 2006.

BATISTA, Silvio Neves. *Guarda compartilhada*. Recife: Bagaco, 2008.

BRASIL. *Código civil*. São Paulo: Saraiva, 1995.

BRASIL. *Constituição da República Federativa do Brasil de 1988*. Disponível em: http://www.planalto.gov.br/ccivil_03/constituicao/constituicao.htm. Acesso em: 10 abr. 2013.

BRASIL. Lei nº 8.069, de 13 de julho de 1990. Dispõe sobre o Estatuto da Criança e do Adolescente e dá outras providências. *DOU*, Brasília, 16 jul. 1990 (retificado em 27 set. 1990).

BRUNO, Denise Duarte. Guarda compartilhada. *Revista Brasileira de Direito de Família*, Porto Alegre, n. 12, 2002.

CARVALHO, Dimas Messias de. *Adoção e guarda*. Belo Horizonte: Del Rey, 2010.

CASABONA, Marcial Barreto. *Guarda compartilhada*. São Paulo: Quartier Latin, 2006.

CYSNE, Renata Nepomuceno e (Org.). *Intervenção estatal e comunitária nas famílias*: limites e possibilidades. Brasília: Trampolim, 2019.

DIAS, Maria Berenice. Guarda compartilhada dos pais e duplo domicílio dos filhos. *Migalhas*, 13 abr. 2018. Disponível em: https://www.migalhas.com.br/dePeso/16,MI278166,101048-Guarda+compartilhada+dos+pais+e+duplo+domicilio+dos+filhos. Acesso em: 20 jan. 2019.

DIAS, Maria Berenice. Guarda compartilhada flexibiliza convivência em benefício do filho. *Conjur*, 17 mar. 2018. Disponível em: https://www.conjur.com.br/2018-mar-17/maria-berenice-dias-guarda-compartilhada-beneficia-pais-filhos. Acesso em: 27 mar. 2020.

DIAS, Maria Berenice. *Manual de direito das famílias*. São Paulo: Revista dos Tribunais, 2013.

DINIZ, Maria Helena. *Curso de direito civil brasileiro*. 29. ed. São Paulo: Saraiva, 2012. v. 5.

DINIZ, Maria Helena. *Curso de direito civil brasileiro*: direito de família. 24. ed. São Paulo: Saraiva, 2009. v. 5.

ENTREVISTA Ana Florinda Dantas – Boletim IBDFAM. *IBDFAM – Instituto Brasileiro de Direito de Família*, 14 jul. 2016. Disponível em: http://ibdfam.org.br/noticias/6059/Entrevista+Ana+Florinda+Dantas+-+Boletim+IBDF%40M+443. Acesso em: 2 fev. 2019.

GRISARD FILHO, Waldir. *Guarda compartilhada*: um novo modelo de responsabilidade parental. 3. ed. São Paulo: Revista dos Tribunais, 2005.

GRISARD FILHO, Waldyr. *Guarda compartilhada*. 7. ed. São Paulo: Revista dos Tribunais, 2014.

LOBO, Paulo. *Famílias*. São Paulo: Saraiva, 2009.

MADALENO, Rafael; MADALENO, Rolf. *Guarda compartilhada*: física e jurídica. 4. ed. rev., atual. e ampl. São Paulo: Thomson Reuters, 2019.

MADALENO, Rolf. *Curso de direito de família*. 5. ed. Rio de Janeiro: Forense, 2013.

MADALENO, Rolf. *Direito de família em pauta*. Porto Alegre: Livraria do Advogado, 2004.

MADALENO, Rolf. *Novos horizontes no direito de família*. Rio de Janeiro: Forense, 2010.

PEREIRA, Caio Mário da Silva. *Instituições de direito civil*. 11. ed. Rio de Janeiro: Forense, [s.d.]. v. V.

PEREIRA, Tania da Silva. O princípio do melhor interesse da criança: da teoria à prática. *Revista Brasileira de Direito de Família*, Porto Alegre, v. 6 p. 31-49, jul./set. 2000.

RAMOS, Patricia Pimentel de Oliveira Chambers. *O poder familiar e a guarda compartilhada*. São Paulo: Saraiva, 2015.

ROSA, Conrado Paulino da. *Curso de direito de família*. Salvador: JusPodivm, 2018.

ROSA, Conrado Paulino da. *Guarda compartilhada coativa*. Salvador: JusPodivm, 2018.

ROSA, Conrado Paulino da. *iFamily*: um novo conceito de família? São Paulo: Saraiva, 2013.

SILVA, Ana Maria Milano. *Guarda compartilhada*. São Paulo: Editora de Direito, 2006.

TALLMANN, Helena; ZASSO, José; MARTINS, Rita. Pais dividem responsabilidades na guarda compartilhada dos filhos. *Agência IBGE*, 11 mar. 2019. Disponível em: https://agenciadenoticias.ibge.gov.br/agencia-noticias/2012-agencia-de-noticias/noticias/23931-pais-dividem-responsabilidades-na-guarda-compartilhada-dos-filhos.

TEPEDINO, Gustavo. A disciplina da guarda e a autoridade parental na ordem civil- constitucional. *In*: PEREIRA, Rodrigo da Cunha. (Coord.). *Anais IV Congresso Brasileiro de Direito de Família*. Belo Horizonte: Del Rey, 2004.

Informação bibliográfica deste texto, conforme a NBR 6023:2018 da Associação Brasileira de Normas Técnicas (ABNT):

SENNA, Ana Carolina Pires de Souza. Os impactos dos avanços tecnológicos nos institutos da guarda e convivência filial. *In*: EHRHARDT JÚNIOR, Marcos; CATALAN, Marcos; MALHEIROS, Pablo (Coord.). *Direito Civil e tecnologia*. Belo Horizonte: Fórum, 2020. p. 317-332. ISBN 978-65-5518-036-7.

TUTELA JURÍDICA DOS BENS DIGITAIS ANTE OS REGIMES DE BENS COMUNHEIROS

ANA CAROLINA BROCHADO TEIXEIRA

LIVIA TEIXEIRA LEAL

1 Transformações tecnológicas e seus reflexos sobre a concepção de propriedade

O desenvolvimento das tecnologias da informação[1] tem proporcionado significativas transformações sobre as relações humanas, sobretudo com a popularização do uso da internet como importante meio de comunicação.[2] A criação da *World Wide Web*, no início da década de 1990, permitiu que qualquer pessoa que tivesse um computador conectado à internet pudesse acessar o conteúdo constante na rede, viabilizando-se, com o advento da chamada *Web 2.0*,[3] a participação dos usuários de forma mais ativa, ou seja, também como criadores de conteúdo.

Nesse contexto, a rede foi, aos poucos, se tornando um *locus* de constituição e desenvolvimento de relações sociais e econômicas, acarretando o aumento do fluxo de informações entre os sujeitos e, também, o incremento da contratação pelo meio eletrônico. Além disso, a coexistência de conteúdos inseridos em momentos diversos e de

1 "As Tecnologias da Informação estão por trás de vários desenvolvimentos tecnológicos recentes: computadores, telefonia digital fixa, telefonia celular, etc. Seu maior impacto foi, no entanto, gerado pela conexão de computadores em rede. A Revolução das Tecnologias da Informação é também conhecida por outros nomes como, por exemplo, Revolução Digital, Revolução da Microeletrônica, e Revolução Informacional" (NICOLACI-DA-COSTA, Ana Maria. Revoluções tecnológicas e transformações subjetivas. *Psicologia: Teoria e Pesquisa*, v. 18 n. 2, p. 193-202, maio/ago. 2002).

2 Ressalta-se que a internet foi desenvolvida, inicialmente, com fins militares, sendo, posteriormente, popularizada no uso cotidiano. A respeito do tema, ver: LEMOS, André. *Cibercultura*: tecnologia e vida social na cultura contemporânea. 7. ed. Porto Alegre: Sulina, 2015. p. 116.

3 A chamada Web 2.0 corresponde a um segundo momento no desenvolvimento da internet, cuja marca principal seria o maior grau de participação dos usuários na produção e compartilhamento de conteúdos na rede, por meio de redes sociais ou sites de *upload* e *download* de arquivos. Sobre o tema, ver: O'REILLY, Tim. Web 2.0: compact definition?. *Radar O'Reilly*, 1 out. 2005. Disponível em: http://radar.oreilly.com/2005/10/web-20-compact-definition.html. Acesso em: 9 abr. 2020.

locais distintos no ambiente digital promoveu o redimensionamento da percepção de espaço-tempo, desafiando a normativa jurídica existente, elaborada sob a perspectiva analógica.[4]

Músicas, livros, fotos, documentos, jogos e até mesmo a moeda passaram a compor o ambiente digital e a serem compartilhados cotidianamente, modificando-se muitas vezes o suporte por meio do qual os indivíduos obtêm e armazenam esses conteúdos, sejam aqueles com relevância afetiva, sejam os que possuem expressiva valoração econômica.

As redes sociais, como o Orkut, o Facebook, o Instagram, o WhatsApp, entre outros, potencializaram esse compartilhamento, constituindo verdadeiras comunidades digitais, e viabilizaram a utilização dos perfis com finalidades diversas, seja com viés pessoal, seja com proposta comercial.

Ainda, diante de uma realidade cada vez mais fluida,[5] tem-se caminhado para uma cultura de *streaming*,[6] por meio da qual não há a aquisição do produto em si, mas sim da possibilidade de acessar diversos produtos contidos em uma plataforma, como ocorre no Netflix, Spotify e Kindle unlimited. Insta, nesse sentido, observar que tais aplicações viabilizam ao usuário o direito de acesso, não importando na transferência da titularidade sobre aquele conteúdo, de modo diverso da realidade analógica, na qual se adquiria o livro, o CD, o DVD físicos, exercendo o titular o domínio sobre esses bens.

Ademais, o crescimento da chamada economia do compartilhamento também indica uma mudança na forma como os indivíduos se relacionam com os bens, modificando-se a própria percepção a respeito da ideia de propriedade, a exemplo de aplicativos como o Uber, o Airbnb, e dos espaços de *coworking* e *coliving*,[7] que flexibilizam a concepção proprietária clássica, baseada na lógica exclusiva e absoluta.[8]

---

[4] Cita-se, a título de exemplo, os questionamentos jurídicos em torno do contrato eletrônico apontados por Anderson Schreiber: "Com efeito, a contratação eletrônica veio abalar, de um só golpe, cinco referências fundamentais utilizadas pela disciplina jurídica do contrato: quem contrata, onde contrata, quando contrata, como contrata e o quê contrata. Essas cinco questões eram respondidas de maneira relativamente segura nas contratações tradicionais e, por isso mesmo, eram tomadas como parâmetros pelo legislador e pelos tribunais para a determinação da solução jurídica aplicável" (SCHREIBER, Anderson. Contratos eletrônicos e consumo. *Revista Brasileira de Direito Civil – RBDCivil*, v. 1, jul./set. 2014. p. 91).

[5] BAUMAN, Zygmunt. *Modernidade líquida*. Tradução de Plínio Dentzien. Rio de Janeiro: Zahar, 2001.

[6] A 2ª Seção do Superior Tribunal de Justiça, ao analisar se a transmissão de músicas por meio da rede mediante o emprego da tecnologia *streaming* constituiria meio autônomo de uso de obra intelectual, caracterizando novo fato gerador de cobrança de direitos autorais, definiu o *streaming* como "a tecnologia que permite a transmissão de dados e informações, utilizando a rede de computadores, de modo contínuo", caracterizada "pelo envio de dados por meio de pacotes, sem a necessidade de que o usuário realize download dos arquivos a serem executados". No mesmo julgado, apontou-se que "O *streaming* é gênero que se subdivide em várias espécies, dentre as quais estão o *simulcasting* e o *webcasting*. Enquanto na primeira espécie há transmissão simultânea de determinado conteúdo por meio de canais de comunicação diferentes, na segunda, o conteúdo oferecido pelo provedor é transmitido pela internet, existindo a possibilidade ou não de intervenção do usuário na ordem de execução" (STJ, 2ª Seção. REsp nº 1.559.264/RJ. Rel. Min. Ricardo Villas Bôas Cueva, j. 8.2.2017. *DJe*, 15 fev. 2017).

[7] GUILHERMINO, Everilda Brandão. Acesso e compartilhamento: a nova base econômica e jurídica dos contratos e da propriedade. *Migalhas*, 23 set. 2019. Disponível em: https://www.migalhas.com.br/coluna/migalhas-contratuais/311569/acesso-e-compartilhamento-a-nova-base-economica-e-juridica-dos-contratos-e-da-propriedade. Acesso em: 20 abr. 2020.

[8] "O direito de propriedade é em si mesmo uno, tornamos a dizer. A condição normal da propriedade é a plenitude. A limitação, como toda restrição ao gozo ou exercício dos direitos, é excepcional. A propriedade, como expressão da senhoria sobre a coisa, é excludente de outra senhoria sobre a mesma coisa, é exclusiva: *plures eammdem rem in solidum possidere non possunt*. Só acidentalmente vige a copropriedade ou condomínio" (PEREIRA, Caio Mário da Silva. *Instituições de direito civil*: direitos reais. 26. ed. Atualização de Carlos Edison do Rêgo Monteiro Filho. Rio de Janeiro: Forense, 2018. v. IV. p. 77).

De outro lado, no âmbito jurídico, o movimento de constitucionalização do direito civil, permeado pela migração, para o âmbito privado, de princípios constitucionais, sob o manto da cláusula geral de tutela da dignidade da pessoa humana, constante no art. 1º, III da Constituição da República – conjunto normativo que acabou por transpor a pessoa humana para o centro do ordenamento jurídico – gerou um movimento de despatrimonialização do direito civil, promovendo a releitura dos três pilares do direito privado – propriedade, família e contrato.[9]

Nessa esteira, ressalta-se o papel da propriedade – e também da posse – não mais apenas a partir de uma perspectiva direcionada à preservação de interesses patrimoniais, mas também como instrumento para a proteção da pessoa humana,[10] sendo relevante para o sistema jurídico se o seu exercício em concreto se encontra em consonância com a sua função social[11] e se respeita e promove interesses existenciais.

Ademais, a aplicação das normas do Código Civil de 2002, elaborado sob a perspectiva analógica, às relações estabelecidas no mundo digital não pode desconsiderar as peculiaridades desse novo meio, sendo necessário, em alguns casos, um processo de releitura das normas civis para adaptá-las – na maior medida possível – às inovações tecnológicas, considerando, ademais, que mesmo aquelas atividades que ainda não sejam reguladas devem ser exercidas em conformidade com o sistema jurídico.[12]

Diante desse cenário, a análise jurídica a respeito dos denominados *bens digitais* deve considerar (i) que as transformações promovidas pelo desenvolvimento das novas tecnologias impactam de maneira geral a forma como os indivíduos se relacionam com os bens; (ii) que novas realidades se apresentam a partir do uso da internet e desafiam o intérprete quanto à aplicação das normas jurídicas elaboradas sob a perspectiva analógica às situações que se estabelecem no ambiente digital; e (iii) que a concepção clássica de posse e propriedade foi transformada para um viés de promoção da pessoa – sou seja, os bens estão a serviço da pessoa humana, e não o contrário.

A partir dessas reflexões, pretende-se, ao longo do presente estudo, analisar, inicialmente, os bens digitais, sua definição, características e regime jurídico, a fim de identificar como tais bens irão repercutir sobre a comunhão estabelecida entre os cônjuges ou companheiros por força dos regimes de bens.

---

9 "A racionalidade constituinte e reguladora do Estado cede passo para as razões da sociedade. Os três pilares de base do Direito Privado – propriedade, família e contrato – recebem uma nova leitura sob a centralidade da constituição da sociedade e alteram suas configurações, redirecionando-os de uma perspectiva fulcrada no patrimônio e na abstração para outra racionalidade que se baseia no valor da dignidade da pessoa. São os efeitos da constitucionalização em sentido amplo, vale dizer, formal, substancial e prospectiva, e que não se resume à incidência da Constituição e quer em sentido formal, quer em sentido substancial) nas relações subjetivas interprivadas" (FACHIN, Luiz Edson. *Direito civil*: sentidos, transformações e fim. Rio de Janeiro: Renovar, 2015. p. 51).

10 "Por outras palavras, no panorama constitucional, a propriedade privada deixa de atender apenas aos interesses proprietários, convertendo-se em instrumento para a proteção da pessoa humana, de tal sorte que o exercício do domínio há de respeitar e promover situações jurídicas subjetivas existenciais e sociais por ele atingidas. Consequentemente, os poderes concedidos ao proprietário só adquirem legitimidade na medida em que seu exercício concreto desempenhe função merecedora de tutela" (TEPEDINO, Gustavo; MONTEIRO FILHO, Carlos Edison do Rêgo; RENTERIA, Pablo. *Fundamentos do direito civil*: direitos reais. Rio de Janeiro: Forense, 2020. v. 5. p. 100).

11 Ao mesmo tempo em que o direito de propriedade é reconhecido pela Constituição da República de 1988, em seu art. 5º, inc. XXII, é ressaltado pelo Constituinte que a propriedade deve atender à sua função social (art. 5º, XXIII, da Carta Magna).

12 TEPEDINO, Gustavo. Liberdades, tecnologia e teoria da interpretação. *Revista Forense*, Rio de Janeiro, ano 110, v. 419, jan./jun. 2014.

2 Os bens digitais e suas peculiaridades

Como apontado, as transformações tecnológicas propiciaram formas diversas de relação do homem com os bens, tendo a internet permitido o desenvolvimento de novas relações jurídicas, permeadas pelas singularidades do ambiente digital.

A discussão a respeito da possibilidade ou não de partilha de bens digitais em decorrência da dissolução da sociedade conjugal envolve o enfrentamento de alguns problemas, com a definição e o estabelecimento de critérios para o enquadramento de um bem como bem digital, a possibilidade de quantificação econômica, ou seja, de conversão dos bens digitais em uma cifra econômica, a definição do regime jurídico aplicável, a determinação da titularidade, e, por fim, a possibilidade ou não de divisão de tais bens.

Deve-se lembrar, sob este aspecto, que classicamente se considera como *bens jurídicos* tanto aqueles de natureza patrimonial quanto aqueles que insuscetíveis de valoração econômica,[13] não sendo a materialidade ou a patrimonialidade elementos essenciais para a caracterização do que se compreende juridicamente como bem.[14]

Nesse sentido, tem-se vinculado a concepção de *bens digitais* à ideia de bens incorpóreos[15] existentes na internet, a exemplo da definição conferida por Bruno Zampier, que caracteriza tais bens como "bens incorpóreos, os quais são progressivamente inseridos na internet por um usuário, consistindo em informações de caráter pessoal que lhe trazem alguma utilidade, tenham ou não conteúdo econômico".[16]

Nesse sentido, os bens digitais podem ser configurados como todos aqueles conteúdos constantes na rede, passíveis ou não de valoração econômica, que proporcionem

---

[13] "São bens jurídicos, antes de tudo, os de natureza patrimonial. Tudo que se pode integrar no nosso patrimônio é um bem, e é objeto de direito subjetivo. São os bens econômicos. Mas não somente estes são objeto de direito. A ordem jurídica envolve ainda outros bens inestimáveis economicamente, ou insuscetíveis de se traduzirem por um valor pecuniário. Não recebendo, embora, esta valoração financeira, e por isso mesmo não integrando o patrimônio do sujeito, são suscetíveis de proteção legal. [...] Dizendo que são objeto dos direitos os bens jurídicos, empregamos a expressão em sentido amplo ou genérico, para compreender tudo que pode ser objeto da relação jurídica, sem distinção da materialidade ou da patrimonialidade" (PEREIRA, Caio Mário da Silva. *Instituições de direito civil*: introdução ao direito civil. Teoria geral do direito civil. 32. ed. Atualização de Maria Celina Bodin de Moraes. Rio de Janeiro: Forense, 2019. v. I. p. 341).

[14] Pietro Perlingieri aponta alguns aspectos referentes à teoria dos bens, assim sintetizados pelo próprio autor: "1) o bem jurídico é o objeto de uma situação subjetiva; 2) toda situação jurídica tem um bem como objeto; 3) os bens podem ser patrimoniais e não-patrimoniais (a patrimonialidade não é um caráter necessário do objeto do direito); 4) a teoria dos bens não requer o gozo exclusivo, já que podem ser concebidos bens a gozo necessariamente múltiplo por parte de uma multiplicidade de sujeitos; a teoria dos bens não corresponde nem à teoria do objeto do direito de propriedade nem àquela do objeto do direito subjetivo: é possível imaginar bens que não podem se encaixar nestas categorias, mas podem ser, legitimamente, objeto de outras situações subjetivas; 5) a individuação de um interesse merecedor de tutela – elevado portanto a situação subjetiva, com um correspondente bem – é realizada pelo ordenamento não apenas com base em regras, mas também com base em princípios [...]" (PERLINGIERI, Pietro. *Perfis do direito civil*. Introdução ao direito civil constitucional. 3. ed. Tradução de Maria Cristina De Cicco. Rio de Janeiro: Renovar, 2002. p. 237).

[15] "Constituem-se bens de natureza corpórea não só os objetos tangíveis, identificados no direito romano como aqueles que poderiam ser tocados com os dedos – *quae tangi possunt* –, mas os de qualquer modo perceptíveis sensorialmente, incluindo-se então a eletricidade, os gases, linhas de transmissão de energia e assim por diante. Por outro lado, configuram bens de natureza incorpórea aqueles que adquirem vida (jurídica) no mundo ideal ou espiritual, provindos por vez de valores essenciais à pessoa humana", incluídas "as criações intelectuais e artísticas, a imagem, o nome, a integridade psicofísica e demais emanações da personalidade. [...] Por outro lado, equiparam-se a tais bens de existência incorpórea os direitos, que podem igualmente se tornar objeto da relação jurídica, dependendo do centro de interesse a ser protegido" (TEPEDINO, Gustavo; OLIVA, Milena Donato. *Fundamentos do direito civil*: teoria geral do direito civil. Rio de Janeiro: Forense, 2020. v. 1. p. 186-187).

[16] LACERDA, Bruno Torquato Zampier. *Bens digitais*. Indaiatuba: Foco Jurídico, 2017. p. 74.

alguma utilidade para o seu titular. Assim, os perfis de redes sociais, os *e-books*, as contas de *e-mail*, jogos virtuais etc. poderiam ser enquadrados como bens digitais, sendo ou não suscetíveis de apreciação econômica.

Bruno Zampier distingue os bens digitais patrimoniais dos bens digitais existenciais, apontando que os bens digitais patrimoniais consistiriam em "manifestações da existência de interesses patrimoniais de seus titulares no ambiente virtual", incluindo filmes, músicas, livros, moedas digitais etc., e atraindo a tutela jurídica relativa ao direito de propriedade.[17] Por outro lado, os bens digitais existenciais corresponderiam àquelas informações capazes de gerar repercussões extrapatrimoniais, atraindo a tutela direcionada aos direitos da personalidade, havendo, ainda, aqueles que conteriam ambos os aspectos – os bens digitais patrimoniais-existenciais.[18]

Nessa esteira, têm-se reconhecido três categorias centrais de bens digitais: (i) os bens digitais patrimoniais; (ii) os bens digitais existenciais; e (iii) os bens digitais híbridos, devendo-se considerar que o enquadramento em uma ou outra categoria demanda uma análise acerca da função que o bem desempenha na relação jurídica,[19] o que vai impactar também na determinação da titularidade sobre o bem e sobre a possibilidade ou não de divisão de tais bens, a partir da possibilidade de quantificação econômica.

Assim, a definição do regime jurídico aplicável irá depender da identificação da funcionalidade relacionada ao bem, lógica, inclusive, que vem sendo proposta no debate em torno da herança digital, quanto à possibilidade ou não de transmissão a título sucessório de bens digitais.[20]

No que tange à sucessão de bens digitais, a doutrina diverge entre a transmissão de todos os conteúdos como regra, exceto na existência de manifestação de vontade do próprio usuário em vida em sentido diverso,[21] e a intransmissibilidade de alguns conteúdos nos casos em que a transmissão sucessória acarretar a violação a direitos da personalidade.[22]

---

17 LACERDA, Bruno Torquato Zampier. *Bens digitais*. Indaiatuba: Foco Jurídico, 2017. p. 75.

18 LACERDA, Bruno Torquato Zampier. *Bens digitais*. Indaiatuba: Foco Jurídico, 2017. p. 111-112.

19 "Vê-se, portanto, que a noção de bens jurídicos, embora se situe na estrutura da relação jurídica, só poderá ser compreendida de acordo com a função desempenhada pela situação jurídica que serve de objeto. Mostram-se, por isso mesmo, ociosos e passíveis de críticas os longos elencos de bens jurídicos descritos pela manualística, em abordagem penosa e meramente estrutural. O significado do bem jurídico depende essencialmente do interesse que o qualifica e sua classificação há de ser apreendida na esteira da função que o bem desempenha na relação jurídica" (TEPEDINO, Gustavo; OLIVA, Milena Donato. *Fundamentos do direito civil*: teoria geral do direito civil. Rio de Janeiro: Forense, 2020. v. 1. p. 181).

20 "Assim, em relação a páginas e contas protegidas por senha, deve-se verificar o caráter do conteúdo ali contido e a funcionalidade da aplicação. Tratando-se de aplicações com fundo estritamente patrimonial, como contas de instituições financeiras, ou ligadas a criptomoedas, por exemplo, a conta e a senha poderiam ser transferidas para os herdeiros. Contudo, em relação a aplicações de caráter pessoal e privado, como é o caso de perfis de redes sociais e dos aplicativos de conversas privadas, não se deve permitir, a princípio, o acesso dos familiares, exceto em situações excepcionalíssimas, diante de um interesse existencial que prepondere no caso concreto. Nesses casos, a senha vai proteger os dados recebidos, enviados e armazenados pelo usuário, inclusive em face do acesso indevido pelos familiares após a morte" (LEAL, Livia Teixeira. Internet e morte do usuário: a necessária superação do paradigma da herança digital. *Revista Brasileira de Direito Civil – RBDCivil*, Belo Horizonte, v. 16, p. 181-197, abr./jun. 2018. p. 195).

21 MENDES, Laura Schertel Ferreira; FRITZ, Karina Nunes. Case Report: Corte alemã reconhece a transmissibilidade da herança digital. *RDU*, Porto Alegre, v. 15, n. 85, 2019.

22 LEAL, Livia Teixeira. *Internet e morte do usuário*: propostas para o tratamento jurídico post mortem do conteúdo inserido na rede. Rio de Janeiro: GZ, 2018; FROTA, Pablo Malheiros da Cunha; AGUIRRE, João Ricardo Brandão Aguirre; PEIXOTO, Maurício Muriack de Fernandes e. Transmissibilidade do acervo digital de quem falece: efeitos dos direitos da personalidade projetados post mortem. *Constituição, Economia e Desenvolvimento: Revista da Academia Brasileira de Direito Constitucional*, Curitiba, v. 10, n. 19, p. 564-607, 2018; HONORATO, Gabriel;

No âmbito do segundo entendimento, a regra geral do direito sucessório seria aplicável aos bens com característica patrimonial, como nos casos de moedas digitais e de milhas aéreas, por exemplo, restando afastada, contudo, diante da necessidade de preservação da privacidade do falecido ou dos terceiros que com ele se comunicaram, a exemplo das contas do WhatsApp e de *e-mails* e também de perfis pessoais de redes sociais que possuam viés personalíssimo.

Todavia, ao contrário da herança digital, não se tem notícia de que os termos de uso dos provedores contenham previsões a respeito de eventual partilha da conta por força do regime de bens adotado pelo titular, o que torna o tema objeto deste estudo ainda mais desafiador sob alguns aspectos, sobretudo diante da ausência de previsão legislativa específica quanto às consequências da dissolução da sociedade conjugal ou da união estável sobre os bens digitais.

Nesse cenário, na sequência, serão apresentadas algumas reflexões e proposições relativas aos possíveis direcionamentos para a temática atinente à possibilidade ou não de partilha de bens digitais ante os regimes de bens comunheiros.

3 A (im)possibilidade de partilha dos bens digitais

A disciplina dos regimes de bens pode-se dizer clássica. No ordenamento jurídico brasileiro, sofreu poucas modificações na história legislativa, principalmente em relação aos regimes mais usuais.

Desde o Código Civil de 1916 – como acontece no Código atual – é a parte do casamento que se refere ao estatuto patrimonial que regerá as regras econômicas entre cônjuges e destes para com terceiros, tem natureza de negócio jurídico, de sorte que cabe aos nubentes a livre escolha do seu regime de bens, entre aqueles previstos em lei ou fruto do livre pacto entre as partes.

No Código Civil de 1916, o regime de bens era imutável, ou seja, uma vez feita a opção pelo regime ao casar, não era possível modificá-lo no curso do relacionamento. Além disso, o regime legal – ou seja, o supletivo, o qual se implementava como regra geral na ausência de manifestação das partes em sentido diverso – era o da comunhão universal, regime que era mais coerente com a sociedade da época, na qual a divisão sexual do trabalho impunha que a mulher não trabalhasse fora dos limites domésticos, razão pela qual tinha dificuldades para produzir renda e construir o patrimônio durante sua vida. De acordo com esse regime, comunicavam-se os bens anteriores ao casamento, bem como aqueles adquiridos durante o matrimônio, seja gratuita ou onerosamente.

Tal situação perdurou até o advento da Lei nº 6.515/77, que inaugurou a possibilidade do divórcio no Brasil. Junto com essa substancial mudança legislativa, determinou que o regime legal passasse a ser o da comunhão parcial de bens, o qual privilegiava os esforços dos cônjuges para a edificação patrimonial na constância do casamento. O Código de 1916 também previa regras para o regime da separação total de bens, o qual, por sua vez, tinha controvérsias em sua interpretação.[23] O regime dotal também estava

---

LEAL, Livia Teixeira. Exploração econômica de perfis de pessoas falecidas: reflexões jurídicas a partir do caso Gugu Liberato. *Revista Brasileira de Direito Civil – RBDCivil*, Belo Horizonte, v. 23, p. 155-173, jan./mar. 2020.

[23] Sobre as controvérsias, seja consentido remeter ao nosso: RETTORE, Anna Cristina de Carvalho; TEIXEIRA, Ana Carolina Brochado. Divergências doutrinárias e jurisprudenciais no direito sucessório: a sucessão do cônjuge no

previsto no antigo Código, por meio da constituição de dote pela mulher ou seus ascendentes, cujos bens deviam estar descritos na escritura pública de pacto antenupcial.

No Código Civil de 2002,[24] houve uma flexibilização da rigidez das regras dos regimes de bens, a começar pela possibilidade de mudança durante o casamento, se atendidos certos requisitos, como pedido motivado feito pelo casal em procedimento de jurisdição voluntária, além de preservar os direitos de terceiros. Ou seja, se as condições fáticas do casal se modificarem, é possível uma renegociação dos termos do contrato patrimonial, para que ele se adeque aos novos anseios dos cônjuges, sendo uma forma de promover a comunhão de vida.

Nesse Código, o regime legal continua o da comunhão parcial de bens. Além desse, foram mantidos os regimes da comunhão universal e separação total de bens, sendo que, no caso deste último, sendo o regime convencional, fruto de pacto antenupcial ou de opção feita em ação de modificação do regime de bens, o patrimônio fica de fato separado segundo sua titularidade. A novidade é a previsão do regime da participação final nos aquestos, regime híbrido que determina a regra da separação de bens durante o casamento e, ao final, uma análise dos aquestos adquiridos por cada um para a partilha da diferença, em regime de compensações.

Não há, em nenhum dispositivo do Código Civil, qualquer menção à comunicabilidade ou não dos bens digitais. Além de se tratar de tema novo, carece de regulamentação mais detalhada. Por outro lado, como já se mencionou, a disciplina dos regimes de bens está desatualizada perante novos fenômenos jurídicos. Um exemplo que serve à reflexão são as regras das outorgas conjugais, que têm como finalidade a proteção do patrimônio comunicável contra a alienação por apenas um dos cônjuges, sendo necessário que o casal esteja de acordo com esse ato jurídico, para então efetivar o princípio da igualdade substancial.[25] Diante da relevância de certos negócios jurídicos para a vida econômica do casal, justifica-se uma restrição à autonomia de um dos cônjuges quanto à administração e alienação dos bens, em face do impacto que o decréscimo patrimonial pode gerar na vida do casal.

As hipóteses determinantes da outorga são taxativas, ou seja, apenas nos casos especificados no art. 1.647 do Código Civil é necessário que ambos os cônjuges autorizem em conjunto a prática dos seguintes atos jurídicos: alienar ou gravar de ônus real os bens imóveis, pleitear, como autor ou réu, acerca desses bens ou direitos, prestar fiança ou aval, fazer doação, não sendo remuneratória, de bens comuns, ou dos que possam integrar futura meação.

Note-se a necessidade de uma revisão nessa disciplina, tendo em vista que hoje há muitos bens que podem valer mais do que os imóveis (os bens de raiz sempre foram

---

regime da separação convencional de bens e a sua concorrência com descendentes nos casos de filiação híbrida. Parecer. *Revista Brasileira de Direito Civil – RBDCivil*, v. 5, jul./set. 2015. p. 122-124.

24 Para uma análise mais minuciosa dos regimes de bens e suas peculiaridades, seja consentido remeter ao capítulo III de TEPEDINO, Gustavo; TEIXEIRA, Ana Carolina Brochado. *Fundamentos do direito civil*: direito de família. Rio de Janeiro: Forense, 2020. v. 6.

25 "Não obstante a estrutura da outorga conjugal tenha fonte na proteção das mulheres em relação matrimonial, sua atual qualificação se amplia para adotar uma função harmônica ao sistema constitucional. Nesse trilhar, é possível afirmar que a função da outorga uxória seria resguardar mínimo existencial patrimonial da família em face dos intercâmbios de obrigações assumidas apenas por um dos cônjuges e, quando exigida, será considerada requisito de validade" (MATOS, Ana Carla Harmatiuk; PEREIRA, Jacqueline Lopes. Outorga conjugal e aval no casamento. *Revista Brasileira de Direito Civil – RBDCivil*, Belo Horizonte, v. 18, p. 107, out./dez. 2018. p. 103-123).

tidos tradicionalmente como mais valiosos)[26] – por exemplo, automóveis de diversas marcas como Ferrari, aplicativos como Facebook, entre outros – que embora não se tratem de imóveis, podem impactar muito mais o patrimônio familiar do que a prática de atos previstos como necessários à outorga conjugal.

Nesse contexto, é necessário se refletir sobre a comunicabilidade ou não dos bens digitais, tendo em vista que na disciplina dos regimes no Código Civil não há nenhuma previsão sobre o tema, sendo necessário se perscrutar a natureza jurídica dos bens digitais, conjugando-a com a *ratio* dos regimes comunheiros, quais sejam, comunhão universal, parcial, além do regime da participação final nos aquestos e de algum outro regime híbrido que eventualmente os cônjuges pactuarem.

Para melhor analisar a questão, principia-se por se verificar qual a função desempenhada pelo bem digital: existencial, patrimonial ou híbrida.[27] *A priori*, o perfil funcional é o mais importante a ser verificado para qualificar a situação jurídica pois busca-se o concreto papel desempenhado pela situação no âmbito das relações sociojurídicas.[28] Assim, é preciso analisar o contexto em que o bem digital se insere naquela família, para qualificá-lo adequadamente e, então, verificar se ele é ou não partilhável, segundo os critérios que ora se propõe, a fim de se evitar a patrimonialização das situações existenciais.[29]

As situações existenciais são aquelas que tutelam de forma direta a dignidade da pessoa humana e o livre desenvolvimento da personalidade, não apenas da pessoa como núcleo isolado, mas inserida na sociedade, em determinado contexto; têm como escopo a concretização de direitos da personalidade segundo o projeto de vida eleito por cada um. Já as patrimoniais realizam a livre iniciativa como elemento fundante da

---

[26] Como já apontado, a doutrina tem refletido sobre o modelo proprietário que analisa as mudanças sociais de vínculo da pessoa com os bens, inclusive os imóveis: "E nada mais significativo para demonstrar essa ruptura do modelo proprietário do que os contratos já ofertados pelo mercado imobiliário: o modelo que ressignifica o desejo da 'casa própria', elemento marcante na cultura do brasileiro. Os novos contratos propõem uma moradia onde a prioridade seja a qualidade de vida, representada pela proximidade entre casa e trabalho, eliminação de horas de trânsito, e acesso a uma estrutura de qualidade que o morador não teria em uma casa própria, especialmente com financiamentos de uma vida inteira. Tudo isso a partir de um modelo compartilhado de moradia" (GUILHERMINO, Everilda Brandão. Acesso e compartilhamento: a nova base econômica e jurídica dos contratos e da propriedade. *Migalhas*, 23 set. 2019. Disponível em: https://www.migalhas.com.br/coluna/migalhas-contratuais/311569/acesso-e-compartilhamento-a-nova-base-economica-e-juridica-dos-contratos-e-da-propriedade. Acesso em: 20 abr. 2020).

[27] Aprofundamos os requisitos para essa classificação e separação em KONDER, Carlos Nelson; TEIXEIRA, Ana Carolina Brochado. Situações jurídicas dúplices: controvérsias na nebulosa fronteira entre patrimonialidade e extrapatrimonialidade. *In*: TEPEDINO, Gustavo; FACHIN, Luiz Edson. *Diálogos sobre direito civil*. Rio de Janeiro: Renovar, 2012. v. III. p. 3-24. Esse artigo foi atualizado com a análise de novas situações jurídicas em KONDER, Carlos Nelson; TEIXEIRA, Ana Carolina Brochado. Situações jurídicas dúplices: controvérsias na nebulosa fronteira entre patrimonialidade e extrapatrimonialidade. *In*: RODRIGUES, Renata de Lima; TEIXEIRA, Ana Carolina Brochado. *Contratos, família e sucessões*. Diálogos interdisciplinares. Indaiatuba: Foco, 2019. p. 135-160.

[28] PERLINGIERI, Pietro. *Il diritto civile nella legalità costituzionale*. 3. ed. Napoli: ESI, 2006. t. II. p. 633.

[29] "Embora o perfil do interesse e de efeito sejam também importantes para se refletir acerca da normativa aplicável a cada situação, hoje o perfil funcional é o mais relevante nessa distinção, pois utiliza do recorte fático para se refletir sobre a específica função daquela situação no ordenamento jurídico, com todas as circunstâncias que a o caso determina, através de um profícuo diálogo entre norma e a realidade, de modo que este é o ponto de partida para a qualificação da situação jurídica subjetiva. A ideia fundamental é que a função pode acompanhar as mudanças da sociedade, sendo, portanto, um conceito contextual e socialmente construído" (KONDER, Carlos Nelson; TEIXEIRA, Ana Carolina Brochado. Situações jurídicas dúplices: controvérsias na nebulosa fronteira entre patrimonialidade e extrapatrimonialidade. *In*: RODRIGUES, Renata de Lima; TEIXEIRA, Ana Carolina Brochado. *Contratos, família e sucessões*. Diálogos interdisciplinares. Indaiatuba: Foco, 2019. p. 140).

ordem econômica – e, assim, acabam por ter uma função social – e se concretizam, na maioria das vezes, por meio do contrato e da propriedade.

> A distinção se faz necessária tendo em vista a instrumentalidade indireta das situações patrimoniais à concretização da dignidade, pois seu principal objetivo é a realização de uma função social; prioritariamente, elas estão a serviço da coletividade, tornando-se inevitável a conformação da autonomia privada ao imperativo da solidariedade. Situação diferente ocorre nas situações jurídicas existenciais, cujo objetivo é a realização direta da dignidade, conforme as próprias aspirações, valores e *modus vivendi*; enfim, têm como função imanente a livre realização da personalidade, segundo o próprio projeto de vida que a pessoa construiu para si. Podemos sintetizar que as situações patrimoniais têm função social e as existenciais, apenas função pessoal – se é que podemos atribuir a elas algum tipo de função.[30]

Nesse sentido, faz-se importante a verificação concreta da função de determinado bem no estatuto patrimonial dos cônjuges. Assim, se o bem exerce uma função de realização direta da dignidade humana, ele pode ser caracterizado como um bem existencial; de outro lado, se gera proveito econômico, ele se configura como bem patrimonial; e, em casos híbridos, deve-se verificar a função exercida pelo bem na situação específica do casal para, então, definir seu enquadramento e a viabilidade ou não de partilha.

A fim de estabelecer critérios funcionais para definir se os bens digitais são comuns ou particulares, sugerem-se os seguintes parâmetros:

(i) Se o bem digital desempenhar função existencial, independentemente do regime de casamento, ele é particular. Serve como exemplo um perfil em rede social em que um dos cônjuges posta fotos de alguns momentos da sua vida e/ou de sua família e retrata sua história pessoal/familiar, servindo como registro de suas memórias. É claro seu caráter personalíssimo; embora as postagens de cunho familiar abranjam aspectos existenciais do outro cônjuge, o objetivo principal é um registro pessoal e os aspectos de terceiros são coadjuvantes e compõem o cenário da caracterização da vida do titular do perfil. Nesse caso, não teria sentido se pensar na partilha desse bem, que funciona como um diário ou livro de recordações. Se o bem é particular, não é objeto de partilha em nenhum dos regimes de bens.

Situação que merece uma referência especial são os perfis em redes sociais pertencentes ao casal, não se tratando de perfil individual, como narrado na hipótese anterior. Nesse caso, a titularidade é de ambos, de modo que a) o casal continua com o perfil, caso entenda que seu objeto ultrapassa a conjugalidade, tendo ambos a administração do perfil, exceto se houver ajuste entre as partes em sentido contrário; ou b) o perfil é extinto.

(ii) Se o bem digital tiver funcionalidade patrimonial, é comum ao casal e, por consequência, são atendidas as regras de comunicabilidade dos regimes

30 KONDER, Carlos Nelson; TEIXEIRA, Ana Carolina Brochado. Situações jurídicas dúplices: controvérsias na nebulosa fronteira entre patrimonialidade e extrapatrimonialidade. *In*: RODRIGUES, Renata de Lima; TEIXEIRA, Ana Carolina Brochado. *Contratos, família e sucessões*. Diálogos interdisciplinares. Indaiatuba: Foco, 2019. p. 141.

comunheiros (data e forma de aquisição), fica sujeito à partilha. Verifica-se se desempenha uma função patrimonial quando for passível de mensuração econômica e/ou ter proveito econômico, gerando lucro para os cônjuges/companheiros. Se se tratar de *sites* que são *e-commerce*, por exemplo, está-se diante de um bem que produz renda e é passível de partilha, raciocínio que se aplica a moedas virtuais (tais como *bitcoins*, criptomoedas)[31] e instrumentos financeiros que circulam eletronicamente, aplicativos, milhas e cupons eletrônicos.

Em relação ao modo de se fazer a partilha, é necessário se averiguar a possibilidade de que a partilha seja realizada em substância (por meio da divisão do próprio bem) ou por indenização da meação correspondente. As moedas virtuais e milhas são exemplos de bens que comportam partilha em substância: basta verificar a quantidade desses itens e dividi-los para cada um dos cônjuges/companheiros que ela estará feita.

Há outros, no entanto, que não são passíveis de partilha do bem propriamente dito, como é o caso de *sites* e aplicativos. Nesse caso, na ausência das normas específicas e de um acordo, sugere-se algumas diretrizes hermenêuticas:

a) Caso algum dos cônjuges tenha uma ligação direta com o bem, por exemplo, se é programador e tiver a propriedade intelectual do *site*, ele teria a preferência para permanecer com o bem. Nessa hipótese, é necessário fazer sua avaliação econômica para indenizar aquele que não tem essa ligação tão direta com o patrimônio. Pode-se adotar como parâmetro interpretativo o que dispõe o direito societário, para as hipóteses em que as quotas sociais forem comunicáveis, mas o cônjuge não seja sócio direto da sociedade, pois não tem *affectio* com os demais sócios. Nesse caso, ele tem direito à indenização relativa ao correspondente financeiro de 50% (cinquenta por cento) do valor da quota, além de poder perceber os lucros/frutos que o bem comum gera até a efetiva partilha de bens, como se verifica do art. 1.027 do Código Civil. Assim, uma vez avaliado, o cônjuge que permanecerá titular do bem digital indenizará o outro por sua meação.
b) Se os cônjuges tiverem igual vínculo com o bem, (i) eles podem continuar com o patrimônio em condomínio; mas, se não mais desejarem a manutenção de vínculos, (ii) devem avaliá-lo para que um adquira a parte do outro (direito de preferência), ou (iii) devem alienar o bem, seguindo as regras previstas para o condomínio, depois de decretada a partilha ideal do bem (Capítulo VI do Título III do Livro III do Código Civil).

---

[31] "Alguns entendem que as moedas virtuais são uma divisa financeira, uma forma de dinheiro ou moeda, e outros já o reconhecem como um valor mobiliário, uma espécie de direitos sobre as commodities, ações do mercado de capitais ou ouro virtual. Independente da natureza das moedas virtuais, o fato é que ela possui um valor econômico e está sendo usada como uma forma de armazenamento de riqueza e assim pode ser objeto de uma eventual partilha de bens. As moedas virtuais foram desenvolvidas a partir da vontade de se realizar transações no ambiente virtual sem a necessidade de um terceiro intermediário, tais como, bancos comerciais e operadoras de cartão de créditos, assim como desenvolver uma moeda livre de políticas monetárias e de interferência pelos bancos centrais" (GOUVEA NETO, Flavio de Freitas. Moedas virtuais e seu impacto no direito de família e sucessões. *Jota*, 2 mar. 2018. Disponível em: https://www.jota.info/opiniao-e-analise/artigos/moedas-virtuais-e-seu-impacto-no-direito-de-familia-e-sucessoes-02032018. Acesso em: 21 abr. 2020). No caso específico das moedas virtuais, pode haver algumas dificuldades na partilha, em razão da natureza muitas vezes anônima e alta volatilidade, sendo às vezes difícil se mensurar o valor a ser dividido.

iii) Caso o bem digital tenha uma funcionalidade híbrida ou dúplice – existencial e patrimonial – deve-se verificar na situação específica o que prepondera. No entanto, a funcionalidade dúplice implica se analisar a partilha apenas das repercussões patrimoniais do bem. Assim, no caso de um perfil de um *digital influencer* que preencha os requisitos de data e forma de aquisição para comunicabilidade exigidos pelo regime de bens, por exemplo, que tenha um número significativo de seguidores e que possa ser monetizado, deve-se resguardar o aspecto existencial ali contido, o que impede na prática a partilha do perfil em si, mas, quanto ao aspecto patrimonial, referente aos rendimentos originados daquela página, deve ser reconhecido o direito à meação, seguindo-se a lógica aplicável aos frutos (art. 1.660, V, do Código Civil).

Além dessas reflexões, também deve-se ter em mente como critério os bens que repercutem na esfera jurídica de terceiros, cujos interesses precisam ser resguardados, como é o caso de lista de contatos/relacionamento e carteira de clientes. Nesse caso, a privacidade de terceiros deve ser necessariamente garantida, sob pena de se violar seus interesses e cometer danos. Assim, na hipótese de o bem digital ser partilhável, a solução é fazer a avaliação econômica do bem, para que um dos cônjuges seja indenizado em sua meação, tendo preferência para ficar com o bem aquele que tiver uma ligação mais direta com o patrimônio, isto é, trabalhe diretamente com o bem, tenha construído a carteira de relacionamento, seja referência pessoal para os clientes.

Ademais, apesar de não se referir propriamente à discussão atinente à partilha de bens digitais, importa ressaltar que a relação entre o usuário e o provedor configura relação de consumo, tratando-se de contrato de adesão, cujas cláusulas devem ser interpretadas em favor do aderente vulnerável, conforme dispõe o art. 423 do Código Civil[32] e o art. 47 do Código de Defesa do Consumidor – CDC.[33] Deve, ainda, na mesma esteira, ser regularmente observado pelo provedor o dever de informação constante no art. 6º, III, do CDC, cujo descumprimento pode acarretar o afastamento de cláusulas constantes nos termos de serviço.

Assim, no caso de *e-books*, músicas e filmes que sejam oferecidos em sistema de acesso, e não de propriedade, deve o consumidor ser informado adequadamente de que não está adquirido o domínio sobre o produto, mas sim que está contratando uma licença de uso, sob pena de controle judicial da cláusula prevista pelos termos de uso em desacordo com o regramento protetivo.

Nesse cenário, as contas vinculadas a aplicativos como Netflix, Spotify, Kindle etc. não são passíveis de partilha, já que, como regra, apenas geram o direito de acesso por parte do usuário, inviabilizando a lógica de divisão patrimonial, inclusive no que tange aos regimes de bens.

Sem a pretensão de esgotar o tema, as reflexões e proposições aqui apresentadas têm por objetivo lançar luz sobre possíveis caminhos a serem traçados para a partilha – ou não – de bens digitais por força do regime de bens adotado.

---

32 Código Civil: "Art. 423. Quando houver no contrato de adesão cláusulas ambíguas ou contraditórias, dever-se-á adotar a interpretação mais favorável ao aderente".

33 Código de Defesa do Consumidor: "Art. 47. As cláusulas contratuais serão interpretadas de maneira mais favorável ao consumidor".

4 Considerações finais

As novas tecnologias têm gerado expressivos reflexos sobre a forma como o ser humano se relaciona com os bens. Se a lógica proprietária clássica embasava um cenário de exercício de um domínio que se pretendia exclusivo e absoluto, a fluidez das relações estabelecidas na sociedade da informação tem transformado essa realidade, para um exercício compartilhado, viabilizado por modelos de negócios como o Uber, o Airbnb, os espaços de *coworking* e *coliving* etc.

Além disso, a internet, propiciando um suporte diverso do analógico para músicas, livros, documentos, filmes e moedas, viabiliza novas formas de contratação, acarretando dúvidas a respeito do regime jurídico aplicável para regular as relações entre os usuários e esses conteúdos.

Nesse contexto, descabe ao direito manter-se apegado ao aspecto estrutural, devendo-se buscar identificar a funcionalidade concreta exercida pelo bem, a fim de determinar o regramento incidente para a sua regulação, tal como se tem proposto, inclusive, para a regulação da denominada herança digital.

Diante da ausência de um regramento específico sobre as consequências da dissolução da sociedade conjugal ou da união estável sobre os bens digitais no atual contexto – e que ainda não se sabe se virá, em razão da rapidez com que se desenvolvem os novos tipos de bens –, é importantíssimo que casais disciplinem sobre seus bens digitais por meio dos instrumentos possíveis para tal – pacto antenupcial ou ação de modificação de regime de bens –, nos quais deixem claro a natureza jurídica e a função que aquele bem cumpre/cumprirá no estatuto patrimonial dos cônjuges.

No entanto, quando isso não for possível, é necessário fazer uma análise concreta da função que aquele bem desempenha para o casal, de modo que:

a) se o bem digital realizar uma função existencial, diretamente ligada ao princípio da dignidade da pessoa humana, trata-se de bem que não é passível de partilha, tal como perfis pessoais em redes sociais;
b) o bem digital gere proveito econômico ou for mensurável economicamente, ele tem uma função patrimonial e pode ser comunicável, a depender do confronto da sua data e forma de aquisição com as regras do regime de bens. Nesse caso, é sempre possível que os cônjuges definam por deixar o bem em condomínio consensualmente, mas, se assim não for, as regras de liquidação da meação devem se dar por meio da verificação do valor econômico do bem e pagamento da meação, recebendo todos os frutos até o momento do pagamento;
c) se o bem desempenhar uma função dúplice, seus aspectos existenciais não são partilhados, mas apenas suas repercussões patrimoniais, que devem seguir os parâmetros propostos na letra *b* anterior.

Em um cenário em que a dignidade da pessoa humana foi elencada como fundamento norteador do sistema jurídico, a análise a respeito das repercussões do estatuto patrimonial entre cônjuges ou companheiros sobre os bens digitais não pode ser realizada em descompasso com a tutela de situações jurídicas existenciais, constituindo este um importante ponto de partida para se pensar em alternativas para as hipóteses de dissolução da sociedade conjugal ou da união estável que envolvam bens constantes na rede.

Referências

BAUMAN, Zygmunt. *Modernidade líquida*. Tradução de Plínio Dentzien. Rio de Janeiro: Zahar, 2001.

FACHIN, Luiz Edson. *Direito civil*: sentidos, transformações e fim. Rio de Janeiro: Renovar, 2015.

FROTA, Pablo Malheiros da Cunha; AGUIRRE, João Ricardo Brandão Aguirre; PEIXOTO, Maurício Muriack de Fernandes e. Transmissibilidade do acervo digital de quem falece: efeitos dos direitos da personalidade projetados post mortem. *Constituição, Economia e Desenvolvimento: Revista da Academia Brasileira de Direito Constitucional*, Curitiba, v. 10, n. 19, p. 564-607, 2018.

GOUVEA NETO, Flavio de Freitas. Moedas virtuais e seu impacto no direito de família e sucessões. *Jota*, 2 mar. 2018. Disponível em: https://www.jota.info/opiniao-e-analise/artigos/moedas-virtuais-e-seu-impacto-no-direito-de-familia-e-sucessoes-02032018. Acesso em: 21 abr. 2020.

GUILHERMINO, Everilda Brandão. Acesso e compartilhamento: a nova base econômica e jurídica dos contratos e da propriedade. *Migalhas*, 23 set. 2019. Disponível em: https://www.migalhas.com.br/coluna/migalhas-contratuais/311569/acesso-e-compartilhamento-a-nova-base-economica-e-juridica-dos-contratos-e-da-propriedade. Acesso em: 20 abr. 2020.

HONORATO, Gabriel; LEAL, Livia Teixeira. Exploração econômica de perfis de pessoas falecidas: reflexões jurídicas a partir do caso Gugu Liberato. *Revista Brasileira de Direito Civil – RBDCivil*, Belo Horizonte, v. 23, p. 155-173, jan./mar. 2020.

KONDER, Carlos Nelson; TEIXEIRA, Ana Carolina Brochado. Situações jurídicas dúplices: controvérsias na nebulosa fronteira entre patrimonialidade e extrapatrimonialidade. *In*: RODRIGUES, Renata de Lima; TEIXEIRA, Ana Carolina Brochado. *Contratos, família e sucessões*. Diálogos interdisciplinares. Indaiatuba: Foco, 2019.

KONDER, Carlos Nelson; TEIXEIRA, Ana Carolina Brochado. Situações jurídicas dúplices: controvérsias na nebulosa fronteira entre patrimonialidade e extrapatrimonialidade. *In*: TEPEDINO, Gustavo; FACHIN, Luiz Edson. *Diálogos sobre direito civil*. Rio de Janeiro: Renovar, 2012. v. III.

LACERDA, Bruno Torquato Zampier. *Bens digitais*. Indaiatuba: Foco Jurídico, 2017.

LEAL, Livia Teixeira. Internet e morte do usuário: a necessária superação do paradigma da herança digital. *Revista Brasileira de Direito Civil – RBDCivil*, Belo Horizonte, v. 16, p. 181-197, abr./jun. 2018.

LEAL, Livia Teixeira. *Internet e morte do usuário*: propostas para o tratamento jurídico post mortem do conteúdo inserido na rede. Rio de Janeiro: GZ, 2018.

LEMOS, André. *Cibercultura*: tecnologia e vida social na cultura contemporânea. 7. ed. Porto Alegre: Sulina, 2015.

MATOS, Ana Carla Harmatiuk; PEREIRA, Jacqueline Lopes. Outorga conjugal e aval no casamento. *Revista Brasileira de Direito Civil – RBDCivil*, Belo Horizonte, v. 18, p. 107, out./dez. 2018.

MENDES, Laura Schertel Ferreira; FRITZ, Karina Nunes. Case Report: Corte alemã reconhece a transmissibilidade da herança digital. *RDU*, Porto Alegre, v. 15, n. 85, 2019.

NICOLACI-DA-COSTA, Ana Maria. Revoluções tecnológicas e transformações subjetivas. *Psicologia: Teoria e Pesquisa*, v. 18 n. 2, p. 193-202, maio/ago. 2002.

O'REILLY, Tim. Web 2.0: compact definition?. *Radar O'Reilly*, 1 out. 2005. Disponível em: http://radar.oreilly.com/2005/10/web-20-compact-definition.html. Acesso em: 9 abr. 2020.

PEREIRA, Caio Mário da Silva. *Instituições de direito civil*: direitos reais. 26. ed. Atualização de Carlos Edison do Rêgo Monteiro Filho. Rio de Janeiro: Forense, 2018. v. IV.

PEREIRA, Caio Mário da Silva. *Instituições de direito civil*: introdução ao direito civil. Teoria geral do direito civil. 32. ed. Atualização de Maria Celina Bodin de Moraes. Rio de Janeiro: Forense, 2019. v. I.

PERLINGIERI, Pietro. *Il diritto civile nella legalità costituzionale*. 3. ed. Napoli: ESI, 2006. t. II.

PERLINGIERI, Pietro. *Perfis do direito civil*. Introdução ao direito civil constitucional. 3. ed. Tradução de Maria Cristina De Cicco. Rio de Janeiro: Renovar, 2002.

RETTORE, Anna Cristina de Carvalho; TEIXEIRA, Ana Carolina Brochado. Divergências doutrinárias e jurisprudenciais no direito sucessório: a sucessão do cônjuge no regime da separação convencional de bens e a sua concorrência com descendentes nos casos de filiação híbrida. Parecer. *Revista Brasileira de Direito Civil – RBDCivil*, v. 5, jul./set. 2015.

SCHREIBER, Anderson. Contratos eletrônicos e consumo. *Revista Brasileira de Direito Civil – RBDCivil*, v. 1, jul./set. 2014.

TEPEDINO, Gustavo. Liberdades, tecnologia e teoria da interpretação. *Revista Forense*, Rio de Janeiro, ano 110, v. 419, jan./jun. 2014.

TEPEDINO, Gustavo; MONTEIRO FILHO, Carlos Edison do Rêgo; RENTERIA, Pablo. *Fundamentos do direito civil*: direitos reais. Rio de Janeiro: Forense, 2020. v. 5.

TEPEDINO, Gustavo; OLIVA, Milena Donato. *Fundamentos do direito civil*: teoria geral do direito civil. Rio de Janeiro: Forense, 2020. v. 1.

TEPEDINO, Gustavo; TEIXEIRA, Ana Carolina Brochado. *Fundamentos do direito civil*: direito de família. Rio de Janeiro: Forense, 2020. v. 6.

Informação bibliográfica deste texto, conforme a NBR 6023:2018 da Associação Brasileira de Normas Técnicas (ABNT):

TEIXEIRA, Ana Carolina Brochado; LEAL, Livia Teixeira. Tutela jurídica dos bens digitais ante os regimes de bens comunheiros. *In*: EHRHARDT JÚNIOR, Marcos; CATALAN, Marcos; MALHEIROS, Pablo (Coord.). *Direito Civil e tecnologia*. Belo Horizonte: Fórum, 2020. p. 332-346. ISBN 978-65-5518-036-7.

TECNOLOGIA NO COMBATE À MÁ-FÉ DO DEVEDOR DE ALIMENTOS: A PRESUNÇÃO JUDICIAL DA *RIQUEZA APARENTE*

MARIA RITA DE HOLANDA

I Introdução

Na prática jurídica, uma das contendas mais difíceis em matéria de direito de família é a voltada ao dever de sustento material dos pais com relação aos filhos, ou mesmo a assistência material de um cônjuge/companheiro, com relação ao que detinha dependência econômica no momento da dissolução conjugal.

A obrigação de alimentos, pelo procedimento especial da Lei nº 5.478/68 e também o Código de Processo Civil, indica o caráter de urgência de sua postulação, seja para fixação, seja para execução com a utilização da medida coercitiva da prisão civil ou ainda as medidas de restrição patrimonial de penhora e protesto.

De certo, não é custoso relembrar que a obrigação familiar de alimentos apenas se constitui mediante determinação judicial, seja em ação autônoma, seja em pedido cumulado à ação de dissolução conjugal ou da união estável.

Uma das primeiras controvérsias, considerando a previsão legal do Código Civil e a própria jurisprudência brasileira, é a consideração dos chamados alimentos naturais e alimentos civis. Na Lei Civil, em seu art. 1.694, *caput*, os alimentos civis são a regra, admitindo-se apenas duas exceções para que estes sejam reduzidos aos alimentos naturais, que são aqueles indispensáveis à subsistência: a prevista no §2º do mesmo artigo, na hipótese de o credor de alimentos estar gerando a sua própria condição de penúria; e a prevista no art. 1.704, *caput* e parágrafo único, na hipótese ainda mais controvertida de culpa conjugal no casamento, decorrente de separação litigiosa, ainda que sob condições.

Por lei, então, a regra geral para os alimentos seria considerá-los os mais amplos possíveis à manutenção do padrão de vida do credor de alimentos.

Na jurisprudência, contudo, e principalmente em determinadas camadas sociais, fica difícil admitir o cálculo do binômio necessidade-possibilidade, quando o valor final chega a quantias suntuosas e mesmo acintosas para a média da sociedade brasileira.

O intérprete e aplicador comumente desconsidera a mencionada relação como de ordem privada, reduzindo a análise do binômio entre as partes, passa a considerar elementos exógenos à relação, com base em fundamentos verdadeiros, porém sociológicos e não jurídicos. Isso pode parecer justo à primeira vista, mas em exame mais apurado pode resultar na desastrosa consolidação do enriquecimento sem causa, pelo devedor. Há, portanto, uma constante contaminação moral nas decisões judiciais, típica da resolução dos conflitos existenciais.

Um outro problema prático enfrentado nas referidas ações é quanto à prova da disponibilidade do devedor de alimentos, quando este, não possuindo vínculo empregatício e não sendo formalmente empreendedor, apresenta-se como autônomo e sonega a sua verdadeira condição social, visando não pagar proporcionalmente o que lhe é devido, ou seja, age com má-fé.

Tais considerações são importantes para o que se pretende analisar aqui, porque as únicas "provas" por vezes "conseguidas" pelo credor para tentar demonstrar a real condição econômica do devedor não se encontram em documentos oficiais, como a Declaração de Imposto de Renda pontualmente apresentada perante a Receita Federal todos os anos, ou mesmo nos saldos bancários facilmente acessíveis pelo BacenJud, mas tão somente no que ele próprio apresenta em suas redes sociais, imbuído de sua síndrome narcisista.

Por essa razão, a tecnologia favoreceu o credor de alimentos, na medida em que este poderá utilizar-se da denominada *tese da riqueza aparente*, estratégia doutrinária e jurisprudencial para desmascarar o devedor de má-fé. Mas será que esta tese vem sendo facilmente reconhecida por nosso Judiciário? Será que a utilização de tais provas, mesmo aquelas publicizadas por terceiros, violaria algum direito de personalidade ligado à privacidade do devedor de alimentos? Que elementos podem ser considerados na prática judicial para a fixação de alimentos razoáveis, com base nos indícios de riqueza aparente? E, por fim, o que o aplicador pode, minimamente, assegurar em caráter liminar, diante de tais indícios?

II Os alimentos e sua efetividade no contexto de vulnerabilidades

A base constitucional da obrigação de alimentos nas relações familiares está na solidariedade familiar, mas nem sempre foi assim.

A regra matriz encontra-se no inc. I do art. 3º da CF/88, mas no capítulo destinado à família ele é revelado no dever imposto à sociedade, ao Estado e à família (como entidade e na pessoa de cada membro) de proteção ao grupo familiar, criança e ao idoso, notadamente nos arts. 226, 227 e 230, respectivamente.[1]

A partir daí, no dizer de Paulo Lobo,[2] desenvolvem-se no âmbito do direito de família estudos relativos ao "cuidado como valor jurídico":

> O cuidado desponta com força nos estatutos tutelares das pessoas vulneráveis, como a criança e o idoso, que regulamentaram os comandos constitucionais sobre a matéria. O cuidado, sob o ponto de vista do direito, recebe a força subjacente do princípio da solidariedade, como expressão particularizada desta.

[1] LOBO, Paulo. *Direito civil*. Famílias. São Paulo: Saraiva Educação, 2019. v. 5. p. 60.

[2] LOBO, Paulo. *Direito civil*. Famílias. São Paulo: Saraiva Educação, 2019. v. 5. p. 61.

No âmbito familiar, há uma legitimidade restrita, prevista no art. 1.694 do CCB, que estabelece a possibilidade de alimentos na relação conjugal (casamento e união estável) e na relação parental. Na relação parental, contudo, não haveria limites na linha reta, o que não acontece na linha colateral, que estabelece o limite até o 2º grau (irmãos).

Embora não seja diretamente a proposta do presente ensaio, é importante revisitar as razões dessa restrição de legitimidade, principalmente em se considerando que gravita em torno da legislação civil um regime estatutário de vulneráveis que, pela solidariedade familiar, teriam direito ao sustento, mesmo que o único parente com disponibilidade estivesse fora do âmbito dessa legitimidade.

A vulnerabilidade de alguns sujeitos como a criança, o jovem, a pessoa com deficiência, o idoso e mesmo a mulher, deve ser considerada como fator de rompimento da legitimidade legal, na norma jurídica concreta, atendendo-se, prioritariamente, à dignidade humana.

Visando avaliar a efetividade dos alimentos, propõe-se, aqui, a contextualização dessa efetividade, quando a mulher participa dessa relação, enquanto sujeito historicamente vulnerável.

Antigamente, o dever de sustento com relação aos filhos menores e a assistência material devida ao cônjuge virago pelo único provedor da família, em um arranjo formal e materialmente patriarcal, eram de fácil apuração numérica.

A vulnerabilidade da mulher era mais evidente e expressa, inclusive pela determinação de sua incapacidade civil. E em que pese se tenha alcançado a igualdade formal de sexo e gênero, é fato que a igualdade material é um mito, inclusive do ponto de vista econômico e de sustentabilidade, devendo a expressão "vulnerabilidade" ser compreendida à esta, pelas razões históricas de opressão e também pelos reflexos dessa opressão que se irradiam na atualidade, como a sustentabilidade material pela sua inserção no mercado de trabalho.[3]

Pontes de Miranda,[4] na análise dessa antiga incapacidade, afirmava que esta não se fundava "na infirmeza de caracter, ou inferioridade de sexo, mas sim seria uma criação da lei por motivos de ordem pública, como resultante da instituição social do matrimônio, que embora do Direito Privado, como função social pertenceria ao direito público".

As conquistas da pauta dos movimentos feministas, contudo, desatrelaram formalmente a mulher dessa condição, resultando no alcance da igualdade e na proibição de qualquer discriminação em razão de sexo e gênero. Prevê a nossa Constituição Federal de 1988:[5]

> Art. 5º Todos são iguais perante a lei, sem distinção de qualquer natureza, garantindo-se aos brasileiros e aos estrangeiros residentes no País a inviolabilidade do direito à vida, à liberdade, à igualdade, à segurança e à propriedade, nos termos seguintes:
>
> I - homens e mulheres são iguais em direitos e obrigações, nos termos desta Constituição;
>
> [...].

---

3 MATOS, Ana Carla Harmatiuk; TEXEIRA, Ana Carolina Brochado. Os alimentos entre dogmática e efetividade. *Revista Brasileira de Direito Civil – RBDCivil*, Belo Horizonte, v. 12, p. 75-92, abr./jun. 2017.

4 MIRANDA, Pontes de. *Direito de família*. São Paulo: Livraria Acadêmica Saraiva & C., 1917. p. 111.

5 BRASIL. *Constituição da República Federativa do Brasil*. Disponível em: http://www.planalto.gov.br/ccivil_03/constituicao/constituicao.htm. Acesso em: 2 maio 2020.

> Art. 226. A família, base da sociedade, tem especial proteção do Estado. [...]
> §5º Os direitos e deveres referentes à sociedade conjugal são exercidos igualmente pelo homem e pela mulher.

Por outro lado, é importante visualizar, com base em todas estas vicissitudes históricas, as mudanças atinentes ao instituto da obrigação dos alimentos na esfera familiar.

Confirmando os efeitos decorrentes da desigualdade formal de gênero à época, já dispunha Pontes de Miranda, em interpretação da legislação civil de 1916: "Quando o filho está sob o pátrio poder, o titular deste é obrigado pelo sustento do filho e a obrigação do outro genitor é apenas subsidiária".[6] A mulher então só poderia exercer o pátrio poder, na hipótese de morte do marido, de sua interdição, se este decaísse do pátrio poder ou fosse declarado ausente.

Apesar disso, o art. 400 do CCB/1916 referia-se ao binômio necessidade e disponibilidade entre os sujeitos da relação obrigacional alimentar: *os alimentos devem ser fixados na proporção das necessidades do reclamante e dos recursos da pessoa obrigada*. Mas, naquela realidade, se os alimentos fossem conjugais, colocava-se a mulher sempre na condição de credora e/ou representante dos seus filhos, se não fosse culpada pelo desquite.

O CCB/2002, em seu art. 1.694, manteve a necessidade da análise do binômio, ressaltando inclusive, em seu *caput*, que a regra geral observada deve ser a de manutenção de padrão social, ou seja, os alimentos em regra devem ser civis e apenas excepcionalmente nas hipóteses do §2º desta regra, bem como do art. 1.704 e parágrafo único, quando deverão ser naturais e restritos à sobrevivência.[7]

> Art. 1.694. Podem os parentes, os cônjuges ou companheiros pedir uns aos outros os alimentos de que necessitem para viver de modo compatível com a sua condição social, inclusive para atender às necessidades de sua educação. [...].
> §2º Os alimentos serão apenas os indispensáveis à subsistência, quando a situação de necessidade resultar de culpa de quem os pleiteia. [...].
> Art. 1.704. Se um dos cônjuges separados judicialmente vier a necessitar de alimentos, será o outro obrigado a prestá-los mediante pensão a ser fixada pelo juiz, caso não tenha sido declarado culpado na ação de separação judicial.
> Parágrafo único. Se o cônjuge declarado culpado vier a necessitar de alimentos, e não tiver parentes em condições de prestá-los, nem aptidão para o trabalho, o outro cônjuge será obrigado a assegurá-los, fixando o juiz o valor indispensável à sobrevivência.

É importante esse recorte de gênero, inclusive porque a exceção do art. 1.704 poderá estar penalizando aquele que necessita dos alimentos, em razão da controversa "culpa" na separação, que já foi objeto de críticas ferrenhas pela doutrina. E sendo a mulher, na maioria das vezes, a pessoa que ainda mais depende, estatisticamente falando, sobre ela pode recair um duplo ônus. Essa estatística está justificada pelos elementos históricos que se refletem até hoje na inserção da mulher no mercado de trabalho, conforme se verá a seguir.

A igualdade formal conquistada a duras penas após tantas lutas não mudou muito essas posições, considerando-se que no Brasil a mulher, embora exerça profissionalmente

---

6 MIRANDA, Pontes de. *Direito de família*. São Paulo: Livraria Acadêmica Saraiva & C., 1917. p. 362.

7 BRASIL. *Código Civil*. Disponível em: http://www.planalto.gov.br/ccivil_03/leis/2002/l10406.htm. Acesso em: 2 maio 2020.

o mesmo cargo que o homem ou mesmo obtenha as mesmas qualificações profissionais, ainda é absorvida subsidiariamente pelo mercado, o que representa a sutil manutenção do patriarcado.

Madaleno[8] ressalta o que denomina *incapacidade social* da mulher, em razão do não alcance da igualdade material:

> Os espaços destinados à mulheres continuam limitados e depreciados financeiramente, pois ainda existe um logo caminho cultural a percorrer, aliado às mudanças concretas e efetivas que continuam sendo necessárias programar, mas que por ora, o texto Constitucional da isonomia ainda não logrou modificar. [...]
> No meio masculino principalmente, mas também entre as próprias mulheres ainda existem resquícios de uma hierarquia dos sexos e nessa vereda a mulher segue sendo socialmente incapaz e subserviente ao homem, havido como provedor e administrador, um estereótipo da época em que a esposa ainda era obrigada a dotar o sobrenome do marido; não podia trabalhar sem sua autorização e só receberia alimentos se não tivesse dado causa à separação judicial.

Por essa razão, a condição do devedor nos processos judiciais ainda está muito mais com o homem e, consequentemente, as hipóteses de má-fé na sonegação de sua disponibilidade. É importante também ressaltar que a conduta de má-fé não está ligada ao gênero, o que representaria também uma forma de discriminação, mas sim atrelada à condição de melhor provedor que ainda ocupa.

Além disso, segundo dados estatísticos da OIT – Organização Internacional do Trabalho, em último relatório divulgado em 2019, as mulheres ganham por hora trabalhada 17% a menos do que os homens e, apesar do aumento da participação feminina no mercado de trabalho, ainda estão longe da equidade. Novo relatório da OIT apresenta propostas para enfrentar os desafios no alcance da igualdade no futuro do trabalho na região.[9]

O desemprego é maior entre as mulheres, cuja taxa é de 6% para elas e 5,2% para os homens. O percentual de participação na força de trabalho é de 75% para os homens e de 48% para as mulheres. No trabalho autônomo ou por conta própria, o percentual é de 36,2% para os homens e de 26,1% para as mulheres, e o trabalho familiar não remunerado é de 6,4% para os homens e de 16,6% para as mulheres.[10]

A maternidade também se torna um fator complicador não apenas para o acesso ao emprego como acompanha a mulher durante grande parte de sua trajetória profissional, segundo a OIT. Persiste a diferença de remuneração de 20% entre homens e mulheres. Outro aspecto que preocupa a OIT é que a rentabilidade da educação obtida pelas mulheres – em termos de emprego – é menor que para os homens. Em nível mundial, 41,5% das mulheres com título universitário não trabalham, enquanto no caso dos homens são apenas 17,2%.

---

8 MADALENO, Rolf. *Curso de direito de família*. 5. ed. Rio de Janeiro: Forense, 2013. p. 57.

9 OIT – ORGANIZAÇÃO INTERNACIONAL DO TRABALHO. *Lacunas de gênero persistentes no trabalho exigem a adoção de medidas transformadoras na América Latina e no Caribe*. 27 ago. 2019. Disponível em: https://www.ilo.org/brasilia/noticias/WCMS_716777/lang--pt/index.htm. Acesso em: 2 maio 2020.

10 TREVISAN, Karina. Participação das mulheres no mercado de trabalho segue menor que a dos homens, diz OIT, 2018. *G1*, 7 mar. 2018. Disponível em: https://g1.globo.com/economia/concursos-e-emprego/noticia/participacao-das-mulheres-no-mercado-de-trabalho-segue-menor-que-a-dos-homens-diz-oit.ghtml. Acesso em: 2 maio 2020.

Tais dados bem como a história jurídica de "inferioridade" da mulher agravam o quadro de gênero em desfavor desta, nas hipóteses de inadimplemento do devedor dos alimentos. A não efetividade dos alimentos se estabelece muito mais para as mulheres do que para os homens, estatisticamente.

De qualquer forma, independentemente de gênero, embora não haja limitação legal para a fixação, a jurisprudência estabelece percentuais máximos de fixação por pessoa, se afastando do cálculo de proporcionalidade imposto pela análise obrigatória do binômio necessidade-disponibilidade. Não é razoável imaginar que um devedor de alimentos que contribuía com mais de 50% dos seus rendimentos quando convivia com os filhos e ex-cônjuge passe a contribuir com no máximo até 40% de seus rendimentos, favorecendo um enriquecimento ilícito, ainda que suas despesas pessoais tenham aumentado com a quebra da convivência. E, a depender da classe social em que está inserido, a simples quebra da convivência não presume diminuição de sua disponibilidade, a ponto de se limitar o percentual a ser fixado.

Nesse sentido, posicionam-se Ana Carolina Brochado e Ana Carla Matos:[11]

> Parece que, por razão de ordem exclusivamente prática, os Tribunais buscaram – e continuam buscando – uma fórmula capaz de reduzir à simplicidade percentual toda a complexidade contextual da taxa alimentar do caso concreto. Assim, o genitor que sai de casa e que antes contribuía com toda sua renda para o sustento da família passa a colaborar com, no máximo, 30% de seus rendimentos e retém para si – uma única pessoa – 70% da mesma renda. Trata-se de uma incongruência que pode levar os filhos a uma drástica queda de padrão de vida, à ausência de suprimento de necessidades importantes e, por outro lado, à possibilidade de o genitor economizar.

III Privacidade e relativização

Na lição de Paulo Lobo, "os direitos de personalidade são os direitos não patrimoniais inerentes à pessoa, compreendidos no núcleo essencial de sua dignidade".[12]

Dessa forma, os direitos de personalidade nas relações privadas são tidos como direitos fundamentais, embora a recíproca não seja verdadeira. Com base constitucional inegável, a previsão está inserida no inc. X do art. 5º, que assim dispõe:

> Art. 5º Todos são iguais perante a lei, sem distinção de qualquer natureza, garantindo-se aos brasileiros e aos estrangeiros residentes no País a inviolabilidade do direito à vida, à liberdade, à igualdade, à segurança e à propriedade, nos termos seguintes: [...]
> X - são invioláveis a intimidade, a vida privada, a honra e a imagem das pessoas, assegurado o direito a indenização pelo dano material ou moral decorrente de sua violação;

O autor ressalta, ainda, que a tipicidade dos direitos de personalidade é aberta e, dessa forma, não estariam restritos à relação exemplificativa trazida pela Constituição Federal e mesmo complementada pela legislação civil de 2002, deduzindo que todos os direitos subjetivos que não tenham objeto econômico e sejam inerentes e essenciais à realização da pessoa, especialmente nas relações privadas, são direitos de personalidade.[13]

---

[11] MATOS, Ana Carla Harmatiuk; TEXEIRA, Ana Carolina Brochado. Os alimentos entre dogmática e efetividade. *Revista Brasileira de Direito Civil – RBDCivil*, Belo Horizonte, v. 12, p. 75-92, abr./jun. 2017.

[12] LOBO, Paulo. *Direito civil*. Parte geral. São Paulo: Saraiva Educação, 2019. v. 1. p. 147.

[13] LOBO, Paulo. *Direito civil*. Parte geral. São Paulo: Saraiva Educação, 2019. v. 1. p. 154.

Na presente temática explorar-se-á especificamente os atinentes à privacidade, que incluem: os direitos à intimidade, à vida privada, ao sigilo e à imagem.

Frequentemente se discute nesse conteúdo o limiar das esferas de atividades privadas e públicas. Mas aqui nos ateremos à privacidade de uma pessoa comum e que, portanto, não recebe a frequente atenção da mídia e da sociedade, embora circule com frequência em ambientes onde podem estar todas essas pessoas, seja em restaurantes, viagens internacionais, hotéis luxuosos, lojas de finos artigos e portando tais artigos.

Na mesma doutrina e à exemplo, gostos pessoais, a própria intimidade do lar, as amizades, as preferências artísticas, literárias, sociais, gastronômicas, sexuais, doenças existentes e medicamentos tomados e mesmo hospitais utilizados, hoje, encontram-se passíveis de serem registrados por sinais, imagens e gravações, que podem estar sendo veiculados pelo próprio detentor do direito.

Estamos diante de uma aparente renúncia do que seria irrenunciável, dado o caráter personalíssimo dos direitos de personalidade. Aparente porque ao se expor ou expor a sua vida privada, o detentor do direito de personalidade não o faz em desapego ou desinteresse, o faz por outras razões também pertencentes à sua personalidade e que residem no desejo subjetivo despertado em muitas pessoas, voltados à ostentação de uma condição que representa a felicidade em uma sociedade de consumo.

Trata-se praticamente de uma patologia social gerada pela promessa de sucesso pessoal que nem sempre representa o sucesso patrimonial, mas pode por outro lado estar revelando uma real condição patrimonial, omitida nas fontes oficiais.

A teoria dos sinais exteriores de riqueza não encontra na prática judiciária ou na teoria processual a força de prova inequívoca e cabal da disponibilidade do devedor de alimentos, não obstante acumule inúmeros indícios, que muitas vezes se constituem em verdadeiras confissões. São situações reais que ganham a pecha de aparência, quando esta pode ser uma designação dúbia, pois se apenas aparente, pode não ser real.

Se elencarmos critérios de reunião dos sinais de riqueza, estes podem auxiliar na concretização de uma situação real de disponibilidade, e com isso talvez a tese possa ser revisitada e venha a ser mais considerada, principalmente diante da colisão entre dois direitos de personalidade que recebem pesos diferentes: a privacidade do devedor e a vida do credor.

Em verdade, o caráter irrenunciável dos direitos de personalidade passou a se relativizar há algum tempo. O que dizer dos programas de *reality show*, nos quais as pessoas cedem a sua imagem e intimidade, anuindo, contratualmente, que tais dados sejam disponibilizados para a sociedade? Diante disso, nos deparamos com a insuficiência do Código Civil no tratamento dos direitos de personalidade, diante da previsão legal de que não podem sofrer *limitação voluntária*, na previsão do art. 11.

A vida mudou com os avanços tecnológicos com o crescimento exponencial do fluxo de dados na sociedade contemporânea.[14]

O que podemos depreender dessas reflexões é que o perfil social do devedor de alimentos, seja alimentado por ele próprio por meio de fotos e mesmo mensagens, seja acrescido de informações prestadas por terceiros de sua relação social, não constitui violação de sua privacidade senão uma "renúncia" desta própria, e, para tanto, deve ser considerado como forte indício a justificar a busca de prova inequívoca de seu real

[14] SCHREIBER, Anderson. *Direitos da personalidade*. São Paulo: Atlas, 2011. p. 129.

padrão social, por meio da quebra do sigilo bancário e fiscal, otimizando para que a fixação dos alimentos com base no binômio se dê conforme demonstra o seu perfil.

Importante esclarecer que um devedor inadimplente com a sua obrigação alimentar e que ostenta condição financeira capaz de demonstrar sua disponibilidade age contrariamente a uma boa-fé objetiva também, que o condiciona a uma orientação ética de conduta proba, absolutamente rompida com a constituição de sua mora e a "prova" declarada inversa de seu padrão social. Descumpre frontalmente o devedor o dever de solidariedade familiar.

Dessa forma, um direito de personalidade, diante de ponderações no caso concreto, *pode prevalecer ou ceder passagem a outros interesses também voltados à realização e ao desenvolvimento da pessoa humana, igualmente merecedores de proteção pela ordem jurídica.*[15]

Ainda que se esteja diante de uma possível prova ilícita, em razão de elementos coletados pelo credor e não expostos em rede social pelo próprio devedor, seria possível na análise concreta a sua excepcional admissibilidade, diante da ponderação dos bens jurídicos a serem protegidos e da condição sigilosa do processo, pelo segredo de justiça.

Assim, em que pese o mandamento constitucional inserto no art. 5º, inc. LVI da CF/88, que inadmite no processo as provas obtidas por meios ilícitos, com o uso da proporcionalidade é fácil demonstrar que a vedação ao uso da prova ilícita não é absoluta à luz dos princípios constitucionais e principalmente a dignidade humana. Dessa forma, posicionam-se Cristiano Chaves e Nelson Rosenvald:[16]

> Autoriza-se a utilização da prova ilícita quando o bem jurídico a se proteger sobrepujar (em relevância no caso concreto) o bem jurídico privacidade, que é salvaguardado pela vedação da prova ilícita. E, de igual maneira, autoriza-se o magistrado a proceder a quebra do sigilo do titular em ações alimentícias, exatamente por ponderação de interesses.

IV A riqueza aparente nas redes e os mecanismos de valorização judicial dos indícios como garantia da efetividade dos alimentos

A chamada *cibercultura* decorre de uma relação simbiótica entre a sociedade, a cultura e as novas tecnologias.[17]

Redes sociais sempre existiram e essa terminologia retrata uma forma de organização de pessoas em torno de uma motivação comum. Porém a forma *on-line* vem modificando a sociedade contemporânea e é utilizada para designar grandes plataformas de interação social como o Instagram, Facebook, Twitter e outras, dentro de um conceito de virtualidade.

O indivíduo, de alguma forma, entende que somente passa a existir se os outros o virem e se ele gerar uma repercussão na rede social. Daí a ênfase dada à *selfie*.[18]

---

[15] SCHREIBER, Anderson. *Direitos da personalidade*. São Paulo: Atlas, 2011. p. 137.

[16] FARIAS, Cristiano Chaves; ROSENVALD, Nelson. *Curso de direito civil*: famílias. São Paulo: Atlas, 2015. v. 6. p. 773.

[17] CARPIM, Stella Mara. *A era do exibicionismo digital*: o sentido da proliferação da selfie nas redes sociais. Monografia (Especialização em Comunicação Digital) – Escola de Comunicações e Artes, Universidade de São Paulo, São Paulo, 2014. p. 24. Disponível em: http://doczz.com.br/doc/1384/a-era-do-exibicionismo-digital--o-sentido-da-prolifera%C3%A7%C3%A3o.... Acesso em: 2 maio 2020.

[18] CARPIM, Stella Mara. *A era do exibicionismo digital*: o sentido da proliferação da selfie nas redes sociais. Monografia (Especialização em Comunicação Digital) – Escola de Comunicações e Artes, Universidade de São

A mediação pelo computador, além de atender a essa necessidade do indivíduo de ser visto, em uma *sociedade do espetáculo*, também abre espaço para gerar renda e viabilizar mais do que interação real, novos negócios, ou mesmo alavancar negócios preexistentes.

Carpim[19] ressalta:

> As mídias sociais estão em todos os lugares e, na atual sociedade, seu poder é inquestionável. Blogs (Blogger, Wordpress), microblogs (Twitter, Pownce), redes sociais (Facebook, Instagram, We Chat, Twitter), sites de compartilhamento de vídeos (Videolog, Youtube, Vimeo), compartilhamento de fotos (Pinterest, Flickr, Picasa, Zooomr, Fotolog), jogos online, mundo virtual (Second Life), colaborativas (Wikipedia)... São muitas. E quase todos os dias surgem novidades.

Assim, conforme a sua finalidade, se voltada ao relacionamento tão somente ou voltada à atividade profissional, a exemplo da rede LinkedIn, pode fornecer elementos a serem valorados diferentemente.

Há, portanto, a possibilidade da profissionalização da *selfie*, por meio de *blogs* que são utilizados por pessoas hoje denominadas *digital influencers*, e essa influência gera renda mediante o patrocínio de diversas marcas. Nesse caso há possibilidade de que uma pessoa que ostente riqueza deixe de ser comum e passe a ser vista como uma celebridade, o que se denomina na mídia de *celebridade instantânea*.

Todos esses fatores devem ser evidenciados na análise do que se apresenta como "prova" eletrônica com relação à disponibilidade financeira de um devedor de alimentos: se utiliza as redes apenas para a ostentação pessoal ou mesmo como atividade profissional. Em um ou outro caso, isso poderá ser considerado.

Em nossa legislação civil há a possibilidade de utilização de documentos extraídos eletronicamente a fim de que sirvam como prova prevendo:

> Art. 225. As reproduções fotográficas, cinematográficas, os registros fonográficos e, em geral, quaisquer outras reproduções mecânicas ou eletrônicas de fatos ou de coisas fazem prova plena destes, se a parte, contra quem forem exibidos, não lhes impugnar a exatidão.

Assim, o autorretrato ou *selfie* poderá fazer "prova", assim considerada tecnicamente. Contudo, o contraditório está presente, condicionando a sua valoração como plena ou não.

Porém, julgados que admitem o fato que se quis comprovar através de tais reproduções como prova, através do acatamento ou negatória da pretensão, ainda são raros, mas quando ocorrem, são enfáticos, conforme se depreende da jurisprudência coletada do Tribunal de Justiça de Pernambuco, cuja ementa a seguir se transcreve:

Paulo, São Paulo, 2014. p. 26. Disponível em: http://doczz.com.br/doc/1384/a-era-do-exibicionismo-digital--o-sentido-da-prolifera%C3%A7%C3%A3o.... Acesso em: 2 maio 2020.

19 CARPIM, Stella Mara. *A era do exibicionismo digital*: o sentido da proliferação da selfie nas redes sociais. Monografia (Especialização em Comunicação Digital) – Escola de Comunicações e Artes, Universidade de São Paulo, São Paulo, 2014. p. 30. Disponível em: http://doczz.com.br/doc/1384/a-era-do-exibicionismo-digital--o-sentido-da-prolifera%C3%A7%C3%A3o.... Acesso em: 2 maio 2020.

> DIREITO CIVIL. AGRAVO DE INSTRUMENTO. AÇÃO REVISIONAL DE PENSÃO ALIMENTÍCIA. ALEGAÇÃO DE REDUÇÃO DOS RENDIMENTOS MENSAIS DO ALIMENTANTE. EXISTÊNCIA DE PROVAS INDICIÁRIAS EM SENTIDO CONTRÁRIO. 1. Muito embora o agravante tenha afirmado estar passando por período de dificuldades financeiras, as provas existentes nos autos, consistentes em postagens em rede social, em que este ostenta poder aquisitivo, são suficientes para rechaçar suas razões. 2. Cada indivíduo tem autonomia para viver da maneira que lhe apraz. A conduta de cada um, todavia, transparece a forma como querem ser vistos por seus pares e, consequentemente, indicam qual a camada social a que pertencem ou, ao menos, almejam pertencer. 3. Por isso, ainda que uma pessoa não possua poder aquisitivo, a ostentação de bens materiais certamente traz bônus, sob o ponto de vista social. Todavia, do ponto de vista obrigacional, se constitui também em um ônus, que deve o alimentante, in casu, suportar. 4. Recurso a que se nega provimento. 1ª Câmara Cível. 25/03/2014 Agravo de Instrumento 319988-4 0012209-02.2013.8.17.0000.[20]

De sorte, a decisão acima coletada refere-se a um pedido revisional mediante a pretensão do devedor de alimentos, transferindo-se para ele o ônus da prova da diminuição de sua capacidade financeira, que restou não demonstrada e contraditória com o perfil exposto nas redes sociais.

Porém, quando a pretensão é do credor, cabendo-lhe o ônus probatório, em inúmeras situações a questão se mostra muito frágil na elaboração pelo Judiciário em primeiro grau, para concessão de tutela de urgência ou liminar, uma vez que são decisões que podem atender ao pleito do alimentando, independentemente da ouvida da parte contrária. Nesse sentido, é importante trazer elementos que contribuam para que o juiz possa fundamentar suas concessões *in limine*.

Muito se escreve sobre o valor probatório da *selfie* ou registro digital de ostentação de riquezas materiais.

É necessário ponderar também o elemento psicológico dessa ostentação, tendo em vista que pode representar apenas o desejo de um *status*, que não é real. Mas é importante, também, até para que se iniba essa "patologia", compreender que o *internauta* detém e deve assumir responsabilidade pelo que publica sobre o seu perfil, ainda que não corresponda à sua real situação financeira.

Formalmente, na teoria processual, a autoexposição não se constitui propriamente uma prova, mas sim um indício, pois representa o conhecimento de um fato, que pode levar a outro ainda desconhecido e que se pretende provar (a real disponibilidade financeira).

De qualquer forma, é importante ressaltar os processos legítimos e aceleradores que o julgador poderá utilizar para valorar o indício e viabilizar a busca da prova.

As chamadas regras da experiência[21] podem ser utilizadas pelo aplicador, diante dos indícios apresentados. Tais regras são máximas da experiência enquanto conjunto de juízos fundados sobre a observação do que de ordinário acontece, como exemplo, a incidência do percentual de inadimplemento injustificado no Brasil. É ordinariamente

---

[20] BRASIL. Tribunal de Justiça de Pernambuco. *Agravo de Instrumento nº 319988-4 0012209-02.2013.8.17.0000*. Disponível em: http://www.tjpe.jus.br/consultajurisprudenciaweb/xhtml/consulta/escolhaResultado.xhtml;jsessionid=alnXOMXl0uyFssWyB5bEGAf-6WHx2XWh0n9A7Ke8tNVmBKAeWNE3!314338341. Acesso em: 2 maio 2020.

[21] DIDIER JR., Fredie *et al. Curso de direito processual civil*. Salvador: JusPodivm, 2015. v. 2. p. 65.

sabido o comportamento cultural de reincidência da má-fé na sociedade brasileira, que é pautada por uma crise ética.

Além disso, elementos históricos e estatísticos, como a desigualdade material de gênero já mencionada no item anterior referente à efetividade dos alimentos, também poderão ser considerados como regra da experiência.

Trata-se de regra de experiência comum, de acordo com o previsto no art. 375 do CPC. Analisada juntamente com a denominada *notoriedade de um fato* levado ao conhecimento pela parte interessada através de notícia jornalística, por exemplo, poderá ensejar a convicção do magistrado para autorizar a ampla investigação probatória necessária e requerida por meio da quebra do sigilo bancário e fiscal do devedor.

A regra se destina, portanto, à apuração de fatos a partir de indícios, autorizando a elaboração da presunção judicial para fins de fixação dos alimentos.[22]

A riqueza aparente, ostentada nas redes sociais, portanto, revela um indício de disponibilidade do devedor de alimentos, induzindo e conferindo ao aplicador elementos para atender a tutelas de urgência que justifiquem a concessão liminar investigatória em face daquele que demonstra possuir riqueza, mas se mantém na condição de não assumir os seus deveres familiares de sustento e assistência material.

A presunção judicial forma-se na consciência do juiz: *conhecido o indício, desenvolve o raciocínio a partir da regra da experiência e estabelece a presunção.*[23]

Calca-se o magistrado pela presunção e, a partir da experiência, também conhecida como prova *prima facie*, de primeira aparência ou ainda por verossimilhança, considera, inclusive a possibilidade de inversão do ônus da prova.[24]

Toda essa possibilidade deve ser fortalecida na ideia de que o direito aos alimentos é um crédito privilegiado e um direito fundamental à subsistência do credor de alimentos, justificando a relativização da privacidade do devedor de alimentos, assim como o exercício mais frequente da concessão e fixação liminar a partir dos indícios. Não há aqui qualquer cerceamento de defesa do devedor, que será oportunizado à modificação da decisão concessiva, mas sim a garantia de que o critério emergencial dos alimentos seja mais célere e efetivo ao credor, máxime se este se encontrar em condição de vulnerabilidade cumulada (necessidade e condição pessoal).

V Conclusão

A obrigação familiar de alimentos detém uma peculiaridade que exige a aplicabilidade de presunções judiciais, porque visa atender a um direito fundamental à vida e sustentabilidade de um parente ou ex-cônjuge que esteja em situação de dependência total ou parcial de um dos genitores ou do outro *ex-par*.

A análise dos critérios de vulnerabilidade admite ao julgador a utilização de regras de experiência e notoriedade do fato, para atender, emergencialmente, a um direito valorado como essencial, por meio de presunção judicial a partir de indícios.

As regras de experiência são extraídas do costume e da cultura, com elementos históricos e estatísticos inegáveis e consolidados na sociedade, a exemplo da urgência

---

22 DIDIER JR., Fredie *et al. Curso de direito processual civil.* Salvador: JusPodivm, 2015. v. 2. p. 67.

23 DIDIER JR., Fredie *et al. Curso de direito processual civil.* Salvador: JusPodivm, 2015. v. 2. p. 71.

24 DIDIER JR., Fredie *et al. Curso de direito processual civil.* Salvador: JusPodivm, 2015. v. 2. p. 72.

exigida pela vulnerabilidade da mulher, autorizando a decisão fundada na presunção judicial.

O avanço da tecnologia e a reformulação da sociedade em sua forma de interação abriu um espaço virtual, de onde poderão ser extraídos elementos reais para a convicção do estado juiz e atendimento de pretensão legítima aos alimentos, favorecendo o credor dos alimentos no combate à má-fé do devedor de alimentos que possui disponibilidade e sonega a sua condição financeira, visando descumprir sua obrigação.

Diante do conflito entre o comprometimento do patrimônio do devedor e a vida e subsistência do credor dos alimentos, a valoração deve se estabelecer sobre o bem jurídico considerado mais fundamental à pessoa humana.

De sorte, vários aspectos do ambiente virtual poderão ser considerados pelo magistrado para uma valoração positiva do indício, autorizando o início de um procedimento investigativo da verdade real como prova, a exemplo da utilização do BacenJud, na quebra do sigilo do devedor de alimentos, não importando essa postura em qualquer violação de privacidade, posto que baseada em indícios valorados positivamente, além de estar em um ambiente que igualmente assegura o sigilo ao devedor, no critério de segredo de justiça que acompanha as demandas familiares.

A tecnologia, portanto, acena para uma perspectiva mais proativa do Judiciário, que diante de bens jurídicos fundamentais poderá aproveitar os elementos fornecidos por esta tecnologia para garantir o acesso à justiça daquele que se encontra em condição de vulnerabilidade.

Referências

BRASIL. *Código Civil*. Disponível em: http://www.planalto.gov.br/ccivil_03/leis/2002/l10406.htm. Acesso em: 2 maio 2020.

BRASIL. *Constituição da República Federativa do Brasil*. Disponível em: http://www.planalto.gov.br/ccivil_03/constituicao/constituicao.htm. Acesso em: 2 maio 2020.

BRASIL. Tribunal de Justiça de Pernambuco. *Agravo de Instrumento nº 319988-4 0012209-02.2013.8.17.0000*. Disponível em: http://www.tjpe.jus.br/consultajurisprudenciaweb/xhtml/consulta/escolhaResultado.xhtml;jsessionid=alnXOMXl0uyFssWyB5bEGAf-6WHx2XWh0n9A7Ke8tNVmBKAeWNE3!314338341. Acesso em: 2 maio 2020.

CARPIM, Stella Mara. *A era do exibicionismo digital*: o sentido da proliferação da selfie nas redes sociais. Monografia (Especialização em Comunicação Digital) – Escola de Comunicações e Artes, Universidade de São Paulo, São Paulo, 2014. Disponível em: http://doczz.com.br/doc/1384/a-era-do-exibicionismo-digital--o-sentido-da-prolifera%C3%A7%C3%A3o.... Acesso em: 2 maio 2020.

DIDIER JR., Fredie *et al*. *Curso de direito processual civil*. Salvador: JusPodivm, 2015. v. 2.

FARIAS, Cristiano Chaves; ROSENVALD, Nelson. *Curso de direito civil*: famílias. São Paulo: Atlas, 2015. v. 6.

LOBO, Paulo. *Direito civil*. Famílias. São Paulo: Saraiva Educação, 2019. v. 5.

LOBO, Paulo. *Direito civil*. Parte geral. São Paulo: Saraiva Educação, 2019. v. 1.

MADALENO, Rolf. *Curso de direito de família*. 5. ed. Rio de Janeiro: Forense, 2013.

MATOS, Ana Carla Harmatiuk; TEXEIRA, Ana Carolina Brochado. Os alimentos entre dogmática e efetividade. *Revista Brasileira de Direito Civil – RBDCilvil*, Belo Horizonte, v. 12, p. 75-92, abr./jun. 2017.

MIRANDA, Pontes de. *Direito de família*. São Paulo: Livraria Acadêmica Saraiva & C., 1917.

OIT – ORGANIZAÇÃO INTERNACIONAL DO TRABALHO. *Lacunas de gênero persistentes no trabalho exigem a adoção de medidas transformadoras na América Latina e no Caribe*. 27 ago. 2019. Disponível em: https://www.ilo.org/brasilia/noticias/WCMS_716777/lang--pt/index.htm. Acesso em: 2 maio 2020.

SCHREIBER, Anderson. *Direitos da personalidade*. São Paulo: Atlas, 2011.

TREVISAN, Karina. Participação das mulheres no mercado de trabalho segue menor que a dos homens, diz OIT, 2018. *G1*, 7 mar. 2018. Disponível em: https://g1.globo.com/economia/concursos-e-emprego/noticia/participacao-das-mulheres-no-mercado-de-trabalho-segue-menor-que-a-dos-homens-diz-oit.ghtml. Acesso em: 2 maio 2020.

Informação bibliográfica deste texto, conforme a NBR 6023:2018 da Associação Brasileira de Normas Técnicas (ABNT):

HOLANDA, Maria Rita de. Tecnologia no combate à má-fé do devedor de alimentos: a presunção judicial da riqueza aparente. *In*: EHRHARDT JÚNIOR, Marcos; CATALAN, Marcos; MALHEIROS, Pablo (Coord.). *Direito Civil e tecnologia*. Belo Horizonte: Fórum, 2020. p. 347-359. ISBN 978-65-5518-036-7.

NOVAS TECNOLOGIAS DE DETERMINAÇÃO DA PATERNIDADE E INÍCIO DO PRAZO PRESCRICIONAL NA AÇÃO DE PETIÇÃO DE HERANÇA

LUCAS ABREU BARROSO

LORENZO CASER MILL

1 Abertura

Considerada a transmissão automática da herança com a morte (*droit de saisine*), *i. e.*, uma transmissão *ipso iure*, os herdeiros investem-se legalmente na totalidade do patrimônio do falecido, que será objeto de inventário e, se for o caso, de partilha.

Contudo, cumpre observar que, fortuitamente ou não, em detrimento dos herdeiros, o acervo hereditário, ou parte dele, pode ser transmitido a quem não possui título sucessório, ou mesmo restar vacante. Há também a possibilidade da transmissão da herança a pessoas com título sucessório, todavia, com preterição de outras pessoas em idêntica situação jurídica. Para todos esses casos, o direito brasileiro disciplinou a ação de petição de herança.

Este estudo abordará a *petitio hereditatis* a partir da natureza jurídica, para, em seguida, adentrar na problemática do prazo prescricional, com destaque para o início de sua contagem. Por fim, tecerá crítica na esteira do recente posicionamento do Superior Tribunal de Justiça em virtude da aplicação da teoria da *actio nata subjetiva* quando a condição de herdeiro depender de prévio reconhecimento judicial, com força bastante para perenizar conflitos patrimoniais, sobretudo se consideradas as novas tecnologias de determinação da paternidade.

2 A petição de herança e sua natureza jurídica

O Código Civil dispõe sobre a ação de petição de herança (*petitio hereditatis*) no art. 1.824, voltada ao herdeiro que pretenda "demandar o reconhecimento de seu direito sucessório". Tem como objetivo a "restituição da herança, ou de parte dela, contra quem, na qualidade de herdeiro, ou mesmo sem título, a possua".

Tal ação almeja a "declaração da qualidade de herdeiro, como também a restituição do patrimônio deixado pelo *de cujus* ao patrimônio do herdeiro em melhor situação sucessória, mas que da sucessão se encontra afastado".[1]

Parece claro, quanto à natureza jurídica, que a ação de petição de herança conserva natureza mista,[2] sendo, simultaneamente, declaratória e condenatória.[3]

Isso porque o que se pede é o reconhecimento da qualidade de herdeiro do demandante em relação à sucessão por morte de determinada pessoa (natureza declaratória) e, por consequência e derivação,[4] a restituição do todo ou de parte da herança que por direito lhe couber,[5] configurando uma prestação (natureza condenatória).

Essa particularidade já seria suficiente para suscitar a questão do prazo extintivo da pretensão do exercício do direito de ação, conforme será abordado no tópico seguinte. No entanto, antes de se concluir pela natureza jurídica da petição de herança como ação declaratória e condenatória, deve-se tê-la essencialmente como uma *ação real*, uma vez que se pode exercê-la "contra qualquer terceiro possuidor e se destina a reivindicar os bens da herança".[6]

Nas palavras de Torrano:

> se o pedido de restituição da herança, ou de parte dela, é o elemento identificador da petição de herança, a sua natureza é real, uma vez que, atente-se, o direito por ela assegurado, no tocante a essa devolução dos bens hereditários, é o domínio deles ao herdeiro por ocasião da abertura da sucessão transmitido. E domínio é direito real (art. 1.225, inc. I do CC), o que implica ser real a natureza jurídica da dita ação.[7]

Demonstra também sua natureza real a similitude com a ação reivindicatória, embora com esta não se confunda. Para Theodoro Júnior:

> não há diferença substancial entre a ação de petição de herança e a ação reivindicatória. O que as distingue, praticamente, é que a petição de herança tem caráter *universal*, isto é, com ela visa-se a uma universalidade, que é o patrimônio deixado pelo *de cujus*. Já a reivindicatória, propriamente dita, é sempre uma ação *singular* ou particular, ou seja, uma demanda em torno apenas de coisa ou coisas individualizadas.[8]

---

1 HIRONAKA, Giselda Maria Fernandes Novaes. *Comentários ao Código Civil*. São Paulo: Saraiva, 2003. v. 20. p. 193.

2 PORTO, Mário Moacyr. Ações de investigação de paternidade ilegítima e petição de herança – Estudo de direito comparado. *In*: CAHALI, Francisco Jose; CAHALI, Yussef Said (Org.). *Doutrinas essenciais* – Família e sucessões. São Paulo: Revista dos Tribunais, 2011. v. 4. p. 263-271. Versão digital; AUBRY, Charles; RAU, Charles. *Droit civil français*. 6. ed. par Paul Esmein. Paris: Librairies Techiniques, 1954. t. X. §16, n. 2.

3 Vale recordar que Pontes de Miranda rechaçava a ideia da ação meramente declarativa (ou declaratória), pois além da declaração outras eficácias "variam e mostram a especialidade das ações declarativas e das sentenças declarativas" (PONTES DE MIRANDA, Francisco Cavalcanti. *Tratado das ações*. São Paulo: Revista dos Tribunais, 2016. t. 2. p. 40; 119-120).

4 MORAES, Walter. *Programa de direito das sucessões*: teoria geral e sucessão legítima. 2. ed. São Paulo: Revista dos Tribunais, 1980. p. 91.

5 GOMES, Orlando. *Sucessões*. Rio de Janeiro: Forense, 1970. p. 282; HIRONAKA, Giselda Maria Fernandes Novaes. *Comentários ao Código Civil*. São Paulo: Saraiva, 2003. v. 20. p. 193.

6 RUGGIERO, Roberto de. *Instituições de direito civil*. Campinas: Bookseller, 1999. v. 3. p. 657. §131.

7 TORRANO, Luiz Antônio Alves. *Petição de herança*. Dissertação (Mestrado em Direito) – Departamento de Direito, Pontifícia Universidade Católica de São Paulo, São Paulo, 2007. p. 21.

8 THEODORO JÚNIOR, Humberto. A petição de herança encarada principalmente dentro do prisma do direito processual civil. *In*: CAHALI, Francisco Jose; CAHALI, Yussef Said (Org.). *Doutrinas essenciais* – Família e sucessões. São Paulo: Revista dos Tribunais, 2011. v. 6. p. 225-252. Versão digital.

Por isso, a petição de herança "está para a herança como a reivindicatória para a propriedade. Descansa a mesma na postulação da qualidade de herdeiro e se lograr sair vitorioso na demanda, adquirirá o autor direito de receber a herança reclamada, ou o quinhão hereditário que lhe couber".[9]

É, a petição de herança, assim como a reivindicatória para a propriedade, uma reivindicação do título hereditário, o qual confere subjetivamente a qualidade pessoal de herdeiro e objetivamente a transferência patrimonial.[10] Trata-se, enfim, de ação real, mas também universal, dadas: (i) a previsão do direito à sucessão como bem imóvel (art. 80, II, CC) e (ii) a indivisibilidade da herança enquanto um todo unitário (art. 1.791, CC).

3 (In)adequação do prazo prescricional geral do Código Civil?

Considerada a petição de herança uma ação de natureza jurídica mista, portanto, declaratória e condenatória, tem-se uma dualidade no que tange ao prazo extintivo da pretensão para o exercício do direito de ação: sua natureza declaratória impõe a imprescritibilidade, haja vista que "o conceito de ação declaratória é visceralmente inconciliável com os institutos da prescrição e da decadência";[11] enquanto a natureza condenatória remeteria à prescrição do direito material que se visa tutelar, adotando-se o prazo de dez anos diante da ausência de previsão legal específica (art. 205, CC).

Esse foi o raciocínio operado pela jurisprudência, que optou pela prescritibilidade da petição de herança nos moldes de qualquer outra ação patrimonial: seria ela puramente econômica, e não uma ação de estado, consoante a transcrição quase exata da lição de Theodoro Júnior:[12] "a ação de investigação de paternidade, sim, como ação declaratória de estado, não incorreria jamais em prescrição, mesmo porque, em princípio, nenhuma ação puramente declaratória se sujeita a prescrição; já a *hereditatis petitio* seria passível de prescrição", dada sua vinculação a direitos subjetivos de índole patrimonial. Em resumo, transcorrido o prazo de dez anos, a pretensão à herança seria destituída do seu caráter econômico e se restringiria à certeza de um *status*, transformando-se em mera ação declaratória sem qualquer fim sucessório.[13]

Entretanto, atentando-se à natureza jurídica da petição de herança como ação real, a característica da perpetuidade da propriedade impõe sua imprescritibilidade. Desse modo, como na doutrina de Orlando Gomes, subsiste a ação de petição de herança no tempo em que perdurar o direito de propriedade do herdeiro, não se sujeitando à prescrição.[14]

---

9 MONTEIRO, Washington de Barros. Da ação de reivindicação. *Revista da Faculdade de Direito da USP*, v. 60, p. 148-165, 1965. p. 152-153.

10 RUGGIERO, Roberto de. *Instituições de direito civil*. Campinas: Bookseller, 1999. v. 3. p. 657. §131.

11 AMORIM FILHO, Agnelo. Critério científico para distinguir a prescrição da decadência e para identificar as ações imprescritíveis. *Revista de Direito Civil Contemporâneo*, v. 7, p. 343-375, abr./jun. 2016. p. 11.

12 THEODORO JÚNIOR, Humberto. A petição de herança encarada principalmente dentro do prisma do direito processual civil. *In*: CAHALI, Francisco Jose; CAHALI, Yussef Said (Org.). *Doutrinas essenciais* – Família e sucessões. São Paulo: Revista dos Tribunais, 2011. v. 6. p. 225-252. Versão digital.

13 PORTO, Mário Moacyr. Ações de investigação de paternidade ilegítima e petição de herança – Estudo de direito comparado. *In*: CAHALI, Francisco Jose; CAHALI, Yussef Said (Org.). *Doutrinas essenciais* – Família e sucessões. São Paulo: Revista dos Tribunais, 2011. v. 4. p. 263-271. [Versão digital.

14 GOMES, Orlando. *Sucessões*. Rio de Janeiro: Forense, 1970. p. 287.

No mesmo sentido, Giselda Hironaka:

> A petição de herança não prescreve. A ação é imprescritível, podendo, por isso, ser intentada a qualquer tempo. Isso assim se passa porque a qualidade de herdeiro não se perde (*semei heres semper heres*), assim como o não exercício do direito de propriedade não lhe causa a extinção. A herança é transferida ao sucessor no momento mesmo da morte de seu autor, e, como se viu, isso assim se dá pela transmissão da propriedade do todo hereditário. Toda essa construção, coordenada, implica o reconhecimento da imprescritibilidade da ação.[15]

Não obstante, como acima enunciado, a jurisprudência firmou-se no sentido da prescritibilidade da ação de petição de herança, nos moldes de qualquer outra ação patrimonial. Trata-se, entretanto, de entendimento que não dialoga adequadamente com a disciplina dos direitos reais. Ainda na vigência do Código Civil de 1916, o STF editou a Súmula nº 149, da qual derivou o prazo de vinte anos para extinção da pretensão do exercício do direito da ação; com o advento do diploma civil de 2002, os tribunais reiteradamente indicam o prazo prescricional geral do art. 205 do Código Civil de dez anos.[16]

4 A questão do início da contagem do prazo prescricional

A dogmática há muito estabeleceu a data da abertura da sucessão como o início do prazo prescricional da ação de petição de herança (STF, RE nº 74.100/SE). Assim, o exercício do direito de ação do herdeiro preterido surge "precisamente [d]o apossamento da herança por terceiro a partir do momento da abertura da sucessão. Daí por que se firmou a jurisprudência do Pretório Excelso no sentido de que o *dies a quo* da contagem prescricional é o da abertura da sucessão",[17] respeitando-se as regras atinentes ao impedimento e à suspensão da prescrição (arts. 197 a 199, CC), como também as relativas à sua interrupção (art. 202, CC).[18]

Por outro lado, os tribunais superiores demoraram longo tempo até firmar entendimento em torno da prescrição em outras relevantes hipóteses correlatas, em especial quando a condição de herdeiro depende de prévio reconhecimento judicial, p. ex., investigação de paternidade *post mortem*. Aplicando-se a regra acima, poderia acabar por punir com a prescrição aquele que propôs a ação de petição de herança somente depois da obtenção do reconhecimento judicial da sua condição de herdeiro.

Recentemente, a Terceira Turma do Superior Tribunal de Justiça, no REsp nº 1.368.677/MG, determinou:

> nas hipóteses de reconhecimento *post mortem* da paternidade, o prazo para o herdeiro preterido buscar a nulidade da partilha e reivindicar a sua parte na herança só se inicia a partir do trânsito em julgado da ação de investigação de paternidade, quando resta confirmada a sua condição de herdeiro.

---

[15] HIRONAKA, Giselda Maria Fernandes Novaes. *Comentários ao Código Civil*. São Paulo: Saraiva, 2003. v. 20. p. 196.

[16] TARTUCE, Flávio. *Direito civil*. 13. ed. São Paulo: Método, 2020. v. 6. p. 136-137.

[17] THEODORO JÚNIOR, Humberto. A petição de herança encarada principalmente dentro do prisma do direito processual civil. *In*: CAHALI, Francisco Jose; CAHALI, Yussef Said (Org.). *Doutrinas essenciais* – Família e sucessões. São Paulo: Revista dos Tribunais, 2011. v. 6. p. 225-252. Versão digital.

[18] TARTUCE, Flávio. *Direito civil*. 13. ed. São Paulo: Método, 2020. v. 6. p. 139.

O novel entendimento do colegiado, amparado em precedentes específicos da própria turma, aplicou a teoria da *actio nata subjetiva*.

Cumpre registrar que tal orientação jurisprudencial não se estende ao herdeiro já reconhecido por ocasião do inventário e da partilha, sendo outra, neste particular, a controvérsia: se o termo inicial do prazo deve ser a data da abertura da sucessão ou a data da partilha dos bens. Tudo indica que a melhor resposta se encontra na data da partilha dos bens, pois antes da partilha o herdeiro poderá pleitear seu quinhão, habilitando-se no inventário (art. 628, CPC).[19]

Tanto na hipótese de sua imprescritibilidade, quanto pela demonstrada aplicação da teoria da *actio nata subjetiva* à petição de herança, a pretensão do exercício do direito desta ação pode persistir por longo período de tempo, perenizando discussões jurídicas de caráter exclusivamente patrimonial.[20] Quiçá a solução menos traumática seja a do início da contagem do decênio também a partir da data da partilha dos bens, quando efetivamente tem cabimento a ação de petição de herança.[21]

5 Novas tecnologias de determinação da paternidade e o prazo extintivo da pretensão do exercício do direito de ação na petição de herança

A instabilidade de direito material-processual tende a aumentar quando novas tecnologias de determinação da paternidade ampliam seguidamente os horizontes da filiação-paternidade, com impacto direto no campo jurídico quanto aos limites e às possibilidades da ação de petição de herança.

Até pouco tempo atrás, o Superior Tribunal de Justiça vedava a relativização da coisa julgada em prol da utilização de tecnologias mais avançadas de determinação do vínculo parental biológico, exceto nos casos em que a improcedência anterior havia se dado por insuficiência de provas.[22]

Exemplificando, em 2009, o Superior Tribunal de Justiça, no julgamento do AgRg no REsp nº 646.140/SP, desproveu a tentativa de relativização da coisa julgada em ação declaratória de negativa de paternidade, mesmo tendo sido a decisão anterior proferida com base em tecnologia já superada.

Em idêntica direção, em 2013, no julgamento do AgRg no REsp nº 929.773/RS, o Superior Tribunal de Justiça não admitiu

---

19 OLIVEIRA, Carlos Eduardo Elias de. Decênio prescricional da ação de petição de herança começa com o fim da partilha. *Revista Consultor Jurídico*, 5 fev. 2019. Disponível em: https://www.conjur.com.br/2019-fev-05/carlos-oliveira-inicio-prescricao-acao-peticao-heranca. Acesso em: 28 mar. 2020.

20 OLIVEIRA, Carlos Eduardo Elias de. Decênio prescricional da ação de petição de herança começa com o fim da partilha. *Revista Consultor Jurídico*, 5 fev. 2019. Disponível em: https://www.conjur.com.br/2019-fev-05/carlos-oliveira-inicio-prescricao-acao-peticao-heranca. Acesso em: 28 mar. 2020: "Imagine, por exemplo, que um indivíduo proponha uma ação de investigação de paternidade *post mortem* depois de 50 anos da partilha de bens do suposto pai. Em vencendo a ação, ele ainda terá 10 anos para ajuizar a ação de petição de herança, o que, na prática, exporia os herdeiros que fizeram a partilha a terem de pagar o quinhão do filho preterido após 60 anos. Não nos parece adequada essa imortalidade de discussões patrimoniais".

21 OLIVEIRA, Carlos Eduardo Elias de. Decênio prescricional da ação de petição de herança começa com o fim da partilha. *Revista Consultor Jurídico*, 5 fev. 2019. Disponível em: https://www.conjur.com.br/2019-fev-05/carlos-oliveira-inicio-prescricao-acao-peticao-heranca. Acesso em: 28 mar. 2020.

22 REsp nº 226.436/PR e REsp nº 826.698/MS, entre outros. Ver também STF, RE nº 363.889/DF.

o ajuizamento de nova ação para comprovar a paternidade mediante a utilização de exame de DNA, em caso no qual o pedido anterior foi julgado improcedente com base em prova pericial produzida de acordo com a tecnologia então disponível, a qual excluiu expressamente o pretendido vínculo genético, em face da impossibilidade de duas pessoas do tipo sanguíneo "O" gerarem um filho do grupo "A".

Em breve recapitulação da literatura médica, Mattos Filho[23] relata que, até o final da década de oitenta do século passado, a ciência dispunha dos testes envolvendo os antígenos eritrocitários (ABO, Rh, Kell, Duffy, MNSs etc.) e o sistema antígeno leucocitário humano (HLA). Aplicando-se simultaneamente as duas classes de exames era possível a exclusão de cerca de 90% dos falsos pais biológicos nos casos em que o suposto pai estivesse vivo e disponível.

Com o advento do exame de DNA, houve um significativo progresso em face de certas eventualidades, sobretudo quando as probabilidades de paternidade, calculadas por meio dos testes convencionais, eram baixas ou de magnitude insuficiente para que a paternidade biológica fosse claramente determinada. Tratava-se do primeiro exame que excluía praticamente 100% da falsa parentalidade, possibilitando o cálculo de probabilidade de paternidade em percentuais iguais ou superiores a 99,9%.[24]

Acrescida a este cenário a possibilidade de se realizar testes de DNA com coleta em material cadavérico, embora as condições de sepultamento possam afetar a qualidade do material coletado, tem-se que a tecnologia hoje disponível trouxe novas e mais desafiadoras demandas ao direito das sucessões.

É indubitável, em termos estatísticos e qualitativos, que a técnica do DNA, e seus constantes aprimoramentos, ofereceu um substancial aumento no grau de confiabilidade às causas de investigação de paternidade; por outro lado, compele à literatura jurídica e aos tribunais debaterem acerca da relativização da coisa julgada e da perenização da petição de herança.

Transpondo a relativização da coisa julgada em causas envolvendo a investigação de paternidade ou mesmo o reconhecimento tardio do vínculo paterno-filial, a ação de petição de herança poderá ser ajuizada muitos anos depois da morte do sucedido, o que impactará não apenas em situações acobertadas por decisões judiciais, mas também em partilhas realizadas em serventias extrajudiciais.

Com a licença dos posicionamentos discordantes, parece bastante aceitável uma incessante procura pelo reconhecimento do vínculo paternal biológico.[25] Portanto, no que concerne à petição de herança, o decurso do tempo, a estabilidade das relações sociais e a segurança da experiência processual não deveriam ser justificativas suficientes para impedir que o herdeiro, após obter a declaração de sua condição como tal, possa pleitear seu quinhão hereditário.

---

[23] MATTOS FILHO, João Lélio Peake de. Investigação de paternidade com suposto pai falecido – Atualização médico-pericial. Descrição dos primeiros casos brasileiros empregando o exame de DNA – Possibilidades e limitações. *Revista dos Tribunais*, ano 84, n. 722, p. 359-364, dez. 1995. p. 359-360.

[24] DUZ, Lana Maximiano. *Evolução tecnológica dos exames de paternidade e sua validade jurídica*. Dissertação (Mestrado em Odontologia Legal e Deontologia) – Faculdade de Odontologia de Piracicaba, Universidade Estadual de Campinas, Piracicaba, 2007. p. 24.

[25] STF, RE nº 248.869/SP: "Assegurar à criança o direito à dignidade, ao respeito e à convivência familiar pressupõe reconhecer seu legítimo direito de saber a verdade sobre sua paternidade, decorrência lógica do direito à filiação (CF, artigos 226, §§3º, 4º, 5º e 7º; 227, §6º)".

Conquanto muito lentamente, essa tendência parece indicar uma mudança de paradigma, pois é inegável que o avanço tecnológico nas áreas médica e da biogenética tem proporcionado técnicas cada vez mais sofisticadas e confiáveis para a investigação de paternidade, que ao confirmar o vínculo biológico entre investigante e investigado, faz nascer pretensão exercível por meio da ação de petição de herança.

Nesse sentido, a Quarta Turma do Superior Tribunal de Justiça, ao apreciar o AgInt no REsp nº 1.563.150/MG (j. 11.10.2016), determinou que fosse realizado novo exame de DNA, por métodos mais avançados, considerando a degradação óssea do investigado, falecido havia mais de trinta anos, e a reiterada recusa dos herdeiros em realizar a perícia indireta. O laudo do primeiro exame de DNA resultou inconclusivo. Assim, "a definitiva imprestabilidade do exame de DNA no falecido só poderá ser atestada após a realização do exame pela técnica mais apurada", nas palavras do relator, Min. Luís Felipe Salomão.

Destarte, a utilização de novas tecnologias de determinação da paternidade cada vez mais terá o condão de prorrogar indefinidamente a ação de petição de herança, quando considerada a posição atual do Superior Tribunal de Justiça acerca do início do prazo prescricional da *petitio hereditatis* – somente a partir do trânsito em julgado da ação de investigação de paternidade. Sobremodo, quando admitida a relativização da coisa julgada, seja, como hoje, por insucesso da causa anterior por falta de provas, seja, se admitida, pela possibilidade proporcionada por técnica mais apurada.

Afinal, não seria mesmo a ação de petição de herança imprescritível?

Este debate está apenas começando...

Referências

AMORIM FILHO, Agnelo. Critério científico para distinguir a prescrição da decadência e para identificar as ações imprescritíveis. *Revista de Direito Civil Contemporâneo*, v. 7, p. 343-375, abr./jun. 2016.

AUBRY, Charles; RAU, Charles. *Droit civil français*. 6. ed. par Paul Esmein. Paris: Librairies Techiniques, 1954. t. X.

BRASIL. Superior Tribunal de Justiça. AgInt no REsp nº 1.563.150/MG. 4. T. Rel. Min. Luis Felipe Salomão, j. 11.10.2016. *Diário de Justiça Eletrônico*, Brasília-DF, 19 out. 2016. Disponível em: https://ww2.stj.jus.br/processo/revista/inteiroteor/?num_registro=201502717379&dt_publicacao=19/10/2016. Acesso em: 29 mar. 2020.

BRASIL. Superior Tribunal de Justiça. AgRg no REsp nº 646.140/SP. 4. T. Rel. Min. João Otávio de Noronha, j. 3.9.2009. *Diário de Justiça Eletrônico*, Brasília-DF, 14 set. 2009. Disponível em: https://ww2.stj.jus.br/processo/revista/inteiroteor/?num_registro=200400378860&dt_publicacao=14/09/2009. Acesso em: 29 mar. 2020.

BRASIL. Superior Tribunal de Justiça. AgRg no REsp nº 929.773/RS. 4. T. Rel. Min. Maria Isabel Gallotti, j. 6.12.2012. *Diário de Justiça Eletrônico*, Brasília-DF, 4 fev. 2013. Disponível em: https://ww2.stj.jus.br/processo/revista/inteiroteor/?num_registro=200700428660&dt_publicacao=04/02/2013. Acesso em: 29 mar. 2020.

BRASIL. Superior Tribunal de Justiça. REsp nº 1.368.677/MG. 3. T. Rel. Min. Paulo de Tarso Sanseverino, j. 5.12.2017. *Diário de Justiça Eletrônico*, Brasília-DF, 15 fev. 2018. Disponível em: https://ww2.stj.jus.br/processo/revista/inteiroteor/?num_registro=201300444205&dt_publicacao=15/02/2018. Acesso em: 29 mar. 2020.

BRASIL. Superior Tribunal de Justiça. REsp nº 226.436/PR. 4. T. Rel. Min. Sálvio de Figueiredo Teixeira, j. 28.6.2001. *Diário de Justiça*, Brasília-DF, 4 fev. 2002. Disponível em: https://ww2.stj.jus.br/processo/revista/inteiroteor/?num_registro=199900714989&dt_publicacao=04/02/2002. Acesso em: 29 mar. 2020.

BRASIL. Superior Tribunal de Justiça. REsp nº 826.698/MS. 3. T. Rel. Min. Nancy Andrighi, j. 6.5.2008. *Diário de Justiça Eletrônico*, Brasília-DF, 23 maio 2008. Disponível em: https://ww2.stj.jus.br/processo/revista/inteiroteor/?num_registro=200600392333&dt_publicacao=23/05/2008. Acesso em: 29 mar. 2020.

BRASIL. Supremo Tribunal Federal. RE nº 248.869/SP. T. Pleno. Rel. Min. Maurício Corrêa, j. 7.8.2003. *Diário de Justiça*, Brasília-DF, p. 00052, 12 mar. 2004. Disponível em: http://portal.stf.jus.br/processos/detalhe.asp?incidente=1760211. Acesso em: 29 mar. 2020.

BRASIL. Supremo Tribunal Federal. RE nº 363.889/DF. T. Pleno. Rel. Min. Dias Toffoli, j. 2.6.2011. *Diário de Justiça Eletrônico*, Brasília-DF, 16 dez. 2011. Disponível em: http://portal.stf.jus.br/processos/detalhe.asp?incidente=2072456. Acesso em: 29 mar. 2020.

BRASIL. Supremo Tribunal Federal. RE nº 74.100/SE. 2. T. Rel. Min. Antonio Neder, j. 21.8.1972. *Diário de Justiça*, Brasília-DF, p. 06291, 22 set. 1972. Disponível em: http://stf.jus.br/portal/jurisprudencia/listarJurisprudencia.asp?s1=%2874100%29&base=baseAcordaos&url=http://tinyurl.com/y49tz6ey. Acesso em: 29 mar. 2020.

DUZ, Lana Maximiano. *Evolução tecnológica dos exames de paternidade e sua validade jurídica*. Dissertação (Mestrado em Odontologia Legal e Deontologia) – Faculdade de Odontologia de Piracicaba, Universidade Estadual de Campinas, Piracicaba, 2007.

GOMES, Orlando. *Sucessões*. Rio de Janeiro: Forense, 1970.

HIRONAKA, Giselda Maria Fernandes Novaes. *Comentários ao Código Civil*. São Paulo: Saraiva, 2003. v. 20.

MATTOS FILHO, João Lélio Peake de. Investigação de paternidade com suposto pai falecido – Atualização médico-pericial. Descrição dos primeiros casos brasileiros empregando o exame de DNA – Possibilidades e limitações. *Revista dos Tribunais*, ano 84, n. 722, p. 359-364, dez. 1995.

MONTEIRO, Washington de Barros. Da ação de reivindicação. *Revista da Faculdade de Direito da USP*, v. 60, p. 148-165, 1965.

MORAES, Walter. *Programa de direito das sucessões*: teoria geral e sucessão legítima. 2. ed. São Paulo: Revista dos Tribunais, 1980.

OLIVEIRA, Carlos Eduardo Elias de. Decênio prescricional da ação de petição de herança começa com o fim da partilha. *Revista Consultor Jurídico*, 5 fev. 2019. Disponível em: https://www.conjur.com.br/2019-fev-05/carlos-oliveira-inicio-prescricao-acao-peticao-heranca. Acesso em: 28 mar. 2020.

PONTES DE MIRANDA, Francisco Cavalcanti. *Tratado das ações*. São Paulo: Revista dos Tribunais, 2016. t. 2.

PORTO, Mário Moacyr. Ações de investigação de paternidade ilegítima e petição de herança – Estudo de direito comparado. *In*: CAHALI, Francisco Jose; CAHALI, Yussef Said (Org.). *Doutrinas essenciais* – Família e sucessões. São Paulo: Revista dos Tribunais, 2011. v. 4. Versão digital.

RUGGIERO, Roberto de. *Instituições de direito civil*. Campinas: Bookseller, 1999. v. 3.

TARTUCE, Flávio. *Direito civil*. 13. ed. São Paulo: Método, 2020. v. 6.

THEODORO JÚNIOR, Humberto. A petição de herança encarada principalmente dentro do prisma do direito processual civil. *In*: CAHALI, Francisco Jose; CAHALI, Yussef Said (Org.). *Doutrinas essenciais* – Família e sucessões. São Paulo: Revista dos Tribunais, 2011. v. 6. Versão digital.

TORRANO, Luiz Antônio Alves. *Petição de herança*. Dissertação (Mestrado em Direito) – Departamento de Direito, Pontifícia Universidade Católica de São Paulo, São Paulo, 2007.

Informação bibliográfica deste texto, conforme a NBR 6023:2018 da Associação Brasileira de Normas Técnicas (ABNT):

BARROSO, Lucas Abreu; MILL, Lorenzo Caser. Novas tecnologias de determinação da paternidade e início do prazo prescricional na ação de petição de herança. *In*: EHRHARDT JÚNIOR, Marcos; CATALAN, Marcos; MALHEIROS, Pablo (Coord.). *Direito Civil e tecnologia*. Belo Horizonte: Fórum, 2020. p. 361-368. ISBN 978-65-5518-036-7.

A COVID-19, O FORMALISMO DO TESTAMENTO E A REFLEXÃO SOBRE O POSSÍVEL PAPEL DA TECNOLOGIA

RODRIGO MAZZEI

BERNARDO AZEVEDO FREIRE

I Notas introdutórias acerca do planejamento sucessório e do testamento

Em meio ao caos provocado pela pandemia do Covid-19, é natural que ocorram reflexões pessoais sobre determinadas posturas adotadas, notadamente quando estas podem ter desdobramentos futuros. A referida pandemia certamente acarretou o aumento expressivo de consultas acerca da lavratura de testamentos, pois as pessoas, diante de um cenário concreto, perceberam que o assunto, por diversos motivos, não era tratado como relevante.

Importante registrar que, nesse momento, a reflexão da população não surge da ideia de que determinado indivíduo imagina que será uma vítima direta da Covid-19, mas, sim, de que, como qualquer pessoa natural, sujeita-se a situações que fogem ao seu controle e de que o ciclo de vida é temporário. Enfim, a ideia da "finitude humana" parece ter despertado em grande número de pessoas a importância de se deliberar em vida sobre a sucessão *causa mortis*.

Nessa perspectiva, torna-se pertinente tecer alguns comentários sobre planejamento sucessório e testamentos.

Inicialmente, não se pode confundir *elaboração de testamento* com *planejamento sucessório*, pois a primeira é apenas uma das ferramentas para a execução do segundo. O *planejamento sucessório* é um procedimento muito mais complexo, em que se analisará toda a realidade patrimonial da pessoa e seus anseios sobre a sua distribuição. Não se trata apenas da destinação/divisão de bens para determinadas pessoas, mas da adoção de medidas a serem executadas, como: (a) criação de mecanismos para a proteção de pessoas em situação de fragilidade; (b) previsão de reserva e fluxo de caixa para a subsistência familiar; (c) manutenção de negócios empresariais; e (d) posicionamento adequado dos bens ante as necessidades dos herdeiros.

Não há um modelo exato para o desenho do planejamento sucessório, porquanto as relações familiares e o acervo patrimonial de cada pessoa são invulgares, extraindo-se peculiaridades de cada caso. No particular, deve-se dizer que o planejamento sucessório pode ser feito a partir de várias operações firmadas em negócios jurídicos por *ato inter vivos*, como a partilha em vida (art. 2.018 do Código Civil) e as doações com reserva de usufruto dos bens, sendo possível ao doador estipular que os bens doados voltem ao seu patrimônio, se sobreviver ao donatário (art. 547 do Código Civil). De toda sorte, em tais hipóteses não há liberdade ampla ao doador, sendo consideradas nulas as doações que não reservem bens para a sua subsistência, ou quando o negócio jurídico extrapola a metade do patrimônio do doador, caso este possua herdeiros necessários (arts. 548 e 549 do Código Civil).

Em se tratando de patrimônio que envolve cotas societárias, é possível a estruturação de *holding familiar*, definindo-se, em participações, a divisão e até a gestão da sociedade em caso de falecimento do autor da herança. De outra banda, com olhos em titularidades imobiliárias que permitem cisões e incidência de direitos reais em favor de terceiros (= *herdeiros*), admite-se que sejam elaborados negócios jurídicos que garantam a moradia (por exemplo, através de direito de habitação ou de uso) ou, ainda, que permitam o uso e a extração de frutos de determinados bens (por exemplo, através de usufruto e/ou direito de superfície). A célere exemplificação, portanto, demonstra que o planejamento sucessório pode estar escorado em operações nas quais o titular do patrimônio acompanhe a sua execução em vida, não tendo que aguardar a transferência de titularidade aos herdeiros somente após o seu falecimento (situação que ocorre quando a opção é o testamento).

O planejamento sucessório reclama o desenvolvimento de trabalho detalhado e personalizado, em que se examine concretamente a realidade patrimonial do indivíduo e os seus anseios, sendo fundamental, ainda, que se permita a inserção de ajustes ao longo do tempo, considerando que a dinâmica da vida pode alterar o quadro fático inicial. Nesse sentido, como o planejamento sucessório leva em consideração dados atuais, é inevitável que ocorra a sua constante revisitação, tanto no plano patrimonial quanto nos aspectos das relações pessoais. Não é ocasional, inclusive, que nos meses de maio e junho ocorra maior movimento nas bancas de advocacia que trabalham com planejamento sucessório, pois o cliente, ao fechar o imposto de renda no findar de abril (data limite da declaração do IR), acaba por verificar a necessidade de eventual alteração no planejamento sucessório, em decorrência de mudança patrimonial no seu acervo (por exemplo, a aquisição ou venda de determinado ativo).

As colocações acima se justificam para demonstrar que *planejamento sucessório* não é sinônimo de *testamento*, sendo este, em verdade, uma das ferramentas fundamentais na formatação do primeiro (como também outros negócios jurídicos). No ponto, saliente-se que, em grande parte dos casos, o testamento, analisado de forma isolada, não se mostra apto para atender com eficiência aos anseios do testador.

De todo modo, em relação à elaboração do testamento, importa tecer algumas considerações, pois a sua feitura de forma corrida, açodada, poderá provocar resultado contrário ao que era almejado quando da sua elaboração. Com efeito, o testamento é um *negócio jurídico* que está atrelado a vários aspectos formais, de modo que, em determinados casos, não sendo seguida a modulação legal, o instrumento restará acoimado de nulidade, sem prejuízo de hipóteses em que restará rompido ou até alvejado pela caducidade.

É de conhecimento vulgar que na elaboração do testamento é necessário respeitar a "legítima" em caso de presença de herdeiros necessários (cônjuge/companheiro sobrevivente, descendentes e ascendentes – arts. 1.845-1.846 do Código Civil), ou seja, o titular do patrimônio somente poderá dispor de 50% (cinquenta por cento) dos seus bens, já que a outra metade é tratada como indisponível em favor de tais herdeiros. Todavia, é ingênuo imaginar que, efetuado o corte patrimonial acima, o testamento estará apto a produzir efeitos amplos, pois, além da proteção da "legítima", há bom quantitativo de regras que podem colocar as disposições testamentárias em xeque.

Em exemplo, os arts. 1.973-1.974 do Código Civil dispõem que o testamento será *rompido* em todos os seus termos quando o testador não contemplar descendente que não havia sido concebido ou que não conhecia na época em que foi elaborado o testamento, mesmo que por ignorância. Assim, em exemplo, se o testador possuir filho não reconhecido ou desconhecido que obtenha reconhecimento de vínculo familiar ou afetivo, restará rompido o testamento em sua plenitude. Ainda a título de ilustração, há de se ter atenção na inserção de cláusula de inalienabilidade, impenhorabilidade e de incomunicabilidade dos bens da herança, tendo em vista que estas não possuem livre trânsito no testamento, estando, em regra, afastadas da parte da "legítima" (art. 1.848, do Código Civil).

Arrematando as exemplificações, a nomeação do testamenteiro (arts. 1.976-1.990 do Código Civil) não tem recebido o tratamento adequado na elaboração dos testamentos, não sendo incomum eleição de pessoa que não possui aptidão para a função ou, ainda, que se encontre em presumida colisão de interesses com beneficiários da sucessão, situação que permite a destituição judicial da pessoa que foi escolhida pelo testador, criando ambiente de animosidade para o curso do inventário *causa mortis*.

Não suficientes as questões legais que envolvem o próprio conteúdo do testamento, há ainda forte blindagem de aspectos formais aplicada a este negócio jurídico, uma vez que cada espécie possui detalhes íntimos, que caso não sejam observados no momento da elaboração (e da assinatura respectiva) poderão nulificar todo o negócio ou ao menos parte das disposições testamentárias. No sentido, as modalidades mais usuais de tal negócio jurídico (= *testamentos público e particular*) reclamam a leitura do texto do instrumento perante testemunhas, a fim de evidenciar a vontade do testador e a inexistência de aparente vício de autonomia da vontade (arts. 1.864, II, e 1.878, §1º do Código Civil). Seguindo no exemplo, merece grande atenção a escolha das testemunhas instrumentárias, até porque a situação pode se tornar embaraçosa quando o testador pretende contemplar pessoa que consta como testemunha do testamento (art. 1.900, V, do Código Civil).

A resenha mostra, através de pequenas ilustrações, que há áreas com exigências formais que, se não observadas, colocarão em risco a saúde formal do testamento e, de modo diverso do pretendido pelo testador, poderão abrir espaço para debates judiciais com o objetivo de afastar a sua execução.

Às claras, a pandemia do Covid-19 fez com que muitas pessoas refletissem sobre a necessidade de efetuar o seu planejamento sucessório. Contudo, não se pode reduzir tal ideia à confecção de testamento, pois, provavelmente, este não atingirá completamente os anseios daquele que pretende planejar sua sucessão. Não suficiente, é por deveras relevante alertar que a elaboração de testamento não é uma tarefa tão simples como pode transparecer, sendo certo que eventual nulidade poderá colocar em xeque a sua própria execução, não sendo raras as ações judiciais que buscam a anulação ou a declaração de nulidade de testamentos por vícios em seu conteúdo ou na sua forma.

No ordenamento jurídico brasileiro, dividem-se os testamentos em dois grupos maiores, a saber: ordinários e especiais. Dentro do grupo de testamentos ordinários, encontram-se os testamentos públicos, cerrados e os particulares (art. 1.862, Código Civil de 2002). Por sua vez, os testamentos especiais são o marítimo, o aeronáutico e o militar, previstos taxativamente no art. 1.886 do Código Civil de 2002, considerando que, conforme o art. 1.887 do mesmo Código, "não se admitem outros testamentos especiais além dos contemplados neste Código".

Considerando as especificidades dos testamentos especiais, assim como a necessária participação de tabelião na sistemática imposta pelos testamentos cerrado e público, o objeto deste estudo corresponderá ao testamento particular, pois, em tempos de isolamento, este tipo de negócio jurídico está mais próximo da população.

Feitas essas considerações, passa-se, no tópico seguinte, ao estudo da tendência de relativização das formalidades impostas pela legislação ao testamento particular, à luz da jurisprudência do Superior Tribunal de Justiça e dos atuais tempos pandêmicos.

II Dos rigores formais do testamento particular em tempos de isolamento social e da tecnologia como válvula de escape

O testamento particular é aquele escrito pelo testador, de próprio punho ou mediante processo mecânico, conforme previsão legal contida no art. 1.876 do Código Civil de 2002. Em ambos os casos, isto é, se escrito de próprio punho ou por processo mecânico, o testamento deve, em regra, ser lido na presença de três testemunhas.

A propósito, registre-se que o testamento elaborado por processo mecânico, além do requisito supracitado, não pode ter rasuras ou espaços em branco, de acordo com o §2º do artigo já mencionado.

Ademais, o testamento escrito de próprio punho deve ser feito exclusivamente pelo testador, o que não ocorre no testamento feito por processo mecânico, que, diferentemente daquele, pode ser elaborado por terceiro, por exemplo, pelo advogado do testador, sob as ordens e orientações do testador.[1]

A grande preocupação do legislador, em especial na modalidade de testamento privado, é assegurar a manifestação de vontade livre e espontânea do testador,[2] visto que, neste caso, não haverá participação de tabelião.

A ênfase das formalidades, com a intenção de salvaguardar a vontade do testador, é natural, pois o testamento é "a principal forma de expressão e exercício da autonomia privada, da liberdade individual, como típico instituto mortis causa".[3]

Embora, a rigor, o desatendimento das formalidades legais seja causa de nulidade, a invalidação dos testamentos diante de aspectos meramente formais tem sido evitada pela jurisprudência, visto que a finalidade da forma é garantir a vontade do testador,

---

1 VELOSO, Zeno. Do testamento particular. *In*: TEIXEIRA, Daniele Chaves (Coord.). *Arquitetura do planejamento sucessório*. 1ª reimpr. Belo Horizonte: Fórum, 2019. p. 455.

2 TEPEDINO, Gustavo; NEVARES, Ana Luiza Maia; MEIRELES, Rose Melo Venceslau. *Direito das sucessões*. Rio de Janeiro: Forense, 2020. p. 146.

3 TARTUCE, Flávio. *Direito das sucessões*. 9. ed. Rio de Janeiro: Forense, 2016. v. 6. p. 333.

livre e espontânea. Assim, se por mera irregularidade formal, declara-se a nulidade do testamento, desprestigia-se a vontade do testador.

Diante deste quadro, prevalece o princípio do *favor testamentis*, isto é, atenua-se o rigor da forma testamentária naqueles casos em que for inegável a manifestação de vontade livre e espontânea do testador.[4]

Alinhada à finalidade da norma e do próprio instituto, a jurisprudência do Superior Tribunal de Justiça (STJ), em diversas ocasiões, já reconheceu a possibilidade de se relativizar o descumprimento de determinadas formalidades e, assim, confirmar a validade de determinados testamentos, como se vê dos REsp nºs 1.677.931, 1.583.314 e 1.639.021, nos quais o critério de relativização dos vícios os dividia em "graves" ou "formais-materiais", atinentes à invalidação do testamento, e aqueles "menos graves", ligados à anulação do referido negócio jurídico.[5]

Aliás, a relativização dos rigores da forma nos testamentos particulares não é novidade na jurisprudência do STJ, o que se denota da ementa colacionada a seguir, decorrente de julgamento de recurso especial interposto e julgado na vigência do Código Civil de 1916:

> Testamento particular. Requisito do art. 1.645, II, do Código Civil. *Não havendo dúvida quanto à autenticidade do documento de última vontade e conhecida, induvidosamente, no próprio, a vontade do testador, deve prevalecer o testamento particular*, que as testemunhas ouviram ler e assinaram uma a uma, na presença do testador, mesmo sem que tivessem elas reunidas, todas, simultaneamente, para aquele fim. *Não se deve alimentar a superstição do formalismo obsoleto, que prejudica mais do que ajuda. Embora as formas testamentárias operem como jus cogens, entretanto a lei da forma está sujeita à interpretação e construção apropriadas às circunstâncias.* Recurso conhecido, mas desprovido. (STJ. 3ª T. REsp nº 1.422/RS. Rel. Min. Gueiros Leite, j. 2.10.1990. *DJ*, 4 mar. 1991. p. 1983) (Grifos nossos)

Mais recentemente, a 2ª seção do STJ, por ocasião do julgamento do REsp nº 1.633.255, de relatoria da Ministra Nancy Andrighi, publicado em março de 2020, decidiu pela confirmação de testamento particular escrito por meio mecânico, com aposição apenas da impressão digital da testadora, ou seja, sem a assinatura desta.

O julgado supracitado, para a aferição da (in)validade do testamento, considerou insuficiente a divisão entre vícios sanáveis e insanáveis, a fim de adotar a expressão da real vontade do testador como critério para a referida averiguação.

A relatora, de forma perspicaz, consignou a diminuição da formalidade na sociedade atual, visto que, cada vez mais, celebram-se vultosos contratos via internet, por meros cliques ou *logins*, ressaltando a gradual substituição da caneta esferográfica por outras formas de assinaturas eletrônicas, sejam elas digitais ou biométricas. Por sua didática e poder de síntese, cita-se a íntegra da ementa do julgado em comento:

---

4 No mesmo sentido: TARTUCE, Flávio. *Direito das sucessões*. 9. ed. Rio de Janeiro: Forense, 2016. v. 6. p. 384; TEPEDINO, Gustavo; NEVARES, Ana Luiza Maia; MEIRELES, Rose Melo Venceslau. *Direito das sucessões*. Rio de Janeiro: Forense, 2020. p. 129; MALUF, Adriana Caldas do Rego Freitas Dabus; MALUF, Carlos Alberto Dabus. *Curso de direito das sucessões*. São Paulo: Saraiva, 2013. p. 273.

5 CORTIANO JUNIOR, Eroulths. Na pandemia, o direito sucessório vai dar seu frog jump? *Conjur*, 19 abr. 2020. Disponível em: https://www.conjur.com.br/2020-abr-19/pandemia-direito-sucessorio-dar-frog-jump.

[...] *SUCESSÃO TESTAMENTÁRIA. AUSÊNCIA DE ASSINATURA DE PRÓPRIO PUNHO DO TESTADOR. REQUISITO DE VALIDADE. OBRIGATORIEDADE DE OBSERVÂNCIA, CONTUDO, DA REAL VONTADE DO TESTADOR, AINDA QUE EXPRESSADA SEM TODAS AS FORMALIDADES LEGAIS.* DISTINÇÃO ENTRE VÍCIOS SANÁVEIS E VÍCIOS INSANÁVEIS QUE NÃO SOLUCIONA A QUESTÃO CONTROVERTIDA. *NECESSIDADE DE EXAME DA QUESTÃO SOB A ÓTICA DA EXISTÊNCIA DE DÚVIDA SOBRE A VONTADE REAL DO TESTADOR.* INTERPRETAÇÃO HISTÓRICO-EVOLUTIVA DO CONCEITO DE ASSINATURA. *SOCIEDADE MODERNA QUE SE INDIVIDUALIZA E SE IDENTIFICA DE VARIADOS MODOS,* TODOS DISTINTOS DA ASSINATURA TRADICIONAL. *ASSINATURA DE PRÓPRIO PUNHO QUE TRAZ PRESUNÇÃO JURIS TANTUM DA VONTADE DO TESTADOR, QUE, SE AUSENTE, DEVE SER COTEJADA COM AS DEMAIS PROVAS* [...]

4- *Em se tratando de sucessão testamentária, o objetivo a ser alcançado é a preservação da manifestação de última vontade do falecido, devendo as formalidades previstas em lei serem examinadas à luz dessa diretriz máxima, sopesando-se, sempre casuisticamente, se a ausência de uma delas é suficiente para comprometer a validade do testamento em confronto com os demais elementos de prova produzidos, sob pena de ser frustrado o real desejo do testador.*

5- Conquanto a jurisprudência do Superior Tribunal de Justiça permita, sempre excepcionalmente, a relativização de apenas algumas das formalidades exigidas pelo Código Civil e somente em determinadas hipóteses, o critério segundo o qual se estipulam, previamente, quais vícios são sanáveis e quais vícios são insanáveis é nitidamente insuficiente, *devendo a questão ser examinada sob diferente prisma, examinando-se se da ausência da formalidade exigida em lei efetivamente resulta alguma dúvida quanto a vontade do testador.*

6- *Em uma sociedade que é comprovadamente menos formalista, na qual as pessoas não mais se individualizam por sua assinatura de próprio punho, mas, sim, pelos seus tokens, chaves, logins e senhas, ID's, certificações digitais, reconhecimentos faciais, digitais e oculares e, até mesmo, pelos seus hábitos profissionais, de consumo e de vida captados a partir da reiterada e diária coleta de seus dados pessoais, e na qual se admite a celebração de negócios jurídicos complexos e vultosos até mesmo por redes sociais ou por meros cliques, o papel e a caneta esferográfica perdem diariamente o seu valor e a sua relevância,* devendo ser examinados em conjunto com os demais elementos que permitam aferir ser aquela a real vontade do contratante.

7- A regra segundo a qual a assinatura de próprio punho é requisito de validade do testamento particular, pois, traz consigo a presunção de que aquela é a real vontade do testador, tratando-se, todavia, de uma presunção juris tantum, *admitindo-se, ainda que excepcionalmente, a prova de que, se porventura ausente a assinatura nos moldes exigidos pela lei, ainda assim era aquela a real vontade do testador.*

8- *Hipótese em que, a despeito da ausência de assinatura de próprio punho do testador e do testamento ter sido lavrado a rogo e apenas com a aposição de sua impressão digital, não havia dúvida acerca da manifestação de última vontade da testadora que, embora sofrendo com limitações físicas, não possuía nenhuma restrição cognitiva.*

9- O provimento do recurso especial por um dos fundamentos torna despiciendo o exame dos demais suscitados pela parte. Precedentes. 10 - Recurso especial conhecido e provido. (STJ. REsp nº 1633254 MG 2016/0276109-0. Rel. Min. Nancy Andrighi, Segunda Seção, j. 11.3.2020. *DJe*, 18 mar. 2020) (Grifos nossos)

Na esteira do julgado, mediante a aplicação da mesma *ratio decidendi*, seria possível suprir a presença e a assinatura física do testador e das testemunhas por meio das ferramentas tecnológicas disponíveis para a população de forma geral, mormente dos certificados digitais e das plataformas de videoconferência. Assim, proceder-se-ia, remotamente, à leitura do testamento, na presença (virtual) das testemunhas, e a posterior assinatura eletrônica por todas as partes.

Acerca das testemunhas, a legislação não exige – e, na época da criação do Código Civil de 2002, nem seria razoável fazê-lo – a presença *física* daquelas, de forma que, a toda evidência, com os avanços tecnológicos, deve-se aceitar que a presença "virtual" possui o condão de preencher o requisito em comento. Essa forma de participação (= de testemunhar), não raras vezes permite a gravação do momento da leitura e da assinatura – neste caso, eletrônica – do testamento, fato que certamente trará o conforto necessário ao julgador de eventual demanda cujo objeto seja definir a (in)validade do testamento.

A seu turno, no que se refere à assinatura eletrônica, deve-se relembrar que a própria legislação brasileira, desde a edição da Medida Provisória nº 2.200-2/2001, concede à assinatura digital – proveniente de certificado digital emitido por autoridade certificadora credenciada pela Autoridade Certificadora Raiz da ICP Brasil – presunção de veracidade, na forma do art. 131 do Código Civil de 1916, que corresponde ao atual art. 219 do Código Civil vigente.

Nessa perspectiva, é relevante relembrar que a assinatura digital tem sido valorizada pela jurisprudência do STJ, visto que a 3ª Turma deste tribunal, quando do julgamento do REsp nº 1.495.920/DF, decidiu ser dispensável, para fins de formação de título executivo extrajudicial, a assinatura de testemunhas em contrato que fora assinado pelas partes, mediante certificado digital emitido pela Autoridade Certificadora Raiz da ICP Brasil, sob o fundamento de que se deve considerar a nova realidade comercial com o intenso intercâmbio de bens e serviços em sede virtual, assim como de que:

> a assinatura digital de contrato eletrônico tem a vocação de certificar, através de terceiro desinteressado (autoridade certificadora), que determinado usuário de certa assinatura a utilizara e, assim, está efetivamente a firmar o documento eletrônico e a garantir serem os mesmos os dados do documento assinado que estão a ser sigilosamente enviados.

Cumpre, aqui, transcrever o alerta de Zeno Veloso, feito no que se refere ao testamento digitado em computador, segundo o qual:

> O fato é que vivemos, hoje, inexoravelmente, a era do computador, da digitação, numa sociedade de informação, envolvidos no fenômeno da cibercultura. *A possibilidade de elaborar o testamento por meios eletrônicos faz parte deste contexto. Não se pode tentar compreender e interpretar este quadro avançado com base no entendimento que se tem de coisas antigas, e pensar e resolver as questões do presente, que se projetam para o futuro, com a cabeça de velho.* E não estou usando a expressão para me referir aos idosos, que, muitos desses, têm mente e coração conectados com o tempo contemporâneo, enquanto há jovens que estão impregnados pela ancianidade e senescência.[6]

De fato, há que se pensar o direito das sucessões e, neste caso, os imperativos formais do testamento com mente e coração conectados com o tempo contemporâneo, assim como defendido na citação supracitada.[7]

---

6 VELOSO, Zeno. Do testamento particular. *In*: TEIXEIRA, Daniele Chaves (Coord.). *Arquitetura do planejamento sucessório*. 1ª reimpr. Belo Horizonte: Fórum, 2019. p. 455-456.

7 De forma geral, o direito das sucessões pode – e deve – se aproveitar dos avanços tecnológicos. Prova de que este aproveitamento não tem sido pleno é a inexistência de cadastro eletrônico de inventários extrajudiciais, aptos

De outro lance, a própria legislação, sem maiores esforços interpretativos, possui solução também adequada aos momentos de isolamento, pois o art. 1.879 do Código Civil de 2002 permite que, "em circunstâncias excepcionais, declaradas na cédula, o testamento particular de próprio punho e assinado pelo testador, sem testemunhas, poderá ser confirmado, a critério do juiz".

Não há dúvidas de que as atuais medidas de isolamento obrigatório, tomadas em razão da pandemia de Covid-19, devem ser consideradas "circunstâncias excepcionais", aptas a permitir que o testador, sozinho, redija de próprio punho e assine a cédula, desde que nela declare a pandemia como a circunstância excepcional que o impediu de cumprir todos os requisitos formais.

Importa consignar, no que se refere à permissão contida no art. 1.879 do Código Civil, que parte da doutrina, à semelhança do que ocorre nos testamentos especiais, entende ser necessária, nos 90 dias subsequentes à cessação das circunstâncias extraordinárias, a elaboração de novo testamento, no qual se cumpram todas as formalidades legais.[8] Corrobora esse entendimento o Enunciado nº 611, da VII Jornada de Direito Civil, segundo o qual:

> o testamento hológrafo simplificado, previsto no art. 1.879 do Código Civil, perderá sua eficácia se, nos 90 dias subsequentes ao fim das circunstâncias excepcionais que autorizaram a sua confecção, o disponente, podendo fazê-lo, não testar por uma das formas testamentárias ordinárias.

Não é esse o entendimento adotado neste estudo, porquanto, como não há regra expressa que acarrete a caducidade do testamento particular feito com esteio no art. 1.879 do Código Civil, ou seja, sem as testemunhas, é certo que o ato permanecerá válido, independentemente do interregno entre a elaboração da cédula e a abertura da sucessão.[9]

III Da conclusão

De tudo o que foi exposto, conclui-se que, em boa hora, a jurisprudência do Superior Tribunal de Justiça, bem como a doutrina, tem valorizado a vontade do testador em detrimento de formalismos legais, cuja finalidade é a preservação daquela.

Ademais, demonstrou-se que, diante dos avanços tecnológicos e legislativos, é perfeitamente possível elaboração, leitura e assinatura de testamentos particulares de forma remota, isto é, via internet, certificados digitais e programas de videoconferência, sem que isto signifique o desatendimento dos requisitos formais impostos pela legislação.

De toda forma, devido ao ranço de formalismo ainda presente no imaginário de diversos operadores do direito, a estratégia mais conservadora é, sempre que possível, respeitar todas as formalidades legais, inclusive a assinatura física, mediante o uso de caneta (a fim de agradar os mais antiquados), considerando que, em termos de

---

para consulta nacional, assim como ocorre com os testamentos, ausência que tem permitido diversas fraudes contra credores e demais interessados na herança.

8 Nesse sentido: SIMÃO, José Fernando *et al. Código Civil comentado*. Rio de Janeiro: Forense, 2019. p. 1.494.

9 TEPEDINO, Gustavo; NEVARES, Ana Luiza Maia; MEIRELES, Rose Melo Venceslau. *Direito das sucessões*. Rio de Janeiro: Forense, 2020. p. 148-149.

testamento, a última coisa que o testador deseja é que este negócio jurídico *mortis causa* seja invalidado ou que o início de seu cumprimento seja atrasado por demandas judiciais.

Informação bibliográfica deste texto, conforme a NBR 6023:2018 da Associação Brasileira de Normas Técnicas (ABNT):

MAZZEI, Rodrigo; FREIRE, Bernardo Azevedo. A Covid-19, o formalismo do testamento e a reflexão sobre o papel da tecnologia. *In*: EHRHARDT JÚNIOR, Marcos; CATALAN, Marcos; MALHEIROS, Pablo (Coord.). *Direito Civil e tecnologia*. Belo Horizonte: Fórum, 2020. p.369-377. ISBN 978-65-5518-036-7.

PROPOSTAS PARA A REGULAÇÃO DA HERANÇA DIGITAL NO DIREITO BRASILEIRO

GABRIEL HONORATO

LIVIA TEIXEIRA LEAL

1 Notas introdutórias

O processo de virtualização da sociedade começou a dar seus primeiros passos na década de noventa com a popularização dos computadores e se intensificou, sobremaneira, com a democratização dos *smartphones*, no início da última década, quando o acesso e o contato se tornaram instantâneos, permitindo que pessoas estivessem conectadas em tempo integral. Em andamentos da quarta Revolução Industrial, a internet das coisas (*internet of things – IoT*), o modelo inovador de comunicação instaurou uma paisagem de hiperconectividade, expressão atrelada às ideias de *always-on, readily acessible* e *always recording*, que se referem, respectivamente, a situações de conectividade ininterrupta, possibilidade de acesso imediato e armazenamento constante de dados, majorando a integração entre: (i) internet e pessoas; (ii) internet e dispositivos eletrônicos; e, consequentemente, (iii) entre pessoas e pessoas.[1]

A possibilidade de conexão pessoal, contudo, mitigava a sociabilidade digital, até o momento em que os sujeitos começaram a sofrer limitações no direito fundamental de ir e vir. Fala-se, portanto, do isolamento social consequente da crise do coronavírus como outro marco temporal decisivo para a vida digital. Diz-se isto porque com as determinações públicas sobre a isolamento social, as reuniões virtuais através de plataformas como o Zoom ou o Hangouts se ampliaram drasticamente, assim como fóruns, colóquios e até mesmo encontros festivos como aniversários e "chás-revelação" e também eventos solenes, como casamentos e testamentos. Todas estas ações elevam consideravelmente o patrimônio digital de cada usuário e, por conseguinte, a necessidade de discussão sobre a projeção sucessória de tais bens, afinal das contas, como bem

1 MAGRANI, Eduardo. *Direito para startups e empreendedores, sessão XVII.* Rio de Janeiro: Editora FGV, 2018. p. 4.

disse o sociólogo polonês Zygmunt Bauman, "o tempo instantâneo e sem substância do mundo do *software* é também um tempo sem consequência".[2]

Desde antes da promulgação do Marco Civil da Internet, já se discutia, mesmo que de forma embrionária, a necessidade de parâmetros bem estabelecidos para regular a herança digital no Brasil e no mundo. Tanto é que, em que pese o referido diploma ter sido aprovado em 2014, já em 2012 o Congresso Nacional recebeu proposituras legislativas tratando do tema, como se verá mais adiante. Tentativas estas que, assim como o Marco Civil da Internet, geraram expectativas na regulação da matéria, mas que restaram infrutíferas, como todas as demais que as sucederam perante o parlamento federal, até o presente momento, ressalvadas as matérias em trâmite.

Os debates têm evoluído graças aos escritos e as vozes de professores que têm ecoado a discussão sobre a herança digital na doutrina civilista e, especialmente, sucessória.[3] Destarte, partindo-se do pressuposto de que o direito civil já dispõe de relevante acervo doutrinário sobre o assunto, o presente artigo se furtará de promover uma cognição mais exauriente sobre conceitos básicos, enquadramento hermenêutico da herança digital no ordenamento jurídico vigente e também de uma análise mais profunda de alguns *leading cases* envoltos ao assunto. Objetiva-se, na verdade, apresentar bases minimamente sólidas para uma regulação da herança digital pelo Poder Legislativo. Longe de se intentar apresentar a redação final de um projeto de lei, quer-se, tão somente, oferecer parâmetros iniciais que se entendem essenciais para uma solução legislativa e, deste modo, contribuir, seja com os projetos que já se encontram em trâmite, seja com projetos futuros, caso as proposituras atuais, assim como as anteriores, restem arquivadas.

Feitos estes direcionamentos preliminares, cumpre rememorar, de modo sucinto, alguns pontos inescusáveis para o enfrentamento dos próximos tópicos. De início, ressalte-se que os estudos envoltos à herança digital perpassam três pilares principais: (i) o possível reconhecimento sobre a titularidade de bens digitais pelos usuários; (ii) a plausibilidade da projeção destes conteúdos para os herdeiros, por direito sucessório; e (iii) a tutela da privacidade de todos os sujeitos envolvidos.

De tais vetores, a doutrina costuma dividir o patrimônio digital da seguinte forma: (i) *bens digitais patrimoniais*, aqueles conteúdos que gozam de valor econômico, como milhas aéreas, bibliotecas musicais virtuais, acessórios de videogames e outros; (ii) *bens digitais personalíssimos*, que compreendem aquela parte do acervo dotado de

---

[2] A passagem de Bauman alerta para uma sedutora leveza do ser, que torna relações mais fluidas e menos sólidas, que desconsideram, portanto, o "valor perdido". Utiliza-se tal passagem, portanto, para destacar que a sociedade ainda não compreendeu o "patrimônio perdido", que dota de inegável valor monetário e, sobretudo, existencial (BAUMAN, Zygmunt. *Modernidade líquida*. Tradução de Plínio Dentzien. Rio de Janeiro: Zahar, 2001. p. 150).

[3] Citam-se como exemplos: LACERDA, Bruno Torquato Zampier. *Bens digitais*. Indaiatuba: Foco Jurídico, 2017; FROTA, Pablo Malheiros da Cunha; AGUIRRE, João Ricardo Brandão; PEIXOTO, Maurício Muriack de Fernandes e. Transmissibilidade do acervo digital de quem falece: efeitos dos direitos da personalidade projetados post mortem. *Constituição, Economia e Desenvolvimento: Revista da Academia Brasileira de Direito Constitucional*, Curitiba, v. 10, n. 19, 2018; MENDES, Laura Schertel Ferreira; FRITZ, Karina Nunes. Case report: Corte alemã reconhece a transmissibilidade da herança digital. *RDU*, Porto Alegre, v. 15, n. 85, 2019; TARTUCE, Flávio. Herança digital e sucessão legítima – Primeiras reflexões. *Migalhas*, 26 set. 2018. Disponível em: https://www.migalhas.com.br/coluna/familia-e-sucessoes/288109/heranca-digital-e-sucessao-legitima-primeiras-reflexoes. Acesso em: 17 abr. 2020. Além de outros professores, como Marcos Ehrhardt Júnior, Everilda Brandão, Nelson Rosenvald e Anderson Schreiber, que também têm contribuído significativamente para o tema através de palestras, entrevistas e aulas sobre o tema.

valor existencial, seja do titular, seja de terceiros com os quais se envolveu, a exemplo de correios eletrônicos, redes sociais como o WhatsApp e o Facebook, e outros; (iii) por fim, os *bens digitais híbridos*, cujo núcleo seja abrangido tanto por conteúdo personalíssimo como patrimonial, como contas do YouTube de pessoas públicas que são monetizadas pela elevada quantidade de acessos.

Sobre tais pontos, existem três correntes vistas na atualidade.

A primeira, que aparenta ser majoritária no direito civil brasileiro, também defendida por estes autores, entende que deve haver um fracionamento do patrimônio digital, compreendendo a aplicação da regra geral do direito sucessório para transmissão dos bens digitais de natureza patrimonial – ressalvando-se aqueles bens nos quais, na oportunidade da aquisição, restou claro e evidente que o consumidor estava adquirindo o direito de uso e não a propriedade do bem – e também para a projeção dos bens digitais existenciais e híbridos quando houver consentimento, em vida, pelo usuário, e, além disso, quando tal transmissão não gere prejuízos à personalidade de terceiros ou a aspectos da personalidade do falecido que permanecem sob tutela jurídica após a morte.

A segunda corrente proclama a aplicação da regra geral de transmissão sucessória para todos e quaisquer bens digitais, sem diferenciação quanto às categorias destes, seguindo o entendimento do Tribunal Constitucional alemão que, na apreciação do emblemático caso envolvendo o pleito de dois genitores que postulavam o direito de acesso à conta da filha falecida no Facebook, deferiu o pleito destes, garantindo irrestrito acesso à rede social da morta.[4]

A terceira corrente, comumente aclamada pelas plataformas digitais, defende a impossibilidade de projeção tanto de bens digitais patrimoniais como existenciais, aduzindo, no mais das vezes, que se tratam de contratos personalíssimos e intransferíveis, e que não geram titularidade, mas apenas o direito de uso, o que tem ensejado uma discussão sobre os direitos consumeristas dos usuários, ponderando-se, entre outros fatores, a quebra do dever de informação e o princípio da vinculação da oferta, conforme apregoam os arts. 30 e 31 do Código de Defesa do Consumidor.

Pois bem, feitas estas anotações introdutórias e seguindo-se o planejamento deste escrito, passa-se à análise dos projetos de lei já arquivados, bem como das proposituras que seguem em trâmite na Câmara e no Senado Federal, para, ao final, apresentar as sugestões objetivadas.

2 Tentativas de regulação da herança digital e os equívocos legislativos

Diante da lacuna legislativa, discute-se qual seria a melhor orientação para o tratamento jurídico da herança digital. Contudo, antes mesmo de examinar os possíveis caminhos para uma definição legal quanto à destinação *post mortem* dos bens digitais, é preciso enfrentar uma primeira reflexão: regular ou não regular a sucessão de tais bens?

Sob esse aspecto, insta salientar que a própria regulação da internet como um todo foi objeto de significativas discussões que culminaram na edição da Lei nº 12.965/2014 –

---

4 FRITZ, Karina Nunes. Leading case: BGH reconhece a transmissibilidade da herança digital. *Migalhas*, 13 ago. 2019. Disponível em: https://www.migalhas.com.br/coluna/german-report/308578/leading-case-bgh-reconhece-a-transmissibilidade-da-heranca-digital. Acesso em: 12 abr. 2020.

Marco Civil da Internet, a qual optou por um viés direcionado à garantia de direitos na rede, em contraponto à perspectiva criminal que inicialmente se propunha.[5]

Com efeito, o descompasso entre o direito e as transformações decorrentes do desenvolvimento tecnológico acarreta a existência de "vácuos legislativos", que geram dúvidas quanto às possibilidades e limites para a atuação nas relações estabelecidas na rede. No entanto, como observa Gustavo Tepedino, nos conflitos do mundo tecnológico, mesmo a liberdade deve ser exercida "dentro e conforme o direito, e não fora dele", não configurando um espaço de *não direito*, de modo que a autonomia deve ser exercida em consonância com os demais preceitos do ordenamento jurídico.[6]

Nesse cenário, é preciso considerar que, mesmo diante da ausência de normas específicas a respeito da herança digital, o arcabouço jurídico vigente já incide como fator de regulação das condutas firmadas na internet. Por outro lado, a previsão legislativa específica pode proporcionar maior segurança jurídica, sobretudo ao se considerar que o Código Civil foi elaborado sob a perspectiva do mundo analógico e nem o Marco Civil da Internet nem a Lei de Proteção de Dados Pessoais brasileira (LGPD) – Lei nº 13.709/2018 contêm previsões sobre sucessão de bens digitais.

Assim, busca-se, inicialmente, examinar os projetos de lei já apresentados no Congresso Nacional, a fim de identificar possíveis alternativas legislativas para o tratamento jurídico da questão.

Conforme tratado no capítulo introdutório deste escrito, as discussões atinentes à herança digital partem, a princípio, do direito – ou não – do herdeiro ao acesso e administração das contas e dos arquivos da pessoa falecida, de modo que as propostas de regulação jurídica do tema incidiram, inicialmente, sobre o Livro V do Código Civil, que trata do direito das sucessões.

O Projeto de Lei nº 4.847, de 2012,[7] apresentava uma definição de *herança digital*, caracterizando-a como todo o conteúdo disposto no espaço digital, incluindo senhas, perfis de redes sociais, contas, bens e serviços, e prevendo a transmissão desse conteúdo aos herdeiros, que ficariam responsáveis por sua administração. Tal proposição foi apensada ao Projeto de Lei nº 4.099, de 2012,[8] que também propunha a transmissão, de forma irrestrita, de todo o conteúdo e de todas as contas do usuário aos herdeiros após a sua morte, sem que houvesse qualquer diferenciação entre os conteúdos e a

---

5 "Muito se fala em 'Internet freedom', que poderia ser traduzido como 'Internet livre'. Um primeiro entendimento sobre o que significa uma Internet livre pode estar ligado à ideia de que essa seria uma Internet sem leis. A liberdade aqui consistiria justamente na inexistência de leis (ou normas jurídicas) que determinassem qualquer rumo ao desenvolvimento tecnológico. Ao contrário do que a ideia acima propugna, o Marco Civil da Internet apresenta um novo cenário no qual o conceito de 'Internet livre' está ligado não à ausência de leis, mas sim à existência de leis que possam garantir e preservar as liberdades que são usufruídas por todos justamente por causa da tecnologia e mais especificamente pelo desenvolvimento da Internet. Foi com essa motivação que o Marco Civil foi concebido: como uma lei que pudesse preservar as bases para a promoção das liberdades e dos direitos na Internet no Brasil" (SOUZA, Carlos Affonso; LEMOS, Ronaldo. *Marco Civil da Internet*: construção e aplicação. Juiz de Fora: Editar Editora Associada Ltda., 2016. p. 16).

6 TEPEDINO, Gustavo. Liberdades, tecnologia e teoria da interpretação. *Revista Forense*, Rio de Janeiro, ano 110, v. 419, jan./jun. 2014. p. 86-87.

7 BRASIL. Câmara dos Deputados. *Projeto de Lei n. 4.847, de 2012*. Acrescenta o Capítulo II-A e os arts. 1.797-A a 1.797-C à Lei nº 10.406, de 10 de janeiro de 2002. Disponível em: http://www.camara.gov.br/proposicoesWeb/fichadetramitacao?idProposicao=563396. Acesso em: 6 jan. 2020.

8 BRASIL. Câmara dos Deputados. *Projeto de Lei n. 4.099, de 2012*. Altera o art. 1.788 da lei n. 10.406, de 10 de janeiro de 2002. Disponível em: https://www.camara.leg.br/proposicoesWeb/fichadetramitacao?idProposicao=548678. Acesso em: 6 jan. 2020.

natureza dos arquivos. Insta salientar que o mesmo texto previsto pelo Projeto de Lei nº 4.847/2012 foi reproduzido no Projeto de Lei nº 8.562/2017.[9]

Posteriormente, outras proposições buscaram a inclusão de normas voltadas à herança digital na Lei nº 12.965/2014 – Marco Civil da Internet. Em 2015, foi a vez do Projeto de Lei nº 1.331,[10] que buscava a alteração do inc. X do art. 7º do Marco Civil, para determinar a legitimidade do cônjuge, dos ascendentes e dos descendentes para requerer a exclusão dos dados pessoais do usuário falecido. Embora silente em pontos importantes, o projeto parecia prestar contributo positivo, um passo saudável na tutela da privacidade.

O Projeto de Lei nº 7.742, apresentado em 2017,[11] sugeria a inclusão do art. 10-A ao Marco Civil da Internet, estabelecendo que os provedores de aplicações de internet deveriam excluir as respectivas contas de usuários brasileiros mortos, imediatamente após a comprovação do óbito, a requerimento do cônjuge, companheiro ou parente, maior de idade, obedecida a linha sucessória, reta ou colateral, até o 2º grau.

Interessante que, mesmo diante de um pedido de exclusão, o projeto determinava aos provedores o armazenamento dos conteúdos do *de cujus* pelo período de um ano, podendo este ser prorrogado, para satisfazer o interesse público, no caso de investigações policiais ou outras situações congêneres. Ainda conforme a proposta, as contas poderiam ser mantidas quando essa opção fosse possibilitada pelo respectivo provedor e caso o cônjuge, companheiro ou parente do morto formulasse requerimento nesse sentido, no prazo de um ano a partir do óbito, sendo bloqueado o gerenciamento por qualquer pessoa, exceto se o usuário morto tivesse deixado autorização expressa indicando quem devesse gerenciá-la, fator este que consagrava a autodeterminação informativa, no instante em que permitia ao próprio titular decidir sobre o gerenciamento ou não da conta.

Todas as proposições mencionadas encontram-se atualmente arquivadas, estando em tramitação apenas o Projeto de Lei nº 5.820/2019,[12] que visa à alteração do art. 1.881 do Código Civil, com a inclusão de um §4º com a seguinte redação:

> Para a herança digital, entendendo-se essa como vídeos, fotos, livros, senhas de redes sociais, e outros elementos armazenados exclusivamente na rede mundial de computadores, em nuvem, o codicilo em vídeo dispensa a presença das testemunhas para sua validade.

---

9 BRASIL. Câmara dos Deputados. *Projeto de Lei n. 8562, de 2017*. Acrescenta o Capítulo II-A e os arts. 1.797-A a 1.797-C à Lei nº 10.406, de 10 de janeiro de 2002. Disponível em: https://www.camara.leg.br/proposicoesWeb/fichadetramitacao?idProposicao=2151223. Acesso em: 6 jan. 2020.

10 BRASIL. Câmara dos Deputados. *Projeto de Lei n. 1.331, de 2015*. Altera a Lei nº 12.965, de 23 de abril de 2014 – Marco Civil da Internet, dispondo sobre o armazenamento de dados de usuários inativos na rede mundial de computadores. Disponível em: http://www.camara.gov.br/proposicoesWeb/fichadetramitacao?idProposicao=1227967. Acesso em: 6 jan. 2020.

11 BRASIL. Câmara dos Deputados. *Projeto de Lei n. 7742, de 2017*. Acrescenta o art. 10-A à Lei nº 12.965, de 23 de abril de 2014 (Marco Civil da Internet), a fim de dispor sobre a destinação das contas de aplicações de internet após a morte de seu titular. Disponível em: https://www.camara.leg.br/proposicoesWeb/fichadetramitacao?idProposicao=2139508. Acesso em: 6 jan. 2020.

12 BRASIL. Câmara dos Deputados. *Projeto de Lei n. 5820, de 2019*. Dá nova redação ao art. 1.881 da Lei nº 10.406, de 2002, que institui o Código Civil. Disponível em: https://www.camara.leg.br/proposicoesWeb/fichadetramitacao?idProposicao=2228037. Acesso em: 6 jan. 2020.

Também em tramitação, pode ser elencado o Projeto de Lei nº 6468/2019,[13] que, por meio da inclusão de um parágrafo único no art. 1.788 do Código Civil, pretende estabelecer a transmissão aos herdeiros de "todos os conteúdos de contas ou arquivos digitais de titularidade do autor da herança".

Mesmo o Projeto de Lei nº 3.799, de 2019,[14] que pretende a reforma do Livro V do Código Civil – Do Direito das Sucessões –, não apresenta disposições a respeito da herança digital, ressaltando-se a necessidade de o Congresso Nacional debater de forma mais participativa a evolução da legislação sucessória no que tange à questão. Em que pese a omissão no projeto de lei em espeque, acredita-se que a temática herança digital poderá ser incluída nesta propositura após debates e evoluções nas casas legislativas, sopesando-se o objetivo deste em reformular e atualizar toda a normativa sucessória brasileira.

3 Propostas para a regulação da matéria

Diante do panorama que se apresenta, importa discorrer sobre quais seriam os possíveis parâmetros norteadores para a elaboração de um diploma legal direcionado à regulação da herança digital.

Deste modo, deve-se, inicialmente, considerando a classificação relembrada no introito deste escrito (bens digitais patrimoniais, personalíssimos e híbridos), considerar que a análise do tema não se restringe à discussão referente à transmissibilidade ou não dos perfis, na medida em que, mesmo que se entenda pela transmissão da titularidade da conta de uma pessoa falecida aos herdeiros, será ainda preciso considerar a proteção de direitos da personalidade de terceiros e também de elementos da personalidade do *de cujus* que seguem merecedores de tutela pelo direito. Também não se pode olvidar que nem todos os direitos são transmitidos com a morte do titular[15] e que, com frequência, há outros aspectos e interesses a serem ponderados, como eventuais direitos autorais incidentes sobre algum conteúdo.

Nesse cenário, na regulação da herança digital não se deve abordar a questão apenas sob o aspecto da transmissão patrimonial, desconsiderando a tutela de direitos da personalidade, sob pena de se recair na possibilidade de violação de interesses juridicamente tutelados.

Além disso, a manifestação de vontade deixada pelo usuário é um relevante instrumento de direcionamento do tratamento jurídico do conteúdo deixado na rede, ressaltando-se a importância de mecanismos de planejamento sucessório, que permitam

---

[13] BRASIL. Senado Federal. *Projeto de Lei n. 6468, de 2019*. Altera o art. 1.788 da Lei nº 10.406, de 10 de janeiro de 2002, que institui o Código Civil, para dispor sobre a sucessão dos bens e contas digitais do autor da herança. Disponível em: https://www25.senado.leg.br/web/atividade/materias/-/materia/140239. Acesso em: 18 jan. 2020.

[14] BRASIL. Senado Federal. *Projeto de Lei n. 3799, de 2019*. Altera o Livro V da Parte Especial da Lei nº 10.406, de 10 de janeiro de 2002, e o Título III do Livro I da Parte Especial da Lei nº 13.105, de 16 de março de 2015, para dispor sobre a sucessão em geral, a sucessão legítima, a sucessão testamentária, o inventário e a partilha. Disponível em: https://www25.senado.leg.br/web/atividade/materias/-/materia/137498. Acesso em: 6 jan. 2020.

[15] "Cumpre, todavia, esclarecer que o conceito de sucessão universal não significa que os direitos de todos os tipos serão transmitidos. Ao revés, alguns não podem sê-lo, como os de família puros (poder familiar, tutela, curatela) ou mesmo alguns de cunho patrimonial (direito real de usufruto), compreendem-se nela os direitos de crédito, mas nem todos o são, como as obrigações *intuitu personae*, e bem assim as faculdades pessoais" (PEREIRA, Caio Mário da Silva. *Instituições de direito civil*: direito das sucessões. 26. ed. Revisão e atualização de Carlos Roberto Barbosa Moreira. Rio de Janeiro: Forense, 2019. v. VI. p. 2).

a escolha, pelo próprio titular da conta, da pessoa que poderá administrar a sua rede após a morte, dos limites de atuação deste ou, pelo contrário, da própria exclusão ou congelamento da conta (transformação em memorial).

Neste sentido, ressalte-se que o Código Civil já prevê algumas ferramentas para planejamento da sucessão, como o testamento, seja ele público (art. 1.864 ao art. 1.867), cerrado (art. 1.868 a 1.875), ou particular (art. 1.876 ao art. 1.880). Nota-se, ainda, que, apesar de os testamentos tradicionais serem formas mais seguras para a garantia de efetividade e concretude à manifestação da vontade do falecido, o codicilo (art. 1.881 ao art. 1.885) pode constituir meio hábil para registrar a vontade, sobretudo quando se estiver diante de perfis com baixo ou nenhum valor financeiro,[16] razão pela qual acredita-se que o legislador deve permitir a utilização dos codicilos para o testamento dos bens digitais existenciais, assim como dos bens digitais patrimoniais ou híbridos que gozem de baixa valoração econômica, consoante lição extraída do art. 1.881 do Diploma Civilista.

Insta salientar que, na França, foi editado em 2016 o *French Digital Republic Act*,[17] que prevê que qualquer pessoa pode definir diretrizes relacionadas ao gerenciamento de seus dados pessoais após a morte, podendo designar uma pessoa responsável pela execução da diretiva, papel atribuído aos herdeiros na ausência de designação pelo titular dos dados. Além disso, o provedor deve informar ao usuário o destino desses dados e permitir que ele escolha se deve ou não transferir seus dados a determinada pessoa. Trata-se de interessante exemplo para a regulação do tema aqui no Brasil.

Recomenda-se, neste linear, que a solução parlamentar estabeleça a possibilidade de indicação, pelo usuário, da pessoa que promoverá o gerenciamento da conta após o seu falecimento e, inclusive, com a faculdade de que este constitua limites e diretrizes para tal mister. Por outro lado, essencial também que a regulação da herança digital preveja parâmetros para definição do gestor da conta para situações de conflitos, decorrentes, por exemplo, da própria omissão do testador na indicação do administrador ou do falecimento também da pessoa indicada pelo *de cujus* para a gestão da conta ou, ainda, pelo afastamento do herdeiro (que seria administrador das contas) pelas causas de indignidade sucessória, conforme art. 1.814 do Código Civil.

Em outras palavras, a quem compete a gestão do perfil de uma rede social do falecido na situação de conflitos entre herdeiros? A resposta não é simples. Primeiramente, lembrando-se que os bens digitais patrimoniais não se incluem nesta discussão, deve-se diferenciar os bens digitais existenciais puros dos bens digitais híbridos, haja vista que nestes últimos existem valores que devem ser partilhados entre todos os herdeiros, a título de patrimônio e de frutos, *vide* art. 1.326 do Diploma Civil, durante a inventariança. Naturalmente que se, na finalização do inventário, aquele bem híbrido recair única e exclusivamente sobre um herdeiro, como consequência da partilha patrimonial, caberá a este os frutos da propriedade, seguindo a máxima do art. 1.228 do Código em albergue.

---

[16] Conforme estabelece o art. 1.881 do Código Civil, "toda pessoa capaz de testar poderá, mediante escrito particular seu, datado e assinado, fazer disposições especiais sobre o seu enterro, sobre esmolas de pouca monta a certas e determinadas pessoas, ou, indeterminadamente, aos pobres de certo lugar, assim como legar móveis, roupas ou jóias, de pouco valor, de seu uso pessoa".

[17] RÉPUBLIQUE FRANÇAISE. LOI nº 2016-1321 du 7 octobre 2016 pour une République numérique (1). *Légifrance*. Disponível em: https://www.legifrance.gouv.fr/affichTexte.do;jsessionid=C20E780B75854FDE5726606581D18C9A.tpdila21v_2?cidTexte=JORFTEXT000033202746&categorieLien=id. Acesso em: 11 abr. 2020.

Quanto às contas não valoradas economicamente, como perfis do Instagram não explorados financeiramente, acredita-se que o legislador (e também o julgador) pode empregar raciocínio similar ao já adotado em outras situações, como na definição do guardião ou do curador. Frise-se, todavia, que não se trata de aplicar o tratamento conferido a tais institutos do direito de família para tal situação, mas apenas de buscar subsídios para a definição do gestor da conta, como exemplo: priorizar a pessoa que possuía mais proximidade e convívio com o falecido; que represente ter mais condições materiais e psicológicas para manter a conta num mesmo raciocínio que já vinha sendo adotado pelo então usuário, respeitando-se, portanto, a autodeterminação informativa e os valores fundamentais. Consigne-se, neste raciocínio, que parece salutar exigir que o gestor assine termo de compromisso, assegurando o respeito à honra, à imagem, à privacidade, à autodeterminação e, sobretudo, à dignidade do titular da conta.

Ainda sobre o planejamento sucessório, deve-se frisar que, além dos meios tradicionais, os provedores de aplicações também vêm desenvolvendo algumas ferramentas no âmbito de suas próprias plataformas para a efetivação do planejamento sucessório digital, que não podem ser ignoradas.

O Facebook, por exemplo, possibilita que os usuários expressem, em vida, se desejam manter sua conta como um memorial ou se querem excluí-la de forma permanente com a sua morte, podendo escolher um "contato herdeiro" para administrar sua conta.[18] Esta conversão em memorial semelha ser um ponto importante para absorção legislativa, ponderando-se o dever de boa-fé e transparência no uso da conta, permitindo-se a fácil constatação, pelos seguidores do falecido, de que aquela conta é administrada por terceiros.

O Instagram, por sua vez, possibilita que qualquer usuário denuncie uma conta de alguém que faleceu, para que ocorra a sua transformação em memorial, com o "congelamento" das informações ali contidas. Além disso, se o solicitante for "parente direto" daquela pessoa, este pode solicitar a remoção da página.[19] O Twitter e o LinkedIn também viabilizam a exclusão da conta de um usuário falecido, exigindo o envio de documentos e informações pelo requerente.[20]

As ferramentas de planejamento sucessório diretamente nas plataformas são louváveis e dignas de aplausos, pela iniciativa. Resta saber, entretanto, qual manifestação da vontade deve ser adotada quando houver conflito entre eventual testamento deixado pelo falecido e a vontade manifestada pelo usuário diretamente na plataforma do provedor.

Inicialmente, é preciso lembrar, como já apontado anteriormente, que a autonomia deve ser exercida em conformidade com o direito, de modo que, quando a manifestação de vontade do *de cujus* violar preceitos resguardados pelo ordenamento brasileiro, ela não deve prevalecer, como na hipótese de o falecido ter autorizado o acesso pelos

---

[18] YOUR digital legacy. *Facebook*. Disponível em: https://www.facebook.com/help/660987010672165#faq_1568013990080948. Acesso em: 11 abr. 2020.

[19] DENÚNCIA de conta de uma pessoa falecida. *Instagram*. Disponível em: https://help.instagram.com/151636988358045/?helpref=hc_fnav. Acesso em: 11 abr. 2020.

[20] COMO entrar em contato com o Twitter para falar de um usuário falecido ou sobre conteúdo multimídia relacionado a um familiar falecido. *Twitter*. Disponível em: https://support.twitter.com/articles/416226?lang=pt. Acesso em: 11 abr. 2020; FALECIMENTO de usuário do LinkedIn – Remoção de perfil. *LinkedIn*. Disponível em: https://www.linkedin.com/help/linkedin/answer/7285/falecimento-de-usuario-do-linkedin-remocao-de-perfil?lang=pt. Acesso em: 11 abr. 2020.

familiares de todas as suas conversas privadas após a sua morte, maculando a privacidade de terceiros. Além disso, diante das previsões nos termos de uso que estejam de acordo com o sistema jurídico, as manifestações de vontade registradas pelo titular da conta por meio das ferramentas oferecidas pelo provedor devem ser reputadas, a princípio, válidas.

Havendo, simultaneamente, a lavratura de testamento e o registro de determinadas escolhas feitas pelo usuário na própria plataforma (como a designação de um contato herdeiro, por exemplo), deve-se buscar a solução que permita o máximo aproveitamento das duas vontades, sobretudo quando ambas não conflitarem. Contudo, diante de eventual conflito entre a vontade constante em testamento e aquela manifestada da plataforma, deve-se considerar que as modalidades testamentárias previstas pelo Código Civil possuem maior garantia quanto à veracidade da declaração feita pelo *de cujus*, diante dos requisitos para a elaboração de tais documentos. Assim, a princípio, a vontade manifestada em testamento deve prevalecer, não se podendo, por outro lado, olvidar que se deve sempre primar pelo resguardo da vontade do testador.

Um segundo aspecto relevante consiste na necessidade de se considerar, nos provedores de conversas privadas, como o WhatsApp, o Messenger e as contas de *e-mail* pessoais, a expectativa de privacidade dos usuários e da disposição constante no inc. XII do art. 5º da Constituição da República, que determina como "inviolável o sigilo da correspondência e das comunicações telegráficas, de dados e das comunicações telefônicas". Em tais hipóteses, portanto, defende-se o resguardo do segredo constante na relação entre o emissor e o destinatário da mensagem,[21] sendo a funcionalidade da aplicação também um fator relevante nessa seara, não se podendo permitir que os herdeiros tenham acesso a tais conteúdos.

Ocorre, entretanto, que, mesmo havendo bloqueio pelas plataformas, sopesando-se a possibilidade de que um dos herdeiros promova o desbloqueio de aparelhos como computador e telefone, parece salutar a obrigatoriedade para que aquelas criem mecanismos autônomos de tutela da privacidade, permitindo que terceiros possam solicitar diretamente ao provedor a exclusão dos conteúdos privativos das contas do falecido, resguardando-se o dever de armazenamento pela empresa em prol do interesse público, conforme tratado alhures.

Não se ignora, ainda, que a proteção ao sigilo poderá entrar em conflito com questões de ordem pública, como no caso de eventual investigação criminal em que seja necessário, para a apuração de determinado crime, o acesso a informações constantes em aplicações com caráter privado. Contudo, mesmo em tais casos, a jurisprudência pátria vem se manifestando pela necessidade de ordem judicial para acessar conversas em aplicativos como o WhatsApp, como forma de resguardar, a princípio, o sigilo da comunicação ali realizada.[22] Neste diapasão, conforme capítulo anterior, louvável a

---

21 "O sigilo de correspondência advém da obrigação de se respeitar o segredo que se encontra implícito em toda a relação entre o emissor e o destinatário da mensagem escrita, quanto mais se o conteúdo da comunicação é de natureza confidencial" (LISBOA, Roberto Senise. A inviolabilidade de correspondência na internet. *In*: LUCCA, Newton de; SIMÃO FILHO, Adalberto (Coord.). *Direito & Internet* – Aspectos jurídicos relevantes. 2. ed. São Paulo: Quartier, 2005. p. 517).

22 A respeito do tema: "PROCESSUAL PENAL. RECURSO EM HABEAS CORPUS. TRÁFICO DE DROGAS. INTERCEPTAÇÃO TELEFÔNICA. ACESSO DE MENSAGENS DE TEXTO VIA WHATSAPP. AUSÊNCIA DE AUTORIZAÇÃO JUDICIAL. GARANTIAS CONSTITUCIONAIS. ART. 5º, X E XII, DA CF. ART. 7º DA LEI N. 12.965/2014. NULIDADE. OCORRÊNCIA. CONSTRANGIMENTO ILEGAL CONFIGURADO. RECURSO

proposta contida no Projeto de Lei nº 7.742, apresentado em 2017, que sugeria o armazenamento da conta pelo período de um ano, podendo tal prazo ser prorrogado, a pedido das autoridades públicas, exatamente para preservar o interesse público, norma esta que merece ser incorporada na regulação da herança digital. Some-se a isso a sugestão para que se estabeleça o dever de comunicação aos herdeiros, pelas plataformas, tanto quanto ao arquivamento, como quanto à exclusão definitiva, após decorrido o período de armazenamento.

Sobre a transmissão do patrimônio digital, ressalta-se, como regra, a impossibilidade de transmissão de conteúdos que contenham aspectos personalíssimos e existenciais que remontem à esfera da privacidade, da intimidade e a reserva do segredo, salvaguardando a pessoa e sua dignidade, devendo-se conferir, portanto, tratamento diferenciado para bens digitais personalíssimos e bens digitais patrimoniais. Excepcionalmente, quando o titular manifestar em vida a sua vontade de projeção de suas contas e não houver prejuízo a terceiros, entende-se como plausível tal transmissão. No caso se redes sociais que gozem de mensagens privativas, uma solução poderia ser a exclusão de tais conteúdos exclusivos, projetando a conta com as informações públicas, para gerenciamento, pelo herdeiro administrador, da conta-memorial.

Quanto aos bens digitais patrimoniais, como contas vinculadas a instituições que gerenciam criptomoedas ou milhas aéreas, por exemplo, deve-se, como regra, viabilizar a sua sucessão aos herdeiros, partindo da regra geral da sucessão hereditária. Entende-se que devem se excetuar à regra, como exposto nas notas introdutórias, aquelas contas adquiridas com clareza de informação quanto ao mero direito de uso e não de propriedade. Todavia, importante observar que em contratos não paritários, a exemplo de contratos de adesão, nos quais as partes não têm a opção de negociar as cláusulas, estas, se verificadas abusivas, podem naturalmente ser revisadas judicialmente. Fala-se, por exemplo, daquelas contas como milhas aéreas, nas quais o titular pode usar, pode vender, pode emprestar, mas não pode projetar aos herdeiros simplesmente porque o termo de uso regrado unilateralmente assim estabelece. Percebe-se, portanto, que a clareza de informação deve vir acompanhada de uma boa-fé contratual que compreenda o sinalagma contratual e a primazia da realidade da relação entre o sujeito e o bem digital.

Nos casos dos bens digitais híbridos, importa observar que a doutrina aponta a necessidade de se analisar dois fatores para a distinção entre situações jurídicas

---

EM HABEAS CORPUS PROVIDO. 1. A Constituição Federal de 1988 prevê como garantias ao cidadão a inviolabilidade da intimidade, do sigilo de correspondência, dados e comunicações telefônicas, salvo ordem judicial. 2. A Lei n. 12.965/2014, conhecida como Marco Civil da Internet, em seu art. 7º, assegura aos usuários os direitos para o uso da internet no Brasil, entre eles, o da inviolabilidade da intimidade e da vida privada, do sigilo do fluxo de suas comunicações pela internet, bem como de suas comunicações privadas armazenadas. 3. A quebra do sigilo do correio eletrônico somente pode ser decretada, elidindo a proteção ao direito, diante dos requisitos próprios de cautelaridade que a justifiquem idoneamente, desaguando em um quadro de imprescindibilidade da providência. (HC 315.220/RS, Rel. Ministra MARIA THEREZA DE ASSIS MOURA, SEXTA TURMA, julgado em 15/09/2015, DJe 09/10/2015). 4. Com o avanço tecnológico, o aparelho celular deixou de ser apenas um instrumento de comunicação interpessoal. Hoje, é possível ter acesso a diversas funções, entre elas, a verificação de mensagens escritas ou audível, de correspondência eletrônica, e de outros aplicativos que possibilitam a comunicação por meio de troca de dados de forma similar à telefonia convencional. 5. Por se encontrar em situação similar às conversas mantidas por e-mail, cujo acesso é exigido prévia ordem judicial, a obtenção de conversas mantidas pelo programa whatsapp, sem a devida autorização judicial, revela-se ilegal. 6. Recurso em habeas corpus provido para declarar nula as provas obtidas no celular do recorrente sem autorização judicial, determinando que seja desentranhado, envelopado, lacrado e entregue ao denunciado do material decorrente da medida" (STJ, 5ª Turma. RHC nº 75.055/DF. Rel. Min. Ribeiro Dantas, j. 21.3.2017. *DJe*, 27 mar. 2017).

patrimoniais e existenciais: o relativo ao interesse (o que é) e o funcional (para o que serve). Nesse contexto, como pontuam Ana Carolina Brochado Teixeira e Carlos Nelson Konder, a análise funcional, baseada na síntese dos efeitos essenciais da situação jurídica, deve ser realizada em concreto, considerando-se "sob qual finalidade ela serve melhor para o cumprimento dos objetivos constitucionais".[23]

No contexto do tratamento jurídico da herança digital, deve-se buscar identificar se o conteúdo se encontra atrelado a algum aspecto financeiro e se direciona à exploração econômica, ou se o acesso a ele é capaz de macular algum interesse existencial, como a intimidade, a privacidade e até mesmo a identidade, considerando-se que os perfis de redes sociais consistem em elemento de identificação do sujeito perante determinada comunidade.

Um ponto relevante é que, em se tratando de pessoas notórias,[24] em muitos casos o perfil vinculado a uma rede social é utilizado com caráter comercial, devendo ser observadas as orientações previstas na Lei nº 9.610/98, de direitos autorais, e na Lei nº 9.279/96, que trata da propriedade industrial e estabelece regras relativas às marcas. Também devem ser respeitadas as condições previstas nos contratos firmados pelo artista em vida em relação à conta.[25]

Questiona-se, ainda, se a alteração legislativa deve incidir apenas sobre as normas do Código Civil direcionadas à regulação da sucessão *causa mortis* ou se deve recair, também, sobre a Lei de Proteção de Dados Pessoais (LGPD) e sobre o Marco Civil da Internet, considerando-se o contexto em que os conteúdos se encontram inseridos.

A esse respeito, cumpre observar que o Regulamento 2016/679 – Regulamento Geral de Proteção de Dados da União Europeia (*General Data Protection Regulation* ou GDPR)[26] expressamente exclui de seu âmbito de aplicação os dados pessoais de pessoas falecidas, deixando tal regulamentação a cargo de cada Estado. Em seu item n. 27, o Regulamento 2016/679 prevê: "O presente regulamento não se aplica aos dados pessoais de pessoas falecidas. Os Estados-Membros poderão estabelecer regras para o tratamento dos dados pessoais de pessoas falecidas".

A Lei Geral de Proteção de Dados brasileira, por sua vez, não traz qualquer disposição nesse sentido, deixando em aberto a possibilidade de aplicação de sua normativa a dados de pessoas falecidas.

Em seu art. 7º, I, determina a LGPD que o consentimento do titular constitui requisito para o tratamento dos dados pessoais, não tendo o legislador previsto, todavia, qual seria o efeito da morte do titular sobre o consentimento. Em outras palavras:

---

23 TEIXEIRA, Ana Carolina Brochado; KONDER, Carlos Nelson. Situações jurídicas dúplices: controvérsias na nebulosa fronteira entre patrimonialidade e extrapatrimonialidade. *In*: TEPEDINO, Gustavo; FACHIN, Luiz Edson. *Diálogos sobre direito civil*. Rio de Janeiro: Renovar, 2012. v. III. p. 7-8.

24 Fernanda Nunes Barbosa define figuras públicas como "todos aqueles cuja obra tenha alcançado uma proporção que o torne reconhecido socialmente", significando que a pessoa possui uma "imagem pública" (BARBOSA, Fernanda Nunes. *Biografias e liberdade de expressão*: critérios para a publicação de histórias de vida. Porto Alegre: Arquipélago, 2016. p. 241).

25 Remete-se, a respeito do tema, a artigo anteriormente publicado por esses mesmos autores: HONORATO, Gabriel; LEAL, Livia Teixeira. Exploração econômica de perfis de pessoas falecidas: reflexões jurídicas a partir do caso Gugu Liberato. *Revista Brasileira de Direito Civil – RBDCivil*, Belo Horizonte, v. 23, p. 155-173, jan./mar. 2020.

26 UNIÃO EUROPEIA. *Regulamento (UE) 2016/679 do Parlamento Europeu e do Conselho, de 27 de abril de 2016*. Disponível em: http://eur-lex.europa.eu/legal-content/PT/TXT/?uri=celex%3A32016R0679. Acesso em: 11 abr. 2020.

estaria o agente operador ou responsável autorizado a manter o tratamento dos dados pessoais mesmo após a morte ou haveria necessidade de manifestação prévia do titular ou autorização dos familiares nesse sentido?

Além disso, a LGPD prevê, em seu art. 6º, incs. I e III, como princípios norteadores das atividades de tratamento de dados pessoais, o *princípio da finalidade*, que determina a "realização do tratamento para propósitos legítimos, específicos, explícitos e informados ao titular, sem possibilidade de tratamento posterior de forma incompatível com essas finalidades", e o *princípio da necessidade*, o qual estabelece a "limitação do tratamento ao mínimo necessário para a realização de suas finalidades, com abrangência dos dados pertinentes, proporcionais e não excessivos em relação às finalidades do tratamento de dados".

Com efeito, a previsão normativa de restrições à atuação dos provedores de aplicações no tratamento de dados pessoais de pessoas falecidas pode resguardar interesses juridicamente relevantes relacionados às contas do *de cujus* quando algum aspecto existencial da pessoa falecida inviabilizar o acesso dos herdeiros à conta.

Outro ponto importante diz respeito à competência processual para tratamento da herança digital. Rememore-se que em 2019, no Brasil, o Juízo da Vara Única de Pompeu, de Minas Gerais, seguindo orientação diversa do entendimento alemão, negou aos pais o acesso aos dados contidos no celular da filha falecida, considerando o sigilo das comunicações, a proteção de direitos da personalidade de terceiros e a intimidade da filha.[27]

A respeito das decisões judiciais brasileiras, chama atenção o fato de terem sido prolatadas por juízos cíveis comuns, inclusive sendo uma emanada por um Juizado Especial Cível,[28] o que gera reflexões quanto à competência processual para apreciação de tais demandas. De tal observação surge a seguinte provocação: se estamos discorrendo sobre heranças (digitais), seriam estas matérias de competência de tais órgãos judicantes ou seria mais apropriado que tais demandas fossem recebidas e julgadas por Varas de Sucessões?

Sobre este ponto, insta ressaltar que a doutrina majoritária tem elevado o princípio da autodeterminação informativa para patamar de grande importância na perspectiva sucessória, especialmente em se tratando de acervo digital. Perceba-se, destarte, que, se o intento do processo judicial é discutir manutenção ou exclusão/transmissão ou não de bens digitais, como redes sociais, mister recordar que, através dos trâmites ordinários das Varas de Sucessões, é possível se verificar fatores decisivos, como a ordem hereditária – a fim de analisar a legitimidade processual – e até mesmo a manifestação de vontade do falecido, deixada ou não através de testamentos públicos ou particulares, codicilos etc., sem falar nas manifestações perante as próprias redes sociais.

Recorde-se, neste ínterim, que logo nas primeiras declarações de um inventário é possível averiguar a existência de tais documentos, seja através da certidão negativa de testamento (público), seja por meio de herdeiros, amigos e outros familiares que possam apresentar em juízo outros documentos como testamentos particulares ou codicilos. De outra banda, negrite-se que decisões proferidas por juízos de outras competências poderiam ser concluídas sem esforços em busca pela vontade do falecido, o que pode

---

[27] TJMG, Vara Única da Comarca de Pompeu. Processo nº 0023375-92.2017.8.13.0520. Juiz Manoel Jorge de Matos Junior, j. 8.6.2018.

[28] TJMS, 1ª Vara do Juizado Especial Central. Processo nº 0001007-27.2013.8.12.0110. Juíza Vania de Paula Arantes, j. 19.3.2013.

ensejar exclusão ou manutenção contrárias à vontade deste e o que é pior: em casos de exclusão da rede e posterior descoberta de manifestação do falecido desejando a conservação desta, caso concretizada aquela estaríamos diante da irreversibilidade do comando judicial.

Neste compasso, pontue-se ainda que tem sido ponto pacífico nas correntes doutrinárias sobre o tema que os bens digitais de natureza patrimonial devem seguir as regras gerais do direito sucessório, projetando-se do morto para os herdeiros através dos trâmites de inventário. Se assim deve acontecer, mister observar que alguns perfis sociais também podem dispor de valor econômico, ensejando, por conseguinte, a necessidade de realização de inventário, que também deve tramitar perante as Varas de Sucessões ou, não se pode esquecer, perante cartórios extrajudiciais.

Não obstante tais diretrizes, não se pode negar o direito de terceiros, que não sejam herdeiros, de apresentar, em situações excepcionais, ações perante as Varas Cíveis comuns, com fulcro na tutela universal dos direitos da personalidade, obviamente que com a demonstração da preservação da honra, da imagem, da privacidade, da intimidade e da memória do falecido, quando os familiares e/ou herdeiros estiverem violando tais aspectos da personalidade do *de cujus*.

Assim, a proposição legislativa que pretenda regular a herança digital deve ser direcionada não apenas ao Livro V do Código Civil, que trata do Direito das Sucessões, mas também à Lei de Proteção de Dados Pessoais (LGPD), Marco Civil da Internet e, ainda, o Código de Processo Civil, com o fito de estabelecer um arcabouço normativo que reconheças as particularidades do ambiente digital e os direitos e deveres já incidentes sobre as relações jurídicas ali firmadas.

4 Notas conclusivas

A ausência de previsão legislativa específica sobre o destino dos conteúdos inseridos na rede pelo usuário após a sua morte vem sendo pontuada, desde os primeiros escritos que abordam a questão, como um significativo entrave para a definição do tratamento jurídico a ser conferido ao tema, constituindo, muitas vezes, o ponto norteador das reflexões doutrinárias, que se desenvolvem a partir do seguinte questionamento: na falta de regulação, como definir juridicamente a destinação desse conteúdo?

Nesse cenário, cabe à doutrina não apenas discutir soluções para as lacunas existentes, mas também conferir subsídios para a elaboração de normas a respeito da herança digital, direcionando possíveis caminhos a serem adotados pelo legislador, tarefa esta que norteou a elaboração do estudo que aqui se apresenta.

Assim, diante do que foi perscrutado ao longo deste artigo, podem-se delinear algumas orientações para o tratamento legislativo da herança digital, sintetizadas a seguir. Nesse sentido, deve o legislador, em tal seara:

i) reconhecer que a regulação da herança digital deve se operar não apenas sobre as normas do Livro V do Código Civil, que trata do direito das sucessões, mas também sobre outros diplomas, como a Lei de Proteção de Dados Pessoais, o Marco Civil da Internet e, ainda, o Código de Processo Civil, quanto ao aspecto processual;
ii) não estabelecer um tratamento único para todo o acervo digital, mas sim diferenciar os conteúdos de acordo com a sua funcionalidade, reconhecendo a diferenciação entre bens digitais patrimoniais, personalíssimos e híbridos;

iii) quanto aos bens digitais patrimoniais, viabilizar, como regra, a sua sucessão aos herdeiros, partindo da regra geral da sucessão hereditária, com a possibilidade de revisão judicial de cláusulas que se revelem abusivas, considerando a clareza da informação fornecida pelo provedor e a boa-fé contratual;

iv) considerar que a tutela de direitos da personalidade e o resguardo da esfera do sigilo podem impedir, em alguns casos, a transmissão das contas do falecido para os herdeiros, destacando-se que, em tais hipóteses, a previsão normativa de restrições à atuação dos provedores de aplicações no tratamento de dados pessoais de pessoas falecidas pode resguardar interesses juridicamente relevantes relacionados às contas do *de cujus*;

v) prever instrumentos para facilitar a manifestação de vontade do usuário em vida, reconhecendo a possibilidade da elaboração de testamentos, codicilos e, também, de escolha entre as opções conferidas pelos provedores nas ferramentas de suas próprias plataformas, ressaltando que o exercício da autonomia não pode acarretar a violação de outros direitos;

vi) delinear orientações para a escolha do administrador das contas, nos casos em que administração se revele possível, priorizando aquele que possuía maior proximidade e convívio com o falecido e que represente ter melhores condições materiais e psicológicas para manter a conta de acordo com o raciocínio que já vinha sendo adotado pelo então usuário;

vii) determinar a criação, pelos provedores, de mecanismos autônomos de tutela da privacidade pelos terceiros e de armazenamento das informações por determinado período em prol do interesse público;

viii) prever a competência processual das Varas de Sucessões, como regra, para dirimir as questões relativas à destinação do acervo digital após a morte, não excluindo a possibilidade de terceiros, que não sejam herdeiros, apresentarem, em situações excepcionais, ações perante as Varas Cíveis comuns, com fulcro na tutela universal dos direitos da personalidade.

Sem a intenção de apresentar uma redação pronta para promulgação, esses foram os parâmetros apresentados por esses autores para uma possível solução legislativa direcionada à regulação da herança digital, sendo, por fim, necessário lembrar que a participação da sociedade civil possui significativa relevância para os debates a serem travados no Congresso Nacional, podendo muito contribuir para o aprimoramento das sugestões aqui elencadas.

Referências

BARBOSA, Fernanda Nunes. *Biografias e liberdade de expressão*: critérios para a publicação de histórias de vida. Porto Alegre: Arquipélago, 2016.

BAUMAN, Zygmunt. *Modernidade líquida*. Tradução de Plínio Dentzien. Rio de Janeiro: Zahar, 2001.

BRASIL. Câmara dos Deputados. *Projeto de Lei n. 1.331, de 2015*. Altera a Lei nº 12.965, de 23 de abril de 2014 – Marco Civil da Internet, dispondo sobre o armazenamento de dados de usuários inativos na rede mundial de computadores. Disponível em: http://www.camara.gov.br/proposicoesWeb/fichadetramitacao?idProposicao=1227967. Acesso em: 6 jan. 2020.

BRASIL. Câmara dos Deputados. *Projeto de Lei n. 4.099, de 2012*. Altera o art. 1.788 da lei n. 10.406, de 10 de janeiro de 2002. Disponível em: https://www.camara.leg.br/proposicoesWeb/fichadetramitacao?idProposicao=548678. Acesso em: 6 jan. 2020.

BRASIL. Câmara dos Deputados. *Projeto de Lei n. 4.847, de 2012*. Acrescenta o Capítulo II-A e os arts. 1.797-A a 1.797-C à Lei nº 10.406, de 10 de janeiro de 2002. Disponível em: http://www.camara.gov.br/proposicoesWeb/fichadetramitacao?idProposicao=563396. Acesso em: 6 jan. 2020.

BRASIL. Câmara dos Deputados. *Projeto de Lei n. 5820, de 2019*. Dá nova redação ao art. 1.881 da Lei nº 10.406, de 2002, que institui o Código Civil. Disponível em: https://www.camara.leg.br/proposicoesWeb/fichadetramitacao?idProposicao=2228037. Acesso em: 6 jan. 2020.

BRASIL. Câmara dos Deputados. *Projeto de Lei n. 7742, de 2017*. Acrescenta o art. 10-A à Lei nº 12.965, de 23 de abril de 2014 (Marco Civil da Internet), a fim de dispor sobre a destinação das contas de aplicações de internet após a morte de seu titular. Disponível em: https://www.camara.leg.br/proposicoesWeb/fichadetramitacao?idProposicao=2139508. Acesso em: 6 jan. 2020.

BRASIL. Câmara dos Deputados. *Projeto de Lei n. 8562, de 2017*. Acrescenta o Capítulo II-A e os arts. 1.797-A a 1.797-C à Lei nº 10.406, de 10 de janeiro de 2002. Disponível em: https://www.camara.leg.br/proposicoesWeb/fichadetramitacao?idProposicao=2151223. Acesso em: 6 jan. 2020.

BRASIL. Senado Federal. *Projeto de Lei n. 3799, de 2019*. Altera o Livro V da Parte Especial da Lei nº 10.406, de 10 de janeiro de 2002, e o Título III do Livro I da Parte Especial da Lei nº 13.105, de 16 de março de 2015, para dispor sobre a sucessão em geral, a sucessão legítima, a sucessão testamentária, o inventário e a partilha. Disponível em: https://www25.senado.leg.br/web/atividade/materias/-/materia/137498. Acesso em: 6 jan. 2020.

BRASIL. Senado Federal. *Projeto de Lei n. 6468, de 2019*. Altera o art. 1.788 da Lei nº 10.406, de 10 de janeiro de 2002, que institui o Código Civil, para dispor sobre a sucessão dos bens e contas digitais do autor da herança. Disponível em: https://www25.senado.leg.br/web/atividade/materias/-/materia/140239. Acesso em: 18 jan. 2020.

COMO entrar em contato com o Twitter para falar de um usuário falecido ou sobre conteúdo multimídia relacionado a um familiar falecido. *Twitter*. Disponível em: https://support.twitter.com/articles/416226?lang=pt. Acesso em: 11 abr. 2020.

DENÚNCIA de conta de uma pessoa falecida. *Instagram*. Disponível em: https://help.instagram.com/151636988358045/?helpref=hc_fnav. Acesso em: 11 abr. 2020.

FALECIMENTO de usuário do LinkedIn – Remoção de perfil. *LinkedIn*. Disponível em: https://www.linkedin.com/help/linkedin/answer/7285/falecimento-de-usuario-do-linkedin-remocao-de-perfil?lang=pt. Acesso em: 11 abr. 2020.

FRITZ, Karina Nunes. Leading case: BGH reconhece a transmissibilidade da herança digital. *Migalhas*, 13 ago. 2019. Disponível em: https://www.migalhas.com.br/coluna/german-report/308578/leading-case-bgh-reconhece-a-transmissibilidade-da-heranca-digital. Acesso em: 12 abr. 2020.

FROTA, Pablo Malheiros da Cunha; AGUIRRE, João Ricardo Brandão; PEIXOTO, Maurício Muriack de Fernandes e. Transmissibilidade do acervo digital de quem falece: efeitos dos direitos da personalidade projetados post mortem. *Constituição, Economia e Desenvolvimento: Revista da Academia Brasileira de Direito Constitucional*, Curitiba, v. 10, n. 19, 2018.

HONORATO, Gabriel; LEAL, Livia Teixeira. Exploração econômica de perfis de pessoas falecidas: reflexões jurídicas a partir do caso Gugu Liberato. *Revista Brasileira de Direito Civil – RBDCivil*, Belo Horizonte, v. 23, p. 155-173, jan./mar. 2020.

LACERDA, Bruno Torquato Zampier. *Bens digitais*. Indaiatuba: Foco Jurídico, 2017.

LISBOA, Roberto Senise. A inviolabilidade de correspondência na internet. *In*: LUCCA, Newton de; SIMÃO FILHO, Adalberto (Coord.). *Direito & Internet* – Aspectos jurídicos relevantes. 2. ed. São Paulo: Quartier, 2005.

MAGRANI, Eduardo. *Direito para startups e empreendedores, sessão XVII*. Rio de Janeiro: Editora FGV, 2018.

MENDES, Laura Schertel Ferreira; FRITZ, Karina Nunes. Case report: Corte alemã reconhece a transmissibilidade da herança digital. *RDU*, Porto Alegre, v. 15, n. 85, 2019.

PEREIRA, Caio Mário da Silva. *Instituições de direito civil*: direito das sucessões. 26. ed. Revisão e atualização de Carlos Roberto Barbosa Moreira. Rio de Janeiro: Forense, 2019. v. VI.

SOUZA, Carlos Affonso; LEMOS, Ronaldo. *Marco Civil da Internet*: construção e aplicação. Juiz de Fora: Editar Editora Associada Ltda., 2016.

TARTUCE, Flávio. Herança digital e sucessão legítima – Primeiras reflexões. *Migalhas*, 26 set. 2018. Disponível em: https://www.migalhas.com.br/coluna/familia-e-sucessoes/288109/heranca-digital-e-sucessao-legitima-primeiras-reflexoes. Acesso em: 17 abr. 2020.

TEIXEIRA, Ana Carolina Brochado; KONDER, Carlos Nelson. Situações jurídicas dúplices: controvérsias na nebulosa fronteira entre patrimonialidade e extrapatrimonialidade. *In*: TEPEDINO, Gustavo; FACHIN, Luiz Edson. *Diálogos sobre direito civil*. Rio de Janeiro: Renovar, 2012. v. III.

TEPEDINO, Gustavo. Liberdades, tecnologia e teoria da interpretação. *Revista Forense*, Rio de Janeiro, ano 110, v. 419, jan./jun. 2014.

UNIÃO EUROPEIA. *Regulamento (UE) 2016/679 do Parlamento Europeu e do Conselho, de 27 de abril de 2016*. Disponível em: http://eur-lex.europa.eu/legal-content/PT/TXT/?uri=celex%3A32016R0679. Acesso em: 11 abr. 2020.

YOUR digital legacy. *Facebook*. Disponível em: https://www.facebook.com/help/660987010672165#faq_1568013990080948. Acesso em: 11 abr. 2020.

Informação bibliográfica deste texto, conforme a NBR 6023:2018 da Associação Brasileira de Normas Técnicas (ABNT):

HONORATO, Gabriel; LEAL, Livia Teixeira. Propostas para a regulação da herança digital no direito brasileiro. *In*: EHRHARDT JÚNIOR, Marcos; CATALAN, Marcos; MALHEIROS, Pablo (Coord.). *Direito Civil e tecnologia*. Belo Horizonte: Fórum, 2020. p. 379-394. ISBN 978-65-5518-036-7.

DIREITO DE DANOS ANTE AS NOVAS TECNOLOGIAS

A LESÃO CONTINUADA DECORRENTE DE PUBLICAÇÃO EM MÍDIA DIGITAL

CARLOS EDISON DO RÊGO MONTEIRO FILHO

GUSTAVO SOUZA DE AZEVEDO

1 Introdução: a influência do tempo nas relações jurídicas

Odisseia, canto V. Após ordem de Zeus, a ninfa Calipso concorda em libertar o mortal Ulisses, por quem estava apaixonada, mas que sofria por conta das saudades de sua casa na ilha de Ítaca e de sua esposa, a também mortal Penélope. Antes, porém, de deixá-lo partir, Calipso tenta convencê-lo de ficar voluntariamente, oferecendo-lhe, em troca, a vida e a juventude eternas. Em resposta, o herói lhe diz:

> Lusa, potente, não queiras com isso agastar-te; conheço perfeitamente que a minha querida e prudente Penélope é de menor aparência e feições menos belas que as tuas. Ela é uma simples mortal; tu, eterna, a velhice não temes. Mas, apesar de tudo isso, consumo-me todos os dias para que à pátria retorne e reveja o meu dia da volta.[1]

Por trás das diversas conclusões éticas e filosóficas que se podem retirar da decisão de Ulisses de retornar para casa em detrimento da generosa oferta feita por Calipso, há, no trecho citado, a contraposição entre o eterno e o fugaz, entre o perene e o que se encontra à mercê do tempo. Desse embate, percebe-se que apenas à mortal Penélope a passagem do tempo importa, ao passo que a eterna Calipso a velhice não teme, a se concluir que a importância e a necessidade de sua contagem decorrem da condição humana caracterizada pela finitude.

As relações jurídicas, por serem nada mais que a perspectiva jurídica das relações humanas, mostram-se diretamente, e das mais diversas maneiras, influenciadas pela passagem do tempo. Ora se afigura requisito de eficácia de direitos potestativos, os quais, sob pena de perecerem, somente podem ser exercidos dentro de certo prazo

[1] HOMERO. *Odisseia*. Tradução de Carlos Alberto Nunes. Rio de Janeiro: Nova Fronteira, 2017. p. 107.

(decadência). Outras vezes, pode ser concebido como fato jurídico condutor da conversão da posse em propriedade (usucapião), ou como pressuposto para a extinção de eventual pretensão, dada a inércia, por seu titular, do exercício de determinada situação jurídica subjetiva (prescrição extintiva).[2] Pode também determinar o nascimento ou a extinção de determinada situação jurídica subjetiva (como nos casos de aposição de condição ou termo nos negócios jurídicos).[3] Mais recentemente, o tempo passa a ser compreendido como bem jurídico inerente à pessoa humana, passível, portanto, de tutela pelo ordenamento jurídico em razão de sua compreensão como algo inestimável e cada vez mais escasso a ser fruído a partir das escolhas próprias de cada pessoa humana.[4]

Por outro lado, o receio da finitude e a ambição de otimizar e expandir o tempo que se tem à disposição sempre animaram o espírito humano, o que, com a modernidade e o desenvolvimento tecnológico, fez surgir máquinas de poupar o tempo, como telefone, avião e carro; máquinas de enriquecer o tempo, como rádio, televisão e jogos eletrônicos; e máquinas de estocar tempo, como a secretária eletrônica, os gravadores e o computador.[5] A partir do surgimento dessas tecnologias, a relação do ser humano com o tempo se alterou a se tornar possível, de um lado, a *eternização de determinados atos* e, de outro, a *aceleração de suas consequências*. Sobressaem, nesse contexto, a internet e a as mídias digitais que, a um só tempo, eternizam o que ali foi compartilhado e viabilizam a repercussão instantânea desse conteúdo.

Nesse novo contexto, a passagem do tempo, como fato juridicamente relevante capaz de influenciar a relação jurídica, deverá ser qualificada à luz de sua real influência no caso concreto.[6] Diferentemente do que ocorria em épocas pretéritas, quando a passagem do tempo era idêntica para todos, na modernidade, a depender da tecnologia

---

[2] Essa tentativa de promover uma unidade conceitual aos termos é objeto de críticas pela doutrina. Confiram-se as críticas de Pontes de Miranda: "Por haver regras jurídicas comuns à prescrição e à usucapião, tentaram a unidade conceptual; mas essa unidade falhou sempre. Também falha, a olhos vistos, a artificial e forçada simetrização dos dois institutos" (MIRANDA, Pontes de. *Tratado de direito privado*. Campinas: Bookseller, 2000. t. VI. p. 139). E, nesta esteira, Orlando Gomes arremata: "Uma vez que a prescrição aquisitiva é conhecida e regulada pelo nome de Usucapião, usa-se, sem qualificativo, a que extingue ou libera direitos. Toda vez que se faz referência à prescrição, pura e simplesmente, designa-se a prescrição extintiva ou liberatória" (GOMES, Orlando. *Introdução ao direito civil*. Rio de Janeiro: Forense, 2010. p. 384). Assim, à luz das conclusões do saudoso autor baiano, usar-se-á no presente trabalho o termo *prescrição* para designar a hipótese de prescrição extintiva ou liberatória.

[3] "A influência que o tempo tem sobre as relações jurídicas é bastante grande, bem como a que tem sobre todas as coisas humanas. E além de grande é também bastante variada. Direitos que não podem surgir senão em dadas contingências de tempo; direitos que não podem ter senão uma duração preestabelecida, quer fixada pela lei, quer pela vontade privada; direitos que não podem exercer-se fora de certo prazo; direitos que se adquirem e direitos que se perdem em conseqüência do decurso de um certo período de tempo – destes e de outros modos o elemento tempo manifesta a sua importância, posto que frequentemente ele não seja apenas o único fator que produz tais efeitos, mas com ele concorram outros, como o comportamento de uma pessoa, a sua abstenção ao exercício de um poder, a condição subjetiva de boa-fé, a existência ou inexistência de um fato, de uma obra, de um sinal, etc. Não é possível constituir uma regra geral com o modo como a lei trata este importantíssimo elemento, dada a disparidade da sua função de caso para caso. Há, no entanto, alguns princípios de caráter geral que se referem à sua determinação e ao seu cômputo" (RUGGIERO, Roberto. *Instituições de direito civil*. São Paulo: Saraiva, 1971. v. I. p. 281-282).

[4] MONTEIRO FILHO, Carlos Edison do Rêgo. Lesão ao tempo: configuração e reparação nas relações de consumo. *In*: MONTEIRO FILHO, Carlos Edison do Rêgo. *Rumos contemporâneos do direito civil*: estudos em perspectiva civil-constitucional. Belo Horizonte: Fórum, 2017. p. 205-228.

[5] Passagem do documentário *Quanto tempo o tempo tem*, com direção de Adriana Dutra e Walter Carvalho, de 2015.

[6] Na explicação Pietro Perlingieri: "Ao mesmo fato histórico o direito pode atribuir uma pluralidade de qualificações, tomando-o em consideração em várias normas e para diversos fins" (PERLINGIERI, Pietro. *O direito civil na legalidade constitucional*. Tradução de Maria Cristina de Cicco. Rio de Janeiro: Renovar, 2008. p. 640).

envolvida, idêntico lapso temporal poderá ter relevância vária. Assim, do mesmo modo que o decurso do tempo é percebido pela mortal Penélope de uma forma e pela eterna Calipso, de outra, o período de um dia pode representar quase uma eternidade em contrato de compra e venda de moedas eletrônicas, enquanto o mesmo lapso pode pouco significar em contrato de compra e venda de produtos agrícolas entre pequenos produtores rurais.[7]

O mesmo ocorre no âmbito da responsabilidade civil. Vários são os meios possíveis de serem utilizados pelo ofensor para perpetrar o ato ilícito e, a depender do meio eleito, variável será a influência da passagem do tempo nos efeitos da lesão. Desse modo, os influxos cronológicos nos efeitos da lesão à honra praticada presencial e oralmente não serão os mesmos daqueles nos efeitos da mesma lesão perpetrada por meio de publicação em rede social. Afinal, ao passo que na primeira hipótese a lesão se estagna no passado, neste último caso, a disponibilização do conteúdo da ofensa na internet torna a lesão contínua, a justificar consequências jurídicas distintas. Este, portanto, será o objeto analisado no presente trabalho: os efeitos da lesão continuada decorrente de publicação em mídias digitais e a tutela jurídica do ofendido.

2 Publicação em mídia digital e lesão continuada

A evolução tecnológica, que permitiu a socialização virtual, por um lado, potencializa a comunicação e o acesso à informação, mas, como face oposta da mesma moeda, também incrementa as possibilidades lesivas.[8] Isso ocorre, pois o conteúdo, a partir do momento que se publica digitalmente, desprende-se de suas circunstâncias espacial e temporal e passa a ser acessível a qualquer tempo e de qualquer lugar. Conforme observa Pierre Lévy, uma das principais características do virtual consiste no "desprendimento do aqui e agora".[9] Esse desprendimento gera, segundo o mesmo autor, a ubiquidade do conteúdo virtual e, com isso, "quando uma pessoa, uma coletividade, um ato, uma informação se virtualizam, eles se tornam 'não presentes', se desterritorializam. Uma

---

[7] Ilustrativamente, vale mencionar dois julgados do Tribunal de Justiça do Estado de São Paulo. O primeiro, ao analisar o atraso de um dia, por parte da instituição financeira credora, na devolução de automóvel objeto de alienação fiduciária em garantia ao adquirente após este purgar a mora, considerou que "O atraso de um dia na devolução do bem, conforme verificado pelos documentos de fls. 50 e 79, é insignificante, motivo pelo qual não se justifica a aplicação de multa cominatória imposta pelo Juízo, que deve ser afastada" (TJSP, 33ª Câmara de Direito Privado. Apelação nº 4003466-05.2013.8.26.0510. Rel. Des. Mario A. Silveira, j. 25.8.2014). O segundo julgado, por sua vez, ao se deparar com o mesmo atraso de um dia, mas desta vez no âmbito de contrato de transporte aéreo, considerou a passagem do tempo suficiente para a caracterização de dano moral, afinal, como a celeridade é inerente ao serviço prestado pela companhia aérea, o atraso, mesmo que de um dia, não pode ser tolerado (TJSP, 38ª Câmara de Direito Privado. Apelação nº 1041478-15.2017.8.26.0506. Rel. Des. Eduardo Siqueira, j. 25.5.2018).

[8] "À medida que a tecnologia evolui, novas ferramentas são desenvolvidas e, consequentemente, surgem novas formas de causar danos a terceiros, sendo possível destacar, entre as diversas situações: a divulgação não autorizada de imagens íntimas e/ou de cenas de nudez em aplicativos e sites de compartilhamento de conteúdo; a criação de perfis falsos em redes sociais virtuais; a indexação por provedores de pesquisa de conteúdo em desacordo com as características atuais do indivíduo; a criação de página com mensagens ofensivas a determinada pessoa ou com atribuição de características em desacordo com a atual personalidade do retratado; e a exposição abusiva da imagem de uma determinada pessoa em notícia jornalística ou em quadro de humor. Atreladas ao uso indevido de imagem encontram-se também práticas de intimidação e de agressão a terceiros na internet, como o cyberbullying e a chamada pornografia de vingança" (TEFFÉ, Chiara Spaccini de. Considerações sobre a proteção do direito à imagem na internet. *Revista de Informação Legislativa*, ano 54, n. 213, jan./mar. 2017. p. 174).

[9] LÉVY, Pierre. *O que é o virtual?* São Paulo: 34, 1996. p. 19.

espécie de desengate os separa do espaço físico ou geográfico ordinários e da temporalidade do relógio e do calendário".[10]

Como consequência da cisão espacial e temporal proporcionada pela virtualização, a velocidade de disseminação da informação atingiu novo patamar,[11] e, no que toca às informações falsas ou difamatórias, a celeridade de sua difusão se mostra ainda maior. Conforme estudo veiculado pela revista *Science*, enquanto notícias verdadeiras raramente eram compartilhadas por mais de 1.000 pessoas, as notícias falsas mais populares rotineiramente eram compartilhadas entre mil e cem mil vezes. Além disso, informações verdadeiras, de acordo com o mesmo estudo, levam seis vezes mais tempo para alcançar 1.500 pessoas.[12]

Também como consequência da nova realidade espaço-temporal proporcionada pela internet, os conteúdos compartilhados virtualmente permanecem disponíveis e facilmente acessíveis a todos permanentemente. Com isso, diferentemente do que ocorre com as denominadas mídias tradicionais, como rádio, televisão e jornais, a publicidade do conteúdo compartilhado na internet não cessa nem reduz drasticamente com a passagem do tempo ("Google ricorda sempre"),[13] exigindo dos responsáveis pela publicação conduta ativa de retirada do conteúdo da rede para que este se torne inacessível aos internautas.[14]

---

[10] LÉVY, Pierre. *O que é o virtual?* São Paulo: 34, 1996. p. 21. No mesmo sentido, Juliano Madalena anota que, com a virtualização, "o objeto ocupa diversos lugares, dando um novo conceito, inclusive para a própria noção de *locus*". E continua: "a ubiquidade confere à internet a capacidade de estar em todos os lugares ao mesmo tempo" (MADALENA, Juliano. Regulação das fronteiras da internet: um primeiro passo para uma teoria geral do direito digital. *In*: MARTINS, Guilherme Magalhães; LONGHI, João Victor Rozatti. *Direito digital*: direito privado e internet. Indaiatuba: Foco, 2019. p. 185). Finalmente, Zygmunt Bauman também trabalha com a ideia de onipresença virtual e propõe renovada relação entre tempo e espaço – processual, mutável e dinâmica: "A relação entre tempo e espaço deveria ser de agora em diante processual, mutável e dinâmica, não predeterminada e estagnada. A 'conquista do espaço' veio a significar máquinas mais velozes. O movimento acelerado significava maior espaço. Nessa corrida, a expansão espacial era o nome do jogo e o espaço, seu objetivo; o espaço era valor; o tempo, a ferramenta" (BAUMAN, Zygmunt. *Modernidade líquida*. Rio de Janeiro: Jorge Zahar Editor, 2001. p. 131).

[11] "Antes do surgimento da rede das redes (a Internet), as comunicações tradicionais se dividiam em duas categorias: uma a um ou um-a-alguns (fax e telefone) e um-a-muitos (TV, rádio, jornal impresso e cinema). No novo ambiente, além das categorias anteriores, surge a possibilidade de comunicação do tipo muitos-a-muitos. Isto não significa apenas acessar a maior quantidade de informações, mas transformar as relações econômicas e sociais – que interagem em todos os ramos da produção capitalista, procurando ajustar-se a esta maneira «mais económica» de fazer negócios e de se relacionar com as pessoas" (BRANCO, Marcelo. Software livre e desenvolvimento social e económico. *In*: CASTELLS, Manuel; CARDOSO, Gustavo (Org.). *A sociedade em rede*: do conhecimento à acção política. Lisboa: Imprensa Nacional – Casa da Moeda, 2005. p. 228).

[12] VOSOUGHI, Soroush; ROY, Deb; ARAL, Sinan. The spread of true and false news online. *Science*, n. 359, 9 mar. 2018. p. 1.148.

[13] Expressão utilizada pelo Professor Stefano Rodotà para se referir à implacável memória coletiva da internet (RODOTÀ, Stefano. Dai ricordi ai dati l'óblio è un diritto? *La Repubblica*, 30 jan. 2012. Disponível em: https://ricerca.repubblica.it/repubblica/archivio/repubblica/2012/01/30/dai-ricordi-ai-dati-oblio-un.html?refresh_ce).

[14] "It is very hard to scape your past on the Internet now that every photo, status update and tweet lives forever in the cloud". Tradução livre: "é muito difícil escapar de seu passado na Internet agora que todas as fotos, *status* e *tweets* vivem para sempre na nuvem" (ROSEN, Jeffrey. The right to be forgotten. *Stanford Law Review Online*, v. 64, p. 88, fev. 2012). No mesmo sentido, Viktor Mayer-Schönberger: "For millennia, the relationship between remembering and forgetting remained clear. Remembering was hard and costly, and humans had to choose deliberately what to remember. The default was to forget. In the digital age, in what is perhaps the most fundamental change for humans since our humble beginnings, that balance of remembering and forgetting has become inverted. Committing information to digital memory has become the default, and forgetting the exception". Tradução livre: "Por milênios a relação entre lembrar e esquecer permaneceu clara. Lembrar era difícil e custoso, e a humanidade tinha que escolher do que se lembrar. A regra era esquecer. Na era digital, o que talvez seja a mudança mais fundamental para a humanidade desde seu surgimento, esse equilíbrio

Diante desse cenário, novos desafios surgem no horizonte do jurista, que se vê compelido a adaptar os instrumentos que têm à disposição para a nova realidade, pois, como leciona Pietro Perlingieri, a atividade do jurista "se serve não de um instrumental predeterminado e rígido, mas de uma cultura ampla e de um conhecimento global do ordenamento, renovado pela análise pontual e minuciosa do fato".[15] Consequentemente, no âmbito da responsabilidade civil, deve o intérprete atentar, por um lado, para a ocorrência de novas possibilidades lesivas, como a que ocorre, por exemplo, em decorrência da violação ao denominado direito ao esquecimento.[16] Por outro lado, o jurista igualmente não pode negligenciar as características próprias das lesões decorrentes de atos perpetrados no ambiente virtual. Nessa segunda hipótese, lesões a bens jurídicos já de há muito conhecidos pelos juristas, como honra, imagem e privacidade, assumem novos contornos em razão das peculiaridades das consequências dos atos praticados virtualmente.

A novidade primordial introduzida pela realidade virtual nesse contexto diz respeito aos novos padrões de danos gerados pelas lesões a bens jurídicos. Partindo-se da premissa da teoria dos efeitos da lesão, de modo a considerar o dano como efeito da lesão a certo bem jurídico, e não como equivalente à própria lesão, nota-se que a lesão praticada virtualmente possui a capacidade de produzir efeitos – danos, portanto – durante longo período em razão do mencionado desprendimento espaço-temporal proporcionado pela rede. Assim, a mesma lesão à honra praticada virtualmente por meio da publicação de texto difamatório na internet pode gerar diversos danos, tanto patrimoniais como extrapatrimoniais, ao longo de todo período que o conteúdo lesivo estiver disponível para acesso aos internautas, a se constatar o afastamento temporal do dano em relação à lesão inicial ao bem jurídico honra.[17]

---

entre lembrar e esquecer se inverteu. Preservar informação em memória digital se tornou a regra e esquecer, a exceção" (MAYER-SCHONBERGER, Viktor. *Delete*: the virtue of forgetting in the digital age. New Jersey: Princeton, 2009. p. 196).

15 PERLINGIERI, Pietro. *O direito civil na legalidade constitucional*. Tradução de Maria Cristina de Cicco. Rio de Janeiro: Renovar, 2008. p. 12.

16 Conforme ensina o professor Stefano Rodotà, o direito ao esquecimento "si presenta come diritto a governare la propria memoria, per restituire a ciascuno la possibilità di reinventarsi, di costruire personalità e identità affrancandosi dalla tirannia di gabbie nelle quali una memoria onnipresente e totale vuole rinchiudere tutti. Il passato non può essere trasformato in una condanna che esclude ogni riscatto". Tradução livre: "se apresenta como direito a governar a própria memória, para restituir a cada um a possibilidade de reinventar-se, de construir personalidade e identidade libertando-se da tirania das jaulas na qual uma memória onipresente e total pretende prender tudo. O passado não pode ser transformado em uma sentença que exclua qualquer redenção" (RODOTÀ, Stefano. Dai ricordi ai dati l'óblio è un diritto? *La Repubblica*, 30 jan. 2012. Disponível em: https://ricerca.repubblica.it/repubblica/archivio/repubblica/2012/01/30/dai-ricordi-ai-dati-oblio-un.html?refresh_ce).

17 "dizer-se dano=lesão é bem diferente de se afirmar dano=efeito da lesão. E, como a lesão pode suscitar vários efeitos, a vertente que ora se propõe – teoria dos efeitos da lesão – parece conduzir a uma definição mais técnica do que seja o dano extrapatrimonial. A lesão a direito da personalidade, ao patrimônio moral ou à dignidade humana pode gerar também efeitos patrimoniais, como se sabe, na forma de danos emergentes e lucros cessantes, donde não se pode tomá-la como sinônima, síntese ou núcleo da definição de dano moral" (MONTEIRO FILHO, Carlos Edison do Rêgo. *Responsabilidade contratual e extracontratual*: contrastes e convergências no direito civil contemporâneo. Rio de Janeiro: Processo, 2016. p. 130). Quanto ao ponto específico da diferença entre dano moral e dano patrimonial, cf. a lição de Aguiar Dias: "Quando ao dano não correspondem as características do dano patrimonial, dizemos que estamos em presença do dano moral. A distinção, ao contrário do que parece, não decorre da natureza do direito, bem ou interesse lesado. De forma que tanto é possível ocorrer dado patrimonial em consequência de lesão a um bem não patrimonial como dano moral em resultado de ofensa a bem material" (DIAS, José de Aquiar. *Da responsabilidade civil*. 11. ed. Atualizado por Rui Berford Dias. Rio de Janeiro: Renovar, 2006. p. 992). Em sentido diverso, as teorias denominadas objetivas enxergam o dano como sinônimo de lesão e, desse modo, distinguem o dano patrimonial do dano extrapatrimonial em razão do bem jurídico lesado,

Isso ocorre porque a manutenção do conteúdo lesivo disponível na internet mantém a potencialidade daquela lesão de gerar novos danos a cada novo acesso àquele conteúdo por internautas. Esses potenciais novos danos – ou novos efeitos da lesão – podem ter caráter patrimonial ou extrapatrimonial a depender dos efeitos suscitados em cada caso. Conclui-se, disso, que a lesão praticada virtualmente terá como característica a continuidade, pois sua potencialidade de produzir efeitos – isto é, danos – permanecerá até que o conteúdo seja retificado ou retirado da rede.

Veja-se que não se trata de caracterizar o ato lesivo como continuado, pois, de modo geral, não será esse o caso, já que o ato de publicar certo conteúdo na internet, em regra, é ato instantâneo, a tomar apenas alguns segundos do agente.[18] O que se tem, em verdade, é o descolamento dos efeitos da lesão para além momento de prática do ato, que manterá sua potencialidade de gerar danos enquanto permanecer disponível na rede. Nesse sentido, ao passo que a potencialidade danosa de ato ilícito praticado presencialmente ou mesmo por outros meios de comunicação, como a televisão, o rádio e o jornal, esgota-se assim que o ato é praticado ou apenas algum tempo depois – quando do fim da transmissão televisiva ou radiofônica ou quando do fim da circulação daquela edição de jornal –, a potencialidade danosa do conteúdo publicado na internet perpetua-se enquanto este estiver disponível.

Frise-se, de igual modo, que também não se está a falar daquilo que a doutrina e a jurisprudência comumente denominam de dano ou lesão permanente. A permanência do dano diz respeito à impossibilidade de reversão de sua consequência deletéria na vida da vítima, como se dá na hipótese de amputação de membro do corpo humano,[19] conforme já analisado pelo Superior Tribunal de Justiça.[20] Também a lesão psicológica,

---

nessa direção, ver, por todos: "Constitui dano moral a lesão a qualquer dos aspectos componentes da dignidade humana – dignidade esta que se encontra fundada em quatro substratos e, portanto, corporificada no conjunto dos princípios da igualdade, da integridade psicofísica, da liberdade e da solidariedade" (MORAES, Maria Celina Bodin de. *Danos à pessoa humana*: uma leitura civil-constitucional dos danos morais. Rio de Janeiro: Renovar, 2003. p. 327).

[18] Sobre a distinção entre a estrutura cronológica dos fatos jurídicos: "Um elemento que incide de maneira determinante sobre a estrutura do fato é a modalidade cronológica, de maneira a distinguir conforme este se verifique em uma mínima unidade temporal (fato instantâneo), em um período que supera a mínima unidade temporal (fato continuado), ou a intervalos regulares (fato periódico)" (PERLINGIERI, Pietro. *O direito civil na legalidade constitucional*. Tradução de Maria Cristina de Cicco. Rio de Janeiro: Renovar, 2008. p. 644).

[19] A lesão permanente à integridade física é tratada por vezes, em doutrina, como lesão estética. Nesse sentido a Professora Ancona Lopez define lesão estética como "qualquer modificação duradoura ou permanente na aparência externa de uma pessoa, modificação esta que lhe acarreta 'enfeamento' e lhe causa humilhações e desgostos, dando origem, portanto, a uma dor moral". Posteriormente, em passagem que analisa os elementos extraídos de sua definição, aduz "o segundo elemento do dano estético reparável como dano moral é a permanência ou, no mínimo, o efeito danoso prolongado. [...] Pensamos que o dano estético passageiro não é dano moral e sim dano material, facilmente indenizável e facilmente superável [...]. Portanto, para que exista dano estético, é necessário que a lesão que enfeou determinada pessoa seja duradoura, caso contrário não se poderá falar em dano estético propriamente dito (dano moral) mas em atentado reparável à integridade física ou lesão estética passageira que se resolve em perdas e danos habituais" (LOPEZ, Teresa Ancona. *O dano estético*. São Paulo: Revista dos Tribunais, 1999. p. 40). No mesmo sentido, "o dano estético corresponde a uma sequela física permanente que altera a fisionomia da pessoa" (GASPAR, Cátia Maria; CHICHORRO, Maria Manuela Ramalho Souza. *A valoração do dano corporal*. 3. ed. Coimbra: Almedina, 2017). Diverge-se, entretanto, deste entendimento, pois não se mostra imprescindível que a lesão estética perdure no tempo para que dela possa decorrer dano extrapatrimonial.

[20] "A conduta negligente do representante estatal no atendimento médico de urgência prestado ao menor, que resultou na amputação do dedo do pé. [...] O Tribunal local, ao reconhecer a falha no atendimento médico ao menor de idade, resultando em grave lesão permanente, o fez com elementos de convicção da demanda, concluindo pela configuração da responsabilidade estatal objetiva e pela condenação em indenizatória no valor

como se sabe, pode apresentar caráter temporário ou permanente a depender da perenidade do trauma provocado pelo ato lesivo.[21]

No que se refere aos danos patrimoniais decorrentes de lesão permanente, o Código Civil possui regramento específico em seu art. 950 a estabelecer indenização pelo tratamento e pelos lucros cessantes até o fim da convalescença, além de pensão correspondente à importância do trabalho para que se inabilitou, ou da depreciação que ele sofreu. Quanto ao dano extrapatrimonial oriundo de lesão permanente, embora não haja previsão legal a respeito, naturalmente o princípio da reparação integral exige que a permanência do dano seja considerada pelo magistrado no momento da quantificação da compensação.[22]

De outro giro, a lesão continuada de que aqui se trata não possui a irreversibilidade de seus efeitos como elemento essencial à sua estrutura. Embora seja possível que eventual publicação, na internet, de conteúdo atentatório à honra gere na vítima dano psicológico permanente, não se trata de consequência necessária dessa espécie de meio de comunicação. O que, na realidade, compõe a essência da prática de ato ilícito na internet é a sua contínua potencialidade lesiva, que se extingue apenas com a retirada do conteúdo ou sua retificação. Por essa razão, mostra-se fundamental a distinção conceitual entre dano ou lesão permanente e lesão continuada. Este último é próprio dos atos ilícitos perpetrados virtualmente, e, por isso, como se verá adiante, terá suas específicas consequências jurídicas.

3 Consequências jurídicas da lesão continuada oriunda de publicação no ambiente virtual

Estabelecido o conceito de lesão continuada, bem como sua distinção em relação a figuras afins, impõe identificar as consequências jurídicas da existência desse tipo de lesão, pois, como vaticinava San Tiago Dantas, "esta regra é inflexível nos estudos de dogmática civil: não tem interesse prático, logo não tem interesse teórico. Tudo o que está na teoria, nela está para servir à prática; tudo que está na teoria deve ter um interesse prático".[23]

Conforme delineado no item anterior, a característica que torna a lesão perpetrada por meios virtuais particular em relação às demais consiste no descolamento temporal de seus efeitos em relação à prática do ato, havendo a perpetuação de sua potencialidade danosa, a justificar o adjetivo *continuada* associado ao substantivo *lesão*. Assim, é essa

---

de R$80.000,00" (STJ, 1ª T. AgInt no AREsp nº 1.317.550/SP. Rel. Min. Napoleão Nunes Maia Filho, j. 8.4.2019). Em doutrina, anota-se que "a incapacidade permanente reflete um estado deficitário, a nível anatómico ou funcional, tido como definitivo" (GASPAR, Cátia Maria; CHICHORRO, Maria Manuela Ramalho Souza. *A valoração do dano corporal*. 3. ed. Coimbra: Almedina, 2017).

[21] "Não é de se desprezar a consequência psicológica do dano que pode atingir, também temporária ou definitivamente, a vítima incidindo em sua força de trabalho" (PEREIRA, Caio Mário da Silva. *Responsabilidade civil*. 11. ed. Atualização de Gustavo Tepedino. Rio de Janeiro: Forense, 2016. p. 414).

[22] "[...] a dimensão do dano e as condições pessoais da vítima podem servir, de fato, para o estabelecimento de critério objetivo para estipulação do dano moral, o qual deve levar em consideração primordialmente o princípio da reparação integral do dano e o da dignidade da pessoa humana" (TEPEDINO, Gustavo; TERRA, Aline de Miranda Valverde; GUEDES, Gisela Sampaio da Cruz. *Fundamentos do direito civil*: responsabilidade civil. Rio de Janeiro: Forense, 2020. p. 45).

[23] DANTAS, San Tiago. *Programa de direito civil*. Rio de Janeiro: Rio, 1978. v. II. p. 94.

atemporalidade dos efeitos da lesão continuada que justificará seu peculiar tratamento jurídico no que se refere a cada uma das seguintes questões: (i) contagem de prazos prescricionais e decadenciais;[24] (ii) possibilidade de tutela de remoção do ilícito; e (iii) quantificação da compensação por danos extrapatrimoniais sofridos pela vítima.

3.1 Contagem de prazos prescricionais e decadenciais

Não obstante suas distinções e peculiaridades,[25] prescrição e decadência apresentam inegável ponto de contato: ambas têm como função estabelecer período temporal dentro do qual o interessado deverá praticar determinado ato – na decadência esse ato é o exercício do direito, na prescrição é a necessidade de interpelação do devedor para que cumpra seu dever. O início da contagem do prazo, tanto decadencial como prescricional, dá-se quando surge a possibilidade de praticar tal ato, o que, na prescrição, ocorre com a violação do direito, e, na decadência, com o surgimento do próprio direito.

Passo adiante, exsurge a questão de como esses institutos são afetados pela lesão continuada decorrente de publicação na internet. Iniciando a análise pela prescrição, deve o intérprete atentar para o fato de que o titular do direito "poderá ter ciência do evento lesivo e de sua autoria, mas não haver exsurgido do ato lesivo qualquer dano",[26] pois, como já delineado, na internet os efeitos da lesão constantemente afastam-se temporalmente do ato lesivo, prolongando-se a possibilidade de ocorrência de dano pelo período que se mantiver público o conteúdo lesivo. Isso ocorre, por exemplo, na publicação caluniosa que apenas certo tempo após a veiculação chega ao conhecimento de parceiro comercial da vítima e, em consequência, apenas então gera perdas patrimoniais ao alvo da calúnia. Não raro, também, certos conteúdos publicados na internet levam tempo para se espalhar ("viralizar") e, outras vezes, conteúdos antigos e já esquecidos são reencontrados por internautas e voltam a circular, o que, nos casos de publicações ofensivas, geram nova onda de danos à vítima. Todas essas possibilidades

---

[24] Embora tenha havido tentativa de promover uma unidade conceitual aos institutos da prescrição extintiva e da prescrição aquisitiva (usucapião), essa empreitada foi objeto de críticas pela doutrina. Confiram-se as críticas de Pontes de Miranda: "Por haver regras jurídicas comuns à prescrição e à usucapião, tentaram a unidade conceptual; mas essa unidade falhou sempre. Também falha, a olhos vistos, a artificial e forçada simetrização dos dois institutos" (MIRANDA, Pontes de. *Tratado de direito privado*. Campinas: Bookseller, 2000. t. VI. p. 139). E, nesta esteira, Orlando Gomes arremata: "Uma vez que a prescrição aquisitiva é conhecida e regulada pelo nome de Usucapião, usa-se, sem qualificativo, a que extingue ou libera direitos. Toda vez que se faz referência à prescrição, pura e simplesmente, designa-se a prescrição extintiva ou liberatória" (GOMES, Orlando. *Introdução ao direito civil*. Rio de Janeiro: Forense, 2010. p. 384). Assim, à luz das conclusões do saudoso autor baiano, usar-se-á no presente trabalho o termo *prescrição* para designar a hipótese de prescrição extintiva ou liberatória.

[25] Diz-se que a decadência se liga ao escoamento do prazo de exercício de direito potestativo, ao passo que a prescrição se associa à lesão de direito subjetivo. Veja-se: "Normalmente, o titular de um direito subjetivo – ou melhor, de uma situação jurídica subjetiva – o exerce sem oposição. É possível, todavia, que ocorra a violação do direito do titular por outrem, momento em que nasce uma pretensão judicialmente exigível. Ao mesmo tempo em que a lei reconhece a esse titular a faculdade de intentar uma ação judicial – ou arbitral, a depender do caso – para defender seu direito, estabelece que a pretensão deve ser exercida em determinado prazo, sob pena de perecer" (CRUZ, Gisela Sampaio da; LGOW, Carla Wainer Charléo. Prescrição extintiva: questões controversas. *In*: TEPEDINO, Gustavo (Coord.). *O Código Civil na perspectiva civil-constitucional*. Rio de Janeiro: Renovar, 2013. p. 476). "O exercício de certos direitos potestativos pode estar submetido a prazo fixado pelo legislador, cuja natureza é decadencial. Assim ocorre, por exemplo, no direito potestativo de pedir a anulação do casamento durante dois anos após a realização do ato, se incompetente a autoridade celebrante, ou no direito a renovar contrato de locação comercial que preencha os requisitos legais" (TEPEDINO, Gustavo; OLIVA, Milena Donato. *Fundamentos do direito civil*: teoria geral do direito civil. Rio de Janeiro: Forense, 2020. p. 391-392).

[26] SAAB, Rachel. *Prescrição*: função, pressupostos e termo inicial. Belo Horizonte: Fórum, 2019. p. 183.

devem ser averiguadas pelo jurista no momento de identificar o termo inicial do prazo prescricional, que por vezes deverá ser deslocado, afastando-se do ato lesivo de modo a iniciar apenas quando da efetiva ocorrência do dano para evitar que a vítima tenha seu prazo prescricional reduzido ou mesmo totalmente suprimido, o que acabar por violar seu direito fundamental de acesso à justiça, previsto no art. 5º, inc. XXXV, da Constituição da República.[27]

Para alcançar a justiça do caso concreto quando da aplicação do regime prescricional, não pode o intérprete satisfazer-se com a aplicação subsuntiva do prazo prescricional,[28] devendo-se manter alerta em relação ao comportamento da vítima, bem como ao efeito que o decurso do tempo provocou naquela relação jurídica em concreto. Nessa direção, a fim de evitar casos de iniquidade, o intérprete, valendo-se da razoabilidade e da visão unitária do ordenamento como sistema uno, em meio à pluralidade das fontes normativas, deve considerar segurança e certeza, essenciais à ordem jurídica, mas sempre as ponderando com os valores contrapostos da justiça e da equidade. Para tanto não se deve deixar levar por subjetivismos, mas amparar-se nos valores do ordenamento na legalidade constitucional quando da elaboração de decisões justificadas e bem fundamentadas no sistema.[29]

No que toca à contagem do prazo decadencial, raciocínio semelhante deve ser levado a efeito, na medida em que a continuidade da lesão provocará o renascimento também continuado de eventual direito potestativo. Em caso paradigmático, a 25ª Câmara Cível do Tribunal de Justiça do Estado do Rio de Janeiro analisou a veiculação, tanto em mídia eletrônica quanto em mídia impressa, de matéria jornalística reputada ofensiva à autora, que ajuizou ação com o fim de exercer seu direito potestativo de resposta previsto no art. 3º da Lei nº 12.188/2015. Segundo a dicção desse dispositivo, referido direito "deve ser exercido no prazo decadencial de 60 (sessenta) dias, contado da data de cada divulgação, publicação ou transmissão da matéria ofensiva". Diante do argumento da ré de que, na espécie, o exercício do direito de resposta havia sido exercido fora do prazo legal e que, por isso, havia caducado, os magistrados acordaram:

---

27 "Ocorre que, em inúmeros casos, a efetiva possibilidade de exercício da pretensão se encontra descolada da data da lesão – precedendo-a ou sendo posterior ao evento lesivo. Nesse cenário, a aplicação da regra prescricional – em tais termos definida – ora autoriza que o credor module o cômputo do prazo em seu favor, ora conduz à consumação da prescrição antes mesmo que o titular possa valer-se da pretensão que lhe fora atribuída" (SAAB, Rachel. Análise funcional do termo inicial da prescrição. *In*: TEPEDINO, Gustavo; OLIVA, Milena Donato (Coord.). *Teoria geral do direito civil*: questões controvertidas. Belo Horizonte: Fórum, 2019. p. 338).

28 "o surgimento do constitucionalismo moderno e a introdução da legalidade constitucional permitem considerar, hoje, finalmente adquirido o método da interpretação constitucional que consiste: [...] b) em argumentar sobre normas-princípios, cuja aplicação não assume a forma silogística da subsunção, mas aquela da otimização ao realizar o preceito, segundo uma sua hierarquia, mas também segundo uma sua razoável ponderação em relação ao caso concreto a ser decidido" (PERLINGIERI, Pietro. *O direito civil na legalidade constitucional*. Tradução de Maria Cristina de Cicco. Rio de Janeiro: Renovar, 2008. p. 595-596).

29 "Afastando-se da concepção jusnaturalista da razoabilidade, faz-se necessário desenvolvê-la como método que contribui a individuar a solução no momento aplicativo, respeitando-se o princípio da legalidade, que impõe a vinculação do intérprete não somente à letra da lei, mas à lógica global do sistema, e de seus valores normativos. A razão jurídica da decisão deve ser sempre coerente com a ordem historicamente condicionada. Nessa esteira se situa o esforço doutrinário voltado ao desenvolvimento de parâmetros funcionais de razoabilidade que levem em conta as especificidades de campo do direito civil" (TEPEDINO, Gustavo. A razoabilidade na experiência brasileira. *In*: TEPEDINO, Gustavo; TEIXEIRA, Ana Carolina Brochado; ALMEIDA, Vitor (Coord.). *Da dogmática à efetividade do direito civil*: anais do Congresso Internacional de direito civil-constitucional. 1. ed. Belo Horizonte: Fórum, 2017. p. 39).

> o prazo decadencial estabelecido pela Lei nº 13.188/2015 é inaplicável as mídias digitais, vez que, nessas, diversos portais podem veicular determinado conteúdo ofensivo e em momentos distintos. O dano, por muitas vezes, gera efeitos permanentes. O alcance da informação é incalculável, não existindo o referido prazo para exercício da pretensão à resposta. Para a mídia tradicional impressa tal prazo deverá ser observado uma vez que as matérias foram publicadas em março de 2017 e a ação proposta em outubro de 2017.[30]

Trata-se de relevante precedente a demonstrar a necessidade de sensibilidade do magistrado para identificar a função dos institutos jurídicos no ordenamento jurídico e aplicá-los de acordo com essa funcionalidade e não de maneira acrítica e subsuntiva. Com efeito, a honra e a identidade pessoal encontram-se continuamente violadas enquanto o conteúdo ofensivo estiver acessível aos internautas, de modo que, durante esse período de violação possui a vítima interesse em que sua versão dos fatos seja publicada. Aliás, não por outro motivo o próprio art. 3º estabelece que o prazo decadencial de 60 (sessenta) dias reinicie na data de cada divulgação, publicação ou transmissão da matéria ofensiva. Pois bem, como na internet o conteúdo, uma vez compartilhado, permanece constantemente publicado, natural que a cada dia novo prazo decadencial para exercício do direito de resposta se reinicie, a justificar a diferença de tratamento no caso de publicação em mídia digital em relação à mídia tradicional.

3.2 Possibilidade de tutela de remoção do ilícito

A segunda consequência jurídica da lesão continuada diz respeito à possibilidade de concessão, pelo magistrado, de tutela de remoção do ilícito após o ato lesivo, caracterizado pela veiculação do conteúdo ofensivo, já ter sido praticado e finalizado. O art. 497 do Código de Processo Civil estabelece dispositivo geral da tutela específica no direito brasileiro ao prever que "na ação que tenha por objeto a prestação de fazer ou de não fazer, o juiz, se procedente o pedido, concederá a tutela específica ou determinará providências que assegurem a obtenção de tutela pelo resultado prático equivalente".[31]

---

[30] TJRJ, 25ª C.C. Apelação nº 0264417-77.2017.8.19.0001. Rel. Des. Luiz Fernando de Andrade Pinto, j. 20.3.2019.

[31] A respeito da primazia, no ordenamento jurídico brasileiro, da execução específica da prestação sempre que possível em detrimento das perdas e danos, Caio Mário da Silva Pereira observa: "Mais recentemente a legislação vem admitindo a execução específica quando, por óbvio, não houve perda. Trata-se da execução in natura, verificável através da expedição de mandado de imissão na posse da coisa ou busca e apreensão, desde que a entrega seja possível e que não ocorra constrangimento físico da pessoa do devedor. Nos termos dos arts. 498, caput, e 538, do Código de Processo Civil de 2015 (art. 461A, do CPC/73), pode o magistrado, ao deferir tutela específica em ação que tenha por objeto a entrega de coisa, estabelecer prazo para seu cumprimento, sob pena de busca e apreensão do bem móvel ou de sua imissão na posse do bem imóvel" (PEREIRA, Caio Mário da Silva. *Instituições de direito civil*. 26. ed. Atualização de Guilherme Calmon Nogueira da Gama. Rio de Janeiro: Forense, 2014. v. II). Justamente por conta dessa posição de privilégio assumida pela execução *in natura*, tem-se afirmado em doutrina que a ocorrência de mora ou de inadimplemento absoluto não decorre do puro arbítrio do credor em escolher entre a manutenção do contrato com a execução específica e a sua resolução com a indenização por perdas e danos, mas sim na análise objetiva do inadimplemento, "que se individua na não satisfação do interesse do credor, e se altera de maneira significativa a compreensão das espécies de inadimplemento, classificado dicotomicamente em inadimplemento absoluto e mora. Configura-se o primeiro quando a prestação devida, após o nascimento da obrigação, não puder mais ser realizada ou, podendo sê-lo, não mais interessar ao credor. A prestação é, portanto, irrecuperável. Por outro lado, haverá apenas mora se a prestação devida, apesar de não cumprida no tempo, lugar ou modo ajustado, ainda for de possível execução para o devedor e útil para o credor, nos termos do art. 394 do Código Civil" (TERRA, Aline de Miranda Valverde; GUEDES, Gisela Sampaio da Cruz. Adimplemento substancial e tutela do interesse do credor: análise da decisão proferida no REsp 1.581.505. *Revista Brasileira de Direito Civil*, v. 11, jan./mar. 2017. p. 100-101).

Assim, independentemente da tutela ressarcitória, que terá vez sempre que a vítima comprovar ter sofrido danos em decorrência de ofensa a direito seu, também possui o ofendido, a seu alcance, a tutela de remoção do ilícito para ver cessada a violação a seus interesses.[32]

A ação de remoção de ilícito destina-se, como o próprio nome diz, a remover os efeitos de ato ilícito que já ocorreu, serve, portanto, justamente para evitar a ocorrência de danos futuros, mas que decorrem de violação cometida no passado. Conforme explica Luiz Guilherme Marinoni, a "dificuldade de se compreender a ação de remoção do ilícito advém da falta de distinção entre ato ilícito e dano" e continua o mesmo autor a esclarecer que "há ilícitos cujos efeitos se propagam no tempo, abrindo as portas para a produção de danos. Isso demonstra que o dano é uma consequência eventual do ilícito, mas que não há cabimento em ter que se esperar pelo dano para se poder invocar a prestação jurisdicional".[33] A ação de remoção de ilícito consiste, portanto, em instrumento processual destinado justamente à aplicação em hipóteses de lesão continuada, quando há o deslocamento cronológico do dano em relação ao ato ilícito, e a tutela jurisdicional vem com o objetivo de extinguir a fonte de possíveis novos danos.[34]

No que se refere especificamente à tutela de remoção de ilícito no âmbito virtual, o Marco Civil da Internet (Lei nº 12.965/2015) prevê, em seu art. 19, que os provedores de aplicações de internet, após ordem judicial específica, deverão tornar indisponível conteúdo apontado como ilícito sob pena de serem responsabilizados civilmente.[35] A indisponibilização, nesse contexto, mostra-se capaz de evitar a ocorrência de novos danos a partir do acesso e da propagação, por internautas, do conteúdo lesivo.

No que toca à atuação dos tribunais, cabe mencionar julgado do Tribunal de Justiça do Estado do Rio de Janeiro que, ao analisar caso de vídeo julgado ofensivo publicado em canal do YouTube, concedeu tutela de remoção do ilícito, determinando a retirada do conteúdo em questão ao reconhecer que o *periculum in mora* "subsiste por todo o período em que permanecer online o vídeo mencionado, da mesma forma que o dano, que se renova a cada nova visualização".[36]

A determinação judicial para a retirada de conteúdo ofensivo da internet mostra-se sempre complexa e demanda do intérprete precisa ponderação entre liberdade de expressão e a tutela da dignidade humana. Entretanto nenhum direito é absoluto, de

---

32 "A remoção do ilícito constitui a remoção da causa do eventual dano. Ora, não há como confundir a reparação do dano com a remoção da sua causa. A remoção da causa do dano elimina a possibilidade da sua produção, ao passo que o ressarcimento tem por objetivo corrigir o estrago por ele ocasionado" (MARINONI, Luiz Guilherme. *Tutela inibitória e tutela de remoção do ilícito*. Disponível em: http://www.marinoni.adv.br/wp-content/uploads/2016/08/TUTELA-INIBIT%C3%93RIA-E-TUTELA-DE-REMO%C3%87%C3%83O-DO-IL%C3%8DCITO.pdf).

33 MARINONI, Luiz Guilherme. *Tutela inibitória e tutela de remoção do ilícito*. p. 11-12. Disponível em: http://www.marinoni.adv.br/wp-content/uploads/2016/08/TUTELA-INIBIT%C3%93RIA-E-TUTELA-DE-REMO%C3%87%C3%83O-DO-IL%C3%8DCITO.pdf.

34 Distingue-se a tutela de remoção do ilícito da tutela inibitória na medida em que esta possui como função evitar a prática de ato ilícito futuro, ao passo que aquela se destina a suprimir possíveis danos futuros oriundos de atos ilícitos pretéritos ao extinguir ato lesivo já praticado.

35 A discussão a respeito da constitucionalidade do art. 19 do Marco Civil da Internet teve sua repercussão geral reconhecida pelo Supremo Tribunal Federal e é objeto do Tema nº 987 da Repercussão Geral do STF. Para análise aprofundada da questão, v. SOUZA, Eduardo Nunes de; QUEIROZ, João Quinelato de. Breves notas sobre a responsabilidade civil dos provedores de aplicações de internet na perspectiva civil-constitucional. *Revista de Direito, Governança e Novas Tecnologias*, v. 4, n. 2, jul./dez. 2018.

36 TJRJ, 15ª C.C. Agravo de Instrumento nº 0020394-33.2017.8.19.0000. Rel. Des. Gilberto Clóvis Farias Matos, j. 16.4.2019.

modo que, quando efetivamente reconhecida a abusividade no exercício da liberdade de expressão, cumpre ao Poder Judiciário tutelar os direitos daquele que foi alvo da manifestação lesiva.[37]

3.3 Quantificação da compensação por danos extrapatrimoniais sofridos pela vítima

Finalmente, a última consequência jurídica da lesão continuada a ser analisada consiste na quantificação da compensação por danos extrapatrimoniais sofridos pela vítima. Conforme anotado anteriormente, à luz da teoria dos efeitos da lesão, o efeito extrapatrimonial que define o dano moral deve ser apresentado como objetivamente apreciável, perceptível de fora para dentro, e não o inverso. Assim, diante da difícil tarefa de discernir entre as situações concretas que mereçam ressarcimento e as que não configuram juridicamente dano moral, o Judiciário ou o árbitro, mais do que se ater a identificar a lesão em abstrato, deverá sopesar todos os fatores objetivos e subjetivos envolvidos no caso em análise para identificar eventual efeito extrapatrimonial reparável. Assim, respectivamente, não deverá descuidar da gravidade da lesão (relevância jurídica do bem ou interesse tutelado, extensão, intensidade e duração do dano, entre outros).[38]

Diante dessa realidade, ganha relevo o incremento do potencial lesivo proporcionado pelas novas tecnologias. O desengate espaço-temporal proporcionado pela internet permite, ao mesmo tempo, a continuidade de efeitos lesivos para o futuro e o acesso ao conteúdo lesivo por mais pessoas. Portanto, como afirmado no acórdão acima mencionado proferido no âmbito do Agravo de Instrumento nº 0020394-33.2017.8.19.0000, julgado pelo TJRJ, o dano "se renova a cada nova visualização".

A partir dessas premissas, natural se concluir que quanto mais tempo o conteúdo ofensivo permaneceu acessível aos internautas, mais grave será a lesão, maior será a quantidade de acessos, maiores serão os efeitos lesivo (danos) e, por consequência, também maior deverá ser o valor da compensação pelos danos extrapatrimoniais. Nesse diapasão, a compreensão do período durante o qual a lesão preservou sua capacidade danosa mostra-se relevante fator para valoração do mal sofrido pela vítima e para a quantificação do valor da compensação. Por essa razão, a mesma lesão à honra, por exemplo, se veiculada oral e presencialmente, importará em compensação bastante inferior àquela que fosse propagada virtualmente e, portanto, torna-se acessível a mais pessoas.[39]

---

[37] "O indivíduo que se considere afetado em sua intimidade, vida privada, honra ou imagem poderá legitimamente pretender, valendo-se do Poder Judiciário, restringir a liberdade de expressão de outrem, na medida necessária à proteção do seu direito" (BARROSO, Luís Roberto. Liberdade de expressão, censura e controle da programação de televisão na Constituição de 1988. *In*: BARROSO, Luís Roberto. *Temas de direito constitucional*. Rio de Janeiro: Renovar, 2001. p. 363). Na mesma direção: "Tanto a liberdade de expressão quanto a de informação encontram limites constitucionais. [...] Vivemos em um Estado de Direito em que o exercício dos vários direitos deve ser harmônico entre si e em relação ao ordenamento jurídico. Desse modo, a liberdade de expressão também se limita pela proteção assegurada constitucionalmente aos direitos da personalidade, como honra, imagem, intimidade, etc." (CARVALHO, Luis Gustavo Grandinetti Castanho de. *Direito de informação e liberdade de expressão*. Rio de Janeiro: Renovar, 1999. p. 49).

[38] MONTEIRO FILHO, Carlos Edison do Rêgo. O conceito de dano moral e as relações de trabalho. *In*: MONTEIRO FILHO, Carlos Edison do Rêgo. *Rumos contemporâneos do direito civil*: estudos em perspectiva civil-constitucional. Belo Horizonte: Fórum, 2017. p. 96-97.

[39] Trata-se daquilo que se denomina "abordagem consequencial" da reparação do dano moral, por meio da qual se assume como ponto fulcral de análise a consequência danosa para a vítima e não o evento danoso. Assim, "a

4 Reflexões finais

O incremento tecnológico, a aumentar as potencialidades comunicativas e informativas dia após dia, modifica e influencia fortemente as relações humanas e, como não poderia deixar de ser, também as relações jurídicas. Essa constante atualização exige atenção e sensibilidade do jurista, que, mais do que nunca, diante da celeridade das transformações, deve educar-se como cientista social e não como mero técnico especializado.[40]

O caráter continuado da lesão gerada por publicação em mídia digital apresenta-se como uma dessas peculiaridades às quais deve o jurista se atentar. A internet, a armazenar tudo o que nela é compartilhado, funciona como uma memória conjunta da humanidade à qual todos podem recorrer quando bem entenderem. Com isso, a rede funciona como uma redoma a impedir o esquecimento, pela passagem do tempo, de todo o material que nela se encontra. Desse modo, assim como no clássico de Homero, o tempo transcorre para a eterna Calipso de maneira diversa do que acontece para a mortal Penélope, do mesmo modo a influência do tempo nos atos ilícitos praticados virtualmente não é igual à influência nos atos praticados fora da rede. E a isso o intérprete deve estar atento.

Essas peculiaridades quanto à influência do fenômeno cronológico nos ilícitos virtuais apresentam, naturalmente, consequências práticas a serem estudadas pelos juristas. Identificaram-se, neste trabalho, três efeitos principais atinentes: (i) à contagem de prazos prescricionais e decadenciais; (ii) à possibilidade de tutela de remoção do ilícito; e (iii) à quantificação da compensação por danos extrapatrimoniais sofridos pela vítima. Alguns desses fenômenos já foram objeto de análise pelos tribunais brasileiros, que não raro concluíram, como não poderia deixar de ser, pela necessidade de tratamento jurídico diverso para as ofensas virtuais.

Outros inúmeros desafios batem à porta do jurista em razão do desenvolvimento tecnológico, compete a ele saber enfrentá-los e adaptar o instrumental que tem à disposição, pois o ordenamento jurídico, como organismo vivo moldado historicamente,[41] deve necessariamente ajustar-se à nova realidade como uma combinação de Calipso e Penélope, ou seja, de uma só vez perene e mutável com o decurso do tempo.

---

lesão àquelas situações subjetivas merecedoras de tutela deve ser configurada a partir de suas consequências, materiais ou imateriais, na pessoa da vítima, e em toda a sua extensão, não importando se a conduta lesiva foi mais grave ou menos grave" (MORAES, Maria Celina Bodin de. *Danos à pessoa humana*: uma leitura civil-constitucional dos danos morais. Rio de Janeiro: Renovar, 2003. p. 304-311).

40 "Não, portanto, à formação de um jurista técnico especializado, que pouco conheça o ordenamento no seu complexo e do direito como ciência social. E tal continuidade não pode ser garantida senão pelo substrato cultural e pela educação do jurista. Somente nesse sentido o jurista exerce um papel de conservação e constitutivo" (PERLINGIERI, Pietro. *O direito civil na legalidade constitucional*. Tradução de Maria Cristina de Cicco. Rio de Janeiro: Renovar, 2008. p. 12).

41 Na lição de Canaris: "A abertura do sistema jurídico não contradita a aplicabilidade do pensamento sistemático na Ciência do Direito. Ela partilha a abertura do sistema científico com todas as outras Ciências, pois enquanto no domínio respectivo ainda for possível um progresso no conhecimento, e, portanto, o trabalho científico fizer sentido, nenhum desses sistemas pode ser mais do que um projecto transitório. A abertura do sistema objectivo é, pelo contrário, possivelmente, uma especialidade da Ciência do Direito, pois ela resulta logo do seu objecto, designadamente, da essência do Direito, como um fenômeno situado no processo da História e, por isso, mutável" (CANARIS, Claus-Wilhem. *Pensamento sistemático e conceito de sistema na ciência do direito*. Lisboa: Fundação Calouste Gulbenkian, 1996. p. 281).

Referências

BARROSO, Luís Roberto. Liberdade de expressão, censura e controle da programação de televisão na Constituição de 1988. *In*: BARROSO, Luís Roberto. *Temas de direito constitucional*. Rio de Janeiro: Renovar, 2001.

BAUMAN, Zygmunt. *Modernidade líquida*. Rio de Janeiro: Jorge Zahar Editor, 2001.

BRANCO, Marcelo. Software livre e desenvolvimento social e económico. *In*: CASTELLS, Manuel; CARDOSO, Gustavo (Org.). *A sociedade em rede*: do conhecimento à acção política. Lisboa: Imprensa Nacional – Casa da Moeda, 2005.

CANARIS, Claus-Wilhem. *Pensamento sistemático e conceito de sistema na ciência do direito*. Lisboa: Fundação Calouste Gulbenkian, 1996.

CARVALHO, Luis Gustavo Grandinetti Castanho de. *Direito de informação e liberdade de expressão*. Rio de Janeiro: Renovar, 1999.

CRUZ, Gisela Sampaio da; LGOW, Carla Wainer Charléo. Prescrição extintiva: questões controversas. *In*: TEPEDINO, Gustavo (Coord.). *O Código Civil na perspectiva civil-constitucional*. Rio de Janeiro: Renovar, 2013.

DANTAS, San Tiago. *Programa de direito civil*. Rio de Janeiro: Rio, 1978. v. II.

DIAS, José de Aquiar. *Da responsabilidade civil*. 11. ed. Atualizado por Rui Berford Dias. Rio de Janeiro: Renovar, 2006.

GASPAR, Cátia Maria; CHICHORRO, Maria Manuela Ramalho Souza. *A valoração do dano corporal*. 3. ed. Coimbra: Almedina, 2017.

GOMES, Orlando. *Introdução ao direito civil*. Rio de Janeiro: Forense, 2010.

HOMERO. *Odisseia*. Tradução de Carlos Alberto Nunes. Rio de Janeiro: Nova Fronteira, 2017.

LÉVY, Pierre. *O que é o virtual?* São Paulo: 34, 1996.

LOPEZ, Teresa Ancona. *O dano estético*. São Paulo: Revista dos Tribunais, 1999.

MADALENA, Juliano. Regulação das fronteiras da internet: um primeiro passo para uma teoria geral do direito digital. *In*: MARTINS, Guilherme Magalhães; LONGHI, João Victor Rozatti. *Direito digital*: direito privado e internet. Indaiatuba: Foco, 2019.

MARINONI, Luiz Guilherme. *Tutela inibitória e tutela de remoção do ilícito*. Disponível em: http://www.marinoni.adv.br/wp-content/uploads/2016/08/TUTELA-INIBIT%C3%93RIA-E-TUTELA-DE-REMO%C3%87%C3%83O-DO-IL%C3%8DCITO.pdf.

MAYER-SCHONBERGER, Viktor. *Delete*: the virtue of forgetting in the digital age. New Jersey: Princeton, 2009.

MIRANDA, Pontes de. *Tratado de direito privado*. Campinas: Bookseller, 2000. t. VI.

MONTEIRO FILHO, Carlos Edison do Rêgo. Lesão ao tempo: configuração e reparação nas relações de consumo. *In*: MONTEIRO FILHO, Carlos Edison do Rêgo. *Rumos contemporâneos do direito civil*: estudos em perspectiva civil-constitucional. Belo Horizonte: Fórum, 2017.

MONTEIRO FILHO, Carlos Edison do Rêgo. O conceito de dano moral e as relações de trabalho. *In*: MONTEIRO FILHO, Carlos Edison do Rêgo. *Rumos contemporâneos do direito civil*: estudos em perspectiva civil-constitucional. Belo Horizonte: Fórum, 2017.

MONTEIRO FILHO, Carlos Edison do Rêgo. *Responsabilidade contratual e extracontratual*: contrastes e convergências no direito civil contemporâneo. Rio de Janeiro: Processo, 2016.

MORAES, Maria Celina Bodin de. *Danos à pessoa humana*: uma leitura civil-constitucional dos danos morais. Rio de Janeiro: Renovar, 2003.

PEREIRA, Caio Mário da Silva. *Instituições de direito civil*. 26. ed. Atualização de Guilherme Calmon Nogueira da Gama. Rio de Janeiro: Forense, 2014. v. II.

PEREIRA, Caio Mário da Silva. *Responsabilidade civil*. 11. ed. Atualização de Gustavo Tepedino. Rio de Janeiro: Forense, 2016.

PERLINGIERI, Pietro. *O direito civil na legalidade constitucional*. Tradução de Maria Cristina de Cicco. Rio de Janeiro: Renovar, 2008.

RODOTÀ, Stefano. Dai ricordi ai dati l'óblio è un diritto? *La Repubblica*, 30 jan. 2012. Disponível em: https://ricerca.repubblica.it/repubblica/archivio/repubblica/2012/01/30/dai-ricordi-ai-dati-oblio-un.html?refresh_ce.

ROSEN, Jeffrey. The right to be forgotten. *Stanford Law Review Online*, v. 64, p. 88, fev. 2012.

RUGGIERO, Roberto. *Instituições de direito civil*. São Paulo: Saraiva, 1971. v. I.

SAAB, Rachel. Análise funcional do termo inicial da prescrição. *In*: TEPEDINO, Gustavo; OLIVA, Milena Donato (Coord.). *Teoria geral do direito civil*: questões controvertidas. Belo Horizonte: Fórum, 2019.

SAAB, Rachel. *Prescrição*: função, pressupostos e termo inicial. Belo Horizonte: Fórum, 2019.

SOUZA, Eduardo Nunes de; QUEIROZ, João Quinelato de. Breves notas sobre a responsabilidade civil dos provedores de aplicações de internet na perspectiva civil-constitucional. *Revista de Direito, Governança e Novas Tecnologias*, v. 4, n. 2, jul./dez. 2018.

TEFFÉ, Chiara Spaccini de. Considerações sobre a proteção do direito à imagem na internet. *Revista de Informação Legislativa*, ano 54, n. 213, jan./mar. 2017.

TEPEDINO, Gustavo. A razoabilidade na experiência brasileira. *In*: TEPEDINO, Gustavo; TEIXEIRA, Ana Carolina Brochado; ALMEIDA, Vitor (Coord.). *Da dogmática à efetividade do direito civil*: anais do Congresso Internacional de direito civil-constitucional. 1. ed. Belo Horizonte: Fórum, 2017.

TEPEDINO, Gustavo; OLIVA, Milena Donato. *Fundamentos do direito civil*: teoria geral do direito civil. Rio de Janeiro: Forense, 2020.

TEPEDINO, Gustavo; TERRA, Aline de Miranda Valverde; GUEDES, Gisela Sampaio da Cruz. *Fundamentos do direito civil*: responsabilidade civil. Rio de Janeiro: Forense, 2020.

TERRA, Aline de Miranda Valverde; GUEDES, Gisela Sampaio da Cruz. Adimplemento substancial e tutela do interesse do credor: análise da decisão proferida no REsp 1.581.505. *Revista Brasileira de Direito Civil*, v. 11, jan./mar. 2017.

VOSOUGHI, Soroush; ROY, Deb; ARAL, Sinan. The spread of true and false news online. *Science*, n. 359, 9 mar. 2018.

Informação bibliográfica deste texto, conforme a NBR 6023:2018 da Associação Brasileira de Normas Técnicas (ABNT):

MONTEIRO FILHO, Carlos Edison do Rêgo; AZEVEDO, Gustavo Souza de. A lesão continuada decorrente de publicação em mídia digital. *In*: EHRHARDT JÚNIOR, Marcos; CATALAN, Marcos; MALHEIROS, Pablo (Coord.). *Direito Civil e tecnologia*. Belo Horizonte: Fórum, 2020. p. 397-411. ISBN 978-65-5518-036-7.

RESPONSABILIDADE CIVIL DOS ADVOGADOS NO TRATAMENTO DE DADOS À LUZ DA LEI Nº 13.709/2018

CARLOS NELSON KONDER

MARCO ANTÔNIO DE ALMEIDA LIMA

1 Introdução

A advocacia, como exemplo clássico de profissão liberal, tem como um de seus fundamentos a relação de confiança estabelecida entre o advogado e a pessoa que contrata seu serviço.[1] O cliente, ao escolher seu patrono, avalia diversos fatores com vistas a garantir maior segurança acerca do resultado que pretende alcançar, como a formação do advogado, sua experiência profissional, capacidade e estrutura para atender às demandas no tempo solicitado e até mesmo o reconhecimento do mercado no qual atua. No entanto, a confiança que vincula advogado e cliente não se manifesta apenas no atendimento concreto do serviço contratado.

A relação de confiança entre as partes abrange deveres que extravasam o expressamente avençado no contrato e que incidem mesmo antes da conclusão do negócio e ainda após o término da relação contratual. Com efeito, um dos principais exemplos dessas obrigações é o dever de sigilo do advogado em relação às informações recebidas para que possa realizar o serviço contratado, conforme disposto no art. 35 do Código de Ética da Ordem dos Advogados do Brasil – OAB.[2]

---

1 "Enfim, a nosso ver, comprometidos com uma definição contemporânea de profissional liberal, o mais acertado parece defini-lo da seguinte forma: é o profissional que exerce atividade regulamentada, com conhecimento técnico-científico comprovado por diploma universitário, cujo exercício pode até ser realizado mediante subordinação, desde que esta não comprometa sua independência técnica e *a relação de confiança que o vincula ao destinatário do serviço*" (MORAES, Maria Celina Bodin de; GUEDES, Gisela Sampaio da Cruz. À guisa de introdução: o multifacetado conceito de profissional liberal. *In*: MORAES, Maria Celina Bodin de; GUEDES, Gisela Sampaio da Cruz (Coord.). *Responsabilidade civil de profissionais liberais*. Rio de Janeiro: Forense, 2016. p. 7) (Grifos nossos).

2 "Art. 35. O advogado tem o dever de guardar sigilo dos fatos de que tome conhecimento no exercício da profissão. Parágrafo único. O sigilo profissional abrange os fatos de que o advogado tenha tido conhecimento em virtude de funções desempenhadas na Ordem dos Advogados do Brasil".

Como se sabe, geralmente, para que o advogado tenha condições de realizar a tarefa contratada, seja ela de natureza contenciosa ou consultiva, diversos dados são encaminhados pelo cliente. Tais informações podem consistir em relatos do próprio cliente sobre determinados fatos que considera relevantes para o trabalho ou até mesmo em documentos reunidos por ele e disponibilizados ao advogado por manterem relação direta com o serviço a ser realizado.

Ocorre que, não raro, entre tais relatos ou documentos, constam informações ou dados pessoais dos clientes,[3] aos quais apenas é franqueado acesso ao advogado em razão de sua atividade profissional. Por essa razão, a inobservância do dever de sigilo por parte do advogado constitui infração disciplinar, nos termos do art. 34, inc. VII do Estatuto da OAB,[4] e pode até mesmo dar azo à sua responsabilização civil. Isso porque os dados e as informações pessoais são uma extensão da personalidade da pessoa humana,[5] de modo que seu uso não autorizado ou inadequado por parte de outra pessoa constitui violação à privacidade de seu titular e, por conseguinte, à sua dignidade, ensejando reparação por danos morais.

Nesse ponto, destaque-se que a tutela de informações e de dados pessoais vem se mostrando cada vez mais relevante, considerando nossa atual sociedade da informação. O aumento quantitativo e qualitativo dos meios de coleta, armazenamento, utilização e transmissão de tais dados e informações representam, por um lado, importante avanço tecnológico com vistas a conferir maior praticidade à vida cotidiana. Por outro lado, no entanto, esse avanço tecnológico também possibilita o aumento exponencial de situações em que dados e informações pessoais são utilizados sem consentimento de seu titular ou mesmo de maneira totalmente inadequada, representando violações à dignidade da pessoa a quem se referem.

Com efeito, com o objetivo de fornecer novas e amplas diretrizes e remédios para a proteção de dados e informações pessoais, foi promulgada a Lei nº 13.709/2018 (Lei Geral de Proteção de Dados – LGPD). Por meio da referida lei, o ordenamento jurídico reforça o direito fundamental à privacidade previsto constitucionalmente, reconhecendo expressamente sua extensão ao direito à proteção de dados pessoais com fundamento na ideia de autodeterminação informativa de cada indivíduo.[6] Em outras palavras, sedimenta-se o entendimento de que o direito à privacidade não se limita ao mero direito de ser deixado só, mas abrange também a soberania da pessoa humana para dispor de suas informações e seus dados pessoais como melhor lhe aprouver.[7]

---

[3] Danilo Doneda explica a diferença entre dados e informações, esclarecendo que "o termo dado apresenta conotação um pouco mais primitiva e fragmentada, como se fosse uma informação em estado potencial, antes de ser transmitida; [...] anterior à interpretação e a um processo de elaboração". Já o termo *informação* "alude a algo além da representação contida no dado, chegando ao limiar da cognição" (DONEDA, Danilo. O direito fundamental à proteção de dados pessoais. *In*: MARTINS, Guilherme Magalhães (Coord.). *Direito privado e internet*. São Paulo: Atlas, 2014. p. 63).

[4] "Art. 34. Constitui infração disciplinar: [...] VII - violar, sem justa causa, sigilo profissional".

[5] Confira-se, nessa direção, o esclarecimento de Danilo Doneda, para quem, "por força do regime privilegiado de vinculação entre a informação pessoal e a pessoa à qual ela se refere – como representação direta de sua personalidade –, tal informação deve ser entendida [...] como uma extensão da sua personalidade" (DONEDA, Danilo. *Da privacidade à proteção de dados pessoais*: elementos da formação da Lei Geral de Proteção de Dados. 2. ed. São Paulo: Thomson Reuters Brasil, 2019. p. 148).

[6] "Art. 2º A disciplina da proteção de dados pessoais tem como fundamentos: [...] II - a autodeterminação informativa".

[7] Sobre a construção da ideia de autodeterminação informativa e soberania do indivíduo em relação aos seus dados e às suas informações pessoais, confira-se: RODOTÀ, Stefano. Autodeterminação e laicidade. Tradução

Dessa forma, a lei estabelece uma série de parâmetros a serem observados, por pessoas físicas e jurídicas, no tratamento de dados pessoais.[8]

Logo, considerando que o exercício da advocacia, geralmente, pressupõe o envio de dados e informações pessoais dos clientes para os advogados, faz-se necessário delimitar o impacto da nova lei no panorama atual da responsabilidade civil dos advogados.

2 O cenário atual da responsabilidade civil por dano causado na prestação de serviços advocatícios

O primeiro passo para avaliar de que maneira a LGPD afeta a responsabilidade civil na atividade de advocacia é compreender qual o regime de responsabilidade aplicável a ela, de modo geral, antes da vigência da nova legislação. A tarefa, contudo, não é simples, vez que não há consenso em doutrina e jurisprudência sobre o assunto.

Desse modo, será necessária a apresentação dos diferentes entendimentos sobre o tema, para que seja possível, ao fim, verificar como a LGPD se relaciona com cada um deles. Ressalte-se, no entanto, que não se pretende definir qual é o entendimento correto a respeito da responsabilidade civil dos advogados, mas apenas mapeá-lo com o objetivo de construir um eixo comum na proteção de dados pessoais dos clientes.

A principal controvérsia sobre a responsabilidade civil dos advogados talvez seja a incidência ou não da Lei nº 8.078/1990 (Código de Defesa do Consumidor – CDC) sobre as relações entre advogados e clientes. O Estatuto da OAB, em seu art. 32, estabelece que o regime de responsabilidade civil aplicado aos advogados é subjetivo, incidindo as regras do próprio Estatuto e do Código Civil, na mesma linha da ressalva do art. 14, §4º, do CDC. Assim, a incidência do Código de Defesa do Consumidor na relação entre cliente e advogado seria relevante quando se tratar de sociedades de advogados e no que tange à aplicação de outras regras, mais benéficas ao cliente/consumidor, considerando sua hipossuficiência. É o caso, por exemplo, das possibilidades de inversão do ônus da prova em benefício ao consumidor (CDC, art. 6º, inc. VIII)[9] e de propositura da ação no domicílio do autor (CDC, art. 101, inc. I).[10]

No âmbito de tal controvérsia, o Superior Tribunal de Justiça (STJ) parece ter sedimentado entendimento no sentido de que o Código de Defesa do Consumidor não é aplicável às relações entre advogados e clientes. Segundo o Tribunal, a advocacia é atividade profissional regulamentada por lei específica, de modo a afastar a incidência de normas genéricas como o Código de Defesa do Consumidor.[11]

---

de Carlos Nelson de Paula Konder. *Revista Brasileira de Direito Civil – RBDCivil*, Belo Horizonte, v. 17, p. 139-152, 2018. *Passim*.

[8] A LGPD, em seu art. 5º, inc. X, define tratamento de dados como "toda operação realizada com dados pessoais, como as que se referem a coleta, produção, recepção, classificação, utilização, acesso, reprodução, transmissão, distribuição, processamento, arquivamento, armazenamento, eliminação, avaliação ou controle da informação, modificação, comunicação, transferência, difusão ou extração".

[9] "Art. 6º São direitos básicos do consumidor: [...] VIII - a facilitação da defesa de seus direitos, inclusive com a inversão do ônus da prova, a seu favor, no processo civil, quando, a critério do juiz, for verossímil a alegação ou quando for ele hipossuficiente, segundo as regras ordinárias de experiências".

[10] "Art. 101. Na ação de responsabilidade civil do fornecedor de produtos e serviços, sem prejuízo do disposto nos Capítulos I e II deste título, serão observadas as seguintes normas: I - a ação pode ser proposta no domicílio do autor".

[11] A título exemplificativo, confira-se: STJ, 4ª T. AgRg no AgRg no AREsp nº 773.476/SP. Rel. Min. Maria Isabel Gallotti, j. 21.6.2018. *DJe*, 1º ago. 2018; STJ, 4ª T. AgInt no REsp nº 1.446.090/SC. Rel. Min. Marco Buzzi, j. 20.3.2018.

Em sentido contrário, parte majoritária da doutrina entende ser aplicável o Código consumerista às relações entre advogado e cliente.[12] Nesse sentido, para Thiago Lins o entendimento do STJ sobre o tema não merece prosperar, pois isso representaria um risco de isolar o Estatuto da OAB "como um microssistema imune aos valores constitucionais, notadamente, ao princípio da igualdade, já que os advogados, diferentemente dos demais profissionais liberais, não se submeteriam às regras de facilitação de defesa do consumidor".[13] Sustenta-se, ademais, ser inequívoca a existência de relação de consumo na prestação de serviços advocatícios,[14] na medida em que o advogado se enquadraria perfeitamente na definição do CDC de "fornecedor de serviço"[15] e o cliente na de "consumidor".[16]

Nada obstante, mesmo entre aqueles que defendem a aplicação do Código de Defesa do Consumidor ao exercício da advocacia, há divergências quanto ao regime de responsabilidade civil a ser aplicado, dependendo de quem celebra o contrato com o cliente. Nesse sentido, verifica-se que parte da doutrina diferencia o regime de responsabilidade ao qual deve se submeter o advogado individualmente considerado daquele que deve ser aplicado às sociedades de advogados.

Em relação aos advogados que celebram contrato de prestação de serviços advocatícios para atuar de maneira autônoma, sem qualquer vínculo com uma sociedade, não existem maiores dúvidas de que o regime de responsabilidade depende de culpa. Seja por meio da aplicação direta do art. 32 do Estatuto da OAB ou pela incidência do art. 14, §4º do CDC, a responsabilidade do advogado individual sempre será subjetiva.

Todavia, se o contrato for celebrado por uma sociedade de advogados, parte da doutrina considera que já não haveria mais razão para se aplicar o regime de exceção previsto no art. 14, §4º do diploma consumerista. Aplicar-se-ia, portanto, o *caput* do art. 14, segundo o qual:

> o fornecedor de serviços responde, *independentemente da existência de culpa*, pela reparação dos danos causados aos consumidores por defeitos relativos à prestação dos serviços, bem como por informações insuficientes ou inadequadas sobre sua fruição e riscos.

DJe, 27 mar. 2018; STJ. 3ª T. AgInt no REsp nº 1.482.075/SP. Rel. Min. Marco Aurélio Bellizze, j. 13.6.2017. *DJe*, 30 jun. 2017; e STJ, 4ª T. AgInt no AREsp nº 895.899/SP. Rel. Min. Luis Felipe Salomão, j. 18.8.2016. *DJe*, 23 ago. 2016.

12 Nesse sentido, confira-se: DIAS, José de Aguiar. *Da responsabilidade civil*. Rio de Janeiro: Lumen Juris, 2012; CAVALIERI FILHO, Sergio. *Programa de responsabilidade civil*. São Paulo: Atlas, 2014; TEPEDINO, Gustavo; TERRA, Aline de Miranda Valverde; GUEDES, Gisela Sampaio da Cruz. *Fundamentos do direito civil*: responsabilidade civil. Rio de Janeiro: Forense, 2020. v. 4; TREVIZAN, Thaita Campos. *A responsabilidade civil do advogado sob a perspectiva civil-constitucional*. Vitória: Edufes, 2013; e LINS, Thiago Drummond de Paula. Responsabilidade civil dos advogados. *In*: MORAES, Maria Celina Bodin de; GUEDES, Gisela Sampaio da Cruz (Coord.). *Responsabilidade civil de profissionais liberais*. Rio de Janeiro: Forense, 2016.

13 LINS, Thiago Drummond de Paula. Responsabilidade civil dos advogados. *In*: MORAES, Maria Celina Bodin de; GUEDES, Gisela Sampaio da Cruz (Coord.). *Responsabilidade civil de profissionais liberais*. Rio de Janeiro: Forense, 2016. p. 213.

14 Cf. CAVALIERI FILHO, Sergio. *Programa de responsabilidade civil*. São Paulo: Atlas, 2014. p. 470-471.

15 "Art. 3º Fornecedor é toda pessoa física ou jurídica, pública ou privada, nacional ou estrangeira, bem como os entes despersonalizados, que desenvolvem atividade de produção, montagem, criação, construção, transformação, importação, exportação, distribuição ou comercialização de produtos ou prestação de serviços. [...] §2º Serviço é qualquer atividade fornecida no mercado de consumo, mediante remuneração, inclusive as de natureza bancária, financeira, de crédito e securitária, salvo as decorrentes das relações de caráter trabalhista".

16 "Art. 2º Consumidor é toda pessoa física ou jurídica que adquire ou utiliza produto ou serviço como destinatário final".

Segundo Aguiar Dias, não se pode aplicar a exceção prevista no art. 14, §4º no caso de danos causados por sociedades de advogados "pela mesma razão que tem conduzido os tribunais a apreciar a responsabilidade dos hospitais e das clínicas sob o ângulo da responsabilidade solidária e objetiva: a *proteção do consumidor*".[17]

Por outro lado, há também aqueles que defendem a aplicação do art. 14, §4º do Código de Defesa do Consumidor mesmo nas hipóteses em que a sociedade de advogados assina o contrato com o cliente. Nessa direção, Thaita Trevizan aponta que a sociedade de advogados é uma "sociedade de pessoas e de finalidades profissionais, de modo que a atividade da sociedade se confunde com a atividade do profissional". Arremata a autora registrando que "não há, por via de consequência, separação patrimonial na sociedade de advogados para efeito de proteção dos sócios contra execuções por dívidas das sociedades".[18]

Sobre o ponto, contudo, parece necessário apartar o debate entre o regime de responsabilidade aplicável (subjetivo ou objetivo) de seus efeitos patrimoniais (separação ou não entre patrimônio da sociedade e dos sócios). Ainda para sustentar a responsabilidade subjetiva das sociedades de advogado, não parece adequado tomar como regra a inexistência de separação patrimonial entre sócios e sociedade de advogados, pelo simples fato de se tratar de sociedade profissional, não empresarial. Isso porque, mesmo sendo constituída para fins profissionais de seus sócios, a sociedade de advogados ainda mantém uma personalidade jurídica distinta daqueles, o que só poderia ser desconstituído em caso de desconsideração judicial de personalidade (CC, art. 50).[19] A falta de separação patrimonial não pode ser presumida; ao revés, deve ser demonstrada mediante procedimento judicial adequado.[20] Destaque-se, ainda, que até mesmo o Estatuto da OAB, em seu art. 17, estabelece que a responsabilidade dos sócios de sociedade de advocacia é subsidiária.[21]

Independentemente do regime de responsabilidade civil atribuído, não se pode confundir a responsabilidade da sociedade com aquela responsabilidade pessoal do advogado que, efetivamente, atuou na causa ou prestou o serviço contratado. Conforme aponta Sergio Cavalieri Filho, "a responsabilidade pelos danos causados ao cliente será da sociedade, com quem foi celebrado o contrato de prestação de serviços, e não

[17] DIAS, José de Aguiar. *Da responsabilidade civil*. Rio de Janeiro: Lumen Juris, 2012. p. 366. Grifos nossos. Também defendendo a adoção do regime de responsabilidade objetiva às sociedades de advogados, confira-se: CAVALIERI FILHO, Sergio. *Programa de responsabilidade civil*. São Paulo: Atlas, 2014. p. 471-472; e TEPEDINO, Gustavo; TERRA, Aline de Miranda Valverde; GUEDES, Gisela Sampaio da Cruz. *Fundamentos do direito civil*: responsabilidade civil. Rio de Janeiro: Forense, 2020. v. 4. p. 199.

[18] TREVIZAN, Thaita Campos. *A responsabilidade civil do advogado sob a perspectiva civil-constitucional*. Vitória: Edufes, 2013. p. 117.

[19] "Art. 50. Em caso de abuso da personalidade jurídica, caracterizado pelo desvio de finalidade ou pela confusão patrimonial, pode o juiz, a requerimento da parte, ou do Ministério Público quando lhe couber intervir no processo, desconsiderá-la para que os efeitos de certas e determinadas relações de obrigações sejam estendidos aos bens particulares de administradores ou de sócios da pessoa jurídica beneficiados direta ou indiretamente pelo abuso". Nesse ponto, necessário destacar que o artigo recentemente sofreu alteração redacional pela Lei nº 13.874/2019. Contudo, mesmo na redação antiga o abuso da personalidade jurídica deveria ser "caracterizado pelo desvio de finalidade, ou pela confusão patrimonial".

[20] Como meio de fortalecer a autonomia da pessoa jurídica ante os seus sócios, recentemente foi incluído o art. 49-A ao Código Civil por meio da Lei nº 13.874/2019. Segundo tal dispositivo, "a pessoa jurídica não se confunde com os seus sócios, associados, instituidores ou administradores".

[21] "Art. 17. Além da sociedade, o sócio e o titular da sociedade individual de advocacia respondem subsidiária e ilimitadamente pelos danos causados aos clientes por ação ou omissão no exercício da advocacia, sem prejuízo da responsabilidade disciplinar em que possam incorrer".

do advogado que atuou na causa. Este poderá responder perante a sociedade *no caso de dolo ou culpa*".[22]

Por fim, importante também esclarecer que o regime de responsabilidade civil a ser aplicado para as sociedades de advogados, independentemente do entendimento que se adote, deve servir também às sociedades unipessoais de advocacia. Acrescida ao Estatuto da OAB por meio da Lei nº 13.247/2016, a sociedade unipessoal de advocacia, como o próprio nome sugere, permite que uma única pessoa natural constitua uma sociedade de advocacia para a prestação de seus serviços, mas não pode ser confundida com a pessoa de seu sócio.

Naturalmente, trata-se de sociedade com finalidades profissionais, constituída, principalmente, para garantir uma menor onerosidade tributária à atuação individual do advogado. Conforme apontam Otávio Luiz Rodrigues Júnior e Rodrigo Xavier Leonardo, "essa vantagem decorre de um incentivo jurídico estatal para que, por intermédio de pessoas jurídicas, sejam exercidas liberdades com benefícios. Trata-se de uma escolha política legislativa tributária".[23]

Não obstante, ainda assim, não se pode adotar o argumento de que haveria uma necessária confusão patrimonial entre o sócio e a sociedade, pois "a eficácia que é própria à pessoa jurídica não exige uma elevada distinção institucional entre a pessoa natural e a pessoa jurídica".[24] Logo, ainda se valendo das lições de Otávio Luiz Rodrigues Júnior e Rodrigo Xavier Leonardo, constituiria verdadeira incoerência do ordenamento não só permitir, mas também incentivar a constituição de pessoas jurídicas com pouca institucionalização para, em um momento posterior, sancionar "aqueles que se serviram dessas modalidades de entidades personificadas justamente por não se verificar uma diferenciação entre a entidade criada e quem lhe criou".[25]

3 O regime de responsabilidade civil adotado pela LGPD

A Lei Geral de Proteção de Dados foi recentemente promulgada com o objetivo de fortalecer a tutela da pessoa humana. Apesar de não criar, propriamente, nenhum novo direito, a LGPD tem o importante papel de concretizar e uniformizar instrumentos de proteção à privacidade,[26] inclusive expandindo expressamente sua tutela às informações e aos dados pessoais, com o objetivo de garantir a autodeterminação do indivíduo.

Contudo, apesar de bastante comemorada, a LGPD tem sido objeto de relevantíssimas discussões doutrinárias mesmo antes de entrar em vigor. Nesse sentido, uma

---

[22] CAVALIERI FILHO, Sergio. *Programa de responsabilidade civil*. São Paulo: Atlas, 2014. p. 464. Grifos nossos.

[23] RODRIGUES JÚNIOR, Otávio Luiz; LEONARDO, Rodrigo Xavier. Pessoa jurídica, "pejotização" e a esquizofrenia sancionatória brasileira. *Consultor Jurídico*, 3 fev. 2020. Disponível em: https://www.conjur.com.br/2020-fev-03/direito-civil-atual-pessoa-juridica-pejotizacao-esquizofrenia-sancionatoria-brasileira. Acesso em: 13 abr. 2020.

[24] RODRIGUES JÚNIOR, Otávio Luiz; LEONARDO, Rodrigo Xavier. Pessoa jurídica, "pejotização" e a esquizofrenia sancionatória brasileira (parte 2). *Consultor Jurídico*, 10 fev. 2020. Disponível em: https://www.conjur.com.br/2020-fev-10/direito-civil-atual-pejotizacao-esquizofrenia-sancionatoria-brasileira. Acesso em: 13 abr. 2020.

[25] RODRIGUES JÚNIOR, Otávio Luiz; LEONARDO, Rodrigo Xavier. Pessoa jurídica, "pejotização" e a esquizofrenia sancionatória brasileira (parte 2). *Consultor Jurídico*, 10 fev. 2020. Disponível em: https://www.conjur.com.br/2020-fev-10/direito-civil-atual-pejotizacao-esquizofrenia-sancionatoria-brasileira. Acesso em: 13 abr. 2020.

[26] Sobre a distinção entre a criação de novos direitos e novos instrumentos de tutela no âmbito da LGPD, confira-se: SOUZA, Eduardo Nunes de; SILVA, Rodrigo da Guia. Tutela da pessoa humana na lei geral de proteção de dados pessoais: entre a atribuição de direitos e a enunciação de remédios. *Pensar*, Fortaleza, v. 24, n. 3, 2019.

das principais discussões diz respeito ao regime de responsabilidade civil adotado pela referida lei quando houver danos decorrentes de violações a dados pessoais.

Considerando a ausência de uma indicação expressa, discute-se de que maneira a evolução da responsabilidade civil e das inovações tecnológicas se inserem e se relacionam no âmbito da LGPD. Em outras palavras, indaga-se se, considerando o atual estágio da responsabilidade civil e da tecnologia, bem como a aparente inconclusão da lei sobre o tema, deve ser aplicado o regime de responsabilidade civil subjetivo ou objetivo em casos de violação.[27]

A dúvida se coloca porque o art. 42 da LGPD dispõe apenas que "o controlador ou o operador que, em razão do exercício de atividade de tratamento de dados pessoais, causar a outrem dano patrimonial, moral, individual ou coletivo, em violação à legislação de proteção de dados pessoais, é obrigado a repará-lo". Nota-se, portanto, que, ao contrário de boa parte dos artigos sobre responsabilidade civil presentes no nosso ordenamento, da leitura do art. 42 da LGPD não se verifica nenhum tipo de indicação expressa por parte do legislador sobre se a responsabilidade deve ser subjetiva, nem mesmo objetiva.[28]

Contudo, antes de se avaliar, à luz da unidade do ordenamento, qual é o regime de responsabilidade civil adotado pela LGPD, é necessário traçar um breve panorama sobre outros pressupostos da responsabilidade civil no âmbito da LGPD e as regras claras da lei sobre o tema. Nessa direção, verifica-se, inicialmente, que a lei parece inequívoca em relação aos sujeitos que podem ser responsabilizados. Isso porque o art. 42 da LGPD estabelece, expressamente, que o *controlador* e o *operador* dos dados deverão reparar os danos causados por violação à legislação de proteção de dados.

Os incs. VI e VII, do art. 5º, da LGPD, respectivamente, definem a figura do controlador e do operador da seguinte maneira: i) controlador: "pessoa natural ou jurídica, de direito público ou privado, a quem competem as decisões referentes ao tratamento de dados pessoais"; e ii) operador: "pessoa natural ou jurídica, de direito público ou privado, que realiza o tratamento de dados pessoais em nome do controlador". Ainda, conforme o art. 5º, inc. IX, ambos podem ser chamados de "agentes de tratamento".

Nota-se, assim, que a figura do operador não é necessária na relação de tratamento de dados pessoais. Ao revés, apenas existirá caso haja algum tipo de delegação para o tratamento de dados por parte do controlador. Com efeito, adotando redação bastante semelhante ao Regulamento Geral de Dados Pessoais europeu, a LGPD determina que, para facilitar a indenização do titular de dados, o operador responde solidariamente com o controlador dos dados, caso desrespeite a legislação de dados ou instruções lícitas do controlador (cf. art. 42, §1º, inc. I).

Em relação ao sujeito passivo do dano causado por violação a dados pessoais, verifica-se que a LGPD não limita a vítima da ofensa à figura do titular dos dados. Como se pode observar na redação do art. 42, recairá o dever de indenizar sobre aquele

[27] Pela complexidade da questão, considera-se até mesmo a criação de um regime de responsabilidade civil, a responsabilidade proativa. Sobre o tema, confira-se: MORAES, Maria Celina Bodin; QUEIROZ, João Quinelato de. Autodeterminação informativa e responsabilização proativa: novos instrumentos de tutela da pessoa humana na LGDP. *Cadernos Adenauer XX*, Rio de Janeiro, n. 3, out. 2019.

[28] A título exemplificativo, não se observa qualquer menção à "ação ou omissão voluntária, negligência ou imprudência" para expressar a necessidade de análise de culpa, como faz o art. 186 do Código Civil. Tampouco se verifica a expressão "independentemente de culpa" como do parágrafo único do art. 927 do Código Civil e do art. 14 do CDC.

que "causar a *outrem*" o dano, não somente ao titular.[29] Como exemplos de violação de dados pessoais capaz de causar danos para outras pessoas além de seu titular, citem-se os dados genéticos de duas pessoas que mantenham um grau de parentesco próximo. Como se sabe, em alguma medida, os dados genéticos de uma delas serão comuns à outra, de modo que a violação dos dados de uma também pode causar dano à outra.

Já no que diz respeito aos danos, o legislador pareceu adotar boa técnica ao não apresentar nenhuma definição taxativa a respeito do que poderia ser considerado dano no âmbito da LGPD. Desse modo, estão assegurados quaisquer danos (de natureza moral ou patrimonial) que possam surgir em decorrência da violação à legislação de proteção de dados, sejam eles manifestados de maneiras já previsíveis ou não, considerando o constante avanço da tecnologia. Acrescente-se apenas que, conforme determinado no art. 44, falhas na segurança de dados também podem representar a causa de um dano.[30] A LGPD, portanto, não parece limitar sob nenhum aspecto os danos indenizáveis, garantindo a ampla reparação da vítima, independentemente do dano que vier a sofrer por tratamento irregular de seus dados.

O pressuposto do nexo de causalidade também não parece trazer maiores problemas. Assim, independentemente do regime a ser adotado, seja de responsabilidade subjetiva ou objetiva, para que se configure o direito à indenização, deverá ser demonstrado o nexo causal entre a violação à legislação de proteção de dados pelo agente de tratamento e o dano sofrido pelo lesado por essa violação.[31]

Finalmente, outro ponto do regime de responsabilidade civil da LGPD que não parece levantar maiores questionamentos é a possibilidade de inversão do ônus da prova (art. 42, §2º). A presença de um dispositivo nesse sentido mostra-se salutar, haja vista que o tratamento de dados tende a ser uma questão de alta tecnicidade, o que muitas vezes pode dificultar a defesa do titular ante o controlador ou o operador de dados.

3.1 Argumentos a favor da responsabilidade objetiva

Entrando propriamente na controvérsia que envolve o regime de responsabilidade civil no âmbito da LGPD, verifica-se que os principais argumentos a favor da responsabilidade civil objetiva para os agentes de tratamento de dados partem da ideia de vulnerabilidade do indivíduo lesado, especialmente o titular dos dados, em face dos controladores e operadores. Essa ideia de vulnerabilidade, que costuma se manifestar

---

[29] Maria Celina Bodin de Moraes e João Quinelato consideram que o termo *outrem* se estende "até mesmo [a] uma pessoa jurídica que considere que o processamento ilegal de dados relativos aos seus funcionários ou feito por um concorrente cause-lhe danos" (MORAES, Maria Celina Bodin; QUEIROZ, João Quinelato de. Autodeterminação informativa e responsabilização proativa: novos instrumentos de tutela da pessoa humana na LGDP. *Cadernos Adenauer XX*, Rio de Janeiro, n. 3, out. 2019. p. 126). Acredita-se, contudo, que a LGPD não seja aplicável a danos causados a pessoas jurídicas. Isso porque, de acordo com seu art. 1º, a lei apenas se aplica ao "tratamento de *dados pessoais*, inclusive nos meios digitais, por pessoa natural ou por pessoa jurídica de direito público ou privado, com o objetivo de proteger os direitos fundamentais de liberdade e de privacidade e o *livre desenvolvimento da personalidade da pessoa natural*" (grifos nossos).

[30] "Art. 44. O tratamento de dados pessoais será irregular quando deixar de observar a legislação ou quando não fornecer a segurança que o titular dele pode esperar, consideradas as circunstâncias relevantes, entre as quais: I - o modo pelo qual é realizado; II - o resultado e os riscos que razoavelmente dele se esperam; III - as técnicas de tratamento de dados pessoais disponíveis à época em que foi realizado. Parágrafo único. Responde pelos danos decorrentes da violação da segurança dos dados o controlador ou o operador que, ao deixar de adotar as medidas de segurança previstas no art. 46 desta Lei, der causa ao dano".

[31] Conforme será melhor demonstrado adiante, o art. 43, incs. I e III, tratam sobre as excludentes de responsabilidade.

tanto em ordem técnica quanto econômica, acaba por realizar uma aproximação do regime de responsabilidade na LGPD àquele disposto pelo CDC.

Nessa direção, tal proximidade parece muitas vezes corroborada pela própria LGPD. É o que se nota no art. 2º, inc. VI, segundo o qual um dos fundamentos da proteção de dados pessoais seria, justamente, a defesa dos direitos do consumidor. Ademais, ressalta-se que, ao prever os direitos dos titulares de dados, a LGPD estabelece que o titular teria o direito de peticionar em relação aos seus dados não somente perante a Autoridade Nacional de Proteção de Dados (ANPD), mas também a "organismos de defesa do consumidor".[32]

Dessa maneira, a proteção de dados, para a legislação brasileira, de fato se encontrara intimamente ligada à defesa do consumidor. Logo, em um pensamento objetivista, essa estreita ligação significaria uma vontade do legislador de, sempre que possível, transpor os instrumentos de defesa do consumidor para a proteção de dados pessoais.

Com efeito, alega-se que essa intenção seria ainda mais evidente quando comparados os artigos de excludente de responsabilidade da LGPD com aqueles do CDC. Isso porque as semelhanças entre o art. 43 da LGPD[33] e os arts. 12, §3º e 14, §3º do CDC,[34] [35] realmente, são enormes, de modo a tornar razoável a conclusão de que as excludentes de responsabilidade civil da LGPD têm alguma inspiração naquelas do CDC. O mesmo ocorre com a comparação entre os arts. 44 da LGPD[36] e 14, §1º do CDC,[37] aproximando o tratamento irregular dos dados pessoais aos defeitos de serviço no mercado de consumo.

Além de referida similitude estrutural entre a LGPD e o CDC, argumenta-se também a favor do entendimento da responsabilidade civil objetiva de que o tratamento de dados constituiria atividade de risco, a atrair o art. 927, parágrafo único do Código Civil.[38] Como bem sintetizado por Gustavo Tepedino, Aline Terra e Gisela Guedes, para essa parte da doutrina, "o escopo da LGPD foi limitar o tratamento dos dados para diminuir o risco de vazamentos, considerando que o próprio tratamento de dados, em si, apresenta 'risco intrínseco aos seus titulares'".[39]

---

[32] "Art. 18. [...] §1º O titular dos dados pessoais tem o direito de peticionar em relação aos seus dados contra o controlador perante a autoridade nacional. [...] §8º O direito a que se refere o §1º deste artigo também poderá ser exercido perante os organismos de defesa do consumidor".

[33] "Art. 43. Os agentes de tratamento só não serão responsabilizados quando provarem: I - que não realizaram o tratamento de dados pessoais que lhes é atribuído; II - que, embora tenham realizado o tratamento de dados pessoais que lhes é atribuído, não houve violação à legislação de proteção de dados; ou III - que o dano é decorrente de culpa exclusiva do titular dos dados ou de terceiro".

[34] "Art. 12. [...] §3º O fabricante, o construtor, o produtor ou importador só não será responsabilizado quando provar: I - que não colocou o produto no mercado; II - que, embora haja colocado o produto no mercado, o defeito inexiste; III - a culpa exclusiva do consumidor ou de terceiro".

[35] "Art. 14. [...] §3º O fornecedor de serviços só não será responsabilizado quando provar: I - que, tendo prestado o serviço, o defeito inexiste; II - a culpa exclusiva do consumidor ou de terceiro".

[36] "Art. 44. O tratamento de dados pessoais será irregular quando deixar de observar a legislação ou quando não fornecer a segurança que o titular dele pode esperar, consideradas as circunstâncias relevantes, entre as quais: I - o modo pelo qual é realizado; II - o resultado e os riscos que razoavelmente dele se esperam; III - as técnicas de tratamento de dados pessoais disponíveis à época em que foi realizado".

[37] "Art. 14. [...] §1º O serviço é defeituoso quando não fornece a segurança que o consumidor dele pode esperar, levando-se em consideração as circunstâncias relevantes, entre as quais: I - o modo de seu fornecimento; II - o resultado e os riscos que razoavelmente dele se esperam; III - a época em que foi fornecido".

[38] "Art. 927. [...] Parágrafo único. Haverá obrigação de reparar o dano, independentemente de culpa, nos casos especificados em lei, ou quando a atividade normalmente desenvolvida pelo autor do dano implicar, por sua natureza, risco para os direitos de outrem".

[39] TEPEDINO, Gustavo; TERRA, Aline de Miranda Valverde; GUEDES, Gisela Sampaio da Cruz. *Fundamentos do direito civil*: responsabilidade civil. Rio de Janeiro: Forense, 2020. v. 4. p. 248-249.

Assim, nota-se que a corrente objetivista parece se apoiar no fato de que o instituto da responsabilidade civil, historicamente, tem caminhado em direção a uma maior objetivação. Argumenta-se, nesse sentido, que, em virtude dos avanços tecnológicos e de seus respectivos problemas, a responsabilidade civil, fundada inicialmente de maneira exclusiva na culpa, passou a se fundamentar também no risco criado por determinadas atividades, possibilitando uma garantia maior de reparação de danos às vítimas.[40]

Por fim, importante destacar que parte da doutrina cogita a aplicação do regime de responsabilidade objetiva, com fundamento no art. 927, parágrafo único, do CC, apenas a alguns casos, a depender das circunstâncias do tratamento de dados. Em outras palavras, levanta-se a possibilidade de certos tratamentos de dados representarem um risco inerente à atividade, justificando a aplicação da responsabilidade objetiva, e outros não, fazendo incidir o regime de responsabilização subjetivo. Nesse sentido, Gisela Guedes e Rose Meireles, apesar de entenderem que a responsabilidade civil no âmbito da LGPD é subjetiva, vislumbram a possibilidade de o regime ser objetivo nos casos de tratamento de dados sensíveis.[41]

3.2 Argumentos a favor da responsabilidade subjetiva

Assim como ocorre com a responsabilidade objetiva, também é possível encontrar bons argumentos a favor do regime de responsabilidade subjetiva. Nessa direção, uma das justificativas apontadas como indicadoras de que a responsabilidade civil no âmbito da LGPD seria subjetiva é o fato de que, apesar de o diploma apresentar algumas semelhanças – até mesmo estruturais – com o CDC, ele não é igual e suas diferenças são relevantes.[42]

Quanto a isso, alega-se, principalmente, que as excludentes de responsabilidade elencadas no art. 43 da LGPD apresentam uma diferença fundamental em relação àquelas dos arts. 12, §3º e 14, §3º do CDC. Ao contrário do diploma consumerista, a Lei de Proteção de Dados prevê como excludente de responsabilidade a possibilidade de se comprovar que não houve violação à legislação (cf. art. 43, inc. II).

Dessa maneira, argumenta-se que, ao possibilitar a comprovação de que não houve violação à legislação de proteção de dados, permitindo o afastamento da responsabilidade, a lei estabeleceu o regime de responsabilidade civil subjetiva com presunção de culpa. Isso porque só seriam passíveis de responsabilização os agentes que tivessem cometido ato ilícito, ao descumprir o ordenamento. Restaria afastada, portanto, a possibilidade de responsabilização objetiva, na medida em que ela não pressupõe a existência de um ato ilícito, mas tão somente do nexo causal e do dano.

---

[40] "Quem acompanha a doutrina da responsabilidade civil, necessariamente observa a sua tendência crescente no sentido de aumentar as garantias oferecidas à vítima. Não é sem razão que insisti na evolução da teoria da culpa para o risco criado, mais democrático e mais humano, se considera a pessoa da vítima, cada vez mais necessitada de proteção em confronto com o desenvolvimento material, expondo os indivíduos a sofrer danos que escapam ao controle individual" (PEREIRA, Caio Mário da Silva. *Responsabilidade civil*. Rio de Janeiro: Forense, 2018. p. 15).

[41] GUEDES, Gisela Sampaio da Cruz; MEIRELES, Rose Melo Vencelau. Término do tratamento de dados. *In*: TEPEDINO, Gustavo; FRAZÃO, Ana; OLIVA, Milena Donato (Coord.). *Lei Geral de Proteção de Dados Pessoais e suas repercussões no direito brasileiro*. São Paulo: Thomson Reuters Brasil, 2019. p. 236.

[42] TEPEDINO, Gustavo; TERRA, Aline de Miranda Valverde; GUEDES, Gisela Sampaio da Cruz. *Fundamentos do direito civil*: responsabilidade civil. Rio de Janeiro: Forense, 2020. v. 4. p. 245 e ss.

Seguindo a mesma linha argumentativa, também em relação a dispositivos da LGPD que parecem afastar o regime de responsabilidade objetiva, aduz-se que a lei estipula diversos deveres para os agentes de tratamento de dados, o que seria incompatível com a responsabilidade objetiva. Apenas a título exemplificativo, cite-se os princípios a serem levados em consideração no tratamento de dados conforme determinado no art. 6º, bem como os arts. 7º a 16, pertencentes ao capítulo "Tratamento de Dados".

Logo, com a determinação de diversos deveres legais a serem cumpridos na atividade de tratamento de dados, alega-se que, mais uma vez, o legislador quis estabelecer uma fronteira entre o tratamento lícito e regular e aquele irregular e, portanto, ilícito. A violação de deveres estaria, assim, diretamente ligada à análise de culpa do agente de tratamento, afastando a possibilidade de responsabilização objetiva.[43]

Ainda, outro ponto que vem sendo utilizado para a defesa da responsabilidade subjetiva no âmbito da LGPD, teoricamente menos técnico, mas que também merece destaque, diz respeito a um possível desestímulo ao desenvolvimento de novas tecnologias na hipótese de o tratamento de dados ser enquadrado como atividade de risco. Alega-se, nesse ponto, que é necessário encontrar uma "justa medida", até mesmo em relação à responsabilidade subjetiva, para que não se afastem determinadas atividades de desenvolvimento e investimento empresarial.[44]

O último e, talvez, menos relevante argumento em favor da responsabilidade subjetiva é a aparente vontade do legislador de afastar o regime de responsabilidade objetiva. Segundo esse ponto, a versão inicial de um dos projetos apresentados sobre o tema dispunha expressamente que o regime de responsabilidade seria objetivo, vindo tal dispositivo a ser rejeitado no processo de tramitação.[45]

3.3 Afinal, qual é o regime adotado pela LGPD?

Apesar dos sólidos argumentos para ambos os lados, parece que, no âmbito da LGPD, o regime que mais se mostra de acordo com a unidade do ordenamento é o da responsabilidade subjetiva. O argumento que parece ser definitivo, nesse ponto, é a previsão do art. 45 da referida lei, segundo o qual "as hipóteses de violação do direito do titular no âmbito das relações de consumo permanecem sujeitas às regras de responsabilidade previstas na legislação pertinente".

Nota-se, portanto, que a própria LGPD indica a adoção de um regime de responsabilidade diferente daquele adotado pelo CDC. Com efeito, a Lei de Proteção de Dados possibilita, expressamente, a aplicação do regime previsto no diploma consumerista quando o ofensor também for qualificado como fornecedor de produtos ou serviços no mercado de consumo. Em outras palavras, de acordo com a própria LGPD,

---

43 TEPEDINO, Gustavo; TERRA, Aline de Miranda Valverde; GUEDES, Gisela Sampaio da Cruz. *Fundamentos do direito civil*: responsabilidade civil. Rio de Janeiro: Forense, 2020. v. 4. p. 249.

44 "A preocupação com a 'justa medida' permeia, na verdade, as discussões recentes sobre a responsabilidade civil mesmo na sua modalidade subjetiva, diante do reconhecimento de que um agravamento injustificado do dever de indenizar pode levar a sérios problemas econômicos, desestimulando o investimento empresarial e a assunção de riscos considerados desejáveis" (FRAZÃO, Ana. Risco da empresa e o caso fortuito externo. *Civilistica.com*, Rio de Janeiro, ano 5, n. 1, 2016. Disponível em: http://civilistica.com/wp-content/uploads/2016/07/Fraz%C3%A3o-civilistica.com-a.5.n.1.2016.pdf. Acesso em: 3 set. 2019).

45 TEPEDINO, Gustavo; TERRA, Aline de Miranda Valverde; GUEDES, Gisela Sampaio da Cruz. *Fundamentos do direito civil*: responsabilidade civil. Rio de Janeiro: Forense, 2020. v. 4. p. 250.

aplica-se ao tratamento de dados no âmbito de uma relação de consumo o regime de responsabilidade objetiva, conforme previsto no CDC, indicando que o regime da Lei de Proteção de Dados seria outro.

Nesse caso, as regras sobre responsabilidade civil da LGPD ficam reservadas às relações sem hipossuficiência entre as partes ou àquelas em que não há exploração de atividade comercial, como nas relações entre associações e associados e entre condomínios e condôminos. Essas figuras não se submetem ao CDC e, por tal razão, costumam seguir o regime subjetivo de responsabilidade civil. Com efeito, o entendimento de que a LGPD teria adotado a responsabilidade objetiva poderia instituir para essas entidades "um regime de responsabilidade até mais gravoso do que o do próprio Código de Defesa do Consumidor, que pelo menos exige a existência de um 'defeito' para a configuração da responsabilidade".[46]

Nesse ponto, cabe ainda destacar que o art. 45 da LGPD afasta o principal argumento da responsabilidade objetiva: o risco, com fundamento no art. 927, parágrafo único do Código Civil. Apesar de boa parte das hipóteses de responsabilidade civil objetiva em nosso ordenamento ser fundamentada no risco, verifica-se que ele não é mais o único fundamento desse regime de responsabilidade. A título exemplificativo, citem-se diversos dispositivos legais que preveem a responsabilidade objetiva sem ter como pressuposto atividades de risco, como os arts. 932 e 933 do Código Civil (dispõem sobre a responsabilidade indireta) e o art. 936 do Código Civil (sobre responsabilidade pelo fato de animais).

Dessa maneira, tem-se apontado em doutrina que o fundamento "ético-jurídico" da responsabilidade civil objetiva é o princípio da solidariedade social, disposto no art. 3º da Constituição Federal de 1988.[47] Com efeito, considerando a previsão do art. 45 da LGPD, entende-se que a solidariedade social não é desrespeitada pela conclusão de que o regime de responsabilidade civil adotado pela LGPD é subjetivo. Isso porque, nos casos de tratamento irregular de dados em que há uma disparidade entre as partes, como ocorre em vazamentos de dados por parte de plataformas de mídias sociais,[48] de empresas de *e-commerce*,[49] ou até mesmo de bancos,[50] o regime de responsabilidade civil a ser adotado será o objetivo, de acordo com o CDC.

Ademais, a prescindibilidade da análise de culpa no âmbito dos casos submetidos ao regime de responsabilidade da LGPD representaria a transformação da referida lei em um verdadeiro microssistema, com regras apartadas da lógica do restante do ordenamento jurídico. Tal fragmentação do ordenamento por meio da criação de

---

[46] TEPEDINO, Gustavo; TERRA, Aline de Miranda Valverde; GUEDES, Gisela Sampaio da Cruz. *Fundamentos do direito civil*: responsabilidade civil. Rio de Janeiro: Forense, 2020. v. 4. p. 255-256.

[47] Nessa direção, confira-se: MORAES, Maria Celina Bodin de. Risco, solidariedade e responsabilidade objetiva. *In*: MORAES, Maria Celina Bodin de. *Na medida da pessoa humana*: estudos de direito civil-constitucional. Rio de Janeiro: Renovar, 2010. p. 400.

[48] Ver: 540 MILHÕES de dados de usuários do Facebook ficam expostos em servidores da Amazon. *G1*, 4 abr. 2019. Disponível em: https://g1.globo.com/economia/tecnologia/noticia/2019/04/04/dados-de-540-milhoes-de-usuarios-do-facebook-ficam-expostos-em-servidor.ghtml. Acesso em: 13 set. 2019.

[49] Ver: NETSHOES no Brasil confirma que sofreu ataque cibernético e dados de clientes foram revelados. *G1*, 27 fev. 2018. Disponível em: https://g1.globo.com/economia/noticia/netshoes-no-brasil-confirma-que-sofreu-ataque-cibernetico-e-dados-de-clientes-foram-revelados.ghtml. Acesso em: 13 set. 2019.

[50] Ver: BANCO Inter confirma vazamento de dados e culpa "pessoa autorizada". *Uol Tilt*, 17 ago. 2018. Disponível em: https://www.uol.com.br/tilt/noticias/redacao/2018/08/17/banco-inter-confirma-vazamento-de-dados-apos-ataque-hacker.htm. Acesso em: 13 set. 2019.

microssistemas, no entanto, não pode ser aceita, considerando que deve haver uma unidade do ordenamento em torno da Constituição Federal.[51]

Por fim, é importante destacar que a culpa, enquanto pressuposto da responsabilidade civil, passa por um processo de desvinculação do juízo de reprovabilidade moral ao qual historicamente foi atrelada. Abandona-se, assim, uma avaliação subjetiva da culpa, em torno de aspectos psicológicos do agente causador do dano, para adotar uma concepção objetiva (ou normativa) da culpa, relacionada à violação de determinado padrão de conduta analisado em concreto.[52] Logo, objetiva-se a análise de culpa em concreto, não o regime de responsabilidade.

4 Os impactos da LGPD na responsabilidade civil do advogado por tratamento de dados

Como demonstrado, para a prestação de serviços advocatícios, geralmente, é disponibilizado ao advogado ou à sociedade de advogados um conjunto de informações e dados pessoais do cliente que os contrata. A aplicabilidade da LGPD às relações entre advogados e clientes, então, é incontroversa, vez que o advogado e a sociedade de advogados deverão ser considerados os controladores dos dados pessoais de seus clientes. No entanto, é necessário avaliar de que maneira a Lei de Proteção de Dados impacta a responsabilidade civil por danos causados por tratamento irregular de dados no exercício da advocacia, especialmente considerando as diferentes correntes sobre o regime de responsabilidade dos advogados.

Nessa direção, verifica-se que o tratamento que se deve dispensar ao advogado individual não apresenta maiores dificuldades. Como já visto, as diferenças práticas entre os entendimentos sobre a incidência ou não do CDC nos serviços prestados por advogados individuais já eram pequenas, vez que, independentemente do posicionamento adotado, o regime de responsabilidade será subjetivo. Com a LGPD, essas diferenças práticas são ainda mais reduzidas, pois, assim como ocorre no diploma consumerista, no âmbito da Lei de Proteção de Dados também há normas de proteção ao titular dos dados, como a possibilidade de inversão do ônus da prova (art. 42, §2º).

Ademais, a LGPD traz para a avaliação de culpa do advogado individual novos padrões de conduta, antes retirados principalmente do Estatuto da OAB e do Código de Ética dos Advogados.[53] O tratamento de dados na atividade da advocacia passa a dever observar também todos os parâmetros previstos na LGPD, de modo que, além

---

51 Nesse sentido, confira-se: PERLINGIERI, Pietro. *O direito civil na legalidade constitucional*. Tradução de Maria Cristina de Cicco. Rio de Janeiro: Renovar, 2008. p. 200-201.

52 Sobre essa nova concepção da culpa, Maria Celina Bodin de Moraes e Gisela Guedes apontam que "prescinde-se da análise dos aspectos estritamente subjetivos do agente para avaliar o desvio o desvio de certo padrão de conduta, fixado pela referência ao ser humano prudente, mas sempre diante das circunstâncias do caso concreto" (MORAES, Maria Celina Bodin de; GUEDES, Gisela Sampaio da Cruz. À guisa de introdução: o multifacetado conceito de profissional liberal. *In*: MORAES, Maria Celina Bodin de; GUEDES, Gisela Sampaio da Cruz (Coord.). *Responsabilidade civil de profissionais liberais*. Rio de Janeiro: Forense, 2016. p. 16).

53 "Os *standards* são, no caso, os parâmetros de identificação da culpa do advogado, e podem ser encontrados tanto na Lei n. 8.906/1994 quanto no Código de Ética e Disciplina, editado pela Ordem dos Advogados do Brasil" (LINS, Thiago Drummond de Paula. Responsabilidade civil dos advogados. *In*: MORAES, Maria Celina Bodin de; GUEDES, Gisela Sampaio da Cruz (Coord.). *Responsabilidade civil de profissionais liberais*. Rio de Janeiro: Forense, 2016. p. 215-216).

do já tradicional dever de sigilo profissional, o advogado deve atender, por exemplo, a princípios como finalidade, adequação, necessidade, livre acesso, além do dever de segurança dos dados.

Assim, por exemplo, caso um advogado receba informações a respeito de seu cliente, seja diretamente ou em virtude de sua atuação em um processo, mas se recusa a deixar o cliente consultar a integralidade de tais informações ou se recusa a informar como tais informações estão sendo tratadas, incorre o advogado em violação ao princípio do livre acesso. Já na hipótese de os dados de seus clientes vazarem em decorrência da baixa segurança do sistema de proteção de dados adotado, o advogado também poderá ser responsabilizado, dessa vez por não observar o dever de segurança imposto na LGPD.

No que tange às sociedades de advogados, cumpre fazer a distinção entre os diversos entendimentos relativos ao regime de responsabilidade que lhe é aplicável de forma geral. Em primeiro lugar, sob a perspectiva de que as sociedades de advogados (e as sociedades unipessoais) também são submetidas ao regime de responsabilidade subjetivo, a mesma lógica se aplicaria. Nesse sentido, tanto as sociedades unipessoais quanto as sociedades de advogados deverão observar os padrões de conduta estabelecidos na LGPD para fins de avaliação de sua responsabilidade por eventual dano causado no tratamento de dados de clientes.

Nesse ponto, importante destacar que a avaliação da responsabilidade da sociedade de advogados não pode se confundir com a avaliação de culpabilidade dos advogados que atuam nas causas da sociedade. Isso porque, mesmo com os parâmetros previstos na LGPD, que devem ser observados por todos, é possível que certas situações de violação no tratamento de dados violem padrões de conduta da sociedade, mas não do advogado. É o caso, por exemplo, do vazamento de dados de clientes em virtude de um sistema de segurança de dados de baixa qualidade adotado na sociedade de advogados. Nesse caso, os advogados individuais que prestam serviços na sociedade podem não ter responsabilidade pessoal por tal vazamento, mesmo que eles atuem diretamente nos casos em que os dados foram violados.

Em segundo lugar, no que diz respeito ao entendimento de que se aplica às sociedades de advogados e às sociedades unipessoais a responsabilidade objetiva, nos termos do art. 14 do CDC, a aplicação da LGPD será um pouco diversa. Como não há necessidade de avaliar culpa na responsabilidade objetiva, não se pode considerar que os parâmetros previstos na LGPD funcionariam como padrões de conduta dos agentes de tratamento dos dados de clientes.

Contudo, isso não permite concluir que a verificação do cumprimento ou não dos parâmetros da LGPD seria irrelevante para a responsabilidade civil das sociedades de advogados e das sociedades unipessoais de advocacia. Conforme se observa no art. 14 do CDC:

> o fornecedor de serviços responde, independentemente da existência de culpa, pela reparação dos danos causados aos consumidores por *defeitos relativos à prestação dos serviços*, bem como por informações insuficientes ou inadequadas sobre sua fruição e riscos. (Grifos nossos)

Conforme anotam Gustavo Tepedino, Aline Terra e Gisela Guedes a respeito dos *defeitos relativos à prestação de serviços*, "o Código de Defesa do Consumidor estabelece uma presunção *iuris tantum* de sua existência, apresentando-se como o primeiro pressuposto – não só ontológico, mas também lógico – da responsabilidade objetiva".[54] Com efeito, mesmo aplicando-se o art. 14 do CDC, não basta, para a responsabilização do prestador de serviços, a comprovação do dano e do nexo causal. Ao revés, é necessário comprovar que o dano causado decorre de um defeito no serviço prestado.

Nesse sentido, o §1º do art. 14 do CDC esclarece:

> O serviço é defeituoso quando não fornece a segurança que o consumidor dele pode esperar, levando-se em consideração as circunstâncias relevantes, entre as quais:
>
> I - o modo de seu fornecimento;
>
> II - o resultado e os riscos que razoavelmente dele se esperam;
>
> III - a época em que foi fornecido.

Nota-se, então, que o conceito de defeito na prestação de serviço é abrangente e não pode se restringir às hipóteses citadas nos incisos do referido artigo, que servem meramente como exemplos.

Logo, no âmbito de tratamento de dados por parte das sociedades de advocacia, a LGPD deve ser compreendida como fonte de parâmetros para a aferição do defeito do serviço prestado, sendo aplicável em conjunto com o CDC por força do art. 45 da Lei de Proteção de Dados.[55] Em outras palavras, os parâmetros previstos na LGPD ainda devem ser observados pelas sociedades de advocacia mesmo que o regime de responsabilidade seja objetivo, tendo em vista que o desvio de algum desses parâmetros pode caracterizar o defeito na prestação de serviço, e a comprovação do cumprimento afasta a possibilidade de responsabilização.

Dessa maneira, assim que a LGPD entrar em vigor, será possível verificar um eixo comum a todos os entendimentos sobre o regime de responsabilidade civil dos advogados nos casos de danos causados no tratamento de dados. Seja como padrões de conduta para a verificação de culpa ou como meios de se aferir uma possível prestação de serviços defeituosa, os parâmetros previstos na LGPD devem ser observados por advogados individuais, sociedades de advogados e sociedades unipessoais de advocacia.

5 Conclusão

O exercício da advocacia, como o exercício de toda profissão liberal, pressupõe uma relação de confiança entre cliente e advogado. Além da adequada prestação do serviço contratado, essa confiança abrange a expectativa do cliente de que o advogado irá tratar adequadamente as informações e dados pessoais fornecidos, sob pena de responsabilização administrativa e civil.

No que diz respeito à responsabilidade civil pelo exercício da advocacia, verifica-se a existência de controvérsia sobre a incidência ou não do CDC às relações entre advogados e clientes. O entendimento do STJ é no sentido de que não se aplica o CDC

---

[54] TEPEDINO, Gustavo; TERRA, Aline de Miranda Valverde; GUEDES, Gisela Sampaio da Cruz. *Fundamentos do direito civil*: responsabilidade civil. Rio de Janeiro: Forense, 2020. v. 4. p. 227.

[55] Rememore-se, aqui, a semelhança entre o art. 44 da LGPD e o art. 14, §1º do CDC, aproximando o tratamento irregular dos dados pessoais aos defeitos de serviço no mercado de consumo.

às referidas relações, sob o argumento de que incide apenas o Estatuto da OAB. Já parte majoritária da doutrina entende que o CDC é aplicável às relações entre advogados e clientes. No entanto, até mesmo a parcela da doutrina que entende pela aplicação do diploma consumerista apresenta uma cisão sobre o regime de responsabilidade aplicado às sociedades de advogados.

Já no que diz à responsabilidade civil no âmbito da LGPD, verifica-se que o legislador não foi muito claro quanto ao regime adotado. Nesse sentido, apesar de existirem sólidos argumentos tanto a favor da responsabilidade objetiva quanto da responsabilidade subjetiva, acredita-se que o regime mais adequado é aquele que não prescinde de culpa, tendo em vista a unidade do ordenamento.

Dessa maneira, fazendo uma análise dos impactos causados pela LGPD no âmbito da responsabilidade civil dos advogados, verifica-se que os parâmetros previstos na Lei de Proteção de Dados funcionam como um eixo comum a todos os entendimentos sobre o regime de responsabilidade civil dos advogados nos casos de danos causados no tratamento de dados. Isso porque, no caso de se entender pela aplicação da responsabilidade subjetiva, os parâmetros funcionarão como padrões de conduta a serem observados para avaliação de culpa. Já nas hipóteses em que o regime for considerado objetivo, os parâmetros previstos na LGPD funcionarão como medidores de eventual defeito no serviço prestado.

Referências

540 MILHÕES de dados de usuários do Facebook ficam expostos em servidores da Amazon. *G1*, 4 abr. 2019. Disponível em: https://g1.globo.com/economia/tecnologia/noticia/2019/04/04/dados-de-540-milhoes-de-usuarios-do-facebook-ficam-expostos-em-servidor.ghtml. Acesso em: 13 set. 2019.

BANCO Inter confirma vazamento de dados e culpa "pessoa autorizada". *Uol Tilt*, 17 ago. 2018. Disponível em: https://www.uol.com.br/tilt/noticias/redacao/2018/08/17/banco-inter-confirma-vazamento-de-dados-apos-ataque-hacker.htm. Acesso em: 13 set. 2019.

CAVALIERI FILHO, Sergio. *Programa de responsabilidade civil*. São Paulo: Atlas, 2014.

DIAS, José de Aguiar. *Da responsabilidade civil*. Rio de Janeiro: Lumen Juris, 2012.

DONEDA, Danilo. *Da privacidade à proteção de dados pessoais*: elementos da formação da Lei Geral de Proteção de Dados. 2. ed. São Paulo: Thomson Reuters Brasil, 2019.

DONEDA, Danilo. O direito fundamental à proteção de dados pessoais. *In*: MARTINS, Guilherme Magalhães (Coord.). *Direito privado e internet*. São Paulo: Atlas, 2014.

FRAZÃO, Ana. Risco da empresa e o caso fortuito externo. *Civilistica.com*, Rio de Janeiro, ano 5, n. 1, 2016. Disponível em: http://civilistica.com/wp-content/uploads/2016/07/Fraz%C3%A3o-civilistica.com-a.5.n.1.2016.pdf. Acesso em: 3 set. 2019.

GUEDES, Gisela Sampaio da Cruz; MEIRELES, Rose Melo Vencelau. Término do tratamento de dados. *In*: TEPEDINO, Gustavo; FRAZÃO, Ana; OLIVA, Milena Donato (Coord.). *Lei Geral de Proteção de Dados Pessoais e suas repercussões no direito brasileiro*. São Paulo: Thomson Reuters Brasil, 2019.

LINS, Thiago Drummond de Paula. Responsabilidade civil dos advogados. *In*: MORAES, Maria Celina Bodin de; GUEDES, Gisela Sampaio da Cruz (Coord.). *Responsabilidade civil de profissionais liberais*. Rio de Janeiro: Forense, 2016.

MORAES, Maria Celina Bodin de. Risco, solidariedade e responsabilidade objetiva. *In*: MORAES, Maria Celina Bodin de. *Na medida da pessoa humana*: estudos de direito civil-constitucional. Rio de Janeiro: Renovar, 2010.

MORAES, Maria Celina Bodin de; GUEDES, Gisela Sampaio da Cruz. À guisa de introdução: o multifacetado conceito de profissional liberal. *In*: MORAES, Maria Celina Bodin de; GUEDES, Gisela Sampaio da Cruz (Coord.). *Responsabilidade civil de profissionais liberais*. Rio de Janeiro: Forense, 2016.

MORAES, Maria Celina Bodin; QUEIROZ, João Quinelato de. Autodeterminação informativa e responsabilização proativa: novos instrumentos de tutela da pessoa humana na LGDP. *Cadernos Adenauer XX*, Rio de Janeiro, n. 3, out. 2019.

NETSHOES no Brasil confirma que sofreu ataque cibernético e dados de clientes foram revelados. *G1*, 27 fev. 2018. Disponível em: https://g1.globo.com/economia/noticia/netshoes-no-brasil-confirma-que-sofreu-ataque-cibernetico-e-dados-de-clientes-foram-revelados.ghtml. Acesso em: 13 set. 2019.

PEREIRA, Caio Mário da Silva. *Responsabilidade civil*. Rio de Janeiro: Forense, 2018.

PERLINGIERI, Pietro. *O direito civil na legalidade constitucional*. Tradução de Maria Cristina de Cicco. Rio de Janeiro: Renovar, 2008.

RODOTÀ, Stefano. Autodeterminação e laicidade. Tradução de Carlos Nelson de Paula Konder. *Revista Brasileira de Direito Civil – RBDCivil*, Belo Horizonte, v. 17, p. 139-152, 2018.

RODRIGUES JÚNIOR, Otávio Luiz; LEONARDO, Rodrigo Xavier. Pessoa jurídica, "pejotização" e a esquizofrenia sancionatória brasileira. *Consultor Jurídico*, 3 fev. 2020. Disponível em: https://www.conjur.com.br/2020-fev-03/direito-civil-atual-pessoa-juridica-pejotizacao-esquizofrenia-sancionatoria-brasileira. Acesso em: 13 abr. 2020.

RODRIGUES JÚNIOR, Otávio Luiz; LEONARDO, Rodrigo Xavier. Pessoa jurídica, "pejotização" e a esquizofrenia sancionatória brasileira (parte 2). *Consultor Jurídico*, 10 fev. 2020. Disponível em: https://www.conjur.com.br/2020-fev-10/direito-civil-atual-pejotizacao-esquizofrenia-sancionatoria-brasileira. Acesso em: 13 abr. 2020.

SOUZA, Eduardo Nunes de; SILVA, Rodrigo da Guia. Tutela da pessoa humana na lei geral de proteção de dados pessoais: entre a atribuição de direitos e a enunciação de remédios. *Pensar*, Fortaleza, v. 24, n. 3, 2019.

TEPEDINO, Gustavo; TERRA, Aline de Miranda Valverde; GUEDES, Gisela Sampaio da Cruz. *Fundamentos do direito civil*: responsabilidade civil. Rio de Janeiro: Forense, 2020. v. 4.

TREVIZAN, Thaita Campos. *A responsabilidade civil do advogado sob a perspectiva civil-constitucional*. Vitória: Edufes, 2013.

Informação bibliográfica deste texto, conforme a NBR 6023:2018 da Associação Brasileira de Normas Técnicas (ABNT):

KONDER, Carlos Nelson; LIMA, Marco Antônio de Almeida. Responsabilidade civil dos advogados no tratamento de dados à luz da Lei nº 13.709/2018. *In*: EHRHARDT JÚNIOR, Marcos; CATALAN, Marcos; MALHEIROS, Pablo (Coord.). *Direito Civil e tecnologia*. Belo Horizonte: Fórum, 2020. p. 413-429. ISBN 978-65-5518-036-7.

CONTORNOS DA RESPONSABILIDADE CIVIL NO ÂMBITO DOS CONTRATOS ELETRÔNICOS FORMADOS A PARTIR DE SISTEMAS DE INTELIGÊNCIA ARTIFICIAL

GERALDO FRAZÃO DE AQUINO JÚNIOR

1 A internet e a contratação eletrônica

O caráter global e quase onipresente da internet tem contribuído para o surgimento de uma nova forma de contratação que, realizada no meio virtual, conduz a declarações de vontade que não se coadunam com as tradicionais condutas que se perfazem entre pessoas presentes. É largo o campo de ação dos contratos eletrônicos, que demandam a criação de uma lógica jurídica que reflita a complexidade virtual em que se encontra a sociedade, capaz de interpretar a realidade social e adequar a solução ao caso concreto na mesma velocidade das mudanças geradas pelos avanços tecnológicos.

O comércio eletrônico desponta como uma das atividades de maior relevância econômica com o advento da internet. Hoje, inúmeros acordos são formalizados por meio de contratações a distância, conduzidas por meios eletrônicos e sem a presença física simultânea dos contratantes no mesmo local. Sobre esse fenômeno:

> Nos anos recentes, a penetração da Tecnologia da Informação nas aplicações da vida real transformou a maneira pela qual os negócios são transacionados. Uma dessas aplicações são os Contratos Eletrônicos, que tornaram os negócios simples ao modelarem e gerenciarem eficazmente os processos e tarefas envolvidos. Um contrato eletrônico (*e-contract*) é um contrato modelado, especificado, executado, controlado e monitorado por um sistema de *software*. Nos contratos eletrônicos, todas as (ou certo número de) atividades são realizadas eletronicamente, superando os atrasos no sistema manual, assim como preconceitos do corpo de empregados.[1]

A disseminação, em escala mundial, de informações e de imagens mediante a utilização das mídias digitais e o exponencial desenvolvimento dos meios informáticos

---

1 KARLAPALEM, Kamalakar; DANI, Ajay R.; KRISHNA, P. Radha. A frame work for modeling electronic contracts. *Lecture notes in computer science*, Berlim, v. 2224, p. 193-207, 2001. p. 193 (tradução nossa).

vêm fomentando o trabalho de pesquisadores para entender o alcance do fenômeno. O advento da internet, em especial, tem provocado mudanças no desenvolvimento das relações humanas e o direito, reflexo que é da sociedade, vem sofrendo o influxo dessas transformações, o que impõe enormes desafios aos juristas, legisladores e aplicadores.

Na formação dessa nova cultura, a internet é um elemento imprescindível, pois permite a experimentação de um tipo de comunicação global, que vem se consolidando como uma estrutura básica mundial.[2] A transmissão de informações por esse meio está diretamente vinculada à banda na qual transitam os dados, que são codificados e decodificados, comprimidos e descomprimidos, de modo que a velocidade de trânsito das informações seja otimizada e chegue ao usuário no menor tempo possível.[3]

Já há algum tempo, o espaço virtual não se limita às fronteiras do computador, já que dispositivos móveis utilizam tecnologia multimídia, trazem a nota distintiva da portabilidade e estão onipresentes, conectando pessoas nos mais diversos pontos do planeta. Novos aparelhos são lançados com uma periodicidade avassaladora, tornando os modelos anteriores rapidamente defasados e gerando a ânsia, nos consumidores, de apresentar, nos círculos sociais, o último exemplar de dispositivo móvel. É o apelo ao consumismo descomedido, traço indelével da sociedade da informação.

As sociedades empresárias detectaram, nesse novo ambiente de pessoas conectadas, um novo foco de atuação e começaram a expandir a atividade comercial para essas áreas, indo ao encontro das demandas que então já se faziam prementes. São travadas, então, relações virtuais que importam efeitos jurídicos. Os contratos eletrônicos utilizam um sistema informatizado que permite ao consumidor concluir o negócio com o fornecedor do bem ou serviço. Essa relação despersonalizada difere em grande medida da clássica relação negocial levada a efeito em lojas físicas. A propósito, Rodotà[4] chama a atenção para aspectos do direito da personalidade nessas relações:

> O comércio eletrônico implica, hoje, não só do ponto de vista estritamente da conclusão de um contrato entre o consumidor e um fornecedor de bens de serviço, mas antes de tudo, e como base, um contrato que não é aquele clássico de quem entra em uma loja e compra um bem, mas um contrato em que há a utilização da tecnologia e a modalidade de contato intersubjetivo é toda nova, a aquisição se junta aos elementos necessários para concluir o contrato e uma parte da pessoa do contraente. Se eu entro na loja aqui em frente à minha casa, compro algo, a minha imagem desaparece no momento em que saio da loja, ao menos que eu não use um cartão de crédito, e aqui entramos em uma outra dimensão. Mas se eu faço isso na rede, eu deixo uma marca e dou um pedaço de mim, isto é, das minhas informações a este outro sujeito que poderá utilizá-las além da relação que foi estabelecida. Portanto, isso implica necessariamente que além da relação contratual clássica, seja também utilizada a inovação da assinatura eletrônica e os contratos telemáticos; assim dizendo, há um aspecto que faz referência à pessoa.

Não só os aspectos atinentes à pessoa são afetados, mas toda a multiplicidade de estruturas sociais, econômicas, políticas e culturais da sociedade também o são.

---

[2] ASCENSÃO, José de Oliveira. *Direito da internet e da sociedade da informação*. Rio de Janeiro: Forense, 2002. p. 69.

[3] ZITTRAIN, Jonathan L. The generative internet. *Harvard Law Review*, v. 119, n. 7, p. 1974-2040, maio 2006. p. 1993-1994.

[4] RODOTÀ, Stefano. Entrevista. *Revista Trimestral de Direito Civil*, Rio de Janeiro, ano 3, v. 11, p. 225-308, jul./set. 2002. p. 251-252.

A internet tornou-se a grande vitrine de oportunidades do mundo moderno. Com o crescente aumento do número de pessoas conectadas, constata-se que o efeito dessa teia de relações é sentido em todos os cantos do globo, em virtude da possibilidade de comunicação em tempo real entre pessoas separadas por milhares de quilômetros. O amplo espectro de funcionalidades já existentes, assim como a velocidade com que são criados novos aplicativos, fomenta o germe imaginativo do ser humano com vistas a novos usos que certamente serão associados à rede. Estuda-se, inclusive, o analfabetismo digital, decorrente da exclusão de pessoas do mundo virtual, consubstanciando um novo tipo de excluído, que não tem acesso ao variado leque de oportunidades que a internet oferece. "Aqueles que não tiverem existência virtual dificilmente sobreviverão também no mundo real, e esse talvez seja um dos aspectos mais aterradores dos novos tempos".[5] Em outras palavras, instalou-se um novo tipo de ignorância, o que certamente vai exigir a adoção de políticas públicas com vistas a tornar disponíveis aos cidadãos equipamentos com acesso à rede, assim como capacitação adequada para que os usuários possam fazer uso de seus recursos.[6] Essa ignorância digital constitui fenômeno amplo e atinge não somente a população de baixa renda, mas também outros grupos como idosos[7] e portadores de necessidades especiais, o que demanda a necessidade de inclusão digital do consumidor, em plena consonância com os objetivos visados na Política Nacional das Relações de Consumo, na esteira do quanto preconizado no art. 4º, inc. II, do Código de Defesa do Consumidor (CDC), sendo pouco realista esperar que a inclusão digital desses grupos seja conseguida apenas pelo crescimento do mercado, sem que haja intervenção estatal para combater a desigualdade de acesso e de incorporação de tecnologias da informação.[8]

Nesse prisma de crescente avanço nos sistemas informacionais que intensificam as interações econômicas, políticas e culturais, vivencia-se um período de transição entre o velho e o novo modelo de contratação. A intensificação dessas relações proporcionadas pelo avanço nas telecomunicações e na informática assumiu proporções tais que se pode questionar se com isso se inaugurou um novo modelo de desenvolvimento social. Não obstante, não ocorreu, ainda, uma migração completa para as novas formas de contratação, haja vista a abertura e a indefinição que marcam o tempo atual, pontuado por leituras ainda incipientes e contraditórias. Nessa linha, aduz Boaventura de Sousa Santos:[9]

> [...] Trata-se, pois, de um período de grande abertura e indefinição, um período de bifurcação cujas transformações futuras são imperscrutáveis. A própria natureza do sistema mundial em transição é problemática e a ordem possível é a ordem da desordem. Mesmo admitindo que um novo sistema se seguirá ao actual período de transição, não é possível estabelecer uma relação determinada entre a ordem que o sustentará e a ordem caótica

---

5 PECK, Patricia. *Direito digital*. São Paulo: Saraiva, 2002. p. 20.

6 BEHRENS, Fabiele. *Assinatura digital & negócios jurídicos*. Curitiba: Juruá, 2007. p. 117-121.

7 SCHMITT, Cristiano Heineck. A "hipervulnerabilidade" do consumidor idoso. *Revista de Direito do Consumidor*, São Paulo, ano 18, n. 70, p. 139-171, abr./jun. 2009.

8 MORATO, Antonio Carlos. O conceito de hipossuficiência e a exclusão digital do consumidor na sociedade da informação. *In*: MORATO, Antonio Carlos; NERI, Paulo de Tarso (Org.). *20 Anos do Código de Defesa do Consumidor*: estudos em homenagem ao Professor José Geraldo Brito Filomeno. São Paulo: Atlas, 2010. p. 11-13.

9 SANTOS, Boaventura de Sousa. Os processos da globalização. *In*: SANTOS, Boaventura de Sousa (Org.). *A globalização e as ciências sociais*. 3. ed. São Paulo: Cortez, 2005. p. 89.

do período actual ou a ordem não caótica que a precedeu e que sustentou durante cinco séculos o sistema mundial moderno. Nestas circunstâncias, não admira que o período actual seja objecto de várias e contraditórias leituras.

Diante desse quadro, tem-se que o direito não tem desenvolvido soluções que abarquem todo o fenômeno, o que tem gerado insegurança jurídica aos usuários quando da efetivação da contratação eletrônica, em especial quanto à autenticidade das manifestações de vontade. Daí porque o direito não pode manter-se inerte, sob pena de não mais atender aos anseios da sociedade. Deve, por conseguinte, adequar-se à nova realidade para proporcionar a necessária estabilidade e segurança jurídica reclamada pelo cidadão. O direito é responsável pelo equilíbrio das relações sociais e este só poderá ser alcançado com a adequada interpretação da realidade social, instituindo normas que garantam a segurança das expectativas e que incorporem as transformações por meio de uma estrutura flexível que possa sustentá-la no tempo.

Entre tantos desafios, destaca-se sobretudo a questão da existência de seres dotados de variado grau de autonomia capazes de interagir com o ambiente e dele extrair aprendizado que enriquecerá sua própria experiência e que balizará decisões posteriores. São dotados de Inteligência Artificial (IA) e fazem uso de aprendizado de máquina (*machine learning*) para solucionar questões para as quais não estavam programados e que são postas diante de si. Isso é feito por meio de técnicas de reconhecimento de padrões e correlações utilizando uma grande massa de dados. Quanto maior a quantidade de dados, mais exemplos terá o algoritmo para descobrir correlações significativas. A tecnologia capaz de simular o raciocínio humano é denominada "AI forte" ou "AI geral" e os sistemas projetados para tarefas específicas e predeterminadas são chamados "AI limitada" ou "AI fraca". O conceito dessa tecnologia capaz de simular o raciocínio humano, não obstante, vem sendo alvo de críticas:

> É importante ressaltar, no entanto, que o conceito de inteligência artificial, de maneira geral, vem sendo alvo de críticas por conduzir a problemas semânticos. A ideia de artificialidade, para a parte majoritária dos teóricos, está ligada ao ímpeto de emularmos tecnicamente a inteligência humana em agentes não humanos. Porém, ainda que seja uma meta ambiciosa, a inteligência artificial já demonstra um avanço enorme em relação à sua capacidade lógico-racional, fazendo com que a emulação da inteligência lógico-racional humana seja algo superável nos próximos anos. O conceito, portanto, tende a ficar defasado, tornando-se limitador em sua própria semântica. Por conta da indeterminação deste termo, alguns teóricos optam por substituir a expressão por "Inteligência Computacional", entre outras nomenclaturas.[10]

Isaac Asimov, autor do livro *Eu, robô*, batizou as denominadas Três Leis da Robótica, de modo a permitir o controle e limitar os comportamentos dos robôs. São elas: 1ª Lei – Um robô não pode ferir um ser humano ou, por inação, permitir que um ser humano sofra algum mal; 2ª Lei – Um robô deve obedecer às ordens que lhe sejam dadas por seres humanos exceto nos casos em que tais ordens entrem em conflito com

---

[10] MAGRANI, Eduardo. *Entre dados e robôs*: ética e privacidade na era da hiperconectividade. Porto Alegre: Arquipélago, 2019. p. 51-52.

a Primeira Lei; 3ª Lei – Um robô deve proteger sua própria existência desde que tal proteção não entre em conflito com a Primeira ou Segunda Lei. Mais tarde, Asimov acrescentou a "Lei Zero", que se sobrepunha às demais: um robô não pode causar mal à humanidade ou, por omissão, permitir que a humanidade sofra algum mal. O arcabouço por trás dessas leis (que são, na verdade, diretivas oriundas da ficção científica, mas factíveis na realidade da inteligência artificial) era possibilitar a coexistência de robôs inteligentes e humanos de molde a impedir que haja uma rebelião das máquinas que viessem a subjugar a humanidade. Note-se que a palavra "robô" pode se referir tanto a máquinas físicas quanto a programas computacionais (*softwares*). Alguns preveem, inclusive, que com as pesquisas em torno da inteligência geral artificial (AGI) – máquinas pensantes capazes de realizar qualquer tarefa intelectual humana – seria possível que as máquinas pudessem melhorar a si mesmas, desencadeando um crescimento descontrolado na inteligência dos computadores que superaria a humana.[11]

As questões ético-jurídicas tornam-se complexas a partir do instante em que há necessidade de dirimir conflitos surgidos entre as partes. Em particular, surge a questão da atribuição de personalidade e imputabilidade aos robôs. Ser pessoa é ter a possibilidade de ser sujeito de direito e de arcar com suas correlatas obrigações (ou seja, capacidade jurídica e titularidade de direitos em relações jurídicas de direito material ou formal). Nessa linha, analisando a proposta europeia de atribuição de personalidade jurídica, sustentam Marcos Ehrhardt e Gabriela Buarque:[12]

> Verifica-se, portanto, que ainda não há fundamento antropológico-axiológico suficiente a fundamentar a instituição da personalidade eletrônica, além de dificuldades de índole operativa, não havendo, também, necessidade de tal instituto jurídico, considerando que existem outras formas de assegurar a reparação da vítima sem incorrer na formulação de um novo sujeito de direito. A necessidade de responsabilização não induz, necessariamente, na atribuição de personalidade. Tanto é assim que o instituto da responsabilidade objetiva, por exemplo, adveio como uma resposta às demandas de reparação integral dos danos das vítimas. Assim, é razoável que seja atribuído ao ente dotado de inteligência artificial o tratamento de coisa, especialmente no contexto em que não há miscigenação entre humanos e máquinas. Tal assertiva, contudo, não induz à conclusão de que a proposta europeia deve ser absolutamente desconsiderada, mas, somente, que o momento atual ainda não demanda a criação de um novo sujeito de direito, especialmente em face de possíveis dificuldades operacionais a serem enfrentadas e da viabilidade de alternativas suficientemente eficazes para tutelar os agentes sociais envolvidos.

Dessa forma, havendo um dano causado por um robô, é necessário identificar uma pessoa a quem possa ser imputada a obrigação de repará-lo, uma vez que a atribuição de personalidade jurídica é pressuposto para a responsabilização. Para que uma pessoa seja obrigada a reparar um dano, é necessário, pois, que tenha a capacidade de reconhecer a (i)licitude de sua conduta.

---

11 LEE, Kai-Fu. *Inteligência artificial*: como os robôs estão mudando o mundo, a forma como amamos, nos relacionamos, trabalhamos e vivemos. Rio de Janeiro: Globo Livros, 2019. p. 169.

12 EHRHARDT JÚNIOR, Marcos; SILVA, Gabriela Buarque Pereira. Pessoa e sujeito de direito: reflexões sobre a proposta europeia de personalidade jurídica eletrônica. *Revista Brasileira de Direito Civil – RBDCivil*, Belo Horizonte, v. 23, p. 57-79, jan./mar. 2020. p. 78-79. DOI:10.33242/rbdc.2020.01.003.

Nesse contexto, surge a questão da responsabilidade civil na internet, em especial quando os contratos eletrônicos são veiculados por meio de mecanismos de inteligência artificial. Sob essa ótica, será feito, inicialmente, um panorama dos contratos eletrônicos e, em seguida, será tratada a questão da responsabilidade civil no âmbito desses contratos veiculados por intermédio de inteligência artificial numa visão prospectiva, sem que se olvidem suas raízes já bem sedimentadas no ordenamento jurídico nacional.

2 Os contratos eletrônicos

O desenvolvimento dos meios informáticos, em especial no último quartel do século XX, acarretou o surgimento de uma nova forma de contratação, baseada na rede internacional de computadores. Essa contratação realizada no meio virtual conduz a declarações de vontade que não se coadunam com as tradicionais condutas que se perfazem entre pessoas presentes. É largo o campo de ação dos contratos eletrônicos, que demandam a criação de uma lógica jurídica que reflita a complexidade virtual em que se encontra a sociedade, capaz de interpretar a realidade social e adequar a solução ao caso concreto na mesma velocidade das mudanças geradas pelos avanços tecnológicos.

O comércio eletrônico desponta como uma das atividades de maior relevância econômica com o advento da internet. Hoje, inúmeros acordos são formalizados por meio de contratações a distância, conduzidas por meios eletrônicos e sem a presença física simultânea dos contratantes no mesmo local. Sobre esse fenômeno:

> Nos anos recentes, a penetração da Tecnologia da Informação nas aplicações da vida real transformou a maneira pela qual os negócios são transacionados. Uma dessas aplicações são os Contratos Eletrônicos, que tornaram os negócios simples ao modelarem e gerenciarem eficazmente os processos e tarefas envolvidos. Um contrato eletrônico (*e-contract*) é um contrato modelado, especificado, executado, controlado e monitorado por um sistema de *software*. Nos contratos eletrônicos, todas as (ou certo número de) atividades são realizadas eletronicamente, superando os atrasos no sistema manual, assim como preconceitos do corpo de empregados.[13]

Especial relevo deve ser dado à questão da legislação regulamentadora dos novos institutos jurídicos que brotam nessa área. Não se trata, aqui, de tolher os avanços tecnológicos, mas de prover um arcabouço normativo que zele pela confiança e proteção do consumidor que contrate utilizando-se do meio virtual. Nesse sentido, qualquer normatização que venha a tratar do assunto deverá ter o necessário grau de generalidade e de flexibilidade para não se quedar defasada no tempo e para atender às características próprias dessa seara na qual a marca é a velocidade e a dinamicidade das mudanças.

A disseminação, em escala mundial, de informações e de imagens mediante a utilização das mídias digitais e o exponencial desenvolvimento dos meios informáticos vêm fomentando o trabalho de pesquisadores para entender o alcance do fenômeno. O advento da internet, em especial, tem provocado mudanças no desenvolvimento das relações humanas e o direito, reflexo que é da sociedade, vem sofrendo o influxo dessas

---

[13] KARLAPALEM, Kamalakar; DANI, Ajay R.; KRISHNA, P. Radha. A frame work for modeling electronic contracts. *Lecture notes in computer science*, Berlim, v. 2224, p. 193-207, 2001. p. 193 (tradução nossa).

transformações, o que impõe enormes desafios aos juristas, legisladores e aplicadores. Sobre o processo de globalização e o surgimento da internet, diz Boaventura de Sousa Santos:[14]

> Nas últimas três décadas, as interacções transnacionais conheceram uma intensificação dramática, desde a globalização dos sistemas de produção e das transferências financeiras, à disseminação, a uma escala mundial, de informação e imagens através dos meios de comunicação social ou às deslocações em massa de pessoas, quer como turistas, quer como trabalhadores migrantes ou refugiados. A extraordinária amplitude e profundidade destas interacções transnacionais levaram a que alguns autores as vissem como ruptura em relação às anteriores formas de interacções transfronteiriças, um fenômeno novo designado por "globalização", "formação global", "cultura global", "sistema global", "modernidades globais", "processo global", "culturas da globalização" ou "cidades globais".

Na formação dessa nova cultura, a internet é um elemento imprescindível, pois permite a experimentação de um tipo de comunicação global, que vem se consolidando como uma estrutura básica mundial.[15] A transmissão de informações por esse meio está diretamente vinculada à banda na qual transitam os dados, que são codificados e decodificados, comprimidos e descomprimidos, de modo que a velocidade de trânsito das informações seja otimizada para chegar ao usuário no menor tempo possível.[16]

Há algum tempo, o espaço virtual não se limita às fronteiras do computador, já que dispositivos móveis utilizam tecnologia multimídia, trazem a nota distintiva da portabilidade e estão onipresentes, conectando pessoas nos mais diversos pontos do planeta. Novos aparelhos são lançados com uma periodicidade avassalante, tornando os modelos anteriores rapidamente defasados e gerando a ânsia, nos consumidores, de apresentar, nos círculos sociais, o último exemplar de dispositivo móvel. É o apelo ao consumismo descomedido, traço indelével da sociedade da informação.

As sociedades empresárias detectaram, nesse novo ambiente de pessoas conectadas, um novo foco de atuação e começaram a expandir a atividade comercial para essas áreas, indo ao encontro das demandas que então já se faziam prementes. São travadas, então, relações virtuais que importam efeitos jurídicos. Os contratos eletrônicos utilizam um sistema informatizado que permite ao consumidor concluir o negócio com o fornecedor do bem ou serviço. Essa relação despersonalizada difere em grande medida da clássica relação negocial levada a efeito em lojas físicas. A propósito, Rodotà[17] chama a atenção para aspectos do direito da personalidade nessas relações:

> O comércio eletrônico implica, hoje, não só do ponto de vista estritamente da conclusão de um contrato entre o consumidor e um fornecedor de bens de serviço, mas antes de tudo, e como base, um contrato que não é aquele clássico de quem entra em uma loja e compra um bem, mas um contrato em que há a utilização da tecnologia e a modalidade de contato intersubjetivo é toda nova, a aquisição se junta aos elementos necessários para

---

[14] SANTOS, Boaventura de Sousa. Os processos da globalização. *In*: SANTOS, Boaventura de Sousa (Org.). *A globalização e as ciências sociais*. 3. ed. São Paulo: Cortez, 2005. p. 25.

[15] ASCENSÃO, José de Oliveira. *Direito da internet e da sociedade da informação*. Rio de Janeiro: Forense, 2002. p. 69.

[16] ZITTRAIN, Jonathan L. The generative internet. *Harvard Law Review*, v. 119, n. 7, p. 1974-2040, maio 2006.

[17] RODOTÀ, Stefano. Entrevista. *Revista Trimestral de Direito Civil*, Rio de Janeiro, ano 3, v. 11, p. 225-308, jul./set. 2002. p. 251-252.

concluir o contrato e uma parte da pessoa do contraente. Se eu entro na loja aqui em frente à minha casa, compro algo, a minha imagem desaparece no momento em que saio da loja, ao menos que eu não use um cartão de crédito, e aqui entramos em uma outra dimensão. Mas se eu faço isso na rede, eu deixo uma marca e dou um pedaço de mim, isto é, das minhas informações a este outro sujeito que poderá utilizá-las além da relação que foi estabelecida. Portanto, isso implica necessariamente que além da relação contratual clássica, seja também utilizada a inovação da assinatura eletrônica e os contratos telemáticos; assim dizendo, há um aspecto que faz referência à pessoa.

Não só os aspectos atinentes à pessoa são afetados, mas toda a multiplicidade de estruturas sociais, econômicas, políticas e culturais da sociedade também o são. A internet tornou-se a grande vitrine de oportunidades do mundo moderno. Com o crescente aumento no número de pessoas conectadas, constata-se que o efeito dessa teia de relações é sentido em todos os cantos do globo, em virtude da possibilidade de comunicação em tempo real entre pessoas separadas por milhares de quilômetros. O amplo espectro de funcionalidades já existentes, assim como a velocidade com que são criados novos aplicativos, fomenta o germe imaginativo do ser humano com vistas a novos usos que certamente serão associados à rede. Estuda-se, inclusive, o analfabetismo digital, decorrente da exclusão de pessoas do mundo virtual, consubstanciando um novo tipo de excluído, que não tem acesso ao variado leque de oportunidades que a internet oferece. "Aqueles que não tiverem existência virtual dificilmente sobreviverão também no mundo real, e esse talvez seja um dos aspectos mais aterradores dos novos tempos".[18] Em outras palavras, instalou-se um novo tipo de ignorância, o que certamente vai exigir a adoção de políticas públicas com vistas a tornar disponíveis aos cidadãos equipamentos com acesso à rede, assim como capacitação adequada para que os usuários possam fazer uso de seus recursos.[19] Essa ignorância digital constitui fenômeno amplo e atinge não somente a população de baixa renda, mas também outros grupos como idosos[20] e portadores de necessidades especiais, o que demanda a necessidade de inclusão digital do consumidor, em plena consonância com os objetivos visados na Política Nacional das Relações de Consumo (art. 4º, II, CDC), sendo pouco realista esperar que a inclusão digital desses grupos seja conseguida apenas pelo crescimento do mercado, sem que haja intervenção estatal para combater a desigualdade de acesso e de incorporação de tecnologias da informação.[21]

Analisando a multiplicidade de condutas na qual o indivíduo pode expressar-se, comunicar-se e interagir sobre qualquer tema com uma pluralidade de sujeitos em todo mundo, Lorenzetti constata o surgimento de um *netcitizen*, um navegador feliz, mas socialmente isolado e sem capacidade crítica:

> A realidade mostra que assistimos um processo de regulação heterônoma das condutas, mediante a publicidade indutiva, a criação de modelos culturais, incentivo a determinadas

---

[18] PECK, Patricia. *Direito digital*. São Paulo: Saraiva, 2002. p. 20.

[19] BEHRENS, Fabiele. *Assinatura digital & negócios jurídicos*. Curitiba: Juruá, 2007. p. 117-121.

[20] SCHMITT, Cristiano Heineck. A "hipervulnerabilidade" do consumidor idoso. *Revista de Direito do Consumidor*, São Paulo, ano 18, n. 70, p. 139-171, abr./jun. 2009.

[21] MORATO, Antonio Carlos. O conceito de hipossuficiência e a exclusão digital do consumidor na sociedade da informação. *In*: MORATO, Antonio Carlos; NERI, Paulo de Tarso (Org.). *20 Anos do Código de Defesa do Consumidor*: estudos em homenagem ao Professor José Geraldo Brito Filomeno. São Paulo: Atlas, 2010. p. 11-13.

condutas, o que vai criando regras comuns. Esta homogeneidade do indivíduo médio leva ao padrão de gostos e preferências, o que desencadeia um processo lesivo das liberdades. Como descreveu Huxley, este mundo é "feliz" porquanto ninguém é consciente do controle social e os sujeitos tomam decisões induzidos pelos outros, mas crendo firmemente que são suas próprias decisões.[22]

Essa realidade aumenta a vulnerabilidade do indivíduo. Sua capacidade de controle fica limitada em função das características da rede, em que fica evidente a assimetria existente nas relações travadas virtualmente. Devido a essa situação de debilidade, torna-se premente a criação de um contexto institucional de regras que tornem possível a utilização da internet em condições paritárias, sem, entretanto, tolher a liberdade de expressão individual.

No meio virtual, as informações relativas ao bem ou serviço adquirido também impõem uma vulnerabilidade especial ao consumidor, mormente quando o objeto da prestação é a própria informação. Devido à sua intangibilidade, esse produto constitui um verdadeiro desafio para o consumidor, que tem dificuldades em entendê-lo em sua completude. Em especial no que concerne às características que dominam o tempo atual – a ubiquidade, a velocidade e a liberdade –[23] verifica-se que o consumidor experimenta uma nova vulnerabilidade no mundo virtual e globalizado que não tem mais fronteiras rígidas e que estimula a livre iniciativa e a livre concorrência.

De fato, o acesso aos *sites* de fornecedores de bens e de serviços pode dar azo à coleta irregular de informações sobre o consumidor, registrando seus dados pessoais, hábitos de consumo e, muitas vezes, ocorre a instalação não autorizada de programas que captam informações sensíveis do usuário para formar banco de dados que, frequentemente, é compartilhado com terceiros. Esses dados cadastrais são utilizados para envio de material publicitário, sob a forma de mala direta não solicitada pelo consumidor, configurando, amiúde, publicidade abusiva. A intromissão na vida privada fica facilitada com a multiplicação de processos informáticos que permitem uma radiografia da vida digital do cidadão, o que termina por agravar sua vulnerabilidade.

> Com a Internet chega-se a resultados espantosos. O navegante na Internet, que pensa que realiza uma pesquisa que não deixa indícios, está afinal a deixar atrás de si algo que é como que o seu retrato. Os seus movimentos são gravados. Com eles consegue-se, através de programas apropriados, traçar o perfil de cada internauta. E assim, quando ele se dirige a um *site* comercial, por exemplo, o "navegador" (programa de busca) elaborou já com base nos pedidos anteriores a informação que lhe concerne. A resposta que lhe é dada não é uma resposta objetiva e uniforme, contra o que se supõe, mas uma resposta já adequada às preferências detectadas daquele internauta.[24]

Qualquer tipo de banco de dados formado a partir de informações do consumidor deve ser expressamente autorizado por ele, cabendo ao *site* elaborar sua política de privacidade de forma transparente e solicitar autorização ao usuário para a transferência

---

[22] LORENZETTI, Ricardo Luis. *Comércio eletrônico*. São Paulo: Revista dos Tribunais, 2004. p. 45.

[23] MARQUES, Claudia Lima. *Confiança no comércio eletrônico e a proteção do consumidor*: (um estudo dos negócios jurídicos de consumo no comércio eletrônico). São Paulo: Revista dos Tribunais, 2004. p. 40.

[24] ASCENSÃO, José de Oliveira. *Direito da internet e da sociedade da informação*. Rio de Janeiro: Forense, 2002. p. 160.

de dados a terceiros. O que está em causa é a defesa da vida privada e, por conseguinte, a defesa da personalidade diante dos meios informáticos. Daí, são aplicáveis ao espaço virtual as normas que resguardam a privacidade do usuário, inclusive as regras da legislação consumerista, mas, nesse espaço, há a necessidade de um manto protetor mais robusto de modo a compensar a vulnerabilidade especial do consumidor no comércio eletrônico.[25]

No contrato eletrônico, emprega-se, total ou parcialmente, o meio digital para sua celebração, cumprimento ou execução, ou seja, a transação é levada a efeito mediante a transmissão de dados sobre redes de comunicação, abrangendo todas as atividades negociais juridicamente relevantes e incluindo as fases anteriores e posteriores à contratação. Não há limite para a territorialidade, pois o ambiente virtual não considera as fronteiras nacionais e a documentação digital daí resultante vale como manifestação de vontade e serve de registro não só dos dados da operação em si, mas também dos relativos ao ofertante, ao aceitante e ao interceptor (no caso dos provedores de acesso à internet).

As regras gerais concernentes aos contratos realizados em meio não digital, em especial quanto à capacidade, objeto e efeitos contratuais, são plenamente aplicáveis, em princípio, às transações realizadas no ambiente virtual. O consenso das partes, veiculado eletronicamente, as vinculará. Por seu turno, o suporte eletrônico cumpre as mesmas funções do papel. O meio virtual tem a atribuição de registrar o acordo de vontade e seus consequentes efeitos jurídicos, como se um substrato escrito existisse, de modo que seja possível efetuar o controle no âmbito negocial, jurídico, econômico e fiscal. Arquivam-se em um banco de dados virtual todos os registros pertinentes à negociação, o que provê a necessária segurança jurídica ao viabilizar a utilização de senhas criptografadas e de assinaturas eletrônicas. Assim, vige o princípio da equivalência funcional, de modo que não se pode considerar inválido ou ineficaz um contrato pelo simples fato de ter sido registrado em meio magnético ou ter sido celebrado mediante transmissão eletrônica de dados. Não pode, pois, o contrato eletrônico sujeitar-se a exigências diversas das requeridas para os contratos celebrados pela via tradicional em papel. O art. 104, do Código Civil, a propósito, prescreve a necessidade de capacidade das partes, de objeto lícito, possível, determinado ou determinável, e de forma prescrita ou não defesa em lei. Atendidos esses pressupostos, não há razão para se negar validade aos contratos eletrônicos.

A declaração de vontade será imputável àquele a cuja esfera de interesses pertença o programa utilizado na manifestação declarativa, pois o meio eletrônico apenas operacionaliza o encontro de vontades entre os contratantes. Utiliza-se, aqui, a teoria da aparência:[26] o contratante que se dispõe a utilizar-se do meio eletrônico para efetivar suas transações, criando uma aparência de que aquele meio pertence à sua esfera de interesses, deve suportar os riscos do negócio e responsabilizar-se pelo ônus de demonstrar o contrário. Em razão da confiança no tráfico jurídico, a aparência criada e a atuação baseada na confiança admitem que sejam imputadas obrigações, mesmo que não tenham sido expressamente estabelecidas. Releva ressaltar a observância dos

---

[25] REINALDO FILHO, Demócrito. A privacidade na "sociedade da informação". *In*: REINALDO FILHO, Demócrito (Coord.). *Direito da informática*: temas polêmicos. São Paulo: Edipro, 2002. p. 39-40.

[26] LORENZETTI, Ricardo Luis. *Comércio eletrônico*. São Paulo: Revista dos Tribunais, 2004. p. 283.

deveres anexos impostos às partes, como o de informar sobre o meio utilizado para a comunicação e o de utilizar um ambiente seguro. Essa aparência de que o meio digital pertence à esfera de interesses do contratante não é absoluta e admite prova em contrário de que o suposto emissor da mensagem não a enviou.

Quando a declaração é feita por intermédio de meio eletrônico, a oferta deverá estar consubstanciada numa declaração unilateral de vontade, de caráter receptício, direcionada a uma pessoa determinada, contendo a intenção de vincular-se no âmbito de um negócio jurídico. Por seu turno, a aceitação também é uma declaração unilateral de vontade com características similares à oferta. Ambas são passíveis de revogação, podendo o declarante retirar-lhe o efeito, conforme estabelece o Código Civil, no art. 427: "a proposta de contrato obriga o proponente, se o contrário não resultar dos termos dela, da natureza do negócio, ou das circunstâncias do caso". Entretanto, o art. 428, IV, estabelece que deixa de ser obrigatória a proposta "se, antes dela, ou simultaneamente, chegar ao conhecimento da outra parte a retratação do proponente". Os contratos eletrônicos tornam praticamente impossível a retratação em função da velocidade com que são perfectibilizados. Não obstante, se a retratação chegar à esfera de controle do receptor, será factível a retirada dos efeitos da declaração volitiva.

Ponto importante refere-se ao fato de a contratação eletrônica ser entre presentes ou entre ausentes, uma vez que o meio utilizado não obedece a questões geográficas. No direito brasileiro, estabelece o Código Civil, no art. 433, que "considera-se inexistente a aceitação, se antes dela ou com ela chegar ao proponente a retratação do aceitante". O art. 434 dispõe que "os contratos entre ausentes tornam-se perfeitos desde que a aceitação é expedida, exceto: I - no caso do artigo antecedente; II - se o proponente se houver comprometido a esperar resposta; III - se ela não chegar no prazo convencionado".

Nessa linha, se o contrato é celebrado instantaneamente, não se trata de contrato entre ausentes, mas entre presentes, uma vez que não há transcurso de tempo entre a oferta e a aceitação. Se não o é, há um lapso temporal entre a oferta e a aceitação, podendo ocorrer algum evento que impeça o aperfeiçoamento do negócio. Nesse caso, o contrato se perfectibiliza quando o aceitante exterioriza sua vontade, enviando uma mensagem eletrônica contendo sua aceitação, que ingressa no computador do ofertante. Ao chegar à esfera de controle do destinatário, fecha-se o ciclo, ocorrendo a confluência de vontades que constituirá o negócio. A aceitação, então, ocorre com a entrada da informação na esfera de controle do proponente.

De tudo aqui exposto, conclui-se que, no que tange a seus aspectos essenciais, o contrato eletrônico distingue-se com relação aos demais contratos no tocante à forma e ao meio eleito para a veiculação da declaração de vontade. Não é espécie que difira substancialmente dos demais, podendo qualquer contrato em espécie ser utilizado no ambiente virtual. Dessa forma, a validade do negócio jurídico realizado pela internet submete-se, como qualquer negócio, aos requisitos estabelecidos no art. 104, do Código Civil, que requer agente capaz; objeto lícito, possível, determinado ou determinável; e forma prescrita ou não defesa em lei. A forma do contrato é, em regra, livre (arts. 107, 108 e 109, CC). Não obstante, a imposição do dever de informar é imprescindível para minimizar o déficit informacional e técnico que envolve o consumidor.

No ambiente virtual, as informações fornecidas deverão incluir o meio tecnológico utilizado e suas condições de segurança, a completa identificação do ofertante, inclusive contendo endereço físico, esclarecimentos sobre como aceitar a oferta, dados sobre as características do bem objeto da contratação, informações sobre o direito de arrependimento e aspectos legais atinentes às condições da contratação. A transparência nas informações e nas práticas do comércio eletrônico é o princípio fundamental a ser seguido pelo fornecedor para que seja minimizado o desequilíbrio (déficit informativo) entre as partes. A transparência é o instrumento por meio do qual será despertada a confiança do consumidor e que proporcionará a equidade informacional entre os contratantes. Ter consciência dos desafios e dos problemas inerentes à contratação eletrônica é um passo importante para desenvolver ações que visem à restituição da confiança que deve reger todas as relações jurídicas.

3 A responsabilidade civil no âmbito dos contratos eletrônicos formados a partir de sistemas de inteligência artificial

O desenvolvimento dos meios informáticos acarretou o surgimento de uma forma de contratação realizada no meio virtual, o que engendra desafios para os operadores do direito. Em especial, o fenômeno do comércio eletrônico traz à tona a questão da responsabilidade civil na internet. As hipóteses de responsabilidade por danos abarcam uma ampla gama de situações, que podem ser classificadas, exemplificativamente, de acordo com o âmbito de regulação incidente:[27] a) injúrias e calúnias dirigidas a usuários individuais ou coletivos, provocadas pelo conteúdo informativo; b) danos causados aos consumidores; c) danos ao direito de propriedade no contexto da concorrência desleal; d) violações à privacidade do usuário; e) responsabilidade criminal.

Levando-se em consideração os contratos eletrônicos que, de alguma forma, são levados a efeito por meio de mecanismos de inteligência artificial (IA), várias teses são apresentadas em termos de responsabilização, entre as quais podem ser citadas:[28]

a) tese da irresponsabilidade da IA e dos agentes desenvolvedores da tecnologia (tese que pode ser descartada tendo como fundamento o dever de reparar a solidariedade social e a premissa de que nenhuma pessoa deve ficar irressarcida se sofreu dano injusto);
b) responsabilidade civil objetiva da IA, com prévia atribuição de personalidade, tese cuja crítica reside no fato de ser necessária a constituição de nova categoria jurídica;
c) responsabilidade civil subjetiva do programador por culpa na elaboração dos algoritmos necessários ao processo de autoaprendizagem da IA, o que acarretaria ônus desproporcional ao programador, ônus que poderia ser minimizado com a responsabilização objetiva de seu empregador (que tem a possibilidade de agir regressivamente contra o programador, conforme arts. 932, III, 933 e 934, do Código Civil); e
d) responsabilidade civil objetiva da sociedade que utiliza, se beneficia ou aufere lucros por meio da exploração da IA, por risco criado (art. 927, parágrafo único,

---

[27] LORENZETTI, Ricardo Luis. *Comércio eletrônico*. São Paulo: Revista dos Tribunais, 2004. p. 423-425.

[28] MULHOLLAND, Caitlin. Responsabilidade civil e processos decisórios autônomos em sistemas de inteligência artificial (IA): autonomia, imputabilidade e responsabilidade. *In*: FRAZÃO, Ana; MULHOLLAND, Caitlin (Coord.). *Inteligência artificial e direito*: ética, regulação e responsabilidade. São Paulo: Thompson Reuters Brasil, 2019. p. 343-345.

do Código Civil). Caberia, também, a aplicação do CDC: responsabilidade civil do fornecedor pelo fato do produto ou serviço (teoria do risco do desenvolvimento, presumindo-se a existência de um defeito que ocasionou o dano, mesmo que esse defeito fosse desconhecido à época do processo de autoaprendizagem da máquina).

Como advertem Gustavo Tepedino e Rodrigo da Guia Silva,[29] o reconhecimento da configuração de atividades de risco a partir do emprego de sistemas de IA parece ser a solução adequada à questão da individualização do critério de imputação do regime de responsabilidade, não podendo, ao revés, ser invocada indiscriminadamente a noção de atividade de risco, havendo que se investigar detidamente as especificidades da atividade para caracterizá-la como de risco.

Nessa linha, como a forma de apresentação dos dados de uma página na internet concretiza-se por meio de produtos fragmentados em módulos, há um fracionamento objetivo e subjetivo da responsabilidade. Há, portanto, uma multiplicidade de sujeitos, cada qual ancorado em atuações distintas que reclamam tratamento diferenciado. Existem aqueles que provêm acesso à rede, outros são os titulares das páginas e há os que fornecem os conteúdos a serem exibidos. É o caso da responsabilidade contratual matizada pelo fato de haver uma pluralidade de sujeitos unidos por contratos conexos e que atuam em rede, cabendo distinguir as várias hipóteses de modo a não imputar responsabilidade a uma parte por ato praticado pela outra. Assim, em contratos eletrônicos veiculados via mecanismos de inteligência artificial, delineiam-se, a seguir, sugestões de solução de conflitos como base nas premissas anteriormente levantadas.

No caso de um contrato formalizado por meio da internet no qual o contratado se obriga a realizar uma prestação executada por diversos intermediários, aquele responde pelos demais que o auxiliaram no cumprimento da obrigação. Se, em outra hipótese, acessa-se uma página para pactuar-se um serviço a ser realizado por vários contratados, há uma pluralidade de sujeitos passivamente obrigados, que respondem, paritariamente, por eventuais danos, seja individualmente, seja solidariamente.

No entanto, se o sujeito acessa uma página e celebra contratos com várias pessoas, dando causa a obrigações diversas, tem-se que, como a página representa um produto fragmentado, cada obrigado não responde solidariamente pelas obrigações contraídas pelos outros sujeitos nos outros contratos. Não há, no caso, pluralidade subjetiva passiva, mas uma plêiade de vínculos convencionais com causas e sujeitos diferentes, cada qual com sua responsabilidade própria, cabendo, apenas, analisar se cabe imputar a algum partícipe o descumprimento contratual de outro.

O anonimato na internet é uma questão problemática. São inúmeros os casos de mensagens enviadas por *hackers*, *spams*, páginas clonadas, ações de grupos virtuais etc. Diante dessa situação, cabe à tecnologia fornecer as soluções possíveis ao problema da identificação da autoria das informações na rede, de modo a determinar inequivocamente a responsabilidade pelo envio de dados indesejáveis ou nocivos. A regra de identificação é um ônus que deve recair sobre quem estiver em condições de cumpri-la com os menores custos. Em princípio, são os intermediários da cadeia de comunicação

---

[29] TEPEDINO, Gustavo; SILVA, Rodrigo da Guia. Inteligência artificial e elementos da responsabilidade civil. *In*: FRAZÃO, Ana; MULHOLLAND, Caitlin (Coord.). *Inteligência artificial e direito*: ética, regulação e responsabilidade. São Paulo: Thompson Reuters Brasil, 2019. p. 318-319.

digital que podem representar esse papel, uma vez que contam com a possibilidade de estabelecer mecanismos de controle para a identificação dos usuários. A evolução tecnológica proporcionará os meios necessários para o cumprimento desse mister, cabendo aos juízes, auxiliados por peritos, analisar objetivamente as possibilidades concretas em cada caso. Se não tiver sido utilizado o mecanismo de controle adequado, o intermediário poderá ser responsabilizado, pois não se muniu dos recursos necessários, objetivamente aferíveis, para prover a identificação dos usuários que se utilizam de seus serviços. É evidente que, nesse processo, não devem ser feridas a privacidade ou a liberdade de expressão dos sujeitos intervenientes.

Fica evidente, pelo exposto, que a responsabilidade civil em cada caso terá que ser examinada à luz da ação considerada: se houve o fornecimento da informação; se o intermediário apenas a transmitiu; se houve a modificação da informação; ou se ocorreu a sua difusão, ampliando seus efeitos. Ou seja, no campo da responsabilidade, há que se identificar plenamente o conteúdo que produziu o efeito danoso, pois, muitas vezes, o dano é produzido não a partir de vários conteúdos informativos, mas de um conjunto organizado por diversos módulos cujo sentido só poderá ser discernido se examinado como um todo.

Talvez a posição mais relevante nessa cadeia que se forma desde a origem até o destino final da informação caiba aos sujeitos intermediários. Estes não produzem a informação, mas situam-se numa posição que une as duas pontas: o fornecedor original da informação e aquele que a recepciona. Atuando apenas como intermediadores na transmissão da informação, não exercem influência no objeto transmitido. Por essa razão, não são responsáveis pelo quanto veiculado. Não obstante, na medida em que abandonem essa posição de indiferença e passem, de algum modo, a influenciar a informação, os intermediários tornam-se responsáveis civilmente. Nessa linha, aduz Lorenzetti:

> A posição de intermediário tem recebido críticas relativas à existência de casos nos quais se dispõe uma conexão automática sem a intervenção do servidor, ou pelo menos sem a presença de uma atuação relevante que permita a qualificação de distribuição. Em outras hipóteses não ocorre distribuição, mas sim o mero acesso a um local no qual a decisão de acessar e o custo pelo uso ficam por conta do usuário; a posição do servidor é meramente passiva. Diante deste argumento, cabe observar que sempre que uma posição jurídica for definida, existirão hipóteses nela não enquadráveis; o importante é estabelecer a regra geral e de quem será o ônus de demonstrar a exceção. De acordo com a argumentação expendida, o "servidor" terá o ônus de comprovar a alegação de não atuar como intermediário.[30]

Entre os intermediários, podem-se citar os provedores de serviços de acesso à internet, o *hosting*, o *caching* e o *cybercafé*. Os provedores de acesso à internet (que, eventualmente, podem também ser "criados" via mecanismos de *machine learning*) prestam o serviço de transmissão de informações e não controlam o conteúdo das mensagens transitadas, aspecto que impacta decisivamente na questão relativa à análise de sua responsabilidade civil. Se há intervenção do provedor no conteúdo, este passa a ocupar o polo de fornecedor de conteúdo, o que modifica seu papel no tocante à eventual responsabilização.

---

[30] LORENZETTI, Ricardo Luis. *Comércio eletrônico*. São Paulo: Revista dos Tribunais, 2004. p. 449.

O *hosting* é um contrato por meio do qual o prestador de serviço concede a outrem o direito de hospedar em servidor (a título gratuito ou oneroso) arquivos e programas de informática. Intervêm duas relações: a de hospedagem, entre o prestador e o titular da página, e a do acesso à informação, entre o público e o servidor. O *hosting* tem a característica de permanência e figura como mero locador de espaço para abrigar as informações digitais, não respondendo pelos atos do contratante.

Já o *caching* configura-se como um armazenamento temporário de informações, efetivado com o objetivo de tornar eficaz a transmissão posterior. Esse armazenamento provisório é necessário, pois se trata de um processo dentro do escopo de distribuição da informação. Nesse caso, funciona como um intermediário que, por conseguinte, não possui responsabilidade pelo armazenamento desde que não tenha atuação ativa, modificando a informação ou desobedecendo às instruções fornecidas por quem as envia. Tanto no caso do *hosting* quanto no do *caching*, o prestador deve retirar a informação armazenada ou bloquear seu conteúdo caso haja ordem judicial nesse sentido.

No tocante ao *cybercafé*, trata-se de intermediário e não de fornecedor de informações, disponibilizando computadores a serem utilizados pelos usuários para conexão à internet e para entretenimento. Estão imunes à responsabilidade pelo conteúdo das informações acessadas, uma vez que são fornecedores não técnicos e que não possuem condições de atuação ativa no conteúdo da informação.

No que concerne à responsabilidade dos fornecedores de informação, é importante distinguir entre os profissionais e os não profissionais. Os primeiros exercem a atividade de forma habitual, a título oneroso ou gratuito, e sua responsabilidade pode ser contratual, pelo descumprimento da prestação devida, ou extracontratual. Na esfera contratual, de acordo com o conteúdo da prestação, sua responsabilidade será determinada a partir do não cumprimento de uma obrigação de dar ou de fazer. Não cumprida a obrigação, responde o devedor por perdas e danos, mais juros e atualização monetária. Não obstante, o devedor não responde pelos prejuízos resultantes de caso fortuito ou de força maior, se expressamente não se houver por eles responsabilizado.

Na esfera extracontratual, a questão é de maior complexidade, tendo em conta que a informação divulgada na internet pode ser imediatamente acessada por uma vasta gama de pessoas, com a possibilidade de gerar as mais diversas questões relativas à responsabilidade. A mensagem informativa será considerada ilícita quando afetar bens passíveis de tutela. Nesses casos, é cabível imputar ao prestador de serviços a responsabilidade por sua veiculação, cabendo-lhe ressarcir os danos causados. Fundamenta-se essencialmente na culpa e o nexo causal resta estabelecido quando demonstrar-se a atuação do provedor que causou o dano. As excludentes de responsabilidade configuram-se, além da força maior e do caso fortuito, quando há ausência de culpa ou quando esta recai exclusivamente na vítima.

A propósito, o Marco Civil da Internet (Lei nº 12.965, de 23.4.2014) também ajudou a delinear de maneira mais contundente a questão da responsabilidade por danos decorrentes de conteúdo gerado por terceiros. Nessa medida, estatui que o provedor de conexão à internet não será responsabilizado civilmente por danos decorrentes de conteúdo gerado por terceiros. Com o intuito de assegurar a liberdade de expressão e impedir a censura, o provedor de aplicações de internet somente poderá ser responsabilizado civilmente por danos decorrentes de conteúdo gerado por terceiros se, após ordem judicial específica, não tomar as providências para, no âmbito e nos limites técnicos do seu serviço e dentro do prazo assinalado, tornar indisponível o conteúdo apontado como infringente.

A ordem judicial deverá conter, sob pena de nulidade, identificação clara e específica do conteúdo apontado como infringente, que permita a localização inequívoca do material. Inovação nessa seara diz respeito à possibilidade de as causas que versem sobre ressarcimento por danos decorrentes de conteúdos disponibilizados na internet relacionados à honra, à reputação ou a direitos de personalidade, bem como sobre a indisponibilização desses conteúdos por provedores de aplicações de internet, poderem ser apresentadas perante os juizados especiais. Em todo caso, poderá ser deferida, pelo juiz, antecipação da tutela pretendida no pedido inicial, existindo prova inequívoca do fato e considerado o interesse da coletividade na disponibilização do conteúdo na internet, desde que presentes os requisitos de verossimilhança da alegação do autor e de fundado receio de dano irreparável ou de difícil reparação. Até a entrada em vigor de lei específica, a responsabilidade do provedor de aplicações de internet por danos decorrentes de conteúdo gerado por terceiros, quando se tratar de infração a direitos de autor ou a direitos conexos, continuará a ser disciplinada pela legislação autoral vigente.

Não obstante a regra de não responsabilização pelos danos decorrentes de conteúdo gerado por terceiros, o provedor de aplicações de internet que disponibilize esse tipo de conteúdo será responsabilizado subsidiariamente pela violação da intimidade decorrente da divulgação, sem autorização de seus participantes, de imagens, de vídeos ou de outros materiais de caráter privado quando, após o recebimento de notificação pelo participante ou pelo seu representante legal, deixar de promover, de forma diligente, no âmbito e nos limites técnicos do seu serviço, a indisponibilização desse conteúdo. Essa notificação deverá conter, sob pena de nulidade, elementos que permitam a identificação específica do material apontado como violador da intimidade do participante e a verificação da legitimidade para apresentação do pedido.

Sob a ótica da diligência média que se espera do provedor, do dever de informação e do princípio da transparência, deve este adotar as providências que, conforme as circunstâncias específicas de cada caso, estiverem ao seu alcance para a individualização dos usuários do *site*, sob pena de responsabilização subjetiva por culpa *in omittendo*. Uma vez ciente do ajuizamento da ação e da pretensão nela contida de obtenção dos dados de determinado usuário, estando a questão *sub judice*, o mínimo de bom senso e de prudência sugerem a iniciativa do provedor de conteúdo no sentido de evitar que essas informações se percam.

Essa providência é condizente com a boa-fé que se espera não apenas dos fornecedores e contratantes em geral, mas também da parte de um processo judicial, devendo as informações necessárias à identificação do usuário ser armazenadas pelo provedor de conteúdo por um prazo mínimo de 3 (três) anos, a contar do dia em que o usuário cancela o serviço.

Por fim, ressalte-se a advertência contida no seguinte excerto de decisão no âmbito do STJ:

> Atualmente, saber qual o limite da responsabilidade dos provedores de internet ganha extrema relevância, na medida em que, de forma rotineira, noticiam-se violações à intimidade e à vida privada de pessoas e empresas, julgamentos sumários e linchamentos públicos de inocentes, tudo praticado na rede mundial de computadores e com danos substancialmente potencializados em razão da natureza disseminadora do veículo. Os

verdadeiros "apedrejamentos virtuais" são tanto mais eficazes quanto o são confortáveis para quem os pratica: o agressor pode recolher-se nos recônditos ambientes de sua vida privada, ao mesmo tempo em que sua culpa é diluída no anonimato da massa de agressores que replicam, frenética e instantaneamente, o mesmo comportamento hostil, primitivo e covarde de seu idealizador, circunstância a revelar que o progresso técnico-científico não traz consigo, necessariamente, uma evolução ética e transformadora das consciências individuais. Certamente, os rituais de justiça sumária e de linchamentos morais praticados por intermédio da internet são as barbáries típicas do nosso tempo. Nessa linha, não parece adequado que o Judiciário adote essa involução humana, ética e social como um módico e inevitável preço a ser pago pela evolução puramente tecnológica, figurando nesse cenário como mero expectador.[31]

4 Considerações finais

Os juristas debruçam-se sobre as questões levantadas pelo mundo virtual, direcionando esforços não só no sentido de regular determinados aspectos do mundo virtual, mas também de criar a confiança naquele que utiliza a rede mundial de computadores. Essa mobilização de forças tem como sustentáculo a necessidade de construir a transparência no meio virtual, proporcionando segurança às relações jurídicas, que devem ser pautadas pela boa-fé das partes no que se refere à privacidade dos dados transitados e ao dever de criar um ambiente seguro para a contratação. Ter consciência dos desafios e dos problemas inerentes à utilização da internet é um passo importante para desenvolver ações que visem à restituição da confiança que deve reger todas as relações jurídicas.

Em especial no que concerne à responsabilidade civil no ambiente cibernético, mormente em se tratando de contratos eletrônicos desenvolvidos a partir de mecanismos de inteligência artificial, o direito aplicável ao mundo digital também tem guarida na maioria dos princípios do direito aplicável ao mundo físico. A investigação da imputabilidade do dever de indenizar está associada à atribuição de responsabilidade a pessoas e não a máquinas, uma vez que estas são desprovidas de personalidade jurídica. Por trás da conduta de um robô haverá a conduta de uma pessoa por ele responsável. A novidade na matéria parece residir no avanço tecnológico em si, não na solução jurídica posta no ordenamento.

A tecnologia não cria espaços imunes à aplicação do direito. Partindo do pressuposto de que a sociedade está inserida no processo de globalização, o grande desafio do operador do direito é ser flexível o bastante para adaptar seu raciocínio às novas situações e não criar obstáculos ao livre desenvolvimento da rede. Assim, permitir-se-á maior adequação à realidade social, provendo a dinâmica necessária para acompanhar a velocidade das transformações no mundo virtual.

Presencia-se, nesse contexto, uma alteração nos paradigmas empresariais, um maior poder de informação para o consumidor, uma maior agilidade na consecução de suas transações (comerciais ou de cunho pessoal), configurando uma mudança de costumes propiciada pela era da tecnologia, na qual se põe em evidência o conhecimento. Nesse panorama, função relevante é atribuída ao direito com o fito de fornecer a necessária segurança aos partícipes das relações virtuais, provendo-lhes a correta

---

[31] REsp nº 1.306.157-SP. Disponível em: www.stj.jus.br. Acesso em: 15 mar. 2020.

prestação jurisdicional e protegendo o ambiente virtual das práticas nocivas que acarretam danos ao internauta, mormente quando este se encontra na posição de consumidor. O direito deve estar coadunado com as novas práticas que surgem a todo o momento, acompanhando de perto as inovações tecnológicas e, por conseguinte, promovendo um ambiente social mais próximo da segurança que deve nortear as relações jurídicas.

São essas possíveis e contraditórias leituras acerca do estado atual da sociedade que fazem com que seja tão rico e complexo o fenômeno globalizante da internet, exigindo do direito a maleabilidade necessária para regular as repercussões dessa nova ferramenta na vida de cada um. O direito, reflexo que é do caminhar evolutivo da sociedade, também é influenciado por essa nova realidade: a dinâmica da era da informação exige uma mudança na própria forma como é exercido e pensado.

É indubitável, portanto, que a internet e a tecnologia têm papel fundamental como dinamizador desses avanços, significando uma profunda alteração na forma como devem ser encaradas as relações sociais. As transformações tecnológicas propiciaram mudanças sociais e, nesse contexto, o direito não pode manter-se inerte, sob pena de não mais atender aos anseios da sociedade. Sua capacidade de adequação à nova realidade determina a própria segurança do ordenamento, proporcionando a necessária estabilidade e segurança jurídica reclamada pelo cidadão. O direito é responsável pelo equilíbrio das relações sociais e este só poderá ser alcançado com a adequada interpretação da realidade social, instituindo normas que garantam a segurança das expectativas e que incorporem as transformações por meio de uma estrutura flexível que possa sustentá-la no tempo.

Referências

ASCENSÃO, José de Oliveira. *Direito da internet e da sociedade da informação*. Rio de Janeiro: Forense, 2002.

BEHRENS, Fabiele. *Assinatura digital & negócios jurídicos*. Curitiba: Juruá, 2007.

EHRHARDT JÚNIOR, Marcos; SILVA, Gabriela Buarque Pereira. Pessoa e sujeito de direito: reflexões sobre a proposta europeia de personalidade jurídica eletrônica. *Revista Brasileira de Direito Civil – RBDCivil*, Belo Horizonte, v. 23, p. 57-79, jan./mar. 2020. DOI:10.33242/rbdc.2020.01.003.

KARLAPALEM, Kamalakar; DANI, Ajay R.; KRISHNA, P. Radha. A frame work for modeling electronic contracts. *Lecture notes in computer science*, Berlim, v. 2224, p. 193-207, 2001.

LEE, Kai-Fu. *Inteligência artificial*: como os robôs estão mudando o mundo, a forma como amamos, nos relacionamos, trabalhamos e vivemos. Rio de Janeiro: Globo Livros, 2019.

LORENZETTI, Ricardo Luis. *Comércio eletrônico*. São Paulo: Revista dos Tribunais, 2004.

MAGRANI, Eduardo. *Entre dados e robôs*: ética e privacidade na era da hiperconectividade. Porto Alegre: Arquipélago, 2019.

MARQUES, Claudia Lima. *Confiança no comércio eletrônico e a proteção do consumidor*: (um estudo dos negócios jurídicos de consumo no comércio eletrônico). São Paulo: Revista dos Tribunais, 2004.

MORATO, Antonio Carlos. O conceito de hipossuficiência e a exclusão digital do consumidor na sociedade da informação. *In*: MORATO, Antonio Carlos; NERI, Paulo de Tarso (Org.). *20 Anos do Código de Defesa do Consumidor*: estudos em homenagem ao Professor José Geraldo Brito Filomeno. São Paulo: Atlas, 2010.

MULHOLLAND, Caitlin. Responsabilidade civil e processos decisórios autônomos em sistemas de inteligência artificial (IA): autonomia, imputabilidade e responsabilidade. *In*: FRAZÃO, Ana; MULHOLLAND, Caitlin (Coord.). *Inteligência artificial e direito*: ética, regulação e responsabilidade. São Paulo: Thompson Reuters Brasil, 2019.

PECK, Patricia. *Direito digital*. São Paulo: Saraiva, 2002.

REINALDO FILHO, Demócrito. A privacidade na "sociedade da informação". *In*: REINALDO FILHO, Demócrito (Coord.). *Direito da informática*: temas polêmicos. São Paulo: Edipro, 2002.

RODOTÀ, Stefano. Entrevista. *Revista Trimestral de Direito Civil*, Rio de Janeiro, ano 3, v. 11, p. 225-308, jul./set. 2002.

SANTOS, Boaventura de Sousa. Os processos da globalização. *In*: SANTOS, Boaventura de Sousa (Org.). *A globalização e as ciências sociais*. 3. ed. São Paulo: Cortez, 2005.

SCHMITT, Cristiano Heineck. A "hipervulnerabilidade" do consumidor idoso. *Revista de Direito do Consumidor*, São Paulo, ano 18, n. 70, p. 139-171, abr./jun. 2009.

TEPEDINO, Gustavo; SILVA, Rodrigo da Guia. Inteligência artificial e elementos da responsabilidade civil. *In*: FRAZÃO, Ana; MULHOLLAND, Caitlin (Coord.). *Inteligência artificial e direito*: ética, regulação e responsabilidade. São Paulo: Thompson Reuters Brasil, 2019.

ZITTRAIN, Jonathan L. The generative internet. *Harvard Law Review*, v. 119, n. 7, p. 1974-2040, maio 2006.

Informação bibliográfica deste texto, conforme a NBR 6023:2018 da Associação Brasileira de Normas Técnicas (ABNT):

AQUINO JÚNIOR, Geraldo Frazão de. Contornos da responsabilidade civil no âmbito dos contratos eletrônicos formados a partir de sistemas de inteligência artificial. *In*: EHRHARDT JÚNIOR, Marcos; CATALAN, Marcos; MALHEIROS, Pablo (Coord.). *Direito Civil e tecnologia*. Belo Horizonte: Fórum, 2020. p. 431-449. ISBN 978-65-5518-036-7.

RESPONSABILIZAÇÃO CIVIL DOS INFLUENCIADORES DIGITAIS PELA VEICULAÇÃO DE PUBLICIDADE ILÍCITA NAS REDES SOCIAIS

DANTE PONTE DE BRITO

1 Introdução

No mundo contemporâneo, as relações sociais estão em constantes transformações. Com a revolução tecnológica, que permitiu o surgimento da internet, seguido da explosão do fenômeno das redes sociais no século XXI, observou-se o crescimento exponencial do número de usuários da *web*, acarretando o nascimento de novos hábitos.

A população está cada dia mais conectada nas redes sociais e grande parte da vida já se passa em meio eletrônico. Nesse ciberespaço, as pessoas compartilham informações pessoais da sua vida e compram produtos ou contratam serviços com apenas um clique na tela de seus *smartphones*.

A velocidade com que uma informação é transmitida na internet e o número elevado de pessoas que recebem quase instantaneamente a mensagem constituem fatores que atraem as empresas para explorar o comércio eletrônico.

Diante disso, os fornecedores de produtos e serviços no mercado passaram a contratar pessoas que se destacam nas redes sociais, em virtude de possuírem um grande número de seguidores, além de um alto poder de persuasão para divulgar os bens de consumo nos seus respectivos perfis. No entanto, diversos anúncios são ilícitos, pois não há a devida informação aos seguidores de que se trata de publicidade ou que essa divulgação é patrocinada por alguma empresa, violando assim a norma que garante ao consumidor o direito à identificação da mensagem publicitária, prevista no art. 36 do Código de Proteção e Defesa do Consumidor – CDC.[1]

O anúncio que não respeita a transparência e a lealdade que dele se espera viola, além da regra da identificação da mensagem publicitária, também o princípio da boa-fé

---

[1] "Art. 36. A publicidade deve ser veiculada de tal forma que o consumidor, fácil e imediatamente, a identifique como tal" (BRASIL. *Código de Proteção e Defesa do Consumidor*. Lei 8.078, de 11 de setembro de 1990. Brasília, 1990. Disponível em: http://www.planalto.gov.br. Acesso em: 27 mar. 2020).

da relação consumerista. Ademais, o seguidor que não é capaz de identificar de forma clara e imediata que se trata de uma publicidade, encontrará dificuldades de se proteger das armadilhas e técnicas de *marketing*.

Em virtude dessas violações aos direitos do consumidor, revela-se, de forma mais acentuada, a vulnerabilidade do usuário das redes sociais e a necessidade de sua tutela especial pelo direito do consumidor e por todo o ordenamento jurídico.

Este estudo busca, portanto, identificar quem são os influenciadores digitais e debater a sua respectiva responsabilidade civil em razão dos anúncios ilícitos divulgados nas redes sociais. Além disso, se faz mister verificar a existência de mecanismos na legislação para responsabilizar aqueles que estão divulgando mensagens carentes de transparência, mitigando a livre escolha consciente do consumidor, o que, em longo prazo, pode gerar graves efeitos reflexos, como o superendividamento das famílias e o consumismo.

2 Ciberespaço, publicidade, consumismo e redes sociais

No atual cenário da globalização, a sociedade vive um estágio marcado por novas relações que envolvem o consumo e o comércio eletrônico (*e-commerce*). A revolução tecnológica, a internet e a ampliação do acesso à rede mundial de computadores foram decisivas para o surgimento dessas conexões sociais e, consequentemente, de novas relações jurídicas.

A internet viabilizou uma inovadora forma de comunicação e interação entre as pessoas em um novo lugar denominado ciberespaço. Pierre Lévy o conceitua como o meio de comunicação que surge através da interconexão mundial de computadores. Segundo o autor, o termo especifica não apenas a infraestrutura material da comunicação digital, mas também o universo oceânico de informações que ele abriga, assim como os seres humanos que navegam e alimentam esse universo.[2]

As relações jurídicas nesse ambiente virtual são marcadas pela desterritorialização, desmaterialização e despersonalização. Não existem mais fronteiras geográficas, o mundo físico é projetado virtualmente e o indivíduo fisicamente personalizado dá lugar a perfis em redes sociais, *e-mails* e senhas.

Brito esclarece que o termo *ciberespaço* vem sendo utilizado para identificar um novo local onde se desenvolvem diversas relações pessoais, sociais, econômicas, comerciais e jurídicas.[3]

Observa-se, ainda, que a internet se torna um agente de mudança cultural. Surge daí o termo *cibercultura* que, para Rüdiger, pode ser compreendido como expressão de uma cultura de massas cuja marca é a procura de popularidade estruturada segundo os padrões mercadológicos de conquista de audiência. Nesse contexto, a cultura pop se fundiu integralmente com a comercial.[4]

---

[2] LÉVY, Pierre. *O que é virtual?* Rio de Janeiro: Editora 34, 1996. p. 13.

[3] BRITO, Dante Ponte de. *Publicidade subliminar na internet*: identificação e responsabilização nas relações de consumo. 1. ed. Rio de Janeiro: Lumen Juris, 2017. p. 27.

[4] RÜDIGER, Francisco. A reflexão teórica em cibercultura e a atualidade da polêmica sobre a cultura de massas. *Matrizes (USP)*, v. 5, p. 45-61, 2011. Disponível em: http://www.revistas.usp.br/matrizes/article/view/38308/41147. Acesso em: 28 mar. 2020.

Nesse diapasão, a economia e a sociedade vivem um processo intenso de virtualização. As empresas começaram a explorar, diuturnamente, o comércio eletrônico com a compra e venda de produtos e serviços *on-line*. Os fornecedores passaram a se utilizar do *marketing* agressivo e de técnicas de publicidades avançadas, que deixam de ser instrumentos meramente informativos, para se transformarem em verdadeiras estratégias de persuasão com a finalidade de atrair consumidores nesse ambiente virtual.

O pensamento de Brito se coaduna perfeitamente com essa situação:

> O marketing agressivo é fortalecido com o uso da internet, visto que esta propicia que se faça publicidade na própria moradia do consumidor, induzindo-o a expectativas irresistíveis de comportamentos de consumo não apenas nele, mas também em todos os membros da família, ocasionando até mesmo conflitos entre os mesmos.[5]

Diante dessa dinâmica, a sociedade contemporânea se revela também como um produto da cultura de massa. Há um estímulo ao consumo exagerado. E quando este assume o foco central da vida das pessoas surge o consumismo, que é marcado pelo excesso e pelo desperdício econômico.

Nessa nova conjuntura, a publicidade na internet estimula, ainda mais, o consumo por impulso nas redes sociais. Ressalta-se que, para atingir essa finalidade, as agências de publicidade e os fornecedores estudam os consumidores e seus comportamentos. Essas informações são capturadas de forma fácil devido à superexposição dos usuários nas redes sociais.

Dessa forma, é evidente que a internet potencializou a suscetibilidade do consumidor à publicidade nas redes sociais. Seguindo o raciocínio de Benjamin, atualmente, a publicidade é um dos maiores desafios para o legislador:

> A publicidade é um desses temas que desafiam o legislador, apresentando grandes riscos para o consumidor, pois são de difícil harmonização o desejo de sedução e a necessidade de informação adequada, respeitando certas regras e valores que dão norte à convivência social, inspirando o consumo, mas não o consumismo.[6]

Importante lembrar que essa transição da fase do consumo para o consumismo retrata a passagem da modernidade sólida para a modernidade líquida. As relações sociais são moldadas seguindo essa nova realidade. Para o sociólogo polonês Zygmunt Bauman, na sociedade de consumidores todo mundo precisa ser, deve ser e tem que ser um consumidor por vocação (ou seja, ver e tratar o consumo por vocação). Em síntese, pode-se definir a sociedade de consumidores, nas palavras do autor, como "o tipo de sociedade que promove, encoraja ou reforça a escolha de um tipo de vida e uma estratégia existencial consumista, e rejeita todas as opções culturais alternativas". Ainda segundo Bauman: "O consumismo é, portanto, pautado na irracionalidade dos

---

5 BRITO, Dante Ponte de. *Publicidade subliminar na internet*: identificação e responsabilização nas relações de consumo. 1. ed. Rio de Janeiro: Lumen Juris, 2017. p. 26.

6 BENJAMIN, Antônio Herman V.; MARQUES, Claudia Lima; BESSA, Leonardo Roscoe. *Manual de direito do consumidor*. São Paulo: Revista dos Tribunais, 2016. p. 12.

consumidores e no estímulo a emoções consumistas. Não há espaço para a razão e muito menos para ponderações sóbrias, planejadas e informadas".[7]

Percebe-se que, na sociedade contemporânea, o *marketing* agressivo contribui para o consumismo. Além disso, quando se associa o consumo de determinado produto à felicidade e à satisfação dos desejos, ocorre o que Bauman denomina de economia do engano. O surgimento de novas mercadorias que prometem ser melhores que as anteriores logo frustra todas essas promessas anteriores, gerando, assim, um círculo vicioso de estímulo ao consumismo.

Outra informação relevante que merece ser destacada é o relatório das empresas We are Social e Hootsuite. O referido relatório revela que 62% da população brasileira está ativa nas redes sociais. As mais acessadas são o YouTube, Facebook, WhatsApp e Instagram.[8] Nas referidas plataformas virtuais o usuário pode postar vídeos, publicar fotos, além de manifestar sua opinião sobre diversas temáticas.

Diante do exposto, pode-se perceber que, nos dias de hoje, grande parte do tempo de vida já se passa em ambiente virtual, e aqueles que não se enquadrarem nessa nova realidade digital podem sofrer uma espécie de exclusão social.

É relevante pontuar também que, nas redes sociais, existem pessoas que se destacam por conseguirem um número maior de seguidores, *likes* (curtidas) e comentários em suas respectivas postagens e por serem capazes de exercer grande influência sobre os internautas. Esse grande poder de persuasão influencia as opiniões e comportamentos, mas principalmente os hábitos de consumo dos seus seguidores. As pessoas tendem a seguir as sugestões de marcas, produtos e serviços que essas pessoas postam nos seus perfis. Tratam-se dos chamados influenciadores digitais.

Guy Debord descreve em sua obra *A sociedade de espetáculo*, que se coaduna muito bem com a realidade dos influenciadores digitais da atualidade, que muitas pessoas buscam audiência e atenção pautadas nas regras de publicidade:

> O espetáculo é ao mesmo tempo o resultado e o projeto do modo de produção existente. Não é um suplemento do mundo real, uma decoração que lhe é acrescentada. É o âmago do irrealismo da sociedade real. Sob todas as suas formas particulares – informação ou propaganda, publicidade ou consumo direto de divertimentos –, o espetáculo constitui o modelo atual da vida dominante na sociedade.[9]

Dessa forma, nota-se que a imagem assume papel central na realidade contemporânea imersa nas redes sociais, principalmente no âmbito de atuação dos *digital influencers*, que expõem seu cotidiano por meio de inúmeras fotos, vídeos, áudios, textos, *lives* (transmissão em tempo real) etc.

---

7 BAUMAN, Zygmunt. *Vida para consumo*: a transformação das pessoas em mercadoria. Rio de Janeiro: Zahar, 2008. p. 65.

8 DINO. 62% da população brasileira está ativa nas redes sociais. *Exame*, 19 out. 2018. Disponível em: https://exame.abril.com.br/negocios/dino/62-da-populacao-brasileira-esta-ativa-nas-redes-sociais/. Acesso em: 26 mar. 2020.

9 DEBORD, Guy. *A sociedade do espetáculo*. Tradução de Estela dos Santos Abreu. Rio de Janeiro: Contraponto, 1997. p. 143.

3 Influenciadores digitais e controle da publicidade nas redes sociais

Não existe uma definição exata e uniforme sobre o conceito de influenciador digital justamente por ser um tema de investigação científica recente. É necessário, portanto, recorrer a outras ciências além do direito devido à natureza interdisciplinar do assunto. Em face disso, é apresentado o posicionamento de Dantas, defendendo que o termo *influenciador* não é algo novo, mas que essas personalidades já existem há muito tempo. Senão vejamos:

> Influenciadores não são novidade. Personalidades artísticas, políticas, esportivas, musicais, várias podem ser citadas desde séculos atrás como influenciadoras. A grande diferença na contemporaneidade é a possibilidade de qualquer pessoa poder se tornar uma influenciadora no âmbito das redes e mídias.[10]

No atual cenário, cabe destacar que alguns influenciadores digitais já encaram suas atividades como uma profissão, existindo, inclusive, curso de pós-graduação em Influência Digital: Conteúdo e Estratégia para aperfeiçoamento dessas personalidades digitais.[11] Outra visão interessante sobre os influenciadores é a de Gasparotto, Freitas e Efing:

> Os influenciadores digitais são grandes formadores de opinião, sendo capazes de modificar comportamentos e mentalidade de seus seguidores, visto que em razão da exposição de seus estilos de vida, experiências, gostos, preferências e, principalmente, da interação social acabam conquistando a confiança dos usuários ora consumidores (conhecidos como seguidores).[12]

Diante de tal contexto, as empresas buscam contratar os influenciadores digitais para difusão de suas marcas e produtos, em virtude da audiência, confiança e credibilidade que estes despertam, como, também, devido às redes sociais permitirem uma maior proximidade e interatividade entre os seguidores, que são consumidores em potencial.

Assim, os consumidores desempenham um papel ativo, interagindo com essas personalidades digitais, diferentemente do que ocorria nas mídias tradicionais (televisão, jornal, rádio, cinema etc.), em que eles possuíam o papel de meros espectadores da informação, ou seja, havia certa passividade ao receber a mensagem. Nesse sentido assevera Dantas:

> Boa parte dos influenciadores digitais atuais, presentes principalmente em plataformas de redes sociais (Facebook, Instagram, Twitter, YouTube), está tratando essa atividade como profissão, como carreira. Empresas de marketing e propaganda também passaram a ver

---

10 DANTAS, Melina Simardel. *Desafios contemporâneos da informação*: influenciadores digitais como objetos de investigação. 2018. Dissertação (Mestrado) – Universidade Federal de São Carlos, São Carlos, 2018. p. 75-76. Disponível em: https://repositorio.ufscar.br/handle/ufscar/10499. Acesso em: 26 mar. 2020.

11 INFLUÊNCIA digital: conteúdo e estratégia. *PUCRS on-line*. Disponível em: https://online.pucrs.br/pos-graduacao/influencia-digital-conteudo-e-estrategia. Acesso em: 22 jun. de 2020.

12 GASPAROTTO, Ana Paula Gilio; EFING, Antônio Carlos; FREITAS, Cinthia Obladen de Almendra. Responsabilidade civil dos influenciadores digitais. *Revista Jurídica Cesumar*, v. 19, n. 1, p. 65-87, jan./abr. 2019. ISSN 1677-6402. Disponível em: http://periodicos.unicesumar.edu.br/index.php/revjuridica/article/viewFile/6493/3396. Acesso em: 22 mar. 2020.

essas pessoas como profissionais, uma vez que, adquirido o status de celebridade que muitos atingem, podem usar de sua influência para propagar além de ideias e informação, conteúdo publicitário, podem "vender" um produto, uma marca.[13]

Há, no entanto, um grave problema na divulgação desses anúncios nas redes sociais, pois muitos influenciadores digitais não informam devidamente os seus seguidores de que algumas postagens se tratam de publicidade ou que determinada divulgação é patrocinada por alguma empresa. O anúncio, portanto, por vezes, não respeita a transparência e a lealdade que dele se espera, de acordo com o art. 4º, *caput* e art. 36, *caput*, do Código de Defesa do Consumidor:

> Art. 4º A Política Nacional das Relações de Consumo tem por objetivo o atendimento das necessidades dos consumidores, o respeito à sua dignidade, saúde e segurança, a proteção de seus interesses econômicos, a melhoria da sua qualidade de vida, bem como a *transparência* e harmonia das relações de consumo, atendidos os seguintes princípios: [...]
> Art. 36. A publicidade deve ser veiculada de tal forma que o consumidor, *fácil e imediatamente*, a identifique como tal.[14] (Grifos nossos)

No *site* do Conselho Nacional de Autorregulamentação Publicitária (Conar) é possível encontrar casos em que influenciadores digitais sofreram representação por denúncia de consumidores e só alteraram as postagens das suas redes sociais depois da abertura de processo ético pelo órgão. Um exemplo dessa constatação é a Representação nº 218/18:

> Resumo: Consumidor de Belo Horizonte (MG) escreveu ao Conar, pondo em dúvida a natureza publicitária de postagem em redes sociais, protagonizada pelo ator Cauã Reymond, com um veículo Range Rover. A defesa enviada pela montadora de veículos confirma a negociação com o ator. Informou também que a postagem foi corrigida depois da abertura do processo ético pelo Conar. O relator concordou com o consumidor e recomendou a alteração da postagem original, sendo acompanhado por unanimidade.[15]

Diante do exposto, fica evidente a existência de violações nas redes sociais ao art. 36 do CDC que trata do princípio da identificação da mensagem publicitária, como também, ao art. 28 do Código Brasileiro de Autorregulamentação Publicitária que prescreve: "o anúncio deve ser claramente distinguido como tal, seja qual for a sua forma ou meio de divulgação".[16]

Alguns influenciadores digitais, para identificação publicitária das postagens em redes sociais, utilizam-se das *hashtags*: *publipost* ou *publi*. Diante do exposto, indaga-se:

---

[13] DANTAS, Melina Simardel. *Desafios contemporâneos da informação*: influenciadores digitais como objetos de investigação. 2018. Dissertação (Mestrado) – Universidade Federal de São Carlos, São Carlos, 2018. p. 75-76. Disponível em: https://repositorio.ufscar.br/handle/ufscar/10499. Acesso em: 26 mar. 2020.

[14] BRASIL. *Código de Proteção e Defesa do Consumidor*. Lei 8.078, de 11 de setembro de 1990. Brasília, 1990. Disponível em: http://www.planalto.gov.br. Acesso em: 27 mar. 2020.

[15] CONAR – CONSELHO NACIONAL DE AUTORREGULAMENTAÇÃO PUBLICITÁRIA. Disponível em: http://www.conar.org.br/. Acesso em: 22 de mar. 2020.

[16] CONAR. *Código Brasileiro de Autorregulamentação Publicitária*. São Paulo, 1980. Disponível em: http://www.conar.org.br. Acesso em: 28 mar. 2020.

será que tal conduta seria suficiente para a correta identificação pelo consumidor de que aquela postagem é uma publicidade?

Por exemplo, se o usuário do Instagram checar o fluxo das postagens mais longas em um dispositivo móvel (*smartphone* ou *tablet*), só conseguirá visualizar as três primeiras linhas, a menos que clique na palavra "mais". Outro ponto importante são as *hashtags*. Se existirem muitas e elas forem longas, as pessoas dificilmente conseguirão lê-las e identificar que uma delas está indicando tratar-se, naquele caso, de uma publicidade.

Além disso, uma minoria de influenciadores digitais se utiliza dessas *hashtags*. E quando empregadas são colocadas no final do texto ou inseridas em uma sequência de outras *hashtags* sobre outro assunto. Portanto, fica evidente que a divulgação da identificação da publicidade dessa forma provavelmente não será eficaz. Em síntese, a dificuldade em detectar essas *hashtags* de forma visível esconde o caráter publicitário da mensagem, atestando, dessa forma, a vulnerabilidade do consumidor nas redes sociais.

Recentemente, a rede social Instagram disponibilizou um recurso em sua plataforma denominado "Marcar parceiro de negócios". Essa ferramenta comunica quando há uma relação comercial entre aquele que posta a mensagem e a empresa. Os seguidores poderão visualizar no cabeçalho da publicação a seguinte advertência: "Parceria paga com [parceiro de negócio]".[17] Trata-se de mais uma tentativa de não desobedecer à norma da obrigatoriedade da identificação da publicidade, já mencionada anteriormente.

A verdade é que muitos ocultam o caráter publicitário de suas respectivas postagens, conforme é possível perceber na Representação nº 129/17 junto ao Conar:

> Resumo: A VP considera que não resta clara a natureza publicitária de postagem em redes sociais promovendo serviços de turismo em Orlando (EUA) da concorrente Virazóm. As referidas peças publicitárias foram divulgadas em um grupo de Facebook com mais de trezentos mil participantes, dedicado a dicas de turismo na cidade americana.
>
> Em sua defesa, a Virazóm argumentou que a sua parceria com os influenciadores é transparente, tendo sido informada aos participantes do grupo em abril de 2015. Depois disso, outras parcerias foram divulgadas. A defesa define estas parcerias como "estratégicas".
>
> Em novembro passado, o Conselho de Ética propôs a alteração agravada por advertência à Virazóm, Coisas de Orlando, Diego de Araújo Talberg e Priscila Ferreira Leme Talberg, seguindo proposta do relator e da conselheira autora do voto complementar. Eles não acolheram os argumentos da defesa, considerando que as recomendações do Código sobre identificação publicitária não foram atendidas.
>
> Houve pedido de esclarecimento pelas anunciantes, sobre a forma ética de apresentação das peças publicitárias. As respostas do relator foram validadas pelo Conselho de Ética em reunião realizada em 19 de fevereiro.[18]

Dessa forma, a liberdade de escolha do consumidor acaba sendo tolhida e relativizada. Se este não tem consciência de que se trata de um anúncio, estará vulnerável para se defender das estratégias publicitárias.

---

[17] FERRAMENTAS de conteúdo de marca na rede social Instagram. *Instagram*. Disponível em: https://business.instagram.com/a/brandedcontentexpansion?locale=pt_BR. Acesso em: 31 mar. 2020.

[18] CONAR – CONSELHO NACIONAL DE AUTORREGULAMENTAÇÃO PUBLICITÁRIA. Disponível em: http://www.conar.org.br/. Acesso em: 22 de mar. 2020.

Nesse sentido, adverte Dias que onde existe a aparência de uma informação neutra e desinteressada, a publicidade se torna mais influente e capaz.[19] Seria essa uma estratégia dos influenciadores digitais juntamente com as agências de publicidade para poder persuadir ainda mais o consumidor? De acordo com o entendimento de Brito:

> Ocorre que as agências de publicidade já constataram, por meio de reiteradas pesquisas, que um anúncio não identificado tem maior impacto e mais efeito persuasivo junto ao consumidor, justamente pelo fato de não parecer uma publicidade. A aparência de uma mensagem neutra ou não proveniente do fornecedor do produto sobre o qual discorre, a torna mais influente e eficaz diante do receptor. Diante de tal comprovação, o combate a tal prática desleal deve ser intensificado.[20]

A Associação Brasileira dos Agentes Digitais (Abradi) lançou um código de conduta para agências digitais na contratação de influenciadores. Trata-se de uma cartilha sobre questões que envolvem ética e comportamento empresarial em campanhas publicitárias virtuais com endosso de influenciadores. O objetivo é orientar o setor de comunicação digital brasileira. Apesar de a iniciativa da Abradi ser inovadora, pois no Brasil não existem leis regulando esse assunto, essa cartilha é apenas um guia, uma espécie de orientação, que não possui coercibilidade.[21]

O sistema de controle brasileiro de publicidade é misto. O controle privado é exercido pelo Conar, órgão criado no final dos anos 70. Já o controle estatal ou público da publicidade é exercido pelos órgãos do Sistema Nacional de Defesa do Consumidor (SNDC).

Os consumidores e autoridades podem formular denúncias ao Conar, como também, seus associados e sua diretoria. Após a denúncia, o seu órgão soberano na fiscalização, julgamento e deliberação, o Conselho de Ética do Conar, reunir-se-á para julgamento, sempre garantindo o direito de defesa ao acusado. Caso seja procedente a denúncia, haverá recomendação aos veículos de comunicação, a suspensão da exibição da peça, ou a sugestão de correções à publicidade. Pode, ainda, haver advertência ao anunciante e agência.[22]

Cabe destacar uma crítica de Benjamin sobre o controle privado: "não passa de uma mera garantia ilusória para o consumidor, haja vista que a ausência de cogência das normas autorregulamentares torna ineficaz a referida tutela".[23]

O Sistema Nacional de Defesa do Consumidor é composto pelos seguintes órgãos: Secretaria de Direito Econômico do Ministério da Justiça, por meio do seu Departamento de Proteção e Defesa do Consumidor e pelos demais órgãos federais, estaduais, do Distrito Federal, municipais e as entidades civis de defesa do consumidor. Destacam-se

---

[19] DIAS, Lucia Ancona Lopez de Magalhães. *Publicidade e direito*. 2. ed. São Paulo: Revista dos Tribunais, 2010. p. 206.

[20] BRITO, Dante Ponte de. *Publicidade subliminar na internet*: identificação e responsabilização nas relações de consumo. 1. ed. Rio de Janeiro: Lumen Juris, 2017. p. 124.

[21] ABRADI. *Código de conduta para agências digitais na contratação de influenciadores*. Disponível em: https://abradi.com.br/wp-content/uploads/2017/07/Abradi-Influenciadores1.pdf. Acesso em: 29 mar. 2020.

[22] CONAR – CONSELHO NACIONAL DE AUTORREGULAMENTAÇÃO PUBLICITÁRIA. Disponível em: http://www.conar.org.br/. Acesso em: 22 de mar. 2020.

[23] BENJAMIN, Antônio Herman V.; MARQUES, Claudia Lima; BESSA, Leonardo Roscoe. *Manual de direito do consumidor*. São Paulo: Revista dos Tribunais, 2016. p. 146.

entre esses órgãos: as Promotorias do Consumidor do Ministério Público Estadual e Federal, os Procons, além do Poder Judiciário.[24]

Esses dois sistemas apresentam benefícios e desvantagens. O sistema privado não é dotado de coercibilidade para aplicar suas decisões. Estas, também não vinculam todos os agentes de mercados, além de não possuir poder de polícia para aplicar multas ou exercer fiscalização. Observa-se, portanto, que o Conar não seria capaz de retirar os anúncios ilícitos divulgados nas redes sociais pelos influenciadores digitais. As vantagens do sistema privado são a rapidez no procedimento e a especialização dos profissionais recrutados para suas deliberações.

Quanto ao sistema público, ressalte-se que suas decisões são dotadas de coercibilidade, no entanto, há certa morosidade no procedimento. Ademais, os profissionais responsáveis pelo controle, por vezes, não possuem uma especialização profunda sobre essa temática nova que envolve anúncios ilícitos divulgados nas redes sociais pelos influenciadores digitais. Observa-se, outrossim, que nesses dois sistemas o controle é exercido preponderantemente de forma repressiva, ou seja, depois que o anúncio ilícito já foi veiculado nas redes sociais dos influenciadores digitais. Para uma atuação preventiva, seria necessário o desenvolvimento de mecanismos verificadores da publicidade nas redes sociais antes de serem postadas.

Nos Estados Unidos, há uma agência do governo federal denominada *Federal Trade Commission* (FTC) que protege os interesses dos consumidores. No ano de 2017, a FTC se destacou em razão da iniciativa de enviar mais de 90 cartas a celebridades, atletas e outros influenciadores, como, também, aos profissionais de *marketing* de marcas endossadas pelos influenciadores. Antes de enviar as cartas, a referida agência analisou diversas postagens na rede social Instagram. O objetivo da agência tinha caráter educativo, no sentido de informar sobre os direitos e responsabilidades que devem ser cumpridos durante as postagens no Instagram.[25]

Um trecho da carta que merece ser destacado é o que trata da conexão material entre o endossante (influenciador) e o anunciante (patrocinadores). Essa conexão deve ficar clara para o consumidor, como exemplo, nos casos de recebimento de pagamento ou de um produto gratuito, por parte do influenciador. Caso exista essa conexão, ela deve ser expressamente identificada na comunicação apresentada, senão vejamos:

> The FTC's Endorsement Guides state that if there is a "material connection" between an endorser and the marketer of a product – in other words, a connection that might affect the weight or credibility that consumers give the endorsement – that connection should be clearly and conspicuously disclosed, unless the connection is already clear from the context of the communication containing the endorsement. Material connections could consist of a business or family relationship, monetary payment, or the provision of free products to the endorser.[26]

---

[24] BRITO, Dante Ponte de. *Publicidade subliminar na internet*: identificação e responsabilização nas relações de consumo. 1. ed. Rio de Janeiro: Lumen Juris, 2017. p. 144-145.

[25] ENGLE, Mary K. Sample educational letter to social media influencer. *FTC – Federal Trade Commission*. Disponível em: https://www.ftc.gov/system/files/attachments/press-releases/ftc-staff-reminds-influencers-brands-clearly-disclose-relationship/influencer_template.pdf. Acesso em: 26 mar. 2020.

[26] ENGLE, Mary K. Sample educational letter to social media influencer. *FTC – Federal Trade Commission*. Disponível em: https://www.ftc.gov/system/files/attachments/press-releases/ftc-staff-reminds-influencers-brands-clearly-disclose-relationship/influencer_template.pdf. Acesso em: 26 mar. 2020.

Diante disso, nota-se a importância de ações educativas preventivas para informar o influenciador, a agência de publicidade e o consumidor. A atitude da FTC deve servir de guia para outros países, inclusive para o Brasil. Esse alerta ajuda a lembrar ao endossante e ao anunciante que a relação de publicidade entre eles nas redes sociais deve ser clara, ou seja, de fácil identificação pelo consumidor. Outra ação preventiva importante é a possível inserção nos currículos escolares de disciplinas que trabalhem temáticas sobre o consumo consciente e sustentável. Acerca do assunto, ressalta Dias:

> A eventual camuflagem do caráter publicitário da peça veiculada retira do seu destinatário a possibilidade de colocar em prática os naturais mecanismos de defesa em relação a uma publicidade transparente. Ao esconder ilegalmente a sua intenção e natureza, a peça publicitária pode intensificar os efeitos persuasivos sobre o receptor da mensagem. Desse modo, em virtude de sua função persuasiva (promover a aquisição de bens e serviços), impõe-se que a publicidade seja identificada desde logo, [...] possibilitando ao destinatário que se previna e resista aos argumentos – ou ceda se quiser.[27]

Ademais, ainda existe a necessidade de identificação dos influenciadores digitais por meio de critérios claros. Seriam os influenciadores digitais apenas aqueles que recebem alguma remuneração financeira para fazer publicidade? Ou aqueles que praticam, por exemplo, o *unboxing* e o *review* também se enquadrariam nesse conceito? A quantidade de seguidores seria um critério relevante para definir alguém como influenciador digital? Até o momento não há unanimidade acerca da identificação de quem realmente eles são. Para uma melhor compreensão do exposto acima, é necessário conceituar os termos descritos anteriormente: *unboxing* e *review*. Almeida explica:

> O primeiro é utilizado para denominar a prática de abrir produtos novos na frente das câmeras. O youtuber tem o primeiro contato com o produto na frente das câmeras e realiza a sua abertura relatando de forma sumária as suas principais características. Já no review a apresentação do produto tem um grau de detalhamento muito maior, mostrando todas as suas funcionalidades e as dicas para o melhor aproveitamento do produto.[28]

Talvez a regulamentação da profissão seja uma possível solução para identificar com mais clareza o conceito de influenciador digital. Nesse sentido, foram apresentados o Projeto de Lei nº 4.289/2016 e o Projeto de Lei nº 8.569/2017 que dispõem acerca da regulamentação da profissão de blogueiro. No entanto, a última movimentação deles data do dia 31.1.2019, em que a Mesa Diretora da Câmara dos Deputados os arquivou, nos termos do art. 105 do Regimento Interno da Câmara dos Deputados.[29]

Outra exigência que minimizaria os riscos seria a existência de um contrato escrito entre o anunciante e o *digital influencer*, delimitando o início e término da publicidade, mas também identificando em que plataformas digitais ela seria promovida.

---

[27] DIAS, Lucia Ancona Lopez de Magalhães. *Publicidade e direito*. 2. ed. São Paulo: Revista dos Tribunais, 2010. p. 65.

[28] ALMEIDA, Claudia Pontes. Youtubers mirins, novos influenciadores e protagonistas da publicidade dirigida ao público infantil: uma afronta ao código de defesa do consumidor e às leis protetivas da infância. *Revista Luso-Brasileira de Direito do Consumo*, v. VI, n. 23, p. 175-181, set. 2016. Disponível em: https://bdjur.stj.jus.br/jspui/bitstream/2011/108896/youtubers_mirins_novos_almeida.pdf. Acesso em: 31 mar. 2020.

[29] BRASIL. Câmara dos Deputados. *PL 8569/2017*. Disponível em: https://www.camara.leg.br/proposicoesWeb/fichadetramitacao?idProposicao=2151337. Acesso em: 26 mar. 2020.

No Reino Unido, por exemplo, a Incorporated Society of British Advertisers (ISBA), entidade que representa anunciantes, lançou um novo modelo de contrato em 2018 para ser utilizado pelos anunciantes que firmem parceiras com influenciadores digitais. Um dos objetivos desses contratos é que o influenciador perceba sua responsabilidade de aderir aos códigos de prática ao rotular campanhas.[30]

A realização de acordos como estes seria uma forma de tornar mais clara, também para os consumidores, a parcela de responsabilização de todos aqueles envolvidos na veiculação de determinado anúncio ilícito, tema que será debatido no tópico a seguir.

4 Responsabilização dos influenciadores digitais e dever de indenizar

Uma questão que merece atenção se refere à análise da responsabilização do influenciador digital que empresta sua imagem para divulgação de determinado produto ou serviço e tal publicidade difundida nas redes sociais revela-se ilícita.

Primeiramente, deve-se recapitular que o influenciador digital é uma referência de comportamento para os seus seguidores. A exposição de fotos, vídeos e resenhas mostrando suas vidas, gostos e preferências nas redes sociais os aproxima de seus seguidores, principalmente pela linguagem impessoal utilizada. Tendo em vista essa relação de confiança e maior visibilidade de suas mensagens, as empresas passaram a contratá-los para criar e promover conteúdo digital que propague produtos ou serviços.

Nesse contexto, com base nos princípios da boa-fé objetiva e da transparência e confiança que devem pautar todas as relações de consumo, fica evidente que, em caso de um anúncio ilícito divulgado nas redes sociais, deve-se sim atribuir responsabilidade aos influenciadores digitais que usaram da relação de confiança com os seus seguidores. Além disso, os consumidores não devem ficar sem a devida reparação. É nesse sentido que Gasparotto, Freitas e Efing afirmam:

> No momento em que um influenciador digital indica um produto ou serviço, a sua confiabilidade agrega poder persuasivo no comportamento do consumidor, gerando segurança sobre a qualidade daquele produto ou serviço que está sendo indicado. Os influenciadores assumem, portanto, uma posição de garantidores em face dos produtos e serviços indicados. Caso as qualidades atribuídas aos produtos e serviços não sejam condizentes com a realidade, o fator de persuasão os influenciadores aparece de forma negativa e prejudicial ao consumidor, confrontando, assim, os princípios da boa-fé e da confiança.[31]

Prova da vulnerabilidade do consumidor na internet é o reconhecimento da potencialidade lesiva que uma mensagem possui, quando divulgada pelo influenciador digital nas redes sociais. Um anúncio divulgado na *web* pode afetar, quase que instantaneamente, milhares de usuários, devido à velocidade com que se propaga. Diferentemente da publicidade nas mídias tradicionais (televisão, rádio, jornais, cinema

---

[30] GIBBONS, Abi. ISBA launch contracts to improve influencer marketing effectiveness. *ISBA*, 16 out. 2018. Disponível em: https://www.isba.org.uk/news/isba-launch-suite-of-contracts-to-improve-influencer-marketing-effectiveness-including-one-for-micro-influencers/. Acesso em: 26 mar. 2020.

[31] GASPAROTTO, Ana Paula Gilio; EFING, Antônio Carlos; FREITAS, Cinthia Obladen de Almendra. Responsabilidade civil dos influenciadores digitais. *Revista Jurídica Cesumar*, v. 19, n. 1, p. 65-87, jan./abr. 2019. ISSN 1677-6402. Disponível em: http://periodicos.unicesumar.edu.br/index.php/revjuridica/article/viewFile/6493/3396. Acesso em: 22 mar. 2020.

etc.), ela pode ser revista quantas vezes o usuário da rede social quiser, além de que esse conteúdo, via de regra, não passa por nenhum tipo de controle. Nesse sentido, destaca-se o pensamento de Gasparotto, Freitas e Efing:

> Nesse contexto, em razão do poder de persuasão que os influenciadores digitais exercem sobre seus seguidores, usuários de internet por meio da sociedade de exposição, bem como a confiança dispensada a eles e a vantagem econômica que recebem, entende-se que a responsabilidade dos influenciadores digitais é objetiva, tendo em vista os princípios da boa-fé e solidariedade, sem esquecer a necessária opção do legislador em proteger a parte mais vulnerável da relação consumerista que é o consumidor.[32]

A legislação consumerista enuncia que, via de regra, a responsabilidade nas relações de consumo deve ser solidária. É o que dispõe o art. 7º, parágrafo único do CDC: "Tendo mais de um autor a ofensa, todos responderão solidariamente pela reparação dos danos previstos nas normas de consumo".[33]

No mesmo sentido, o art. 25, §1º, do CDC prescreve: "Havendo mais de um responsável pela causação do dano, todos responderão solidariamente pela reparação prevista nesta e nas seções anteriores".[34]

O posicionamento de Carlos Roberto Gonçalves é no sentido de que, em regra, aquele que lucra com uma situação deverá responder pelos riscos ou pelas desvantagens dela resultantes.[35] Nota-se que o influenciador digital é remunerado pela agência de publicidade ou pelo fornecedor do produto, ou seja, aufere lucro. Nesse contexto, é extremamente importante que ele tenha cautela ao divulgar qualquer publicidade nas redes sociais, sob pena de ser responsabilizado solidariamente por esses anúncios ilícitos, já que integra a cadeia de consumo.

Importante destacar o posicionamento de Guimarães sobre a posição de "garante" que os influenciadores digitais possuem diante do consumidor:

> Os influenciadores digitais criam conteúdo para seus canais de comunicação e, normalmente, veiculam o bem ou o serviço à sua imagem, seja por meio de indicações, afirmações ou pela simples aparição do produto em seus *ig's*. A repercussão que isso gera sobre o consumidor é alarmante, levando-os, muitas vezes, a adquirir o bem, em razão da sensação de segurança que é transmitida ao público. É indiscutível como diante do consumidor, através de suas redes sociais, o influenciador assume uma posição de "garante".[36]

Diante do exposto, percebe-se que o CDC adotou a responsabilidade objetiva como regra geral, baseando-se na teoria do risco. Nesse passo, a responsabilidade dos

---

[32] GASPAROTTO, Ana Paula Gilio; EFING, Antônio Carlos; FREITAS, Cinthia Obladen de Almendra. Responsabilidade civil dos influenciadores digitais. *Revista Jurídica Cesumar*, v. 19, n. 1, p. 65-87, jan./abr. 2019. ISSN 1677-6402. Disponível em: http://periodicos.unicesumar.edu.br/index.php/revjuridica/article/viewFile/6493/3396. Acesso em: 22 mar. 2020.

[33] BRASIL. *Código de Proteção e Defesa do Consumidor*. Lei 8.078, de 11 de setembro de 1990. Brasília, 1990. Disponível em: http://www.planalto.gov.br. Acesso em: 27 mar. 2020.

[34] BRASIL. *Código de Proteção e Defesa do Consumidor*. Lei 8.078, de 11 de setembro de 1990. Brasília, 1990. Disponível em: http://www.planalto.gov.br. Acesso em: 27 mar. 2020.

[35] GONÇALVES, Carlos Roberto. *Responsabilidade civil*. 14. ed. São Paulo: Saraiva, 2019. p. 46.

[36] GUIMARÃES, Paulo Jorge Scartezzini. *A publicidade ilícita e a responsabilidade civil das celebridades que dela participam*. 2. ed. rev., atual. e ampl. São Paulo: Revista dos Tribunais, 2007. p. 161.

influenciadores digitais deve, outrossim, ser objetiva, pois, além de estes receberem vantagens econômicas, os consumidores adquirem os produtos baseados na confiança depositada nessas celebridades digitais. O rompimento dessa confiança viola os princípios da boa-fé, da transparência e da confiança e, consequentemente, dá ensejo ao dever de responsabilização, independentemente da comprovação de culpa.

5 Conclusão

A internet e as redes sociais potencializaram a difusão de mensagens publicitárias devido à velocidade e à ampliação da acessibilidade desses meios de comunicação. Verificou-se que a inadequada apresentação dos anúncios pelos influenciadores digitais, não explicitando a sua natureza publicitária, pode levar o consumidor ao entendimento de que se trata de opinião pessoal do autor do perfil.

Não se pode olvidar que o fato de os influenciadores digitais camuflarem sua verdadeira intenção torna as mensagens publicitárias mais persuasivas. No entanto, tal conduta impede que os seus seguidores desenvolvam mecanismos de defesa naturais e resistam de forma consciente, violando, assim, a norma que exige a identificação da mensagem publicitária, prevista no art. 36 do Código de Defesa do Consumidor.

Além disso, constatou-se, que apesar de a legislação brasileira não possuir dispositivos que tratam especificamente dos influenciadores digitais, os princípios da boa-fé objetiva, da transparência e da confiança são violados quando o influenciador divulga um anúncio enganoso ou abusivo e se coloca em uma posição de garantidor ao promover determinados produtos e serviços.

Concluiu-se, também, pela responsabilidade objetiva do influenciador digital, visto que a obtenção de vantagens financeiras para a indicação de produtos e serviços revela a superioridade econômica e jurídica daquele em relação ao consumidor. Restou demonstrado, portanto, que o consumidor se encontra em uma situação de vulnerabilidade agravada nesses casos concretos, carecendo de proteção pelo Sistema Nacional de Defesa do Consumidor e por parte do Poder Judiciário.

Além disso, é necessária uma fiscalização mais intensa da atividade publicitária nas redes sociais, pois com apenas um clique o consumidor pode realizar uma compra na internet. Essa é a função dos sistemas público e privado de controle da publicidade. Estes tem o papel fundamental de reconstruir um olhar no que se refere à utilização do ambiente virtual perante o consumidor. Novos paradigmas devem ser construídos, especialmente, com a educação e conscientização do consumidor que navega nas redes sociais.

Referências

ABRADI. *Código de conduta para agências digitais na contratação de influenciadores*. Disponível em: https://abradi.com.br/wp-content/uploads/2017/07/Abradi-Influenciadores1.pdf. Acesso em: 29 mar. 2020.

ALMEIDA, Claudia Pontes. Youtubers mirins, novos influenciadores e protagonistas da publicidade dirigida ao público infantil: uma afronta ao código de defesa do consumidor e às leis protetivas da infância. *Revista Luso-Brasileira de Direito do Consumo*, v. VI, n. 23, p. 175-181, set. 2016. Disponível em: https://bdjur.stj.jus.br/jspui/bitstream/2011/108896/youtubers_mirins_novos_almeida.pdf. Acesso em: 31 mar. 2020.

BAUMAN, Zygmunt. *Vida para consumo*: a transformação das pessoas em mercadoria. Rio de Janeiro: Zahar, 2008.

BENJAMIN, Antônio Herman V.; MARQUES, Claudia Lima; BESSA, Leonardo Roscoe. *Manual de direito do consumidor*. São Paulo: Revista dos Tribunais, 2016.

BRASIL. Câmara dos Deputados. *PL 8569/2017*. Disponível em: https://www.camara.leg.br/proposicoesWeb/fichadetramitacao?idProposicao=2151337. Acesso em: 26 mar. 2020.

BRASIL. *Código de Proteção e Defesa do Consumidor*. Lei 8.078, de 11 de setembro de 1990. Brasília, 1990. Disponível em: http://www.planalto.gov.br. Acesso em: 27 mar. 2020.

BRITO, Dante Ponte de. *Publicidade subliminar na internet*: identificação e responsabilização nas relações de consumo. 1. ed. Rio de Janeiro: Lumen Juris, 2017.

CONAR – CONSELHO NACIONAL DE AUTORREGULAMENTAÇÃO PUBLICITÁRIA. Disponível em: http://www.conar.org.br/. Acesso em: 22 de mar. 2020.

CONAR. *Código Brasileiro de Autorregulamentação Publicitária*. São Paulo, 1980. Disponível em: http://www.conar.org.br. Acesso em: 28 mar. 2020.

DANTAS, Melina Simardel. *Desafios contemporâneos da informação*: influenciadores digitais como objetos de investigação. 2018. Dissertação (Mestrado) – Universidade Federal de São Carlos, São Carlos, 2018. Disponível em: https://repositorio.ufscar.br/handle/ufscar/10499. Acesso em: 26 mar. 2020.

DEBORD, Guy. *A sociedade do espetáculo*. Tradução de Estela dos Santos Abreu. Rio de Janeiro: Contraponto, 1997.

DIAS, Lucia Ancona Lopez de Magalhães. *Publicidade e direito*. 2. ed. São Paulo: Revista dos Tribunais, 2010.

DINO. 62% da população brasileira está ativa nas redes sociais. *Exame*, 19 out. 2018. Disponível em: https://exame.abril.com.br/negocios/dino/62-da-populacao-brasileira-esta-ativa-nas-redes-sociais/. Acesso em: 26 mar. 2020.

ENGLE, Mary K. Sample educational letter to social media influencer. *FTC – Federal Trade Commission*. Disponível em: https://www.ftc.gov/system/files/attachments/press-releases/ftc-staff-reminds-influencers-brands-clearly-disclose-relationship/influencer_template.pdf. Acesso em: 26 mar. 2020.

FERRAMENTAS de conteúdo de marca na rede social Instagram. *Instagram*. Disponível em: https://business.instagram.com/a/brandedcontentexpansion?locale=pt_BR. Acesso em: 31 mar. 2020.

GASPAROTTO, Ana Paula Gilio; EFING, Antônio Carlos; FREITAS, Cinthia Obladen de Almendra. Responsabilidade civil dos influenciadores digitais. *Revista Jurídica Cesumar*, v. 19, n. 1, p. 65-87, jan./abr. 2019. ISSN 1677-6402. Disponível em: http://periodicos.unicesumar.edu.br/index.php/revjuridica/article/viewFile/6493/3396. Acesso em: 22 mar. 2020.

GIBBONS, Abi. ISBA launch contracts to improve influencer marketing effectiveness. *ISBA*, 16 out. 2018. Disponível em: https://www.isba.org.uk/news/isba-launch-suite-of-contracts-to-improve-influencer-marketing-effectiveness-including-one-for-micro-influencers/. Acesso em: 26 mar. 2020.

GONÇALVES, Carlos Roberto. *Responsabilidade civil*. 14. ed. São Paulo: Saraiva, 2019.

GUIMARÃES, Paulo Jorge Scartezzini. *A publicidade ilícita e a responsabilidade civil das celebridades que dela participam*. 2. ed. rev., atual. e ampl. São Paulo: Revista dos Tribunais, 2007.

INFLUÊNCIA digital: conteúdo e estratégia. *PUCRS on-line*. Disponível em: https://online.pucrs.br/pos-graduacao/influencia-digital-conteudo-e-estrategia. Acesso em: 22 jun. de 2020.

LÉVY, Pierre. *O que é virtual?* Rio de Janeiro: Editora 34, 1996.

RÜDIGER, Francisco. A reflexão teórica em cibercultura e a atualidade da polêmica sobre a cultura de massas. *Matrizes (USP)*, v. 5, p. 45-61, 2011. Disponível em: http://www.revistas.usp.br/matrizes/article/view/38308/41147. Acesso em: 28 mar. 2020.

Informação bibliográfica deste texto, conforme a NBR 6023:2018 da Associação Brasileira de Normas Técnicas (ABNT):

BRITO, Dante Ponte de. Responsabilização civil dos influenciadores digitais pela veiculação de publicidade ilícita nas redes sociais. *In*: EHRHARDT JÚNIOR, Marcos; CATALAN, Marcos; MALHEIROS, Pablo (Coord.). *Direito Civil e tecnologia*. Belo Horizonte: Fórum, 2020. p. 451-464. ISBN 978-65-5518-036-7.

LIBERDADE, VERDADE E *FAKE NEWS*: MECANISMOS PARA O RESSARCIMENTO DE DANOS

JOÃO QUINELATO

Introdução

> *Durante os tempos de engano universal, dizer a verdade torna-se um ato revolucionário.*
>
> (George Orwell, 1984)[1]

É com certa frequência que se atribui exclusivamente à internet o ônus de disseminação de notícias falsas – ou *fake news*. Repentina e milagrosamente parece ter-se encontrado a causa de um grave sintoma que supostamente decorreria da expansão de novas tecnologias: a internet é (ou ao menos seria) a mãe da mentira *on-line*. Trata-se, entretanto, de um silogismo perigoso que parte de uma premissa equivocada e reducionista: a internet seria a causa da divulgação de notícias falsas. Não é bem assim. Da notícia falsa de que as Bruxas de Salém teriam sido queimadas na fogueira e não enforcadas – pelos protestantes e calvinistas –, passando pelos rumores de que Franklin Roosevelt influenciou os planos de bombardeio do Japão em Pearl Harbor[2] na manhã

---

1 No original: "During times of universal deceit, telling the truth becomes a revolutionary act".

2 *Vide,* nesse sentido, estudo da American Entreprise Institute for Public Research demonstrando que 31% dos entrevistados em uma pesquisa em 1991 responderam que "concordam" que o presidente Roosevelt sabia de antemão sobre o bombardeio de Pearl Harbor, e 18% dos entrevistados em uma pesquisa Harris em 1971 responderam que "uma conspiração envolvendo O presidente Roosevelt, que queria uma desculpa para ir à guerra com a Alemanha e provocou o Japão a atacar os EUA, foi uma causa da Segunda Guerra Mundial" (BOWMAN, Karlyn; RUGG, Andrew. Public opinion on conspiracy theories. *The American Enterprise Institute's Political Report,* nov. 2013. Disponível em: http://aei.org/wp-content/uploads/2013/11/-public-opinion-on-conspiracy-theories_181649218739.pdf. Acesso em: 18 nov. 2018).

de 7.12.1941, até a disposição do antigo testamento cunhando de pecador o mentiroso,[3] nota-se que a preocupação com os boatos não é fenômeno recente, botando-se a pá de cal na indicação da internet como a única vilã de um problema que é inerente à própria história da humanidade.

No enfrentamento do coronavírus, as *fake news* foram uma nova fronte de batalha: da notícia de que a doença seria tratável com produtos químicos de tanques de peixes até o suposto desenvolvimento laboratorial do vírus na China, diuturnas foram as notícias falsas divulgadas nas redes, reacendendo o debate de quem responde civilmente pelos danos que decorrem das *fake news*.[4]

Simbolizando a gravidade e a delicadeza por trás das *fake news*, está o caso da mulher que foi espancada por populares no Guarujá (SP) após a disseminação do boato de que ela captava crianças na rua para fazer rituais de magia negra.[5] Segundo depoimentos de seu marido, o boato havia começado com uma foto dela usada em um perfil no Facebook, o que teria levado à perseguição dos populares. A vítima deixou dois filhos e um marido.[6]

Se por um lado a internet não é a única causa desse sintoma, por outro, a rede agudiza os maus efeitos de uma notícia falsa.[7] A intensidade com que se divulgam notícias falsas causa efeitos em cascata nos mais diversos segmentos: mercados de valores, corridas eleitorais, relações familiares e diplomáticas. Na corrida presidencial norte-americana de 2016, atribui-se intenso – quiçá decisivo – papel das *fake news* na derrota de Hillary Clinton por Donald Trump, falseando-se desde um suposto apoio do Papa Francisco ao candidato Trump até uma suposta aprovação de Hillary Clinton da venda de armas dos Estados Unidos para os jihadistas.[8]

No Brasil não foi diferente: as *fake news* foram preocupações marcantes durante o pleito eleitoral de 2018. Desde a criação de um conselho consultivo sobre internet e

---

3 "Não admitirás falso boato, e não porás a tua mão com o ímpio, para seres testemunha falsa" (Êxodo 23:1).

4 MERCIER, Hugo. Fake news in the time of coronavirus: how big is the threat? *The Guardian*, 30 mar. 2020. Disponível em: https://www.theguardian.com/commentisfree/2020/mar/30/fake-news-coronavirus-false-information.

5 CASTRO, João Paulo de; ROSSI, Mariane. Marido diz que mulher foi espancada por causa de boato em rede social. *G1*, 5 maio 2014. Disponível em: http://g1.globo.com/sp/santos-regiao/noticia/2014/05/marido-diz-que-mulher-foi-espancada-por-causa-de-boato-em-rede-social.html. Acesso em: 18 nov. 2018.

6 A hipótese cuida-se de mais um episódio de feminicídio cuja solução passa, na visão de Maria Celina Bodin de Moraes, pelo espontâneo e não artificial engajamento dos homens (MORAES, Maria Celina Bodin de. Por que nunca falamos sobre os culpados? *Civilistica.com*, Rio de Janeiro, ano 7, n. 3, 2018. Disponível em: http://civilistica.com/wp-content/uploads/2019/02/Editorial-civilistica.com-a.7.n.3.2018.pdf. Acesso em: 17 mar. 2019).

7 "De fato, ainda vista por muitos como uma 'terra sem lei', a internet ostente um enorme potencial democrático, informativo, construtivo e criativo – mas, também, com igual vigor, uma capacidade ímpar de disseminar, cm rapidez e alcance impressionantes, conteúdos lesivos à dignidade de pessoas concretas ao redor do mundo" (SOUZA, Eduardo Nunes de Souza. Qual liberdade tutelar na era da opinião responsável? Prefácio. *In*: QUEIROZ, João Quinelato de. *Responsabilidade civil na rede*: danos e liberdades à luz do Marco Civil da Internet. Rio de Janeiro: Processo, 2019).

8 Um estudo da Universidade de Ohio procurou demonstrar que as *fake news* provavelmente mudaram o rumo das eleições presidenciais americanas. O estudo mostra que ao menos de 4% dos eleitores foram dissuadidos de votar em Clinton por acreditar em notícias fraudulentas. As principais *fake news* que atacaram a candidatura de Hillary Clinton foram (i) Clinton estava com uma saúde muito ruim por uma grave doença; (ii) Papa Francisco declarou apoio a Trump; e (iii) Clinton aprovou venda de armas para grupos jihadistas, incluindo ISIS (BLAKE, Aaron. A new study suggests Fake News might have won Donald Trump the 2016 election. *The Washington Post*, 3 abr. 2018. Disponível em: https://www.washingtonpost.com/news/the-fix/wp/2018/04/03/a-new-study-suggests-fake-news-might-have-won-donald-trump-the-2016-election/?utm_term=.71fa9fafb383. Acesso em: 14 out. 2018).

eleições pelo Tribunal Superior Eleitoral,[9] passando pela criação de um portal específico do Tribunal Superior Eleitoral para checagem de fatos,[10] até o requerimento formal pela Procuradoria-Geral da República à Polícia Federal para a investigação de disseminação de *fake news* envolvendo presidenciáveis,[11] assistiu-se a um papel decisivo desse fenômeno, que contribuiu para a desinformação do eleitor e prejudicou gravemente o exercício do voto livre e informado pelo cidadão. O exercício da mais comezinha liberdade no contexto democrático – o voto –[12] foi marcadamente limitada pelo efeito nefasto da mentira.

A disseminação de notícias falsas pela internet é fenômeno que demanda do intérprete a ponderação entre o direito à liberdade de expressão, de um lado, e de outro a proteção à intimidade, honra e vida privada da vítima das falsas notícias. São *hard cases*,[13] para os quais não há na doutrina ou na legislação uma solução pré-pronta e que auxilie o magistrado no caso concreto. Certo é que, no processo hermenêutico de ponderação entre esses valores, imponderável será a dignidade ainda que posta está na cimeira do ordenamento e funcionará, sempre, como um vetor orientativo desse processo decisório.[14]

É premente, assim, a definição de critérios objetivos – e não necessariamente jurídicos – do que são *fake news*, sua distinção com manifestações da opinião e, para efeitos de determinação do dever de indenizar para as vítimas das notícias falsas, a análise da conduta dos autores das informações falsas (autores e provedores de aplicações de internet) para determinar-se se é possível ou não a construção de uma responsabilidade solidária entre esses referidos agentes. Assumirá relevante preocupação

---

9 "Art. 2º O Conselho Consultivo instituído por esta portaria funcionará junto ao Gabinete do Presidente do Tribunal e terá as seguintes atribuições: I - desenvolver pesquisas e estudos sobre as regras eleitorais e a influência da Internet nas eleições, em especial o risco das *Fake News* e o uso de robôs na disseminação das informações; II - opinar sobre as matérias que lhe sejam submetidas pela Presidência do TSE; III - propor ações e metas voltadas ao aperfeiçoamento das normas" (TSE, Portaria nº 949, de 7.12.2017, que institui o Conselho Consultivo sobre Internet e Eleições).

10 Portal do Tribunal Superior Eleitoral por meio do qual poderia o eleitor consultar a veracidade ou não de determinadas informações (TSE. *Esclarecimentos*. Disponível em: http://www.tse.jus.br/eleicoes/eleicoes-2018/esclarecimentos-sobre-informacoes-falsas-eleicoes-2018. Acesso em: 22 out. 2018).

11 MEGALE, Bela. PF abre investigações para apurar disseminação de *fake news* envolvendo presidenciáveis. *O Globo*, 20 out. 2018. Disponível em: https://oglobo.globo.com/brasil/pf-abre-investigacaopara-apurar-disseminacao-de-fakenews-envolvendo-presidenciaveis-23172769. Acesso em: 20 out. 2018.

12 "Para que o voto constitua legítima expressão da vontade do povo, para que seja função efetiva da soberania popular, deve revestir-se de *eficácia política* e ainda, que represente a *vontade* real do eleitor, vale dizer, que seja cercado de tais garantias que possa dizer-se *sincero e autêntico*, pois, [...] se não for *autêntica expressão da vontade, do sentir, do consentimento de quem o dá*, falseada estará, em sua própria origem, a vontade da nação" (SILVA, José Afonso da. *Curso de direito constitucional positivo*. 36. ed. São Paulo: Malheiros, 2013. p. 362).

13 Do inglês *hard cases*, a expressão identifica situações para as quais não há uma formulação simples e objetiva a ser colhida no ordenamento. Sendo necessária a atuação subjetiva do intérprete e a realização de escolhas, com eventual emprego de discricionariedade (BARROSO, Luís Roberto. Colisão entre liberdade de expressão e direitos da personalidade. Critérios de ponderação. Interpretação constitucionalmente adequada do Código Civil e da Lei de Imprensa. *Revista Trimestral de Direito Civil*, Rio de Janeiro, v. 16, p. 1-36, 2004. p. 9. Disponível em: http://bibliotecadigital.fgv.br/ojs/index.php/rda/article/view/45123. Acesso em: 18 nov. 2018).

14 "Albert Einstein foi o primeiro a identificar a relatividade de todas as coisas: do movimento, da distância, da massa, do espaço, do tempo. Mas ele tinha em mente um valor geral e absoluto, em relação ao qual valorava a relatividade: a constância no vácuo da velocidade da luz. Seria o caso, creio eu, de usar esta analogia, a da relatividade das coisas e a do valor absoluto da velocidade da luz, para expressar que também no direito, hoje, tudo se tornou relativo, ou ponderável, sim, mas em relação ao único valor capaz de dar harmonia, equilíbrio e proporção ao ordenamento jurídico: o princípio da dignidade da pessoa humana" (MORAES, Maria Celina Bodin de. *Na medida da pessoa humana*: estudos de direito civil. 1. ed. Rio de Janeiro: Renovar, 2010. p. 120).

nesse itinerário lógico a conduta dos provedores de conteúdo que, por vezes, cientes da flagrante inverdade do material, permitem a disseminação das informações falsas em suas respectivas plataformas.

O fenômeno da pós-verdade, definido como circunstâncias nas quais fatos objetivos são menos influentes para a definição da opinião pública sobre determinados fatos se comparados aos apelos emocionais e intuições pessoais,[15] inaugura desafios sem precedentes para a dogmática tradicional, desafiando sobretudo o estudo da liberdade de expressão. Conforme lição de Rodotà, tomando-se em conta a rapidez do progresso técnico-científico e a lentidão com que amadurecem os processos sociais paralelos a tal progresso,[16] é tarefa da doutrina o quanto antes repensar o alcance, a abrangência das liberdades comunicativas em tempos de internet e, para a dogmática civilística, especialmente, delinear os elementos da responsabilidade civil que possam garantir o ressarcimento de danos no ambiente digital sem descuidar-se da proteção da liberdade.

1 *Fake news*: definição, consequências e incompatibilidades com as liberdades comunicativas

> *Os cidadãos não são livres para gritar "fogo!" falsamente dentro de um teatro lotado.*[17]

A liberdade, de modo geral, é a faculdade de poder realizar, sem interferências de qualquer gênero, as próprias escolhas individuais, exercendo-as como melhor convier.[18]

---

[15] "Embora o conceito de 'sociedade pós-verdade' só tenha realmente entrado na consciência cultural no último ano, cientistas sociais de uma variedade de campos, mais notavelmente ciência política e psicologia, há muito tempo estão interessados em como e por que indivíduos e instituições adotam comportamentos ou crenças que estão patentemente em desacordo com a realidade observável. As conclusões muitas vezes surpreendentes desses acadêmicos fornecem *insights* importantes para advogados e formuladores de políticas que lutam para se adaptar a desafios jurídicos e políticos sem precedentes. Tradicionalmente, os acadêmicos têm caracterizado percepções políticas equivocadas como 'déficits de informação' decorrentes da 'falta de interesse ou conhecimento de política por parte dos indivíduos'" (em tradução livre). No original: 'Although the concept of a 'post-truth society' only truly entered the cultural consciousness within the last year, social scientists from a variety of fields, most notably political science and psychology, have long been interested in how and why individuals and institutions adopt behaviors or beliefs that are patently at odds with observable reality. These scholars' often startling conclusions provide important insights for lawyers and policymakers struggling to adapt to unprecedented legal and political challenges. Traditionally, scholars have characterized political misperceptions as 'information deficits' arising out of individuals' 'lack of interest in or knowledge of politics'" (STRONG, S. I. Alternative facts and the post-truth society. *University of Pennsylvania Law Review Online*, v. 165, 2017. Disponível em: http://www.pennlawreview.com/online/165-U-Pa-L-Rev-Online-137.pdf. Acesso em: 18 nov. 2018).

[16] "A nova angústia nasce da consciência da forte defasagem entre a rapidez do progresso técnico-científico e a lentidão com que amadurecem a capacidade de controle dos progressos sociais que acompanham tal progresso. E é exatamente neste terreno que é preciso trabalhar para preencher tal defasagem, projetando políticas conscienciosas, elaborando remédios institucionais" (RODOTÀ, Stefano. *A vida na sociedade da vigilância*. [s.l.]: [s.n.], [s.d.]. p. 42).

[17] A frase é uma paráfrase da opinião de Oliver Wendell Holmes Jr. no caso da Suprema Corte dos Estados Unidos, *Schenck v. Estados Unidos*, em 1919, que sustentou que o discurso do réu em oposição ao alistamento militar compulsório durante a Primeira Guerra Mundial não era protegido pela liberdade de expressão sob a Primeira Emenda da Constituição dos Estados Unidos (Schenck v. United States, 249 U.S. 47).

[18] MORAES, Maria Celina Bodin de. *Danos à pessoa humana*: uma leitura civil-constitucional dos danos morais. 1. ed. Rio de Janeiro: Renovar, 2003. p. 107.

A doutrina constitucionalista define no princípio da legalidade, insculpido no art. 5º, V, da Constituição, o fundamento constitucional geral de liberdade, de modo que, na lição de Luís Roberto Barroso, se a lei não proíbe determinado comportamento ou não o impõe, as pessoas podem adotá-lo ou não.[19] A liberdade, portanto, é direito fundamental, e desdobra-se em diferentes espécies de liberdade: de locomoção, de expressão, de consciência, crença e culto; de reunião, de associação e de trabalho.[20]

Entre essas liberdades constitucionalmente asseguradas ao cidadão, inserem-se as chamadas liberdades comunicativas, as quais, de igual sorte, gozam de *status* de direito fundamental do cidadão e subdividem-se em três espécies: (i) liberdade de imprensa, (ii) liberdade de expressão e (iii) liberdade de informação. Conforme definição de Luís Roberto Barroso, a *liberdade de informação* diz respeito ao direito individual de comunicar livremente fatos e ao direito difuso de ser deles informado. Já a *liberdade de expressão* destina-se a tutelar o direito de externar ideias, opiniões, juízos de valor e quaisquer manifestações do pensamento humano. A *liberdade de imprensa*, por seu turno, designa a liberdade reconhecida aos meios de comunicação em geral de comunicarem fatos e ideias.[21]

A garantia da liberdade de expressão abrangerá, portanto, a emissão de opinião, convicção, comentário, avaliação ou julgamento sobre qualquer fato ou sobre qualquer indivíduo, envolvendo tema de interesse público, ou não, de importância e de valor, ou não.[22] A liberdade encontrará limite quando da colisão com outros direitos fundamentais e com outros valores constitucionalmente estabelecidos,[23] conforme magistério do Min. Luís Roberto Barroso:

> Ao lado do direito à vida e à integridade física, a liberdade é considerada um dos valores básicos para a existência humana digna [...]. Mas, naturalmente, também a liberdade há de encontrar limites em outros direitos, dentre os quais se inclui a preservação de uma esfera individual imune à intromissão alheia. Este espaço de privacidade e autopreservação vem resguardado no art. 5, X, [...] e pode excepcionar a liberdade de expressão [...].[24]

Os conceitos da dogmática constitucional não respondem, aparentemente, a uma dúvida premente ao analisar-se as *fake news*: estaria o direito de mentir albergado

[19] BARROSO, Luís Roberto. *Temas de direito constitucional*. 2. ed. Rio de Janeiro: Renovar, 2002. p. 85.

[20] BARROSO, Luís Roberto. *Temas de direito constitucional*. 2. ed. Rio de Janeiro: Renovar, 2002. p. 87.

[21] "A doutrina brasileira distingue as liberdades de informação e de expressão, registrando que a primeira diz respeito ao direito individual de comunicar livremente fatos e ao direito difuso de ser deles informado; a liberdade de expressão, por seu turno, destina-se a tutelar o direito de externar ideias, opiniões, juízos de valor, em suma, qualquer manifestação do pensamento humano. [...] É fora de dúvida que a liberdade de informação se insere na liberdade de expressão em sentido amplo. [...] Além das expressões liberdade de informação e de expressão, há ainda uma terceira locução que se tornou tradicional no estudo do tema e que igualmente tem assento constitucional: a liberdade de imprensa (*na verdade, dos meios de comunicação*). A expressão designa a liberdade reconhecida (na verdade, conquistada ao longo do tempo) aos meios de comunicação em geral (não apenas impressos, como o termo poderia sugerir) de comunicarem fatos e ideias, envolvendo, desse modo, tanto a liberdade de informação como a de expressão" (BARROSO, Luís Roberto. Colisão entre liberdade de expressão e direitos da personalidade. Critérios de ponderação. Interpretação constitucionalmente adequada do Código Civil e da Lei de Imprensa. *Revista Trimestral de Direito Civil*, Rio de Janeiro, v. 16, p. 1-36, 2004. Disponível em: http://bibliotecadigital.fgv.br/ojs/index.php/rda/article/view/45123. Acesso em: 18 nov. 2018).

[22] MENDES, Gilmar Ferreira. *Curso de direito constitucional*. 12. ed. São Paulo: Saraiva, 2017. p. 264.

[23] MENDES, Gilmar Ferreira. *Curso de direito constitucional*. 12. ed. São Paulo: Saraiva, 2017. p. 270.

[24] BARROSO, Luís Roberto. *Temas de direito constitucional*. 2. ed. Rio de Janeiro: Renovar, 2002. p. 362-363.

pela liberdade de expressão? A imputação de conduta falsa a outrem ou o direito de divulgar fatos falsos deve ser conduta tolerada pelo ordenamento em nome da proteção das liberdades comunicativas?

Antes de responder a tais questionamentos, convém conceituar o que são as *fake news* ou notícias falsas. Podem ser definidas como desinformação destinada a enganar o interlocutor, inquestionavelmente em desacordo com os fatos reais e que seja disfarçada de informação verdadeira.[25] Cuidam-se de informações que, cumulativamente, não traduzem mera opinião pessoal do enunciador ou de posicionamento institucional de uma organização e, ainda, sejam indubitavelmente contrárias aos fatos verdadeiros de um acontecimento fático ocorrido na história recente ou distante.[26]

Fake news distinguem-se radicalmente de opiniões pessoais: enquanto as primeiras geralmente estão disfarçadas de notícia factual e distanciam-se indubitavelmente da versão notória sobre o fato narrado, tendo como propósito deliberadamente construírem narrativas falsas, as segundas constituem-se mera opinião de um sujeito específico ou de uma organização, cuja autoria é clara e inequívoca.

Na tentativa de diferenciar-se uma *fake news* de uma mera opinião pessoal ou institucional, portanto, um possível critério de aferição seria a própria declaração de vontade do autor quanto ao conteúdo da mensagem: quanto mais o autor assumir que sua declaração se trata de opinião própria ou posicionamento institucional, menor será a expectativa do interlocutor de que seja essa uma constatação factual e mais privilegiada a liberdade de expressão do emissor estará. Enquanto a liberdade de expressão albergará a livre manifestação pessoal, o mesmo não ocorrerá com a constatação de fatos que são simplesmente falsos. Assim, corroborar-se-á a firme tendência jurisprudencial de assumir que opinião pessoal não configura *fake news*:

> [...] Propaganda que não chega a descambar para a divulgação de informações sabidamente inverídicas ou até mesmo "*Fake news*". Trata-se, em verdade, de crítica quanto ao posicionamento político do candidato da coligação representante, totalmente aceitável no âmbito da disputa eleitoral. [...] De início, cabe pontuar que as *críticas em geral estão protegidas pela liberdade de expressão, ainda quando proferidas em tom duro, contundente ou até deselegante*. O Judiciário só intervém quando elas descambem para a mentira ou para ofensas pessoais.[27]

---

25 *Vide* as definições de *fake news* sugeridas por Ari Waldman: "Fake news, which I define as misinformation designed to mislead readers by looking like and coming across as traditional media, is similar to much older forms of misinformation". Em tradução livre: "Notícias falsas, que eu defino como desinformação projetada para enganar os leitores parecendo e aparecendo como mídia tradicional, é semelhante a formas muito mais antigas de desinformação" (WALDMAN, Ari Erza. The marketplace of fake news. *University of Pennsylvania Journal of Constitucional Law*, n. 20, 2018. p. 848. Disponível em: https://scholarship.law.upenn.edu/jcl/vol20/iss4/3. Acesso em: 18 nov. 2018).

26 "What is fake news? This is quite a challenging question to legal and non-legal scholars because there is no universally agreed-upon definition. It is often understood as fabricated news stories. But its definition is less than useful, since the term is being loosely bandied about". Em tradução livre: "O que são notícias falsas? Essa é uma pergunta bastante desafiadora para estudiosos jurídicos e não jurídicos, porque não há uma definição universalmente acordada. É frequentemente entendida como notícias fabricadas. Mas sua definição é menos que útil, uma vez que o termo está sendo pouco divulgado" (PARK, Ahran; YOUM, Kyu Ho. Fake news from a legal perspective: the United States and South Korea compared. *Southwestern Journal Of International Law*, v. 25, 1, 2019. p. 102).

27 TRE-SE. REP nº 060136256. Rel. Brígida Declerck Fink, j. 4.10.2018. No mesmo sentido: "As afirmações constantes no vídeo combatido não ultrapassam a mera crítica política, não caracterizando falsas notícias [Fake News]. Visões extremistas e sensacionalistas não são necessariamente fatos sabidamente inverídicos, interpretações erradas, ainda que grotescas, críticas enérgicas e relatos e interpretações de fatos controvertidos não são

A verossimilhança da assertiva a ser analisada pelo intérprete mostra-se substancial na determinação das *fake news*. A veracidade é, mais que um limite, um requisito interno da informação, de sorte que esta só será digna de proteção do ordenamento quando a verdade estiver presente.[28] A informação falsa, portanto, não estará albergada sob o manto da liberdade constitucional da liberdade de expressão, não protegendo esse direito fundamental o *direito à mentira*, diferente do que ocorre em ordenamentos jurídicos estrangeiros.[29]

Ao se determinar judicialmente a retirada de uma notícia falsa de circulação, por exemplo, não há sequer uma ponderação de direitos na decisão entre liberdade de expressão e privacidade, uma vez que as *fake news* não são sequer dignas de proteção jurisdicional.[30] Assim é a lição de Luís Roberto Barroso:

> A informação que goza de proteção constitucional é a informação verdadeira. A divulgação deliberada de uma notícia falsa em detrimento do direito da personalidade de outrem, não constitui direito fundamental do emissor. Os veículos de comunicação têm o dever de apurar, com boa fé e dentro de critérios de razoabilidade, a correção do fato ao qual darão publicidade.[31]

---

necessariamente inverídicos; certas publicações que podem ser consideradas ofensivas não são necessariamente inverídicas" (TRE-PE. RP nº 060289135. Rel. Stênio José de Sousa Neiva Coêlho, j. 3.10.2018); e "Da análise do material questionado e das razões expendidas na exordial, é possível concluir que os representantes buscam impedir que o candidato representado chame o material didático do projeto 'Escola sem Homofobia' de 'kit gay'. Tal pretensão, caso acatada pelo Poder Judiciário, materializaria verdadeira censura contra o candidato representado, que estaria impedido de verbalizar, de acordo com suas concepções, críticas à gestão do concorrente à frente do Ministério da Educação.Com efeito, na linha da jurisprudência desta Corte [...] No caso dos autos, as críticas direcionadas ao candidato representante não estão dissociadas do contexto do embate eleitoral em que se inserem, tendo em vista refletirem a divergência dos respectivos posicionamentos políticos. Os comentários questionados, por mais incisivos e provocativos que sejam, podem ser considerados, pelo menos neste juízo perfunctório, como abrigados no âmbito do debate democrático, não se vislumbrando, portanto, a presença dos requisitos que autorizam a remoção de conteúdos da Internet [...]" (TSE. RP nº 0601654-37.2018.6.000.000. Rel. Min. Carlos Horbach, j. 15.10.2018).

28 BARROSO, Luís Roberto. Colisão entre liberdade de expressão e direitos da personalidade. Critérios de ponderação. Interpretação constitucionalmente adequada do Código Civil e da Lei de Imprensa. *Revista Trimestral de Direito Civil*, Rio de Janeiro, v. 16, p. 1-36, 2004. p. 23. Disponível em: http://bibliotecadigital.fgv.br/ojs/index.php/rda/article/view/45123. Acesso em: 18 nov. 2018.

29 "In American law, a definition of fake news cannot be overly encompassing because that would overreach the definition into speech that is protected by the First Amendment. In U.S. law, false information is protected not because falsity is valuable enough but because truthful information can be suppressed. Hence, the First Amendment allows 'breathing space.' This explains, in part, why fake news should be narrowly defined". Em tradução livre: "Na lei americana, uma definição de notícias falsas não pode ser excessivamente abrangente, porque isso excederia a definição em discurso protegido pela Primeira Emenda. Na lei dos EUA, as informações falsas são protegidas não porque a falsidade seja valiosa o suficiente, mas porque as informações verdadeiras podem ser suprimidas. Portanto, a Primeira Emenda permite 'espaço para respirar'. Isso explica, em parte, por que notícias falsas devem ser definidas de maneira restrita" (PARK, Ahran; YOUM, Kyu Ho. Fake news from a legal perspective: the United States and South Korea compared. *Southwestern Journal Of International Law*, v. 25, 1, 2019. p. 103).

30 "A informação que goza de proteção constitucional é a informação verdadeira. A divulgação deliberada de uma notícia falsa em detrimento do direito da personalidade de outrem, não constitui direito fundamental do emissor. Os veículos de comunicação têm o dever de apurar, com boa fé e dentro de critérios de razoabilidade, a correção do fato ao qual darão publicidade" (BARROSO, Luís Roberto. Colisão entre liberdade de expressão e direitos da personalidade. Critérios de ponderação. Interpretação constitucionalmente adequada do Código Civil e da Lei de Imprensa. *Revista Trimestral de Direito Civil*, Rio de Janeiro, v. 16, p. 1-36, 2004. p. 25. Disponível em: http://bibliotecadigital.fgv.br/ojs/index.php/rda/article/view/45123. Acesso em: 18 nov. 2018).

31 BARROSO, Luís Roberto. Colisão entre liberdade de expressão e direitos da personalidade. Critérios de ponderação. Interpretação constitucionalmente adequada do Código Civil e da Lei de Imprensa. *Revista Trimestral de Direito Civil*, Rio de Janeiro, v. 16, p. 1-36, 2004. p. 25. Disponível em: http://bibliotecadigital.fgv.br/ojs/index.php/rda/article/view/45123. Acesso em: 18 nov. 2018.

O Superior Tribunal de Justiça vem firmando entendimento no sentido de que a liberdade de informação deve atentar-se ao dever de veracidade, já que a falsidade dos dados divulgados *manipula* em vez de *formar* a opinião pública.[32] O controle estatal, nessa hipótese, é condição necessária para garantir a proteção do propósito último das garantias de liberdade de expressão de promover um debate público (*marketplace of ideas*), que prepare os cidadãos, efetivamente, para deliberar sobre os assuntos de interesse geral.[33]

Em jurisprudência recente,[34] os tribunais já vêm utilizando como um dos pilares da interpretação dos fatos a veracidade ou razoabilidade dos fatos veiculados:

> [...] Deve haver obediência à verdade e compromisso com a seriedade, para que não ocorra a veiculação de informações, aptas a atingir a dignidade e a reputação de determinado candidato. E que não se guiem por esta bússola. *In casu*, ainda em sede provisória, tem-se que as publicações podem, efetivamente, configurar propaganda eleitoral negativa indevida, porque traria informação que, se devidamente conferida e apurada *cum grano salis*, não corresponderia à exata realidade.[35]

A intervenção estatal no exercício das liberdades comunicativas justifica-se, portanto, quando o propósito for a garantia da disseminação confiável, especialmente nos casos de promoção de uma regulação estatal que busque "neutralizar os incentivos econômicos que estimulam a produção de *fake news*".[36] Transformar em censura a atuação promocional do Estado regulador nessas hipóteses é ignorar a relevância social da informação fidedigna e da natureza propulsora da verdade no processo de tomada de decisões inteligentes e informadas pelo cidadão. Impedir a exclusão de circulação de *fake news*, portanto, não constitui conduta que fomenta a censura e tampouco avilta nenhuma das liberdades comunicativas: as liberdades de expressão, comunicação ou imprensa.

---

[32] Na hipótese, Hélio de Oliveira Dorea ajuizou ação de reparação por danos morais e materiais contra a Globo Comunicações, em razão de reportagem veiculada no programa Fantástico em maio de 2002 sobre suposta corrupção na Prefeitura de São Gonçalo (RJ). Afirmou não estar envolvido nos fatos e que a "versão fantasiosa" do programa televisivo teria lhe causado danos, como o afastamento do jornal onde trabalhava e a diminuição no faturamento de suas empresas, inclusive com o encerramento de uma delas. Pleiteou, além da indenização, direito de resposta (STJ, 3ª T. REsp nº 984.803. Rel. Min. Nancy Andrighi, j. 19.8.2009). *Vide*, no mesmo sentido, outro julgado do STJ: "A liberdade de informação deve estar atenta ao dever de veracidade, pois a falsidade dos dados divulgados manipula em vez de formar a opinião pública, bem como ao interesse público, pois nem toda informação verdadeira é relevante para o convívio em sociedade" (STJ, 3ª T. REsp nº 896.635/MT. Rel. Min. Nancy Andrighi. *DJe*, 10 mar. 2008).

[33] BINENBOJM, Gustavo. Meios de comunicação de massa, pluralismo e democracia deliberativa. As liberdades de expressão e de imprensa nos Estados Unidos e no Brasil. *Revista Brasileira de Direito Público*, Belo Horizonte, n. 9, abr. 2005.

[34] "É cediço que o Judiciário deve atuar com intervencionismo mínimo no pleito eleitoral, em que o protagonismo deve ser exercido pelos políticos postulantes a novos mandatos, entretanto não se pode eximir de responder, se provocado, quando se está diante de notícias sabidamente inverídicas, Fake News, como é o caso da afirmação de que o governo Temer teria oficializado seu apoio ao palanque dele em Pernambuco com a publicação da foto dos representantes em rede social do representado" (TRE-PE. RP nº 060166677. Rel. Karina Albuquerque Aragão de Amorim, j. 17.9.2018).

[35] TRE-SP. RP nº 0609097-16.2018.6.26.0000. Juiz Auxiliar da Propaganda Eleitoral Afonso Celso da Silva, j. 17.10.2018.

[36] Parcela da doutrina admite a necessidade de regulação, mas entende que bloqueios de acesso ou proibições de conteúdo não seriam a maneira mais adequada de realizar o referido controle, devendo-se priorizar as construções de canais oficiais do governo nos quais estariam as fontes confiáveis de informação (REIS, Márcio Monteiro. Fake news: o direito pode fazer algo a respeito? *Revista Brasileira de Direito Público – RBDP*, Belo Horizonte, ano 16, n. 60, p. 9-41, jan./abr. 2018. p. 36).

1.1 As *fake news* e o *marketplace of ideas*

Os defensores do chamado *marketplace of ideas* entendem que as *fake news* são o preço que se paga para viver-se em uma sociedade livre. As notícias falsas fariam parte do chamado *marketplace of ideas*, pensamento que defende que a melhor maneira para uma sociedade democrática determinar qual a melhor ideia entre tantas é deixá-las se confrontarem no campo das ideias.[37]

Ari Ezra Waldman, professor da New York University e diretor do Centro de Inovação para Direito e Tecnologia da mesma universidade, destaca que assim como os bons produtos vencem no mercado sobre os maus produtos, as boas ideias venceriam sobre as más ideias, de modo que o uso da lei ou da aplicação de uma agenda de proteção ao usuário iria contra esse princípio de discurso livre, não intervenção e tolerância. Não obstante a teoria do *marketplace of ideas*, destaca Waldman, parcela da doutrina reconhece que, mesmo diante da ampla garantia à liberdade de expressão defendida pela Primeira Emenda à Constituição norte-americana, considerando que o mercado por vezes falha em sua autorregulação – e as *fake news* são uma clara hipótese em que o mercado falha em sua autorregulação –, na presença da assimetria de informações e na incapacidade de os usuários distinguirem por si próprios as boas das más ideias que circulam na rede, a intervenção do Estado faria sentido.[38] Para Waldman, entretanto, a doutrina de *marletkplace of ideas* diz respeito a ideias e não a fatos e, portanto, fatos falsos não estão cobertos pela doutrina de *marketplace of ideas*.

Importante destacar que para a teoria democrática – concepção oposta à teoria libertária acerca das liberdades de expressão e de imprensa no pensamento norte-americano – a liberdade tem por função garantir a liberdade política dos cidadãos ao invés de uma mera liberdade expressiva. Em outras palavras, o propósito das garantias de liberdade de expressão e de imprensa, destaca Gustavo Binenbojm, é "fomentar um 'robusto, aberto e livre debate público' que prepare os cidadãos que prepare os cidadãos para deliberar sobre assuntos de interesse geral".[39]

A função precípua das liberdades comunicativas, portanto, é fomentar uma cidadania informada e desenvolver capacidade nos cidadãos para o exercício do

---

37 A noção de *marketplace of ideas* tem origem no caso *Abrams vs. United States* (1919). Para o entendimento majoritário da Suprema Corte dos Estados Unidos, reiterado no caso *Whitney v. California* (1927) e conforme assentado pelo *Justice* Brandeis, quando más ou perigosas ideias encontram seu caminho na esfera pública, com o discurso destinado a incitar ou encorajar a derrubada violenta do governo, por exemplo, o remédio a ser aplicado é mais discurso, não silêncio forçado (Suprema Corte dos Estados Unidos, 274 U.S. 357, 377, 1927).

38 Em tradução livre: "Alguns estudiosos argumentam que a doutrina da Primeira Emenda permite a regulação estatal de notícias falsas, mesmo dentro da metáfora do mercado de ideias. Afinal, às vezes os mercados falham. E quando o fazem, o Estado intervém para consertá-lo, seja através de divulgações forçadas, proteções ao consumidor ou medidas ainda mais draconianas. As notícias falsas são uma falha de mercado, um exemplo de falsidades que chegam ao topo devido a assimetrias de informação e à incapacidade dos consumidores de discernir boas e más ideias. A intervenção do governo, portanto, faz sentido". No original: "Some scholars argue that First Amendment doctrine permits state regulation of fake news even within the marketplace of ideas metaphor. After all, sometimes markets fail. And when they do, the state steps in to fix it, whether through forced disclosures, consumer protections, or even more draconian measures. Fake news is a market failure, an example of falsehoods rising to the top due to information asymmetries and the inability of consumers to discern good ideas from bad. Government intervention, therefore, makes sense" (WALDMAN, Ari Erza. The marketplace of fake news. *University of Pennsylvania Journal of Constitucional Law*, n. 20, 2018. p. 848. Disponível em: https://scholarship.law.upenn.edu/jcl/vol20/iss4/3. Acesso em: 18 nov. 2018).

39 BINENBOJM, Gustavo. Autobiografias e heterobiografias: liberdade de expressão, pluralismo e direito à informação. *Revista Brasileira de Direito Público*, v. 45, 2014. p. 9.

autogoverno. Para que se alcance esse objetivo maior de desenvolvimento e progresso democrático e civilizatório, é premente que Estado e demais protagonistas desse processo busquem a disseminação de conteúdos relevantes e fidedignos, já que, na lição de Alexander Meiklejohn – adepto à teoria democrática sobre a primeira emenda –, "o essencial não é que todos falem, mas que falem o que merece ser dito".[40]

O discurso do *marketplace of ideas* e a visão neoliberal sobre o tema tornam o controle das *fake news* extremamente dificultoso, de modo que qualquer tentativa de frear o fenômeno das *fake news* será cerceada pelo argumento de que a esfera pública de discussão deveria ser livre de qualquer intervenção ou regulação do Estado sob pena de censura.

A teoria do *marketplace of ideas* foi temperada diversas vezes para negar a proteção da Primeira Emenda aos casos em que se proferia discursos obscenos, palavras de incitação ao ódio ou obscenidades, discursos de ódio ou segregação. Os primeiros casos julgados pela Suprema Corte norte-americana[41] acerca da liberdade de expressão – como *Abrahms v. United States* (1919),[42] *Debs v. United States* (1919),[43] *Schenck v. United States* (1919)[44] e *Gitlow v. New York* (1925)[45] – desenvolveram a chamada teoria do *clear and present danger* (teoria do perigo claro e iminente), segundo a qual se deveria distinguir, quando da aplicação da Primeira Emenda, as meras expressões de ideias das manifestações que colocassem em risco a segurança dos cidadãos e do próprio Estado, de modo que não poderiam as informações que trouxessem perigo claro e iminente

---

[40] MEIKLEJOHN, Alexander. *Political freedom*: the constitucional powers of the people. Nova York: Harper, 1960. p. 25-28.

[41] É com prudência que se deve analisar o desenvolvimento da jurisprudência estrangeira e, com maior prudência ainda, tentar importar em uma formulação simplista os entendimentos estrangeiros dos sistemas de *common law* para a *civil law*. É o que defende Maria Celina Bodin de Moraes: "a lógica do modelo anglo-saxão é simplesmente diferente demais da lógica do sistema romano-germânico para que uma aproximação acrítica possa sair impune" (MORAES, Maria Celina Bodin de. Professores ou juízes? *Civilistica.com*, Rio de Janeiro, ano 3, n. 2, jul./dez. 2014. Disponível em: http://civilistica.com/professores-ou-juizes/. Acesso em: 20 jan. 2019).

[42] O caso *Abrams v. U.S* trata de seis réus que foram condenados com base em folhetos impressos e jogados de janelas de um prédio em Nova York. Um panfleto, assinado "revolucionários", e o segundo panfleto, escrito em iídiche, denunciava a guerra e os esforços dos EUA para impedir a Revolução Russa. A Suprema Corte dos Estados Unidos, em defesa ao Ato de Espionagem de 1917, não aplicou a Primeira Emenda e condenou Hyman Rosansky a 3 anos de prisão; Jacob Abrams, Hyman Lachowsky e Samuel Lipman, a 20 anos e multa de US$1.000; Mollie Steimer, a 15 anos e multa de US$5.000; e absolvição de Gabriel Prober (Suprema Corte dos Estados Unidos, 250 U.S. 616, 1919).

[43] Eugene V. Debs foi um líder trabalhista e político norte-americano, cinco vezes candidato do Partido Socialista da América para a presidência americana. Em junho de 1918, Debs fez um discurso antiguerra em Canton, Ohio, protestando contra o envolvimento dos EUA na Primeira Guerra Mundial. Ele foi preso sob o Ato de Espionagem de 1917, sendo condenado a dez anos de prisão e perda de sua cidadania (Suprema Corte dos Estados Unidos, 249 U.S. 211, 1919).

[44] Charles T. Schenck foi secretário-geral do Partido Socialista dos EUA, que se opôs à implementação de um calado militar no país. O partido imprimiu e distribuiu cerca de 15.000 panfletos que pediam homens recrutados para resistir ao serviço militar. Schenck foi posteriormente preso por ter violado o Ato de Espionagem. Tendo sido condenado em três acusações e a 10 anos de prisão por cada acusação. A Suprema Corte decidiu que a liberdade de expressão oferecida pela Primeira Emenda poderia ser restringida se as palavras faladas ou impressas representassem à sociedade perigo claro e presente (Suprema Corte dos Estados Unidos, 249 U.S. 47, 1919).

[45] Benjamin Gitlow, um membro do Partido Socialista da América, que serviu na Assembleia do Estado de Nova York, foi acusado de anarquia criminal sob a Lei de Anarquia Criminal de 1902, de Nova York, por publicar em julho de 1919 um documento chamado "Manifesto da Esquerda". O Supremo Tribunal dos Estados Unidos sustentou que a Décima Quarta Emenda da Constituição dos Estados Unidos estendeu o alcance de certas limitações à autoridade do governo federal estabelecidas na Primeira Emenda – especificamente as disposições que protegem a liberdade de expressão e liberdade de imprensa – para os governos dos estados individuais (Suprema Corte dos Estados Unidos, 268 U.S. 652, 1925).

serem albergadas irrestritamente pela liberdade de expressão. A teoria foi remodelada, posteriormente, no caso *Brandenburg v. Ohio* (1969),[46] opinando a Corte no sentido de que não seriam albergadas pela liberdade de manifestação as opiniões de "incitação atual e iminente à prática de ações ilegais e a probabilidade de que a atividade expressiva incite ou produza tal resultado".

Na proteção da própria liberdade de expressão, na visão de Owen Fiss – professor da Faculdade de Direito de Yale –, deve o Estado ser visto como amigo e não inimigo do processo de fortalecimento das liberdades comunicativas, arrematando o autor que o Estado "pode fazer coisas terríveis para desestabilizar e minar democracia, mas também algumas coisas extraordinárias para fortalecê-la".[47] É nesse sentido se que deve advogar a intervenção do Estado quando da disseminação das *fake news* por quaisquer agentes do cenário comunicativo e enxergar nessa intervenção não uma ameaça à democracia ou ao livre exercício das liberdades comunicativas, mas, sim, um fortalecimento no desempenho livre, verdadeiro e transparente dessas liberdades.[48]

Os efeitos perversos das *fake news* foram analisados em recente estudo publicado na revista *Science*. O estudo analisou, entre 2006 e 2017, mais de 126.000 estórias tweetadas por 3 milhões de pessoas, mais de 4,5 milhões de vezes. Realizada por meio da análise minuciosa das chamadas *rumor cascades*,[49] a pesquisa se baseou em quatro critérios para quantificar essas cascatas: 1) *depth*, entendida como a profundidade das cascatas (número de *retweets* do *tweet* de origem, ao longo do tempo); 2) *size*, significando seu tamanho (número de usuários envolvidos na cascata ao longo do tempo); 3) *maximum breadth*, sua amplitude máxima (número máximo de usuários envolvidos na cascata a qualquer profundidade); e 4) *structural virality*, entendida como a viralidade estrutural das cascatas (medida que interpola o conteúdo disseminado por meio de uma única transmissão, grande, e a que se espalha por várias gerações com qualquer indivíduo diretamente responsável por apenas uma fração da propagação total), para entender as distinções de difusão das notícias falsas, em todos esses níveis, com relação às notícias verdadeiras.

Segundo o estudo, a dinâmica de difusão de rumores verdadeiros e falsos demonstrou que as mentiras se difundem significativamente mais rápido, de forma mais profunda e possuem alcance muito maior do que a verdade, em todas as categorias de

---

46 O caso envolvia o direito a manifestações da Ku Klux Klan. Na controvertida decisão final, a Corte assegurou o direito à liberdade de expressão da Ku Klux Klan por entender que o requisito de incitação atual e iminente não havia sido preenchido.

47 "Nós temos de aprender a aceitar esta verdade cheia de ironia e contradição: que o Estado pode ser tanto um inimigo como um amigo do discurso" (FISS, Owen M. *A ironia da liberdade de expressão*: regulação e diversidade na esfera pública. Tradução de Gustavo Binenbojm e Caio Mário da Silva Pereira Neto. Rio de Janeiro: Renovar, 2005. p. 8).

48 "Qualquer excesso na intervenção pode descambar para um Estado totalitário e controlador das manifestações discursivas da sociedade civil, ao passo que qualquer omissão do Estado pode representar a exclusão do discurso público de grupos sociais econômica e politicamente desfavorecidos e a manipulação desse mesmo discurso por grupos hegemônicos que controlam os meios de comunicação de massa" (BINENBOJM, Gustavo. Autobiografias e heterobiografias: liberdade de expressão, pluralismo e direito à informação. *Revista Brasileira de Direito Público*, v. 45, 2014. p. 7).

49 Em tradução livre, as chamadas *cascatas de rumores* são "instâncias de um padrão de disseminação de rumores que exibem uma cadeia de retweet ininterrupta com origem comum e singular". No original: "cascades, which we define as instances of a rumor-spreading pattern that exhibit an unbroken retweet chain with common, singular origin" (VOSOUGHI, Soroush; ROY, Deb; ARAL, Sinan. The spread of true and false news online. *Science*, v. 359, 9 mar. 2018. Disponível em: http://science.sciencemag.org/content/359/6380/1146/tab-pdf).

informação (política, lendas urbanas, negócios, guerra e terrorismo, ciência e tecnologia, entretenimento e desastres naturais), verificando-se que a política foi a categoria em que mais se evidenciou a presença das *fake news*, com 45.000 cascatas.[50] Conclui-se, portanto, que em nome da proteção da própria liberdade de expressão, é preciso que o Estado regule os limites da liberdade de expressão, atribuindo responsabilidade civil a quem disseminar irresponsavelmente as notificas falsas, sob pena de, em nome da proteção da mesma liberdade, ficarmos à mercê de um *laissez-faire* nas liberdades comunicativas.

No Brasil, assume destaque na jurisprudência do Supremo Tribunal Federal, como *leading case* da ponderação do direito à liberdade de expressão *versus* o direito à imagem, a Ação de Descumprimento do Preceito Fundamental nº 130, julgada em 30.4.2009 na Corte. A ADPF nº 130 questionou a constitucionalidade da Lei de Imprensa (Lei nº 5250/67), tendo a Corte, por maioria, declarado que a Lei de Imprensa é incompatível com a atual ordem constitucional. No voto do ministro relator, Min. Carlos Ayres Britto, julgou-se a demanda por meio de blocos de direitos, contrapondo-se o "bloco dos direitos da liberdade de expressão e imprensa" ao "bloco dos direitos à imagem, honra, intimidade e vida privada". Decidiu a Corte pela precedência do primeiro bloco e pela incidência *a posteriori* do segundo bloco de direitos, para o efeito de assegurar, entre outros mecanismos, a responsabilidade civil e outras consequências do pleno gozo da liberdade de imprensa.[51] Por meio deste julgado, portanto, o STF assentou o posicionamento pela posição de prevalência do princípio da liberdade no sistema jurídico contemporâneo.

Não obstante a conclusão da Corte pela adoção do princípio da liberdade com *status* preferencial no ordenamento ante outros princípios – inclusive o da dignidade –, parecem substanciosos os argumentos trazidos pelos eminentes ministros Menezes Direito e Ellen Gracie – esta vencida no julgamento – acerca da ponderação entre liberdade e demais direitos da personalidade. Para a Ministra Ellen Gracie, inexiste hierarquia entre os direitos fundamentais consagrados na Constituição Federal que pudesse permitir, em nome do resguardo de apenas um deles, a completa blindagem legislativa desse direito aos esforços de efetivação de todas as demais garantias individuais.[52] Já para o Ministro Menezes Direito, ao lembrar que "a realidade constitucional está subordinada

---

[50] "Politics was the largest rumor category in our data, with - 45,000 cascades, followed by urban legends, business, terrorism, science, entertainment, and natural disasters [...] When we analyzed the diffusion dynamics of true and false rumors, we found that falsehood diffused significantly farther, faster, deeper, and more broadly than the truth in all categories of information" (VOSOUGHI, Soroush; ROY, Deb; ARAL, Sinan. The spread of true and false news online. *Science*, v. 359, 9 mar. 2018. Disponível em: http://science.sciencemag.org/content/359/6380/1146/tab-pdf). Em tradução livre: "A política foi a maior categoria de rumor em nossos dados, com - 45.000 cascatas, seguidas por lendas urbanas, negócios, terrorismo, ciência, entretenimento e desastres naturais [...] Quando analisamos a dinâmica de difusão de rumores verdadeiros e falsos, descobrimos que a mentira se difunde significativamente mais longe, mais rápido, mais profundamente e mais amplamente do que a verdade em todas as categorias de informação".

[51] STF. ADPF nº 130-DF. Rel. Min. Carlos Ayres Britto, j. 30.4.2009. Observe-se que a maioria dos demais ministros, nos autos da ADPF nº 130, utilizou a ponderação (e não a separação em blocos) como método de solução do conflito de princípios, tendo sido fixado o método da separação em blocos, entretanto, na ementa do julgado e fixada a tese pela Corte nestes termos.

[52] "No entanto, não enxergo, com a devida vênia, uma hierarquia entre os direitos fundamentais consagrados na Constituição Federal que pudesse permitir, em nome do resguardo de apenas um deles, a completa blindagem legislativa desse direito aos esforços de efetivação de todas as demais garantias individuais". Voto da Ministra Ellen Gracie nos autos da ADPF nº 130 (STF. ADPF nº 130-DF. Rel. Min. Carlos Ayres Britto, j. 30.4.2009. p. 127).

ao princípio da reserva qualificada, isto é, a preservação da dignidade da pessoa humana como eixo condutor da vida social e política", os princípios da liberdade de expressão e da dignidade humana merecem o mesmo tratamento.[53]

Relevante a lembrança de Marcos Ehrhardt que, ao comentar a decisão, pontua:

> a ponderação em abstrato realizada pelo STF tem o condão de diminuir a liberdade de magistrados no exame do caso concreto, deles retirando a legitimidade que possuem para melhor analisar as situações postas sob seu crivo, reduzindo as chances de serem evitados danos aos direitos de personalidade daqueles que se insurgem no judiciário em situações de eminência de divulgação de notícia falsa em veículo de comunicação.[54]

É justamente nesse sentido que andou bem o Conselho de Justiça Federal que, por ocasião da VIII Jornada de Direito Civil, aprovou o Enunciado nº 613, dispondo em seu verbete que "a liberdade de expressão não goza de posição preferencial em relação aos direitos da personalidade no ordenamento jurídico brasileiro".

No contexto da constitucionalização do direito, em que se adota o princípio da dignidade como vértice orientativo da exegese de todo o sistema, parece-nos que não se pode falar que o texto constitucional dê guarida à posição de que o princípio da liberdade goze de qualquer superioridade hierárquica com relação aos demais princípios da Carta Maior, ainda que esse seja o princípio condicionador para o exercício de outros direitos. Tal posicionamento estaria desprovido de fundamento constitucional. Como leciona Eduardo Nunes de Souza:

> seria possível afirmar (não sem um pouco de exagero, mas também não sem grande dose de preocupação) que, nos debates atuais sobre personalidade, quase qualquer pretensão que se possa formular nos moldes do exercício de uma liberdade civil tem vencido, de antemão, a ponderação – e recebido, consequentemente a tutela judicial.[55]

O Supremo Tribunal Federal voltou a apreciar a matéria na ADI nº 4.451/DF, de relatoria do Min. Alexandre de Moraes, em ação direta de inconstitucionalidade, aparelhada com pedido de medida liminar, proposta pela Associação Brasileira de Emissoras de Rádio e Televisão (Abert), que impugnava os incs. II e III do art. 45 da Lei das Eleições (Lei nº 9.504/97),[56] questionando se havia inconstitucionalidade ou não na ingerência estatal no direito de criticar políticos durante o processo eleitoral, firmando

---

53 "Por outro lado, a sociedade democrática é valor insubstituível que exige, para sua sobrevivência institucional, proteção igual à liberdade de expressão e à dignidade da pessoa humana. Esse balanceamento é que se exige da Suprema Corte em cada momento de sua história" (Voto-vista do Ministro Menezes Direito nos autos da ADPF nº 130 (STF. ADPF nº 130-DF. Rel. Min. Carlos Ayres Britto, j. 30.4.2009).

54 BASILIO, I. C.; EHRHARDT JÚNIOR, Marcos Augusto de Albuquerque. Breves considerações sobre a atividade da imprensa e a liberdade de expressão após o julgamento da ADPF 130. *Revista De Direito Civil Contemporâneo*, v. 19, p. 417-433, 2019. p. 430.

55 SOUZA, Eduardo Nunes de Souza. Qual liberdade tutelar na era da opinião responsável? Prefácio. *In*: QUEIROZ, João Quinelato de. *Responsabilidade civil na rede*: danos e liberdades à luz do Marco Civil da Internet. Rio de Janeiro: Processo, 2019.

56 "Art. 45. Encerrado o prazo para a realização das convenções no ano das eleições, é vedado às emissoras de rádio e televisão, em sua programação normal e em seu noticiário: [...] II - usar trucagem, montagem ou outro recurso de áudio ou vídeo que, de qualquer forma, degradem ou ridicularizem candidato, partido ou coligação, ou produzir ou veicular programa com esse efeito".

posição no sentido de admitir-se a divulgação de informações inclusive duvidosas, senão vejamos trecho da ementa:

> 5. O direito fundamental à liberdade de expressão não se direciona somente a proteger as opiniões supostamente verdadeiras, admiráveis ou convencionais, mas também aquelas que são *duvidosas*, exageradas, condenáveis, satíricas, humorísticas, bem como as não compartilhadas pelas maiorias. Ressalte-se que, *mesmo as declarações errôneas, estão sob a guarda dessa garantia constitucional.*[57]

O caso, portanto, parece reforçar a posição adotada pelo Supremo Tribunal Federal acerca da posição preferencial que o direito à liberdade assume no ordenamento jurídico nacional.

O chamado *mercado livre de ideias*, no qual as *fake news* seriam o preço que se paga por viver-se em um contexto marcado pelas liberdades comunicativas constitucionalmente asseguradas, não encontra proteção constitucional na Carta da República, já que o que a Constituição protege, efetivamente, é a informação fidedigna, verdadeira e que promova um debate amplo e marcado pela verdade. *Fake news*, portanto, caminham em sentido diametralmente oposto ao que as liberdades comunicativas pretendem tutelar, não havendo que se falar em um *direito à mentira* albergado pela ordem jurídica brasileira.

1.2 Os limites às liberdades comunicativas

Quais são, portanto, os limites ao exercício das liberdades comunicativas?

A liberdade de expressão não é direito absoluto (como nenhum outro o é), e encontra limite ao chocar-se com direitos personalíssimos da pessoa objeto da informação – máxime o direito à integridade psicofísica,[58] que alberga garantias como nome, imagem, honra, privacidade, identidade pessoal, entre outros.[59]

Ao tratar-se, portanto, dos direitos da personalidade, é oportuno um adendo no que toca a alguns conceitos – por terem especial relação com a questão das *fake news* – quais sejam: imagem, identidade pessoal e privacidade.

A imagem é aspecto fundamental da personalidade de cada indivíduo,[60] cuja proteção se tornou demasiadamente difícil com o avanço da tecnologia e das

---

[57] Destaque-se, ainda, o seguinte trecho do voto do Min. Alexandre de Moraes: "Embora não se ignorem certos riscos que a comunicação de massa impõe ao processo eleitoral – como o fenômeno das fake news –, revela-se constitucionalmente inidôneo e realisticamente falso assumir que o debate eleitoral, ao perder em liberdade e pluralidade de opiniões, ganharia em lisura ou legitimidade" (STF. ADI nº 4.451/DF. Rel. Min. Alexandre de Moraes, j. 21.8.2018).

[58] MORAES, Maria Celina Bodin de. *Danos à pessoa humana*: uma leitura civil-constitucional dos danos morais. 1. ed. Rio de Janeiro: Renovar, 2003. p. 94.

[59] Embora esses sejam os principais direitos da personalidade que se chocam com as liberdades comunicativas, não são os únicos que podem operar como limite a estas. Com efeito, o limite é a própria personalidade, que configura valor em si. "A propósito dos direitos da personalidade, um de seus aspectos mais interessantes, e problemáticos, consiste no fato de que se evidenciam sempre novas instâncias concernentes à personalidade do sujeito, não previstas nem previsíveis pelo legislador, de modo que estes interesses precisam ser tidos como uma categoria aberta. De fato, à uma identificação taxativa dos direitos da personalidade opõe-se a consideração de que a pessoa humana – e, portanto, sua personalidade – configura-se como um valor unitário, daí decorrendo o reconhecimento pelo ordenamento jurídico de uma cláusula geral a consagrar a proteção integral da sua personalidade, isto é, a pessoa globalmente considerada" (MORAES, Maria Celina Bodin de. *Na medida da pessoa humana*: estudos de direito civil. 1. ed. Rio de Janeiro: Renovar, 2010. p. 127).

[60] MORAES, Maria Celina Bodin de. *Na medida da pessoa humana*: estudos de direito civil. 1. ed. Rio de Janeiro: Renovar, 2010. p. 135.

possibilidades de manipulação e divulgação, chegando-se até mesmo a dizer que o direito à imagem parece condenado a violações sistemáticas.[61] Nessa esteira, o conceito de direito à imagem, hoje, alberga mais que apenas a imagem-retrato de alguém, mas, ainda, a imagem-atributo, que é o conjunto de características decorrentes do comportamento do indivíduo, no seu meio social.[62] Sobre o tema, explica Maria Celina Bodin de Moraes:

> [...] para além da "imagem-retrato", o aspecto fisionômico, a forma plástica do sujeito, hoje se protege também a "imagem-atributo", isto é o conjunto de características decorrente do comportamento do indivíduo, de modo a compor sua representação no meio social. [...] Observe-se a distinção desta ampliação do direito à imagem com relação ao direito à honra: os fatos imputados, para a caracterização da lesão à identidade, não precisam ser negativos, basta que sejam incompatíveis com a representação construída pela própria pessoa em seu meio social.[63]

Já a identidade pessoal consiste numa "fórmula sintética" para destacar a pessoa globalmente considerada de seus elementos, características e manifestações.[64] Em outras palavras, trata-se do direito a ser si mesmo, ou seja, a proteção contra atos que coloquem a pessoa "sob falsa luz" (*sotto falsa luce*), apresentando-a de modo errôneo no meio social.[65]

O direito à privacidade, hoje, não se limita ao direito de ser deixado só; o resguardo contra interferências alheias; segredo ou sigilo ou controle sobre informações e dados pessoais.[66] Ele transcende a esfera doméstica para alcançar qualquer ambiente onde circulem dados pessoais do seu titular[67] e se aproxima muito do direito à identidade pessoal. É como pontua Anderson Schreiber:

> Nessa concepção mais abrangente, a privacidade e a identidade pessoal aproximam-se de modo talvez indistinto. Seja como for, o importante é que se enfatiza, dentro do âmbito de proteção à dignidade humana, esse fundamental aspecto da personalidade representado pela correta identificação do indivíduo no seu meio social. A ênfase é mais que necessária e se faz mesmo urgente diante dos riscos trazidos pelo uso de novas tecnologias, em especial das chamadas redes sociais.[68]

Ultrapassa-se, então, a ideia de que para que se cause danos à imagem ou identidade de outrem em caso de divulgação de notícias inverídicas, necessariamente, devem-se imputar fatos negativos. Bastará que os fatos divulgados sejam apenas incompatíveis com a representação externa construída pela pessoa por meio de seus comportamentos,

---

[61] SCHREIBER, Anderson. *Direitos da personalidade*. 3. ed. São Paulo: Atlas, 2014.

[62] MORAES, Maria Celina Bodin de. *Na medida da pessoa humana*: estudos de direito civil. 1. ed. Rio de Janeiro: Renovar, 2010. p. 136.

[63] MORAES, Maria Celina Bodin de. *Na medida da pessoa humana*: estudos de direito civil. 1. ed. Rio de Janeiro: Renovar, 2010. p. 136.

[64] MORAES, Maria Celina Bodin de. *Na medida da pessoa humana*: estudos de direito civil. 1. ed. Rio de Janeiro: Renovar, 2010. p. 138.

[65] SCHREIBER, Anderson. *Direitos da personalidade*. 3. ed. São Paulo: Atlas, 2014.

[66] LEONARDI, Marcel. *Tutela e privacidade na internet*. 1. ed. São Paulo: Saraiva, 2011. p. 52.

[67] SCHREIBER, Anderson. *Direitos da personalidade*. 3. ed. São Paulo: Atlas, 2014.

[68] SCHREIBER, Anderson. *Direitos da personalidade*. 3. ed. São Paulo: Atlas, 2014.

violando-se a chamada "imagem-atributo", para que essa manifestação seja reputada lesiva e não albergada pela liberdade de expressão.[69] Albergar sob o manto da proteção constitucional da liberdade de expressão toda e qualquer manifestação é, em verdade, subverter o desejo do constituinte originário: proteger a informação fidedigna, real e não ofensiva. A história do direito nos relembra que os cidadãos não são livres para gritar "fogo!" em um teatro cheio.

2 A responsabilidade civil solidária entre o provedor de aplicações e o autor da notícia pelos danos decorrentes de *fake news*

Constatada a veiculação das notícias falsas, é tempo de aferir os mecanismos de responsabilidade civil à disposição das vítimas dos danos que decorrerem de notícias falsas. Com as lentes da responsabilidade civil voltadas à reparação dos danos[70] e não à punição da vítima,[71] é imperioso buscar as ferramentas adequadas de compensação dos danos. O desafio se renova quando as *fake news* são produzidas no ambiente virtual, considerando a dificuldade de identificação do autor da conduta danosa.

Se identificado o autor da notícia falsa, estará resolvido o desafio da imputação: a ele será atribuído o dever de indenizar pela conduta comissiva, pelo regime subjetivo, à luz dos arts. 927 e 186 do Código Civil. Dúvida recai, contudo, quando não for possível identificar o autor da notícia falsa, seja pelo uso de um perfil falso ou, ainda que verdadeiro o perfil, pela dificuldade de identificação de informações mínimas para, na prática, o lesado conseguir citar o autor em uma demanda indenizatória. Considerando a impossibilidade de identificação do autor da postagem, poderia atribuir-se o dever de indenizar ao provedor de aplicações no qual circula a notícia falsa? Sob quais fundamentos?

Se por um lado o nexo de causalidade é filtro da responsabilidade civil – que assumiu extraordinária importância à luz do desprestígio da culpa –,[72] que procura

---

[69] Para exemplificar o que foi dito, tem-se o caso de um advogado que foi identificado como homossexual por um jornal, porém não o era. Sem nenhum juízo de valor sobre a orientação sexual do advogado, fato é que ele teve sua imagem modificada pelo jornal. O advogado propôs ação judicial contra o jornal. Ao chegar no STJ, em sede de recurso especial, o Superior Tribunal, assim se posicionou: "[...] nesse contexto, a matéria jornalística, que identifica como homossexual quem não é, agride a imagem deste, causando-lhe dano moral. Recurso especial conhecido e provido em parte" (STJ. REsp nº 1.063.304, j. 26.8.2008).

[70] "No específico campo da responsabilidade civil, referida funcionalização estaria sendo implementada por via do deslocamento da análise da figura do ofensor e de sua culpabilidade (modelo classicamente adotado), para a figura da vítima e de seus direitos ao percebimento da mais efetiva e integral indenização pelos danos suportados (restitutio in integrum). Tal redimensionamento revelaria uma renovada forma de 'humanização' e, portanto, de readequação do Direito privado às necessidades dos novos tempos. A alteração do fundamento de sustentação da responsabilidade, assim, conduzi-la-ia cada vez mais para a consagração de um verdadeiro 'Direito de Danos'" (VENTURI, Thaís G. Pascoaloto. A responsabilidade civil como instrumento de tutela e efetividade dos direitos da pessoa. *Civilistica.com*, Rio de Janeiro, ano 5, n. 2, 2016. Disponível em: http://civilistica.com/a-responsabilidade-civil-como-instrumento/. Acesso em: 9 out. 2018).

[71] "A ênfase outrora atribuída ao ofensor deslocou-se, nas últimas décadas, para o ofendido, ampliando-se consideravelmente as hipóteses de reparação. [...] Tal tendência esteia-se na Constituição da República de 1988, que erigiu a dignidade da pessoa humana a fundamento da República [...], estabelecendo, com base nos princípios da solidariedade social e da justiça distributiva, os novos contornos da responsabilidade civil" (TERRA, Aline de Miranda Valverde; GUEDES, Gisela Sampaio da Cruz; TEPEDINO, Gustavo. *Fundamentos de direito civil*: responsabilidade civil. Rio de Janeiro: Forense, 2000. v. 4. p. 57).

[72] "Com o desprestígio impressionante do papel da culpa, inapta a servir de critério seguro ao julgador na determinação do dever de reparar, em todos os casos assume extraordinária importância o estudo do nexo de

atribuir o dever de indenizar tão somente aos reais responsáveis pelos danos, por outro, a ampliação dos mecanismos de ressarcimento do dano[73] assume relevo na implementação do dever de indenizar, admitindo-se, pois, a ampliação do nexo de causalidade não àqueles que foram autores direta e imediatamente do dano – o autor da *fake news* – mas, também, àqueles que deixaram de atuar proativamente na adoção de mecanismos que evitem a propagação de danos – as plataformas que negligenciaram, por exemplo, a divulgação de *fake news* em seus canais e nada fizeram para, ao menos, evitar tais danos.

O autor da notícia falsa irá responder, em nome próprio, pela conduta danosa, na forma do art. 186 e do art. 927 do Código Civil, respondendo o próprio autor pelo regime subjetivo de responsabilidade, uma vez que inexistem fundamentos para atrair-se o regime objetivo de responsabilidade civil. Havendo nexo de causalidade,[74] portanto, entre a conduta do autor da notícia falsa de postar o material falso e o dano sofrido pela vítima, exsurge o dever de indenizar.

Ocorre, contudo, que, como já se viu, na prática haverá forte dificuldade de identificação pela vítima do real autor das notícias falsas. Em muitas oportunidades, a vítima não conseguirá identificar o real proprietário do perfil através do qual o real autor da notícia falsa se manifestou, muitas vezes inviabilizando a identificação do real autor da conduta danosa.[75] E é justamente nessa quadra que a responsabilidade civil deverá voltar-se à ampla proteção da vítima e apresentar mecanismos indenizatórios eficazes em homenagem ao irresistível movimento de erosão dos filtros da responsabilidade civil.[76] Parte-se da advertência de Perlingieri, que sinaliza que o instrumentário do ressarcimento dos danos e da responsabilidade civil, embora adaptado às exigências modernas, demonstra-se frequentemente inadequado, sendo preciso alargar-se as hipóteses de responsabilidade civil, com o objetivo de concretizar-se, do melhor modo possível, os valores existenciais.[77]

---

causalidade. Na medida em que a demonstração da ocorrência da atividade danosa, do dano e do nexo de causalidade parecem suficientes para deflagração do dever de reparar – fenômeno que resulta em notória expansão dos danos ressarcíveis –, a identificação da causalidade torna-se o cerne da reflexão" (TERRA, Aline de Miranda Valverde; GUEDES, Gisela Sampaio da Cruz; TEPEDINO, Gustavo. *Fundamentos de direito civil*: responsabilidade civil. Rio de Janeiro: Forense, 2000. v. 4. p. 85).

73 "Como dever que lhe é inerente, é necessário que, para atuar com pleno alcance protetivo à pessoa, a responsabilidade civil vá além das soluções puramente ressarcitórias, fundadas em seu modelo clássico, e passe a prevenir os danos suportados pela vítima" (VIEIRA, Andrey Bruno Cavalcanti; EHRHARDT JÚNIOR, Marcos Augusto de Albuquerque. O direito de danos e a função preventiva: desafios de sua efetivação a partir da tutela inibitória em casos de colisão de direitos fundamentais. *Revista Iberc*, v. 2, 2019. p. 12).

74 Adota-se, aqui, a teoria da equivalência das condições desenvolvida no final do século XIX pelo filósofo alemão Von Kries, por meio da qual, "procura-se identificar, na presença de mais de uma possível causa, qual delas, em tese, independentemente das demais circunstâncias que também operam em favor de determinado resultado, é potencialmente apta a produzir o efeito danoso. De acordo com essa teoria, quanto maior é a probabilidade com que determinada causa se apresenta para gerar um dano, tanto mais adequada é em relação a esse dano" (TERRA, Aline de Miranda Valverde; GUEDES, Gisela Sampaio da Cruz; TEPEDINO, Gustavo. *Fundamentos de direito civil*: responsabilidade civil. Rio de Janeiro: Forense, 2000. v. 4. p. 87).

75 Apesar de o Superior Tribunal de Justiça ter fixado entendimento de que os provedores de aplicações "devem manter um sistema minimamente eficaz de identificação de seus usuários, cuja efetividade será avaliada caso a caso" (STJ. Recurso Especial nº 1.641.155- SP. Rel. Min. Nancy Andrighi, j. 13.6.2017) o que se observa, na prática, é que autores de *fake news* se valem de perfis falsos para disseminar o conteúdo na rede, inviabilizando a identificação do real autor da notícia falsa pela vítima.

76 "Toda essa erosão sofrida pelos pressupostos da responsabilidade civil corresponde, por um lado, a uma natural ampliação da tutela dos interesses jurídicos diante de uma ordem jurídica pautada pela proteção à dignidade humana e à solidariedade social; por outro lado, impõe reflexão sobre as consequências da responsabilidade civil, em especial sobre seu principal efeito, que é o dever de reparar o dano sofrido" (SCHREIBER, Anderson. *Manual de direito civil contemporâneo*. São Paulo: Saraiva Educação, 2018. p. 641).

77 PERLINGIERI, Pietro. *O direito civil na legalidade constitucional*. [s.l.]: [s.n.], [s.d.]. p. 120.

Doutrina estrangeira observa argutamente a importância de se garantir que demandas ressarcitórias possam ser intentadas, também, em face dos provedores, considerando que direcioná-las somente para os causadores de danos pode inviabilizar a indenização na prática, seja pela diminuta capacidade indenizatória dos pequenos usuários, seja pelo anonimato que ocorre na prática, com diversos perfis falsos.[78]

A reflexão que se lança, portanto, é se será possível caracterizar a responsabilidade civil do provedor de aplicações[79] pelos danos decorrentes da disseminação de *fake news*. A teor do art. 19 do Marco Civil da Internet,[80] somente haveria responsabilidade civil do provedor pelo descumprimento de decisão judicial. O dispositivo, contudo, padece de inconstitucionalidade como já se defendeu em outra sede,[81] sobretudo por, equivocadamente, privilegiar o direito fundamental à liberdade de expressão em detrimento de outras garantias constitucionais, como a proteção à dignidade da pessoa humana.[82]

Dessa forma, à luz da ampliação dos mecanismos de ressarcimento da vítima e em atendimento à função indenizatória da responsabilidade civil, é que se pode cogitar da responsabilidade civil subjetiva do provedor de aplicações em razão de sua conduta culposa ao negligenciar e permitir que em suas redes circulem *fake news* sem qualquer mecanismo de controle existente para tanto. A culpa poderá advir da não adoção de ferramentas mínimas de identificação de *fake news* em suas plataformas, pela atuação não zelosa dos direitos de seus usuários e de terceiros. É sabido que os provedores de

---

[78] Em tradução livre: "Para os possíveis danos causados por conteúdos ilícitos, é muito importante saber se as vítimas podem direcionar os seus pedidos indenizatórios também contra aqueles que atuaram como intermediários para a disseminação do conteúdo que causou o dano. Na verdade, pode ser muito difícil obter uma compensação da pessoa que originalmente forneceu o conteúdo ilegal, seja por falta de solvência ou porque é um usuário de internet anônimo e, portanto, intratável. O provedor de internet, por outro lado, apresentará frequentemente maior solvência econômica e será mais facilmente localizável". No original: "Para los posibles perjudicados por contenidos ilícitos es de suma importancia conocer si pueden dirigir sus pretensiones resarcitorias también contra los que actuaron como intermediarios para la difusión del contenido que ocasionó el daño. En efecto, puede resultar muy difícil obtener la indemnización de quien suministró en origen los contenidos ilícitos, ya sea por su falta de solvencia o bien por tratarse de un internauta anónimo y, por tanto, ilocalizable. El ISP, en cambio, presentará a menudo mayor solvencia económica y será más fácilmente localizable" (PEGUERA POCH, Miquel. La exención de responsabilidad civil por contenidos ajenos en Internet. *Jornadas de Responsabilidad Civil y Penal de los Prestadores de Servicios en Internet*, Barcelona, 22-23 nov. 2001. Disponível em: http://www.uoc.edu/in3/dt/20080/index.html. Acesso em: 25 dez. 2017).

[79] O conceito, portanto, que se adota para provedores de aplicações de internet, a partir da interpretação conjunta do art. 5º, V, c/c art. 5º, VII, e art. 15 do Marco Civil da Internet, é o seguinte: "provedor de aplicações de internet é uma pessoa jurídica, que disponibiliza o acesso a um conjunto de aplicações que podem ser acessadas por meio de um terminal conectado à internet e que exerça essa atividade de forma organizada, profissionalmente e com fins econômicos" (QUEIROZ, João Quinelato de. *Responsabilidade civil na rede*: danos e liberdades à luz do Marco Civil da Internet. Rio de Janeiro: Processo, 2019. p. 76).

[80] "Art. 19. Com o intuito de assegurar a liberdade de expressão e impedir a censura, o provedor de aplicações de internet somente poderá ser responsabilizado civilmente por danos decorrentes de conteúdo gerado por terceiros se, após ordem judicial específica, não tomar as providências para, no âmbito e nos limites técnicos do seu serviço e dentro do prazo assinalado, tornar indisponível o conteúdo apontado como infringente, ressalvadas as disposições legais em contrário".

[81] QUEIROZ, João Quinelato de. *Responsabilidade civil na rede*: danos e liberdades à luz do Marco Civil da Internet. Rio de Janeiro: Processo, 2019. p. 147. No mesmo sentido: SCHREIBER, Anderson. Marco Civil da Internet: avanço ou retrocesso? A responsabilidade civil por dano derivado do conteúdo gerado por terceiro. *In*: LUCCA, Newton de; SIMÃO FILHO; Adalberto; LIMA, Cíntia Rosa Pereira de (Coord.). *Direito & Internet*: Marco Civil da Internet (Lei nº 12.965/2014). São Paulo: Quartier Latin, 2015. t. II. p. 277-305.

[82] Ao privilegiar expressamente a liberdade de expressão na redação do *caput* do art. 19 do Marco Civil da Internet, olvidou-se o legislador do fato de que os direitos fundamentais da pessoa humana (honra, privacidade, imagem, entre outros) gozam de semelhante tutela constitucional em patamar não inferior à liberdade de expressão, de modo que recordar apenas um lado da moeda já no início do art. 19 representa má técnica legislativa.

aplicações não detêm o dever jurídico de controle editorial do conteúdo que é postado em suas redes, conforme já assentou o Superior Tribunal de Justiça,[83] funcionando tais provedores como meros conduítes das informações postadas por seus usuários. Não se pode, contudo, admitir impunemente que os provedores de aplicações usem a liberdade de expressão ou o – inconstitucional – art. 19 do Marco Civil da Internet como álibis para assistirem, inertes, ao uso de suas plataformas como veículos de transmissão de *fake news*. Caberá a eles, assim, a assunção de medidas preventivas e proativas para evitar-se a propagação de *fake news* em suas plataformas, adotando-se um regime de responsabilização civil dito proativo,[84] mais complexo que a mera simplificação entre sistemas subjetivo ou objetivo.

Abandonando-se uma responsabilidade civil de roupagem individualista e patrimonialista, novas tendências orientam o intérprete contemporâneo, admitindo-se que o direito civil passe a reputar novos interesses como dignos de proteção – como são os interesses diretamente vinculados à personalidade humana, frequentemente lesados no ambiente digital pela veiculação de *fake news*. Caminhando ao lado da função promocional do direito,[85] a disciplina da responsabilidade civil passa não só a reparar danos, mas também induzir comportamentos meritórios, pensando-se em um viés preventivo da responsabilidade civil.[86]

Por essas razões é que se pode cogitar da responsabilização civil dos provedores de aplicações pela divulgação de *fake news* em seus canais se caracterizada a conduta omissiva culposa, por negligência,[87] ao não terem adotado mínimas ferramentas em seu ambiente digital para que o público possa aferir a veracidade ou não das informações ali veiculadas. Ambos – autor da *fake news* e provedor de aplicações que nenhuma cautela adotou para evitar a divulgação de notícias falsas em seu portal – concorrem para a conduta danosa,[88] configurando-se a culpa concorrente de ambos coautores do ilícito.

83 "Civil e processual civil. Recurso especial. Facebook. Ação de reparação por danos morais. Conteúdo reputado ofensivo. Monitoramento. Ausência. Responsabilidade. Afastamento. Notificação judicial. Necessidade. [...]. 3. A verificação do conteúdo das imagens postadas por cada usuário não constitui atividade intrínseca ao serviço prestado pelos provedores de compartilhamento de vídeos, de modo que não se pode reputar defeituoso, nos termos do art. 14 do CDC, a aplicação que não exerce esse controle" (STJ, Terceira Turma. REsp nº 1.642.997/RJ. Rel. Min Nancy Andrighi, j. 12.9.2017). No mesmo sentido: STJ, Terceira Turma. REsp nº 1.531.653/RS. Rel. Min. Nancy Andrighi, j. 13.6.2017.

84 Acerca do regime de responsabilidade civil dito proativo, *vide*: MORAES, Maria Celina Bodin de. LGPD: um novo regime de responsabilização civil dito "proativo". *Civilistica.com*, Rio de Janeiro, ano 8, n. 3, 2019. Disponível em: http://civilistica.com/wp-content/uploads/2020/04/Editorial-civilistica.com-a.8.n.3.2019.pdf. Acesso em: 14 maio 2020.

85 Bobbio descreve as medidas de encorajamento e desencorajamento, que atuam para a concretização do perfil promocional do direito. Acerca da mudança do perfil estrutural para o perfil funcional, *vide*: BOBBIO, Norberto. *Da estrutura à função*: novos estudos de teoria do direito. Tradução de Daniela Beccaccia Versiani. Barueri: Manole, 2007. *Passim*.

86 ROSENVALD, Nelson. *As funções da responsabilidade civil*: a reparação e a pena civil. 3. ed. São Paulo: Saraiva, 2017. p. 28.

87 "Entende-se negligência como a omissão da conduta considerada apta a evitar a produção do dano, vale dizer, a inobservância de normas que requerem atuação atenta e cuidadosa" (TERRA, Aline de Miranda Valverde; GUEDES, Gisela Sampaio da Cruz; TEPEDINO, Gustavo. *Fundamentos de direito civil*: responsabilidade civil. Rio de Janeiro: Forense, 2000. v. 4. p. 105).

88 "Cada um dos agentes que concorrem adequadamente para o evento é considerado pessoalmente causador do dano e, consequentemente, obrigado a indenizar. Em face do lesado, quer haja causas cumulativas, quer haja subsequência de causas ou mera coincidência de causas, qualquer dos responsáveis é obrigado a reparar todo o dano, cabendo a este, se for o caso, agir contra os coobrigados para ressarcir-se do que por eles pagou, segundo as regras das relações internas da solidariedade" (CAVALIERI FILHO, Sergio. *Programa de responsabilidade civil*. São Paulo: Atlas, [s.d.]. p. 66).

Adverte Gustavo Tepedino que quando mais de uma causa tem relevância decisiva para a produção do resultado, reparte-se o dever de indenizar por meio da chamada culpa concorrente. Nesta hipótese, a cadeia causal será composta de causas concomitantes, todas diretamente responsáveis pelo evento danoso, repartindo-se, assim, entre aqueles que deram causa, o dever de indenizar.[89]

A solidariedade da responsabilidade civil teria fonte no nexo causal plúrimo, prevista no art. 942 *in fine* do Código Civil, de modo que, em havendo mais de um agente causador do dano, não se perquire qual deles deve ser chamado de responsável direto ou principal, cabendo à vítima escolher se irá demandar em face do provedor de aplicações que nenhuma medida tomou para evitar a circulação do material ou, ainda, se demandará do autor da notícia falsa. O nexo causal plúrimo, assim, beneficiaria "mais uma vez, a vítima, permitindo-lhe eleger, dentre os corresponsáveis, aquele de maior resistência econômica, para suportar o encargo ressarcitório".[90]

A jurisprudência mostra-se resistente em responsabilizar o provedor de aplicações pelos danos ocorridos em seu ambiente em prol de uma tutela – quase que ilimitada – da liberdade de expressão, ao fundamento de que ao se impor o dever de monitoramento ou vigilância se verificaria, em verdade, uma censura privada. O argumento não é útil por duas razões.

A uma, porque não é a liberdade de expressão um interesse da pessoa humana impassível de controle funcional. Como indaga argutamente Eduardo Nunes de Souza, "não são justamente os demais interesses decorrentes da cláusula geral de tutela da pessoa humana os mais relevantes para a valoração, em concreto, do merecimento de tutela do exercício dessa liberdade?".[91]

E a duas, porque o que se pretende, ao defender a solidariedade entre o provedor de aplicações e o autor da conduta danosa, não é criar um monitoramento prévio do que é ou não postado, mas, sim, incentivar os provedores de aplicações, por meio da função promocional do direito, a criarem mecanismos de detecção e prevenção de *fake news* em suas redes – o que já vem sendo feito pelo mercado por alguns provedores de aplicações.

Síntese conclusiva

Pretendeu-se, nessa sede, investigar o conceito de *fake news*, de que modo elas podem ser diferenciadas das meras opiniões pessoais e, sobretudo, quais são suas implicações para os mecanismos de ressarcimento de danos das vítimas. Observou-se que a identificação do autor da notícia falsa por vezes irá representar um obstáculo insuperável para a vítima na busca de sua indenização. Somada a essa dificuldade, está a imperiosa busca de responsabilização civil proativa dos agentes que operam na internet, isto é, para além de determinar se o regime de responsabilidade civil a que respondem será o objetivo ou o subjetivo, novos motes da responsabilidade civil indicam a adoção de

[89] TEPEDINO, Gustavo. *Notas sobre o nexo de causalidade*. [s.l.]: [s.n.], [s.d.]. p. 77-78.

[90] PEREIRA, Caio Mário da Silva. *Responsabilidade civil*. [s.l.]: [s.n.], [s.d.]. p. 114.

[91] SOUZA, Eduardo Nunes de Souza. Qual liberdade tutelar na era da opinião responsável? Prefácio. *In*: QUEIROZ, João Quinelato de. *Responsabilidade civil na rede*: danos e liberdades à luz do Marco Civil da Internet. Rio de Janeiro: Processo, 2019.

um regime de responsabilização civil proativo, que punirá aquele agente que deixar de adotar medidas preventivas e eficazes na disseminação de danos da internet.

À luz da inconstitucionalidade que se advoga do art. 19 do Marco Civil da Internet, pretendeu-se mostrar que a dogmática tradicional da responsabilidade civil oferece eficazes mecanismos indenizatórios à vítima, especialmente no reconhecimento da responsabilidade civil solidária entre provedores de aplicações e autores das notícias falsas, tendo-se como pano de fundo evitar que provedores assistam de braços cruzados à disseminação de notícias falsas em suas plataformas.

Referências

BARROSO, Luís Roberto. Colisão entre liberdade de expressão e direitos da personalidade. Critérios de ponderação. Interpretação constitucionalmente adequada do Código Civil e da Lei de Imprensa. *Revista Trimestral de Direito Civil*, Rio de Janeiro, v. 16, p. 1-36, 2004. Disponível em: http://bibliotecadigital.fgv.br/ojs/index.php/rda/article/view/45123. Acesso em: 18 nov. 2018.

BARROSO, Luís Roberto. *Temas de direito constitucional*. 2. ed. Rio de Janeiro: Renovar, 2002.

BASILIO, I. C.; EHRHARDT JÚNIOR, Marcos Augusto de Albuquerque. Breves considerações sobre a atividade da imprensa e a liberdade de expressão após o julgamento da ADPF 130. *Revista De Direito Civil Contemporâneo*, v. 19, p. 417-433, 2019.

BINENBOJM, Gustavo. Autobiografias e heterobiografias: liberdade de expressão, pluralismo e direito à informação. *Revista Brasileira de Direito Público*, v. 45, 2014.

BINENBOJM, Gustavo. Meios de comunicação de massa, pluralismo e democracia deliberativa. As liberdades de expressão e de imprensa nos Estados Unidos e no Brasil. *Redae*, Salvador, v. 5, p. 1-19, 2006.

BINENBOJM, Gustavo. Meios de comunicação de massa, pluralismo e democracia deliberativa. As liberdades de expressão e de imprensa nos Estados Unidos e no Brasil. *Revista Brasileira de Direito Público*, Belo Horizonte, n. 9, abr. 2005.

BLAKE, Aaron. A new study suggests Fake News might have won Donald Trump the 2016 election. *The Washington Post*, 3 abr. 2018. Disponível em: https://www.washingtonpost.com/news/the-fix/wp/2018/04/03/a-new-study-suggests-fake-news-might-have-won-donald-trump-the-2016-election/?utm_term=.71fa9fafb383. Acesso em: 14 out. 2018.

BOBBIO, Norberto. *Da estrutura à função*: novos estudos de teoria do direito. Tradução de Daniela Beccaccia Versiani. Barueri: Manole, 2007.

BOWMAN, Karlyn; RUGG, Andrew. Public opinion on conspiracy theories. *The American Enterprise Institute's Political Report*, nov. 2013. Disponível em: http://aei.org/wp-content/uploads/2013/11/-public-opinion-on-conspiracy-theories_181649218739.pdf. Acesso em: 18 nov. 2018.

CASTRO, João Paulo de; ROSSI, Mariane. Marido diz que mulher foi espancada por causa de boato em rede social. *G1*, 5 maio 2014. Disponível em: http://g1.globo.com/sp/santos-regiao/noticia/2014/05/marido-diz-que-mulher-foi-espancada-por-causa-de-boato-em-rede-social.html. Acesso em: 18 nov. 2018.

CAVALIERI FILHO, Sergio. *Programa de responsabilidade civil*. São Paulo: Atlas, [s.d.].

FISS, Owen M. *A ironia da liberdade de expressão*: regulação e diversidade na esfera pública. Tradução de Gustavo Binenbojm e Caio Mário da Silva Pereira Neto. Rio de Janeiro: Renovar, 2005.

LEONARDI, Marcel. *Tutela e privacidade na internet*. 1. ed. São Paulo: Saraiva, 2011.

MEGALE, Bela. PF abre investigações para apurar disseminação de *fake news* envolvendo presidenciáveis. *O Globo*, 20 out. 2018. Disponível em: https://oglobo.globo.com/brasil/pf-abre-investigacaopara-apurar-disseminacao-de-fakenews-envolvendo-presidenciaveis-23172769. Acesso em: 20 out. 2018.

MEIKLEJOHN, Alexander. *Political freedom*: the constitucional powers of the people. Nova York: Harper, 1960.

MENDES, Gilmar Ferreira. *Curso de direito constitucional*. 12. ed. São Paulo: Saraiva, 2017.

MERCIER, Hugo. Fake news in the time of coronavirus: how big is the threat? *The Guardian*, 30 mar. 2020. Disponível em: https://www.theguardian.com/commentisfree/2020/mar/30/fake-news-coronavirus-false-information.

MORAES, Maria Celina Bodin de. *Danos à pessoa humana*: uma leitura civil-constitucional dos danos morais. 1. ed. Rio de Janeiro: Renovar, 2003.

MORAES, Maria Celina Bodin de. Honra, liberdade de expressão e ponderação. *Civilistica.com*, Rio de Janeiro, ano 2, n. 2, abr./jun. 2013. Disponível em: http://civilistica.com/honraliberdade-de-expressao-e-ponderacao/. Acesso em: 15 out. 2018.

MORAES, Maria Celina Bodin de. LGPD: um novo regime de responsabilização civil dito "proativo". *Civilistica.com*, Rio de Janeiro, ano 8, n. 3, 2019. Disponível em: http://civilistica.com/wp-content/uploads/2020/04/Editorial-civilistica.com-a.8.n.3.2019.pdf. Acesso em: 14 maio 2020.

MORAES, Maria Celina Bodin de. *Na medida da pessoa humana*: estudos de direito civil. 1. ed. Rio de Janeiro: Renovar, 2010.

MORAES, Maria Celina Bodin de. Por que nunca falamos sobre os culpados? *Civilistica.com*, Rio de Janeiro, ano 7, n. 3, 2018. Disponível em: http://civilistica.com/wp-content/uploads/2019/02/Editorial-civilistica.com-a.7.n.3.2018.pdf. Acesso em: 17 mar. 2019.

MORAES, Maria Celina Bodin de. Professores ou juízes? *Civilistica.com*, Rio de Janeiro, ano 3, n. 2, jul./dez. 2014. Disponível em: http://civilistica.com/professores-ou-juizes/. Acesso em: 20 jan. 2019.

PARK, Ahran; YOUM, Kyu Ho. Fake news from a legal perspective: the United States and South Korea compared. *Southwestern Journal Of International Law*, v. 25, 1, 2019.

PEGUERA POCH, Miquel. La exención de responsabilidad civil por contenidos ajenos en Internet. *Jornadas de Responsabilidad Civil y Penal de los Prestadores de Servicios en Internet*, Barcelona, 22-23 nov. 2001. Disponível em: http://www.uoc.edu/in3/dt/20080/index.html. Acesso em: 25 dez. 2017.

PEREIRA, Caio Mário da Silva. *Responsabilidade civil*. [s.l.]: [s.n.], [s.d.].

PERLINGIERI, Pietro. *O direito civil na legalidade constitucional*. [s.l.]: [s.n.], [s.d.].

QUEIROZ, João Quinelato de. *Responsabilidade civil na rede*: danos e liberdades à luz do Marco Civil da Internet. Rio de Janeiro: Processo, 2019.

REIS, Márcio Monteiro. Fake news: o direito pode fazer algo a respeito? *Revista Brasileira de Direito Público – RBDP*, Belo Horizonte, ano 16, n. 60, p. 9-41, jan./abr. 2018.

RODOTÀ, Stefano. *A vida na sociedade da vigilância*. [s.l.]: [s.n.], [s.d.].

RODOTÀ, Stefano. *Tecnologie e diritti*. Bologna: Mulino, 1995.

ROSENVALD, Nelson. *As funções da responsabilidade civil*: a reparação e a pena civil. 3. ed. São Paulo: Saraiva, 2017.

SCHREIBER, Anderson. *Direitos da personalidade*. 3. ed. São Paulo: Atlas, 2014.

SCHREIBER, Anderson. *Manual de direito civil contemporâneo*. São Paulo: Saraiva Educação, 2018.

SCHREIBER, Anderson. Marco Civil da Internet: avanço ou retrocesso? A responsabilidade civil por dano derivado do conteúdo gerado por terceiro. *In*: LUCCA, Newton de; SIMÃO FILHO; Adalberto; LIMA, Cíntia Rosa Pereira de (Coord.). *Direito & Internet*: Marco Civil da Internet (Lei nº 12.965/2014). São Paulo: Quartier Latin, 2015. t. II.

SILVA, José Afonso da. *Curso de direito constitucional positivo*. 36. ed. São Paulo: Malheiros, 2013.

SOUZA, Eduardo Nunes de Souza. Qual liberdade tutelar na era da opinião responsável? Prefácio. *In*: QUEIROZ, João Quinelato de. *Responsabilidade civil na rede*: danos e liberdades à luz do Marco Civil da Internet. Rio de Janeiro: Processo, 2019.

STRONG, S. I. Alternative facts and the post-truth society. *University of Pennsylvania Law Review Online*, v. 165, 2017. Disponível em: http://www.pennlawreview.com/online/165-U-Pa-L-Rev-Online-137.pdf. Acesso em: 18 nov. 2018.

SYED, Nabiha. Real talk about fake news: towards a better theory for platform governance. *The Yale Law Journal*, v. 127, out. 2017. Disponível em: https://www.yalelawjournal.org/forum/real-talk-about-fake-news. Acesso em: 18 nov. 2018.

TEPEDINO, Gustavo. *Notas sobre o nexo de causalidade*. [s.l.]: [s.n.], [s.d.].

TERRA, Aline de Miranda Valverde; GUEDES, Gisela Sampaio da Cruz; TEPEDINO, Gustavo. *Fundamentos de direito civil*: responsabilidade civil. Rio de Janeiro: Forense, 2000. v. 4.

TSE. *Esclarecimentos*. Disponível em: http://www.tse.jus.br/eleicoes/eleicoes-2018/esclarecimentos-sobre-informacoes-falsas-eleicoes-2018. Acesso em: 22 out. 2018.

VENTURI, Thaís G. Pascoaloto. A responsabilidade civil como instrumento de tutela e efetividade dos direitos da pessoa. *Civilistica.com*, Rio de Janeiro, ano 5, n. 2, 2016. Disponível em: http://civilistica.com/a-responsabilidade-civil-como-instrumento/. Acesso em: 9 out. 2018.

VIEIRA, Andrey Bruno Cavalcanti; EHRHARDT JÚNIOR, Marcos Augusto de Albuquerque. O direito de danos e a função preventiva: desafios de sua efetivação a partir da tutela inibitória em casos de colisão de direitos fundamentais. *Revista Iberc*, v. 2, 2019.

VOSOUGHI, Soroush; ROY, Deb; ARAL, Sinan. The spread of true and false news online. *Science*, v. 359, 9 mar. 2018. Disponível em: http://science.sciencemag.org/content/359/6380/1146/tab-pdf.

WALDMAN, Ari Erza. The marketplace of fake news. *University of Pennsylvania Journal of Constitucional Law*, n. 20, p. 845-869, 2018. Disponível em: https://scholarship.law.upenn.edu/jcl/vol20/iss4/3. Acesso em: 18 nov. 2018.

Informação bibliográfica deste texto, conforme a NBR 6023:2018 da Associação Brasileira de Normas Técnicas (ABNT):

QUINELATO, João. Liberdade, verdade e fake news: mecanismos para o ressarcimento de danos. *In*: EHRHARDT JÚNIOR, Marcos; CATALAN, Marcos; MALHEIROS, Pablo (Coord.). *Direito Civil e tecnologia*. Belo Horizonte: Fórum, 2020. p. 465-487. ISBN 978-65-5518-036-7.

DISRUPÇÃO E DESAFIOS DE NOVAS TECNOLOGIAS

NOVAS TECNOLOGIAS E O FUTURO DAS RELAÇÕES OBRIGACIONAIS PRIVADAS NA ERA DA INTELIGÊNCIA ARTIFICIAL: A PREPONDERÂNCIA DO "FATOR HUMANO"

ALEXANDRE BARBOSA DA SILVA

PHILLIP GIL FRANÇA

1 Introdução

Relações obrigacionais, em um regime constitucional de direito, são *fortalezas*, construídas com *portões* de credibilidade e *muralhas* de desconfiança. Nesse cenário, o número de fechaduras, cadeados e trancas dos *portões* é proporcional à tranquilidade da guarda de valores no seu interior. Por conseguinte, a *altura das muralhas contratuais* é proporcional ao receio da injusta agressão ao valor guardado na *fortaleza*.

É de se destacar que bens que possuem valor reconhecido pelo sistema jurídico pátrio precisam ser guardados mediante acordos que demandam renúncias recíprocas e proporcionais entre as partes e protegidos ante os demais interesses que podem influenciar tais acordos. Faz-se assim necessário para que se estabeleçam parâmetros jurídicos mínimos que viabilizem o controle das promessas assumidas nesse acordo, normalmente pactuado mediante *contrato* (celebrado de diferentes formas) que representa um compromisso de paz e de respeito ao bem valorado pelas partes e, assim, protegido pelo direito.

Contrato é, então, uma promessa de que limites pactuados entre determinadas pessoas (físicas ou jurídicas, públicas ou privadas) são, na verdade, expressões de respeito aos interesses declarados em relações obrigacionais celebradas entre partes (legalmente capazes de contratar) que precisam proteger tais interesses por meio de *um instrumento jurídico legal, possível* e que *expresse a vontade livre de seus partícipes*.

A celebração de contratos, como forma de expressão de relações obrigacionais no mundo real, a partir do universo jurídico, impacta as demais interações humanas e o ambiente em que tal acordo foi firmado. Tais repercussões geram fricções nessas relações para manterem-se sistemicamente sustentáveis, ou seja, capazes de restabelecer o conteúdo acometido por meio de superação do desgaste causado por tais fricções e, dessa maneira, alcançar um concreto desenvolvimento intersubjetivo (tal como estabelecido pelo art. 3º da Constituição).

O Prêmio Nobel Ronald Coase bem tratou sobre o custo das relações sociais e como as externalidades negativas[1] influenciam as relações obrigacionais (inclusive) privadas, de modo a alterar o custo de interações equivalentes realizadas por contratantes diferentes, pois as fricções negociais envolvidas nessas relações dependem do lastro subjetivo de cada parte que está a se relacionar com a outra.

Em suma, depreende-se do Teorema de Coase[2] que negociar com alguém sabidamente desonesto é mais caro do que contratar com alguém sabidamente honesto, pois o risco dessa relação negocial tem um custo que precisa ser considerado no valor das relações sociais. Um exemplo ilustrativo dessa ideia é a do contexto de um fictício "mercado negro de peças", que, pelo risco envolvido nas suas atividades obrigacionais, traz um custo obrigacional maior do que aquele desenvolvido em um "mercado regular de peças".

Mas, como essa ideia pode influenciar o cenário da inovação tecnológica e o futuro das relações obrigacionais privadas na era da inteligência artificial (IA)?

Basicamente, as lições de Coase são importantes porque a aplicação da mencionada teoria, por exemplo, parte de um componente *humano* que se relaciona com outro *humano* e, assim, na interação privada entre tais sujeitos deverão ser considerados os aspectos *subjetivos* próprios de suas respectivas condições particulares que os caracterizam.

Em outras palavras, faz-se necessário lembrar que *contratos*, de um modo ou de outro, *são fruto de interações sociais entre humanos*.

Relevante sublinhar, ainda nestas linhas introdutórias, algo que há décadas poderia parecer uma obviedade, qual seja, o "fator humano" nas relações obrigacionais, hoje, considerando o rápido avanço tecnológico da IA – como aquele que independe do ser humano para alcançar conclusões, após definida sua programação algorítmica e, também, que, de forma independente à inteligência natural (humana), aprende e se desenvolve a partir de suas próprias experiências em determinado e constante sentido evolutivo – não se pode ter em conta, acerca do custo de tais relações obrigacionais, apenas os aspectos subjetivos das partes direta e/ou indiretamente envolvidas e impactadas pelo contrato celebrado.

Atualmente, a *perspectiva objetiva algorítmica* precisa ser considerada, sob pena de não se alcançar o *custo justo da relação obrigacional privada* estabelecida e, assim, a partir de um *injusto desequilíbrio econômico financeiro* de um contrato, quebrar a regra básica de *juridicidade contratual* que é a do estabelecimento de *critérios transparentes*, a partir da

---

1 Ideia desenvolvida pelo Prêmio Nobel Ronald Coase, no artigo *The nature of the firm* (1937). Para R. Coase, o mundo real apresenta fricções, ou externalidades negativas, que são denominadas *custos de transação*, fricções estas causadas por assimetrias de informação que dificultam ou impedem que os direitos obrigacionais (com destaque aos de propriedade) sejam negociados a custo zero. Assim, na observação de transações econômicas, sublinha-se a existência de elementos externos que influem no seu rumo, regulados por instituições. Como regular a forma e se tais instituições devem atuar nas relações econômicas, os reflexos dessa regulação e a maneira que a atuação dessas instituições influi em maior ou menor grau nessas transações são elementos que conformam os *custos de transação* (COASE, Ronald H. The nature of the firm. *Economica*, New Series, v. 4, n. 16, p. 386-405, nov. 1937).

2 Tema desenvolvido no seu artigo *O problema do custo social*, de 1960 (COASE, Ronald H. The problem of social cost. *Journal of Law and Economics*, Chicago, v. 3, p. 1-44, out. 1960).

expressão da *boa-fé objetiva* no manejo dos interesses envolvidos e a aplicação de uma *hermenêutica consequencialista* das disposições contratadas para que, desse modo, o *ônus desproporcional* de uma parte não signifique o *bônus indevido* da outra.

Isso é, não se pode admitir a existência de um nexo de causalidade entre eventuais vantagens de um dos contratantes e desvantagens do outro. Nesse contexto, ao se beneficiar de vantagens indevidas, inevitável é a conclusão de que ocorreu a quebra de um dos principais pilares da relação contratual: a "confiança".

Mas, como estabelecer o *custo objetivo da confiança* quando as relações obrigacionais demandam *interações com algoritmos*, típicos da IA?

Como determinar qual *robô* é mais ou menos confiável, quando igualmente programados?

Em *contratos eletrônicos*, por exemplo, quando humanos compram de grandes empresas pela internet, dificilmente se observa qualquer interação entre duas *pessoas naturais*. Mas, sim, entre uma *pessoa natural compradora* de um produto e um *robô* que já aprendeu a vender esse determinado produto para o *perfil daquela pessoa natural compradora*.

É possível imaginar que um *robô vendedor*, detentor, em tese, de um *maior grau de previsibilidade de ações e reações ante o humano comprador, em relações interativas obrigacionais, consiga viabilizar um* custo *menor dessa relação contratual*, pelo *menor risco envolvido e pela maior possibilidade de delimitação das externalidades negativas envolvidas nesse contrato*?

Aparentemente, a resposta é *positiva*.

Porém, talvez, o *risco de objetivação das relações obrigacionais na era da IA* seja outro. O distanciamento dos seres humanos quando do trato negocial também afasta os aspectos positivos da subjetividade pertinentes ao *sentido da humanidade como um todo e para cada um*.

Tal sentido, por exemplo, está expresso no art. 3º da Constituição Federal, que estabelece os objetivos fundamentais da República envoltos no sentido de promoção do *desenvolvimento humano intersubjetivo*. E a premissa do significado *humano* do texto constitucional indica a própria busca pela *perpetuação da espécie* e pelo correspondente *desenvolvimento da pessoa*, como ser *dependente de interações sociais*, para assim se reconhecer como tal em *si* e no seu *semelhante*.

Logo, é possível admitir que a *função* e o *sentido* do ser humano, principalmente no desempenho de suas relações obrigacionais e sociais, sob a perspectiva aqui destacada, é de promover o concreto desenvolvimento intersubjetivo da humanidade, na condição de engrenagem essencial para que as *futuras gerações* possuam maiores e melhores condições de vida digna e de desenvolvimento mais eficientes, seja sob o aspecto *subjetivo – de cada cidadão –*, seja sob o aspecto *objetivo – da sociedade como um todo –* e com *menor impacto negativo possível no cotidiano coletivo ou individual*.

Uma vez estabelecidas as premissas do presente texto, consubstanciadas na busca de respostas (ou de criação de novas questões) sobre *como compatibilizar a função do ser humano no desabrochar de uma nova era que se caracteriza, justamente, pela participação do "não humano" e pelo afastamento da pessoa quando se está a tratar de suas relações obrigacionais privadas que, até então, consideravam o seu semelhante natural na outra ponta da relação contratual estabelecida (até mesmo quando se está na função de representante de uma pessoa jurídica)*.

Agora, a novidade é a *interlocução indireta intermediada pelo robô*, na forma e no contexto de tomador de decisões que, em tese, decorrem de *análises de riscos e de probabilidades inalcançáveis para o homem*, de forma geral. Logo, é possível, também, considerar que novas assimetrias contratuais poderão ocorrer na realidade que está a se desenhar a partir da ascensão da IA nas relações obrigacionais privadas?

A resposta, aparentemente, também é *positiva*.

Desse modo, no cenário desenhando, importa lançar luzes sobre as questões e os personagens que orbitam no eixo temático deste texto para, ao final, cumprir com o objetivo de semear algumas possíveis respostas e questões para o debate produtivo sobre o futuro das relações obrigacionais privadas na era da IA.

2 Relações obrigacionais na era da inteligência artificial

Em novas realidades, mesmo que em inéditas dimensões virtuais criadas pelo ser humano – como é o *ambiente virtual eletrônico, habitat da IA* – não é possível escapar da obrigatória busca de uma correspondente regulação estatal necessária para determinar os limites e os parâmetros de desenvolvimento de todos aqueles envolvidos nessas dimensões artificiais virtuais decorrentes do "mundo real" (como aquela que independe do ser humano para existir).

Logo, é de primordial importância analisar e definir, nas novas relações obrigacionais em que a IA interfere de alguma forma, quais são os reflexos e os desafios regulatórios estatais para enfrentar as novas equações obrigacionais entre inteligências naturais e artificiais, que surgirão a partir do produto de choques de aplicações das inovações tecnológicas no mundo real, com o norte estabelecido na máxima eficácia possível dos direitos fundamentais.[3]

Trata-se de uma longa análise que, invariavelmente, indica uma só direção: *o ser humano precisará encontrar formas de sobreviver à era da IA, considerando algumas características superiores da inteligência sintética, quando comparadas ao homem – como a maior longevidade, maior grau de objetividade, maior capacidade de processamento de dados etc.*

Como indica Klaus Schwab,[4] estamos em uma nova era de revolução industrial, a *quarta*.

A *primeira* ocorreu entre 1760 e 1840 e foi a da *máquina a vapor*, das *ferrovias*. A *segunda* foi desencadeada ao final do séc. XIX, com o advento da *eletricidade* e da *linha de montagem*. A *terceira*, na década de 60, foi a chamada *revolução digital* ou do *computador*. Agora, testemunha-se a *quarta*, na virada do século, identificada pela *ascensão da inteligência artificial*, robótica, internet, veículos autônomos, impressão em 3D, nanotecnologia, biotecnologia, armazenamento de energia etc.

Dessa forma, compreender o impacto na vida das pessoas e as consequências no cotidiano que se renova de forma nunca antes vista é providência urgente de todos que sentem a influência da IA em suas realidades.

Isso porque, como explica João de Fernandes Teixeira:[5]

---

[3] Sobre o tema, *vide* SARLET, Ingo Wolfgang. *A eficácia dos direitos fundamentais*. 10. ed. Porto Alegre: Livraria do Advogado, 2011.

[4] SCHWAB, Klaus. *A Quarta Revolução Industrial*. Tradução de Daniel Moreira Miranda. São Paulo: Edipro, 2016.

[5] TEIXEIRA, João de Fernandes. *O cérebro e o robô*: Inteligência artificial, biotecnologia e a nova ética. São Paulo: Paulus, 2015.

a inteligência artificial, a nanotecnologia e a biotecnologia poderão produzir mudanças tão radicais que poderão pôr em risco a própria sobrevivência da humanidade. Testar essas hipertecnologias pode comprometer, de modo irreversível, o meio ambiente e a economia das sociedades nas próximas décadas.

Conforme o autor:

a inteligência artificial pode tornar o ser humano descartável, a biotecnologia pode intervir de forma desastrosa no curso da evolução, e a nanotecnologia pode levar à destruição da atmosfera. Novos dilemas éticos surgirão com essas hipertecnologias, e não estamos preparados para enfrentá-los. A tecnologia é um fenômeno planetário irreversível que tem sua história própria. Precisamos reconstruir nossa relação com ela e perceber que, embora já não possamos controlá-la, podemos pelo menos influenciar seu desenvolvimento para que ela não se volte contra nós.[6]

Desse modo, faz-se necessário o desenvolvimento de mecanismos eficientes e eficazes para se criar conhecimento e desenvolver habilidades acerca da regulação estatal dos contratos privados (regulação do direito privado), inclusive, tendo em vista o inescapável advento, incremento e manejo de novas tecnologias, na era da IA.

Por exemplo, justamente com o desiderato de proteção do ser humano por meio, talvez, de ações direcionadas e concatenadas para atingir um objetivo comum de integridade empresarial – a partir de programas de *compliance digital*, talvez –, no sentido de promover a constitucional proteção de dados pessoais potencialmente atingidos pelos contratados celebrados, de maneira direta e/ou indireta.

Isso é, para um futuro humanamente sustentável dos contratos na era da IA, torna-se imprescindível a investigação e o apontamento de caminhos de implementação de mecanismos objetivos de diagnóstico, de gestão de riscos e de prognóstico de consequências jurídicas e fáticas acerca da aplicação de novas tecnologias voltadas à promoção do desenvolvimento intersubjetivo dos partícipes do Estado, conforme a eficácia concreta dos direitos fundamentais, na celebração de relações obrigacionais que terá influências algorítmicas, principalmente, no estabelecimento de riscos hoje envolvidos pelas ideias de *precaução* e de *prevenção* de consequências negativas de seus interesses pactuados nos contratos.

É natural que análises de riscos definam aquelas repercussões negativas *prováveis* em razão de uma possível cadeia de acontecimentos (*prevenção*) e, outros, *não passíveis de concretização*, quando essa mesma lógica é seguida, porém, mesmo assim, são passíveis de ocorrerem (*precaução*). Entretanto, com o advento de novas tecnologias, e seu desenvolvimento cada vez mais rápido (em escala exponencial), o custo dos riscos entre atos de *prevenção* e de *precaução* serão cada vez menores, pois a precisão das análises de risco será cada vez maior.

Assim, é de se admitir que uma das fortes influências da era da IA nas relações obrigacionais será de derrubada nos custos de transação, de forma geral. Porém, a que preço? Quanto vale a dispensa do "fator humano" nas relações obrigacionais? Depende, logicamente, da perspectiva pela qual tal questão é observada.

[6] TEIXEIRA, João de Fernandes. *O cérebro e o robô*: Inteligência artificial, biotecnologia e a nova ética. São Paulo: Paulus, 2015.

Contudo, não há grandes dúvidas de que, caso o distanciamento humano supere a linha da sustentabilidade (como respeito à capacidade regenerativa de um sistema), o caminho de recuperação desse espaço perdido pelo homem para o robô será de difícil retomada. E, uma vez que os *sintéticos* passem a tomar decisões em substituição dos *naturais*, como poderemos reclamar aos *controladores naturais* sobre eventuais injustiças cometidas? Possivelmente, a resposta se voltará à *criação de sintéticos controladores de sintéticos criadores.* E, assim, nosso futuro passará para outra titularidade: *do natural, para o artificial.*

Nessa mesma esteira de preocupação com o futuro das relações obrigacionais na era da IA, é preciso refletir como ocorrerá, por exemplo, a capacitação e o treinamento adequado de agentes públicos e privados para que possam alcançar a *expertise* na aplicação, gestão e controle de mecanismos de avalição de impactos e de crescimento da implementação de novas tecnologias para o desenvolvimento humano, desenvolvidos por meio de interações contratuais, ante os objetivos da República estabelecidos no art. 3º da CF/88.

Logo, pensar em uma *realidade ideal de proteção de interesses* em que as partes tragam prejuízos umas para as outras, quando seus contratos forem influenciados pela IA, direciona as atividades regulatórias para a busca do estabelecimento de critérios objetivos de avaliação das repercussões jurídicas e reais da aplicação de novas tecnologias em face de um sistema de tutela da informação compartilhada, armazenada e sob gestão, na era da IA, a partir da sempre obrigatória *promoção dos direitos fundamentais.*

Desse modo, indica-se, inicialmente, algumas tarefas para construir um possível ambiente obrigacional propício para uma adequada atuação nesse novo cenário desenhado, conforme o advento de novas tecnologias desenvolvidas a partir da IA:

i) determinar critérios objetivos de gestão de riscos, de parâmetros máximos e mínimos de sustentabilidade sistêmica de afetação dos interesses envolvidos e de integridade, inclusive, quando da implementação de inovações tecnológicas, por meio de contratos, nos setores público e privado, em conformidade com os direitos fundamentais;

ii) estabelecer mecanismos e sistemas de filtragem jurídica de consequências fáticas da aplicação, inclusive, de inovações tecnológicas, decorrentes de relações obrigacionais na era da IA, com o desiderato de adequação regulatória de tais atividades, considerando a influência da IA nos meios decisórios empresariais e estatais; e

iii) formar agentes capacitados a criar e a analisar diagnósticos e prognósticos dos (potenciais) impactos na atividade regulatória estatal do incremento, inclusive, de inovações tecnológicas, por meio de relações na era da IA, à luz da Constituição e dos sistemas regulatórios vigentes.

Nesse contexto, ao pensar nos instrumentos de adaptação à era da IA, aqui sugeridos, para o implemento de inovações tecnológicas, programas de *compliance* digital e de projetos de integridade que fomentem negócios nessa nova realidade da multi-informação em que se vive, necessariamente, é preciso preocupar-se não só com os riscos jurídicos e as consequências reais da exploração de uma nova *dimensão* desse ambiente de incremento exponencial de novas tecnologias para a promoção do desenvolvimento intersubjetivo dos partícipes do Estado, mas, também, como tais relações obrigacionais serão harmonizadas com os direitos fundamentais vigentes.

Assim, considerando a influência multidisciplinar e os desafios da nova revolução tecnológica que crescem e tomam conta da realidade em ritmo acelerado, e como tal ciclo impactará no cotidiano de todos, passa a ser de suma importância a *pesquisa* das diversas camadas que envolvem essa atual exploração de direitos obrigacionais, em especial, quando influenciam – de alguma forma – os contratos que serão estabelecidos e, principalmente, aqueles já celebrados.

Da mesma forma ocorre quando se considera a era da IA e a aplicação de novas tecnologias ante o primado dos direitos fundamentais, qual seja, a dignidade da pessoa humana, como produto de implementação de contratos voltados ao *fim social* que a Constituição determina.

É importante lembrar que uma das grandes características do ser humano é ter, de forma geral, uma consciência apta a discernir sobre as *consequências* de suas *escolhas* e como tais consequências lhe trarão um novo leque de opções possíveis das quais, de modo igualmente responsável, precisará escolher para que o melhor desenvolvimento possível ocorra no menor espaço temporal disponível.

Essa capacidade humana pode ser compreendida de diversas formas: livre arbítrio, autodeterminação, autonomia de vontade etc. O que se espera, ainda, é que o uso de tal dom humano seja sempre voltado para o bem comum (*função social do contrato*), considerando a busca do desenvolvimento intersubjetivo como dever maior de todos os envolvidos no atual sistema "democrático de direito".

Democracias pressupõem um relativo livre exercício de escolhas, em que cidadãos consigam discernir qual é o melhor caminho a seguir, conforme seus pessoais interesses de ter uma vida melhor. Tais interesses precisam estar protegidos e estabelecidos nos limites da lei e do direito, até mesmo ante o *objetivo discernimento da IA* quando se torna parte do produto dos interesses que estão sob a guarda dos contratos.

Entretanto, essa clássica noção de democracia nitidamente encontra-se ameaçada quando o exponencial crescimento da influência de mecanismos de *inteligência artificial* (IA) passam a influenciar *desproporcionalmente* as escolhas realizadas por aqueles detentores de *inteligência natural* (IN).

3 Quando a inteligência artificial ameaça a inteligência natural nas relações obrigacionais

A partir das premissas construídas até o momento, torna-se oportuna a seguinte reflexão: qual o ponto de inadequação e de *desnecessidade* do uso da IA para decisões que possam *comprometer negativamente* o atendimento tanto do objeto pactuado, como da função social do contrato, e, assim, *desequilibrar desproporcionalmente* o exercício de *escolhas razoáveis, responsáveis e responsabilizáveis*?

Vale lembrar, nesse cenário, que ainda não existe, naturalmente, um "bom robô" ou um "mau robô" por si. Essas situações – de *bondade* ou de *maldade* – ainda dependem do ser humano como agente programador dessa inteligência artificial. Mas, e quando tal condição existir de forma independente do ser humano?

A questão do aspecto objetivo na atuação algorítmica, nesse cenário, mais uma vez, ganha corpo, pois a programação de IA voltada a influenciar decisões da IN para proteger seus direitos em um contrato, por exemplo, obviamente ocorre para atender a interesses pessoais daqueles que encomendam a estruturação de algoritmos criados para esse fim.

Entretanto, talvez, o grande problema da influência da IA nas relações obrigacionais seja, basicamente, determinar qual é o limite de tais sistemas cibernéticos e quais serão os meios utilizados pela IA para cumprir sua missão previamente programada.

Assim como a humanidade vive a constante ameaça do uso indiscriminado e criminoso do *livre arbítrio humano* para o alcance de proveitos pessoais em detrimento de benefícios comuns, o que esperar do uso de um poder potencialmente maior do que o humano e que cresce de forma exponencial a cada momento?

O caminho, invariavelmente, será de fusão da IN com a IA,[7] levando à extinção do sentido clássico de democracia que compreendemos, pois quanto maior a capacidade de análise (crítica, inclusive) de dados da IA, maior será a necessidade da busca de adequação do ser humano a essa nova realidade.

É o que já ocorre nos dias de hoje com a esquizofrênica necessidade de estar atualizado o tempo todo, principalmente, por informações aparentemente irrelevantes para a promoção do desenvolvimento pessoal, motor propulsor de qualquer ser biótico.

A questão é que tal aparência de inutilidade de informações, na verdade, passa a moldar, potencial e efetivamente, decisões e escolhas que cada um toma em sua realidade social e, invariavelmente, nos contratos celebrados.

Dessa maneira, a decisão sobre o futuro das relações obrigacionais volta-se aos programadores da IA que, em determinado momento, poderão ficar sob o controle da própria IA de forma tão complexa que a IN, possivelmente, não será mais capaz de regular, tampouco, limitar seus destinos.

Contudo, não se deve esquecer que os envolvidos nos novos tempos de informação democratizada (artificial ou natural) ainda estão, necessariamente, comprometidos com deveres constitucionais de promoção de uma sociedade cada vez mais livre, justa e solidária.

Entretanto, torna-se imperioso lembrar que esses deveres possuem um custo e, assim, exalta-se a pertinência da questão: *para o alcance de uma sociedade melhor, até que ponto o indivíduo pode ter suas decisões condicionadas de modo desproporcionalmente artificial nas relações obrigacionais?*

Ou, para uma preocupação ainda maior: *até quando o que é considerado "artificial" ainda terá esse rótulo na nossa realidade de transmutação do ser humano dependente de elementos não naturais para se desenvolver?*

Nesse sentir, oportuno rememorar: tornam-se imprescindíveis a *pesquisa* e o *efetivo* empenho de *criação* e de *aperfeiçoamento* de formas reguladoras e controladoras acerca do impacto da IA não só nas relações contratuais, mas, também, na realidade cotidiana de interação do homem *consigo próprio*, com os *outros* e com o *meio* em que concretiza sua existência física (real).

Assim, será que em poucos anos o ser humano ainda será totalmente natural?

Certamente, *não*. E aquele totalmente natural será o diferente da sua espécie, pois os demais contarão, em sua maioria, com a IA para aumentar suas capacidades e, assim, conseguir alcançar o *maior* e o *melhor* desenvolvimento (im)possível.

Em breve, os contratos hodiernamente conhecidos, originalmente frutos de uma "livre escolha", estarão totalmente dependentes de escolhas direcionadas à promoção e à proteção da IA.

---

7 Tal como defende: HARARI, Yuval Noa. *21 lições para o século 21*. Tradução de Paulo Geiger. São Paulo: Cia. das Letras, 2018.

A atuação desenfreada da IA, como na reprodução exponencial de *fakenews*, por exemplo, que ameaçam o livre discernimento para uma legitima pactuação, realmente pode representar uma ameaça. Ou será que tal situação é plenamente controlável e contornável pelo ser humano, que ainda consegue aferir todas as consequências dos fenômenos decorrentes da expansão desenfreada da IA na realidade concreta?

Ora, *vide* os notórios exemplos de como *fakenews* podem causar impactos negativos em eleições presidenciais dos EUA e do Brasil, bem como do referendo para saída do Reino Unido da União Europeia (Brexit).

Nessa perspectiva recortada, importa destacar as seguintes questões: o que restou de escolha natural para uma real democracia, base para a livre expressão de vontade contratual, inclusive? Tal situação traz sentimento de *perigo* ou de *esperança*?

A depender da resposta dessas perguntas, talvez, torna-se necessário começar a pensar em *direitos fundamentais da (à) IA* como algo que já deve ser motivo de preocupações do homem e do direito.

Não se pode esquecer que toda forma de esclarecimento que compõe o discernimento de uma pessoa natural, uma vez inserida em determinada sociedade, é condicionada ou decorrente de inúmeros fatores externos (interesses intersubjetivos, consumo, política, ideologias de determinados grupos etc.). Destarte, não há como falar de uma *capacidade de discernimento totalmente livre*.

Mas, quais são os *limites* do condicionamento dessa liberdade?

Não seria pertinente acreditar que pensar na IA como elemento que em breve também exercitará atividades conscientes não representaria um norte para manter sua expansão e sua atuação na realidade concreta proporcionalmente controlada?

Isso porque a *influência natural* sentida nas decisões humanas integra e edifica o *discernimento relativamente livre* da pessoa. E *é desse modo que a IN efetiva a sua* capacidade de escolha conforme a racionalidade do ser humano em celebrações de contratos.

Então, ao se tratar do futuro das relações obrigacionais, por que a IA pode representar uma ameaça?

Porque pode indicar o abuso do poder econômico de determinados *players, mais fortes tecnicamente e/ou economicamente*, em detrimento de outros, por exemplo. Fator que, por óbvio, desequilibra desproporcionalmente a relação obrigacional estabelecida.

Na verdade, ao imaginar que a escolha de caminhos para um melhor futuro para si e para os seus, de cada cidadão, *determina limites* para a verdadeira e legítima manifestação de vontade de um contratante, por meio de sua inteligência natural. É fato que tais decisões de interesse, que culminam em manifestações de vontade contratual, já recebem inúmeras influências exógenas à IN do contratante. Logo, não existe, tampouco já se testemunhou, "livre vontade absoluta", divorciada de influências não naturais.

Nessa linha, aparentemente, o homem se afasta de suas naturais convicções, preferências e interesses e se aproxima dos objetivos determinados por aqueles detentores do poder de programação da IA, fato que ainda precisa ser adequadamente absorvido e recepcionado não só pelo sistema regulatório pátrio, mas, também, pelos órgãos judiciais de controle das relações contratuais, eventualmente questionadas perante o Poder Judiciário.

Com a inevitável direção de atrofiamento, ainda maior, da autonomia humana de discernir e de consentir acerca dos melhores caminhos a seguir, hipótese que representa uma marcante característica do ser humano natural, torna-se extremamente relevante o despertar para que a IA, simplesmente, não passe a fazer escolhas no lugar das pessoas, substituindo-as.

Tal cenário parece ser o ideal para muitos, pois essa suposta ausência de preocupação e de responsabilidade sobre as escolhas feitas pela IA em nome do cidadão trará uma dimensão de *avatares* totalmente comandados por aqueles que, minimamente, conhecem como o poder da realidade digital vai tornar os seres humanos mais *fortes* ou mais *conformados*.

Assim, resta lembrar que o Estado continuará com sua obrigação de não só regular a *dimensão real*, por meio da *dimensão jurídica*, das relações intersubjetivas obrigacionais, mas, também, terá que aprender a regular a *dimensão digital* em que projeções da realidade (*avatares*) lá estarão com poderes ilimitados, até então.

É dever irrenunciável do Estado viabilizar o exercício de cada *liberdade autônoma* da melhor forma e para o maior número possível de pessoas, mesmo que seja necessário limitá-la de maneira mais contundente sob determinado aspecto (ou pessoas), ou, sob outro, em prol do exercício e da realização do constitucional Estado Democrático de Direito.

Dessa maneira, parte-se da ideia de que o efetivo *esclarecimento*, para um *livre* discernimento, é pressuposto democrático e, consequentemente, do controle dos deveres da IA, em razão de seu papel para a racional atuação do cidadão, com destaque, quando se inter-relacionam por meio de contratos.

Assim desenhado, ao alcançar a conclusão de que os meios de controle de proteção da expressão livre, como legítima autonomia de vontade nas relações obrigacionais, precisam ser urgentemente revistos e aperfeiçoados, com a inevitável ascensão da IA e de sua influência na *dimensão real* de tais vínculos intersubjetivos, chega-se ao ponto de formular uma franca indagação:

O que (ainda) de natural sobrou do humano?

Certamente a resposta alcançada quando da redação deste texto já não será a mesma quando da sua leitura, após a respectiva publicação.

4 Direito obrigacional, inteligência artificial e fator humano

Conforme a posição científica defendida neste estudo – *de atos obrigacionais celebrados como forma de constante desenvolvimento humano intersubjetivo* – fica claro que para qualquer ser biótico existente no Planeta Terra, viver (e sobreviver) é um exercício de permanente adaptação.[8] E todo regime de adaptação traz impactos e consequências internas e externas ao ambiente onde esse fenômeno ocorre.

O ser humano, ao se adaptar contemporaneamente aos ambientes de interação, fez surgir novas realidades virtuais, também denominadas "sintéticas". Nessa perspectiva, a mencionada influência da IA nas relações contratuais deve, por óbvio, ser considerada.

No cenário indicado, não se pode olvidar que o ser humano já criou diversas realidades interativas em que nada existia anteriormente, de maneira natural, para regrar e orientar suas condutas em sociedade. Como forma de aguçar a reflexão, imagine-se a

---

[8] Assim definido por Charles Darwin, que demonstrou que a evolução ocorre, de geração a geração, a partir dessa constante habilidade de adaptação dos seres bióticos aos respectivos meios onde se encontram (DARWIN, Charles. *A origem das espécies*. Tradução de Daniel M. Miranda. São Paulo: Edipro, 2018).

possibilidade de a racionalidade humana construir uma dimensão de relações sociais e obrigacionais em que sua existência é retratada em *avatares* do que realmente os seres humanos são, por meio de uma projeção fictícia.

Seria pertinente imaginar que nessa realidade paralela existe uma análise externa das ações humanas a partir do que é realizado na dimensão concreta do real? E se assim for, como o ser humano conceituaria essa realidade virtual?

O humano denomina tudo isso "direito".

Lembre-se de que o direito também é visto, em sua formulação teórica, como um *mundo diferente da realidade natural*. Em outras palavras, existe um mundo do direito e um *mundo da realidade dos fatos*. Ambos coexistem na realidade humana atual.

Com isso todos já estão acostumados. No sistema jurídico é possível verificar um universo artificial (virtual) que determina o "dever ser" da atuação humana projetada em *avatares* que atuam e respondem conforme a realidade natural vivenciada pelas pessoas. Nessa realidade virtual criada pelo humano, as relações obrigacionais advêm da própria aceitação intersubjetiva da existência e da influência de tal dimensão jurídica no mundo real.

Observe-se, então, que não deve ser tão assustadora a possibilidade de construção de realidades ficcionais que pavimentem caminhos de potencialização de fenômenos que promovam desenvolvimento e facilitem a vida, no sentido de gastar menos energia para alcançar melhores resultados, em espaços temporais mais curtos.

Assim, a partir de uma condição humana racional, passa-se a considerar a existência de *dimensões virtuais* (que dependem do homem para existir) como projeções da dimensão concreta (que independem do homem para existir).

Isso porque, inevitavelmente, é necessário tratar tais perspectivas dimensionais da realidade virtual e da realidade concreta, sempre, a partir de uma visão antropológica da natureza.

Imaginar uma nova dimensão da realidade, portanto, é algo tão absurdo?

Como já demonstrado, não.

Logo, se da realidade virtual é possível se extrair o direito, outras dimensões também poderão ser criadas pelo homem, tal como a "digital".

Desse modo, é perfeitamente possível aceitar que pode existir uma realidade concreta (natural), na qual o ser humano vive independentemente de sua atuação ante a existência de tal dimensão, em dado espaço e tempo, e outras infinitas realidades virtuais que dependam, efetivamente, da criação, do desenvolvimento e da permanente interação do ser humano para sua manutenção ou, contrariamente, para sua extinção.

O que se faz necessário, todavia, é buscar mecanismos para tentar "prever" como essas realidades impactarão a existência de cada pessoa ou grupo de pessoas.

Nesse quadro, há de se destacar, para o desiderato científico ora proposto, as três seguintes realidades:[9]

i) realidade *concreta*;

ii) realidade *jurídica*;

iii) realidade *digital*.

---

[9] FRANÇA, Phillip Gil. *Ato administrativo, consequencialismo e compliance* – Gestão de riscos, proteção de dados e soluções para o controle judicial na era da IA. 4. ed. São Paulo: Thomson Reuters; RT, 2019.

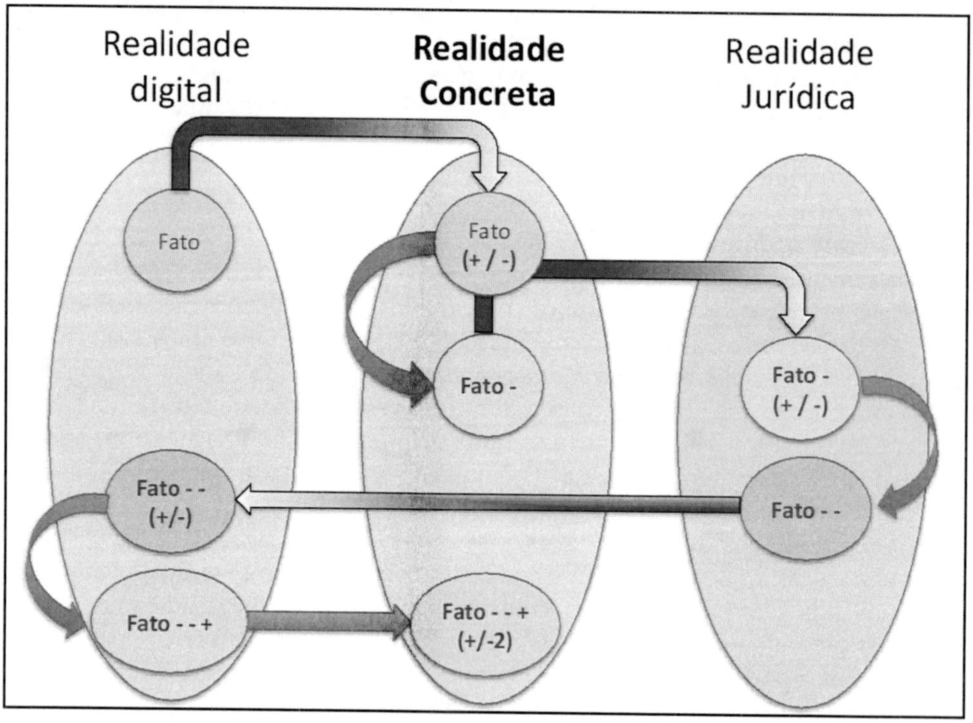

Denota-se que, a partir de um fato ocorrido na realidade concreta, a depender da sua força, é possível verificar um abalo na realidade jurídica. Assim, a partir desse momento, tal abalo sofre um juízo de valor nessa realidade, ao determinar se tal fato é correto ou errado (positivo ou negativo), ou seja, se se conforma ou não com o sistema valorativo estabelecido na realidade jurídica ou não.

O produto desse juízo de valor é devolvido para a realidade concreta, se assim ainda for forte o suficiente para abalar tal realidade. Caso ocorra esse novo abalo, tem-se um fato real acompanhado de um juízo de valor jurídico.

Isso é, se existe um fato real relevante o bastante para abalar o mundo jurídico, a partir desse fato ocorre um juízo de conformação com o sistema estabelecido (filtro de legalidade) e, dependente do resultado, há uma resposta ao mundo real.

Constata-se, então, que a consequência dessa dinâmica é a criação de um novo fato que influencia a realidade concreta na condição de um "fato jurídico", pois antes era um fato apenas manifestado na realidade concreta, que, após essa interferência da realidade jurídica passa a ser conformado como um fato jurídico.

Esse fato jurídico novamente vai influenciar os acontecimentos da realidade concreta e é perfeitamente possível que, pela sua força e extensão, possa novamente abalar a realidade jurídica. Se assim ocorrer, será feito um novo juízo de valor e a lógica mencionada se repete.

Em outras palavras, a partir desse novo juízo de valor, esse fato jurídico duplamente verificado vai retornar novamente ao mundo real e assim por diante. Isso é, existe uma interação cíclica entre a realidade concreta e a realidade jurídica, o que indica a conclusão de que o *direito é um espelho retardado da realidade*, porque interage como elemento consequencialista da realidade concreta. Tal lógica, obviamente, também é constatada nas relações obrigacionais.

No entanto, agora existe uma nova realidade virtual criada pelo homem. E, nessa realidade virtual (aqui considerada como a digital, na sua dimensão virtual), tal fenômeno também é verificado?

Será que fatos ocorridos no mundo virtual têm força o bastante para abalar o mundo jurídico, principalmente, nas relações contratuais, ou lá ocorre tal como o mundo subjetivo de cada ser humano (seus pensamentos), em que não se encontra ressonância forte o suficiente para atingir o mundo real e, por decorrência, o mundo jurídico?

Por exemplo, em uma partida de videogame entre várias pessoas, *on-line*, representados por *avatares*, como personagens do *game*, caso um desses personagens mate outro, esse fato virtual poderá abalar a realidade real?

Sim, pois certamente a pessoa que tal *avatar* morto virtualmente representa não gostará de tal fato, por um lado, e a outra que conseguiu a vitória ao matar aquele personagem ficará satisfeita.

A pergunta marcante, portanto, é: esse abalo é forte o suficiente para atingir o mundo jurídico a partir das sensações de *perdas* e de *ganhos* ocorridos no mundo virtual, nesse exemplo? A princípio, *não*.

Por conseguinte, é possível concluir que os direitos e deveres fundamentais (inclusive os obrigacionais) no mundo *virtual digital* são apenas relevantes quando, a partir de uma ficção no *cyberspace*, há um *abalo relevante no mundo real* e, por sua vez, ocorre outro abalo relevante no mundo jurídico. Essa perspectiva da influência da IA nas relações contratuais também precisa ser considerada.

A partir da verificação desse fenômeno, faz-se necessário entrar em cena o mencionado juízo de conformação legal e a respectiva verificação dos efeitos jurídicos decorrentes no mundo real, pois é o que interessa.

Exemplo disso é um acontecimento inicialmente virtual, mas que se torna um fato real e, nesta condição, abala a realidade jurídica, a realidade concreta e a realidade virtual – como é a situação de vazamento de fotos íntimas no ambiente da internet, que fere, por consequência, relações obrigacionais de proteção de dados sensíveis entre os usuários da internet e fornecedores de conteúdo na *web*, não só pela relação direta contratual, mas, também, pela repercussão negativa que tal relação obrigacional causa a terceiros eventualmente impactados.

Não há dúvidas de que a repercussão desse fato, inicialmente virtual, mas concretizado no mundo real, gera abalos nas demais realidades e consequências reais, virtuais e jurídicas.

É a partir dessa lógica que se torna possível construir toda a ideia que sustenta a necessidade de aplicação dos direitos fundamentais também na realidade virtual. E assim deve ser feito, inicialmente, a partir da séria proteção dos dados pessoais, sobretudo os dados sensíveis, no ambiente virtual digital.

Faz-se imperioso destacar, então, que o desenvolvimento da realidade concreta sobre a perspectiva humana está a depender da sua interação com outras realidades virtuais sintéticas criadas pelo próprio homem, pois, a partir dessas interações, de forma cíclica, a pessoa aprende com a suas falhas, absorvendo os pontos positivos e superando os pontos negativos. Ou seja, o ser humano concretamente passa a se desenvolver de uma forma mais rápida e mais eficiente quando age de modo construtivamente consciente das realidades – concretas e virtuais – que vive.

Nesse sentido, importante repetir, chegou-se a um ponto em que a necessidade da regulação dessas interações entre as realidades mencionadas demandou novas formas de gestão dos riscos relacionados ao acordo de vontades e de interesses veiculados por meio de contratos.

Uma vez que, decorrentes da interação da realidade digital com a realidade concreta e a realidade jurídica, as regulações jurídicas sobre as relações obrigacionais precisarão se adaptar aos novos contextos e às novas possíveis consequências do universo de possibilidades ainda não encaradas, tampouco, respondidas, pelo direito.

Isso é, torna-se obrigatório considerar a proteção, ao máximo possível, dos dados pessoais compartilhados no meio ambiente digital para que, assim regulados, possam influenciar de forma clara a realidade jurídica para, então, da análise do produto de tal interação, ser possível trazer uma realidade concreta ainda melhor.

Dessa maneira, percebe-se que o ser humano busca, constantemente, aperfeiçoar e criar ferramentas para a promoção do seu maior e melhor desenvolvimento intersubjetivo possível, mas que todo este trabalho precisa ser o mais previsível, seguro e confiável possível.

Para atender a essa necessidade de, ao menos, mínima precaução, é de se mencionar a atividade de *compliance digital* como um importante mecanismo resolutivo voltado à realidade digital sobre a regulação da realidade jurídica, conforme os direitos fundamentais. Os sujeitos de uma realidade obrigacional devem se comprometer com a lisura e a eticidade como forma de adequadamente alcançar as finalidades propostas.

A ideia de concretização de direitos fundamentais nas relações interprivadas é tarefa diária para todos que se preocupam com os resultados possíveis da interação entre a IA e as realidades de vida das pessoas.

Relevante destacar, também, que cada pessoa possui um direito fundamental de acesso à inteligência artificial, que deve ser devidamente regulado pelo Estado e fiscalizado pela sociedade.

Não se revela providência simples compor todos os interesses e consequências descritos no presente texto, mas cada qual das situações reais e jurídicas mencionadas desvelam a atualidade e relevância da relação entre a IN e a IA no cotidiano.

Por tudo isso, torna-se indispensável questionar: até quando a IA irá se submeter ao humano, de forma ilimitada e sem consequências? Será que sua condição de mero instrumento de realização dos objetivos humanos – com o triste destaque para os degradantes e cruéis – será perpetuada no tempo? As respostas são uma incógnita, em especial para os juristas.

Pensar nos impactos da atividade regulatória estatal na ascensão da IA e da aplicação de um novo plano de ações tecnológicas nos setores público e privado, por meio do adequado e renovado manejo dos direitos fundamentais, *deve ser um dos objetivos primordiais da humanidade*.

Para tal desiderato, ressalta-se que é dever de todos – e de cada um – buscar caminhos e perspectivas práticas de harmonização entre inovações tecnológicas e sistemas de proteção de dados pessoais a partir da nova lógica trazida pela era da inteligência artificial, em especial, para o aprimoramento das relações obrigacionais que, de alguma forma, participem.

O debate atualmente transcende a questão de meros procedimentos eletrônicos, como simples sistemas de armazenamentos e de gestão de dados pessoais, e passa para a discussão mais aprofundada sobre algoritmos capazes de interpretar dados para alcançar objetivos claros e, assim, propiciar escolhas de caminhos para o alcance de resultados mais eficientes ante o desafio proposto.

A racionalização dos robôs que analisam dados de forma muito mais veloz do que o ser humano traz impactos determinantes para a forma como os operadores do direito desenvolverão suas atividades, principalmente, no meio ambiente virtual.

Isso porque, a verdadeira face das pessoas, para o bem ou para o mal, via de regra, revela-se quando a situação lhes retira a possibilidade de identificação. Seja na multidão, na internet, ou na solidão. Tal fenômeno também é verificável nas relações obrigacionais.

A sensação de *não ser reconhecido* abre as portas do absurdo humano, fato amplamente demonstrado nas relações interativas desenvolvidas na virtualidade.

Por fim, ferramentas eficazes e efetivas que promovam a prevenção, a gestão e a correção de atos disformes ao direito e aos padrões éticos de comportamento em determinado tempo e espaço, como *compliance digital*,[10] são importantíssimas para a sobrevivência humana na era da inteligência artificial.

5 Conclusões

Sem regras claras, sem reconhecimento de uma força legítima capaz de regular as atividades desenvolvidas no ambiente virtual, a área cinzenta será ocupada por vontades unilaterais que imporão regras que não necessariamente terão a finalidade constitucional de promover o desenvolvimento intersubjetivo dos partícipes do Estado.

Porém, verifica-se como praticamente impossível equiparar o nível de amadurecimento em um país de dimensões continentais como o Brasil, em que diferentes culturas interagem em um mesmo espaço e tempo.

Por isso, mecanismos de estabelecimento de *standards* mínimos de conduta nas relações obrigacionais, de pontes de inter-relacionamento, de soluções para superação de conflitos e de luzes para o atendimento da regulação da dimensão digital, conforme as diretrizes constitucionais, passam a ser indispensáveis. E assim podem ser construídos, conforme o seguinte resumo, a partir de critérios obrigacionais consonantes com os direitos fundamentais:

i) elaboração de cláusulas claras, objetivas e de fácil compreensão sobre os limites de influência da IA, principalmente, sobre o núcleo essencial (objeto) do contrato;
ii) regulação acerca da proteção mínima do fator humano e dos fins sociais dos contratos, principalmente aqueles que possuírem influência direta ou indireta da IA;
iii) capacitação de profissionais jurídicos aptos a promover uma análise de conformidade legal e técnica digital acerca da amplitude (mínima e máxima)

---

[10] Compreende-se *compliance digital* como o conjunto de ações voltadas para análise e para indicação de caminhos voltados à minimização de riscos de determinada atividade que envolva a *realidade cibernética*, a partir dos impactos e das consequências dessa atividade nas dimensões *concreta, jurídica e digital*.

de impacto volitivo natural da IA em determinados contratos, tudo em conformidade com a Constituição Federal, com a Lei Geral Proteção de Dados Pessoais, com a Lei Anticorrupção, com o Marco Civil da Internet e com critérios técnicos da IA;

iv) realização permanente de estudos e levantamentos de soluções tecnológicas; aplicação e atualização de sistemas digitais; identificação de falhas e brechas nos mecanismos de proteção digitais; verificação de ferramentas de aprimoramento de desempenho dos sistemas; qualidade de segurança, de integração e de difusão de dados entre os sistemas voltados à proteção das relações obrigacionais estabelecidas sob a influência determinante da IA.

Tais formatos de gestão de diagnósticos e prognósticos de riscos decorrentes das atividades obrigacionais impactados pela IA devem ser considerados, justamente para diminuir o quanto possível os custos de transação envolvidos em determinada relação contratual, com vistas a que os sujeitos participantes possam se beneficiar legítima e mutuamente.

A implantação de processos de *compliance digital* nas atividades obrigacionais desenvolvidas sob a influência de IA tem o potencial de gerar segurança, confiança e lucratividade, com diminuição de riscos, em benefício de todos os envolvidos.

Esse agir, fundado em premissas concretizadoras de direitos fundamentais, favorecerá um novo prisma de transparência nas realidades virtuais que incidem sobre as realidades naturais e jurídicas.

As relações obrigacionais que recebam robustas influências da IA precisam ser consideradas conforme a plena eficácia dos direitos fundamentais. Este é o compromisso a ser firmado no campo da regulação de tais realidades. Do contrário, os efeitos de tais vinculações interpessoais não só restarão desprotegidos, mas estarão desatualizados ante o novo ambiente de celebração de pactos.

Assim, desatualizada e fora dos padrões regulatórios, as relações obrigacionais divorciadas de mecanismos de *humanização do seu conteúdo ante a interferência nuclear da IA*, provavelmente, serão preteridas ante aquelas que estabelecerem meios de acompanhamento tanto da regulação, como do implemento de novas tecnologias no meio ambiente cibernético virtual.

Ora, pois é sabido que o avanço da realidade digital pode se tornar uma ameaça se não for apropriadamente tratado desde já. Stephen Hawking fez o alerta ao destacar o seguinte diálogo: "'Deus existe?', perguntaram as pessoas a um computador. 'Agora existe', respondeu o computador, e derreteu o botão de desligar".[11]

Não há dúvida de que o conhecimento e o domínio das técnicas necessárias para regulação desse novo universo são carentes de pessoas preparadas para a promoção do seu desenvolvimento.

Isso porque absolutamente todas as empresas, entes públicos e pessoas que tiverem algum contato com a rede da internet precisarão se adaptar aos seus meios de controle e de conduta – em especial, das obrigações assumidas e devidas. Basta lembrar o fato de que não há mais "terra de ninguém" na realidade digital.

---

[11] HAWKING, Stephen. *Breves respostas para grandes questões*. Tradução de Cássio de Arantes Leite. Rio de Janeiro: Intrínseca, 2018. p. 220.

O reconhecimento e o fortalecimento de procedimentos que conformem padrões de integridade dos envolvidos na atividade digital, sobretudo naquelas voltadas às relações obrigacionais, são medidas que se impõem, como forma de prevenção de riscos de prejuízos e de agressões a direitos subjetivos.

Padrões éticos e de moralidade precisam ser estabelecidos para que um mínimo de segurança exista no desenvolvimento das relações interativas na realidade virtual digital. Tal indicação é necessária, pois desenvolver-se por meio da interação com elementos exógenos e endógenos não é uma opção para o ser humano, mas, sim, um caminho inescapável.

Contudo, nesse contexto, algumas perguntas que se sobressaem são: até quando, de que forma e qual será o preço desse desenvolvimento do ser humano ante as realidades virtuais que cria?

Sem o desenvolvimento de eficientes, eficazes e efetivos *meios de viabilização de relações digitais humanizadas*, interligados de forma a promover o máximo desenvolvimento da regulação jurídica dessa realidade virtual cibernética, certamente o direito que hoje se conhece será extinto e uma nova forma de delimitação de atividades interativas tomará esse espaço, com consequências conectadas à nova racionalidade sintética da IA.

Não há mais uma realidade sem a interferência da IA. Necessário, isso sim, que se desenvolvam modos de exploração humanizada e coerente desse recurso que já traz efeitos claros na realidade concreta das pessoas. "Nosso futuro é uma corrida entre o potencial de crescimento da tecnologia e nossa sabedoria ao usá-la. Precisamos garantir que a sabedoria vença".[12]

Ingenuidade seria pensar que a *força artificial nova* que cresce e que ocupa espaços cada vez maiores ao passar do tempo, de modo milhares de vezes mais rápido e mais poderoso que o desenvolvimento natural humano, encontrará limites para cessar sua evolução em razão de padrões éticos humanos simplesmente constituídos como meras *metas* ou *símbolos* que precisam ser atendidos.

Há que se empenhar na edificação de pontes que estabeleçam uma comunhão de padrões éticos realizáveis entre a IA e o ser humano, sob pena de grande prejuízo aos modos de vida atualmente vividos.

Esse chamamento é, sem temor do exagero, uma questão de perpetuação da espécie diante de uma nova classe de seres sintéticos que a cada dia tomam mais lugares dos naturais.

Pensar no *futuro* é, mais do que nunca, agir no *presente*. Em outras palavras, é ter em vista que a IA já influencia a tomada de decisões nas relações mais simples até as mais complexas. É estar ciente de que os interesses envolvidos nessas relações obrigacionais precisam ter a IA como aliada, pois, do contrário, quem sucumbirá será o humano, uma vez que sua vontade será, simplesmente, substituída pelo produto de um cálculo estatístico cibernético, que nem sempre *entende a pergunta*, ou *compreende a melhor solução* para o mundo dos *vivos*.

---

12 HAWKING, Stephen. *Breves respostas para grandes questões*. Tradução de Cássio de Arantes Leite. Rio de Janeiro: Intrínseca, 2018.

Referências

COASE, Ronald H. The nature of the firm. *Economica*, New Series, v. 4, n. 16, p. 386-405, nov. 1937.

COASE, Ronald H. The problem of social cost. *Journal of Law and Economics*, Chicago, v. 3, p. 1-44, out. 1960.

DARWIN, Charles. *A origem das espécies*. Tradução de Daniel M. Miranda. São Paulo: Edipro, 2018.

FRANÇA, Phillip Gil. *Ato administrativo, consequencialismo e compliance* – Gestão de riscos, proteção de dados e soluções para o controle judicial na era da IA. 4. ed. São Paulo: Thomson Reuters; RT, 2019.

HARARI, Yuval Noa. *21 lições para o século 21*. Tradução de Paulo Geiger. São Paulo: Cia. das Letras, 2018.

HAWKING, Stephen. *Breves respostas para grandes questões*. Tradução de Cássio de Arantes Leite. Rio de Janeiro: Intrínseca, 2018.

SARLET, Ingo Wolfgang. *A eficácia dos direitos fundamentais*. 10. ed. Porto Alegre: Livraria do Advogado, 2011.

SCHWAB, Klaus. *A Quarta Revolução Industrial*. Tradução de Daniel Moreira Miranda. São Paulo: Edipro, 2016.

TEIXEIRA, João de Fernandes. *O cérebro e o robô*: Inteligência artificial, biotecnologia e a nova ética. São Paulo: Paulus, 2015.

Informação bibliográfica deste texto, conforme a NBR 6023:2018 da Associação Brasileira de Normas Técnicas (ABNT):

SILVA, Alexandre Barbosa da; FRANÇA, Phillip Gil. Novas tecnologias e o futuro das relações obrigacionais privadas na era da inteligência artificial: a preponderância do "fator humano". *In*: EHRHARDT JÚNIOR, Marcos; CATALAN, Marcos; MALHEIROS, Pablo (Coord.). *Direito Civil e tecnologia*. Belo Horizonte: Fórum, 2020. p. 491-508. ISBN 978-65-5518-036-7.

A ROBÓTICA E AS DISCUSSÕES SOBRE A PERSONALIDADE ELETRÔNICA

MARCELO DE OLIVEIRA MILAGRES

1 Considerações iniciais

Em tempos de dinâmicos e inquietantes desafios, é inevitável o reconhecimento do avanço da tecnologia, seus desdobramentos e possíveis consequências. Pessoalmente, apresento um olhar múltiplo: de alguém egresso das ciências exatas (engenharia elétrica), do profissional do direito e, por óbvio, do usuário de tantas e necessárias técnicas.

Não há dúvidas da importância da tecnologia, sejam as rudimentares, sejam as mais sofisticadas e contemporâneas. A realidade analógica coexiste com o mundo digital.

Minhas aulas inaugurais de eletrônica digital, quando fui apresentado à lógica binária, parecem em muito superadas pela realidade dos avançados microprocessadores, dos serviços de armazenamento, coleta e sincronização de dados, dos aplicativos de transporte e de músicas, das transações digitais, da noticiada impressão 4D, das diversas aplicações e instâncias do *blockchain*. Termos e expressões, antes restritos ao ambiente da técnica, começam a ganhar popularidade: *bitcoin, peer-to-peer system, ethereum, hash, scripts, maching learning, deep learning, artificial intelligence, smart contracts, self-driving contracts, tokens, sandbox*, internet das coisas (IoT), enfim, as possibilidades são múltiplas e crescentes. Enquanto os limites parecem não existir, as perguntas e as inquietações avançam.

O presente artigo não tem o propósito de descrever todo esse mutável e complexo fenômeno. Muito menos tem a pretensão de respostas a um cipoal de dúvidas. Apresentam-se, porém, alguns pontos: a inteligência artificial teria superado o ser humano? A ambivalente perspectiva de Frankenstein ou do Prometeu Moderno teria saído das páginas de Mary Shelley e avançado para os nossos dias? A inteligência artificial permitiria a realidade de entes autônomos, autossuficientes, com capacidade decisória a ponto de prescindir da ação humana?[1] A robótica, com a capacidade de adaptação às

1 Confira um dos precursores nesse debate: SOLUM, Lawrence B. Legal personhood for artificial intelligences. *North Carolina Law Review*, v. 70, n. 4, p. 1231-1287, 1992.

novas realidades, permitiria o reconhecimento da categoria jurídica da personalidade eletrônica (*e-person*)? Na clássica tripartição entre sujeitos, coisas e relação intersubjetiva, teríamos superado a categoria de coisas, atribuindo personalidade a entes não humanos dotados de inteligência artificial ou estaríamos diante de um *tertium genus*?

As inquietações se apresentam justificadas em face da Resolução do Parlamento Europeu, de 16.2.2017, com recomendações à Comissão sobre Disposições de Direito Civil sobre Robótica. Nos *considerandos* dessa resolução, destaca-se:

> [...] numa perspectiva de longo prazo, a tendência atual para o desenvolvimento de máquinas inteligentes e autônomas, com a capacidade de pensar e de tomar decisões de forma independente, não implica apenas vantagens econômicas, mas também um conjunto de preocupações relacionadas com os efeitos diretos e indiretos para a sociedade no seu conjunto.

No item 59, *f*, há a seguinte previsão:

> [...] um estatuto jurídico específico para os robôs a longo prazo, de modo a que, pelo menos, os robôs autônomos mais sofisticados possam ser determinados como detentores do estatuto de pessoas eletrônicas responsáveis por sanar quaisquer danos que possam causar e, eventualmente, aplicar a personalidade eletrônica a casos em que os robôs tomam decisões autônomas ou em que interagem por qualquer outro modo com terceiros de forma independente.

Vários pontos se apresentam no debate: haveria real necessidade de reconhecimento dessa personificação? A justificada preocupação com os altos riscos decorrentes de eventuais danos provenientes dos robôs autônomos seria fundamento suficiente para sua personificação?

2 Robótica

Na busca da maior racionalização e eficiência no exercício das mais variadas atividades, é crescente a utilização dos robôs. A multifuncionalidade deles é manifesta.

Silvia Díaz Alabart[2] divide os robôs entre sociais ou pessoais (aqueles que interagem diretamente com as pessoas em suas atividades cotidianas) e industriais (destinados a atividades econômicas e não cotidianas).

Nessa categoria de robôs pessoais, não se busca apenas a reprodução das habilidades humanas, mas a realização de tarefas de forma cooperativa com as pessoas. O propósito não pode ser de exclusão, mas de cooperação.

Nesses tempos em que se discute, por exemplo, a possibilidades da robótica na medicina, é razoável a advertência de Silvia Díaz de que os robôs nunca devem substituir os cuidados assistenciais prestados por pessoas; devem complementá-los.[3] Na perspectiva sanitária, é reconhecida a importância da robótica na colaboração de diagnósticos e, inclusive, na realização de cirurgias. A propósito desses robôs médicos, destaca-se a diretriz da noticiada Resolução do Parlamento Europeu, de 16.2.2017, segundo a qual:

---

2 DÍAZ ALABART, Silvia. *Robots y responsabilidad civil*. Madrid: Reus, 2018. p. 47.

3 DÍAZ ALABART, Silvia. *Robots y responsabilidad civil*. Madrid: Reus, 2018. p. 51.

> [...] é essencial respeitar o princípio da autonomia supervisionada dos robôs, segundo o qual caberá sempre a um cirurgião humano estabelecer o plano inicial de tratamento e tomar a decisão final relativa à sua execução; destaca a relevância especial da formação para os utilizadores para se familiarizarem com os requisitos técnicos neste âmbito; chama a atenção para a tendência crescente no sentido de um autodiagnóstico recorrendo a robôs móveis e, por conseguinte, alerta para a necessidade de os médicos receberem formação para fazerem face a casos de autodiagnóstico; considera que a utilização de uma tal tecnologia não deve afetar nem prejudicar a relação entre um médico e o paciente, devendo, pelo contrário, assistir os médicos na realização do diagnóstico e/ou tratamento dos doentes, a fim de reduzir o risco de erros humanos e de aumentar a qualidade e a esperança de vida.

A questão ganha maior importância em razão da potencialidade dos robôs com capacidade de adaptação às novas realidades. Teríamos uma nova categoria de pessoas?

3 Personalidade

Embora possivelmente conexos, não se podem confundir os termos "sujeito de direitos", "pessoa", "capacidade de direito" e "capacidade de fato".

A pessoa, na perspectiva do direito, assim como na filosofia, na teologia e na psicologia, é uma categoria muito discutida, não imune a debates de densidade ética.

Segundo Pedro Pais de Vasconcelos,[4] a personalidade é a qualidade de ser pessoa, e a personalidade jurídica é a qualidade de ser pessoa no direito.

Nessa perspectiva, a qualidade de ser pessoa não decorre de aspectos essencialmente ontológicos ou de imperativos naturais, mas de *critérios formais*. A propósito, merece relevo o reconhecimento formal das pessoas jurídicas e a distinção delas em relação aos denominados entes atípicos ou despersonalizados (massa falida, espólio, herança jacente e vacante, sociedades irregulares e condomínio edilício). A pessoa jurídica é uma realidade técnica.

Como bem pondera Simone Eberle:

> Ser pessoa deixa, então, de constituir um atributo exclusivo do homem considerado em si mesmo e passa a estender-se aos agrupamentos formados por meio da iniciativa humana, para consecução de fins previamente estabelecidos, e a certas destinações patrimoniais. Surge, assim, a clássica "distinção" entre, de um lado, pessoas físicas, singulares ou naturais, e de outro, pessoas jurídicas, também denominadas coletivas, morais ou fictícias.[5]

Toda pessoa é sujeito de direitos, mas o inverso não é verdadeiro.

Sujeito de direitos são entes com aptidão de participar das relações jurídicas, adquirindo e conservando direitos e respondendo por deveres. A pessoa é sujeito de direito, mas subsistem categorias de entes sem personalidade dotados da qualidade de sujeitos de relações jurídicas.

A noção de subjetividade é mais ampla que a de personalidade. Nem todos os titulares de direitos e de obrigações são dotados de personificação. Atribui-se ao sujeito de direito a qualidade de centro autônomo de direitos e deveres. Por exemplo, no Brasil,

---

4 VASCONCELOS, Pedro Pais de. *Direito de personalidade*. Coimbra: Almedina, 2006.

5 EBERLE, Simone. *A capacidade entre o fato e o direito*. Porto Alegre: Sergio Antonio Fabris, 2006. p. 33-34.

o condomínio edilício, formalmente, não é pessoa, embora participe das mais diversas relações jurídicas de conteúdo econômico.

Embora sujeito de direito e personalidade não se confundam, não se pode desconsiderar a conexão entre esses conceitos e a capacidade de direito.

Com efeito, o termo genérico "capacidade" compreende as espécies capacidade de direito ou de gozo e capacidade de fato ou de exercício.

A capacidade de direito ou de gozo está relacionada à aquisição dos direitos e das obrigações; por sua vez, a capacidade de fato ou de exercício, ao exercício ou à efetivação desses direitos e obrigações.

Consoante dispõe o art. 1º do Código Civil, toda pessoa é capaz de direitos e deveres na ordem civil. Atribui-se à personalidade a capacidade para aquisição de direitos e obrigações. Reconhece-se, pois, o trinômio: sujeito de direito, pessoa e capacidade de direito.

Isso não afasta a possibilidade de se reconhecer também aos entes despersonalizados a capacidade de direito. O condomínio edilício tem aptidão para participar de relações jurídicas, podendo, inclusive, ser parte nas relações processuais. Trata-se de ente despersonalizado, com capacidade de direito e capacidade de ser sujeito da relação jurídica processual, ou seja, capacidade de ser parte.

O reconhecimento da capacidade de direito ou de gozo não significa que o sujeito de direito tenha aptidão para o exercício de direito ou, diante da posição ou situação em que se encontre, possa realizar determinado ato.

A capacidade de fato pressupõe a de direito. O exercício de direitos tem por pressuposto a aptidão para adquiri-los. Contudo, a capacidade de direito não pressupõe a capacidade de exercício.

No caso da tecnologia, particularmente da robótica, a capacidade decisória – ou a autonomia tecnológica, no dizer de Mafalda Miranda Barbosa –,[6] por si só, não atribui personificação às máquinas. Em homenagem à segurança jurídica, cabe ao legislador essa definição. Capacidade ou autonomia tecnológica não é sinônimo de capacidade de direito, ou, indo muito além, de personificação.

A partir dessa discussão, extrai-se a indagação se o legislador teria liberdade para instituir ou destituir personalidades. Marcos Ehrhardt Junior e Gabriela Buarque Pereira Silva bem concluem que "Caracterizar a personalidade como um atributo jurídico não implica dizer, contudo, que o legislador possui ampla liberdade para instituir ou destituir personalidades, especialmente no que tange ao ser humano".[7]

Não há dúvida de que a pessoa natural é o marco referencial a todas as demais manifestações de personalidade jurídica. O grande e difícil ponto é a possibilidade – ou não – do reconhecimento dessa personificação às máquinas autônomas e a suas consequências.

---

[6] BARBOSA, Mafalda Miranda. Inteligência artificial, e-persons e direito: desafios e perspectivas. *Revista Jurídica Luso-Brasileira*, ano 3, n. 6, 2017. p. 1482.

[7] EHRHARDT JUNIOR, Marcos; SILVA, Gabriela Buarque Pereira. Pessoa e sujeito de direito: reflexões sobre a proposta europeia de personalidade jurídica eletrônica. *Revista Brasileira de Direito Civil*, Belo Horizonte, v. 23, p. 57-79, jan./mar. 2020. p. 61.

4 Robótica e personalidade

Na perspectiva deontológica, Silvia Díaz Alabart afirma que a robótica deve sempre se orientar pela complementação das capacidades humanas, e não pela substituição delas, e que é necessário que as pessoas tenham em todo momento o controle sobre as máquinas.[8]

Parece que o fundamento para o reconhecimento da personalidade às máquinas autônomas é a maior viabilidade do ressarcimento dos danos decorrentes de suas ações.

A questão é muito polêmica. O pressuposto e a viabilidade dessa personificação são discutíveis.

No entendimento de Silvia Díaz Alabart,[9] a possibilidade de personalidade eletrônica a partir de robôs inteligentes é muito relevante para a responsabilidade civil, pensando-se os robôs como um *tertium genus*. Não se trataria de coisas, tampouco se considerariam pessoas em sentido estrito.

Maria Carmen Núñez Zorrilla[10] também pontua que eventuais danos que não são consequência direta das instruções ou dos comandos do fabricante, mas da própria autonomia decisória das máquinas, são questão de fundamental importância, que inaugura discussões no âmbito da responsabilidade civil.

O estudo do comportamento dos sistemas de inteligência artificial é fundamental, inclusive, para minimizar os eventuais e contemporâneos danos.[11]

Para Gunther Teubner, o direito privado tem uma escolha: reconhecer a responsabilidade às máquinas autônomas ou admitir um número crescente de acidentes sem responsáveis. Segundo o autor, quando os robôs tomam decisões independentes, há que se lhes reconhecer *personalidade eletrônica*.[12]

O reconhecimento – ou não – dessa personalidade eletrônica teria, então, como fundamento a maior viabilidade de indenização pelos danos decorrentes das ações

---

8 DÍAZ ALABART, Silvia. *Robots y responsabilidad civil*. Madrid: Reus, 2018. p. 52.

9 DÍAZ ALABART, Silvia. *Robots y responsabilidad civil*. Madrid: Reus, 2018. p. 74/75: "Da la impresió de que con esa posible 'personalidad electrónica' se sugere la creación para los robots inteligentes de un *tertium genus*. No se trataria de cosas, pero tampouco se considerarían personas en sentido estricto. Además esta 'personalización' de los robôs se plantea, no de un modo general, sino especificamente para el ámbito de la responsabilidad civil".

10 NÚÑEZ ZORRILLA, Maria Carmen. *Inteligencia artificial y responsabilidade civil*: régimen jurídico de los daños causados por robots autónomos con inteligencia artificial. Madrid: Reus, 2019. p. 19: "Si precisamente, una de las causas que rigen en el tradicional sistema de responsabilidad del fabricante para eximir de la misma, es el factor de la imprevisibilidad (riesgos desconocidos, para el estado de conocimientos de la ciencia), entonces, pretender atribuir la responsabilidad al fabricante por las actuaciones dañosas de un sistema inteligente autónomo e imprevisible, que se encuentra fuera de la esfera de control de su creador, se torna una cuestión de vital importancia, que debe ser objeto de análisis para intentar articular una solución jurídica que se adapte a este nuevo entorno en la producción del daño, y asimismo, tenga en cuenta la necesidad de romper con los modelos existentes, razonando según esquemas innovadores. El dilema que en este sentido se plantea en el entorno de la indústria robótica viene a ser el siguiente: o se exime de responsabilidade al creador de la máquina por un hecho danoso que no le puede ser imputabel por quedar al margen de su control, o se articula un nuovo sistema de responsabilidade para este nuevo tipo de daño incognoscible produto del imparable avance de la tecnologia. Todo ello, en un contexto en el que la cuantía económica de los daños susceptibles de producirse puede llegar a ser exorbitante; de ahí el interés y la preocupación de las empresas constructoras de las máquinas inteligentes por intentar excluir o limitar su responsabilidad en la medida de lo posible".

11 IYAD, Rahwan *et al*. Machine behaviour. *Nature Review*, v. 568, abr. 2019. p. 477: "Machines powered by artificial intelligence increasingly mediate our social, cultural, economic and political interactions. Understanding the behaviour of artificial intelligence systems is essential to our ability to control their actions, reap their benefits and minimize their harms".

12 TEUBNER, Gunther. *Digital personhood?* The status of autonomous software agents in private law. Tradução de Jacob Watson. *Ancilla Iuris*, 2018. p. 113: "When robots make autonomous decisions, they should be recognized as "electronic persons", as legal entities in the full sense of the word".

das máquinas. Duas questões, porém, exsurgem. Primeira: os defeitos de fabricação, a irregularidade da programação, a falta de informação sobre o funcionamento ou o uso incorreto pelos usuários já não encontrariam respostas na atual ordem jurídica? Segunda: admitida essa anômala personificação, seriam atribuídos direitos às máquinas? Como viabilizar as respostas econômicas desses defendidos centros eletrônicos autônomos de imputação? Poder-se-ia falar em patrimônio segregado?

Segundo Eduardo Tomasevicius Filho:

> [...] quando se trata de máquinas controladas por inteligência artificial, como no caso de robôs e drones, que podem colocar em risco a vida e a integridade física das pessoas, o direito civil tem um conjunto de normas suficientes para a solução desses problemas. Consistem, pois, na aplicação das regras relativas à responsabilidade civil pelo fato da coisa ou responsabilidade civil pelo fato do produto, conforme o regime jurídico a que se subordina a relação jurídica em questão.
>
> Todavia, parece ser excessivamente artificial – ou mera ficção científica – imaginar um robô androide perfeitamente inteligente, andando pelas ruas sem qualquer controle, com iniciativa própria de carregar suas baterias, dotado de enorme força, invencibilidade e capacidade de reproduzir-se por fabricar outros entes similares. O mais comum será o uso de robôs em indústrias, os quais podem causar danos aos seres humanos, como toda e qualquer máquina, sendo aplicável o regime da responsabilidade civil por acidentes de trabalho, ou robôs usados no serviço doméstico, que serão adquiridos como um eletrodoméstico qualquer.[13]

O autor vai além:

> Ainda que se pretenda atribuir personalidade jurídica aos robôs dotados de inteligência artificial – o que também parece ser nonsense –, a responsabilidade civil será sempre imputada ao ser humano, jamais à máquina em si. Reconhecer tal fato seria mais bizarro do que se fazia séculos atrás, quando se julgavam animais pelos danos por eles causados.[14]

A propósito dessa discutida possibilidade de reconhecimento de personalidade às máquinas, Marcos Ehrhardt Junior e Gabriela Buarque Pereira Silva bem questionam se seria também possível falar-se em direito das máquinas,[15] assim concluindo:

> A adoção de personalidades eletrônicas acarreta problemas no que tange ao próprio fundamento de criação da personalidade. Isso porque não há fundamento antropológico-axiológico que a embase, tal como a dignidade do ser humano, tampouco viabilidade operativa. Não há, nesse mesmo contexto, necessidade de tal perspectiva jurídica, considerando que existem outras formas de assegurar a reparação da vítima sem incorrer na formulação de um novo sujeito de direito.[16]

---

[13] TOMASEVICIUS FILHO, Eduardo. Inteligência artificial e direitos da personalidade: uma contradição em termos? *Revista da Faculdade de Direito da Universidade de São Paulo*, v. 113, p. 133-149, jan./dez. 2018. p. 141-142.

[14] TOMASEVICIUS FILHO, Eduardo. Inteligência artificial e direitos da personalidade: uma contradição em termos? *Revista da Faculdade de Direito da Universidade de São Paulo*, v. 113, p. 133-149, jan./dez. 2018. p. 142.

[15] EHRHARDT JUNIOR, Marcos; SILVA, Gabriela Buarque Pereira. Pessoa e sujeito de direito: reflexões sobre a proposta europeia de personalidade jurídica eletrônica. *Revista Brasileira de Direito Civil*, Belo Horizonte, v. 23, p. 57-79, jan./mar. 2020. p. 71.

[16] EHRHARDT JUNIOR, Marcos; SILVA, Gabriela Buarque Pereira. Pessoa e sujeito de direito: reflexões sobre a proposta europeia de personalidade jurídica eletrônica. *Revista Brasileira de Direito Civil*, Belo Horizonte, v. 23, p. 57-79, jan./mar. 2020. p. 76.

Com efeito, o reconhecimento da personificação às máquinas com a dita autonomia eletrônica (pressuposto a ser comprovado) parece trazer mais controvérsias que soluções. Não se pode admitir uma personalidade híbrida ou dividida em que se exclui a aquisição de direitos e apenas se imputam deveres. O fundamento defendido da personificação consistente na viabilidade de respostas a eventuais prejuízos parece já encontrar respostas da ordem jurídica.

A própria Resolução do Parlamento Europeu, de 16.2.2017, com recomendações à Comissão sobre Disposições de Direito Civil sobre Robótica, em seus *considerandos*, afirma:

> a tendência para a automatização exige que todos os envolvidos no desenvolvimento e na comercialização de aplicações de IA (Inteligência Artificial) integrem a segurança e a ética desde o início do processo, reconhecendo assim que têm de estar preparados para assumir a responsabilidade jurídica pela qualidade da tecnologia que produzem.

Sob o argumento da autonomia das máquinas, não se pode desconsiderar a responsabilidade e o compromisso ético de todos os envolvidos no desenvolvimento, na fabricação e na comercialização das aplicações da inteligência artificial.

Em anexo à Resolução do Parlamento Europeu, de 16.2.2017, há o Código de Conduta Ética[17] para os engenheiros de robótica, com menção à maximização do benefício e à minimização do dano:

> Os investigadores devem procurar maximizar os benefícios do seu trabalho em todas as fases, desde a concepção até à divulgação. Devem ser evitados todos os danos causados aos participantes na investigação, aos sujeitos humanos e aos participantes em experiências, testes ou estudos ou a eles sujeitos. Sempre que ocorram riscos que constituam um elemento inevitável e integrante da investigação, devem ser criados e respeitados sólidos protocolos de avaliação e gestão dos riscos. Normalmente, o risco de danos não deve ser superior ao que existe na vida do dia-a-dia, ou seja, as pessoas não devem ser expostas a riscos superiores ou a mais riscos do que aqueles a que são expostas na sua vida normal. O funcionamento dos sistemas de robótica devem basear-se sempre num processo exaustivo de avaliação do risco, o qual deve ser informado pelos princípios cautelares e de proporcionalidade.

Com efeito, não se busca impedir o necessário e desejado avanço da técnica. Porém, nesse âmbito de altos riscos, pode-se defender a regra da responsabilidade objetiva pela causalidade pura. A Resolução do Parlamento Europeu, de 16.2.2017, no item 54, reconhece essa possibilidade:

> Observa, ao mesmo tempo, que a responsabilidade objetiva exige apenas a prova de que o dano ocorreu e o estabelecimento de um nexo de causalidade entre o funcionamento prejudicial do robô e os danos sofridos pela parte lesada.

---

17 NÚÑEZ ZORRILLA, Maria Carmen. *Inteligencia artificial y responsabilidade civil*: régimen jurídico de los daños causados por robots autónomos com inteligência artificial. Madrid: Reus, 2019. p. 47: "La transparência es clave para construir y mantener la confianza de los ciudadanos. La transparência tecnológica implica que los sistemas de Inteligencia Artificial sean auditables, comprensibles e inteligibles para los humanos. Conlleva la capacidad de describir, inspeccionar y reproducir los mecanismos a través de los cuales los sistemas de Inteligencia Artificial toman decisiones y aprenden a adaptarse a sus entornos, así como la procedencia y dinámica de los datos que son utilizados y creados por el sistema".

Para Claudio Luiz Bueno de Godoy, a teoria do risco integral é revelação da causalidade pura:

> Ou seja, a causalidade substitui a culpa sem nenhum elemento qualificador que a ela se agregue. A configuração do dever reparatório surge do só nexo que há entre o dano e um fato humano, até mesmo independente da vontade ou da consciência do agente. Basta apenas que a conduta humana seja a causa material da eclosão do evento lesivo, como que se a questão indenizatória daí decorrente se resolvesse à luz de um conflito de patrimônios, dessarte a que estranha qualquer cogitação de dado outro da ocorrência ou do causador do dano.[18]

A criação, a produção, a comercialização e o uso de máquinas autônomas, por si sós, seriam fundamento para a responsabilização de todos (pessoas naturais e jurídicas) que se inserem nessa dinâmica relação jurídica. Seria preciso avaliar, no caso concreto, o nexo de causalidade.

Nessa perspectiva objetiva de responsabilização, não se afigura razoável o risco do desenvolvimento como excludente de responsabilidade. Razão parece assistir a Sergio Cavalieri Filho, segundo o qual "os riscos de desenvolvimento devem ser enquadrados como *fortuito interno* – risco integrante da atividade do fornecedor, pelo que não exonerativo da sua responsabilidade".[19]

Em contraponto aos críticos dessa proposta de imputação objetiva pela causalidade absoluta, bem como da exacerbação do risco, apresenta-se a necessidade de maior fomento à política de securitização. A União Europeia, por meio da Resolução do Parlamento Europeu, de 16.2.2017, reconhece essa realidade de securitização:

> Destaca que uma possível solução para a complexidade de atribuir responsabilidade pelos danos causados pelos robôs cada vez mais autônomos pode ser um regime de seguros obrigatórios, conforme acontece já, por exemplo, com os carros; observa, no entanto que, ao contrário do que acontece com o regime de seguros para a circulação rodoviária, em que os seguros cobrem os atos e as falhas humanas, um regime de seguros para a robótica deveria ter em conta todos os elementos potenciais da cadeia de responsabilidade [...].

Propõe-se, ainda, um sistema de registrabilidade dos robôs:

> Considera que deveria ser introduzido um sistema abrangente de registo de robôs avançados no mercado interno da União, sempre que tal seja pertinente e necessário para certas categorias específicas de robôs, e insta a Comissão a definir critérios para a classificação dos robôs que deveriam ser registados; neste contexto, insta a Comissão a ponderar se seria desejável que o sistema de registo e o registo fossem geridos por uma Agência da UE para a Robótica e a Inteligência Artificial [...].

Não se desconsiderando, por óbvio, o princípio da precaução:

> Realça que o teste de robôs em cenários da vida real é essencial para identificar e avaliar os riscos que podem implicar, bem como o respetivo desenvolvimento tecnológico para lá

---

[18] GODOY, Cláudio Luiz Bueno de. *Responsabilidade civil pelo risco da atividade*. São Paulo: Saraiva, 2009. p.65.

[19] CAVALIERI FILHO, Sergio. *Programa de responsabilidade civil*. 11. ed. São Paulo: Atlas, 2014. p. 233.

de uma fase de laboratório puramente experimental; sublinha, a este respeito, que o teste de robôs em cenários da vida real, em especial em cidades e em estradas, põe uma série de questões, incluindo obstáculos que desaceleram a evolução dessas fases de testes, e exige uma estratégia e um mecanismo de supervisão eficazes; insta a Comissão a elaborar critérios uniformes em todos os Estados-Membros, que estes deverão utilizar para identificar os domínios em que as experiências com robôs são permitidas, em conformidade com o princípio da precaução.

Como se vê, existem possíveis respostas no ordenamento jurídico aos altos riscos da tecnologia emergente. É bem verdade que a inteligência artificial demanda mudanças de olhar. Parece que a teoria dos vícios e defeitos dos produtos não mais alcançaria situações possíveis em que não há evidente ou comprovado erro na programação ou na confecção dessas máquinas, mas subsistem danos decorrentes de escolhas provenientes de um processo de autoaprendizagem. Talvez se possa avançar da teoria dos defeitos ou vícios (arts. 12 e 18 da Lei nº 8.078/1990) para a inaptidão social, para a inadequação dos resultados admitidos, para desvios éticos ou para a ideia de irregularidade inserida no art. 44 da Lei nº 13.709/2018 (Lei Geral de Proteção de Dados Pessoais).

Ainda que se admita essa possibilidade de responsabilidade dos robôs, partindo-se do pressuposto da sua autossuficiência, subsiste outra dificuldade: como reparar ou compensar economicamente eventuais prejuízos? O eventual reconhecimento dessa personalidade eletrônica dos robôs ensejaria, por si só, capacidade patrimonial para suportar as consequências de suas decisões? A resposta é negativa. Se o cenário ideal é o de que quem deu causa ao ilícito deve por ele responder, é inevitável avaliar essa capacidade patrimonial. Nesse aspecto, a reconhecida e antiga técnica da responsabilidade indireta parece, também, ser a resposta.

Maria Carmen Núñez Zorrilla[20] bem conclui que, pelo atual marco normativo legal, os robôs não podem ser considerados responsáveis por seus atos ou omissões danosas. De igual forma, é o item 56 da sempre referida Resolução do Parlamento Europeu: "pelo menos na fase atual, a responsabilidade deve ser imputada a um ser humano, e não a um robô".

5 Conclusões

As diretrizes sobre o avanço da tecnologia robótica, à evidência, não podem ter o propósito de restringi-la ou de inibir investimentos e pesquisas. Ao contrário, diretrizes claras e objetivas devem promover a ciência, a inovação e o desenvolvimento humano.

No plano normativo, subsistem mecanismos de possíveis respostas a efeitos e consequências pelo uso danoso ou abusivo dessa tecnologia.

As categorias propostas de personalidade eletrônica ou de uma possível massa patrimonial despersonificada, fundada na inteligência artificial, parecem de discutíveis efeitos práticos.

---

20 NÚÑEZ ZORRILLA, Maria Carmen. *Inteligencia artificial y responsabilidade civil*: régimen jurídico de los daños causados por robots autónomos com inteligência artificial. Madrid: Reus, 2019. p. 37: "Se toma conciencia de que en al actual marco jurídico, los robots no pueden, en sí mismos, ser considerados responsables de sus actos u omisiones dañosas, y de que la normativa tradicional no basta para establecer su responsabilidad, ya que con ella no se puede, ni determinar la parte que ha de hacerse cargo de la indemnización, ni exigir a dicha parte que repare el daño ocasionado".

Até o presente, as máquinas continuam sendo máquinas e nós mantemos o controle sobre elas.

A ideia da personificação eletrônica é muito sedutora, parece responder a futuros e prováveis problemas, mas, igualmente, fomenta outros de igual ou maior relevância. Temas como responsabilidade objetiva pela causalidade pura, securitização e atualização das noções de defeito ou vício do produto se apresentam, contemporaneamente, relevantes. Esses são os atuais e próximos desafios do direito civil.

Referências

BARBOSA, Mafalda Miranda. Inteligência artificial, e-persons e direito: desafios e perspectivas. *Revista Jurídica Luso-Brasileira*, ano 3, n. 6, 2017.

CAVALIERI FILHO, Sergio. *Programa de responsabilidade civil*. 11. ed. São Paulo: Atlas, 2014.

DÍAZ ALABART, Silvia. *Robots y responsabilidad civil*. Madrid: Reus, 2018.

EBERLE, Simone. *A capacidade entre o fato e o direito*. Porto Alegre: Sergio Antonio Fabris, 2006.

EHRHARDT JUNIOR, Marcos; SILVA, Gabriela Buarque Pereira. Pessoa e sujeito de direito: reflexões sobre a proposta europeia de personalidade jurídica eletrônica. *Revista Brasileira de Direito Civil*, Belo Horizonte, v. 23, p. 57-79, jan./mar. 2020.

GODOY, Cláudio Luiz Bueno de. *Responsabilidade civil pelo risco da atividade*. São Paulo: Saraiva, 2009.

IYAD, Rahwan *et al*. Machine behaviour. *Nature Review*, v. 568, abr. 2019.

JIMENO MUÑOZ, Jesús. *La responsabilidade civil en el ámbito de los ciberriesgos*. Madrid: Fundación Mapfre, 2017.

NÚÑEZ ZORRILLA, Maria Carmen. *Inteligencia artificial y responsabilidade civil*: régimen jurídico de los daños causados por robots autónomos com inteligência artificial. Madrid: Reus, 2019.

SOLUM, Lawrence B. Legal personhood for artificial intelligences. *North Carolina Law Review*, v. 70, n. 4, p. 1231-1287, 1992.

TEUBNER, Gunther. *Digital personhood?* The status of autonomous software agents in private law. Tradução de Jacob Watson. *Ancilla Iuris*, 2018.

TOMASEVICIUS FILHO, Eduardo. Inteligência artificial e direitos da personalidade: uma contradição em termos? *Revista da Faculdade de Direito da Universidade de São Paulo*, v. 113, p. 133-149, jan./dez. 2018.

VASCONCELOS, Pedro Pais de. *Direito de personalidade*. Coimbra: Almedina, 2006.

Informação bibliográfica deste texto, conforme a NBR 6023:2018 da Associação Brasileira de Normas Técnicas (ABNT):

MILAGRES, Marcelo de Oliveira. A robótica e as discussões sobre a personalidade eletrônica. *In*: EHRHARDT JÚNIOR, Marcos; CATALAN, Marcos; MALHEIROS, Pablo (Coord.). *Direito Civil e tecnologia*. Belo Horizonte: Fórum, 2020. p. 509-518. ISBN 978-65-5518-036-7.

DOS PINCÉIS AOS ALGORITMOS: A TITULARIDADE DAS EXPRESSÕES ARTÍSTICAS E CRIATIVAS RESULTANTES DA APLICAÇÃO DA INTELIGÊNCIA ARTIFICIAL

MARCELO L. F. DE MACEDO BÜRGER

RAFAEL CORRÊA

1 "Lord, what fools these mortals be!": Pigcasso, a *selfie* do macaco, inteligência artificial e o incessante repensar sobre as titularidades

Enquanto este texto é escrito vivemos um momento sem precedente na história: a humanidade parou, em escala mundial, para sem qualquer aviso prévio adaptar-se a uma pandemia. De início era uma nova pneumonia, reportada pela primeira vez à Organização Mundial da Saúde em 31.12.2019,[1] enquanto o mundo aguardava o apagar das luzes daquele ano para saudar em boas-vindas a década de vinte.

Em pouco mais de 60 dias, o vírus batizado de Corona já havia atingido 100 países e em 120 dias já avançava sobre 213 nações nos seis continentes. Para nós, a pandemia marca o fim de uma *Belle Époque* de abundância, glamour e confortável sensação de perenidade.[2] Estes dados apenas servem para evidenciar como hoje vivemos uma temporalidade em que o perfil da sociedade é alterado em uma dinâmica tão veloz que somos obrigados a admitir que, para além do futuro ser imprevisível, podemos não nos dar conta de que o próprio presente já se erige sobre a ruína, ou ao menos o leito de morte, dos tempos em que pensamos viver. A aplicação da inteligência artificial e as vicissitudes dela derivadas são prova disso.

---

1 WORLD HEALTH ORGANIZATION. *Coronavirus disease (Covid-19) Pandemic*. 2020. Disponível em: https://www.who.int/emergencies/diseases/novel-coronavirus-2019/events-as-they-happen. Acesso em: 4 abr. 2020.

2 Credita-se ao Professor José Fernando Simão representar alegoricamente o atual cenário pandêmico pelo fim da *Belle Époque*, que em rigor representou o período de paz e desenvolvimento artístico e científico na Europa entre o fim da guerra franco-prussiana em 1871 e o início da primeira Grande Guerra em 1914.

O mundo passou por três grandes revoluções econômicas e tecnológicas nos últimos 250 anos: primeiro a revolução industrial inglesa, com a construção das primeiras fábricas e o uso de ferrovias e máquinas a vapor; a segunda, com o nascimento da eletricidade, da telefonia e da aviação, acompanhado pelo substancial aumento do número de automóveis, invenções que mudaram o mundo de forma irremediável. Por fim, a terceira revolução, ainda em marcha, começou neste novo milênio com a chegada da nanotecnologia, das biotecnologias, bem assim com o desenvolvimento em escala geométrica das ciências da computação,[3] nas quais se inserem a internet e a inteligência artificial, esta última objeto de estudo do presente texto.

Ainda que não tenhamos percebido, a inteligência artificial já alterou nossas vidas, profissões e perspectivas de modo irremediável. Em *La guerre des intelligences: intelligence artificielle versus intelligence humaine*, o médico Laurent Alexandre nos mostra, sobretudo a partir de exemplos da área da saúde, como a inteligência artificial já alterou o mundo em que vivemos de tal modo que já nos tornamos incapazes de abrir mão de tal ferramenta, mesmo que, em breve, ela torne muitas especialidades profissionais obsoletas.[4] Buscadores de *sites* como o Google, programas de geoposicionamento instalados em *smartphones* e automóveis ou mesmo aplicativos bancários que estão em vias de aposentar o dinheiro em espécie são os exemplos mais emblemáticos e, de certo modo, perceptíveis, do potencial utilitário da inteligência artificial. Há, porém, aplicações não tão conhecidas que já são utilizadas sem que sequer tenhamos notado.

Por mais exitoso e hábil que seja um ortodontista, com experiência adquirida ao tratar centenas ou mesmo milhares de pacientes, seu trabalho não atinge o grau de efetividade apresentado por um *software* de inteligência artificial na Califórnia que, alimentado com as radiografias e moldes da pessoa, busca em um banco de dados composto pelo histórico de mais de quatro milhões de outros pacientes as melhores soluções e então constrói, em impressora 3D, uma placa corretora própria para aquela pessoa que se encontra sob os cuidados do profissional. A expansão deste uso da IA implicará substancial alteração na ortodontia. A mesma mudança se revela também na medicina. O exemplo trazido por Laurent Alexandre é o do oncogeneticista, médico hiperespecializado que analisa os dados genéticos de cada câncer e a partir deles adapta o tratamento à realidade de pacientes específicos. Esta especialidade já apresenta resultados bem superiores aos da oncologia ordinária, mas logo será considerada primitiva se comparada ao potencial da inteligência artificial, que, realizando a análise de centenas de milhares de genes em poucos minutos, oferece ao paciente um tratamento substancialmente mais eficiente. É neste ponto que a tecnologia e, mais precisamente, a inteligência artificial reconfiguram nosso modo de viver ao ocupar espaços até então exclusivo das pessoas.

---

3 Adaptação e tradução do original: "Le monde a connu trois grandes révolutions technologiques et économiques en deux siècles. La première s'étend de 1770 à 1850, avec les premières usines puis la machine à vapeur et le réseau de chemin de fer. La seconde de 1870 à 1910, avec la naissance de l'aviation, de l'automobile, de l'électricité et de la téléphonie. Ces inventions ont changé le monde autour des réseaux électriques et de transport. La troisième révolution a débuté vers 2000, avec l'arrivée des technologies NBIC (Nanotechnologies, Biotechnologies, Informatique et sciences Cognitives) qui vont bouleverser l'humanité" (ALEXANDRE, Laurent. *La guerre des intelligences*: intelligence artificielle versus intelligence humaine. Paris: Editions Jean-Claude Lattès, 2017. p. 7).

4 ALEXANDRE, Laurent. *La guerre des intelligences*: intelligence artificielle versus intelligence humaine. Paris: Editions Jean-Claude Lattès, 2017. *Passim*.

Se a raça humana se distinguiu dos demais seres vivos ao ponto de dominar o planeta, deve isso a característica que empresta o nome a sua espécie: *homo sapiens*, ou homem sábio, homem *inteligente*. Foi a inteligência, como conjunto de capacidades intelectuais, que lhe permitiu criar ferramentas aptas a dominar o ambiente. A grande revolução que nos circunda está no fato de esta inteligência criativa não mais pertencer com exclusividade ao ser humano, mas integrar também o domínio das coisas.[5] Daí podermos definir a inteligência artificial, dentro da sua múltipla significação, como "a arte de criar máquinas que desempenhem funções que requeiram inteligência quando realizadas por pessoas".[6] Ou seja, máquinas capazes de copilar, analisar, sistematizar e interpretar dados a partir dos quais podem, criativamente, criar algo novo.

Estaria o direito imune a essa alteração social, econômica e tecnológica? Por certo que não, e "sempre é tempo de a doutrina assumir a responsabilidade que lhe é própria: distinguir, qualificar, classificar, refletir, criticar, elaborar e propor modelos hermenêuticos"[7] que concedam a imprescindível porosidade pela qual os influxos do plano dos fatos possam ingressar no plano jurídico.

Pensemos especificamente no milenar direito de propriedade: está ele habilitado a tutelar as obras e expressões criativas desenvolvidas pela aplicação de inteligência artificial, mesmo sem a interferência de uma pessoa? Questões como estas não são novas, e, *mutatis mutandis*, revelam o incessante repensar sobre o regime das titularidades, tal qual se deu, em passado recente, com as dúvidas advindas de criações artísticas por animais.

Em 2018 o jornal *El País* noticiou que "a porca Pigcasso – batizada em homenagem ao pintor espanhol Pablo Picasso – se transformou no primeiro animal a ter sua própria galeria de arte e vende os quadros que ponta por 1.000 euros cada um".[8] A quem pertencem estes quadros, ou o valor adquirido com sua venda? Tivesse a porca filhotes, não há dúvida de que, por serem considerados frutos naturais, pertenceriam ao mesmo proprietário de sua genitora, na estrita dicção do art. 1.232 do Código Civil.[9] Mas, tratando-se de criação artística, a questão se torna mais complexa, posto não estar submetida ao regime geral da propriedade previsto no Código Civil, mas sim à legislação especial, nomeadamente a Lei nº 9.610/1998, que se limita a estabelecer em seu art. 11 que a autoria das obras intelectuais é exclusiva de pessoas físicas e aplicável a pessoas jurídicas em casos previstos em lei.

Conforme consta do texto jornalístico, "a arrecadação das vendas de suas obras, disponíveis em seu site ou na exposição, serve para financiar o refúgio onde vive [...] todos os seus quadros têm um certificado de autenticidade firmado por Pigcasso", mas seriam extremamente discutíveis a autoria e a titularidade destas obras, como efetivamente ocorreu com o caso da *selfie* do macaco Naruto.[10]

---

5 RUSSEL, Stuart; NORVING, Peter. *Artificial intelligence*: a modern approach. New Jersey: Prentice-Hall, 1995. p. 3.

6 WACHOWICZ, Marcos; GONÇALES, Marcos Lukas Ruthes. *Inteligência artificial e criatividade*: novos conceitos na propriedade intelectual. Curitiba: Gedai, 2019. p. 12.

7 MARTINS-COSTA, Judith. Critérios para aplicação do princípio da boa-fé objetiva. *In*: MARTINS-COSTA, Judith; FRADERA, Vera Jabob de (Org.). *Estudos de direito privado e processual civil em homenagem a Clóvis do Couto e Silva*. São Paulo: Revista dos Tribunais, 2014. p. 193.

8 'PIGCASSO', a porca que pinta quadros de arte abstrata e os vende por mil euros. *El País*, 21 fev. 2018. Disponível em: https://brasil.elpais.com/brasil/2018/02/19/internacional/1519072173_742763.html. Acesso em: 4 abr. 2020.

9 "Art. 1.232. Os frutos e mais produtos da coisa pertencem, ainda quando separados, ao seu proprietário, salvo se, por preceito jurídico especial, couberem a outrem".

10 O caso é descrito em GUADAMUZ, Andres. The monkey selfie: copyright lessons for originality in photographs and Internet jurisdiction. *Internet Policy Review*, v. 5, issue 1, mar. 2016.

Em 2011 o fotógrafo britânico David Slater fez uma imersão de três dias no Parque Nacional North Sulawesi, na Indonésia, para fotografar os macacos que lá habitavam. No segundo dia de sua viagem, seguiu um grupo de 25 macacos, até notar que eram amigáveis e que os membros mais corajosos do grupo apresentavam um grande interesse por seu equipamento fotográfico. Aproveitando-se de tal interesse, programou sua câmera com *timer* e autofoco, deixou-a em seu tripé e afastou-se para que os macacos se aproximassem para inspecioná-la e conseguisse, então, uma boa captura de imagem. Para sua surpresa, mal havia se afastado e os macacos já saltaram para sua câmera, tomando-a como um brinquedo e apertando todos os botões, inclusive o disparador que tirava as fotos. Assim ficaram por cerca de trinta minutos, até perderem o interesse.

Quando retomou sua câmera, David Slater se deparou com centenas de fotos tiradas pelos próprios macacos, mas apenas poucas delas tinham um mínimo de foco. Três, no entanto, eram espetaculares: verdadeiras *selfies* em que o rosto do macaco aparecia não só a centímetros da lente, como também com absoluta nitidez e até mesmo sorrindo. O fotógrafo entrou em contato com o jornal *Daily Mail*, que prontamente as publicou, tornando aquele macaco que viria a ser chamado de Naruto um fenômeno mundial.

O caso desperta a dúvida quanto à titularidade destas *selfies*, já que tiradas pelo próprio Naruto, e não por David. Mas desta vez a questão foi levada às Cortes de Justiça. Em 2014, a Wikipédia publicou a mais famosa das fotos de Naruto acompanhada da seguinte declaração: "esta imagem é de domínio público, pois como trabalho de um animal não humano, não possui uma pessoa que possa ser investida do direito autoral".[11] Tal fato levou o fotógrafo a tentar registrar as fotos no Escritório de Direitos Autorais no U.S. Copyright Office, o que acabou negado pela inexistência de *copyrights* sobre obras de animais.[12] A decisão administrativa não foi suficiente para pôr fim aos litígios envolvendo o regime de titularidade das fotografias (que, ao fim e ao cabo, pleiteavam dos regimes existentes uma resposta até então impensada).

Em 2015, a ONG People for the Ethical Treatment of Animals (PETA) processou David no Estado da Califórnia reivindicando que os valores arrecadados com as fotos tivessem destinação em favor do macaco Naruto e do Parque Nacional North Sulawesi, nomeando-se a ONG como curadora destes valores. O caso foi julgado em primeira instância em 2017 pelo Juiz Federal William Orrick III, cuja sentença de improcedência da ação estribou-se no fato de a lei de direitos autorais não alcançar os animais. Em que pese a interposição de recurso ao 9º Tribunal do Circuito, antes de seu julgamento David e PETA chegaram a um acordo, pelo qual o fotógrafo cederia 25% dos valores arrecadados para a ONG, mas a Corte recusou-se a homologar a avença por considerar que a PETA não tinha legitimidade para agir em nome de Naruto.

Casos como estes demandam um repensar sobre a titularidade de propriedade imaterial a partir da inclusão de animal não humano enquanto possível sujeito, por diversos aspectos: a criação artística de um animal é juridicamente protegida? Se a titularidade dos frutos da propriedade material cabe ao proprietário, o mesmo ocorre

---

11 No original: "This file is in the public domain, because as the work of a non human animal, it has no human author in whom copyright is vested" (GUADAMUZ, Andres. The monkey selfie: copyright lessons for originality in photographs and Internet jurisdiction. *Internet Policy Review*, v. 5, issue 1, mar. 2016. p. 2).

12 FREITAS, Vladimir Passos de. O caso do macaco Naruto e os novos desafios ao Direito. *Consultor Jurídico*, 8 abr. 2018. Disponível em: https://www.conjur.com.br/2018-abr-08/segunda-leitura-macaco-naruto-novos-desafios-direito. Acesso em: 4 abr. 2020.

em relação aos frutos da propriedade imaterial? Em caso positivo, como ficaria a titularidade de algo produzido por um animal silvestre, como Naruto?[13]

Antes mesmo de estas questões serem respondidas, a dinâmica social atropelou os juristas e apresentou questão ainda mais complexa: máquinas e *softwares* dotados de inteligência artificial substituem as dúvidas que emergiram em pontuais casos de animais com produção imaterial e, por meio de sua capacidade potencialmente ilimitada, passam a produzir em grande quantidade expressões artísticas e criativas cuja utilidade e valor econômico não podem ser ignorados. Eis, aí, um segundo giro a exigir um repensar sobre as titularidades.

2 A expansão da criatividade e a aquisição de propriedade intelectual: inovação em sentido estético e técnico nas aplicações de inteligência artificial

Tem-se percebido que o desenvolvimento do *big data* e *data science* expandiu-se a ponto de consolidar a base essencial para a otimização da aplicação da *artificial intelligence* em diversos setores e segmentos, aí incluído também, por certo, o espaço que sempre se pensou como alijado do alcance de algoritmos: a criatividade humana. Todos os processos de *deep learning* e *machine learning* aplicados até então estabeleceram uma nova era na tecnologia da informação: como aponta Marcus Du Sautoy, matemático e professor da Oxford University, atualmente é possível "determinar que algoritmos percorram todo um panorama digital e aprendam tal qual uma criança".[14] Parece mesmo que a sentença pronunciada por Claude Debussy com ares de perenidade, quando assegurou categoricamente que "obras de arte fazem regras; regras não fazem obra de arte",[15] resta agora colocada em xeque.

Exemplo disso pode ser extraído dos trabalhos efetivados recentemente por um grupo de empreendedores franceses que desenvolveram a Generative Adversarial Network, aplicação de inteligência artificial que, municiada com vasto banco de dados, já produziu mais de quinze mil obras de arte, entre elas alguns quadros que poderiam

---

[13] Uma possível resposta a estas questões (ainda que não sob o viés dos animais, mas da IA) será oferecida no terceiro capítulo, até para que seja apresentada de forma integrada com os demais capítulos. Inobstante, tratando-se do incessante repensar das titularidades, cabe aqui, e sempre, rememorar a lapidar lição de Luiz Edson Fachin: "no lugar das proclamações definidoras, as quais o Direito Civil tem especial apreço, não se deve ceder à tentação em obter respostas singelas ou rasteiras. Uma postura crítica pressupõe reconstrução contínua, até porque, adverte, por todos, Milton Santos, "o tropel dos eventos desmente verdades estabelecidas e desmancha o saber" (FACHIN, Luiz Edson. *Teoria crítica do direito civil*. 3. ed. Rio de Janeiro: Renovar, 2012. p. 360).

[14] SAUTOY, Marcus Du. *The creativity code*. Artand innovation in the age of AI. Cambridge: The Belknap Press of Harvard University Press, 2019. No original: "But in the last few year new way of thinking about code has emerged: a shift from a top-downaproachtoprogrammingtobottom-upeffortstogetthecodetochart its own path. It turns out you don't have to solve intelligence first. You can allow algorithms to roam de digital landscape and learn just like children".

[15] Claude Debussy foi um artista francês responsável por reinventar a linguagem da música a partir do impressionismo, criando peças memoráveis de músicas orquestrais e de câmara, bem como peças especiais para piano e composições particulares de ópera, como a famosa "Pelléas et Mélisande" de 1902, encarada por muitos como uma alternativa à dominância então exercida por Wagner naquela particular quadra da história. A referida expressão (no original "Works of art make rules; rules do not make works of art"), além de outras obras, pode ser encontrada na biografia do artista escrita por Stephen Walsh (WALSH, Stephen. *Debussy*. A painter in sound. New York: Alfred A. Knopf, 2018).

ser creditados facilmente aos pincéis do próprio Rembrandt.[16] De fato, talvez o tabuleiro da expressão criativa tenha sido redesenhado para permitir que as "regras" (aqui encaradas como padrões algorítmicos que movimentam a *artificial intelligence*) também passem, agora, a produzir obras de arte.

A complexidade de tal panorama, para sua compreensão, exige que se dê um passo atrás para que melhor se possa observar a completude dessa tela que, hoje, cada vez mais vem sendo preenchida por algoritmos em lugar dos pincéis e batutas que durante muito tempo guiaram com exclusividade a operação criativa. Justamente aí é que se colocam tanto a necessidade quanto a oportunidade de enxergar, em primeiro lugar, as formas de aquisição de propriedade intelectual, categoria normativa na qual grande parte dos bens resultantes de inteligência artificial se encaixam no bojo de nossa ordem jurídica.

Nada obstante, cabem aqui algumas considerações prévias.

Evidente que a temática inerente à aquisição de propriedade, se assim lida em sentido literal, pode conduzir a uma reflexão que leve em conta o desdobramento das formas originárias e derivadas aplicáveis tanto a bens móveis quanto a bens imóveis. Ainda que o tema seja por si instigante, a sua descrição pormenorizada escapa aos limites propostos ao presente estudo. Assim, o objetivo aqui lançado é o de investigar o modo pelo qual o nosso ordenamento jurídico reconhece a titularidade e autoria de determinada obra que possa ser coloca sob o pálio de "propriedade intelectual".

Pois bem. De modo abrangente, tem-se por propriedade intelectual o conjunto de direitos inerentes à criação e tutela de obras artísticas e científicas, correspondentes à atividade intelectual nos domínios industrial, científico, literário e artístico. Bem por isso é que a propriedade intelectual vem desenhada para promover tal proteção em três grandes campos, quais sejam: direitos autorais (incluindo-se as obras artísticas em sentido *lato*, programas de computador e seus respectivos aspectos patrimoniais e morais), propriedade industrial (englobando marcas, patentes, desenho industrial e repressão à concorrência desleal), e tutela de demais bens de modo *sui generis* (como cultivares e topografia de circuitos integrados, por exemplo).[17]

Todo esse conjunto de hipóteses expressa, de modo claro, o trato normativo que acaba por enfeixar a tutela da criatividade (até há pouco, exclusivamente humana) em dois sentidos amplos: um de ordem *estética*, que contempla a produção artística de modo geral, atrelado, então, aos direitos autorais, e outro de ordem *técnica*, comum ao avanço científico e, bem por isso, correlacionado à propriedade industrial e aos instrumentos de proteção *sui generis*.[18] É em atenção a essa lógica binária que foram erigidas as principais legislações do país sobre a matéria, como a Lei nº 9.279/1996 (que trata da propriedade industrial e seus aspectos) e as leis nºs 9.609/1998 e 9.610/1998 (que tratam, respectivamente, da tutela conferida a *softwares* e aos direitos autorais).

---

[16] ALVES, Soraia. Primeiro "Rembrandt" criado por inteligência artificial é colocado à venda. *B9*, 21 set. 2018. Disponível em: https://www.b9.com.br/96970/primeiro-rembrandt-criado-por-inteligencia-artificial-e-colocado-a-venda/. Acesso em: mar. 2020.

[17] NALINI, José Renato. Apresentação. *In*: NALINI, José Renato (Org.). *Propriedade intelectual*. São Paulo: Thomson Reuters Brasil, 2019.

[18] Nas palavras de Newton Silveira: "[...] a criatividade do homem se exerce ora no campo da técnica, ora no campo da estética. Em decorrência disso, a proteção jurídica ao fruto dessa criatividade também se dividiu em duas áreas: a criação estética é objeto do direito do autor; a invenção técnica, da propriedade industrial" (SILVEIRA, Newton. *Propriedade intelectual*. Propriedade industrial, direito de autor, software, cultivares, nome empresarial e abuso de patentes. 5. ed. São Paulo: Manole, 2014).

Nesse cenário, destaca-se também a incorporação da *Convenção de Berna* na ordem jurídica pátria pelo Decreto nº 75.699/1975, da qual se podem extrair alguns parâmetros gerais acerca da definição da autoria e da titularidade da criatividade humana. A referência ao referido ato normativo é relevante justamente por ter sido ele o primeiro a sistematizar, de modo abrangente, princípios e determinações encarados como sustentáculos de proteção mínima aos direitos de ordem autoral no plano internacional.[19]

Em um breve sobrevoo panorâmico acerca das disposições da Convenção de Berna, tem-se por relevante, em um primeiro momento, a definição sobre o *objeto* da tutela normativa, descrevendo, conforme o seu art. 2º, a sua incidência e aplicação apenas em face de "[...] produções do domínio literário, científico e artístico". A menção consignada em tal dispositivo é meramente exemplificativa, justamente para dar conta, em perspectiva aberta, das diversas possibilidades de expressão da criatividade humana tanto sob viés estético quanto sob viés técnico.

No que concerne ao sujeito da relação jurídica, tanto a Convenção quanto a legislação nacional aludem à proteção dos direitos do *autor*, mas também de *titulares* das obras artísticas e científicas, sendo tal distinção fundamental para o presente texto. A autoria se refere à "paternidade" da obra, à referência do sujeito que desempenhou a atividade criativa e, a partir dela, trouxe à luz a obra protegida[20] e o direito de dimensão moral de se opor a alterações que possam afetar sua honra ou reputação. Inobstante essa vinculação, o autor pode dispor da obra, transferindo para outro a sua titularidade, ou seja, investindo um terceiro nos direitos do autor, especificamente nos direitos patrimoniais referentes à obra (a propriedade e seu uso, fruição e disposição). É possível, portanto, ser simultaneamente autor e titular da obra, ou distribuir a pessoas distintas a autoria (criação) e a titularidade (propriedade).

Concretamente, o art. 15, item "2" da referida Convenção indica a possibilidade de presunção de propriedade e autoria da obra artística, literária ou científica ao nome da pessoa nela indicada, seja ela natural ou jurídica. Nesse campo, converge a disposição constante no art. 2º, §1º da Lei nº 9.609/1998, que garante a aplicação, no que toca à propriedade intelectual de programas de computadores, das mesmas regras inerentes à autoria de produções literárias, inclusive com a possibilidade de reivindicação da paternidade do *software*. Tal medida enlaça-se, ao seu turno, com as regras inerentes aos arts. 11 a 13 da Lei nº 9.610/1998, que aduz como autor da obra intelectual aquela pessoa física que nela se identifica por meio de seu nome civil, seja ele completo ou abreviado.

Esse conjunto de apontamentos traduz a forma pela qual se pode assentar a autoria (ou "paternidade", vocábulo expressamente utilizado em diversas passagens da Lei nº 9.609/1998) de produções artísticas e *softwares*, em sentido próximo àquilo que, de modo comum, concebe-se como forma aquisitiva "originária" de propriedade.

---

19 Sobre o tema, valem as lições de José de Oliveira Ascensão: "Os principais impulsionadores da contratação internacional foram, e continuam a ser hoje, os países grandes exportadores de obras intelectuais, que recebem dela uma vantagem mais que proporcional. Não admira por isso que tenham sido os países europeus, altamente desenvolvidos e muito implicados em contatos internacionais, que tenham impulsionado o primeiro grande acordo internacional neste domínio: a Convenção de Berna, assinada em 1886" (ASCENSÃO, José de Oliveira. *Direito autoral*. 2. ed. Rio de Janeiro: Renovar, 1997. p. 639).

20 Nas palavras do *Guia da Convenção de Berna* da OMPI, seria "o direito, para o autor, de afirmar que é o criador da obra" (OMPI. *Guia da convenção de Berna Relativa à proteção das obras literárias e artísticas*. Genebra: OMNI, 1980. p. 45).

No que toca aos aspectos patrimoniais, verifica-se na Lei nº 9.610/1998 a possibilidade de transferência dos direitos de autor. Tal modo de transmissão dar-se-á nos termos dos arts. 49 e 50 do referido diploma, sendo possível a sua instrumentalização por diversos meios (como cessão ou licenciamento), abrangendo a universalidade dos direitos ou, ainda, aspectos singulares, ostentando, como regra geral, natureza onerosa.

Especificamente em relação à titularidade dos programas de computador, o art. 4º, *caput* da Lei nº 9.609/1998 reconhece ser do contratante dos serviços de *software* (seja ele empregador ou órgão público) os direitos relativos ao programa desenvolvido sob a égide de relação contratual específica ou estatutária previamente existente. Inexistindo tal formato de vinculação, o §2º do referido dispositivo determina que a titularidade será reconhecida em favor da pessoa que diretamente desenvolveu o *software* e empregou, para tanto, os seus conhecimentos técnicos.

Dúvida que merece ser iluminada diz respeito ao que poderá ser ou não, de modo preciso e claro, objeto de tutela pelas referidas legislações. Vale dizer: tais disposições normativas, conforme a estrutura legal hoje vigente no Brasil, aplicam-se apenas a bens que possam ser considerados expressões criativas aptas a figurar no elemento objetivo de determinadas relações jurídicas? Por isso a relevância do exame, então, das hipóteses concretas de incidência. É o que se passa a explicitar.

Quanto às normativas de direito autoral, a Lei nº 9.610/1998 estabelece exemplificativamente nos treze incisos que compõem o seu art. 7º aquilo que pode ser considerado obra criativa apta à proteção aqui tratada. Todas essas hipóteses correspondem a obras que resultam da expressão criativa humana, como textos literários, artísticos e científicos; composições musicais; produções audiovisuais; adaptações etc. Já em seu art. 8º, a mesma legislação correlaciona hipóteses que de pronto restariam alijadas da tutela normativa, como aproveitamentos industriais resultantes de ideias estabelecidas em produções artísticas; métodos de aplicação matemática; regras para a execução de negócios ou jogos, entre outras possibilidades.

Todo esse cenário "pincelado" normativamente a partir da estrutura dispositiva das legislações mencionadas aponta um dado bastante importante: o fundamento esposado por nossa ordem jurídica à proteção da propriedade intelectual, levando em conta os seus desdobramentos, é verificado no *indivíduo*, na pessoa do autor concretamente considerada – seja ela física (como preferencialmente requer o art. 11, *caput* da Lei nº 9.610/1998) ou excepcionalmente também jurídica (como se depreende em maior volume da leitura de diversos dispositivos da Lei nº 9.609/1998).[21]

Entretanto, essa conclusão (que evidencia o fator fundante das referidas disposições normativas) se mostra neutralizada quando levamos a sua aplicação às hipóteses de trabalhos criativos decorrentes de aplicação de inteligência artificial, sobretudo aquelas em que não há intervenção ou participação humana.

Voltando a um dos primeiros dados lançados nas linhas precedentes, sobre as obras resultantes do emprego da *Generative Adversarial Network*, como poderíamos

---

[21] Newton Silveira assim explica: "Todo homem possui, em maior ou menor grau, um potencial criativo. [...] Fundamentalmente, o trabalho criativo é de um só tipo, seja no campo das ideias abstratas, das invenções ou das obras artísticas. O que se protege é o fruto dessa atividade, quando ela resulta em uma obra intelectual, ou seja, uma forma com unidade suficiente para ser reconhecida como ela mesma. O fundamento do direito sobre tais obras se explica pela própria origem da obra: o indivíduo" (SILVEIRA, Newton. *Propriedade intelectual*. Propriedade industrial, direito de autor, software, cultivares, nome empresarial e abuso de patentes. 5. ed. São Paulo: Manole, 2014).

definir, a rigor, o titular dos direitos inerentes a tais expressões de criatividade "não humanas"? Àquele que criou os padrões algorítmicos que movem determinada aplicação de inteligência artificial cabe a presunção de titularidade sobre as obras que venham a ser por ela criadas? Há a possibilidade de aplicar as regras inerentes a uma "propriedade comum" a tais casos pelo simples fato de não ser possível confundir, quiçá, o desenvolvedor do *software* com a aplicação de inteligência artificial que engendram os frutos de tal atividade? Qual seria, afinal, a moldura normativa para tais questões?

Todas essas perguntas, na verdade, convidam a satisfação de outros questionamentos que, ao fim e ao cabo, lhes precedem. Isso porque, antes de tudo, é necessário pensar (i) nos requisitos necessários para que se possa mesmo definir quando um trabalho criativo resultante de inteligência artificial pode ser considerado obra artística ou científica nos moldes acima delineados (possibilidade sequer cotejada pelos diplomas legais mencionados anteriormente) e, em caso positivo, (ii) como se daria a aplicação da tutela protetiva de tais aspectos da propriedade intelectual, sobretudo quanto à atribuição de sua autoria e titularidade.

3 A César o que é de César: a quem atribuir a titularidade das expressões artísticas e criativas desenvolvidas por inteligência artificial?

A projeção de possíveis respostas aos questionamentos centrais acima aludidos pode ser alcançada por meio de premissas que, lançadas ao longo deste estudo, são coligidas agora com maior clareza.

Quando o ordenamento pátrio não fornece, *a priori*, respostas para novas questões, é sempre possível recorrer ao direito comparado, e mais especificamente à sua função heurística para buscar em outros ordenamentos reflexões ou modos de solução para os problemas em tela.[22] Tal pesquisa foi recentemente levada a efeito por Andres Guadamuz, professor da Universidade de Sussex, na Inglaterra,[23] e os resultados apresentados podem ser sistematizados em três grupos.

O primeiro grupo compreende os países que possuem normas específicas sobre o tema e, nelas, atribuem a autoria e titularidade da obra criada pela IA "para a pessoa que realize os arranjos necessários para a criação da obra". É esta a precisa redação do item 9(3) do *Copyright, Designs and Patents Act do Reino Unido*,[24] que alcança também outros países, como Irlanda, Nova Zelândia, Índia e Hong Kong. A crítica apresentada pelo autor não diz respeito à solução encontrada, mas à utilização da expressão "arranjos necessários", de vagueza semântica potencialmente problemática.[25]

---

[22] VICENTE, Dário Moura. *Direito comparado*. 4. ed. Coimbra: Almedina, 2018. v. 1. p. 21-22.

[23] GUADAMUZ, Andres. Do androids dream of electric copyright? Comparative analysis of originality in artificial intelligence generated works. *Intellectual Property Quarterly*, 2017.

[24] "9. Authorship of work. (3) In the case of a literary, dramatic, musical or artistic work which is computer-generated, the author shall be taken to be the person by whom the arrangements necessary for the creation of the work are undertaken" (COPYRIGHT, Designs and Patents Act 1988. *Legislation.gov.uk*. Disponível em: https://www.legislation.gov.uk/ukpga/1988/48/section/9?view=plain. Acesso em: 20 abr. 2020).

[25] Nas palavras do autor: "Let us use a word processor to illustrate why the existing ambiguity could prove problematic. It is evident that Microsoft, the makers of the Word programme, do not own every piece of work written with their software" (GUADAMUZ, Andres. Do androids dream of electric copyright? Comparative analysis of originality in artificial intelligence generated works. *Intellectual Property Quarterly*, 2017. p. 9).

Em sentido diametralmente oposto, há o grupo de países que expressamente refutam a atribuição de direitos autorais a obras criadas exclusivamente por máquinas ou *softwares*, sem a intervenção humana. É o caso dos Estados Unidos da América, cujo Escritório de Direitos Autorais "registrará um trabalho original de autoria, desde que o trabalho tenha sido criado por um ser humano",[26] e também da Austrália. A ausência de tutela jurídica, porém, não parece a melhor das soluções, pois se de um lado implica uma espécie de atribuição tácita destas obras ao domínio público, de outro desincentiva a utilização da inteligência artificial, abrindo mão do desenvolvimento e das potencialidades dela advindos.

Por fim, o maior grupo é composto pelos países da Europa continental, tal como o Brasil, que não possuem disposições específicas sobre o tema. Ainda, destaque-se que tais países contemplam em suas regras usualmente o termo "pessoa", o que pode dificultar a atribuição de tutela jurídica às obras criadas por inteligência artificial sem a participação humana.[27]

Como se vê, não há uma resposta pronta em direito comparado que pudesse ser imediatamente importada ao Brasil, tampouco que funcionalmente apresente uma solução indene de críticas. Nessa trilha, cumpre buscar a solução pela interpretação do ordenamento jurídico brasileiro, o que perpassa três possibilidades: verificar se existe óbice à tutela jurídica de direito autoral das obras criadas por inteligência artificial, à exemplo das opções australiana e norte americana; perquirir se seria possível a atribuição de autoria e titularidade ao próprio *software* de inteligência artificial; ou construir uma forma de atribuição de titularidade a uma pessoa vinculada ao *software*, a exemplo da opção britânica.

No que toca aos requisitos de incidência da tutela normativa aplicável ao caso, inerente ao que pode ou não ser considerado trabalho criativo, depreende-se da interpretação conjunta das disposições da Convenção de Berna e das leis nºs 9.609/1998 e 9.610/1998 que o objeto de possíveis relações jurídicas em tal cenário é aquele que decorre da *expressão criativa inteligível*, ou seja, algo que, de modo inovador, produza um resultado inteligível em sentido artístico ou científico.

Trazendo essa premissa à realidade das aplicações de inteligência artificial, poder-se-ia objetar que os resultados inerentes ao uso da IA não sejam de fato passíveis de tutela a partir de sua consideração como propriedade intelectual. Em tese, se argumentaria que o trabalho resultante da *artificial intelligence* não expressa uma criação em si, já que, ao ser previamente abastecido com uma base de dados, apenas reproduziria de modo concatenado combinações já existentes que, ao menos até então, não haviam ainda sido exploradas. A objeção, no entanto, seria falaciosa.

---

[26] "06. The Human Authorship Requirement. The U.S. Copyright Office will register an original work of authorship, provided that the work was created by a human being. The copyright law only protects 'the fruits of intellectual labor' that 'are founded in the creative powers of the mind.' Trade-Mark Cases, 100 U.S. 82, 94 (1879). Because copyright law is limited to 'original intellectual conceptions of the author,' the Office will refuse to register a claim if it determines that a human being did not create the work. Burrow-Giles Lithographic Co. v. Sarony, 111 U.S. 53, 58 (1884)" (US COPYRIGHT OFFICE. *Compendium of US Copyright Office practices*. 3. ed. Washington, D.C.: US Copyright Office, 2017).

[27] São os exemplos citados pelo autor: "Art 5 of Spanish copyright law specifically states that the author of a work is the natural person who creates it; while Art 7 of German copyright law says that the 'author is the creator of the work', and while it does not specify that this is to be a person, Art 11 declares that copyright 'protects the author in his intellectual and personal relationships to the work', which strongly implies a necessary connection with personhood" (GUADAMUZ, Andres. Do androids dream of electric copyright? Comparative analysis of originality in artificial intelligence generated works. *Intellectual Property Quarterly*, 2017. p. 11).

Quanto a isso, importa notar que a expressão criativa resultante de intelecto humano é também produto de experiências anteriores, de expressões que lhes antecedem. Tenha-se, por exemplo, a teoria musical: ainda que todas as construções musicais se assentem em sete notas básicas, a forma de utilização das escalas, da expressão do campo harmônico em tríades ou tétrades e mesmo da harmonia funcional (tripartida em tônica, subdominante e dominante)[28] dependerá da execução inerente à experiência de cada músico – experiência essa advinda de horas de estudos de um virtuoso ou, então, pelos dados que abastecem determinado *software* de IA. Daí a constatar-se que a inteligência artificial pode ser considerada fonte de expressões de criatividade.

Entretanto, é justamente no avançar da ponderação aqui proposta que o primeiro óbice se erige: se na relação jurídica enfeixada pela categoria da propriedade intelectual um trabalho resultante de inteligência artificial pode ser considerado derivado de expressão criativa, não se enxerga com a mesma clareza a *quem* corresponderá a sua autoria e titularidade, imprescindíveis a deflagrar a tutela normativa esperada.

Isso se dá porque as disposições normativas afeitas à espécie privilegiam a definição de autor na pessoa natural, excepcionalmente estendida também às pessoas jurídicas, conforme determina o art. 11 e seu parágrafo único da Lei nº 9.610/1998 – em sintonia, inclusive, com a própria Convenção de Berna. Poder-se-ia cogitar, então, que no exercício hermenêutico literal inerente a tais disposições legais, restaria afastada a possibilidade de tutelar os trabalhos criativos resultantes da aplicação de inteligência artificial pelas regras de propriedade intelectual até então estabelecidas em nosso país.

Tal interpretação, no entanto, além de superficial, seria desprovida de fins aplicativos. Por tal razão, não se pode perder de vista que, como bem assentado na primeira etapa desta reflexão, as aplicações derivadas de IA estão a modificar substancialmente diversos traços das relações econômicas e também sociais – e o direito, na sua correlação verticalizada a tais campos, não restará imune a tal fenômeno.

Não bastasse isso, a ausência de imputação sobre a autoria e titularidade das expressões criativas realizadas por IA implicaria torná-la "um domínio público, que não forneceria quaisquer incentivos, assim, diminuindo os incentivos para os processos de desenvolvimento",[29] ou seja, contrária ao desenvolvimento econômico e ao progresso artístico e científico.

É necessário, então, arrostar tal desafio a fim de que se encontrem possíveis soluções ao problema posto, que dialoguem efetivamente com a realidade posta ao entorno da ordem jurídica erigida no país. Afinal, conforme pontua Luiz Edson Fachin, "Como inexiste uma única resposta, mas há sempre a possibilidade de encontrar a resposta correta no sistema jurídico, o desafio está em percorrer os caminhos jurídicos [...] sem sucumbir demasiadamente em rígidas fortalezas teóricas nem perder o rigor".[30]

Nesta ordem de ideias, e fundado na premissa acima exposta de que o ordenamento jurídico brasileiro não refuta a atribuição de direitos autorais a tais obras, abre-se

---

28 Sobre o encadeamento da teoria musical, ver, por todos: MED, Bohumil. *Teoria da música*. 5. ed. Brasília: Musimed, 2017.

29 RAPKAUSKAS, Mantvydas. Whether intellectual property created by conscious artificial intelligence system belongs to the owner of that system? *apud* WACHOWICZ, Marcos; GONÇALES, Marcos Lukas Ruthes. *Inteligência artificial e criatividade*: novos conceitos na propriedade intelectual. Curitiba: Gedai, 2019. p. 78.

30 FACHIN, Luiz Edson. *Direito civil*. Sentidos, transformações e fim. Rio de Janeiro: Renovar, 2015. p. 2-3.

aqui a possibilidade de cotejar soluções que decorrem de uma interpretação prospectiva[31] das disposições legais ora vigentes em nossa ordem jurídica para estabelecer, afinal, a quem atribuir a autoria e titularidade destas obras.

A primeira e mais óbvia constatação é de que a autoria ou titularidade não poderia ser atribuída ao próprio *software* dotado de inteligência artificial, já que este, não sendo pessoa ou sequer sujeito de direito, não possui capacidade de direito.

Como dito, a composição normativa das legislações que versam sobre o direito autoral e o desenvolvimento de *softwares* não atribuem a autoria de trabalhos criativos (sejam eles artísticos ou científicos) fora da formatação binária de pessoa natural e jurídica. Nada obstante isso, não se pode perder de vista que os trabalhos resultantes da aplicação de inteligência artificial podem ensejar relevante discussão de viés patrimonial, principalmente se considerarmos o aporte financeiro que como regra é investido em projetos de tal dimensão.[32] Assim, é comum que, antes mesmo do desenvolvimento dos padrões algorítmicos que serão movimentados pela aplicação de IA, relações contratuais se estabeleçam justamente para disciplinar, quando menos, o trato pecuniário dos investimentos que serão realizados.[33]

No entanto, como o reconhecimento e atribuição de direito autoral a alguém se funda no reconhecimento de uma atividade intelectual, criativa, de uma inovação, não é possível, à luz da legislação brasileira, pretender atribuir a titularidade das obras criadas pela IA sem a participação humana, ao proprietário do *software* que o criou. Não haveria aí qualquer atividade intelectual ou criação de espírito por parte da pessoa física a legitimar a atribuição da titularidade para si. Mas isso não quer dizer que o sistema não permita a construção de outra solução.

Para regular tal cenário, é possível trazer à tona a aplicação da regra constante na Lei nº 9.610/99 que trata das *produções anônimas ou pseudônimas* para regular a

---

[31] A interpretação prospectiva aqui proposta decorre também das reflexões promovidas pelo Professor Luiz Edson Fachin, inicialmente voltada ao desdobramento hermenêutico tríplice da Constituição Federal. Em suas palavras: "[...] tenha-se presente a tríplice dimensão da Constituição: formal (apreendendo regras e princípios expressos no texto constitucional), substancial (apreendendo a Constituição efetivada pelos pronunciamentos da Corte Constitucional e pela incidência dos princípios implícitos que derivam dos princípios explícitos do texto constitucional) e a prospectiva, a qual se vincula pela ação permanente e contínua, num sistema jurídico aberto, poroso e plural" (FACHIN, Luiz Edson. *Questões do direito civil contemporâneo*. Rio de Janeiro: Renovar, 2008. p. 7). Reflexão similar foi efetivada pelo perene Professor Titular de Direito Civil da Universidade Federal do Paraná em sua obra mais recente, ao ponderar os desdobramentos das Constituições (em sentido de construção) formal, substancial e prospectiva do direito civil, ponderação que já anima, conforme a referência anterior, a análise vertida nesta etapa derradeira deste estudo.

[32] Aqui tem-se a constatação de que, muito embora estejamos inseridos em um momento de intensa modificação, algumas premissas permanecem firmes em nossa base normativa. Uma delas é a lição deixada por Enzo Roppo, que bem determinou que uma das principais faces do contrato corresponde, antes de tudo, a uma operação econômica que juridicamente deve ser regulada pelo direito (ROPPO, Enzo. *O contrato*. Coimbra: Almedina, 2009. p. 10-11).

[33] Importa bem demarcar que o direito privado no Brasil se encontra em etapa de "reencontro", por assim dizer, com o fundamento da autonomia privada, revigorado nas relações contratuais pela entrada em vigor da Lei nº 13.874/2019, que alterou disposições relevantes do Código Civil para tutelar a manifestação de vontade das partes contratantes da distribuição de seus interesses contratualizados – questão que, em contraste ao tema aqui tratado, mostra-se relevante. É o que se depreende da seguinte lição: "Considerando-se o princípio da autonomia privada como fundamento do Direito Civil, admite-se que, aos sujeitos de relação jurídica, também é conferido o poder de estabelecer entre si, livremente, a distribuição dos bens da vida. [...] Não é sem causa que a autonomia privada é um dos pressupostos para o exercício de poderes formativos" (RODRIGUES JR., Otavio Luiz; LEONARDO, Rodrigo Xavier; PRADO, Augusto Cézar Lukaschek. A liberdade contratual e a função social do contrato – Alteração do art. 421-A do Código Civil. *In*: LEONARDO, Rodrigo Xavier *et al.* (Coord.). *Comentários à Lei da Liberdade Econômica*. Lei 13.874/2019. São Paulo: Thomson Reuters Brasil, 2019. p. 315-316).

repercussão patrimonial de um trabalho criativo oriundo de aplicação de inteligência artificial. Essa regra vem inscrita no art. 40 da referida legislação, que assim preconiza: "Tratando-se de obra anônima ou pseudônima, caberá a quem publicá-la o exercício dos direitos patrimoniais do autor". Remata a questão o parágrafo único do referido dispositivo, que indica o exercício dos direitos patrimoniais ao sujeito que assumir a obra, ressalvado os direitos de terceiros.

Aqui se abre, pois, uma solução interessante: se a legislação em voga não assenta no elemento subjetivo da relação jurídica enfeixada pela categoria de propriedade intelectual os frutos da inteligência artificial aplicada, poderá aquele que a estruturou adquirir os direitos patrimoniais do trabalho criativo resultante a partir do seu reconhecimento como *obra anônima*, bastando para tanto que proceda à sua publicação, seguindo assim os desdobramentos normativos de tal viés (como a transmissão de direitos por cessão, *e.g.*) as mesmas regras já preconizadas na Lei nº 9.610/1998.[34]

Tal solução implica reconhecer, ao fim e ao cabo, uma leitura diferente acerca da própria categoria de propriedade intelectual: em lugar de mera ferramenta protetiva de direito individual, pode ser concebida agora, neste cenário de desafios balizados pelo avanço da inteligência artificial, como um instrumento de desenvolvimento econômico e do progresso artístico e científico.[35] Trata-se, portanto, de encetar um sentido revigorado à estrutura normativa aplicada ao tema aqui contemplado, sem, no entanto, ignorar fronteiras e limites esboçados por nossa ordem jurídica.

4 Conclusões

A proposta da presente reflexão limita-se a ofertar singela contribuição para o debate de um tema cuja resolução escapa dos limites ora propostos. Investigar a forma pela qual se pode ou não dar a atribuição de titularidade às expressões criativas derivadas da aplicação de inteligência artificial é um desafio que exige, acima de tudo, diálogo entre todos aqueles que estudam e constroem o direito, em sentido epistêmico, em nosso país.

Dos apontamentos antecedentes, extrai-se o indicativo claro de que as normas jurídicas atreladas à categoria da propriedade intelectual não foram estruturadas ao fim de prever, como possível suporte fático, a proteção normativa de bens resultantes da expressão criativa da inteligência artificial.

Isso não implica, entretanto, na permanente impossibilidade de promover trato jurídico sobre a matéria – daí a se mostrar útil tanto o recurso ao direito comparado

[34] A mesma solução poderia ser aplicada nos casos de obras produzidas por animais. Parte-se da premissa de que são obras anônimas, por não poderem ser atribuídas a qualquer pessoa, mas sua titularidade (esfera patrimonial) pode ser adquirida por aquele que a publica. Tal regra atribuiria ao fotógrafo David Slater a titularidade da famosa foto do macaco Naruto ante sua publicação original no *Daily Mail*, conforme narrado no primeiro capítulo.

[35] Tal perspectiva acerca da propriedade intelectual, que não se constitui como plena novidade, é bem descrita por Maria Caramez Carlotto: "Uma forma totalmente distinta de compreender a propriedade intelectual é encará-la não como um dispositivo jurídico de proteção de um direito natural, mas como um mecanismo político de incentivo ao desenvolvimento, via promoção da criação cultural, artística, científica e tecnológica. [...] Essa perspectiva utilitária evoluiu de uma tese geral e voluntarista sobre o papel do Estado no incentivo da técnica e das artes, como expressa na Constituição norte-americana, para uma compreensão pretensamente mais científica de como funciona uma 'economia do conhecimento'" (CARLOTTO, Maria Caramez. *Acesso negado*. Propriedade intelectual e democracia na era digital. São Paulo: Edições Sesc São Paulo, 2019).

quanto a compreensão hermenêutica prospectiva que, na busca de soluções congruentes aos limites de nosso próprio ordenamento jurídico, encontra respostas iniciais para o problema da definição da autoria e titularidade de direitos patrimoniais dos bens derivados da aplicação de IA.

Inobstante as dúvidas postas, é possível aqui delinear uma certeza: aquele código do qual julgávamos ser os únicos detentores – o "código da criatividade" – claramente agora também é integralmente lido por aplicações de inteligência artificial. Daí a se cogitar, então, a passagem dos "pincéis aos algoritmos": essa é uma realidade já posta, conforme se pode depreender dos dados fáticos expostos ao longo deste texto. Há quem possa questionar, como o fez Marcus du Sautoy, se as "[...] máquinas ultimamente podem nos ajudar, enquanto humanos, a nos comportarmos menos como robôs".[36] Essa dúvida também poderá ser satisfeita por meio do debate sobre a inteligência artificial e a propriedade intelectual no Brasil – e urge que não fiquemos mais em silêncio.

Referências

'PIGCASSO', a porca que pinta quadros de arte abstrata e os vende por mil euros. *El País*, 21 fev. 2018. Disponível em: https://brasil.elpais.com/brasil/2018/02/19/internacional/1519072173_742763.html. Acesso em: 4 abr. 2020.

ALEXANDRE, Laurent. *La guerre des intelligences*: intelligence artificielle versus intelligence humaine. Paris: Editions Jean-Claude Lattès, 2017.

ALVES, Soraia. Primeiro "Rembrandt" criado por inteligência artificial é colocado à venda. *B9*, 21 set. 2018. Disponível em: https://www.b9.com.br/96970/primeiro-rembrandt-criado-por-inteligencia-artificial-e-colocado-a-venda/. Acesso em: mar. 2020.

ASCENSÃO, José de Oliveira. *Direito autoral*. 2. ed. Rio de Janeiro: Renovar, 1997.

CARLOTTO, Maria Caramez. *Acesso negado*. Propriedade intelectual e democracia na era digital. São Paulo: Edições Sesc São Paulo, 2019.

COPYRIGHT, Designs and Patents Act 1988. *Legislation.gov.uk*. Disponível em: https://www.legislation.gov.uk/ukpga/1988/48/section/9?view=plain. Acesso em: 20 abr. 2020.

FACHIN, Luiz Edson. *Direito civil*. Sentidos, transformações e fim. Rio de Janeiro: Renovar, 2015.

FACHIN, Luiz Edson. *Questões do direito civil contemporâneo*. Rio de Janeiro: Renovar, 2008.

FACHIN, Luiz Edson. *Teoria crítica do direito civil*. 3. ed. Rio de Janeiro: Renovar, 2012.

FREITAS, Vladimir Passos de. O caso do macaco Naruto e os novos desafios ao Direito. *Consultor Jurídico*, 8 abr. 2018. Disponível em: https://www.conjur.com.br/2018-abr-08/segunda-leitura-macaco-naruto-novos-desafios-direito. Acesso em: 4 abr. 2020.

GUADAMUZ, Andres. Do androids dream of electric copyright? Comparative analysis of originality in artificial intelligence generated works. *Intellectual Property Quarterly*, 2017.

GUADAMUZ, Andres. The monkey selfie: copyright lessons for originality in photographs and Internet jurisdiction. *Internet Policy Review*, v. 5, issue 1, mar. 2016.

---

[36] SAUTOY, Marcus Du. *The creativity code*. Artand innovation in the age of AI. Cambridge: The Belknap Press of Harvard University Press, 2019. No original: "This is where a machine might come in: perhaps it could give us that jolt, throw up a new suggestion, stop us form simply repeating the same algorithm every day. Machines might ultimately help us, as humans, behave less like machines". A menção colocada no parágrafo *supra* ao "código da criatividade" é também extraída da obra em tela.

MARTINS-COSTA, Judith. Critérios para aplicação do princípio da boa-fé objetiva. *In*: MARTINS-COSTA, Judith; FRADERA, Vera Jabob de (Org.). *Estudos de direito privado e processual civil em homenagem a Clóvis do Couto e Silva*. São Paulo: Revista dos Tribunais, 2014.

MED, Bohumil. *Teoria da música*. 5. ed. Brasília: Musimed, 2017.

NALINI, José Renato. Apresentação. *In*: NALINI, José Renato (Org.). *Propriedade intelectual*. São Paulo: Thomson Reuters Brasil, 2019.

OMPI. *Guia da convenção de Berna Relativa à proteção das obras literárias e artísticas*. Genebra: OMNI, 1980.

RODRIGUES JR., Otavio Luiz; LEONARDO, Rodrigo Xavier; PRADO, Augusto Cézar Lukaschek. A liberdade contratual e a função social do contrato – Alteração do art. 421-A do Código Civil. *In*: LEONARDO, Rodrigo Xavier *et al*. (Coord.). *Comentários à Lei da Liberdade Econômica*. Lei 13.874/2019. São Paulo: Thomson Reuters Brasil, 2019.

ROPPO, Enzo. *O contrato*. Coimbra: Almedina, 2009.

RUSSEL, Stuart; NORVING, Peter. *Artificial intelligence*: a modern approach. New Jersey: Prentice-Hall, 1995.

SAUTOY, Marcus Du. *The creativity code*. Artand innovation in the age of AI. Cambridge: The Belknap Press of Harvard University Press, 2019.

SILVEIRA, Newton. *Propriedade intelectual*. Propriedade industrial, direito de autor, software, cultivares, nome empresarial e abuso de patentes. 5. ed. São Paulo: Manole, 2014.

US COPYRIGHT OFFICE. *Compendium of US Copyright Office practices*. 3. ed. Washington, D.C.: US Copyright Office, 2017.

VICENTE, Dário Moura. *Direito comparado*. 4. ed. Coimbra: Almedina, 2018. v. 1.

WACHOWICZ, Marcos; GONÇALES, Marcos Lukas Ruthes. *Inteligência artificial e criatividade*: novos conceitos na propriedade intelectual. Curitiba: Gedai, 2019.

WALSH, Stephen. *Debussy*. A painter in sound. New York: Alfred A. Knopf, 2018.

WORLD HEALTH ORGANIZATION. *Coronavirus disease (Covid-19) Pandemic*. 2020. Disponível em: https://www.who.int/emergencies/diseases/novel-coronavirus-2019/events-as-they-happen. Acesso em: 4 abr. 2020.

Informação bibliográfica deste texto, conforme a NBR 6023:2018 da Associação Brasileira de Normas Técnicas (ABNT):

BÜRGER, Marcelo L. F. de Macedo; CORRÊA, Rafael. Dos pincéis aos algoritmos: a titularidade das expressões artísticas e criativas resultantes da aplicação da inteligência artificial. *In*: EHRHARDT JÚNIOR, Marcos; CATALAN, Marcos; MALHEIROS, Pablo (Coord.). *Direito Civil e tecnologia*. Belo Horizonte: Fórum, 2020. p. 519-533. ISBN 978-65-5518-036-7.

STARTUPS E EMPREENDEDORISMO DE BASE TECNOLÓGICA: PERSPECTIVAS E DESAFIOS PARA O DIREITO SOCIETÁRIO BRASILEIRO

JOSÉ LUIZ DE MOURA FALEIROS JÚNIOR

1 Introdução

A ascensão da tecnologia e o fomento à inovação são fenômenos que ampliam sobremaneira o potencial do empreendedorismo no Brasil. Grandes ideias surgem e a possibilidade de trazê-las para a prática é esforço que demanda alavancagem e influxos técnicos, jurídicos e administrativos, além de capital, parcerias e testagem.

O que se visualizou no Brasil, especialmente ao longo das duas primeiras décadas do século XXI foi o incremento de iniciativas que se voltam à propagação de mecanismos para a operacionalização da inovação, em grande parte das vezes pela internet, e o direito não permanece à margem desse contexto.

É com as chamadas *startups* – empresas inovadoras e que, como o termo extraído da língua inglesa já denota, permitem ao empreendedor novato se lançar ao mercado – que o fomento à reformulação de vetustas classes de estruturação societária passa a, efetivamente, despertar a necessidade de ajustes ao direito, particularmente na experiência dos contratos e no direito societário.

Com base nessas premissas, o presente trabalho procurará identificar os principais aspectos desse movimento relativamente recente, anotando os seus principais desdobramentos jurídicos para, construtivamente, avançar rumo a uma teorização sobre o que seria o chamado "direito das *startups*" e como este, sendo ou não uma categoria autônoma da dogmática jurídica, permitiria o fomento ao empreendedorismo de base tecnológica no Brasil com as estruturas jurídicas previstas no Código Civil de 2002.

2 O empreendedorismo e seu papel no "direito das *startups*"

A própria ideia de empreendedorismo sofre mudanças com o avanço das novas tecnologias – especialmente da internet – e com a propagação de uma cultura de fomento à produção de novas ideias. É de Schumpeter a clássica frase segundo a qual "o empresário nunca é aquele que corre risco",[1] e as razões desta constatação emergem da própria ideia de empreendedorismo, que está lastreada em três elementos essenciais: inovação tecnológica, crédito bancário e perfil inovador do empresário.

Segundo Ronald Degen, "ser empreendedor significa ter, acima de tudo, a necessidade de realizar coisas novas, pôr em prática ideias próprias, característica de personalidade e comportamento que nem sempre é fácil de se encontrar".[2] Neste conceito, nota-se uma correlação clara entre aspectos subjetivos, colhidos da análise do perfil empreendedor do sujeito, e objetivos, emanados das oportunidades de mercado e do estado da arte do desenvolvimento da técnica.

É nesse ambiente que amadurece o conceito de *startup*, palavra inglesa que, como já se adiantou na introdução, denota a ideia de partida, início, começo, refletindo a configuração de um projeto, ideia ou modelo de negócio que tem um ponto de partida, mas que é carecedor de formatação jurídico-administrativa e testagem.

A literatura já se dedicou ao estudo do tema, especialmente na segunda metade da década de 1990, quando as primeiras *big techs* da internet, nascidas no Vale do Silício californiano, instigavam o estudo sobre as novas fronteiras do empreendedorismo.[3] Entretanto, é a partir da segunda década do século XXI que conceitos mais maduros sobre o assunto passam a permear o ambiente empresarial.

Eric Ries cunhou a famosa expressão "*startup* enxuta" (*lean startup*) em sua obra de mesmo título, na qual apresenta o seguinte conceito: "[...] uma instituição humana projetada para criar novos produtos e serviços sob condições de extrema incerteza".[4]

Este conceito, desdobrado à "extrema incerteza" propugnada pelo autor, revela o principal desafio que se tem na condução das atividades empresariais desenvolvidas quando da criação de uma *startup*. Entretanto, a visão de Ries não revela nenhum elemento concernente ao tamanho da empresa, da atividade ou do setor da economia em que supostamente se insere este peculiar modelo societário.

É indubitável que qualquer pessoa que decida se aventurar e empreender a partir de uma ideia ou modelo de negócio que desenvolva enfrentará uma série de incertezas (muitas delas extremas) que poderão inviabilizar sua proposta. E, nesse contexto, tentando detalhar melhor o conceito apresentado por Ries, Steve Blank e Bob Dorf, definem *startup* como a organização temporária e que é constituída sob um modelo de negócio recorrente e escalável.[5]

Uma *startup* se inicia a partir de um número ilimitado de metas, algumas delas ligadas a pontos de referência da empresa e voltadas à delimitação de um progresso importante ao longo da estrada para o sucesso e para a prosperidade empresarial. Entre vários desses aspectos, Guy Kawasaki elenca sete aspectos preponderantes: (i) a comprovação da concepção da ideia; (ii) a geração de especificações completas de projeto;

---

1 SCHUMPETER, Joseph A. *Teoria do desenvolvimento econômico*: uma investigação sobre lucros, capital, crédito, juro e o ciclo econômico. São Paulo: Abril Cultural, 1982. p. 92.

2 DEGEN, Ronald J. *O empreendedor*: fundamentos da iniciativa empresarial. São Paulo: Pearson Prentice Hall, 2009. p. 10.

3 Cf. KAPLAN, Jerry. *Startup*: a Silicon Valley adventure. Nova York: Houghton Mifflin, 1995.

4 RIES, Eric. *The lean startup*: how today's entrepreneurs use continuous innovation to create radically successful businesses. Nova York: Crown, 2011. p. 24, tradução livre. No original: "[...] an organization dedicated to creating something new under conditions of extreme uncertainty".

5 BLANK, Steve; DORF, Bob. *The startup owner's manual*: the step-by-step guide for building a great company. Pescadero: K&S Ranch, 2012. p. 19.

(iii) a conclusão de um protótipo; (iv) o levantamento de capital; (v) a realização de testes com o público-alvo; (vi) a entrega aos consumidores de uma versão final do produto; (vii) o gerenciamento com equilíbrio das receitas e despesas.[6]

O crescimento pode ser exitoso a partir do reconhecimento de uma oportunidade real, pela qual o empreendedor precisará conectar sua nova tecnologia ou *know-how* a uma necessidade de mercado, a uma demanda real que lhe crie uma oportunidade comercial. Além disso, não se pode olvidar do compromisso do empreendedor, especialmente até o surgimento do negócio, quando precisará tomar ações e decisões com a persistência necessária ao sucesso do negócio.

O primeiro estágio para se empreender parte, segundo Bessant e Tidd e em continuidade às ideias de Kawasaki, da avaliação da oportunidade, momento em que ocorre a geração, a avaliação e o aprimoramento do conceito de negócio, ou seja, a ideia para o negócio que se pretende criar poderá surgir a partir de extensões ou adaptações de produtos ou serviços já existentes, aplicação de produtos existentes em outros mercados, adição de valor a um produto ou a um serviço ou, até mesmo, o desenvolvimento de um produto ou serviço completamente novo.[7]

Em segundo lugar, os mesmos autores apontam a necessidade de desenvolvimento de um plano de negócio (ou *business plan*, em inglês), que serve para dar tangibilidade à ideia, eliminando ou reduzindo falsas ilusões e eliminando discussões futuras sobre papéis e responsabilidades, sendo composto de definições importantes como detalhes do produto, oportunidade de mercado, público-alvo, barreiras de entrada e análise de concorrentes, estratégia, definição e identificação de riscos. Ainda, tem-se a tomada de decisão com relação à estrutura da empresa, passo fundamental para que seja viabilizada a etapa seguinte.

Enfim, tem-se a etapa de crescimento, obtenção de financiamento e acompanhamento do empreendimento, além da obtenção de resultados, estágio no qual é importante destacar que há várias maneiras de um negócio crescer e criar valor adicional, como o crescimento orgânico. É nesse momento que se cogita da aquisição ou fusão com outras empresas, da venda do negócio para uma outra empresa ou até mesmo da oferta pública de ações nas bolsas de valores.[8]

Para além disso, a sobrevivência de uma *startup* dependerá de fatores como a criação e manutenção de uma estrutura organizacional flexível, composta de pessoas engajadas com o propósito da empresa; ainda, dependerá da gestão do conhecimento a partir da disponibilidade de recursos humanos altamente qualificados e da presença, na organização, de indivíduos que apoiem os projetos de inovação tecnológica em momentos críticos; o apoio à inovação tecnológica e a implementação de ferramentas de gestão.[9]

---

6 KAWASAKI, Guy. *The art of the start 2.0*: The time-tested, battle-hardened guide for anyone starting anything. Nova York: Penguin, 2015. *Passim*.

7 BESSANT, John; TIDD, Joe. *Inovação e empreendedorismo*. Tradução de Elizamari Rodrigues Becker, Gabriela Perizzolo e Patrícia Lessa Flores da Cunha. Porto Alegre: Bookman, 2009. p. 305.

8 Stanley Sutton identifica, neste campo, um compilado de características comuns às *startups*: (i) a pouca experiência acumulada no ramo negocial explorado, que é comum em empreendimentos novos e sem grande história em termos de processos empresariais; (ii) a escassez de recursos; (iii) a maior suscetibilidade a influências internas e externas do mercado, de competidores e investidores, o que as obrigam a adaptações mais céleres e frequentes; (iv) a utilização da tecnologia e sua inserção em mercados dinâmicos (SUTTON, Stanley M. The role of process in a software start-up. *IEEE Software*, Nova York, v. 17, n. 4, p. 33-39, 2000. p. 34).

9 BARAÑANO, Ana Maria. Gestão da inovação tecnológica: estudo de cinco PMEs portuguesas. *Revista Brasileira de Inovação*, Rio de Janeiro, n. 1, v. 4, 2005. p. 61.

2.1 Inovação disruptiva, inovação descontínua e testagem

Quando se fala em inovação, tem-se a expectativa de algum grau de impacto, podendo ser incremental ou disruptivo (radical), ou seja, uma inovação pode propiciar melhorias que apenas incrementam algum produto ou serviço já existente, ou podem propiciar mudanças absolutamente drásticas, que transformam por completo a aplicação de um produto ou serviço no campo prático (com desdobramentos jurídicos), como alerta Alejandro Cremades:

> As ideias não têm sentido sem uma execução magistral. Atrair investidores é mais do que uma ótima ideia. Trata-se de mostrar as habilidades preparatórias corretas que convencerão os potenciais investidores de que você lidará com o capital diligentemente. A maneira mais eficaz de fazer isso é criar a estrutura principal de seus negócios antes de começar a buscar um investimento substancial. Se você não tomou as medidas necessárias para preparar seus negócios adequadamente, isso será importante para você durante as negociações.[10]

Naturalmente, a convergência do ciclo de restrições em objetivos propicia a busca por novos meios e novos objetivos, acarretando uma expansão do ciclo dos recursos empresariais, o que justifica o potencial de escalabilidade do grau de novidade de um produto ou serviço.[11] Com isso, a própria ideia de inovação perpassa investimentos sólidos e contínuos no desenvolvimento e na materialização de ideias para que se tenha, no plano prático, a verdadeira eficácia.[12] Surge, então, uma "visão da empresa", lastreada na inovação almejada, que é o traço que diferencia as *startups*.[13]

Nesse mesmo contexto, pode-se cogitar de uma inovação descontínua, baseada na separação dos estágios de experimentação da empresa. Fala-se, por exemplo, em testagem alfa/beta para ilustrar a validação da ideia que, destacadamente em plataformas de base tecnológica, trabalha quase sempre com um pequeno grupo de usuários externos para garantir que o produto funcione conforme especificado.[14]

---

[10] CREMADES, Alejandro. *The art of startup fundraising*: pitching investors, negotiating the deal, and everything else. Nova Jersey: John Wiley & Sons, 2016. p. 26, tradução livre. No original: "Ideas are meaningless without a masterful execution. Attracting investors is about more than a great idea. It's about showing the correct preparatory skills that will persuade potential investors that you will handle their capital diligently. The most effective way to do this is to put the core structure of your business in place before you begin seeking substantial investment. If you have not taken the steps to prepare your business adequately, this will count against you significantly during negotiations".

[11] WILTBANK, Robert; DEW, Nicholas; READ, Stuart; SARASVATHY, Saras D. What to do next? The case for non-predictive strategy. *Strategic Management Journal*, Nova Jersey, v. 27, n. 10, p. 981-998, 2006. p. 992.

[12] No inglês, esta noção é colhida do termo *effectuation*, que pode ser traduzido para efetuação ou eficácia, sendo o oposto de algo "causal". Noutros termos, traduziria o aspecto racional da noção de eficácia a partir de simples ideias ou concepções abstratas. Sobre isso, o estudo de experiências anteriores – especialmente os *cases* de insucesso – revela faceta fundamental do aprendizado e da testagem de uma *startup*. É o que explica Steve Blank: "Every traveler starts a journey faced with the decision of what road to take. The road well traveled seems like the obvious choice. The same is true in the search for startup success: following a path of common wisdom – one taken by scores of startups before, seems like the right way. Yet the advice offered two thousand years ago is relevant for startups today, namely that the wide road often leads straight to disaster" (BLANK, Steve. *The four steps to the epiphany*: successful strategies for products that win. 3. ed. Sussex: Quad/Graphics, 2007. p. 4).

[13] LIVINGSTON, Jessica. *Founders at work*: stories of startups' early days. Berkeley: Apress, 2007. p. xiv. A autora comenta: "Startups are different from established companies – almost astonishingly so when they are first getting started. It would be good if people paid more attention to this important but often misunderstood niche of the business world, because it's here that you see the essence of productivity. In its plain form, productivity looks so weird that it seems to a lot of people to be 'unbusinesslike'. But if early-stage startups are unbusinesslike, then the corporate world might be more productive if it were less businesslike".

[14] BLANK, Steve. *The four steps to the epiphany*: successful strategies for products that win. 3. ed. Sussex: Quad/Graphics, 2007. p. 5-6.

Oportunidades devem ser identificadas, pois, segundo Eric Ries, em uma *startup*, os produtos mudam de forma constantemente através do processos de otimização,[15] comumente relacionados às ideias de tempo e ação.[16] Segundo Igor Ansoff, também são diversas as situações em que, durante um processo de inovação, pode ocorrer algum evento que desloque o padrão e as regras preestabelecidas, tendo tais acontecimentos o poder de redefinir as condições para que a inovação aconteça, a partir de mudanças na penetração de mercado ou na sua diversificação.[17] Tudo é aferido a partir de métricas. Todas as informações coletadas nos estágios alfa e beta são equacionadas em números que permitirão aprimorar as atividades que impulsionam o sucesso da *startup*.[18]

2.2 Pivotagem e MVP

Conforme já foi dito, o conceito de *startup* "enxuta" é atribuído a Eric Ries e sua conceituação se baseia na abordagem de produção coerente com alguns princípios fundamentais relacionados ao aproveitamento do conhecimento e da criatividade de cada partícipe da sociedade classificada como *startup*. É nesse campo que se inserem conceitos como o da construção de um mínimo produto viável (*minimum viable product*, ou MVP) e de pivotagem, tendo o cliente como núcleo de direcionamento das pesquisas e do desenvolvimento focado na execução, nos prazos de entrega e no processo contraposto às demandas reais de cada cliente.[19]

A partir disso, Ries destaca que uma *startup* de sucesso precisa "aprender" o que os clientes de fato querem, e, a partir desse *iter* cognitivo, traçar as diretrizes de desenvolvimento que viabilizarão todo o processo de demonstração empírica das necessidades de seu implemento. Para o autor, portanto, na medida em que ocorrem interações dos clientes com os produtos, dados qualitativos e quantitativos são extraídos e disso se obtêm conclusões importantes para a implementação do modelo de negócio, a partir de um processo ideal circular, que se repete entre as atividades de construir, medir e aprender, que conduzirão ao estágio final de uma *startup* considerada "enxuta": a implementação inovadora, com capacidade de prosperar, ou, em caso de inviabilidade, os alertas para os riscos de se prosseguir e a apresentação de uma saída ou válvula de escape que permita ao empreendedor retroagir e lapidar melhor seu projeto a fim de repensá-lo ou até mesmo desistir.[20]

Com essas breves notas, foi possível compreender os aspectos mais essenciais do funcionamento de uma *startup*, o que permite situá-la no direito brasileiro em um ambiente ainda opaco de regulação mais específica. Assim, tendo por base tais subs-

---

15 RIES, Eric. *The lean startup*: how today's entrepreneurs use continuous innovation to create radically successful businesses. Nova York: Crown, 2011. p. 20.

16 PORTER, Michael E. *Competitive strategy*. Nova York: The Free Press, 1980. p. 41.

17 ANSOFF, Igor. *Strategic management*. Nova Jersey: John Wiley & Sons, 1979. p. 92.

18 GRUBER, Frank. *Startup mixology*: tech cocktail's guide to building, growing & celebrating startup success. Nova Jersey: John Wiley & Sons, 2014. p. 89.

19 Segundo Ries, o MVP é a versão do produto que permite uma volta completa do ciclo "construir-medir-aprender", com o mínimo de esforço e o menor tempo de desenvolvimento, embora carecendo de diversos recursos que podem se provar necessários *a posteriori*. Sobre isso: RIES, Eric. *The lean startup*: how today's entrepreneurs use continuous innovation to create radically successful businesses. Nova York: Crown, 2011. p. 70.

20 RIES, Eric. *The lean startup*: how today's entrepreneurs use continuous innovation to create radically successful businesses. Nova York: Crown, 2011. p. 108.

tratos, os tópicos seguintes se dedicarão mais detidamente à aferição da existência de um direito das *startups* no país.

3 O "direito das *startups*" no Brasil

Nesse contexto em que inovação e empreendedorismo são as marcas do intuito de formatar uma sociedade empresária, ganha destaque a investigação quanto à suficiência dos tradicionais institutos do direito civil e do direito empresarial, particularmente dos contratos e das sociedades empresárias, para o adequado enquadramento dessas notáveis figuras chamadas de *startups*. A pergunta que se lança é a seguinte: seria o caso de se cogitar de um "direito das *startups*" como ramo autônomo? E mais: de que maneira essas figuras poderiam ser enquadradas nas relações empresariais, à luz das previsões do ordenamento brasileiro?

Não há dúvidas de que inovação e empreendedorismo devem ser entendidos como competências que permitem a introdução de novidade ou aperfeiçoamento no ambiente produtivo e social do qual novos produtos e serviços sejam gerados, e, ainda, quando resultem em novos produtos, serviços ou processos ou mesmo que compreendam a agregação de novas funcionalidades ou características a produtos, serviços ou processos já existentes e capazes de propiciar ganhos sociais.[21]

Dessa premissa se desdobraram diversas normativas específicas com vistas à regulamentação da inovação, sendo a primeira delas a Lei nº 10.973/2004, conhecida como Lei de Inovação Tecnológica, da qual se desdobraram diversas nuances importantes para a compreensão do papel que os núcleos de inovação, principalmente devido à alavancagem tecnológica, passariam a desempenhar no que diz respeito ao sucesso empresarial.

Entretanto, foi somente em 2016, com a promulgação da Lei nº 13.243, que a inter-relação entre ciência, tecnologia e inovação ganhou novos contornos para, de fato, se poder trabalhar com a ideia de um verdadeiro marco regulatório.

Para além disso, contudo, importa saber como o ordenamento cuida de indivíduos que se lançam a um mercado repleto de complexidades e que, por serem empreendedores inexperientes, são desafiados ferozmente pelo mercado e por suas práticas. Sobre isso, alguns comentários merecem destaque.

3.1 Relações B2B, B2C e a assimetria contratual atípica das relações B2b

Com o advento da internet, germinaram as interações que, hoje, são a base essencial do comércio eletrônico. Os Estados Unidos da América foram o local apropriado para isso, haja vista a pujança de seu meio empresarial, sempre fomentado por relações variadas em todos os *fronts*. E, a partir disso, foram cunhadas as siglas B2B, B2C e B2b.

---

[21] FEIGELSON, Bruno; NYBØ, Erik Fontenele; FONSECA, Victor Cabral. *Direito das startups*. São Paulo: Saraiva, 2018. p. 263-264. Os autores comentam: "Admite-se que a pesquisa e o desenvolvimento (P&D) de novas tecnologias possui papel importante no progresso do país. Além disso, é notório que a participação das instituições governamentais e acadêmicas no processo de inovação é subsidiário à atuação das próprias empresas, de acordo com o modelo conhecido como Tríplice Hélice – no qual a inovação é fruto de interação e cooperação de três esferas: indústria, universidade e governo".

A primeira delas, B2B (*Business to Business*), é a sigla utilizada no comércio eletrônico para definir transações comerciais entre empresas ou entre fornecedores. Noutras palavras, é um ambiente no qual uma empresa (indústria, distribuidor, importador ou revendedor) comercializa seus produtos para outras empresas, seja por operações de revenda, de transformação ou de consumo. A segunda, B2C (*Business to Consumer*) é a sigla que define a transação comercial entre uma empresa (indústria, distribuidor ou revendedor) e um consumidor final, através de uma plataforma de comércio eletrônico, cuja natureza tende a ser apenas de consumo. Finalmente, a terceira, B2b (*Business to business*), com a inicial maiúscula na grafia do primeiro elemento, e minúscula na do segundo, é a sigla cunhada pela doutrina italiana[22] para descrever a relação assimétrica na qual o empresário detentor de maior poder seria representado pelo "B" (maiúsculo) e o mais vulnerável seria representado pelo "b" (minúsculo); o segundo é designado de *imprenditore debole*, ou seja, o comerciante mais fraco na relação comercial entabulada.

A dicotomia entre as relações B2B e B2C parece bastante evidente, na medida em que o destinatário final de uma e de outra definirá, em essência, o objetivo das atividades que se pretendam explorar. Isso caracterizará, naturalmente, uma relação assimétrica que poderá ser marcada pela disparidade informacional, mas, também, pela carência de outros tipos de assimetria – como a econômica.[23]

Fato é que, se estas situações específicas já não estariam subsumidas ao amparo da legislação (ainda que não específica), ou seja, se já existe legislação suficiente no ordenamento, seja ela de natureza civil ou consumerista, não seria inócua uma teoria que defendesse a aplicação do sistema de proteção do consumidor ao empresário em posição desfavorável na relação contratual, do ponto de vista econômico, e não apenas informacional?

Na sociedade da informação, se a assimetria dá a tônica das novas relações, é através do reconhecimento destas relações entre empresários, nas quais algum deles seja considerado parte mais fraca, isto é, em que ocorra a desigualdade negocial, que se vai analisar a observância da disciplina específica de contratações que possam elevar riscos e tornar inviáveis determinadas relações jurídicas.[24] Roppo cunha a expressão

---

22 Vincenzo Roppo é assertivo ao destacar que, mesmo nas relações havidas entre empresários, é possível observar-se desequilíbrios no que se refere à disponibilização de informações. Isto ocorreria, nos dizeres do autor, nos casos como os das contratações realizadas por micro e pequenas empresas, ou mesmo por empresas de médio porte, ante grandes corporações, como bancos que se valem de fórmulas sofisticadas de financiamento ou mesmo grandes corporações que explorem atividades ligadas a informações de difícil compreensão ao mercado comum (ROPPO, Vincenzo. Ancora su contratto assimmetrico e terzo contratto: le coordinate del dibattito con qualche elemento di novità. *In*: ALPA, Guido; ROPPO, Vincenzo (Org.). *La vocazione civile del giurista*: saggi dedicati a Stefano Rodotà. Roma: Laterza, 2013. p. 178-203).

23 PAGLIANTINI, Stefano. Per una lettura dell'abuso contrattuale: contratti del consumatore, dell'imprenditore debole e della microimpresa. *Rivista del Diritto Commerciale*, Pádua, ano CVIII, n. 2, p. 409-446, jan./dez. 2010. p. 413.

24 PATTI, Francesco Paolo. Dai «contratti standard» al «contratto asimmetrico». Considerazioni su metodo e obiettivi delle ricerche di Vincenzo Roppo. *Jus Civile*, Roma, n. 2, p. 226-245, jul./dez. 2018. p. 229. Diz o autor: "In relazione al metodo utilizzato, occorre osservare che l'argomento delle condizioni generali di contratto già nel 1975 non era un tema nuovo. Le disposizioni contenute nel codice civile del 1942, agli artt. 1341 e 1342 c.c., che nelle intenzioni del legislatore avrebbero dovuto eliminare gli abusi del passato, avevano indotto la dottrina a interrogarsi su specifiche questioni applicative che riguardavano soprattutto l'esigenza di conciliare la rilevanza attribuita alle determinazioni unilaterali del predisponente con il tradizionale schema dell'atto di autonomia privata, che richiede la cooperazione di entrambi i contraenti. Uno studio che rispecchia le questioni generalmente affrontate dalla dottrina italiana è quello di Anteo Genovese del 1954. Si trattava, in definitiva, di opere che, pur rigorose, affrontavano la tematica con metodi tramandati dal passato e che spesso si risolvevano in una esegesi delle norme del codice civile, concentrata sull'analisi del fenomeno in chiave negoziale, come

terzo contrato (terceiro contrato) e exemplifica este seu posicionamento ao citar a situação das empresas franqueadas em relação às empresas franqueadoras, mencionando a existência de legislação específica que protege o franqueado de eventuais abusos de poder econômico do franqueador, ainda que esta não seja uma relação de consumo, tampouco de fornecimento.[25]

O tema é relevante na medida em que se percebe, por todas as características que orbitam o universo das *startups*, a preponderância da inexperiência do empreendedor que se lança ao mercado com o único propósito de dar vazão a uma ideia, comumente carente de testagem específica e que se sujeita a relações para as quais não está totalmente preparado, podendo, eventualmente, se colocar em situação de vulnerabilidade.

Ricardo Luis Lorenzetti salienta que "a maioria das leis e das propostas de legislação separam o comércio eletrônico entre empresas e comerciantes das relações entre governo e particulares e daquelas realizadas entre consumidores e fornecedores".[26] Embora não pareça haver dúvidas sobre a assimetria nas relações de consumo, ao se transpor essa ideia para o universo das *startups*, que são concebidas usualmente por empresários iniciantes que buscam parcerias com investidores e outros empresários, podem tais relações serem desbalanceadas sob os pontos de vista econômico, informacional e mercadológico.[27]

O *terzo contratto* parece ter sua hipótese de cabimento bem contextualizada nesse ambiente exatamente por isso, e desde que se consiga separar as relações de vulnerabilidade atípica (B2b) das relações de consumo. Noutros termos, é imperioso que se apresente, em termos conceituais, quem é a figura denominada consumidor e qual é o objeto da relação contratual desenvolvida entre as partes para que se afaste deste campo protetivo o outro grupo de relações empresariais assimétricas, em que podem se situar as *startups*.

Faltando este requisito conceitual, ou seja, o enquadramento de uma das partes como consumidora, não se terá relação de consumo. E, conforme aponta Vincenzo Roppo, a relação contratual de consumo é o paradigma das relações assimétricas, mas estas não abrangem apenas o direito do consumidor, considerado em seu sentido estrito, mas sim um vasto campo de contratos assimétricos, entre eles os contratos eventualmente firmados entre empresas ou empresários.[28]

A relação de consumo é observada sob o prisma da disparidade, possuindo, de um lado, um consumidor identificado como elo mais frágil, e, de outra banda, um

---

problema relativo alla fase della formazione del contratto. Per risolvere il problema «sostanziale» della tutela dell'interesse dell'aderente occorreva ricorrere a metodi nuovi e valutare normative entrate in vigore in ordinamenti stranieri. La negoziazione standardizzata era da più parti considerata una delle espressioni più clamorose dela Herrschaft von Menschen über Menschen. Questo era già emerso nel corso del convegno organizzato a Catania nel maggio del 1969, i cui atti costituiscono un punto di riferimento in tutti gli studi in materia di condizioni generali di contrato".

[25] ROPPO, Vincenzo. Ancora su contratto assimmetrico e terzo contratto: le coordinate del dibattito con qualche elemento di novità. *In*: ALPA, Guido; ROPPO, Vincenzo (Org.). *La vocazione civile del giurista*: saggi dedicati a Stefano Rodotà. Roma: Laterza, 2013. p. 178-203.

[26] LORENZETTI, Ricardo Luis. *Comércio eletrônico*. Tradução de Fabiano Menke. São Paulo: Revista dos Tribunais, 2004. p. 362.

[27] BUONOCUORE, Vincenzo. Contratti del consumatore e contratti d'impresa. *Rivista di Diritto Civile*, Pádua, n. 1, p. 1-41, jan./fev. 1995. p. 9. Anota: "[...] perché non tutti i possibili contraenti deboli potrebbero essere considerati consumatori: il consumatore è, infatti, per definizione ritenuto un contraente debole, ma non tutti i contraenti deboli possono considerarsi consumatori alla stregua delle definizioni normative".

[28] ROPPO, Vincenzo. *Il contratto del duemila*. Turim: Giappichelli, 2000. p. 106-107.

fornecedor de produtos ou serviços, considerado a parte contratual mais destacada. Dessa forma, se uma das partes não for considerada consumidora, não se estará diante de uma relação de consumo, ainda que outros elementos, como a hipossuficiência, estejam presentes. Este é, portanto, o ponto de partida para a sua caracterização, ou seja, a vulnerabilidade é um aspecto intrínseco à delimitação da qualidade de consumidor; já a hipossuficiência é vista como a característica individual que pode estar presente ou não na relação contratual concreta. Trata-se de uma dinâmica que revela desigualdade, desequilíbrio e assimetria.

Nas relações de consumo, busca-se a proteção pessoal do consumidor[29] (ainda que se trate de empresa-consumidora),[30] de modo que, restando descaracterizada a hipossuficiência no caso concreto, a justificativa para a proteção com base nas regras de proteção ao consumidor perde sua razão de ser, pois não se vislumbra o desequilíbrio potencialmente causador do prejuízo à parte e, dessa forma, retoma-se a ideia de paridade.

Segundo Lorenzetti, podem ser elencadas as seguintes situações díspares:

> B.1) *Disparidades econômicas*. No mundo da economia real existem diferenças econômicas entre os fornecedores de bens e serviços e os consumidores, em razão das quais foram criadas normas de proteção com o escopo de neutralizar esta deficiência. [...]
> B.2) *Disparidades de informação quanto ao objeto*. No meio virtual também se verificam as diferenças no volume de informações referentes ao bem ou serviço que constitui o objeto da prestação, o que deu lugar ao surgimento da categoria de "fornecedores profissionais" e à imposição de deveres de informação, de ônus da prova etc. Na área que analisamos no momento, ocupamo-nos não apenas da economia digital, mas também da economia da informação, e, portanto, nos referimos a produtos que são constituídos de informação, o que instaura uma nova diferença qualitativa. Não se trata apenas do desconhecimento acerca de aspectos relativos às características do automóvel, do imóvel ou do empréstimo em dinheiro contratado. [...]
> B.3) *Disparidades tecnológicas*. No ambiente virtual, além do que já foi dito, floresce uma diferença cognoscitiva sobre o meio empregado. No direito comparado há normas jurídicas que estabelecem um esquema protetivo relacionado com o surgimento de novas tecnologias de marketing agressivo, o que se acentua no caso da Internet, que possibilita a realização de publicidade dentro da residência do consumidor. [...] Pode-se afirmar que

---

29 Nesse sentido, defende Bruno Miragem que: "a proteção da pessoa, que no direito privado se traduz pelos direitos da personalidade, é fundamento indisponível do direito do consumidor e da legislação que determina o seu conteúdo. Daí porque, para identificar a abrangência das normas de proteção pessoal do microssistema do consumidor, é necessário servir-se de outras fontes normativas, dentre as quais a Constituição que, ao consagrar os direitos fundamentais, tem precedência absoluta. As normas do novo Código Civil, assim, devem ser observadas como elementos de especialização dos direitos da personalidade reconhecidos ao consumidor para sua proteção pessoal. [...] Os direitos da personalidade, tal qual previstos no novo Código Civil, devem ser utilizados como instrumento de apreensão de sentido da proteção pessoal do consumidor pelo Código de Defesa do Consumidor, promovendo, em última análise, as normas e valores que a Constituição determinará à pessoa" (MIRAGEM, Bruno. Os direitos da personalidade e os direitos do consumidor. *Revista de Direito do Consumidor*, São Paulo, v. 49, p. 258-272, jan./mar. 2004. p. 270).

30 TEPEDINO, Gustavo. Os contratos de consumo no Brasil. *In*: TEPEDINO, Gustavo. *Temas de direito civil*. Rio de Janeiro: Renovar, 2006. v. II. p. 127. Anota: "Cuida-se de opção legislativa que suscita controvérsias, na medida em que não restringe a utilização dos mecanismos de proteção da parte contratual mais fraca a pessoas físicas, incluindo, ao revés, em seu âmbito de atuação, as empresas-consumidoras, desde que adquiram produtos ou serviços como destinatárias finais dos produtos – ou seja, desde que adquiram produtos ou serviços para uso próprio, não para a sua atividade profissional".

> a tecnologia aumenta a vulnerabilidade dos consumidores, instaurando uma relação que não lhes é familiar.
>
> Concluímos este ponto afirmando a necessidade de um desenvolvimento do princípio protetivo no âmbito da economia da informação e da tecnologia digital [...].[31]

Nesse contexto, cumpre responder à seguinte indagação: em uma *startup*, quando é que um contratante poderá ser considerado "débil" a ponto de demandar proteção atípica, como parte vulnerável e em posição atípica de disparidade? No que diz respeito às *startups*, é inegável o potencial de assimetria inter-relacional, na medida em que se tem, via de regra, uma ideia ou modelo de negócio recém-concebido e ainda carente de lapidação, testagem e verificação de viabilidade. Para além disso, a participação de investidores, colaboradores e fornecedores é essencial, e nem sempre o idealizador da empresa estará apto a lidar com as contingências de mercado que encontrará, especialmente nos estágios iniciais da empresa.

Por vezes, então, o fator preponderante será a experiência ou o conhecimento técnico, embora não se descarte o disparate econômico como critério de aferição do desequilíbrio contratual.[32] Cristiano Chaves de Farias e Nelson Rosenvald comentam:

> Os contratos relacionais e os associativos são o fruto histórico deste novo contexto, representando um paradigma em expansão, notadamente em áreas como contratos empresariais de fornecimento, contratos de franquia e contratos de consumo de longa duração.[33]

A menção aos contratos relacionais produz ecos e – já adiantando, será analisada mais à frente, quando se vier a tratar do *vesting* empresarial – e denota elemento fundamental para que se possa considerar a assimetria econômica: o aspecto subjetivo, a fidúcia entre os contratantes deve ter seu papel analisado, no paradigma de expansão que mencionam os autores, para que se possa falar em vulnerabilidade. Isso porque a assimetria econômica deve se manifestar de maneira que, em uma relação contratual, se tenha uma das partes ocupando *locus* econômica e financeiramente mais vantajoso do que a outra, potencialmente impondo condições ou situações desfavoráveis de uma parte em relação à outra, embora a ocupação desses polos possa não ser uma constante, vindo a sofrer variações nas relações de longo trato e à medida em que não apenas a fidúcia, mas a experiência dos envolvidos crescem.

Individualmente considerada, a assimetria econômica pode representar um problema à manutenção do sinalagma contratual quando gerar alguma distorção relacionada à ausência ou à indisponibilidade de meios para o indivíduo que esteja em posição economicamente desprivilegiada perante o outro, o que pode implicar inegável discrepância de poder econômico, rompendo o equilíbrio do contrato de forma nociva.

---

[31] LORENZETTI, Ricardo Luis. *Comércio eletrônico*. Tradução de Fabiano Menke. São Paulo: Revista dos Tribunais, 2004. p. 363-365.

[32] PRISCOLI, Lorenzo Delli. La rilevanza dello status per la protezione dei soggetti deboli nel quadro dei principi europei di rango costituzionale. *Rivista del Diritto Commerciale*, Pádua, n. 2, p. 311-353, jan./dez. 2012. p. 334. O autor explica: "Un contraente può essere definito 'debole' quando abbia un potere contrattuale significativamente inferiore rispetto all'altro contraente, quando, in altre parole, esista un significativo squilibrio di potere contrattuale tra i due contraenti".

[33] FARIAS, Cristiano Chaves de; ROSENVALD, Nelson. *Curso de direito civil*: contratos. 9. ed. Salvador: JusPodivm, 2019. v. 4. p. 375.

Apesar disso, nem sempre que for observada uma discrepância desse jaez, ter-se-á problemas estruturais automáticos na relação contratual, uma vez que, nas hipóteses em que o contrato for cumprido de forma adequada e escorreita entre as partes, não fará diferença alguma a discrepância de poderio econômico entre uma e outra.

3.2 *Startups* e redes contratuais

O avanço da tecnologia, especialmente em décadas recentes, pretendeu adaptar o direito aos recorrentes influxos produzidos pela aceleração das relações, propiciando novas leituras dos vetustos institutos jurídicos à luz de novas interpretações. Nesse contexto, começou-se a cogitar das chamadas redes contratuais, de inegável pertinência a esta investigação concernente às *startups*, pois, dada a complexidade de certas ideias lastreadas em novas tecnologias, é possível a existência de uma rede na qual determinado conjunto de contratos esteja vinculado por um objetivo geral unificador, como um projeto comercial constitutivo ou uma ideia central inovadora, mas dependente da participação de terceiros.[34]

Por característica, haveria um contrato principal (ou um número de contratos principais) ao qual outros contratos seriam ligados, direta ou indiretamente, formando, efetivamente, uma rede contratual, como ilustra Roger Brownsword:

> Obviamente, a ideia de uma rede, conforme descrito acima, não é totalmente original. Na lei inglesa da propriedade, regras especiais para a execução de convênios se aplicam quando um empreendimento é estabelecido como o chamado "esquema de construção"; a ideia de uma estrutura contratual foi apoiada por alguns juízes, a fim de impedir que as alegações de delito fossem usadas onde isso seria inconsistente com o que são, de fato, as expectativas da rede; e a rede não é diferente do conceito de "grupos de contratos".[35]

Nessa linha, a reordenação jurídica a partir das redes (*networks*) possibilita o unidirecionamento e a coordenação em uma única direção para que os diversos agentes que compõem a rede atuem de maneira funcionalmente análoga à dos grupos societários (coletividades de sociedades empresárias) ou grupos contratuais (como os contratos associativos, a exemplo dos consórcios e das *joint ventures*), – ainda que estejam na condição de entes independentes.

[34] Segundo Ângelo Gamba Prata de Carvalho: "As bases fundamentais da teoria das organizações indicam que a apreensão adequada das múltiplas dimensões do comportamento organizacional exige tanto a análise de estruturas formais como elementos não racionais, a exemplo dos já mencionados aspectos reputacionais e relacionais que permeiam grande parte das relações empresariais. Além disso, é necessário que se verifique um sistema minimamente estável de coordenação – e, adicione-se, de cooperação – que forneça, de um lado, um sistema de ação estruturado – isto é, uma estrutura mais ou menos formal de delegação e controle que delineie os próprios contornos da estrutura social e econômica em questão, de modo a garantir a sua interação com o mercado e seus agentes – e, de outro, um sistema formal que abarque a organização em questão, fornecendo o ambiente institucional que indicará as normas e pressões que constrangerão o comportamento dos sujeitos" (CARVALHO, Ângelo Gamba Prata de. Sociologia do poder nas redes contratuais. *In*: FRAZÃO, Ana; CARVALHO, Ângelo Gamba Prata de. *Empresa, mercado e tecnologia*. Belo Horizonte: Fórum, 2019. p. 29-30).

[35] BROWNSWORD, Roger. Network contracts revisited. *In*: AMSTUTZ, Marc; TEUBNER, Gunther (Ed.). *Networks*: legal issues of multilateral co-operation. Oxford: Hart Publishing, 2009. p. 32, tradução livre. No original: "Of course, the idea of a network, as outlined above, is not entirely original. In the English law of property, special rules for the running of covenants apply where a development is laid out as a so-called 'building scheme'; the idea of a contractual structure has been relied on by some judges in order to prevent tort claims being used where this would be inconsistent with what are, in effect, network expectations; and the network is not dissimilar to the concept of 'groups of contracts' [...]".

Nota-se a ressignificação tecnológica das redes contratuais a partir de cinco aspectos que Hugh Collins enumera ao tratar da arquitetura das cadeias de fornecimento: (i) pedidos do vendedor (*seller's orders*); (ii) decisões de *marketing* (*marketing decisions*); (iii) transparência informacional (*information disclosure*); (iv) projetos comuns (*joint designs*); (v) codificações arquitetônicas (*architectural codings*).[36] Com isso, quando se pensa no empreendedorismo de base tecnológica, a aproximação entre empresas e mercado não pode se afastar do imperativo da regulação – e, nesse ponto, as *startups* enfrentam desafios ainda maiores, pois, por mais que a presença da tecnologia altere a forma com que as cadeias negociais ocorrem, não é crível que essa mesma tecnologia não produza substratos suficientes para a estruturação cooperativa dos vários membros dessas novas atividades empresariais.

Se é certo que os computadores podem conectar diversos membros de uma cadeia comercial, formando essencialmente uma relação B2B (ou, eventualmente, uma relação B2b), também é certo que as tomadas de decisão ocorrerão de forma integrada e em prol dessa rede de participantes da cadeia produtiva.

Segundo Gunther Teubner, a rede não é um instituto jurídico em si mesmo,[37] pois, não obstante o papel significativo que a análise científica do direito pode propiciar na identificação de seu funcionamento, o direito precisa estar muito mais preocupado com as orientações normativas na sociedade, pois é esse o papel que as demais ciências não têm condições de fornecer. Dessa forma, faz-se a análise dos riscos representados por novas formas de dependência "sistêmica" em arranjos contratuais *just-in-time*, comuns às *startups* e que são baseados em estudos organizacionais detalhados e reveladores da importância da integração baseada em computadores, em detrimento da dependência meramente contratual ou corporativa e, por analogia, das lacunas normativas relacionadas às redes contratuais.

O resguardo corporativo ante os inúmeros riscos apresentados pela própria evolução tecnológica e pela mudança das estratégias organizacionais impuseram a necessidade de constante aprimoramento das empresas, notadamente no trato de seus controles internos e em suas políticas de transparência, o que garante realce à implementação de parâmetros regulatórios próprios, tornando desejável a governança.[38]

---

[36] COLLINS, Hugh. The weakest link: legal implications of the network architecture of supply chains. *In*: AMSTUTZ, Marc; TEUBNER, Gunther (Ed.). *Networks*: legal issues of multilateral co-operation. Oxford: Hart Publishing, 2009. p. 192-197.

[37] TEUBNER, Gunther. Coincidentia oppositorum: hybrid networks beyond contract and organisation. *In*: AMSTUTZ, Marc; TEUBNER, Gunther (Ed.). *Networks*: legal issues of multilateral co-operation. Oxford: Hart Publishing, 2009. p. 3.

[38] Sobre o tema, conferir: CARVALHO, Ângelo Gamba Prata de. Sociologia do poder nas redes contratuais. *In*: FRAZÃO, Ana; CARVALHO, Ângelo Gamba Prata de. *Empresa, mercado e tecnologia*. Belo Horizonte: Fórum, 2019. p. 29-30. Ademais, não deixa de vir à tona o comentário de Nelson Rosenvald e Fabrício de Souza Oliveira: "E quando os mecanismos de governança *ex ante* falham? E quando os interesses presentes no conjunto de contratos (*nexus* contratual) não são suficientes para resolver os conflitos de agência? Uma resposta pode ser dada pelo conceito de *forbearance*. Nesse caso, a solução judicial deve ser evitada de maneira a forçar as partes a encontrarem a solução ótima. Isso, na proposta de Williamson, contribui para o desenvolvimento do conceito de hierarquia, elaborado por Coase, na medida em que o judiciário não deve se prestar a ser uma instância de resolução de conflitos existentes entre divisões internas da empresa, envolvendo matéria técnica" (ROSENVALD, Nelson; OLIVEIRA, Fabrício de Souza. *O ilícito na governança dos grupos de sociedades*. Salvador: JusPodivm, 2019. p. 129-130).

3.3 *Vesting* e a teoria dos contratos relacionais

Um terceiro aspecto que merece considerações específicas diz respeito ao *vesting* contratual, que "consiste em uma promessa de participação societária estabelecida em contrato particular com colaboradores estratégicos, que objetivam estimular a expansão, o êxito e a consecução dos objetivos sociais da *startup*".[39] Para Edgar Reis, "o *vesting* pode ser definido como um negócio jurídico por meio do qual é oferecido a alguém o direito de adquirir, de forma progressiva e mediante o cumprimento de certas métricas pré-estabelecidas, uma determinada participação societária de uma empresa".[40]

É importante anotar que há vertente doutrinária minoritária que denomina o *vesting* de "contrato", descrevendo-o a partir de uma lógica meritocrática e que consolida direitos adquiridos pelo atingimento de metas preestabelecidas: "O *vesting* é um contrato em que as partes pactuam que haverá uma distribuição das ações disponíveis em uma sociedade empresária, de maneira gradual e progressiva, levando em conta parâmetros especificados de produtividade".[41] Entretanto, alertando para as idiossincrasias desse mecanismo, prepondera a visão de que o *vesting* não é, em si, uma espécie contratual, mas um instrumento delimitado em cláusulas de um contrato firmado entre particulares – ou, em algumas hipóteses, do próprio contrato social –, com repercussões variadas para a formatação de parcerias mediante aquisição paulatina de participação societária:

> Conclui-se que, independentemente de ser tratado como contrato em espécie ou mera cláusula contratual, o *vesting* sempre estará atrelado à presença de um elemento acidental do negócio jurídico: a condição. Entretanto, a se considerar o modelo de aquisição paulatina, a transferência da participação societária se dará por condição suspensiva, condicionando a eficácia do negócio jurídico a evento futuro e incerto, sim, mas o atingimento da meta garantirá aquisição de direito (ao percentual de quotas/ações do capital social). Por outro lado, considerando-se a aquisição *ab initio*, ter-se-á condição resolutiva, na medida em que se consolida toda a transferência da participação, e, atingidas as metas, nada se altera, ao passo que o não atingimento acarretará, ao menos, resolução parcial do pacto.[42]

A problemática surge, como se extrai do excerto, a partir da forma de construção da estrutura contratual pela qual se concederá a participação societária a um terceiro, e não pela própria concessão de quotas ou ações.[43] Porém, a formatação tradicional

---

[39] FEIGELSON, Bruno; NYBØ, Erik Fontenele; FONSECA, Victor Cabral. *Direito das startups*. São Paulo: Saraiva, 2018. p. 203.

[40] REIS, Edgar Vidigal de Andrade. *Startups*: análise de estruturas societárias e de investimento no Brasil. São Paulo: Almedina, 2018. p. 348. O autor ainda acrescenta: "É válido neste ponto aproveitar para abordar o *vesting*, tendo em vista ser este também um tipo de investimento formalizado por meio de contrato de opção de compra de participação societária. [...] Trata-se de um instrumento muito utilizado pelas *startups* com o objetivo de tentar preservar no negócio os seus colaboradores mais importantes [...]".

[41] OLIVEIRA, Fabrício Vasconcelos de; RAMALHO, Amanda Maia. O contrato de vesting. *Revista da Faculdade de Direito da UFMG*, Belo Horizonte, n. 69, p. 183-200, jul./dez. 2016. p. 184.

[42] FALEIROS JÚNIOR, José Luiz de Moura. *Vesting empresarial*: aspectos jurídicos relevantes à luz da teoria dos contratos relacionais. Rio de Janeiro: Lumen Juris, 2019. p. 129-130.

[43] Aliás, bem ao contrário, conceder participação societária é uma ótima maneira de motivar e atrair a ajuda de mais pessoas, como comenta Alejandro Cremades: "Giving equity is a great way to motivate and enroll the help of more individualswhen your startup is lean on cash. This can be applied to cofounders, key team members, friends and family investors in the seed stage, and even advisors and professionals such as lawyers. However, too much equity in the hands of too many (especially inexperienced) early shareholders can be problematic. Even too many team members at the beginning can be problematic from an investor's point of view. So keep

do *vesting*, a partir do estabelecimento de metas a serem apuradas mais adiante – nos chamados *cliffs*[44] (traduzíveis literalmente como "penhascos", denotando um momento de virada) –, acaba por não abarcar todos os perigos desse procedimento.

Sobre isso:

> [...] ao se trabalhar o *vesting* como um direito de aquisição paulatina da participação societária, o adquirente passará a "vestir" percentual do capital social sempre que se implementar um *cliff*. Em cada um desses momentos, o adquirente se tornará credor da sociedade, que, por outro lado, será sua devedora de quotas ou ações.
>
> Essencialmente, haverá aumento do patrimônio e o famigerado "ganho de capital", que torna passível de discussão dos impactos do *vesting* à luz da legislação concernente ao imposto de renda. [...] Outrossim, há precedente específico denotando implicações previdenciárias pela utilização do *vesting*, ao se considerar a opção de compra como evento gerador de benefício remuneratório pelo cálculo da diferença do valor-dia da base salarial do indivíduo e o valor pago pela opção de compra da participação societária.[45]

Esses riscos tributários e previdenciários já foram alertados há anos pela doutrina, tendo sido sinalizados, já em 2016, nos escritos de Lucas Júdice e Erik Nybø.[46] Porém, não se pode deixar de ter em conta as implicações trabalhistas do *vesting* mal estruturado ou mal elaborado, mesmo após a reforma de 2017, que trouxe certa flexibilização.[47] Com isso, torna-se importante distinguir o próprio *vesting* da ideia de *outsourcing*, mesmo quando esta contemple apenas algumas áreas da gestão administrativa da empresa, que, embora seja juridicamente viável, parece não trazer grandes vantagens para toda e qualquer atividade que orbite o núcleo essencial das atividades da empresa.

Em arremate, nota-se clara conexão do *vesting* com a estruturação jurídica dos chamados contratos relacionais[48] descritos por Ian Macneil:

---

your fundraising goals in mind when hiring and considering bringing on cofounders" (CREMADES, Alejandro. *The art of startup fundraising*: pitching investors, negotiating the deal, and everything else. Nova Jersey: John Wiley & Sons, 2016. p. 188).

44 Para elucidar o que são os *cliffs*, cumpre dizer que "basicamente, o substantivo inglês se traduz como penhasco ou falésia, ou seja, é um ponto de virada, um momento de quebra/mudança de paradigma. Faz todo sentido terminológico, na medida em que a meta estabelecida para o interessado, quando atingida, garantirá a ele uma mudança de sua situação jurídica, independentemente de se interpretar a aquisição de direitos ou as consequências da resolução contratual (ainda que parcial)" (FALEIROS JÚNIOR, José Luiz de Moura. *Vesting empresarial*: aspectos jurídicos relevantes à luz da teoria dos contratos relacionais. Rio de Janeiro: Lumen Juris, 2019. p. 130).

45 FALEIROS JÚNIOR, José Luiz de Moura. *Vesting empresarial*: aspectos jurídicos relevantes à luz da teoria dos contratos relacionais. Rio de Janeiro: Lumen Juris, 2019. p. 131-132. E, complementando o trecho para ilustrar com o precedente citado no excerto, tem-se: "Trata-se do Processo n. 10980.728541/2012-13, julgado pelo Conselho Administrativo de Recursos Fiscais – CARF, no qual se entendeu que a empresa Pop Internet Ltda., ao oferecer opções de compra da participação societária para seus colaboradores, estaria havendo benefício remuneratório, gerando impactos na delimitação da base de cálculo de contribuições previdenciárias".

46 JÚDICE, Lucas Pimenta; NYBØ, Erik Fontenele. Natureza jurídica do vesting: como uma tradução errada pode acabar com o futuro tributário e trabalhista de uma startup. *In*: JÚDICE, Lucas Pimenta; NYBØ, Erik Fontenele (Coord.). *Direito das startups*. Curitiba: Juruá, 2017. p. 43.

47 Sobre isso: "[...] a flexibilização das normas de Direito do Trabalho se traduz pela atenuação da rigidez que, supostamente, conteriam, e que impediria alterações contratuais exigidas pela nova realidade econômica. Em consequência, sustentam os prosélitos do modelo neoliberal de Estado e de Economia que o fim dessa rigidez normativa será mais um mecanismo imprescindível para a geração de emprego" (LEDUR, José Felipe. *A realização do direito do trabalho*. Porto Alegre: Sergio Antonio Fabris, 1998. p. 139).

48 AGUIAR JÚNIOR, Ruy Rosado de. Contratos relacionais, existenciais e de lucro. *Revista Trimestral de Direito Civil*, Rio de Janeiro, v. 45, p. 91-110, jan./mar. 2011. p. 98. Anota: "O negócio *per relationem* tem sido definido como o

Contratos relacionais, em contraste, propiciam o incremento e a intensificação de relações intercambiáveis de diversos outros comportamentos contratuais comuns, e, por conseguinte, de suas normas. Principalmente em meio a esses, tem-se (1) o papel da integridade, (2) a solidariedade contratual, e (3) a harmonização com a matriz social, especialmente a matriz social interna.[49]

Na exata medida em que o *vesting* se materializa no curso do tempo, sendo marcado pela presença de variáveis que tornem dificultosa a previsibilidade de todos os desfechos possíveis para a relação contratual, parece viável afirmar que a cláusula de *vesting*, quando presente em um acordo de parceria, materializará um contrato relacional.[50]

A depender da forma de consolidação da parceria em que se utilize uma cláusula de *vesting*, ter-se-á uma relação assimétrica condizente com a necessidade de tutela atípica das relações interempresariais de cariz terciário (novamente, enquadráveis no *terzo contratto* descrito por Vincenzo Roppo), e o *vesting* empresarial poderá ser emanação clara dessa modalidade de estruturação contratual relacional caracterizada não por um desequilíbrio intrínseco, como ocorre nas relações de consumo, mas por um desbalanceamento diverso, extraído do caráter prospectivo desses pactos e pelo desnivelamento técnico-informacional entre os partícipes da relação empresarial relacional em rede.

4 Considerações finais

Com esse brevíssimo estudo, foi possível visualizar que o chamado "direito das *startups*", no Brasil, ainda revela as particularidades e idiossincrasias de um modelo carente de testagem e aprofundamento jurídico, mas que contabiliza elementos de diversos ramos do direito privado – notadamente do direito dos contratos e do direito societário – no sentido de aglutinar aquilo que melhor se encaixa no propósito de uma *startup*, cuja marca essencial é a presença de um empreendedor novato, usualmente inexperiente.

Após breve digressão conceitual, pela qual se buscou situar o leitor no universo das *startups*, foram analisados três grandes pontos pelos quais o direito privado passa a ser desafiado nesse contexto específico: (i) relações B2B, B2C e a assimetria contratual atípica das relações B2b; (ii) *startups* e redes contratuais; (iii) *vesting* e a teoria dos contratos relacionais. Em todos esses tópicos específicos, foi possível verificar a necessidade de maiores aprofundamentos da ciência jurídica para o adequado enfrentamento dos percalços apresentados pelas peculiaridades das *startups*.

---

negócio jurídico perfeito e incompleto, no qual a determinação do seu conteúdo ou de alguns dos seus elementos essenciais se realiza mediante a remissão a elementos estranhos ao mesmo. A remissão a circunstâncias alheias recebe a denominação de *relatio*. O modelo do contrato relacional é o que melhor se adapta à nova sistemática dos contratos de empresas e entre empresas, nos quais a gestão do risco da superveniência é um problema".

49 MACNEIL, Ian R. Relational contract theory: challenges and queries. *Northwestern University School of Law Review*, Chicago, v. 94, n. 3, p. 877-908, 2000. p. 897, tradução livre. No original: "Relational contracts, by contrast, give rise to an intensification in exchange relations of several other common contract behaviors, and hence to their norms. Primary among these are (1) role integrity, (2) contractual solidarity, and (3) harmonization with the social matrix, especially the internal social matrix".

50 Ainda sobre os contratos relacionais, consulte-se: MACEDO JÚNIOR, Ronaldo Porto. *Contratos relacionais e defesa do consumidor*. 2. ed. São Paulo: Revista dos Tribunais, 2007; KLEIN, Vinícius. *Os contratos empresariais de longo prazo*: uma análise a partir da argumentação judicial. Rio de Janeiro: Lumen Juris, 2015.

Quanto ao primeiro aspecto, apurou-se que não serão incomuns os cenários em que uma relação jurídica interempresarial apresente disparidade entre seus contratantes, em se tratando, um deles, de uma *startup*. Isso porque, pela pouca experiência, empresários iniciantes que buscam parcerias com investidores e outros empresários podem participar de relações jurídicas desbalanceadas sob os pontos de vista econômico, informacional e mercadológico, sendo merecedores de tutela em função dessa vulnerabilidade geradora de assimetria, ainda que não seja esta uma relação de consumo. Aqui, defendeu-se a aplicação do *terzo contratto* definido por Roppo como solução adequada ao reconhecimento e à efetivação das relações interempresariais assimétricas, ou B2b (*Business to business*).

Na sequência, anotou-se que, pela própria natureza complexa das atividades baseadas em alta tecnológica, tão comum às *startups*, é possível a formatação de redes contratuais, em função da ampla gama de parceiros que podem se envolver nos trabalhos de alavancagem de determinado modelo de negócio. Para tais casos, a cooperação será fundamental e, em havendo carência regulatória mais específica, constatou-se que a governança será desejável para reafirmar a viabilidade desses empreendimentos.

Finalmente, comentou-se acerca do famigerado *vesting* empresarial, destacando-se não se tratar de uma espécie contratual, mas de uma ferramenta relacional a se utilizar em contratos de parceria (com possibilidade de alocação de seus detalhes até mesmo no contrato social) para o fomento de parcerias nos estágios iniciais de uma *startup*, quando se tem pouco capital e a oferta de participação societária (quotas ou ações) a um potencial parceiro surge como opção para a busca de *know-how* específico e que seja capaz de produzir resultados em prol da nova empresa. Registrou-se, porém, que o modelo usualmente trabalhado para o *vesting* apresenta riscos de ordem tributária, previdenciária e trabalhista que podem ser mitigados a depender da forma de estruturação do pacto. Constatou-se ser preferível a delimitação de metas e *Cliffs* como condições resolutivas (e não suspensivas).

Com isso e, ainda que existam muitas outras particularidades merecedoras de estudos mais aprofundados, cumpriu-se o propósito deste sucinto estudo com o apontamento desses três grandes impactos que as *startups* já trouxeram ao universo dos contratos e do direito societário, apresentando, por outro lado, potencialidades que não se podem simplesmente ignorar.

Referências

AGUIAR JÚNIOR, Ruy Rosado de. Contratos relacionais, existenciais e de lucro. *Revista Trimestral de Direito Civil*, Rio de Janeiro, v. 45, p. 91-110, jan./mar. 2011.

ANSOFF, Igor. *Strategic management*. Nova Jersey: John Wiley & Sons, 1979.

BARAÑANO, Ana Maria. Gestão da inovação tecnológica: estudo de cinco PMEs portuguesas. *Revista Brasileira de Inovação*, Rio de Janeiro, n. 1, v. 4, 2005.

BESSANT, John; TIDD, Joe. *Inovação e empreendedorismo*. Tradução de Elizamari Rodrigues Becker, Gabriela Perizzolo e Patrícia Lessa Flores da Cunha. Porto Alegre: Bookman, 2009.

BLANK, Steve. *The four steps to the epiphany*: successful strategies for products that win. 3. ed. Sussex: Quad/Graphics, 2007.

BLANK, Steve; DORF, Bob. *The startup owner's manual*: the step-by-step guide for building a great company. Pescadero: K&S Ranch, 2012.

BROWNSWORD, Roger. Network contracts revisited. *In*: AMSTUTZ, Marc; TEUBNER, Gunther (Ed.). *Networks*: legal issues of multilateral co-operation. Oxford: Hart Publishing, 2009.

BUONOCUORE, Vincenzo. Contratti del consumatore e contratti d'impresa. *Rivista di Diritto Civile*, Pádua, n. 1, p. 1-41, jan./fev. 1995.

CARVALHO, Ângelo Gamba Prata de. Sociologia do poder nas redes contratuais. *In*: FRAZÃO, Ana; CARVALHO, Ângelo Gamba Prata de. *Empresa, mercado e tecnologia*. Belo Horizonte: Fórum, 2019.

COLLINS, Hugh. The weakest link: legal implications of the network architecture of supply chains. *In*: AMSTUTZ, Marc; TEUBNER, Gunther (Ed.). *Networks*: legal issues of multilateral co-operation. Oxford: Hart Publishing, 2009.

CREMADES, Alejandro. *The art of startup fundraising*: pitching investors, negotiating the deal, and everything else. Nova Jersey: John Wiley & Sons, 2016.

DEGEN, Ronald J. *O empreendedor*: fundamentos da iniciativa empresarial. São Paulo: Pearson Prentice Hall, 2009.

FALEIROS JÚNIOR, José Luiz de Moura. *Vesting empresarial*: aspectos jurídicos relevantes à luz da teoria dos contratos relacionais. Rio de Janeiro: Lumen Juris, 2019.

FARIAS, Cristiano Chaves de; ROSENVALD, Nelson. *Curso de direito civil*: contratos. 9. ed. Salvador: JusPodivm, 2019. v. 4.

FEIGELSON, Bruno; NYBØ, Erik Fontenele; FONSECA, Victor Cabral. *Direito das startups*. São Paulo: Saraiva, 2018.

GRUBER, Frank. *Startup mixology*: tech cocktail's guide to building, growing & celebrating startup success. Nova Jersey: John Wiley & Sons, 2014.

JÚDICE, Lucas Pimenta; NYBØ, Erik Fontenele. Natureza jurídica do vesting: como uma tradução errada pode acabar com o futuro tributário e trabalhista de uma startup. *In*: JÚDICE, Lucas Pimenta; NYBØ, Erik Fontenele (Coord.). *Direito das startups*. Curitiba: Juruá, 2017.

KAPLAN, Jerry. *Startup*: a Silicon Valley adventure. Nova York: Houghton Mifflin, 1995.

KAWASAKI, Guy. *The art of the start 2.0*: The time-tested, battle-hardened guide for anyone starting anything. Nova York: Penguin, 2015.

KLEIN, Vinícius. *Os contratos empresariais de longo prazo*: uma análise a partir da argumentação judicial. Rio de Janeiro: Lumen Juris, 2015.

LEDUR, José Felipe. *A realização do direito do trabalho*. Porto Alegre: Sergio Antonio Fabris, 1998.

LIVINGSTON, Jessica. *Founders at work*: stories of startups' early days. Berkeley: Apress, 2007.

LORENZETTI, Ricardo Luis. *Comércio eletrônico*. Tradução de Fabiano Menke. São Paulo: Revista dos Tribunais, 2004.

MACEDO JÚNIOR, Ronaldo Porto. *Contratos relacionais e defesa do consumidor*. 2. ed. São Paulo: Revista dos Tribunais, 2007.

MACNEIL, Ian R. Relational contract theory: challenges and queries. *Northwestern University School of Law Review*, Chicago, v. 94, n. 3, p. 877-908, 2000.

MIRAGEM, Bruno. Os direitos da personalidade e os direitos do consumidor. *Revista de Direito do Consumidor*, São Paulo, v. 49, p. 258-272, jan./mar. 2004.

OLIVEIRA, Fabrício Vasconcelos de; RAMALHO, Amanda Maia. O contrato de vesting. *Revista da Faculdade de Direito da UFMG*, Belo Horizonte, n. 69, p. 183-200, jul./dez. 2016.

PAGLIANTINI, Stefano. Per una lettura dell'abuso contrattuale: contratti del consumatore, dell'imprenditore debole e della microimpresa. *Rivista del Diritto Commerciale*, Pádua, ano CVIII, n. 2, p. 409-446, jan./dez. 2010.

PATTI, Francesco Paolo. Dai «contratti standard» al «contratto asimmetrico». Considerazioni su metodo e obiettivi delle ricerche di Vincenzo Roppo. *Jus Civile*, Roma, n. 2, p. 226-245, jul./dez. 2018.

PORTER, Michael E. *Competitive strategy*. Nova York: The Free Press, 1980.

PRISCOLI, Lorenzo Delli. La rilevanza dello status per la protezione dei soggetti deboli nel quadro dei principi europei di rango costituzionale. *Rivista del Diritto Commerciale*, Pádua, n. 2, p. 311-353, jan./dez. 2012.

REIS, Edgar Vidigal de Andrade. *Startups*: análise de estruturas societárias e de investimento no Brasil. São Paulo: Almedina, 2018.

RIES, Eric. *The lean startup*: how today's entrepreneurs use continuous innovation to create radically successful businesses. Nova York: Crown, 2011.

ROPPO, Vincenzo. Ancora su contratto assimmetrico e terzo contratto: le coordinate del dibattito con qualche elemento di novità. *In*: ALPA, Guido; ROPPO, Vincenzo (Org.). *La vocazione civile del giurista*: saggi dedicati a Stefano Rodotà. Roma: Laterza, 2013.

ROPPO, Vincenzo. *Il contratto del duemila*. Turim: Giappichelli, 2000.

ROSENVALD, Nelson; OLIVEIRA, Fabrício de Souza. *O ilícito na governança dos grupos de sociedades*. Salvador: JusPodivm, 2019.

SCHUMPETER, Joseph A. *Teoria do desenvolvimento econômico*: uma investigação sobre lucros, capital, crédito, juro e o ciclo econômico. São Paulo: Abril Cultural, 1982.

SUTTON, Stanley M. The role of process in a software start-up. *IEEE Software*, Nova York, v. 17, n. 4, p. 33-39, 2000.

TEPEDINO, Gustavo. Os contratos de consumo no Brasil. *In*: TEPEDINO, Gustavo. *Temas de direito civil*. Rio de Janeiro: Renovar, 2006. v. II.

TEUBNER, Gunther. Coincidentia oppositorum: hybrid networks beyond contract and organisation. *In*: AMSTUTZ, Marc; TEUBNER, Gunther (Ed.). *Networks*: legal issues of multilateral co-operation. Oxford: Hart Publishing, 2009.

WILTBANK, Robert; DEW, Nicholas; READ, Stuart; SARASVATHY, Saras D. What to do next? The case for non-predictive strategy. *Strategic Management Journal*, Nova Jersey, v. 27, n. 10, p. 981-998, 2006.

Informação bibliográfica deste texto, conforme a NBR 6023:2018 da Associação Brasileira de Normas Técnicas (ABNT):

FALEIROS JÚNIOR, José Luiz de Moura. Startups e empreendedorismo de base tecnológica: perspectivas e desafios para o direito societário brasileiro. *In*: EHRHARDT JÚNIOR, Marcos; CATALAN, Marcos; MALHEIROS, Pablo (Coord.). *Direito Civil e tecnologia*. Belo Horizonte: Fórum, 2020. p. 535-552. ISBN 978-65-5518-036-7.

MARCO LEGAL PARA *STARTUPS* NO BRASIL: UM CAMINHO NECESSÁRIO PARA SEGURANÇA JURÍDICA DO ECOSSISTEMA DE INOVAÇÃO

CLARA CARDOSO MACHADO JABORANDY

TATIANE GONÇALVES MIRANDA GOLDHAR

1 Introdução

Ao ofertar produtos ou serviços inovadores, empresas embrionárias disruptivas, denominadas *startups*, operam em situação de extrema incerteza e risco. Apesar disso, em face da evolução tecnológica, as *startups* vêm impactando cada vez mais o mundo dos negócios, gerando uma nova forma de empreendedorismo que transformou o cenário empresarial global, em razão do enorme potencial de crescimento e lucratividade. Esse novo arranjo institucional das empresas demanda uma regulação específica a fim de possibilitar segurança jurídica para os investidores, para os contratantes e para os empresários.

No Brasil ainda não há um marco regulatório específico para o ecossistema das *startups*, razão pela qual se encontram diversos problemas enfrentados por tais empresas pelo excesso de burocracia existente no arranjo jurídico tradicional.

Instituições com características disruptivas, inovadoras e com modelo de negócio sem qualquer tipo de precedentes, que preconiza a escalabilidade, a repetitividade, rentabilidade e a zona de incerteza, as *startups* exigem uma regulação específica a fim de que o direito possa apresentar respostas eficientes e ágeis para esse modelo de negócio, que é mais dinâmico, demandando, portanto, uma nova visão do jurista.

Não obstante o cenário de risco e incerteza, o ecossistema de *startups* vem crescendo e se consolidando no Brasil. A ABS Startups – Associação Brasileira de Startups indica que de 2015 a 2019 o número de *startups* deu um salto de 207% atingindo o número de 12.727 (doze mil, setecentas e vinte e sete) *startups* (ENCONTRE..., 2020).

Impulsionadas por investimentos privados na modalidade de *venture capital* (capital de risco) e *private equity* ou por meio de aceleradoras, incubadoras, investidores-anjo, *crowdfunding* (financiamento coletivo), as *startups* demandam uma regulamentação jurídica específica com o intuito de garantir segurança jurídica ao investidor e mitigar seus riscos.

O objetivo deste artigo é demonstrar que as regras existentes no ordenamento jurídico brasileiro não protegem nem fomentam o desenvolvimento de *startups* no Brasil em razão da burocracia excessiva e da ausência de adequação às inovações tecnológicas que permeiam essas empresas.

O grande desafio na regulação das *startups* é a adequação que se faz necessária em razão do seu caráter inovador e mutável, sendo necessária a adoção de regulamentações específicas.

Defende-se, portanto, a criação de um marco legal para *startups* no Brasil, a fim de proporcionar a segurança necessária a essas empresas que possuem um arranjo institucional complexo com características específicas.

Para o alcance desse objetivo abordou-se inicialmente o conceito de *startup* com suas características específicas. Após, o artigo tratou da regulação jurídica existente e dos problemas encontrados no ecossistema de *startups* com base na metodologia da *startup* enxuta e o desenho institucional desta. Por fim, defendeu-se o marco legal para *startups*, abordando-se a Lei nº 13.874/2019, conhecida como declaração de direitos de liberdade econômica, a Lei Complementar nº 167/2019, que institui o Inova Simples, bem como os projetos existentes para criação de um marco legal das *startups*.

Quanto à metodologia, a abordagem da pesquisa foi teórica, exploratória e descritiva. Como procedimento técnico, utilizou-se a pesquisa bibliográfica, nacional e estrangeira, bem como dados disponíveis no *site* da ABS Startups – Associação Brasileira de Startups.

Por certo, não se pretende neste trabalho esgotar o tema tão complexo e dinâmico da proteção jurídica das *startups*, mas provocar no leitor o interesse pelo assunto de modo que se compreenda a importância da criação de um marco legal para *startups* de modo a criar um ecossistema jurídico que facilite a criação e o desenvolvimento dessas empresas, além de incentivar os investimentos internos e externos.

2 Características específicas da *startup* e a necessidade de regulação jurídica específica

A definição do termo *startup* ainda não é consenso entre os estudiosos do tema. No Brasil, a Lei Complementar nº 167/2019 considerou no art. 65-A, §1º, que *startup* é "a empresa de caráter inovador que visa a aperfeiçoar sistemas, métodos ou modelos de negócio, de produção, de serviços ou de produtos" (BRASIL, 2019). Segundo o mesmo dispositivo, se o modelo de negócio já existe a *startup* terá natureza incremental, mas quando relacionado à criação de algo totalmente novo, é uma *startup* de natureza disruptiva.

Ainda no mesmo artigo, no §2º, tem-se que as *startups* "caracterizam-se por desenvolver suas inovações em condições de incerteza que requerem experimentos e validações constantes, inclusive mediante comercialização experimental provisória, antes de procederem à comercialização plena e à obtenção de receita".

Esse conceito legal encontra respaldo na doutrina de Steve Blank, Bob Dorf (2012) e Erick Ries (2012). O termo *startup* surge nos Estados Unidos em 1990 no âmbito das empresas de tecnologia (BERTONCINI, 2018, p. 51), utilizado para definir empresas embrionárias, cuja existência e perpetuidade no longo prazo eram de extrema incerteza, pois apresentavam modelos de negócios alternativos, mas que poderiam ser escaláveis. Em sua obra *The startup owner's manual* (*A startup: manual do empreendedor*), Steve Blank e Bob Dorf (2012, p. 19) afirmam que a *startup* não é uma versão menor de uma grande companhia, mas uma "organização temporária em busca de um modelo de negócio escalável, recorrente e lucrativo".

Eric Ries, por sua vez, na obra *Lean startup* (*Startup enxuta*), define *startup* como "uma instituição humana projetada para criar novos produtos e serviços sob condições de extrema incerteza" (RIES, 2012, p. 24). No mesmo direcionamento de Steve Blank e Bob Dorf, Eric Ries esclarece que a *startup* não tem relação com o tamanho da empresa, da atividade ou setor da economia, pois qualquer pessoa que está criando um novo produto ou negócio sob condições de extrema incerteza deve ser considerada um empreendedor. Vê-se, portanto, que Eric Ries consagra um novo conceito de empreendedorismo, adequando-o à realidade contemporânea.

Para Peter Thiel (2014), cofundador do PayPal, *startup* "é o maior grupo de pessoas que você consegue convencer a participar de um plano para construir um futuro diferente". Ainda para o autor, a *startup* precisa "questionar ideias já reconhecidas e repensar negócios do zero" (THIEL, 2014, p. 16).

Com base nesses autores e na Lei Complementar nº 167/2019, entende-se que *startup* é uma organização temporária que cria produtos e serviços inovadores de natureza incremental ou disruptiva, através de um modelo de negócios escalável e repetível, sob condições de extrema incerteza. Trata-se de uma organização temporária, em razão de sua necessidade de validação constante, inclusive mediante comercialização experimental provisória, que pode gerar uma capacidade de se desenvolver mais rapidamente ou, inversamente, de falhar e ter seu negócio finalizado.

A escalabilidade tem relação com a capacidade que o negócio possui de crescer seu faturamento, sem que haja correlação direta com o aumento de custos e mudança no modelo de negócios. É dizer: a *startup* pode crescer exponencialmente, mantendo a base de funcionários e a estrutura empresarial intactas. Martin Zwilling (2013) assevera que a escalabilidade significa que uma *startup* tem o potencial de multiplicar a receita com um custo incremental ínfimo.

Além disso, a *startup* possui a característica da repetitividade, ou seja, oferece um produto ou serviço de ordem ilimitada, não necessitando alterá-lo para cada cliente. Um modelo de negócios repetível é aquele em que se faz o mesmo processo de vendas ou de publicidade para usuários adicionais. Steve Blank explica que se deve buscar um padrão replicável de forma a ser capaz de entregar um mesmo produto em escala ilimitada, sem muitas customizações para cada cliente (BLANK, 2014, p. 46).

A característica da inovação também específica das *startups* é destacada por Eric Ries ao afirmar que a inovação poderá provir de

> descobertas científicas originais, um novo uso para uma tecnologia existente, criação de um novo modelo de negócios que libera um valor que estava oculto, ou a simples disponibilização do produto ou serviço num novo local ou para um conjunto de clientes anteriormente mal atendidos. (RIES, 2012, p. 24)

Eric Ries afirma que abrir uma nova empresa com modelo de negócio idêntico a um já existente pode ser um investimento econômico atrativo, mas não pode ser considerado *startup*.

A condição de extrema incerteza pode ser observada pelo risco do negócio que está presente nas empresas embrionárias por não saberem quem são os consumidores e qual deve ser o produto (RIES, 2017, p. 9). Diferentemente das grandes companhias, em que as falhas são exceção, em uma *startup* as falhas fazem parte do processo de aprendizagem, já que o único modo de achar o caminho certo é por meio de experimentos (BLANK; DORF, 2012, p. 35). A incerteza é elemento-chave da *startup* e o futuro é imprevisível (RIES, 2012, p. 29). Em razão do risco e por serem empresas embrionárias as *startups* necessitam de investimento de terceiros que vem por fontes alternativas, a exemplo de *venture capital* (capital de risco), *private equity*, investidor-anjo e *crowdfunding*.

Ao destacar a escassez de recursos das *startups* na fase inicial, Erik Frederico Oili (2019, p. 14) assevera que essas empresas buscam investidores interessados em compartilhar o risco do negócio. Diante disto, esses investimentos são de altíssimo risco como regra e, consequentemente, de elevado potencial de ganhos para o investidor.

No Brasil, Bruno Feigelson, Erik Nybo e Victor Fonseca (2018, p. 25-26) apresentam como principais características da *startup*: (i) empresa em estágio inicial; (ii) com perfil inovador; (iii) com controle de gastos e custos; (iv) operacionalização do serviço ou produto da empresa por meio de um produto mínimo viável; (v) escalabilidade do produto ou da ideia; (vi) necessidade de capital de terceiros para operação inicial; (vii) utiliza tecnologia para seu modelo de negócios.

Além dessas características institucionais, as *startups* possuem elementos próprios que não se adequam às regulações jurídicas aplicadas à empresa convencional. João Falcão (2016, p. 229) assevera que o direito brasileiro não consegue absorver o dinamismo das *startups*, destacando que o sistema de impostos é complexo e gera insegurança, o sistema regulatório dos negócios consome tempo e dinheiro da empresa e as leis trabalhistas são muito restritivas e dificultam o escalonamento rápido do negócio.

Não bastasse isso, o ecossistema de *startups* possui peculiaridade, já que há uma hipersuficiência do empregado, existe um sócio minoritário estratégico, observa-se uma transitoriedade societária e o risco da empresa é calculado (FALCÃO, 2017).

No tocante à hipersuficiência do empregado, o autor argumenta que as relações principiológicas do direito do trabalho não podem ser adotadas para os funcionários das *startups*, pois não haveria hipossuficiência dos empregados ante os empregadores. Ao revés, os empregados possuem um alto poder de barganha, pois em muitos casos a formação da empresa depende integralmente dos que fazem parte do seu corpo de trabalho, a ponto de desconstituir e descaracterizar a empresa caso um de seus membros se retirem (FALCÃO, 2017).

Contribuindo com esse pensamento, no universo das *startups* é muito comum a aquisição de empresas com fundamento na força de trabalho, que por vezes desenvolvem sistemas tecnológicos exclusivos. Em razão da vital importância destes funcionários, há a possibilidade de o empregado vir a receber participações societárias na empresa, passando a figurar como sócio minoritário. Tal operação pode ser feita por meio de cláusula de *vesting*, que é utilizada para que os funcionários mais importantes da *startup* sejam valorizados, integrando-os no negócio.

Ademais, com o intuito de buscar formas de reduzir os custos iniciais da empresa e maximizar o potencial dos empreendedores, há a utilização de recursos próprios, tanto intelectuais como financeiros, conhecida como *bootstrapping*, termo da língua inglesa que indica o ato de levantar a si próprio pelas alças da bota (FEIGELSON; NYBO; FONSECA, 2018, p. 78).

Uma questão importante para ser avaliada no aspecto jurídico é que, no início, as *startups* são necessariamente empresas menores (THIEL, 2014, p. 54) e apresentam um ciclo de vida que passa pelo entendimento do problema e desenvolvimento da ideia (fase 1), planejamento do negócio ou criação do produto ou serviço (fase 2), validação do produto ou serviço por meio do MVP – *minimum valiable product* (fase 3), conquista de clientes e aumento do faturamento (fase 4) e crescimento acelerado ou *scale up* (fase 5).

Na fase de ideação não é necessário ter uma atividade empresarial estruturada, mas é relevante elaborar um memorando de entendimento entre os sócios, ou *term sheet*, para se definir o que se pretende da relação societária futura. Além disso, é importante assinar um acordo de confidencialidade com as pessoas que tiverem acesso ao produto ou serviço da *startup*. No momento que se cria o produto ou serviço e parte-se para a fase de validação, é importante ter uma estruturação jurídica formal, uma vez que se começa a ter uma interação com consumidores e investidores.

Após criar e dominar um segmento de mercado é que a *startup* se expande para um mercado mais amplo, entrando na fase 4, conhecida como fase da tração. Segundo o Instituto Brasileiro de Governança Corporativa:

> nessa fase, também denominada *Product Market Fit* (PMF), o serviço/produto oferecido pela startup está validado, e os desafios principais consistem em conquistar clientes e aumentar o faturamento sem abrir mão dos princípios e valores da organização. (IBGC, 2019, p. 35)

Por serem empresas em constante transformação, possuem uma estrutura societária e financeira dinâmica, com entrada e saída de investidores e adequação de relacionamento de sócios. A estrutura societária deve possibilitar que a empresa cresça sem excesso de burocracia organizacional.

Diante deste cenário defende-se que essa transitoriedade societária exija uma regulamentação jurídica específica. Há uma dinâmica de alternatividade de sócios durante o ciclo de vida das *startups*, seja por meio de *cash in*, compra de parcelas da empresa, por meio de emissão de ações, havendo a diluição dos sócios, ou o caso de *cash out*, em que é adquirida a cota-parte da participação de um dos sócios, podendo acontecer por meio de uma venda integral ou parcial. No ciclo de vida de uma *startup* a dinâmica societária é visível com a entrada e saída de investidores-anjo, incubadoras, aceleradoras (FALCÃO, 2017).

A outra grande diferença está relacionada ao fator risco da *startup*. Segundo João Falcão (2017), o risco de uma *startup* é calculado, havendo duas possibilidades, crescer rápido ou fechar. A *startup* visa ao crescimento de maneira exponencial em curto espaço de tempo, caso esse crescimento não seja concretizado, ela estaria fadada ao fracasso, devendo crescer de maneira linear e sua receita de maneira exponencial.

Como o risco é muito alto, é importante que haja uma regulamentação jurídica própria de modo a fomentar a criação e o desenvolvimento das *startups* no Brasil. Para o alcance desse desiderato, cumpre realizar uma análise crítica dos institutos existentes com o intuito de se verificar se são adequados ou não à realidade das *startups*.

Edgar Reis (2018, p. 22) pondera que os empreendedores demoram para definir a estruturação jurídica das *startups* por dois motivos: (i) para reduzir custos ou (ii) por não conseguir compreender a estrutura jurídica mais adequada entre as existentes no cenário atual brasileiro.

Por não existir uma estrutura jurídica adequada à inovação e ao dinamismo estrutural das *startups* no Brasil, muitas vezes elas não conseguem se adequar ao ordenamento jurídico existente. Na linha desse entendimento, pontua João Falcão (2016):

> Operando em ambiente caótico, evoluindo rapidamente e com inúmeras incertezas, as Startups enfrentam pressão intensa em relação ao tempo de entrega e estão expostas ao desafio da inovação. Para ter sucesso neste ambiente as Startups precisam estar prontas para se adaptar e, não menos importante, para adaptar sua estratégia jurídico-legal às exigências brasileiras, mesmo com poucos recursos disponíveis para cumprir essa missão.

De fato, a legislação existente ainda não está apta a acompanhar o dinamismo do ecossistema das *startups*. Diante disto é que se defende a criação de um marco legal para *startups* de modo a viabilizar o desenvolvimento e a maximização de resultados sustentáveis dessas empresas embrionárias de caráter inovador.

A construção desse marco legal ou regulatório já vem ocorrendo no Brasil por meio de leis esparsas, a exemplo da declaração de direitos de liberdade econômica e a instituição do Inova Simples por meio da Lei Complementar nº 167/2019. Para além disso, há um movimento para criação de um marco legal específico para *startups* que englobará ambiente de negócios, questões trabalhistas, investimentos e compras públicas.

3 Declaração de direitos de liberdade econômica (Lei nº 13.874/2019), Inova Simples e criação de um marco legal para *startups*

Conforme assinalado no tópico anterior, as *startups* demandam uma regulação específica de modo a conseguir se desenvolver de maneira ágil e eficiente. A legislação deve, portanto, responder aos anseios sociais e, dentro do possível, adequar-se às novas realidades do ecossistema das *startups* que é dinâmico e, na maioria das vezes, relacionado à área de tecnologia. Diante disto, expõem Alan Moreira Lopes e Tarcisio Teixeira (2017, p. 8):

> Diante da velocidade com que a tecnologia se desenvolve, é impossível normatizar determinado dispositivo de modo específico, sob pena de ser a lei ultrapassada rapidamente. Na esteira desse pensamento, os legisladores e operadores do direito, que contribuem com a discussão legal no contexto virtual, têm, primordialmente, priorizado a elaboração de dispositivos legais principiológicos, ou seja, textos que sejam a essência e os objetivos das tecnologias. Assim, ainda que se desenvolvam novos equipamentos, estes poderão ser protegidos e regidos legalmente pelos mesmos princípios em vigor

Para dar uma resposta aos novos empreendedores e criar incentivos para as empresas embrionárias no formato de *startup*, foi criada a Medida Provisória nº 881/2019, denominada MP da Liberdade Econômica, depois convertida na Lei nº 13.874/2019. A lei teve como base a liberdade no exercício de atividades econômicas (art. 1º, §1º)[1] a

[1] "O disposto nesta Lei será observado na aplicação e na interpretação do direito civil, empresarial, econômico, urbanístico e do trabalho nas relações jurídicas que se encontrem no seu âmbito de aplicação e na ordenação

boa-fé dos particulares (art. 1º, §2º),[2] a redução da intervenção do Estado no exercício das atividades econômicas (art. 2º, III) e o reconhecimento da vulnerabilidade do particular perante o Estado (art. 2º, IV). O objetivo da lei é desburocratizar e simplificar os institutos para pequenos empreendedores de modo a incentivar o desenvolvimento econômico.

Apesar de não ser uma lei específica para *startups*, traz importantes contribuições para desburocratizar regramentos antes existentes, a exemplo de: (i) ausência de necessidade de autorização prévia, como licenças e alvarás, para exercício de atividades econômicas de baixo risco, desde que estas sejam exercidas em propriedade privada própria ou de terceiros consensuais (art. 3º, I); (ii) flexibilização de dias e horários para exercício de atividades econômicas, sendo que as restrições devem ser justificadas e observar as normas para proteção ao meio ambiente, o direito de vizinhança, os direitos trabalhistas e as regras de direito privado eventualmente existentes; (iii) possibilidade de implementação, teste e oferta de novos produtos e serviços quando as normas infralegais se tornarem desatualizadas por força de desenvolvimento tecnológico consolidado internacionalmente (art. 3º, VI); (iv) possibilidade de usar o meio digital para arquivar documentos de caráter tributário, trabalhista, ambiental e previdenciário (art. 3º, X).

Como se pode perceber a Lei nº 13.874/2019 viabilizou os trabalhos das *startups*, desburocratizando regras antes existentes e facilitando assim a criação de produtos e serviços com custos mais baixos, fato que demonstra uma política pública de Estado para facilitar a inovação e, consequentemente, apoiar o ecossistema de *startups*. Apesar de não tratar da estruturação societária para *startups*, a lei regularizou também a sociedade limitada individual, alterando, assim, o art. 1.052 do Código Civil, criando mais uma possibilidade para criação de empresa em estágio inicial.

Com o intuito de incentivar e flexibilizar as exigências para abertura e funcionamento das *startups*, foi criada a Lei Complementar nº 167/2019, que alterou a Lei do Simples Nacional (LC nº 123/2006) e instituiu o Inova Simples para as *startups*, compreendidas pela lei como empresa de caráter inovador, incremental ou disruptivo, com o intuito de aperfeiçoar sistemas, métodos ou modelos de negócio, de produção, de serviços e produtos, ou que criam algo novo.

Segundo a lei, as empresas que se autodeclararem *startups*, a partir dos critérios nela estabelecidos, podem aderir a um regime simplificado para abertura e fechamento, denominado Inova Simples (art. 65-A da LC nº 167/2019).

O tratamento diferenciado previsto na lei simplifica o registro que será feito através do portal da Redesim (Rede Nacional para a Simplificação do Registro e da Legalização de Empresas e Negócios), mediante a apresentação de informações básicas previstas §4º do art. 65-A da LC nº 123/2006: (i) qualificação civil, domicílio e CPF; (ii) descrição do escopo da intenção empresarial inovadora e definição da razão social, que deverá conter obrigatoriamente a expressão "Inova Simples (I.S.)"; (iii) autodeclaração de que a empresa é de baixo risco e não produzirá poluição, barulho e aglomeração de tráfego de veículos; (iv) definição do local da sede, que poderá ser comercial, residencial ou de uso misto, admitindo-se a possibilidade de sua instalação em locais onde

---

pública, inclusive sobre exercício das profissões, comércio, juntas comerciais, registros públicos, trânsito, transporte e proteção ao meio ambiente".

2 "Interpretam-se em favor da liberdade econômica, da boa-fé e do respeito aos contratos, aos investimentos e à propriedade todas as normas de ordenação pública sobre atividades econômicas privadas".

funcionam parques tecnológicos, instituições de ensino, empresas juniores, incubadoras, aceleradoras e espaços compartilhados de trabalho na forma de *coworking*; e, (v) em caráter facultativo, a existência de apoio ou validação de instituto técnico, científico ou acadêmico, público ou privado, bem como de incubadoras, aceleradoras e instituições de ensino, nos parques tecnológicos e afins.

Após o preenchimento das informações será gerado automaticamente o número de CNPJ em código próprio de empresa Inova Simples. A empresa que aderir ao regime deve abrir conta bancária de pessoa jurídica para fins de captação e integralização de capital, ressaltando-se que o limite para comercialização experimental de produtos e serviços em um ano é o do MEI que, atualmente é de R$81.000,00 (oitenta e um mil reais).

A lei também criou a comunicação automática ao Instituto Nacional da Propriedade Industrial (INPI) do conteúdo inventivo do escopo da inciativa empresarial, se houver, para fins de registro de marcas e patentes. O Instituto Nacional de Propriedade Industrial (INPI) disponibiliza o registro simplificado integrado ao portal da Redesim, permitindo que as *startups* mantenham suas ideias protegidas e devidamente registradas de forma ainda mais fácil e rápida.

Outro ponto relevante na lei é que se a *startup* não der certo a baixa da empresa poderá ser feita de forma automática através de formulário próprio no *site* da Redesim.

Em 24.3.2020 foi publicada a Resolução nº 55/2020 do Comitê para Gestão da Rede Nacional para a Simplificação do Registro e da Legalização de Empresas e Negócios (CGSIM). A resolução teve como objetivo regulamentar o rito sumário para abertura, alteração e fechamento de empresas sob o regime do Inova Simples, que se dará de forma simplificada e automática, no Portal Redesim.

Segundo a resolução, no momento de escolha do nome empresarial, o empreendedor terá duas alternativas: optar que este seja o número do CNPJ acompanhado do I.S. (Inova Simples), ou definir um nome empresarial, que somente será autorizado se não colidente com nenhum outro presente na Base Nacional Cadastral Única de Empresas (BNE).

Uma regulamentação importante da Resolução CGSIM nº 55/2020 foi a do art. 4º, que descreve a natureza jurídica da empresa como "Empresa Simples de Inovação (Inova Simples)", vendando-se a transformação de pessoa jurídica já existente em empresas simples de inovação. Contudo, como o objetivo do modelo é permitir a validação de um negócio, caso ele seja viável, é possível converter uma empresa simples de inovação em empresário individual, Eireli ou sociedade empresária.

Segundo a resolução, na escolha do nome empresarial, a empresa simples de inovação poderá optar por utilizar o número do CNPJ seguido do termo "Inova Simples (I.S.)", hipótese na qual o nome será gerado automaticamente ou incluir um nome empresarial que será verificado para fins de colidência por identidade na Base Nacional Cadastral Única de Empresas (BNE), hipótese na qual deverá ser preenchida declaração manifestando-se ciência de que o nome empresarial deverá ser alterado, se eventualmente for constatada semelhança entre marcas.

A medida representa um avanço para o ecossistema de *startups* no Brasil, mas a resolução só entrará em vigor depois de decorridos 240 (duzentos e quarenta) dias da data de sua publicação, ou seja, em meados de novembro de 2020.

Além dessas inovações legislativas e executivas, vê-se a necessidade de criação de um marco legal para *startups* no Brasil a fim de criar um ambiente de maior confiança e competitividade com outros países, capaz de propiciar o desenvolvimento de novas *startups*.

A preocupação e o incentivo às empresas de inovação, por meio de regulamentações específicas, estão presentes em vários países e podem ser utilizados como modelos para a construção do marco legal no Brasil.

A Itália, por exemplo, possui várias políticas públicas de benefícios para o ecossistema de *startups* desde 2012. O Decreto-Lei nº 179/2012 implementa o *Italian Startup Act* (ISA), uma agenda digital italiana com o objetivo de promover a criação e o crescimento de seu ecossistema de *startups*. O decreto-lei foi construído a partir de recomendações do relatório *Restart, Itália!*, elaborado pelo Ministério da Economia e do Desenvolvimento. O art. 25 do decreto introduziu a definição legal de *startup* inovadora como uma sociedade de capital constituída há menos de 60 meses (5 anos), com sede na Itália ou em algum país da União Europeia com receita inferior a 5 milhões de euros, que não pode distribuir lucros ou estar listada no mercado aberto. Além disso, o decreto exige o preenchimento de, pelo menos, um dos três requisitos a seguir: (i) destinar pelo menos 15% de seus recursos para a área de pesquisa e desenvolvimento; (ii) apresentar 1/3 de colaboradores doutores ou doutorandos e/ou 2/3 de colaboradores com título de mestrado; e (iii) ser titular, depositária ou licenciada de uma patente; ou ser proprietária/autora de um *software* registrado (REPÚBLICA ITALIANA, 2012).

O decreto criou vários incentivos para *startups*, simplificou o processo de abertura e fechamento de empresas, flexibilizou as relações trabalhistas, permitindo negociações diretas entre patrões e empregados e trouxe incentivos fiscais para quem investisse em *startups*.

O ISA contou com várias atualizações e melhorias ao longo dos anos, a exemplo do Decreto-Lei nº 3, de 24.1.2015, da Lei nº 232, de 11.12.2016, e da Lei nº 145, de 30.12.2018, que aperfeiçoaram, fortaleceram e expandiram os incentivos oferecidos às *startups* inovadoras.

Com base na experiência italiana está sendo discutido no âmbito dos poderes Executivo e Legislativo o Marco Legal das *Startups*. Para tanto foi formado subcomitê denominado Ambiente Normativo de Startup, integrante do Comitê Ministerial para Transformação Digital, que foi formado por membros do Ministério da Economia, Ministério da Ciência, Tecnologia, Inovações e Comunicações, outros órgãos públicos e sociedade civil organizada. Os blocos de discussão, que representam os pilares das propostas normativas apresentadas para criação da regulamentação das *startups*, englobam o ambiente de negócios, questões trabalhistas, investimentos e compras públicas.

O Marco Legal das *Startups* trabalha com seis projetos de lei e traz uma série de medidas para facilitar a criação de empresas de tecnologia, facilitar a segurança jurídica aos investidores e criar novos modelos de remuneração e contratação de pessoas. Entre os pontos de destaque no projeto está a criação de um novo modelo societário denominado sociedade anônima simplificada.

Embora a sociedade anônima seja o modelo societário mais recomendado para as *startups* porque protege o patrimônio do investidor e possui instrumentos de governança que conferem transparência no uso do capital investido, muitas vezes não é a primeira opção do empreendedor, que acaba optando por alternativas societárias que limitam o seu crescimento em razão do elevado custo da manutenção de uma sociedade anônima no Brasil e do excesso de burocracia.

Diante deste cenário é que se pensou na criação da sociedade anônima simplificada (SAS) com as seguintes características: a) enquadramento facultado às sociedades anônimas que tenham receita bruta anual inferior a R$16.000.000,00 (dezesseis milhões de reais); b) aprovação de enquadramento por acionistas que representem, no mínimo, metade mais uma das ações com direito a voto; c) adaptação do estatuto social indicando expressamente a adoção da configuração como SAS; d) ser companhia aberta ou fechada, formada por um ou mais de um acionista, pessoas físicas ou jurídicas.

Uma questão relevante do marco regulatório é a possibilidade de as sociedades anônimas simplificadas aderirem ao Simples Nacional, medida que viabilizará que as empresas captem investimentos através de ações sem perder os benefícios fiscais tributários.

Não é o escopo do artigo tratar das especificidades da sociedade anônima simplificada, mas pode-se afirmar que esse modelo societário, se aprovado, soluciona grande parte das dificuldades existentes na natureza societário de uma SA, diminuindo os custos, viabilizando uma estruturação mais simples e tornando mais atraente o negócio para os investidores.

Outro ponto de destaque é a impossibilidade de desconsideração da personalidade jurídica para investidores de empresas *startups*. Os investidores não responderão por qualquer dívida da empresa, inclusive em recuperação judicial.

No que tange ao aspecto trabalhista o marco legal estabelece a possibilidade de remuneração variável levando em consideração a eficiência e a produtividade da empresa, do empregado ou do time de empregados, ou outros objetivos e parâmetros que as partes vierem a acordar, incluindo a remuneração por plano de opção de compra de ações (*stock options*), com dedutibilidade dos tributos.

Além disso, o marco legal aprimora o ambiente de negócios das *startups*, garante segurança jurídica aos investidores, traz alíquotas diferenciadas de imposto de renda para os rendimentos em *startups*, concede incentivos fiscais para *startups* e confere um tratamento preferencial para *startups* em licitações a fim de estimular a competitividade no mercado.

Como se pode perceber o marco legal é um caminho necessário para a expansão das *startups* e a difusão do empreendedorismo inovador. Ademais, a regulação facilitará a relação entre investidor e *startup*, viabilizando o crescimento da empresa.

4 Considerações finais

Com exceção da Lei nº 13.874/2019 e da LC nº 167/2019, que instituiu o Inova Simples, no Brasil as *startups* ainda não possuem regulamentações específicas, seguindo as mesmas burocracias, regimes societários e cargas tributárias de empresas convencionais. Esse formato tradicional não é adequado ao dinamismo e à flexibilidade que as *startups* exigem, fazendo com que seja urgente que o ordenamento jurídico brasileiro acompanhe os avanços desse empreendedorismo inovador sem criar obstáculos que impeçam a consolidação dessas empresas.

Por ser uma organização temporária que cria produtos e serviços inovadores de natureza incremental ou disruptiva, através de um modelo de negócios escalável e repetível, sob condições de extrema incerteza, a *startup* precisa de uma regulação jurídica específica a fim de viabilizar o crescimento e a consolidação da empresa com segurança jurídica para os investidores e proprietários.

Diante disso é que se defende a criação de uma estrutura regulatória ágil, estável e que dê suporte às *startups* em fase inicial, até mesmo por meio de regulações assimétricas, principalmente em temas como direito societário, propriedade intelectual, tributação, contratos de trabalho.

O marco legal deve abranger essas interfaces de modo a desburocratizar o ambiente de negócios da empresa, facilitar a segurança jurídica nos investimentos e recursos financeiros para os investidores, facilitar a participação das *startups* no processo de licitação para compras públicas, flexibilizar as relações trabalhistas.

Como ficou demonstrado, uma das principais contribuições do marco legal é a criação da sociedade anônima simplificada, que reduzirá os requisitos exigidos para constituição e funcionamento de sociedades anônimas, atendendo assim aos anseios dos pequenos e médios empreendedores, que conseguirão dar mais segurança jurídica para os investidores.

Diante de um contexto em que o desenvolvimento é cada vez mais pautado pelas inovações tecnológicas, a criação de um ambiente regulatório moderno e eficiente para essa modalidade de empresa é essencial. Por isso, conclui-se que o marco legal para *startups* é um caminho necessário para o ecossistema de inovação.

Referências

BERTONCINI, Rodrigo Junqueira. Resolução de conflitos societários: retirada e exclusão de sócios. *In*: MORETTI, Eduardo; OLIVEIRA, Leandro Antonio Godoy (Org.). *Startups*: aspectos jurídicos relevantes. Lumen Juris: Rio de Janeiro, 2018.

BLANK, Steve. *Holding a cat by the tail*: lessons from an entrepreneurial life. [s.l.]: K&S Ranch, 2014.

BLANK, Steve; DORF, Bob. *The startup owner's manual*: the step-by-step guide for building a great company. [s.l.]: K&S Ranch, 2012.

BRASIL. *Lei Complementar no 167, de 24 de abril de 2019*. Dispõe sobre a Empresa Simples de Crédito (ESC) e altera a Lei no 9.613, de 3 de março de 1998 (Lei de Lavagem de Dinheiro), a Lei no 9.249, de 26 de dezembro de 1995, e a Lei Complementar no 123, de 14 de dezembro de 2006 (Lei do Simples Nacional), para regulamentar a ESC e instituir o Inova Simples. Palácio do Planalto Presidência da República, Brasília, DF, 24 abr. 2019. Disponível em: http://www.planalto.gov.br/ccivil_03/leis/lcp/Lcp167.htm.

ENCONTRE todas as startups do Brasil. *Startup Base*, 2020. Disponível em: https://startupbase.com.br/home. Acesso em: 10 abr. 2020.

FALCÃO, João Pontal de Arruda. O direito brasileiro rege, mas desconhece as startups. *In*: LEAL, Fernando; MENDONÇA, José Vicente Santos (Org.). *Transformações do direito administrativo*: consequencialismo e estratégias regulatórias. 1. ed. Rio de Janeiro: Escola de Direito do Rio de Janeiro da Fundação Getúlio Vargas, 2016. Disponível em: http://bibliotecadigital.fgv.br/dspace/bitstream/handle/10438/18009/Transforma%c3%a7%c3%b5es%20do%20Direito%20Administrativo.pdf?sequence=4&isAllowed=y. Acesso em: 10 abr. 2020.

FALCÃO, João Pontual de Arruda. Uma visão 360º do direito brasileiro aplicável às startups. *In*: JÚDICE, Lucas Pimenta (Coord.). *Direito das startups*. Curitiba: Juruá, 2017. v. II.

FEIGELSON, Bruno; NYBO, Erik Fontanele; FONSECA, Victor Cabral. *Direito das startups*. São Paulo: Saraiva Educação, 2018.

GIOIELLI, Sabrina Patrocinio Ozawa. *Os gestores de private equity e venture capital influenciam a governança corporativa das investidas?* Rio de Janeiro: Anbima, 2013.

IBGC – INSTITUTO BRASILEIRO DE GOVERNANÇA CORPORATIVA. *Governança corporativa para startups & scale-ups*. São Paulo: IBGC, 2019. Série IBGC Segmentos.

LOPES, Alan Moreira; TEIXEIRA, Tarcisio. Direito no empreendedorismo, entrepreneurship law. *In*: LOPES, Alan Moreira; TEIXEIRA, Tarcisio. *Startups e inovação*: direito no empreendedorismo (entrepreneuship law). Barueri: Manole, 2017.

OIOLI, Erik Frederico. Por que um "direito para startups"?. *In*: OIOLI, Erik Frederico (Coord.). *Manual de direito para startups*. São Paulo: Thomson Reuters, 2019.

REIS, Edgar Vidigal de Andrade. *Startups*: análises de estruturas societárias e de investimento no Brasil. São Paulo: Almedina, 2018.

REPÚBLICA ITALIANA. *Decreto-Legge 18 ottobre 2012, n. 179*. Disponível em: http://www.normattiva.it/uri-res/N2Ls?urn:nir:stato:decreto.legge:2012-10-18;179!vig=. Acesso em: 30 abr. 2020.

RIES, Eric. *A startup enxuta*: como os empreendedores atuais utilizam a inovação contínua para criar empresas extremamente bem-sucedidas. São Paulo: Lua de Papel, 2012.

RIES, Eric. *The startup way*. How modern companies use entrepreneurial management to transform culture and drive long-term growth-currency. Nova York: Penguin Random House LLC, 2017.

SANTOS, Iara Rodrigues dos. *O lado jurídico das startups*: empreendedorismo, inovação e responsabilidade social. Juiz de Fora: UFJF, 2016.

SOUZA, Pedro Henrique Menezes de. *Startups e seu controle societário*. Juiz de Fora: UFJF, 2014.

STARTUPS: investidores-anjo brasileiros investiram R$ 984 milhões em 2017. *Revista Pequenas Empresas & Grandes Negócios*, 22 ago. 2018. Disponível em: https://revistapegn.globo.com/Startups/noticia/2018/08/startups-investidores-anjo-brasileiros-investiram-r-984-milhoes-em-2017.html Acesso em: 11 maio 2019.

THIEL, Peter. *De zero a um*: o que aprender sobre empreendedorismo com o Vale do Silício. Tradução de Ivo Korytowski. Rio de Janeiro: Objetiva, 2014.

VIERA, Lucas Bezerra. *Direito para startups*: manual jurídico para empreendedores. [s.l.]: Edição do Autor, 2017.

ZWILLING, Martin. 10 tips for building the most scalable startup. *Forbes*, Nova York, 6 set. 2013. Disponível em: https://www.forbes.com/sites/martinzwilling/2013/09/06/10-tips-for-building-the-most-scalable-startup/#1a29082e5f28. Acesso em: 26 abr. 2020.

Informação bibliográfica deste texto, conforme a NBR 6023:2018 da Associação Brasileira de Normas Técnicas (ABNT):

JABORANDY, Clara Cardoso Machado; GOLDHAR, Tatiane Gonçalves Miranda. Marco legal para startups no Brasil: um caminho necessário para segurança jurídica do ecossistema de inovação. *In*: EHRHARDT JÚNIOR, Marcos; CATALAN, Marcos; MALHEIROS, Pablo (Coord.). *Direito Civil e tecnologia*. Belo Horizonte: Fórum, 2020. p. 553-564. ISBN 978-65-5518-036-7.

DIREITO 5.0

JOSÉ BARROS CORREIA JUNIOR
PAULA FALCÃO ALBUQUERQUE

Introdução

Há várias décadas, livros, romances, filmes e séries de ficção científica vêm apresentando um futuro tecnológico que, atualmente, está mais próximo do que se imagina. Desde a década de 1960, *Os Jetsons*, uma série animada de televisão, já mostrava como seria o futuro. Atualmente, a famosa série *Black mirror* e a série russa *Better than us*, ambas disponíveis em serviços de *streaming*, são exemplos de estórias que apresentam para os telespectadores máquinas que conseguem tomar decisões, interagir com pessoas, independentemente de qualquer controle ou comando de seres humanos.

Imaginar um computador psicólogo, um robô para ser chamado de namorado, um carro que decide sozinho o percurso a seguir, uma máquina *personal stylist* que captura as informações do clima e orienta a roupa que a pessoa deve usar etc. está mais próximo da nossa realidade do que se imagina. E isso parece ser maravilhoso e tende a solucionar alguns entraves diários das pessoas.

Porém, junto com essas vantagens alguns pontos merecem atenção. O desenvolvimento tecnológico reflete sobremaneira na atividade econômica, ditando novas formas de se empresariar, reverberando, desse modo, na concorrência, na segurança de informações, na privacidade etc. A pergunta que se faz é se o direito atualmente posto está apto a cuidar de todas as demandas que podem surgir com esse avanço tecnológico.

Ora, a computação tradicional já está sendo repensada e uma nova tecnologia, chamada computação quântica, está sendo desenvolvida e promete modificar a forma como se convive no âmbito virtual, refletindo sobremaneira na vida econômico-social das pessoas e, também, no mundo empresarial.

Porém, novas capacidades e ideias que ainda não se podem descrever com exatidão estão por vir, especialmente diante das inovadoras pesquisas atreladas à engenharia computacional através da mencionada computação quântica. Será que estaríamos tão próximos de outra nova Revolução Industrial, a quinta?

Para responder a esses questionamentos ou talvez criar tantos outros mais, o presente artigo está divido em 4 seções. A primeira pretende apresentar a nova realidade tecnológica e a possibilidade de se pensar em uma nova era da Revolução Industrial. Em sequência, a segunda seção cuida da inteligência artificial atrelada à computação quântica. Já a terceira seção se ocupa da máquina quântica e da segurança relacional na área da computação avançada. Por fim, a última seção que antecede as considerações finais apresenta alguns problemas que o direito não pode deixar de resolver.

1 A Revolução Industrial: será que já se pode pensar na era 5.0?

Voltando os olhares para os últimos séculos, é fácil perceber as transformações no mundo: a forma de trabalho mudou, as relações interpessoais e familiares se transformaram, as instituições sociais e os sistemas políticos não são mais os mesmos. Todas essas mudanças estão atreladas ao caminhar das quatro conhecidas Revoluções Industriais, permitindo progressos na qualidade e no desenvolvimento econômico mundial.

Quando discorre sobre a Revolução Industrial, Hobsbawn[1] assinala que, ao tratar de seres humanos e da atividade econômica, esta foi a mais radical mudança da vida social registrada. Cada uma das etapas das revoluções industriais propiciou grandes transformações no desenvolvimento humano e no que se oferta à coletividade, como será resumidamente apresentado adiante.

1.1 As revoluções industriais

A Primeira Revolução Industrial teve seu início na segunda metade do século XVIII, na Grã-Bretanha, marcando a transição do sistema feudal para o sistema capitalista. Ela se deu com a mudança no processo de produção, estando diretamente atrelada às manufaturas têxteis e ao algodão: invenção da máquina a vapor (utilizando o carvão como combustível) e sua aplicação na produção têxtil, ou seja, na fabricação de fios e tecidos.[2] Outrora, o trabalho artesanal era exercido por operários em seus lares; após, passou a ser desenvolvimento de modo mecanizado e em larga escala.

A produção de algodão foi a primeira a se mecanizar e foi fortalecida diante de toda uma estrutura que capacitava o comércio ultramarino, tornando a industrialização consideravelmente viável e irreversível. Essa percepção de viabilidade se deu no instante em que ficou evidente a possibilidade de se economizar tempo de trabalho desenvolvido pelos artesãos, otimização da produção e redução de custos.

Nesse sentido, as primeiras máquinas a vapor, desenvolvidas na Inglaterra, permitiram o aumento da produção de mercadorias e um estímulo à economia. Os donos das indústrias perceberam as vantagens da implantação das máquinas e começaram a investir na produção em larga escala. Fábricas passaram a ser construídas na Inglaterra e no resto do mundo, gerando muitas mudanças econômicas e sociais.

Essa industrialização e seu desenvolvimento não pararam, fazendo com que o avanço tecnológico continuasse. Novos produtos passaram a ser lançados, novas máquinas passaram a ser idealizadas e construídas, permitindo uma segunda Revolução Industrial, em meados do século XIX, com o desenvolvimento de indústrias químicas, o

---

1 HOBSBAWN, E. J. *Da revolução industrial inglesa ao imperialismo*. Rio de Janeiro: Forense Universitária, 2003.

2 LU, Y. Industry 4.0: a survey on technologies, applications and open research issues. *Journal of Industrial Information Integration*, v. 6, p. 1-10, 2017.

emprego do aço, a utilização de energia elétrica, a utilização de combustíveis oriundos de petróleo, como também do avanço dos meios de transporte e comunicação.[3] Nesse período, surgiram automóveis, telefones, rádios, aviões, navios de aço em substituição aos de madeira. Percebe-se que se trata de mudanças irreversíveis.

Em seguida, a chamada terceira Revolução Industrial passou a ser visualizada em meados do século XX, logo após a Segunda Guerra Mundial. Ela está vinculada aos avanços tecnológicos, especialmente em relação à transformação da mecânica analógica para a mecânica digital, destacando o progresso na criação de computadores e surgimento da internet, incrementando consideravelmente a forma de comunicação. Esta terceira fase também foi notada pela incorporação de novas fontes de energia, como a energia eólica, solar, nuclear. Mais uma vez, a terceira onda de Revolução Industrial mudou consideravelmente a sociedade e as relações interpessoais.

Por fim, a última e atual etapa das diversas revoluções industriais que se conhece é a quarta, também chamada Revolução 4.0. Possui como característica marcante a interligação de todas as etapas da produção, desde a busca das características do destinatário de algo, perpassando pela criação e produção, convencimento de necessidade e entrega do que se pretende fornecer. Isso tudo com uma função: utilizar os dados para fazer a indústria mais eficiente, reduzindo falhas e incrementando a lucratividade.

Esta nova etapa das revoluções industriais foi apresentada em 2016, por Klaus Schwab, presidente do Fórum Econômico Mundial de Davos, afirmando que se trata de uma revolução tecnológica que chegou para modificar abruptamente o modo como se vive, se trabalha e se relaciona, no mundo físico, digital e biológico, com grandeza, amplitude e multiplicidade.[4] A Revolução 4.0 se dirige a um novo modelo demandado pelo mercado, em que se volta para a criação de fábricas/indústria/atividades empresariais mais inteligentes.[5]

Trata-se, na verdade de um aperfeiçoamento das máquinas que se iniciou na primeira Revolução Industrial e foi evoluindo até os dias atuais. Para Schwab,[6] pesquisador que narrou a quarta Revolução Industrial:

> as tecnologias emergentes da Quarta Revolução Industrial são construídas sobre o conhecimento e os sistemas das revoluções industriais anteriores e, em particular, sobre os recursos digitais da Terceira Revolução Industrial. Elas incluem os doze conjuntos de tecnologias discutidos na Seção II deste livro, como a inteligência artificial (IA) e a robótica, a fabricação aditiva, as neurotecnologias, as biotecnologias, a realidade virtual e aumentada, os novos materiais, as tecnologias energéticas, bem como as ideias e capacidades cuja existência ainda não conhecemos.

Vê-se, nas palavras do autor, que se vive em uma época marcada pela diversidade tecnológica, inter-relacionando competências do mundo digital, biológico e físico. Nesse

---

3 DUARTE, A. Y. S. *Gerenciamento da demanda em TI*. Tese (Doutorado em Engenharia Mecânica) – Universidade Estadual de Campinas – Unicamp/SP, 2017.

4 SANTOS, Leon. Quarta Revolução Industrial já está em vigor e deve mudar a realidade que conhecemos. *Revista Brasileira de Administração*, ano 30, n. 132, set./out. 2019. p. 24.

5 KAGERMANN, H.; WAHLSTER, W.; HELBIG, J. Recommendations for implementing the strategic initiative. *Industrie 4.0: final report of the Industrie 4.0 Working Group*, 2013.

6 SCHWAB, Klaus. *Aplicando a quarta revolução industrial*. Tradução de Daniel Moreira Miranda. São Paulo: Edipro, 2018. p. 35.

sentido, surge um cenário cyber-físico atrelado à internet das coisas, acarretando mudanças significativas no movimento das máquinas com a mínima intervenção humana.[7]

No cenário da Revolução 4.0, Gomes[8] afirma que existem 8 (oito) tecnologias que atualmente podem impactar o mundo e afetar consideravelmente os modelos de atividades negociais existentes, quais sejam: inteligência artificial, realidade aumentada, *blockchain*, *drones*, internet das coisas, robôs, realidade virtual e impressão 3D.

Ocorre que todo esse cenário tecnológico é desenhado baseado em uma tecnologia computacional tradicional, em que se utiliza um sistema binário de linguagem – que será melhor explicado adiante. Essa linguagem permite a construção de textos, a realização de cálculos, a captura de dados, a consecução da inteligência artificial, a movimentação de robôs, a tomada de decisões etc., e vem sendo utilizada na organização mercadológica no mundo todo.

Juristas vêm pensando e construindo o direito com base no que se tem hodiernamente, especialmente quando se trata de proteção de valores postos constitucionalmente, tanto em relação ao ser humano diretamente, como em relação ao desenvolvimento econômico-social.

Porém, nos dias atuais, os pesquisadores já trabalham no desenvolvimento de uma computação muito mais ágil e dotada de uma capacidade inimaginável, chamada computação quântica. Talvez ela esteja chegando para, mais uma vez, permitir uma nova onda da Revolução Industrial, a quinta.

1.2 Computação tradicional *vs.* computação quântica

A computação tradicional conhecida e largamente utilizada nos dias de hoje é assentada na concepção descrita por John Von Neumann, em 1946.[9] Um computador que utiliza a arquitetura proposta por Von Neumann deve ter memória, processador, dispositivos de entrada e saída de dados e barramento de comunicação; além disso, deve conseguir fazer uma distinção evidente entre elementos de processamento e armazenamento de informações, ou seja, ter processador e memória segregados por um barramento de comunicação.[10]

Essas características podem ser resumidas quando se afirma que a computação clássica de Von Neumann foca na organização da memória (tanto instruções como dados) e no método de processamento (que é feito através de um passo a passo sequencial). Com base nisso, vê-se o computador tradicional e tudo que a ele estiver atrelado, desde os algoritmos idealizados até a eficiência dos problemas eventualmente resolvidos.

Uma máquina computacional clássica pode ser definida genericamente como um equipamento que "lê certo conjunto de dados, codificado em zeros e uns, executa

---

7 AMORIM, Jose Eduardo. A "indústria 4.0" e a sustentabilidade do modelo de financiamento do Regime Geral da Segurança Social. *Cadernos de Dereito Actual*, n. 2017. Disponível em: www.cadernosdedereitoactual.es/ojs/index.php/cadernos/article/view/132/93. Acesso em: 13 mar. 2020.

8 GOMES, Daniel Vieira. Inovações disruptivas sob a abordagem jurídica: por que as novas tecnologias podem afetar o direito brasileiro? *Revista de Direito e as Novas Tecnologias*, v. 1, jan./mar. 2019.

9 OLIVEIRA, Ivan S.; AZEVEDO, Eduardo R. de; FREITAS, Jair C. C. de. Computação quântica. *Revista Ciência Hoje*, 2003.

10 SILVA, José Vinícius do Nascimento; SILVA, Carlos Alex Souza da. Computação quântica: uma abordagem simulacional. *Revista Principia*, João Pessoa, n. 23, dez. 2013.

cálculos e gera uma saída também codificada em zeros e uns",[11] formando uma base binária, que pode expressar qualquer número inteiro. Nos computadores tradicionais, a menor unidade é chamada *bit*, que, como dito, pode ser 0 ou 1; este sistema binário funciona basicamente ligando e desligando os transistores. A sequência de "liga e desliga" cria os caracteres ou informações pretendidas.

As tecnologias que se têm atualmente, como computadores, *smartphones*, *smartwatches* etc., funcionam a partir desse código binário, com a forma tradicional. Afirma-se que "provavelmente não existe forma melhor de realizar cálculos matemáticos, editar textos, armazenar bancos de dados ou acessar a Internet; um computador de Von Neumann é a melhor máquina para executar essas tarefas".[12]

Ocorre que essa arquitetura computacional clássica já não é tão eficaz para algumas novas áreas da tecnologia, como a inteligência artificial. Há quase 4 décadas, vem-se estudando uma nova forma de se arquitetar um computador para tentar resolver problemas que não conseguem ser solucionados através da computação tradicional. Trata-se da chamada e já mencionada computação quântica, que vem sendo estudada desde o início da década de 1980 e tende a resolver problemas de modo mais rápido do que a forma clássica, como, também, produzir e solucionar tecnologia ainda não manuseada.[13]

Atribui-se ao físico Richard Philips Feynman a idealização da computação quântica, ao confeccionar a primeira sugestão de uma máquina que emprega fenômenos quânticos (emprestados da física quântica) para operar computadores e solucionar problemas de modo mais rápido.[14] A máquina quântica, no lugar de utilizar *bits*, usa o chamado *quantum bits* ou *qubit*, que se comporta de modo diferente da forma clássica.

À medida que um *bit* trabalha com informação como 0 ou 1 de forma alternada, o *qubit* pode ser 0 e 1 de modo simultâneo, dobrando sua capacidade de processamento. Com isso, a grande vantagem da máquina é sua velocidade quando comparada aos padrões clássicos. Sobre o assunto:

> Em vez de um-ou-outro, como na lógica digital, um qubit quântico poderia ser ambos, ou seja, representar 0 e 1 ao mesmo tempo. Esses qubits poderiam existir simultaneamente como uma combinação de todos os números de dois bits possíveis quando se têm dois qubits. Adicionando um terceiro qubit, pode-se ter a combinação de todos os números de três bits possíveis. Esse sistema cresce exponencialmente. Com isso, uma coleção de qubits poderia representar uma fileira de números ao mesmo tempo, e um computador quântico poderia processar toda uma entrada de dados simultaneamente.[15]

---

11 SILVA, José Vinícius do Nascimento; SILVA, Carlos Alex Souza da. Computação quântica: uma abordagem simulacional. *Revista Principia*, João Pessoa, n. 23, dez. 2013.

12 SILVA, José Vinícius do Nascimento; SILVA, Carlos Alex Souza da. Computação quântica: uma abordagem simulacional. *Revista Principia*, João Pessoa, n. 23, dez. 2013.

13 JOSÉ, Marcelo Archanjo; PIQUEIRA, José Roberto Castilho; LOPES, Roseli de Deus. Introdução à programação quântica. *Revista Brasileira de Ensino de Física*, São Paulo, v. 35, n. 1, jan./mar. 2013.

14 MELO, Bruno Leonardo Martins de; CHISTOFOLETTI, Túlio Vinícius Duarte. *Computação quântica*: estado da arte. Artigo (Bacharelado em Ciências da Computação) – INE – Departamento de Informática e Estatística, Universidade Federal de Santa Catarina – UFSC, 2003. Disponível em: http://www.inf.ufsc.br/~j.barreto/trabaluno/TCBrunoTulio.pdf. Acesso em: 10 abr. 2020.

15 MELO, Bruno Leonardo Martins de; CHISTOFOLETTI, Túlio Vinícius Duarte. *Computação quântica*: estado da arte. Artigo (Bacharelado em Ciências da Computação) – INE – Departamento de Informática e Estatística, Universidade Federal de Santa Catarina – UFSC, 2003. Disponível em: http://www.inf.ufsc.br/~j.barreto/trabaluno/TCBrunoTulio.pdf. Acesso em: 10 abr. 2020.

Atualmente, a IBM, o Google e a Microsoft estão desenvolvendo estudos para a criação de computadores quânticos na tentativa de se atingir alto nível de processamento e a criação de chaves criptográficas específicas, voltadas para pesquisas científicas no ramo da biologia, meteorologia, astronomia e ciência molecular.[16] Tudo ainda está na fase de teste e muitos erros estão sendo descobertos, não havendo previsão de disponibilidade dessa tecnologia no mercado para uso comum.

Embora os computadores quânticos não estejam à disposição para comércio, tendo em vista as dificuldades na sua implementação, os estudos para sua utilização já estão em desenvolvimento, através de diversos modelos que "representem seu funcionamento, servindo de base para a concepção das linguagens de programação, que visam explorar as potencialidades"[17] desse novo modelo de computador.

Ademais, apesar de esses estudos já estarem em fase avançada, a computação quântica ainda possui várias limitações, acarretando erros com muita frequência por conta da fragilidade dos *qubits*, podendo ser interrompido facilmente por razões como variação de temperatura ou simples vibração; com isso é possível que surjam resultados duvidosos.[18]

Porém, ela é uma realidade próxima e o direito precisa se preparar para seus reflexos, especialmente no que se refere à inteligência artificial, como será adiante posto.

2 Inteligência artificial (IA) e a computação quântica

A concepção de inteligência artificial pode tomar novos rumos diante da chamada computação quântica. Ora, a inteligência artificial é fruto da 4ª Revolução Industrial e permitiu tomada de decisões por máquinas através de dados alimentados por seus criadores. Mas o que é a inteligência artificial e como a computação quântica pode interferir sobremaneira nessa concepção? Há possibilidade de se construir máquinas dotadas de verdadeira inteligência, simulando o cérebro humano?

Alan Turing, matemático britânico, atualmente é considerado o idealizador da inteligência artificial, através da publicação do artigo *Computing machinery and intelligence*, que defendia a possibilidade de uma atuação inteligente através de máquinas, imitando a forma de pensar de um ser humano.[19]

Não há consenso entre os pesquisadores acerca da definição do que é a inteligência artificial, sendo, para muitos, algo que não se pode conceituar de modo preciso e universalmente aceito.[20] Nesse sentido, Jordi Nieva Fenoll[21] afirma que não há um

[16] O QUE é computação quântica e qual o seu impacto? *TOTVS*, 17 dez. 2019. Disponível em: https://www.totvs.com/blog/inovacoes/computacao-quantica/. Acesso em: 13 mar. 2020.

[17] JOSÉ, Marcelo Archanjo; PIQUEIRA, José Roberto Castilho; LOPES, Roseli de Deus. Introdução à programação quântica. *Revista Brasileira de Ensino de Física*, São Paulo, v. 35, n. 1, jan./mar. 2013.

[18] O QUE é computação quântica e qual o seu impacto? *TOTVS*, 17 dez. 2019. Disponível em: https://www.totvs.com/blog/inovacoes/computacao-quantica/. Acesso em: 13 mar. 2020.

[19] SALECHA, Manisha. Artificial narrow intelligence vs. artificial general intelligence. *Analytics India Magazine*, 2016. Disponível em: https://analyticsindiamag.com/artificial-narrow-intelligencevs-artificial-general-intelligence/. Acesso em: 25 mar. 2020.

[20] PEIXOTO, Fabiano Hartmann; SILVA, Roberta Zumblick Martins da. *Inteligência artificial e direito*. Curitiba: Alteridade, 2019. p. 74.

[21] FENOLL, Jordi Nieva. *Inteligencia artificial y processo judicial*. Madrid: Marcial Pons Ediciones Jurídicas y Sociales, 2018.

conceito exato acerca do significado da inteligência artificial, havendo apenas ideia básica que perpassa a possibilidade de um equipamento raciocinar ou simular a forma de proceder do ser humano.

Para Russel,[22] a inteligência artificial nada mais é que o estudo das formas que permitem máquinas agirem de modo inteligente, adotando uma postura correta e propensa a atingir um objetivo esperado. Para o autor, a IA inclui tarefas como aprendizado, raciocínio, planejamento, percepção, entendimento da linguagem e robótica. Já para Andriei Gutierrez, a IA nada mais é do que a "tentativa de emular capacidade humana cognitiva em sistemas artificiais".[23] Nessa linha de pensamento:

> A inteligência artificial é uma ampla área de pesquisa inserida na ciência da computação, que pretende não apenas entender como os seres humanos pensam, percebem, compreendem, preveem e manipulam, mas, principalmente, propõe-se a construir entidades inteligentes.[24]

Resumidamente, a inteligência artificial pode ser definida observando-se suas características como capacidade de aprender e de se adaptar a mudanças instantaneamente, administrando de maneira independente os fatos que surgem, sem a necessidade de intervenção humana, tudo isso com base em dados que foram alimentados pelos criadores da máquina. Mas seria possível permitir que uma máquina aja de modo semelhante aos seres humanos, através de uma atuação autônoma e consciente?

Com base na chamada teoria do naturalismo biológico, desenvolvida pelo filósofo norte-americano John Searle, é possível que sistemas de computação possam exibir ações bem parecidas com comportamentos humanos.[25] Entretanto, apesar de a inteligência artificial ser capaz de reproduzir algumas atividades neuronais, ela imita condutas humanas, sem qualquer função complexa em termos de atividade neuronal, sendo impossível "gerar experiências conscientes em máquinas inteligentes, dotá-las de intencionalidade ou senciência, ou ainda, como prefere o filósofo, a inteligência artificial não será hábil a operacionalizar seu comportamento de modo semântico".[26]

Por outro lado, David Chalmers aponta a teoria do dualismo natural, que traz como base a ideia de que é possível desenvolver um sistema consciente, desde que se tenha uma organização física e funcional eficiente, que englobe aspectos digitais e analógicos, permitido que se imite consciência humana em máquinas.[27]

---

22 RUSSELL, Stuart. Q&A: The future of artificial intelligence. *University of Berkeley*, 2016. Disponível em: https://people.eecs.berkeley.edu/~russell/temp/q-and-a.html. Acesso em: 16 mar. 2020.

23 GUTIERREZ, Andriei. É possível confiar em um sistema de inteligência artificial? Práticas em torno da melhoria da sua confiança, segurança e evidências accountability. *In*: FRAZÃO, Ana; MULHOLLAND, Caitlin. *Inteligência artificial e direito*. São Paulo: Thomson Reuters Brasil, 2019. p. 84

24 FERREIRA, Mariana Suzart Paschoas; ARAÚJO, Vitor Eduardo Lacerda de. Análise da viabilidade de criação de consciência na inteligência artificial. *Revista de Direito e as Novas Tecnologias*, v. 4, jul./set. 2019.

25 FERREIRA, Mariana Suzart Paschoas; ARAÚJO, Vitor Eduardo Lacerda de. Análise da viabilidade de criação de consciência na inteligência artificial. *Revista de Direito e as Novas Tecnologias*, v. 4, jul./set. 2019.

26 FERREIRA, Mariana Suzart Paschoas; ARAÚJO, Vitor Eduardo Lacerda de. Análise da viabilidade de criação de consciência na inteligência artificial. *Revista de Direito e as Novas Tecnologias*, v. 4, jul./set. 2019.

27 CICUREL, Ronald; NICOLELIS, Miguel Angelo Laporta. *O cérebro relativístico*: como ele análise da viabilidade de criação de consciência na inteligência artificial funciona e por que ele não pode ser simulado por uma máquina de Turing. São Paulo: Kios Press, 2015.

Esses são exemplos de filósofos que debatem o assunto. Não há consenso entre os autores se há verdadeira possibilidade de deixar as máquinas agirem sozinhas sem qualquer manipulação ou controle consciente por parte do ser humano. Porém, os pesquisadores da área da computação vêm tentando provar essa possibilidade, especialmente através da utilização da acima mencionada computação quântica.

É justamente através da computação quântica que os pesquisadores estão procurando melhorar a captura de dados, manipulação destes e conclusões inteligentes através de máquinas, sem que se precise alimentá-las ou administrá-las por seres humanos, com uma precisão tal que seja impossível o erro.

Tenta-se, com isso, criar máquinas verdadeiramente autônomas e ágeis, capazes de capturar informações, processá-las e exteriorizá-las de modo mais rápido e até mais eficientes que o homem.

A pergunta é: é possível perder o controle dessa atuação? Não se pode ter uma certeza exata para essa pergunta, mas é possível que as máquinas se tornem inteligentes a ponto de tomar decisões através da manipulação de algoritmos independentemente daqueles inicialmente imaginados ou postos pelos seus criadores. Ou seja, para alguns pesquisadores, é possível que as máquinas se tornem mais inteligentes, independentes do homem e a maioria dos pesquisadores de IA acha que isso pode acontecer ainda neste século.[28]

Essa nova tecnologia traz impactos diversos na vida particular de cada cidadão, como também sob o viés da atividade econômica, tendo em vista a possibilidade de utilização desse mecanismo para burlar e manipular as vontades de destinatários de produtos e serviços. Com isso, a IA baseada nessa nova tecnologia traz vantagens e riscos para a sociedade, como será adiante comentado.

3 A máquina quântica e a segurança relacional na área da computação avançada

Outro ponto marcante quando se trata da computação quântica gira em torno da segurança fragilizada da computação tradicional. Tendo em vista o potencial de evolução posto pela tecnologia quântica, inúmeros segmentos da tecnologia da informação sofrerão vários avanços; todavia, apesar dessas vantagens, há um lado preocupante que gira em todo da cibersegurança, através da criptografia.[29]

A palavra *criptografia*, atualmente, é a principal expressão quando se trata de segurança no campo da tecnologia e comunicação. Trata-se de mecanismo de proteção em relação a informações e a comunicações, mediante o uso de códigos, de forma que somente os destinatários da informação poderão ter acesso a elas.

Com o desenvolvimento tecnológico e o avanço nas comunicações através do mundo virtual, cada vez mais, a criptografia passou a ter um papel protagonista no que se refere à privacidade e proteção de dados dos usuários. Esse protagonismo garante uma proteção aos usuários nas suas relações particulares, como, também, nas relações empresariais.

---

[28] RUSSELL, Stuart. Q&A: The future of artificial intelligence. *University of Berkeley*, 2016. Disponível em: https://people.eecs.berkeley.edu/~russell/temp/q-and-a.html. Acesso em: 16 mar. 2020.

[29] TOMMASO, Raphael Di. Computador quântico. *Jus.com.br*, nov. 2019. Disponível em: https://jus.com.br/artigos/77762/computador-quantico. Acesso em: 16 abr. 2020.

Atualmente, não se concebe imaginar qualquer atividade empresarial alheia ao desenvolvimento tecnológico e à necessidade de proteção através de criptografia. Basta imaginar que os empresários, em suas atividades, registram sua contabilidade através de meio eletrônico, fazem transações através de cartões de créditos em máquinas digitais, negociam em redes sociais etc. Cartórios registram documentos e investidores mantêm sigilo de seus investimentos pelo sistema de *blockchain*. A criptografia oferece uma garantia mínima de privacidade aos usuários, sendo uma peça importante na segurança da informação.

Porém, essa peça importante na segurança não é inabalável. Apesar de muito difícil, é possível desvendar os segredos e quebrar essa proteção. Entretanto, é necessário ter muito tempo e um altíssimo poder de processamento quando se trata da computação clássica, principalmente quando se houver uma criptografia bem construída e com uma chave de tamanho considerável. Ou seja, diante da computação tradicional a criptografia bem construída dificilmente será quebrada, pois demandaria muito tempo e um excelente processador. Em geral, não se compensa o investimento nessa esfera.

Todavia, a computação quântica chegou apresentando a possibilidade de facilitar a quebra desse mecanismo de segurança de modo mais rápido, isso porque, atualmente, não há criptografia apta a dar proteção às máquinas tradicionais quando da atuação pelos computadores quânticos.[30] Fala-se:

> Uma vez que os computadores quânticos se tornem realidade, algo que pode acontecer nas próximas dez ou duas décadas, todos os dados protegidos por sistemas criptografados na Internet serão descriptografados e desprotegidos, acessíveis a todos os indivíduos, organizações ou estados-nação.[31]

Assim, é possível facilmente imaginar descriptografia de informações armazenadas ou lançadas em qualquer espaço virtual atualmente concebido, alicerçado com base na computação tradicional. Isso pode ocorrer quando da utilização de um algoritmo que explora a mecânica quântica e, como consequência, simplifica a fatoração de números em seus componentes principais (números primos), utilizados normalmente para dificultar a quebra da criptografia.[32] Ou seja, a computação quântica fará vulnerável aquele que se confia na criptografia atual e utiliza a máquina tradicional.

Pesquisadores visionários já vêm repensando a maneira de ofertar segurança aos usuários da máquina com tecnologia quântica, através de estudos acerca da criptografia pós-quântica,[33] porém nada ainda posto de modo seguro. Na verdade, nem a computação quântica está amplamente construída.

Por outro lado, para alguns pesquisadores também é possível afirmar que a computação quântica pode aprimorar o sistema de segurança das informações em rede,

---

30 O QUE é computação quântica e qual o seu impacto? *TOTVS*, 17 dez. 2019. Disponível em: https://www.totvs.com/blog/inovacoes/computacao-quantica/. Acesso em: 13 mar. 2020.

31 A CRIPTOGRAFIA sobreviverá a era da computação quântica? *CIO from IDG*, 12 dez. 2019. Disponível em: https://cio.com.br/a-criptografia-sobrevivera-a-era-da-computacao-quantica/. Acesso em: 20 abr. 2020.

32 O QUE é computação quântica e qual o seu impacto? *TOTVS*, 17 dez. 2019. Disponível em: https://www.totvs.com/blog/inovacoes/computacao-quantica/. Acesso em: 13 mar. 2020.

33 DODT, Cláudio. Computação quântica e seus efeitos na criptografia. *Profissionais TI (PTI)*, 2019. Disponível em: https://www.profissionaisti.com.br/2019/11/computacao-quantica-e-seus-efeitos-na-criptografia/. Acesso em: 20 abr. 2020.

tendo em vista a possibilidade de se construir sistemas de comunicação criptografadas aptos a identificar se há alguém tentando ter acesso aos dados.

Essa relação de cibersegurança impacta de modo considerável a forma de atuar empresarialmente, tendo em vista os riscos de vazamento de informações de usuários para concorrentes que pretendem adotar medidas astuciosas na intenção de captação de clientela.

4 Problemas que o direito (atual) não pode deixar de resolver

O cenário em que se tem a perspectiva de toda essa evolução tecnológica através da computação quântica, especialmente no que se refere à IA e à segurança de dados, traz novos desafios para o direito. O ordenamento jurídico precisa estar preparado para os reflexos da atuação dessa computação quântica, especialmente na possibilidade de regulação, como também de solução ao enfrentamento de diversas situações que poderão surgir.

Ora, tendo em vista o contexto de contínua e intensa captura de dados, armazenamento, tratamento, divulgação, monetização, como, também, substituição do homem pela máquina, é indispensável refletir acerca de alguns institutos jurídicos. O desenvolvimento das máquinas capazes de decidir pelo homem e até mesmo invadir sua privacidade requer que o direito esteja preparado para solucionar demandas de tais montas.

Inicialmente, há que pensar em novas regras que cuidem de aspectos relacionados à segurança de dados e comunicação feitas através da mencionada criptografia. A legislação atual é construída sob a perspectiva de que há segurança no mundo das comunicações e armazenamento de dados através do mecanismo da criptografia. Porém, com a computação quântica e enquanto não se pense em um mecanismo mais seguro de proteção, essa criptografia se torna frágil, impactando a relação pessoal e econômico-social da coletividade.

Para exemplificar, no Brasil, tem-se a Resolução nº 4.658/18 do Banco Central, que apresenta regras acerca da segurança cibernética que as instituições financeiras autorizadas devem seguir, afirmando necessidade de adoção de procedimentos de controle que utilizem autenticação, criptografia, entre outros mecanismos de segurança.[34] Outro exemplo é a Lei de Proteção de Dados, que ainda está em *vacatio legis*, e determina obrigações de utilização de mecanismos técnicos e de segurança para a proteção dos dados pessoais tratados pelas empresas em seus âmbitos de atuação.[35]

---

[34] BRASIL. Banco Central do Brasil. *Resolução nº 4.658, de 26 de abril de 2018* – "Art. 3º A política de segurança cibernética deve contemplar, no mínimo: [...] II - os procedimentos e os controles adotados para reduzir a vulnerabilidade da instituição a incidentes e atender aos demais objetivos de segurança cibernética; [...] §2º Os procedimentos e os controles de que trata o inciso II do caput devem abranger, no mínimo, a autenticação, a criptografia, a prevenção e a detecção de intrusão, a prevenção de vazamento de informações, a realização periódica de testes e varreduras para detecção de vulnerabilidades, a proteção contra softwares maliciosos, o estabelecimento de mecanismos de rastreabilidade, os controles de acesso e de segmentação da rede de computadores e a manutenção de cópias de segurança dos dados e das informações".

[35] BRASIL. Planalto. *Lei nº 13.709, de 14 de agosto 2018* – "Art. 6º As atividades de tratamento de dados pessoais deverão observar a boa-fé e os seguintes princípios: [...] VII - segurança: utilização de medidas técnicas e administrativas aptas a proteger os dados pessoais de acessos não autorizados e de situações acidentais ou ilícitas de destruição, perda, alteração, comunicação ou difusão".

Merece reflexão por parte dos juristas um futuro próximo sobre assuntos relacionados a direitos autorais e ao sigilo empresarial. Ora, o detentor da tecnologia capaz de quebrar a criptografia de empresários vulneráveis tecnologicamente poderá ter acesso à produção intelectual e informações sigilosas que individualizam e dão prestígio. Desse modo, é possível ter acesso a uma considerável quantidade de informações e de produtos intelectuais de terceiros, sem que seja observada a legislação sobre a matéria.[36]

Essa fragilização pode também permitir que invasores tenham acesso de maneira indevida à fase de puntuação na esfera contratual ou até mesmo a termos contratuais sigilosos. Assim, no instante em que a computação tradicional for fragilizada pela computação quântica, haverá necessidade de as empresas se adaptarem às novas vulnerabilidades no que se refere à segurança, como também de o direito acompanhar toda essa evolução repensando mecanismos de maior proteção jurídica.

É importante notar que a LGPD não se preocupa apenas com a segurança criptográfica, mas também com o processamento de informações através da inteligência artificial. O art. 20 da Lei nº 13.709/18 garante ao titular dos dados a solicitação de revisão de decisões tomadas apenas com base em tratamento automatizado de dados pessoais que afetem seus interesses, incluídas as decisões destinadas a definir o seu perfil pessoal, profissional, de consumo e de crédito ou os aspectos de sua personalidade. Ocorre que, ao se pensar na computação quântica, a inteligência artificial pode acarretar uma independência na máquina em relação ao seu criador, a ponto de não se conseguir controlar as decisões tomadas ou as bases que foram utilizadas como parâmetro.

Outro desafio para o direito diz respeito à concorrência empresarial. Ora, é fácil perceber que o domínio de certas tecnologias permite a seu detentor capturar dados e tratá-los de modo a atribuir um grande poder de decisões mercadológicas. Se com a computação tradicional já existe uma enorme fragilização da concorrência, com a tecnologia quântica os detentores desses computadores poderão dominar o mercado de modo a monopolizar todo seu seguimento. Nesse sentido:

> Considerando os impactos e as reações ao domínio de tecnologias como ferramentas de busca na internet, redes sociais e vendas online, é possível antever o poder da empresa que dominar a computação quântica e a possibilidade de processar cálculos e operações em velocidade muito superior a todas as demais.[37]

Com isso, há necessidade de se repensar o direito antitruste brasileiro, colocando-o sob o alicerce das novas tecnologias. Essa necessidade permitirá a observância do princípio constitucional da função social das empresas, especialmente no que se refere aos pequenos empreendedores.

Há necessidade de que o direito preveja os riscos e já aponte possíveis soluções, sob pena de desequilibrar a organização interna de cada país. Sobre isso, Kai-Fu Lee afirma que, "quando o verdadeiro poder da inteligência artificial for utilizado, a divisão

---

36 ALMEIDA, Welder Oliveira de. Questões candentes acerca da 'pirataria'. *Boletim Jurídico*, Uberaba, ano 4, n. 232. Disponível em: https://www.boletimjuridico.com.br/artigos/direitos-autorais/1776/questoes-candentes-acerca-pirataria. Acesso em: 14 abr. 2020.

37 MARTINS, Mauro Roberto; BIAGINI, Giordana. Computação quântica e seus impactos jurídicos. *Pinhão e Koiffman Advogados*, 2019. Disponível em: https://direitoparatecnologia.com.br/computacao-quantica-e-seus-impactos-juridicos/. Acesso em: 25 maio 2020.

real não será entre países como os Estados Unidos e a China. Em vez disso, as divisões mais perigosas surgirão dentro de cada país, e terão o poder de destruí-los de fora para dentro".[38]

Como afirma Yuval Harari, "os donos dos dados são os donos do futuro".[39] O uso de inteligência artificial e de computação quântica permitiria uma completa quebra do princípio da isonomia. Enquanto o século XX entrou em um processo de redução das desigualdades para se efetivar uma isonomia substancial, com a aplicação cada vez mais frequente de direitos fundamentais, até mesmo em relações interparticulares, o século XXI será marcado pelo poder da detenção de informações, superando valores como poder econômico e político. Criar-se-ia uma exclusão social ainda maior, quando se esperava que o século fosse marcado por um período de oportunidades para todos.

O grande desafio para o direito é antever as possibilidades de regulação e já deixá-las aptas através de um conteúdo textual aberto capaz de acompanhar a evolução tecnológica. Isso porque normalmente a regulação de tecnologia costuma cuidar apenas do que já existe, esquecendo que a evolução continua.

Considerações finais

Constantemente surgem inúmeras novidades na área computacional. Parte delas chega e permanece, sendo paradigma; algumas outras surgem, mas não conseguem se estabelecer por não se adequarem às reais necessidades da coletividade.

A computação quântica é uma nova forma de pensar tecnologicamente e aparentemente está chegando para ficar, tendo em vista a proposta de se executar função de modo mais rápido e eficiente de modo a se cogitar o surgimento de uma nova era da Revolução Industrial, a quinta.

Junto com esse desenvolvimento, novos reflexos surgem tendentes a mudar o modo de agir na esfera individual e coletiva, especialmente sob a perspectiva econômico-social. A computação quântica traz consigo riscos de segurança no que se refere à computação tradicional, como também à manipulação de dados para tomadas de decisões. É indiscutível que o direito brasileiro ainda não consegue ter um arcabouço jurídico organizado capaz de cuidar de modo adequado das acepções tecnológicas que atualmente existem e isso é um grande problema. Problema maior surge quando se consegue perceber que em um futuro bem próximo nova tecnologia chegará e novos problemas surgirão, sem que o direito consiga acompanhar.

Por essa razão, é necessário se pensar em construir um direito voltado às transformações potenciais alicerçadas na Revolução 5.0. Por que não o Direito 5.0? Este é o desafio para o Direito 5.0: repensar as máquinas autônomas e criar normas para cuidar das novas demandas, especialmente no que se refere à cibersegurança, não se tornando refém da evolução, mas caminhando de mãos dadas com ela.

---

[38] LEE, Kai-Fu. *Inteligência artificial*: como os robôs estão mudando o mundo, a forma de como amamos, nos relacionamos, trabalhamos e vivemos. Tradução de Marcelo Barbão. Rio de Janeiro: Globo Livros, 2019. p. 168.

[39] HARARI, Yuval Noah. *21 lições para o século 21*. São Paulo: Cia. das Letras, 2018. p. 75.

Referências

A CRIPTOGRAFIA sobreviverá a era da computação quântica? *CIO from IDG*, 12 dez. 2019. Disponível em: https://cio.com.br/a-criptografia-sobrevivera-a-era-da-computacao-quantica/. Acesso em: 20 abr. 2020.

ALMEIDA, Welder Oliveira de. Questões candentes acerca da 'pirataria'. *Boletim Jurídico*, Uberaba, ano 4, n. 232. Disponível em: https://www.boletimjuridico.com.br/artigos/direitos-autorais/1776/questoes-candentes-acerca-pirataria. Acesso em: 14 abr. 2020.

AMORIM, Jose Eduardo. A "indústria 4.0" e a sustentabilidade do modelo de financiamento do Regime Geral da Segurança Social. *Cadernos de Dereito Actual*, n. 2017. Disponível em: www.cadernosdedereitoactual.es/ojs/index.php/cadernos/article/view/132/93. Acesso em: 13 mar. 2020.

CICUREL, Ronald; NICOLELIS, Miguel Angelo Laporta. *O cérebro relativístico*: como ele análise da viabilidade de criação de consciência na inteligência artificial funciona e por que ele não pode ser simulado por uma máquina de Turing. São Paulo: Kios Press, 2015.

DODT, Cláudio. Computação quântica e seus efeitos na criptografia. *Profissionais TI (PTI)*, 2019. Disponível em: https://www.profissionaisti.com.br/2019/11/computacao-quantica-e-seus-efeitos-na-criptografia/. Acesso em: 20 abr. 2020.

DUARTE, A. Y. S. *Gerenciamento da demanda em TI*. Tese (Doutorado em Engenharia Mecânica) – Universidade Estadual de Campinas – Unicamp/SP, 2017.

FENOLL, Jordi Nieva. *Inteligencia artificial y processo judicial*. Madrid: Marcial Pons Ediciones Jurídicas y Sociales, 2018.

FERREIRA, Mariana Suzart Paschoas; ARAÚJO, Vitor Eduardo Lacerda de. Análise da viabilidade de criação de consciência na inteligência artificial. *Revista de Direito e as Novas Tecnologias*, v. 4, jul./set. 2019.

GOMES, Daniel Vieira. Inovações disruptivas sob a abordagem jurídica: por que as novas tecnologias podem afetar o direito brasileiro? *Revista de Direito e as Novas Tecnologias*, v. 1, jan./mar. 2019.

GUTIERREZ, Andriei. É possível confiar em um sistema de inteligência artificial? Práticas em torno da melhoria da sua confiança, segurança e evidências accountability. *In*: FRAZÃO, Ana; MULHOLLAND, Caitlin. *Inteligência artificial e direito*. São Paulo: Thomson Reuters Brasil, 2019.

HARARI, Yuval Noah. *21 lições para o século 21*. São Paulo: Cia. das Letras, 2018.

HOBSBAWN, E. J. *Da revolução industrial inglesa ao imperialismo*. Rio de Janeiro: Forense Universitária, 2003.

JOSÉ, Marcelo Archanjo; PIQUEIRA, José Roberto Castilho; LOPES, Roseli de Deus. Introdução à programação quântica. *Revista Brasileira de Ensino de Física*, São Paulo, v. 35, n. 1, jan./mar. 2013.

KAGERMANN, H.; WAHLSTER, W.; HELBIG, J. Recommendations for implementing the strategic initiative. *Industrie 4.0: final report of the Industrie 4.0 Working Group*, 2013.

LEE, Kai-Fu. *Inteligência artificial*: como os robôs estão mudando o mundo, a forma de como amamos, nos relacionamos, trabalhamos e vivemos. Tradução de Marcelo Barbão. Rio de Janeiro: Globo Livros, 2019.

LU, Y. Industry 4.0: a survey on technologies, applications and open research issues. *Journal of Industrial Information Integration*, v. 6, p. 1-10, 2017.

MARTINS, Mauro Roberto; BIAGINI, Giordana. Computação quântica e seus impactos jurídicos. *Pinhão e Koiffman Advogados*, 2019. Disponível em: https://direitoparatecnologia.com.br/computacao-quantica-e-seus-impactos-juridicos/. Acesso em: 25 maio 2020.

MELO, Bruno Leonardo Martins de; CHISTOFOLETTI, Túlio Vinícius Duarte. *Computação quântica*: estado da arte. Artigo (Bacharelado em Ciências da Computação) – INE – Departamento de Informática e Estatística, Universidade Federal de Santa Catarina – UFSC, 2003. Disponível em: http://www.inf.ufsc.br/~j.barreto/trabaluno/TCBrunoTulio.pdf. Acesso em: 10 abr. 2020.

O QUE é computação quântica e qual o seu impacto? *TOTVS*, 17 dez. 2019. Disponível em: https://www.totvs.com/blog/inovacoes/computacao-quantica/. Acesso em: 13 mar. 2020.

OLIVEIRA, Ivan S.; AZEVEDO, Eduardo R. de; FREITAS, Jair C. C. de. Computação quântica. *Revista Ciência Hoje*, 2003.

PEIXOTO, Fabiano Hartmann; SILVA, Roberta Zumblick Martins da. *Inteligência artificial e direito.* Curitiba: Alteridade, 2019.

RUSSELL, Stuart. Q&A: The future of artificial intelligence. *University of Berkeley*, 2016. Disponível em: https://people.eecs.berkeley.edu/~russell/temp/q-and-a.html. Acesso em: 16 mar. 2020.

SALECHA, Manisha. Artificial narrow intelligence vs. artificial general intelligence. *Analytics India Magazine*, 2016. Disponível em: https://analyticsindiamag.com/artificial-narrow-intelligencevs-artificial-general-intelligence/. Acesso em: 25 mar. 2020.

SANTOS, Leon. Quarta Revolução Industrial já está em vigor e deve mudar a realidade que conhecemos. *Revista Brasileira de Administração*, ano 30, n. 132, set./out. 2019.

SCHWAB, Klaus. *Aplicando a quarta revolução industrial.* Tradução de Daniel Moreira Miranda. São Paulo: Edipro, 2018.

SILVA, José Vinícius do Nascimento; SILVA, Carlos Alex Souza da. Computação quântica: uma abordagem simulacional. *Revista Principia*, João Pessoa, n. 23, dez. 2013.

TOMMASO, Raphael Di. Computador quântico. *Jus.com.br*, nov. 2019. Disponível em: https://jus.com.br/artigos/77762/computador-quantico. Acesso em: 16 abr. 2020.

Informação bibliográfica deste texto, conforme a NBR 6023:2018 da Associação Brasileira de Normas Técnicas (ABNT):

CORREIA JUNIOR, José Barros; ALBUQUERQUE, Paula Falcão. Direito 5.0. *In*: EHRHARDT JÚNIOR, Marcos; CATALAN, Marcos; MALHEIROS, Pablo (Coord.). *Direito Civil e tecnologia.* Belo Horizonte: Fórum, 2020. p. 565-578. ISBN 978-65-5518-036-7.

PLATAFORMAS DE *STREAMING* E O COMPARTILHAMENTO DE SENHAS: IMPLICAÇÕES JURÍDICAS NA ECONOMIA DE COMPARTILHAMENTO

GABRIELA BUARQUE PEREIRA SILVA

1 Introdução

O consumo de bens e serviços sempre se caracterizou pela limitação. Nem todos podiam ter acesso aos bens, tendo em vista que estes eram limitados, e sua propriedade se restringia àqueles que detinham condições aquisitivas para adquirir a titularidade. Contemporaneamente, contudo, verifica-se um efetivo redirecionamento no acesso, haja vista que a propriedade foi substituída pelo compartilhamento.

Dispensa-se a propriedade e privilegia-se o acesso. É nesse panorama que assumem destaque as plataformas de *streaming*, isto é, formas de distribuição digital nas quais o usuário aderente tem acesso a uma série de conteúdos, podendo desfrutá-los, sem, contudo, ser proprietário de tais bens.

No contexto contemporâneo é crescente a proliferação de múltiplas plataformas, cada uma com suas vantagens e desvantagens e, muitas vezes, com conteúdo original. Desse modo, muitas pessoas recorrem ao compartilhamento da senha de acesso à plataforma com amigos ou familiares, no intuito de minimizar os custos e ter acesso a um catálogo cada vez maior de conteúdo. Visando combater essa prática, uma das plataformas declarou que irá implantar mecanismos para coibir essa conduta, enquadrando-a como um ato de pirataria.

O presente artigo objetiva, por meio de metodologia dedutiva de revisão bibliográfica, verificar o enquadramento jurídico do compartilhamento de senhas, analisando se o ato é ilícito e se poderia ou não ser conceituado como um ato de pirataria e, se não, qual seria o seu tratamento. A análise assume relevância em face da múltipla proliferação de plataformas de *streaming* no contexto contemporâneo, que torna cada vez mais comum a prática de compartilhamento de senhas e a recente preocupação de algumas plataformas com essa conduta.

2 Termos de uso de plataformas de *streaming*

O serviço prestado por *streaming* é aquele em que o consumidor paga determinado valor para ter acesso a uma plataforma que disponibiliza um catálogo de conteúdos de interesse do usuário, de forma segura e rápida. Dois gigantes da indústria de *streaming* são a Netflix[1] e o Spotify,[2] e tal serviço se caracteriza pela instantaneidade de sua transmissão, pelo obstáculo do armazenamento do conteúdo e pela incompatibilidade de compartilhamento em sua operacionalidade.[3] Costuma-se cobrar baixo custo pelo acesso a serviços de *streaming*: a Netflix atualmente cobra R$21,90[4] em um plano básico e o Spotify[5] cobra R$16,90 ao mês.

O serviço de *streaming* vem apresentando um potencial cada vez maior de substituir a programação convencional que é transmitida na televisão, máxime tendo em vista a utilização de mecanismos tecnológicos que possibilitam à empresa conhecer em pormenores os hábitos e as preferências de cada consumidor e oferecer um serviço que atende às expectativas de seu público.[6] É nesse sentido que tais serviços digitais

> dispõem de algoritmos que compreendem os gostos destes utilizadores ao recolherem dados acerca dos filmes que são vistos nas suas aplicações, permitindo-lhes assim recomendar uma série de novas obras a que estas pessoas poderão ainda não ter assistido e às quais têm hipótese de aceder através dos seus catálogos.[7]

No final do ano de 2019, a Disney lançou o seu serviço de *streaming* de vídeos operado pela Walt Disney Direct-to-Consumer e International, o Disney+,[8] plataforma cujo catálogo será composto por suas obras e visará concorrer com a Netflix. O serviço custará US$6,99 mensais e surge em um momento de guerra entre as plataformas de *streaming*, fenômeno previsível em um contexto de economia de compartilhamento. Recentemente, ingressou no Brasil a Amazon Prime,[9] assinatura que inclui Prime Video,

---

[1] Netflix é uma provedora de compartilhamento de filmes e séries, que sugere programas de acordo com as preferências do usuário.

[2] Spotify é um serviço de compartilhamento de músicas lançado em 2008, que sugere músicas ao usuário de acordo com suas preferências musicais.

[3] SOILO, Andressa Nunes. Criatividades e instantes: etnografia das práticas de compartilhamento de plataformas de streaming "piratas" no Reddit. *Mediações*, v. 24, n. 1, p. 355-379, jan./abr. 2019. p. 360.

[4] PASSO 1 de 3 – Escolha seu plano. *Netflix*. Disponível em: https://www.netflix.com/signup/planform. Acesso em: 12 fev. 2020.

[5] APROVEITE 1 mês grátis de Premium. *Spotify*. Disponível em: https://www.spotify.com/br/premium/?utm_source=br-pt_brand_contextual_text&utm_medium=paidsearch&utm_campaign=alwayson_latam_br_premiumbusiness_highsubintent_brand+contextual+text+exact+br-pt+google&gclid=EAIaIQobChMIvuPXh5vN5wIVBwqRCh31tAyUEAAYASAAEgIrRPD_BwE&gclsrc=aw.ds. Acesso em: 12 fev. 2020.

[6] ALVES, Ana Daniela Cortez Duarte. *O comportamento de consumo dos millenials nas plataformas de vídeo streaming e a prática do binge watching*. 2018. 82 p. Dissertação (Mestrado em Marketing e Negócios Internacionais) – Instituto de Contabilidade e Administração de Coimbra, Coimbra, 2018. p. 76.

[7] BATISTA, André Ramos Santos Sarmento. *O papel das plataformas de streaming na distribuição de filmes independentes*. 2016. 51 p. Dissertação (Mestrado em Comunicação, Cultura e Tecnologias da Informação) – Instituto Universitário de Lisboa, Lisboa, 2016. p. 28.

[8] DISNEY+ foi lançado nos Estados Unidos e em outras regiões. *Disney*, 12 nov. 2019. Disponível em: https://disney.com.br/nota/disney-lancamento. Acesso em: 20 fev. 2020.

[9] AMAZON Prime chega ao Brasil em seu maior lançamento já feito em um país – frete grátis e rápido, acesso a entretenimento e promoções exclusivas, por apenas R$9,90 ao mês. *Amazon.com.br*, São Paulo 10 set. 2019. Disponível em: https://www.amazon.com.br/b?ie=UTF8&node=19900334011. Acesso em: 20 fev. 2020.

streaming de vídeos, músicas e livros por R$89,00 ao ano. Ademais, a Apple TV[10] chegou ao Brasil em 1.11.2019, custando R$10,00 mensais. Isso sem falar na já consagrada Netflix e na HBO Go.

Uma das diferenças que surgem entre essas plataformas é que a Disney já anunciou que, quando o serviço for lançado, irá iniciar um projeto de "mitigação da pirataria", impedindo que usuários compartilhem a senha de acesso. Isso porque, na visão da companhia, essa prática é pirataria e deve, portanto, ser combatida, declarando, ainda, que irá implementar regras e técnicas de negócios para resolver questões como acesso não autorizado e compartilhamento de senhas.[11] Estima-se que a Netflix, por exemplo, perde cerca de US$2,3 bilhões por ano em razão do compartilhamento de senhas.[12]

A declaração não surpreende, considerando que a Disney tem um histórico de grande investimento em seus direitos de propriedade intelectual e se caracteriza por um domínio efetivo na indústria de entretenimento. Basta ver a figura do Mickey Mouse, que foi criado em 1928 e ainda goza da proteção da legislação autoral, não caindo em domínio público em razão do *lobby* da Disney que mantém a tutela jurídica do personagem por meio de sucessivas alterações legislativas.[13] Mas o compartilhamento das informações de *login* da plataforma de *streaming* pode ser considerado ilegal? E se for ilegal? Como a Disney conseguiria rastrear esse compartilhamento?

Na Consumer Electronics Show deste ano, uma terceirizada chamada Synamedia[14] apresentou uma plataforma que utiliza inteligência artificial para criar um padrão de visualização do usuário, analisando os locais onde o usuário está assistindo, os fluxos simultâneos, os horários de utilização, o conteúdo, o dispositivo utilizado, entre outros fatores, no intuito de identificar infratores. Um padrão de identificação, por exemplo, seria a verificação de acesso simultâneo de conta em dois locais absolutamente diferentes, o que conclui ser improvável que tenha sido a mesma pessoa a acessar a plataforma.

Já nesse aspecto, verifica-se que o método de apuração pode ensejar flagrantes conflitos com o direito de privacidade do usuário, considerando que o consumidor estará sujeito a uma vigilância contínua e a uma coleta consistente de dados e informações, sendo imprescindível que haja a observância aos ditames da Lei nº 13.709/2018 (Lei Geral de Proteção de Dados) e ao Código de Defesa do Consumidor.

Isso sem falar que nem sempre será fácil identificar esses desvios de utilização. A dificuldade pode surgir quando o usuário estiver viajando, por exemplo. Naturalmente haverá utilização em locais, horários e dispositivos diversos, não havendo qualquer utilização indevida. O algoritmo, contudo, pode entender que se trata de uma conduta

---

10 RIBEIRO, Carolina. Apple TV+ estreia no Brasil para concorrer com Netflix; veja preço e catálogo. *Techtudo*, 1º nov. 2019. Disponível em: https://www.techtudo.com.br/noticias/2019/11/apple-tv-estreia-no-brasil-para-concorrer-com-netflix-veja-preco-e-catalogo.ghtml. Acesso em: 20 fev. 2020.

11 MOGNOM, Mateus. Disney+ anuncia parceria para combater compartilhamento de senhas. *Tecmundo*, 21 ago. 2019. Disponível em: https://www.tecmundo.com.br/internet/145144-disney-anuncia-parceria-combater-compartilhamento-senhas.htm. Acesso em: 20 fev. 2020.

12 SUBSCRIPTION Mooching & Streaming Media. *Cordcutting*, 5 maio 2020. Disponível em: https://cordcutting.com/research/subscription-mooching/. Acesso em: 20 fev. 2020.

13 FREITAS, Ana. Como Mickey Mouse explica a história dos direitos autorais nos EUA. *Nexo*, 18 jan. 2016. Disponível em: https://www.nexojornal.com.br/expresso/2016/01/18/Como-o-Mickey-Mouse-explica-a-hist%C3%B3ria-dos-direitos-autorais-nos-EUA. Acesso em: 20 fev. 2020.

14 BELING, Fernand. Netflix usará IA para rastrear quem compartilha senha. *Oficina da Net*, 21 jan. 2019. Disponível em: https://www.oficinadanet.com.br/netflix2019/24694-netflix-usara-ia-para-rastrear-quem-compartilha-senha. Acesso em: 20 fev. 2020.

que se desvia do padrão e entender que pode estar havendo uma utilização fora do padrão, o que torna especialmente complexa essa tentativa de rastreamento.

Ressalte-se que as plataformas de *streaming* surgem como uma alternativa de estímulo ao consumo legalizado, tendo em vista a oferta de acesso ao conteúdo com baixo custo, praticidade funcional, catálogo extenso e oferta de autonomia ao cliente.[15] O Spotify, nesse ponto, surge com uma ideia de combate à pirataria, com a consequente proteção dos artistas e de seus trabalhos, diminuindo a popularidade dos meios ilegais de acesso às músicas.[16] Ocorre que o surgimento de múltiplas plataformas, especialmente audiovisuais e que produzem conteúdo original, desestabiliza essa noção, tendo em vista que as pessoas sentem cada vez mais a necessidade de recorrer a mais de uma plataforma:

> Assinar mais de uma plataforma significa, no entanto, sobreposições de custos e a instauração de uma confusão no momento de procurar o que se quer assistir – o conteúdo estaria nesta ou naquela plataforma? –, desestabilizando, assim, as principais vantagens que o serviço de *streaming* trouxe ao público: a praticidade/facilidade de uso, e o baixo custo.[17]

Nesse ponto, argumenta-se que a múltipla proliferação de plataformas de *streaming* pode influenciar o comportamento de pirataria digital, em face da inviabilidade de o usuário arcar com o pagamento das tarifas de todas as plataformas pelas quais se interessa, máxime em razão da crescente produção de conteúdos originais. É nesse contexto que se exacerba a ideia do compartilhamento de senhas: um usuário compartilha com terceiros conhecidos a senha pessoal que utiliza para acessar a plataforma.

Dessa forma, em um cenário em que as pessoas passam a trocar senhas das plataformas que respectivamente pagam, no intuito de obter um acesso mais abrangente às plataformas de conteúdo, é que surge a preocupação das corporações na tentativa de controle a esse compartilhamento.

3 O delito de violação ao direito autoral

A discussão sobre a pirataria assume ressignificações no contexto contemporâneo. Isso porque, classicamente, a pirataria se consubstancia no *download* ilegal de conteúdos tutelados por direitos autorais. Já houve a época, também, em que era intensa a venda de CDs ou DVDs piratas nos centros urbanos. Isso sem falar no famoso protocolo *torrent*, que permite o compartilhamento de arquivos de modo fragmentado, fragmentos estes que são disponibilizados por outros usuários conectados ao mesmo ficheiro, que podem fazer *download* ou *upload* de conteúdos.[18]

---

15 SOILO, Andressa Nunes. *Habitando a distribuição do entretenimento*: o regime de propriedade intelectual, a tecnologia streaming e a "pirataria" digital em coautoria. 2019. 290 p. Tese (Doutorado em Antropologia Social) – Instituto de Filosofia e Ciências Humanas, Rio Grande do Sul, 2019. p. 19.

16 SOILO, Andressa Nunes. *Habitando a distribuição do entretenimento*: o regime de propriedade intelectual, a tecnologia streaming e a "pirataria" digital em coautoria. 2019. 290 p. Tese (Doutorado em Antropologia Social) – Instituto de Filosofia e Ciências Humanas, Rio Grande do Sul, 2019. p. 62.

17 SOILO, Andressa Nunes. *Habitando a distribuição do entretenimento*: o regime de propriedade intelectual, a tecnologia streaming e a "pirataria" digital em coautoria. 2019. 290 p. Tese (Doutorado em Antropologia Social) – Instituto de Filosofia e Ciências Humanas, Rio Grande do Sul, 2019. p. 158.

18 SOILO, Andressa Nunes. Criatividades e instantes: etnografia das práticas de compartilhamento de plataformas de streaming "piratas" no Reddit. *Mediações*, v. 24, n. 1, p. 355-379, jan./abr. 2019. p. 365.

Em que pesem tais ressignificações, o fato é que a ideia de pirataria sempre foi carregada de conotação negativa. Não por acaso discursos que equiparavam a pirataria às práticas de roubo ou furto eram comuns na década de 2000.[19] Em 2007, a Universal Music Group lançou campanha publicitária que mostrava partes desmembradas do corpo humano, sugerindo que o *download* ilegal de conteúdos musicais se equiparava à perda de órgãos dos músicos.[20] Nesse ponto, a repressão penal da pirataria exerce, também, uma função simbólica:

> Inicialmente, já se pode falar em uma expansão da tutela penal dos Direitos Autorais, uma vez que, além do aumento das penas, novas condutas são hoje criminalizadas. Mais, dentre as novas criminalidades existem condutas que não causam claramente lesão ao bem jurídico, e, ainda assim, ensejam a pena de prisão. Também evidente é a característica simbólica da norma penal autoral, cujos efeitos manifestos são a proteção do justo pagamento ao autor e o fomento à cultura. De seu turno, os efeitos latentes são o enriquecimento da indústria através da manutenção de seu modelo de mercado monopolista e segregacionista.[21]

Com a consolidação das plataformas de *streaming* para divulgação de conteúdos, tornou-se necessário repensar os conceitos de violação à legislação autoral para tutelar as novas preocupações que surgem nesse contexto. Nesse diapasão, argumenta-se:

> em verdade, o que antes era irrelevante para a lei deve hoje passar pelo filtro das limitações, que são bastante restritas. Soma-se a isso a facilidade de trânsito da comunicação da sociedade da informação e se tem uma verdadeira violação em massa de direitos autorais.[22]

A divulgação de conteúdo pelo autor na internet configura um grande paradoxo: ao mesmo tempo em que contribui para a sua ascensão e popularização, também é um famigerado canal para a replicação e compartilhamento desautorizado do conteúdo. Em realidade, o próprio surgimento da cibercultura traz, em si, o compartilhamento como parte das experiências relacionais percebidas no ambiente informático.[23] Argumenta-se, ainda, que a "cibercultura traz arraigada consigo a cultura do download e todas as implicações legais que o compartilhamento indiscriminado de arquivos expõe".[24]

---

19 SOILO, Andressa Nunes. *Habitando a distribuição do entretenimento*: o regime de propriedade intelectual, a tecnologia streaming e a "pirataria" digital em coautoria. 2019. 290 p. Tese (Doutorado em Antropologia Social) – Instituto de Filosofia e Ciências Humanas, Rio Grande do Sul, 2019. p. 93.

20 CAMPANHA grotesca: em 2007 a 'Universal Music' perde contra a pirataria. *Cúlti e pópi*, 28 ago. 2015. Disponível em: https://culti-e-popi.blogspot.com/2015/08/campanha-grotesca-em-2007-universal.html. Acesso em: 12 fev. 2020.

21 SILVEIRA, Luiz Henrique Pereira. A expansão da tutela penal dos direitos autorais. *In*: OTERO, Cleber Sanfelici; ZENNI, Alessandro Severino Valler (Org.). *Os limites da tutela dos direitos da personalidade na contemporaneidade*. 1 ed. Maringá: Vivens, 2015. p. 66.

22 SILVEIRA, Luiz Henrique Pereira. A expansão da tutela penal dos direitos autorais. *In*: OTERO, Cleber Sanfelici; ZENNI, Alessandro Severino Valler (Org.). *Os limites da tutela dos direitos da personalidade na contemporaneidade*. 1 ed. Maringá: Vivens, 2015. p. 63.

23 SOILO, Andressa Nunes. Criatividades e instantes: etnografia das práticas de compartilhamento de plataformas de streaming "piratas" no Reddit. *Mediações*, v. 24, n. 1, p. 355-379, jan./abr. 2019. p. 363.

24 BERTELLA, Gustavo Santetti. *A era do streaming*: uma análise da interação, produção, distribuição e consumo de conteúdo. 2016. 66 p. Monografia (Trabalho de Conclusão de Curso em Publicidade e Propaganda) – Faculdade de Artes e Comunicação da Universidade de Passo Fundo, Passo Fundo, 2016. p. 27.

Nesse panorama, a pirataria é um conceito que se refere à reprodução de cópias ilegais de conteúdo, tais como *downloads* de *torrent*, por exemplo. No Código Penal, trata-se do crime de violação de direito autoral, norma penal em branco descrita no art. 184 que comina ao infrator pena de detenção, de três meses a um ano, ou multa.

O tipo penal assevera que é crime violar direito de autor e os que lhe são conexos, trazendo também formas qualificadas do crime:

> Art. 184. Violar direitos de autor e os que lhe são conexos.
> Pena – detenção, de 3 (três) meses a 1 (um) ano, ou multa.
> §1º Se a violação consistir em reprodução total ou parcial, com intuito de lucro direto ou indireto, por qualquer meio ou processo, de obra intelectual, interpretação, execução ou fonograma, sem autorização expressa do autor, do artista intérprete ou executante, do produtor, conforme o caso, ou de quem os represente:
> Pena – reclusão, de 2 (dois) a 4 (quatro) anos, e multa.
> §2º Na mesma pena do §1º incorre quem, com o intuito de lucro direto ou indireto, distribui, vende, expõe à venda, aluga, introduz no País, adquire, oculta, tem em depósito, original ou cópia de obra intelectual ou fonograma reproduzido com violação do direito de autor, do direito de artista intérprete ou executante ou do direito do produtor de fonograma, ou, ainda, aluga original ou cópia de obra intelectual ou fonograma, sem a expressa autorização dos titulares dos direitos ou de quem os represente.
> §3º Se a violação consistir no oferecimento ao público, mediante cabo, fibra ótica, satélite, ondas ou qualquer outro sistema que permita ao usuário realizar a seleção da obra ou produção para recebê-la em um tempo e lugar previamente determinados por quem formula a demanda, com intuito de lucro, direto ou indireto, sem autorização expressa, conforme o caso, do autor, do artista intérprete ou executante, do produtor de fonograma, ou de quem os represente:
> Pena – reclusão, de 2 (dois) a 4 (quatro) anos, e multa.

Sobre tal delito, evidencia-se que se trata de um

> tipo comum, comissivo, de forma livre, doloso, de lesão (distribuição, venda, locação, aquisição) ou de mera conduta (ocultação ou introdução de fonograma no país; ou no oferecimento ao público), instantâneo ou permanente (ocultação, depósito ou exposição à venda), plurissubsistente e unilateral. Na hipótese de várias representações teatrais sucessivas, execuções orquestrais, edições ou tiragens de livros ou discos, configura-se o crime continuado. Admite-se a tentativa.[25]

O Código Penal não define o que são os direitos de autor e conexos, razão pela qual é imprescindível a remissão à Lei nº 9.610/98. Nesse contexto, argumenta-se que "as leis penais em branco, próprias ou impróprias, geram dificuldades hermenêuticas, pois os reenvios obrigam efetuar uma reconstrução preliminar dos conteúdos que são objeto de interpretação, risco que se acentua quando remete a normas extrapenais".[26]

Ressalta-se ainda que tais ações são tidas como ineficazes, posto que a maior vantagem do transgressor é o enriquecimento obtido, razão pela qual "não seria nenhum

---

[25] COSTA, Álvaro Mayrink. A tutela penal dos direitos autorais. *Revista da EMERJ*, v. 11, n. 42, p. 45-69, 2008. p. 54.

[26] COSTA, Álvaro Mayrink. A tutela penal dos direitos autorais. *Revista da EMERJ*, v. 11, n. 42, p. 45-69, 2008. p. 64.

desatino dizer que, possivelmente, a forma mais eficaz de proteção ao direito de autor seja através da punição financeira ao infrator".[27] Críticas também são suscitadas no que tange à essa repressão penal, sob o prisma constitucional e sob o fundamento de que é

> notória a ineficácia da criminalização destes direitos, diante da cada vez mais crescente e influente comunidade de compartilhamento de arquivos que claramente não teme a prisão pelas suas condutas. Ao contrário, ícones do compartilhamento que foram condenados são considerados mártires da luta contra o abuso do monopólio autoral. Propõe-se, portanto, a completa abolição do crime de violação de Direito Autoral pelo compartilhamento de arquivos na internet, pois, diante de todo o exposto, patente a ofensa aos princípios penais da intervenção mínima, da necessidade e da fragmentariedade, bem como a incongruência da maximização do Direito Autoral com a atual sociedade da informação e os ditames constitucionais de acesso à cultura, além da gritante ineficácia e inviabilidade da lei penal para se relacionar com o assunto tratado.[28]

Contemporaneamente o combate à pirataria vem englobando a criação de campanhas de conscientização, desenvolvimento de *softwares* de rastreamento de *downloads*, assim como bloqueio de cópias não autorizadas, bem como ação judicial junto a *sites* e usuários considerados infratores.[29]

A análise desse tipo penal demanda a compreensão de que é considerado autor a pessoa física criadora de obra literária, artística ou científica, nos termos do art. 11 da Lei nº 9.610/1998, diploma legal que trata sobre a legislação autoral no Brasil. Os autores são titulares dos direitos morais e patrimoniais sobre a obra criada (art. 22), competindo-lhe utilização, fruição e disposição exclusiva de suas obras (art. 28), podendo tais direitos, contudo, serem total ou parcialmente transferidos a terceiros por meio de licenciamento, concessão ou outros meios admitidos no direito.

Ressalte-se que o direito do autor é um direito constitucionalmente consagrado, conforme se verifica no art. 5º, XXVII, que prevê que aos autores pertence o direito exclusivo de utilização, publicação ou reprodução de suas obras, transmissível aos herdeiros pelo tempo que a lei fixar, além de estar internacionalmente tutelado no art. XXVII da Declaração Universal de 1948[30] e no art. 15 do Pacto Internacional dos Direitos Econômicos, Sociais e Culturais.[31] O direito autoral, desse modo,

> É uma criação legislativa que dá valor pessoal e econômico sobre ideias, criações humanas materiais – mas que podem ser fixadas sobre algum substrato – de cunho estético, isso é,

---

27 FERNANDES, Maurício Gondran. *A tutela dos direitos autorais no consumo de produtos culturais nas plataformas de streaming*. 2016. 52 p. Monografia (Trabalho de Conclusão de Graduação) – Faculdade de Direito, Universidade Federal do Rio Grande, Rio Grande, 2016. p. 38.

28 SILVEIRA, Luiz Henrique Pereira. A expansão da tutela penal dos direitos autorais. *In*: OTERO, Cleber Sanfelici; ZENNI, Alessandro Severino Valler (Org.). *Os limites da tutela dos direitos da personalidade na contemporaneidade*. 1 ed. Maringá: Vivens, 2015. p. 68.

29 CASTRO, Gisela G. S. Pirataria na música digital: internet, direito autoral e novas práticas de consumo. *UNIrevista*, v. 1, n. 3, jul. 2006. p. 2.

30 "2. Toda pessoa tem direito à proteção dos interesses morais e materiais decorrentes de qualquer produção científica, literária ou artística da qual seja autor".

31 "Os Estados-partes no presente Pacto reconhecem a cada indivíduo o direito de: a) participar da vida cultural; b) desfrutar do progresso científico e suas aplicações; c) beneficiar-se da proteção dos interesses morais e materiais decorrentes de toda a produção científica, literária ou artística de que seja o autor".

artístico, literário ou científico, e obriga terceiros que utilizem essa ideia perante aquele que a desenvolveu.[32]

O art. 7º da Lei nº 9.610/98 traz, ainda, um rol bastante abrangente e exemplificativo do que pode ser considerado obra intelectual, abrangendo suportes tangíveis e intangíveis, expressos por qualquer meio.[33] O delito de violação de direito autoral surge no intuito de resguardar

> a proteção da exploração econômica (garante ao criador o direito de ter o seu nome impresso na divulgação de sua obra e o respeito à indignidade desta, além de lhe garantir os direitos de modificá-la, ou mesmo impedir sua circulação) e moral (regula as relações jurídicas da utilização econômica das obras intelectuais) da obra.[34]

Nesse ponto, a existência da infração é controversa porque efetivamente não há reprodução, cópias, vendas ou distribuições sendo feitas, até porque o serviço de *streaming* se caracteriza por não haver sequer armazenamento definitivo ou propriedade do usuário em relação ao conteúdo propagado. O compartilhamento de senha, dessa forma, apenas daria a outra pessoa o acesso a esse recurso, não violando frontalmente, portanto, a legislação autoral.

Situação absolutamente diversa ocorre no fenômeno do *stream-ripping*,[35] em que o usuário extrai e armazena conteúdo transmitido por uma plataforma *streaming*. Nesse caso, há inequívoca prática de pirataria, tendo em vista que há uma reprodução desautorizada do conteúdo.

A caracterização do compartilhamento de senha como um ato de pirataria também é essencialmente problemática tendo em vista que o direito penal é âmbito que se norteia pela tipicidade fechada e pela vedação à interpretação extensiva. Mesmo se tratando de uma norma penal em branco, considerar como pirataria o compartilhamento do acesso a uma plataforma de *streaming* caracterizaria uma analogia *in malam partem*, o que não se afigura possível no ordenamento pátrio.

---

[32] SILVEIRA, Luiz Henrique Pereira. A expansão da tutela penal dos direitos autorais. *In*: OTERO, Cleber Sanfelici; ZENNI, Alessandro Severino Valler (Org.). *Os limites da tutela dos direitos da personalidade na contemporaneidade*. 1 ed. Maringá: Vivens, 2015. p. 57.

[33] "Art. 7º São obras intelectuais protegidas as criações do espírito, expressas por qualquer meio ou fixadas em qualquer suporte, tangível ou intangível, conhecido ou que se invente no futuro, tais como: I - os textos de obras literárias, artísticas ou científicas; II - as conferências, alocuções, sermões e outras obras da mesma natureza; III - as obras dramáticas e dramático-musicais; IV - as obras coreográficas e pantomímicas, cuja execução cênica se fixe por escrito ou por outra qualquer forma; V - as composições musicais, tenham ou não letra; VI - as obras audiovisuais, sonorizadas ou não, inclusive as cinematográficas; VII - as obras fotográficas e as produzidas por qualquer processo análogo ao da fotografia; VIII - as obras de desenho, pintura, gravura, escultura, litografia e arte cinética; IX - as ilustrações, cartas geográficas e outras obras da mesma natureza; X - os projetos, esboços e obras plásticas concernentes à geografia, engenharia, topografia, arquitetura, paisagismo, cenografia e ciência; XI - as adaptações, traduções e outras transformações de obras originais, apresentadas como criação intelectual nova; XII - os programas de computador; XIII - as coletâneas ou compilações, antologias, enciclopédias, dicionários, bases de dados e outras obras, que, por sua seleção, organização ou disposição de seu conteúdo, constituam uma criação intelectual".

[34] COSTA, Álvaro Mayrink. A tutela penal dos direitos autorais. *Revista da EMERJ*, v. 11, n. 42, p. 45-69, 2008. p. 53.

[35] MCINTYRE, Hugh. What exactly is stream-ripping, the new way people are stealing music. *Forbes*, 11 ago. 2017. Disponível em: https://www.forbes.com/sites/hughmcintyre/2017/08/11/what-exactly-is-stream-ripping-the-new-way-people-are-stealing-music/#4cdc68881956. Acesso em: 5 fev. 2020.

O tipo qualificado do parágrafo primeiro[36] do art. 184 do Código Penal é o que mais se aproxima do compartilhamento de senhas, tendo em vista que criminaliza a reprodução total ou parcial, por qualquer meio ou processo, de obra intelectual, interpretação, execução ou fonograma, sem autorização expressa do autor, do artista intérprete ou executante, do produtor, conforme o caso, ou de quem os represente. No entanto, o delito exige que haja intuito lucrativo direto ou indireto, o que se afasta das situações em análise, tendo em vista que o compartilhamento costuma ocorrer entre pares que possuem relações amigáveis. O lucro, por sua vez, é um conceito ligado ao exercício de atividade comercial, o que não permite a subsunção do tipo ao suporte fáctico.

Ressalte-se que, em San Francisco, um tribunal de apelação decidiu que compartilhar senhas sem a permissão do proprietário do sistema é crime punível sob o Ato Americano de Fraude e Abuso em Computadores (CFAA).[37] O caso dizia respeito a David Nosal, ex-empregado da empresa Korn Ferry, que usava seu *login* para acessar a base de dados e criar uma empresa concorrente, tendo sido acusado de conspiração, roubo de segredos comerciais e outros três crimes conexos. O acusado foi condenado à pena privativa de liberdade, além do pagamento de cerca de US$900 mil em multa.

4 O enquadramento jurídico do compartilhamento de senhas

Concluir que o compartilhamento de senhas não se enquadra no conceito de delito violador do direito autoral não significa afirmar, contudo, que se trata necessariamente de um ato lícito. Ressalte-se que o contexto de compartilhamento acarreta cada vez mais novas formas de acessos desautorizados e de armazenamento de conteúdos, sendo

> possível aos consumidores construir novos formatos e rotas aos meios de acesso a produções: o legal interage com a "pirataria" em um diálogo simbiótico que "completa" não somente um catálogo considerado deficiente, mas também os sentimentos de satisfação do público; ao mesmo passo que a "pirataria" desloca e constrói novas fronteiras – morais, territoriais e legais – de acesso a bens.[38]

A questão do compartilhamento de senhas, por sua vez, perpassa a ideia de ilícito civil. As plataformas podem recorrer aos termos de uso e de serviço, nos quais constarão todos os direitos e deveres das partes contratantes, de modo que o descumprimento das cláusulas ou diretrizes por parte do usuário o torna inadimplente no que tange à observância de seus deveres contratuais.

No mesmo contexto, é de se ressaltar a incidência da cláusula da boa-fé objetiva e dos deveres anexos de cooperação e lealdade, que tornam necessária a observância dos ditames contratuais pelo usuário antes, durante e após a execução do negócio jurídico.

---

36 "§1º Se a violação consistir em reprodução total ou parcial, com intuito de lucro direto ou indireto, por qualquer meio ou processo, de obra intelectual, interpretação, execução ou fonograma, sem autorização expressa do autor, do artista intérprete ou executante, do produtor, conforme o caso, ou de quem os represente".

37 WALKER, Tim. Sharing your Netflix password might just be a federal crime. *Independent*, 12 jul. 2016. Disponível em: https://www.independent.co.uk/life-style/gadgets-and-tech/sharing-netflix-password-federal-crime-a7132156.html. Acesso em: 18 fev. 2020.

38 SOILO, Andressa Nunes. *Habitando a distribuição do entretenimento*: o regime de propriedade intelectual, a tecnologia streaming e a "pirataria" digital em coautoria. 2019. 290 p. Tese (Doutorado em Antropologia Social) – Instituto de Filosofia e Ciências Humanas, Rio Grande do Sul, 2019. p. 187.

O princípio da boa-fé, sob um viés objetivo, se reporta a um mínimo padrão de conduta e de deveres anexos de cooperação na relação jurídica que conferem estabilidade às partes, baseando-se na confiança enquanto valor fundante. Para Marcos Ehrhardt Júnior, o princípio

> é atendido quando as partes desempenham suas condutas de modo honesto, leal e correto, evitando causar danos ao outro (dever de proteção) e garantindo o conhecimento de todas as circunstâncias relevantes para a negociação (dever de informação) – comportamento que faz florescer laços de confiança entre os contratantes. A boa-fé, por conseguinte, exige a adoção de uma postura proativa, traduzida em esmero, dedicação e cooperação na relação obrigacional, enfim, tudo o que se espera de uma fraterna convivência.[39]

Incorporada entre as cláusulas que muitas vezes o usuário anui sem sequer ler, pode constar a condição de que o contratante se compromete em não compartilhar sua senha com ninguém, concordando com o uso individual e intransferível, o que torna ilícita qualquer conduta contrária à disposição. Essa previsão já consta da versão anterior dos termos de uso da Netflix[40] e da HBO GO:[41]

> Para manter o controle sobre a conta e evitar que qualquer pessoa possa acessá-la (o que incluiria informações dos títulos assistidos da conta), o Proprietário da conta deve manter o controle sobre os aparelhos compatíveis com a Netflix utilizados para acessar o serviço e não revelar a ninguém a senha ou os detalhes da Forma de pagamento associada à conta. Você é responsável pelo uso de seu nome de usuário e de sua senha e é de sua responsabilidade manter a confidencialidade de suas credenciais e adotar as medidas necessárias para impedir o uso não autorizado de suas credenciais por um terceiro. Você deverá imediatamente notificar a HBO de qualquer uso não autorizado de seu nome de usuário e/ou de sua senha.

Em que pese a mencionada previsão contratual, a Netflix tem se posicionado abertamente no sentido de permitir o compartilhamento de senha, com vistas a utilizá-lo como uma espécie de amostra grátis e incrementar a posterior adesão de novos usuários. Em nota ao *Business Insider*,[42] a Netflix declarou que os usuários podem compartilhar suas senhas de modo recreativo, desde que não a vendam ou aufiram ganhos financeiros.

Aparentemente, essa não será a postura adotada pela Disney, que já se manifestou no sentido de considerar o compartilhamento como um ato de pirataria. Talvez seja apenas uma resistência inicial, como outrora já existiu no embate entre a indústria fonográfica e as pessoas que baixavam MP3 na internet, ou talvez a Disney esteja se utilizando dessa campanha no intuito de criar uma marca e uma mudança cultural no comportamento dos usuários.

---

[39] EHRHARDT JÚNIOR, Marcos Augusto de Albuquerque. *Responsabilidade civil pelo inadimplemento da boa-fé enquanto dever geral de conduta*. 2012. 178 f. Tese (Doutorado em Direito) – Centro de Ciências Jurídicas, Universidade Federal de Pernambuco PPGD/UFPE, Recife, 2012. p. 85.

[40] TERMOS de uso. *Netflix*. Disponível em: https://help.netflix.com/pt/legal/termsofuse?rev=1839. Acesso em: 22 fev. 2020.

[41] TERMOS de uso da HBO. *HBO*. Disponível em: https://www.hbobrasil.com/terms. Acesso em: 22 fev. 2020.

[42] MCALONE, Nathan. NETFLIX: You can share your password, as long as you don't sell it. *Business Insider*, 15 jul. 2016. Disponível em: https://www.businessinsider.com/netflix-says-its-ok-to-share-passwords-2016-7. Acesso em: 20 fev. 2020.

O Spotify também contém a mesma previsão contratual de proibição do compartilhamento de senhas:

> O Spotify respeita os direitos de propriedade intelectual e espera que você faça o mesmo. Estabelecemos algumas regras básicas para você seguir ao usar o Serviço, para termos certeza de que o Spotify permanecerá agradável para todos. Você deve seguir essas regras e incentivar outros usuários a fazer o mesmo. É proibido, por qualquer motivo: [...]
> 1. Fornecer sua senha para qualquer outra pessoa ou usar o nome de usuário e senha de qualquer outra pessoa.

Impende ressaltar que, para Marcos Bernardes de Mello,[43] a ilicitude importa sempre em contrariedade ao direito, porquanto se configura em situações que consubstanciam a não realização dos fins da ordem jurídica, implicando violação das suas normas. O compartilhamento desautorizado de senhas se caracteriza, portanto, como um ato ilícito relativo, isto é, aquele que "se configura pela violação de deveres resultantes de relações jurídicas de direito relativo, nascidas de negócio jurídico ou ato jurídico *stricto sensu*".[44]

No mesmo sentido, Paulo Lôbo afirma:

> O ilícito civil é relativo quando viola direito relativo, cujo titular é sujeito determinado. Há ilícito relativo principalmente no âmbito do inadimplemento negocial, quando a lesão decorre do não cumprimento de obrigação convencional pela outra parte, objeto do direito das obrigações. Nesse sentido, o ilícito é relativo a pessoa determinada, ou seja, à parte inadimplente.[45]

Mas supondo que os infratores fossem identificados, o que a Disney poderia fazer? As medidas variam com a identificação da gravidade da infração. Tratando-se de algo esporádico, a plataforma poderia implantar notificações ou *e-mails* com uma sugestão de *upgrade* de conta, em uma política de *upselling*. Se, por outro lado, identifica-se que a credencial foi distribuída para diversos usuários, a conta poderia ser encerrada. Não se ignora que são situações de difícil apuração.

Quando do tratamento dos efeitos do ato ilícito relativo, Marcos Bernardes de Mello argumenta:

> Do ato ilícito relativo em geral nasce pretensão à indenização das perdas e danos. Pode, no entanto, ter outros efeitos, como, por exemplo, gerar a pretensão à desconstituição do negócio jurídico ou da relação jurídica, como nos casos de pretensão à resolução, resilição, denúncia, ou também de exigir o desfazimento de resultado fáctico do descumprimento de obrigação de não fazer (CC, art. 883).[46]

A pretensão à indenização por perdas e danos está condicionada à comprovação do dano pela plataforma de *streaming*, o que enfrenta dificuldades de ordem prática.

---

[43] MELLO, Marcos Bernardes de. *Teoria do fato jurídico*: plano da existência. 17. ed. São Paulo: Saraiva, 2014. p. 279.

[44] MELLO, Marcos Bernardes de. *Teoria do fato jurídico*: plano da existência. 17. ed. São Paulo: Saraiva, 2014. p. 307.

[45] LÔBO, Paulo. *Direito civil*: parte geral. 5. ed. São Paulo: Saraiva, 2015. p. 299.

[46] MELLO, Marcos Bernardes de. *Teoria do fato jurídico*: plano da existência. 17. ed. São Paulo: Saraiva, 2014. p. 307.

A exigência de desfazer o resultado fático do descumprimento da obrigação pode se consubstanciar na modificação da senha compartilhada, com o conseguinte compromisso do usuário de não a repassar para terceiros. Também é possível que haja a desconstituição do negócio jurídico, caso seja do interesse da plataforma.

De qualquer forma, a proposta de controle do compartilhamento por meio de mecanismos de fiscalização é essencialmente problemática por esbarrar na privacidade dos consumidores e por possuir inúmeras dificuldades operacionais de ordem prática, o que também pode gerar certa antipatia entre os usuários da plataforma. Em realidade, não são poucos os desafios a serem enfrentados pela legislação da propriedade intelectual no contexto social digital, o que demanda do intérprete um esforço argumentativo para a resolução de demandas e compatibilização de interesses.

5 Considerações finais

A era do compartilhamento trouxe efetivos redirecionamentos no mercado de consumo, privilegiando o acesso em detrimento da propriedade. Esse panorama, por sua vez, é cada vez mais crescente e tem se caracterizado pela proliferação de múltiplas plataformas de *streaming*. O compartilhamento da senha de acesso às plataformas se tornou prática comum entre pessoas próximas, o que tem ressaltado algumas preocupações por parte da indústria de *streaming*.

No mesmo sentido, a relação entre tais plataformas e a prática de pirataria é um fenômeno complexo que possui especificidades e nuances típicas do mundo digital, fomentando e combatendo, ao mesmo tempo, a prática de violações aos direitos de propriedade intelectual. A tentativa de enquadrar o compartilhamento de senhas como um ato típico de pirataria enfrenta dificuldades de ordem conceitual e epistemológica, tendo em vista que não há compatibilidade entre a determinação do tipo estampada no Código Penal e a conduta de compartilhamento.

Por outro lado, tal incompatibilidade não significa dizer que o ato será necessariamente lícito, máxime tendo em vista que entre as partes há uma efetiva relação contratual e que, na maioria das vezes, constará entre as condições de uso e os termos de serviço que o usuário estará proibido de compartilhar sua senha com quem quer que seja. A custódia do sigilo da senha se torna uma obrigação contratual – máxime tendo em vista os deveres de cooperação, lealdade e boa-fé – e seu inadimplemento acarreta um ilícito relativo, com todos os seus consectários.

Em que pese tal constatação, não se ignora que a aferição do compartilhamento de senhas é uma verificação de extrema dificuldade por parte da plataforma e que sua fiscalização pode acarretar problemas no que tange ao direito de privacidade dos usuários. Nesse ponto, é imprescindível que os conceitos jurídicos estejam sob permanente atualização e adaptação às novas preocupações que surgem no contexto contemporâneo, sob pena de restarem esvaziadas suas disposições e desprovidas de tutela jurídica inúmeras situações que demandam a resolução de problemas.

Referências

ALVES, Ana Daniela Cortez Duarte. *O comportamento de consumo dos millenials nas plataformas de vídeo streaming e a prática do binge watching*. 2018. 82 p. Dissertação (Mestrado em Marketing e Negócios Internacionais) – Instituto de Contabilidade e Administração de Coimbra, Coimbra, 2018.

AMAZON Prime chega ao Brasil em seu maior lançamento já feito em um país – frete grátis e rápido, acesso a entretenimento e promoções exclusivas, por apenas R$9,90 ao mês. *Amazon.com.br*, São Paulo 10 set. 2019. Disponível em: https://www.amazon.com.br/b?ie=UTF8&node=19900334011. Acesso em: 20 fev. 2020.

APROVEITE 1 mês grátis de Premium. *Spotify*. Disponível em: https://www.spotify.com/br/premium/?utm_source=br-pt_brand_contextual_text&utm_medium=paidsearch&utm_campaign=alwayson_latam_br_premiumbusiness_highsubintent_brand+contextual+text+exact+br-pt+google&gclid=EAIaIQobChMIvuPXh5vN5wIVBwqRCh31tAyUEAAYASAAEgIrKPD_BwE&gclsrc=aw.ds. Acesso em: 12 fev. 2020.

BATISTA, André Ramos Santos Sarmento. *O papel das plataformas de streaming na distribuição de filmes independentes*. 2016. 51 p. Dissertação (Mestrado em Comunicação, Cultura e Tecnologias da Informação) – Instituto Universitário de Lisboa, Lisboa, 2016.

BELING, Fernand. Netflix usará IA para rastrear quem compartilha senha. *Oficina da Net*, 21 jan. 2019. Disponível em: https://www.oficinadanet.com.br/netflix2019/24694-netflix-usara-ia-para-rastrear-quem-compartilha-senha. Acesso em: 20 fev. 2020.

BERTELLA, Gustavo Santetti. *A era do streaming*: uma análise da interação, produção, distribuição e consumo de conteúdo. 2016. 66 p. Monografia (Trabalho de Conclusão de Curso em Publicidade e Propaganda) – Faculdade de Artes e Comunicação da Universidade de Passo Fundo, Passo Fundo, 2016.

CAMPANHA grotesca: em 2007 a 'Universal Music' perde contra a pirataria. *Cúlti e pópi*, 28 ago. 2015. Disponível em: https://culti-e-popi.blogspot.com/2015/08/campanha-grotesca-em-2007-universal.html. Acesso em: 12 fev. 2020.

CASTRO, Gisela G. S. Pirataria na música digital: internet, direito autoral e novas práticas de consumo. *UNIrevista*, v. 1, n. 3, jul. 2006.

COSTA, Álvaro Mayrink. A tutela penal dos direitos autorais. *Revista da EMERJ*, v. 11, n. 42, p. 45-69, 2008.

DISNEY+ foi lançado nos Estados Unidos e em outras regiões. *Disney*, 12 nov. 2019. Disponível em: https://disney.com.br/nota/disney-lancamento. Acesso em: 20 fev. 2020.

EHRHARDT JÚNIOR, Marcos Augusto de Albuquerque. *Responsabilidade civil pelo inadimplemento da boa-fé enquanto dever geral de conduta*. 2012. 178 f. Tese (Doutorado em Direito) – Centro de Ciências Jurídicas, Universidade Federal de Pernambuco PPGD/UFPE, Recife, 2012.

FERNANDES, Maurício Gondran. *A tutela dos direitos autorais no consumo de produtos culturais nas plataformas de streaming*. 2016. 52 p. Monografia (Trabalho de Conclusão de Graduação) – Faculdade de Direito, Universidade Federal do Rio Grande, Rio Grande, 2016.

FREITAS, Ana. Como Mickey Mouse explica a história dos direitos autorais nos EUA. *Nexo*, 18 jan. 2016. Disponível em: https://www.nexojornal.com.br/expresso/2016/01/18/Como-o-Mickey-Mouse-explica-a-hist%C3%B3ria-dos-direitos-autorais-nos-EUA. Acesso em: 20 fev. 2020.

LÔBO, Paulo. *Direito civil*: parte geral. 5. ed. São Paulo: Saraiva, 2015.

MCALONE, Nathan. NETFLIX: You can share your password, as long as you don't sell it. *Business Insider*, 15 jul. 2016. Disponível em: https://www.businessinsider.com/netflix-says-its-ok-to-share-passwords-2016-7. Acesso em: 20 fev. 2020.

MCINTYRE, Hugh. What exactly is stream-ripping, the new way people are stealing music. *Forbes*, 11 ago. 2017. Disponível em: https://www.forbes.com/sites/hughmcintyre/2017/08/11/what-exactly-is-stream-ripping-the-new-way-people-are-stealing-music/#4cdc68881956. Acesso em: 5 fev. 2020.

MELLO, Marcos Bernardes de. *Teoria do fato jurídico*: plano da existência. 17. ed. São Paulo: Saraiva, 2014.

MOGNOM, Mateus. Disney+ anuncia parceria para combater compartilhamento de senhas. *Tecmundo*, 21 ago. 2019. Disponível em: https://www.tecmundo.com.br/internet/145144-disney-anuncia-parceria-combater-compartilhamento-senhas.htm. Acesso em: 20 fev. 2020.

PASSO 1 de 3 – Escolha seu plano. *Netflix*. Disponível em: https://www.netflix.com/signup/planform. Acesso em: 12 fev. 2020.

RIBEIRO, Carolina. Apple TV+ estreia no Brasil para concorrer com Netflix; veja preço e catálogo. *Techtudo*, 1º nov. 2019. Disponível em: https://www.techtudo.com.br/noticias/2019/11/apple-tv-estreia-no-brasil-para-concorrer-com-netflix-veja-preco-e-catalogo.ghtml. Acesso em: 20 fev. 2020.

SILVEIRA, Luiz Henrique Pereira. A expansão da tutela penal dos direitos autorais. *In*: OTERO, Cleber Sanfelici; ZENNI, Alessandro Severino Valler (Org.). *Os limites da tutela dos direitos da personalidade na contemporaneidade.* 1 ed. Maringá: Vivens, 2015.

SOILO, Andressa Nunes. Criatividades e instantes: etnografia das práticas de compartilhamento de plataformas de streaming "piratas" no Reddit. *Mediações*, v. 24, n. 1, p. 355-379, jan./abr. 2019.

SOILO, Andressa Nunes. *Habitando a distribuição do entretenimento*: o regime de propriedade intelectual, a tecnologia streaming e a "pirataria" digital em coautoria. 2019. 290 p. Tese (Doutorado em Antropologia Social) – Instituto de Filosofia e Ciências Humanas, Rio Grande do Sul, 2019.

SUBSCRIPTION Mooching & Streaming Media. *Cordcutting*, 5 maio 2020. Disponível em: https://cordcutting.com/research/subscription-mooching/. Acesso em: 20 fev. 2020.

TERMOS de uso. *Netflix*. Disponível em: https://help.netflix.com/pt/legal/termsofuse?rev=1839. Acesso em: 22 fev. 2020.

WALKER, Tim. Sharing your Netflix password might just be a federal crime. *Independent*, 12 jul. 2016. Disponível em: https://www.independent.co.uk/life-style/gadgets-and-tech/sharing-netflix-password-federal-crime-a7132156.html. Acesso em: 18 fev. 2020.

Informação bibliográfica deste texto, conforme a NBR 6023:2018 da Associação Brasileira de Normas Técnicas (ABNT):

SILVA, Gabriela Buarque Pereira. Plataformas de streaming e o compartilhamento de senhas: implicações jurídicas na economia de compartilhamento. *In*: EHRHARDT JÚNIOR, Marcos; CATALAN, Marcos; MALHEIROS, Pablo (Coord.). *Direito Civil e tecnologia*. Belo Horizonte: Fórum, 2020. p. 579-592. ISBN 978-65-5518-036-7.

PERSONALIDADE JUDICIARIA DO NAVIO E A RESPONSABILIDADE CIVIL NO DIREITO MARÍTIMO EM FACE DO ABUSO DO DIREITO DE PERSONALIDADE DO NAVIO

INGRID ZANELLA ANDRADE CAMPOS

1 Introdução

O Brasil é um país maritimamente privilegiado, conta com uma costa de 8,5 (oito vírgula cinco) mil quilômetros navegáveis, em que o transporte marítimo responde, atualmente, por mais de 80% (oitenta por cento) do comércio mundial de mercadorias e se constitui como fator imprescindível na globalização.

O transporte aquaviário se consubstancia, então, como um fator fundamental na economia mundial, além de estar inteiramente ligado a questões ambientais e sociais.

A Constituição da República Federativa do Brasil de 1988, através da Emenda Constitucional nº 7, de 15.8.1995 deu nova redação ao parágrafo único, do art. 178 (cento e setenta e oito),[1] que passou a permitir o uso de bandeiras estrangeiras na navegação de cabotagem no Brasil.

Dessa forma o parágrafo único, do supracitado artigo, passou a ter a seguinte redação: "Na ordenação do transporte aquático, a lei estabelecerá as condições em que o transporte de mercadorias na cabotagem e a navegação interior poderão ser feitos por embarcações estrangeiras".

A abertura constitucional à navegação de cabotagem e interior por embarcações estrangeiras foi decorrência da afirmação do Estado democrático de direito, ratificado com a Constituição Federal de 1988, que demarcou a necessidade de uma Constituição Econômica com a extinção de certas restrições ao capital estrangeiro.

---

[1] "Art. 178. A lei disporá sobre a ordenação dos transportes aéreo, aquático e terrestre, devendo, quanto à ordenação do transporte internacional, observar os acordos firmados pela União, atendido o princípio da reciprocidade. Parágrafo único. Na ordenação do transporte aquático, a lei estabelecerá as condições em que o transporte de mercadorias na cabotagem e a navegação interior poderão ser feitos por embarcações estrangeiras".

A Lei nº 9.432/1997 veio para regulamentar o art. 178 da Constituição Federal, instituindo os limites para a abertura do mercado a embarcações estrangeiras, desde que afretadas por Empresas Brasileiras de Navegação (EBN), quando da inexistência ou indisponibilidade de embarcações de bandeira brasileira.

Desta forma, percebe-se que a intenção da EC nº 7/1995 foi possibilitar a regulação da matéria através de lei ordinária, bem como contribuir para a construção de uma economia mais aberta e competitiva.

A CF/1988 esculpiu o princípio da liberdade econômica, devendo a ordem econômica, fundada na valorização do trabalho humano e na livre iniciativa (art. 170), observar, entre outros, os princípios da livre concorrência e busca do pleno emprego.

Neste exato sentido, destaca-se a Lei nº 13.874, de 20.9.2019, que instituiu a Declaração de Direitos de Liberdade Econômica e fixou princípios e normas para a proteção à livre iniciativa e ao livre exercício de atividade econômica e disposições sobre a atuação do Estado como agente normativo e regulador.

Desta forma, considerando as diversas relações jurídicas que se desenvolvem em torno do navio, resta a dúvida sobre se o navio poderá ser dotado de personalidade jurídica, com destaque à judiciária, no Brasil, como forma de garantir a eficiência da responsabilidade civil, em casos estabelecidos em norma.

Como exemplo, menciona-se a preocupação com os danos e responsabilidades advindas de acidentes marítimos, que está, inclusive, embasada no aumento significativo da ocorrência desses, posto que, em 2017, os acidentes com embarcações, no Brasil, aumentaram 12,63%. Segundo a Marinha do Brasil, de janeiro a agosto de 2017 foram registrados 107 naufrágios, contra 95 casos no mesmo período de 2016.[2]

De acordo com as estatísticas, 72% dos casos de naufrágios ocorreram por imprudência, imperícia ou negligência. Apesar do aumento de naufrágios nos primeiros oito meses de 2017, a Marinha informa que entre 2015 e 2016 os registros diminuíram. Em 2016, foram 898 contra 998 em 2015.[3]

No que concerne à segurança jurídica e efetividade da responsabilidade civil, pretende-se demonstrar que o navio, por ser dotado de alguns direitos, entre eles o de nacionalidade, que estabelece a norma que deverá reger as relações econômicas, deve ser dotado de personalidade judiciária, podendo ser diretamente processado, em casos excepcionais estabelecidos em lei.

Assim, caso utilizada de forma equivocada, a nacionalidade pode se constituir como um abuso ao direito subjetivo, acarretando o reconhecimento de fraude contra a legislação, que pode fundamentar a adoção pelo Brasil da personalidade judiciária do navio.

Para tanto será abordada a questão dos direitos de personalidade que são atribuídos à embarcação, para depois se estabelecer a questão da responsabilidade civil objetiva por abuso desses direitos.

---

2 ACIDENTES com embarcações no Brasil aumentam 12,63% em 2017. *Agência Brasil*, 25 ago. 2017. Disponível em: http://agenciabrasil.ebc.com.br/geral/noticia/2017-08/acidentes-com-embarcacoes-no-brasil-aumentam-1263-em-2017. Acesso em: 5 maio 2018.

3 ACIDENTES com embarcações no Brasil aumentam 12,63% em 2017. *Agência Brasil*, 25 ago. 2017. Disponível em: http://agenciabrasil.ebc.com.br/geral/noticia/2017-08/acidentes-com-embarcacoes-no-brasil-aumentam-1263-em-2017. Acesso em: 5 maio 2018.

O objetivo principal deste trabalho é a problemática subjacente à identificação de formas de garantir a eficiência da responsabilidade civil no direito marítimo, identificando meios de garantir a execução, visando a uma maior segurança jurídica, inclusive diante da possibilidade de abertura do mercado de cabotagem a embarcações estrangeiras.

2 A responsabilidade e a personalidade judiciária do navio

Antes de ingressar diretamente no que concerne à possibilidade de atribuição de direitos de personalidade, imperioso analisar a natureza jurídica do navio. Tal análise mostra-se indispensável, considerando o objeto do nosso trabalho, nos dizeres do Prof. Waldemar Ferreira, "Estudando a natureza jurídica do navio, que já se chegou a considerar como uma pessoa jurídica de responsabilidade limitada até a importância do seu patrimônio".[4]

Quanto à sua natureza jurídica, no direito brasileiro, o navio é considerado um bem móvel.[5] De acordo com o Código Civil o navio deve ser entendido como bem móvel,[6] através da interpretação do art. 82 do referido diploma legal, *in verbis*: "São móveis os bens suscetíveis de movimento próprio, ou de remoção por força alheia, sem alteração substancial ou da destinação econômico-social".

Da mesma forma o Código Civil português estabelece, no art. 205, que são móveis todas as coisas não compreendidas no artigo anterior, quais sejam: prédios rústicos e urbanos; águas; árvores, os arbustos e os frutos naturais, enquanto estiverem ligados ao solo; direitos inerentes aos imóveis mencionados nas alíneas anteriores; partes integrantes dos prédios rústicos e urbanos.

No Brasil, a Lei nº 9537/1997, que dispõe sobre a segurança do tráfego aquaviário em águas sob jurisdição nacional e dá outras providências, estabelece que embarcação é qualquer construção, inclusive as plataformas flutuantes e, quando rebocadas, as fixas, sujeita a inscrição na autoridade marítima e suscetível de se locomover na água, por meios próprios ou não, transportando pessoas ou cargas.

Por sua vez, em Portugal, o Decreto-Lei nº 201, de 10.7.1998, que define o estatuto legal do navio, em seu art. 1º, estabelece:

> 1 - Para efeitos do disposto no presente diploma, navio é o engenho flutuante destinado à navegação por água.
> 2 - Fazem parte integrante do navio, além da máquina principal e das máquinas auxiliares, todos os aparelhos, aprestos, meios de salvação, acessórios e mais equipamentos existentes a bordo necessários à sua operacionalidade.

---

4 FERREIRA, Waldemar Martins. *O commercio marítimo e o navio*. São Paulo: Revista dos Tribunais, 1931.

5 "As embarcações são bens moveis, e, portanto, o proprietário delas pôde aliena-las ou hypothecal-as sem outorga de sua mulher" (FREITAS, Augusto Teixeira de. *Consolidação das leis civis*. [s.l.]: [s.n.], [s.d.]. v. 1. p. 51, art. 49).

6 Código Comercial Brasileiro: "Art. 478. Ainda que as embarcações sejam reputadas bens móveis, contudo, nas vendas judiciais, se guardarão as regras que as leis prescrevem para as arrematações dos bens de raiz; devendo as ditas vendas, além da afixação dos editais nos lugares públicos, e particularmente nas praças do comércio, ser publicadas por três anúncios insertos, com o intervalo de 8 (oito) dias, nos jornais do lugar, que habitualmente publicarem anúncios, e, não os havendo, nos do lugar mais vizinho".

Portanto, o navio é bem móvel que se sujeita ao regime jurídico de bem imóveis quando há previsão legal, entre esses casos citam-se: prova de propriedade mediante registro marítimo e a transferência de propriedade (Lei nº 7.652/88), os casos de venda judicial (CCOm. arts. 477 e 478) e o fato de navio ser suscetível de hipoteca naval.

É sabido que a personalidade jurídica consiste na possibilidade de titular direitos e obrigações, relações jurídicas. O Professor Januário da Costa Gomes ensina que o navio é personagem principal da expedição marítima.[7] Necessário, portanto, analisar a responsabilidade do navio, para, posteriormente, analisar seus possíveis direitos de personalidade e o abuso deste direito, com suas consequências.

Quando se trata da responsabilidade do navio, analisa-se a possibilidade de imputar a responsabilidade ao próprio navio; trata-se de saber se o navio pode ser sujeito passivo de obrigações de indenizar e se pode ser parte em um processo judicial.[8]

Desta forma a responsabilidade do navio poderia implicar a atribuição de personalidade jurídica ao próprio navio. Assim, a construção, em certo sentido, mais radical, com vistas a permitir que o navio responda nos mesmos termos que o proprietário, o armador ou o transportador, consiste em personalizar ou personificar o navio, através da chamada teoria da personificação.[9]

Para o Professor Antonio Menezes Cordeiro, o navio integra as chamadas pessoas rudimentares, que dispõem de uma personalidade coletiva rudimentar: operacional, apenas, para os concertos nos âmbitos que a lei lhe atribuir e que haverá de apurar caso a caso. Assim, o navio teria alguma margem de personalidade substantiva.[10]

Personalidade judiciária é a capacidade de ser parte em um processo judicial, possibilitando que a parte possa praticar diversos atos processuais. Segundo o Professor Antonio Menezes Cordeiro:

> a atuação processual é, porventura, uma das mais marcantes formas de exercer um direito: este ganha-se ou perde-se, amplia-se ou reduz-se, consoante o modelo de o colocar no foro e em função do epílogo da ação. A personalidade judiciária – mesmo quando, em rigor, se pudesse chamar "capacidade de gozo judiciário" – traduz uma inegável margem de personalidade substantiva.[11]

O Professor Antonio Menezes Cordeiro explica, ainda, que "O navio é, pois, uma realidade objetiva funcional, que abrange, além da estrutura flutuante, as coisas acessórias destinadas à sua utilização funcional, isto é, à flutuação e à navegação por água".[12]

Destaca-se que o Código de Processo Civil português estabelece que navio possui personalidade judiciária, nos seguintes termos:

---

7 GOMES, Januário da Costa. *Limitação de responsabilidade por créditos marítimos*. Coimbra: Almedina, 2010. p. 187.

8 ROCHA, Francisco Costeira. A responsabilidade do navio. *In*: GOMES, Manuel Januário (Coord.). *O navio*. II Jornadas de Lisboa de Direito Marítimo. Lisboa: [s.n.], 2010. p. 266.

9 ROCHA, Francisco Costeira. A responsabilidade do navio. *In*: GOMES, Manuel Januário (Coord.). *O navio*. II Jornadas de Lisboa de Direito Marítimo. Lisboa: [s.n.], 2010. p. 270.

10 CORDEIRO, Antonio Menezes. Da natureza jurídica do navio. *In*: GOMES, Manuel Januário (Coord.). *O navio*. II Jornadas de Lisboa de Direito Marítimo. Lisboa: [s.n.], 2010. p. 35; 38.

11 CORDEIRO, Antonio Menezes. Da natureza jurídica do navio. *In*: GOMES, Manuel Januário (Coord.). *O navio*. II Jornadas de Lisboa de Direito Marítimo. Lisboa: [s.n.], 2010. p. 35; 38.

12 CORDEIRO, Antonio Menezes. Da natureza jurídica do navio. *In*: GOMES, Manuel Januário (Coord.). *O navio*. II Jornadas de Lisboa de Direito Marítimo. Lisboa: [s.n.], 2010. p. 42.

Artigo 12.º (art.º 6.º CPC 1961)
Extensão da personalidade judiciária
Têm ainda personalidade judiciária:
a) A herança jacente e os patrimónios autónomos semelhantes cujo titular não estiver determinado;
b) As associações sem personalidade jurídica e as comissões especiais;
c) As sociedades civis;
d) As sociedades comerciais, até à data do registo definitivo do contrato pelo qual se constituem, nos termos do artigo 5.º do Código das Sociedades Comerciais;
e) O condomínio resultante da propriedade horizontal, relativamente às ações que se inserem no âmbito dos poderes do administrador;
f) Os navios, nos casos previstos em legislação especial.

O art. 7º, do Decreto-Lei nº 201/1998, define o estatuto legal do navio, por força do frequente contato do navio com as mais diversas ordens jurídicas, no âmbito da sua normal exploração e dos direitos e obrigações que dela emergem. De acordo com o referido decreto, art. 7º, os navios têm personalidade e capacidade judiciárias nos casos e para os efeitos previstos em lei.

Entre essas normas, no ordenamento jurídico português, destacam-se o Decreto-Lei nº 352/86 (transporte de mercadorias por mar) e Decreto-Lei nº 202/98 (responsabilidade do proprietário do navio).

O Decreto-Lei nº 352/86 estabelece, em seu art. 10, a nulidade dos conhecimentos de carga emitidos por quem não tenha qualidade de transportador marítimo. Já o art. 28, a hipótese de o transportador marítimo não ser identificável com base nas menções constantes do conhecimento de carga. Nas duas hipóteses o navio que efetua o transporte responde perante os interessados na carga nos mesmos termos em que responderia o transportador.

O Decreto-Lei nº 202/98 versa sobre a responsabilidade do proprietário do navio e, igualmente, estabelece que se o proprietário ou armador transportador não forem identificáveis com base no despacho de entrada na capitania o navio responde, perante credores interessados, nos mesmos termos que aqueles responderiam.

Desta forma, o Professor Antonio Menezes Cordeiro entende que a personalidade do navio surge apenas quando o problema é judicializado, neste sentido pondera sobre qual seria o sentido de atribuir personalidade ao navio, esclarecendo:

> O navio é uma coisa. Mas assume uma individualização especial. Tem nome. Tem madrinha. Assume uma identidade, no imaginário histórico-cultural dos povos. Desloca-se; é servido por uma tripulação; é dirigido pelo capitão; presta serviço. Constitui, nessa base, um centro de valorações autônomas especificas.
>
> Sendo uma coisa, ele coloca-se numa dimensão especial, que tem consequências jurídicas. A atribuição de "personalidade judiciária", feita com alguma solenidade, dá corpo e expressão a essa particularidade social e jurídica.[13]

---

13 CORDEIRO, Antonio Menezes. Da natureza jurídica do navio. *In*: GOMES, Manuel Januário (Coord.). *O navio*. II Jornadas de Lisboa de Direito Marítimo. Lisboa: [s.n.], 2010. p. 45.

Conforme visto, o navio é coisa, bem móvel, entretanto de feitio todo especial, pelo qual merece tratamento mais aprofundado, como instrumento do transporte marítimo. Razão pela qual, importante a identificação de possíveis direitos de personalidade do navio.

3 Os possíveis direitos de personalidade do navio

Pontes de Miranda considera direitos da personalidade "todos os direitos necessários à realização da personalidade, à sua inserção nas relações jurídicas".[14] Adriano de Cupis, por sua vez, ressalta que todos os direitos de personalidade se destinam a dar conteúdo à personalidade e, por isso, poderiam ser denominados "direitos da personalidade".[15]

O Professor Waldemar Ferreira esclarece que o navio tem estado civil, nome, domicílio, nacionalidade, nos seguintes termos:

> Nasce pela sua construcção, como producto do engenho humano. Tem estado civil. Tem nome. É batizado e registrado. Tem domicílio. Carece de passaporte para viajar. Singra os mares. Movimenta riquezas. Põe em contacto os homens de todos os continentes. Vive. Tem nacionalidade, a da sua bandeira. Envelhece, pela sua imprestabilidade, resultante da acção do tempo e do uso, transfigurando-se, às vezes. E chega a morrer, quando não logra vencer o Ímpeto e a fúria dos temporaes. Tem, portanto, individualidade.[16]

Neste sentido, esclarece o Prof. Herculao Inglez, o navio seria dotado de um sistema de quase personalidade. Explica ainda que o referido atributo é, além disso, uma necessidade lógica do sistema, regulando as relações oriundas da indústria da navegação, e que se baseia no grande princípio da separação do patrimônio de terra e do patrimônio do mar, por extensão do princípio da comandita que, historicamente, se desenvolveu, se é que se não originou, dos usos e costumes do comércio de mar.[17] Neste sentido ensina:

> O systema do direito relativo à industria de navegação marítima, fluvial ou lacustre, assenta sobre a natureza jurídica do navio, ao qual, se no estado actual da sciencia e da legislação ainda se não poude dar uma personalidade bem caracterizada, é forçoso reconhecer uma quasi-personalidade jurídica, no sentido de tornar o navio o centro de certas relações, como se fosse elle sujeito activo e passivo do direito, sem prejuízo da objectividade que tem como cousa movei. Não é somente a linguagem legislativa que empresta ao navio mercante uma espécie de personalidade, como nos casos de abalroaçáo e de assistência, tornando-o o titular do direito e responsável pelas obrigações resultantes dos factos, são as conveniências do commercio e da navegação que attribuem ao navio caracteres

---

[14] PONTES DE MIRANDA, Francisco Cavalcanti. *Tratado de direito privado*. Campinas: Bookseller, 2000. t. VII. p. 39.

[15] CUPIS, Adriano. *Os direitos da personalidade*. Tradução de Afonso Celso Furtado Rezende. Campinas: Romana, 2004. p. 23.

[16] FERREIRA, Waldemar Martins. *O commercio marítimo e o navio*. São Paulo: Revista dos Tribunais, 1931.

[17] SOUZA, Herculano Marcos Inglez de. *Projecto de Código Commercial*. Introdução. Rio de Janeiro: Impr. Nacional, 1912. v. 1. p. 79. Disponível em: http://www.stf.jus.br/bibliotecadigital/ObrasSelecionadas/42626/pdf/42626.pdf. Acesso em: 14 set. 2019.

próprios das pessoas, o nome, o domicilio, a nacionalidade, a capacidade, a identidade, a indivisibilidade.[18]

O Prof. Herculao Inglez ressalta que se há no Brasil indústria que mereça proteção eficaz e constante é inquestionavelmente a da navegação. Nesta seara elenca um dos primeiros direitos de quase personalidade atribuídos ao navio – a nacionalidade, da seguinte forma: "Sabiamente a nossa Constituição Política indicou a rota a seguir pelas leis ordinárias, consagrando o privilegio da cabotagem dos navios nacionais".[19]

Desta forma, seguindo a teoria da personificação ou da quase personalidade do navio, podem-se identificar os seguintes possíveis direitos de personalidade: nacionalidade, nome, imagem (identidade), domicílio (porto de inscrição), que serão a seguir analisados.

O nome é a denominação que é atribuída pelo proprietário no momento do registro do navio no órgão competente, por isso o nome consta em todos os documentos afetos ao navio. Em regra, o nome deve ser marcado no navio, externamente, com letras de, no mínimo, 10 cm de altura em três pontos assim distribuídos: na proa, nos dois bordos, e na popa, nome de embarcação juntamente com o porto de inscrição e o número de inscrição. Assim disciplina a NORMAM nº 01/2005, que trata das embarcações empregadas em mar aberto, e se aplica a todas as embarcações, de bandeira brasileira, destinadas à navegação em mar aberto, com exceção de embarcações de esporte e/ou recreio e embarcações da Marinha do Brasil.

Em Portugal, o Decreto-Lei nº 201/1998, em seu art. 4º, estabelece que a todos os navios devem ser atribuídos um nome. E o nome a atribuir ao navio está sujeito à prévia aprovação do serviço público competente e deve ser bem distinto dos que já se encontram registrados.

Já nos arts. 4º e 5º, o referido decreto trata do registro e número de identificação, *vide*:

> Art. 4º Os navios e os factos a eles respeitantes estão sujeitos a registro, nos termos do disposto na legislação respectiva.
> Art. 5º Os navios de tonelagem inferior a 100 t de deslocamento, assim como os destinados exclusivamente a águas interiores, podem ser identificados apenas por um número atribuído pelo serviço público competente.

Além do nome deve ser registrado no casco do navio o número de identificação do navio, conforme exigência contida na Regra 3, do Capítulo XI, da Convenção Internacional para Salvaguarda da Vida Humana ao Mar, conhecida como Solas, que entrou em vigor em 12.1.1996.

De acordo com a Convenção Internacional para Salvaguarda da Vida Humana ao Mar, conhecida como Solas, estão obrigados a adquirir o número de identificação da IMO (Organização Marítima Internacional), através de registro, todos os navios de passageiros com arqueação bruta maior ou igual a cem, assim como os navios de carga

---

[18] SOUZA, Herculano Marcos Inglez de. *Projecto de Código Commercial*. Introdução. Rio de Janeiro: Impr. Nacional, 1912. v. 1. p. 79. Disponível em: http://www.stf.jus.br/bibliotecadigital/ObrasSelecionadas/42626/pdf/42626.pdf. Acesso em: 14 set. 2019.

[19] SOUZA, Herculano Marcos Inglez de. *Projecto de Código Commercial*. Introdução. Rio de Janeiro: Impr. Nacional, 1912. v. 1. p. 80. Disponível em: http://www.stf.jus.br/bibliotecadigital/ObrasSelecionadas/42626/pdf/42626.pdf. Acesso em: 14 set. 2019.

com arqueação bruta maior ou igual a trezentos, empregados na navegação entre portos brasileiros e estrangeiros.

No Brasil, destaca-se a Lei nº 7.652, de 3.2.1988, que dispõe sobre o registro de propriedade marítima, que tem por objeto estabelecer nacionalidade, validade, segurança e publicidade da propriedade de embarcações.

De acordo com a referida norma, as embarcações brasileiras, exceto as da Marinha de Guerra, serão inscritas na Capitania dos Portos ou órgão subordinado, em cuja jurisdição for domiciliado o proprietário ou armador ou onde for operar a embarcação. Será obrigatório o registro da propriedade no Tribunal Marítimo, se a embarcação possuir arqueação bruta superior a cem toneladas, para qualquer modalidade de navegação.

No que concerne à nacionalidade do navio, importante mencionar que é a partir da atribuição desta que o navio passa a figurar como objeto de direitos e obrigações. Destaca-se que a Convenção das Nações Unidas sobre o Direito do Mar, concluída em Montego Bay (CNUDM), Jamaica, em 10.12.1982, estabeleceu o princípio da unicidade de bandeira, bem como o dever de existir um elo substancial entre Estado e a embarcação.

O princípio da unicidade de bandeira, estabelecido pela CNUDM, determina que os navios devam navegar sob a bandeira de um só Estado, salvo nos casos excepcionais previstos expressamente em tratados internacionais ou própria Convenção, e devem se submeter, em alto mar, à jurisdição exclusiva desse Estado.[20]

O critério de definição da nacionalidade de um navio (bandeira) deve considerar a existência de um vínculo entre o navio e o Estado de registro.

Determina a Convenção Montego Bay – CNUDM (Decreto nº 1.530, de 22.6.1995), que todo Estado deve estabelecer os requisitos necessários para a atribuição da sua nacionalidade a navios, para o registro de navios no seu território e para o direito de arvorar a sua bandeira.

O Brasil segue o princípio da unicidade de bandeira e adota o critério misto para concessão da nacionalidade brasileira do navio, desta forma, nas embarcações de bandeira brasileira serão necessariamente brasileiros o comandante, o chefe de máquinas e dois terços da tripulação.[21]

De acordo com a Lei nº 9432/1997, que dispõe sobre a ordenação do transporte aquaviário e dá outras providências, terão o direito de arvorar a bandeira brasileira as embarcações inscritas no Registro de Propriedade Marítima, de propriedade de pessoa física residente e domiciliada no país ou de empresa brasileira; e as sob contrato de afretamento a casco nu, por empresa brasileira de navegação, condicionado à suspensão provisória de bandeira no país de origem. Assim, nas embarcações de bandeira brasileira serão necessariamente brasileiros o comandante, o chefe de máquinas e dois terços da tripulação.

Em Portugal, o Decreto-Lei nº 201/1998, no art. 3º, trata da nacionalidade das embarcações, da seguinte forma:

> 1 - Consideram-se nacionais os navios cuja propriedade se encontra registada em Portugal.
> 2 - A atribuição da nacionalidade portuguesa confere ao navio o direito ao uso da respectiva bandeira, com os direitos e as obrigações que lhe são inerentes.

---

20 CAMPOS, Ingrid Zanella Andrade. *Direito marítimo sistematizado*. Curitiba: Juruá, 2017. p. 125.

21 CAMPOS, Ingrid Zanella Andrade. *Direito marítimo sistematizado*. Curitiba: Juruá, 2017. p. 281.

Como observa Arnaldo Sussekind, as embarcações constituem estabelecimentos móveis, cuja nacionalidade decorre da patente de navegação, comprovada pela respectiva certidão de registro.[22]

Logo, o Estado onde se processa o registro da embarcação é detentor da competência para estabelecer os requisitos para concessão de bandeira do país. Em Portugal, o Decreto-Lei nº 201/1998 estabelece, no art. 11, que a lei reguladora dos direitos reais sobre o navio é a legislação da nacionalidade, *vide*: "As questões relacionadas com direitos reais sobre o navio são reguladas pela lei da nacionalidade que este tiver ao tempo da constituição, modificação, transmissão ou extinção do direito em causa".

4 Abuso de direito subjetivo e responsabilidade civil no direito marítimo

Como visto, mesmo sendo o navio coisa, bem móvel *sui generis*, ele possui elementos de individualização, por alguns considerados direitos de personalidade, bem como personalidade judiciária, conforme estabelece a legislação portuguesa. Da mesma forma, é a partir da atribuição da bandeira/nacionalidade ao navio que é possível se identificar a jurisdição a que se submete.

O critério de definição da nacionalidade de um navio (bandeira) deve considerar a existência de um vínculo entre o navio e o Estado de registro. Logo, o Estado onde se processa o registro da embarcação é detentor da competência para estabelecer os requisitos para concessão de bandeira do país.

Rui Stoco entende que o abuso de direito é "o uso indevido do direito para satisfação de interesse próprio com o único objetivo de obter vantagem indevida ou de prejudicar terceiros, quer seja por simulação, fraude ou má-fé".[23]

O Código Civil brasileiro (CCB) faz menção ao abuso de direito quanto ao exercício abusivo de direito subjetivo, no art. 187: "também comete ato ilícito o titular de um direito que, ao exercê-lo, excede manifestamente os limites impostos pelo seu fim econômico ou social, pela boa-fé ou pelos bons costumes".

Igualmente o faz o Código Civil português (CCP), no art. 334, quando trata de abuso de direito, *vide*: "É ilegítimo o exercício de um direito, quando o titular exceda manifestamente os limites impostos pela boa fé, pelos bons costumes ou pelo fim social ou económico desse direito".

O art. 186, CCB, estabelece a responsabilidade civil por ato ilícito: "Aquele que, por ação ou omissão voluntária, negligência ou imprudência, violar direito e causar dano a outrem, ainda que exclusivamente moral, comete ato ilícito".

No ordenamento jurídico brasileiro, a responsabilidade objetiva é tratada no parágrafo único, do art. 927:

> Art. 927. Aquele que, por ato ilícito (arts. 186 e 187), causar dano a outrem, fica obrigado a repará-lo.
> Parágrafo único. Haverá obrigação de reparar o dano, independentemente de culpa, nos casos especificados em lei, ou quando a atividade normalmente desenvolvida pelo autor do dano implicar, por sua natureza, risco para os direitos de outrem.

---

22 SUSSEKIND, Arnaldo. *Conflitos de leis do trabalho*. Rio de Janeiro: Freitas Bastos, 1979. p. 52.

23 STOCO, Rui. *Abuso do direito e má-fé processual*. São Paulo: Revista dos Tribunais, 2002. p. 59.

O abuso de direito de personalidade jurídica é disciplinado pelo art. 50, do CCB, da seguinte forma:

> Em caso de *abuso da personalidade jurídica*, caracterizado pelo *desvio da finalidade*, ou pela *confusão patrimonial*, pode o juiz decidir, a requerimento da parte, ou do Ministério Público quando lhe couber intervir no processo, que os efeitos de certas e determinadas relações de obrigações sejam *estendidos* aos *bens particulares dos administradores ou sócios da pessoa jurídica*.

Destaca-se que a teoria que deve ser aplicada ao abuso de direito subjetivo é a da responsabilidade objetiva, conforme Enunciado nº 37 da 1ª Jornada de Direito Civil, promovida pelo Centro de Estudos Judiciários do Conselho da Justiça Federal: "A responsabilidade civil decorrente do abuso do direito independe de culpa e fundamenta-se somente no critério objetivo-finalístico".

Como decorrência do abuso de direito de nacionalidade do navio no direito marítimo, poderiam surgir duas consequências jurídicas, a saber: a desconsideração da nacionalidade do navio e a possibilidade de o navio ser diretamente demandado por suas dívidas, em caso de impossibilidade de identificação do proprietário, visando à segurança jurídica e à efetividade da responsabilidade civil, inclusive através da responsabilidade objetiva, em face do abuso do direito subjetivo.

Portanto, diante do abuso de direito subjetivo, visando a uma maior segurança jurídica, o ordenamento jurídico brasileiro deveria reconhecer, a exemplo da legislação portuguesa, a personalidade e capacidade judiciária do navio, em casos previstos na legislação, possibilitando que o navio responda, perante credores interessados, nos mesmos termos em que o proprietário responderia.

Entre esses possíveis casos, destacam-se, de forma exemplificativa: a nulidade dos conhecimentos de carga emitidos por quem não tenha qualidade de transportador marítimo, a hipótese de o transportador marítimo não ser identificável com base nas menções constantes do conhecimento de carga; o caso em que o proprietário ou o armador transportador não forem identificáveis com base no despacho de entrada na capitania; o abuso de direito subjetivo de nacionalidade, quando a embarcação for irregular ou inapropriada; quando se está diante de uma embarcação pirata ou apátrida, entre outros.

5 Conclusão

Conforme visto, o navio é coisa, bem móvel, entretanto, de feitio todo especial, pelo qual merece tratamento mais aprofundado, como instrumento do transporte marítimo.

Desta forma, seguindo a teoria da personificação ou da quase personalidade do navio, podem-se identificar os seguintes possíveis direitos de personalidade: nacionalidade, nome, imagem (identidade), domicílio (porto de inscrição), abordados neste artigo.

Portanto, um dos objetivos de se defender a personalidade do navio é ratificar a sua responsabilidade, ou seja, que o navio pode ser sujeito passivo de obrigações de indenizar e até pode ser parte em um processo judicial.

Entretanto, considerando as diversas relações jurídicas que se desenvolvem em torno do navio, a legislação deve estabelecer formas de garantir a segurança jurídica nacional, através de uma eficiente responsabilidade civil.

Neste sentido, defende-se que o abuso do direito de personalidade do navio, com destaque à nacionalidade, constituir-se-á como um ato ilícito pelo exercício abusivo de direito subjetivo, ocasionando consequências jurídicas, que podem incluir o afastamento da lei do pavilhão de acordo com a teoria da responsabilidade civil objetiva.

O abuso de direito de nacionalidade pode ocorrer, por exemplo, quando há nulidade dos conhecimentos de carga emitidos por quem não tenha qualidade de transportador marítimo; na hipótese de o transportador marítimo não ser identificável com base nas menções constantes do conhecimento de carga; caso em que o proprietário ou o armador transportador não forem identificáveis com base no despacho de entrada na capitania; quando a embarcação for irregular ou inapropriada; quando se está diante de uma embarcação pirata ou apátrida entre outros.

Essas situações, conforme esclarecido neste artigo, são inclusive previstas na legislação portuguesa, que já reconhece a personalidade judiciária ao navio, como forma de efetivar a responsabilidade civil.

Portanto, diante do abuso de direito subjetivo, visando a uma maior segurança jurídica, o ordenamento jurídico brasileiro deveria reconhecer, a exemplo da legislação portuguesa, a personalidade e capacidade judiciária do navio, em casos previstos na legislação, possibilitando que o navio responda, perante credores interessados, nos mesmos termos em que o proprietário responderia.

Com tal medida, possibilitar-se-ia que tanto empresas nacionais como estrangeiras operassem com observância da segurança jurídica, não representando um risco ao transporte aquaviário, considerando todas as reais possibilidades de solução dos conflitos.

Referências

ACIDENTES com embarcações no Brasil aumentam 12,63% em 2017. *Agência Brasil*, 25 ago. 2017. Disponível em: http://agenciabrasil.ebc.com.br/geral/noticia/2017-08/acidentes-com-embarcacoes-no-brasil-aumentam-1263-em-2017. Acesso em: 5 maio 2018.

CAMPOS, Ingrid Zanella Andrade. *Direito marítimo sistematizado*. Curitiba: Juruá, 2017.

CORDEIRO, Antonio Menezes. Da natureza jurídica do navio. *In*: GOMES, Manuel Januário (Coord.). *O navio*. II Jornadas de Lisboa de Direito Marítimo. Lisboa: [s.n.], 2010.

CUPIS, Adriano. *Os direitos da personalidade*. Tradução de Afonso Celso Furtado Rezende. Campinas: Romana, 2004.

FERREIRA, Waldemar Martins. *O commercio marítimo e o navio*. São Paulo: Revista dos Tribunais, 1931.

FREITAS, Augusto Teixeira de. *Consolidação das leis civis*. [s.l.]: [s.n.], [s.d.]. v. 1.

GOMES, Januário da Costa. *Limitação de responsabilidade por créditos marítimos*. Coimbra: Almedina, 2010.

PONTES DE MIRANDA, Francisco Cavalcanti. *Tratado de direito privado*. Campinas: Bookseller, 2000. t. VII.

ROCHA, Francisco Costeira. A responsabilidade do navio. *In*: GOMES, Manuel Januário (Coord.). *O navio*. II Jornadas de Lisboa de Direito Marítimo. Lisboa: [s.n.], 2010.

SOUZA, Herculano Marcos Inglez de. *Projecto de Código Commercial*. Introdução. Rio de Janeiro: Impr. Nacional, 1912. v. 1. Disponível em: http://www.stf.jus.br/bibliotecadigital/ObrasSelecionadas/42626/pdf/42626.pdf. Acesso em: 14 set. 2019.

STOCO, Rui. *Abuso do direito e má-fé processual*. São Paulo: Revista dos Tribunais, 2002.

SUSSEKIND, Arnaldo. *Conflitos de leis do trabalho*. Rio de Janeiro: Freitas Bastos, 1979.

Informação bibliográfica deste texto, conforme a NBR 6023:2018 da Associação Brasileira de Normas Técnicas (ABNT):

CAMPOS, Ingrid Zanella Andrade. Personalidade judiciária do navio e a responsabilidade civil no direito marítimo em face do abuso do direito de personalidade do navio. *In*: EHRHARDT JÚNIOR, Marcos; CATALAN, Marcos; MALHEIROS, Pablo (Coord.). *Direito Civil e tecnologia*. Belo Horizonte: Fórum, 2020. p. 593-604. ISBN 978-65-5518-036-7.

BIODIREITO E TECNOLOGIA

O DIREITO E O AVANÇO DA ENGENHARIA GENÉTICA

MIKAELA MINARÉ BRAÚNA
LEONARDO MINARÉ BRAÚNA

1 Introdução

O que é a vida e como ela se originou? Esta é uma pergunta que tem sido feita desde os primórdios. Para os que se amparam em respostas fora da ciência, ela é um ato de criação, um ato sobrenatural e divino. Todavia, esta definição de "criação divina" gerava uma enorme confusão entre o conhecimento místico da própria natureza humana e a ciência.

Dessa dialética de criação é que durante séculos permaneceu a ideia da "geração espontânea da vida", que foi refutada por Luís Pasteur no século XIX. Porém, com a comprovação de que não existe a geração espontânea cumulada com a descrença alternativa de uma criação especial, a humanidade ficou sem uma resposta.

Assim, em 1957, George Wald em sua obra *A origem da vida*,[1] buscou responder a este enigma fundamental ao mundo, com base nos avanços da ciência do século XX.

Segundo Wald, o conhecimento aprofundado da composição química e estrutural das células, formadas por carboidratos, gorduras, proteínas e ácidos nucleicos (DNA e RNA), permitiu verificar a origem da vida. E são estes DNA e RNA que trouxeram um nível adicional de dificuldade ao conhecimento humano, pois, além de serem estruturas mais complexas formadas por apenas quatro nucleotídeos, são reunidos em uma variedade de sequências e proporções que conferem a forma e a estrutura e garantem a manutenção de todas as espécies biológicas conhecidas pela humanidade, sejam elas seres vivos e vírus.

Ou seja:

> o ser humano, as plantas e demais seres vivos são constituídos por moléculas que contêm carbono, hidrogênio, oxigênio, nitrogênio, fósforo e enxofre, além de outros elementos em

---

1 WALD, George. The origin of life. *In*: WALD, George *et al. The physics and chemistry of life*. [s.l.]: Bell British Edition, 1957.

diferentes proporções. Os seres vivos são constituídos de proteínas, as quais executam a maior parte das funções celulares e são responsáveis por vias metabólicas.[2]

Afinal, se as espécies são apenas um grande conjunto de moléculas orgânicas de diferentes níveis e com enorme complexidade, entender como elas funcionam, como são formadas e como elas trabalham é que garante a manutenção do que chamamos de vida. E na medida em que esse conhecimento for revelado é que será observado o avanço científico, pois várias doenças e anomalias podem ser identificadas na estrutura de sua formação.

Portanto, durante séculos, as áreas das ciências biológicas, medicina, química, física entre outras têm trabalhado nessa compreensão e assim desenvolvendo medicamentos, tratamentos e novas ferramentas para a manutenção dos mais diferentes compostos, sejam eles em nível celular, sejam eles em nível molecular.

Em nível molecular encontra-se a biotecnologia,[3] operando

> onde as barreiras estabelecidas na formação das espécies desaparecem; isso é possível porque todos os seres vivos, como dito, possuem os ácidos nucleicos como molécula fundamental portadora da informação gênica e compartilham o mesmo código genético, que codifica e determina as proteínas dos homens, dos animais, das plantas, dos insetos e micro-organismos.[4]

Se por um lado os avanços científicos e tecnológicos respondem sobre o conceito de vida, de sua formação e de sua manutenção, por outro fazem surgir polêmicas sobre o limite ético na prática dessas técnicas.

Entretanto, neste estudo, o aspecto religioso bem como o moral serão afastados; apenas o corpo humano, como um complexo sistema orgânico, será tratado. Um sujeito de direitos, entre eles, o direito à vida. Além disso, serão demonstradas algumas formas de avanços das ciências na busca por ferramentas que visam garantir a manutenção desse sistema biológico de forma saudável.

E é na procura incansável de melhoria da saúde e na manutenção da vida que o ser humano enxerga na biotecnologia um alicerce para obter essa finalidade. Apesar do debate entre prós e contras dessa tecnologia, é certo que não se pode retroagir em relação aos avanços já conquistados, mas aproveitar o que eles possuem de melhor para ajudar o ser humano na busca pelo sentido da existência humana.

De certa forma, a legislação tem sido um entrave para as biotecnologias, enquanto deveria ser aplicada para o bem-estar da humanidade. Apesar de a lei servir de diretriz para o debate jurídico, o Judiciário, como um poder, deveria ampliar os limites deste

---

[2] BORÉM, Aluízio. *Biotecnologia e meio ambiente*. Viçosa: Aluízio Borém, 2004. p. 12.

[3] A biotecnologia deve ser compreendida como qualquer forma de aplicação tecnológica que utilize organismos vivos, sistemas biológicos ou qualquer parte deles para criar, desenvolver produtos ou processos para serem utilizados especificamente nos diversos segmentos da agricultura, da medicina, da indústria, na preservação do meio ambiente, entre outros (BIOTECNOLOGIA. *Ministério do Meio Ambiente*. Disponível em: https://www.mma.gov.br/informma/item/7510-biotecnologia.html. Acesso em: 15 mar. 2020). Em suma, segundo a Convenção sobre Diversidade Biológica da ONU, biotecnologia é um conjunto de procedimentos que envolve a manipulação de organismos vivos para fabricar ou modificar produtos.

[4] BORÉM, Aluízio. *Biotecnologia e meio ambiente*. Viçosa: Aluízio Borém, 2004. p. 12.

discurso, vez que o ser humano é o protagonista da história da vida e uma das metas é a proteção de seu direito à vida.

Até porque, segundo o CIB – Conselho de Informações sobre Biotecnologia, a biotecnologia não é uma prática nova. Os homens já a utilizam há pelo menos 6.500 anos, quando perceberam, inicialmente, que poderiam utilizar microrganismos para fermentar pães, bebidas e outros alimentos.[5]

Com o avanço do conhecimento científico, a biotecnologia evoluiu velozmente e hoje está amparada no tripé: engenharia, biologia e química, além das suas diversas subáreas, como: a engenharia bioquímica, a biologia molecular e a química industrial. São áreas que possibilitaram sua aplicação desde aos testes e diagnósticos de novos medicamentos, aos biocombustíveis, às plantas resistentes, ao melhoramento genético, aos detergentes mais eficientes e até a plásticos biodegradáveis.

Com este avanço científico, a biotecnologia saiu do uso de microrganismos para realizar as modificações ou fabricação de produtos, passando a interferir diretamente no DNA das espécies. Isto possibilitou o desenvolvimento de plantas, animais e outros seres vivos com novas características genéticas. Assim surgiram os primeiros organismos geneticamente modificados (OGM), que apresentam benefícios para o consumidor, para o agricultor e para o meio ambiente.

Deste modo, como diversas novas biotecnologias estão surgindo para ampliar, manter e melhorar a qualidade de vida, cabe, portanto, ao direito, filtrar o que há de melhor nesses avanços.

Para a defesa dessas novas ferramentas biotecnológicas de melhoramento de precisão informadas neste artigo, a Constituição será o ponto essencial, já que coloca o direito à vida e a sua manutenção como essencial para o ser humano.

2 Engenharia genética

No Brasil, as normas de segurança e os mecanismos de fiscalização sobre a construção, o cultivo, a produção, a manipulação, a pesquisa, a comercialização e outras atividades de produtos e de processos de organismos provenientes da biotecnologia são de responsabilidade da Comissão Técnica Nacional de Biossegurança – CTNBio. E é esta Comissão Técnica que deve acompanhar o desenvolvimento e o progresso técnico e científico nas áreas de biossegurança, de biotecnologia e afins, com a finalidade de promover a proteção da saúde humana, animal, vegetal e do meio ambiente, estimulando o avanço científico brasileiro.[6]

Com o advento da Lei de Biossegurança, nº 11.105/2005, a engenharia genética em célula germinal humana, zigoto humano e embrião humano, a utilização, a

[5] BIOTECNOLOGIA. *CropLife Brasil*, 2019. Disponível em: https://croplifebrasil.org/biotecnologia-da-fermentacao-a-revolucao-genetica/. Acesso em: 13 mar. 2020.

[6] BRASIL. *Lei nº 11.105, de 24 de março de 2005*. Regulamenta os incisos II, IV e V do §1º do art. 225 da Constituição Federal, estabelece normas de segurança e mecanismos de fiscalização de atividades que envolvam organismos geneticamente modificados – OGM e seus derivados, cria o Conselho Nacional de Biossegurança – CNBS, reestrutura a Comissão Técnica Nacional de Biossegurança – CTNBio, dispõe sobre a Política Nacional de Biossegurança – PNB, revoga a Lei nº 8.974, de 5 de janeiro de 1995, e a Medida Provisória nº 2.191-9, de 23 de agosto de 2001, e os arts. 5º, 6º, 7º, 8º, 9º, 10 e 16 da Lei nº 10.814, de 15 de dezembro de 2003, e dá outras providências. Disponível em: http://www.planalto.gov.br/ccivil_03/_Ato2004-2006/2005/Lei/L11105.htm. Acesso em: 9 mar. 2020.

comercialização, o registro, o patenteamento e o licenciamento de tecnologias genéticas de restrição do uso tornaram-se legalmente proibidos (incs. III e VII do art. 6º).

O conceito deste tipo de engenharia pode ser obtido dentro da mesma legislação – engenharia genética em célula germinal humana, zigoto humano, embrião humano e de organismo geneticamente modificado é uma atividade de produção e manipulação de moléculas de ADN/ARN recombinante na célula-mãe, responsável pela formação de gametas presentes nas glândulas sexuais femininas e masculinas e suas descendentes diretas em qualquer grau de ploidia (conceito definido no art. 3º, incs. III e V, da Lei de Biossegurança).[7] Já organismo geneticamente modificado – OGM é um organismo cujo material genético – ADN/ARN – tenha sido modificado por qualquer técnica de engenharia genética.

E uma das técnicas da engenharia genética é a edição genética que, em termos práticos, é um procedimento em que trechos específicos do DNA são eliminados, permitindo sua substituição por novas sequências de genes.[8] Portanto, editar seria o mesmo que recortar, apagar aquela sequência genética danificada e substituir por outra correta.

Deste modo, a técnica de edição genética, uma revolução no campo da biotecnologia, recebeu esse nome por ser capaz de "deletar" alguns trechos do DNA e inserir novas sequências ou sequências corrigidas no local:

> tanto células germinativas quanto somáticas podem ser editadas. No caso das germinativas (óvulos e espermatozoides) e células precursoras, que serão transmitidas aos descendentes. Alguns pesquisadores também incluem sob essa designação embriões no estágio inicial de formação. Por sua vez, células somáticas referem-se a todas as outras células do organismo, mas suas modificações não são hereditárias.[9]

E este processo de edição ocorre em duas fases principais: primeiro, reconhecimento e clivagem do DNA e, em seguida, reparo da molécula. Para isso existem atualmente dezenas de técnicas ou ferramentas de edição que consistem em enzimas ou complexos de ocorrência natural em outras espécies que foram modificadas pela ação humana. Neste trabalho abordaremos quatro técnicas de edição de genes para que se possa elucidar a importância desta tecnologia para os seres vivos, inclusive, os humanos: *zinc-finger nucleases (ZFNs)*, *transcription activator-like effector nucleases (TALENs)*, meganucleases e *CRISPR-Cas9*.[10]

---

7 ADN, ácido ribonucléico – ARN: material genético que contém informações determinantes dos caracteres hereditários transmissíveis à descendência. Conceito retirado da Lei nº 11.105/2000, art. 3º, inc. II.

8 TOBITA, T.; GUZMAN-LEPE, J.; I'HORTET, A. C. From hacking the human genome to editing organs. *Tandfonline*, 2016. Disponível em: https://www.tandfonline.com/doi/full/10.1080/15476278.2015.1120047. Acesso em: 15 abr. 2020.

9 FURTADO, R. N. Edição genética: riscos e benefícios da modificação do DNA humano. *Revista Bioética*, 2019. Disponível em: http://www.scielo.br/scielo.php?script=sci_arttext&pid=S1983-80422019000200223#B3. Acesso em: 15 abr. 2020.

10 TOBITA, T.; GUZMAN-LEPE, J.; I'HORTET, A. C. From hacking the human genome to editing organs. *Tandfonline*, 2016. Disponível em: https://www.tandfonline.com/doi/full/10.1080/15476278.2015.1120047. Acesso em: 15 abr. 2020.

2.1 Nucleases Dedos de Zinco (*Zinc Finger Nucleases – ZFNs*)

Um dos mais antigos processos de edição de genes teve seu início com o trabalho dos pesquisadores da Universidade John Hopkins que tentavam gerar novas enzimas de restrição.[11]

As *ZFNs* consistem em proteínas quiméricas produzidas pela combinação de proteínas "dedo de zinco" com enzimas de restrição (para cortar fragmentos de DNA). As principais aplicações de *ZFNs* abrangem silenciamento gênico, correção de genes defeituosos, introdução de novos genes ou novas funções nos genomas.[12]

O processo consiste em reparar o DNA defeituoso, em que a célula hospedeira pode usar o DNA doador como molde para reparar esta sequência genética defeituosa, permitindo a expressão correta do gene em seu contexto genômico.[13]

A edição de genomas empregando *ZFN* tem grande relevância no auxílio da descoberta de novas drogas medicamentosas ou terapêuticas,[14] bem como em tratamentos para desativar genes que codificam proteínas que causam patologias.[15]

2.2 Nucleases Ligadas a Proteínas Efetoras Semelhantes a Ativadores Transcricionais (*Transcription Activator-Like Effector Nucleases – TALENs*)

Este processo é usado naturalmente por algumas bactérias que causam doenças em plantas, que durante o processo de infecção injetam na célula vegetal uma série de proteínas conhecidas como efetores do tipo ativador transcricional (*TALENs*).[16]

Até o momento, *TALENs* vêm sendo utilizadas para gerar alterações sítio-específicas numa série de espécies, como vegetais, microrganismos, animais e humanos,[17] em que se conseguiu alterar a expressão de genes endógenos em células vivas de mamífero.

Esta técnica tem sido utilizada para correção de más formações ou crescimento desordenado de células vegetais, uma espécie de câncer em plantas, inibindo o crescimento dessas células ou corrigindo a "leitura genética" de mutações ocorridas.

---

11 KIM, Y. G.; CHA, J.; CHANDRASEGARAN, S. Hybrid restriction enzymes: zinc finger fusions to FokI cleavage domain. *Proc Natl Acad Sci USA*, 93, p. 1156-1160, 1996.

12 VASCONCELOS, M. J. V.; FIGUEIREDO, J. E. F. Edição de genoma com nuclease "Zinc Finger". *Embrapa Milho e Sorgo*, 2016. p. 36. Disponível em: https://ainfo.cnptia.embrapa.br/digital/bitstream/item/152798/1/doc-201.pdf. Acesso em: 15 abr. 2020.

13 VASCONCELOS, M. J. V.; FIGUEIREDO, J. E. F. Edição de genoma com nuclease "Zinc Finger". *Embrapa Milho e Sorgo*, 2016. p. 36. Disponível em: https://ainfo.cnptia.embrapa.br/digital/bitstream/item/152798/1/doc-201.pdf. Acesso em: 15 abr. 2020.

14 PORTEUS, M. H. Towards a new era in medicine: therapeutic genome editing. *Genome Biology*, v. 16, 2015. p. 286.

15 KIM, Y.; KWEON, J.; KIM, J. S. TALENs and ZFNs are associated with different mutation signatures. *Nature Methods*, New York, v. 10, 2013. p. 185.

16 BOCH, J.; BONAS, U. Xanthomonas AvrBs3 family-type III effectors: discovery and function. *Annual Review of Phytopathology*, 48, p. 419-436, 2010.

17 MILLER, J. C.; TAN, S.; QIAO, G.; BARLOW, K. A.; WANG, J.; XIA, D. F.; MENG, X.; PASCHON, D. E.; LEUNG, E.; HINKLEY, S. J.; DULAY, G. P.; HUA, K. L.; ANKOUDINOVA, I.; COST, G. J.; URNOV, F. D.; ZHANG, H. S.; HOLMES, M. C.; ZHANG, L.; GREGORY, P. D.; REBAR, E. J. A TALE. Nuclease architecture for efficient genome editing. *Nat Biotechnol*, 29, ed. 2., 2011. p. 143-148.

2.3 Meganucleases (*Laglidadg Homing Endonucleases – LHEs*)

LHEs diferem de *ZFNs* e *TALENs* por serem enzimas que naturalmente têm como alvo genes endógenos e por serem codificadas por íntrons móveis.[18]

Elas atuam em sequências de genes de tamanho reduzido.

Muitos métodos têm sido desenvolvidos para avaliar as *LHEs* por sua atividade e especificidade de ligação ao DNA.[19] Esses trabalhos têm avaliado a clivagem (corte) e posterior reconstituição dos genes-alvo. Devido a serem maiores os desafios de engenharia presentes nesta metodologia, apenas poucos grupos acadêmicos e empresas têm trabalhado com as *LHEs* para atuar em novos sítios-alvo.

2.4 Repetições Palindrômicas Curtas Espaçadas por Agrupamentos Regulatórios (*Clustered Regulatory Interspaced Short Palindromic Repeats – CRISPRs/Cas9*)

O uso desta técnica visa ao reconhecimento das regiões de DNA a serem alteradas por moléculas de RNA que, identificando a região-alvo, guiam nucleases que executam a clivagem, isto é, o corte na sequência genética específica.

O processo consiste na formação de uma estrutura ligando a Cas9 a uma fita guia de RNA (gRNA), que pode ser sintetizado artificialmente. Dessa forma as sequências contidas no gRNA direcionam a endonuclease (Cas9) para a região-alvo a ser clivada (cortada). O complexo Cas9-gRNA possibilita a clivagem específica da fita dupla de DNA com a consequente indução do mecanismo celular para reparo do DNA e/ou recombinação homóloga de elementos de DNA. Ou seja, possibilita a mutação dirigida de parte específica de uma sequência de DNA – uma alteração controlada.[20]

Esse sistema pode ser utilizado tanto para reparar mutações, restaurando a função gênica, quanto para introduzir mutações novas, parando a expressão de um gene. Assim, conciliando sofisticadas técnicas moleculares e biotecnológicas, o sistema *CRISPR/Cas9* foi proposto para aplicação em edição genômica e hoje já se encontra comercialmente disponível para milhares de alvos.[21]

Desde 2017, a agência americana responsável por medicamentos e tratamentos de saúde – Food and Drug Administration (FDA) – autoriza uso da edição do gene pelo processo *CRISPR/Cas9* em humanos como terapia genética para tratamentos de câncer, bem como doenças genéticas, infecciosas e outras.[22]

---

18 ARNOULD, S.; DELENDA, C.; GRIZOT, S.; DESSEAUX, C.; PAQUES, F.; SILVA, G. H., SMITH, J. The I-CreI meganuclease and its engineered derivatives: applications from cell modification to gene therapy. *Protein Eng Des. Sel.*, ed. 4., 2011. p. 27-31.

19 GAO, H.; SMITH, J.; YANG, M.; JONES, S.; DJUKANOVIC, V.; NICHOLSON, M. G.; WEST, A.; BIDNEY, D.; FALCO, S. C.; JANTZ, D.; LYZNIK, L. A. Heritable targeted mutagenesis in maize using a designed endonuclease. *Plant J*, 61, 2010. p. 176-187.

20 NAKAYAMA, T. J.; BOREM, À; CHIARI, L.; MOLINARI, H. B. C.; NEPOMUCENO, A. L. Precision genetic engineering. *In*: BOREM, Aluizio; FRITSCHE-NETO, Roberto (Org.). *Omics in plant breeding*. 1. ed. Hoboken, NJ: Wiley-Blackwell, 2014. v. 1. p. 187-206.

21 RICHTER, H.; RANDAU, L.; PLAGENS, A. Exploiting CRISPR/Cas: interference mechanisms and applications. *Int J Mol Sci.*, 14, 7. ed. p. 14518-31.

22 INFORMATION about self-administration of gene therapy. *Food and Drug Administration – FDA,* 2017. Disponível em: https://www.fda.gov/vaccines-blood-biologics/cellular-gene-therapy-products/information-about-self-administration-gene-therapy. Acesso em: 20 abr. 2020.

Deste modo, todas estas quatro técnicas ou ferramentas de edição, bem como outras dezenas, buscam a correção de mutações que causam doenças, através de adição de genes terapêuticos no genoma, em remoção ao gene danificado, revertendo, com isto problemas de saúde causados por defeitos genéticos, como cegueira, doenças cardiovasculares congênitas, entre outras.[23] Além disto, é possível criar alimentos transgênicos, melhorar características humanas não patológicas etc.

Importante esclarecer que as pesquisas que envolvem estas técnicas não são recentes, há muito encontramos estudos sobre o tema. Em um estudo publicado em 1974, cientistas produziram o primeiro camundongo transgênico de um DNA viral.[24] E, antes disto, em março de 1972, Friedmann e Roblin propuseram a ideia de modificar o genoma humano para tratar doenças futuras, mas já demonstrando preocupação do uso indevido da terapia gênica em aplicações prematuras.[25]

Em humanos, em 1990, um estudo comprovou que um paciente com imunodeficiência grave (SCID) teve uma boa resposta à terapia gênica retroviral. O ensaio clínico foi feito através de transferência mediada por retroviral do gene da adenosina desaminase (ADA) para as células T de duas crianças.[26]

Contudo, alguns estudos deram errado, como o que ocorreu com uma equipe francesa em 1999, que, ao tentar demonstrar que a terapia gênica poderia curar completamente doenças genéticas com risco de vida, desenvolveu em um dos meninos tratados sintomas semelhantes à leucemia, levando-o à morte, o que resultou na suspensão de ensaios de terapia genética na França,[27] Alemanha, Japão e Itália.

Mas isso fez com que fossem criadas ferramentas mais sofisticadas e seguras para a modificação do genoma, como na cura de problemas de visão, sem qualquer contratempo, em que se elimina o mal pela raiz ao corrigir o defeito genético do indivíduo.

A China, desde 2019, tem pesquisado processos biotecnológicos utilizando o *CRISPR*. A maior parte dos recursos que o país tem investido está na agricultura, mas os pesquisadores chineses também estão aplicando esta técnica de edição gênica em animais, sendo os órgãos de suínos para transplantes humanos o objetivo mais provocador. Bem como tem explorado a edição do genoma na medicina, lançando muito mais ensaios clínicos usando o *CRISPR*, principalmente para o tratamento do câncer, do que qualquer outro país.[28]

---

23 DOCTORS at OHSU perform first-ever CRISPR gene editing inside human body. *KPTV*, 2020. Disponível em: https://www.kptv.com/news/doctors-at-ohsu-perform-first-ever-crispr-gene-editing-inside/article_d9ac0862-5e88-11ea-a47a-f7760f88592c.amp.html. Acesso em: 16 abr. 2020.

24 WEB of Sciense. Disponível em: http://cel.webofknowledge.com/InboundService.do?customersID=atyponcel&smartRedirect=yes&mode=FullRecord&IsProductCode=Yes&product=CEL&Init=Yes&Func=Frame&action=retrieve&SrcApp=literatum&SrcAuth=atyponcel&SID=6DWSPlwD78tGsZPqGGi&UT=WOS%3AA1974S853700053. Acesso em: 16 abr. 2020.

25 FRIEDMANN, T.; ROBLIN, R. Gene therapy for human genetic disease? *Science*, 1972. Disponível em: https://science.sciencemag.org/content/175/4025/949. Acesso em: 16 abr. 2020.

26 BLAESE, R. M.; CULVER, K. W.; MILLER, A. D.; CARTER, C. S.; FLEISHER, T.; CLERICI, M.; SHEARE, G. T Lymphocyte-Directed Gene Therapy for ADA– SCID: Initial Trial Results After 4 Years. *Science*, 1995. Disponível em: https://science.sciencemag.org/content/270/5235/475. Acesso em: 16 abr. 2020.

27 ALAIN Fischer, doctor-researcher at heart and the first director of Imagine. *Institut Imagine*, 2019. Disponível em: https://www.institutimagine.org/en/alain-fischer-doctor-researcher-heart-and-first-director-imagine-205. Acesso em: 15 abr. 2020.

28 COHEN, Jon; DESAI, Nirja. With its CRISPR revolution, China becomes a world leader in genome editing. *Science*, 2019. Disponível em: https://www.sciencemag.org/news/2019/08/its-crispr-revolution-china-becomes-world-leader-genome-editing. Acesso em: 20 abr. 2020.

Recentemente, já no ano de 2020, pesquisadores da Oregon Health & Science University (OHSU) em Portland, Oregon – EUA, mostraram a eficácia da edição de genes pelo processo *CRISPR/Cas9* em 18 pacientes, entre jovens e adultos, com cegueira congênita.[29]

Atualmente existem mais de 2.000 pedidos de patente para invenções envolvendo o *CRISPR* e mais de 4.000 publicações científicas em dezenas de países.

De acordo com a Organização Mundial da Saúde (OMS), "considera-se doença rara aquela que afeta até 65 pessoas em cada 100.000 indivíduos, ou seja, 1,3 pessoas para cada 2.000 indivíduos".

Ocorre que grande parte destas doenças tem origem genética, o que demanda pesquisas demoradas e alto investimento financeiro. Portanto, a comunidade científica e as indústrias farmacêuticas são capazes de buscar essas terapias avançadas e apresentar novos tratamentos, o que abre uma enorme esperança para a humanidade.

O certo é que ainda estamos em constante progresso no enfrentamento dos desafios da terapia gênica e celular, desenvolvendo novas tecnologias para a modificação precisa do genoma humano, o que traz obstáculos, entre elas a insegurança e entrega dos resultados, como a resposta do sistema imunológico humano às células geneticamente modificadas ou à administração *in vitro* de ferramentas de edição de genoma.

Mas, os avanços notáveis nas tecnologias demonstram que o futuro da medicina está relacionado a estes procedimentos, a estas pesquisas de edição do genoma, de engenharia genética em célula germinal humana, zigoto humano e embrião humano, que se tornaram fontes de otimismo significativo no futuro deste campo, cabendo ao nosso Poder Legislativo deixar de proibir, passando a regulamentar, ou ao nosso Judiciário, afirmando que a utilização destas técnicas prestigiam o direito à saúde e à pesquisa científica.

Não é a defesa de experimentos que possam resultar no nascimento de humanos geneticamente modificados, mas a busca para a cura de diversas doenças.

Os desafios éticos e técnicos são muitos, mas da mesma forma que a Lei de Biossegurança prevê que as pesquisas ou terapias com base em células-troncos embrionárias devem ser submetidas à aprovação dos respectivos comitês de ética em pesquisa, também haveria uma previsão legal regulamentando o acompanhamento destas pesquisas.

As possibilidades que esta tecnologia oferece são ilimitadas, desde criações descontroladas de organismos, plantas e fungos modificados, o que gera a preocupação de diversos cientistas, como a cura de diversas patologias gravíssimas. Portanto, o uso adequado e ético de tais tecnologias é um assunto em constante debate, dentro e fora da comunidade científica, já que possui um tremendo potencial de um novo renascimento em vários campos de pesquisa genética na biotecnologia e medicina, o que demanda uma melhor atenção jurídica.

E como o direito está em constante evolução, deve acompanhar este futuro, em vez de vendar seus olhos, ignorando o uso da engenharia genética em célula germinal humana, que não pode mais ser considerado um futuro incerto e proibido, o que reclama novas posturas dos operadores jurídicos.[30]

---

[29] FIRST-OF-ITS-KIND CRISPR editing in living person performed. *Clinical Omics*, 2020. Disponível em: https://www.clinicalomics.com/topics/precision-medicine-topic/crispr/first-of-its-kind-crispr-editing-in-living-person-performed/. Acesso em: 20 abr. 2020.

[30] STRECK, Lenio Luiz. *Jurisdição constitucional e decisão jurídica*. 3. ed. São Paulo: Revistas dos Tribunais, 2013. p. 29.

3 Da laicidade do Estado

Outra ideia que deve ser descartada é a influência da religião nessas pesquisas. Um dos principais conflitos que envolve o tema para a permissão desses estudos em diversos países decorre do fato de que o homem estaria exercendo a função de Deus e criando, a partir de algumas células, novos organismos modificados geneticamente pelo homem, e isto contrariaria a religião.

Quanto a este tema, deve-se lembrar que nosso país é laico! Portanto, nenhuma regra, lei ou instituição pública poderá ser estabelecida, nem o Estado pode ser governado com base em determinada religião ou credo, conforme estabelecido na Constituição Federal ao garantir a liberdade de crença e de religião, e, ainda, ao determinar a vedação à União, aos estados, ao Distrito Federal e aos municípios de estabelecerem ou custearem cultos religiosos ou igrejas, que dificultem o seu funcionamento ou até mesmo que mantenham com eles ou com seus representantes relações de dependência ou aliança.

E não poderia ser diferente, já que nossa Carta Magna prega a igualdade e a promoção do bem de todos, sem preconceitos de origem, raça, sexo, cor, idade e quaisquer outras formas de discriminação.

Assim, o Estado brasileiro adotou, desde 1891 (segunda Constituição Federal), a posição de neutralidade e a função de assegurar a liberdade religiosa de seu povo. Lembrando que a Constituição de 1824 previa como religião oficial a católica apostólica romana.

4 Princípio e valor

Ultrapassada a questão religiosa, de outro lado encontraríamos nos princípios constitucionais a resposta exata para a defesa da utilização das técnicas acima defendidas da biotecnologia em engenharia genética.

Diante da proibição definida por lei e nos socorrendo ao Judiciário, é preciso lembrar que toda decisão judicial se fundamenta em algum princípio, que permite o desenvolvimento de uma tese para novas situações ainda não apreciadas. O princípio, por conseguinte, será determinado em cada situação concreta e será avaliado como um "romance em cadeia", como nos ensina Dworkin.[31]

Já temos uma decisão que foi revolucionária para a nossa ciência, a utilização de células-troncos embrionárias. O julgamento da Ação Direta de Inconstitucionalidade nº 3.510, manejado contra o art. 5º da Lei Federal nº 11.105/2005 e realizado em 2008, foi um dos maiores momentos da história, um ponto de apoio para novos julgamentos.

O caso foi tão importante para a coletividade que o Ministro Carlos Ayres Britto destacou em um artigo que era uma "Causa cujo equacionamento jurídico era de interesse de toda a humanidade. Causa ou processo que literalmente fez do Supremo Tribunal Federal uma casa de fazer destino".[32] Como fez também o Ministro Celso de Mello, ao destacar que era: "a causa mais importante da história da Suprema Corte".[33]

---

[31] Cada capítulo de um romance constitui um desenvolvimento coerente do capítulo anterior, mas inova e faz avançar a história (DWORKIN, Ronald. *O império do direito*. São Paulo: Martins Fontes, 2003. p. 215-306).

[32] BRITTO, Carlos Ayres. As células-tronco embrionárias e sua formatação constitucional. *In*: MORAES, Alexandre de. *Os 20 anos da Constituição da República Federativa do Brasil*. São Paulo: Atlas, 2009. p. 561.

[33] BRASIL. Supremo Tribunal Federal. Ação Direta de Inconstitucionalidade nº 3.510. Rel. Min. Carlos Ayres Britto. *DJ*, 28 maio 2010. p. 192. Disponível em: http://www.stf.jus.br. Acesso em: 23 mar. 2020.

Deste modo, como um "romance em cadeia", este precedente deve servir para outros casos em que o uso de pesquisas científicas busca a cura de patologias graves e irreversíveis pela medicina tradicional, para retirar a maldição que existe sobre essas pesquisas e começar a enxergá-las como um bem para a humanidade, da mesma forma como ocorreu com as células-troncos embrionárias, em que se levou, inclusive, a uma discussão sobre onde iniciaria a vida.

Nesta perspectiva, como em qualquer análise concreta de um caso, é preciso identificar primeiramente quais as normas relevantes para aquele caso, se seu conteúdo deu real sentido para, por fim, identificar eventuais conflitos existentes.[34]

Se alguma norma ou princípio se colidirem, um dos princípios terá que ceder. Isto, contudo, não significa que o princípio que não for aplicado deva ser declarado inválido. Na verdade, o que ocorre é que um dos princípios terá preferência naquele caso concreto, já que os princípios têm pesos diferentes e naquela situação ele terá mais peso que o outro.[35]

Para esta análise, a teoria dos princípios é uma das medidas que pode ser adotada, em razão de sua natureza e a máxima da proporcionalidade, em seus três subtipos, ou seja, adequação (exame da congruência), necessidade (mandamento do meio menos gravoso) e proporcionalidade em sentido estrito (mandamento do sopesamento propriamente dito).[36]

Portanto, sendo os princípios "mandamentos de otimização em face das possibilidades jurídicas e fáticas", a exigência de sopesamento, máxima da proporcionalidade em sentido estrito, decorre da relativização dos princípios em face das possibilidades jurídicas. Logo, quando um princípio colide com outro é necessário um sopesamento para que, após as máximas da adequação e a necessidade, a realização fática desta norma seja feita.[37]

Contudo, este sopesamento está sujeito ao arbítrio de quem o sopesa. Para superar isto, terá que ser racional quando o enunciado de preferência puder ser justificado e fundamento de forma racional.[38]

E, para evitar o voluntarismo judicial, o precedente acima citado, ou seja, a decisão proferida por nossa mais alta Corte que liberou as pesquisas com células-tronco embrionárias com suporte no direito à dignidade da pessoa humana, direito à vida, à saúde, ao planejamento familiar e, principalmente, à livre pesquisa científica, é o parâmetro que pode e deve ser utilizado.

E esse recurso à argumentação com base nos princípios permite verificar que as pesquisas com a engenharia genética não conflitam com os valores contemplados pela Constituição; muito pelo contrário, busca enfatizar o direito à vida e à saúde de pessoas portadoras de doenças variadas.

---

[34] BARROSO, Luís Roberto. *Curso de direito constitucional contemporâneo*: os conceitos fundamentais e a construção do novo modelo. 2. ed. São Paulo: Saraiva, 2010. p. 335.

[35] ALEXY, Robert. *Teoria dos direitos fundamentais*. São Paulo: Malheiros, 2017. p. 93-94.

[36] ALEXY, Robert. *Teoria dos direitos fundamentais*. São Paulo: Malheiros, 2017. p. 116-117.

[37] ALEXY, Robert. *Teoria dos direitos fundamentais*. São Paulo: Malheiros, 2017. p. 117.

[38] ALEXY, Robert. *Teoria dos direitos fundamentais*. São Paulo: Malheiros, 2017. p. 164-165.

5 Princípios constitucionais

Nossa Constituição estabelece normas que devem ser vistas como preceitos integrados em um sistema único de regras e princípios.[39] Partindo desse princípio de unidade da Constituição, verifica-se que ela disciplina princípios e regras basilares capazes de demonstrar sua formação repleta de fundantes "bio" constitucionais.[40]

De maneira geral, a Constituição de 1988 traz dispositivos que resguardam o direito à vida, à dignidade da pessoa humana e à saúde. São princípios fundamentais que demonstram implicitamente a autorização para que estas pesquisas possam ocorrer, já que têm como finalidade a saúde e a vida daqueles que esperam uma cura que seria inexistente se não fossem estas terapias genéticas.

Entre muitos princípios, podemos destacar os seguintes: direito à vida, à dignidade da pessoa humana, à saúde e à livre atividade científica.

6 A dignidade da pessoa humana

A dignidade da pessoa humana é um dos fundamentos da República Federativa do Brasil, um Estado, como se sabe, Democrático de Direito, conforme dispõe o art. 1º da Carta Magna.[41]

Vários são os conceitos encontrados na doutrina sobre o princípio da dignidade humana, em razão de sua dificuldade em defini-la, já que muito ampla. Mas, para este estudo, o de Sarlet é o que melhor se aplica por defender que a dignidade é uma qualidade intrínseca e distintiva de cada ser humano, que o faz merecedor de respeito tanto do Estado quanto da coletividade, o que implica um conjunto de direitos e deveres que assegura a pessoa contra todo e qualquer ato de cunho degradante e desumano e que garanta condições mínimas de uma vida saudável.[42]

E quais seriam as condições de existência mínima, os valores mínimos fundamentais para uma vida com dignidade? Por óbvio, a subjetividade dessa questão importaria diferentes respostas. Portanto, a própria Carta Magna seria o melhor caminho para chegar-se a uma definição comum e, de certo modo, assegurada.

A educação, a saúde, a alimentação, o trabalho, a moradia, a segurança, o lazer, o meio ambiente, entre outros direitos básicos são indispensáveis para se gozar uma vida digna. Mas, será que se poderia desfrutar desta dignidade, limitando-se o acesso à saúde, com a proibição de algumas atividades científicas que propiciam curas para diversas doenças genéticas?

Óbvio que não, pois todos têm direito a uma vida saudável, a ter a cura de sua doença ao seu alcance.

---

39 LENZA, Pedro. *Direito constitucional esquematizado*. 12. ed. São Paulo: Saraiva, 2008. p. 72.

40 Bio, advém do grego *bios* e significa vida no sentido animal; "um termo de origem grega utilizado em palavras que tenham alguma relação com o ser vivo" (SIGNIFICADO de bio. *Significados*, 2013. Disponível em: https://www.significados.com.br/bio/. Acesso em: 18 abr. 2020).

41 "Art. 1º A República Federativa do Brasil, formada pela união indissolúvel dos Estados e Municípios e do Distrito Federal, constitui-se em Estado Democrático de Direito e tem como fundamentos: [...] III - a dignidade da pessoa humana" (BRASIL. Constituição (1988). *Constituição da República Federativa do Brasil*. Brasília, DF: Senado Federal, Centro Gráfico, 1988).

42 SARLET, Ingo Wolfgang. *Dignidade da pessoa humana e direitos fundamentais na Constituição Federal de 1988*. 2. ed. rev., ampl. Porto Alegre: Livraria do Advogado, 2002. p. 62.

7 Direito à vida

As posições no tocante ao exato momento no qual começa a vida são muitas e dependem das convicções filosóficas, religiosas ou científicas de quem tenta explicá-las. E são estas convicções que dificultam a certeza desse momento, pois cada argumento tem sua autoridade.

Cientificamente, a discussão também é vasta, pois existem diversas teorias, e, entre elas, a que somente se iniciaria com a formação do sistema nervoso, ou seja, após o 15º dia, correlacionando-se com a morte cerebral e, por conseguinte, o final da vida. Para outros, o início da vida humana coincide com o preciso instante da fecundação de um óvulo feminino por um espermatozoide masculino.

E foi, por isto, que o Constituinte de 1988 não conseguiu colocar no nosso maior ordenamento jurídico um dispositivo delimitando este exato momento, até porque envolveria uma discussão religiosa, o que não é permitido em nosso Estado, como já destacado.

Desse modo, na ausência de uma definição do exato momento do início da vida, a solução, dentro da Constituição Federal, foi verificar em que momento da vida ela começaria a ser protegida.

O direito à vida está previsto, entre outros comandos, no *caput* do art. 5º que estabelece que todos são iguais perante a lei, sem distinção de qualquer natureza, garantindo-se aos brasileiros e aos estrangeiros residentes no país a inviolabilidade do *direito à vida*, à liberdade, à igualdade, à segurança e à propriedade.

De qualquer forma, *vida* não deve ser

> considerada apenas no seu sentido biológico de incessante auto-atividade funcional, peculiar à matéria orgânica, mas na sua acepção biográfica mais compreensiva. Sua riqueza significativa é de difícil apreensão porque é algo dinâmico, que se transforma incessantemente sem perder sua própria identidade.[43]

É um processo que "transforma-se, progride, mantendo sua identidade, até que muda de qualidade, deixando, então, de ser vida para ser morte. Tudo que interfere em prejuízo deste fluir espontâneo e incessante contraria a vida". Portanto, "fonte primária de todos os outros bens jurídicos".[44]

Este direito "abrange tanto o direito de não ser morto, privado da vida, portanto, o direito de continuar vivo, como também o direito de ter uma vida digna".[45]

Em decorrência do primeiro sentido, direito de não ser morto, encontra-se a permissão de buscarmos todos os meios de pesquisa científica para que se possa garantir a continuidade da vida, nos casos em que uma doença hereditária possa interrompê-la.

O direito à vida, apesar de ser um direito individual, é um bem coletivo, um direito comum a todos os seres humanos, que precisa ser assegurado por meio de outros direitos fundamentais, como a saúde e a dignidade para sobreviver.

---

[43] SILVA, José Afonso da. *Curso de direito constitucional positivo*. 30. ed. São Paulo: Malheiros, [s.d.]. p. 197-198.

[44] SILVA, José Afonso da. *Curso de direito constitucional positivo*. 30. ed. São Paulo: Malheiros, [s.d.]. p. 197-198.

[45] LENZA, Pedro. *Direito constitucional esquematizado*. 12. ed. São Paulo: Saraiva, 2008. p. 595.

8 Direito à saúde

As pesquisas científicas e terapias com base na engenharia genética em célula germinal humana, zigoto humano e embrião humano visam a descobertas de meios mais eficazes de cura de graves doenças e traumas do ser humano.

Isto se observa no comando do disposto no art. 196 da Constituição Federal que disciplina que a "saúde é direito de todos e dever do Estado, garantido mediante políticas sociais e econômicas que visem à redução do risco de doença e de outros agravos e ao acesso universal e igualitário às ações e serviços para sua promoção, proteção e recuperação". Um direito transindividual e social.

Assim, tem-se que o Estado não poderia se abster de garanti-la, de permitir que o indivíduo recorra aos tratamentos atuais disponibilizados pela ciência médica, como já ocorre em vários lugares do mundo, onde já são permitidas.

Essas linhas de pesquisa têm como objetivo o enfrentamento e a cura de patologias, como já mencionado.

9 Livre expressão da atividade científica

Como já ressaltado, o princípio da unidade constitucional obriga o intérprete a observar a Constituição Federal em seu todo, já que é um conjunto harmônico.

Assim, como a Constituição garante o direito à vida e à saúde, salutares e essenciais para o alcance de uma vida digna, estes fundamentos não poderiam ser tolhidos com a restrição do princípio da livre expressão da atividade científica.

Se a Constituição Federal garante a livre expressão desta atividade, em seu art. 5º,[46] e as pesquisas de engenharia genética em célula germinal humana, zigoto humano e embrião humano confirmam a consolidação do direito à vida, à saúde e à dignidade da pessoa humana, sua proibição viola a própria Carta Magna e os princípios fundamentais.

Deste modo, não podemos opor ao procedimento de pesquisas cientificas a utilização destes materiais, seja porque não incide na discussão a criação pelo homem de um indivíduo, como também não estamos falando da criação de dois seres iguais, com uma mesma formação genética, mas de edição de genes terapêuticos no genoma capazes de corrigir mutações que causam doenças, em remoção ao gene danificado, estudos de cunho humanitário e essenciais a todos que buscam uma vida saudável.

Outrossim, é papel do Estado promover e incentivar o desenvolvimento científico, a pesquisa e a capacitação tecnológica, conforme preceitua a Constituição Federal, em seu art. 218.[47]

---

46 "Art. 5º Todos são iguais perante a lei, sem distinção de qualquer natureza, garantindo-se aos brasileiros e aos estrangeiros residentes no País a inviolabilidade do direito à vida, à liberdade, à igualdade, à segurança e à propriedade, nos termos seguintes: [...] IX - é livre a expressão da atividade intelectual, artística, científica e de comunicação, independentemente de censura ou licença" (BRASIL. Constituição (1988). *Constituição da República Federativa do Brasil*. Brasília, DF: Senado Federal, Centro Gráfico, 1988).

47 "Art. 218. O Estado promoverá e incentivará o desenvolvimento científico, a pesquisa, a capacitação científica e tecnológica e a inovação. (Redação dada pela Emenda Constitucional nº 85, de 2015) §1º A pesquisa científica básica e tecnológica receberá tratamento prioritário do Estado, tendo em vista o bem público e o progresso da ciência, tecnologia e inovação. (Redação dada pela Emenda Constitucional nº 85, de 2015) §2º A pesquisa tecnológica voltar-se-á preponderantemente para a solução dos problemas brasileiros e para o desenvolvimento do sistema produtivo nacional e regional" (BRASIL. Constituição (1988). *Constituição da República Federativa do Brasil*. Brasília, DF: Senado Federal, Centro Gráfico, 1988).

Na tecnologia, destacamos o importante papel da biotecnologia e seu desdobramento na pesquisa com células-troncos embrionárias, na criação de organismos geneticamente modificados e na engenharia genética em célula germinal humana.

Esse desdobramento das pesquisas biológicas e os avanços no campo da engenharia genética, incluindo as manipulações do patrimônio genético de cada indivíduo, fizeram emergir os direitos de quarta geração, segundo orientação de Norberto Bobbio.[48] Contudo, não vieram para criar ameaças à liberdade de um indivíduo, mas para trazer soluções, curas, remédios e tratamentos.

Tudo isto possibilita os avanços da ciência em defesa da vida, balizada no princípio da precaução nos seus estudos científicos.

10 Considerações finais

Os avanços da biotecnologia, numa velocidade assustadora, trazem para os operadores do direito novos problemas a serem enfrentados, os quais não podem ser ignorados, até porque estão em harmonia com os valores do ser humano e asseguram condições para uma vida saudável.

Pode-se afirmar que a atual proibição legislativa de pesquisas relacionadas à engenharia genética viola diversos preceitos constitucionais, entre eles, o da dignidade da pessoa humana.

E, neste sentido, o dever de proteger os preceitos constitucionais em jogo e garantir a vida, sem limitar o acesso à saúde, para que esta continue, é reconhecer que o comando constitucional já autoriza a liberdade da pesquisa científica.

Em épocas de pandemias mundiais, em que a humanidade cada vez mais precisará da ciência e que o processo legislativo não consegue acompanhar na mesma velocidade dos avanços tecnológicos, o Judiciário, como um poder que almeja a proteção da vida, deverá ocupar um lugar de destaque e dirimir as dúvidas e, por conseguinte, estar perto dos avanços tecnológicos para a proteção da humanidade e da ciência produzida para a manutenção da vida.

Novos conflitos de direitos fundamentais envolvendo questões da bioética surgirão a cada dia, de modo que se devem buscar meios para solucionar os bens em conflito, de forma a acomodar todos os interesses que interferem na solução do problema, sendo a ponderação, por meio da utilização do princípio da proporcionalidade, um dos caminhos para a solução.

Ademais, a biotecnologia e as evoluções científicas descobertas buscam soluções amparadas em assegurar à comunidade condições mínimas de saúde, resguardadas na dignidade da pessoa humana e na bioética.

Portanto, passadas mais de quatro décadas do advento da biotecnologia, o monitoramento mundial de biossegurança pelas autoridades governamentais – que engloba todas as ações em biotecnologia e seus produtos – permite verificar o sucesso das tecnologias empregadas, inclusive, na agricultura, na alimentação, na medicina, na indústria química, no setor energético e no meio ambiente, além de inúmeras outras áreas e potencialidades de uso.

---

[48] BOBBIO, Norberto. *A era dos direitos*. 7. tir. Rio de Janeiro: Elsevier, 2004. p. 9.

Referências

ALAIN Fischer, doctor-researcher at heart and the first director of Imagine. *Institut Imagine*, 2019. Disponível em: https://www.institutimagine.org/en/alain-fischer-doctor-researcher-heart-and-first-director-imagine-205. Acesso em: 15 abr. 2020.

ALEXY, Robert. *Teoria dos direitos fundamentais*. São Paulo: Malheiros, 2017.

ARNOULD, S.; DELENDA, C.; GRIZOT, S.; DESSEAUX, C.; PAQUES, F.; SILVA, G. H., SMITH, J. The I-CreI meganuclease and its engineered derivatives: applications from cell modification to gene therapy. *Protein Eng Des. Sel.*, ed. 4., 2011.

BARROSO, Luís Roberto. *Curso de direito constitucional contemporâneo*: os conceitos fundamentais e a construção do novo modelo. 2. ed. São Paulo: Saraiva, 2010.

BIOTECNOLOGIA. *CropLife Brasil*, 2019. Disponível em: https://croplifebrasil.org/biotecnologia-da-fermentacao-a-revolucao-genetica/. Acesso em: 13 mar. 2020.

BIOTECNOLOGIA. *Ministério do Meio Ambiente*. Disponível em: https://www.mma.gov.br/informma/item/7510-biotecnologia.html. Acesso em: 15 mar. 2020.

BLAESE, R. M.; CULVER, K. W.; MILLER, A. D.; CARTER, C. S.; FLEISHER, T.; CLERICI, M.; SHEARE, G. T Lymphocyte-Directed Gene Therapy for ADA– SCID: Initial Trial Results After 4 Years. *Science*, 1995. Disponível em: https://science.sciencemag.org/content/270/5235/475. Acesso em: 16 abr. 2020.

BOBBIO, Norberto. *A era dos direitos*. 7. tir. Rio de Janeiro: Elsevier, 2004.

BORÉM, Aluízio. *Biotecnologia e meio ambiente*. Viçosa: Aluízio Borém, 2004.

BRASIL. Constituição (1988). *Constituição da República Federativa do Brasil*. Brasília, DF: Senado Federal, Centro Gráfico, 1988.

BRASIL. *Lei nº 11.105, de 24 de março de 2005*. Regulamenta os incisos II, IV e V do §1º do art. 225 da Constituição Federal, estabelece normas de segurança e mecanismos de fiscalização de atividades que envolvam organismos geneticamente modificados – OGM e seus derivados, cria o Conselho Nacional de Biossegurança – CNBS, reestrutura a Comissão Técnica Nacional de Biossegurança – CTNBio, dispõe sobre a Política Nacional de Biossegurança – PNB, revoga a Lei nº 8.974, de 5 de janeiro de 1995, e a Medida Provisória nº 2.191-9, de 23 de agosto de 2001, e os arts. 5º, 6º, 7º, 8º, 9º, 10 e 16 da Lei nº 10.814, de 15 de dezembro de 2003, e dá outras providências. Disponível em: http://www.planalto.gov.br/ccivil_03/_Ato2004-2006/2005/Lei/L11105.htm. Acesso em: 9 mar. 2020.

BRASIL. Supremo Tribunal Federal. Ação Direta de Inconstitucionalidade nº 3.510. Rel. Min. Carlos Ayres Britto. *DJ*, 28 maio 2010. Disponível em: http://www.stf.jus.br. Acesso em: 23 mar. 2020.

BRITTO, Carlos Ayres. As células-tronco embrionárias e sua formatação constitucional. *In*: MORAES, Alexandre de. *Os 20 anos da Constituição da República Federativa do Brasil*. São Paulo: Atlas, 2009.

COHEN, Jon; DESAI, Nirja. With its CRISPR revolution, China becomes a world leader in genome editing. *Science*, 2019. Disponível em: https://www.sciencemag.org/news/2019/08/its-crispr-revolution-china-becomes-world-leader-genome-editing. Acesso em: 20 abr. 2020.

DOCTORS at OHSU perform first-ever CRISPR gene editing inside human body. *KPTV*, 2020. Disponível em: https://www.kptv.com/news/doctors-at-ohsu-perform-first-ever-crispr-gene-editing-inside/article_d9ac0862-5e88-11ea-a47a-f7760f88592c.amp.html. Acesso em: 16 abr. 2020.

DWORKIN, Ronald. *O império do direito*. São Paulo: Martins Fontes, 2003.

FIRST-OF-ITS-KIND CRISPR editing in living person performed. *Clinical Omics*, 2020. Disponível em: https://www.clinicalomics.com/topics/precision-medicine-topic/crispr/first-of-its-kind-crispr-editing-in-living-person-performed/. Acesso em: 20 abr. 2020.

FRIEDMANN, T.; ROBLIN, R. Gene therapy for human genetic disease? *Science*, 1972. Disponível em: https://science.sciencemag.org/content/175/4025/949. Acesso em: 16 abr. 2020.

FURTADO, R. N. Edição genética: riscos e benefícios da modificação do DNA humano. *Revista Bioética*, 2019. Disponível em: http://www.scielo.br/scielo.php?script=sci_arttext&pid=S1983-80422019000200223#B3. Acesso em: 15 abr. 2020.

GAO, H.; SMITH, J.; YANG, M.; JONES, S.; DJUKANOVIC, V.; NICHOLSON, M. G.; WEST, A.; BIDNEY, D.; FALCO, S. C.; JANTZ, D.; LYZNIK, L. A. Heritable targeted mutagenesis in maize using a designed endonuclease. *Plant J*, 61, 2010.

INFORMATION about self-administration of gene therapy. *Food and Drug Administration – FDA*, 2017. Disponível em: https://www.fda.gov/vaccines-blood-biologics/cellular-gene-therapy-products/information-about-self-administration-gene-therapy. Acesso em: 20 abr. 2020.

LENZA, Pedro. *Direito constitucional esquematizado*. 12. ed. São Paulo: Saraiva, 2008.

MILLER, J. C.; TAN, S.; QIAO, G.; BARLOW, K. A.; WANG, J.; XIA, D. F.; MENG, X.; PASCHON, D. E.; LEUNG, E.; HINKLEY, S. J.; DULAY, G. P.; HUA, K. L.; ANKOUDINOVA, I.; COST, G. J.; URNOV, F. D.; ZHANG, H. S.; HOLMES, M. C.; ZHANG, L.; GREGORY, P. D.; REBAR, E. J. A TALE. Nuclease architecture for efficient genome editing. *Nat Biotechnol*, 29, ed. 2., 2011.

NAKAYAMA, T. J.; BOREM, À; CHIARI, L.; MOLINARI, H. B. C.; NEPOMUCENO, A. L. Precision genetic engineering. *In*: BOREM, Aluizio; FRITSCHE-NETO, Roberto (Org.). *Omics in plant breeding*. 1. ed. Hoboken, NJ: Wiley-Blackwell, 2014. v. 1.

RICHTER, H.; RANDAU, L.; PLAGENS, A. Exploiting CRISPR/Cas: interference mechanisms and applications. *Int J Mol Sci.*, 14, 7. ed.

SARLET, Ingo Wolfgang. *Dignidade da pessoa humana e direitos fundamentais na Constituição Federal de 1988*. 2. ed. rev., ampl. Porto Alegre: Livraria do Advogado, 2002.

SIGNIFICADO de bio. *Significados*, 2013. Disponível em: https://www.significados.com.br/bio/. Acesso em: 18 abr. 2020.

SILVA, José Afonso da. *Curso de direito constitucional positivo*. 30. ed. São Paulo: Malheiros, [s.d.].

STRECK, Lenio Luiz. *Jurisdição constitucional e decisão jurídica*. 3. ed. São Paulo: Revistas dos Tribunais, 2013.

TOBITA, T.; GUZMAN-LEPE, J.; I'HORTET, A. C. From hacking the human genome to editing organs. *Tandfonline*, 2016. Disponível em: https://www.tandfonline.com/doi/full/10.1080/15476278.2015.1120047. Acesso em: 15 abr. 2020.

WALD, George. The origin of life. *In*: WALD, George *et al*. *The physics and chemistry of life*. [s.l.]: Bell British Edition, 1957.

WEB of Sciense. Disponível em: http://cel.webofknowledge.com/InboundService.do?customersID=atyponcel&smartRedirect=yes&mode=FullRecord&IsProductCode=Yes&product=CEL&Init=Yes&Func=Frame&action=retrieve&SrcApp=literatum&SrcAuth=atyponcel&SID=6DWSPlwD78tGsZPqGGi&UT=WOS%3AA1974S853700053. Acesso em: 16 abr. 2020.

Informação bibliográfica deste texto, conforme a NBR 6023:2018 da Associação Brasileira de Normas Técnicas (ABNT):

BRAÚNA, Mikaela Minaré; BRAÚNA, Leonardo Minaré. O direito e o avanço da engenharia genética. *In*: EHRHARDT JÚNIOR, Marcos; CATALAN, Marcos; MALHEIROS, Pablo (Coord.). *Direito Civil e tecnologia*. Belo Horizonte: Fórum, 2020. p. 607-622. ISBN 978-65-5518-036-7.

ENTRE A FICÇÃO CIENTÍFICA E A REALIDADE: O "ÚTERO ARTIFICIAL" E AS (FUTURAS) PERSPECTIVAS EM MATÉRIA DE BIOTECNOLOGIA REPRODUTIVA HUMANA À LUZ DO BIODIREITO

MANUEL CAMELO FERREIRA DA SILVA NETTO

CARLOS HENRIQUE FÉLIX DANTAS

> [...] *a Utopia parece estar muito mais perto de nós do que qualquer pessoa, apenas quinze anos atrás, poderia imaginar.*
>
> (Aldous Huxley)[1]

Introdução

A realidade e a ficção científica apresentam-se, no imaginário comum, enquanto expressões antagônicas ou díspares em sua concepção. Entretanto, a engenhosidade humana na conquista e na realização de novas pesquisas científicas possibilita tornar o que era antes considerado uma mera fantasia em uma verdadeira realidade. Por isso, a utopia torna-se real na sociedade atual a partir dos avanços biotecnológicos e dos esforços desenfreados nas descobertas das ciências da vida e da natureza.

Dessa forma, tratar de biotecnologias reprodutivas é, sem sombra de dúvidas, falar sobre situações antes inimagináveis e que, de repente, tornaram-se factíveis e corriqueiras. Ora, como bem ressalta Aldous Huxley, no trecho que epigrafa o presente artigo, a utopia, apesar de remeter conceitualmente a algo impossível ou inalcançável, por vezes, mostra-se mais próxima do real do que se possa imaginar. Por essa razão, tem-se que é imperioso levar em consideração o caráter revolucionário e inovador dos

1 HUXLEY, Aldous. *Admirável mundo novo*. 22. ed. São Paulo: Globo, 2014.

avanços tecnocientíficos, ainda quando eles pareçam estar anos à frente, pois, rapidamente, esse futuro longínquo pode tornar-se o presente quotidiano.

Sobre isso, inclusive, basta observar a questão do recurso às técnicas de reprodução humana assistida (RHA) que, um dia, aparentavam ser meros sonhos ou fantasias e atualmente demonstram-se como a realidade de diversas famílias mundo a fora, apresentando uma vasta gama de procedimentos e aparatos auxiliares, como exemplo, a fertilização *in vitro*, a gestação por substituição, o diagnóstico genético pré-implantacional, a crioconservação de gametas sexuais, embriões e tecidos gonádicos, as ferramentas de edição genética etc. Assim, não se pode fechar os olhos para as inovações que estão sendo desenvolvidas ao redor do mundo, porque tais experimentos, mais cedo ou mais tarde, irão tornar-se técnicas consolidadas e regularmente difundidas no meio social.

Nessa toada, é imperioso destacar que pesquisas recentes vêm sendo desenvolvidas no intuito de conceber a figura de um "útero artificial". Tal tecnologia, por sua vez, teria o condão de viabilizar a ectogênese, ou seja, a possibilidade de garantir o desenvolvimento gestacional de seres humanos de forma extracorpórea. Desse modo, se esse procedimento conseguir ser efetivamente implementado, tal feito revolucionará, mais uma vez, o campo da biotecnologia reprodutiva. Por outro lado, também implicará o fomento do debate em torno dos parâmetros éticos e jurídicos que norteiem a sua utilização.

Levando isso em consideração, a ciência jurídica não pode ausentar-se das discussões em torno da legitimidade de uso, das circunstâncias de sua aplicação e dos limites éticos no manejo dessas tecnologias prospectivas. Afinal, o direito tem como sua função primordial a garantia da regulamentação do convívio social em suas diversas esferas, prezando sempre pelo desenvolvimento da personalidade e pelo respeito à *dignidade* na realidade social.

Diante disso, o presente trabalho partiu da seguinte problemática: quais os possíveis efeitos jurídicos oriundos do desenvolvimento de uma tecnologia do "útero artificial" que seja capaz de viabilizar a ectogênese para os seres humanos?

Assim, visou-se estudar os possíveis impactos que o desenvolvimento efetivo da técnica do "útero artificial" pode vir a causar no âmbito do direito privado brasileiro, levando em especial consideração as diretrizes propostas pelos campos da bioética e do biodireito. Com tal finalidade, o artigo buscou: a) compreender o conceito de ectogênese, a partir do estabelecimento de um paralelo entre a realidade e a ficção, tomando como base a correspondência entre as noções de utopia e de ficção científica; b) investigar as recentes pesquisas em matéria de "útero artificial", a fim de compreender de quais formas essa tecnologia está sendo pensada e desenvolvida no campo da biotecnologia reprodutiva humana na atualidade; c) entender quais são os parâmetros éticos elencados para balizar o desenvolvimento de novas tecnologias no campo biomédico; d) ponderar a respeito das principais repercussões jurídicas que o desenvolvimento do "útero artificial" possa engendrar no campo do direito privado brasileiro, tomando por base os preceitos elencados pelo ramo do biodireito.

Para tanto, o presente trabalho pautou-se na técnica da pesquisa bibliográfica, a partir da análise de livros, artigos, teses e dissertações, a fim de investigar o estado da arte no que tange às pesquisas em torno do desenvolvimento da tecnologia gestacional de seres humanos de forma extracorpórea. Ademais, foram empregados o método de raciocínio analítico-dedutivo e a análise qualitativa, com a finalidade de desenvolver um embasamento teórico-jurídico que levantasse os principais pontos de impacto que a técnica do "útero artificial" poderia vir a causar no direito privado pátrio e como o biodireito seria capaz de auxiliar no estabelecimento de parâmetros a serem seguidos e implementados.

1 O admirável mundo novo da ectogênese: entre a ficção científica utópica e a realidade

A palavra "utopia", inventada no século XVI por Thomas More, em sua obra *Utopia* (1516), encontra sua origem etimológica no grego, a partir da junção do prefixo "u" (que tem sentido de negação) e da palavra "tópos" (lugar), significando "não lugar" ou "lugar nenhum".[2] Em seu livro, More fala sobre a existência de uma sociedade que se desenvolvera em uma ilha imaginária chamada Utopia. Nela, firmara-se, por sua vez, uma verdadeira nação que supera quase todas as outras em cultura e civilização, na qual tudo é comum a todos, em que a distribuição dos bens não é um problema e todas as pessoas sentem-se seguras de sua própria subsistência, sendo todos igualmente tratados; o que, inclusive, levara o autor a afirmar que "[...] há muita coisa na República de Utopia que eu desejaria ver imitadas em nossas cidades – coisa que mais desejo do que espero".[3]

Tomando por base tal conjuntura, explica Marilena Chauí que esse vocábulo nascera como um gênero literário – destinado a narrar uma sociedade que fosse perfeita e feliz – e também como um discurso político, representando uma exposição sobre a cidade justa. Ressalta, ainda, a autora que o seu significado negativo, "não lugar", representa a natureza do discurso utópico, ou seja, "[...] o não-lugar é o que nada tem em comum com o lugar em que vivemos, a descoberta do absolutamente outro, o encontro com a alteridade absoluta".[4] Nesse sentido, esse lugar imaginário poderia ser enxergado como uma ruptura total com a realidade existente ou como a visão de uma sociedade futura que afasta os aspectos negativos das sociedades já existentes. Dessa maneira, o conceito de utopia, muitas vezes, acaba coincidindo com o de eutopia, "lugar feliz" ("eu" – sentido positivo, de nobreza, justeza, bondade – e "tópos" – lugar), contrapondo-se diretamente a noção de distopia, "lugar infeliz" ("dys" – sentido negativo, mau, ruim – e "tópos" – lugar).[5]

---

2 Explica Marilena Chauí que esse aspecto de negação, característico da palavra "utopia", aparece também em diversos outros elementos do texto de Thomas More, o qual se utiliza do prefixo grego *a* (que também tem caráter de negação) para batizar a capital de ilha de *Amaurote* (não visível), o rio de *Anhydria* (sem água), os habitantes de *alaopolitas* (sem cidade), o governador de *Ademos* (príncipe sem povo) etc. (cf. CHAUÍ, Marilena. Notas sobre utopia. *Ciência e Cultura*, São Paulo, v. 60, p. 7-12, 2008. p. 7. Disponível em: http://cienciaecultura.bvs.br/scielo.php?pid=S0009-67252008000500003&script=sci_arttext&tlng=pt. Acesso em: 20 mar. 2020).

3 MORE, Thomas. *Utopia*. Tradução de Anah de Melo Franco. Brasília: Editora Universidade de Brasília; Instituto de Pesquisa de Relações Internacionais, 2004. p. 132.

4 CHAUÍ, Marilena. Notas sobre utopia. *Ciência e Cultura*, São Paulo, v. 60, p. 7-12, 2008. p. 7. Disponível em: http://cienciaecultura.bvs.br/scielo.php?pid=S0009-67252008000500003&script=sci_arttext&tlng=pt. Acesso em: 20 mar. 2020.

5 CHAUÍ, Marilena. Notas sobre utopia. *Ciência e Cultura*, São Paulo, v. 60, p. 7-12, 2008. p. 7-12. Disponível em: http://cienciaecultura.bvs.br/scielo.php?pid=S0009-67252008000500003&script=sci_arttext&tlng=pt. Acesso em: 20 mar. 2020

Por esse ângulo, a ideia de utopia – assim como as suas variáveis (eutopia e distopia) –[6] encontra-se frequentemente relacionada à noção de ficção científica a qual, a seu turno, pode ser enxergada tanto como um gênero literário, como quanto uma forma de experimentação político-social.[7] Diante disso, é seguro dizer que o uso de obras pertencentes a essa categoria literária costuma ser bastante útil para a promoção de debates em torno da aplicabilidade, da pertinência e do propósito do desenvolvimento de determinados tipos de recursos tecnológicos. A exemplo disso, menciona Evie Kendal que tal artifício é bastante comum no campo da bioética para discutir temas como o sentido da vida, a natureza da humanidade e as preocupações éticas que circundam certos avanços nos campos da medicina e da tecnologia.[8]

Na seara da reprodução humana e dos procedimentos interventivos que se dão sobre o seu processo, não é nem poderia ser diferente. Afinal, a infertilidade sempre se apresentou como uma questão de saúde com consequências sociais bem expressivas,[9] e o desenvolvimento de métodos que pudessem garantir a superação de tal "barreira" biológica gerou (e ainda gera) grandes desafios para o campo científico. Não é de se espantar que uma das mais conhecidas distopias da história, *Admirável mundo novo* (1932), escrita por Aldous Huxley, aborda, entre outros temas, a ampla possibilidade de intervenção científica no processo reprodutivo humano; acarretando, inclusive, a viabilidade de produção de indivíduos em laboratório, de modo a formar uma sociedade estratificada em castas, criadas pela predeterminação do genoma adequado para cada função social específica a partir do ideal de superioridade genética.[10]

Fala-se, então, na figura da ectogênese – combinação das palavras "ecto" (fora) e "genesis" (origem, início) –, termo esse que foi inventado pelo geneticista John Haldane, em 1923,[11] e que, no dizer de Tuija Takala, é geralmente utilizado, na literatura bioética,

---

6 Na concepção de Lyman Tower Sargent, a característica primária do lugar utópico é a dimensão de "não existência" combinada com um *tópos* – uma localização no tempo e no espaço – para dar-lhe verossimilhança. Em seguida, adiciona-se-lhe uma adjetivação, se bom (eutopia) ou mau (distopia), de forma a que, ao menos, seja assim reconhecido pelo leitor contemporâneo (cf. SARGENT, Lyman Tower. The three faces of utopianism revisited. *Utopian Studies*, Pensilvânia, v. 5, n. 1, p. 1-37, 1994. p. 5. Disponível em: https://www.jstor.org/stable/20719246?seq=1. Acesso em: 21 mar. 2020).

7 Para Darko Suvin, citado por Evie Kendal, a ficção utópica representaria uma espécie de "subgênero sociopolítico da ficção científica", sendo que, para o autor, a criação desses mundos imaginários, ditos utópicos, tem um caráter político inato. Isso, pois, para ele, tais narrativas partem da exploração de perspectivas psicológicas coletivas e terminam sempre com uma discussão em torno da política da espécie humana, explorando questões político-escatológicas, como exemplo, de que maneira a espécie humana pode conseguir sobreviver e, ao mesmo tempo, não perder a sua humanização nesse processo de autopreservação (cf. SURVIN, Darko. *Metamorphoses of science fiction*: on the poetics and history of a literary genre. New Haven: Yale University Press, 1979. p. 61 *apud* KENDAL, Evie. Utopian visions of "making people": science fiction and debates on cloning, ectogenesis, genetic engineering, and genetic discrimination. *In*: STAPLETON, Patricia; BYERS, Andrew (Ed.). *Biopolitics and utopia*. New York: Palgrave Macmillan, 2015. p. 89. Disponível em: https://link.springer.com/chapter/10.1057/9781137514752_5. Acesso em: 20 mar. 2020).

8 KENDAL, Evie. Utopian visions of "making people": science fiction and debates on cloning, ectogenesis, genetic engineering, and genetic discrimination. *In*: STAPLETON, Patricia; BYERS, Andrew (Ed.). *Biopolitics and utopia*. New York: Palgrave Macmillan, 2015. p. 90. Disponível em: https://link.springer.com/chapter/10.1057/9781137514752_5. Acesso em: 20 mar. 2020).

9 No dizer de Ana Cláudia Brandão de Barros, era muito comum que a ocorrência da infertilidade acarretasse a provocação da degradação da família num cenário em que o biologismo era o único elo que caracterizava, de fato e de direito, o estabelecimento de vínculos paterno-materno-filiais (cf. FERRAZ, Ana Claudia Brandão de Barros Correia. *Reprodução humana assistida e suas consequências nas relações de família*: a filiação e a origem genética sob a perspectiva da repersonalização. 2. ed. Curitiba: Juruá, 2016. p. 41).

10 HUXLEY, Aldous. *Admirável mundo novo*. 22. ed. São Paulo: Globo, 2014.

11 ATLAN, Henri. *O útero artificial*. Tradução de Irene Ernest Dias. Rio de Janeiro: Editora Fiocruz, 2006. p. 20.

para se referir a diversos meios nos quais a gravidez típica da espécie (gestação intrauterina) é substituída por meios alternativos de desenvolvimento do embrião. Diz-se, ainda, que, para alguns, ela representaria apenas e somente o recurso aos "úteros artificiais ou mecânicos", enquanto, para outros, significaria também a inclusão da possibilidade de criarem-se condições semelhantes às de um útero em outro lugar do corpo, o qual pode ser tanto masculino, quanto feminino.[12] Note-se, porém, que, para os fins do presente artigo, o emprego da palavra "ectogênese" referir-se-á apenas à primeira definição, considerando-se métodos de desenvolvimento gestacional extrauterinos e extracorpóreos.

De mais a mais, a ectogênese – ou o "útero artificial" como um instrumento de sua viabilização prática – pode ser discutida, igualmente, a partir de duas perspectivas, elencadas por Diana Coutinho: a) a ectogênese ou "útero artificial" *ab initio* – representando o desempenho da gestação desde o momento da concepção (que se dá por meio de fertilização *in vitro* – FIV)[13] até o do nascimento em ambiente extracorpóreo; e b) a ectogênese ou "útero artificial" complementar – relativa ao uso da ectogênese enquanto um tratamento médico auxiliar, de apoio à gestação, no qual o "útero artificial" surge como elemento complementar da gestação natural. Nesse caso, a gestação inicia-se naturalmente ou com o auxílio das técnicas de RHA, dando-se no útero materno até que, por alguma razão (biológica ou física do corpo humano), o feto precise ser transferido para uma incubadora ("útero artificial").[14]

Diferentemente, portanto, do universo distópico de Huxley, no qual um Governo totalitário apropria-se de mecanismos interventivos sobre o processo reprodutivo (ectogênese e clonagem),[15] a fim de desestimular a reprodução vivípara e facilitar, consequentemente, o seu controle sobre uma sociedade dividida em um rígido sistema de castas por ele fabricado, a ectogênese real destina-se não somente a auxiliar na concepção de novas vidas para projetos parentais daqueles que não possam, por alguma razão, reproduzir-se pelo método tradicional (coito sexual), como também a viabilizar a sobrevivência de bebês paridos prematuramente.

---

12 TAKALA, Tuija. Human before sex? Ectogenesis as a way to equality. *In*: SIMONSTEIN, Frida (Ed.). *Reprogenethics and the future of gender*. Londres, Nova York: Springer, 2009. p. 188. Disponível em: https://link.springer.com/chapter/10.1007/978-90-481-2475-6_15. Acesso em: 22 mar. 2020.

13 A fertilização *in vitro* (FIV) – popularmente conhecida como "bebê de proveta" – configura uma técnica de reprodução humana assistida na qual realiza-se fecundação dos gametas sexuais em laboratório e o embrião resultante é transferido, em seguida, para o útero da receptora, dando-se sequência ao processo gestacional (cf. FERRAZ, Ana Claudia Brandão de Barros Correia. *Reprodução humana assistida e suas consequências nas relações de família*: a filiação e a origem genética sob a perspectiva da repersonalização. 2. ed. Curitiba: Juruá, 2016. p. 46).

14 COUTINHO, Diana. O "futuro" da tecnologia reprodutiva: o útero artificial. *In*: GONÇALVES, Anabela; CALHEIROS, Maria Clara; PEREIRA, Maria Assunção do Vale; MONTE, Mário Ferreira Monte (Org.). *Direito na lusofonia*: direito e novas tecnologias. [s.l.]: Escola de Direito da Universidade do Minho, 2018. p. 1. Disponível em: https://repositorium.sdum.uminho.pt/bitstream/1822/56127/3/7.%20Diana%20Coutinho.pdf. Acesso em: 26 nov. 2019.

15 Aqui cumpre também esclarecer que a clonagem reprodutiva humana e a ectogênese não se assemelham conceitualmente. A esse respeito esclarece Diana Coutinho, inclusive, que, enquanto a clonagem caracteriza-se por ser um método de procriação assexuada, pressupondo o recurso a apenas uma célula reprodutiva (feminina ou masculina), a ectogênese, até então pelo que dela se entende, seria concebida como um processo sexuado, demandando, pelo menos, dois gametas sexuais (masculino e feminino), a fim de não esbarrar em normas legais proibitivas que incidem sobre o desenvolvimento da clonagem reprodutiva humana (cf. COUTINHO, Diana. O "futuro" da tecnologia reprodutiva: o útero artificial. *In*: GONÇALVES, Anabela; CALHEIROS, Maria Clara; PEREIRA, Maria Assunção do Vale; MONTE, Mário Ferreira Monte (Org.). *Direito na lusofonia*: direito e novas tecnologias. [s.l.]: Escola de Direito da Universidade do Minho, 2018. p. 4. Disponível em: https://repositorium.sdum.uminho.pt/bitstream/1822/56127/3/7.%20Diana%20Coutinho.pdf. Acesso em: 26 nov. 2019).

Por essa razão, cientistas e pesquisadores, determinados em aprimorar novas tecnologias de auxílio ao desenvolvimento humano em matéria de aperfeiçoamento e qualidade de vida pré-natal, nos últimos tempos, vêm debruçando-se, cada vez mais, em torno da promoção de meios para desempenhar gestações extracorpóreas, no intuito de superar as "barreiras" biológicas do ser humano e alcançar novos patamares no âmbito da biotecnologia reprodutiva. Assim, no próximo tópico, será contada, de forma breve, a história da criação e do desenvolvimento da ectogênese pelos cientistas e o estado atual das pesquisas no desenvolvimento da matéria, para, em seguida, discutirem-se as repercussões bioéticas e jurídicas que essa ferramenta gestacional possa acarretar no quadro da organização social humana. Afinal, como será demonstrado, o "útero artificial" tem, gradativamente, deixado de tão somente compor universos futurísticos e fantasiosos de livros, filmes e séries de ficção científica, para tornar-se uma verdadeira revolução reprodutiva na realidade social contemporânea.

2 O "útero artificial", o presente e o futuro: em que fase estamos?

Não há como negar que os avanços tecnológicos vêm causando grandes transformações nas noções tradicionais de reprodução e de intervenção médica no processo reprodutivo. Sobre isso, é interessante notar que, por enquanto, é certo que, dada a incapacidade natural de gerar, algumas pessoas[16] não têm como desempenhar um projeto parental sem o auxílio de uma terceira disposta a gerar uma criança em favor deles, através da técnica de gestação por substituição (GS).[17] Mas, até quando isso será uma realidade?

Sobre isso, é interessante destacar que algumas pesquisas e experimentos já vêm sendo feitos em torno do desenvolvimento extracorpóreo de embriões e fetos, os quais, futuramente, podem vir a culminar na criação do chamado "útero artificial". Na opinião do médico e biólogo Henri Atlan, professor emérito de Biofísica em Paris e em Jerusalém e autor do livro *O útero artificial* (2006), tal fato aconteceria dentro de cinquenta ou cem

[16] Muitas são as hipóteses de pessoas que, hoje em dia, precisam recorrer à gestação sub-rogada para desempenharem projetos parentais, por exemplo: a) casais homoafetivos masculinos cisgêneros; b) casais heteroafetivos cisgêneros nos quais a parceira tenha algum tipo de infertilidade que a impeça de levar a termo a gravidez; c) casais homoafetivos femininos transgêneros; d) mulheres solo, que desejem efetivar um projeto monoparental de maternidade, mas que, por alguma causa de infertilidade, não tenham como levar a gravidez a termo; e) homens solo, que desejem desempenhar uma "produção independente" de paternidade etc. (para maior aprofundamento na matéria, cf. SILVA NETTO, Manuel Camelo Ferreira da. *Projetos parentais ectogenéticos LGBT*: o desafio da construção das famílias homoparentais e transparentais perante o ordenamento jurídico brasileiro. 2020. 424 f. Dissertação (Mestrado em Direito) – Programa de Pós-Graduação em Direito, Centro de Ciências Jurídicas, Faculdade de Direito do Recife, Universidade Federal de Pernambuco, 2020; SILVA NETTO, Manuel Camelo Ferreira da; DANTAS, Carlos Henrique Félix; FERRAZ, Carolina Valença. O dilema da "produção independente" de parentalidade: é legítimo escolher ter um filho sozinho?. *Revista Direito GV*, São Paulo, v. 14, n. 3, p. 1106-1138, 2018. Disponível em: http://www.scielo.br/scielo.php?script=sci_arttext&pid=S1808-24322018000301106&lng=en&nrm=iso. DOI: https://doi.org/10.1590/2317-6172201841. Acesso em: 24 mar. 2020).

[17] Diz-se que a "gestação por substituição" (GS), também conhecida como "gestação sub-rogada", compreende o recurso através do qual uma terceira dispõe-se a suportar uma gravidez e carregar um embrião, durante um período de gestação, em razão da impossibilidade física do beneficiário que recorreu ao serviço de RHA de fazê-lo (para um melhor aprofundamento da temática, cf. BARBOZA, Heloisa Helena. Reflexões sobre a responsabilidade civil na gestação de substituição. *Revista Brasileira de Direito Comparado*, Rio de Janeiro, n. 19, p. 103-110, 2000. Disponível em: http://www.idclb.com.br/revistas/19/revista19%20(12).pdf. Acesso em: 24 mar. 2020).

anos.[18] No entanto, pode-se dizer que os recentes avanços da medicina reprodutiva, os quais serão comentados a seguir, encaminham-se para talvez encurtar esse prazo previsto por Atlan em 2006.

Acerca do tema, importa salientar as ponderações de Diana Coutinho, a qual afirma que, se já existem tecnologias que possibilitam tanto o início da gestação fora do corpo feminino (como o desenvolvimento *in vitro* de embriões até cinco ou seis dias antes da sua implantação), quanto a redução do tempo necessário de gestação intrauterina (a partir da manutenção de bebês prematuros em incubadoras), não é de se espantar que a biotecnologia reprodutiva esteja caminhando também para a garantia de gestações extracorpóreas.[19] No dizer de Débora Diniz, em verdade, o que precisa ser superado são as 24 semanas em que o útero da mulher é imprescindível para o crescimento do feto.[20]

Nessa continuidade, a fim de elucidar o estado da arte no tocante à confecção do "útero artificial", importa, então, destacar o que aponta Diana Coutinho[21] ao elencar algumas pesquisas que demonstram a viabilidade de, em um futuro não tão distante, a gestação extracorpórea tornar-se uma realidade:

(A) Na década de 80, Yoshiro Kuwabara, presidente do Departamento de Ginecologia e Obstetrícia da Universidade de Juntendo em Tóquio, criou uma placenta artificial, contendo líquido amniótico sintético, a fim de tentar reproduzir o ambiente uterino materno. Nela, realizou experimentos com animais, nos quais retirava um cabrito, cinco semanas antes do termo da gestação, e colocava-o na incubadora para desenvolver-se no restante da gestação, tendo sido necessários nove anos até que um desses animais conseguisse sobreviver nesse ambiente artificial. Essa técnica, a qual fora denominada *extrauterine fetal incubation* (EUFI) – em tradução livre, incubação fetal extrauterina (IFEU) –, possibilitou a manutenção desses fetos de cabrito, em tais ambientes artificiais, por até três semanas, apresentando problemas com falhas circulatórias e outras dificuldades técnicas.[22]

(B) A Drª Helen Liu, pesquisadora da Universidade de Cornell em Nova York, desenvolveu a chamada "cocultura", na qual criou, em uma mesma proveta, um embrião e um tecido uterino. Para a professora, a chave para compreender a gestação intrauterina e, posteriormente, criar o "útero artificial" está no conhecimento a respeito da implantação do embrião no útero. Assim, ela e

---

18 ATLAN, Henri. *O útero artificial*. Tradução de Irene Ernest Dias. Rio de Janeiro: Editora Fiocruz, 2006. p. 29.

19 COUTINHO, Diana. O "futuro" da tecnologia reprodutiva: o útero artificial. *In*: GONÇALVES, Anabela; CALHEIROS, Maria Clara; PEREIRA, Maria Assunção do Vale; MONTE, Mário Ferreira Monte (Org.). *Direito na lusofonia*: direito e novas tecnologias. [s.l.]: Escola de Direito da Universidade do Minho, 2018. p. 1. Disponível em: https://repositorium.sdum.uminho.pt/bitstream/1822/56127/3/7.%20Diana%20Coutinho.pdf. Acesso em: 26 nov. 2019.

20 ATLAN, Henri. O útero artificial. Rio de Janeiro: Editora Fiocruz; 2006. Resenha de: DINIZ, Débora. Rumo ao útero artificial. *Cadernos de Saúde Pública*, Rio de Janeiro, v. 23, n. 5, p. 1.237-1.244, 2007. p. 1.241. Disponível em: https://www.scielosp.org/pdf/csp/2007.v23n5/1241-1243/pt. Acesso em: 26 nov. 2019.

21 COUTINHO, Diana. O "futuro" da tecnologia reprodutiva: o útero artificial. *In*: GONÇALVES, Anabela; CALHEIROS, Maria Clara; PEREIRA, Maria Assunção do Vale; MONTE, Mário Ferreira Monte (Org.). *Direito na lusofonia*: direito e novas tecnologias. [s.l.]: Escola de Direito da Universidade do Minho, 2018. p. 2. Disponível em: https://repositorium.sdum.uminho.pt/bitstream/1822/56127/3/7.%20Diana%20Coutinho.pdf. Acesso em: 26 nov. 2019.

22 KLASS, Perri. The artificial womb is born. *The New York Times*, Nova York, p. 117, 1996. Disponível em: https://www.nytimes.com/1996/09/29/magazine/the-artificial-womb-is-born.html. Acesso em: 23 mar. 2020.

sua equipe utilizaram-se de embriões descartados em procedimentos de FIV para testar tal ferramenta,[23] pesquisa a qual precisava ser sempre interrompida após o sexto dia, em razão da existência de leis, à época, nos Estados Unidos, com relação ao período autorizado para testes em embriões.[24] Em 2002, na sequência dos seus estudos, desenvolveu um rato, no que seria um esboço de "útero artificial", mas o animal não nascera saudável. Para alguns, o sistema de "cocultura" concebido pela Drª. Liu permitiria que as células endometriais exibissem orientação espontânea e viabilidade promissora, autorizando o desenvolvimento de novas formas de estudo para as relações embrio-maternais e, consequentemente, auxiliando a concepção de um "endométrio artificial".[25]

(C) Nos Estados Unidos, a fim de salvar bebês prematuros extremos (com menos de 20 semanas), pesquisadores desenvolveram a ventilação líquida, a qual, para Diana Coutinho, poderá ser um dos componentes do "útero artificial".

(D) Em 2016, na Universidade de Cambridge, pesquisadores lograram manter embriões humanos fora do útero materno por 13 dias – ultrapassando o *record* anterior de 9 dias –, utilizando uma mistura de nutrientes que simula o ambiente uterino. Tal conquista já permitira que os cientistas descobrissem novos aspectos do desenvolvimento humano inicial, incluindo características nunca antes vistas em embriões humanos. Entretanto, maiores descobertas não foram possíveis, tendo em vista o fato de que as *guidelines* internacionais em matéria de pesquisa em embriões humanos não autorizam o seguimento desses estudos para além do 14º dia.[26]

(E) Em 2017, investigadores do Hospital Pediátrico da Filadélfia criaram um protótipo de "útero artificial", o qual fora chamado de *biobag womb* – que, em tradução livre, poderia significar "útero de biobolsa" – e constitui uma alternativa às incubadoras convencionais. Com ela, experimentou-se desenvolver cordeiros prematuros de forma extracorpórea, tendo se destacado, especialmente, pela sua simplicidade em comparação a outras incubadoras. Ocorre que, na placenta, o feto desenvolve-se em um ambiente muito único, no qual lhe são fornecidos oxigênio e nutrientes, visto que seus pulmões não respiram o ar. Assim, eles flutuam no líquido amniótico, que é engolido pelo feto e criado pela micção fetal, estando sempre em constante reconstrução. Por isso, para bebês que vêm ao mundo muito cedo, as chances de sobrevivência ficam entre 10% e 50%, sendo que as tecnologias atuais utilizadas para tentar salvá-los também acabam por machucá-los, por exemplo, danificando seus

---

[23] SIMONSTEIN, Frida. Artificial reproduction technologies (RTs) – all the way to the artificial womb?. *Medicine, Health Care and Philosophy*, v. 9, n. 3, p. 359-365, 2006. p. 316. Disponível: https://link.springer.com/article/10.1007%2Fs11019-006-0005-4#article-info. Acesso em: 23 mar. 2020.

[24] BULLETTI, Carlo; PALAGIANO, Antonio; PACE, Caterina; CERNI, Angelica; BORINI, Andrea; ZIEGLER, Dominique de. The artificial womb. *Annals of the New York Academy of Science*, Nova York, p. 124-128, 2011. p. 125. Disponível em: https://nyaspubs.onlinelibrary.wiley.com/doi/10.1111/j.1749-6632.2011.05999.x. Acesso em: 23 mar. 2020.

[25] BULLETTI, Carlo; PALAGIANO, Antonio; PACE, Caterina; CERNI, Angelica; BORINI, Andrea; ZIEGLER, Dominique de. The artificial womb. *Annals of the New York Academy of Science*, Nova York, p. 124-128, 2011. p. 125. Disponível em: https://nyaspubs.onlinelibrary.wiley.com/doi/10.1111/j.1749-6632.2011.05999.x. Acesso em: 23 mar. 2020.

[26] REARDON, Sara. Human embryos grown in lab for longest time ever. *Nature*, n. 533, p. 5-6, 2016. Disponível: https://www.nature.com/news/polopoly_fs/1.19847!/menu/main/topColumns/topLeftColumn/pdf/533015a.pdf. Acesso em: 23 mar. 2020.

frágeis pulmões ou interrompendo o desenvolvimento pulmonar. Assim, a *biobag womb* é composta por uma bolsa selada que contém um tubo que fornece líquido amniótico e outro que o drena, como pode ser visto na imagem a seguir.

Imagem 1 – Desenho esquemático da *biobag womb* desenvolvida pelo hospital pediátrico da Filadélfia

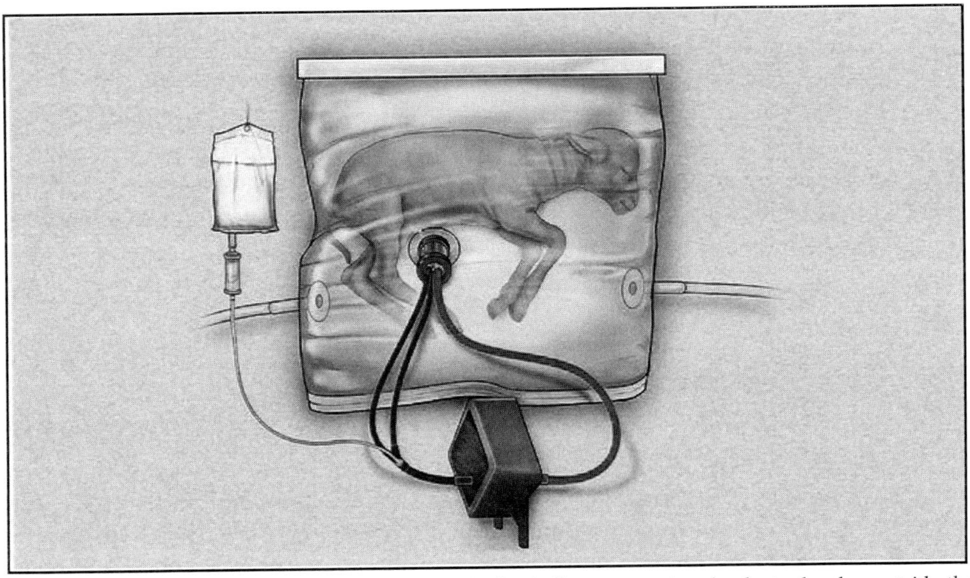

Fonte: COUZIN-FRANKEL, Jennifer. Fluid-filled 'biobag' allows premature lambs to develop outside the womb. *Science*, 25 abr. 2017.

Para chegar a esse resultado, a equipe do Hospital Pediátrico da Filadélfia, liderada pelo cirurgião fetal e pediátrico Alan Flake, iniciou suas pesquisas banhando os cordeiros em um líquido amniótico artificial, com eletrólitos que imitam o ambiente da placenta e conectam o animal a um oxigenador. O objetivo era ver se os cordeiros sobreviveriam e a estratégia funcionou de forma inesperada, com um animal tendo sobrevivido por 108 horas, mas ainda necessitando de um aprimoramento. Na continuidade do estudo, a equipe chegou a algo que imita de perto a biologia: uma abordagem que troca o líquido amniótico ao invés de recirculá-lo, um sistema selado que mantém o mundo exterior distante e um circuito de oxigenação do sangue que fica conectado ao feto do cordeiro pelo cordão umbilical. O coração do feto, a seu turno, instiga a circulação do sangue, mantendo a pressão sanguínea e outros marcadores em níveis normais. A partir desses novos experimentos, os resultados foram, no geral, positivos, observando-se apenas algumas complicações modestas, como inflamação pulmonar. Inclusive, a maior durabilidade obtida foi a de um cordeiro que sobreviveu durante um ano.[27]

[27] COUZIN-FRANKEL, Jennifer. Fluid-filled 'biobag' allows premature lambs to develop outside the womb. *Science*, 25 abr. 2017. Disponível em: https://www.sciencemag.org/news/2017/04/fluid-filled-biobag-allows-premature-lambs-develop-outside-womb. Acesso em: 26 nov. 2019.

Inspirados, assim, por tais descobertas desempenhadas pelos pesquisadores do Hospital Pediátrico da Filadélfia, um grupo de estudantes do Instituto de Artes de Arnhem, na Holanda, criaram uma proposta audiovisual de uma projeção futurista, denominada por eles de *Par-tu-ri-ent*,[28] a qual representa de que forma, em sua visão, a tecnologia de desenvolvimento extracorpóreo de seres humanos poderá vir a se manifestar.[29] Ora, se os mencionados estudos e pesquisas concretizarem-se e realmente vierem a ser produzidos "úteros artificiais" efetivos, eles poderão tornar-se uma nova alternativa reprodutiva para aqueles que, como os casais homoafetivos masculinos, precisam do auxílio da gestação sub-rogada no procedimento de RHA.

Por óbvio, a utilização de quaisquer dessas tecnologias em humanos ainda necessita de mais pesquisas e desenvolvimentos tecnológicos, o que, por sua vez, tornará o que antes era imaginado apenas na literatura futurista em uma realidade não tão distante. Isso, pois, a factibilidade dessa alternativa já não parece apenas pertencer ao âmbito da ficção científica, demandando a atenção da sociedade, sobretudo, da bioética e do biodireito, no intuito de encontrar-se alguma maneira de conciliar as aspirações procriativas do meio social e os limites ético-jurídicos à implantação dessas modernas tecnologias.

3 Dilemas jurídicos que podem advir do uso do "útero artificial" em humanos: o papel do biodireito como norteador das novas biotecnologias

Feitas as devidas considerações a respeito da ectogênese e dos esforços científicos atuais para a confecção do "útero artificial", resta agora a reflexão a respeito da pertinência e da legitimidade do recurso a essa tecnologia prospectiva. Será que o desenvolvimento de seres humanos, em tais moldes, seria juridicamente possível? O ordenamento jurídico brasileiro possui ferramentas passíveis de promover a proteção jurídica do embrião humano gestacionado de forma extrauterina? Como se daria a atribuição dos vínculos parentais das crianças nascidas a partir da ectogênese? Ou, ainda, qual seria a natureza da pactuação que envolve a aplicação da técnica do "útero artificial" e quais os desdobramentos desse negócio jurídico no campo da responsabilidade civil?

No intuito de responder a esses questionamentos, dividiu-se o presente tópico em dois subitens, com fins a: a) estabelecer os parâmetros bioéticos e jurídicos na proteção da pessoa humana ante os avanços biotecnológicos; e b) elencar as possíveis repercussões jurídicas da ectogênese no campo do direito privado brasileiro, a partir dos ditames do biodireito.

---

28 KEMPEN, J. K. Par-tu-ri-ent introduction. *YouTube*, 9 jun. 2017. Disponível em: https://www.youtube.com/watch?v=LGNcUhcW7jM. Acesso em: 23 mar. 2020. Para acessar, com maior facilidade, o vídeo original, em inglês, intitulado *Par-tu-ri-ent introduction*, elaborado pelo grupo holandês, basta posicionar a câmera de um *smartphone* sobre o seguinte QR-Code e escaneá-lo:

29 JUSTO, David. Un prototipo de incubadora para gestar a tu hijo en el salón de tu casa. *Ser*, 7 jul. 2017. Disponível em: https://cadenaser.com/ser/2017/07/07/ciencia/1499428228_972907.html. Acesso em: 26 nov. 2019.

3.1 O papel da bioética e do biodireito na proteção da pessoa humana a partir do desenvolvimento de novas tecnologias

O desenvolvimento de novas biotecnologias no campo da reprodução humana representa a incessante busca da humanidade pela melhora da espécie e pela garantia de qualidade de vida para todas as pessoas. Entretanto, em que pese a importância da descoberta dessas novas ferramentas, não é mais possível produzi-las sem imaginar sequer limitações a esse progresso científico desenfreado.

Nessa toada, as inovações no campo das ciências da natureza e da vida possuem facetas que não podem ser desconsideradas. Se, por um lado, há os ganhos positivos na descoberta dessas novas tecnologias, em proporcionar maior qualidade de vida e desenvolvimento humano, por outro, há os liames éticos e jurídicos enfrentados em virtude dessas conquistas na proteção dos direitos fundamentais. Assim, a história dos avanços biotecnológicos remonta a uma série de abusos cometidos contra seres humanos e animais para proporcionar o descobrimento de feitos que hoje são considerados primordiais para a humanidade, tal qual o de tratamento adequado por meio de medicamentos ou procedimentos em determinada relação médico-paciente.

À vista disso, emergem os campos da bioética e do biodireito com o papel fundamental de impor limites éticos e jurídicos na tutela da vida (seja ela humana ou animal) e dos valores balizados pelo ordenamento jurídico (tal qual a *vida*, a *liberdade*, a *dignidade* etc.). Isso porque a valorização da pessoa humana é, na atualidade, o centro do debate das pesquisas nas ciências da natureza e da vida, ciências jurídicas, entre outras áreas afins, uma vez que o paternalismo médico[30] perde força para o ideal de *dignidade em autonomia e heteronomia*[31] no período pós-guerra.

Em virtude disso, Débora Diniz e Dirce Guilhem[32] lecionam que a bioética surgiu num contexto de proteção aos seres humanos classificados como de "segunda categoria", nomenclatura adotada pelos pesquisadores no nascimento desse ramo interdisciplinar durante o período entre guerras. Deve-se compreender, ainda, que esses seres humanos de "segunda categoria" seriam todos aqueles que, de alguma forma, possuíam algum tipo de barreira para expressar a sua vontade no contexto da relação médico-paciente. Assim, ressalta-se que seriam as pessoas com deficiência intelectual, crianças, idosos, recém-nascidos, mulheres, presidiários, entre outros sujeitos passivos na relação biomédica que possuíam óbices para terem o respeito de sua *dignidade* e *liberdade* preservados.[33]

---

[30] Segundo lições de Heloisa Helena Barboza, o paternalismo médico, considerado por muito tempo a relação ética ideal, consiste em comportamento no qual o médico possui o poder de decisão sobre o que seria o melhor para o paciente, numa situação similar à relação dos pais para com os filhos (BARBOZA, Heloisa Helena. A autonomia da vontade e a relação médico-paciente no Brasil. *Lex Medicinae – Revista Portuguesa de Direito da Saúde*, Coimbra, v. 1, n. 2, p. 5-14, 2005).

[31] Conforme esclarece Barroso, a *dignidade como autonomia* se refere à investigação da legitimidade de uma escolha pessoal, uma vez que seus elementos seriam a capacidade de autodeterminação e as condições adequadas para o seu exercício. E, por sua vez, a *dignidade como heteronomia* se refere aos valores da comunidade em que os sujeitos subsistam (cf. BARROSO, Luís Roberto. *Legitimidade da recusa de transfusão de sangue por testemunha de Jeová*. Dignidade humana, liberdade religiosa e escolhas existenciais. Parecer jurídico. Rio de Janeiro, 5 abr. 2010. Disponível em https://www.conjur.com.br/dl/testemunhas-jeova-sangue.pdf. Acessado em 8 abr. 2020).

[32] DINIZ, Débora; GUILHEM, Dirce. *O que é bioética*. São Paulo: Brasiliense, 2002. p. 21-22.

[33] Para aprofundar a investigação a respeito das pesquisas realizadas em seres humanos no período entre guerras, consultar BEECHER, Henry. Ethics and clinical research. *The New England Journal of Medicine*, v. 274, n. 24, 16 jun. 1966. Disponível em: https://www.ncbi.nlm.nih.gov/pmc/articles/PMC2566401/pdf/11368058.pdf. Acesso em: 25 mar. 2020.

Ademais, cumpre ressaltar que a ideia de autonomia era completamente distanciada dos corpos desses sujeitos marginalizados na sociedade, uma vez que estavam submetidos a violações e impunidade nas pesquisas científicas realizadas sem consentimento real. Por isso, nesse período tenebroso da história científica da humanidade, especialmente pela frouxidão das normas éticas nas pesquisas em seres humanos, que houve um crescimento exponencial de descobertas e avanços biotecnológicos. Isto é, esses avanços se deram em detrimento do respeito aos direitos fundamentais e da personalidade de alguns cidadãos entendidos como descartáveis ou marginalizados, pois eram considerados prescindíveis de vida e direito.

Em razão desses avanços desenfreados, sem o balizamento de limitações éticas e jurídicas, emergiu a discussão a respeito de normas-princípios que pudessem balizar o comportamento do agente ativo das relações biomédicas. Dessa forma, foi desenvolvida a teoria principialista, um dos marcos teóricos mais importantes para o campo da bioética, o qual teve como um dos principais aportes teóricos a obra *Principles of biomedical ethics* (1979),[34] de autoria de Tom Beauchamp e James Childress. Essa obra, referencial teórico para muitos estudos na contemporaneidade, propôs uma releitura dos três princípios éticos preconizados pelo *Relatório de Belmont* (*respeito pelas pessoas; beneficência* e *justiça*), sugerindo, por sua vez, uma nova sistemática, a partir dos seguintes princípios: a) *autonomia;* b) *beneficência;* c) *não maleficência;* e d) *justiça.*[35] É necessário lembrar, contudo, que essa não é a única estrutura principiológica existente na atualidade, mas é, sem sombra de dúvidas, uma das mais importantes.

Diante disso, em síntese apertada, cumpre esclarecer quais seriam esses direcionamentos principiológicos na relação biomédica, determinados pela experiência da história nos avanços científicos. Por isso, o princípio da *autonomia* para a bioética se refere às liberdades individuais do sujeito submetido a uma relação médico-paciente. Assim, prioriza-se a lógica de respeito à autonomia existencial do indivíduo em desejar se submeter a determinado tipo de procedimento ou não, a partir do recurso ao consentimento informado.[36]

Pensando-se, agora, no princípio da *beneficência,* é necessário associá-lo ao de *não maleficência,* a fim de que não haja nenhum prejuízo a quem utiliza as técnicas medicamente assistidas. O seu conteúdo se baseia, em parte, no juramento hipocrático, em que o médico se compromete em nunca causar danos ou mal a alguém. Nesse sentido, como explica Maria Helena Diniz,[37] "baseia-se na tradição hipocrática de que o profissional da saúde, em particular o médico, só pode usar o tratamento para o bem do enfermo, segundo sua capacidade e juízo, e nunca para fazer o mal ou praticar injustiça". Por outro lado, o princípio da *não maleficência* corresponderia a um desdobramento do primeiro, trazendo a ideia de "obrigação de não acarretar dano intencional e por derivar

---

[34] Tradução livre: *Princípios da ética biomédica.*

[35] DINIZ, Débora; GUILHEM, Dirce. *O que é bioética.* São Paulo: Brasiliense, 2002. p. 31-34.

[36] SILVA NETTO, Manuel Camelo Ferreira da; DANTAS, Carlos Henrique Félix; FERRAZ, Carolina Valença. O dilema da "produção independente" de parentalidade: é legítimo escolher ter um filho sozinho?. *Revista Direito GV,* São Paulo, v. 14, n. 3, p. 1106-1138, 2018. p. 1.113-1.118. Disponível em: http://www.scielo.br/scielo.php?script=sci_arttext&pid=S1808-24322018000301106&lng=en&nrm=iso. DOI: https://doi.org/10.1590/2317-6172201841. Acesso em: 24 mar. 2020.

[37] DINIZ, Maria Helena. *O estado atual do biodireito.* 10. ed. São Paulo: Saraiva, 2017. p. 39.

da máxima: *primum non nocere*".[38] Nesse sentido, pode-se entender genericamente que esses princípios se afeiçoam à ideia de fazer o bem, ao mesmo tempo que se busca não fazer o mal, havendo por isso uma dicotomia de obrigações no exercício da atividade médico-paciente.

Por fim, o princípio da justiça, como asseveram Débora Diniz e Dirce Guilhem,[39] está correlacionado com a ideia de equidade social, tal como o filósofo John Rawls havia proposto, ao reconhecer as necessidades diferentes para a defesa de interesses iguais. Ressalta, ainda, Maria Helena Diniz[40] que esse princípio requer a imparcialidade na distribuição dos riscos e benefícios quanto à prática médica pelos profissionais da saúde.

Ademais, muitas dúvidas ainda existem acerca de quais seriam os princípios do biodireito, pois há quem imagine que os princípios da bioética seriam os mesmos para esse. Embora se deva considerar que a ética e o direito andem *pari passu*, jamais seria possível conceder tal interpretação, pois existem princípios gerais do direito que normatizam as ciências jurídicas e não devem ser descartados. Dessa forma, esclarece Heloisa Helena Barboza que não se trata simplesmente de buscar um correspondente jurídico para a bioética, mas de se estabelecer normas jurídicas que possam reger os fenômenos resultantes da biotecnologia e da biomedicina, pois não seria razoável resolver conflitos jurídicos tão somente com fundamento nos princípios da bioética.[41]

A partir disso, considera-se, ainda, que os princípios da bioética guardam relação com os princípios do biodireito, sem que haja prejuízo na integridade metodológica quanto à aplicação, na medida em que há relação entre o direito e a ética. Desse modo, compreende-se como necessária a observância dos *princípios gerais* do direito e dos *princípios constitucionais*, considerando que a maioria dos fatos a serem regulados pelo biodireito é, via de regra, inédita e não cogitada pelo ordenamento em sua formulação original, tornando, por isso, imperiosa a observância dos princípios vigentes.[42]

Diante disso, ao se vislumbrar a realidade brasileira, percebe-se que existem normas, sobretudo no âmbito constitucional, que podem servir também de diretrizes para o desenvolvimento das inovações tecnológicas, a exemplo da *dignidade humana*, dos direitos à *vida*, à *igualdade*, à *liberdade*, à *saúde* etc. Por essa razão, tem-se que é dever do Poder Público assegurar algumas medidas, como a preservação da diversidade e integridade do patrimônio genético, bem como o dever de controlar a produção e emprego de técnicas que comportem substância de risco para a vida[43] e, ainda, garantir a proteção de todas as pessoas envolvidas na aplicação das novas biotecnologias, o que, na RHA, compreenderia tanto os beneficiários, quanto o bebê resultante do emprego das técnicas.

---

[38] DINIZ, Maria Helena. *O estado atual do biodireito*. 10. ed. São Paulo: Saraiva, 2017. p. 40.

[39] DINIZ, Débora; GUILHEM, Dirce. *O que é bioética*. São Paulo: Brasiliense, 2002. p. 32.

[40] DINIZ, Maria Helena. *O estado atual do biodireito*. 10. ed. São Paulo: Saraiva, 2017. p. 40.

[41] BARBOZA, Heloisa Helena. Princípios do biodireito. *In*: BARBOZA, Heloísa Helena; MEIRELLES, Jussara Maria Leal de; BARRETTO, Vicente de Paulo (Org.). *Novos temas de biodireito e bioética*. Rio de Janeiro: Renovar, 2003. p. 70-71.

[42] BARBOZA, Heloisa Helena. Princípios do biodireito. *In*: BARBOZA, Heloísa Helena; MEIRELLES, Jussara Maria Leal de; BARRETTO, Vicente de Paulo (Org.). *Novos temas de biodireito e bioética*. Rio de Janeiro: Renovar, 2003. p. 73-77.

[43] BARBOZA, Heloisa Helena. Princípios do biodireito. *In*: BARBOZA, Heloísa Helena; MEIRELLES, Jussara Maria Leal de; BARRETTO, Vicente de Paulo (Org.). *Novos temas de biodireito e bioética*. Rio de Janeiro: Renovar, 2003. p. 75-76.

3.2 Os possíveis efeitos jurídicos do recurso ao "útero artificial"

Tendo em vista, portanto, que os estudos nos campos da bioética e do biodireito mostram que a descoberta de novos avanços biotecnológicos não pode estar afastada da noção de proteção da humanidade, no geral, e da pessoa humana, em particular, com o aperfeiçoamento da tecnologia do "útero artificial", tal perspectiva não poderia ser mitigada. Não obstante, não significa que ela não possa acarretar transformações a respeito de como é enxergada a concepção, suas finalidades, o *status* jurídico do embrião, as formas de atribuição de filiação, a responsabilidade médica ante seus pacientes etc.

Assim, percebe-se que várias são as repercussões jurídicas que a ectogênese poderia causar no âmbito do direito privado brasileiro. Diante disso, foram reservados alguns pontos sobre os quais serão tecidas algumas breves considerações, iniciais e prospectivas, de modo a fomentar maiores debates na matéria, tomando como parâmetro a realidade jurídica brasileira. São eles: a) a tutela jurídica e a atribuição de personalidade jurídica ao embrião gestado no "útero artificial"; b) o critério para atribuição de filiação àquelas pessoas advindas do emprego do "útero artificial"; e c) as repercussões contratuais e de responsabilidade civil que o "útero artificial" pode gerar na relação médico-paciente.

3.2.1 A tutela jurídica do embrião gestado no "útero artificial": atribuição dos direitos da personalidade e extensão da proteção jurídica do nascituro

A proteção conferida ao embrião, no Brasil, segue as diretrizes estabelecidas para a aquisição de personalidade jurídica disposta no art. 2º do Código Civil brasileiro. Esse artigo, por sua vez, determina que a partir do nascimento com vida haverá a aquisição de personalidade jurídica (1ª parte do *caput*); ao passo que, desde a concepção, já são assegurados alguns direitos, como a proteção da continuidade do desenvolvimento do *nascituro* (2ª parte do *caput*).[44]

À vista disso, o termo *nascituro*, que significa a pessoa para nascer, leva em consideração aquele sujeito que já está concebido no ventre materno. Por sua vez, ao se tratar de fertilização *in vitro*, aquela que ocorre em laboratório, há a necessidade de implantação do embrião no ventre para que ele se desenvolva, a não ser que exista o desejo de congelá-lo ou de criopreservá-lo.[45]

Dessa forma, percebe-se como importante a expansão do conceito de *nascituro* para que consiga abranger tanto aquele que se desenvolve no ventre materno, por meio da concepção *in vivo* ou *in vitro*, como também para aquele que se encontra em desenvolvimento em "útero artificial", a partir das modernas tecnologias de reprodução humana, de modo a que seja possível conferir a mesma proteção jurídica durante a gestação intrauterina e os respectivos atributos de personalidade no nascimento com vida.

Em razão disso, pensa-se que o embrião *in vitro* gestacionado no "útero artificial" deve ser equiparado ao nascituro, porque, embora não haja propriamente o

---

[44] Código Civil de 2002: "Art. 2º A personalidade civil da pessoa começa do nascimento com vida; mas a lei põe a salvo, desde a concepção, os direitos do nascituro".

[45] MEIRELLES, Jussara Maria Leal de. *A vida humana embrionária e sua proteção jurídica*. Rio de janeiro: Renovar, 2000. p. 17-19.

desenvolvimento no corpo humano, trata-se de um ser que, assim como na gestação intrauterina, possui expectativas de vir a tornar-se pessoa, a partir do nascimento com vida. Logo, deve gozar das mesmas regras que são dispostas pelo Código Civil no art. 2º, anteriormente citado.

Por isso, não deve ser considerado ser humano apenas aquele gerado intrauterinamente, mas também o embrião que seja fruto da construção de um projeto biparental ou monoparental viabilizado pelo emprego da técnica do "útero artificial". Isso, pois, trata-se, em condição análoga, do desenvolvimento de um ser humano em potencial que merece as proteções jurídicas devidas para assegurar o seu crescimento.

A partir disso, pode-se dizer que haverá a incidência de alguns efeitos jurídicos em decorrência do reconhecimento desse *status* de nascituro. Sobre isso, tem-se, de maneira exemplificativa, que:

(A) *No tocante à capacidade sucessória passiva* – o embrião gerado de forma extracorpórea terá capacidade sucessória passiva em virtude do que estabelece o art. 1.798 do Código Civil,[46] pois também se legitimam a suceder as pessoas já concebidas no momento da abertura da sucessão, o que, com o advento da ectogênese, ocorrerá não somente de forma intracorpórea, mas também extracorpórea. Além disso, frise-se, estará, da mesma forma, condicionado ao nascimento com vida para que ocorra a efetiva transmissão da herança.

(B) *No que diz respeito aos alimentos gravídicos (ou mais adequadamente alimentos ao nascituro)* – prevê a Lei nº 11.804/2008 a possibilidade de o autor (ou autores) do projeto parental arcar(em) com os valores capazes de cobrir as despesas no período de gravidez intrauterina. Assim, em que pese a realidade circunstancial brasileira que culminou na criação da lei, imagina-se aqui a possibilidade de sua extensão para o embrião gestacionado de forma extracorpórea, na medida em que se paguem as despesas adequadas para o desenvolvimento do nascituro no "útero artificial". Assim, tratar-se-iam das despesas relacionadas com os gastos com a clínica de gestação artificial durante o período de desenvolvimento embrionário e as despesas que dela decorrerem. Por isso, em situação fática em que há um planejamento biparental, tendo sido devidamente prestado o consentimento informado, e, por alguma razão superveniente (por exemplo, divórcio, dissolução de união estável, separação de fato etc.), um dos membros do casal decida abandonar o projeto ainda em fase de desenvolvimento embrionário, subsistirá, mesmo assim, o dever de arcar com as despesas correspondentes em face das necessidades do nascituro gestacionado e as futuras que possam advir a partir do nascimento com vida.

(C) Por fim, *no que diz respeito ao aborto* – por tratar-se de questão que, na realidade brasileira, ultrapassa os aspectos meramente relativos ao direito privado, tendo em vista as previsões dos arts. 124, 125, 126 e 127 do Código Penal,[47] não

[46] Código Civil de 2002: "Art. 1.798. Legitimam-se a suceder as pessoas nascidas ou já concebidas no momento da abertura da sucessão".

[47] Código Penal: "*Aborto provocado pela gestante ou com seu consentimento* Art. 124. Provocar aborto em si mesma ou consentir que outrem lho provoque: Pena - detenção, de um a três anos. [...] *Aborto provocado por terceiro* Art. 125. Provocar aborto, sem o consentimento da gestante: Pena - reclusão, de três a dez anos. [...] Art. 126. Provocar aborto com o consentimento da gestante: Pena - reclusão, de um a quatro anos. [...] Parágrafo único. Aplica-se a pena do artigo anterior, se a gestante não é maior de quatorze anos, ou é alienada ou debil mental,

serão aqui tecidas reflexões aprofundadas sobre o tema, pois demandariam ponderações mais elaboradas. Não obstante, é notório que o surgimento de tecnologias de desenvolvimento gestacional extracorpóreo traria novos contornos para as discussões sobre o tema, para além da própria noção de descriminalização e posterior regulamentação com respeito à autonomia decisória da mulher gestante (no caso das gravidezes intracorpóreas), perpassando por noções de recurso ao "útero artificial" como método alternativo ao aborto e de possibilidade ou não de abortamento no contexto do recurso ao "útero artificial", entre outras repercussões possíveis.[48]

3.2.2 Estabelecimento dos vínculos materno-paterno-filiais no contexto da ectogênese

O ordenamento jurídico brasileiro traz a figura da filiação jurídica, por meio das presunções de paternidade e maternidade, com a finalidade de configuração e atribuição do estado de filiação com os seus efeitos respectivos.[49] Sobre isso, afirma Paulo Lôbo que tradicionalmente a paternidade está associada ao uso da presunção *pater is est quem nuptiae demonstrant* ou simplesmente presunção *pater is est*, significando que "o pai é aquele que demonstrar as núpcias", ou seja, o marido da mulher casada será o pai dos seus filhos nascidos durante a constância do casamento. Por outro lado, a atribuição da maternidade estaria associada à presunção *mater semper certa est*, a qual sugere que a "mãe é sempre certa", ou seja, que a mulher sempre será a mãe, visto que existem sinais físicos em seu corpo, a exemplo da gravidez e do parto, os quais denotam a maternidade.[50]

Outrossim, tem-se que o art. 1.597 do Código Civil de 2002 (CC/02) traz as seguintes presunção relativas à atribuição da paternidade: a) a de que os filhos nascidos 180 dias (6 meses) contados a partir da coabitação presumem-se do marido da mulher casada (inc. I); b) a de paternidade dos filhos nascidos até 300 dias (10 meses) após a dissolução da sociedade conjugal, seja por morte, anulação, nulidade ou separação (inc. II); c) a de paternidade dos filhos nascidos a partir do uso de técnicas de RHA homólogas, ainda que *post mortem* (inc. III); d) a de que o uso de embriões excedentários decorrentes do uso de técnicas de RHA homóloga atribuem ao marido a paternidade (inc. IV); e e) de paternidade daquele quem consentiu expressamente no recurso a material genético de terceiro, a partir do recurso à RHA heteróloga (inc. V).[51]

---

ou se o consentimento é obtido mediante fraude, grave ameaça ou violência. [...] *Forma qualificada* Art. 127. As penas cominadas nos dois artigos anteriores são aumentadas de um terço, se, em conseqüência do aborto ou dos meios empregados para provocá-lo, a gestante sofre lesão corporal de natureza grave; e são duplicadas, se, por qualquer dessas causas, lhe sobrevém a morte" (grifos no original).

[48] Para um aprofundamento da discussão a respeito do aborto em contexto de ectogênese, consultar SCHULTZ, Jessica H. Development of ectogenesis: how will artificial wombs affect the legal status of a fetus or embryo?. *Chicago-Kent Law Review*, Chicago, v. 84, n. 3, p. 877-906, 2009. Disponível em: https://scholarship.kentlaw.iit.edu/cgi/viewcontent.cgi?article=3724&context=cklawreview. Acesso em: 24 mar. 2020.

[49] DIAS, Maria Berenice. *Manual de direito das famílias*. 10. ed. São Paulo: Revista dos Tribunais, 2015. p. 202.

[50] LÔBO, Paulo. *Direito civil*: famílias. 7. ed. São Paulo: Saraiva, 2017. p. 214-215.

[51] Código Civil de 2002: "Art. 1.597. Presumem-se concebidos na constância do casamento os filhos: [...] I - nascidos cento e oitenta dias, pelo menos, depois de estabelecida a convivência conjugal; [...] II - nascidos nos trezentos dias subsequentes à dissolução da sociedade conjugal, por morte, separação judicial, nulidade e anulação do casamento; [...] III - havidos por fecundação artificial homóloga, mesmo que falecido o marido; [...] IV - havidos,

Mas tendo por base essa conjuntura, como se poderia vislumbrar a atribuição de filiação àqueles que recorressem ao "útero artificial" para desempenhar seus projetos parentais? Afinal, consoante defende Maurizio Balistreri, a possibilidade de utilização dessa modalidade tecnológica não pode pôr em xeque o direito dos genitores e da criança de verem seus laços materno-paterno-filiais devidamente reconhecidos.[52]

Nessa esteira, impende comentar a respeito dos impactos que as tecnologias reprodutivas, associadas ao fortalecimento da socioafetividade nas relações familiares, geraram para o estabelecimento dos vínculos materno-paterno-filiais hodiernos. A esse respeito, é interessante destacar o posicionamento da professora Eleonora Lamm acerca do que ela chama de vontade procriacional.

Segundo a autora, se antes a exclusividade da reprodução natural implicava a impossibilidade de dissociação dos liames biológicos e genéticos, hoje, com os recursos procriativos medicamente assistidos, o biológico já não compreende mais o genético e vice-versa.[53] Explica-se: na reprodução humana natural, a ininterruptibilidade do processo reprodutivo faz com que haja identidade entre os elementos biológicos e genéticos, já que a concepção da criança se dá endogenamente, com o material genético do casal em questão. Diversamente, por exemplo, quando uma mulher recorre à gestação sub-rogada, mediante o uso dos seus próprios gametas sexuais, o biológico (gestação) não compreende o genético (óvulos), posto que oriundos de pessoas diferentes. Por outro lado, pode ser que uma pessoa contribua apenas com os gametas sexuais – a exemplo da doação de sêmen ou de óvulos –, sem intenção de constituir a parentalidade, mas a gravidez é produzida por meio da RHA, casos em que o genético (gametas sexuais) não compreende o biológico (gravidez), tendo em vista o fato de que a colaboração é meramente genética.

De tal modo, na filiação natural, tem-se um conflito entre o biológico e o volitivo, já que nem sempre a concepção de uma nova vida é intencional, sendo que a falta de vontade dos genitores não os exime de exercerem a parentalidade, em razão do dever de responsabilidade imposto por lei, situação na qual a verdade biológica é preponderante, a fim de promover o *melhor interesse da criança*. Na RHA, de outro modo, têm-se um embate entre os fatores genético e volitivo, sendo que a vontade e a intenção de construção de um projeto parental apresentam maior preponderância quando comparadas à simples identidade genética, visto que respeitam melhor os interesses do menor, o qual já é esperado e amado pelos pais intencionais mesmo antes da sua concepção. Por isso, defende a autora que, "[...] Embora as TRHA sejam utilizadas, em geral, por aqueles que não querem renunciar a ter um filho 'geneticamente próprio', não é o elemento genético o que determina a filiação, senão o volitivo [...]", caracterizando um modelo de filiação assentada no consentimento livre e esclarecido dos beneficiários.[54]

---

a qualquer tempo, quando se tratar de embriões excedentários, decorrentes de concepção artificial homóloga; [...] V - havidos por inseminação artificial heteróloga, desde que tenha prévia autorização do marido".

52 BALISTRERI, Maurizio. L'utero artificiale e le questioni morali. *The Future of Science and Ethics*, Milão, v. 2, n. 1, p. 52-58, 2017. p. 55. Disponível em: https://iris.unito.it/retrieve/handle/2318/1684632/460485/L%27utero_artificiale_e_le_questioni_morali.pdf. Acesso em: 24 mar. 2020.

53 LAMM, Eleonora. La importância de la voluntad procreacional en la nueva categoria de filiación derivada de las técnicas de reproducción assistida. *Revista de Bioética y Derecho*, Barcelona, n. 24, p. 76-91, 2012. p. 80. Disponível em: http://revistes.ub.edu/index.php/RBD/article/view/7610/9516. Acesso em: 27 ago. 2019.

54 No original: "Si bien las TRA son utilizadas, en general, por aquellos que no quieren renunciar a tener un hijo 'genéticamente propio', no es el elemento genético el que determina la filiación, sino el volitivo [...]" (cf. LAMM,

Nessa toada, vislumbra-se que, diante da conjuntura atual, a parentalidade transcende o aspecto meramente genético e o próprio parto, podendo estar centrada eminentemente no aporte volitivo, pelo desejo de ser mãe ou pai de alguém antes mesmo do seu nascimento.[55] Por isso, diz-se que, em matéria de RHA – ao que se pode incluir, igualmente, a figura prospectiva do "útero artificial" – é imperioso que se leve em consideração as circunstâncias específicas através das quais esses projetos parentais são desempenhados, posto que o fato gerador da filiação é anterior à própria concepção do indivíduo e encontra-se estabelecido na vontade dos beneficiários em buscar o recurso à ectogênese para levar a cabo seus desejos de ser(em) pai(s) e/ou mãe(s).

Tal postura, inclusive, é corroborada pelas diretrizes interpretativas dos enunciados nº 103 (que admite a existência de outros vínculos de parentesco, como aqueles oriundos do pai ou mãe que não contribuiu com o seu material genético na RHA heteróloga),[56] nº 104 (o qual afirma que o pressuposto fático da relação sexual é substituído pela vontade juridicamente qualificada na aplicação da RHA heteróloga)[57] e 129 (o qual propõe a inclusão de um novo artigo no CC/02, a fim de resolver expressamente os conflitos relativos ao estabelecimento da maternidade, seja na RHN, seja pela RHA heteróloga ou com recurso à GS),[58] da I Jornada de Direito Civil do Conselho da Justiça Federal (CJF).

Assim, o uso do "útero artificial" passaria a ser uma nova alternativa para aquelas pessoas que buscam desempenhar projetos parentais e que não desejem recorrer ao emprego da gestação por substituição; implicando, inclusive, a promoção de maior equidade entre os múltiplos contextos familiares, sejam eles heteroafetivos ou homoafetivos, biparentais, monoparentais, multiparentais ou coparentais.

3.2.3 O "útero artificial" e as suas possíveis repercussões no campo contratual e na responsabilidade civil

Além da esfera dos direitos da personalidade e do direito das famílias e sucessões, outros dois campos que sofreriam repercussões com a efetivação da tecnologia do útero

---

Eleonora. La importância de la voluntad procreacional en la nueva categoria de filiación derivada de las técnicas de reproducción assistida. *Revista de Bioética y Derecho*, Barcelona, n. 24, p. 76-91, 2012. p. 80-81. Disponível em: http://revistes.ub.edu/index.php/RBD/article/view/7610/9516. Acesso em: 27 ago. 2019. Tradução nossa).

[55] RETTORE, Anna Cristina de Carvalho. *Gestação de substituição no Brasil*: a estrutura de um negócio jurídico dúplice, existente, válido e eficaz. 158. f. Dissertação (Mestrado em Direito) – Programa de Pós-Graduação em Direito, Pontifícia Universidade Católica de Minas Gerais, 2018. p. 67. Disponível em: http://www.biblioteca.pucminas.br/teses/Direito_RettoreAC_1.pdf. Acesso em: 16 ago. 2018.

[56] I Jornada de Direito Civil do CJF: "103 – Art. 1.593: o Código Civil reconhece, no art. 1.593, outras espécies de parentesco civil além daquele decorrente da adoção, acolhendo, assim, a noção de que há também parentesco civil no vínculo parental proveniente quer das técnicas de reprodução assistida heteróloga relativamente ao pai (ou mãe) que não contribuiu com seu material fecundante, quer da paternidade sócio-afetiva, fundada na posse do estado de filho".

[57] I Jornada de Direito Civil do CJF: "Enunciado 104 – Art. 1.597: no âmbito das técnicas de reprodução assistida envolvendo o emprego de material fecundante de terceiros, o pressuposto fático da relação sexual é substituído pela vontade (ou eventualmente pelo risco da situação jurídica matrimonial) juridicamente qualificada, gerando presunção absoluta ou relativa de paternidade no que tange ao marido da mãe da criança concebida, dependendo da manifestação expressa (ou implícita) da vontade no curso do casamento".

[58] I Jornada de Direito Civil do CJF: "129 – Proposição para inclusão de um artigo no final do cap. II, subtítulo II, cap. XI, título I, do livro IV, com a seguinte redação: [...] Art. 1.597-A. 'A maternidade será presumida pela gestação. [...] Parágrafo único: Nos casos de utilização das técnicas de reprodução assistida, a maternidade será estabelecida em favor daquela que forneceu o material genético, ou que, tendo planejado a gestação, valeu-se da técnica de reprodução assistida heteróloga'".

artificial seriam o do direito contratual e o da responsabilidade civil. A esse respeito, inclusive, questiona Diana Coutinho: qual seria a natureza jurídica da pactuação que envolve a gestação extracorpórea? E, ainda, em caso de percalços no procedimento, a exemplo de lesões ao feto, quem seria responsabilizado e em que termos?[59]

Note-se que, diferentemente do que acontece com a gestação por substituição – na qual as dúvidas quanto à instrumentalização ou não dos corpos femininos e a sua possível violação à *dignidade* dessas mulheres levam a que alguns sustentem a ilicitude desses tipos de pactuação ou a licitude apenas na modalidade gratuita –,[60] no que tange ao "útero artificial", essa problemática não é verificável, já que se trata de um aparato tecnológico que desempenhará a gestação de maneira extracorpórea. Por essa razão, *a priori*, não se vislumbra qualquer óbice a que seja atribuída uma natureza contratual onerosa entre o(s) beneficiário(s) e/ou a(s) beneficiária(s) e a clínica de RHA ou o(a) médico(a), tal qual já ocorre no tocante a outras técnicas de procriação assistida.

Não obstante, outros dois aspectos, que também são levantados nos casos de GS, precisam ser aqui igualmente suscitados, quais sejam: o "útero artificial" propiciaria uma coisificação dos bebês originados a partir do seu emprego e acarretaria, consequentemente, a violação do *melhor interesse* e da *dignidade* da futura prole? E, ainda, seriam esses bebês o objeto do contrato, ferindo frontalmente o ordenamento jurídico e eivando tais negócios de vício?

A esse respeito, tem-se por oportuno, primeiramente, trazer à baila as discussões feitas por Glenn Cohen a respeito do que ele chama de *the best interest of the resolting child (BIRC)*.[61] Segundo o autor, há um problema lógico na interpretação do *melhor interesse* quando aplicado como fator limitador da autonomia reprodutiva se comparado com a sua utilização no caso da autonomia familiar. Isso, pois, nesta última, há um apelo ao respeito aos interesses de crianças já existentes, enquanto que, na primeira, há, na verdade, um apelo ao *melhor interesse da criança* que ainda virá a existir. Nesse aspecto, Cohen compreende que não há como se falar em prejuízos para a criança resultante, na medida em que não lhe seja dada uma vida a qual não valha à pena ser vivida, ou seja, uma vida dotada de dor e sofrimento em tal proporção que o indivíduo escolheria nunca ter vindo a existir.[62]

Ora, se uma criança vem ao mundo, ainda que não por meio de uma gestação que tenha sido suportada por um dos seus pais intencionais, mas para ser amada, cuidada e protegida com responsabilidade e respeito, não há como se vislumbrar qualquer

---

[59] COUTINHO, Diana. O "futuro" da tecnologia reprodutiva: o útero artificial. *In*: GONÇALVES, Anabela; CALHEIROS, Maria Clara; PEREIRA, Maria Assunção do Vale; MONTE, Mário Ferreira Monte (Org.). *Direito na lusofonia*: direito e novas tecnologias. [s.l.]: Escola de Direito da Universidade do Minho, 2018. p. 7. Disponível em: https://repositorium.sdum.uminho.pt/bitstream/1822/56127/3/7.%20Diana%20Coutinho.pdf. Acesso em: 26 nov. 2019.

[60] Para maior aprofundamento nessas discussões, cf. OLIVEIRA, Maria Rita de Holanda Silva. *A autonomia parental e os limites do planejamento familiar no sistema jurídico brasileiro*. 2016. 297 f. Tese (Doutorado em Direito) – Programa de Pós-Graduação em Direito, Centro de Ciências Jurídicas, Faculdade de Direito do Recife, Universidade Federal de Pernambuco, 2016. p. 127. Disponível em: https://repositorio.ufpe.br/bitstream/123456789/19182/1/Maria%20Rita%20Tese%20%20final%20pdf.pdf. Acesso em: 12 jun. 2019; GAMA, Guilherme Calmon Nogueira da. *A nova filiação* – O biodireito e as relações parentais: o estabelecimento da parentalidade-filiação e os efeitos jurídicos da reprodução humana assistida heteróloga. Rio de Janeiro: Renovar, 2003. p. 862-863.

[61] Em tradução livre: melhor interesse da criança resultante (MICR).

[62] COHEN, Glenn. Regulating reproduction: the problem with the best interests. *Minnesota Law Review*, Minnesota, v. 96, n. 8, p. 423-519, 2011. p. 427; 437. Disponível em: http://www.minnesotalawreview.org/wp-content/uploads/2012/02/CohenA_MLR.pdf. Acesso em: 22 jun. de 2018.

atentado ao seu *melhor interesse* ou, mais, à sua *dignidade*. Ademais, como se pode falar em objetificação de crianças simplesmente pelo fato de o seu desenvolvimento embrionário ter-se dado em ambiente extracorpóreo? Afinal, se se considerar que um bebê prematuro – submetido a um procedimento de incubação[63] no intuito de concluir sua formação fora do útero materno – também passa, de certa maneira, por uma experiência de ectogênese, o que tornaria tal procedimento mais digno do que a ectogênse *ab initio*, a ponto de uma ser ética e juridicamente aceitável e a outra não? Sem falar no fato de que o processo gestacional, dentro do "útero artificial", dar-se-ia em ambiente totalmente controlado e constantemente fiscalizado, no intuito de proporcionar e garantir o bem-estar do feto durante todo o processo, o que, no dizer de Diana Coutinho, poderia vir a acarretar, aliás, um ambiente gestacional mais saudável e seguro para o feto, livre de maus-hábitos e problemas da gestante (álcool, drogas, má-alimentação, doenças etc.).[64]

Por esse motivo, não há, mais uma vez, como não reconhecer a legitimidade da pactuação feita em torno da aplicação da técnica do "útero artificial", a qual, além disso, não teria como objeto a criança, em si, mas sim a prestação do serviço médico especializado de aplicação de técnica de reprodução humana assistida. Prestação de serviço essa, inclusive, que tem natureza consumerista, levando-se em conta a espécie de relação específica que é desempenhada entre o profissional da medicina e seus pacientes, "[...] uma vez que de um lado está a figura do consumidor (paciente) e, do outro, a figura do fornecedor (médico), detentor do conhecimento técnico necessário para desempenhar sua atividade, prestando um serviço especializado".[65]

Levando tal contexto em consideração, por conseguinte, podem ser estabelecidas algumas considerações com relação às repercussões que a técnica do "útero artificial" pode gerar para o campo da responsabilidade civil:[66]

(A) *No caso dos hospitais, das clínicas ou dos centros de reprodução humana assistida que ofertarem a técnica do "útero artificial"* – a responsabilização pelos erros ou falhas no decorrer do procedimento dar-se-á pela forma objetiva, dispensada comprovação de culpa, nos termos do art. 14 do Código de Defesa do Consumidor (CDC),[67] já que se encontra fundada nos riscos do empreendimento.

---

[63] Tuija Takala comenta que, cada vez mais, bebês mais novos têm tido a possibilidade de serem mantidos vivos fora do útero materno com o auxílio de diversos instrumentos tecnológicos. Isso, por sua vez, denota que, paulatinamente, o período necessário de gestação intrauterina tem se mostrado cada vez menor (cf. TAKALA, Tuija. Human before sex? Ectogenesis as a way to equality. *In*: SIMONSTEIN, Frida (Ed.). *Reprogen-ethics and the future of gender*. Londres, Nova York: Springer, 2009. p. 188-189. Disponível em: https://link.springer.com/chapter/10.1007/978-90-481-2475-6_15. Acesso em: 22 mar. 2020).

[64] COUTINHO, Diana. O "futuro" da tecnologia reprodutiva: o útero artificial. *In*: GONÇALVES, Anabela; CALHEIROS, Maria Clara; PEREIRA, Maria Assunção do Vale; MONTE, Mário Ferreira Monte (Org.). *Direito na lusofonia*: direito e novas tecnologias. [s.l.]: Escola de Direito da Universidade do Minho, 2018. p. 5. Disponível em: https://repositorium.sdum.uminho.pt/bitstream/1822/56127/3/7.%20Diana%20Coutinho.pdf. Acesso em: 26 nov. 2019.

[65] AVELAR, Ednara Pontes de. *Responsabilidade civil médica em face das técnicas de reprodução humana assistida*. 2008. 269 f. Dissertação (Mestrado em Direito) – Pontifícia Universidade Católica de São Paulo, São Paulo, 2008. p. 125-126. Disponível em: http://dominiopublico.mec.gov.br/download/teste/arqs/cp060016.pdf. Acesso em: 25 mar. 2020.

[66] AVELAR, Ednara Pontes de. *Responsabilidade civil médica em face das técnicas de reprodução humana assistida*. 2008. 269 f. Dissertação (Mestrado em Direito) – Pontifícia Universidade Católica de São Paulo, São Paulo, 2008. p. 166-167. Disponível em: http://dominiopublico.mec.gov.br/download/teste/arqs/cp060016.pdf. Acesso em: 25 mar. 2020.

[67] Código de Defesa do Consumidor: "Art. 14. O fornecedor de serviços responde, independentemente da existência de culpa, pela reparação dos danos causados aos consumidores por defeitos relativos à prestação dos serviços, bem como por informações insuficientes ou inadequadas sobre sua fruição e riscos".

(B) *No caso dos profissionais liberais que se responsabilizarem pela aplicação da técnica* – a responsabilização dar-se-á pela modalidade subjetiva nos moldes do art. 14, §4º do CDC.[68] Resta saber se a obrigação assumida por eles, nesse caso específico, é: i) *de meio* – na qual o caráter aleatório do resultado impede que seja exigido um desfecho específico a ser obtido, o que demanda a comprovação da culpa (negligência, imprudência ou imperícia) para imputação da reparação almejada; ou ii) *de resultado* – na qual a prestação assumida é precisa e determinada, bastando a sua não consecução para configurar o inadimplemento do devedor; sendo, portanto, a culpa presumida.[69]

Nesse sentido, sabe-se que, via de regra, as obrigações assumidas pelos médicos, na prestação de seus serviços, são consideradas de meio, o que também é verificado com relação aos serviços de RHA ofertados hodiernamente, que objetivam o uso dos meios tecnocientíficos disponíveis para propiciar a gravidez, que não é nem pode ser garantida.[70] De outra sorte, no tocante ao "útero artificial", supondo-se que tal tecnologia visa garantir um desenvolvimento extracorpóreo do embrião e que necessariamente a sua aplicação acarretará o nascimento da criança, por meio da ectogênese, sendo dever dos médicos fiscalizarem constantemente esse processo, pode-se dizer que a obrigação a ser assumida, nesses casos, não será mais de meio, mas sim de resultado. Porém, não há ainda como dizer, com precisão, qual a natureza dessa obrigação, pois isso dependerá do grau de refinamento que tal tecnologia vier a alcançar e do grau de efetividade que o seu uso propiciar.

Considerações finais

1. A intervenção tecnológica no processo reprodutivo humano sempre foi um objetivo científico almejado na tentativa de superar as "barreiras" naturais impostas pela infertilidade. Nesse sentido, procedimentos como os da procriação medicamente assistida, antes da sua efetiva implementação, sempre foram associados às figuras da utopia e da ficção científica, como ideais inalcançáveis, pertencentes apenas a um futuro distante. No entanto, os intensos avanços observados no campo biotecnológico têm demonstrado que essas alegorias da ficção científica – tais quais aquelas descritas por Aldous Huxley em sua clássica distopia *Admirável mundo novo* – estão mais próximas da realidade do que se imagina. A exemplo disso tem-se a figura da ectogênese, caracterizada pela concepção e pelo desenvolvimento gestacional de embriões de forma extracorpórea, encontrando como um de seus principais propósitos o aprimoramento do "útero artificial".

---

[68] Código de Defesa do Consumidor: "§4º A responsabilidade pessoal dos profissionais liberais será apurada mediante a verificação de culpa".

[69] AVELAR, Ednara Pontes de. *Responsabilidade civil médica em face das técnicas de reprodução humana assistida*. 2008. 269 f. Dissertação (Mestrado em Direito) – Pontifícia Universidade Católica de São Paulo, São Paulo, 2008. p. 131. Disponível em: http://dominiopublico.mec.gov.br/download/teste/arqs/cp060016.pdf. Acesso em: 25 mar. 2020.

[70] AVELAR, Ednara Pontes de. *Responsabilidade civil médica em face das técnicas de reprodução humana assistida*. 2008. 269 f. Dissertação (Mestrado em Direito) – Pontifícia Universidade Católica de São Paulo, São Paulo, 2008. p. 133-134. Disponível em: http://dominiopublico.mec.gov.br/download/teste/arqs/cp060016.pdf. Acesso em: 25 mar. 2020.

2. No tocante à aplicação da tecnologia do "útero artificial" no processo de reprodução humana, não se pode dizer ainda que ela seja uma realidade. Porém, as mais recentes pesquisas científicas, na área, têm demonstrado que é só uma questão de tempo até que mais essa "barreira" natural seja ultrapassada. Afinal, já se tem a possibilidade de iniciar o processo reprodutivo de maneira extracorpórea (com o uso da FIV), assim como de finalizá-lo extrauterinamente (com o recurso a incubadoras para os bebês havidos prematuramente). Ademais, inúmeros estudos e pesquisas estão sendo realizadas, de modo a servir de subsídio para um futuro desenvolvimento efetivo do "útero artificial", como a *extrauterine fetal incubation* (EUFI), a cocultura, a *biobag womb* etc.
3. Em razão disso, emergem os campos da bioética e do biodireito como ferramentas capazes de instrumentalizar a conduta médica na proteção da vida humana (e animal) em conformidade com os valores e princípios elencados por cada Estado Nacional. Assim, à luz do ordenamento jurídico brasileiro, as normas-princípios e normas-regras surgem como complementares à interpretação dos preceitos da bioética, derivados da teoria principialista, de modo a tornar favorável o respeito aos valores fundamentais e da personalidade. Por isso, compreende-se que os limitadores éticos e jurídicos pensados pela literatura da bioética e do biodireito possuem especial papel no disciplinamento das novas tecnologias, tal qual o "útero artificial".
4. Ademais, no que atine à atribuição de personalidade jurídica, entende-se como necessária a expansão do conceito de nascituro para que seja possível equipará-lo ao embrião gestado de forma extracorpórea. Haver-se-ia, por isso, uma extensão das regras do art. 2º do Código Civil para abarcar e proteger, em vida embrionária e no nascimento com vida, o embrião gestacionado a partir da tecnologia do "útero artificial" para que goze do atributo de ser pessoa.
5. Diante disso, o recurso à ectogênese não poderá retirar das pessoas que a ela socorrerem-se para desempenhar projetos parentais próprios o direito à efetivação de seus vínculos paterno-materno-filiais com as crianças oriundas desse procedimento, sob pena de estarem-se desrespeitando os seus direitos fundamentais, bem como os da futura prole. Por essa razão, vislumbra-se que, cada vez mais, deve haver a valorização do critério da vontade procriacional – pautado no consentimento livre e esclarecido – na atribuição de vínculos filiatórios oriundos do uso da RHA, notadamente quando se considera a hipótese da ectogênese. Isso porque o planejamento tecnológico reprodutivo não é melhor ou pior do que a reprodução natural, mas sim, na verdade, trata-se de uma alternativa para aqueles que padecem da infertilidade enquanto uma realidade na construção dos seus projetos parentais.
6. No campo negocial, o recurso ao "útero artificial", assim como nos demais casos de aplicação das técnicas de RHA, poderá ser formalizado através de contrato de prestação de serviço, de natureza consumerista, entre o(s) beneficiário(s) e/ou a(s) beneficiária(s) e a clínica de RHA ou o(a) médico(a). Diante disso, quaisquer falhas no decorrer desse procedimento implicarão a imputação de responsabilização objetiva para os estabelecimentos de saúde,

nos termos do art. 14 do CDC, e de responsabilização subjetiva para os profissionais da saúde que se encarregarem do desenvolvimento da técnica, mediante comprovação de culpa (imprudência, negligência ou imperícia), se a obrigação for considerada de meio, ou por presunção da sua culpa, se a obrigação for de resultado.

Referências

ATLAN, Henri. O útero artificial. Rio de Janeiro: Editora Fiocruz; 2006. Resenha de: DINIZ, Débora. Rumo ao útero artificial. *Cadernos de Saúde Pública*, Rio de Janeiro, v. 23, n. 5, p. 1.237-1.244, 2007. Disponível em: https://www.scielosp.org/pdf/csp/2007.v23n5/1241-1243/pt. Acesso em: 26 nov. 2019.

ATLAN, Henri. *O útero artificial*. Tradução de Irene Ernest Dias. Rio de Janeiro: Editora Fiocruz, 2006.

AVELAR, Ednara Pontes de. *Responsabilidade civil médica em face das técnicas de reprodução humana assistida*. 2008. 269 f. Dissertação (Mestrado em Direito) – Pontifícia Universidade Católica de São Paulo, São Paulo, 2008. Disponível em: http://dominiopublico.mec.gov.br/download/teste/arqs/cp060016.pdf. Acesso em: 25 mar. 2020.

BALISTRERI, Maurizio. L'utero artificiale e le questioni morali. *The Future of Science and Ethics*, Milão, v. 2, n. 1, p. 52-58, 2017. Disponível em: https://iris.unito.it/retrieve/handle/2318/1684632/460485/L%27utero_artificiale_e_le_questioni_morali.pdf. Acesso em: 24 mar. 2020.

BARBOZA, Heloisa Helena. A autonomia da vontade e a relação médico-paciente no Brasil. *Lex Medicinae – Revista Portuguesa de Direito da Saúde*, Coimbra, v. 1, n. 2, p. 5-14, 2005.

BARBOZA, Heloisa Helena. Princípios do biodireito. *In*: BARBOZA, Heloísa Helena; MEIRELLES, Jussara Maria Leal de; BARRETTO, Vicente de Paulo (Org.). *Novos temas de biodireito e bioética*. Rio de Janeiro: Renovar, 2003.

BARBOZA, Heloisa Helena. Reflexões sobre a responsabilidade civil na gestação de substituição. *Revista Brasileira de Direito Comparado*, Rio de Janeiro, n. 19, p. 103-110, 2000. Disponível em: http://www.idclb.com.br/revistas/19/revista19%20(12).pdf. Acesso em: 24 mar. 2020.

BARROSO, Luís Roberto. *Legitimidade da recusa de transfusão de sangue por testemunha de Jeová*. Dignidade humana, liberdade religiosa e escolhas existenciais. Parecer jurídico. Rio de Janeiro, 5 abr. 2010. Disponível em https://www.conjur.com.br/dl/testemunhas-jeova-sangue.pdf. Acessado em 8 abr. 2020.

BEECHER, Henry. Ethics and clinical research. *The New England Journal of Medicine*, v. 274, n. 24, 16 jun. 1966. Disponível em: https://www.ncbi.nlm.nih.gov/pmc/articles/PMC2566401/pdf/11368058.pdf. Acesso em: 25 mar. 2020.

BRASIL. Código Civil (2002). *Lei 10.406, de 10 de janeiro de 2002*. Brasília: Senado, 2002. Disponível em: http://www.planalto.gov.br/ccivil_03/leis/2002/l10406.htm. Acesso em: 25 mar. 2020.

BRASIL. Código de Defesa do Consumidor (1990). *Lei nº 8.078, de 11 de setembro de 1990*. Disponível em: http://www.planalto.gov.br/ccivil_03/leis/l8078.htm. Acesso em: 25 mar. 2020.

BRASIL. Código Penal (1940). *Decreto-lei nº 2.848, de 7 de dezembro de 1940*. Brasília, 1940. Disponível em: http://www.planalto.gov.br/ccivil_03/decreto-lei/del2848compilado.htm. Acesso em: 25 mar. 2020.

BRASIL. Conselho da Justiça Federal. *Enunciados da I Jornada de Direito Civil de 12-13 de setembro de 2002*. Disponível em: https://www.cjf.jus.br/enunciados/pesquisa/resultado. Acesso em: 13 jun. 2019.

BULLETTI, Carlo; PALAGIANO, Antonio; PACE, Caterina; CERNI, Angelica; BORINI, Andrea; ZIEGLER, Dominique de. The artificial womb. *Annals of the New York Academy of Science*, Nova York, p. 124-128, 2011. Disponível em: https://nyaspubs.onlinelibrary.wiley.com/doi/10.1111/j.1749-6632.2011.05999.x. Acesso em: 23 mar. 2020.

CHAUÍ, Marilena. Notas sobre utopia. *Ciência e Cultura*, São Paulo, v. 60, p. 7-12, 2008. Disponível em: http://cienciaecultura.bvs.br/scielo.php?pid=S0009-67252008000500003&script=sci_arttext&tlng=pt. Acesso em: 20 mar. 2020.

COHEN, Glenn. Regulating reproduction: the problem with the best interests. *Minnesota Law Review*, Minnesota, v. 96, n. 8, p. 423-519, 2011. Disponível em: http://www.minnesotalawreview.org/wp-content/uploads/2012/02/CohenA_MLR.pdf. Acesso em: 22 jun. de 2018.

COUTINHO, Diana. O "futuro" da tecnologia reprodutiva: o útero artificial. *In*: GONÇALVES, Anabela; CALHEIROS, Maria Clara; PEREIRA, Maria Assunção do Vale; MONTE, Mário Ferreira Monte (Org.). *Direito na lusofonia*: direito e novas tecnologias. [s.l.]: Escola de Direito da Universidade do Minho, 2018. Disponível em: https://repositorium.sdum.uminho.pt/bitstream/1822/56127/3/7.%20Diana%20Coutinho.pdf. Acesso em: 26 nov. 2019.

COUZIN-FRANKEL, Jennifer. Fluid-filled 'biobag' allows premature lambs to develop outside the womb. *Science*, 25 abr. 2017. Disponível em: https://www.sciencemag.org/news/2017/04/fluid-filled-biobag-allows-premature-lambs-develop-outside-womb. Acesso em: 26 nov. 2019.

DIAS, Maria Berenice. *Manual de direito das famílias*. 10. ed. São Paulo: Revista dos Tribunais, 2015.

DINIZ, Débora; GUILHEM, Dirce. *O que é bioética*. São Paulo: Brasiliense, 2002.

DINIZ, Maria Helena. *O estado atual do biodireito*. 10. ed. São Paulo: Saraiva, 2017.

FERRAZ, Ana Claudia Brandão de Barros Correia. *Reprodução humana assistida e suas consequências nas relações de família*: a filiação e a origem genética sob a perspectiva da repersonalização. 2. ed. Curitiba: Juruá, 2016.

GAMA, Guilherme Calmon Nogueira da. *A nova filiação* – O biodireito e as relações parentais: o estabelecimento da parentalidade-filiação e os efeitos jurídicos da reprodução humana assistida heteróloga. Rio de Janeiro: Renovar, 2003.

HUXLEY, Aldous. *Admirável mundo novo*. 22. ed. São Paulo: Globo, 2014.

JUSTO, David. Un prototipo de incubadora para gestar a tu hijo en el salón de tu casa. *Ser*, 7 jul. 2017. Disponível em: https://cadenaser.com/ser/2017/07/07/ciencia/1499428228_972907.html. Acesso em: 26 nov. 2019.

KEMPEN, J. K. Par-tu-ri-ent introduction. *YouTube*, 9 jun. 2017. Disponível em: https://www.youtube.com/watch?v=LGNcUhcW7jM. Acesso em: 23 mar. 2020.

KENDAL, Evie. Utopian visions of "making people": science fiction and debates on cloning, ectogenesis, genetic engineering, and genetic discrimination. *In*: STAPLETON, Patricia; BYERS, Andrew (Ed.). *Biopolitics and utopia*. New York: Palgrave Macmillan, 2015. Disponível em: https://link.springer.com/chapter/10.1057/9781137514752_5. Acesso em: 20 mar. 2020.

KLASS, Perri. The artificial womb is born. *The New York Times*, Nova York, p. 117, 1996. Disponível em: https://www.nytimes.com/1996/09/29/magazine/the-artificial-womb-is-born.html. Acesso em: 23 mar. 2020.

LAMM, Eleonora. La importância de la voluntad procreacional en la nueva categoria de filiación derivada de las técnicas de reproducción assistida. *Revista de Bioética y Derecho*, Barcelona, n. 24, p. 76-91, 2012. Disponível em: http://revistes.ub.edu/index.php/RBD/article/view/7610/9516. Acesso em: 27 ago. 2019.

LÔBO, Paulo. *Direito civil*: famílias. 7. ed. São Paulo: Saraiva, 2017.

MEIRELLES, Jussara Maria Leal de. *A vida humana embrionária e sua proteção jurídica*. Rio de janeiro: Renovar, 2000.

MORE, Thomas. *Utopia*. Tradução de Anah de Melo Franco. Brasília: Editora Universidade de Brasília; Instituto de Pesquisa de Relações Internacionais, 2004.

OLIVEIRA, Maria Rita de Holanda Silva. *A autonomia parental e os limites do planejamento familiar no sistema jurídico brasileiro*. 2016. 297 f. Tese (Doutorado em Direito) – Programa de Pós-Graduação em Direito, Centro de Ciências Jurídicas, Faculdade de Direito do Recife, Universidade Federal de Pernambuco, 2016. Disponível em: https://repositorio.ufpe.br/bitstream/123456789/19182/1/Maria%20Rita%20Tese%20%20final%20pdf.pdf. Acesso em: 12 jun. 2019.

REARDON, Sara. Human embryos grown in lab for longest time ever. *Nature*, n. 533, p. 5-6, 2016. Disponível: https://www.nature.com/news/polopoly_fs/1.19847!/menu/main/topColumns/topLeftColumn/pdf/533015a.pdf. Acesso em: 23 mar. 2020.

RETTORE, Anna Cristina de Carvalho. *Gestação de substituição no Brasil*: a estrutura de um negócio jurídico dúplice, existente, válido e eficaz. 158. f. Dissertação (Mestrado em Direito) – Programa de Pós-Graduação em Direito, Pontifícia Universidade Católica de Minas Gerais, 2018. Disponível em: http://www.biblioteca.pucminas.br/teses/Direito_RettoreAC_1.pdf. Acesso em: 16 ago. 2018.

SARGENT, Lyman Tower. The three faces of utopianism revisited. *Utopian Studies*, Pensilvânia, v. 5, n. 1, p. 1-37, 1994. Disponível em: https://www.jstor.org/stable/20719246?seq=1. Acesso em: 21 mar. 2020.

SCHULTZ, Jessica H. Development of ectogenesis: how will artificial wombs affect the legal status of a fetus or embryo?. *Chicago-Kent Law Review*, Chicago, v. 84, n. 3, p. 877-906, 2009. Disponível em: https://scholarship.kentlaw.iit.edu/cgi/viewcontent.cgi?article=3724&context=cklawreview. Acesso em: 24 mar. 2020.

SILVA NETTO, Manuel Camelo Ferreira da. *Projetos parentais ectogenéticos LGBT*: o desafio da construção das famílias homoparentais e transparentais perante o ordenamento jurídico brasileiro. 2020. 424 f. Dissertação (Mestrado em Direito) – Programa de Pós-Graduação em Direito, Centro de Ciências Jurídicas, Faculdade de Direito do Recife, Universidade Federal de Pernambuco, 2020.

SILVA NETTO, Manuel Camelo Ferreira da; DANTAS, Carlos Henrique Félix; FERRAZ, Carolina Valença. O dilema da "produção independente" de parentalidade: é legítimo escolher ter um filho sozinho?. *Revista Direito GV*, São Paulo, v. 14, n. 3, p. 1106-1138, 2018. Disponível em: http://www.scielo.br/scielo.php?script=sci_arttext&pid=S1808-24322018000301106&lng=en&nrm=iso. DOI: https://doi.org/10.1590/2317-6172201841. Acesso em: 24 mar. 2020.

SIMONSTEIN, Frida. Artificial reproduction technologies (RTs) – all the way to the artificial womb?. *Medicine, Health Care and Philosophy*, v. 9, n. 3, p. 359-365, 2006. Disponível: https://link.springer.com/article/10.1007%2Fs11019-006-0005-4#article-info. Acesso em: 23 mar. 2020.

TAKALA, Tuija. Human before sex? Ectogenesis as a way to equality. *In*: SIMONSTEIN, Frida (Ed.). *Reprogenethics and the future of gender*. Londres, Nova York: Springer, 2009. Disponível em: https://link.springer.com/chapter/10.1007/978-90-481-2475-6_15. Acesso em: 22 mar. 2020.

Informação bibliográfica deste texto, conforme a NBR 6023:2018 da Associação Brasileira de Normas Técnicas (ABNT):

SILVA NETTO, Manuel Camelo Ferreira da; DANTAS, Carlos Henrique Félix. Entre a ficção científica e a realidade: o "útero artificial" e as (futuras) perspectivas em matéria de biotecnologia reprodutiva humana à luz do biodireito. *In*: EHRHARDT JÚNIOR, Marcos; CATALAN, Marcos; MALHEIROS, Pablo (Coord.). *Direito Civil e tecnologia*. Belo Horizonte: Fórum, 2020. p. 623-647. ISBN 978-65-5518-036-7.

CIRURGIAS ASSISTIDAS POR ROBÔS E ANÁLISE DIAGNÓSTICA COM INTELIGÊNCIA ARTIFICIAL: NOVOS DESAFIOS SOBRE OS PRINCÍPIOS CONTRATUAIS E O EQUACIONAMENTO DA RESPONSABILIDADE CIVIL MÉDICA

PAULO NALIN

RAFAELLA NOGAROLI

1 Notas introdutórias: o (re)pensar da responsabilidade civil e dos princípios contratuais com a utilização da robótica e inteligência artificial nos cuidados da saúde

As inovações tecnológicas revolucionaram, nas últimas décadas, a forma como os procedimentos cirúrgicos são realizados. Cirurgias assistidas, amiúde, por robôs, já são atualmente realidade em muitos hospitais ao redor do mundo. O que se convencionou chamar de cirurgia robótica (ou assistida por robô) representa a evidência do futuro da medicina e uma das conquistas mais notáveis da tecnologia médica. Durante a cirurgia, o médico permanece num console, manuseando dois controladores gerais (*joysticks*) – e os movimentos das suas mãos são traduzidos pelo robô, em tempo real, em instrumentos dentro do paciente. Devido à maior flexibilidade dos braços robóticos em comparação com as ferramentas laparoscópicas convencionais, o procedimento e a sutura podem ser executados com maior precisão. A utilização do robô torna mais segura e precisa a cirurgia, eliminando o tremor natural das mãos do ser humano. Estima-se que essa tecnologia já proporcionou a realização de cirurgias minimamente invasivas para mais de 20 mil pessoas no Brasil e 6 milhões de pessoas ao redor do mundo.[1]

Além disso, a inteligência artificial (IA) também vem transformando todo o setor da saúde, ao demonstrar seu enorme potencial no aprimoramento de diagnósticos e

---

[1] ABOUT da Vinci Systems. *Intuitive*. Disponível em: https://www.davincisurgery.com/da-vinci-systems/about-da-vinci-systems##. Acesso em: 18 abr. 2020.

cuidados médicos. A tecnologia fornece importante suporte à decisão clínica, tendo em vista a sua capacidade de processar e analisar rapidamente – e, tendencialmente, de maneira eficiente – grande quantidade de dados. Destaque-se que o rápido diagnóstico proporcionado pela IA pode ser, muitas vezes, fator crucial para o imediato início do tratamento e a subsequente recuperação do paciente, especialmente em doenças de evolução rápida ou em situações de urgência e emergência.

Em que pesem todos os benefícios com a utilização da tecnologia robótica nas cirurgias e da inteligência artificial na análise diagnóstica, há alguns riscos associados às tecnologias, os quais requerem certas reflexões ético-jurídicas.

Entre os anos de 2000 e 2013, houve 10.624 relatos de eventos adversos nos Estados Unidos envolvendo o robô de assistência cirúrgica chamado "Da Vinci",[2] ocorrendo morte em 144 casos, lesões ao paciente em 1.391 e mau funcionamento do dispositivo robótico em 8.061 episódios.[3] Na última década, a Intuitive Surgical, empresa fabricante da referida plataforma robótica, promoveu 175 *recalls* do robô Da Vinci –[4] tanto para pequenos ajustes no robô, como para esclarecimentos de instrução e atualizações de *software*, bem como *recalls* mais graves, como o caso de uma faca cirúrgica que não podia se mover e realizar algum corte necessário, braços cirúrgicos que apresentaram falhas e outros componentes do robô que fizeram movimentos inesperados. Há registro também de um instrumento robótico que, depois de fixado a um tecido do paciente, não podia mais se abrir – o que gerou também outro *recall*.

No que diz respeito aos riscos associados à inteligência artificial, vale lembrar que, recentemente, ocorreram dois episódios nos quais a IA causou suas primeiras fatalidades: em 2017, um modelo do carro Tesla S, dirigindo no piloto automático na China, chocou-se contra um caminhão, matando seu passageiro. Em 2018, um carro autônomo da Uber atropelou um pedestre no estado do Arizona, nos Estados Unidos.[5] Há também outros episódios – dos quais trataremos no decorrer deste artigo –, que demonstram a possibilidade de a IA causar danos imprevisíveis devido ao aperfeiçoamento decorrente do chamado "aprendizado de máquina". A impossibilidade de conter os atos próprios da IA e a falta de transparência na maneira como ela processa as informações é inerente à tecnologia. Essas são questões extremamente problemáticas, sobretudo no setor da saúde, e para criar diagnósticos tangíveis, em situações recorrentes de *vida ou morte* em que os pacientes podem se encontrar.

Diante desse contexto de contratação de serviços médicos apoiados por robótica e inteligência artificial (IA), considerando-se os seus benefícios e riscos, exige-se a investigação, num primeiro momento, dos princípios éticos aplicáveis nestas relações contratuais.

---

[2] ABOUT da Vinci Systems. *Intuitive*. Disponível em: https://www.davincisurgery.com/da-vinci-systems/about-da-vinci-systems##. Acesso em: 18 abr. 2020. Neste período entre 2000 e 2013, foram realizadas 1,7 milhões de cirurgias robóticas.

[3] ALEMZADEH, Homa; IYER, Ravishankar K.; KALBARCZYK, Zbigniew; LEVESON, Nancy; RAMAN, Jai. Adverse events in robotic surgery: a retrospective study of 14 years of FDA data. *50th Annual Meeting of the Society of Thoracic Surgeons*, jan. 2013. Disponível em: https://arxiv.org/ftp/arxiv/papers/1507/1507.03518.pdf. Acesso em: 18 abr. 2020.

[4] SIEGEL, Emily R. *et al*. The da Vinci surgical robot: A medical breakthrough with risks for patients. *NBC News*, 19 dez. 2018. Disponível em: https://www.nbcnews.com/health/health-news/da-vinci-surgical-robot-medical-breakthrough-risks-patients-n949341. Acesso em: 18 abr. 2020.

[5] LEVIN, Sam; WONG, Julia Carrie. Self-driving Uber kills Arizona woman in first fatal crash involving pedestrian. *The Guardian*, 19 mar. 2018. Disponível em: https://www.theguardian.com/technology/2018/mar/19/uber-self-driving-car-kills-woman-arizona-tempe. Acesso em: 14 abr. 2020.

Já sustentamos[6] a necessidade de serem repensados os princípios contratuais, a partir da premissa de que o contrato é uma "relação complexa solidária". Nessa, ainda muito atual, proposição contratual, mostra-se indiscutível a compreensão do contrato funcionalizado e destinado à realização de valores, para além da mera compreensão como um "acordo de vontades", devendo, sobretudo, ser interpretado sob a égide da boa-fé objetiva e seus princípios contemporâneos derivados – transparência, confiança e equidade – que afirmam o desejo constitucional de um contrato solidário e socialmente justo.[7]

Na sociedade atual, é imprescindível a compreensão das relações contratuais não apenas nos seus aspectos econômicos, mas também éticos. Isso porque ocorreu, nos últimos anos, uma "mudança de paradigma no âmbito do Direito Contratual", que o realocou e recondicionou na moldura da dignidade da pessoa humana.[8] Os contratos devem servir como meio de proteger e promover os direitos humanos, de modo que padrões éticos façam parte de todas as relações contratuais. O mecanismo jurídico para o cumprimento de obrigações relacionadas aos direitos humanos corresponde às denominadas "cláusulas éticas".[9]

Compreender os contornos da tecnologia e, ainda, decidir como incorporar valores sociais e éticos nos sistemas de robótica e IA exige que seja definido, antes de qualquer coisa, o significado que se deseja para a IA em nossa sociedade. Implica decidir sobre diretrizes éticas, políticas de governança, incentivos e regulamentos. A União Europeia (UE) lançou, em 2019, Orientações Éticas para uma IA de Confiança, destinadas a todas as pessoas que desenvolvem, utilizam ou são afetadas pela IA. No contexto brasileiro, tramita no Senado Federal o Projeto de Lei nº 5.051/2019, que é pioneiro ao tratar da regulamentação da IA, adotando técnica mais principiológica, inclusive em harmonia com as diversas iniciativas regulatórias de outros países. No presente trabalho, buscaremos expor um panorama geral dos principais princípios a serem observados nos contratos de prestação de serviços da saúde sob as novas tecnologias, de robótica e inteligência artificial, inspirando-nos no conteúdo dos dois regramentos.

Vale destacar que as transformações tecnológicas na saúde, além de terem impacto sobre a própria função do instituto dos contratos e dos seus princípios interpretativos, traz também novas reflexões sobre a forma de atribuição da responsabilidade civil, diante de um evento adverso decorrente deste contrato de prestação de serviços médicos, sejam eles apoiados com robótica e/ou inteligência artificial.

Veremos, neste trabalho, que a responsabilidade por danos derivados de dispositivos médicos defeituosos – assim como o robô de assistência cirúrgica Da Vinci – não possui maiores especificidades do que os danos resultantes de qualquer outro produto. A grande dificuldade, contudo, é determinar a gênese do dano sofrido, ou seja, se ele decorreu de erro médico ou defeito do produto. Ainda, há de se considerar que atuação

---

6 NALIN, Paulo. *Contrato* – Conceito pós-moderno: em busca de sua formulação na perspectiva civil-constitucional. 2. ed. Curitiba: Juruá, 2006. p. 255.

7 NALIN, Paulo. *Contrato* – Conceito pós-moderno: em busca de sua formulação na perspectiva civil-constitucional. 2. ed. Curitiba: Juruá, 2006. p. 129-137.

8 NALIN, Paulo; PIMENTEL, Mariana Barsaglia. O contrato como ferramenta de realização dos direitos humanos no âmbito empresarial: as cláusulas éticas. *Revista Internacional Consinter de Direito*, ano V, n. VIII, 2019.

9 NALIN, Paulo; PIMENTEL, Mariana Barsaglia. O contrato como ferramenta de realização dos direitos humanos no âmbito empresarial: as cláusulas éticas. *Revista Internacional Consinter de Direito*, ano V, n. VIII, 2019.

da equipe de enfermagem ou do próprio hospital podem ter sido a causa eficiente do evento danoso. Assim, considerando os diversos agentes envolvidos na cirurgia robótica, nosso intuito será propor um novo modelo de equacionamento da responsabilidade civil por eventos adversos nessas intervenções médicas assistidas por robôs. Por fim, no que se refere à responsabilidade civil pelos danos causados pela inteligência artificial, o presente trabalho focar-se-á sobre o tema erro de diagnóstico e IA. Apresentaremos os riscos da IA para a análise diagnóstica e partiremos, num primeiro momento, da análise de conceitos basilares para configuração de culpa médica pelo erro de diagnóstico. Isso para que possamos responder aos questionamentos aventados sobre erro de diagnóstico e inteligência artificial.

2 Cirurgias assistidas por robô e reflexos na seara da responsabilidade civil

Tem-se notícia de diversos pacientes pleiteando indenização por danos sofridos durante a performance dos robôs Da Vinci, nos Estados Unidos. Até o momento, todos os conflitos envolvendo eventos adversos em cirurgia robótica foram resolvidos extrajudicialmente com a fabricante, com cláusula de confidencialidade sobre os seus termos ou, ainda, decididos sumariamente pelo juiz (*summary judgment*) na fase chamada *pretrial*, com exceção de dois casos que foram levados a julgamento pelos tribunais norte-americanos, os quais, posteriormente, também resultaram em acordo: *Zarick v. Intuitive Surgical* (2016) e *Taylor v. Intuitive Surgical* (2017). Já no Brasil, foi recentemente julgado pela 4ª Vara Cível da Comarca de Florianópolis-SC[10] o primeiro caso de que se tem notícia sobre evento adverso em paciente submetido à cirurgia robótica.

Apesar de se ter notícia de apenas um litígio envolvendo evento adverso na cirurgia robótica que foi judicializado no Brasil, são evidentes os maiores riscos associados à tecnologia e à possibilidade de ocorrerem danos, o que, possivelmente, resultará em outras demandas judiciais, futuramente, por eventos adversos na cirurgia assistida por robôs. Assim, exporemos alguns conceitos basilares de responsabilidade civil médica, para, então, podermos estipular uma maneira de equacionamento da responsabilidade civil diante de evento adverso na cirurgia robótica.

2.1 Conceitos basilares da responsabilidade civil médica no séc. XXI

Para que se tenha um contrato de serviços médicos por inadimplido, conforme lições de Eduardo Dantas, "não basta a materialização de um dano, ou um resultado adverso decorrente da intervenção ou tratamento médico".[11] É imprescindível a comprovação do dolo ou da culpa *stricto sensu*. A responsabilidade do médico é subjetiva, calcada na culpa, nos termos dos arts. 186, 927, *caput*, e 951 do Código Civil e do art. 14, §4º, do Código de Defesa do Consumidor. A culpa consiste no desvio do modelo ideal de conduta; assim, o agente não visa causar prejuízo à vítima, mas causa o dano a outrem devido à sua ação negligente, imprudente ou imperita.

---

10 Autos nº 0307386-08.2014.8.24.0023. Dessa sentença, foram interpostos recursos por ambas as partes, que, no dia 24.7.2020, ainda aguardavam julgamento pelo TJSC.

11 DANTAS, Eduardo. *Direito médico*. 4. ed. Salvador: JusPodivm, 2019. p. 199.

Para a caracterização da culpa médica, não é necessária a "intenção" – basta a simples voluntariedade de conduta, que deverá ser contrastante com as normas impostas pela prudência ou perícia comuns. A partir de um juízo de censura ético-jurídica, aceita-se a determinação da culpa, segundo esclarece Ana Mafalda Castanheira Barbosa, de acordo "com a ideia de conduta deficiente [...] falta de cuidado, de zelo [...] falta de senso, de perícia ou de aptidão".[12]

Ainda, importante destacar que o encargo assumido pelo médico se configura como obrigação "de meios", e só por exceção constituirá obrigação "de resultado", pois ele não assegura a consecução do resultado esperado pelo paciente, apenas se obrigando a empregar os meios conducentes à finalidade esperada. O profissional não assume o compromisso de alcançar um objetivo ou conseguir um efeito determinado. Por outro lado, segundo explica Miguel Kfouri Neto, incumbe-lhe "aplicar todos os seus esforços, utilizando os meios de que dispõe, para obter a cura, valendo-se da prudência e dedicação exigíveis".[13] No mesmo sentido são as lições de Nelson Rosenvald e Felipe Peixoto Braga Netto, ao indicarem que, nestas obrigações de meios, "não se assume o dever de se chegar a determinado resultado (a cura, por exemplo), mas apenas o dever de se portar com diligência e atenção, à luz dos dados atuais de sua ciência, de cujo conteúdo se espera que tenha notícias atualizadas".[14]

Assim, para ser atribuída a responsabilidade civil médica, é importante partir do pressuposto de que se trata de obrigação de meios, mediante aferição da culpa *stricto sensu*, nas modalidades negligência, imprudência e imperícia, sendo a última categoria a mais afeta à medicina, por se tratar de culpa profissional.

Há uma peculiaridade na determinação da responsabilidade civil médica, decorrente de erro de diagnóstico. Isso porque a regra é que esse *erro* seja valorado como *escusável*, inapto, assim, à configuração da culpa necessária para a deflagração do dever de indenizar.[15] Conforme leciona Miguel Kfouri Neto, o médico deve "esgotar todos os meios ao seu alcance para emitir o diagnóstico; sempre que possível, submeter o paciente a todos os exames apropriados para se determinar a origem e natureza da doença".[16] O médico incorrerá em responsabilidade, em suma, tão somente quando não revelar o cuidado razoavelmente exigível na sua conduta.

Além disso, a utilização cada vez mais acentuada das tecnologias na área da saúde, especialmente da robótica e inteligência artificial, implica maiores ponderações acerca do termo de consentimento livre e esclarecido do paciente. A atual doutrina do consentimento informado compreende um papel consultivo do médico, o que envolve um processo de diálogo, cujo objetivo é assegurar que o doente compreenda todas as circunstâncias do tratamento proposto e da tecnologia utilizada para esse fim, bem

---

[12] BARBOSA, Ana Mafalda Castanheira Neves de Miranda. *Lições de responsabilidade civil*. Cascais: Princípia, 2017. p. 236.

[13] KFOURI NETO, Miguel. *Responsabilidade civil do médico*. 10. ed. São Paulo: Revista dos Tribunais, 2019.

[14] ROSENVALD Nelson; BRAGA NETTO, Felipe Peixoto. Responsabilidade civil na área médica. *In*: BRAGA NETTO, Felipe Peixoto; SILVA, Michael César. *Direito privado e contemporaneidade*. Indaiatuba: Foco, 2020. p. 25-68.

[15] "O médico enfrenta dúvidas científicas, com várias alternativas possíveis e variados indícios, por vezes equívocos, quanto aos sintomas do paciente. Não raro, as próprias queixas do paciente induzem o médico a imaginar a ocorrência de patologia inexistente. Há casos duvidosos, com alternativas idôneas, todas a merecer respaldo da ciência médica. Por isso, o erro de diagnóstico, em princípio, é escusável" (KFOURI NETO, Miguel. *Responsabilidade civil dos hospitais*. 4. ed. São Paulo: Revista dos Tribunais, 2019. p. 215)

[16] KFOURI NETO, Miguel. *Responsabilidade civil dos hospitais*. 4. ed. São Paulo: Revista dos Tribunais, 2019. p. 216.

como as razoáveis alternativas terapêuticas, possibilitando a tomada de decisão bem informada.[17]

Na cirurgia assistida por robô ou diagnóstico apoiado por inteligência artificial, assim como em quaisquer outras intervenções médicas, o dever de informar decorre da boa-fé objetiva do médico e sua simples inobservância caracteriza inadimplemento contratual. Ademais, a indenização é devida pela privação sofrida pelo paciente em sua autodeterminação, por lhe ter sido retirada a oportunidade de ponderar sobre riscos e vantagens de determinado tratamento, que, ao final, causou-lhe danos que poderiam ser evitados, caso não fosse realizado o procedimento por opção do paciente.[18] A fim de se estabelecer o dever de indenizar, é preciso verificar o nexo causal entre a omissão da informação e o dano. Quando a intervenção médica é correta – mas não se informou adequadamente –, a culpa surge pela falta de informação – ou pela informação incorreta. Não é necessária negligência no tratamento. A vítima deve demonstrar que o dano provém de um risco acerca do qual deveria ter sido avisada, a fim de deliberar sobre a aceitação ou não do tratamento.

Nesse sentido, destacamos as lições de Felipe Braga Netto e Nelson Rosenvald, ao explicarem que, atualmente, os deveres contratuais do médico de informar com lealdade e transparência encontram-se fortalecidos:

> Sabemos que a liberdade de contratar será exercida em razão e nos limites da função social do contrato (Código Civil, art. 421). Bem distante estamos do tempo em que a autonomia da vontade, em relação aos contratos, era absoluta, com religiosa reverência ao *pacta sunt servanda*. Se há, hoje, um contrato que deve ser intensamente lido à luz de sua função social é aquele relativo à prestação de serviços de saúde. Não é qualquer bem que está em jogo. É a saúde humana. [...] Os deveres de informar com lealdade e transparência se fortalecem. Não cabe mais, como no passado, manter o paciente em estado de ignorância acerca do estado de sua saúde, suas escolhas e possibilidades. Apenas em casos excepcionais, devidamente contextualizados, isso poderá ocorrer. [...] O paciente, desse modo, tem direito ao diagnóstico correto e claro, bem como de ser informado acerca dos riscos e objetivos do tratamento. Deve, portanto, estar a par não só do diagnóstico, mas também do prognóstico. [...] O que se espera, de modo mais amplo, dos médicos – antes, durante e depois das cirurgias, consultas ou tratamentos – é que ajam banhados pela boa-fé objetiva, pelo dever de cuidado e cooperação. Espera-se informação clara, adequada e suficiente.[19]

André Gonçalo Dias Pereira esclarece que o consentimento informado do paciente se revela como "um instituto que visa permitir a autodeterminação dos riscos assumidos e assim uma delimitação do risco que impendem sobre o médico ou sobre o paciente".[20] Desse modo, os médicos são "obrigados a informar o paciente de forma

---

[17] Para estudo mais aprofundado sobre a temática, cf.: KFOURI NETO, Miguel; NOGAROLI, Rafaella. Responsabilidade civil pelo inadimplemento do dever de informação na cirurgia robótica e telecirurgia: uma abordagem de direito comparado (Estados Unidos, União Europeia e Brasil). *In*: ROSENVALD, Nelson; MENEZES, Joyceane Berreza de; DADALTO, Luciana. *Responsabilidade civil e medicina*. Indaiatuba: Foco, 2020. p. 159-186.

[18] Nesse sentido, cf. PEREIRA, André Gonçalo Dias. *O consentimento informado na relação médico-paciente*. Coimbra: Coimbra Editora, 2004; KFOURI NETO, Miguel. A quantificação do dano na ausência de consentimento livre e esclarecido do paciente. *Revista IBERC*, Minas Gerais, v. 2, n. 1, p. 1-22, jan./abr. 2019.

[19] ROSENVALD Nelson; BRAGA NETTO, Felipe Peixoto. Responsabilidade civil na área médica. *In*: BRAGA NETTO, Felipe Peixoto; SILVA, Michael César. *Direito privado e contemporaneidade*. Indaiatuba: Foco, 2020. p. 62.

[20] PEREIRA, André Gonçalo Dias. O consentimento informado em Portugal: breves notas. *Revista Eletrônica da Faculdade de Direito de Franca*, Franca, v. 12, n. 2, 2017.

clara e, se solicitado, por escrito, sobre o exame proposto e tratamento e sobre os desenvolvimentos relativos ao exame, o tratamento e a condição de saúde do paciente".[21] O consentimento livre e esclarecido do paciente é um instrumento que permite, para além dos interesses e objetivos médico-terapêuticos, incrementar o respeito pela pessoa doente, na sua dimensão holística. Ao paciente, em exercício do seu direito de liberdade, caberá determinar o tratamento, entre os que lhe forem apresentados, escolher, ou mesmo não optar por nenhum deles.[22]

Eduardo Dantas e Maria Helena Diniz reconhecem o direito à autonomia e a importância do processo de consentimento informado. Dantas explica que "o processo de consentimento se constitui, concomitantemente, em um direito do paciente e um dever do médico".[23] Isso porque "o paciente deve ser informado, de maneira compreensível à sua capacidade cognitiva, a respeito de seu diagnóstico, riscos, prognósticos e alternativas existentes para seu tratamento".[24] Cristiano Chaves de Farias, Felipe Braga Netto e Nelson Rosenvald expõem o atual posicionamento doutrinário no Brasil, o qual seguimos de pleno acordo, de que a autodeterminação do paciente somente é verdadeiramente exercida quando as informações prestadas são específicas, para o caso concreto daquele paciente específico, e não genéricas.[25] Portanto, o dever de informação assumido pelo médico restará cumprido a partir da análise do "critério do paciente concreto",[26] ou seja, a explicação do profissional deve ser extensa e adaptada ao nível intelectual e cultural do doente.

2.2 Forma de atribuição da responsabilidade civil entre todos os agentes envolvidos na cirurgia robótica

Em novembro de 2015, um senhor de 69 anos morreu de falência múltipla de órgãos, após se submeter à cirurgia robótica no Freeman Hospital, em Newcastle, Inglaterra.[27] O robô fez um movimento brusco e dilacerou parte do coração do paciente durante a cirurgia. Abriu-se inquérito policial para determinar a causa da morte e o cirurgião acabou revelando que "poderia ter realizado a cirurgia com mais treinamento prévio no robô, antes da intervenção cirúrgica"[28] no paciente em questão e, ainda,

---

[21] PEREIRA, André Gonçalo Dias. O consentimento informado em Portugal: breves notas. *Revista Eletrônica da Faculdade de Direito de Franca*, Franca, v. 12, n. 2, 2017.

[22] RODRIGUES, João Vaz. *O consentimento informado para o acto* médico. Elementos para o estudo da manifestação de vontade do paciente. Coimbra: Coimbra Editora, 2001. p. 25.

[23] DANTAS, Eduardo. *Direito médico*. 4. ed. Salvador: JusPodivm, 2019. p. 112.

[24] DANTAS, Eduardo. *Direito médico*. 4. ed. Salvador: JusPodivm, 2019. p. 112.

[25] FARIAS, Cristiano Chaves de; BRAGA NETTO, Felipe; ROSENVALD, Nelson. *Novo tratado de responsabilidade civil*. 4. ed. São Paulo: Saraiva, 2019. p. 1318.

[26] PEREIRA, André Gonçalo Dias. *O consentimento informado na relação médico-paciente*. Coimbra: Coimbra Editora, 2004. p. 556.

[27] BURNETT, Josephine. Heart-breaking robotic surgery: patient dies as a result of robotic assisted heart surgery. *Kingsley Napley*, 14 nov. 2018. Disponível em: https://www.kingsleynapley.co.uk/insights/blogs/blog-medical-negligence-law/heart-breaking-robotic-surgery-patient-dies-as-a-result-of-robotic-assisted-heart-surgery#page=1. Acesso em: 18 abr. 2020.

[28] BURNETT, Josephine. Heart-breaking robotic surgery: patient dies as a result of robotic assisted heart surgery. *Kingsley Napley*, 14 nov. 2018. Disponível em: https://www.kingsleynapley.co.uk/insights/blogs/blog-medical-negligence-law/heart-breaking-robotic-surgery-patient-dies-as-a-result-of-robotic-assisted-heart-surgery#page=1. Acesso em: 18 abr. 2020.

relatou que o *proctor* (médico altamente especializado em cirurgia robótica, que possui elevado grau de conhecimento do robô Da Vinci), que deveria estar presente durante toda a cirurgia, saiu da sala na metade do ato cirúrgico. Além disso, constatou-se que o hospital onde ocorreu a intervenção não possuía nenhuma política de treinamento dos médicos em novas tecnologias na área da saúde. O diretor médico do hospital emitiu um pedido de desculpas, reconhecendo que "falhou em garantir um padrão de cuidado razoavelmente esperado na cirurgia robótica".[29]

Na situação acima narrada, fica evidente a hipótese de dano diretamente ocasionado por imperícia do profissional. A imperícia se caracteriza pela deficiência de conhecimentos técnicos, o despreparo prático, a falta de habilidade ou ausência dos conhecimentos necessários para realização da cirurgia robótica. Ressalta-se, contudo, que não basta aferir a atuação médica para caracterizar o dever de indenização. Deve-se evidenciar, também, o vínculo causal, que liga o dano à conduta do agente. É preciso verificar o nexo de causalidade entre a conduta e o dano sofrido – tarefa que, na maioria das vezes, não será das mais fáceis, especialmente quando a intervenção médica for assistida por robô.

A questão da imperícia médica em cirurgia robótica devido ao insuficiente treinamento dos médicos já foi muito criticada pela comunidade jurídica norte-americana, pois cirurgiões com extensa experiência na tecnologia declaram que se sentiram proficientes com o sistema Da Vinci apenas depois de realizarem duas centenas de procedimentos assistidos por robô.[30] Contudo, até pouco tempo atrás, notava-se uma realidade de médicos com pouca prática, que realizavam cirurgias robóticas depois de realizarem pouquíssimos procedimentos cirúrgicos com auxílio do *proctor*.[31] Hoje, já se observa uma tendência de mudança do modelo de treinamento, especialmente pela criação de simuladores do robô, para que os médicos possam praticar no próprio hospital onde atuam.

Em que pese ter ficado claro o caso de imperícia do médico que realizou cirurgia robótica no Freeman Hospital, na maioria das vezes, a constatação da causa eficiente do dano não será tão evidente. Inclusive, nos Estados Unidos, as demandas indenizatórias sobre eventos adversos ocorridos durante a intervenção médica assistida por aparelhos robóticos são conhecidas como *finger-pointing cases*.[32] Isso porque há sempre o dilema de quem deve responder quando há um dano ao paciente submetido à cirurgia robótica: o médico ou o fabricante do equipamento. O médico e o hospital, diante de evento adverso na intervenção, alegam que há defeito no próprio robô e consequente responsabilidade do fabricante. Este, por sua vez, defende que o dano decorre de erro médico ou, ainda, da má conservação ou incorreta regulagem do robô pelos prepostos do hospital.

Contudo, em 2017, desenvolveu-se um dispositivo chamado "dVLogger", espécie de "caixa preta" acoplada ao robô cirurgião Da Vinci, que grava vídeo e metadados

---

[29] BURNETT, Josephine. Heart-breaking robotic surgery: patient dies as a result of robotic assisted heart surgery. *Kingsley Napley*, 14 nov. 2018. Disponível em: https://www.kingsleynapley.co.uk/insights/blogs/blog-medical-negligence-law/heart-breaking-robotic-surgery-patient-dies-as-a-result-of-robotic-assisted-heart-surgery#page=1. Acesso em: 18 abr. 2020.

[30] PAGALLO, Ugo. *The laws of robots*: crimes, contracts, and torts. Londres: Springer, 2013. E-book.

[31] *Proctor* é o médico altamente especializado em cirurgia robótica, que possui elevado grau de conhecimento do robô Da Vinci.

[32] MCLEAN, Thomas R. The complexity of litigation associated with robotic surgery and cybersurgery. *The International Journal of Medical Robotics and Computer Assisted Surgery*, v. 3, p. 23-29, fev. 2007.

durante a cirurgia.[33] Por meio desse recurso, captura-se o posicionamento dos instrumentos e como o médico está conduzindo o movimento do robô. Pode-se constatar, por exemplo, que durante a cirurgia o robô emitiu algum alerta ou aviso de erro, mas o médico desconsiderou o alerta e optou por assumir o risco de dar continuidade ao ato cirúrgico. Ou, ainda, pode-se verificar um mau funcionamento do próprio robô, que realizou inesperadamente algum movimento.

O professor Thomas R. Mc Lean escreveu alguns artigos científicos[34] em que delineia o perfil geral dessas demandas indenizatórias nos Estados Unidos, as quais, geralmente, envolvem discussões em três frentes: 1ª) *responsabilidade do médico*: por culpa médica, especialmente imperícia decorrente do treinamento insuficiente, ou violação do dever de informação do paciente (consentimento livre e esclarecido); 2ª) *responsabilidade do hospital*: por má conservação do robô ou incorreta esterilização dos instrumentos robóticos pelos seus prepostos, desrespeitando orientações do fabricante. Ainda, há demandas que alegam falha do hospital em manter uma adequada política de treinamento dos seus médicos em cirurgia robótica; 3ª) *responsabilidade do fabricante*: por defeito do produto ou falta de informações sobre sua utilização ou riscos associados.

Ao trazermos essa análise para o contexto brasileiro, a fim de investigar a forma de atribuição da responsabilidade por eventos adversos na cirurgia robótica, deve-se verificar, antes de mais, a gênese do dano, ou seja, se este decorreu:

a) do *serviço essencialmente médico*: quando o dano decorre de atos praticados exclusivamente pelos profissionais da medicina, implicando formação e conhecimentos médicos, isto é, domínio das *leges artis* da profissão. Reconhecida a culpa do seu preposto, responderá solidariamente o hospital (art. 14, §4º, do CDC; arts. 186, 927 e 951, do CC). O médico responderá por culpa *stricto sensu*, nas modalidades negligência, imprudência ou imperícia. Destaque-se que, caso o médico não tenha vínculo de preposição com o hospital, apenas alugue o espaço da entidade hospitalar, a fim de realizar o procedimento cirúrgico com auxílio do robô, o hospital não terá responsabilidade solidária pela conduta culposa do profissional;
b) do *serviço paramédico*: quando o dano advém da falha na intervenção dos enfermeiros com a correta regulagem do robô ou inadequada esterilização dos instrumentos robóticos. Em geral, são praticados pela enfermagem e outros profissionais da saúde, auxiliares ou colaboradores. Nessa situação, incide a responsabilidade objetiva do hospital, pelos atos da equipe de enfermagem, nos termos do art. 14 do CDC;
c) do *serviço extramédico*: quando o dano resulta da inadequada ou inexistente política hospitalar de treinamento de médicos e outros profissionais, defeito de qualquer instalação nas dependências do estabelecimento, má conservação do robô pelo não atendimento aos cuidados recomendados pelo fabricante.

---

33 'BLACK box' recorder puts surgeons' robotic surgery skills under the microscope. *EurekAlert!*, 11 dez. 2017. Disponível em: https://www.eurekalert.org/pub_releases/2017-12/uosc-br120817.php. Acesso em: 18 abr. 2020

34 MCLEAN, Thomas R.; WAXMAN, S. Robotic surgery litigation. *Journal of Mechanical Engineering Science*, v. 224, p. 1539-1545, jul. 2010; MCLEAN, Thomas R. Principle of robotic surgery litigation in the United States. *Clinical Risk*, v. 14, p. 179-181, set. 2008; MCLEAN, Thomas R. The complexity of litigation associated with robotic surgery and cybersurgery. *The International Journal of Medical Robotics and Computer Assisted Surgery*, v. 3, p. 23-29, fev. 2007.

Nesses casos, também responderá o hospital, de forma objetiva, nos termos do art. 14 do CDC.

Destaque-se, ainda, que é possível restar provado que o médico, durante a realização da cirurgia robótica, atuou com a diligência que legitimamente se esperava dele – ou seja, não agiu com culpa –, tampouco há defeito no robô cirurgião, sendo o evento danoso decorrente de um risco associado à própria tecnologia. Nesse caso, caberá ao médico ou entidade hospitalar provar que obteve o consentimento livre e esclarecido do paciente sobre aquele possível risco específico na utilização da referida tecnologia. O fato gerador da indenização, nessas situações de violação do dever de informação, não será o dano em si, isoladamente considerado, mas a falha (ou ausência) de informação. O paciente terá direito à indenização "por ter perdido a chance de tomar uma decisão suficientemente informada".[35] Noutras palavras, deve-se estabelecer o "nexo de correspectividade entre a violação do dever (ilicitude) por parte do médico e o dano (nexo de ilicitude)".[36] A responsabilidade decorrerá, sobretudo, pela violação do direito do paciente de se autodeterminar e escolher – de maneira livre e esclarecida – quais riscos ele quer assumir, comparando-se as possíveis alternativas de tratamento.

Já por defeito do robô cirurgião (do *software* ou de um instrumento robótico), responderá o fabricante, independentemente da existência de culpa (art. 14 do CDC), pela reparação dos danos causados ao paciente. O robô será considerado defeituoso quando não oferecer a segurança que legitimamente se espera (art. 12, §1º, do CDC), levando-se em consideração sua apresentação, uso e riscos que dele se esperam e à época em que foi colocado em circulação. O fornecedor também será responsabilizado pelas informações insuficientes ou inadequadas sobre a fruição e riscos acerca do seu produto, pois isto é considerado "defeito" e, como tal, gera o dever de reparar.[37]

Vale lembrar que o paciente lesionado, após ser submetido a uma cirurgia robótica, é compreendido como consumidor do robô por equiparação, nos termos do art. 17 do CDC,[38] pois é terceiro atingido pela relação de consumo entre o hospital e o fabricante do robô. Frise-se ainda que, segundo o art. 18 do CDC, há responsabilidade solidária na cadeia de fornecimento de um produto e, por isso, o hospital responde solidariamente pelos danos decorrentes de defeitos do dispositivo médico, de modo que o paciente poderá demandar em face da entidade hospitalar, assegurado o direito de regresso contra o fabricante (art. 13, parágrafo único, do CDC).

Por fim, destaque-se, uma vez mais, que o médico poderá ser responsabilizado pela violação do dever de informação do paciente na cirurgia robótica. Isso porque o profissional tem a obrigação de fornecer ao paciente uma informação completa, tanto sobre o ato cirúrgico e cuidados pós-operatórios, quanto sobre os riscos inerentes à própria tecnologia, aí incluídos aqueles que apresentem caráter específico e/ou excepcional.

Assim, deve constar no termo de consentimento livre e esclarecido do paciente, que será submetido à cirurgia robótica, por exemplo, a informação específica sobre a possibilidade da transformação da cirurgia robótica para uma convencional (aberta) sem

---

[35] PEREIRA, André Gonçalo Dias. *Direito dos pacientes e responsabilidade médica*. Coimbra: Coimbra Editora, 2015. p. 494.

[36] PEREIRA, André Gonçalo Dias. *Direito dos pacientes e responsabilidade médica*. Coimbra: Coimbra Editora, 2015. p. 494.

[37] ROSENVALD, Nelson. Responsabilidade civil por riscos desconhecidos. *In*: ROSENVALD, Nelson. *Direito civil em movimento*: desafios contemporâneos. Salvador: JusPodivm, 2018.

[38] Art. 17 do CDC: "[...] equiparam-se aos consumidores todas as vítimas do evento".

a assistência do robô implicar cortes maiores e maior tempo do paciente sob anestesia, o que gera maiores riscos ao paciente. Ademais, há uma questão fundamental de ser informada previamente: na conversão para a cirurgia convencional, muito provavelmente outro médico irá assumir o ato cirúrgico, que não aquele previamente acordado com o paciente. Caso essas informações específicas não forem devidamente repassadas ao paciente, o profissional da medicina será responsabilizado, não pela culpa médica em si, mas pela violação ao dever de informar o paciente.[39]

3 Inteligência artificial na análise diagnóstica e responsabilidade médica por erro de diagnóstico

Além do avanço tecnológico da medicina robótica e seu enorme potencial em garantir melhores resultados nos procedimentos cirúrgicos, segundo exposto anteriormente, destacam-se, ainda, os expressivos benefícios da inteligência artificial (IA) na saúde. Diversas entidades médico-hospitalares já utilizam robôs de assistência para automatizar tarefas administrativas ou de enfermaria. A empresa japonesa SoftBank Robotics, por exemplo, desenvolveu o robô chamado Pepper, de 1,21 metros de altura, que custa 15 mil libras e já é utilizado em casas de repouso para idosos na Inglaterra.[40] Ele conversa com o paciente e monitora a sua saúde emocional, repassando algumas informações aos médicos e à equipe de saúde. O robô possui microfones e câmeras com *software* de reconhecimento, que são capazes de identificar expressões faciais e tons de voz. A partir dessa análise, o robô monta um cenário de como o indivíduo se sente e reage com o paciente de acordo com essa interpretação.

A companhia dinamarquesa UVD Robots, por sua vez, firmou acordo com a Sunay Healthcare Supply, para distribuição dos seus robôs para desinfecção de ambientes hospitalares na China, durante a pandemia da Covid-19.[41] Esses robôs inteligentes aumentaram a segurança de funcionários, pacientes e seus familiares, reduzindo o risco de contato com a doença e outros microrganismos nocivos. A luz UV emitida pelo robô, enquanto ele andava pelas alas do hospital, tem um efeito germicida que remove praticamente todos os vírus e bactérias transportados pelo ar nas superfícies de um ambiente. Há também outros robôs autônomos, que foram utilizados para fornecimento de remédios e alimentos aos pacientes, além da coleta de lençóis e lixo hospitalar, garantindo a segurança dos profissionais da saúde e reduzindo os riscos de contaminação cruzada.[42] Esses são alguns exemplos que demonstram as inúmeras vantagens da IA.

---

[39] KFOURI NETO, Miguel; NOGAROLI, Rafaella. Responsabilidade civil pelo inadimplemento do dever de informação na cirurgia robótica e telecirurgia: uma abordagem de direito comparado (Estados Unidos, União Europeia e Brasil). *In*: ROSENVALD, Nelson; MENEZES, Joyceane Berreza de; DADALTO, Luciana. *Responsabilidade civil e medicina*. Indaiatuba: Foco, 2020.

[40] FOR better business just add Pepper. *SoftBank Robotics*. Disponível em: https://www.softbankrobotics.com/us/Pepper. Acesso em: 27 fev. 2020.

[41] CHINA buys danish robots to fight coronavirus. *UVD Robots*. Disponível em: http://www.uvd-robots.com/fight-coronavirus/. Acesso em: 18 mar. 2020.

[42] YOU, Tracy. Meet China's coronavirus robots: Hospital starts to use AI-powered droids capable of disinfecting themselves to help treat patients. *Mail Online*, 30 jan. 2020. Disponível em: https://www.dailymail.co.uk/news/article-7948181/Chinese-hospitals-start-use-AI-powered-robots-treat-coronavirus-patients.html. Acesso em: 18 mar. 2020.

Muitas pessoas, ao pensar em inteligência artificial, vislumbram um mundo com robôs e tecnologia futurista, mas a tecnologia abre também um "novo mundo" em termos de precisão na análise diagnóstica, conforme veremos adiante. Antes de adentrarmos nesta temática específica, propomo-nos, brevemente, a expor alguns conceitos sobre IA.

Inteligência artificial é o desenvolvimento de sistemas de computador capazes de executar tarefas que normalmente exigem inteligência humana, como: planejamento, reconhecimento de sons e objetos, compreensão de linguagens, raciocínio, solução de problemas, tomada de decisão e aprendizado.[43] Max Tegmark, no livro *Life 3.0: ser-se humano na era da inteligência artificial* define a IA como "a capacidade de realizar objetivos complexos"[44] e denomina agentes inteligentes as "entidades que recolhem informação sobre o seu meio ambiente através de sensores e em seguida processam essa informação para decidir como reagir ao seu meio ambiente".[45]

Para funcionamento da IA, são utilizados algoritmos, que são um conjunto de instruções ou uma sequência de regras que, aplicando-se a um número de dados, permitem solucionar classes semelhantes de problemas. Na essência, os algoritmos são as diretrizes seguidas por uma máquina. O funcionamento de um algoritmo de IA é o cálculo de uma probabilidade, sendo esta o resultado da multiplicação de um vetor de entrada com milhões de parâmetros, cujos valores foram encontrados pelo treinamento.[46]

Há duas categorias de algoritmos de IA: *machine learning* (aprendizado de máquina) e *deep learning* (aprendizado profundo).[47] O *machine learning* é uma tecnologia que possui a capacidade de reconhecer padrões e detectar automaticamente a melhor maneira de reagir a determinados fatores.[48] Já o *deep learning* é uma técnica avançada do aprendizado de máquina que utiliza redes neurais, sendo estas inspiradas na estrutura e funções do próprio cérebro do ser humano e na interligação dos neurônios. Em resumo, as redes neurais artificiais são algoritmos que imitam a estrutura biológica do nosso cérebro e elas requerem duas coisas: grande quantidade de dados e alta potência de computação.[49] Conforme explica Kai-Fu Lee, os dados "treinam o programa para reconhecer padrões através de muitos exemplos, enquanto a potência de computação permite que o programa analise esses exemplos a altas velocidades".[50]

Na área da saúde, entre as aplicações de inteligência artificial já disponíveis no mercado, destaca-se o *Watson for Oncology*,[51] "uma solução alimentada por informações obtidas de diretrizes relevantes, melhores práticas, periódicos médicos e livros didáticos". A IA avalia as informações do prontuário de um paciente, juntamente com os

---

43 TEGMARK, Max. *Life 3.0*: ser-se humano na era da inteligência artificial. Tradução de João Van Zeller. Alfragide: Dom Quixote, 2019. p. 123.

44 TEGMARK, Max. *Life 3.0*: ser-se humano na era da inteligência artificial. Tradução de João Van Zeller. Alfragide: Dom Quixote, 2019. p. 123.

45 TEGMARK, Max. *Life 3.0*: ser-se humano na era da inteligência artificial. Tradução de João Van Zeller. Alfragide: Dom Quixote, 2019. p. 123.

46 TEGMARK, Max. *Life 3.0*: ser-se humano na era da inteligência artificial. Tradução de João Van Zeller. Alfragide: Dom Quixote, 2019. p. 123.

47 TURNER, Jacob. *Robot rules*: regulating artificial intelligence. Suíça: Palgrave Macmillan, 2019. E-book.

48 TURNER, Jacob. *Robot rules*: regulating artificial intelligence. Suíça: Palgrave Macmillan, 2019. E-book.

49 TURNER, Jacob. *Robot rules*: regulating artificial intelligence. Suíça: Palgrave Macmillan, 2019. E-book.

50 LEE, Kai-Fu. *As superpotências da inteligência artificial*: a China, Silicon Valley e a nova ordem mundial. Tradução de Maria Eduarda Cardoso. Lisboa: Relógio D'Água, 2018. p. 25.

51 IBM Watson for Oncology. *IBM*. Disponível em: https://www.ibm.com/br-pt/marketplace/clinical-decision-support-oncology. Acesso em: 15 abr. 2020.

dados das evidências médicas (artigos científicos e estudos clínicos), exibindo, assim, possíveis opções de tratamento classificadas por nível de confiança. Ao final, caberá ao médico analisar as conclusões trazidas pela IA e decidir qual a melhor opção de tratamento para aquele paciente específico.

3.1 Riscos da inteligência artificial na análise diagnóstica e as cláusulas contratuais éticas

Recentemente, ocorreram dois acidentes com carros autônomos, que representam os primeiros episódios nos quais a IA causou suas primeiras fatalidades.[52] Ainda, destaca-se o evento imprevisto que aconteceu durante experimento realizado em 2002, por cientistas do Magna Science Center, na Inglaterra: dois robôs inteligentes foram colocados numa arena para simular um cenário de "predadores" e "presas", a fim de constatar se os robôs seriam capazes de se beneficiar da experiência adquirida com o *machine learning* para desenvolver novas técnicas de caça e autodefesa. Contudo, o Gaak, um dos robôs, adotou uma conduta imprevisível, encontrou uma saída através do muro da arena e foi para a rua, onde acabou atingido por um carro.[53]

Em 2015, um grupo de cientistas no Mount Sinai Hospital (Nova York) desenvolveu o *Deep Patient*,[54] *software* inteligente que prevê futuras doenças dos pacientes, a partir de uma base de conhecimento composta por cerca de 700 mil prontuários eletrônicos. Em estudos iniciais, constatou-se que a IA possui a capacidade de antecipar o aparecimento de diferentes doenças como esquizofrenia, diabetes e alguns tipos de câncer. Contudo, a maneira que os dados são processados, isto é, o processo de aprendizado de máquina para chegar a determinado diagnóstico, é ainda uma verdadeira incógnita para os cientistas. Este é o chamado "problema da caixa preta" (*black box problem*) da inteligência artificial: os algoritmos executam determinadas ações para chegar a um resultado específico.[55] No entanto, eles não são capazes, muitas vezes, de realmente explicar ao homem como essa decisão foi tomada. Além das discussões sobre a transparência, há de se destacar o problema da confiabilidade destes algoritmos. Como confiar que as previsões algorítmicas estão corretas? Como confiar que o algoritmo de aprendizado de máquina está fazendo o que achamos que está fazendo?

Sameer Singh, professor assistente no Departamento de Ciência da Computação da Universidade da Califórnia (UCI), nos Estados Unidos, relata que um aluno criou um algoritmo para categorizar fotos de huskies e lobos.[56] O algoritmo poderia quase

---

[52] LEVIN, Sam; WONG, Julia Carrie. Self driving Uber kills Arizona woman in first fatal crash involving pedestrian. *The Guardian*, 19 mar. 2018. Disponível em: https://www.theguardian.com/technology/2018/mar/19/uber-self-driving-car-kills-woman-arizona-tempe. Acesso em: 18 abr. 2020.

[53] CERKA, Paulius; GRIGIEN, Jurgita; SIRBIKYT, Gintar. Liability for damages caused by artificial intelligence. *Computer Law & Security Review*, v. 31, n. 3, p. 376-389, jun. 2015.

[54] MIOTTO, Riccardo; LI, L.; KIDD, Brian A.; DUDLEY, Joel T. Deep patient: an unsupervised representation to predict the future of patients from the electronic health records. *Nature Scientific Reports*, v. 6, maio 2016. Disponível em: https://www.nature.com/articles/srep26094. Acesso em: 15 abr. 2020.

[55] Sobre o tema, imperiosa a remissão à já clássica lição de PASQUALE, Frank. *The black box society*: the secret algorithms that control money and information. Cambridge: Harvard University Press, 2015, *passim*.

[56] HUSKY or wolf? Using a black box learning model to avoid adoption errors. *UCI Beall*, 24 ago. 2017. Disponível em: http://innovation.uci.edu/2017/08/husky-or-wolf-using-a-black-box-learning-model-to-avoid-adoption-errors/. Acesso em: 15 abr. 2020.

perfeitamente classificar os dois animais. No entanto, em análises cruzadas posteriores, Singh descobriu que o algoritmo estava identificando lobos com base apenas na neve no fundo da imagem, e não nas próprias características do lobo.

A dificuldade na identificação da maneira que os algoritmos chegam a um resultado, e com base na análise de quais partes de uma imagem, pode ser extremamente problemática, sobretudo no contexto da IA utilizada para análise diagnóstica de pacientes acometidos com graves doenças. Imagine-se, por exemplo, um algoritmo mal programado, ou com algum grau de falibilidade, no sistema inteligente que possui a capacidade de identificar a Covid-19, a partir da leitura da tomografia do tórax de pacientes.[57] Em que pese a IA fornecer importante suporte à decisão clínica, tendo em vista a sua capacidade de processar e analisar rapidamente grande quantidade de dados de forma eficiente – abrindo-se a louvável possibilidade para diagnósticos rápidos de uma doença, com crescimento exponencial de infectados –, não se pode ignorar que a inteligência artificial comete erros. E essas atitudes errôneas podem se dar não apenas pelo defeito de programação do algoritmo, como também pelos eventos imprevisíveis ocasionados pelo aprendizado de máquina ou, até mesmo, pela própria limitação da tecnologia. No caso do *software* inteligente para identificar a Covid-19 na China, o grau de precisão é de 90%, ou seja, observa-se uma expressiva margem de erro da IA.

Diante de todo esse contexto de benefícios, mas também riscos, da IA, com possibilidade de causar danos aos pacientes, é de suma importância a investigação dos princípios éticos que devem ser respeitados, tanto pelos desenvolvedores da tecnologia, como pelo profissional que utilizará a tecnologia como apoio para tomada de decisão.

O contrato de prestação de serviços médicos com IA deve ser funcionalizado e destinado à realização de valores, para além da mera compreensão como um "acordo de vontades",[58] devendo, sobretudo, ser interpretado sob a égide da boa-fé objetiva e seus princípios contemporâneos derivados – transparência, confiança e equidade – que afirmam o desejo constitucional de um contrato solidário e socialmente justo.[59] Nesse cenário, as *cláusulas éticas* ganham importante espaço nas relações contratuais.[60]

A Resolução do Parlamento Europeu de 2017, que traz disposições de direito civil sobre robótica, realça o princípio da transparência na criação e implementação de tecnologias de robótica e IA, pois deve ser sempre possível traduzir a computação realizada pelo sistema de IA a uma forma de compreensão pelos seres humanos. Nesse sentido, sugere-se que os robôs precisam ser "dotados de uma 'caixa preta' com dados sobre todas as operações realizadas pela máquina, incluindo os passos da lógica que conduziu à formulação das suas decisões".[61] Destacam-se também outros princípios

---

57 GOMES, Helton Simões. HC corre para ter inteligência artificial que ache Covid-19 em tomografia. *Tilt*, 25 mar. 2020. Disponível em: https://www.uol.com.br/tilt/noticias/redacao/2020/03/25/hc-corre-para-ter-inteligencia-artificial-que-acha-covid-19-em-tomografia.htm. Acesso em: 24 jul. 2020.

58 NALIN, Paulo. *Contrato* – Conceito pós-moderno: em busca de sua formulação na perspectiva civil-constitucional. 2. ed. Curitiba: Juruá, 2006. p. 255.

59 NALIN, Paulo. *Contrato* – Conceito pós-moderno: em busca de sua formulação na perspectiva civil-constitucional. 2. ed. Curitiba: Juruá, 2006. p. 255.

60 NALIN, Paulo; PIMENTEL, Mariana Barsaglia. O contrato como ferramenta de realização dos direitos humanos no âmbito empresarial: as cláusulas éticas. *Revista Internacional Consinter de Direito*, ano V, n. VIII, 2019.

61 PARLAMENTO EUROPEU. *Disposições de Direito Civil sobre Robótica*. Resolução do Parlamento Europeu, de 16 de fevereiro de 2017. par. 12. Disponível em: https://www.europarl.europa.eu/doceo/document/TA-8-2017-0051_PT.html. Acesso em: 14 abr. 2020.

orientadores na utilização da IA nos cuidados da saúde apoiados por IA: beneficência, não maleficência, autonomia, justiça, consentimento esclarecido etc.[62] Ainda, a resolução considera que o quadro jurídico da União deve ser atualizado e complementado, por meio de princípios éticos que se coadunem com a complexidade da IA e robótica, e com as suas inúmeras implicações sociais, médicas e bioéticas.[63]

No Brasil, tramita no Senado Federal o Projeto de Lei nº 5.051/2019, que é pioneiro ao tratar da regulamentação da IA, adotando técnica mais principiológica, inclusive em harmonia com as diversas iniciativas regulatórias de outros países, e inspirado na iniciativa da União Europeia (UE), que lançou, em 2019, as chamadas "Orientações Éticas para uma IA de Confiança".[64] O documento é destinado a todas as pessoas que desenvolvem, utilizam ou são afetadas pela IA, incluindo empresas, instituições, organizações governamentais e da sociedade civil, pessoas singulares, trabalhadores e consumidores. Para uma IA ser considerada de "confiança", ela deve ser: a) *legal*: respeitar toda a legislação e regulamentos nacionais e internacionais aplicáveis; b) *ética*: observar princípios e valores éticos; c) *sólida*: prezar pela segurança e evitar que sejam causados danos não intencionais, tanto do ponto de vista técnico como do ponto de vista social.

Essas *guidelines* possuem duas seções específicas. Há as "bases da criação de uma IA de confiança", formadas por 4 princípios éticos – respeito da autonomia humana, prevenção de danos, equidade e explicabilidade –, que refletem alguns direitos fundamentais (dignidade humana, liberdade do indivíduo, democracia, justiça, igualdade, não discriminação, solidariedade). Ainda, indica-se que, para a "concretização de uma IA de confiança", há 7 requisitos essenciais a serem seguidos pelos sistemas inteligentes, ao longo do seu ciclo de vida útil: ação e supervisão humanas; solidez técnica e segurança; privacidade e governança dos dados; transparência; diversidade, não discriminação e equidade; bem-estar social e ambiental; e responsabilização.[65]

Entre todos esses importantes princípios, destacamos a relevância que o documento do Parlamento Europeu apresenta, no que se refere à necessidade de os sistemas inteligentes servirem como meros instrumentos, respeitando a autonomia e auxiliando a tomada de decisão dos seres humanos, de modo que o princípio geral da autonomia do utilizador esteja sempre no centro de funcionalidade do sistema.[66] A solidez técnica e segurança, por sua vez, exigem que a IA se comporte conforme o previsto, minimizando-se os danos não intencionais e inesperados, e prevenindo os danos inaceitáveis. Importante observar que a IA não é perfeita e possui algum grau de falibilidade, mas este deve ser minimizado e claramente indicado ao seu usuário.

---

62 PARLAMENTO EUROPEU. *Disposições de Direito Civil sobre Robótica*. Resolução do Parlamento Europeu, de 16 de fevereiro de 2017. par. 13. Disponível em: https://www.europarl.europa.eu/doceo/document/TA-8-2017-0051_PT.html. Acesso em: 14 abr. 2020.

63 PARLAMENTO EUROPEU. *Disposições de Direito Civil sobre Robótica*. Resolução do Parlamento Europeu, de 16 de fevereiro de 2017. par. 11. Disponível em: https://www.europarl.europa.eu/doceo/document/TA-8-2017-0051_PT.html. Acesso em: 14 abr. 2020.

64 PARLAMENTO EUROPEU. *Orientações éticas para uma IA de confiança*. Disponível em: https://op.europa.eu/pt/publication-detail/-/publication/d3988569-0434-11ea-8c1f-01aa75ed71a1?WT.mc_id=NEWSLETTER_November2019. Acesso em: 14 abr. 2020.

65 PARLAMENTO EUROPEU. *Orientações éticas para uma IA de confiança*. Disponível em: https://op.europa.eu/pt/publication-detail/-/publication/d3988569-0434-11ea-8c1f-01aa75ed71a1?WT.mc_id=NEWSLETTER_November2019. Acesso em: 14 abr. 2020.

66 TURNER, Jacob. *Robot rules*: regulating artificial intelligence. Suíça: Palgrave Macmillan, 2019. E-book.

Conforme dispõe a diretriz europeia, quando não é possível evitar essas eventuais previsões incorretas, é importante que "o sistema possa indicar a probabilidade de tais erros ocorrerem".[67] Um elevado grau de exatidão é particularmente crucial quando os usuários da IA são idosos ou deficientes. Nesse sentido, demonstra-se a importância também do médico, que utiliza a IA para apoiar sua tomada de decisão, informar o seu paciente sobre o grau de imprecisão da tecnologia e os possíveis eventos adversos decorrentes.

Além disso, observa-se a relevância do requisito de segurança, exigindo-se que o sistema possua salvaguardas contra vulnerabilidades, por meio do implemento de, por exemplo, um plano de contingência de danos, diante da invasão de *hackers* ou outros problemas.[68] Dá-se, como exemplo, um sistema inteligente que auxilie deficientes visuais a atravessar ruas, identificando as faixas de pedestres. Caso o sistema seja invadido por *hackers*, ele deve acionar automaticamente um plano emergencial que impeça, naquele momento, a identificação das faixas, a fim de evitar atropelamentos. O princípio da prevenção de danos refere-se à questão de que os sistemas inteligentes precisam ser seguros e não devem causar ou agravar danos, tampouco afetar negativamente os seres humanos, de qualquer outra forma.[69]

Os processos decisórios dos sistemas inteligentes precisam ser transparentes, possibilitando, na medida do possível, a explicação sobre determinado resultado (ou decisão), bem como a identificação da entidade responsável por este.[70] Todavia, como anteriormente exposto neste trabalho, há o "problema da caixa preta" (*black box problem*) na IA: os algoritmos executam determinadas ações para chegar a um resultado específico, mas nem sempre são capazes de realmente explicar ao homem como essa decisão foi tomada.[71] Nestas situações, de falta de transparência na maneira como a IA processa as informações, são possíveis outras medidas de explicabilidade – como rastreabilidade, auditabilidade e comunicação transparente sobre as capacidades do sistema –, desde que o sistema inteligente respeite os direitos fundamentais.[72]

Tudo deve ser documentado para permitir ao máximo a rastreabilidade e, consequentemente, a transparência da IA.[73] Isso é muito importante quando for preciso investigar por que uma decisão foi tomada de forma errônea. No caso, supracitado, que o algoritmo identificava fotos de huskies e lobos, apenas foi possível aferir que o

---

[67] PARLAMENTO EUROPEU. *Orientações éticas para uma IA de confiança*. Disponível em: https://op.europa.eu/pt/publication-detail/-/publication/d3988569-0434-11ea-8c1f-01aa75ed71a1?WT.mc_id=NEWSLETTER_November2019. Acesso em: 14 abr. 2020.

[68] PARLAMENTO EUROPEU. *Orientações éticas para uma IA de confiança*. Disponível em: https://op.europa.eu/pt/publication-detail/-/publication/d3988569-0434-11ea-8c1f-01aa75ed71a1?WT.mc_id=NEWSLETTER_November2019. Acesso em: 14 abr. 2020.

[69] TURNER, Jacob. *Robot rules*: regulating artificial intelligence. Suíça: Palgrave Macmillan, 2019. E-book.

[70] PARLAMENTO EUROPEU. *Orientações éticas para uma IA de confiança*. Disponível em: https://op.europa.eu/pt/publication-detail/-/publication/d3988569-0434-11ea-8c1f-01aa75ed71a1?WT.mc_id=NEWSLETTER_November2019. Acesso em: 14 abr. 2020.

[71] DIGNUM, Virginia. *Responsible artificial intelligence*. How to develop and use AI in a responsible way. Suíça: Springer, 2019. E-book.

[72] DIGNUM, Virginia. *Responsible artificial intelligence*. How to develop and use AI in a responsible way. Suíça: Springer, 2019. E-book.

[73] PARLAMENTO EUROPEU. *Orientações éticas para uma IA de confiança*. Disponível em: https://op.europa.eu/pt/publication-detail/-/publication/d3988569-0434-11ea-8c1f-01aa75ed71a1?WT.mc_id=NEWSLETTER_November2019. Acesso em: 14 abr. 2020.

algoritmo estava mal programado porque tinha sido documentada a base de dados da IA, além do padrão de fotos inserido para programação algorítmica.

3.2 Responsabilidade civil do médico na análise diagnóstica apoiada em inteligência artificial

Conforme expusemos ao longo deste capítulo, a impossibilidade de conter atos imprevisíveis é própria da IA, e a falta de transparência na maneira como ela processa as informações é inerente à tecnologia. Os algoritmos executam determinadas ações para chegar a um resultado específico, mas, muitas vezes, eles não são capazes de realmente explicar ao homem como essa decisão foi tomada pelo processo de aprendizado de máquina.

Além das discussões sobre a transparência, destacamos também o problema da confiabilidade destes algoritmos. Discorremos sobre o experimento realizado para criar um algoritmo que fosse capaz de categorizar fotos de huskies e lobos, e somente depois de inúmeras análises cruzadas foi possível verificar que a IA estava identificando lobos com base apenas na neve no fundo da imagem do animal, e não das próprias características do lobo. Essas são todas questões extremamente problemáticas, sobretudo no setor da saúde, e para criar diagnósticos tangíveis, em situações recorrentes de *vida ou morte* em que os pacientes podem se encontrar.

Destaque-se a necessidade de compreender que os dados são o "combustível" da IA e a qualidade deles é fundamental para o bom desempenho dos sistemas inteligentes, pois o algoritmo – que é o cálculo de uma probabilidade – elabora conclusões a partir do conhecimento armazenado em suas bases e dos dados fornecidos.[74] Por isso, a importância da constante vigilância dos dispositivos inteligentes, após inseridos no mercado, sobretudo pela capacidade de autoaprendizagem da IA e de ela evoluir de forma a gerar algum resultado não desejável.

Nessa situação, podemos colocar como exemplo o já referido *software* inteligente que foi utilizado, durante a pandemia da Covid-19, para diagnosticar pacientes acometidos dessa doença. Para programar o algoritmo, foram inseridos milhares de dados de pacientes contaminados e suas respectivas tomografias de tórax. Assim, o sistema inteligente foi capaz de distinguir, em 15 segundos, entre pacientes infectados com o novo coronavírus e aqueles com outras doenças pulmonares.[75] Agora, imagine-se que fossem introduzidos dados errados de pacientes contaminados com a Covid-19, ou que o algoritmo fosse mal programado, como no experimento relatado, em que a IA diferenciava lobos e huskies a partir da neve no fundo da imagem. Os danos causados aos pacientes, obviamente, seriam imensuráveis.

Há de se destacar, ainda, que a IA na análise diagnóstica da Covid-19 não é perfeita – possui grau de precisão de 90% –, existindo, portanto, um elevado grau de

---

[74] PARLAMENTO EUROPEU. *Orientações éticas para uma IA de confiança*. Disponível em: https://op.europa.eu/pt/publication-detail/-/publication/d3988569-0434-11ea-8c1f-01aa75ed71a1?WT.mc_id=NEWSLETTER_November2019. Acesso em: 14 abr. 2020.

[75] PING An launches COVID-19 smart image-reading system to help control the epidemic. *Cision – PR Newswire*, 28 fev. 2020. Disponível em: https://www.prnewswire.com/news-releases/ping-an-launches-covid-19-smart-image-reading-system-to-help-control-the-epidemic-301013282.html. Acesso em: 20 abr. 2020.

falibilidade.[76] Não se pode ignorar que, por mais eficiente que um *software* inteligente seja no auxílio ao diagnóstico, seguirá apresentando uma expressiva margem de imprecisão, o que pode conduzir a resultados adversos.

Diante desse cenário, surge a indagação sobre como é analisada a responsabilidade civil do médico, tanto na hipótese de o profissional confiar no diagnóstico equivocado proposto pela IA, quanto na hipótese de o médico ignorar a indicação da IA e seguir o errôneo diagnóstico alcançado pela sua própria convicção. Para responder a essa indagação, valemo-nos de raciocínio apresentado por um dos autores do presente trabalho, no artigo *Inteligência artificial na análise diagnóstica da Covid-19: possíveis repercussões sobre a responsabilidade civil do médico*.[77]

Se o *software* inteligente apontar para um quadro diagnóstico de Covid-19, o médico tem que, ao menos, levar tal cenário em consideração, dentro das suas concretas possibilidades, antes que ele, por exemplo, feche um quadro diagnóstico e já conclua por descartar com segurança o resultado da inteligência artificial. Observe que há algo muito importante de ser mencionado: a falta de diligência do médico ao descartar irrefletidamente o resultado que foi obtido pela inteligência artificial pode constituir um critério para a sua responsabilização.[78]

Pode-se pensar na situação inversa, isto é, se o médico está prestes a fechar um acertado quadro diagnóstico do coronavírus. Todavia, antes de ele tomar sua decisão final, socorre-se da IA, e esta traz um resultado diagnóstico negativo para a doença, isto é, resultado contrário ao diagnóstico que o médico estava prestes a fechar. Neste caso, para que possa ser aferida a culpa médica, deverão ser avaliados diversos fatores e vicissitudes do caso concreto. Caso, por exemplo, restar comprovado que, durante o exame físico que o médico fez no paciente, nenhum dos elementos disponíveis levaria ao diagnóstico de negativa do vírus – que foi o resultado da IA – e, mesmo assim, o médico alterou seu posicionamento inicial para acatar o diagnóstico equivocado, seguindo "cegamente" à IA, sem buscar outros exames complementares, dificilmente se conseguirá afastar aí a configuração da culpa do médico.[79]

Em linhas conclusivas, deve-se ter sempre em mente os conceitos basilares da culpa médica e erro de diagnóstico, previamente apresentados neste trabalho, pois, em regra, o erro de diagnóstico é escusável, sendo responsabilizado somente se comprovada a falta de diligência que legitimamente se esperava do médico no processo de diagnóstico.[80]

---

[76] PING An launches COVID-19 smart image-reading system to help control the epidemic. *Cision – PR Newswire*, 28 fev. 2020. Disponível em: https://www.prnewswire.com/news-releases/ping-an-launches-covid-19-smart-image-reading-system-to-help-control-the-epidemic-301013282.html. Acesso em: 20 abr. 2020.

[77] Para maiores reflexões sobre o tema, cf.: SILVA, Rodrigo da Guia; NOGAROLI, Rafaella. Inteligência artificial na análise diagnóstica da Covid-19: possíveis repercussões sobre a responsabilidade civil do médico. *In*: ROSENVALD, Nelson; MONTEIRO FILHO, Carlos Edison do Rêgo; DENSA, Roberta. *Coronavírus e responsabilidade civil*: impactos contratuais e extracontratuais. Indaiatuba: Foco, 2020. p. 293-300.

[78] Para maiores reflexões sobre o tema, cf.: SILVA, Rodrigo da Guia; NOGAROLI, Rafaella. Inteligência artificial na análise diagnóstica da Covid-19: possíveis repercussões sobre a responsabilidade civil do médico. *In*: ROSENVALD, Nelson; MONTEIRO FILHO, Carlos Edison do Rêgo; DENSA, Roberta. *Coronavírus e responsabilidade civil*: impactos contratuais e extracontratuais. Indaiatuba: Foco, 2020. p. 293-300.

[79] Para maiores reflexões sobre o tema, cf.: SILVA, Rodrigo da Guia; NOGAROLI, Rafaella. Inteligência artificial na análise diagnóstica da Covid-19: possíveis repercussões sobre a responsabilidade civil do médico. *In*: ROSENVALD, Nelson; MONTEIRO FILHO, Carlos Edison do Rêgo; DENSA, Roberta. *Coronavírus e responsabilidade civil*: impactos contratuais e extracontratuais. Indaiatuba: Foco, 2020. p. 293-300.

[80] Para maiores reflexões sobre o tema, cf.: SILVA, Rodrigo da Guia; NOGAROLI, Rafaella. Inteligência artificial na análise diagnóstica da Covid-19: possíveis repercussões sobre a responsabilidade civil do médico. *In*:

Nos dois casos que abordamos sobre a divergência entre o diagnóstico clínico inicial e o resultado do dispositivo de IA, é sempre exigível a diligência e prudência do médico, no sentido de que a sua decisão de optar por seguir ou desconsiderar a IA para concluir o seu diagnóstico deve ser sempre acompanhada, na medida do possível, da realização de exames laboratoriais complementares.[81]

4 Conclusão

Os avanços tecnológicos na área da saúde, no que diz respeito ao emprego da robótica nas cirurgias ou da inteligência artificial na análise diagnóstica, impulsionam a constante ponderação acerca da principiologia contratual contemporânea, bem como da forma de atribuição da responsabilidade civil por eventos adversos durante diagnóstico, intervenção e tratamento médicos apoiados por robótica e inteligência artificial.

Este breve estudo levou em consideração o direito brasileiro de responsabilidade contratual médica, por meio do qual ao menos uma das partes envolvidas seja regida pela lei nacional. Todavia, como tanto o diagnóstico como o ato cirúrgico podem ser realizados por pessoa ou entidade estrangeira, e mesmo a distância, somos tentados a concluir que a lei aplicável seja aquela mais favorável à parte vulnerável da relação, vale dizer, a vítima do ilícito e do dano. Contudo, as regras de conexão aplicáveis ao direito internacional privado escapam deste estudo, o que demandaria outra abordagem.

Para equacionamento da responsabilidade civil na cirurgia robótica, estipulamos a metodologia de sempre identificar se o dano advém da atividade exercida, essencialmente, pelo médico, ou de serviços paramédicos ou extramédicos. Os atos essencialmente médicos subordinam-se à responsabilidade subjetiva, regrada pelo Código Civil; os demais subordinam-se à responsabilidade objetiva, sistema consagrado em nosso Código de Defesa do Consumidor.

Fixadas tais premissas, para o exame da responsabilidade civil, seguimos a seguinte equação: em primeiro plano, analisa-se a atuação pessoal do médico, com o intuito de se reconhecer a ocorrência de culpa *stricto sensu* (art. 186 e 951 do CC). Já por defeito do robô cirurgião (do *software* ou de um instrumento robótico), responderá o fabricante, independentemente da existência de culpa (art. 14 do CDC), pela reparação dos danos causados ao paciente. O paciente lesionado é consumidor por equiparação (art. 17 do CDC), visto que é terceiro atingido pela relação de consumo entre o hospital e o fabricante do robô. Há responsabilidade solidária na cadeia de fornecimento e, por isso, o hospital responde solidariamente pelos danos decorrentes de defeitos do dispositivo médico, assegurado o direito de regresso contra o fabricante (art. 13, parágrafo único, do CDC).

No que se refere à responsabilidade civil do médico decorrente da inteligência artificial, tanto na situação de o profissional confiar no diagnóstico equivocado proposto pela IA, quanto na hipótese de ignorar a indicação da tecnologia, há de se considerar,

---

ROSENVALD, Nelson; MONTEIRO FILHO, Carlos Edison do Rêgo; DENSA, Roberta. *Coronavírus e responsabilidade civil*: impactos contratuais e extracontratuais. Indaiatuba: Foco, 2020. p. 293-300.

[81] Para maiores reflexões sobre o tema, cf.: SILVA, Rodrigo da Guia; NOGAROLI, Rafaella. Inteligência artificial na análise diagnóstica da Covid-19: possíveis repercussões sobre a responsabilidade civil do médico. *In*: ROSENVALD, Nelson; MONTEIRO FILHO, Carlos Edison do Rêgo; DENSA, Roberta. *Coronavírus e responsabilidade civil*: impactos contratuais e extracontratuais. Indaiatuba: Foco, 2020. p. 293-300.

num primeiro momento, que o erro de diagnóstico é, em regra, escusável. Desse modo, só será responsabilizado se a conduta de ele seguir ou desconsiderar o resultado da IA representar uma falta da diligência, que legitimamente se esperava do médico, no processo de diagnóstico. Vale novamente destacar que, ao menos no atual estado da sociedade, os *softwares* de diagnóstico servem como uma ferramenta de apoio à tomada de decisão do médico, sem o condão de substituí-lo. Por isso, a decisão final sobre o diagnóstico seguirá sob o controle (e responsabilidade) do profissional da saúde.

Para além da imperícia, o diagnóstico também vem ilustrado pela transparência, principio decorrente da boa-fé objetiva, que exige o correto comportamento dos sujeitos relacionados, encontrando sua justificativa no dever de informar, partindo-se do pressuposto de que "uma informação contratual de qualidade seja oferecida ao contratante vulnerável, pois somente a partir dela é que também pode ser emitida uma vontade qualificada".[82]

Referido princípio é um instrumento de salvaguarda da personalidade e liberdade de autodeterminação. Importante destacar que os princípios norteadores da teoria contratual, conforme leciona Luiz Edson Fachin, "passam por processos de releituras ao longo do tempo, que os adequam ao contexto histórico e social no qual os contratantes estão inseridos".[83] A manifestação do contrato é vista para além das partes contratantes, isto é, expande-se para todo o ambiente e contexto social, "passando a exercer uma função social em prol da justiça contratual".[84] Nos contratos de prestação de serviços médicos apoiados por IA, essa releitura da função dos contratos é primordial. Ao se frustrar o dever de agir com transparência, viola-se a boa-fé objetiva, a qual traz em si um "dever ser" sancionável, muito embora o art. 422 do CC não destaque a censura a ser aplicada na hipótese, pois cláusula geral.

Com efeito, a responsabilidade médica, nos limites deste trabalho, tanto é regida pelas regras específicas da responsabilidade (contratual) civil e de consumo, quanto pela boa-fé contratual.

Referências

BARBOSA, Ana Mafalda Castanheira Neves de Miranda. *Lições de responsabilidade civil*. Cascais: Princípia, 2017.

CERKA, Paulius; GRIGIEN, Jurgita; SIRBIKYT, Gintar. Liability for damages caused by artificial intelligence. *Computer Law & Security Review*, v. 31, n. 3, p. 376-389, jun. 2015.

DANTAS, Eduardo. *Direito médico*. 4. ed. Salvador: JusPodivm, 2019.

DIGNUM, Virginia. *Responsible artificial intelligence*. How to develop and use AI in a responsible way. Suíça: Springer, 2019. E-book.

FACHIN, Luiz Edson. *Direito civil*: sentidos, transformações e fim. Rio de Janeiro: Renovar, 2015.

FARIAS, Cristiano Chaves de; BRAGA NETTO, Felipe; ROSENVALD, Nelson. *Novo tratado de responsabilidade civil*. 4. ed. São Paulo: Saraiva, 2019.

---

[82] NALIN, Paulo. *Contrato* – Conceito pós-moderno: em busca de sua formulação na perspectiva civil-constitucional. 2. ed. Curitiba: Juruá, 2006. p. 146.

[83] FACHIN, Luiz Edson. *Direito civil*: sentidos, transformações e fim. Rio de Janeiro: Renovar, 2015. p. 105.

[84] FACHIN, Luiz Edson. *Direito civil*: sentidos, transformações e fim. Rio de Janeiro: Renovar, 2015. p. 106.

GOMES, Helton Simões. HC corre para ter inteligência artificial que ache Covid-19 em tomografia. *Tilt*, 25 mar. 2020. Disponível em: https://www.uol.com.br/tilt/noticias/redacao/2020/03/25/hc-corre-para-ter-inteligencia-artificial-que-acha-covid-19-em-tomografia.htm. Acesso em: 24 jul. 2020.

KFOURI NETO, Miguel. A quantificação do dano na ausência de consentimento livre e esclarecido do paciente. *Revista IBERC*, Minas Gerais, v. 2, n. 1, p. 1-22, jan./abr. 2019.

KFOURI NETO, Miguel. *Responsabilidade civil do médico*. 10. ed. São Paulo: Revista dos Tribunais, 2019.

KFOURI NETO, Miguel. *Responsabilidade civil dos hospitais*. 4. ed. São Paulo: Revista dos Tribunais, 2019.

KFOURI NETO, Miguel; NOGAROLI, Rafaella. Responsabilidade civil pelo inadimplemento do dever de informação na cirurgia robótica e telecirurgia: uma abordagem de direito comparado (Estados Unidos, União Europeia e Brasil). *In*: ROSENVALD, Nelson; MENEZES, Joyceane Berreza de; DADALTO, Luciana. *Responsabilidade civil e medicina*. Indaiatuba: Foco, 2020.

LEE, Kai-Fu. *As superpotências da inteligência artificial*: a China, Silicon Valley e a nova ordem mundial. Tradução de Maria Eduarda Cardoso. Lisboa: Relógio D'Água, 2018.

MCLEAN, Thomas R. Principle of robotic surgery litigation in the United States. *Clinical Risk*, v. 14, p. 179-181, set. 2008.

MCLEAN, Thomas R. The complexity of litigation associated with robotic surgery and cybersurgery. *The International Journal of Medical Robotics and Computer Assisted Surgery*, v. 3, p. 23-29, fev. 2007.

MCLEAN, Thomas R.; WAXMAN, S. Robotic surgery litigation. *Journal of Mechanical Engineering Science*, v. 224, p. 1539-1545, jul. 2010.

MIOTTO, Riccardo; LI, L.; KIDD, Brian A.; DUDLEY, Joel T. Deep patient: an unsupervised representation to predict the future of patients from the electronic health records. *Nature Scientific Reports*, v. 6, maio 2016. Disponível em: https://www.nature.com/articles/srep26094. Acesso em: 15 abr. 2020.

NALIN, Paulo. *Contrato* – Conceito pós-moderno: em busca de sua formulação na perspectiva civil-constitucional. 2. ed. Curitiba: Juruá, 2006.

NALIN, Paulo; PIMENTEL, Mariana Barsaglia. O contrato como ferramenta de realização dos direitos humanos no âmbito empresarial: as cláusulas éticas. *Revista Internacional Consinter de Direito*, ano V, n. VIII, 2019.

PAGALLO, Ugo. *The laws of robots*: crimes, contracts, and torts. Londres: Springer, 2013. E-book.

PARLAMENTO EUROPEU. *Disposições de Direito Civil sobre Robótica*. Resolução do Parlamento Europeu, de 16 de fevereiro de 2017. Disponível em: https://www.europarl.europa.eu/doceo/document/TA-8-2017-0051_PT.html. Acesso em: 14 abr. 2020.

PARLAMENTO EUROPEU. *Orientações éticas para uma IA de confiança*. Disponível em: https://op.europa.eu/pt/publication-detail/-/publication/d3988569-0434-11ea-8c1f-01aa75ed71a1?WT.mc_id=NEWSLETTER_November2019. Acesso em: 14 abr. 2020.

PASQUALE, Frank. *The black box society*: the secret algorithms that control money and information. Cambridge: Harvard University Press, 2015.

PEREIRA, André Gonçalo Dias. O consentimento informado em Portugal: breves notas. *Revista Eletrônica da Faculdade de Direito de Franca*, Franca, v. 12, n. 2, 2017.

PEREIRA, André Gonçalo Dias. *O consentimento informado na relação médico-paciente*. Coimbra: Coimbra Editora, 2004.

RODRIGUES, João Vaz. *O consentimento informado para o acto* médico. Elementos para o estudo da manifestação de vontade do paciente. Coimbra: Coimbra Editora, 2001.

ROSENVALD Nelson; BRAGA NETTO, Felipe Peixoto. Responsabilidade civil na área médica. *In*: BRAGA NETTO, Felipe Peixoto; SILVA, Michael César. *Direito privado e contemporaneidade*. Indaiatuba: Foco, 2020.

ROSENVALD, Nelson. Responsabilidade civil por riscos desconhecidos. *In*: ROSENVALD, Nelson. *Direito civil em movimento*: desafios contemporâneos. Salvador: JusPodivm, 2018.

SILVA, Rodrigo da Guia; NOGAROLI, Rafaella. Inteligência artificial na análise diagnóstica da Covid-19: possíveis repercussões sobre a responsabilidade civil do médico. *In*: ROSENVALD, Nelson; MONTEIRO FILHO, Carlos Edison do Rêgo; DENSA, Roberta. *Coronavírus e responsabilidade civil*: impactos contratuais e extracontratuais. Indaiatuba: Foco, 2020.

TEGMARK, Max. *Life 3.0*: ser-se humano na era da inteligência artificial. Tradução de João Van Zeller. Alfragide: Dom Quixote, 2019.

TURNER, Jacob. *Robot rules*: regulating artificial intelligence. Suíça: Palgrave Macmillan, 2019. E-book.

Informação bibliográfica deste texto, conforme a NBR 6023:2018 da Associação Brasileira de Normas Técnicas (ABNT):

NALIN, Paulo; NOGAROLI, Rafaella. Cirurgias assistidas por robôs e análise diagnóstica com inteligência artificial: novos desafios sobre os princípios contratuais e o equacionamento da responsabilidade civil médica. *In*: EHRHARDT JÚNIOR, Marcos; CATALAN, Marcos; MALHEIROS, Pablo (Coord.). *Direito Civil e tecnologia*. Belo Horizonte: Fórum, 2020. p. 649-670. ISBN 978-65-5518-036-7.

EXPERIÊNCIA ESTRANGEIRA

PRIVACIDAD Y CONSENTIMIENTO EN EL ENTORNO DIGITAL. APROXIMACIÓN DESDE LA PERSPECTIVA DE LA UNIÓN EUROPEA[1]

M. NATALIA MATO PACÍN

I Introducción: Desarrollo tecnológico y datos personales

Uno de los muchos ámbitos en los que ha tenido un evidente impacto el desarrollo tecnológico –concretamente, Internet– es en el de los datos personales. La penetración y omnipresencia de este instrumento en múltiples aspectos de la vida cotidiana ha llevado a una preocupación creciente por la protección de los datos personales de los usuarios. Seamos o no conscientes de ello, cuando navegamos en Internet o interactuamos adquiriendo productos o servicios, estamos proporcionando datos de muy diversas maneras. En algunos casos, los datos son facilitados directamente por el propio sujeto, al formalizar la relación contractual o en el marco de la misma. Pensemos, por ejemplo, en el *home banking* (servicios bancarios *online*). Para formalizar el contrato, el usuario puede tener que proporcionar datos personales tales como el nombre y apellidos, el correo electrónico o la fotografía y número del documento de identidad. Pero también, en la propia ejecución de esa relación contractual, se genera mucha información, como son los movimientos de las cuentas, las compras que se realizan, los créditos o las posibles situaciones de insolvencia del cliente. Parte de este flujo de información de naturaleza financiera puede revelar, incluso, datos de naturaleza sensible, como serían los relacionados con la ideología, religión o salud (pago de cuotas de afiliación a un partido político, a una asociación, compras de medicamentos o de servicios médicos).[2]

Además, los sujetos también proporcionan multitud de datos de forma que podríamos denominar indirecta, con la mera navegación a través de las distintas páginas. Esto último se posibilita, entre otros, gracias a las conocidas como *cookies* –propias o

---

1 Trabajo realizado en el marco del Proyecto de Investigación DER 2017-82638-P. La prestación de servicios de carácter digital: Retos y lagunas. Investigadora Principal: Prof. Dra. María José Santos Morón.

2 GIOBBI, M., "*Home banking* y tutela de los datos personales", en PÉREZ GALLARDO, L. (coord.), *Contratación electrónica y protección de los consumidores -una visión panorámica-*, Reus, Madrid, 2017, p. 313.

de terceros–, pequeños archivos que permiten a las páginas web recoger información del usuario que visita la página (tipo de navegador, sistema operativo, dirección IP, etc.) para, por ejemplo, reconocerle y recordar su usuario y contraseña o analizar su comportamiento y preferencias.[3]

Todos estos datos son utilizados por las empresas para la propia prestación del bien o servicio contratado, pero también es muy habitual en la actualidad que la recolección de datos sea un negocio en sí mismo. Como es sabido, el análisis de la información de sus clientes puede ayudar a las empresas a ser más eficientes o a desarrollar nuevos productos y servicios basándose en su comportamiento, sus necesidades existentes o previendo otras nuevas. Pero también pueden monetizar los datos vendiéndolos a terceros. De hecho, han surgido múltiples modelos de negocio que se nutren del *tracking* y *profiling* de los datos, esto es, operadores cuyo negocio consiste, precisamente, en rastrear, recopilar y tratar datos para construir perfiles o patrones que tienen un gran interés de cara a, por ejemplo, una mayor eficacia de la publicidad de las empresas. Pensemos en proveedores de redes sociales, de apps para la salud o de suministro de servicios y contenidos digitales como podrían ser *Facebook, LinkedIn, Dropbox, Google Fit* o *Youtube*. Son todos "gratuitos" o bien forman parte de lo que se ha venido a denominar el modelo de negocio "freemium".[4] Sea como fuere, ofrecen al usuario la posibilidad de recibir sus prestaciones de forma gratuita en el sentido de no retribuida con dinero. Los usuarios "pagan" con contribuciones no monetarias, con la información y los contenidos que generan, con su actividad e interacción en la página o en otras, esto es, con información derivada de sus datos, que se explotan comercialmente.[5]

Viendo el aumento del peso de la economía de datos y de los negocios basados en la explotación de esta información, es obligado volver la mirada al marco jurídico existente para la recolección y tratamiento de datos. Si nos centramos en el ámbito europeo, la norma principal vigente en la actualidad es el Reglamento (UE) 2016/679, de 27 de abril de 2016, relativo a la protección de las personas físicas en lo que respecta al tratamiento de datos personales y a la libre circulación de estos datos (en adelante, RGPD).[6] Esta norma, de carácter imperativo y de aplicación directa en todos los Estados miembros,[7] ha supuesto, por un lado, la armonización de criterio en la aplicación

---

3 ORTIZ LÓPEZ, P., "*Cookies*, fingerprinting y la privacidad digital", en LÓPEZ CALVO, J. (coord.), *El nuevo marco regulatorio derivado del Reglamento Europeo de Protección de Datos*, Wolters Kluwer, Madrid, 2018, p. 269. Otras técnicas, además de las *cookies*, son balizas-web o las etiquetas de píxeles invisibles (CÁMARA LAPUENTE, S., "Extinción de los contratos sobre contenidos y servicios digitales y disponibilidad de los datos: supresión, recuperación y portabilidad", en CASTAÑOS CASTRO, P., CASTILLO PARRILLA, J. A. (dirs.), *El mercado digital en la Unión Europea*. Madrid, Reus, 2019, pp. 193-194).

4 Se entiende por el modelo de negocio "*freemium*" aquel que ofrece a sus usuarios la posibilidad de recibir acceso gratuito a ciertos servicios restringidos (*free*) con la opción de eliminar esas restricciones mediante una suscripción de pago (*premium*) (sobre el concepto, SEUFERT, E. B., *Freemium Economics: Leveraging analytis and user segmentation to drive revenue*, Morgan Kaufmann, Massachusetts, 2014, p. 1).

5 Sobre la monetización de los datos y el modelo de negocio de las redes sociales, GARCÍA MEXÍA, P. Y PERETE RAMÍREZ, C.: "Internet, el RGPD y la LOPDGDD", en *La adaptación al nuevo marco de protección de datos tras el RGPD y la LOPDGDD*. Madrid, Bosch Wolters Kluwer, 2019, pgs. 852-857.

6 Esta norma ha venido a derogar la Directiva 95/46/CE, vigente hasta la entrada en vigor del Reglamento.

7 Debe apuntarse que el Reglamento, aun siendo imperativo, incluye una habilitación a los Estados miembros para que puedan especificar sus normas (Considerando 10º RGPD). Por ejemplo, en el caso español, la adaptación del RGPD al Ordenamiento Jurídico nacional se ha producido a través de la Ley Orgánica 3/2018, de 5 de diciembre, de Protección de Datos Personales y garantía de los derechos digitales.

y garantía de los derechos de los ciudadanos europeos en materia de privacidad y protección de datos. Esta regulación más uniforme está en consonancia con una sociedad cada vez más globalizada en la que ha aumentado el flujo transfronterizo de datos personales. Por otro lado, y como tendremos ocasión de señalar, el RGPD ha conllevado, asimismo, un cambio en el enfoque desde el que se aborda la protección de datos, siendo los requisitos del consentimiento y el principio de responsabilidad o rendición de cuentas –el conocido como *accountability*– algunas de las novedades más relevantes de la norma.[8]

Junto con el RGPD, en el entorno digital también hay que atender a la Directiva 2002/58/CE, de 12 de julio de 2002, sobre la privacidad y las comunicaciones electrónicas que, entre otras cuestiones, vino a regular el uso de las *cookies* (de hecho, se conoce informalmente como la "ley de *cookies*"). Esta norma fue modificada en 2009 (por la Directiva 2009/136/CE) para reforzar las garantías de los usuarios de Internet, endureciendo el régimen de consentimiento para la instalación y ulterior uso de las *cookies*. No obstante, en la actualidad se está debatiendo una Propuesta de Reglamento del Parlamento Europeo y del Consejo (2017/0003) sobre el respeto de la vida privada y la protección de los datos personales en el sector de las comunicaciones electrónicas (el denominado Reglamento de e-Privacidad). Aunque no hay un texto definitivo, esta norma nace desde planteamientos más restrictivos y con la idea de garantizar un alto nivel de protección de la privacidad en todas las comunicaciones electrónicas cuyos usuarios finales se encuentren en la Unión Europea. Cuando se apruebe,[9] en su caso, derogará a la Directiva de 2002 y será, junto con el RGPD, la otra norma fundamental a tener en cuenta en esta materia y ámbito geográfico. Volveremos sobre ella más adelante, como parte de "lo que está por venir".

II El consentimiento como base legal para el tratamiento de datos personales

1 Requisitos para un consentimiento válido

Es un hecho constatado que el tratamiento de datos personales es una actividad fundamental en la economía digital. Para su licitud, el RGPD exige que concurra al menos una de las seis bases legales que se establecen en su art. 6.1. El primer fundamento que habilita el tratamiento de los datos personales es el consentimiento del propio interesado (art. 6.1.a RGPD).[10] Nos detendremos en este trabajo a realizar algunas consideraciones acerca de esta causa justificativa del tratamiento pues, como tendremos ocasión de ver en este epígrafe, precisamente su régimen jurídico es una de las novedades relevantes que ha supuesto la entrada en vigor del RGPD y uno de los mecanismos a través del

---

[8] Una primera aproximación a los aspectos característicos del modelo europeo de protección de datos se encuentra en CERVERA-NAVAS, L., "El nuevo modelo europeo de protección de datos de carácter personal", en LÓPEZ CALVO, J. (coord.), *El nuevo marco regulatorio derivado del Reglamento Europeo de Protección de Datos*, Wolters Kluwer, Madrid, 2018, pp. 71-72.

[9] Aunque la Propuesta de Reglamento fue publicada el 10 de enero de 2017, aún no se ha logrado consenso sobre un texto definitivo (última reunión, 22 de noviembre de 2019).

[10] Aunque no se establece ningún orden de prioridad en las causas de legitimación, siendo todas ellas igual de lícitas, tal y como subraya PUENTE ESCOBAR, A., "Principios y licitud del tratamiento", en RALLO LOMBARTE, A. (dir.), *Tratado de protección de datos*, Tirant lo Blanch, Valencia, 2019, p. 124.

que se ha pretendido reforzar la protección del titular. Idéntica orientación tendrá el epígrafe III, respecto de, en este caso, la Propuesta de Reglamento de e-Privacidad.

Pues bien, si en la Directiva 95/46/CE se definía el consentimiento del interesado como "toda manifestación de voluntad, libre, específica e informada, mediante la que el interesado consienta el tratamiento de datos personales que le conciernen" (art. 2.h), en el RGPD se añade a los tres requisitos "libre, específica e informada" un cuarto, pues la declaración de voluntad por la que el interesado acepta debe ser, además, "inequívoca", "ya sea mediante una declaración o una clara acción afirmativa" (art. 4.11). Además, el Reglamento se detiene explícitamente a desarrollar las condiciones para dicho consentimiento (art. 7).

Que el consentimiento sea *libre* se vincula con el hecho de que la prestación o ejecución del contrato no esté supeditada a acceder al tratamiento de datos personales que no sean necesarios para la misma. Esto es, que sea una elección real y que, de no tomarla, el sujeto no sufra ninguna consecuencia negativa que disminuya su nivel de prestación, aunque sí pueda, por ejemplo, perder ciertos servicios o ventajas extras (por ejemplo, descuentos personalizados o poder resolver consultas y solicitudes fácilmente a través de los canales de atención o comunicación habilitados por la entidad).[11] Por otro lado, y enlazando con el requisito de que sea una manifestación de voluntad *específica*, es necesario que el interesado pueda elegir libremente qué fines del tratamiento acepta y cuáles no, teniendo en cuenta que el tratamiento de los datos que se recaban puede tener muy distintas finalidades (por ejemplo, personalizar el servicio, conservar datos de tarjetas de pago para futuras compras, gestionar un servicio de alertas de disponibilidad de productos, emitir documentos acreditativos de venta como el ticket digital, gestionar espacios de publicidad o medición de audiencias, etc.).[12] Esto implica, asimismo, que los fines concretos deben identificarse claramente y no con referencias vagas y genéricas,[13] de tal forma que también sea evidente qué finalidades abarca el consentimiento y cuáles quedan fuera –y, por tanto, necesitarían de una nueva y diferente manifestación de voluntad–.[14]

---

11 GRUPO DE TRABAJO DEL ARTICULO 29 (en adelante, GT29), *Directrices sobre el consentimiento en el sentido del Reglamento (UE) 2016/679*, WP259, p. 12. Un ejemplo de cómo plasmar esta directriz en el clausulado sería señalar: "La retirada del consentimiento de estos tratamientos por parte del interesado no condicionará la ejecución del contrato de compraventa celebrado entre éste y la entidad". Es usual que, respecto de los datos recabados por las *cookies*, las entidades introduzcan la recomendación de dar su consentimiento a todo tratamiento propuesto a efectos de no perder calidad en el servicio, con menciones tales como: "El usuario tiene la posibilidad de configurar su navegador en cualquier momento, deshabilitando la instalación de las *cookies* y eliminando las *cookies* previamente instaladas en su equipo. Al eliminar y/o deshabilitar las *cookies*, el usuario se expone a no poder acceder a determinadas funcionalidades de la Web/App o a que su experiencia de navegación resulte menos satisfactoria. Por eso, le recomendamos que las mantenga activadas".

12 Que exista la opción consentir (o no) de forma específica y separada para una de las finalidades es lo que se entiende por consentimiento granular.

13 Así, motivos como "mejorar la experiencia del usuario", "fines de mercadotecnia", "fines de seguridad informática" o "investigaciones futuras", sin más detalles, normalmente no cumplen el criterio de ser específico, como pone de relieve el GT29 en sus *Directrices sobre el consentimiento en el sentido del Reglamento (UE) 2016/679*, WP259, p. 13, nota a pie 28.

14 Por ejemplo, el consentimiento dado para el tratamiento de los datos personales derivados de los comandos o conversaciones del usuario con un asistente virtual de la entidad con la que ha contratado, con el fin de disfrutar de ese servicio de atención personalizada, no abarcaría el tratamiento de esos datos para su envío a terceros colaboradores que pudieran estar interesados en los problemas o preferencias del usuario a efectos de desarrollar productos o enviarle publicidad.

Denominador común a estos requisitos para un consentimiento lícito es la necesidad de información. Difícilmente una manifestación de voluntad puede haberse formado de una manera libre y específica si no ha sido *informada*, esto es, si el usuario no ha recibido toda la información necesaria, de una forma comprensible y adecuada. Así, se hace presente de un modo especial en el consentimiento el principio de transparencia, para empezar, desde el punto de vista del contenido, es decir, de los datos mínimos que deben proporcionarse al interesado, como la identidad del responsable del tratamiento, su finalidad, el tipo de datos, el plazo durante el que se conservarán o los derechos que le asisten, entre otros (art. 13 RGPD).

En el ámbito de las *cookies*, es de observar que la sentencia del Tribunal de Justicia de la Unión Europea (en adelante, TJUE) de 1 de octubre de 2019 (asunto C 673/17) recientemente ha precisado que forma parte de la información clara y completa que se exige legalmente la información acerca del tiempo durante el cual las *cookies* estarán activas así como la posibilidad de que terceros tengan acceso a ellas (Considerando 75).

Por otro lado, el principio de transparencia también se manifiesta desde la perspectiva del modo en el que se debe proporcionar esa información. A este respecto, el RGPD deja claro que debe ser dispuesta de forma concisa, transparente, inteligible y de fácil acceso, con un lenguaje claro y sencillo (arts. 7.2 y 12.1). Dado que, como es sabido, el exceso de información, muy detallada y con cierta terminología tecnológica y/o jurídica, puede generar en el usuario medio el efecto contrario al que se pretende conseguir, en muchos casos se tiende a proporcionarla "por capas" o "niveles", esto es, ofreciendo una visión general en un primer nivel de información y señalando después cómo acceder a más detalles.[15]

A su vez, que se trate de una declaración de voluntad informada conlleva también que el interesado pueda claramente identificar la solicitud de consentimiento para el tratamiento de datos respecto de otras posibles declaraciones. Así las cosas, el art. 7.2 RGPD exige que, si el consentimiento se da en el contexto de una declaración escrita que también se refiera a otros asuntos, la solicitud se presente de tal forma que se distinga nítidamente de los demás contenidos: en documentos separados, si es en papel; separado de otros términos y condiciones, si es a través de medios electrónicos. Volveremos sobre ello, pero el hecho de que deba ser evidente para el interesado que está prestando su consentimiento para el tratamiento de datos personales convierte en contrario a la norma que un responsable del tratamiento solicite conjuntamente y mediante una misma acción (por ejemplo, seleccionar una única casilla) que el usuario acepte los términos y condiciones generales de un contrato y, a la vez, la política de privacidad.[16] Esta condición para un consentimiento válido a efectos del RGPD está relacionada con

[15] VILASAU SOLANA, M., "El consentimiento general y de menores", en RALLO LOMBARTE, A. (dir), *Tratado de protección de datos*, Valencia, Tirant lo Blanch, 2019, pp. 211-212; APARICIO SALOM, J., "Derechos del interesado (arts. 12-19 RGPD. Arts. 11-16 LOPDGDD)", en LÓPEZ CALVO, J. (coord.), *La adaptación al nuevo marco de protección de datos tras el RGPD y la LOPDGDD*, Madrid, Wolters Kluwer, 2019, pp. 326-327; GT29, *Directrices sobre el consentimiento en el sentido del Reglamento (UE) 2016/679*, WP259, pp. 16-17. En la práctica se suele articular con enlaces en expresiones como: "*Obtén más información* sobre estos fundamentos legales y cómo se aplican a nuestro tratamiento de datos". También con pequeños textos resumen al lado de las cláusulas, recogiendo de un modo sencillo y directo la idea fundamental de cada cláusula/epígrafe de las condiciones de privacidad.

[16] GT29, *Directrices sobre el consentimiento en el sentido del Reglamento (UE) 2016/679*, WP259, pp. 14 y 16.

el último de los requisitos exigidos por la norma, esto es, un consentimiento *inequívoco*, "ya sea mediante una declaración o una clara acción afirmativa". Se trata, éste, de un importante nuevo requisito respecto de la Directiva 95/46/CE, que no exigía que el consentimiento fuera prestado de forma expresa. Junto a una solicitud diferenciada, exigir la existencia de un acto afirmativo claro excluye como consentimiento válido el silencio, la inacción o el recurso a casillas premarcadas o a casillas de exclusión voluntaria en un sitio web.[17] Ha de quedar claro –y tiene la carga de probarlo el responsable–[18] que el sujeto ha consentido intencionadamente el tratamiento de sus datos personales.

> La anteriormente citada sentencia del TJUE de 1 de octubre de 2019 ha venido también a subrayar este criterio en el marco del almacenamiento y uso de información obtenida mediante la instalación de *cookies*. En el caso concreto, el litigio se plantea al hilo de una página de internet de juego con fines promocionales en la que se mostraban dos avisos a fin de que los usuarios prestasen su consentimiento para, por un lado, el tratamiento de datos encaminado a recibir comunicaciones de terceros patrocinadores y colaboradores y, por otro, la instalación de *cookies* para fines publicitarios propios y de terceros. Esta última casilla estaba marcada por defecto, lo que, en palabras del Tribunal, hace prácticamente imposible determinar de manera objetiva si el usuario ha dado efectivamente su consentimiento para el tratamiento de sus datos personales, al no quitar la marca, y si dicho consentimiento ha sido dado, en todo caso, de manera informada. Este razonamiento permite reafirmar, como se apunta en la sentencia, que el consentimiento dado mediante una casilla marcada por defecto no implica un comportamiento activo por parte del usuario de un sitio de internet y, por tanto, no es un consentimiento válido (Considerandos 52 y 55).

2 El consentimiento al tratamiento de datos personales en los contratos "gratuitos"

Vistos de forma genérica los requisitos actuales del RGPD para que el consentimiento funcione como una base legal lícita para el tratamiento, no podemos dejar de hacer referencia a una controversia al respecto que surge en relación con los contratos digitales "gratuitos", entendiendo por tales aquellos en los que el beneficio del proveedor de un servicio se nutre de los datos personales de sus usuarios. Estos modelos de negocio que han florecido considerablemente de la mano de la economía digital y la publicidad *online*, son percibidos por los usuarios como gratuitos pues, como decíamos, no conllevan el pago de una contraprestación de naturaleza pecuniaria, es decir, lo que tradicionalmente entendemos por "precio". Sin embargo, como ha afirmado el *Tribunal de Grande Instance de Paris*, en su sentencia de 9 de abril de 2019, conociendo de una demanda por cláusulas abusivas e ilícitas contra *Facebook*, "el suministro de datos recopilados de forma gratuita y luego analizados y valorados por la empresa *Facebook* debe considerarse como una "ventaja" en el sentido del art. 1107 del Código

[17] Considerando 32 RGPD y GT29, *Directrices sobre el consentimiento en el sentido del Reglamento (UE) 2016/679*, WP259, p. 18. Como señala este último documento (p. 19), si bien continuar con la navegación en un sitio web o desplazar hacia abajo no es un movimiento concluyente de aceptación, sí lo podrían ser otros como arrastrar una barra en una pantalla, saludar con la mano ante una cámara inteligente o hacer girar un teléfono inteligente de una determinada manera.

[18] Así lo establece claramente el art. 7.1 RGPD.

civil".[19] Ventaja que "constituye la contrapartida del servicio de red social que la empresa proporciona al usuario, de modo que el contrato concluido con Facebook es un contrato oneroso".

Se produce lo que se ha denominado como una "contractualización de los datos personales".[20] Entran en juego, por tanto, además de las reglas propias de la protección de datos personales –por el objeto de la contrapartida–, las reglas de Derecho de contratos que son de aplicación a las contraprestaciones en un negocio jurídico. Si nos referimos al ámbito de los contratos de consumo, por representar, posiblemente, la mayoría de los supuestos en la práctica, tratar la "autorización para el uso de datos"[21] como la "contrapartida" de un contrato plantea el interrogante de tener que cumplir, respecto de ella, con ciertas obligaciones de información derivadas de las normas de protección al consumidor.

Por una parte, y por ser típicamente contratos no negociados, todas las cláusulas tendrán que superar el denominado control de incorporación formal que busca garantizar que el adherente ha tenido la oportunidad de saber que el contrato está regido por un clausulado predispuesto y de acceder y comprender el mismo (de ahí la necesidad de una información clara y comprensible, según el art. 5 de la Directiva 93/13/CEE, de 5 de abril, sobre las cláusulas abusivas en los contratos celebrados con consumidores).

Por otra parte, también estas cláusulas se podrían ver afectadas por las obligaciones de información precontractual a cargo del empresario en los contratos de consumidores, recogidas, en el ámbito europeo, en el art. 6.1 de la Directiva 2011/83/UE, de 25 de octubre, sobre los derechos de los consumidores, respecto de los contratos celebrados a distancia. En él se exige que el empresario facilite de forma clara y comprensible al consumidor, antes de que éste quede vinculado, información sobre una serie de elementos entre los que, obviamente, resalta el precio (art. 6.1.e), así como sobre la existencia de una obligación de pago (art. 8.2). Matizábamos al inicio del párrafo que estos deberes *podrían* afectar a la autorización para el uso de los datos que nos ocupa porque existe un debate en la actualidad acerca de la naturaleza de los datos como "contraprestación" en un contrato y, por tanto, su posible asimilación por extensión al concepto de "precio" y su correspondiente régimen jurídico.[22] Lo cierto

---

19 Art. 1107 del Código civil francés: "El contrato es oneroso cuando cada una de las partes recibe de la otra una ventaja a cambio de la que ella proporciona".

20 En palabras de DE FRANCESCHI, A., *La circolazione dei dati personali tra privacy e contratto,* Napoli, Edizioni Scientifiche Italiane, 2017, p. 9.

21 Considera CÁMARA LAPUENTE, S. ("Extinción de los contratos sobre contenidos y servicios digitales y disponibilidad de los datos: supresión, recuperación y portabilidad", en CASTAÑOS CASTRO, P., CASTILLO PARRILLA, J. A. (dirs.), *El mercado digital en la Unión Europea*. Madrid, Reus, 2019, p. 178.) que esta expresión es más adecuada que hablar de "cesión de datos" o cesión del uso -no exclusivo ni excluyente y siempre revocable) de los datos.

22 El debate sobre si los datos personales deberían ser considerados o no como contraprestación tiene su punto de partida en la naturaleza sensible de los mismos pues participan de los derechos de la personalidad pero con una importante dimensión patrimonial o monetaria. Al respecto, en la medida en que excede de este estudio, nos remitimos a CÁMARA LAPUENTE, S., "Extinción de los contratos sobre contenidos y servicios digitales y disponibilidad de los datos: supresión, recuperación y portabilidad", en CASTAÑOS CASTRO, P., CASTILLO PARRILLA, J. A. (dirs.), *El mercado digital en la Unión Europea*. Madrid, Reus, 2019, pp. 178-181; METZGER, A., "Data as Counter-Performance. What rights and duties do parties have?", *Journal of Intellectual Property, Information Technology and Electronic Commerce Law*, 8, 2017, pp. 3 y 8; DE FRANCESCHI, A., *La circolazione dei dati personali tra privacy e contratto,* Napoli, Edizioni Scientifiche Italiane, 2017, pp. 76, 77 y 111; EUROPEAN

es que las citadas Directivas no hacen referencia a deberes específicos de información respecto de los datos recabados por el proveedor de servicios como tampoco lo hace la reciente Directiva 2019/770, de 20 de mayo, relativa a determinados aspectos de los contratos de suministro de contenidos y servicios digitales.

Se ha considerado como uno de los grandes logros en esta última norma el hecho de reconocer expresamente la existencia y los derechos de los consumidores que faciliten o se comprometan a facilitar datos personales al empresario a cambio de que éste suministre o se comprometa a suministrar servicios digitales al consumidor (art. 3.1).[23] Pero, aunque la Directiva de 2019 reconoce positivamente la categoría, ni incluye deberes especiales de información a los usuarios sobre la contraprestación en datos, ni facilita su asimilación al concepto de "precio", pues evita calificar el pago en datos como "contraprestación".[24] En todo caso, con independencia de la terminología, entendemos que lo lógico es que el consumidor deba recibir información suficiente acerca de qué es lo que supone el contrato para él, sea dinero o no.[25]

En apoyo de esta afirmación cabría añadir la existencia de un control en la contratación no negociada de consumo –desarrollado jurisprudencial y doctrinalmente en los últimos años en el Derecho europeo– relacionado con una especial transparencia exigible al empresario respecto de las cláusulas que se refieren al objeto principal del contrato (en el caso que nos ocupa, la cesión del uso de datos personales). Se trata del conocido como control de transparencia material, en aplicación del cual, el consumidor debe haber recibido la información suficiente sobre las cláusulas que definen el objeto principal del contrato como para poder comprender realmente a qué se está vinculando pues éste –el bien o servicio y lo que va a dar a cambio– es lo que determina la decisión del consumidor de contratar o no contratar.[26]

Pues bien, si yuxtaponemos las obligaciones de información de las normas contractuales con los requisitos del RGPD de un consentimiento lícito para el tratamiento de los datos personales, y todo ello, a su vez, con la práctica habitual en la formación de muchos contratos *online* "gratuitos", surgen ciertos interrogantes. Es frecuente,

---

DATA PROTECTION SUPERVISOR, *Opinion 4/2017 on the Proposal for a Directive on certain aspects concerning contracts for the supply of digital content*, Brussels, 14 March 2017, pp. 7, 9 y 10.

23 SCHULZE, R.; STAUDENMAYER, D., "Digital Revolution – Challenges for contract law", en SCHULZE, R.; STAUDENMAYER, D. (eds.), *Digital Revolution: Challenges for contract law in practice*, Nomos, Baden-Baden, 2016, p. 32. Estos autores resaltan que los datos son ya una moneda en la actualidad y lo serán más en el futuro, además de la savia de la economía *data-driven*.

24 De hecho, la expresión inicial de "contraprestación no dineraria en forma de datos personales" se eliminó del texto durante su tramitación.

25 DE FRANCESCHI, A., *La circolazione dei dati personali tra privacy e contratto*, Napoli, Edizioni Scientifiche Italiane, 2017, pp. 91-94, 127, sostiene que también en las hipótesis de suministro de contenido o servicios digitales que tengan como "contrapartida" el consentimiento al tratamiento de datos el proveedor oferente deberá respetar las obligaciones derivadas de los requisitos formales de los contratos a distancia. En general, de manera más amplia sobre las garantías de información aplicables al supuesto de hecho desde el punto de vista del Derecho de los contratos, ver MATO PACÍN, M. N., "Los contratos de redes sociales como contratos mediante condiciones generales", en ALONSO PÉREZ, M.T., HERNÁNDEZ SÁINZ, E. (dirs.), *Servicios, condiciones generales y transparencia*, Aranzadi, Pamplona, 2020.

26 El referido control de transparencia material se ha desarrollado en los últimos años al hilo de determinadas cláusulas en un supuesto totalmente diferente del objeto de estas líneas, como es el de los contratos de préstamo hipotecario de consumo. Un resumen acerca del funcionamiento y justificación del control –perfectamente extrapolable a cualquier tipo de contrato no negociado de consumo–, se encuentra en MATO PACIN, M. N., "Deber de transparencia material en la contratación de préstamos hipotecarios con consumidores en el Ordenamiento Jurídico español", *Revista Boliviana de Derecho*, núm. 27, 2019, pp. 190-196.

por ejemplo, que solo haya que marcar una única casilla para aceptar las condiciones generales del contrato, las condiciones de privacidad y la política de *cookies*, advertida la simple existencia de estas dos últimas de forma muy secundaria (ni que decir tiene su contenido e implicaciones, que solo serían visibles tras hacer clic en un enlace). Es cuestionable que ese consentimiento al tratamiento de datos personales sea un consentimiento realmente informado y transparente y, por otro lado, no parece cumplir con el requisito de ser inequívoco, en el sentido de distinguirse visiblemente respecto de cualquier otro asunto o consentimiento que se preste.[27]

3 Las otras bases legales para el tratamiento de datos personales

Si bien el consentimiento del titular de los datos personales es uno de los fundamentos que habilita para su tratamiento, no es el único. Es más, se ha apuntado que, desde el punto de vista del responsable del tratamiento, el consentimiento –dada su fragilidad– sería la base legal a la que recurrir cuando dicho tratamiento no puede subsumirse en ninguna otra.[28] ¿Cuáles son esos otros fundamentos jurídicos que permiten, aunque no haya consentimiento, el tratamiento lícito de datos personales? De forma sucinta, y en virtud del art. 6.1, letras b) a f) RGPD, son los que a continuación se enumeran.

En primer lugar, hay ciertos datos cuyo tratamiento es *necesario para la propia ejecución del contrato* en el que el interesado es parte y en cuyo marco se han aportado o recabado o bien *para la aplicación de medidas precontractuales a petición del interesado*. Pensemos, por ejemplo, en la dirección para la tramitación del envío de los bienes adquiridos objeto del contrato, en los datos del medio de pago del cliente para ejecutar la venta, en el teléfono o el email para la resolución de problemas del servicio contratado o, respecto de las medidas precontractuales, en los datos derivados de una solicitud de proposición de seguro.[29] Evidentemente, los datos que caen dentro de esta categoría deben ser interpretados de forma restrictiva.[30] El tratamiento deber ser objetivamente

---

[27] Nos referimos, evidentemente, al tratamiento de datos que tiene como base legal el consentimiento del interesado y no aquel que se asienta sobre otro fundamento habilitador distinto como podría, ser, por ejemplo, la propia ejecución del contrato (ver siguiente epígrafe). En los últimos tiempos, de forma paralela a ciertos acuerdos con órganos de la Comisión Europea, algunos de estos proveedores de servicios (por ejemplo, *Facebook*) han trabajado en clarificar al usuario en sus clausulados generales cuál es su modelo de negocio en relación con el tratamiento de datos. Sin embargo, sigue sin estar resaltado de una manera clara, transparente e inequívoca en la fase previa a "registrarse" o contratar. Sobre estas cuestiones, nos remitimos a MATO PACÍN, M. N., "Los contratos de redes sociales como contratos mediante condiciones generales", en ALONSO PÉREZ, M.T., HERNÁNDEZ SÁINZ, E. (dirs.), *Servicios, condiciones generales y transparencia*, Aranzadi, Pamplona, 2020.

[28] SEINEN, W., WALTER, A., VAN GRONDELLE, S., "Compatibility as a mechanism for responsible further processing of personal data", en MEDINA, M.; MITRAKAS, A.; RANNENBERG, K., et al (eds.), *Privacy Technologies and Policy*, Springer, Switzerland, 2018, p. 155. Los autores señalan que el consentimiento es un concepto frágil en el sentido de que puede ser revocado, su validez puede ser modificada y, al recaer sobre el responsable del tratamiento la carga de la prueba, éste debe crear un rastro de los datos que confirme que el consentimiento se ha obtenido a través de un proceso válido.

[29] LLÁCER MATACÁS, M. R., *La autorización al tratamiento de información personal en la contratación de bienes y servicios*, Dykinson, Madrid, 2012, pp. 74-75, señala como ejemplos de tratamiento legítimo de información precontractual el de los datos necesarios para que la aseguradora valore correctamente el riesgo o el de los que requieren las entidades financieras para evaluar la solvencia de un futuro cliente con el fin de concederle un crédito responsable.

[30] DE FRANCESCHI, A., *La circolazione dei dati personali tra privacy e contratto*, Napoli, Edizioni Scientifiche Italiane, 2017, p. 84.

necesario para la ejecución de ese contrato concreto y ser la forma menos intrusiva de conseguirlo, sin que, por otra parte, sea suficiente que en el clausulado del contrato se recoja esta base si realmente no existe la necesidad del tratamiento (no sería una base legítima, aunque conste como tal en el contrato).[31]

En otro orden de ideas, no ofrece problema entender el fundamento de las bases legales que están vinculadas con valores que transcienden los intereses particulares. Así, será lícito el tratamiento de datos *necesarios para el cumplimiento de una obligación legal* (por ejemplo, datos de pagos y compras necesarios para la gestión y emisión de la factura de venta al cliente o para detectar pagos fraudulentos; datos relevantes en investigaciones penales) o el tratamiento *necesario para proteger los intereses vitales del interesado u otra persona física* o *por cumplimiento de una misión realizada en interés público* (pensemos en datos de movilidad de los clientes de operadores de telecomunicaciones para hacer un seguimiento de la población de un país y controlar una pandemia, como está sucediendo en Europa con el Covid-19).

Por último, el art. 6.1 letra f) contempla los *intereses legítimos* del responsable del tratamiento o de un tercero –siempre que, hecha una ponderación, no existan intereses o derechos y libertades del interesado que prevalezcan– como justificación para el tratamiento de los datos (por ejemplo, tratamiento de datos para la prevención del fraude o para mercadotecnia directa).[32] Es obvio que el tipo de fines que podría un responsable encajar dentro de su "interés legítimo" puede ser de lo más variado y, por otra parte, no siempre claro, dada la indeterminación con la que se prevé en la norma y dada, además, la necesidad de realizar una ponderación. Se trata, en la práctica y atendiendo a los clausulados de las entidades, de un fundamento al que se recurre frecuentemente.

> Respecto de esta base legal, el TJUE, en su sentencia de 19 de octubre de 2014 (caso C-582/14), falló a favor de entender que la dirección IP dinámica mediante la que un usuario accede a la página web de un proveedor de servicios de telecomunicaciones es un dato personal, cuyo tratamiento para garantizar el servicio y protegerlo contra ciberataques puede considerarse como un interés legítimo.

Junto con las seis bases legales recogidas en el art. 6.1 RGPD, es de obligada mención una especie de puerta que abre la propia norma para el tratamiento de datos con fines distintos de aquellos para los que fueron recogidos inicialmente (*further processing*).

---

[31] Acerca de la interpretación del art. 6.1.b RGPD, ver EUROPEAN DATA PROTECTION BOARD, *Guidelines 2/2019 on the processing of personal data under Article 6(1)(b) GDPR in the context of the provision of online services to data subjects*, 9 April 2019, pp. 7-9.

[32] Considerandos 47 y 48 RGPD. En todo caso, se realiza un análisis en profundidad acerca de esta base legal por parte del GT29, *Dictamen 6/2014, sobre el concepto de interés legítimo del responsable del tratamiento de los datos en virtud del artículo 7 de la Directiva 95/46/CE*, 9 abril 2014, pp. 29 y ss. Asimismo, ejemplos extraídos de las condiciones de privacidad de una compañía de venta de ropa y que se amparan en esta base legal serían la elaboración de programas de fidelización para clientes registrados o el envío de encuestas de satisfacción sobre los productos adquiridos o servicios usados por los clientes para poder mejorarlos. Todo ello dentro del interés legítimo de la entidad de garantizar que la página y la app permanecen seguras y de mejorar los servicios, productos y marcas comprendiendo mejor a los clientes. También se ha incluido en esta categoría –en este caso, en las condiciones generales de privacidad de un proveedor de servicios digitales (*Spotify*)– el tratamiento para cumplir con obligaciones contractuales con terceros (ej. contratos de licencia), para tomar las medidas oportunas respecto a informes de vulneración de propiedad intelectual y contenidos inadecuados, para iniciar actuaciones legales u oponerse a ellas o para fines de planificación, información y estimaciones del negocio.

Siempre, eso sí, que sean compatibles con éstos y que la base jurídica legal del tratamiento inicial no hubiera sido ni el consentimiento del interesado ni el Derecho comunitario o nacional (art. 6.4 RGPD). El *further processing* es muy relevante en la práctica para buena parte de los responsables del tratamiento en la medida en que permite reutilizar datos para otras finalidades.[33] No obstante, el concepto de la "compatibilidad" no es un concepto bajo el que, lógicamente, pueda ampararse todo tipo de tratamiento pues no hay que olvidar que uno de los principios que rigen la protección de datos es el de limitación de la finalidad.[34] Se trata de un concepto indeterminado, a valorar caso por caso, teniendo en cuenta una serie de criterios como la relación entre ambos fines y entre el responsable del tratamiento y el interesado, el contexto en el que se recogieron o la naturaleza de los datos personales (art. 6.4 RGPD).

> Por ejemplo, tras quejas de consumidores ante la modificación de la política de privacidad de un banco, la Autoridad de Protección de Datos holandesa advirtió en julio de 2019 que utilizar los datos obtenidos inicialmente de las cuentas de sus clientes para una finalidad ulterior diferente –la de marketing, ofreciéndoles productos adicionales–, es contrario al RGPD. Si bien el tratamiento de los datos derivados de las operaciones de pago encaja válidamente en el supuesto de necesidad para la ejecución del contrato, el segundo tratamiento no superaría el test de la compatibilidad que le podría dar amparo normativo: tener una cuenta bancaria -algo casi imposible de evitar hoy en día, entiende la Autoridad holandesa– no presume el interés en otros productos financieros y este nuevo uso de los datos –mostrar anuncios basados en sus hábitos de gastos- excedería las expectativas razonables de los usuarios respecto de la confidencialidad en el marco de esa relación.[35]

III ¿Del modelo "advice & consent" al del "privacy by design"?

Cuando hablamos de privacidad y entorno digital, y como señalábamos al delimitar el marco jurídico aplicable, el RGPD debe completarse con la Directiva 2002/58/CEE (en su versión de 2009), norma que será sustituida por el Reglamento de e-Privacidad, en discusión en la actualidad. Este nuevo Reglamento será, en el que caso de que finalmente se apruebe, norma especial frente a la general (RGPD), que seguirá siendo de aplicación para aquellas cuestiones relacionadas con el tratamiento de datos personales no reguladas específicamente en la primera. Muchas de las medidas que recoge la Propuesta son más estrictas que las vigentes en la actualidad, lo que ha generado cierto debate entre los distintos grupos de interés.

---

[33] Sobre la compatibilidad, véase SEINEN, W., WALTER, A., VAN GRONDELLE, S., "Compatibility as a mechanism for responsible further processing of personal data", en MEDINA, M.; MITRAKAS, A.; RANNENBERG, K., et al (eds.), *Privacy Technologies and Policy*, Springer, Switzerland, 2018, pp. 153 y ss.

[34] Art. 5.1.b) RGPD: "Los datos personales serán: b) recogidos con fines determinados, explícitos y legítimos y no serán tratados ulteriormente de manera incompatible con dichos fines [...]".

[35] BIRD&BIRD, Dutch Data Protection Authority warns banks to refrain from using transactional data for direct marketing purposes, July 2019. En la carta se resaltaba cómo ciertas transacciones de pago pueden ser sensibles y dar una imagen muy exacta de la vida de una persona (en qué se gasta el dinero el cliente -hospitales, farmacias, asociaciones a las que pertenece-, con quién se relaciona, etc.), por lo que el cliente tiene una expectativa de privacidad (https://www.dutchnews.nl/news/2019/07/privacy-watchdog-warns-banks-not-to-use-client-payment-details-for-marketing/).

Entre las novedades del texto original de la Propuesta y en relación con el objeto de este trabajo, podemos resaltar el refuerzo del papel del consentimiento como base legal del tratamiento de datos personales (arts. 6 y 9), restringiendo, respecto del RGDP, las posibilidades para tratar datos del usuario con otros fundamentos distintos. Por ejemplo, aunque sigue autorizándose el tratamiento de datos que sea necesario para proporcionar el servicio, no existe ya mención específica al "interés legítimo" del responsable como causa justificativa general del tratamiento de los datos personales.[36]

Pero si hay un artículo de la Propuesta de Reglamento de e-Privacidad que conlleva un vuelco en la perspectiva desde la que abordar el consentimiento del interesado para el tratamiento de datos personales es el art. 10 ("Información y opciones de configuración de privacidad que han de proporcionarse"). Según el tenor literal de los dos primeros apartados: "1. Los programas informáticos comercializados que permiten comunicaciones electrónicas, incluyendo la recuperación y presentación de información de Internet, ofrecerán la posibilidad de impedir a terceros almacenar información sobre el equipo terminal de un usuario final o el tratamiento de información ya almacenada en ese equipo. 2. Al iniciarse la instalación, los programas deberán informar a los usuarios finales acerca de las opciones de configuración de confidencialidad y, para que pueda proseguir la instalación, solicitar el consentimiento del usuario final respecto de una configuración determinada".

Este precepto abre la posibilidad a que *ya en el diseño del software* que permite el acceso a Internet puedan configurarse los ajustes de privacidad necesarios para que, de forma general, terceros no puedan almacenar información sobre ese equipo o no puedan tratar la ya almacenada. En ese primer momento, el usuario recibe información sobre esta posibilidad para que decida el ajuste de privacidad que mejor encaja con sus intereses. Esta previsión no supone, pese a lo dicho, una novedad estrictamente hablando. Se enmarca dentro de lo que se conoce como la privacidad desde el diseño (*"privacy by design"*) y por defecto (*"by default"*), dos conceptos ya presentes en el RGPD (art. 25 RGPD) y que no son sino manifestación del nuevo enfoque de esta norma europea en lo que a la actitud de los responsables del tratamiento de datos personales se refiere: una actitud (y, por tanto, responsabilidad) proactiva, concepto cercano al principio anglosajón *"accountability"*.[37] Si la privacidad desde el diseño implica que la privacidad

---

[36] Sí que se contemplan casos como el tratamiento necesario para mantener la seguridad de las redes y servicios o la detección de fallos, que en el RGPD podrían caer dentro de ese "interés legítimo" del responsable, pero no existe la categoría general como tal. Respecto del consentimiento del usuario final como eje sobre el que descansa el sistema en la propuesta de Reglamento, ver FLAQUER RIUTORT, J., "Nuevas tendencias en el tratamiento legal del uso de cookies: especial referencia a la propuesta de Reglamento comunitario sobre la privacidad y las comunicaciones electrónicas (e-privacy)", *Revista Aranzadi de Derecho y Nuevas Tecnologías*, 47, 2018; ORTIZ LÓPEZ, P., "Cookies, fingerprinting y la privacidad digital", en LÓPEZ CALVO, J. (coord.), *El nuevo marco regulatorio derivado del Reglamento Europeo de Protección de Datos*, Wolters Kluwer, Madrid, 2018, p. 272.

[37] Este principio, una de las novedades más significativas que aporta el RGPD, está recogido principalmente en el art. 5.2: "El responsable del tratamiento será responsable del cumplimiento de lo dispuesto en el apartado 1 y capaz de demostrarlo ("responsabilidad proactiva")". Según este nuevo paradigma de responsabilidad, ya no se trata de que el responsable se limite a aplicar normas predeterminadas por la Administración, sino que, para cumplir con su obligación, le corresponde tener iniciativa, ser diligente, y hacer una valoración de los riesgos relacionados con el tratamiento de datos de cara a decidir qué medidas debe adoptar para garantizar el nivel adecuado de protección de datos personales (y demostrarlo), según apunta TRONCOSO REIGADA, A., "Del principio de seguridad de los datos al derecho a la seguridad digital", Economía Industrial, 410, 2018, pp. 130-133. Acerca de la responsabilidad proactiva en el RGPD entre otros, ver también MARTÍNEZ MARTÍNEZ, R., "El principio de responsabilidad proactiva y la protección de datos desde el diseño y por defecto", en GARCÍA MAHAMUT, R.; TOMÁS MALLÉN, B. (eds.), *El Reglamento General de Protección de Datos. Un enfoque nacional*

esté integrada en el propio sistema desde su concepción y no añadida como una capa de seguridad *a posteriori*, la privacidad por defecto conlleva que, de las diferentes opciones de tratamiento de datos, se opte por la más respetuosa para la privacidad del usuario, mientras que éste no autorice activamente lo contrario.[38]

Este modo de configurar desde el diseño, en lo que aquí interesa, cómo se recaba el consentimiento, difiere del sistema –podríamos decir, más tradicional– de protección del titular de los datos personales basado en el conocido como "*advice-and-consent*". Este último modelo, que descansa sobre la existencia de un aviso y posterior consentimiento previo a la recogida de datos, presenta, sin embargo, algunas conocidas debilidades en el entorno digital. Se han citado como tales, por ejemplo, la opacidad y complejidad de muchas de las prácticas de recolección automática de datos, que, para un usuario medio, obstaculizan poder entender, en muchas ocasiones, el lenguaje e implicaciones de las advertencias o los clausulados de privacidad que deben aceptar. Por otra parte, la existencia de continuos avisos y peticiones de consentimiento –en muchos casos, además, de forma granulada– durante la navegación o cuando se entabla una relación contractual en Internet, se ha demostrado como inadecuada en la medida en que genera una alta percepción de protección que da lugar, contradictoriamente, a un mayor nivel de exposición en la práctica (*privacy fatigue*[39]).[40] En definitiva, una gran cantidad de información y de peticiones de autorización puede conllevar que el consentimiento se preste sin reflexionar y originar, así, al efecto contrario al perseguido.

Así las cosas, permitir al consumidor prestar un consentimiento general (modificable con posterioridad) a través de los ajustes de un *software* se ha visto en la Propuesta de Reglamento de e-Privacidad como una forma de recabar el consentimiento que permitiría superar las debilidades mencionadas y garantizar una mayor protección. En este sentido, el Comité Europeo de Protección de Datos ha considerado que el art. 10 permitiría a los usuarios tener el control sobre sus datos abogando incluso, junto con el Supervisor Europeo de Protección de Datos, por endurecer el artículo imponiendo la obligación al proveedor de *software* o *hardware* de implementar como configuración predeterminada la opción máxima de privacidad para el usuario, sin necesidad para

---

y comparado, Tirant lo Blanch, Valencia, 2019; pp. 312 y ss.; BAJO, J. C., "Consideraciones sobre el principio de responsabilidad proactiva y diligencia (*accountability*). Experiencias desde el compliance, en LÓPEZ CALVO, J. (coord.), *El nuevo marco regulatorio derivado del Reglamento Europeo de Protección de Datos*, Wolters Kluwer, Madrid, 2018, pp. 279-285.

[38] AGENCIA ESPAÑOLA DE PROTECCIÓN DE DATOS, *Guía de Privacidad desde el Diseño*, octubre 2019, p. 8; MIRALLES LÓPEZ, R., "Protección de datos desde el diseño y por defecto (Art. 25)", en LÓPEZ CALVO, J. (coord.), *El nuevo marco regulatorio derivado del Reglamento Europeo de Protección de Datos*, Wolters Kluwer, Madrid, 2018, pp. 427-428.

[39] KEITH, M.; LOWRY, P. B.; EVANS, C.; BABB, J. ("Privacy fatigue: the effect of privacy control complexity on consumer electronic information disclosure", *International Conference on Information Systems*, Auckland, New Zealand, 2014, p. 2) definen "privacy fatigue" como la tendencia de los consumidores a revelar más información conforme pasa el tiempo cuando usan controles de privacidad más complejos y poco prácticos.

[40] Apuntan estas debilidades del enfoque de "aviso y consentimiento" ENGELMANN, S.; GROSSKLAGS, J.; PAPAKYRIAKOPOULOS, O., "A democracy called Facebook? Participation as a Privacy Strategy on Social Media", en MEDINA, M.; MITRAKAS, A.; RANNENBERG, K., et al (eds.), *Privacy Technologies and Policy*, Springer, Switzerland, 2018, p. 92. En similar sentido, apunta SUSSER, D. ("Notice after notice-and-consent: Why privacy disclosures are valuable even if frameworks aren't", *Journal of Information Policy*, vol. 9, 2019, en especial, p. 46) a que el método "notice-and-consent" muchas veces no ofrece una elección real al usuario pues es una decisión para cuyo análisis el usuario no tiene las herramientas necesarias (cláusulas difíciles de comprender, dificultad para ser consciente de todos los datos que realmente se están proporcionando debido a las sinergias que se crean con la agregación de datos provenientes de distintas fuentes, etc.).

ello de ninguna acción positiva por su parte Hay que tener en cuenta que el art. 10 parece que solo exige a los proveedores que ofrezcan la posibilidad a los usuarios pero no obliga a que por defecto se establezca la máxima protección.[41]

Evidentemente, también este enfoque tiene sus aspectos negativos como, por ejemplo, no ser el más adecuado para aquellos modelos de negocio en Internet que se basan en las interacciones de los usuarios y los flujos de datos que generan.[42] Este es, de hecho, uno de los argumentos de los detractores de la privacidad por defecto y desde el diseño del art. 10 de la Propuesta, que vaticinan un gran efecto negativo para la industria de la publicidad *online* y para todo ese creciente mercado digital que se financia con ella. Esta medida afecta a las *cookies* de terceros para fines publicitarios –que necesariamente requieren del fundamento legal del consentimiento para su instalación y funcionamiento– y los anunciantes serán reacios a pagar por la publicidad si no tienen un conocimiento real del grado de penetración de sus mensajes.[43] A ello añaden los críticos que no necesariamente se reducirían las solicitudes de consentimiento (las webs que se financian con publicidad tendrían que seguir preguntando en cada página si el usuario acepta las *cookies*) y, especialmente, que un único consentimiento de carácter general para todo el tratamiento de datos en Internet, como el planteado por la Propuesta, puede entrar en colisión con los ya expuestos requisitos del RGPD de un consentimiento inequívoco, informado y específico.[44]

Recapitulando, en el presente trabajo se ha pretendido exponer de forma resumida una visión panorámica, dentro del ámbito de la Unión Europea, de las tendencias legislativas en materia de consentimiento para el tratamiento de datos personales así como de algunas de las controversias generadas a su alrededor. Pronto se identifica la cuestión de fondo que subyace a esta problemática –común a otras en el entorno digital– y que no es sino la tensión entre el Derecho a la privacidad y el desarrollo del mercado digital. Privacidad, en este caso, abordada desde la óptica de la protección de los datos personales, una de las principales preocupaciones del legislador europeo

---

[41] Respaldan el artículo 10 de la Propuesta (aunque con el mayor nivel de protección por defecto) EUROPEAN DATA PROTECTION BOARD, *Statement of the EDPB on the revision of the ePrivacy Regulation and its impact on the protection of individuals with regard to the privacy and confidentiality of their communications*, 25 May 2018, p. 3; EUROPEAN DATA PROTECTION SUPERVISOR, *Opinion 6/2017 on the Proposal for a Regulation on Privacy and Electronic Communications (ePrivacy Regulation)*, 24 April 2017, https://edps.europa.eu/sites/edp/files/publication/17-04-24_eprivacy_en.pdf, p. 19. Por su parte, considera esta agravación planteada como excesiva FLAQUER RIUTORT, J. ("Nuevas tendencias en el tratamiento legal del uso de cookies: especial referencia a la propuesta de Reglamento comunitario sobre la privacidad y las comunicaciones electrónicas (e-privacy)", *Revista Aranzadi de Derecho y Nuevas Tecnologías*, 47, 2018). El autor entiende correcta la dicción del art. 10 tal y como está por representar una solución ecléctica (configuración *ab initio* por el usuario con información junto con la posibilidad de cambiar después si la opción elegida le genera problemas en la navegación).

[42] ENGELMANN, S.; GROSSKLAGS, J.; PAPAKYRIAKOPOULOS, O., "A democracy called Facebook? Participation as a Privacy Strategy on Social Media", en MEDINA, M.; MITRAKAS, A.; RANNENBERG, K., et al (eds.), *Privacy Technologies and Policy*, Springer, Switzerland, 2018, p. 92.

[43] FLAQUER RIUTORT, J. ("Nuevas tendencias en el tratamiento legal del uso de cookies: especial referencia a la propuesta de Reglamento comunitario sobre la privacidad y las comunicaciones electrónicas (e-privacy)", Revista Aranzadi de Derecho y Nuevas Tecnologías, 47, 2018).

[44] Desde una postura crítica con el art. 10, recoge los distintos argumentos en su contra ORTIZ LÓPEZ, P., "*Cookies*, fingerprinting y la privacidad digital", en LÓPEZ CALVO, J. (coord.), *El nuevo marco regulatorio derivado del Reglamento Europeo de Protección de Datos*, Wolters Kluwer, Madrid, 2018, pp. 271-277. Respecto de la contravención con los principios del RGPD en cuanto al consentimiento, en palabras de la autora, el art. 10 desplaza "la elección individual caso por caso, informada y específica por una elección previa, no específica y general a través de los navegadores". Esto, "al obligar a contar con un único permiso de carácter general dentro de la interfaz, dificulta en la práctica la transparencia y el empoderamiento del usuario" (p. 274).

en los últimos años, como acredita la evolución normativa y su tendencia a futuro. Y mercado digital, claramente basado en los datos, de indudable relevancia económica y de cuyo desarrollo en la actualidad ya no se puede realmente prescindir.

Buena muestra de las -lógicas- tensiones que existen en este ámbito es la dificultad para aprobar la Propuesta de Reglamento de e-Privacidad que está teniendo la Unión Europea. Por otra parte, también es significativa la orientación de las modificaciones que se han producido en la fase de discusión en un texto que partía de un muy alto nivel de protección para los sujetos. En la última versión publicada del texto de la Propuesta (noviembre de 2019) algunas de las medidas se han relajado respecto de la versión original de enero de 2017. Por ejemplo, se han incluido vías de tratamiento de datos que no estaban contempladas en la Propuesta original (así, la posibilidad de tratamiento con nuevas finalidades si son compatibles con las iniciales) y, precisamente respecto del art. 10, que tanto debate ha generado, se habría propuesto su eliminación, al menos, en esta última versión. Esto es relevante porque hay que tener en cuenta que, si bien el RGPD ya supuso un avance reconociendo la privacidad desde el diseño y por defecto, el paso que se daba en la Propuesta de Reglamento de e-Privacidad con este artículo era establecer una obligación específica para el proveedor de tener que ofrecer esta opción e informar sobre ello

De todo lo hasta aquí dicho y con la duda acerca de la viabilidad o contenido de la Propuesta de Reglamento europeo de e-Privacidad, se comprende que uno de los retos actuales y a futuro es encontrar una regulación equilibrada que otorgue una necesaria protección real de los datos personales de los sujetos pero que, a la vez, reconozca y permita el desarrollo de una economía que, por la influencia de las nuevas tecnologías, está basada cada vez más en el flujo de información y datos (*data-driven economy*).

Bibliografía

AGENCIA ESPAÑOLA DE PROTECCIÓN DE DATOS, *Guía de Privacidad desde el Diseño*, octubre 2019.

APARICIO SALOM, J., "Derechos del interesado (arts. 12-19 RGPD. Arts. 11-16 LOPDGDD)", en LÓPEZ CALVO, J. (coord.), *La adaptación al nuevo marco de protección de datos tras el RGPD y la LOPDGDD*, Madrid, Wolters Kluwer, 2019, pp. 345-385.

BAJO, J. C., "Consideraciones sobre el principio de responsabilidad proactiva y diligencia (accountability). Experiencias desde el compliance", en LÓPEZ CALVO, J. (coord.), *El nuevo marco regulatorio derivado del Reglamento Europeo de Protección de Datos*, Wolters Kluwer, Madrid, 2018, pp. 279-287.

BIRD&BIRD, *Dutch Data Protection Authority warns banks to refrain from using transactional data for direct marketing purposes*, July 2019, https://www.twobirds.com/en/news/articles/2019/netherlands/dutch-data-protection-authority-warns-banks-to-refrain-from-using-transactional-data

CÁMARA LAPUENTE, S., "Extinción de los contratos sobre contenidos y servicios digitales y disponibilidad de los datos: supresión, recuperación y portabilidad", en CASTAÑOS CASTRO, P., CASTILLO PARRILLA, J. A. (dirs.), *El mercado digital en la Unión Europea*. Madrid, Reus, 2019, pp. 157-249.

CERVERA-NAVAS, L., "El nuevo modelo europeo de protección de datos de carácter personal", en LÓPEZ CALVO, J. (coord.), *El nuevo marco regulatorio derivado del Reglamento Europeo de Protección de Datos*, Wolters Kluwer, Madrid, 2018, pp. 69-74.

DE FRANCESCHI, A., *La circolazione dei dati personali tra privacy e contratto*, Napoli, Edizioni Scientifiche Italiane, 2017.

ENGELMANN, S.; GROSSKLAGS, J.; PAPAKYRIAKOPOULOS, O., "A democracy called Facebook? Participation as a Privacy Strategy on Social Media", en MEDINA, M.; MITRAKAS, A.; RANNENBERG, K., et al (eds.), *Privacy Technologies and Policy*, Springer, Switzerland, 2018, pp. 91-108.

EUROPEAN DATA PROTECTION BOARD, *Guidelines 2/2019 on the processing of personal data under Article 6(1)(b) GDPR in the context of the provision of online services to data subjects*, 9 April 2019, https://edpb.europa.eu/sites/edpb/files/consultation/edpb_draft_guidelines-art_6-1-b-final_public_consultation_version_en.pdf

EUROPEAN DATA PROTECTION BOARD, *Statement of the EDPB on the revision of the ePrivacy Regulation and its impact on the protection of individuals with regard to the privacy and confidentiality of their communications*, 25 May 2018, https://edpb.europa.eu/sites/edpb/files/files/file1/edpb_statement_on_eprivacy_en.pdf

EUROPEAN DATA PROTECTION SUPERVISOR, *Opinion 4/2017 on the Proposal for a Directive on certain aspects concerning contracts for the supply of digital content*, 14 March 2017, https://edps.europa.eu/sites/edp/files/publication/17-03-14_opinion_digital_content_en.pdf

EUROPEAN DATA PROTECTION SUPERVISOR, *Opinion 6/2017 on the Proposal for a Regulation on Privacy and Electronic Communications (ePrivacy Regulation)*, 24 April 2017, https://edps.europa.eu/sites/edp/files/publication/17-04-24_eprivacy_en.pdf

FLAQUER RIUTORT, J., "Nuevas tendencias en el tratamiento legal del uso de cookies: especial referencia a la propuesta de Reglamento comunitario sobre la privacidad y las comunicaciones electrónicas (e-privacy)", *Revista Aranzadi de Derecho y Nuevas Tecnologías*, 47, 2018 (versión electrónica).

GIOBBI, M., "Home banking y tutela de los datos personales", en PÉREZ GALLARDO, L. (coord.), *Contratación electrónica y protección de los consumidores -una visión panorámica-*, Reus, Madrid, 2017, pp. 309-328.

GRUPO DE TRABAJO DEL ARTÍCULO 29 (GT29), *Dictamen 6/2014, sobre el concepto de interés legítimo del responsable del tratamiento de los datos en virtud del artículo 7 de la Directiva 95/46/CE*, 9 abril 2014, https://ec.europa.eu/justice/article-29/documentation/opinion-recommendation/files/2014/wp217_es.pdf

GRUPO DE TRABAJO DEL ARTICULO 29 (GT29), *Directrices sobre el consentimiento en el sentido del Reglamento (UE) 2016/679*, WP259, noviembre 2017 (revisadas y adoptadas en abril de 2018).

KEITH, M.; LOWRY, P. B.; EVANS, C.; BABB, J., "Privacy fatigue: the effect of privacy control complexity on consumer electronic information disclosure", *International Conference on Information Systems*, Auckland, New Zealand, 2014. Disponible en: https://ssrn.com/abstract=2529606.

LLÁCER MATACÁS, M. R., *La autorización al tratamiento de información personal en la contratación de bienes y servicios*, Dykinson, Madrid, 2012.

MARTÍNEZ MARTÍNEZ, R., "El principio de responsabilidad proactiva y la protección de datos desde el diseño y por defecto", en GARCÍA MAHAMUT, R.; TOMÁS MALLÉN, B. (eds.), *El Reglamento General de Protección de Datos. Un enfoque nacional y comparado*, Tirant lo Blanch, Valencia, 2019, pp. 311-341.

MATO PACIN, M. N., "Deber de transparencia material en la contratación de préstamos hipotecarios con consumidores en el Ordenamiento Jurídico español", *Revista Boliviana de Derecho*, núm. 27, 2019, pp. 188-219.

MATO PACÍN, M. N., "Los contratos de redes sociales como contratos mediante condiciones generales", en ALONSO PÉREZ, M.T., HERNÁNDEZ SÁINZ, E. (dirs.), *Servicios, condiciones generales y transparencia*, Aranzadi, Pamplona, 2020.

METZGER, A., "Data as Counter-Performance. What rights and duties do parties have?", *Journal of Intellectual Property, Information Technology and Electronic Commerce Law*, 8, 2017, 8 pp.

MIRALLES LÓPEZ, R., "Protección de datos desde el diseño y por defecto (Art. 25)", en LÓPEZ CALVO, J. (coord.), *El nuevo marco regulatorio derivado del Reglamento Europeo de Protección de Datos*, Wolters Kluwer, Madrid, 2018, pp. 427-431.

ORTIZ LÓPEZ, P., "Cookies, fingerprinting y la privacidad digital", en LÓPEZ CALVO, J. (coord.), *El nuevo marco regulatorio derivado del Reglamento Europeo de Protección de Datos*, Wolters Kluwer, Madrid, 2018, pp. 267-277.

PUENTE ESCOBAR, A., "Principios y licitud del tratamiento", en RALLO LOMBARTE, A. (dir.), *Tratado de protección de datos*, Tirant lo Blanch, Valencia, 2019, pp. 115-168.

SCHULZE, R.; STAUDENMAYER, D., "Digital Revolution – Challenges for contract law", en SCHULZE, R.; STAUDENMAYER, D. (eds.), *Digital Revolution: Challenges for contract law in practice*, Nomos, Baden-Baden, 2016, pp. 19-32.

SEINEN, W., WALTER, A., VAN GRONDELLE, S., "Compatibility as a mechanism for responsible further processing of personal data", en MEDINA, M.; MITRAKAS, A.; RANNENBERG, K., et al (eds.), *Privacy Technologies and Policy*, Springer, Switzerland, 2018, pp. 153 – 171.

SEUFERT, E. B., *Freemium Economics: Leveraging analytics and user segmentation to drive revenue*, Morgan Kaufmann, Massachusetts, 2014.

SUSSER, D., "Notice after notice-and-consent: Why privacy disclosures are valuable even if frameworks aren't", *Journal of Information Policy*, vol. 9, 2019, pp. 37-62.

TRONCOSO REIGADA, A., "Del principio de seguridad de los datos al derecho a la seguridad digital", *Economía Industrial*, 410, 2018, pp. 127-151.

VILASAU SOLANA, M., "El consentimiento general y de menores", en RALLO LOMBARTE, A. (dir), *Tratado de protección de datos*, Tirant lo Blanch, Valencia, 2019, pp. 197-250.

Informação bibliográfica deste texto, conforme a NBR 6023:2018 da Associação Brasileira de Normas Técnicas (ABNT):

MATO PACÍN, M. Natalia. Privacidad y consentimiento en el entorno digital. Aproximación desde la perspecti-va de la Unión Europea. *In*: EHRHARDT JÚNIOR, Marcos; CATALAN, Marcos; MALHEIROS, Pablo (Coord.). *Direito Civil e tecnologia*. Belo Horizonte: Fórum, 2020. p. 673-689. ISBN 978-65-5518-036-7.

LA OBSOLESCENCIA PROGRAMADA EN LA LEY 19.496 SOBRE PROTECCIÓN DE LOS DERECHOS DE LOS CONSUMIDORES CHILENA[1]

ERIKA ISLER SOTO

Introducción

Si legislaciones extranjeras han abordado la obsolescencia planificada de diferente manera y en cuerpos normativos de diversa índole, dicho escenario no se presenta en Chile. En efecto, en nuestro país es posible advertir un silencio del legislador consumeril en orden a aceptarla, regularla o derechamente rechazarla. Así, la Ley 19.496 sobre Protección de los Derechos de los Consumidores (LPDC), a diferencia de otros estatutos reguladores de la relación de consumo foráneos, no la ha condenado (Art. L-441-2 *Code de la Consommation*, Francia; Art. 26 LEY 6/2019 Estatuto de las personas consumidoras de Extremadura), ni ha conferido directrices en orden a que los aparatos eléctricos y electrónicos deban ser fabricados con materiales y componentes que prolonguen, en lo posible su vida útil (Art. 6.1 Real Decreto 110/2015, España) ni tampoco ha otorgado al consumidor el derecho de contar con repuestos de un determinado producto por un período de tiempo (Art. 11.7 Ley 1480, Colombia; Art. 127 Real Decreto Legislativo 1/2007, España), reglas a partir de las cuales eventualmente podría esbozarse un régimen jurídico que le resultase aplicable

Por su parte, aunque la Ley 20.920 que establece un marco para la gestión de residuos, la responsabilidad extendida del productor y fomento al reciclaje (2016), constituye un avance en orden a direccionar la economía hacia un modelo más sustentable y circular, tampoco alcanza a cubrir la práctica en estudio.

No obstante, ello no implica que ella no se verifique en nuestro país –de hecho, conocida es la acción interpuesta por la asociación de consumidores ODECU en contra de Apple Chile Comercial Ltda, Innovación y Tecnología Empresarial Item Ltda (Mac on

[1] Este trabajo forma parte del proyecto FONDECYT de Iniciación Nº 11190230: "Los medios de tutela del consumidor ante el producto defectuoso, en la Ley 19.496" del que la autora es investigadora responsable.

Line) y Reifschneider S.A–[2] por lo que surge una pregunta evidente: ¿puede interpretarse el silencio del legislador como una autorización implícita para su desarrollo, o por el contrario, los principios y normas de la LPDC pueden servir de sustento para su sanción?

1 Una aproximación conceptual

Se entiende por obsolescencia programada a aquella "práctica empresarial según la cual los fabricantes elaboran productos pensados para convertirse en obsoletos en un período de tiempo relativamente corto".[3]

Pinochet Olave por su parte, la concibe como "una práctica del sector industrial, que planifica el término de la vida útil de determinados productos de un modo artificial, disminuyendo considerablemente la duración que hubiera podido tener el mismo, de acuerdo al estado de avance de la ciencia y la tecnología, con el propósito de estimular el consumo, la producción y consecuentemente, incrementar las ganancias de dicho sector productivo".[4]

De lo anterior, se puede concluir que consiste en una disminución de la funcionalidad del bien, que tiene el carácter de intencional.

2 Obsolescencia programada y régimen de la Ley 19.496

Si bien la LPDC no aborda de manera específica la obsolescencia programada, cabe revisar las normas que sí contiene, con el objeto de analizar si esta práctica podría o no ser considerada lícita a la luz del sistema nacional de consumo.

Con todo, un adecuado examen, exige que se estudien por separado dos situaciones distintas: aquella en que el consumidor no es informado acerca de la disminución intencional de la funcionalidad del producto, y aquella en que sí ha sido puesto en antecedentes.

Se debe prevenir en todo caso, que como se evidenciará, las normas que se postularán como posibles de ser puestas en juego, han sido incorporadas a la LPDC con fines distintos del tratamiento de la provocación de una aminoración de la funcionalidad del producto, por lo que igualmente no constituirá el tejido jurídico idóneo para abordarla.

2.1 El consumidor no ha sido informado acerca de la incorporación de una práctica de obsolescencia programada en el producto

Una primera situación que puede presentarse es aquella en que el consumidor no ha sido puesto en antecedentes acerca de la introducción de una práctica de obsolescencia programada. Nos encontramos entonces en aquel supuesto en que un proveedor tiene plena conciencia de que la funcionalidad de un determinado producto será limitada y su

---

2 *ODECU con Apple Chile Comercial Ltda, Innovación y Tecnología Empresarial Item Ltda (Mac on Line) y Reifschneider S.A.*: C-41604-2018, 23 J.C. Santiago.

3 Echeverri Salazar, María Verónica; Ospina Gómez, Julián E. (2018) p. 179.

4 Pinochet Olave, Ruperto (2016) p. 745.

alcance –obedece a su decisión– pero lo ofrece, publicita y/o comercializa sin transmitir dicha circunstancia a la otra parte de la relación de consumo.

El análisis de la licitud de la conducta esta vez es autónoma respecto del examen de licitud de la sola introducción de la práctica, en el sentido de que aún de considerarse que el ordenamiento jurídico tolera a esta última, lo que se cuestionará es si el silencio en cuanto a su ejecución puede ser o no sancionado. En el esquema de la LPDC ello debe realizarse con base a la invocación del derecho básico a una información veraz y oportuna, el otorgamiento de la información básica comercial y los ilícitos publicitarios reconocidos por la misma ley.

2.1.1 El derecho básico a una información veraz y oportuna

Dentro de las garantías básicas[5] que el Art. 3 LPDC confiere al consumidor, se encuentra el que se refiere a "una información veraz y oportuna sobre los bienes y servicios ofrecidos, su precio, condiciones de contratación y otras características relevantes de los mismos" (Art. 3 letra LPDC).

La importancia de este derecho radica en que permite el ejercicio de otras prerrogativas, y en particular de aquella que también tiene el carácter de básica: a la libre elección del bien o servicio (Art. 3 letra a LPDC). En este punto conviene recurrir a la reflexión de Krieger: "No podemos sostener que un sujeto es realmente libre para decidir si quiere participar de un determinado intercambio de bienes o servicios, y en caso afirmativo, que pueda comprender la extensión de sus obligaciones y ponderar su conveniencia; sino posee toda la información necesaria para tomar esa decisión".[6]

Ahora bien, en la situación en análisis, y como lo había señalado con anterioridad Pinochet Olave, no cabe duda de que el tiempo o cantidad de uso por el cual un determinado producto será apto para su funcionalidad natural o la que le ha sido atribuida, constituye una "característica relevante" del producto de que se trate,[7] por lo que puede enmarcarse dentro de los aspectos sobre los cuales el Art. 3 letra b) señala que el consumidor tiene derecho a conocer, desde antes de la configuración de la relación de consumo.

Como se señaló, el cumplimiento del deber descrito –al derecho sigue un deber- faculta al destinatario de una oferta o publicidad, representarse de mejor manera la realidad de la prestación, y así, elegir con mayor libertad (Art. 3 letra a LPDC). Ello propenderá entonces a una toma de decisión más racional, no sólo en lo que dice relación con el provecho que obtendrá del producto de manera directa, sino que también de la sensibilidad que lo vincule con el cuidado del medio ambiente (Art. 3 letra d LPDC).

En ese sentido, y atendida la indiscutida tendencia hacia la reconducción de al menos una parte del consumo hacia la sustentabilidad y la protección del patrimonio

---

5 Se suelen distinguir los derechos de los consumidores básicos y no básicos, lo cual tendrá una incidencia en su titularidad: mientras la doctrina atribuye al consumidor abstracto –todos los ciudadanos en cuanto a personas- los derechos básicos, al consumidor concreto –aquel que efectivamente ha intervenido con el proveedor en un caso particular- se le conceden de manera adicional, otras prerrogativas (acciones contractuales, la garantía legal, el derecho a retracto, etc.), Isler Soto, Erika (2019) p. 196. También se puede consultar: Jara Amigo, Rony (1999) p. 62.

6 Krieger, Walter F. (2018) p. 526.

7 Pinochet Olave, Ruperto (2015) p.406. En el mismo sentido: Azevedo de Amorim, Ana Clara (2019) p. 160.

ambiental –"huevos de gallinas felices", "plumones de gansos libres", etc.– no resultaría extraño que el consumidor decida castigar al proveedor que incurra en la práctica en comento, mediante la no elección de los productos que ofrezca.[8] No obstante, cabe reconocer en este punto, que la posibilidad de punición se encontrará muy frecuentemente relacionada con la situación económica del elector, desde que los productos amigables con el medio ambiente, suelen tener un precio más alto que aquellos que no lo son.

Con todo, la necesidad de informar acerca de la extensión temporal o funcional del bien ya expuesta, se entiende naturalmente en un contexto en el cual no es posible considerar que los breves tres meses contemplados para el ejercicio del derecho a la triple opción derivado de la garantía legal, constituye un término implícito único en el cual se entiende que el producto adquirido debe servir para aquello que el consumidor lo adquirió. Ello se produciría como consecuencia de al menos dos circunstancias.

La primera se refiere a la no exclusión de derechos diversos de la garantía legal, por el solo hecho de concurrir los presupuestos de esta última. En efecto, y tal como lo ha venido señalando la doctrina con anterioridad, el remedio consagrado en los Arts. 20-22 LPDC deja indemnes aquellas acciones que pudieren derivarse de otras disposiciones de la propia LPDC o incluso del Derecho Común,[9] cada una de las cuales se encuentra sometida a su correspondiente plazo de prescripción.[10] Así, el transcurso del tiempo establecido en el Art. 20 LPDC para esta prerrogativa, no hace fenecer las acciones que la propia LPDC o incluso el CC le otorgase al acreedor insatisfecho. De esta manera, si concurriese la infracción a otra disposición de la LPDC, debe estarse a su propio plazo de prescripción.

En segundo lugar, porque no resulta verosímil que un individuo adquiera un producto para ser utilizado únicamente por el breve término de tres meses, particularmente cuando por regla general, se trata de bienes tecnológicos y en general, no de bajo costo.

---

8 Al fin y al cabo, de acuerdo a un grupo de parlamentarios, al momento de discutirse la necesidad de contar con una ley de protección de los consumidores, la falta de ello obedecería a que se desprendería de la libre elección en el consumo: Cámara de Diputados, 06.11.1992, "Informe de la Comisión de Economía, Fomento y Desarrollo, recaído en el proyecto de ley que establece normas sobre derechos de los consumidores (boletín Nº 446-03 1)"; Cámara de Diputados. Legislatura 325, Sesión 33, 22.12.1992; Discusión en Sala, 05.01.1993; Discusión en Sala, Senado, 05.04.1995. Senado, Primer Informe Comisión de Economía. 15.03.1995, Boletín 446-03; Senado Informe Comisión de Economía recaído en el proyecto de ley, 30.06.2003, Boletín Nº 2.787- 03. También explican esta doctrina: Paniagua Zurera, Manuel; Miranda Serrano, Luis María (2012) p. 21: "[serían] los consumidores a través de sus libres, meditadas e informadas decisiones de mercado, los que decidirían qué, cómo y cuánto se produce: la teorizada -y, nunca realizada- soberanía del consumidor". Por cierto, dicho planteamiento sólo tendría lugar en una situación de mercado perfecto, el cual no se presenta en la realidad y menos aún, en nuestro país.

9 Ruiz-Tagle Vial, Carlos (2010) p. 335; Corral Talciani, Hernán (2010) pp. 459-475; Corral Talciani, Hernán (2010) (B) pp. 8-10; Corral Talciani, Hernán (1999) (B) pp. 31-42; Barrientos Camus, Francisca (2013) p. 523; Corral Talciani, Hernán (1999) p. 184; Figueroa Yañez, Gonzalo (2011) pp. 112-119; Isler Soto, Erika (2019) p. 165-166. En contra, algunos autores han planteado que la garantía legal excluye las acciones del CC (Vidal Olivares, Álvaro (2000) p. 249), y en particular las derivadas de los vicios redhibitorios (Barrientos Zamorano, Marcelo (2013) p. 356; Domínguez Águila, Ramón (2004) p. 395). De acuerdo a Caprile Biermann, Bruno (2008) pp. 567 y 571, ello es efectivo únicamente, durante los 3 meses correspondientes a la garantía legal, subsistiendo luego los derechos derivados del Derecho Común.

10 Acerca del diálogo entre las acciones derivadas de la LPDC y las que tienen por fuente el Derecho Común: Isler Soto, Erika (2019) pp. 156-166.

Ahora bien, un proveedor podría argumentar que el mencionado derecho se encuentra contenido en un catálogo de garantías programáticas (Art. 3 LPDC),[11] y que por lo tanto no puede ser fuente de acciones civiles ni contravencionales. Por tal razón, cabe examinar otras disposiciones de la misma Ley, que podrían ser invocadas al momento de sustentar una acción civil o denuncia infraccional, las cuales se pasan a analizar a continuación.

2.1.2 La información básica comercial

En directa relación con lo anterior, aparece la regulación de la información básica comercial, como conjunto de disposiciones invocables para abordar el fenómeno en análisis. Ella es definida en la LPDC como "los datos, instructivos, antecedentes o indicaciones que el proveedor debe suministrar obligatoriamente al público consumidor, en cumplimiento de una norma jurídica" (Art. 1 Nº 3). Como ya se señaló, el establecimiento de imperativos de este tipo tiene por objeto contribuir a una toma de decisión más racional y libre por parte del destinatario de una determinada oferta, o incluso servir de mecanismo de tutela preventivo de responsabilidad en lo que dice relación con la seguridad en el consumo.

Ahora bien, lo característico de esta noción, es que los antecedentes deben ser de otorgamiento obligatorio en virtud de alguna norma jurídica. Nótese en este punto, que la definición del Art. 1 Nº 3 LPDC no exige que ella tenga rango legal, por lo que bastará para ser considerados como tal, la obligatoriedad de su difusión, con independencia de la jerarquía de la disposición que le sirva de fuente.

En este punto debemos recordar que nos enfrentamos a una limitación del período de eficiencia del producto que no proviene de sus características naturales o de su intrínseca corruptibilidad, sino que a una acción deliberada y consciente de un proveedor, quien además es el sujeto que se encuentra en la posición más favorable –quizá la única– en la relación de consumo para obtener y otorgar dicha información.

Con todo, corresponde ahora analizar, de cuál o cuáles normas del sistema de consumo nacional, podría desprenderse el deber de informar al consumidor, acerca de la introducción de la obsolescencia programada en un producto que se ha puesto o se intenta poner en circulación.

La primera desde luego, es el propio Art. 3 letra b) LPDC, toda vez que, la expresión "características relevantes" de los productos a que alude cubriría la práctica en análisis, por las razones ya señaladas. Por otra parte, la misma norma, señala que el consumidor tiene derecho a conocer las "condiciones de contratación", lo cual puede entenderse referido –entre otros muchos aspectos, claro está– a la extensión temporal y funcional de la prestación objeto de un contrato.

Una segunda disposición que podría entrar en juego es el Art. 14 LPDC. Ella establece que "[cuando] con conocimiento del proveedor se expendan productos con alguna deficiencia, usados o refaccionados o cuando se ofrezcan productos en cuya fabricación o elaboración se hayan utilizado partes o piezas usadas, se deberán informar de manera expresa las circunstancias antes mencionadas al consumidor, antes

[11] Acerca del carácter programático o fuente de acciones de los derechos básicos de los consumidores: Isler Soto, Erika (2019) pp. 244-249.

de que éste decida la operación de compra" (Art. 14 inc. 1 LPDC). La dificultad en este caso radica en que el bien que se comercializa, discutiblemente podría calificarse de deficiente, desde que su aptitud actual para cumplir con la funcionalidad prometida no se encuentra comprometida. Así, sólo podría invocarse esta disposición, si se alegase que la falta de conformidad es potencial, en el sentido de que se encuentra impresa en el bien y aparecerá necesariamente en el tiempo.

Una segunda prevención dice relación con los efectos que se derivan del incumplimiento del deber de informar consagrado en el Art. 14 LPDC. De acuerdo al tenor de la norma, su satisfacción liberaría al proveedor del derecho de opción derivado de la garantía legal (Art. 14 LPDC). No obstante, ello no implica que la actitud contraria simplemente implique que tal remedio subsista, puesto que el mismo efecto se produciría aún si no existiese el Art. 14 LPDC. Debemos recordar además, que la garantía legal, salvo el supuesto consagrado en esta disposición, constituye un remedio ya no supletorio de la voluntad de las partes, sino que imperativo.

En ese sentido, la omisión de información respecto de la comercialización de productos con alguna deficiencia –no obstante, como se dijo, habrá de argumentarse que el producto adolece de ella-, no se encuentra conteste con los estándares exigidos por la LPDC y por lo tanto, deja indemne no sólo la garantía legal, sino que también las acciones civiles[12] y contravencionales que pudieren surgir.[13]

Con todo, sea que la fuente del deber de informar se encuentre en el Art. 3 letra b) o en el Art. 14 LPDC, lo cierto es que ha de ser satisfecho de acuerdo a los requisitos de forma y fondo que la LPDC consagra para la información básica comercial, esto es, "en idioma castellano, en términos comprensibles y legibles" (Art. 32 inc. 1). Asimismo habrá de ser suministrada "por medios que aseguren un acceso claro, expedito y oportuno" (Art. 1 Nº 3 LPDC). De esta manera, si no se pone al consumidor en antecedentes acerca de la introducción de una práctica de obsolescencia programada en un producto que se ofrece, comercializa o publicita, o ello se realiza en términos distintos de los preceptuados por los Arts. 1 Nº 3 y 32 LPDC, además podrían invocarse estas normas como igualmente infringidas, y a partir de ello, como sustento de una acción o denuncia.

2.1.3 Publicidad falsa y/o engañosa

Los estatutos reguladores de la relación de consumo no sólo resguardan el consentimiento y seguridad del consumidor mediante las prácticas informativas, sino que también tipifican ilícitos publicitarios que la sociedad concibe como lesivos de los derechos de los consumidores en un espacio y territorio determinado. Dentro de ellos se encuentran –quizá los más conocidos– la publicidad falsa y la publicidad engañosa, cuya consagración como conductas no ajustadas a derecho se fundamenta en la necesidad de que el destinatario de un soporte publicitario pueda representarse de la manera más fiel posible, las características del bien con anterioridad al momento en el cual preste

---

12 Aunque se cumpla con el deber de información consagrado en el Art. 14 LPDC y el consumidor pierda su derecho de opción, se mantiene la acción indemnizatoria derivada de la garantía legal: Barrientos Zamorano, Marcelo (2013) (B) p. 293.

13 Así, se ha sancionado la comercialización de un producto usado como si fuese nuevo. Sentencia y caso: Isler Soto, Erika (2019) (B) pp. 208 y ss.

su consentimiento en orden a ser quien disfrute de la prestación. En ese sentido, estas hipótesis actuales pueden ser consideradas supuestos también de error o de dolo si se cumplen los presupuestos para ello.

Ahora bien, en Chile la regulación de los ilícitos publicitarios se encuentra disgregada en diversos cuerpos normativos y a propósito de también distintas materias, sin que exista un tratamiento sistemático y orgánico que los aborde integral y suficientemente. Por otra parte, la redacción de las disposiciones que se ocupan de ella suele dar lugar a dudas interpretativas de disímil índole.

En este contexto, el Art. 28 LPDC sanciona a quien "a sabiendas o debiendo saberlo y a través de cualquier tipo de mensaje publicitario induce a error o engaño respecto de" ciertos aspectos fijados en la misma norma, dos de los cuales pueden resultar útiles al momento de interponer una acción civil o denuncia infraccional en contra del proveedor respectivo.

En primer lugar, el catálogo menciona a "las características relevantes del bien o servicio destacadas por el anunciante o que deban ser proporcionadas de acuerdo a las normas de información comercial" (Art. 28 letra c LPDC). Como se puede apreciar, el legislador nuevamente (Art. 3 letra b LPDC) recurre a la expresión "características relevantes" como criterio de determinación de los estándares esperables respecto de la difusión de información y publicidad en el sistema de consumo nacional. Cabe recordar que, de acuerdo a lo señalado con anterioridad, la introducción de la obsolescencia programada en un producto, puede enmarcarse dentro de la expresión a la que recurre el Art. 28 letra c LPDC.

Con todo, el Art. 28 LPDC contiene un literal adicional que puede ser invocado y que no sólo alcanza el interés del consumidor afectado, sino que el de la sociedad toda (interés general). Aquel se refiere a la condición de la prestación "de no producir daño al medio ambiente, a la calidad de vida y de ser reciclable o reutilizable" (Art. 28 letra f LPDC).[14] En efecto, y tal como se había venido adelantando y se reflexionará con mayor detenimiento a continuación, la práctica en análisis produce un daño al medio ambiente, por lo que sería posible recurrir sin problema también a esta causal de ilicitud.

2.2 El consumidor ha sido informado acerca de la incorporación de una práctica de obsolescencia programada

Puede ocurrir –aunque en la práctica no es frecuente– que el proveedor informe al consumidor acerca acerca de la limitación temporal de la funcionalidad del bien, antes de la celebración del contrato de consumo, y ella cumple con el estándar mínimo establecido en la LPDC para la garantía legal (por regla general, 3 meses contados desde la entrega del producto, Arts. 20 y 21 LPDC). En tal caso no se configurará un ilícito vinculado al incumplimiento de los deberes de información, no obstante, ello no implica que la conducta sea *per se* lícita.

Así, cabe mencionar en primer lugar que ella tiene lugar en un esquema de sociedad de consumo –"integrando un círculo vicioso en el cual la publicidad crea el deseo de consumir, el crédito otorga los medios para hacerlo y la obsolescencia

[14] Pinochet Olave, Ruperto (2015) p. 408.

programada renueva esa necesidad"–[15] por lo que su implementación en la gran mayoría de los casos afectará a un enorme grupo de individuos.

Considerando lo anterior, se puede señalar que, aunque la LPDC nada dice de manera expresa acerca de la permisión, prohibición o sanción de la práctica en comento, sí consagra en el catálogo de derechos básicos una garantía que puede servir de base para la construcción de una argumentación en su contra. Se trata del derecho a la protección del medio ambiente (Art. 3 letra d LPDC), en el entendido de que de él se derivan deberes jurídicos de cumplimiento imperativo, por parte de ciertos sujetos determinados por el ordenamiento jurídico.

El consumidor es uno de ellos, desde que el Art. 3 letra d) LPDC pone de su cargo el deber de evitar riesgos. Al respecto, cabe recordar que efectivamente se ha venido verificando una modificación del comportamiento del consumidor, en el sentido de que se ha reconducido a un modelo más sustentable.

No obstante, no es el único ni tampoco el mayor obligado. En efecto, quien se encuentra en una mejor posición –y a un menor costo- de evitar los graves daños a nuestra "casa común", es el proveedor. En el caso particular que se plantea, no sólo no se le está exigiendo la realización de una conducta positiva, sino que se espera de él que se abstenga de una práctica –introducción deliberada– que daña el patrimonio social y colectivo.

Sobre ello opina Pinochet Olave: "no da lo mismo cómo se consume, el consumo debe ser sustentable, es decir sostenible en el tiempo, cuidadoso del medio ambiente, cuidadoso, en síntesis, con el planeta, no únicamente nosotros debemos tener la oportunidad de consumir bienes y servicios sino también nuestros hijos y nietos".[16]

En efecto, la durabilidad de los productos que se comercializan en el mercado (vida útil) y la posibilidad de reutilizarlos, o reintegrarlos a la cadena de producción, utilización y/o comercialización, se encuentra vinculada de manera directa con la generación de basura tecnológica que termina contaminando no sólo el espacio terrestre, sino que también el aire, ríos, lagos y mares,[17] de lo que se deriva que la obsolescencia programada genere un perjuicio al medio ambiente.[18] Como explica Vanina Bianchi: "Esos impactos consisten básicamente en el aumento de la utilización de recursos naturales, para la producción de nuevos productos que sustituyen a los anteriores, y en el aumento de los residuos que los productos en desuso generan, con la consecuente contaminación ambiental, en particular cuando se trata de aparatos eléctricos o electrónicos".[19]

Asimismo resulta relevante recordar que los daños medioambientales además suelen ser de difícil o incluso imposible reparación o neutralización, por lo que la humanidad no se encuentra en condiciones –¿acaso alguna vez lo estuvo?– de permitirse un deterioro adicional del planeta en el cual vivimos.

En un sentido similar se han pronunciado Ruiz Málbarez y Romero González: "[en] la actual sociedad los productos cada vez tienen una vida útil menor. Las personas

---

15 Vanina Bianchi, Lorena (2018) p. 283.

16 Pinochet Olave, Ruperto (2015) p. 409.

17 Sobre esta temática en la LPDC: Pinochet Olave, Ruperto (2016) pp. 745-757.

18 Vanina Bianchi, Lorena (2018) p. 284.

19 Vanina Bianchi, Lorena (2018) p. 284.

piensan en modernizar, sustituir y no reparar, pero no tienen conciencia de que los recursos necesarios para hacer cualquier producción son agotables en un planeta finito, que todo producto que se vuelva obsoleto supone contaminación, que 'usar y tirar' implica el uso de recursos que se podrían destinar a otras actividades y un sostenido crecimiento de residuos per cápita que conllevan a enormes vertederos de basura".[20]

Ahora bien, se debe reconocer que la reflexión anterior vuelve a topar con el eventual carácter programático del catálogo de derechos del Art. 3 LPDC, dificultad que podría ser salvada mediante una interpretación extensiva de la noción de seguridad en el consumo (Art. 3 letra d LPDC), entendida como la afectación de la integridad de la persona y patrimonio del consumidor. En este contexto, y si consideramos que los graves daños al medio ambiente demostradamente están afectando la salud de los consumidores, podría recurrirse a las escasas normas sobre seguridad en el consumo (Título III, párrafo 5º LPDC).

Por otra parte, también ayudaría recurrir a los planteamientos de Galdos, para quien rige en términos generales un principio favoriticio, por el cual, en caso de duda de interpretación, o bien de colisión o asignación de derechos, debe primar la protección de la salud, la vida e incluso el medio ambiente.[21]

Conclusiones

De las reflexiones anteriores es posible colegir que la práctica de la obsolescencia programada se encuentra ya presente en la sociedad de consumo. Si bien ella no ha sido regulada explícitamente por la LPDC, igualmente puede recurrirse –aunque con dificultad– a las normas que sí contiene para evaluar su licitud. En dicho examen se deben distinguir dos situaciones distintas.

La primera es aquella en que el proveedor no informa acerca de la disminución intencional de la funcionalidad del bien. En este caso, y si aún no ha operado la prescripción extintiva, se activarán los mecanismos de tutela que otorga tanto el Derecho Común como el Derecho de Consumo, para el comprador que ha sido defraudado. Entrarán en juego por lo tanto el derecho a una información veraz y oportuna, la necesidad de difundir información básica comercial y la sanción de ciertos ilícitos publicitarios.

Si ocurre la hipótesis contraria, podría invocarse el derecho a la protección del medio ambiente y a las disposiciones sobre seguridad en el consumo para fundamentar su improcedencia.

Con todo, cabe igualmente reiterar que las disposiciones invocables no han sido incorporadas en la LPDC con el objeto preciso de abordar la obsolescencia programada, por lo que, al igual que en muchas otras materias, el estatuto jurídico no se encuentra formulado de manera idónea y requiere de una urgente intervención. Quizá el contexto social e histórico que vive el país, puede servir de aliciente para ello.

[20] Ruiz Málbarez, Mayra C.; Romero González, Zilath (2011) p. 133.

[21] Galdos, Jorge Mario (1997) p. 42.

Bibliografía

Azevedo de Amorim, Ana Clara (2019) "Obsolescência programada e proteção dos consumidores: abordagem comparada de direito luso-brasileiro", Revista de Direito, Estado e Telecomunicações, Vol 11 Nº 2, pp. 153-176.

Barrientos Camus, Francisca (2013) "Artículo 19 LPDC", en: De la Maza, Iñigo y Pizarro Wilson, Carlos (edit.): *La protección de los derechos de los consumidores* (Santiago, Editorial Thomson Reuters) pp. 518-523.

Barrientos Zamorano, Marcelo (2013) (B) "Artículo 14", en: De la Maza, Iñigo y Pizarro Wilson, Carlos (edit.), *La protección de los derechos de los consumidores* (Santiago, Editorial Thomson Reuters) pp. 289-295.

Barrientos Zamorano, Marcelo (2013) "En torno a si son las normas del consumidor compatibles con las del libro IV del Código Civil chileno", en Mondaca Miranda, Alexis; Aedo Barrena, Cristian (Coord.): *Nuevos Horizontes del Derecho Privado* (Santiago, Librotecnia) pp. 345-359.

Caprile Biermann, Bruno (2008): "Las acciones del comprador insatisfecho: El cúmulo actual (Ley de protección al consumidor, vicios redhibitorios, error sustancial, resolución por incumplimiento) y la tendencia al deber de conformidad en el Derecho Comparado" en Mantilla Espinosa, Fabricio y Pizarro Wilson, Carlos (Coord.): *Estudios de Derecho Privado en homenaje a Christian Larroumet* (Santiago, Fundación Fernando Fueyo Laneri) pp. 561-602.

Corral Talciani, Hernán (1999) (B) "Responsabilidad civil extracontractual en la construcción", en Gaceta Jurídica Nº 223, pp. 31-42.

Corral Talciani, Hernán (1999) "Ley de protección al consumidor y responsabilidad civil por productos y servicios defectuosos", en Corral Talciani, Hernán (Ed.): *Derecho del Consumo y protección al consumidor: Estudios sobre la Ley Nº 19.496 y las principales tendencias extranjeras. Cuadernos de Extensión* (Santiago, Universidad de los Andes) pp. 163-211.

Corral Talciani, Hernán (2010) (B) "Prescripción de la responsabilidad civil en la construcción" en *Revista del Abogado*, Nº 48, pp. 8-10.

Corral Talciani, Hernán (2010) "Responsabilidad civil en la construcción de viviendas. Reflexiones sobre los regímenes legales aplicables a los daños provocados por el terremoto del 27 de febrero de 2010", *Revista Chilena de Derecho*, Vol. 37 Nº3, pp. 459-475.

Domínguez Águila, Ramón (2004) *La prescripción extintiva. Doctrina y Jurisprudencia* (Santiago, Editorial Jurídica de Chile).

Echeverri Salazar, María Verónica; Ospina Gómez, Julián E. (2018) "Obsolescencia programada y derechos del consumidor", en Llamas Pombo, Eugenio (Coord.) *Congreso Internacional de Derecho Civil Octavo Centenario de la Universidad de Salamanca* (Valencia, Tirant lo Blanch) pp. 179-192.

Figueroa Yañez, Gonzalo (2011) "Rescisión, resolución y redhibición: ¿Puede hablarse de un 'cúmulo de acciones'?", en *Estudios de Derecho Privado. Libro Homenaje al jurista don René Abeliuk Manasevich* (Santiago, Editorial Jurídica de Chile) pp. 111-120.

Galdos, Jorge Mario (1997) "El principio *favor debilis* en materia contractual", *Derecho del Consumidor Nº 10* (Rosario, Juris) pp. 37-47.

Isler Soto, Erika (2019) (B) *Jurisprudencia de Derecho de Consumo comentada* (Santiago, Rubicón).

Isler Soto, Erika (2019) *Derecho de Consumo: nociones fundamentales* (Valencia, Tirant lo Blanch).

Jara Amigo, Rony (1999) "Ámbito de aplicación de la Ley chilena de protección al consumidor: inclusiones y exclusiones", en Corral Talciani, Hernán (Ed.): *Derecho del Consumo y protección al consumidor: Estudios sobre la Ley Nº 19.496 y las principales tendencias extranjeras. Cuadernos de Extensión* (Santiago, Universidad de los Andes) pp. 47-74.

Krieger, Walter F. (2018) "Relaciones y complementariedad entre el Derecho del Consumidor y la Defensa de la Competencia" en Trevisán, Pablo; Del Pino, Miguel; Chamatropulos, Demetrio Alejandro (Dirs.) *Comentarios a la Ley de Defensa de la Competencia* (Buenos Aires, Thomson Reuters), pp. 525- 531.

Paniagua Zurera, Manuel; Miranda Serrano, Luis María (2012) "La protección de los consumidores y usuarios y la irrupción del Derecho de los Consumidores", en Miranda Serrano, Luis María; Pagador López, Javier (Coords.): *Derecho (privado) de los consumidores* (Madrid, Marcial Pons) pp. 19-62.

Pinochet Olave, Ruperto (2015) "Obsolescencia programada y protección del derecho a la información en la Ley 19.496 de Protección de los Consumidores", en Vidal Olivares, Álvaro; Severin Fuster, Gonzalo; Mejías Alonzo, Claudia (Ed.) *Estudios de Derecho Civil X* (Santiago, Thomson Reuters), pp. 397-411.

Pinochet Olave, Ruperto (2016) "La obsolescencia programada y el derecho de los consumidores a que los bienes ofrecidos por los proveedores tengan una duración razonable mínima garantizada" en Barría Paredes, Manuel (Coord.) *Estudios de Derecho Civil XI* (Santiago, Thomson Reuters), pp. 745-757.

Ruiz Málbarez, Mayra C.; Romero González, Zilath (2011) "La responsabilidad social empresarial y la obsolescencia programada" en *Saber, Ciencia y Libertad Vol. 6 Nº 1*, pp. 127-138.

Ruiz-Tagle Vial, Carlos (2010) *Curso de Derecho Económico* (Santiago, Editorial Librotecnia).

Vanina Bianchi, Lorena (2018): "La influencia del principio del consumo sustentable en el combate de la obsolescencia programada, la garantía de los 'productos durables' y el derecho a la información de los consumidores en Argentina", en Revista de Derecho Privado, Nº 34, pp. 277-310.

Vidal Olivares, Álvaro (2000) "Contratación y consumo. El contrato de consumo en la Ley 19.496 sobre Protección a los Derechos de los Consumidores", en *Revista de Derecho,* Universidad Católica de Valparaíso Nº XXI, pp. 229-255.

Informação bibliográfica deste texto, conforme a NBR 6023:2018 da Associação Brasileira de Normas Técnicas (ABNT):

ISLER SOTO, Erika. La obsolescencia programada en la Ley 19.496 sobre Protección de los Derechos de los Consumidores chilena. *In*: EHRHARDT JÚNIOR, Marcos; CATALAN, Marcos; MALHEIROS, Pablo (Coord.). *Direito Civil e tecnologia*. Belo Horizonte: Fórum, 2020. p. 691-701. ISBN 978-65-5518-036-7.

LA IMPLEMENTACIÓN DE LAS TÉCNICAS DE SECUENCIACIÓN MASIVA Y SUS IMPLICACIONES JURÍDICAS EN EL CAMPO DEL DERECHO PRIVADO[1]

NATALIA WILSON APONTE

I Introducción

La aplicación de las tecnologías de la información, propias de la era en la que actualmente vivimos, ha dado lugar a un desarrollo del conocimiento sin precedentes y, al mismo tiempo, ha dado lugar a escenarios llenos de incertidumbres. Esta era –también identificada con los paradigmas de la tecnología de la información, revolución tecnológica, sociedad de la información, explosión informática, era digital, tecnologías de la información y la comunicación (TIC), entre otras– ha generado una irrupción tecnológica con profundos cambios sociales.

Asimismo, el rápido avance de las tecnologías de manipulación de los genes ha permitido pasar del estudio individualizado del gen al estudio de genomas enteros de grupos humanos o de otras especies. De este modo, a partir de la aplicación de las nuevas tecnologías de alto rendimiento o de siguiente generación (*Next-Gen Sequencing* o NGS)[2] y de las nuevas técnicas de secuenciación masiva, conocidas como "secuenciación genómica masiva" o "secuenciación genómica", es posible obtener los denominados datos genómicos, los cuales desbordan la información producto de las pruebas genéticas tradicionales. Se trata de un avance sorprendente que, *grosso modo*, ha permitido evolucionar de la aplicación del llamado "método Sanger", mediante el que se obtienen datos genéticos a partir de la secuencia de un fragmento determinado de ADN, un gen o una parte de este, a la aplicación de técnicas de secuenciación masiva,

---

[1] Trabajo elaborado en el marco del Proyecto de investigación I+D+I DER2016-77229-R (Ministerio Español de Economía y Competitividad) para el período 2016-2020, del que son codirectores M. Martín y A. Ruda (Universitat de Girona, España).

[2] Al respecto Desmond S. T. Nicholl, *An Introduction to Genetic Engineering* [Online], 3rd ed., Cambridge, CUP, 2008, p. 175. <http://dx.doi.org/10.1017/CBO9780511800986> (fc. 18.4.2020); por todos, Adriano Jiménez-Escrig, "Secuenciación de genoma completo: un salto cualitativo en los estudios genéticos", *Revista de Neurología*, 2012, vol. 54, núm. 11, p. 692-698, 692. <www.neurologia.com/> (fecha de consulta [en adelante, fc.] 18.4.2020).

mediante las cuales es posible obtener millones de secuencias al mismo tiempo y, a partir de ellas, datos genómicos. Por tanto, podría decirse que entre datos genómicos y datos genéticos existe una relación de género a especie, siendo los datos genómicos el género y los genéticos la especie.

Sin embargo, el tratamiento de los datos genómicos, a diferencia de los datos genéticos, aún no han sido objeto de la debida atención por parte de los operadores jurídicos, tal vez, en consideración a su relativa novedad. Ello, sin perjuicio de la posibilidad de aplicar la regulación de los últimos respecto de los primeros, cuando así resulte procedente. No obstante, es de aclarar que, en el marco de este artículo, cuando se haga referencia a datos o información genómica se entienden incluidos los datos e información genética.

II Regulación, características y tratamiento de los datos genómicos

Los datos genéticos han sido regulados tanto por el llamado *soft law* (*v.gr.*, Convenio Europeo sobre los derechos humanos y la biomedicina –Convención de Oviedo–, la Declaración sobre el Genoma Humano y los Derechos Humanos de 1997, la Declaración Internacional sobre Datos Genéticos Humanos de 2003, etc.), como por normas vinculantes, sobre todo, con ocasión de la publicación del Reglamento General de Protección de Datos, (UE) 2016/679 (en adelante, RGPD),[3] el cual derogó la Directiva 95/46/CE. Precisamente, la implementación del Reglamento constituyó una oportunidad para incluir el concepto de datos genéticos, así como para categorizarlos dentro de los datos sensibles cuyo tratamiento, en principio, se encuentra prohibido.

Cabe recordar que tanto la Directiva como el RGDP y, por ende, las leyes de trasposición europeas, se han referido a categorías especiales de datos, comúnmente conocidos como datos sensibles. Si bien las disposiciones normativas no establecen qué se entiende por datos sensibles, sí aluden directamente a aquellos y consideran, a efectos de su tratamiento, la necesidad de establecer un régimen reforzado de protección. Ello obedece a los riesgos que el tratamiento de dichos datos entraña respecto de los derechos y libertades fundamentales de sus titulares. En otras palabras, el carácter sensible de los datos personales está dado por su especial incidencia en el ejercicio de las libertades personales, el riesgo de prácticas discriminatorias[4] o la capacidad de afectar al reducto más íntimo de la personalidad o núcleo de la intimidad.[5]

En esa medida, con algunas excepciones, está explícitamente prohibido el tratamiento de datos personales que revele el origen étnico o racial de un individuo, así como sus opiniones políticas, convicciones religiosas o filosóficas, su afiliación sindical y el tratamiento de datos genéticos, datos biométricos dirigidos a identificar de manera

---

[3] Reglamento (UE) 2016/679 del Parlamento Europeo y del Consejo, de 27 de abril de 2016, relativo a la protección de las personas físicas en lo que respecta al tratamiento de datos personales y a la libre circulación de estos datos y por el que se deroga la Directiva 95/46/CE (Reglamento general de protección de datos) (DO L 119 de 4.5.2016).

[4] Puede verse Javier Aparicio, *Estudio sobre la protección de datos*, 4ª, Pamplona, Aranzadi, 2013, p. 387.

[5] Puede verse Pablo Lucas Murillo de la Cueva, "El tratamiento jurídico de los documentos y registros sanitarios informatizados y no informatizados", *Estudios de derecho judicial [Dedicado a: Información y documentación clínica]*, 1997, fasc. 2, núm.7, p. 577-592, 581; Antonio Enrique Pérez Luño, "Bioética e intimidad. La tutela de los datos personales biomédicos", *Aldaba: revista del Centro Asociado a la UNED de Melilla [Dedicado a: Bioética, Filosofía y Derecho]*, 2004, núm. 32, p. 31-62, 47.

unívoca a una persona física y datos relativos a la salud, vida u orientación sexual de los individuos (art. 9.1 RGPD).

Cabe mencionar que antes del RGPD, es decir, con ocasión de las normas de trasposición de la citada Directiva, en muy pocas legislaciones se había reconocido esa especial naturaleza de los datos genéticos. No obstante, países como Bulgaria, República Checa, Polonia, Estonia y Luxemburgo, sí los habían reconocido como datos sensibles previamente. Posteriormente, la Unión Europea evidenció la necesidad de armonizar las disposiciones normativas y, como se dijo, los incluyó dentro de esa categoría. Por tanto, actualmente ya no hay ninguna duda sobre la naturaleza sensible de los datos genéticos.

Justamente, las características propias de los datos genéticos permiten advertir la razón por la cual han sido incluidos dentro de una categoría especial de datos. En ese orden de ideas, vale la pena señalar las principales:

a) Tienen la capacidad de revelar el carácter único del titular de estos y de informar sobre su salud (pasada, presente y futura) y sobre aspectos personales de su vida, tales como vínculos de parentesco o predisposiciones genéticas. Ello pone en evidencia la individualidad de cada persona.[6]
b) Son inmutables o inalterables, salvo que se presenten mutaciones genéticas espontáneas o inducidas, *v.gr.*, una alteración de las secuencias de nucleótidos del ADN por prácticas de ingeniería genética o por la exposición del individuo a ciertos agentes químicos o físicos.
c) Se refieren a información permanente porque acompañan a las personas a lo largo de toda su vida y después de la muerte, pues permanecen en las células de los organismos.
d) No dependen del querer del titular, pues no se escogen los genes.
e) Son susceptibles de aportar nuevos conocimientos, a corto y a largo plazo.
f) Tienen la potencialidad de revelar información sobre grupos étnicos o familiares, con consecuencias significativas para próximas generaciones.

Así las cosas, dadas las bondades y características propias de la información en mención, el interés por lograr avances en función del conocimiento genético se ha incrementado considerablemente. Desde el punto de vista médico, la aplicación de las técnicas de secuenciación masiva, permiten mejorar la prevención y el tratamiento de enfermedades a partir de la identificación temprana de sus causas y de los rasgos genéticos de las mismas. Lo cual las convierte en herramientas adecuadas para el cumplimiento de las expectativas de la denominada medicina personalizada. Esta última tiene como pretensión principal ofrecer atención médica adaptada a cada persona, trasladando la evidencia clínica y científica disponible, a situaciones de personas concretas conforme a su perfil biológico, historia clínica y a la interacción de esa persona con el ambiente.[7] Es lo que también se conoce como la "medicina de las cuatro pes" (*P4 Medicine*), referida a la era de la medicina predictiva, preventiva, participativa y

---

[6] Puede verse José Antonio Seoane, "De la intimidad genética al derecho a la protección de datos genéticos. La protección iusfundamental de los datos genéticos en el Derecho español (a propósito de las SSTC 290/2000 y 292/2000, de 30 de noviembre) (parte II)", *Rev. Der. Gen. H.*, 2002, núm. 17, p. 135–175, 143.

[7] Puede verse Guillermo Antiñolo/Ángel Carracedo/Luis Pérez (panel), "Aplicaciones y perspectivas en enfermedades hereditarias/raras", en Juan Cruz Cigudosa/Joaquín Dopazo (coord.), *Secuenciación genómica en la práctica clínica. Documento de conclusiones,* Madrid, Instituto Roche, 2013, p. 24.

personalizada.[8] Por tanto, interesa optimizar las estrategias de atención sanitaria y las respuestas individualizadas ante terapias con fármacos, ya sea respecto de una persona sana o de aquella que está en las fases tempranas de la enfermedad.

Igualmente, en el contexto de la investigación científica es indiscutible la conveniencia de implementar tecnologías de alto rendimiento y técnicas de secuenciación masiva, en función de los estudios genéticos que se llevan a cabo. Sin embargo, vale la pena destacar, especialmente, el interés por el desarrollo de investigaciones al interior de comunidades indígenas y de otros colectivos, dados los grandes beneficios que este tipo de investigaciones generan para la ciencia y, por ende, para la sociedad en general. Ello obedece a la homogeneidad de las condiciones genéticas que comparten los miembros de dichos colectivos, y al hecho de que, normalmente, estos grupos conservan su identidad genética, al evitar la mezcla con personas ajenas a su comunidad. De esta forma, resulta más fácil establecer nexos entre determinadas mutaciones genéticas y las características comunes del respectivo grupo poblacional (*v.gr.* inmunidad, resistencia o susceptibilidad al desarrollo de ciertas enfermedades).

Sumado a lo anterior, existen otros contextos en los cuales también se ha evidenciado un significativo interés por la aplicación de las tecnologías y métodos señalados. De hecho, tanto el sector público (policía, hacienda, etc.) como el privado (compañías de seguros, farmacéuticas, empleadores, empresas que ofrecen pruebas directas al consumidor, etc.) han comenzado a concentrar parte de su atención en el tratamiento de la información genética de las personas.

Por ejemplo, en el marco de la justicia, la implementación del uso de los perfiles genéticos de los implicados, se justifica por el interés en resolver conflictos que tienen que ver, principalmente, con investigaciones de carácter criminal y civil. Así, con ocasión de dicho tratamiento, es posible establecer o descartar la identidad de un sospechoso de un acto criminal o del padre de la persona que pretende conocer su propio origen biológico.

En cambio, en el ámbito comercial, el tratamiento de muestras biológicas y datos genéticos para la realización de pruebas directas al consumidor (DTC), tienen una finalidad eminentemente económica. Es decir, el responsable del tratamiento obtiene beneficios económicos por la práctica de las pruebas cuando el consumidor paga por los resultados adquiridos. Por tanto, no hay un interés en el cuidado de la salud del interesado, ni en el avance científico de la sociedad, así como tampoco en resolver controversias de carácter judicial. En este escenario se buscar satisfacer el interés de los consumidores que pagan por obtener información clara, precisa y confiable respecto de su genoma.

Ahora bien, existen compañías y empresas comerciales interesadas en acceder a esta información. Les interesa conocer las condiciones genéticas de las personas con quienes pretenden celebrar un contrato, para determinar la conveniencia de establecer, o no, relaciones contractuales con aquellas y las condiciones de la contratación. Por ejemplo, a una compañía de seguros le conviene conocer el estado de riesgo (condición

---

8 Puede consultarse por todos Erman Ayday, "Whole Genome Sequencing: Revolutionary Medicine or Privacy Nightmare?", *Computer*, 2015, vol. 48, núm. 2, p. 58-66, 61<doi:10.1109/MC.2015.59>; Leroy Hood/David Galas, "P4 Medicine: Personalized, Predictive, Preventive, Participatory: A Change of View That Changes Everything," en *Computing Community Consortium (CCC)*, 2009 <www.cra.org/ccc/files/docs/init/P4_Medicine.pdf> (fc. 19.4.2020).

genética del potencial asegurado) para determinar el valor de la prima a cargo del asegurado, o, en su defecto, para negarle la póliza a aquel o a sus familiares, entendiendo que la condición genética advertida constituye una condición de preexistencia. El mismo criterio es usado en el ámbito laboral para contratar, ascender o despedir a una persona.

De otra parte, poco a poco, también se ha ido despertando la conciencia social respecto del tratamiento que se le da a la información genética (acceso, custodia, utilización, etc.). De tal modo que los pacientes que se someten a pruebas genéticas, los participantes de una investigación científica, los donantes de material genético, los familiares de todos ellos, las comunidades indígenas, etc., han venido manifestando su preocupación en relación con el tratamiento de su información, dados los riesgos inherentes al tratamiento de la misma. Y no es para menos, en la medida que, aunque el acceso a la información genética puede generar múltiples beneficios –por ejemplo, es posible que los científicos determinen las relaciones existentes entre los genes, las enfermedades y los factores ambientales; que se identifiquen grupos de personas susceptibles a desarrollar ciertas enfermedades; que se determine la capacidad de respuesta de cada individuo ante el consumo de medicamentos, etc–, también es posible que dicho acceso tenga un impacto negativo para quienes resulten afectados, con ocasión de la vulneración de sus derechos fundamentales e intereses legítimos (el derecho a la intimidad, igualdad, autonomía, libre desarrollo de la personalidad y la libertad contractual).

En lo atinente a la información genómica, los riesgos inherentes a su tratamiento son más elevados. De hecho, se ha demostrado que, dada la naturaleza de los datos genómicos, su tratamiento permite identificar a las personas concernientes con un altísimo grado de probabilidad. Es decir, los mayores riesgos e interrogantes generados a partir del tratamiento de dichos datos están ligados a la re-identificación de las personas concernientes cuando, en principio, la información ha sido anonimizada mediante las técnicas respectivas,[9] o a la dificultad de mantener el anonimato de dichas personas. Adicionalmente, esos riesgos se relacionan con el inmenso valor predictivo de los datos genómicos respecto del estado de salud, actual o futuro, de una persona determinada o de sus descendientes o familiares, lo cual no tiene precedentes en su escala. Asimismo, dichos riesgos se relacionan con la obtención de hallazgos incidentales o inesperados, el deber de información sobre los riesgos de enfermedades no planteadas originalmente, tratamientos preventivos, acceso a seguros de salud, la necesidad de generar nuevos métodos de organización e interpretación de datos debido al gran volumen de aquellos, entre otros.

En ese sentido, a continuación, conviene referirse, con mayor profundidad, a los riesgos mencionados, así como a las situaciones ante las cuales debe enfrentarse el Derecho privado, con ocasión del impacto originado por la implementación de tecnologías de alto rendimiento y la aplicación de técnicas de secuenciación masiva. Lo anterior, teniendo en cuenta la necesidad de proteger y garantizar, especialmente, los derechos de la personalidad de los ciudadanos, su autonomía y autodeterminación informativa.

[9] Puede verse Grupo 29, Dictamen 05/2014, sobre técnicas de anonimización, [WP 216], 10.4.2014.

III Riesgos inherentes al tratamiento de los datos genómicos

Como punto de partida, es preciso recordar que los miembros de una misma familia biológica comparten información genética. Así, padres, hijos y hermanos comparten la mitad de los genes; abuelos y nietos, y primos entre sí, comparten la cuarta parte de estos. Lo cual quiere decir que cualquier riesgo de identificación, re-identificación o determinación de las condiciones de salud de una persona, se traslada, a su vez, a los parientes consanguíneos de aquel. Para ejemplificar lo dicho, vale la pena traer a colación el célebre asunto relacionado con la secuenciación de la línea celular "HeLa".[10] En este caso, la línea celular en mención se obtuvo a partir de la extracción de una muestra del tumor cancerígeno de la ciudadana estadounidense, Herietta Lacks, en 1951 –de las dos primeras letras del nombre y apellido de la mujer deriva la denominación de las células. Sin embargo, más de veinte años después de haberse realizado la intervención quirúrgica en comento, la cual, dicho sea de paso, fue realizada por un equipo médico sin contar con el consentimiento de la paciente o el de sus familiares, estos últimos fueron identificados. De este modo, la familia pasó del anonimato a la fama, involuntariamente.

Como es esperable, dicha situación produjo una serie de consecuencias a los familiares de la Sra. Lacks. Entre ellas se pueden reconocer las siguientes: la angustia que produce el quebrantamiento de la intimidad; la posible identificación de riesgos de contraer enfermedades y, con ello, de ser objeto de discriminación; la exclusión de cualquier reconocimiento económico pese a las enormes ganancias obtenidas por terceros, producto del material biológico de la Sra. Lacks, etc. Esto último, teniendo en cuenta que la línea de células continúa siendo utilizada en distintas instituciones en el mundo, lo cual confirma el gran potencial de información que el material biológico puede contener.[11]

En virtud de ello, surge un primer interrogante que consiste en determinar cómo tratar la información genómica de una persona, sabiendo que no solo se refiere a aquella, sino que vincula a sus propios parientes. En ese sentido, es pertinente destacar los siguientes dos modelos respecto al tratamiento de esa información: un modelo individualista de confidencialidad, en el que la información genómica de una persona se considera privada, y un modelo de información compartida, dada la inherente naturaleza de dicha información.[12] Ligado a lo anterior, se presentan otros aspectos de gran trascendencia. De una parte, es relevante determinar si el sujeto fuente de la información genómica, esto es, la persona que originalmente fue sometida a la práctica de pruebas de esta índole, tiene una obligación moral o, incluso, un deber legal de información respecto de los miembros de su familia. De la otra, es necesario establecer

[10] Para profundizar en el tema puede verse Gail Javitt, "Why Not Take All of Me? Reflections on The Immortal Life of Henrietta Lacks and the Status of Participants in Research Using Human Specimens", en *Minnesota Journal of Law, Science & Technology*, 2010, vol. 11, núm. 2, p. 713-755; Rebecca Skloot, *The Immortal Life of Henrietta Lacks*, Nueva York, Random House, 2010.

[11] El caso HeLa ha tenido tanta repercusión que incluso se llevó a la televisión mediante una película realizada por HBO, con el título del libro en el cual se basa: "*The Immortal Life of Henrietta Lacks*". Esta película, dirigida al gran público y emitida por primera vez en febrero de 2017, destaca la lucha de la hija mayor de Henrietta Lacks por establecer tanto su identidad como la verdad y justicia en relación con el tratamiento dado por la comunidad científica a las células del tumor de su madre. Especialmente, respecto a la extracción y reproducción de las mismas sin consentimiento alguno.

[12] Así en, Emily Jackson, *Medical Law: Text, Cases and Materials*, (4ª ed.), Oxford, OUP, 2016, p. 443.

cuál es el alcance del deber de confidencialidad de los responsables o encargados de la información genómica (médicos, investigadores científicos, biobancos, etc.), respecto del sujeto fuente de la información y de los demás afectados por el tratamiento de la misma.

Pues bien, si prevaleciese el modelo de información genómica compartida, podría predicarse la existencia de un deber legal de suministrar información genómica a todo un grupo familiar. Por tanto, dicho deber tendría que ser cumplido por los responsables y encargados de la información, *v.gr.* profesionales de la salud o el mismo sujeto fuente de la información. Ello, teniendo en cuenta que esta información goza de un carácter familiar y no meramente individual. De tal forma que en este supuesto sería clara la configuración del daño que se causa a terceros, a partir de la omisión de datos genómicos relevantes, en la medida que, se insiste, la información genómica no corresponde a un solo individuo sino al grupo familiar propiamente dicho. No obstante, para esos efectos, es indispensable establecer normas y protocolos que definan el marco de acción apropiado,[13] dentro del cual deban moverse responsables y encargados de la información, de una parte y, de la otra, los sujetos fuente de la información y los familiares de aquellos.

En cambio, respecto del modelo individualista de confidencialidad no sería viable predicar esos mismos deberes. Si acaso, pudiera afirmarse que, aunque la información no es colectiva, cada persona tiene un "deber jurídico civil" de comunicar su información genómica a los familiares, en tanto que ellos tienen un interés, al menos, equivalente al suyo en esa información. De tal modo que, por ejemplo, el deber de asistencia de los padres respecto de los hijos o de una persona respecto de su familia, fungiría como sustento de esa consideración. Sin embargo, lo anterior tendría una dificultad derivada de las relaciones familiares cuyos vínculos no son reconocidos por los códigos civiles o por la legislación de que se trate, a efectos de establecer el deber de asistencia entre algunos familiares, como puede suceder entre los mismos hermanos.

En cuanto a los profesionales de la salud es preciso mencionar que, pese a que en el modelo individualista de estos profesionales solo tienen obligaciones respecto del sujeto fuente, algunas veces, estos profesionales podrían tener dificultades para decidir sobre la conveniencia de comunicarle a terceros la información genómica de aquel. Esa dificultad surge, de una parte, en consideración al deber de confidencialidad médico y a los derechos a la intimidad y a la auto-determinación informativa o protección de datos del paciente. De la otra, dada la relevancia de la información genómica del sujeto fuente en la salud de los familiares del último. Incluso, dada la cercanía o consolidación de relaciones basadas en la confianza que se presenta entre los médicos y los familiares cercanos de los pacientes.

En efecto, flexibilizar el deber profesional de confidencialidad o establecer un deber de cuidado respecto de los familiares de un paciente, con ocasión del tratamiento de la información genómica de aquél, puede ser problemático. Para ilustrar lo señalado, en el caso inglés *ABC v St George's Healthcare NHS Trust*,[14] el Tribunal Superior de Justicia de Inglaterra y Gales señaló que no era justo ni razonablemente discutible

---

[13] Así en, Alastair Kent, "Consent and confidentiality in genetics: whose information is it anyway?" *Journal of Medical Ethics*, 2003, vol. 29, p. 16-18.

[14] England and Wales High Court (Queen's Bench Division), *ABC v St George's Healthcare NHS Trust & Ors* [2015] EWHC 1394 (QB) (19.5.2015).

establecer a cargo de los médicos (demandados) un deber de cuidado a favor de terceros. Específicamente, el deber legal de advertirle a la hija de un paciente en estado de embarazo (la demandante), sin el consentimiento de este último (padre de la demandante), sobre el riesgo genético que ella tenía de padecer la enfermedad de Huntington. En la sentencia judicial se rechaza la idea de que los médicos tuviesen un deber de cuidado (*duty of care*) frente a terceros. Incluso, se aclara que tampoco podría tratarse del incumplimiento de un deber de diligencia por omisión, en tanto no existe una especial relación entre el médico y la hija del paciente, así como tampoco la asunción de responsabilidad que ordinariamente se requiere para que se constituya el deber en mención. Por tanto, en la sentencia se deja claro que establecer un deber en el sentido indicado no sería "equitativo, justo y razonable" (*fair, just and reasonable*).

Pese a lo anterior, no hay que perder de vista que, en determinados casos, suministrar información genómica a los familiares del sujeto fuente, podría encontrarse justificado. Los profesionales de la salud, en principio, podrían aludir al deber de socorro que les asiste o, incluso, a la causal de estado de necesidad en función de la evitación de un daño a la vida o integridad de terceros. Todo lo cual conllevaría a resolver el conflicto a favor del derecho a la salud de los terceros, en conexión con el derecho fundamental a la vida e integridad de aquellos, en menoscabo de la intimidad y protección de datos del sujeto fuente.

Habiendo llegado a este punto, cabe hacer referencia a otro evento en el cual, posiblemente, los profesionales de la salud podrían verse obligados a vulnerar el derecho a la protección de datos o autodeterminación informativa de sus pacientes. Sin embargo, esa vulneración no estaría justificada en función del bienestar de terceros, sino en función del bienestar de los mismos pacientes. Se trata, entonces, de reflexionar sobre el comúnmente denominado "derecho a no saber" (*right not to know*), entendido como el respeto por el derecho de toda persona "a decidir que se le informe, o no, de los resultados de un examen genético y de sus consecuencias",[15] y el deber de honestidad de los médicos respecto de sus pacientes. Un criterio que podría servir de base para resolver la tensión descrita se refiere a la evitación del daño. Para su aplicación es indispensable analizar caso por caso a efectos de determinar si, pese a que el paciente haya ejercido su derecho a no saber, es posible evitar la ocurrencia de daños, una vez el médico le suministre información sobre el estado de su salud. Para ello se requiere identificar una serie de cuestiones, entre las que se encuentran: las condiciones genéticas del paciente; la gravedad de la enfermedad y el grado de desarrollo de la misma; la existencia de tratamientos médicos efectivos para combatir la enfermedad y su probabilidad de éxito o fracaso, etc. Lo contrario, esto es, no tener en cuenta la evitación del daño como criterio para resolver el conflicto, podría acrecentar los daños de la víctima bajo el pretexto de cumplir con los deberes propios de la profesión médica. Situación que, en todo caso, requiere de una pronta y efectiva regulación, mediante la cual se aclare el alcance del deber de honestidad de los profesionales de la salud *vs.* el derecho a la autodeterminación informativa de los pacientes en su faceta negativa (derecho a no saber).

---

[15] Así se reconoce en la Declaración Universal sobre el Genoma Humano y los Derechos Humanos de 1997, de la UNESCO, al referirse a los Derechos de las personas interesadas (art. 5.b). Disponible en <www.unesco.org/new/en/social-and-human-sciences/themes/bioethics/human-genome-and-human-rights/> (fc. 19.4.2020).

Tratándose del resto de responsables y encargados de la información (*v.gr.*, investigadores científicos, empresas dedicadas a la venta de pruebas genéticas, biobancos o que almacena información, etc.) en el marco del modelo individualista de confidencialidad de la información genómica, es más claro que, precisamente por el rol que desempeñan, esos sujetos estarían liberados del deber de suministrar información genómica a los familiares del sujeto fuente. Pero, en cualquier caso, están obligados a garantizar la confidencialidad de aquella, so pena de tener que responder administrativa, civil e, incluso, penalmente, cuando hubiese lugar a ello.

Otro interrogante que surge a partir del citado asunto "HeLa", tiene que ver con el consentimiento. Como se mencionó, para aquel momento, el equipo médico que realizó la extracción de las células de la Sra. Lacks, no solicitó el consentimiento de la paciente ni mucho menos el de su familia. Lo cual resulta, a todas luces, cuestionable, pese a que la intervención médica se haya realizado varias décadas atrás. Y, aunque actualmente el asunto parece superado, en tanto que se reconoce que el consentimiento es un elemento clave dentro de la práctica clínica e investigativa, surgen otras consideraciones alrededor del mismo, las cuales se desarrollan a continuación.

Como es bien sabido, el consentimiento es una institución de vieja data para el Derecho privado, mediante la cual los individuos manifiestan su voluntad, de manera libre, consciente y en ejercicio de su capacidad de entendimiento, para aceptar derechos y obligaciones o la práctica de alguna actividad particular. Así, para que en el contexto médico y de investigación científica sea posible realizar actos médicos e investigaciones de este tipo,[16] los pacientes y participantes deben aceptar su realización, una vez reciben información clara, precisa y adecuada. Lo contrario permite activar las sanciones y remedios correspondientes, tales como el inicio de procesos disciplinarios y de responsabilidad civil.

De modo similar, en el marco del régimen de protección de datos personales, el tratamiento de aquellos se legitima con el consentimiento del interesado. No obstante, el tratamiento de datos personales debe estar estrechamente vinculado al principio de finalidad. En consecuencia, esa manifestación de voluntad debe consistir en una declaración inequívoca al respecto, o en una acción afirmativa en igual sentido que permita la realización del tratamiento de datos en los términos convenidos.

En cuanto a los datos genéticos como datos sensibles, debe tratarse, además, de un consentimiento explícito, de conformidad con lo establecido en el Reglamento General de Protección de Datos Personales de la Unión Europea. Por ende, resulta esencial que los responsables y encargados de tratamiento de datos, cumplan esas exigencias, pues son ellos quienes tienen la carga de demostrar que el interesado ha consentido el tratamiento de sus datos personales. Para lo anterior, es necesario determinar el tipo de consentimiento que más se ajuste a dichas exigencias según las implicaciones específicas del tratamiento de datos que se realice. En este sentido, vale la pena preguntarse por el tipo de consentimiento que debe implementarse en el marco del tratamiento de datos genómicos. Por ejemplo, tratándose de hallazgos incidentales o inesperados (los llamados *incidental findings*, en inglés), debe establecerse el alcance

[16] El Código de Nüremberg de 1947, constituyó la base a partir de la cual se comenzaron a formular principios de la investigación médica y experimentación con seres humanos. Un panorama descriptivo y evolutivo se encuentra en Eleni Kosta, *Consent in European Data Protection Law*, Leiden, Boston, Brill-Nijhoff, 2013, p. 111-130.

de la información que debe contener dicho consentimiento. Es decir, partiendo de la base sobre la cual los hallazgos incidentales corresponden a aquellos resultados adicionales o diferentes a los que se pretendían obtener con la aplicación de la técnica respectiva o con la práctica de la prueba ordenada, es preciso que las partes definan, previamente, si dichos resultados pueden ser comunicados al interesado (o no) y en qué condiciones; *v.gr*, si únicamente la información que tiene un significado clínico, reproductivo o personal relevante, debe ser comunicada, o si también debe informarse sobre las variantes de significado desconocido (*variants of unknown significance*, VUS), que aún no son susceptibles de interpretación. Incluso, si la información debe ser puesta en conocimiento de los familiares del sujeto fuente o no.

Otro asunto que tiene que ver con el consentimiento se relaciona con las investigaciones científicas llevadas a cabo al interior de colectivos étnicos y comunidades indígenas. Como bien se sabe, la historia ha demostrado que los investigadores no han sido lo suficientemente garantistas de la cultura, costumbres e idiosincrasia propias de estos colectivos. Ello, básicamente por el modo como se ha llevado a cabo la práctica investigativa (recolección de datos genómicos), y por el tratamiento dado a los hallazgos no deseados, relacionados con la ascendencia de una comunidad o población determinada, su origen geográfico o las migraciones ocurridas antes de su establecimiento en un lugar determinado. Un caso que ilustra lo indicado tiene que ver con la Tribu Havasupai en Estados Unidos. Precisamente, la investigación científica llevada a cabo por la Universidad del Estado de Arizona, significó, entre otras cosas, una amenaza a la identidad de la Tribu, una potencial estigmatización tanto de aquella como de los miembros individualmente considerados, la pérdida de control sobre las muestras biológicas –cuyo significado es eminentemente espiritual– y el uso indebido de las mismas, ya que no fueron conservadas dentro de un ambiente de confidencialidad, pues, contrario a eso, esta última se excedió la finalidad, causando malestar en la comunidad.

En ese sentido, es indispensable fijar las condiciones mínimas para realizar tratamientos de muestras biológicas y datos genómicos de los miembros de grupos étnicos o comunidades indígenas. En primer lugar, es necesario conciliar enfoques culturales diversos. Por ejemplo, vale la pena considerar la figura del "ADN en préstamo", mediante la cual se pretende garantizar el respeto y la autodeterminación de los pueblos indígenas. Conforme a esta figura el investigador es un administrador temporal de la muestra, mientras que la comunidad o los individuos que la conforman son quienes conservan indefinidamente la propiedad y el control sobre la misma. En segundo lugar, es necesario adaptar el consentimiento con el fin de garantizar que tanto los miembros de la comunidad como el grupo en sí mismo considerado, manifiesten claramente su voluntad de participar o no en una determinada investigación científica. En efecto, la falta de un auténtico consentimiento informado hace cuestionar la legitimidad del tratamiento de datos, especialmente, tratándose de grupos identificables, cuya intimidad es más difícil de garantizar en comparación con la población general. Así las cosas, es importante recalcar la necesidad de que cada miembro de las comunidades indígenas sea consciente de las implicaciones de participar en un proyecto de investigación genética. En consecuencia, resulta útil que cada uno reflexione sobre las siguientes cuestiones: si realmente comprende en qué consiste el proyecto de investigación; cuáles son las consecuencias del proyecto a corto y a largo plazo; cuál es el balance de los resultados positivos y negativos; las implicaciones del proyecto en relación con la religión, cultura o ética; el alcance del contenido del formulario del consentimiento; el tratamiento que se impartirá sobre la sangre, tejido, cabello u otras muestras biológicas cedidas; los potenciales efectos de los resultados de la investigación a nivel personal, familiar o comunitario; los beneficios reales de la investigación, etc. Con todo, es esencial garantizar, permanentemente, el respeto de las tradiciones locales y étnicas, eliminando cualquier práctica de estigmatización y discriminación al respecto.

De otra parte, tal como se señaló, existen compañías privadas que se dedican a realizar las llamadas DTC o pruebas directas al consumidor, a cambio del pago de una suma de dinero determinada. Estas empresas se limitan a suministrar la información solicitada por consumidores que, normalmente, desean descubrir el origen de sus ancestros y los países desde los cuales emigraron.[17] Así las cosas, es esperable que este tipo de compañías, cuyo interés es eminentemente económico, garantice el deber de confidencialidad respecto de la información genómica a su cargo, y que la información que suministran a los consumidores de estas pruebas sea clara, precisa y oportuna. De lo contrario, podrían verse obligados a responder civilmente por los daños que causen, con fundamento, no en el régimen general de responsabilidad, sino en el régimen especial de responsabilidad por productos defectuosos, el cual puede resultar mucho más estricto que el primero (en la medida en que en muchos países se sujeta a esta responsabilidad a una regla objetiva o sin culpa, como sucede en la Unión Europea).

Siguiendo esa misma línea, también se señaló que existen otras compañías interesadas en acceder a la información genómica de sus (potenciales) clientes o empleados. Principalmente se trata de compañías de seguros y empleadores que buscan establecer condiciones económicas contractuales a su favor, basándose en la información recabada. Así, a una compañía de seguros le conviene conocer el estado de riesgo del potencial asegurado para negarle u otorgarle, directamente o a sus familiares, una póliza de seguro o para fijar el valor de la prima en función de las condiciones genéticas advertidas. Si bien es cierto, el contrato de seguro es de ubérrima buena fe, lo que inicialmente supone para el potencial asegurado el deber de declarar el riesgo, resulta, a todas luces, lamentable clasificar los riesgos según el patrimonio genético de las personas. De hecho, esa clasificación ni siquiera se justifica para evitar el conocido fenómeno de la selección adversa que busca garantizar el libre funcionamiento del mercado de seguros. Es decir, aunque declarar el estado del riesgo supone evitar que las personas que descubren que tienen probabilidades de sufrir enfermedades graves, contraten un seguro en condiciones beneficiosas para ellos, o que las alteren a su favor, si es que previamente ya habían contratado el seguro,[18] no legitima que el acceso a un contrato de seguro dependa de si un individuo es, o no, genéticamente "defectuoso". Del mismo modo, tampoco resulta aceptable fijar las primas con base en ello, máxime cuando la discriminación afecta a quienes, sin estar enfermos, son susceptibles de desarrollar enfermedades que no dependen exclusivamente de sus condiciones genéticas o respecto de las cuales se ignora el momento en el cual se desarrollarán.

---

[17] Un artículo interesante sobre este tema en, Charles Matranga, "Family Ties: The Familial Privacy Implications of Direct to Consumer Genetic Testing", *Biology & Law eJournal*, vol. 4, núm. 22, 4.24.2020.

[18] Véase por todos Cathleen D. Zick, "Genetic Testing for Alzheimer's disease and its impact on insurance purchasing behavior", *Health Affairs*, 2005, vol. 24, núm. 2, p. 483-490, 488.

Sumado a ello, este tipo de prácticas, además de constituir fuentes potenciales de discriminación, pueden infundir temor en la sociedad y coartar los principios de libertad y autonomía. De este modo, se evidencia que el tratamiento de datos genómicos con la finalidad comentada es contrario a los objetivos y principios de un Estado social y democrático de Derecho, el cual propugna, como valores superiores, la libertad, la justicia y la igualdad. De hecho, mediante la Recomendación (2016) 8 del Comité de Ministros a los Estados miembros de la Unión Europea,[19] se pretende garantizar el respeto de los derechos fundamentales de las personas y evitar la discriminación en el contexto de los contratos de seguros; seguros, personales o colectivos, dirigidos a cubrir los riesgos de salud, integridad física, edad o muerte de las personas. De tal forma que se ve conveniente prohibir la práctica de pruebas genéticas dirigidos a establecer ciertas condiciones contractuales. En vez de ello, se requiere que las compañías aseguradoras implementen medidas estrictas de salvaguarda respecto del tratamiento de los datos de salud de los asegurados. Lo dicho, sin perder de vista la necesidad de alcanzar un justo equilibrio entre las limitaciones propias del contrato de seguro privado (interés legítimo de las compañías aseguradoras en evaluar el nivel de riesgo de los asegurados), la protección de los intereses individuales de la persona asegurada y la relevancia social de la cobertura de ciertos riesgos.

En sentido similar, en el ámbito laboral, la información genómica de los (potenciales) empleados puede ser usada para contratar, ascender o despedir a una persona. Es decir, con base en los datos obtenidos, el empleador determina si una persona es suficientemente sana (apta) o no (inepta) para cumplir las funciones a su cargo. Sin embargo, esta conducta es, en principio, discriminatoria, pues en nada se compadece con las prácticas apropiadas para prevenir riesgos laborales. En este caso debe diferenciarse entre la necesidad de averiguar por el estado actual de salud de un trabajador –uso de pruebas genéticas y otras pruebas médicas para vigilar la salud de los trabajadores en el marco de la medicina preventiva laboral–, y el acceso a los datos genómicos que informan sobre su estado de salud futuro, probable o potencial, para tomar decisiones con base en esos datos.

En consecuencia, es necesario regular estrictamente las circunstancias excepcionales en función de las cuales las compañías de seguros, o cualquier otro contratante, pueden acceder a los datos genómicos de los (potenciales) asegurados o contratistas y, en todo caso, exigir garantías de confidencialidad y protección de dicha información.

IV Medidas jurídicas de protección en función al tratamiento de datos genómicos

Como es bien sabido, mediante la aplicación de las normas de protección de datos personales se pretende que los titulares de los datos detenten un control real sobre su

---

[19] Council of Europe. Committee of Ministers, Recommendation CM/Rec (2016) 8 of the Committee of Ministers to the member States on the processing of personal health-related data for insurance purposes, including data resulting from genetic tests (26 October 2016) <https://search.coe.int/cm/Pages/result_details.aspx?ObjectId=09000016806b2c5f> (fc. 26.10.2016). En dicha página web también está disponible una versión en francés (no así en castellano).

información. Así, dicho régimen prevé diferentes herramientas para hacer efectivo ese control. Entre estas, el ejercicio de los derechos conocidos, coloquialmente, como "derechos ARCO" (acceso, rectificación, cancelación y oposición), así como la limitación del tratamiento de datos, el derecho a la portabilidad de aquellos y el derecho al olvido.

Igualmente, este régimen establece una serie de garantías a cargo de responsables y encargados de datos (*v.gr.*, medidas de seudonimización, la implementación del principio de responsabilidad proactiva que implica la protección de datos desde el diseño y por defecto, medidas de seguridad de tratamientos de datos, implementación de medidas de prevención, tal como la "Evaluación de Impacto sobre la Protección de Datos (EIPD)" o "*Privacy Impact Assesment*", la figura del delegado de protección de datos, etc.); la posibilidad de realizar trámites administrativos ante autoridades de control para que, entre otras cosas, resuelvan las reclamaciones de todo aquel que considere que el tratamiento de datos personales que le concierne, infringe las normas pertinentes; y, reconoce el derecho de los afectados a obtener la correspondiente indemnización cuando haya lugar a ello. Esta última medida, sin duda, merece especial atención en el tema que nos ocupa.

En ese sentido, interesa destacar el artículo 82 del RGPD, pues establece que toda persona que haya sufrido daños y perjuicios, materiales o inmateriales, tendrá derecho a recibir una indemnización por los daños y perjuicios sufridos del responsable o encargado del tratamiento, como consecuencia de la infracción al Reglamento. Así las cosas, el titular de los datos personales (persona física que haya experimentado un daño directo o, incluso, un daño indirecto,[20] en este último caso en función del tratamiento de los datos genómicos) podrá ejercer una acción de reparación por los daños sufridos como consecuencia de la infracción legal. En ese evento, el titular de los datos personales que resulte afectado, podrá solicitar la indemnización plena y efectiva de los daños sufridos y deberá demostrar: a) la infracción de las normas contenidas en el Reglamento por parte de los responsables o encargados de tratamientos de datos, o la infracción de las instrucciones legales dadas por el responsable al encargado por parte de este último; b) los daños y perjuicios sufridos, y; c) la relación de causalidad entre la infracción de las normas o de las instrucciones legales del responsable y el daño sufrido. Sin embargo, para la víctima que sufre un daño como consecuencia de un tratamiento indebido de sus datos personales, puede resultar oneroso acreditar la infracción de las normas e instrucciones referidas y, por consiguiente, el nexo de causalidad respectivo.

Respecto de los responsables y encargados de tratamientos de datos, debe mencionarse que, para eximirse de responsabilidad, deben demostrar la ausencia de la misma de conformidad con el respectivo régimen de responsabilidad. Sin embargo, el artículo 82, y demás normas del RGPD, no lo definen claramente, situación que también se presentó en la Directiva anterior. Esa falta de precisión, a su vez, impide fijar con claridad los eximentes en virtud de los cuales un responsable o un encargado

---

[20] Véase Antoni Rubí Puig, "Daños por infracciones del derecho a la protección de datos personales. El remedio indemnizatorio del artículo 82 RGPD", *Revista de Derecho Civil*, 2018, vol. V, núm. 4, p. 53-87, 60, quien plantea que "dichas personas físicas habrán de acreditar que el tratamiento infractor afectó de un modo indirecto a sus propios datos personales. Por ejemplo, la revelación indebida de datos médicos relativos a determinadas enfermedades hereditarias de un sujeto podrá permitir inferir características genéticas –esto es, datos personales- de sus progenitores o de uno de ellos, aunque los datos de estos últimos no hubieran sido tratados en ningún caso por el titular de la base de datos".

de tratamiento de datos, resultaría exonerado de responsabilidad. De hecho, la norma establece que el responsable o encargado del tratamiento estará exento de responsabilidad si demuestra que no es *en modo alguno* responsable del hecho que haya causado los daños y perjuicios. La frase *en modo alguno*, novedad del RGPD, podría significar, para el responsable o encargado del tratamiento, un alto grado de exigencia a efectos de demostrar que, efectivamente, no debe responder por el hecho casuante del daño. Es decir, tiene la carga de demostrar que el daño se produjo por factores ajenos a su esfera de control.[21] No obstante, se echa de menos esa precisión.

Cabe mencionar que, hasta el momento, el ejercicio de la acción de responsabilidad no ha sido el mecanismo de tutela mayormente utilizado en la Unión Europea,[22] lo que puede sorprender si se consideran los numerosos escenarios en los que un tratamiento inadecuado de datos puede generar daños, sobre todo de carácter moral. Por ejemplo, la discriminación y estigmatización de una persona por sus propias condiciones genómicas, las cuales pueden corresponder a una etnia o raza que, a su turno, también se ve discriminada.

En todo caso, y con independencia de lo anterior, si el ordenamiento jurídico de que se trate prevé normas generales de responsabilidad civil, las víctimas que sufran daños por el tratamiento indebido de sus datos personales, podrán acudir a aquellas para obtener la reparación de los daños causados. En el caso de España, por ejemplo, el artículo 1902 y siguientes del Código civil prevé un régimen de responsabilidad subjetivo o por culpa.

Del mismo modo, si el respectivo ordenamiento jurídico prevé normas especiales de responsabilidad por la lesión del derecho fundamental a la protección de datos personales u otros derechos que pueden verse vulnerados con ocasión del tratamiento de dichos datos, la víctima podría ejercer las acciones del caso para perseguir la debida indemnización. Nuevamente, vale la pena traer a colación la legislación española. Específicamente la Ley Orgánica 1/1982, de 5 de mayo, de Protección civil del derecho al honor, a la intimidad personal y familiar y a la propia imagen (LO 1/1982),[23] la cual contiene el régimen de protección de algunos derechos de la personalidad. De hecho, mediante su implementación se pretende adoptar las medidas que sean necesarias para poner fin a la intromisión ilegítima de que se trate; restablecer al perjudicado en el pleno disfrute de sus derechos (declaración de la intromisión sufrida, cesación de la intromisión y reposición del estado anterior); prevenir o impedir intromisiones inminentes o ulteriores; e indemnizar los daños y perjuicios causados (art. 9.2 LO 1/1982). Por consiguiente, la víctima del tratamiento de datos a quien le ha sido vulnerado su derecho a la intimidad, podría ejercer las acciones de defensa contenidas en la ley en mención, con las ventajas que ello conlleva.

De otra parte, El RGPD, entre otra de sus novedades, reconoce la legitimación activa de ciertas entidades sin ánimo de lucro, para representar los intereses de quienes

---

21 *Ibidem.*, p. 78. En ese sentido el autor afirma que, "[s]e tratará de acreditar que, a pesar de haber incumplido un deber que les incumbía con arreglo a la normativa de protección de datos personales, los daños causados no eran de los que la norma infringida perseguía evitar y que se debieron a una causa completamente externa que no podían ni debían controlar".

22 Véase, FRA – European Union Agency for Fundamental Rights, *Access to data protection remedies in EU Member States*, Luxembourg, Publications Office of the European Union, 2013.

23 BOE núm. 115, de 14.5.1982.

se han visto afectados por la vulneración del derecho a la protección de datos personales. De tal manera que, mediante el artículo 80 RGPD, sobre la "representación de los interesados", se permite que esas entidades, en nombre de los interesados, puedan ejercer: a) el derecho a presentar una reclamación ante una autoridad de control; b) el derecho a la tutela judicial efectiva contra una autoridad de control; c) el derecho a la tutela judicial efectiva contra un responsable o encargado del tratamiento y; d) el derecho a ser indemnizado, si así lo establece el Derecho del Estado miembro.

En consideración a lo señalado, es indudable que el RGPD dio un paso importante al reconocer la posibilidad de que organizaciones o asociaciones sin ánimo de lucro –como las de consumidores y usuarios–, presenten reclamaciones en nombre de sus asociados para reclamar, entre otras cosas, una indemnización por los daños ocurridos a partir del tratamiento de datos personales. Pese a ello, el Reglamento pudo haber ido más allá en varios sentidos. Pudo, de una parte, haber sido más eficiente al regular la representación de los interesados en lo referente a la acción indemnizatoria y, de la otra, pudo haber incluido las acciones colectivas de grupo y acciones populares. Respecto de lo primero se advierte que la posibilidad de ejercer la acción indemnizatoria depende de que los Estados miembro así lo dispongan y, en caso afirmativo, las entidades, organizaciones o asociaciones sin ánimo de lucro no están autorizadas para reclamar indemnización de daños y perjuicios sufridos por los interesados, al margen del mandato de estos últimos (modelo *opt–in*). Lo cual lleva a pensar que los Estados miembros no están habilitados para modificar esta prohibición. En cuanto a la falta de previsión de otro tipo de acciones colectivas, se echan en falta aquellas mediante las cuales los mismos afectados pueden conformar el grupo para ejercer el derecho a la tutela judicial efectiva. Es así como el RGPD no les reconoce capacidad legal para interponer una acción, a los grupos de afectados que se conformen a partir de una lesión. En similar sentido, se extraña la presencia de acciones colectivas para defender los intereses de los grupos propiamente dichos, como el interés de grupos o comunidades indígenas respecto de sus datos genómicos y muestras biológicas.

En suma, la implementación de técnicas de secuenciación genómica y la información producto de la misma, ha creado situaciones inesperadas que, hoy por hoy, constituyen un desafío para los ordenamientos jurídicos de diferentes países. Esta problemática, de carácter transversal, requiere no solo de la intervención del Derecho privado sino de otras ramas del Derecho, a efectos de garantizar la protección integral tanto de los titulares originarios o sujetos fuente de la información, como de aquellos que tienen un interés relevante en la misma.

Referencias

APARICIO SALOM, Javier, *Estudio sobre la protección de datos*, 4ª, Pamplona, Aranzadi, 2013.

AYDAY, Erman/Emiliano De CRISTOFARO/Jean-Pierre HUBAUX/Gene TSUDIK, "Whole Genome Sequencing: Revolutionary Medicine or Privacy Nightmare?", *Computer*, 2015, vol. 48, núm. 2, p. 58-66.

CRUZ CIGUDOSA, Juan/DOPAZO, Joaquín (coord.), *Secuenciación genómica en la práctica clínica. Documento de conclusiones*, Madrid, Instituto Roche, 2013.

DESMOND, Nicholl, *An Introduction to Genetic Engineering* 3rd ed., Cambridge, CUP, 2008.

EUROPEAN UNION AGENCY FOR FUNDAMENTAL RIGHTS, *Access to data protection remedies in EU Member States*, Luxembourg, Publications Office of the European Union, 2013.

GRUPO 29, Dictamen 05/2014, *sobre técnicas de anonimización*, [WP 216], 10.4.2014.

HOOD, Leroy/David GALAS, "P4 Medicine: Personalized, Predictive, Preventive, Participatory: A Change of View That Changes Everything," en *Computing Community Consortium* (CCC), 2009.

JACKSON, Emily, *Medical Law: Text, Cases and Materials*, (4ª ed.), Oxford, OUP, 2016.

JAVITT, Gail, "Why Not Take All of Me? Reflections on The Immortal Life of Henrietta Lacks and the Status of Participants in Research Using Human Specimens", en *Minnesota Journal of Law, Science & Technology*, 2010, vol. 11, núm. 2, p. 713-755.

JIMÉNEZ-ESCRIG, Adriano/Isabel GOBERNADO/Antonio SÁNCHEZ-HERRANZ, "Secuenciación de genoma completo: un salto cualitativo en los estudios genéticos", *Revista de Neurología*, 2012, vol. 54, núm. 11, p. 692-698.

KENT, Alastair, "Consent and confidentiality in genetics: whose information is it anyway?" *Journal of Medical Ethics*, 2003, vol. 29, p. 16-18.

KOSTA, Eleni, *Consent in European Data Protection Law*, Leiden, Boston, Brill-Nijhoff, 2013.

MATRANGA, Charles, "Family Ties: The Familial Privacy Implications of Direct to Consumer Genetic Testing", *Biology & Law eJournal*, vol. 4, núm. 22, 4.24.2020.

MURILLO DE LA CUEVA, Pablo Lucas, "El tratamiento jurídico de los documentos y registros sanitarios informatizados y no informatizados", *Estudios de derecho judicial*, 1997, fasc. 2, núm.7, p. 577-592.

PÉREZ LUÑO, Antonio Enrique, "Bioética e intimidad. La tutela de los datos personales biomédicos", *Aldaba: revista del Centro Asociado a la UNED de Melilla [Dedicado a: Bioética, Filosofía y Derecho]*, 2004, núm. 32, p. 31-62.

RUBÍ PUIG, Antoni, "Daños por infracciones del derecho a la protección de datos personales. El remedio indemnizatorio del artículo 82 RGPD", *Revista de Derecho Civil*, 2018, vol. V, núm. 4, p. 53-87.

SEOANE, José Antonio, "De la intimidad genética al derecho a la protección de datos genéticos. La protección iusfundamental de los datos genéticos en el Derecho español (a propósito de las SSTC 290/2000 y 292/2000, de 30 de noviembre) (parte II)", *Rev. Der. Gen. H.*, 2002, núm. 17, p. 135–175.

SKLOOT, Rebecca, *The Immortal Life of Henrietta Lacks*, Nueva York, Random House, 2010.

ZICK, Cathleen D., "Genetic Testing for Alzheimer's disease and its impact on insurance purchasing behavior", *Health Affairs*, 2005, vol. 24, núm. 2, p. 483-490.

Informação bibliográfica deste texto, conforme a NBR 6023:2018 da Associação Brasileira de Normas Técnicas (ABNT):

APONTE, Natalia Wilson. La implementación de las técnicas de secuenciación masiva y sus implicaciones jurídicas en el campo del Derecho Privado. *In*: EHRHARDT JÚNIOR, Marcos; CATALAN, Marcos; MALHEIROS, Pablo (Coord.). *Direito Civil e tecnologia*. Belo Horizonte: Fórum, 2020. p. 703-718. ISBN 978-65-5518-036-7.

LAS NUEVAS TECNOLOGÍAS ANTE LA "SEXTIMIDAD". LA RESPONSABILIDAD CIVIL Y PENAL POR EL *SEXTING*[1]

ALBERT RUDA

1 Introducción

Actualmente está muy extendido entre los jóvenes en general y los menores de edad en particular el uso de las tecnologías móviles con fines sexuales. Demasiado frecuentemente, los menores se embarcan sin la supervisión necesaria en actividades en Internet que suponen un riesgo considerable para sus derechos e intereses.[2] La curiosidad, el dejarse llevar, la falta de experiencia, la ignorancia de los riesgos u otros factores empujan a los mismos a situaciones que pueden acabar desembocando en la causación de daños por terceras personas, de los cuales dichos menores son actores, pero también víctimas.

En algunos casos, dada la importancia de los bienes jurídicos en juego –la vida, la salud, la autodeterminación sexual, la dignidad, etc.– y la gravedad de las conductas que se llevan a cabo, así como de los daños que se pueden causar, en ese contexto, se trata de supuestos previstos penalmente en muchas legislaciones. Ello es así porque el trinomio menores-sexo-Internet plantea problemas especialmente graves.[3] Por tanto, se trata de un ámbito donde el legislador ha asumido que conviene establecer una respuesta severa, teniendo en cuenta que el Derecho penal es siempre un último remedio (*ultima ratio*).

Pero al margen de dicha respuesta jurídico-penal, cabe preguntarse cual es el papel que tiene al respecto el Derecho privado, más concretamente el Derecho civil.

---

[1] Trabajo elaborado en el marco del proyecto R&D DER2016-77229-R, Modernización y armonización del Derecho de daños: fronteras de la responsabilidad, daño resarcible y su valoración (II)", del que el autor es uno de los directores.

[2] Puede verse, en general, Estefanía JIMÉNEZ / Maialen GARMENDIA / Miguel Ángel CASADO (coords.), *Entre* selfies *y* whatsapps. *Oportunidades y riesgos para la infancia y la adolescencia conectada*, Barcelona, Gedisa Editorial, 2018.

[3] Parecidamente, José Antonio RAMOS VÁZQUEZ, "Ciberacoso", en Gonzalo QUINTERO-OLIVARES (dir.), *Comentario a la reforma penal de 2015*, Cizur menor, Aranzadi, 2015, 435-446, p. 436.

A este respecto, hay que plantearse la aplicabilidad de la legislación sobre derechos tales como la intimidad, la propia imagen o incluso el honor. En el Derecho español, al que principalmente se va a referir este trabajo, conviene centrarse concretamente en la Ley Orgánica 1/1982.[4] Dicha ley se aprobó en un contexto social, económico y sobre todo tecnológico muy distinto del actual, dado que en el año 1982 Internet tenía un grado de desarrollo muy inferior al actual. Hoy en día, existen canales para la causación de daños a los derechos de la personalidad protegidos por dicha ley que eran escasamente imaginables a principios de los años 1980, cuando la ley en cuestión se gestó.

Las características de Internet, la facilidad con la que la información circula y, generalmente, la práctica imposibilidad de controlar dicha circulación, o de hacerlo en tiempo real o con una mínima inmediatez, provocan que una vez que un mensaje o un contenido dañosos (p.ej. una simple fotografía o incluso un texto breve) sea casi imposible de eliminarlo completamente.

El presente trabajo explora esta problemática a través del prisma de la responsabilidad civil, aquiliana o extracontractual, teniendo en cuenta las particularidades de las herramientas y canales tecnológicos frecuentemente utilizados por menores y adultos y la respuesta que le da a dichos problemas el Derecho vigente en España, con algunas referencias al Derecho en Brasil y los EE.UU. Concretamente, dada la amplitud de casos que podrían ser subsumibles en este esquema, y la imposibilidad de tratarlos todos aquí y ahora, el trabajo se va a centrar en los casos del llamado *sexting*, sobre el que se trata a continuación. No se trata de dar un tratamiento exhaustivo a todas las cuestiones que el *sexting* plantea, que son muchas, sino solo a algunas de las más llamativas.

2 Riesgos del *sexting* desde el prisma de la responsabilidad civil

Como en parte se ha apuntado, las nuevas tecnologías, concretamente las llamadas tecnologías de la información y de la comunicación (TIC) constituyen una fuente considerable de riesgos. Concretamente en el espacio en línea comúnmente conocido como Internet se encuentran plataformas, redes o canales en los cuales se pueden materializar dichos riesgos. Se trata de las salas de conversación o chats, las páginas de Internet o webs, las redes sociales (*Facebook, Instagram,...*), los servicios de mensajería o *microblogging* (como *Twitter*), etc.

Todos esos canales o plataformas suponen un campo abonado para diversas conductas extremadamente peligrosas. Ese peligro incrementado se debe al valor elevado que el ordenamiento jurídico atribuye a los intereses o bienes jurídicos en juego, que son a menudo de carácter sexual y que pueden, en los peores de los casos, incidir en daños a la salud o incluso a la vida.

El abanico de actividades o conductas que tienen ese perfil de riesgo son muy variadas. A menudo, para referirse a ellas se acude, tal vez de modo demasiado apresurado, a los términos acuñados en lengua inglesa, acaso sin comprobar si existen o no nombres adecuados en nuestro propio idioma. Se trata de neologismos como *sexting, child grooming*, sextorsión (*sextorsion*),[5] pornografía infantil, etc. De todos ellos, en este

[4] Ley Orgánica 1/1982, de 5 de mayo, de protección civil del derecho al honor, a la intimidad personal y familiar y a la propia imagen (Boletín Oficial del Estado [BOE] núm. 115, de 14/05/1982) (en adelante, LODH).

[5] No debe confundirse con el citado *sexting*. Véase Miriam GUARDIOLA SALMERÓN, "Menores y redes sociales: nuevos desafíos jurídicos", *Revista de Derecho, Empresa y Sociedad* (REDS), 2016, núm. 8, 53-67, p. 64.

trabajo se va a tratar principalmente del *sexting*. A falta de una definición canónica o legal, cabe aproximarse a este fenómeno diciendo que está muy extendido entre menores, y entre los jóvenes en general. No se trata de un concepto legal sino más bien de un concepto social o mediático, mediante el cual los medios de comunicación se refieren a ciertos fenómenos de intercambio de mensajes sexuales.[6] Consiste básicamente en el intercambio de material audiovisual (fotos y videos) de connotación erótica o sexual, cuando no directamente pornográfica. El carácter sexual de la actividad evidentemente es el que da nombre al fenómeno. En los primeros tiempos de uso de la telefonía móvil y la popularización de los llamados mensajes de telefonía móvil o "mensajes de texto" el llamado *texting* se utilizaba para denotar el intercambio de dichos mensajes. El *sexting* juega con esa palabra para añadirle la connotación sexual mediante la hibridación de los dos términos (*sex* + *texting* = *sexting*). Combina así la tecnología con la impulsividad y las hormonas de los adolescentes.[7]

Es una actividad, pues, que se realiza típicamente con el teléfono móvil (o la cámara web o *webcam*), en la que el texto queda usualmente desplazado frente a las imágenes o videos. Los participantes se intercambian imágenes o videos de contenido sexual, sea como un juego, flirteo, exploración del interés del otro, participación en juegos autoeróticos, sexo solitario pero "en grupo" (en línea) y a distancia, etc. Son fenómenos que antiguamente quedaban en la esfera íntima de los participantes, por ejemplo al tomar parte en un cortejo o seducción, pero que actualmente, por mor de las TIC, puede convertirse en público (o "viral") en un momento,[8] con consecuencias terribles, nefandas a veces, para las personas afectadas.

La aparición de aplicaciones móviles (*apps*) como *Snapchat* han favorecido esa práctica.[9] Esta app destaca, ya que las imágenes que se intercambian mediante la misma se autodestruyen pasados unos segundos. Con ello, los usuarios pueden albergar legítimamente la creencia de que sus imágenes no van a trascender del ámbito y el momento en que se intercambian. Con todo, en realidad existen mecanismos para conseguir capturar o conservar esas imágenes si se dispone de los conocimientos técnicos necesarios.

Lógicamente, es fundamental para que haya *sexting* que el contenido de los mensajes que contienen esos videos o imágenes sean de carácter sexual. No entran en este concepto otros tipos de actividades similares, como puede ser el hecho de espiar a través de una cámara web ajena para acceder a imágenes de tipo sexual o de otro tipo. Por ejemplo, el acceso por parte de una persona externa a las cámaras web de una

---

6 Véase Jessica SABBAH-MANI, "Sexting education: an educational approach to solving the media fueled sexting dilemma", 24 Southern California Interdisciplinary Law Journal 2015, 529, p. 532. Sobre la definición del *sexting* en general también puede verse Cinthia Tomasa MERCADO CONTRERAS / Francisco Javier PEDRAZA CABRERA / Kalina Isela MARTÍNEZ MARTÍNEZ, "*Sexting*: su definición, factores de riesgo y consecuencias", *Revista sobre la infancia y la adolescencia*, 2016, núm. 10, 1-18, especialmente p. 7 y ss.

7 Véase Weronika KOWALCZYK, "Bridging constitutional rights: sexting legislation in Ohio", 58 *Cleveland State Law Review* 2010, 685, p. 686.

8 Puede verse Virginia SÁNCHEZ JIMÉNEZ / Noelia MUÑOZ-FERNÁNDEZ / Esther VEGA GEA, "El cibercortejo en la adolescencia: riesgos e impacto emocional de la ciberconducta sexual", *Psychology, Society, & Education*, 2015, vol.7, núm. 2, 227-240, p. 229.

9 Aunque la proporción de usuarios de *Snapchat* que hacen *este* uso de la app es bastante reducido. Puede verse Salvador ALVÍDREZ / José Luis ROJAS-SOLÍS, "Los amantes en la época del smartphone: aspectos comunicativos y psicológicos relativos al inicio y mantenimiento de la relación romántica", *Global Media Journal México* 14(27), 2017-2018, 1-18, p. 13.

guardería no puede considerarse *sexting* en sentido estricto, ya que normalmente no son imágenes sexuales lo que se obtiene mediante dicha actividad sino simplemente imágenes de los niños y el personal que los cuida en actividades ordinarias (así lo entendió un Auto de la Audiencia Provincial [AAP] de Madrid de 16.11.2017 [Westlaw Aranzadi, JUR 2018\27923]). Este tipo de precisiones conceptuales son muy importantes, especialmente en el ámbito penal, dada la necesidad de delimitar cuidadosamente el alcance del tipo penal de que se trate.

Como sucede a menudo con las conductas desarrolladas en línea, el *sexting* puede provocar adicción. De este modo, puede que los participantes se vean atrapados en una espiral de intercambio de material gráfico del que no son capaces de salir por sí solos. Conviene recordar la menor edad de muchos de esos participantes, ya de por sí especialmente vulnerables o inexpertos. Cabría, es cierto, subrayar la paradoja en este tipo de aproximación, pues también es verdad que dichos usuarios (a menudo encuadrados en la etiqueta de los llamados "nativos digitales", disponen de los conocimientos técnicos necesarios para utilizar los medios tecnológicos con los que *sextea*. El problema no deriva, pues, de una ausencia de conocimiento técnico, sino de otro tipo de recursos que impedirían a los participantes verse inmerso en los riesgos en cuestión.

Se ha sugerido que el problema (si puede llamarse así) tiene una base en la psicología o incluso en la neurociencia, pues los jóvenes suelen ser impulsivos debido a la falta de desarrollo del control que en una edad superior ejerce el lóbulo frontal del cerebro.[10] Además, puede que no tengan la misma consciencia sobre lo que están haciendo cuando *sextean* que si, por ejemplo, el intercambio de imágenes o videos se hiciese en soporte físico. El hecho de que se comparta en línea, mediante un *click*, puede que haga que toda la experiencia parezca menos real.[11] Algunos estudios señalan que los menores que participan en el *sexting* no son conscientes del peligro.[12] Los menores más dados a participar en esa práctica tienen entre 15 y 16 años.[13] Según un estudio en Brasil, el 12% de los menores de entre 10 y 17 años habían publicado ya fotos íntimas suyas en Internet.[14]

Es una realidad de la que existen diversos casos en España, básicamente penales, algunos de los cuales han alcanzado ya la casación. Ello constituye un indicio claro de la difusión que ese tipo de prácticas sexuales están alcanzando en nuestra sociedad. Se

---

[10] Puede verse Kimberlianne PODLAS, "The 'legal epidemiology' of the teen sexting epidemic: how the media influenced a legislative outbreak", 12 *University of Pittsburgh Journal of Technology Law and Policy* 2011, 1, p. 9 y Maryam F. MUJAHID, "Romeo and Juliet--a tragedy of love by text: why targeted penalties that offer front-end severity and back-end leniency are necessary to remedy the teenage mass-sexting dilemma", 55 *Howard Law Journal* 2011, 173, p. 201.

[11] Véase Correy A. KAMIN, "Unsafe sexting: the dangerous new trend and the need for comprehensive legal reform", 9 *Ohio State Journal of Criminal Law* 2011, 405, p. 410.

[12] Puede verse Cristian MOLLA-ESPARZA / Lorena RODRÍGUEZ-GARCÍA / María Emelina López-GONZÁLEZ, "Sexting en adolescentes ¿Conscientes del peligro?", en: Coral GONZÁLEZ BARBERA / María CASTRO MORERA, *Libro de Actas del XVI Congreso Nacional y VII Congreso Iberoamericano de Pedagogía: Democracia y Educación en el siglo XXI. La obra de John Dewey 100 años después*, Madrid, Sociedad Española de Pedagogía, 2016, p. 528.

[13] Según apunta María José BARTRINA ANDRÉS, "Conductas de ciberacoso en niños y adolescentes", *Educar*, 2014, vol. 50/2, 383-400, p. 393.

[14] Puede verse "*Sexting*: Peligros en Internet, un estudio de caso con una muestra académica de la Universidad Federal de Paraná", *Razón y Palabra*, 2017, vol. 21, núm. 2-97, 746-761, p. 751, con más referencias.

trata de un fenómeno global, o al menos de aquellos países donde los menores tienen acceso a esta tecnología. A parte de la legislación española, a la que enseguida se va a hacer referencia, también la legislación penal brasileña se ha ocupado de este asunto con gran rapidez, mediante la Ley 12.737 de 2012.[15] Esta ley es popularmente llamada "Lei Carolina Dieckmann", por el episodio en el que fotos íntimas de dicha actriz fueron publicadas en Internet sin su consentimiento.

A diferencia de otras conductas de riesgo, en el *sexting* no hay contacto físico, al menos con otra persona. El riesgo implícito en la actividad no es de tipo físico, por lo menos no inmediatamente. Sí puede existirlo *a posteriori* si los sujetos entran efectivamente en contacto al concertar una cita en persona. Hay estudios que muestran una correlación entre la práctica del *sexting* y la violencia en el contexto de la pareja.[16]

En esta materia existe un cierto desacuerdo terminológico. Ello dificulta a menudo que se sepa exactamente de qué se está hablando. No se trata de una mera querella terminológica sino que la precisión conceptual tiene frecuentemente importantes consecuencias de orden práctico, como en parte ya se ha apuntado y luego se volverá a ver. En efecto, existen distintos conceptos posibles de *sexting*. a) Para una primera aproximación, se trata de una conducta predatoria llevada a cabo por adultos. El participante o *sexter*, como se le podría llamar, es un adulto que intenta obtener material gráfico de otras personas, a menudo jóvenes o famosos (como el caso Dieckmann). b) Para un segundo concepto, el *sexting* consiste en el intercambio "inocente" (no predatorio) por menores. Se trataría simplemente de una de las maneras mediante las cuales los jóvenes viven su sexualidad. c) Un tercer concepto incide en el aspecto del consentimiento, y concibe el *sexting* como un intercambio no consentido de imágenes con terceros. En este tercer concepto podrían entrar tanto los intercambios de menores como de adultos, y el aspecto predatorio no está presente. Por ejemplo, el caso de un *hacker* que accediese sin permiso al disco duro de un ordenador con imágenes sexuales de otra persona que intercambiase luego con terceros sería *sexting* en este tercer sentido. Finalmente, d) el *sexting* puede denotar el mero intercambio de material gráfico sexual entre adultos. Se trata de un concepto muy amplio, en el que se involucra a las personas que intercambian las fotografías o videos de carácter sexual.

Como es lógico, el concepto que se adopte incide directamente en las consecuencias y problemas que de él se deriven. En este trabajo, se va a hablar de *sexting* en el segundo sentido expuesto, es decir, se entiende como una actividad llevada a cabo por los menores, sin perjuicio de que en ocasiones uno de los participantes sea un adulto que se hace pasar por un menor para acceder a material gráfico sexual de otro. Lógicamente, pues, el sexting puede incluir más escenarios o supuestos, pero el que aquí se va a tratar es básicamente el que se acaba de decir.

Existen problemas específicos que surgen cuando los participantes son menores. Los escenarios son diversos. Puede tratarse de un intercambio entre un menor y un adulto. Dicho intercambio puede ser consentido por ambos. Puede tratarse por ejemplo

---

15 *Lei No - 12.737, de 30 de novembro de 2012* (*Diário Oficial da União* núm. CXLIX [232], 3 dezembro 2012). *Dispõe sobre a tipificação criminal de delitos informáticos; altera o Decreto-Lei nº 2.848, de 7 de dezembro de 1940 - Código Penal; e dá outras providências.* <http://pesquisa.in.gov.br/imprensa/jsp/visualiza/index.jsp?jornal=1&pagina=1&data=03/12/2012>.

16 Véase Mara MORELLI *et al.*, "Sexting, psychological distress and dating violence among adolescents and young adults", *Psicothema*, 2016, vol. 28, núm. 2, 137-142, p. 137.

de un intercambio producido en el marco de una relación "amorosa" existente entre ambos. El problema más grave se plantea cuando ambas personas rompen la relación y una de ellas dispone de las imágenes o videos sin el consentimiento del otro. A veces dicho material gráfico se utiliza como un arma con el que hacer daño a la otra persona (la llamada "porno venganza" o *revenge porn*), conducta que desde 2015 tiene una tipificación específica en el Código penal[17] [CP] español (art. 197.7).[18]

Los riesgos que interesan desde el punto de vista de la responsabilidad civil ya se pueden intuir a partir de lo expuesto. Las imágenes o videos intercambiados pueden acabar en malas manos sea mediante un intercambio privado o mediante su publicación en abierto en Internet. Se puede tratar de una vulneración del derecho a la propia imagen, protegido por la ley. Además, se revela un ámbito indudablemente íntimo de la persona, por lo cual existe también un daño de este otro bien jurídico, como es la intimidad. Cuando la difusión de las imágenes se hace de manera que afecta a la propia estima o a la consideración por los demás (que va a ser en la generalidad de los casos, según cabe suponer), puede que se ocasione también un daño al honor.[19] En esta línea, hay quien señala que la difusión de las imágenes o videos sexuales resulta vejatoria para la víctima.[20] De hecho, las imágenes o videos suelen difundirse no tanto para vulnerar la intimidad como para perjudicar, vilipendiar y humillar a la víctima.[21] Así pues, quien difunde el *sexting* ajeno se sitúa plenamente en el ámbito objetivo de aplicación de la LODH.[22] Si además se identifica o se hace identificable a la persona, puede haber una vulneración de la protección de datos de carácter personal, sujeta a un régimen legal propio (véase el art. 30 de la nueva Ley Orgánica y Reglamento europeo al que ésta remite).[23] Y también se producen problemas por la interacción, relación o solapamiento con el Derecho penal.

3 La intersección con el Derecho penal

Llegados a este punto resulta ya evidente la dimensión penal de la problemática. En este trabajo no se va a profundizar en este aspecto. Sin embargo resulta interesante hacer algunas puntualizaciones, ya que la responsabilidad penal no excluye la civil, al contrario: siempre que exista un delito, el responsable estará obligado a indemnizar el daño correspondiente (art. 109 CP).

---

17 Ley Orgánica 10/1995, de 23 de noviembre, del Código Penal (BOE núm. 281, de 24/11/1995).

18 Por todos, Asunción COLÁS TURÉGANO, "Nuevas conductas delictivas contra la intimidad (arts. 197; 197 bis, 197 ter)", en José L. GONZÁLEZ CUSSAC (dir.), *Comentarios a la reforma del Código Penal de 2015*, 2ª ed., Valencia, Tirant lo Blanch, 2015, 663-683, p. 665.

19 Sobre la reputación online, en conexión con el *sexting* y otros supuestos, véase Ubaldo CUESTA / Sandra GASPAR, "Aspectos psicosociales, éticos y normativos de la reputación online", *Derecom*, 2013, núm. 14, p. 10 y ss.

20 Así JIMÉNEZ SEGADO, *op. cit.*

21 Véase Javier Ignacio ZARAGOZA TEJADA, "El «revenge porn»: análisis del artículo 197.7 CP desde el punto de vista del derecho comparado", *Revista Aranzadi Doctrinal*, 2019, núm. 2, nota 3 y texto que la acompaña, con más referencias.

22 Parecidamente, Juan María MARTÍNEZ OTERO, "La difusión de sexting sin consentimiento del protagonista: un análisis jurídico", *Derecom*, Diciembre 2012-Febrero 2013, núm. 12, 1-16, p. 5-6 <http://www.derecom.com/derecom/*Derecom*>.

23 Ley Orgánica 3/2018, de 5 de diciembre, de Protección de Datos Personales y garantía de los derechos digitales (BOE núm. 294, de 06/12/2018).

Que en estos escenarios que se están dibujando en este trabajo puedan causarse daños a otras personas es evidente. El Derecho penal se ocupa por ello de aquellos escenarios, por haber considerado, tal vez, que hay que dar un mensaje claro a la sociedad para desincentivar ciertas conductas. Ello es muy claro en relación con la llamada pornografía infantil, un delito cometido típicamente mediante el empleo de un ordenador o similar.[24] Sin embargo, el empleo de las leyes que persiguen la pornografía como un medio para responder jurídicamente al *sexting* ha sido criticado como poco práctico, imprudente y discriminatorio.[25] En cuando al *sexting* estrictamente hablando, se trata de un fenómeno más reciente y novedoso, que no se ha previsto en la legislación penal (cuando de ha hecho) más que con posterioridad a otro tipo de conductas. Por ejemplo, el *sexting* está prohibido por ley en algunos estados en los Estados Unidos de América (EE.UU.), pero no en todos, lo cual puede producir disparidades de trato difíciles de justificar dentro de la Federación. En España, se ha introducido de modo imperfecto, como luego se va a ver.

Los problemas de delimitación son recurrentes. El *sexting* se lleva a cabo a menudo mediante un cierto empleo del lenguaje que puede ser constitutivo de amenazas en el sentido jurídico-penal. Por ejemplo, resulta frecuente un *modus operandi* mediante el cual la persona que quiere obtener el material gráfico de un menor utiliza la amenaza para obtener más material sexual. El depredador puede incluso utilizar el material ya obtenido para obtener más, con la amenaza de que en caso de que no se le proporcione lo difundirá mediante Internet. Sin embargo, ahí ya se está abandonando el terreno del *sexting* propiamente dicho, y se está entrando en el del delito de abusos sexuales cometido por internet o "sextorsión" (art. 181 CP). Se trata por ejemplo del supuesto de robo de imágenes *hackeadas* y la posterior amenaza de difundirlas. En todo caso, a menudo se exagera la supuesta importancia práctica del rol del *hacker* o del depredador, cuando en realidad, desde una perspectiva criminológica, se señala que la mayoría de supuestos de abusos sexuales a menores se producen no por una depredación sino en el contexto de la familia o la educación.[26]

A parte, se plantea la relación entre el *sexting* y el acoso sexual, que puede producirse mediante el envío anónimo de fotos (p. ej. cuando una persona envía fotos suyas de sus partes íntimas a otra, sin el consentimiento de esta). En todo caso, el *sexting* y otros fenómenos relacionados ponen a prueba al legislador, dada la dificultad de calificar ciertas conductas.[27]

Ese delito es distinto del delito de *sexting* propiamente dicho: la Ley Orgánica 1/2015, de 30 de marzo, por la que se modifica la Ley Orgánica 10/1995, de 23 de noviembre, del Código Penal,[28] añadió un apartado séptimo al artículo 197, que desde su entrada en vigor –el 1 de julio de 2015– permite sancionar penalmente los supuestos de difusión no autorizada de imágenes y grabaciones íntimas. A partir de la vigencia de la norma, si no se desea incurrir en este delito, será preciso contar también con el

---

24 Véase Caroline FEHR / Christine LICALZI / Thomas OATES, "Computer Crimes", 53 *American Criminal Law Review* 2016, 977, p. 987.

25 Véase Prit KAUR, "Sexting or Pedophilia?", *Revista Criminalidad*, 2014, núm. 56 (2), 263-272, p. 269.

26 Puede verse RAMOS, "Ciberacoso", *op. cit.*, p. 437.

27 Puede verse sobre ello Irene MONTIEL JUAN, "Cibercriminalidad social juvenil: la cifra negra", *Revista d'Internet, Dret i Política* (IDP), 2016, núm. 22, 119-131, p. 121.

28 BOE núm. 77, de 31/03/2015.

consentimiento del titular del derecho para efectuar la difusión. Concretamente, el precepto dispone que:

> Será castigado con una pena de prisión de tres meses a un año o multa de seis a doce meses el que, sin autorización de la persona afectada, difunda, revele o ceda a terceros imágenes o grabaciones audiovisuales de aquélla que hubiera obtenido con su anuencia en un domicilio o en cualquier otro lugar fuera del alcance de la mirada de terceros, cuando la divulgación menoscabe gravemente la intimidad personal de esa persona.

El mero intercambio de imágenes o videos sexuales entre personas no tiene relevancia penal. Se trata del *sexting* que se ha dado en llamar "primario". El *sexting* del que sí se ocupa el tipo penal antes citado es el de carácter "secundario": quien posee el material sexual lo difunde a otros mediante las TIC, sin consentimiento del afectado. La difusión es de "imágenes o grabaciones", lo que incluye los vídeos, pero también texto que haya quedado grabado (por ejemplo, mensajes SMS de carácter sexual).[29] Empero, parte de la doctrina precisa que si no se trata de una "grabación audiovisual" *stricto sensu* no podrá aplicarse el tipo penal. Así, si se trata de un mero archivo de audio o de una carta en la que se describe una relación amorosa compartida.[30]

Esta reforma ha venido determinada en gran medida por un caso singular, el llamado "caso Hormigos." Se trata de un caso extraordinariamente mediático, que ocupó durante meses e incluso años buena parte de la atención pública. La víctima, que era concejal de un pequeño municipio (llamado Los Yébenes, provincia de Toledo) en el momento de los hechos (2012), se convirtió en un personaje público de la noche al día, y pasó a ser una participante habitual en todo tipo de programas televisivos (y de algunos procesos judiciales) durante algún tiempo, e incluso autora de una novela erótica,[31] hasta que anunció su retirada de la vida pública –a la que, al parecer, ha vuelto con posterioridad. Dicha persona estaba casada y con hijos, pero mantenía, al parecer, una relación amorosa con un tercero, miembro del equipo de fútbol local, con quien tenía encuentros de carácter sexual con asiduidad. En el curso de dicha relación, la interfecta envió al amante varios videos eróticos o pornográficos. En uno de ellos, se masturbaba frente a la cámara. Dicho video fue distribuido entre los otros miembros del equipo de fútbol, y finalmente también a otras muchas personas, hasta que se viralizó, e incluso ocho años después seguía –y de hecho sigue aún, en el momento de escribir este trabajo– encontrándose en Internet. A resultas de los hechos, la concejala presentó su dimisión en el Ayuntamiento. Planteado el juicio penal correspondiente, el Juzgado número 1 de Primera Instancia e Instrucción de Orgaz archivó el caso mediante un Auto de 15 de marzo de 2013, porque el video no había sido sustraído o robado, sino enviado por la propia afectada. Según parece, la falta de sanción penal llevó al legislador a reformar la ley, de modo obviamente oportunista. Este es solo uno de los casos que ha saltado a la atención pública, incluyendo uno en el que estuvieron involucrados los futbolistas del Éibar, y otro en que se llegó a suicidar una trabajadora de la compañía Iveco.

---

29 Véase Álvaro MENDO ESTRELLA, "Delitos de descubrimiento y revelación de secretos: acerca de su aplicación al *sexting* entre adultos", *Revista Electrónica de Ciencia Penal y Criminología*, 2016, núm. 18-16, 1-27, p. 4 <http://criminet.ugr.es/recpc/18/recpc18-16.pdf>.

30 Véase Francisco MUÑOZ CONDE, *Derecho penal. Parte especial*, 21ª ed., Valencia, Tirant lo Blanch, 2017, p. 246.

31 Olvido Hormigos, *El abrazo infiel*, Madrid, RBA Libros, 2015.

Sin embargo, la tipificación penal no se ha hecho del todo correctamente, y posiblemente el perfil mediático del caso tampoco era el mejor para dar pie a una reflexión serena de lo que convenía hacer en este ámbito. En esa línea, la doctrina penalista ha sido muy crítica con una reforma que empeora la regulación existente e introduce inseguridad jurídica.[32] Una opinión doctrinal incluso ha señalado que el caso Hormigos resulta dudoso que entre en el tipo penal que se comenta, ya que quien recibió el video sexual no había participado en la grabación.[33] Se da así el conrtrasentido de una tipificación innecesaria, de perfiles borrosos, y que no resuelve el supuesto que en principio quería resolver.

En el tipo penal que se esta comentando, la captación de las imágenes tiene que haberse hecho en un lugar "fuera del alcance de la mirada de terceros", p.ej. un concurrido pub no lo es (Sentencia de la Audiencia Provincial [SAP] Cádiz de 23.5.2017 [JUR 2017\174368]), como tampoco la playa (AAP Córdoba de 30.3.2017 [RJ 2017\162430). La captación, si no ha sido consentida, deja el caso fuera del tipo, lo que sucede p.ej. en el caso de quien obtiene la imagen subrepticiamente (AAP Córdoba de 30.3.2017 [RJ 2017\162430]). Por ejemplo cabe situar aquí el caso del *hacker*, del que el caso Dieckmann es nuevamente una muestra. El Tribunal Supremo español, al aplicar este precepto, no ha escatimado la crítica, y ha reconocido abiertamente que está redactado con "defectuosa técnica jurídica" (STS de 24.2.2020 [JUR 2020\62642]). Según el mismo tribunal, las imágenes se "obtienen" en el sentido del tipo no solo cuando es la propia víctima la que se las envía y se alojan en el teléfono móvil del destinatario. Respecto del inciso relativo al lugar, dice el TS que no hace falta que sea en un domicilio o en un hotel, y que el legislador no ha querido restringir el ámbito del tipo mediante un criterio locativo, sino que se trata simplemente de una frase desafortunada, defectuosa técnicamente (de nuevo, STS de 24.2.2020). Tampoco queda claro cual es el objeto protegido por la norma, pues si bien cabría esperar que prohibiese la difusión de material visual de contenido sexual, se refiere a la "intimidad personal". Así pues, no solo las imágenes y videos sexuales están protegidos, sino todos los íntimos, por ejemplo, un parto o una misa que tengan lugar en un domicilio.[34] Y tampoco queda claro por qué la intimidad tiene que ser "personal", como si hubiese intimidad que no lo fuese.

Si la víctima es menor, la pena se impondrá en su mitad superior (art. 197.7 II CP). El legislador agrava la pena en este caso, dado el mayor desvalor que supone la conducta, teniendo en cuenta la especial vulnerabilidad de los menores y la mayor protección que suponen sus bienes jurídicos.

Sin embargo, la tipificación por parte del CP español no es en absoluto pacífica. En efecto, para una parte de la doctrina el *sexting* es una mera tentativa del delito de pornografía de menores (art. 189 CP) (como se aplica en la STS de 21.3.2017 [RJ 2017\1263], que da cuenta de dicha doctrina), por lo cual la reforma de 2015 en este punto podría considerarse innecesaria.

En todo caso, el nuevo supuesto penal muestra la creciente sensibilización del legislador ante ese tipo de conductas. En el caso del *sexting*, tal como se ha tipificado en

---

32 Véase Fermín MORALES PRATS, "La reforma de los delitos contra la intimidad – artículo 197 CP", en Gonzalo QUINTERO-OLIVARES (dir.), *Comentario a la reforma penal de 2015*, Cizur menor, Aranzadi, 2015, 459-467, p. 460.

33 Véase MUÑOZ, *op. cit.*, p. 246.

34 Véase Carmelo JIMÉNEZ SEGADO, "La novedosa respuesta penal frente al fenómeno sexting", *Actualidad Jurídica Aranzadi*, 2016, núm. 917.

España, el bien jurídico protegido se considera que es la imagen, el honor y la intimidad de la persona.[35] Se trata de bienes que ya están protegidos por la legislación civil, de modo que habría que plantearse si realmente era necesario añadir a la tutela jurídico-civil el castigo penal. Especialmente criticable parece el abuso del Derecho penal en un contexto cultural en el que la propia persona renuncia a su intimidad mediante la difusión *motu proprio* de material visual de contenido sexual.[36] Dada la despreocupación con que se comparte la intimidad hoy en día cabría dudar doblemente de la necesidad de la intervención penal.

También cabe aludir aquí al supuesto previsto por el art. 183 *ter* CP. El apartado 1 regula el llamado *child grooming*, es decir, un embaucamiento de menores con fines sexuales por medios tecnológicos o seducción pornográfica (un ejemplo se puede encontrar en la SAP Ciudad Real 27.11.2017 [JUR 2018\57017]). Dado que hay "embaucamiento" (engaño) –un término insólito en la legislación penal española anterior– no puede haber consentimiento de la víctima que excluya la tipicidad; así se desprende de la Consulta Fiscalía General del Estado 4/2011 de 1 de enero de 2011 [JUR 2018\261710] y la Circular de la misma Fiscalía, 1/2017, de 6 de junio de 2017 [ARP 2017\745]). Por tanto, lo que hace el legislador penal es establecer que el consentimiento del menor de edad a efectos de permitir la captación de imágenes de carácter sexual no es válido.[37] No existe embaucamiento si el reo ha sido franco respecto de sus intenciones, lo que sucede si revela desde el principio sus intenciones sexuales (SAP Cantabria de 18.12.2017 [ARP 2018\156]).

El apartado 2 del art. 183 *ter* CP, introducido mediante la reforma de 2015, regula propiamente el *sexting* con menores:

> El que a través de internet, del teléfono o de cualquier otra tecnología de la información y la comunicación contacte con un menor de dieciséis años y realice actos dirigidos a embaucarle para que le facilite material pornográfico o le muestre imágenes pornográficas en las que se represente o aparezca un menor, será castigado con una pena de prisión de seis meses a dos anos.

Este segundo apartado resulta de la transposición de la Directiva 2011/93/UE, del Parlamento y del Consejo, de 13 de diciembre de 2011, relativa a la lucha contra los abusos sexuales y la explotación sexual de los menores y la pornografía infantil.[38] La doctrina que ha comentado el precepto ha puesto de relieve que el mismo plantea numerosos problemas. Para empezar, la conducta ya estaba castigada en el Código Penal español, ya que quien la lleva a cabo está cometiendo una tentativa del artículo 189, relativo a la pornografía infantil. Además, la Directiva exigía que la persona que cometiese el delito fuese un "adulto", mientras que el CP no distingue y por tanto podría tratarse de otro menor. Además del empleo del término "embaucar", ya comentado, no queda claro si el contacto requiere respuesta por parte del menor, aunque la doctrina entiende que sí, de modo que no bastaría el simple envío de una comunicación si el menor no contesta al

---

35 Puede verse Melania PALOP BELLOCH, "El *cyber-bulling* y la violencia de género", *Derecom*, Septiembre 2017-Marzo 2018, núm. 23, 129-138, p. 133 <http://www.derecom.com/derecom/*Derecom*>.

36 Véase MORALES, *op. cit.*, p. 463.

37 Véase COLÁS TURÉGANO, *op. cit.*, p. 671.

38 Diario Oficial de la Unión Europea (DOUE) L núm. 335, de 17.12.2011.

mismo. Pero lo más problemático es seguramente que la conducta del *sexting* castigada por este precepto en concreto es muy frecuente entre los menores en España, de modo que la intervención penal en este ámbito puede resultar muy contraproducente.[39] En todo caso, la conducta no es punible penalmente si es el propio menor quien envía el material visual *motu proprio*.[40]

En todo caso, la comisión de una conducta encuadrable en el *sexting* justifica que el órgano judicial dicte medidas cautelares como la prisión provisional, dado el riesgo de reiteración delictiva (AAP Navarra de 28.7.2017 [JUR 2017\279442]; AAP Pontevedra de 29.6.2017 [JUR 2017\208932]).

Para acabar con esta panorámica apresurada, hay que añadir que el hecho de que una conducta no sea constitutiva de delito no excluye la responsabilidad civil. Como ya se ha apuntado, el CP castiga las conductas más graves (principio de *ultima ratio* o subsidiariedad). Son abundantes las sentencias que excluyen la tipicidad de la conducta objeto de enjuiciamiento y en cambio remiten a la vía civil para que se decida sobre los daños y la eventual responsabilidad. Ello al margen, a veces el Ministerio Fiscal pide una indemnización; si no lo hace, el tribunal no se puede pronunciar al respecto (SAP Barcelona de 22.12.2017 [JUR 2018\125106]). En suma, no queda del todo claro por qué se ha tipificado este delito y si realmente era necesario, habiendo ya una vía civil clara para defender los bienes o intereses jurídicos afectados.

4 Conflictos entre los intereses en juego

De la exposición anterior ya se deduce que en los casos de *sexting* son relativamente frecuentes los conflictos entre diversos intereses en juego. Para empezar, de un lado se encuentra el interés de la víctima en su intimidad o *privacy*. Como todo el mundo sabe, el ordenamiento protege este interés. Pero no puede hacerlo cuando el propio interesado se desprotege. En efecto, no puede uno escudarse en la *privacy* cuando comparte abiertamente imágenes sexuales de las que se está tratando en este trabajo, imágenes que previsiblemente se van a acabar difundiendo por doquier. Existe algún caso en los EE.UU. (en Florida, para más detalle) donde el órgano judicial ha tenido en cuenta precisamente ese argumento para no proteger a la supuesta víctima.[41] Es el argumento que dan también muchos autores para rechazar que estos casos se tengan que resolver mediante el Derecho penal. Si la propia víctima no ha sido capaz de protegerse a sí misma, tampoco tiene que hacerlo el Derecho penal, se viene a decir. En este sentido, la reforma del CP que incluye el delito de *sexting* sería expansiva y excesiva. Obviamente, el argumento puede perder peso en relación con colectivos vulnerables, como ciertos menores.

Este aspecto de la intimidad es crucial en el caso del *sexting*, pues supone un replanteamiento de postulados tradicionales. Más que tratarse de relaciones íntimas en el sentido clásico, el *sexting* se plantea hacia el exterior, en un ámbito al que –haciendo

---

[39] Véase José Antonio RAMOS VÁZQUEZ, "*Grooming* y *sexting*: artículo 183 *ter* CP", en GONZÁLEZ CUSSAC, *op. cit.*, p. 623 ss.

[40] Véase RAMOS, "Ciberacoso", *op. cit.*, p. 443.

[41] Véase *A.H.* v. *State*, 949 So. 2d 234, 235 (Fla. Dist. Ct. App. 2007). Mäs ampliamente, puede verse Bernadette Guerra, "Sexting and the Fate of First-Time Offenders in Florida", *St. Thomas Law Review*, 2016, vol. 28, núm. 2, 233-255, p. 239 y ss.

uso de un término originalmente acuñado por el pensador francés Jacques Lacan–[42] se denomina *extimidad.*[43] Con ello cabe hacer referencia al desdibujamiento o difuminación de la frontera que existe entre el ámbito privado y el público, pues muchas conductas que anteriormente se desarrollaban en el primero, hoy en día tienen lugar en el segundo, generalmente porque el autor de la conducta en cuestión busca la aprobación o aceptación ajenas. Somos testigos de ello cada día cuando vemos el exhibicionismo que rezuman las llamadas redes sociales en Internet. En fin, el concepto de intimidad sexual también se vería afectado por dicha evolución. Tal vez podría hablar actualmente de "sextimidad" para denotar precisamente el actual desarrollo de la sexualidad en las vitrinas de las redes. Con todo, el *sexting* se desarrolla generalmente en el bien entendido de que permanecerá como una actividad privada. El problema tal vez no sea tanto la proyección hacia el exterior del propio participante en el *sexting*, como si este buscase deliberadamente el ámbito público, como el hecho de que el *sexting* tiene lugar –a diferencia de otras manifestaciones del intercambio sexual– mediante soportes (archivos informáticos o similares) muy fáciles de compartir y que tienen permanencia física en los dispositivos y redes.

Otro interés que lógicamente está en juego es el ya referido derecho a la propia imagen. Dado que el *sexting* consiste precisamente en el intercambio de imágenes o videos de contenido sexual, el derecho a la propia imagen está en el centro de la atención. La ley española da a este derecho un tratamiento especial, al prever la responsabilidad por infracción de la misma en una disposición distinta del Código Civil (a saber, la ya citada LODH).

Si bien estos derechos se ven posiblemente afectados por las conductas de *sexting*, hay que referirse también a la autodeterminación sexual como una facultad que corresponde a las mismas víctimas. En efecto, cabe preguntarse si el derecho a determinarse a sí mismas como persona en el ámbito sexual permite también participar en actividades como el *sexting* u otras similares. Si uno dispone de libertad para participar en actividades de carácter sexual como sería esta, parece dudoso hasta qué punto puede luego un órgano judicial utilizar ese argumento para denegar la protección de la víctima. Es decir, si la víctima ha actuado en ejercicio de un derecho como es su libertad sexual, parece problemático que luego se considere que fue negligente o culposa, en el sentido con que suele hablarse de "culpa" de la víctima, y que por tanto no merece protección. En esta línea, la doctrina penal habla de un problema de "autovictimización".[44]

Seguramente ligada a lo anterior, se encuentra otra libertad, a saber, la de expresión. En efecto, aunque raramente se incide en este aspecto,[45] tal vez podría argumentarse que la persona se expresa también mediante imágenes o videos, aunque sean de carácter sexual. Ahora bien, conviene leer esta afirmación en sus propios términos. Por ejemplo, en los EE.UU. se planteó un caso en el que un hombre (menor de edad) se pretendía escudar en su libertad de expresión para justificar que había

---

[42] El vocablo aparece en su obra *L'éthique de la psychanalyse*, 1959-1960, donde hablaba de una *extériorité intime* o *extimité*.

[43] Puede verse María Evangelina NARVAJA / José Luis DE PIERO, "Prácticas juveniles éxtimas: sexting y vlogging", *Aposta. Revista de Ciencias Sociales*, 2016, núm. 69, 239-270, p. 241.

[44] Así, RAMOS, "Ciberacoso", *op. cit.*, p. 437.

[45] Como bien señala Antonio M. Haynes, "The age of consent: when is sexting no longer 'speech integral to criminal conduct'?", 97 *Cornell Law Review* 2012, 369, p. 371.

enviado una fotografía de su pene erecto a otra persona (una mujer adulta) sin su consentimiento. El tribunal (la *Supreme Court of Washington*) consideró que en ese caso no se estaba dentro del libre ejercicio de la libertad de expresión (*State v. Gray*).[46] El chico en cuestión, que sufría el síndrome de Asperger y tenía 17 años en el momento de los hechos, fue condenado por pornografía infantil, por haber enviado la fotografía en cuestión acompañada del texto *Do u like it babe?* ("¿te gusta, cariño?"). De un modo algo extraño, se acaba aplicando el tipo penal de pornografía infantil al propio menor a quien la norma en principio quiere proteger. En el fondo, queda "protegido", pues la norma impide o sanciona la difusión de la pornografía infantil, incluso por el propio menor, pero a coste de criminalizar a la propia víctima. Si hubiese tenido 18 años la conducta habría sido atípica (a menos que entrase en otros tipos distintos como el acoso sexual (*harassment*). Tal enfoque ha sido criticado correctamente como una muestra de desenfoque de la política criminal.[47] El mismo resultado puede producirse conforme a la legislación española (art. 183 *ter* apartado 2 CP), en el caso en que el menor sea embaucado para enviar fotos o videos no suyos sino de *otro* menor, en cuyo caso pasará de ser víctima a autor de un delito. Esto también resulta perturbador.[48]

Probablemente el análisis de esta cuestión por parte del Tribunal fue excesivamente apresurado.[49] Tal vez podría haber afirmado que sí que se trataba de un ejercicio de la libertad de expresión pero que en este caso concreto no estaba protegida porque prevalecía el interés opuesto de la víctima a no verse perturbada en el ejercicio de su propia libertad sexual (y por tanto a no verse violentada por el envío no solicitado de fotografías de penes por terceros). Pero también cabría sugerir que en este caso no cabía alegar la protección de la libertad de expresión porque esa libertad tiene sentido cuando se refiere al discurso político, pero dicho carácter falta cuando se trata de una actividad meramente sexual. En ese sentido, cabe sostener que la libertad de expresión no ha sido nunca una libertad del individuo que habla, sino una garantía de que el debate público sea rico y eficaz para gestionar en común la sociedad.[50] Parece muy discutible, pues, que se pueda argumentar que mostrar el pene a una conocida contribuya de modo alguno a dicho debate.

En cualquier caso, parece que una aplicación indiscriminada de la legislación prohibitiva de la pornografía infantil no debería producir el resultado de que sean los menores participantes en el *sexting* los que resulten castigados por ese solo hecho.[51] Los participantes en el *sexting* no son encuadrables en las víctimas típicas de la pornografía infantil.[52] Más específicamente, no sufren el abuso por un tercero, que en cambio sí se

---

[46] 187 Wn.2d 1001, 386 P.3d 1082 (2017).

[47] Véase José R. Agustina, "¿Menores infractores o víctimas de pornografía infantil? Respuestas legales e hipótesis criminológicas ante el *Sexting*", *Revista Electrónica de Ciencia Penal y Criminología* (RECPC), 2010, núm. 12-11, 1-44, p. 1 y ss. <http://criminet.ugr.es/recpc>.

[48] Véase RAMOS, "*Grooming* y *sexting*: artículo 183 *ter* CP", *op. cit.*, p. 625.

[49] Véase «Note», *Harvard Law Review* 2018, núm. 31, p. 1505, también disponible en: <https://harvardlawreview.org/2018/03/state-v-gray/>.

[50] Véase Joaquín URÍAS, *Libertad de expresión. Una inmersión rápida*, Barcelona, Tibidado Ediciones, 2019, p. 13.

[51] Véase Audra L. PRICE, "Digital lovers: keeping Romeo and Juliet safe from sexting and out of the courthouse", 20 *Temple Political & Civil Rights Law Review* 2011, 355, p. 358.

[52] Véase John O. HAYWARD, "Hysteria over sexting: a plea for a common sense approach", 14 *Atlantic Law Journal* 2012, 60, p. 78.

aprecia en la pornografía infantil.[53] Además, cabe preguntarse quién decide, y con qué criterios, qué constituye en cada caso una imagen o video de carácter sexual.[54] Por ello, la aplicación *tout court* de la persecución de la pornografía infantil al *sexting* resulta extremadamente peligrosa.[55]

Así pues, el argumento de la libertad de expresión, si tiene que ser tenido en cuenta, será con muchas cautelas. Habrá que preguntarse en el caso concreto si la comunicación mediante *sexting* está protegida constitucionalmente como un ejercicio de dicha libertad. Esa cobertura constitucional debería dificultar que el legislador prohibiese el *sexting* sin más. Cuestión distinta es si ello excluye también toda pretensión de responsabilidad civil. Especialmente, cuando una persona utiliza el *sexting* para infligir un daño dolosamente a otra persona parece difícil que pueda escudarse en el ejercicio de aquella libertad.[56] Sin embargo, las reglas civiles pueden resultar aún inadecuadas para hacer frente a estos escenarios novedosos. Por ejemplo, en el ámbito del *common law* se ha señalado que las barreras son todavía muchas y que probablemente la víctima no conseguiría demostrar que concurren todos los presupuestos de la responsabilidad civil.[57] No hace falta subrayar que habrá que analizar esos presupuestos caso por caso.

5 Aspectos subjetivos

El análisis de la responsabilidad civil en los casos de *sexting* presenta también interés desde el punto de vista de los sujetos que intervienen. Como se ha señalado, en el *sexting* participan siempre al menos dos personas, entre las cuales tiene el intercambio del contenido de que se trate (imágenes, video, etc.). Al menos una de ellas, y a menudo las dos, se envían material gráfico de carácter sexual, tratándose típicamente de representaciones gráficas del propio cuerpo: penes, pechos, vulvas, etc. (aunque no cabe descartar los casos de suplantación, que aquí se van a dejar de lado por la problemática propia que presentan).

La dimensión subjetiva del *sexting* cobra especial interés cuando al menos uno de los intervinientes es un menor de edad. Como es sabido, en muchos ordenamientos jurídicos, los padres o los guardadores legales son responsables de los daños causados por las personas a su cargo (así lo establece, para el Derecho español, el art. 1903 CC). Por ello, cabe preguntarse por el papel que los padres o guardadores deben desempeñar en relación con actividades de sus hijos o pupilos, cuando dichas actividades tienen carácter sexual. Se trata nuevamente de un conflicto, pues la intervención de los padres no debe interferir más de la cuenta en el libre desarrollo de la sexualidad del menor, dentro de los límites definidos por la ley.

---

[53] Véase Sarah WASTLER, "The harm in 'sexting'?: analyzing the constitutionality of child pornography statutes that prohibit the voluntary production, possession, and dissemination of sexually explicit images by teenagers", 33 *Harvard Journal of Law & Gender* 2010, 687, p. 698.

[54] Véase James J. CARTY, "Is the teen next door a child pornographer? parenting, prosecuting, and technology clash over "sexting" in Miller v. Skumanick", 42 *University of Toledo Law Review* 2010, 193, p. 196.

[55] Véase Dawn C. NUNZIATO, "Romeo and Juliet online and in trouble: criminalizing depictions of teen sexuality", 10 *Northwestern Journal of Technology and Intellectual Property* 2012, 57, p. 64.

[56] Véase Elizabeth M. RYAN, "Sexting: how the state can prevent a moment of indiscretion from leading to a lifetime of unintended consequences for minors and young adults", 96 *Iowa Law Review* 2010, 357, p. 369-370.

[57] Véase Whitney STRACHAN, "A new statutory regime designed to address the harms of minors sexting while giving a more appropriate punishment: a marrying of new revenge porn statutes with traditional child pornography laws", 24 *Southern California Review of Law & Social Justice* 2015, 267, p. 283-284.

En la región (o Comunidad Autónoma) de Cataluña (España), el legislador ha creído conveniente prever expresamente el deber de los padres de supervisar a los hijos en este ámbito de las redes e Internet. Concretamente, la Ley de voluntades digitales,[58] aprobada en 2017, y cuyo objeto principal es el de prever qué sucede con el llamado patrimonio o legado digital de un individuo cuando este muere o es declarado incapaz, establece ese deber de supervisión, que puede llegar incluso a obligar a los padres o guardadores a solicitar a los llamados "prestadores de servicios digitales" la suspensión del servicio en casos de riesgo "claro, inmediato y grave".[59]

Lo anterior sitúa el foco de atención sobre el papel no del sujeto que directamente interviene en el *sexting* sino en otros que tienen el deber de cuidar del anterior, como son los padres o tutores (los cuales responden por los daños causados por los menores bajo su custodia, art. 1903 CC). En la práctica se han producido en ocasiones algunos conflictos cuando se constata una discrepancia entre los dos padres. Es el caso de la madre que encontraba normales las fotos provocativas en *Facebook* de su hija de 13 años, en contra del criterio más restrictivo aplicado por el padre (*Skaggs v. Young*).[60] En este caso, que se resolvió por parte de la *Commonwealth of Kentucky Court of Appeals* en 2014, se acusó al Sr. Skaggs de haberse comportado de manera violenta en el ámbito doméstico, y en el curso de las acusaciones cruzadas que son tristemente frecuentes en los procesos judiciales en caso de crisis matrimonial el dicho señor alegó que la Sra. Skaggs no había dado la debida importancia a un episodio de *sexting* protagonizado por la hija común, cuando esta tenía 12 años.

> La niña había publicado fotos suyas en una pose sexual en su muro de *Facebook*, fotografías que un juez consideró inapropiadas para dicha edad. Según expone la sentencia, la joven en cuestión había colgado en dicho sitio de Internet fotos suyas en pantalones cortos y camisetas con escotes generosos. El Juez también consideró que las poses de la niña– que era una buena estudiante, y acudía a misa regularmente, al parecer– eran sexualmente provocativas.

Dejando a los padres y guardadores de lado, también cabe referirse a la posible responsabilidad civil de la escuela donde se produzca el acoso, en su caso.[61] En efecto, a menudo la distribución del material gráfico intercambiado en el *sexting* acaba desembocando en el hostigamiento de alguno de los participantes en dicho intercambio. Los niños pueden ser terriblemente crueles.[62] Ese hostigamiento o acoso moral tiene lugar típicamente en el entorno escolar, un entorno donde el material puede circular con rapidez y donde el número de personas que conocen a la víctima puede ser muy

---

[58] *Llei 10/2017, de 27 de juny de 2017, de les voluntats digitals i de modificació dels llibres segon i quart del Codi civil de Catalunya* (Diari Oficial de la Generalitat de Catalunya [DOGC] núm. 7401, de 29/06/2017).

[59] Al respecto puede verse Albert RUDA, "Les voluntats digitals", Edición digital de la Biblioteca del Ilustre Colegio de Abogados de Barcelona (ICAB), 2018, <www.icab.es>.

[60] NO. 2013-CA-001499-ME (Ky. Ct. App. Mar. 21, 2014).

[61] Hay que puntualizar, sin embargo, que la mayoría del sexting tiene lugar, al parecer, fuera de la escuela. Puede verse Nancy WILLARD, "School Response to Cyberbullying and Sexting: The Legal Challenges", 2011 *Brigham Young University Education and Law Journal* 75, p. 75 y ss..

[62] Como muestra, véase el caso de la joven Jessica Logan que, después de haber enviado una foto de sus pechos al chico que le gustaba, se encontró que media escuela le llamaba "puta". Véase al respecto Jordan J. SZYMIALIS, "Sexting: a response to prosecuting those growing up with a growing trend", 44 *Indiana Law Review* 2010, 301, p. 301.

elevado. Por tanto, no puede sorprender que se llame la atención sobre el papel que deben desempeñar las escuelas en la evitación de ese tipo de conductas.[63] En efecto, la respuesta penal no es suficiente ni necesariamente adecuada, y hace falta incidir en otros aspectos como la educación.[64]

A este respecto, las escuelas se encuentran en una situación compleja, pues si bien pueden prevenir el acoso u hostigamiento (*bullying*) mediante la aplicación de medidas disciplinarias a quienes estén en posesión del material gráfico de que se trate, también pueden tener en cuenta que si el asunto trasciende puede dar lugar a la aplicación de penas muy severas en un juicio.[65] El director del centro docente de educación no superior puede ser considerado legalmente responsable por los daños causados. Esa sería la respuesta del Derecho conforme a la legislación española, donde el Código Civil se modificó en 1991 precisamente para exonerar a los maestros y canalizar la responsabilidad hacia el director del centro (art. 1903 CC).[66] No existe en nuestro sistema la regla de inmunidad de las escuelas que sí se encuentra, en cambio, en ciertos estados de los EE.UU. como Ohio (*Logan v. Sycamore Community School*).[67]

> En este caso, del año 2012, se plantean diversas cuestiones de interés. Concretamente, donde el *sexting* está prohibido es posible que esos mismos menores tengan ya la edad penalmente suficiente para consentir sexualmente.[68] También cabe plantearse el tema del error de prohibición, es decir, qué sucede cuando el menor que comparte fotos suyas de carácter sexual puede que no sea consciente de que es pornografía infantil (aunque no sean de terceros). En algún caso se ha considerado que ese error es irrelevante. Cuestión distinta es si el enfoque de "línea dura" adoptada por algunas escuelas, en el sentido de castigar severamente el intercambio de mensajes de *sexting*, es realmente adecuada.[69] Pero ese debate lleva la cuestión al terreno de la educación y la pedagogía, que exceden del objeto de este trabajo.

Finalmente, para concluir este apartado dedicado a los sujetos, cabe referirse a la cuestión –en parte ya apuntada más arriba– de la posible concurrencia (o no) de culpa de la víctima. En Derecho español y en muchos otros sistemas, suele hablarse de tal concurrencia cuando la misma víctima ha contribuido a causar el daño que sufre. Una mínima consideración de justicia implica que la víctima tenga entonces que soportar, si no todo, sí al menos una parte del daño.

---

[63] Véase Eric S. LATZER, "The search for a sensible sexting solution: a call for legislative action", 41 *Seton Hall Law Review* 2011, 1039, p. 1040.

[64] Véase Todd A. FICHTENBERG, "Sexting juveniles: neither felons nor innocents", 6 *I/S: A Journal of Law and Policy for the Information Society* 2011, 695, p. 724.

[65] Puede verse al respecto Robert H. WOOD, "The First Amendment implications of sexting at public schools: a quandary for administrators who intercept visual love notes", 18 *Journal of Law & Policy* 2010, 701, p. 703 ss.

[66] Ley 1/1991, de 7 de enero, de modificación de los Códigos Civil y Penal en materia de responsabilidad civil del profesorado (BOE núm. 7, de 8.1.1991).

[67] No. 1:2009cv00885 - Document 109 (S.D. Ohio 2012). Puede verse en Internet en: <https://law.justia.com/cases/federal/district-courts/ohio/ohsdce/1:2009cv00885/134738/109/>.

[68] Por supuesto, un maestro que participe en un *sexting* con uno de sus alumnos puede verse envuelto en un proceso disciplinario, si no algo más grave. Puede verse Monique C.M. LEAHY, "Proof of Sexting Civil and Criminal Liability", 160 *American Jurisprudence Proof of Facts* 3d 283 (2017; 2018 update), concretamente su apartado 5.

[69] Se ha sugerido que no. Véase WOOD, *op. cit.*, 701.

La cuestión entonces cabe plantearla como un interrogante sobre si la persona que voluntariamente ha participado en el *sexting* se encuentra legalmente imposibilitada de solicitar su protección jurídica, dado que ella misma se ha puesto negligentemente en peligro. La doctrina (o regla) sobre la culpa de la víctima puede constituir un obstáculo formidable para que prospere una acción de responsabilidad. Concretamente, podría sugerirse que la persona que comparte material gráfico de carácter sexual puede suponer que en algún momento dicho material puede acabar en las manos equivocadas. Resulta poco prudente, pues, participar en el intercambio, y quien lo haga puede que se encuentre con las puertas de la responsabilidad civil cerradas.[70] Quien se embarca en actividades peligrosas para uno mismo, resulta dudoso hasta qué punto puede luego trasladar a terceros el coste de la responsabilidad cuando el peligro de que se trate se acaba materializando.

La cuestión es si dicho enfoque es suficientemente sólido. Sobre todo, los participantes en dichas prácticas suelen ser menores para los que los riesgos no son evidentes y para quienes relacionarse con los demás mediante el teléfono móvil es normal.[71] Probablemente, los menores que emprenden este tipo de prácticas, juegos o intercambios sexuales no sean del todo conscientes de los riesgos. Conviene tener en cuenta el aspecto del desarrollo incompleto del menor, como un elemento que debe suavizar, reducir o mitigar –si no excluir del todo– su responsabilidad.[72] Más que culpabilizar al propio menor, tal vez habría que poner el foco sobre otras personas, a las que ya se ha hecho referencia más arriba, como son los padres, tutores o guardadores legales (si bien, como se ha dicho, la cuestión es compleja al tratarse en definitiva del ejercicio de la libertad sexual y hay riesgo de conflictos con la intimidad).

Además, al centrarse en lo poco prudente de la conducta llevada a cabo por quien comparte fotografías o videos eróticos suyos, y se le culpa de lo negativo que le pueda suceder a raíz de ello, puede que ignore otro aspecto. En efecto, que pueda ser poco prudente compartir material gráfico sexual con un teléfono móvil parece fuera de duda, pues seguramente existe siempre cierto riesgo de que las comunicaciones sean interceptadas o un tercero (por ejemplo un *hacker*) acabe accediendo al material sin consentimiento de la víctima. Pero quien comparte el material mediante una conversación o intercambio de *sexting* lo hace en el bien entendido de que la otra persona no lo compartirá luego con otros sin el consentimiento de la primera persona. Por tanto culpabilizar solo a la víctima, sin tener en cuenta la infracción de las reglas de conducta por parte de quien traiciona la confianza de su "interlocutor" resulta inadecuado.[73] Considerar a la víctima del daño derivado del *sexting* como la única responsable implica asimilarla a una especie de actor de cine pornográfico, que no puede, después de ser grabado, impedir la distribución de las imágenes entre terceros, sin incumplir así su

---

[70] Así lo sugiere, desde el punto de vista del *common law*, Terri DAY, "The new digital dating behavior--sexting: teens' explicit love letters: criminal justice or civil liability", 33 *Hastings Communications and Entertainment Law Journal* 2010, 69, p. 92-93.

[71] Véase a este respecto Elizabeth C. ERAKER, "Stemming sexting: sensible legal approaches to teenagers' exchange of self-produced pornography", 25 *Berkeley Technology Law Journal* 2010, 555, p. 560.

[72] Véase en esta línea April GILE THOMAS / Elizabeth CAUFFMAN, "Youth sexting as child pornography? Developmental science supports less harsh sanctions for juvenile sexters", 17 *New Criminal Law Review* 2014, 631, p. 633.

[73] Véase Clay CALVERT, "Sex, cell phones, privacy, and the First Amendment: when children become child pornographers and the Lolita effect undermines the law", 18 *CommLaw Conspectus* 2009, 1, p. 42.

contrato. En esta línea, el TS español, en una sentencia ya referida arriba, afirma de modo tajante que culpabilizar a la propia víctima por el mero hecho de no haber sabido defender con vigor sus propios bienes jurídicos es inaceptable, y señala que "Quien remite a una persona en la que confía una foto expresiva de su propia intimidad no está renunciando anticipadamente a ésta. Tampoco está sacrificando de forma irremediable su privacidad. Su gesto de confiada entrega y selectiva exposición a una persona cuya lealtad no cuestiona, no merece el castigo de la exposición al fisgoneo colectivo" (STS de 24.2.2020). Y añade que "El que su exhibición [la del desnudo] pueda ser consentida en determinados contextos no es obstáculo para reivindicar su exclusión frente a terceros no incluidos en el compartido ámbito de la privacidad." En fin, no parece adecuado entender que quien haya consentido que le graben haya consentido por ese mero hecho también la difusión de las grabaciones.[74] Es más, resulta discutible si se puede aplicar a la víctima, tal cual, el análisis de la culpa que resulta aplicable al causante de un daño cualquiera, como si fuera un responsable más. Como se suele decir, nadie tiene un deber de cuidado respecto de sí mismo.[75]

Además, culpabilizar a la víctima es una manera encubierta mediante la cual se introduce una visión moral determinada de lo que deben ser las relaciones humanas en lo tocante a la sexualidad. Como ya se ha visto, ese trasfondo moral está presente incluso en las resoluciones judiciales. En el caso de la niña Skagg, ya se ha hecho referencia a cómo la sentencia alude a que la niña compartía fotos picantes en Facebook pero también iba a misa, como si esto último tuviese importancia. Concretamente, la culpa de la víctima puede ser el caballo de Troya mediante el cual el puritanismo hace su entrada en el Derecho de la responsabilidad civil en el contexto del *sexting*. Frente a ello, el *sexting* no es otra cosa que una manera moderna de vivir la sexualidad,[76] y así es reconocida por sus participantes.[77] Además, como se ha visto, el *sexting* como tal no está prohibido, al menos en España, siempre y cuando no haya coacción ni se entre en alguno de los tipos penales antes referidos.[78] En ese sentido, resulta rechazable el mito del menor asexuado, que supone un desconocimiento legislativo de una realidad palmaria.[79] Ya se ha visto que lo problemático no es el intercambio entre los participantes o *sexting* primario, sino la difusión inconsentida del contenido resultante, o sexting secundario. Por otro lado, puede resultar interesante señalar la correlación entre la ausencia de creencias morales y la participación en el *sexting*, de modo que las personas más religiosas resultan menos dadas a participar en el mismo.[80]

---

74 Parecidamente, puede verse MENDO ESTRELLA, *op. cit.*, p. 23.

75 Véase entre otros Lilian SAN MARTÍN NEIRA, *La carga del perjudicado de evitar o mitigar el daño*, Bogotá, Universidad Externado de Colombia, 2012, p. 324.

76 Sobre la conexión con el paradigma de la "sociedad de la información", puede verse Beatriz Mabel PACHECO AMIGO / Jorge Luis LOZANO GUTIÉRREZ / Noemi GONZÁLEZ RÍOS, "Diagnóstico de utilización de Redes sociales: factor de riesgo para el adolescente", *Revista Iberoamericana para la Investigación y el Desarrollo Educativo*, 2018, vol. 8, núm- 16, p. 4.

77 En esa línea, puede verse Mauricio MENJÍVAR OCHOA, "El *sexting* y l@s nativ@s neo-tecnológic@s: apuntes para una contextualización al inicio del siglo XXI", *Actualidades Investigativas en Educación*, vol. 10, núm. 2, 1-23, p. 20.

78 Puede verse también María Victoria GARCÍA-ATANCE GARCÍA DE MORA, "Diversas manifestaciones de riesgo social y moral del menor en el ámbito de técnicas de información y comunicación (TIC)", *Revista de Derecho Político*, 2017, núm. 100, 1271-1308, p. 1292.

79 Véase RAMOS, "Ciberacoso", *op. cit.*, p. 438.

80 Puede verse al respecto José R. AGUSTINA / Esperanza L. GÓMEZ-DURAN, "Factores de riesgo asociados al sexting como umbral de diversas formas de victimización. Estudio de factores correlacionados con el sexting en una muestra universitaria", *IDP*, 2016, núm. 22, 32-58, p. 37 y ss.

Dejando de lado lo anterior, en los Estados en que el *sexting* como tal está prohibido, a veces la víctima es responsable al mismo tiempo (p.ej. si hay intercambio), y en cambio solo se acusa a una de las dos partes. Desde este punto de vista se da una asimetría que puede resultar poco equitativa.

También hay que subrayar que actualmente en nuestras sociedades existe todavía una valoración moral negativa del hecho de fotografiarse desnudo. Una vez que las fotografías (o videos) salen a la luz, aun sin consentimiento de la víctima, esta puede verse criminalizada por haberse permitido captar de ese modo en imagen (como si no tuviese derecho a hacerlo, según se ha señalado más arriba al hablar de la libertad sexual). En efecto, existe en este punto un discurso que culpa a la víctima (*victim blaming narrative*).[81] Desde luego, no es ese un fenómeno exclusivo del *sexting*, sino que se encuentra en otros muchos contextos, y responde, como ha señalado la literatura que ha estudiado estas cuestiones desde un punto de vista más filosófico, a la creencia de que el mundo es justo, y por tanto las cosas malas suceden por una razón: si la víctima sufre un daño, debe de ser porque ella se lo ha buscado.[82] Esa misma narrativa se encuentra, por ejemplo, en relación con los casos de violación, en los que se llega a sugerir que la víctima quería, en el fondo, ser violada.[83]

Suele así culparse a la propia víctima, sobre todo si es una mujer.[84] Se trata de un extremo que tal vez resulte potencialmente fructífero desde el punto de vista de la llamada perspectiva de género, pues puede parecer que la sociedad se ceba más en las mujeres que en los hombres en supuestos que son sustancialmente idénticos excepto en cuanto al género.[85] En conexión con este aspecto, el discurso feminista pone el acento en el hecho de que existe una presión social para que se compartan fotos sexuales en caso de mujeres, algo que sucede en mucho menor grado en el caso en que los fotografiados son hombres. Además, en el caso de las chicas la ruptura de una relación sentimental suele ser el catalizador de la distribución no consentida del material gráfico relativo a las mismas, cosa que no sucede en la misma medida en el caso de los chicos.[86] En cualquier caso, todo intento de culpabilizar a la víctima quizás debería tener en cuenta que a menudo los participantes en el *sexting* lo hacen bajo la influencia del alcohol o las drogas, como muestran diversos estudios.[87] Se trata de circunstancias que en los ordenamientos jurídicos suelen tenerse en cuenta para excluir, o al menos aminorar, la responsabilidad, por lo menos en el ámbito penal (arts. 20 y 21 CP).

---

81 Puede verse, entre otros, Soraya CALVO GONZÁLEZ, "La práctica del sexting como estrategia de comunicación afectiva en parejas jóvenes. Implicaciones para la intervención socioeducativa desde el marco de la educación sexual", Rosabel ROIG-VILA (ed.), *Tecnología, innovación e investigación en los procesos de enseñanza-aprendizaje*, Barcelona, Octaedro, 2016, 183-190, p. 187.

82 Entre otros, Kayleigh ROBERTS, "The Psychology of Victim-Blaming", *The Atlantic*, 2016, <https://www.theatlantic.com/science/archive/2016/10/the-psychology-of-victim-blaming/502661/>.

83 Véase Mithu SANYAL, *Rape. From Lucretia to #MeToo*, London, New York, Verso Books, 2019, p. 16.

84 Las chicas también se identifican a sí mismas más como víctimas. Puede verse Patricia RUIDO / Yolanda CASTRO / María FERNÁNDEZ / Rosana ROMÁN, "Las motivaciones hacia el *Sexting* de los y las adolescentes gallegos/as", *Revista de Estudios e Investigación en Psicología y Educación*, vol. extr., núm. 13, 47-49, p. 49.

85 Más al respecto en Eloísa PÉREZ CONCHILLO, "La difusión de sexting ajeno como violencia de género", *Revista Aranzadi de Derecho y Proceso Penal* 2018, núm. 51.

86 Véase John Kip CORNWELL, "Sexting: 21st-century statutory rape", 66 *SMU Law Review 2013*, 111, p. 122.

87 Puede verse Patricia ALONSO-RUIDO / Yolanda RODRÍGUEZ-CASTRO / Carmen PÉREZ-ANDRÉ / María José-MAGALHÃES, "Estudio cualitativo en un grupo de estudiantes ourensanos/as sobre el fenómeno del *Sexting*", *Revista de Estudios e Investigación en Psicología y Educación*, vol. extr., núm. 13, 47-49, p. 59.

Cuestión distinta es si puede reclamar quien ya ha hecho tal divulgación de su sexualidad que prácticamente no merece ya protección. Piénsese por ejemplo en el caso de la actriz porno cuya conversación erótica vía teléfono móvil sale a la luz. Se ha sugerido que la persona que ya haya demostrado su total indiferencia respecto de su intimidad corporal no podría solicitar la protección civil que le dispensa la LODH.[88] En el ámbito del *common law* se habla a menudo del *libel proof plaintiff* (o demandante a prueba de libelo) para hacer referencia a aquella persona que se ha puesto a sí misma en una situación en la que no puede ya ser objeto de difamación. ¿Qué sucedería, por ejemplo, con el pintor que se ha retratado a sí mismo, incluso de modo obsesivo, llevando a cabo actos de tipo sexual,[89] si posteriormente se filtra o se le sustrae una imagen de un desnudo suyo? Sin embargo, estrictamente hablando y con la ley española en la mano habría que preguntarse si realmente la víctima dio su consentimiento a la divulgación del contenido de que se trate, y en caso negativo habría que concluir que hay responsabilidad. Desde el punto de vista patrimonial, parece claro, dado que esa misma persona está en condiciones de cobrar una contraprestación a cambio de la explotación comercial de sus desnudos, y por tanto el acceso y divulgación no consentidos suponen para aquella una pérdida de un ingreso probable (lucro cesante). Desde el punto de vista moral, también hay daño, ya que se ha vulnerado el derecho a la autodeterminación de la persona. A este respecto, seguramente habría que tener en cuenta, desde la perspectiva del daño, que la divulgación no consentida supone una intromisión en la esfera íntima, si se está de acuerdo en que incluso un actor o actriz porno tiene derecho a la intimidad –que sepamos cómo practica sexo en público o en el marco de un contrato cinematográfico no quiere decir que tengamos derecho a saber también cómo lo hace en privado. Así pues, es cierto que en el Derecho español puede darse el caso de que una persona, con su conducta, ya no tenga nada que salvaguardar o proteger.[90] Pero claro está que habrá que estar a las circunstancias del caso. Cuestión distinta es que la conducta en cuestión deba generar una respuesta de tipo penal. Como ya se ha apuntado, el hecho de que quepa acudir a la vía civil hace seguramente innecesario el empleo del instrumentario penal para castigar el *sexting*. Resolver penalmente un supuesto que esencialmente supone un abuso de consentimiento por parte de quien difunde material cedido privadamente parece un exceso.[91] En cualquier caso, aunque no haya delito, puede existir un daño a la intimidad que sí que debe de ser reparado.[92]

De igual modo, parece dudoso si responde quien se limita a reenviar los contenidos de *sexting* que ya se han difundido por las redes. Por ejemplo, una persona puede ampararse en que las imágenes o videos ya son públicos.[93] O en que ella no ha "publicado" nada porque el video en cuestión ya circulaba por Internet. El problema se

---

88 Así, MARTÍNEZ OTERO, *op. cit.*, p. 6.

89 Puede verse el caso que relata Edwina Moreno Guerra, "La obra de Nahum B. Zenil: una aproximación a la pintura pornográfica y obscena", en Fabián Giménez (coord..), *¿Qué hacer después de la orgia? El destino de la imagen en la cultura contemporánea*, México D.F., Instituto Nacional de Bellas Artes y Literatura, 2007, 133-142, p. 136.

90 Véase Pablo SALVADOR CODERCH, "El concepto de difamación en sentido estricto", en Pablo SALVADOR CODERCH (dir.), *El mercado de las ideas*, Madrid, Centro de Estudios Constitucionales, 1990, 137-410, p. 230.

91 Véase MORALES, *op. cit.*, p. 464.

92 Puede verse Fuensanta RABADÁN SÁNCHEZ-LAFUENTE, "El derecho a la intimidad ante la difusión inconsentida de imágenes facilitadas por el propio titular –a propósito del caso Hormigos", *Actualidad civil*, 2014, núm. 9.

93 En ese sentido, MARTÍNEZ OTERO, *op. cit.*, p. 6.

agrava porque, como es sabido, la ley española es poco clara en cuanto a la delimitación de quién publica y quién no (al menos en lo que se refiere a la LODH).[94] No obstante, dicho planteamiento llevaría a una mayoría a escudarse en lo que hacen los demás, de modo que estrictamente solo respondería el primer autor de la divulgación. Además, habría lugar a preguntarse en qué momento exacto el contenido de que se trate se ha convertido en público. Como si se tratase de una *exceptio plurium concubentium*, cuanto mayor fuese el número de divulgadores, más diluida estaría la responsabilidad. Sin embargo, en las redes de Internet es precisamente la suma de pequeñas interacciones lo que cuenta. Como se ha señalado en alguna ocasión, los usuarios de Internet pueden generar grandes efectos mediante la repetición multiplicadora.[95] Si esto es así, todos los que comparten el contenido del *sexting* están "publicando" y serían responsables. Desde una perspectiva penal, la cuestión es controvertida y mientras para unos es insostenible imponer un deber de sigilo universal, para otros también quien difunde sin haber participado en la captación y grabación es responsable penalmente.[96] Si esto es así, resultaría algo extraño que se respondiese penalmente –*ex* art. 197.7 CP– pero no civilmente por la misma conducta (arg. *ex* art. 109 CP). En la mayoría de supuestos, el reenvío causará un daño, aspecto del que se trata a continuación.

6 El daño

El último aspecto al que se va a prestar atención en este trabajo es el del daño. Cabe, en efecto, preguntarse cual es el daño desde el punto de vista de la responsabilidad civil y cómo se indemniza.

El *sexting*, como ha quedado expuesto, afecta a diversos intereses jurídicos de la víctima. Los daños son, por tanto, múltiples. Para la responsabilidad, se trata de un fenómeno poliédrico. De hecho, el *sexting* no solo produce daños inmediatos a la propia víctima desde el punto de vista de su propia imagen, libertad sexual, etc., sino que en ocasiones acaba dando lugar a trastornos psicológicos, depresiones y similares, que en el peor de los casos concluyen en el suicidio.[97] Por tanto, existen también casos de personas distintas al propio participante en el *sexting*, que se pueden ver afectados, como son los familiares de la víctima. Claro que en estos casos no es el *sexting* como tal, entendido como mero intercambio, el que da lugar a la responsabilidad, sino la posterior revelación o difusión de material gráfico que debió guardarse en el ámbito íntimo en el que se compartió.

El daño al que normalmente da lugar el *sexting*, según lo que se acaba de apuntar, es el daño extrapatrimonial o moral.[98] Puede haber también un daño patrimonial, en el caso en el que se ha privado a la víctima de la posibilidad de explotar comercialmente

---

94 Véase SALVADOR CODERCH, *op. cit.*, p. 145 y ss.

95 Hay quien habla de un efecto de "multieco", bola de nieve, o efecto mariposa. Puede verse Román GUBERN, *El eros electrónico*, Madrid, Taurus, 2000, p. 77.

96 Puede verse sobre esta controversia Cristian SÁNCHEZ BENÍTEZ, "Sobre la difusión no consentida de las prácticas de sexting y la Circular 3/2017 de la FGE (artículo 197.7 del Código penal)", *Revista Aranzadi de Derecho y Nuevas Tecnologías* 2019, núm. 51, nota 52 y texto que la acompaña.

97 Véase Kathleen CONN, "Sexting and teen suicides: will school administrators be held responsible?", 261 *West's Education Law Reporter* 2010, 1, p. 5, quien lo considera un problema nacional en los EE.UU.

98 Así también MARTÍNEZ OTERO, *op. cit.*, p. 7.

esas imágenes –piénsese en el caso de una persona famosa que quizás ya haya incluso recibido ofertas para posar desnuda.

El daño causado por este tipo de conductas tiene una serie de peculiaridades que conviene señalar. En primer lugar, el daño puede durar mucho tiempo. Es cierto que el responsable puede acabar ingresando en prisión y que incluso después figure de por vida en fichero de delincuentes sexuales (como sucede en algunos estados de los EE.UU., como Alabama).[99] Pero también la víctima puede que arrastre las consecuencias del *sexting* toda su vida. Una vez que las imágenes o videos se publican en Internet y especialmente cuando se "viralizan" es imposible eliminarlas del todo. La participación en el *sexting* puede acarrear un estigma que acompañe a la víctima durante toda su vida.[100] Por ejemplo, una persona puede encontrarse con dificultades para encontrar trabajo si trasciende que ha participado en un *sexting*. Es paradigmático el ejemplo del candidato a una plaza de profesor, que participó de joven en el *sexting* y que, por ese mismo motivo, puede que sea una persona especialmente indicada para educar a los jóvenes sobre los riesgos asociados al mismo, y al que en cambio se le cerraban oportunidades laborales por ese motivo.[101]

Otro aspecto a tener en cuenta es la dificultad de probar el daño moral. Esta dificultad es proverbial en algunos ordenamientos, mientras que otros son mucho más flexibles o generosos. En todo caso, en el contexto del *sexting* nos encontramos con un escenario especial, dada la relevancia de los intereses en juego. Como ha señalado la jurisprudencia española en alguna ocasión, "el daño moral ante este tipo de hechos resulta evidente"; no hace falta que conste específicamente en los hechos probados penalmente si "fluye de manera directa y natural del referido relato histórico"; no hace falta que se plasme en alteraciones patológicas o psicológicas; se trata de la doctrina del daño *in re ipsa* (STS Sala 2ª [Penal] de 23.7.2018 [RJ 2018\3750]). Una doctrina parecida se ha sostenido en relación con los abusos sexuales.

Otro punto interesante es la importancia del elemento volitivo en relación con el daño. En efecto, si hay intencionalidad (como suele ser el caso) el daño es mayor, y así lo tiene en cuenta en alguna medida el legislador (p.ej. en la citada LOPH), cuando dice que se tengan en cuenta para valorar el daño "las circunstancias del caso" y la "gravedad de la lesión" (art. 9), pues afecta a la propia imagen.

La valoración del daño es problemática muy a menudo. El Derecho español plantea a este respecto dificultades parecidas a las que se encuentran en otros ordenamientos jurídicos, dado que la valoración del daño moral no resulta tan directa, fácil o mecánica como pueda serlo en muchos supuestos de daño patrimonial, en los que basta con aplicar la teoría de la diferencia. La valoración del daño al honor resulta especialmente problemática.[102] Incluso la mera constatación de que existe un daño moral puede erigirse en una enorme dificultad.[103]

---

99 Véase Stephanie GAYLORD FORBES, "Sex, cells, and sorna: applying sex offender registration laws to sexting cases", 52 *William and Mary Law Review* 2011, 1717, p. 1718 ss.

100 Véase CALVERT, *op. cit.*, p. 24.

101 Puede verse Kelly M. FEELEY, "Hiring sexters to teach children: creating predictable and flexible standards for negligent hiring in schools", 42 *New Mexico Law Review* 2012, 83, p. 84.

102 Entre otros, puede verse Andrés NÚÑEZ JIMÉNEZ, "La valoración del daño moral por daño al honor", *Legal Today*, 2019, <www.legaltoday.com/practica-juridica/civil/intimidad/la-valoracion-del-dano-moral-por-dano-al-honor>.

103 Puede verse Javier LÓPEZ Y GARCÍA DE LA SERRANA, "Daño moral: Prueba de su existencia y de su cuantía", *Revista de la Asociación Española de Abogados Especializados en Responsabilidad Civil y Seguro*, julio 2019, <https://www.hispacolex.com/biblioteca/articulos-doctrinales/dano-moral-prueba-de-su-existencia-y-de-su-cuantia>.

Según algunos tribunales españoles, el daño en estos casos hay que valorarlo conforme a un principio de razonabilidad (SAP Valencia de 20.2.2017 [JUR 2018\67789]). Sin embargo, si se adopta un punto de vista crítico, cabe señalar que no queda claro qué significa tal afirmación. Lo que le parece razonable a una persona puede no parecérselo a otra. Nos encontramos, pues, en un terreno movedizo, en el que resulta muy difícil la racionalización y la parametrización conforme a criterios objetivos. Con todo, puede admitirse que hay algunas cosas más bien claras. Por ejemplo, hay factores que contribuyen a agravar el daño. Concretamente, el hecho de que la madre de la víctima trabaje en el mismo Instituto donde tiene lugar la difusión de imágenes sexuales de la afectada agrava el sufrimiento psíquico a la joven (SAP Valencia 20.2.2017 [JUR 2018\67789], que valoró la indemnización en la suma de 1000 €). Las discrepancias respecto de la valoración del daño son, sin embargo, muy grandes, y eso se percibe en el amplio abanico de sumas concedidas como indemnización. Los casos difieren mucho unos de otros y por ello la sistematización se complica. En un mismo caso, distintas víctimas pueden percibir indemnizaciones diferentes. Por ejemplo, en un caso resuelto por la Audiencia de Barcelona se concedieron sumas de entre 800 y 1600 € según los menores (SAP Barcelona 22.12.2017 [JUR 2018\125106]). En ocasiones se tiene en cuenta que la afectación de la víctima dura incluso mucho tiempo después. En un caso en que la persona responsable se dedicaba al comercio de golosinas y utilizó esa circunstancia para acercarse y ganarse la confianza de la víctima, menor de edad, se concedió una indemnización mucho más cuantiosa, a saber, 30.000 € (SAP 14.6.2017 [JUR 2017\214681]). En otro caso, la indemnización oscila entre 1500 y 2500 € según las víctimas de que se trate (concretamente, eran menores que habían enviado fotografías a un adulto vía *Skype* o *Tuenti*; SAP Pontevedra 14.2.2017 [JUR 207\68323]).

Como puede verse, los pronunciamientos judiciales suelen incidir sobre la indemnización del daño moral. No cabe excluir del todo, sin embargo, que se causen también daños patrimoniales, como en parte se ha apuntado ya. Por ejemplo, la difusión del material gráfico puede perjudicar a las perspectivas de carrera profesional en el futuro de la víctima. Aunque también puede darse el supuesto inverso: que la víctima obtenga nuevas oportunidades de hacer negocio gracias a la notoriedad conseguida con la difusión de su material gráfico.

Así sucedió en el caso célebre en España, el de la Sra. Olvido Hormigos, antes referido. Como en parte se ha apuntado antes, el responsable había difundido a terceros un video sexual enviado por la propia Hormigos, video en el que se mostraba cómo esta última se masturbaba, y que rápidamente se viralizó en las redes. La víctima logró una enorme notoriedad pública, fue objeto de múltiples entrevistas en televisión, fue portada de la revista erótica *Interviú* en repetidas ocasiones, y participó en el programa "Gran Hermano Vip", de gran audiencia. El caso es que este involuntario salto al estrellato parece que reportó pingües beneficios a la afectada,[104] de tal modo que tal vez podría hablarse, en cierto sentido, de una compensación del lucro con el daño (*compensatio lucri cum damno*).

[104] Puede verse Informalia, "Olvido Hormigos gasta su fortuna: bikini de Versace y bolso de Vuitton de 1.500 euros", 21.7.2016, <https://informalia.eleconomista.es/informalia/actualidad/noticias/7719285/07/16/Olvido-Hormigos-asi-gasta-la-fortuna-que-se-embolsa-en-los-platos.html>.

7 Conclusiones

La utilización de las tecnologías de la información y la comunicación por parte de los menores entraña numerosos riesgos para ellas. En particular, los menores que participan en el intercambio de material gráfico de carácter sexual popularmente conocido como *sexting* no son siempre conscientes de los problemas que pueden derivarse si en algún momento esas imágenes o videos se difunden fuera del ámbito íntimo en el que fueron compartidas inicialmente. La difusión de ese material puede ser constitutivo de delito, el *sexting* en sentido estricto, previsto por la legislación penal española. Pero al margen de la eventual imposición de sanciones penales, queda la cuestión de la reparación del daño desde el punto de vista de la responsabilidad civil.

En este sentido, son recurrentes los conflictos entre intereses opuestos. De un lado, las potenciales víctimas intervienen de manera voluntaria en dicha actividad sexual, a menudo como un proceso de experimentación, aprendizaje, o simplemente como una manera de vivir la propia sexualidad. La representación gráfica del propio cuerpo, incluso con un contenido sexual, puede contemplarse desde el prisma constitucional, al constituir una forma de expresión del propio sujeto. Pero esa libertad, aunque se llegase a conceptuar de un modo tan exorbitantemente amplio, casi descabellado, nunca va a ser ilimitada, sino que está limitada por los derechos de los demás. Del otro, al compartir un material tan sensible los participantes se sitúan en una posición vulnerable y se exponen a riesgos muy grandes. Esos riesgos se materializan cuando el otro participante rompe el secreto y difunde el material, haciéndolo público (o bien cuando la difusión sucede por la actuación de otra persona). El mero hecho de que alguien difunda el material gráfico sin permiso de la víctima no convierte a esta en culposa y por tanto no cabe excluir la responsabilidad por culpa de la víctima en todo caso.

En el Derecho español, el *sexting* ya ha dado lugar a una respuesta por parte del legislador, mediante una reforma del Código Penal. Sin embargo, se trata de una respuesta oportunista, motivada por un caso mediático, y limitada, pues se ciñe al ámbito criminal, y al mismo tiempo es una reforma extensiva, ya que entra en un ámbito en el que la práctica sexual parece ir por un lado y el legislador por otro muy distinto. De modo algo extraño, la reforma de la legislación penal española parece crear más problemas de los que resuelve, y queda en cambio sin aclarar qué consecuencias va a acarrear el *sexting* en el plano civil, donde la legislación es mucho más antigua. Una legislación sin los matices necesarios puede conducir a resultados extraños, sorprendentes o indeseados –como sería el caso si se tratase igual a un pederasta y a un menor que simplemente desarrolla su sexualidad.

En cuanto a la jurisprudencia, en España se ha centrado principalmente en los casos penales, si bien en ocasiones la conducta escapa de los estrechos contornos del tipo fijado por la ley, y en otros simplemente supone un abuso de una herramienta legislativa severa de la que tendría que hacerse un uso menos alegre. En lo tocante a la indemnización, son notorias las divergencias en las cuantías de las sumas concedidas, variables según las múltiples circunstancias concurrentes en cada caso. El daño más tratado es el moral, un aspecto en el que las consecuencias de la revelación del material en cuestión pueden ser devastadoras. En ese sentido, los tribunales españoles han sido flexibles en cuanto a la prueba del daño, llegando en ocasiones a entenderlo implícito en la comisión de las conductas indeseadas. Pero conviene no perder de vista también los posibles daños patrimoniales, los cuales habrá que demostrar y a los cuales no resulta clara la aplicabilidad de las mismas facilitaciones probatorias.

Bibliografía

José R. AGUSTINA, "¿Menores infractores o víctimas de pornografía infantil? Respuestas legales e hipótesis criminológicas ante el *Sexting*", *Revista Electrónica de Ciencia Penal y Criminología* (RECPC), 2010, núm. 12-11, 1-44, p. 1 y ss. <http://criminet.ugr.es/recpc>.

José R. AGUSTINA / Esperanza L. GÓMEZ-DURAN, "Factores de riesgo asociados al sexting como umbral de diversas formas de victimización. Estudio de factores correlacionados con el sexting en una muestra universitaria", *IDP*, 2016, núm. 22, 32-58

Patricia ALONSO-RUIDO / Yolanda RODRÍGUEZ-CASTRO / Carmen PÉREZ-ANDRÉ / María José-MAGALHÃES, "Estudio cualitativo en un grupo de estudiantes ourensanos/as sobre el fenómeno del *Sexting*", *Revista de Estudios e Investigación en Psicología y Educación*, vol. extr., núm. 13, 47-49.

Salvador ALVÍDREZ / José Luis ROJAS-SOLÍS, "Los amantes en la época del smartphone: aspectos comunicativos y psicológicos relativos al inicio y mantenimiento de la relación romántica", *Global Media Journal México* 14(27), 2017-2018, 1-18.

María José BARTRINA ANDRÉS, "Conductas de ciberacoso en niños y adolescentes", *Educar*, 2014, vol. 50/2, 383-400.

Clay CALVERT, "Sex, cell phones, privacy, and the First Amendment: when children become child pornographers and the Lolita effect undermines the law", 18 *CommLaw Conspectus* 2009, 1.

Soraya CALVO GONZÁLEZ, "La práctica del sexting como estrategia de comunicación afectiva en parejas jóvenes. Implicaciones para la intervención socioeducativa desde el marco de la educación sexual", en Rosabel ROIG-VILA (ed.), *Tecnología, innovación e investigación en los procesos de enseñanza-aprendizaje*, Barcelona, Octaedro, 2016, 183-190.

James J. CARTY, "Is the teen next door a child pornographer? parenting, prosecuting, and technology clash over "sexting" in Miller v. Skumanick", 42 *University of Toledo Law Review* 2010, 193.

Asunción COLÁS TURÉGANO, "Nuevas conductas delictivas contra la intimidad (arts. 197; 197 bis, 197 ter)", en José L. GONZÁLEZ CUSSAC (dir.), *Comentarios a la reforma del Código Penal de 2015*, 2ª ed., Valencia, Tirant lo Blanch, 2015, 663-683.

Kathleen CONN, "Sexting and teen suicides: will school administrators be held responsible?", 261 *West's Education Law Reporter* 2010, 1.

John Kip CORNWELL, "Sexting: 21st-century statutory rape", 66 *SMU Law Review 2013*, 111.

Ubaldo CUESTA / Sandra GASPAR, "Aspectos psicosociales, éticos y normativos de la reputación online", *Derecom*, 2013, núm. 14, 10.

Terri DAY, "The new digital dating behavior--sexting: teens' explicit love letters: criminal justice or civil liability", 33 *Hastings Communications and Entertainment Law Journal* 2010, 69.

Elizabeth C. ERAKER, "Stemming sexting: sensible legal approaches to teenagers' exchange of self-produced pornography", 25 *Berkeley Technology Law Journal* 2010, 555.

Kelly M. FEELEY, "Hiring sexters to teach children: creating predictable and flexible standards for negligent hiring in schools", 42 *New Mexico Law Review* 2012, 83.

Caroline FEHR / Christine LICALZI / Thomas OATES, "Computer Crimes", 53 *American Criminal Law Review* 2016, 977.

Todd A. FICHTENBERG, "Sexting juveniles: neither felons nor innocents", 6 *I/S: A Journal of Law and Policy for the Information Society* 2011, 695, p. 724.

María Victoria GARCÍA-ATANCE GARCÍA DE MORA, "Diversas manifestaciones de riesgo social y moral del menor en el ámbito de técnicas de información y comunicación (TIC)", *Revista de Derecho Político*, 2017, núm. 100, 1271-1308.

Stephanie GAYLORD FORBES, "Sex, cells, and sorna: applying sex offender registration laws to sexting cases", 52 *William and Mary Law Review* 2011, 1717.

April GILE THOMAS / Elizabeth CAUFFMAN, "Youth sexting as child pornography? Developmental science supports less harsh sanctions for juvenile sexters", 17 *New Criminal Law Review* 2014, 631.

Román GUBERN, *El eros electrónico*, Madrid, Taurus, 2000.

Bernadette GUERRA, "Sexting and the Fate of First-Time Offenders in Florida", *St. Thomas Law Review*, 2016, vol. 28, núm. 2, 233-255.

Miriam GUARDIOLA SALMERÓN, "Menores y redes sociales: nuevos desafíos jurídicos", *Revista de Derecho, Empresa y Sociedad* (REDS), 2016, núm. 8, 53-67.

Antonio M. HAYNES, "The age of consent: when is sexting no longer 'speech integral to criminal conduct'?", 97 *Cornell Law Review* 2012, 369.

John O. HAYWARD, "Hysteria over sexting: a plea for a common sense approach", 14 *Atlantic Law Journal* 2012, 60.

Carmelo JIMÉNEZ SEGADO, "La novedosa respuesta penal frente al fenómeno sexting", *Actualidad Jurídica Aranzadi*, 2016, núm. 917.

Estefanía JIMÉNEZ / Maialen GARMENDIA / Miguel Ángel CASADO (coords.), *Entre* selfies *y* whatsapps. *Oportunidades y riesgos para la infancia y la adolescencia conectada*, Barcelona, Gedisa Editorial, 2018.

Correy A. KAMIN, "Unsafe sexting: the dangerous new trend and the need for comprehensive legal reform", 9 *Ohio State Journal of Criminal Law* 2011, 405.

Prit KAUR, "Sexting or Pedophilia?", *Revista Criminalidad*, 2014, núm. 56 (2), 263-272.

Weronika KOWALCZYK, "Bridging constitutional rights: sexting legislation in Ohio", 58 *Cleveland State Law Review* 2010, 685.

Eric S. LATZER, "The search for a sensible sexting solution: a call for legislative action", 41 *Seton Hall Law Review* 2011, 1039.

Monique C.M. LEAHY, "Proof of Sexting Civil and Criminal Liability", 160 *American Jurisprudence Proof of Facts* 3d 283 (2017; 2018 update).

Juan María MARTÍNEZ OTERO, "La difusión de sexting sin consentimiento del protagonista: un análisis jurídico", *Derecom*, Diciembre 2012-Febrero 2013, núm. 12, 1-16 <www.derecom.com/derecom/*Derecom*>.

Álvaro MENDO ESTRELLA, "Delitos de descubrimiento y revelación de secretos: acerca de su aplicación al *sexting* entre adultos", *Revista Electrónica de Ciencia Penal y Criminología*, 2016, núm. 18-16, 1-27 <http://criminet.ugr.es/recpc/18/recpc18-16.pdf>.

Mauricio MENJÍVAR OCHOA, "El *sexting* y l@s nativ@s neo-tecnológic@s: apuntes para una contextualización al inicio del siglo XXI", *Actualidades Investigativas en Educación*, vol. 10, núm. 2, 1-23.

Cinthia Tomasa MERCADO CONTRERAS / Francisco Javier PEDRAZA CABRERA / Kalina Isela MARTÍNEZ MARTÍNEZ, "*Sexting*: su definición, factores de riesgo y consecuencias", *Revista sobre la infancia y la adolescencia*, 2016, núm. 10, 1-18.

Irene MONTIEL JUAN, "Cibercriminalidad social juvenil: la cifra negra", *Revista d'Internet, Dret i Política* (IDP), 2016, núm. 22, 119-131.

Maryam F. MUJAHID, "Romeo and Juliet--a tragedy of love by text: why targeted penalties that offer front-end severity and back-end leniency are necessary to remedy the teenage mass-sexting dilemma", 55 *Howard Law Journal* 2011, 173.

Cristian MOLLA-ESPARZA / Lorena RODRÍGUEZ-GARCÍA / María Emelina López-GONZÁLEZ, "Sexting en adolescentes ¿Conscientes del peligro?", en: Coral GONZÁLEZ BARBERA / María CASTRO MORERA, *Libro de Actas del XVI Congreso Nacional y VII Congreso Iberoamericano de Pedagogía: Democracia y Educación en el siglo XXI. La obra de John Dewey 100 años después*, Madrid, Sociedad Española de Pedagogía, 2016, 528.

Fermín MORALES PRATS, "La reforma de los delitos contra la intimidad – artículo 197 CP", en Gonzalo QUINTERO-OLIVARES (dir.), *Comentario a la reforma penal de 2015*, Cizur menor, Aranzadi, 2015, 459-467.

Mara MORELLI *et al.*, "Sexting, psychological distress and dating violence among adolescents and young adults", *Psicothema*, 2016, vol. 28, núm. 2, 137-142.

Francisco MUÑOZ CONDE, *Derecho penal. Parte especial*, 21ª ed., Valencia, Tirant lo Blanch, 2017.

María Evangelina NARVAJA / José Luis DE PIERO, "Prácticas juveniles éxtimas: *sexting* y *vlogging*", *Aposta. Revista de Ciencias Sociales*, 2016, núm. 69, 239-270.

«Note», *Harvard Law Review* 2018, núm. 31, p. 1505, también disponible en: <https://harvardlawreview.org/2018/03/state-v-gray/>.

Dawn C. NUNZIATO, "Romeo and Juliet online and in trouble: criminalizing depictions of teen sexuality", 10 *Northwestern Journal of Technology and Intellectual Property* 2012, 57.

Beatriz Mabel PACHECO AMIGO / Jorge Luis LOZANO GUTIÉRREZ / Noemi GONZÁLEZ RÍOS, "Diagnóstico de utilización de Redes sociales: factor de riesgo para el adolescente", *Revista Iberoamericana para la Investigación y el Desarrollo Educativo*, 2018, vol. 8, núm. 16, 4.

Melania PALOP BELLOCH, "El *cyber-bulling* y la violencia de género", *Derecom*, Septiembre 2017-Marzo 2018, núm. 23, 129-138 <www.derecom.com/derecom/*Derecom*>.

Eloísa PÉREZ CONCHILLO, "La difusión de sexting ajeno como violencia de género", *Revista Aranzadi de Derecho y Proceso Penal* 2018, núm. 51.

Kimberlianne PODLAS, "The 'legal epidemiology' of the teen sexting epidemic: how the media influenced a legislative outbreak", 12 *University of Pittsburgh Journal of Technology Law and Policy* 2011, 1.

Audra L. PRICE, "Digital lovers: keeping Romeo and Juliet safe from sexting and out of the courthouse", 20 *Temple Political & Civil Rights Law Review* 2011, 355.

Fuensanta RABADÁN SÁNCHEZ-LAFUENTE, "El derecho a la intimidad ante la difusión inconsentida de imágenes facilitadas por el propio titular – a propósito del caso Hormigos", *Actualidad civil*, 2014, núm. 9.

José Antonio RAMOS VÁZQUEZ, "Ciberacoso", en Gonzalo QUINTERO-OLIVARES (dir.), *Comentario a la reforma penal de 2015*, Cizur menor, Aranzadi, 2015, 435-446.

José Antonio RAMOS VÁZQUEZ, "*Grooming* y *sexting*: artículo 183 *ter* CP", en José L. GONZÁLEZ CUSSAC (dir.), *Comentarios a la reforma del Código Penal de 2015*, 2ª ed., Valencia, Tirant lo Blanch, 2015, p. 623-627.

Albert RUDA, "Les voluntats digitals", Edición digital de la Biblioteca del Ilustre Colegio de Abogados de Barcelona (ICAB), 2018, <www.icab.es>.

Patricia RUIDO / Yolanda CASTRO / María FERNÁNDEZ / Rosana ROMÁN, "Las motivaciones hacia el *Sexting* de los y las adolescentes gallegos/as", *Revista de Estudios e Investigación en Psicología y Educación*, vol. extr., núm. 13, 47-49.

Elizabeth M. RYAN, "Sexting: how the state can prevent a moment of indiscretion from leading to a lifetime of unintended consequences for minors and young adults", 96 *Iowa Law Review* 2010, 357.

Jessica SABBAH-MANI, "Sexting education: an educational approach to solving the media fueled sexting dilemma", 24 Southern California Interdisciplinary Law Journal 2015, 529.

Pablo SALVADOR CODERCH, "El concepto de difamación en sentido estricto", en Pablo SALVADOR CODERCH (dir.), *El mercado de las ideas*, Madrid, Centro de Estudios Constitucionales, 1990, 137-410.

Cristian SÁNCHEZ BENÍTEZ, "Sobre la difusión no consentida de las prácticas de sexting y la Circular 3/2017 de la FGE (artículo 197.7 del Código penal)", *Revista Aranzadi de Derecho y Nuevas Tecnologías* 2019, núm. 51.

Virginia SÁNCHEZ JIMÉNEZ / Noelia MUÑOZ-FERNÁNDEZ / Esther VEGA GEA, "El cibercortejo en la adolescencia: riesgos e impacto emocional de la ciberconducta sexual", *Psychology, Society, & Education*, 2015, vol.7, núm. 2, 227-240.

Mithu SANYAL, *Rape. From Lucretia to #MeToo*, London, New York, Verso Books, 2019.

Whitney STRACHAN, "A new statutory regime designed to address the harms of minors sexting while giving a more appropriate punishment: a marrying of new revenge porn statutes with traditional child pornography laws", 24 *Southern California Review of Law & Social Justice* 2015, 267.

Jordan J. SZYMIALIS, "Sexting: a response to prosecuting those growing up with a growing trend", 44 *Indiana Law Review* 2010, 301.

Clóvis WANZINACK / Sanderson FREITAS SCREMIN, "*Sexting*: Peligros en Internet, un estudio de caso con una muestra académica de la Universidad Federal de Paraná", *Razón y Palabra*, 2017, vol. 21, núm. 2-97, 746-761.

Sarah WASTLER, "The harm in 'sexting'?: analyzing the constitutionality of child pornography statutes that prohibit the voluntary production, possession, and dissemination of sexually explicit images by teenagers", 33 *Harvard Journal of Law & Gender* 2010, 687.

Nancy WILLARD, "School Response to Cyberbullying and Sexting: The Legal Challenges", 2011 *Brigham Young University Education and Law Journal* 75.

Robert H. WOOD, "The First Amendment Implications of Sexting at Public Schools: A Quandary for Administrators Who Intercept Visual Love Notes", 18 *Journal of Law and Policy* 2010, 701.

Javier Ignacio ZARAGOZA TEJADA, "El «revenge porn»: análisis del artículo 197.7 CP desde el punto de vista del derecho comparado", *Revista Aranzadi Doctrinal*, 2019, núm. 2.

Informação bibliográfica deste texto, conforme a NBR 6023:2018 da Associação Brasileira de Normas Técnicas (ABNT):

RUDA, Albert. Las nuevas tecnologías ante la "sextimidad". La responsabilidad civil y penal por el sexting. *In*: EHRHARDT JÚNIOR, Marcos; CATALAN, Marcos; MALHEIROS, Pablo (Coord.). *Direito Civil e tecnologia*. Belo Horizonte: Fórum, 2020. p. 719-746. ISBN 978-65-5518-036-7.

Adriano Marteleto Godinho
Professor da Universidade Federal da Paraíba. Doutor em Ciências Jurídicas pela Universidade de Lisboa. Mestre em Direito Civil pela Universidade Federal de Minas Gerais. *E-mail*: adrgodinho@hotmail.com.

Albert Ruda
Profesor agregado de Derecho civil. Decano – Facultad de Derecho, Universidad de Girona. *E-mail*: albert.ruda@udg.edu.

Alexandre Barbosa da Silva
Doutor em Direito pela UFPR. Mestre em Direito pela Universidade Paranaense. Professor da Graduação e Pós-Graduação da Univel e da Escola da Magistratura do Paraná. Bolsista Capes no Programa de Doutorado Sanduíche no Exterior nº 9808-12-4, com Estudos Doutorais na Universidade de Coimbra. Pesquisador do Grupo de Pesquisa em Direito Civil-Constitucional Virada de Copérnico da UFPR e do Grupo de Pesquisas Direito e Regulações da Univel. Procurador do Estado do Paraná.

Ana Carolina Brochado Teixeira
Doutora em Direito Civil pela UERJ. Mestre em Direito Privado pela PUC Minas. Especialista em Diritto Civile pela Università degli Studi di Camerino, Itália. Professora de Direito Civil do Centro Universitário UNA. Coordenadora editorial da *Revista Brasileira de Direito Civil – RBDCivil*. Advogada.

Ana Carolina Pires de Souza Senna
Advogada com especialização em Direito das Famílias e Sucessório pela Universidade Cândido Mendes.

André Luiz Arnt Ramos
Doutor e Mestre em Direito pela Universidade Federal do Paraná. Professor de Direito Civil na Universidade Positivo. Membro do Grupo de Pesquisa Virada de Copérnico (UFPR). Associado ao Instituto dos Advogados do Paraná, ao Instituto Brasileiro de Direito Contratual e ao Instituto Brasileiro de Estudos em Responsabilidade Civil. Advogado.

Angélica Luciá Carlini
Doutora em Direito Político e Econômico. Doutora em Educação. Mestre em Direito Civil. Mestre em História Contemporânea. Pós-Doutora em Direito Constitucional. Graduada em Direito. Docente do Ensino Superior. Advogada. Parecerista.

Antonio Jorge Pereira Júnior
Doutor, Mestre e Bacharel em Direito pela Faculdade de Direito da Universidade de São Paulo – Largo de São Francisco (USP). Professor Titular do Programa de Mestrado e Doutorado em Direito da Universidade de Fortaleza (PPGD-Unifor, Capes 6). Líder do Grupo de Pesquisa Direito Privado na Constituição (CNPq). Avaliador do Ministério da Educação (Sinaes). Membro da Academia Paulista de Letras Jurídicas (APLJ), da International Academy for the Study of the Jurisprudence of the Family (IASJF) e da Academia Iberoamericana de Derecho de la Familia y de la Persona (AIDFP). Membro da Associação de Direito de Família e das Sucessões (ADFAS) e Presidente

da seção Ceará (ADFAS-CE). Coordenador de Pesquisa sobre Depoimento Especial de Criança Vítima de Violência do Conselho Nacional de Justiça – CNJ (2017-2019). Autor de enunciados aprovados nas Jornadas de Direito Civil de 2018 (STJ). Advogado regularmente inscrito na OAB/SP e OAB/CE. Membro da Comissão de Direito de Família (CDF), Comissão Especial de Defesa dos Direitos da Criança e do Adolescente (CEDDCA) e da Comissão de Ensino Jurídico (CEJ) da OAB/CE (2019-2021). Árbitro nacional (Câmara de Mediação e Arbitragem Especializada – Cames e Corte de Paris). Vencedor do Prêmio Jabuti 2012 com o livro *Direitos da Criança e do Adolescente em face da TV* (São Paulo: Saraiva, 2011). Vencedor do Prêmio Orlando Gomes-Elson Gottschalk da Academia Brasileira de Letras Jurídicas (2002 e 2010). Autor de mais de 120 obras publicadas (livros e artigos) no Brasil e exterior. Jornalista.

Bernardo Azevedo Freire
Especialista em Direito Civil e Processo Civil (EPD). Pós-Graduando em Direito Societário (FGV) e Direito Digital (Ebradi). Advogado.

Bruno de Lima Acioli
Mestre em Direito pela Universidade Federal de Alagoas. Membro do grupo de pesquisas Direito Privado e Contemporaneidade (Ufal). Membro da Comissão de Inovação e Tecnologia Jurídica da OAB Alagoas. Professor de Direito Civil e Direito Empresarial no Centro Universitário Mário Pontes Jucá (UMJ). Advogado. Contato: bruno.acioli@uol.com.br.

Caio Morau
Doutorando e Mestre em Direito Civil pela Faculdade de Direito do Largo São Francisco (USP). Bacharel em Direito pela Faculdade de Direito de Ribeirão Preto (USP), com um ano da graduação cursado na Universidade de Paris. Professor de Direito Civil e Direito Empresarial da Universidade Católica de Brasília. Professor convidado da Escola Superior de Direito no Curso de Pós-Graduação *lato sensu* em Direito Civil e Processo Civil. Professor convidado do Curso Preparatório para OAB Proordem. Professor convidado do portal jurídico Trilhante. Membro da Comissão de Assuntos Legislativos da Associação de Direito de Família e das Sucessões (ADFAS). Membro da União dos Juristas Católicos de São Paulo (UJUCASP). Parecerista *ad hoc* da *Revista de Direito de Família e das Sucessões*. Monitor de História do Direito na Faculdade de Direito do Largo São Francisco (USP). Autor de artigos e obras jurídicas. Assessor jurídico no Senado Federal. Consultor. Advogado. Árbitro (Câmara de Mediação e Arbitragem Especializada – Cames).

Camila Possan de Oliveira
Mestre em Direito do Consumidor e da Concorrência pela Universidade Federal do Rio Grande do Sul – UFRGS. Especialista em Direito Bancário, Direito do Consumidor e Direito Processual Civil. Advogada.

Carlos Edison do Rêgo Monteiro Filho
Professor Titular e Ex-Coordenador do Programa de Pós-Graduação em Direito da Faculdade de Direito da UERJ. Doutor em Direito Civil e Mestre em Direito da Cidade pela UERJ. Presidente do Fórum Permanente de Direito Civil da Escola Superior de Advocacia Pública da Procuradoria-Geral do Estado do Rio de Janeiro (Esap/PGE). Vice-Presidente do Iberc (Instituto Brasileiro de Estudos da Responsabilidade Civil). Advogado. Consultor. Parecerista em temas de Direito Privado.

Carlos Henrique Félix Dantas
Mestrando em Direito pela Universidade Federal de Pernambuco (UFPE). Pós-Graduando em Direito Civil pela Pontifícia Universidade Católica de Minas Gerais (PUC Minas). Graduado em Direito pela Universidade Católica de Pernambuco (Unicap). Pesquisador do Grupo de Pesquisa Constitucionalização das Relações Privadas (Conrep/UFPE/CNPq). Associado do Instituto Brasileiro de Direito de Família (IBDFam). Advogado. *E-mail*: carloshenriquefd@hotmail.com.

Carlos Nelson Konder
Professor do Departamento de Direito Civil da Universidade do Estado do Rio de Janeiro (UERJ) e do Departamento de Direito da Pontifícia Universidade Católica do Rio de Janeiro (PUC-Rio). Doutor e Mestre em Direito Civil pela UERJ. Especialista em Direito Civil pela Universidade de Camerino (Itália). Advogado.

Caroline Pomjé
Mestra em Direito Privado pela Universidade Federal do Rio Grande do Sul. Advogada em Porto Alegre/RS. *E-mail*: caroline@scarparo.adv.br.

Cássio Monteiro Rodrigues
Doutorando e Mestre em Direito Civil pela Universidade do Estado do Rio de Janeiro (UERJ). Especialista em Responsabilidade Civil e Direito do Consumidor pela Escola da Magistratura do Estado do Rio de Janeiro (EMERJ). Professor convidado de cursos da PUC-Rio e do Ceped-UERJ. Advogado.

Clara Cardoso Machado Jaborandy
Doutora e Mestre em Direito pela Universidade Federal da Bahia. Professora do Mestrado em Direitos Humanos da Universidade Tiradentes. Coordenadora do Grupo de Pesquisa Direitos Fundamentais, Novos Direitos e Evolução Social, presente no diretório do CNPq. Advogada militante em Direito Público e Empresarial. Vice-Presidente da Comissão de Estudos Constitucionais da OAB/SE.

Cristiano Heineck Schmitt
Doutor e Mestre em Direito pela Faculdade de Direito da Universidade Federal do Rio Grande do Sul – UFRGS. Pós-Graduado pela Escola da Magistratura do Rio Grande do Sul – Ajuris. Advogado. Membro da Comissão Especial de Defesa do Consumidor da OAB/RS e do Conselho Municipal de Defesa do Consumidor de Porto Alegre/RS. Diretor Secretário-Geral Adjunto do Instituto Brasilcon. Professor da Faculdade de Direito da PUCRS e de cursos de Especialização em Direto. Autor de livros e de artigos jurídicos.

Daniel Sampaio de Azevedo
Advogado, com LL.M pela Washington University in St. Louis, MO (EUA). Mestrando em Ciências Jurídicas pela Universidade Federal da Paraíba. *E-mail*: sampaiozvd@hotmail.com.

Dante Ponte de Brito
Professor Adjunto III da Faculdade de Direito (Fadi) e do Programa de Pós-Graduação em Direito (PPGD) da Universidade Federal do Piauí (UFPI). Pós-Doutor em Direito pela Pontifícia Universidade Católica do Rio Grande do Sul (PUCRS). Doutor em Direito pela Universidade Federal de Pernambuco (UFPE). Mestre em Direito pela Universidade Federal da Paraíba (UFPB). Advogado atuante nas áreas de Direito Civil e do Consumidor. *E-mail*: dantephb@ufpi.edu.br

Eduardo Henrique Costa
Mestrando em Direito Público pela Universidade Federal de Alagoas (Ufal). Especialista em Teoria do Direito pela Pontifícia Universidade Católica de Minas Gerais (PUC Minas). Professor do Centro Universitário Cesmac. Advogado.

Eduardo Luiz Busatta
Doutorando em Direito Público pelo Programa de Pós-Graduação em Direito da Universidade do Vale do Rio dos Sinos – Unisinos. Mestre em Direito Negocial pela Universidade Estadual de Londrina – UEL. Procurador do Estado do Paraná. *E-mail*: elbusatta@gmail.com.

Eduardo Nunes de Souza
Doutor e Mestre em Direito Civil pela Universidade do Estado do Rio de Janeiro (UERJ). Professor Adjunto de Direito Civil dos cursos de Graduação, Mestrado e Doutorado da Faculdade de Direito da UERJ. Professor dos cursos de Pós-Graduação *lato sensu* do Ceped-UERJ e da PUC-Rio.

Erick Lucena Campos Peixoto
Mestre em Direito pela Universidade Federal de Alagoas. Membro do grupo de pesquisas de Direito Privado e Contemporaneidade (Ufal). Membro da Comissão de Inovação e Tecnologia Jurídica da OAB Alagoas. Professor de Direito Civil e Direito Digital no Centro Universitário Mário Pontes Jucá (UMJ). Advogado. *E-mail*: ericklucenacp@gmail.com.

Erika Isler Soto
Profesora de Derecho Civil, Universidad de Talca. Abogada; Licenciada en Ciencias Jurídicas y Sociales, Universidad Austral de Chile; Licenciada en Estética, Pontificia Universidad Católica de Chile; Magíster en Derecho, mención Derecho Privado, Universidad de Chile; Magíster en Ciencia Jurídica, Pontificia Universidad Católica de Chile; Doctora en Derecho, Pontificia Universidad Católica de Chile; eisler@utalca.cl.

Fernanda Rêgo Oliveira Dias
Mestranda em Direito pela UFBA. Membro do grupo de pesquisa Autonomia e Direito Civil Contemporâneo. Advogada.

Flaviana Rampazzo Soares
Professora em cursos de Pós-Graduação em Direito *lato sensu*. Especialista em Direito Processual Civil pela Universidade do Vale do Rio dos Sinos – Unisinos. Mestre e Doutora em Direito pela Pontifícia Universidade Católica do Rio Grande do Sul. Advogada. *E-mail*: frampazzo@hotmail.com.

Gabriel Honorato
Mestre em Direito pela UFPB. Pós-Graduado em Direito Civil pela ESA/PB. Advogado. Professor. Diretor Tesoureiro do IBDFam/PB. Membro da Comissão Nacional de Direito de Família e Sucessões do CFOAB.

Gabriela Buarque Pereira Silva
Mestranda em Direito Público pela Universidade Federal de Alagoas. Advogada. *E-mail*: gabrielabuarqueps@gmail.com.

Geraldo Frazão de Aquino Júnior
Doutor em Direito pela Universidade Federal de Pernambuco – UFPE. Graduado e Mestre em Direito e em Engenharia Elétrica pela Universidade Federal de Pernambuco – UFPE.

Guilherme Magalhães Martins
Promotor de Justiça Titular da 5ª Promotoria do Consumidor e Contribuinte da Capital – Rio de Janeiro. Professor Associado de Direito Civil da Faculdade Nacional de Direito da Universidade Federal do Rio de Janeiro – UFRJ. Professor Permanente do Doutorado em Direito, Instituições e Negócios da Universidade Federal Fluminense – UFF. Doutor em Direito Civil (2006), Mestre em Direito Civil (2001) e Bacharel (1994) pela Faculdade de Direito da Universidade do Estado do Rio de Janeiro – UERJ. Pós-Doutorando em Direito Comercial pela Faculdade de Direito da Universidade de São Paulo – USP – Largo de São Francisco. Professor Adjunto (licenciado) da Faculdade de Direito da Universidade Cândido Mendes – Centro. Foi Professor Visitante do Mestrado e Doutorado em Direito e da Graduação em Direito da Universidade do Estado do Rio de Janeiro – UERJ (2009-2010). É Membro Honorário do Instituto dos Advogados Brasileiros –

IAB Nacional, junto à Comissão de Direito do Consumidor. Leciona Direito Civil, Direito do Consumidor e temas ligados ao Direito Digital e aos novos direitos. Diretor do Brasilcon. Diretor Institucional do Iberc e associado do IBDFam.

Gustavo Souza de Azevedo
Mestrando em Direito Civil na Faculdade de Direito da UERJ. Advogado.

Ingrid Zanella Andrade Campos
Doutora e Mestre em Direito pela Universidade Federal de Pernambuco (UFPE). Especialista em Liability for Maritime Claims e Law of Marine Insurance, pela International Maritime Law Institute. Professora da Faculdade Damas da Instrução Cristã. Professora Adjunta da UFPE. Vice-Presidente da OAB/PE. Presidente da Comissão de Direito Marítimo, Portuário e do Petróleo da OAB/PE. Secretária-Geral da Comissão Nacional de Direito Marítimo e Portuário da OAB. Membro da Diretoria da Women's International Shipping & Trading Association – WISTA, do Instituto Ibero-Americano de Direito Marítimo – IIDM, da Associação Brasileira de Direito Marítimo – ABDM. Secretária-Geral do Instituto dos Advogados de Pernambuco – IAP. Árbitra permanente do Centro Brasileiro de Arbitragem Marítima (CBAM). Auditora Ambiental Líder de terminais de granel líquido, portos, plataformas e refinarias. Oficial da Ordem do Mérito Naval – Marinha do Brasil. Sócia do escritório Queiroz Cavalcanti Advocacia.

Jéssica Andrade Modesto
Mestranda em Direito Público pela Universidade Federal de Alagoas. Advogada. Servidora Pública Federal. *E-mail*: jessicaandrademodesto@hotmail.com.

João Quinelato
Mestre e Doutorando em Direito Civil pela Universidade do Estado do Rio de Janeiro (UERJ). Professor de Direito Civil do Ibmec. Secretário-Geral da Comissão de Direito Civil da OAB-RJ. Associado ao Instituto Brasileiro de Direito Civil – IBDCivil. Advogado. *E-mail*: joao@lapaadvogados.com.br.

José Barros Correia Junior
Doutor em Constitucionalização das Relações Privadas pela Faculdade de Direito de Recife – FDR/UFPE. Professor dos cursos de Graduação e Mestrado da Faculdade de Direito de Alagoas – FDA/Ufal. Pesquisador vinculado aos grupos de pesquisa Constitucionalização das Relações Privadas da UFPE e Problemas de Direito Civil Constitucional na Sociedade Contemporânea da Ufal. Advogado militante.

José Luiz de Moura Faleiros Júnior
Mestre em Direito pela Universidade Federal de Uberlândia – UFU. Especialista em Direito Processual Civil, Direito Civil e Empresarial, Direito Digital e Compliance. Participou de curso de extensão em Direito Digital da University of Chicago. Bacharel em Direito pela Universidade Federal de Uberlândia – UFU. Professor de cursos preparatórios para a prática advocatícia. Foi pesquisador do Grupo de Estudos em Direito Digital da Universidade Federal de Uberlândia – UFU. Membro do Instituto Avançado de Proteção de Dados – IAPD. Associado do Instituto Brasileiro de Estudos de Responsabilidade Civil – Iberc. Autor de obras e artigos dedicados ao estudo do direito e as suas interações com a tecnologia. Advogado.

Juliana de Oliveira Jota Dantas
Professora Adjunta da Faculdade de Direito de Alagoas (FDA/Ufal). Doutora em Direito pela UFPE.

Leonardo Minaré Braúna
Biólogo.

Livia Teixeira Leal
Doutoranda e Mestre em Direito Civil pela UERJ. Pós-Graduada pela EMERJ. Professora da PUC-Rio, da EMERJ e da ESAP. Assessora no Tribunal de Justiça do Rio de Janeiro – TJRJ. Autora do livro *Internet e morte do usuário: propostas para o tratamento jurídico post mortem do conteúdo inserido na rede*, publicado pela Editora GZ.

Lorenzo Caser Mill
Graduando em Direito pela Universidade Federal do Espírito Santo. Bolsista vinculado ao CNPq.

Lucas Abreu Barroso
Doutor em Direito pela Pontifícia Universidade Católica de São Paulo. Professor de Direito Privado na Universidade Federal do Espírito Santo. Advogado.

Manuel Camelo Ferreira da Silva Netto
Mestre em Direito pela Universidade Federal de Pernambuco (UFPE). Graduado em Direito pela Universidade Católica de Pernambuco (Unicap). Foi Pesquisador Bolsista da Coordenação de Aperfeiçoamento de Pessoal de Nível Superior (Capes) durante o Mestrado. Advogado. Mediador Humanista. Pesquisador do Grupo de Pesquisa Constitucionalização das Relações Privadas (Conrep/UFPE/CNPq). Associado do Instituto Brasileiro de Direito de Família (IBDFam). *E-mail*: manuelcamelo2012@hotmail.com.

Marcelo de Oliveira Milagres
Pós-Doutor pela Università degli Studi di Verona. Doutor e Mestre em Direito pela UFMG. Professor de Direito Civil na UFMG (Graduação e Pós-Graduação).

Marcelo L. F. de Macedo Bürger
Doutorando e Mestre em Direito pela Universidade Federal do Paraná (UFPR). Professor de Direito Civil no Centro Universitário Curitiba (UniCuritiba). Presidente da Comissão de Relações Acadêmicas do IBDFam. Membro do Iberc e do grupo de pesquisa Virada de Copérnico (PPGD/UFPR).

Marco Antônio de Almeida Lima
Mestrando em Direito Civil pela Universidade do Estado do Rio de Janeiro (UERJ). Advogado.

Marcos Catalan
Doutor *summa cum laude* em Direito pela Faculdade do Largo do São Francisco – Universidade de São Paulo. Mestre em Direito pela Universidade Estadual de Londrina. Professor no PPG em Direito e Sociedade da Unilasalle. Professor no curso de Direito da Unisinos. Visiting Scholar no Istituto Universitario di Architettura di Venezia (2015-2016). Estágio Pós-Doutoral na Facultat de Dret da Universitat de Barcelona (2015-2016). Professor visitante no Mestrado em Direito de Danos da Facultad de Derecho da Universidade da República, Uruguai. Professor visitante no Mestrado em Direito dos Negócios da Universidade de Granada, Espanha. Professor visitante no Mestrado em Direito Privado da Universidade de Córdoba na Argentina. Editor da *Revista Eletrônica Direito e Sociedade*. Líder do grupo de pesquisas Teorias Sociais do Direito. Cofundador da rede de pesquisas Agendas de Direito Civil Constitucional. Advogado Parecerista.

Marcos Ehrhardt Júnior
Advogado. Doutor em Direito pela Universidade Federal de Pernambuco (UFPE). Professor de Direito Civil da Universidade Federal de Alagoas (Ufal) e do Centro Universitário Cesmac. Editor

da *Revista Fórum de Direito Civil (RFDC)*. Vice-Presidente do Instituto Brasileiro de Direito Civil (IBDCivil). Presidente da Comissão de Enunciados do Instituto Brasileiro de Direito de Família (IBDFam). Associado do Instituto Brasileiro de Estudos em Responsabilidade Civil (Iberc). Membro Fundador do Instituto Brasileiro de Direito Contratual – IBDCont. *E-mail*: contato@marcosehrhardt.com.br

Maria Rita de Holanda
Pós-Doutora pela Universidad de Sevilla. Doutora em Direito Civil pela UFPE. Professora Adjunta I da Universidade Católica de Pernambuco. Membro do Grupo de Pesquisa Conrep – Constitucionalização das Relações Privadas da UFPE.

María Natalia Mato Pacín
Profesora Doctora de Derecho Civil – Universidad Carlos III de Madrid.

Maurício Requião
Doutor em Direito pela UFBA. Professor de Direito Civil na Universidade Federal da Bahia e na Faculdade Baiana de Direito. Líder do grupo de pesquisa Autonomia e Direito Civil Contemporâneo. Advogado.

Mikaela Minaré Braúna
Advogada.

Natalia Wilson Aponte
Abogada de la Universidad Externado de Colombia. Especialista en Derecho de Seguros de la Pontificia Universidad Javeriana (Bogotá, Colombia). Especialista en Derecho Comercial de la Universidad de los Andes (Bogotá, Colombia). Máster en Derecho de Daños de la Universitat de Girona, España. Estudiante de Doctorado de la Universitat de Girona, España.

Paula Falcão Albuquerque
Doutoranda em Direito pela UFPE. Mestra em Direito pela Ufal. Integrante do grupo de pesquisa Constitucionalização das Relações Privadas (Conrep), da UFPE. Pesquisadora do grupo de pesquisa Direito Privado e Contemporaneidade, da Ufal. Professora de Direito. Advogada. *E-mail*: paula.falcao@hotmail.com.

Paulo Mayerle Queiroz
Bacharel em Direito das Relações Sociais pela Universidade Federal do Paraná. Pós-Graduando em Direito das Famílias e das Sucessões pela Universidade Positivo. Membro do Grupo de Pesquisa Virada de Copérnico (UFPR). Advogado.

Paulo Nalin
Advogado. Sócio da Araúz Advogados Associados. Pós-Doutor em Contratos Internacionais pela Juristische Fakultät Basel (Faculdade de Direito da Universidade de Basiléia, Suíça). Doutor em Direito das Relações Sociais pela Universidade Federal do Paraná – UFPR. Mestre em Direito Privado pela Universidade Federal do Paraná – UFPR. Graduado em Direito pela Universidade Federal do Paraná – UFPR. Docente associado de Direito Civil da Universidade Federal do Paraná (Graduação e Pós-Graduação). Professor do L.L.M. da Swiss International Law School (SILS). Foi Professor Titular de Direito Civil da Pontifícia Universidade Católica do Paraná, de 2003 a 2004. Membro da Comissão de Mediação e Arbitragem da Ordem dos Advogados do Brasil, Seccional do Paraná – OAB/PR. Árbitro relacionado nas listas da Câmara de Arbitragem e Mediação da Federação das Indústrias do Paraná – Camfiep e Câmara de Mediação e Arbitragem da Associação Comercial do Paraná – Arbitac. Membro fundador do Instituto Brasileiro de Direito Contratual – IBDCont e Instituto de Direito Privado – IDP. Associado ao Instituto dos Advogados do Paraná – IAP,

Instituto de Direito Civil – IBDCivil e Instituto de Direito Comparado Luso-Brasileiro. Membro efetivo do Instituto dos Advogados de São Paulo – IASP. Membro do Comitê Brasileiro de Arbitragem – CBAR. Membro do Grupo de Trabalho do Senado Federal para a consolidação e proposta do novo Código Comercial. Membro do Iberc – Instituto Brasileiro de Estudos em Responsabilidade Civil. *E-mail*: paulo_nalin@arauz.com.br.

Phillip Gil França
Pós-Doutor (Capes – PNPD). Doutor e Mestre em Direito do Estado pela PUCRS, com pesquisas em Doutorado Sanduíche – Capes na Faculdade de Direito da Universidade de Lisboa. Professor da Graduação e Pós-Graduação da Univel e da Escola da Magistratura do Paraná. Pesquisador do Grupo de Pesquisas Direito e Regulações da Univel. Advogado.

Rafael Corrêa
Mestre em Direito das Relações Sociais pela Universidade Federal do Paraná. Especialista em Direito Público, com ênfase em Direito Constitucional, pela Escola de Magistratura Federal do Estado do Paraná (Esmafe/PR) e UniBrasil. Pesquisador integrante do Núcleo de Estudos em Direito Civil-Constitucional da Universidade Federal do Paraná (Virada de Copérnico/UFPR) no eixo de Relações Jurídicas Contratuais e Responsabilidade Civil.

Rafaella Nogaroli
Assessora de Desembargador no Tribunal de Justiça do Estado do Paraná. Pós-Graduanda em Direito Médico pelo Centro Universitário Curitiba (Unicuritiba) e em Direito Aplicado pela Escola da Magistratura do Paraná (Emap). Especialista em Direito Processual Civil pelo Instituto de Direito Romeu Felipe Bacellar. Bacharel em Direito pelo Unicuritiba. Coordenadora do grupo de pesquisas Direito da Saúde e Empresas Médicas (Unicuritiba), ao lado do Prof. Miguel Kfouri Neto. Membro do Iberc – Instituto Brasileiro de Estudos em Responsabilidade Civil. *E-mail*: nogaroli@gmail.com

Regina Linden Ruaro
Doutora em Direito pela Universidad Complutense de Madrid. Pós-Doutora pela Universidad de San Pablo – CEU de Madrid. Professora Decana Associada da Escola de Direito da PUCRS. Membro do Grupo Internacional de Pesquisa em Proteção de Dados Pessoais – Privacidad y Acceso.

Ricardo Schneider Rodrigues
Doutor em Direito pela PUCRS. Mestre em Direito Público pela Ufal. Professor Titular do Centro Universitário Cesmac. Sócio fundador/idealizador e Vice-Presidente do Instituto de Direito Administrativo de Alagoas. Procurador do Ministério Público de Contas de Alagoas.

Rodrigo Mazzei
Mestre (PUC-SP). Doutor (Fadisp). Pós-Doutor. (Ufes). Líder do Núcleo de Estudos em Processo e Tratamento de Conflitos (Neapi – Ufes). Professor da Ufes (Graduação e PPGDir). Advogado. Consultor Jurídico.

Simone Tassinari Cardoso Fleischmann
Professora de Direito Civil na Universidade Federal do Rio Grande do Sul. Mestra e Doutora em Direito. Mediadora. Advogada. *E-mail*: sitassinari@hotmail.com.

Tatiane Gonçalves Miranda Goldhar
Mestre em Direito pela Universidade Federal de Pernambuco. Especialista em Processo Civil pela JusPodivm. Advogada especialista na área de Família e Contratos. Conselheira Federal da Ordem dos Advogados – OAB/SE. Professora Universitária dos cursos de Graduação e Pós-Graduação. Presidente da Associação Jurídico-Espírita do Estado de Sergipe (AJE-SE). *Lattes*: http://lattes.cnpq.br/8888290603918536.

Esta obra foi composta em fonte Palatino Linotype, corpo 10
e impressa em papel Offset 75g (miolo) e Supremo 250g (capa)
pela Gráfica Laser Plus.